新民事诉讼法
条文理解与适用

（2023年最新版）

（上）

江必新　主编

人 民 法 院 出 版 社

图书在版编目（CIP）数据

新民事诉讼法条文理解与适用 ：2023年最新版 / 江必新主编. -- 北京 ：人民法院出版社，2023.9
ISBN 978-7-5109-3910-5

Ⅰ. ①新… Ⅱ. ①江… Ⅲ. ①民事诉讼法－法律解释－中国②民事诉讼法－法律适用－中国 Ⅳ. ①D925.105

中国国家版本馆CIP数据核字(2023)第182055号

新民事诉讼法条文理解与适用（2023年最新版）

江必新 主编

策划编辑 陈建德 李安尼
责任编辑 巩 雪 刘晓宁
出版发行 人民法院出版社
地 址 北京市东城区东交民巷27号（100745）
电 话 （010）67550658（责任编辑） 67550558（发行部查询）
65223677（读者服务部）
客服QQ 2092078039
网 址 http://www.courtbook.com.cn
E－mail courtpress@sohu.com
印 刷 三河市国英印务有限公司
经 销 新华书店

开 本 787毫米×1092毫米 1/16
字 数 1390千字
印 张 96.25
版 次 2023年9月第1版 2023年9月第1次印刷
书 号 ISBN 978－7－5109－3910－5
定 价 268.00元（上下册）

新民事诉讼法条文理解与适用（2023 年最新版）
撰稿人名单

（按姓氏拼音排序）

白雅丽　曹凤国　曹　实　陈梦群　程　立　邓江源　葛洪涛
谷国艳　郭载宇　何东奇　江长涛　金殿军　李文超　梁　晨
刘定鹏　刘方勇　刘忠伟　罗厚清　罗　霞　马　岚　毛宜全
潘勇锋　乔　宇　尚　妍[*]　邵长茂　司艳丽　孙祥壮　汪　军
王朝辉　王　赫　王齐亮　王　鑫　王智锋　毋爱斌　吴　科
肖　芳　谢　勇　徐　超　杨科雄　张玲玲　张　娜　赵文琪

* 作者单位：中国人民公安大学法学院副教授。

凡　　例

1. 本书中法律、行政法规名称中的“中华人民共和国”省略，其余一般不省略，例如《中华人民共和国民事诉讼法》简称《民事诉讼法》。

2. 本书中下列司法解释及司法指导性文件使用简称：

全称	发文日期/文号	简称
《最高人民法院关于适用〈中华人民共和国民事诉讼法〉的解释》	2022 年 3 月 22 日修正	《民事诉讼法司法解释》
《最高人民法院关于民事诉讼证据的若干规定》	法释〔2001〕33 号，法释〔2019〕19 号修正	《民事诉讼证据规定》
《最高人民法院关于人民法院民事调解工作若干问题的规定》	2020 年 12 月 29 日修正	《民事调解工作规定》
《最高人民法院关于审理票据纠纷案件若干问题的规定》	2020 年 12 月 29 日修正	《票据纠纷规定》
《最高人民法院关于人民法院执行工作若干问题的规定（试行）》	2020 年 12 月 29 日修正	《执行工作规定》
《最高人民法院关于适用〈中华人民共和国合同法〉若干问题的解释（二）》	法释〔2009〕5 号，法释〔2020〕16 号废止	《合同法司法解释（二）》
《最高人民法院关于适用〈中华人民共和国公司法〉若干问题的规定（二）》	2020 年 12 月 29 日修正	《公司法司法解释（二）》

全称	发文日期/文号	简称
《最高人民法院关于适用〈中华人民共和国公司法〉若干问题的规定（三）》	2020 年 12 月 29 日修正	《公司法司法解释（三）》
《最高人民法院关于适用〈中华人民共和国海事诉讼特别程序法〉若干问题的解释》简称	法释〔2003〕3 号，法释〔2008〕18 号修正	《海事诉讼特别程序法司法解释》
《最高人民法院关于建立健全诉讼与非诉讼相衔接的矛盾纠纷解决机制的若干意见》	法发〔2009〕45 号	《诉与非诉衔接意见》
《最高人民法院关于人民调解协议司法确认程序的若干规定》	法释〔2011〕5 号	《人民调解协议司法确认程序规定》
《最高人民法院关于审判人员在诉讼活动中执行回避制度若干问题的规定》	法释〔2011〕12 号	《回避规定》
《最高人民法院、最高人民检察院关于民事执行活动法律监督若干问题的规定》	法发〔2016〕30 号	《民事执行监督规定》

前　言

2023年9月1日，十四届全国人大常委会第五次会议表决通过了《关于修改〈中华人民共和国民事诉讼法〉的决定》，自2024年1月1日起施行。民事诉讼法是国家的基本法律，是国家调整民事争讼关系的基本准则，是民事诉讼活动必须遵循的程序规范。如果没有民事诉讼法，当事人的民事权益将难以保障，民事诉讼秩序将难以维护，司法的公正和效率将难以保障，裁判的内容也将难以实现。

习近平总书记深刻指出："法律是治国之重器，良法是善治之前提。"① 当事人民事实体权益的保障程度，民事审判的公正程度，民事诉讼效益的实现程度，与司法者的素质、能力、水平具有极大的关系。但是一部优良的诉讼程序法，不仅可以有效地阻止程序主体滥用权力或权利，而且可以引导甚至倒逼程序主体诚实、正当、合理地实施审判行为和选择诉讼行为。同任何程序法律制度一样，民事诉讼程序的高度正当化绝不是一朝一夕所能办到，它需要一个相当长的历史过程；它需要立法者秉持正义之立场、虚心听取并合理整合各方之意见；它需要真正科学、民主和正当的立法程序作为保障；它需要立法者类似玉匠一样的打磨功底和耐心；它需要在保持适度稳定性及权威性的前提下不断地进行修改和完善。正因为如此，《民事诉讼法》自1991年出台后，根据形势和发展需要，分别于2007年、2012年、2017年、2021年、2023年进行了五次修改。

党的十八大以来，以习近平同志为核心的党中央高度重视涉外法治工作，明确提出统筹推进国内法治和涉外法治。党的二十大报告强调"坚持高水平对外开放，加快构建以国内大循环为主体、国内国际双循环

---

① 参见《中国共产党第十八届中央委员会第四次全体会议公报》，载《人民日报》2014年10月24日，第1版。

相互促进的新发展格局”，对推进高水平对外开放、推动构建人类命运共同体作出重大部署，为加强涉外法治工作提出新的更高要求。《民事诉讼法》涉外编作为涉外法律体系的重要组成部分，对于平等保护中外当事人的合法权益，营造市场化、法治化、国际化一流营商环境，维护国家主权、安全、发展利益，推进国家治理体系和治理能力现代化具有重要意义。为深入贯彻党的二十大精神，贯彻落实党中央关于统筹推进国内法治和涉外法治的决策部署，2023 年《民事诉讼法》修改在全面总结涉外民商事审判实践经验基础上，重点对《民事诉讼法》中“涉外民事诉讼程序的特别规定”一编的内容进行了修改完善。此外，针对社会普遍关注、司法实践反映集中、各方能够形成高度共识的《民事诉讼法》其他各编内容，也作了相应修改。

良法固然重要，法律的全面、正确实施更是让纸面法律变成现实的根本保障。有鉴于此，我们组织了长期从事审判执行工作或者相关研究工作的法官、学者等人员，在人民法院出版社的约请下，对新修正的《民事诉讼法》进行逐条释义，每个条文原则上按照条文主旨、条文理解、条文适用、典型案例等方面进行阐释。不仅注重对法律条文涵义进行准确解说，而且注重介绍立法背景情况；不仅关注对法律条文本身的理解，而且关注在审判执行事务中的具体应用；不仅注重对实务操作进行指导，而且注重对可能出现的疑难问题进行探讨；不仅注重对相关法律知识进行系统总结，而且注重通过典型案例进行生动阐释。

我们希望本书的出版，为读者提供一本能随时查阅的工具书，一本破解民事诉讼疑难问题的参考书，一本内容丰富且具有可操作性的实务指南。

当然，疏漏之处难免，敬请读者拨冗雅正！

二〇二三年九月

总 目 录

目　录

（上册）

第一编　总　则

第一章　任务、适用范围和基本原则

第四章　回　避

第五章　诉讼参加人

第一节　当事人

第二节 诉讼代理人

第六章　证　　据

第一编　总　　则

第一章　任务、适用范围和基本原则

第一条　中华人民共和国民事诉讼法以宪法为根据，结合我国民事审判工作的经验和实际情况制定。

【条文主旨】

本条是关于《民事诉讼法》制定根据的规定。

【条文理解】

民事诉讼是解决平等当事人之间权利义务关系纠纷的重要方式。作为平等主体的公民之间、法人之间、其他组织之间或者他们相互之间因财产关系和人身关系发生纠纷时，可以向人民法院提起诉讼，人民法院经过审判以解决纠纷，保护各方当事人的合法权益。《民事诉讼法》是国家基本法之一，详细规定了民事诉讼程序，其既是人民法院审理民事案件的基本依据和操作规范，也是当事人之间进行诉讼的行为规范。正确理解《民事诉讼法》的基本精神和主要内容，有助于审判人员正确开展审判工作，也有利于公民、法人和其他组织通过民事诉讼保护自己的合法权益。

我国《民事诉讼法》以《宪法》为根据制定。《宪法》是我国的根本大法，处于最高地位，具有最高的法律效力，是其他法律的基础与制定依据，其他一切法律都是宪法原则和内容的具体化。在我国法律体系中，《宪法》居于核心地位，其他法律法规都不得与《宪法》相抵触，任何违背《宪法》的法律法规均无效。我国《宪法》第5条第3款即规定，“一切法律、行政法规和地方性法规都不得同宪法相抵触”，表明了《宪法》的最高效力。而我国《民事诉讼法》第 1 条明确规定，“根据宪法，制定本法”，是对《宪法》母法地位的申明，表明《宪法》是我国《民事诉讼法》制定的直接根据。

从法的运行层面而言，宪法与民事诉讼法之间的关系应当是实施与被实施的关系，民事诉讼法是将宪法的精神、宪法原则及宪法规范的具体化，所以从另一方面也表明民事诉讼法是宪法的实施法，是对宪法的具体化。《宪法》第 33 条规定：“任何公民享有宪法和法律规定的权利，同时必须履行宪法和法律规定的义务。”为实现宪法上所保障的实体权利，有必要赋予公民向司法机关请求救济的程序性权利。权利人是否能实现权利，不仅仅取决于实体法规定，也取决于如何塑造判定权利的民事诉讼程序。因此，保障当事人权利实现、解决纠纷的民事诉讼制度承担着落实宪法规定的任务，必须直接根据宪法制定。从法的渊源来理解，宪法与民事诉讼法之间存在一种“源与流”“干与支”的关系。宪法只能对国家的根本制度、公民的基本权利与义务、国家机构、国家形式等内容赋予概括性、原则性、指导性的规定，不可能对国家的各个方面作出详尽的规定。宪法是法律之法律，是民事诉讼法得以产生之“源”。《宪法》第 3 章第 8 节规定了人民法院和人民检察院的职能与权力。这是因为，司法是一项国家制度，法院的组织和工作程序以及法院和公民的关系，具有高度的政治性，因此赋予其宪法地位。而《民事诉讼法》是司法制度在民事审判领域的具体展开，必然要以作为其源流的宪法为基本根据。

宪法为民事诉讼法提供了基本依据，同时也是民事诉讼法最重要的法源。民事诉讼法应当贯彻宪法的精神，落实宪法的原则和制度，并结合自身特点，将其予以具体化和明确化。民事诉讼法的全部内容，从总则规定的指导思想、任务、基本原则到具体的程序规定、制度规定，都是严格依照宪法的规定制定的。这具体表现为以下几个方面。第一，诉讼平等原则。《宪法》第 33 条第 2 款规定：“中华人民共和国公民在法律面前一律平等。”对应地，《民事诉讼法》第 8 条规定：“民事诉讼当事人有平等的诉讼权利。人民法院审理民事案件，应当保障和便利当事人行使诉讼权利，对当事人在适用法律上一律平等。”第二，依法独立行使审判权原则。《宪法》第128条规定：“中华人民共和国人民法院是国家的审判机关。”《宪法》第131条规定：“人民法院依照法律规定独立行使审判权，不受行政机关、社会团体和个人的干涉。”对应地，《民事诉讼法》第6条规定：“民事案件的审判权由人民法院行使。人民法院依照法律规定对民事案件独立进行审判，不受行政机关、社会团体和个人的干涉。”第三，检察监督原则。《宪法》第134条规定：“中华人民共和国人民检察院是国家的法律监督机关。”对应地，《民事诉讼法》第14条规定：“人民检察院有权对民事诉讼实行法律监督。”第四，公开审判制度。《宪法》第130条规定：“人民法院审理案件，除法律规定的特别情况外，一律公开进行。被告人有权获得辩护。”对应地，《民事诉讼法》第137条第1款规定：“人民法院审理民事案件，除涉及国家秘密、个人隐私或者法律另有规定的以外，应当公开进行。”第五，使用本民族语言诉讼制度。《宪法》第139条规定：“各民族公民都有用本民族语言文字进行诉讼的权利。人民法院和人民检察院对于不通晓当地通用的语言文字的诉讼参与人，应当为他们翻译。在少数民族聚居或者多民族共同居住的地区，应当用当地通用的语言进行审理；起诉书、判决书、布告和其他文书应当根据实际需要使用当地通用的一种或者几种文字。”对应地，《民事诉讼法》第11条规定：“各民族公民都有用本民族语言、文字进行民事诉讼的权利。在少数民族聚居或者多民族共同居住的地区，人民法院应当用当地民族通用的语言、文字进行审理和发布法律文书。人民法院应当对不通晓当地民族通用的语言、文字的诉讼参与人提供翻译。”可见，宪法在大的层面上为裁判的正当化及公民的平等权利提供了基本的保障，民事诉讼法是宪法精神、原则的体现，是宪法相关规定的具体化。民事诉讼法的制定及修改当然也不得与宪法的要求相违背，应当严格保障宪法的贯彻实施。

我国《民事诉讼法》是结合我国审判工作的经验制定的。自1991年《民事诉讼法》颁布以来，共经历了5次修正，而1991年《民事诉讼法》

又是基于 1982 年《民事诉讼法（试行）》的文本基础而制定。改革开放之初，为顺应社会经济发展的需要，我国在 1979 年制定的《最高人民法院人民法院审判民事案件程序制度的规定（试行）》的基础上，制定了 1982 年《民事诉讼法（试行）》，该法确立了若干原则，诸如“（1）着重调解原则；（2）巡回审判原则；（3）两审终审原则；（4）辩论权原则；（5）限制性处分原则；（6）检察监督原则；（7）支持起诉原则”①。为适应国家从计划经济向市场经济的转型，减少国家干预、强化当事人权责等理念进入立法视野，1991 年制定的《民事诉讼法》对此作出了回应，例如该法第 64 条第 2 款将法院调查收集的证据限定于“当事人及其诉讼代理人因客观原因不能自行收集的证据”或者“审理案件需要的证据”，一定程度上减少了法院依职权调查证据的情形；再如为应对现代性群体纠纷，该法第 55 条确立了代表人诉讼制度。在这一阶段，“执行难”问题已经在实践中显现，相较于 1982 年《民事诉讼法（试行）》，该法在执行程序一编作了大量完善，如增加执行机构的设置、执行和解、暂缓执行及执行回转、法院对仲裁裁决审查等内容。随着社会发展，2007 年《民事诉讼法》再次修改，修改的主要内容包括细化再审事由、增设立即执行制度、财产报告制度、完善执行异议制度、设立案外人异议之诉等。民商事实体法律日臻完善，民商事审判领域出现了不少新问题，故 2012 年修法再一次回应了社会关切的问题，如设立第三人撤销之诉以应对虚假诉讼；明文规定诚实信用原则为我国民事诉讼法的基本原则；原则性规定公益诉讼条款，为将来公益诉讼制度的具体化探索提供了规范基础；增设小额诉讼制度，及时化解纠纷；将举证时限制度作为一般制度予以规定，并且根本上改变了 2001 年《民事诉讼证据规定》所确立的举证失权制度，从“以失权为原则，以不失权为例外”转变为“以不失权为原则，以失权为例外”；增设诉前证据保全制度和行为保全制度等。为巩固公益诉讼实践成果，2017 年《民事诉讼法》再次修改，这次修法仅修改了一个条文，即增加了检察公益诉讼的规定，赋予检察机关提起公益诉

① 张卫平：《中国民事诉讼法立法四十年》，载《法学》2018 年第 7 期。

讼的权力。随着时代的发展，司法体制改革步入深水区，民事诉讼需要满足人民群众多元、高效、便捷的纠纷解决需求，需要进一步优化司法资源配置，全面促进司法公正，提升程序效能。习近平总书记在2019年召开的中央政法工作会议上指出“要深化诉讼制度改革，推进案件繁简分流、轻重分离、快慢分道”①，对民事诉讼制度发展完善提出了明确要求，指明了改革方向。2019年12月28日，第十三届全国人大常委会第十五次会议通过《全国人民代表大会常务委员会关于授权最高人民法院在部分地区开展民事诉讼程序繁简分流改革试点工作的决定》，授权在全国15个省（区、市）的20个城市开展为期两年的民事诉讼程序繁简分流改革试点工作。经过近两年的试点，需要根据试点探索的有益经验修改完善《民事诉讼法》。2021年《民事诉讼法》再次修改，其主要内容包括增设电子诉讼制度；扩大独任制的适用范围；完善公告送达制度、简易程序、小额诉讼程序和司法确认制度；等等。

随着经济社会的不断发展与高水平对外开放的不断推进，近年来人民法院审理的涉外民事纠纷数量快速攀升，已覆盖全球100多个国家和地区，境外当事人主动选择我国法院管辖的案件日益增多，我国法院作出的民商事判决得到越来越多国家的承认和执行，中国司法的国际公信力和影响力持续提升。与此同时，司法实践中面临的管辖权国际冲突等问题愈加复杂，现有涉外民事诉讼程序的功能定位、制度规则等已难以完全满足公正、高效、便捷解决涉外民事纠纷及维护国家主权、安全、发展利益的需要，有必要进行修改完善。为深入贯彻党的二十大精神，贯彻落实党中央关于统筹推进国内法治和涉外法治的决策部署，2023年9月1日，十四届全国人大常委会第五次会议审议通过了《全国人民代表大会常务委员会关于修改〈中华人民共和国民事诉讼法〉的决定》，自2024年1月1日起施行。本次《民事诉讼法》修改在全面总结涉外民商事审判实践经验基础上，重点对民事诉讼法中“涉外民事诉讼程序的特别规定”一编的内容进行了修改完善。此外，针对社会普遍关注、司法

① 《习近平：全面深入做好新时代政法各项工作 促进社会公平正义保障人民安居乐业》，载《人民日报》2019年1月17日，第1版。

实践反映集中、各方能够形成高度共识的《民事诉讼法》其他各编内容，也作了相应修改。可以看出，历次《民事诉讼法》的修改均是对既往审判经验的及时总结，这也体现了我国《民事诉讼法》并非对域外法律经验的简单移植，而是扎根于中国土壤，每次修改都是对本土问题的回应。

【条文适用】

《民事诉讼法》具体落实了《宪法》的基本精神，如《宪法》所确立的平等原则，《民事诉讼法》将其转化为当事人平等原则。此外，“扎根本国土壤，立足实践需要”是我国《民事诉讼法》的特色，审判经验是《民事诉讼法》修改的宝贵素材，实务部门应重视一些新型案件、疑难案件的经验积累，使《民事诉讼法》能切实解决实际问题，回应实务需求。

第二条　中华人民共和国民事诉讼法的任务，是保护当事人行使诉讼权利，保证人民法院查明事实，分清是非，正确适用法律，及时审理民事案件，确认民事权利义务关系，制裁民事违法行为，保护当事人的合法权益，教育公民自觉遵守法律，维护社会秩序、经济秩序，保障社会主义建设事业顺利进行。

【条文主旨】

本条是关于《民事诉讼法》立法任务和目的的规定。

【条文理解】

“任务”是指担负的责任和所要达到的目标。民事诉讼法是调整民事诉讼活动的法律规范，是人民法院和当事人必须遵守的行为准则。因此，应当明确民事诉讼法的任务。相比其他国家民事诉讼法典的文本可以发现，在法律文本中规定民事诉讼法的任务是我国《民事诉讼法》的一个特点。

民事诉讼法的具体任务可以分为以下几点：（1）保护当事人行使诉讼权利；（2）保证人民法院查明事实，分清是非，正确适用法律，及时审理民事案件；（3）确认民事权利义务关系，制裁民事违法行为，保护当事人的合法权益；（4）教育公民自觉遵守法律，维护社会秩序、经济秩序，保障社会主义建设事业顺利进行。

一、保护当事人行使诉讼权利

诉讼权利作为一项基本权利被规定在《民事诉讼法》中，并且放在任务的首位，是具有重要意义的。没有诉讼权利，公民、法人和其他组织便不能利用民事诉讼程序充分维护自己权益，以获得司法裁判，实现实体权利。当事人行使诉讼权利对于民事诉讼的启动、进行和终结有着很大的影响。因此，民事诉讼法的首要任务就是要为当事人行使诉讼权利提供可靠的法律保障，使当事人在进行民事诉讼时有法可依，知道自己在民事诉讼过程中有哪些权利和义务，以便能够充分、有效地行使诉讼权利，保护自己的合法权益。[①] 首要任务是其他几项任务的前提和保证，也是多年来的经验总结，人民法院只有充分保护当事人行使诉讼权利，才能实现民事诉讼的目的。

《民事诉讼法》规定了多个条文来保障当事人行使诉讼权利。例如，第 8 条规定："民事诉讼当事人有平等的诉讼权利。人民法院审理民事案件，应当保障和便利当事人行使诉讼权利，对当事人在适用法律上一律平等。"同时本法还针对当事人的起诉权、上诉权、申请回避权、委托诉讼代理人、辩论、反诉、在法律范围内处分自身民事权利和诉讼权利等事项作了详细的规定。当事人完全可以依照这些法律规定，充分表达自己诉求，以实现自己的实体权利。此外，本法还规定了法院告知、发问和释明的具体要求，以提示和启发当事人正确充分行使诉讼权利。可见，这些规定充分保障了当事人的诉讼权利。

二、保证人民法院查明事实，分清是非，正确适用法律，及时审理民事案件

民事案件涉及当事人之间的权利义务关系，发生纠纷时，如果得不到正确的解决，可能会影响社会的安定团结。民事诉讼通过诉讼途径解决民事纠纷，保护当事人合法权益，在整个诉讼过程中人民法院起决定性作用。人民法院审理民事案件，"查清事实"和"分清是非"是其首要职责，也是"以事实为依据"的基本要求。查清事实是正确审理案件的基础，也是分清是非、正确适用法律的前提。事实不清，往往是错案的一个重要原因。人民法院要查清事实，则必须按照《民事诉讼法》规

① 王胜明主编：《中华人民共和国民事诉讼法释义》（最新修正版），法律出版社 2012 年版，第 4 页。

定的法定职责，运用《民事诉讼法》规定的提供、收集、审查和判断证据的程序，对需要查明的案件事实进行分析、判断，并作出结论。《民事诉讼法》中很多条款都是为了能够查清事实而制定的，例如当事人有权辩论（第12条）、人民法院调查收集必要的证据（第132条）、当事人在法庭上可以提出新的证据（第142条）等。分清是非就是要在对当事人民事法律关系产生、变更、消灭的事实以及其他争议事实查明的基础上，厘清法律关系、分清是非曲直，为妥善解决民事争议奠定事实基础。正确适用法律要求人民法院在查清事实的基础之上，客观公正地适用相关法律，这里的法律包括民事实体法，也包括民事程序法，实体法是确定权利义务关系的基础，程序法是实现实体公正的程序保障。但是即便查清事实，也有可能适用错了法律。因此正确适用法律，还要求审判人员在案件事实基础上正确解读法律，结合案件事实这个“小前提”，然后正确地适用法律。审理民事案件还要做到及时审结，迟到的正义势必会影响当事人的满意程度，而且，诉讼拖延在给诉讼当事人带来痛苦的同时，还会造成人力物力的浪费。法院要做到及时审结案件，要有明确的时间观念，要按照《民事诉讼法》规定的审理期限等期间，尽可能地推进审判活动进程，避免久拖不决，给当事人造成不必要的诉累。《民事诉讼法》对法院受理案件、审理案件的期限等作了明确的规定。例如，在普通程序中，人民法院收到起诉状后，应当在7日内作出是否受理的决定，决定受理的，在7日内立案并通知当事人；决定不受理的，应当在7日内作出裁定发送给当事人。决定受理后，应当在5日内向被告发送起诉状副本，要求被告在收到起诉状副本后15日内提出答辩状。被告提出答辩状的，人民法院应当在收到答辩状的5日内，将答辩状副本发送原告。人民法院适用普通程序审理的案件，应当在立案之日起6个月内审结。有特殊情况需要延长的，由本院院长批准，可以延长6个月；还需要延长的，报请上级人民法院批准。这些规定对于人民法院及时审理民事案件起到了积极的促进作用。

三、确认民事权利义务关系，制裁民事违法行为，保护当事人的合法权益

民事诉讼法的中心任务就是法院通过确认当事人的权利义务关系和制裁民事违法行为，从而保护当事人的合法权益。此任务是法院在查清案件事实，分清是非，正确适用法律，及时审理案件后，才会完成的。发生民事纠纷，主要是当事人对权利义务关系产生争议，因此人民法院审理民事案件，首先需要确认当事人之间的权利义务关系。权利义务关系重新确认、变更或者消灭后，享有权利和履行义务的主体便明确了，法院就会判令承担义务的一方积极履行义务。在民事活动中，由于部分民事主体法律意识不强，法治观念较为淡薄，民事违法行为时有发生，因此人民法院还要对民事违法行为予以制裁。例如，《民法典》第 157 条规定："民事法律行为无效、被撤销或者确定不发生效力后，行为人因该行为取得的财产，应当予以返还；不能返还或者没有必要返还的，应当折价补偿。有过错的一方应当赔偿对方由此所受到的损失；各方都有过错的，应当各自承担相应的责任。法律另有规定的，依照其规定。"又如，我国有关违反合同或者不履行义务的民事责任和因侵权行为给他人造成损害的民事责任的规定，都是对民事违法行为的制裁。有争议的民事法律关系得到确认，违法的民事行为得到制裁，当事人的合法权益自然也就得到了保护。

四、教育公民自觉遵守法律

民事诉讼法和其他法律一样，同样担负着教育公民的任务。法律是规范公民行为的一种规则，法律总是鼓励公民自觉地对其予以遵守，不遵守法律，就将承担相应的法律后果。列宁曾指出：法庭正是吸引全体贫民参加国家管理的机关，法庭是无产阶级和贫民的政权机关，法庭是教育人民遵守纪律的工具。因此民事诉讼法的任务之一，就是告诉公民法律保护什么、支持什么、提倡什么；反对什么、抵制什么、制裁什么。公民由此便会知道什么是合法的可以做，什么是违法的不能做，以及如

何运用自己的民事权利，如何在民事权利受侵害时合法维权。要实现这一任务，有两种途径：一是通过具体民事案件的审理和裁判，向当事人、其他诉讼参与人和人民群众进行法治教育。二是通过公开审判、报纸、电视、网络等媒体的报道，使人民群众了解国家制定法律的目的、国家法律保护的对象、国家法律制裁的违法行为，从而增强公民的法治观念，使公民自觉遵守法律，预防纠纷，减少诉讼。

五、维护社会秩序、经济秩序，保障社会主义建设事业顺利进行

民事诉讼法的目的就是通过顺利完成上述四个任务，使社会秩序、经济秩序得到维护，从而保障社会主义建设事业的顺利进行。虽然法条将该部分同样表述为任务，但是“维护社会秩序、经济秩序”不过是前诉任务所起到的一种间接作用，或者可以将“维护社会秩序、经济秩序”视为更高层次的任务。“保障社会主义建设事业顺利进行”更是具有终极目的的意义，是人民群众所期望达成的宏观目标。事实证明，公民的法治观念和遵守法律的自觉性提高了，尊重他人的权利，履行自己的义务，就会减少纠纷，社会秩序和经济秩序就会稳定，社会主义建设事业也会顺利进行。

《民事诉讼法》规定的上述任务不仅仅是并列关系，各种任务之间互相联系并存在一定的层次性。前项任务作为后项任务的前提，后一任务是前一任务的必然延伸，共同实现民事诉讼法的立法目的。

【条文适用】

人民法院的审判活动，是决定民事诉讼任务能否实现的关键。只有人民法院在代表国家行使审判权的时候，在全部诉讼活动中，正确组织领导和指挥全部诉讼活动，掌握好诉讼的进程，及时且正确行使诉讼指挥权，才能使民事诉讼法的任务顺利实现。

审判人员必须查清案件事实，分清是非，这是民事诉讼法的核心和基本要求，对此要严格按照《民事诉讼法》的规定，认真进行调查研究，

广泛收集证据，全面进行分析，综合各种情况进行判断。审判人员必须正确适用法律，这是依法办事的要求，也是正确审理案件的保障。这里的“法律”应当从广义上理解，包括法律、行政法规、地方性法规和司法解释。在适用法律时，不仅要注意案件事实与法律规定之间的涵摄关系，也要注意不同法律规范之间是否存在冲突或者不一致，并且可以按照《立法法》的规定进行选择适用。及时审理案件是在正确、合法审理的前提下，对司法效率的要求，办案质量和办案效率必须同时兼顾。在民事诉讼中，不仅仅涉及当事人之间的权利义务问题，还会涉及公共利益、公共秩序和善良风俗等问题，这些蕴含在民事活动中的法律价值、社会主义新风尚是民事诉讼的重要组成部分，也是《民事诉讼法》的立法目的所在。

第三条 人民法院受理公民之间、法人之间、其他组织之间以及他们相互之间因财产关系和人身关系提起的民事诉讼，适用本法的规定。

【条文主旨】

本条是关于《民事诉讼法》对人效力和对事效力的规定。

【条文理解】

作为一部基本法，必须要规定法律的适用范围。《民法典》第2条规定："民法调整平等主体的自然人、法人和非法人组织之间的人身关系和财产关系。"这也说明《民法典》与《民事诉讼法》具有统一的调整范围。即对什么人、什么事可以适用《民事诉讼法》进行规范。

《民事诉讼法》的对人效力解决的是《民事诉讼法》适用的主体范围问题。本条所称"公民"，是指具有中华人民共和国国籍并享有我国法律所规定的权利，履行我国法律所规定的义务的自然人。"法人"，是指具有民事权利能力和民事行为能力，依法独立享有民事权利和承担民事义务的组织。法人必须具备的条件是：依法成立；有必要的财产和经费；有自己的名称、组织机构和场所；能够独立承担民事责任。缺少其中的任何一个条件，都不能作为法人存在。法人又包括企业法人、机关法人、事业单位法人和社会团体法人等。"其他组织"，是指尚不具备法人资格的团体组织，但合法成立，有一定组织机构和财产，《民事诉讼法》也赋予其民事诉讼权利能力，能够成为诉讼当事人。"其他组织"包括：（1）依法登记领取营业执照的个人独资企业；（2）依法登记领取营业执照的合伙企业；（3）依法登记领取我国营业执照的中外合作经营企业、外资企业；（4）依法成立的社会团体的分支机构、代表机构；（5）依法设立并领取营业执照的法人的分支机构；（6）依法设立并领取营业执照的商业银行、政策性银行和非银行金融机构的分支机构；（7）经依法登记领取营业执照的乡镇企业、街道企业；（8）其他符合本条规定条件的组织。本条中仅规定了我国公民、法人和其他组织，至于外国人、无国籍人、外国企业和组织在本法第 5 条中作出了规定，他们在人民法院起诉、应诉，同中华人民共和国公民、法人和其他组织有同等的诉讼权利义务。对其分开规定，只是为了更好地区分，并没有差别对待，所有人都享有同等的诉讼权利和义务，不允许任何主体享有任何特权。

民事诉讼法的对事效力，是指人民法院的主管范围，也称为人民法院可以通过裁判解决纠纷的范围。[①] 所谓主管，是指国家机关行使职权和履行职责的范围和权限。法院主管，是指人民法院受理和审理特定范围民事纠纷的权限，也是确定人民法院和其他国家机关、社会团体之间民事纠纷解决的分工和职权范围的划分。社会生活中民事纠纷繁多，不可能也没有必要全部诉诸法院，由法院通过诉讼程序裁判。因此，明确主管范围，既有利于当事人快速便捷地寻求救济途径，也有利于人民法院正确通过裁判解决纠纷。该条对人民法院裁判权的行使范围作出了抽象的规定，即财产关系和人身关系的争议都属于人民法院适用民事诉讼程序、依照《民事诉讼法》审理和裁判的对象。

财产关系，是指具有经济内容的社会关系，即基于对财产的占有、使用、支配、交换和分配而形成的相互关系，包括由民法调整的物权关系、债权关系、知识产权关系、侵权关系；由商法调整的商事关系；由经济法调整的经济关系中属于民事性质的关系以及由劳动法调整的劳动关系等。财产关系的特征是：财产关系体现出的利益具有经济价值；财产关系依存的财产权利可以转移。

人身关系，是指人们基于人格和身份而形成的相互关系，如因姓名权、名誉权而产生的民事关系以及婚姻、收养、继承等家庭关系。人身关系的特点是：第一，人身关系所体现的利益与个人尊严息息相关，且

① 张卫平：《民事诉讼法》，法律出版社 2019 年版，第 97 页。

不具有财产价值。第二，人身关系与其主体不可分离。人身关系主要包括以下几种权利关系，一是人格权关系，是指与每一个民事主体的人格尊严相联系产生的权利关系。人格权是一种与生俱来的原始权利，始于出生，终于死亡；人格权属于专属权，不得让与、继承、抛弃或者代位行使；人格权是绝对权，具有排他性和对世性。二是身份权关系，是指与公民或者法人特定的身份相联系而产生的权利关系。身份权是法律赋予具有特定身份利益的公民或者法人对其身份利益所享有的排他性的独占权利。依照客体标准可以划分为亲属权、配偶权和监护权等，还包括著作权、发明权、发现权、专利权和商标权等。此外，本法第十五章规定的特别程序案件，虽然在性质上不属于民事诉讼案件，但也属于人民法院主管范围。包括在特别程序中的选民资格案件、宣告失踪或者宣告死亡案件、认定公民无民事行为能力或者限制民事行为能力案件等。

【条文适用】

该条在适用过程中，应当严格把握主管范围，即以发生争议的民事实体法律关系中的财产关系和人身关系这一概括性标准来划定主管范围行之有效，从而为人民法院解决主管疑难案件提供法律依据。

适用该条时，还要严格审查是否属于平等主体之间的民事法律关系。在涉及某类纠纷是否应当纳入民事裁判的范围时，最高人民法院的判断标准就是，该争议是否属于平等主体之间民事法律关系的争议。例如，在解释关于国家征用农民耕地所发生的补偿费的争议是否属于法院受理的争议时，最高人民法院的批复[①]是：土地补偿费归农村集体经济组织所有，农村集体经济组织因土地补偿费所发生的争议“不属于平等主体之间的民事主体法律关系，不属于人民法院受理民事诉讼的范围，对此类争议人民法院依法不予受理，应当由有关行政部门协调解决”。

---

① 参见《最高人民法院关于徐志君等十一人诉龙泉市龙渊镇第八村村委会土地征用补偿费分配纠纷一案的批复》（〔2002〕民立他字第4号）。

第四条　凡在中华人民共和国领域内进行民事诉讼，必须遵守本法。

【条文主旨】

本条是关于民事诉讼法空间效力的规定。

【条文理解】

民事诉讼法的空间效力，是指我国《民事诉讼法》在什么空间范围内有效。根据本条规定，凡在中华人民共和国领域内进行民事诉讼，必须遵守本法。该条实际上是我国属地管辖权的体现，表示我国对本国领域内的一切人、物和所发生的事件，除国际法公认的豁免者（如享有外交特权与豁免的人士）外，有行使管辖的权利。此处所指的“领域”包括我国的领陆、领海和领空。[①]

1. 领陆。领陆，是指国家疆界内的所有陆地，包括岛屿。《领海及毗连区法》第 2 条第 2 款规定：“中华人民共和国的陆地领土包括中华人民共和国大陆及其沿海岛屿、台湾及包括钓鱼岛在内的附属各岛、澎湖列岛、东沙群岛、西沙群岛、中沙群岛、南沙群岛以及其他一切属于中华人民共和国的岛屿。”

2. 领水。领水是指位于陆地疆界以内或与陆地疆界邻接的一定宽度的水域，包括内水和海域。《领海及毗连区法》第 2 条第 1 款规定：“中华人民共和国领海为邻接中华人民共和国陆地领土和内水的一带海域。”第 3 款规定：“中华人民共和国领海基线向陆地一侧的水域为中华人民共和国的内水。”第 3 条第 1 款规定：“中华人民共和国领海的宽度从领海

① 曾今良主编：《国际公法学》，高等教育出版社 2018 年版，第 133 页。

基线量起为十二海里。”第 5 条规定：“中华人民共和国对领海的主权及于领海上空、领海的海床及底土。”

3. 领空。领空是指领土、领水上空的那部分空间，是国家领土不可分割的重要组成部分。《民用航空法》第 2 条规定：“中华人民共和国的领陆和领水之上的空域为中华人民共和国领空。中华人民共和国对领空享有完全的、排他的主权。”

此外，中华人民共和国领域还包括一部分延伸意义上的领土，如航行于国外的中华人民共和国的船舶和飞行器、我国驻外国的使领馆。

因此，我国《民事诉讼法》的空间效力为中华人民共和国领域，包括领土、领空、领海以及领土的延伸部分。[①] 由此可见，只要是在我国领域内进行民事诉讼的，不论该民事纠纷是否发生在我国领域内，也不论诉讼主体是中国公民、法人和其他组织还是外国人、无国籍人、外国企业和组织，都必须遵守本法。

本条是关于《民事诉讼法》空间效力的一般规定，如果我国缔结或参加的国际条约与我国《民事诉讼法》有不同规定的，应当适用该国际条约的规定，但我国声明保留的条款除外。除此之外，本条并不适用于在我国领域内享有外交特权与豁免权的外国人、外国组织或国际组织，但如果他们主动放弃外交特权或者豁免权起诉或应诉的除外。

【条文适用】

根据该条规定，凡是在我国领域内进行民事诉讼，一律适用我国《民事诉讼法》。但是有两点需要注意：第一，我国是统一的多民族国家，考虑到少数民族地区存在自己的特殊情况和特殊需要，《民事诉讼法》第 17 条规定：“民族自治地方的人民代表大会根据宪法和本法的原则，结合当地民族的具体情况，可以制定变通或者补充的规定。自治区的规定，报全国人民代表大会常务委员会批准。自治州、自治县的规定，报省或

① 张卫平：《民事诉讼法》，法律出版社 2019 年版，第 16 页。

者自治区的人民代表大会常务委员会批准，并报全国人民代表大会常务委员会备案。”第二，在实行“一国两制”的地区，根据特别法的规定而不适用《民事诉讼法》。例如，根据我国《香港特别行政区基本法》第 18 条规定，除列于该法附件三者外，不在香港特别行政区实施。而《民事诉讼法》并未列入附件三，因此，在香港特别行政区内进行的民事诉讼活动，应当适用香港特别行政区有关民事诉讼的法律。①

① 王胜明主编：《中华人民共和国民事诉讼法释义》（最新修正版），法律出版社 2012 年版，第 7 页。

第五条 外国人、无国籍人、外国企业和组织在人民法院起诉、应诉，同中华人民共和国公民、法人和其他组织有同等的诉讼权利义务。

外国法院对中华人民共和国公民、法人和其他组织的民事诉讼权利加以限制的，中华人民共和国人民法院对该国公民、企业和组织的民事诉讼权利，实行对等原则。

【条文主旨】

本条是关于涉外民事诉讼同等原则和对等原则的规定。

【条文理解】

根据本条规定，外国人、无国籍人以及外国企业和组织在我国领域内进行民事诉讼的，适用《民事诉讼法》的规定。因此，涉外民事诉讼也适用我国《民事诉讼法》中规定的基本原则，但是由于涉外民事诉讼的特殊性，本条也规定了适用涉外民事诉讼的特殊原则，即同等原则和对等原则。

一、同等原则

根据本条第1款规定，外国人、无国籍人、外国企业和组织在人民法院起诉、应诉，同中华人民共和国公民、法人和其他组织有同等的诉讼权利义务。这一款规定表明，在我国人民法院起诉、应诉的外国人、无国籍人、外国企业和组织，享有同我国公民、法人和其他组织同等的民事诉讼权利，承担相同的民事诉讼义务，这就是同等原则。同等原则也称国民待遇原则，是指国家在一定范围内给予外国人与本国公民同等的待遇。也就是说，我国《民事诉讼法》给予在我国人民法院进行民事诉讼的外国人、无国籍人、外国企业和组织的待遇，是与中华人民共和国公民、法人和其他组织同样的。这种对外国人、无国籍人、外国企业和组织既不优待，也不歧视，既不限制他们的诉讼权利，也不增加他们诉讼义务的态度，符合国际上的惯例做法，有利于发展同世界各国人民之间的友好关系。[①]

二、对等原则

根据本条第 2 款规定，外国法院对中华人民共和国公民、法人和其他组织的民事诉讼权利加以限制的，我国人民法院对该国公民、企业和组织的民事诉讼权利也实行同等限制，即对等原则。对等原则又称为互惠原则，是指一国给予外国国民某种权利、利益或者优遇须以该外国给予本国国民同等的权利、利益或优遇为前提。对等原则是国际关系中的一项基本原则，也是对外处理国际事务的一项基本政策，主要是为了各国间相互尊重主权，有利于各国间平等交往。[②] 在民事诉讼中实行对等原则也是各国的通行做法，它能够避免外国人在本国获得某些片面的权益或优惠，既是维护国家司法主权的需要，也是保护本国公民、法人和其他组织合法程序利益的需要。

【条文适用】

本条规定在适用时应当注意：

对于同等原则的适用，同等原则只是赋予外国人等在本国法上与本国人平等的法律地位，并不意味着外国人在本国诉讼中能够获得与其母国同等的诉讼待遇。

对于对等原则的适用，首先，对等原则的适用是有前提的，即“外

---

① 参见陈桂明主编：《民事诉讼法通论》，中国政法大学出版社 1999 年版，第 36 页。

② 王胜明主编：《中华人民共和国民事诉讼法释义》（最新修正版），法律出版社 2012 年版，第 8 页。

国法院对中华人民共和国公民、法人和其他组织的民事诉讼权利加以限制”，如果外国法院并没有对我国公民、法人和其他组织的民事诉讼权利有所限制，那么本条就没有适用的余地。其次，在适用时要注意把握好对等的“度”，由于我国诉讼立法与外国的诉讼立法内容不尽相同，因而在具体制度的规定上很可能存在差异，基于此所讲的对等，应当是一种根据具体情况加以分析的对等。如果外国法院限制我国公民、组织诉讼权利的内容，我国于立法上有相应规定，则可以相同的内容加以限制；如果外国法院对我国公民、组织诉讼权利的限制，我国于立法上无相应规定，即应当以相同性质、相同内容来加以限制，因此，对等原则的适用应当体现一种灵活性。最后，应当注意对等原则适用的后置性，法院应当先运用类似协商、谈判等和平友好方式解决当事人之间存在的诉讼权利争议，最后考虑适用对等原则。

第六条　民事案件的审判权由人民法院行使。

人民法院依照法律规定对民事案件独立进行审判，不受行政机关、社会团体和个人的干涉。

【条文主旨】

本条是关于民事审判权由人民法院行使原则和人民法院独立对民事案件行使审判权原则的规定。

【条文理解】

民事审判权，是指人民法院代表国家依法审理和裁判民事案件的权力。该权利主要包括案件管辖权，诉讼文书送达权，调查取证和质证、认证、采证权，开庭审理权，主持调解权，诉讼指挥和程序管理权，强制措施决定权，判决、裁定权等。[①] 本条第1款规定了民事审判权由人民法院统一行使原则，第2款规定了人民法院依照法律规定对民事案件独立进行审判的原则。

一、民事审判权由人民法院统一行使原则

审判权由人民法院行使是我国重要的宪法原则。《宪法》第128条规定："中华人民共和国人民法院是国家的审判机关。"根据这一宪法原则，本条第1款规定："民事案件的审判权由人民法院行使。"理解本原则应把握以下几点。

（一）民事审判权只能由人民法院行使

民事审判权是国家权力的重要组成部分，体现了国家的强制力，只

① 宋朝武等主编：《民事诉讼法学》，高等教育出版社2018年版，第100页。

能由人民法院行使。首先，民事案件由各级人民法院和各专门人民法院审理，其他任何机关、社会团体和个人都无权进行民事审判；其次，民事审判权也不是人民法院的某个审判庭或者审判员个人的权力，而是整个人民法院享有的权力，审判庭和审判员只能以人民法院的名义进行民事审判。

（二）人民法院以外的其他任何机关、团体和个人都无权行使民事审判权

民事审判权关系公民的人身权利、财产权利和其他权利的实现，只能由法律授权的人民法院行使，人民法院以外的其他任何机关、团体和个人，都无权行使。

这里所讲的机关，是指法律赋予审判权以外的各级各类国家机关，包括中央和地方的权力机关、行政机关等。有些国家机关，依法享有监督权、调查权，如各级国家权力机关依法享有对审判工作的监督权，国家行政监察部门依法享有对各级行政机关的行政监察权，工商、税务、海关等行政机关依法享有对有关违法行为的调查权和处罚权，但这些权力不同于审判权。这些机关都不得超越职权范围行使只有人民法院才能行使的审判权。这里所讲的团体，是指各政党、群众组织和社会团体。这里讲的个人，是指一切公民，包括下至普通公民上至国家领导人的一切个人。如果其他机关、团体和个人行使了侦查权、检察权、审判权，则属于违法行为，应当受到法律的追究。①

（三）民事审判权必须严格遵守法定程序

人民法院行使民事案件审判权必须按照一定的程序进行，这个程序就是民事诉讼程序。《民事诉讼法》对民事诉讼程序作了详细规定，为人民法院查明事实、正确适用法律、及时审理民事案件提供了法律依据和制度保障。

---

① 李国光主编：《民事诉讼法及配套规定新释新解》，人民法院出版社2006年版。

二、人民法院独立行使民事案件审判权原则

《宪法》第 131 条规定："人民法院依照法律规定独立行使审判权，不受行政机关、社会团体和个人的干涉。"根据这一宪法原则，本条第 2 款规定，人民法院依照法律规定对民事案件独立进行审判，不受行政机关、社会团体和个人的干涉。这一原则是司法公正的重要保证，对于保证人民法院正确行使审判权，排除非法干预，依法客观公正处理案件，具有重要意义。

人民法院独立行使民事案件审判权原则，包含以下相互联系的两方面含义：

第一，人民法院对具体案件行使审判权要严格依照法律的规定进行，除了服从法律之外，不服从行政机关、社会团体和个人有关处理具体案件的指示或命令。独立行使审判权，其独立行使的含义就在于只服从法律，忠实于法律，而不服从任何外来的干涉。①

第二，任何行政机关、社会团体或个人不得干涉人民法院对具体案件的审判工作。要保证法律的正确实施，保证对案件的客观公正处理，就必须排除来自任何行政机关、社会团体和个人对审判工作的干涉。任何于法无据的对审判工作的干预都是非法的，任何行政机关、社会团体和个人都无权下指示、作决定，要求人民法院办理案件应当怎样做或不得怎样做。对于倚仗权势干涉人民法院审判工作的行为，人民法院有权抵制，情况严重的应当依法追究法律责任。当然，依法独立行使审判权，并不排除人民法院为了正确处理案件，听取有关单位和个人的意见，但这些意见只能作为处理案件的参考，不具有必须听从的约束力。

【条文适用】

坚持人民法院统一、独立行使民事案件审判权原则，必须处理好以

① 李国光主编：《民事诉讼法及配套规定新释新解》，人民法院出版社 2006 年版。

下两方面关系：

首先，要处理好独立行使审判权与接受对审判工作的监督的关系。人民法院独立行使审判权，并不意味着人民法院的审判工作不受任何监督和制约。人民法院作为国家机构的组成部分，审判工作作为行使国家权力的活动，必须接受党的领导，接受人民群众的监督，接受其他国家机关和社会组织的监督与制约。人民群众对人民法院的审判工作的监督，主要是通过权力机关监督和人民群众直接监督的方式来实现的。

其次，要处理好人民法院系统内部的上下级关系。我国法律规定的独立行使审判权，是指人民法院作为整体独立行使审判权，而不是指由审判员个人独立行使审判权。法院系统内部的上下级法院之间的关系是监督与被监督的关系。最高人民法院有权监督地方各级人民法院和专门人民法院的审判工作，上级人民法院有权监督下级人民法院的审判工作。这一监督行为不能被视为干涉法院独立行使审判权。

第七条　人民法院审理民事案件，必须以事实为根据，以法律为准绳。

【条文主旨】

本条是关于以事实为根据、以法律为准绳的规定。

【条文理解】

以事实为根据，以法律为准绳，是我国法律的一项基本原则，是司法公正的重要体现。以事实为根据，就是以查证属实的证据并根据这些证据认定的案件事实作为审理民事案件的根据。以法律为准绳，就是以相关民事法律的规定作为衡量的标准尺度来审理民事案件，即按照实体法和程序法的规定，确定当事人之间的权利义务关系。不能以言代法，也不能主观臆断，法律就是办理案件的唯一标准。以民事法律的规定作为判案的准绳，才能做到正确审理民事案件，并作出公正的裁判。因此，以事实为根据、以法律为准绳的原则是确保人民法院依法正确行使审判权的重要原则，是实现司法公正的有力保障。

一、以事实为根据

以事实为根据，就是在整个民事诉讼过程中，必须始终以查证属实的事实作为处理案件的根据，不能凭借主观想象或者无根据的推理作为根据，其核心就是要重证据、重调查研究。具体而言，以事实为根据，主要包括以下几个方面：一是对于当事人及其诉讼代理人因客观原因不能自行收集的证据，或者人民法院认为审理案件需要的证据，人民法院应当调查收集。二是人民法院应当按照法定程序，全面、客观地审查核实证据。例如，人民法院对视听资料，应当辨别真伪，并结合本案的其他证据，审查确定能否作为认定事实的根据。三是证据应当在法庭上出示，并由当事人互相质证、辩论，在经过人民法院审查属实后，才能作为定案的根据。

二、以法律为准绳

以法律为准绳，就是人民法院无论对案件进行程序处理还是实体处理，都必须以相关法律为标准，并正确适用法律对案件作出裁判。以法律为准绳的核心是依法审判，不能以权代法、枉法裁判，也不能主观臆断、曲解法律。坚持以法律为准绳，既是保证依法办事、杜绝司法腐败的需要，也是统一司法尺度、维护法治统一的需要。

【条文适用】

以事实为根据是人民法院正确审理民事案件的基础，以法律为准绳是人民法院准确作出裁判的依据，二者缺一不可。人民法院在审理民事案件的过程中，必须始终贯彻以事实为根据、以法律为准绳的原则，只有这样，才能真正做到公正审判，有效解决民事纠纷。

以事实为根据、以法律为准绳是一个有机的整体，事实是适用法律的基础和前提条件，法律是人民法院作出正确裁判的唯一标准和依据，二者缺一不可，司法判决应当以事实为小前提，以法律为大前提，二者有机结合才能准确查明事实，作出裁决，确保司法公正。正确适用这个原则，应注意：以事实为根据、以法律为准绳作为基本原则之一，贯穿于民事诉讼活动的全过程；贯彻执行以事实为根据、以法律为准绳的原则，必须与其他基本原则相结合；以事实为根据中的事实必须以证据为基础，特殊情况则以符合法律的具体要求为准。

第八条　民事诉讼当事人有平等的诉讼权利。人民法院审理民事案件，应当保障和便利当事人行使诉讼权利，对当事人在适用法律上一律平等。

【条文主旨】

本条是关于当事人民事诉讼权利平等原则的规定。

【条文理解】

当事人诉讼权利平等原则，是指当事人在民事诉讼中享有平等的诉讼权利，人民法院审理民事案件应当平等地保障当事人行使诉讼权利。《宪法》第 33 条第 2 款规定："中华人民共和国公民在法律面前一律平等。"本条规定的当事人民事诉讼权利平等原则，是《宪法》关于法律面前人人平等的原则在《民事诉讼法》上的具体体现。诉讼权利平等，也反映了民事纠纷的特点。民事纠纷是平等的民事主体之间产生的纠纷，在民事法律关系中，当事人的法律地位是平等的。这就要求在解决民事纠纷的诉讼过程中，当事人的法律地位也必须是平等的，平等地享有诉讼权利和承担诉讼义务。本条主要包括以下三层含义。

一、民事诉讼当事人有平等的诉讼权利

所谓民事诉讼权利，是指诉讼法律规范所规定的民事诉讼法律关系主体所享有的实施一定诉讼行为的可能性。① 民事诉讼当事人有平等的诉讼权利，是指案件各方当事人在诉讼活动中地位平等，享有的诉讼权利和承担的诉讼义务是对等的。在民事诉讼中，当事人平等地享有诉讼权

① 江伟、肖建国主编：《民事诉讼法学》，中国人民大学出版社 2015 年版，第 21 页。

利，任何一方不得享有比对方更优越或者更多的诉讼权利。不论当事人的职业、社会地位、民族、国籍等的不同，也不论当事人为自然人、法人或其他组织，只要他们是民事诉讼的当事人，就享有平等的诉讼权利。只有赋予双方当事人平等的权利、均等的机会，才能维护双方当事人平等地进行民事诉讼活动。当事人的诉讼权利平等，在民事诉讼中表现为两种情况：一是双方当事人享有相同的诉讼权利。如双方当事人都有委托代理人，申请回避，收集并提供证据，请求和解，进行辩论，提起上诉，申请再审，申请执行等权利。二是双方当事人享有对等的诉讼权利。某些诉讼权利分属于原告和被告各自享有，但又是相互对等的。通过双方当事人享有对等的诉讼权利，来达到诉讼权利的平等。例如，原告享有起诉权，被告享有答辩权；原告有权提出诉讼请求，被告有权反驳诉讼请求或者提出反诉等。[①]

二、人民法院应当保障和便利当事人行使诉讼权利

所谓"保障当事人行使诉讼权利"，是指人民法院在审理民事案件时，要确保当事人的诉讼权利能够切实得到行使。例如，本法第126条规定：人民法院应当保障当事人依照法律规定享有的起诉权利。对符合本法第122条的起诉，必须受理。符合起诉条件的，应当在7日内立案，并通知当事人；不符合起诉条件的，应当在7日内作出裁定书，不予受理；原告对裁定不服的，可以提起上诉。又如，本法第129条规定：人民法院对决定受理的案件，应当在受理案件通知书和应诉通知书中向当事人告知有关的诉讼权利义务，或者口头告知。再如，本法第140条第2款规定：开庭审理时，由审判长或者独任审判员告知当事人有关的诉讼权利义务，询问当事人是否提出回避申请。

所谓"便利当事人行使诉讼权利"，是指人民法院在审理民事案件时，要给当事人提供必要的便利条件，以便当事人行使其诉讼权利。例如，本法第67条第2款规定：当事人及其诉讼代理人因客观原因不能自

① 吴高盛主编：《〈中华人民共和国民事诉讼法〉释义及实用指南》，中国民主法制出版社2012年版。

行收集的证据，人民法院应当调查收集。本法第 123 条第 2 款规定：当事人书写起诉状确有困难的，可以口头起诉，由人民法院记入笔录，并告知对方当事人。本法第 138 条规定：人民法院审理民事案件，根据需要进行巡回审理，就地办案。

三、人民法院对当事人在适用法律上一律平等

人民法院审判民事案件，对于一切当事人，不分民族、种族、性别、职业、社会出身、宗教信仰、教育程度、财产状况、居住期限，在适用实体法和程序法上一律平等，不允许有任何特权。

【条文适用】

当事人诉讼权利平等原则的适用，主要包括以下几方面内容：

第一，在适用的主体上，诉讼权利平等原则适用于在人民法院进行民事诉讼的所有当事人。既包括自然人，也包括法人和其他组织；既包括我国当事人，也包括在人民法院进行民事诉讼的外国人、无国籍人。当然，对于外国人、无国籍人，除适用诉讼权利平等原则外，还应当适用同等原则和对等原则。

第二，在适用的程序上，除特别程序、督促程序、公示催告程序等非诉讼程序外，诉讼程序都适用诉讼权利平等原则。

第三，在适用的人民法院上，诉讼权利平等原则适用于审理民事案件的各级人民法院和各专门人民法院。

诉讼当事人的诉讼权利平等，不意味着当事人的诉讼权利和诉讼义务完全相同，当事人应当了解自己所享有的权利和履行的义务，若发现自己的权利在法院没有得到平等对待，应当提出异议。法院应当努力实现当事人的诉讼权利平等，有些当事人对自己所享有的诉讼权利和履行的诉讼义务还不够清楚，对诉讼缺乏足够的了解或缺少经验，存在不会用、不敢用的现象，法院应及时、准确地告知当事人。在当事人因其他原因而行使权利有困难的，法院应努力为当事人解决困难，如本法第 11

条规定，各民族公民都有用本民族语言、文字进行民事诉讼的权利。法院应当为不通晓当地语言文字的当事人提供翻译。此外，法院还可以为缺少文化知识的当事人指定代书人，为因经济困难无力交纳诉讼费用的当事人给予司法救助。法官可以适当行使释明权，引导当事人正确行使权利和履行义务，确保当事人能够在诉讼中的权利平等。

人民法院适用这一原则，应注意无论当事人在性别、民族、职业、文化程度、经济状况上有无差异，都应该无差别的对待，并且平等地适用法律。法院应当告知当事人所享有的诉讼权利，在庭审过程中对当事人提出的主张和证据予以平等、公正的关注，给予双方当事人平等的机会，不偏袒任何一方。并且对于相对弱势需要帮助的一方，可根据情况给当事人提供法律援助或其他帮助的机会。只有充分保障双方当事人能在诉讼中享有平等的法律地位，能够切实行使自己的诉讼权利，法院才能对案件作出公平公正的裁判，从而使当事人能够主动认可判决结果。

第九条　人民法院审理民事案件，应当根据自愿和合法的原则进行调解；调解不成的，应当及时判决。

【条文主旨】

本条是关于法院调解的原则的规定。

【条文理解】

法院调解对应的是民间调解、社会组织调解，它是根据主持调解的主体来划分的。从调解主持主体来看，诉讼调解即法院调解。所谓诉讼调解，是指在民事诉讼中，双方当事人在法官或者其他人员的组织下，就案件争议问题进行协商，解决纠纷的诉讼行为和结案方式。[①] 法院调解是人民法院解决民事纠纷的重要形式。本条主要包括以下三层含义。

一、法院调解应当坚持自愿原则

根据本条规定，人民法院审理民事案件，应当根据自愿的原则进行调解。“自愿”包含两层意思，即程序意义上的自愿和实体意义上的自愿。程序意义上的自愿，是指当事人主动申请人民法院以调解的方式解决他们之间的民事纠纷，或者同意人民法院为其做调解工作。实体意义上的自愿，是指调解达成的协议必须是当事人双方互谅互让、自愿协商的结果。调解在本质上就是以当事人合意来解决纠纷。因此，调解制度的基础就是当事人对自己权利的处分权。调解程序的设置，目的就是当事人相互妥协与让步，实现自我权利的安排，为以友好方式解决纠纷提供机会和条件。调解的正当性和有效性来源于当事人调解的意思自治，

① 毕玉谦主编：《民事诉讼法学》（第 2 版），中国政法大学出版社 2021 年版，第 299 页。

而这也正是对调解是否公正进行判断的基本标准，是调解制度发挥作用的基本要求。要保障当事人能够自由真实表达其意志，就必须在调解程序中坚持调解自愿的原则。[①]

二、法院调解应当坚持合法原则

根据本条规定，人民法院审理民事案件，应当根据合法的原则进行调解。合法原则是指法院调解必须符合法律的规定。法院调解的合法性包括调解程序的合法性和调解协议的合法性，即包括程序意义上的合法和实体意义上的合法。程序合法是指调解程序的启动、调解方式、调解程序的进行、调解协议的确认和调解书的生效、执行等都必须依照法定的程序进行；[②] 实体合法则指调解协议的内容应该符合法律、法规的规定。调解协议不得违反法律、行政法规禁止性规定，不得侵害国家利益、社会利益和他人的合法权益。《民事调解工作规定》第10条规定："调解协议具有下列情形之一的，人民法院不予确认：（一）侵害国家利益、社会公共利益的；（二）侵害案外人利益的；（三）违背当事人真实意思的；（四）违反法律、行政法规禁止性规定的。"

三、调解不成，应及时判决

根据本条规定，人民法院审理民事案件，调解不成的，应当及时判决。本法第145条规定："法庭辩论终结，应当依法作出判决。判决前能够调解的，还可以进行调解，调解不成的，应当及时判决。"从法条的规定可以理解"还可以进行调解"并不意味着调解只能在法庭辩论终结后进行，开庭前调解也是符合立法本意的，自愿基础上的调解应当贯穿诉讼活动始终。

调解虽然能以当事人协商并达成调解协议的民主方式解决纠纷，但是不得强制当事人必须采用协商方式，并且在调解不成时，当事人无法接受协商结果，无法继续调解时，法院应当及时采用判决方式来解决纠

---

① 李国光主编：《民事诉讼法及配套规定新释新解》，人民法院出版社2006年版。

② 毕玉谦主编：《民事诉讼法学》（第2版），中国政法大学出版社2021年版，第72页。

纷，当事人对判决结果有意见的，可以通过上诉等方式维护自己的权益。

【条文适用】

关于调判之间的关系，理论界和司法实务部门尚有不同主张，有的主张“调判分离”，主张调解与审判在组织、审理阶段上完全分开；有的主张“调判合一”，主张调解与裁判由同一审判组织负责，调解贯穿在诉讼活动始终，不区分调解阶段和审判阶段；有的主张“调判适度分离”，在前两种观点的基础上，从组织机构和审理阶段上适度分离。在实践中，调解并非审理民事纠纷的必经程序，并非一切案件都必须经过调解，即使是审理离婚案件，也是“应当进行调解”，即应更多做调解工作，凡是能够用调解方式解决的，尽量调解解决，而不是“久调不决”，故应把握“能调则调，当判则判，调判结合，案结事了”的原则，能调则调，当判则判。

调解方式虽然有利于解决纠纷，但不是所有的案件都适用调解方式。《民事诉讼法司法解释》第 143 条规定适用特别程序、督促程序、公示催告程序的案件，婚姻等身份关系确认案件以及其他根据案件性质不能进行调解的案件，不得调解。

除了特殊情况外，调解活动的进行不会公开，毕竟涉及的是当事人对自己的利益所作出的协商，法院应当保护好当事人的隐私。《民事诉讼法司法解释》第 146 条规定：对调解过程中获悉的国家秘密、商业秘密、个人隐私和其他不宜公开的信息，应当保守秘密，但为保护国家利益、社会公共利益、他人合法权益的除外。

法院的调解活动贯穿诉讼的全过程，可以由审判员或合议庭主持调解，也可以邀请与案件有关系的社会团体或其他组织参与调解工作，调解活动的时间、地点、方式等可灵活安排，调解形成的调解协议需经当事人签名或盖章后才发生法律效力。双方当事人达成的调解协议不限于当事人的诉讼请求，协议的内容需要经过人民法院审查，具有侵害国家利益、社会利益，损害他人利益，违反法律规定的协议，人民法院不予确认。

对于一些案件，法律规定应当先行调解，以更有效、彻底地解决纠纷。《最高人民法院关于适用简易程序审理民事案件的若干规定》第14条规定："下列民事案件，人民法院在开庭审理时应当先行调解：（一）婚姻家庭纠纷和继承纠纷；（二）劳务合同纠纷；（三）交通事故和工伤事故引起的权利义务关系较为明确的损害赔偿纠纷；（四）宅基地和相邻关系纠纷；（五）合伙合同纠纷；（六）诉讼标的额较小的纠纷。但是根据案件的性质和当事人的实际情况不能调解或者显然没有调解必要的除外。"

第十条 人民法院审理民事案件，依照法律规定实行合议、回避、公开审判和两审终审制度。

【条文主旨】

本条是关于审理民事案件实行合议、回避、公开审判和两审终审制度的规定。

【条文理解】

民事诉讼的基本制度，是人民法院审判民事案件所必须遵循的基本程序。它与民事诉讼的基本原则不同：基本原则是集中体现民事诉讼法的基本精神和实质，并对整个民事诉讼起指导作用的准则，是民事诉讼法全部具体规定的根据和基础，具有抽象性和宏观指导性。基本制度则是根据《宪法》和《人民法院组织法》的规定，以民事诉讼的基本原则为指导，对人民法院审判民事案件所规定的一系列规范体系。它通常比较具体，而且对人民法院的审判活动具有规范作用。基本制度的重要意义在于，保障人民法院公正行使审判权，保证基本原则及其他程序制度的贯彻实施，保护当事人的合法权益。[①]

根据本条的规定，民事诉讼的基本制度包括合议制度、回避制度、公开审判制度和两审终审制度。

一、合议制度

合议制度是指由 3 名以上的审判员（或审判员与人民陪审员）组成审判集体，代表人民法院行使审判权，对案件进行审理并作出裁判的制

① 李国光主编：《民事诉讼法及配套规定新释新解》，人民法院出版社 2006 年版。

度。合议制度的组织形式是合议庭，合议制是相对于独任制而言的。合议庭由审判员或者审判员、人民陪审员组成，由于不同审级的审判任务不同，合议庭的组成也有所区别。合议庭的组成人数至少3人，且必须是单数。合议庭按照民主集中制的原则进行活动，所有成员平等。评议案件实行少数服从多数的原则，以多数人的意见为合议庭意见，少数人的意见允许保留。合议制可以集思广益，有利于发挥集体的智慧，弥补审判人员知识的不足，还可以防止审判人员的独断专行，保证公正审判。

二、回避制度

回避制度，是指审判人员及其他有关人员在其审理的案件中遇有法律规定的特殊情形时，退出该案审理的制度。回避制度是为了保证案件公正审理所设立的一项审判制度，可以保证审判人员依法办案，防止以权谋私或者徇私枉法，从而更好地保护当事人的合法权益。院长担任审判长时的回避，由审判委员会决定；审判人员的回避，由院长决定；其他人员的回避，由审判长决定。

三、公开审判制度

公开审判制度，是指人民法院审理民事案件的过程和裁判结果应当依法向社会公开的制度。《最高人民法院关于严格执行公开审判制度的若干规定》第1条规定："人民法院进行审判活动，必须坚持依法公开审判制度，做到公开开庭，公开举证、质证，公开宣判。"公开审判制度在诉讼活动中具有重要价值和意义，有利于促进司法公正，增强审判人员依法办案的责任感，提高办案质量，公正解决民事纠纷；有利于保障诉讼活动的顺利进行；同时，公开审判制度还使得其他原则和制度的执行更容易。

公开审判制度是社会主义民主制度的体现。根据《宪法》第130条规定，人民法院审理案件，除法律规定的特别情况外，一律公开进行。因此，除涉及国家秘密、个人隐私或者法律另有规定的外，应当一律公开审理，对于离婚案件和涉及商业秘密的案件，当事人申请不公开审理的，可以不公开。公开审判原则将人民法院的审判置于人民群众的监督之下，不仅有助于提高审判质量，同时也可以向人民群众进行法治宣传教育，提高他们的法治观念。

四、两审终审制度

两审终审制度，是指一个案件经过两级人民法院审判就宣告终结的制度。根据两审终审制，民事案件由第一审法院审理并作出裁判后，当事人不服的，可以在法律规定的期限内向上一级法院提起上诉。第二审法院对上诉案件作出的裁判，是发生法律效力的裁判，当事人即使不服也不能再行上诉。另外，最高人民法院是我国的最高审判机关，由最高人民法院审理的第一审民事案件所作出的裁判，是发生法律效力的裁判，不能提起上诉。我国的法院分为四级，实行两审终审制度的理由主要是我国地域辽阔，不少地方交通不便，如果与有些国家一样对案件的审判实行三审终审，当事人和证人等势必要为诉讼而长途往返，造成人力、财力上的浪费，而且也使当事人之间的权利义务关系长期处于不稳定状态，不利于民事流转和社会安定。①

【条文适用】

一、合议制度

合议制适用于审理除简单的诉讼案件外的民事诉讼案件，包括一般、重大、疑难和复杂案件。

我国四级人民法院都能适用合议制，并且中级以上的人民法院只能适用合议制。合议制既适用于一审程序，也适用于二审程序，特别程序中的选民资格案件和重大疑难的非讼程序应当采用合议制。

---

① 宋朝武等主编：《民事诉讼法学》，高等教育出版社 2018 年版，第 77 页。

二、回避制度

（一）适用对象

根据本法第47条的规定，回避的适用对象包括审判人员、书记员、翻译人员、鉴定人以及勘验人员。根据《民事诉讼法司法解释》第48条、第49条的规定，审判人员包括参与本案审理的人民法院院长、副院长、审判委员会委员、庭长、副庭长、审判员和人民陪审员。书记员和执行员适用审判人员回避的有关规定。

（二）适用情形

根据本法第47条的规定，审判人员有下列情形之一的，应当自行回避，当事人也可以申请回避：（1）是本案当事人或者当事人、诉讼代理人近亲属的；（2）与本案有利害关系的；（3）与本案当事人、诉讼代理人有其他关系，可能影响对案件公正审理的。以上规定也适用于书记员、翻译人员、鉴定人、勘验人。另外，审判人员接受当事人、诉讼代理人请客送礼，或者违反规定会见当事人、诉讼代理人的，当事人有权要求他们回避。审判人员有前款规定的行为的，应当依法追究法律责任。

根据《民事诉讼法司法解释》第43条规定，审判人员有下列情形之一的，应当自行回避，当事人有权申请其回避：（1）是本案当事人或者当事人近亲属的；（2）本人或者其近亲属与本案有利害关系的；（3）担任过本案的证人、鉴定人、辩护人、诉讼代理人、翻译人员的；（4）是本案诉讼代理人近亲属的；（5）本人或者其近亲属持有本案非上市公司当事人的股份或者股权的；（6）与本案当事人或者诉讼代理人有其他利害关系，可能影响公正审理的。

根据《民事诉讼法司法解释》第44条规定，审判人员有下列情形之一的，当事人有权申请其回避：（1）接受本案当事人及其受托人宴请，或者参加由其支付费用的活动的；（2）索取、接受本案当事人及其受托人财物或者其他利益的；（3）违反规定会见本案当事人、诉讼代理人的；（4）为本案当事人推荐、介绍诉讼代理人，或者为律师、其他人员介绍代理本案的；（5）向本案当事人及其受托人借用款物的；（6）有其他不正当行为，可能影响公正审理的。

此外，根据《民事诉讼法司法解释》第 45 条规定，在一个审判程序中参与过本案审判工作的审判人员，不得再参与该案其他程序的审判。发回重审的案件，在一审法院作出裁判后又进入第二审程序的，原第二审程序中合议庭组成人员不受前款规定的限制。

（三）适用条件

根据本法的规定，回避的条件主要有三项：（1）回避对象是本案当事人或者当事人、诉讼代理人的近亲属；（2）回避对象与本案有利害关系；（3）回避对象与本案当事人有其他关系，可能影响案件的公正审理。

（四）违反回避制度的法律后果

根据本法第 177 条第 1 款第 4 项以及《民事诉讼法司法解释》第 323 条第 1 条第 2 项的规定，“应当回避的审判的人员未回避的”构成严重违反法律程序的行为，应当裁定撤销原判决，发回原审人民法院重审。根据本法第 211 条第 7 项规定，依法应当回避的审判人员没有回避的民事案件，人民法院应当再审。

三、违反公开审理的法律后果

根据《最高人民法院关于严格执行公开审判制度的若干规定》第 7 条第 1 款规定，凡应当依法公开审理的案件没有公开审理的，应当按下列规定处理：（1）当事人提起上诉或者人民检察院对刑事案件的判决、裁定提起抗诉的，第二审人民法院应当裁定撤销原判决，发回重审。（2）当事人申请再审的，人民法院可以决定再审；人民检察院按照审判监督程序提起抗诉的，人民法院应当决定再审。

四、两审终审制度

（一）适用的法院

根据《人民法院组织法》的相关规定，我国人民法院分为基层人民法院、中级人民法院、高级人民法院和最高人民法院四级，除了最高人民法院审理的案件外，其他各级人民法院适用一审程序审理的案件，当事人不服的可以上诉。

（二）适用的程序

两审终审制度适用于普通程序和简易程序（小额诉讼程序除外），一审调解结案的不适用该制度。

（三）适用的案件

两审终审制度适用于因人身关系或财产关系引起的民事权利义务纠纷。

第十一条　各民族公民都有用本民族语言、文字进行民事诉讼的权利。

在少数民族聚居或者多民族共同居住的地区，人民法院应当用当地民族通用的语言、文字进行审理和发布法律文书。

人民法院应当对不通晓当地民族通用的语言、文字的诉讼参与人提供翻译。

【条文主旨】

本条是关于使用本民族语言文字进行民事诉讼原则的规定。

【条文理解】

我国是统一多民族的社会主义国家，我国《宪法》第 139 条规定："各民族公民都有用本民族语言文字进行诉讼的权利。人民法院和人民检察院对于不通晓当地通用语言文字的诉讼参与人，应当为他们翻译。在少数民族聚居或者多民族共同居住的地区，应当用当地通用的语言进行审理；起诉书、判决书、布告和其他文书应当根据实际需要使用当地通用的一种或者几种文字。"本法第 11 条便是承袭了《宪法》精神和原则作出的内容基本相同的规定。该规定不仅是为了保障各民族公民平等地行使民事诉讼权利，更是为了保障各民族平等，促进各民族团结。

本条第 1 款规定，各民族公民都有用本民族语言、文字进行民事诉讼的权利。该款规定中"各民族公民"表明了诉讼中使用本民族语言文字的权利是少数民族公民和汉族公民都享有的诉讼权利。

本条第 2 款规定，在少数民族聚居或者多民族共同居住的地区，人民法院应当用当地民族通用的语言、文字进行审理和发布法律文书。该款规定中的“当地民族通用语言、文字”指的是何种语言文字需要具体问题具体分析，根据《宪法》和《民族区域自治法》的规定，在五大少数民族自治区可能有两种或者两种以上的通用语言文字。我们不能简单地在当地民族通用语言文字和自治民族语言之间画等号。例如，新疆维吾尔自治区实行双语制，维吾尔语和汉语都是当地民族的通用语言文字，该地法院使用汉语和维吾尔语审理案件都是符合法律规定的，而非只能使用维吾尔语审理案件。对于法律文书的发布，将本款的规定结合《宪法》第134条中“起诉书、判决书、布告和其他文书应当根据实际需要使用当地通用的一种或者几种文字”的规定来看，如果当地民族通用语言文字只有汉文一种，则只以汉文发布法律文书，但是在当地民族通用语言文字为两种以上时，只要有诉讼参与人是少数民族，司法机关就应当以汉文和少数民族文字共同发布法律文书。

本条第3款规定，人民法院应当对不通晓当地民族通用的语言、文字的诉讼参与人提供翻译。民事诉讼庭审语言首先应当由双方当事人协商决定，协商不成的，法院应当依职权决定，法院在依职权决定时应当考虑双方当事人的语言、法院自身的条件等因素。第一种情况，如果诉讼中诉讼当事人既有汉族又有少数民族，选择汉语作为庭审语言的，应当为少数民族当事人提供翻译；选择少数民族语言作为庭审语言的，应当为汉族当事人提供翻译。应当以汉文和少数民族文字发布判决裁定等法律文书。第二种情况，如果诉讼当事人为同一少数民族，可以选择汉语或当地通用的少数民族语言作为庭审语言，最终选择汉语为庭审语言的，若诉讼当事人不通晓的，应当为其提供翻译。判决裁定等法律文书应当以汉文和少数民族文字发布。第三种情况，如果诉讼当事人为不同少数民族的，可以选择汉语和当地通用的少数民族语言作为庭审语言。若选择汉语作为庭审语言的，应当为不通晓汉语的诉讼当事人提供翻译。若选择其中一种少数民族语言作为庭审语言的，应当向不通晓该少数民族语言的一方当事人提供翻译。应当以汉文和不同种少数民族的文字共同出具判决裁定等法律文书，不同的少数民族文字法律文书分别向不同的少数民族当事人送达。总之，对于通晓语言与审判语言不同的诉讼参与人，法院都有为其提供翻译的义务。

【条文适用】

使用本民族语言文字进行民事诉讼原则在我国这样一个统一的多民族国家有着十分重要的意义，必须认真贯彻落实。这一原则包括：使用本民族语言文字进行民事诉讼的权利；人民法院使用当地通用语言文字的义务；人民法院提供翻译的义务。在适用该原则时，人民法院应当使用当地民族通用语言、文字审理案件；使用当地民族通用语言发布法律文书；对不懂当地民族通用语言、文字的诉讼参与人，人民法院应当为其提供翻译。

第十二条　人民法院审理民事案件时，当事人有权进行辩论。

【条文主旨】

本条是关于辩论原则的规定。

【条文理解】

辩论原则，是指当事人在民事诉讼活动中，有权就案件所争议的事实和法律问题，在人民法院的主持下进行辩论、各自陈述自己的主张和根据，互相进行反驳与答辩，以争取对自己有利的诉讼结果，维护自己的合法权益。同时，人民法院通过双方当事人的辩论查明案件事实，确定证据是否可以作为认定案件事实的依据，从而正确适用法律，作出正确判决。辩论原则贯穿于整个民事诉讼过程中，为当事人行使辩论权提供了法律依据。辩论原则建立在双方当事人民事法律地位和诉讼法律地位平等的基础之上，是当事人双方法律地位平等的重要体现。它有三层含义：第一，辩论是双方当事人在诉讼中享有的诉讼权利。从诉讼一开始，当事人对自己的诉讼请求或反请求，有权收集、提供证据，举出事实，说明理由，来论证自己所提出的诉讼请求或反请求的正当性，以维护自己的合法权益。第二，辩论原则是人民法院审理民事案件时必须遵循的准则，以充分保障和便利双方当事人行使辩论权利。人民法院的裁判，只能以在法庭上调查、辩论过的事实和证据为根据，未经法庭辩论、质证的事实和证据，不能作为认定案件事实的根据。这就为人民法院正确审理和裁判案件，提供了可靠的事实材料和证据材料。第三，辩论原则以当事人双方实体法和诉讼法上的地位完全平等为基础，同时又是这种平等的法律地位的具体体现。民事诉讼双方当事人具有平等的民事法律地位和诉讼法律地位。正是这种平等的法律地位，使当事人双方可以各自提出并坚持自己的主张，相互辩驳。可以说，当事人双方实体法和诉讼法地位平等是民事诉讼中辩论原则发生和存在的基础。同时，辩论原则又是当事人双方法律地位平等的重要体现。当事人双方实体法地位与诉讼法地位的平等在民事诉讼中具体表现为诉讼权利的平等，而诉讼权利中最具实际意义的便是陈述自己的诉讼主张，反驳对方主张的权利，也就是辩论权利。辩论原则从法律上确认了当事人双方享有辩论权，从而使当事人双方法律地位平等得到了进一步落实。

【条文适用】

贯彻辩论原则，要注意以下几点：

第一，当事人辩论的方式具有多样性。当事人既可以通过口头方式进行辩论，也可以通过书面方式进行辩论；既可以自行辩论，也可以委托诉讼代理人进行辩论。

第二，当事人辩论的范围具有全面性。当事人既可以对案件事实进行辩论，也可以对法律适用问题进行辩论，还可以对诉讼程序问题进行辩论。

第三，辩论原则贯穿于民事诉讼的全过程。除特别程序外，辩论原则适用于民事诉讼的所有程序，包括一审程序、二审程序和审判监督程序。在判决作出前的所有阶段，当事人双方均可通过法定的形式展开辩论。

第四，审判人员在诉讼过程中应保障当事人充分行使辩论权。贯彻辩论原则，要求审判人员在审理案件时，首先，要切实保障当事人充分行使辩论权利，为当事人双方提供均等的辩论机会，使争论问题得到彻底澄清。其次，要积极引导辩论活动，使辩论活动始终围绕诉讼的核心进行，以免当事人脱离中心问题，将辩论变成漫谈。再次，应当维持辩论秩序，及时制止与诉讼无关的争论以及借辩论之机进行人身攻击侮辱的行为。此外，审判人员在辩论过程中应当避免发表具有倾向性的意见，更不应当介入争论。只有做到这些才可以为当事人行使辩论权创造良好的环境，为贯彻辩论原则提供充分的保障。[①]

① 李国光主编：《民事诉讼法及配套规定新释新解》，人民法院出版社2006年版。

第十三条　民事诉讼应当遵循诚信原则。

当事人有权在法律规定的范围内处分自己的民事权利和诉讼权利。

【条文主旨】

本条是关于民事诉讼中诚信原则和当事人处分原则的规定。

【条文理解】

一、诚信原则

根据《民法典》第 7 条规定，民事主体从事民事活动，应当遵循诚信原则，秉持诚实，恪守承诺。2021 年《民事诉讼法》修改时，本条由“诚实信用原则”修改为“诚信原则”，与《民法典》表述一致。2023 年《民事诉讼法》修正时未对本条作出修改。

诚信是“诚实信用”的简称。“诚”即真心实意，指人的一种主观心理状态。孟子曰：“诚者，天之道也，思诚者，人之道也。”① 将“诚”誉为自然界和社会的最高道德范畴。“诚实”，指言行与内心一致，不虚假，意味着一个人善良的心理与其外在行为的一致性。“信”，意为诚实不欺。孔子曰：“人而无信，不知其可也。”② “信用”，指以诚信任用人，信任使用，遵守诺言，实践成诺。诚信原则原为民事实体法的一项重要原则，起源于罗马法的诚信契约。在民事诉讼中，法院对当事人诉讼行为的评价标准，无疑应以明确的程序性法律规范为依据。当事人行使诉

① 参见《孟子·离娄上》。

② 参见《论语·为政篇》。

讼权利，只要符合法律的规定，就能产生所期待的法律后果。但如果当事人违反信义，不诚实地进行诉讼，法官仍然以其行为符合法律规范的形式要件而予以认可，则又有侵害实质公正的危险。[①] 同样，如果法院、检察院、其他诉讼参与人等诉讼法律关系主体违反信义，不诚实地进行诉讼，也可能损及司法公正。法院、当事人以及其他诉讼参与人在审理民事案件和进行民事诉讼时必须公正、诚实和善意。诚信原则应当贯穿民事诉讼活动的全过程，违反诚信原则，应当承担相应的法律责任，诚信原则不仅适用于当事人之间以维持双方当事人的实质平衡，也适用于当事人和法院之间，确保二者的实质性协作，还适用于规范和约束其他诉讼参与人。民事诉讼活动强调诚信原则，有利于维护诉讼秩序，有利于保证人民法院的裁判及时实现，保护当事人和其他人的合法权益。

二、处分原则

处分原则，是指民事诉讼中当事人在法律规定的范围内，有权依照自己的意志支配其民事权利和诉讼权利，即可以自行决定是否行使或如何行使自己的民事权利和诉讼权利。处分原则是当事人自由意志的体现，在我国三大诉讼法中，处分原则是民事诉讼法特有的原则。享有处分权的主体只能是当事人和相当于当事人的人。行使处分权的范围包括对程序利益的处分和实体利益的处分。程序方面，当事人对诉讼的开始、进行和终结有决定权，比如起诉是原告的基本权利，当其权利受到侵害时，其有权选择起诉或不起诉，在立案后，当事人也可以选择撤回起诉。实体方面，当事人自主决定审理的对象和范围。比如本法第175条规定："第二审人民法院应当对上诉请求的有关事实和适用法律进行审查。"《民事诉讼法司法解释》第321条规定："第二审人民法院应当围绕当事人的上诉请求进行审理。当事人没有提出请求的，不予审理，但一审判决违反法律禁止性规定，或者损害国家利益、社会公共利益、他人合法权益的除外。"由此可见，第二审人民法院的审理范围限于当事人上诉请求的

① 参见江伟、肖建国主编：《民事诉讼法学》，中国人民大学出版社2015年版，第53页。

范围，而不能超越上诉请求进行全面审查。

当事人处分民事权利和诉讼权利必须在法律规定的范围内进行。民事权利虽然属于私法范畴，但其与国家利益、集体利益或他人利益往往有着密切联系，因此当事人处分自己的民事权利和诉讼权利并不是绝对的，《宪法》第 51 条规定："中华人民共和国公民在行使自由和权利的时候，不得损害国家的、社会的、集体的利益和其他公民的合法的自由和权利。"《民法典》第 154 条规定："行为人与相对人恶意串通，损害他人合法权益的民事法律行为无效。"当事人必须在法律规定的范围内处分自己的权利，否则，将承担相应的法律责任。当事人在诉讼中处分民事权利一般是通过处分诉讼权利来实现的，但并不是说处分诉讼权利就一定处分民事权利。

【条文适用】

一、诚信原则

诚信原则的适用是指其适用的主体、内容以及违反诚信原则所要承担的法律后果。诚信原则适用于法院、当事人，也适用于其他诉讼参与人。主要包括以下几个方面。

（一）禁止当事人滥用诉讼权利

滥用诉讼权利，是指违反诚信原则，专门以损害对方当事人、第三人或社会公共利益为目的行使诉讼权利的行为。民事诉讼中当事人享有广泛的诉讼权利，也有相应的义务，即当事人行使诉讼权利必须依照法律规定进行。

（二）禁止当事人反悔或自相矛盾的行为

任何人不能反悔其先前的行为或作出与自己先前行为相矛盾的权利行使行为。当事人在案件审理过程中出现前后矛盾的陈述时，如不能合理解释，也不能提供证据加以否定其先前的陈述，法院通常会采信当事人的最初陈述。《民事诉讼证据规定》第 3 条规定："在诉讼过程中，一方当事人陈述的于己不利的事实，或者对于己不利的事实明确表示承认的，另一方当事人无需举证证明。在证据交换、询问、调查过程中，或者在起诉状、答辩状、代理词等书面材料中，当事人明确承认于己不利的事实的，适用前款规定。”据此，当事人在起诉状、答辩状、陈述及其委托代理人的代理词中自认的，应当适用禁止反言规则，如果没有相反证据足以推翻其先前自认，其后续撤回自认无效，以保护对方当事人的信赖利益。当然，禁止反言也有例外，比如涉及身份关系的案件；当事人在法庭辩论终结前的撤回承认，对方当事人表示同意的，其撤回应视为有效；在当事人有充分证据证明自认违背其真实意思且真实情况不符，或者是在受胁迫或重大误解下作出且与事实不符的，应当允许撤回。

（三）当事人真实陈述的义务

这是诚信原则的基本体现，即当事人在诉讼中必须真实地作事实陈述，不得故意作虚假陈述或者伪造证据。对当事人真实义务的要求，是对辩论原则的补充，使得不真实的当事人陈述对法院不产生约束力，以保障法院裁判的公正。

（四）禁止法官滥用自由裁量权

由于法律具有滞后性，要将法律有效地付诸实施，需要赋予法官一定的自由裁量权。要求法官处理程序问题和实体问题时必须以事实为根据、以法律为准绳，在需要行使自由裁量权时，必须本着诚实、善意、公正的心态作出决定。

（五）要求法官尊重当事人的程序主体地位

保障当事人的同等诉讼权利，为当事人行使权利提供同等的条件，在认定案件事实与证据时，按照诚信原则加以对待。法官也要充分尊重当事人的主体地位，不能过分介入当事人之间的纠纷。法官要按照诚信原则裁判，要充分履行释明义务和保障当事人的知情权，使当事人对裁判过程清楚明了。

（六）诚信原则对其他诉讼参与人的适用

诉讼代理人不得在诉讼中滥用代理权，代理时应对委托人和法院诚实；证人不得作伪证；鉴定人不得作出与事实不符的鉴定意见；翻译人员不得故意作与诉讼主体陈述或书写意愿不符的翻译。

二、处分原则

当事人处分权的行使实质上是约束人民法院审判权的行使，凡属于当事人处分权范围内的事项，人民法院不得干预，必须充分尊重当事人的处分权，法院不得超越当事人的处分权进行审判，另外，法院的审判权也对当事人行使处分权进行限制，以保证当事人处分权行使的正当性。即法院审判权对当事人处分权在一定程度上具有监督作用。比如当事人行使撤诉权时，人民法院有权进行审查并决定是否准予撤诉。

第十四条 人民检察院有权对民事诉讼实行法律监督。

【条文主旨】

本条是关于检察监督原则的规定。

【条文理解】

检察监督原则，是指人民检察院有权对人民法院的诉讼活动和执行活动进行监督。人民检察院是我国的法律监督机关，对法院的民事审判和执行活动实施监督，是其监督职能在民事诉讼中的体现。

我国《民事诉讼法》规定的检察监督是检察院对法院的监督，监督的对象包括法院的民事审判活动以及法官的审判、执行行为，在监督的过程中有时会涉及当事人和诉讼代理人，比如，监督法官是否有私下会见当事人、是否有接受请客送礼的行为等。从本法对监督的具体规定来看，监督的对象包括法院、法官、书记员，一般不包括当事人及其他诉讼参与人的行为。检察监督的内容主要包括以下三个方面。

一、对判决、裁定、调解书的监督

根据本法第219条第1款和第2款规定，最高人民检察院对各级人民法院已经发生法律效力的判决、裁定，上级人民检察院对下级人民法院已经发生法律效力的判决、裁定，发现有本法第211条规定情形之一的，或者发现调解书损害国家利益、社会公共利益的，应当提出抗诉。地方各级人民检察院对同级人民法院已经发生法律效力的判决、裁定，发现有本法第211条规定情形之一的，或者发现调解书损害国家利益、社会公共利益的，可以向同级人民法院提出检察建议，并报上级人民检察院备案；也可以提请上级人民检察院向同级人民法院提出抗诉。

二、对违法审判行为的监督

根据本法规定，各级人民检察院对审判监督程序以外的其他审判程序中审判人员的违法行为，有权向同级人民法院提出检察建议。纠正违法检察建议改变了检察机关仅仅对审判结果进行监督的单一情况，将审判结果的形成过程一并纳入监督范畴，丰富了监督对象，扩展了监督范围，实现了对实体性问题和程序性问题、静态审判结果及动态审判行为的共同监督。

三、对执行活动的监督

本法第246条规定："人民检察院有权对民事执行活动实行法律监督。"人民法院的判决、裁定能否得到执行，直接关系当事人的合法权益能否实现，关系能否真正实现司法公正，因此，明确检察机关对执行活动的监督，可以保障裁判及时有效地执行。

在我国现行的司法体制中，执行权由法院内设的执行机构行使。执行机构实施的执行行为主要包括两类：一是执行中的裁决行为，即执行机构为推动执行程序进行以及为解决执行活动中的程序争议而作出的裁判，比如对当事人、利害关系人、案外人提出的执行异议的裁决等。二是纯粹的执行行为，即执行机构根据执行依据，基于国家赋予的公权力，采取执行措施以强制债务人履行义务，从而使债权人实现权利的行为，比如对被执行人的财产进行划拨、拍卖即属于此类。

检察机关执行监督属于有限监督，只有在执行活动存在违法行为的情况下才可以启动。在监督的过程中，检察机关应秉持公正，不能成为申请执行人的代理人，以防止检察机关执行监督权的滥用。而且，检察执行监督的范围应当与法院承担的执行职权范围一致。这样既符合我国的司法实践，也能使检察机关在实行执行监督时发挥支持作用。

【条文适用】

关于检察监督原则的适用，我国理论界和实务界存在不同认识。有坚持检察监督并扩大监督方式的观点，也有主张弱化甚至取消检察监督的观点。前者希望进一步强化检察监督，扩大监督的范围，增强监督的手段，甚至通过提起诉讼、参加诉讼的方式进行监督。后者则主张检察机关应当缩小监督的范围，只监督法官在审判活动中违反职业道德的行为以及实施错误裁判损害国家利益、社会公共利益的案件。

2012年修正《民事诉讼法》时，立法机关选择强化检察监督。将基本原则中"有权对民事审判活动实行法律监督"改为"有权对民事诉讼实行法律监督"，也即检察机关有权对整个民事诉讼活动实行监督。将审判活动的监督从原来的审判监督程序中的事后监督扩大到"对审判监督程序以外的其他审判程序中审判人员违法行为"的监督。法院的执行活动也纳入检察监督的范围，审判监督程序中的监督从原来的对生效判决、裁定的监督扩展到对损害国家利益、社会公共利益的生效调解书的监督，增加了检察建议这种监督手段并赋予检察机关提起公益诉讼的权利。

检察监督原则的适用，有利于保证人民法院依法行使职权，防止肆意滥用权力的情形出现，维护法律的权威性和统一性，维护当事人的合法民事权益。

第十五条　机关、社会团体、企业事业单位对损害国家、集体或者个人民事权益的行为，可以支持受损害的单位或者个人向人民法院起诉。

【条文主旨】

本条是关于支持起诉原则的规定。

【条文理解】

支持起诉原则，是指机关、社会团体、企事业单位对损害国家、集体或者个人民事权益的行为，可以支持受损害的单位或个人向法院提起民事诉讼。支持起诉作为我国民事诉讼的基本原则之一，肇始于国家干预主义的公权属性，并在充分尊重当事人处分原则的前提下对其进行了扬弃性改造。作为一种申请法律救济的权利，当事人在知识、年龄、健康等方面无法满足其诉诸法律程序的要求时，由有关机关、社会团体、企事业单位作为支持者来维护其合法权益就显得尤为重要。这是贯彻司法为民理念、延伸法律监督职能的重要体现。

实践中，机关、社会团体、企事业单位启动民事支持起诉制度的缘由主要包括原告方为弱势群体和被告的行为损害社会公共利益两种情形。关于弱势群体的界定即原被告间力量悬殊，如在收集证据、提起诉讼方面能力不足的个人及群体。主要包括以下主体：（1）讨薪的农民工；（2）未成年人和老年人、残疾人；（3）经济困难的其他人员。支持起诉的范围，目前重点集中在以下方面：（1）抚养费、赡养费、养老金；（2）预收消费款纠纷；（3）劳动报酬、社会保险金、人身损害赔偿金等。

大多数情况下，民事诉讼只能由民事权益受到侵害的公民、法人或者其他组织向法院起诉，并不需要其他组织或者个人的干预。但是在特殊情况下，受到损害的单位及个人无法独立保护自己的合法权益时，就需要有关组织给予帮助，即运用社会力量来帮助弱势单位或者个人实现诉讼权利。又考虑到当事人对自己的民事权利和诉讼权利可以在法律允许的范围内自由处分，如果当事人不愿意提起诉讼，机关、社会团体及企事业单位不能越俎代庖，即机关、社会团体、企事业单位只能支持民事权益受到损害的单位或者个人起诉，而不能以自己的名义来代替他们起诉。它的主要内容有以下几个方面。

一、支持起诉的前提条件

一是加害人的行为构成了侵权行为，即加害人的行为损害了国家、集体、个人的民事权益，需要支持受害者和这种侵权行为进行斗争。如果只是一般的民事权益之争，当事人可以自行处分，不需要机关、团体、企业事业单位介入。二是受损害者没有起诉。如果已经起诉，则无须支持。

二、有权支持起诉的主体

根据我国法律的有关规定，有权支持起诉的主体是对于受害者负有保护职责的机关、团体和企事业单位。比如，上级国家机关可以支持下级国家机关起诉，企事业单位可以支持本单位职工起诉，共青团可以支持受害的青年起诉，妇联可以支持受害的妇女起诉。

三、被支持起诉人的诉讼地位

被支持起诉者与本案有直接利害关系，在诉讼中应处于原告的诉讼地位。

四、支持起诉的单位在诉讼中的地位

支持起诉人为支持起诉的机关、团体、企事业单位。它们不是本案件的当事人，也不以自己的名义起诉。这是我国支持受害者起诉原则的显著特点，所以，在民事诉讼中只规定是支持者的诉讼地位。

五、支持起诉的方式

支持起诉的方式有两种：一是精神上、道义上的帮助；二是法律上、物质上的帮助。比如，向他们宣传法律知识、提供法律咨询服务，使其熟悉法律所规定的权利义务，提高维权意识，增强法治观念，善于运用法律武器维护自己的合法权益；经过他们的同意，接受他们的委托，帮助他们维护合法权益；向他们提供物质帮助，如代交诉讼费、律师费等。总而言之，机关、社会团体、企事业单位支持起诉的方式包括精神上、道义上、法律上及费用上的各种帮助和支持。在民事诉讼的实务中，有的人民检察院在国有资产流失、环境公益诉讼案件、农民工讨薪案件中，曾适用这一原则支持受害人向法院提起诉讼。

【条文适用】

适用支持起诉原则应注意正确理解独立行使审判权和支持起诉的关系。法院独立行使审判权和支持起诉是我国民事诉讼法的两个不同原则，两者并行不悖、相辅相成。实施支持起诉原则，可以帮助受害者更好地保护自己的权益，同时也有利于法院实现民事诉讼法的任务。因此，不能将支持受害者起诉与非法干涉法院审判混为一谈。这两者在性质上是完全不同的。支持受害者起诉是对违法行为的干预，它的目的是保护国家、集体和个人的合法权益不受损害，维护社会主义法治；而非法干涉法院审判是对合法行为的干预，其目的是维护个人的私利，破坏社会主义法治。

第十六条　经当事人同意，民事诉讼活动可以通过信息网络平台在线进行。

民事诉讼活动通过信息网络平台在线进行的，与线下诉讼活动具有同等法律效力。

【条文主旨】

本条是关于当事人对在线诉讼活动方式的选择权和程序效力的规定。

【条文理解】

本条是对《人民法院在线诉讼规则》的吸收和借鉴。“经当事人同意”，民事诉讼活动才可以通过信息网络平台在线进行，充分尊重当事人的程序选择权。“经当事人同意”即不得强制或者变相强制当事人适用在线诉讼。针对民事诉讼活动中重要的程序环节，比如在线庭审、证据交换、电子送达，以及案件非同步审理等，均要求以征得当事人同意为基本前提，充分保障当事人对民事诉讼活动方式的选择权和程序利益处分权。

第一，通过信息网络平台进行在线诉讼活动，应遵循处分原则，以当事人同意为前提。处分原则，是指在民事诉讼中当事人有权支配自己的实体权利和诉讼权利。处分原则的确立，使当事人有权在法律规定的范围内，依照自己的意志决定是否行使诉讼权利以及如何行使诉讼权利。“经当事人同意”是通过信息网络平台进行民事诉讼活动的适用前提，当事人有权自主选择线上或者线下诉讼模式，但不得不当干预和影响其他诉讼主体的选择权。部分当事人同意适用在线诉讼，部分当事人不同意的，相应诉讼环节可以采取同意方当事人线上、不同意方当事人线下的方式进行。

第二，通过信息网络平台在线进行的民事诉讼活动与线下诉讼活动具有同等法律效力。进入互联网时代，司法实践对在线诉讼规则需求十分强烈。加之2020 年年初出现新冠肺炎疫情，为切实保障防疫期间当事人的合法权益，最高人民法院推行在线诉讼服务并专门下发了《最高人民法院关于新冠肺炎疫情防控期间加强和规范在线诉讼工作的通知》。线上诉讼活动，不仅缩短了诉讼主体之间的时空距离，方便当事人参与诉讼活动，节约各方诉讼成本，提高诉讼效率，还可以避免当事人因聚集而可能引发的疫情扩散风险。《最高人民法院、国家发展和改革委员会关于为新时代加快完善社会主义市场经济体制提供司法服务和保障的意见》也提出了全面推行网上立案、跨域立案服务、网上调解、网上开庭、网上申诉等诉讼服务。然而，对于线上诉讼活动的法律效力，始终没有获得法律层面的认可。根据最高人民法院印发的《民事诉讼程序繁简分流改革试点实施办法》第 21 条第 1 款规定，诉讼主体的在线诉讼活动，与线下诉讼活动具有同等效力。2021 年 6 月 16 日，最高人民法院公布《人民法院在线诉讼规则》，并于2021 年 8 月 1 日开始施行。该规则第 1 条第 2 款也明确规定："在线诉讼活动与线下诉讼活动具有同等法律效力。"不过上述文件则都属于司法解释性质的文件，缺乏国家更高位阶立法的有力支撑。

2021 年修正的《民事诉讼法》，在本条中明确规定："民事诉讼活动通过信息网络平台在线进行的，与线下诉讼活动具有同等法律效力。"这将使民事诉讼规则更好地适应社会生活的发展变化，从法律层面为人民法院推动在线立案、在线诉讼、在线调解等线上诉讼服务提供了制度依据，有利于推动民事诉讼制度在互联网时代的转型升级，同时也为进一步深化在线诉讼实践提供有力的法律支撑。

【条文适用】

一是信息网络平台在线民事诉讼活动的理解。包括从立案到执行的各个民事诉讼环节。实践中，司法案件各有其特点，有的适宜在线解决，有的适合线下审理，必须遵循规律、实事求是。无论是“全部诉讼环节在线”，还是“部分诉讼环节在线”，或者“部分当事人线上，部分当事人线下”，都属于民事诉讼活动通过信息网络平台在线进行的形式。

在线民事诉讼活动主要依托信息网络平台开展。考虑到目前全国法院信息化建设规模、进程尚不均衡，《民事诉讼法》中“信息网络平台”应是泛指概念，既包括最高人民法院统一指导建设的电子诉讼平台，也包括各地法院结合工作需要自行建设的平台，是各类服务于在线诉讼工作平台的集合。未来，随着智慧法院建设不断深入，信息网络平台也将逐步向规范化、系统化、一体化发展。

二是尊重当事人程序选择权，是以不妨碍其他当事人的诉讼权益为前提的。《民事诉讼法》中“经当事人同意”，仅对同意者自身产生效力。一方当事人不同意在线诉讼，不影响其他方当事人选择在线诉讼的权利，案件可以采取“同意方当事人线上、不同意方当事人线下”方式审理。一方当事人要求其他当事人及诉讼参与人在线下参与诉讼的，按照《人民法院在线诉讼规则》第5条第3款的规定，应当提出具体理由。经人民法院审查，其理由成立的，可以将相应诉讼环节转为线下进行。

三是当事人主动同意或者选择的理解。实践中需注意以下四个方面：(1) 关于“经当事人同意”的方式。《民事诉讼法》《人民法院在线诉讼规则》对当事人同意的方式未作具体限制，实践中至少可以包括：主动作出在线诉讼行为、口头同意、信息网络平台确认同意、线下书面同意等。只要是当事人的真实意思表示，并可以留痕追溯，均是作出同意的有效方式。(2) 关于“当事人同意”的效力范围。当事人关于是否同意在线诉讼的意思表示，原则上仅对自身产生效力。一方当事人不同意在线诉讼，不影响其他方当事人选择在线诉讼的权利，案件可以采取“半在线”方式审理。考虑到司法实践的复杂性，《人民法院在线诉讼规则》对调解、证据交换、询问、听证、庭审等诉讼环节作出特殊安排，明确一方当事人有权在上述诉讼环节中，要求其他方当事人线下参审，但应当提出合理理由。经人民法院审查，其理由成立的，可以将相应诉讼环节转为线下进行，便于人民法院查明事实、适用法律。(3) 关于“当事人同意”后又反悔的处理。《人民法院在线诉讼规则》明确当事人同意适用在线诉讼后可以作出反悔，但需满足三个条件：第一，反悔应当在开展相应诉讼活动前的合理期限内提出。第二，反悔需通过申请方式提出，并经人民法院审查同意。第三，反悔不得基于恶意诉讼目的，如果能够认定当事人反悔是为了故意拖延诉讼或者增加对方当事人诉讼成本的，人民法院可以不予批准。（4）关于“当事人同意”的法律后果。《人民法院在线诉讼规则》第 6 条明确规定，当事人同意适用在线诉讼后，如果既不申请转为线下审理，又无其他正当理由，无故不作出相应诉讼行为或不参与在线诉讼活动的，人民法院应参照线下诉讼对应情形作出处理，以确保在线诉讼的严肃性和规范性。例如，当事人无正当理由逾期在线举证的，人民法院应当根据《民事诉讼法》有关规定，确定是否采纳该证据，并可予以训诫、罚款；当事人无正当理由不按时参加在线庭审或者擅自退出，视为“拒不到庭”或者“中途退庭”，人民法院可以视为撤诉或者缺席审理。

第十七条　民族自治地方的人民代表大会根据宪法和本法的原则，结合当地民族的具体情况，可以制定变通或者补充的规定。自治区的规定，报全国人民代表大会常务委员会批准。自治州、自治县的规定，报省或者自治区的人民代表大会常务委员会批准，并报全国人民代表大会常务委员会备案。

【条文主旨】

本条是关于我国民族自治地方可以制定变通或者补充规定的规定。

【条文理解】

我国是一个统一的多民族国家。根据《宪法》第 4 条规定，中华人民共和国各民族一律平等。各少数民族聚居的地方实行区域自治，设立自治机关，行使自治权。各民族都有使用和发展自己的语言文字的自由，都有保持或者改革自己风俗习惯的自由。《宪法》第 115 条规定："自治区、自治州、自治县的自治机关行使宪法第三章第五节规定的地方国家机关的职权，同时依照宪法、民族区域自治法和其他法律规定的权限行使自治权，根据本地方实际情况贯彻执行国家的法律、政策。"上述规定可以体现国家充分尊重和保障各少数民族管理本民族内部事务权利的精神，体现国家坚持实行各民族平等、团结和共同繁荣的原则，而本条即是对该精神和原则的体现。我国幅员辽阔，地区之间发展不平衡，国家立法面向全国，而民族自治地方具有鲜明的民族性和区域性，本法中的某些具体规定可能不能完全适合应用于民族自治地方。所以，为更好地贯彻实施本法，应当允许民族自治地方结合当地的特点，在不违反《宪法》和本法基本原则的前提下，对某些不适合民族自治地方适用的条款进行变通或者补充规定。立法变通是民族自治地方立法的重要方式，也是民族自治地方行使自治权的体现，本条规定符合我国民族自治的实际情况，也体现了宪法“各民族一律平等”的原则。

本条规定有以下几个含义：

第一，立法变通的主体是民族自治地方人民代表大会，行使立法变通权要符合相应的程序。《立法法》规定民族自治地方的人民代表大会是立法变通权的唯一主体，因为自治条例和单行条例能够变通法律和行政法规，应当对该权力加以约束。本法作为我国的基本法律，对其的变通是民族自治地方的重要事项，应当由当地最高权力机关慎重行使。按照本条规定，自治区的规定，报全国人民代表大会常务委员会批准。自治州、自治县的规定，报省或者自治区的人民代表大会常务委员会批准，并报全国人民代表大会常务委员会备案。可见，在民族自治地方人民代表大会行使立法变通权时应当遵守相应的批准备案程序。

第二，民族自治地方在行使立法变通权时不得违反《宪法》《民族区域自治法》，要坚持本法的基本原则，不得变通其中有关民族自治地方的规定。《宪法》是我国的根本大法，要坚决维护《宪法》的权威，民族自治地方人民代表大会行使立法变通权必须在《宪法》的框架内，不得违反《宪法》。《民族区域自治法》是关于民族区域自治的基本法律，若该法被变通，则会动摇民族区域自治最重要的法律基础。本法作为我国的基本法律，其基本原则不能变通，基本原则是其基本精神和核心内容，若基本原则被变通则否定了整个法律。本法中就民族自治地方所作的规定不能变通，这些关于民族区域自治地方的规定已经考虑到了民族自治地方的实际需要，因此不适宜再对其进行变通。

【条文适用】

《立法法》第 90 条第 1 款规定：“自治条例和单行条例依法对法律、行政法规、地方性法规作变通规定，在本自治地方适用自治条例和单行条例的规定。”结合本条规定，可见民族自治地方的人民代表大会可以通过自治条例和单行条例变通本法中不适宜在当地适用的条款；该自治条例和单行条例在适用上只在本民族自治地方有效；该自治条例和单行条例在本民族自治地方有着优先适用的效力。

第二章　管　　辖

第一节　级别管辖

第十八条　基层人民法院管辖第一审民事案件，但本法另有规定的除外。

【条文主旨】

本条是关于基层人民法院原则管辖第一审民事案件的规定。

【条文理解】

民事诉讼管辖是指在人民法院系统内，各级人民法院之间以及同级的各个人民法院之间受理第一审民事案件的分工和权限。对于提起诉讼的公民、法人和其他组织来说，也就是应当向哪一个人民法院起诉的问题。《民事诉讼法》对于民事案件的管辖一般是根据下列原则确定的：第一，有利于公正审理案件，保护各方当事人的合法权益；第二，便利当事人依法行使诉讼权利；第三，有利于法院依法公正进行审理和执行。

一般认为，人民法院的审判权与管辖权是两个不同的概念。审判权是国家权力的一部分，人民法院依照法律规定审判民事案件、刑事案件、行政案件等的权力。这也就是人民法院的主管范围，即人民法院受理、审理、解决哪些案件。而管辖权，是指每一个具体案件由哪一级人民法院和哪个地方的人民法院受理、审判。审判权是管辖权的前提，只有属于人民法院审判权所涉范围的，人民法院才有管辖权；不属于人民法院审判权所涉范围的，人民法院就没有管辖权。只有每个案件的管辖权得到落实，人民法院的审判权才能实现。

民事诉讼管辖分为级别管辖和地域管辖两种。级别管辖，是指根据案件的性质、影响的范围、简单或复杂的程度，在上下级人民法院之间进行分工、划分权限，确定由哪一级人民法院审理民事案件。而地域管辖，是指确定同级人民法院之间在各自的辖区内受理第一审民事案件的分工和权限。地域管辖则主要是根据人民法院的辖区以及当事人住所地、诉讼标的地或者引起法律关系发生、变更、消灭的法律事实所在地的关系来划分的。我国《民事诉讼法》规定的地域管辖，分为普通管辖、特别管辖、协议管辖、专属管辖和共同管辖。

本条是关于级别管辖中基层人民法院管辖第一审民事案件的规定。依据相关规定，中华人民共和国的审判权由下列人民法院行使：（1）最高人民法院；（2）地方各级人民法院；（3）军事法院等专门人民法院。地方各级人民法院分为：基层人民法院、中级人民法院、高级人民法院。基层人民法院包括：（1）县人民法院和市人民法院；（2）自治县人民法院；（3）市辖区人民法院。基层人民法院由院长一人，副院长和审判员若干人组成。基层人民法院可以设刑事审判庭、民事审判庭和经济审判庭，审判庭设庭长、副庭长。基层人民法院根据地区、人口和案件情况可以设立若干人民法庭。人民法庭是基层人民法院的组成部分，它的判决和裁定就是基层人民法院的判决和裁定。基层人民法院审判刑事和民事的第一审案件，但是法律、法令另有规定的案件除外。基层人民法院对它所受理的刑事和民事案件，认为案情重大应当由上级人民法院审判的时候，可以请求移送上级人民法院审判。基层人民法院除审判案件外，并且办理下列事项：（1）处理不需要开庭审判的民事纠纷和轻微的刑事案件；（2）指导人民调解委员会的工作。

本条是关于基层人民法院管辖的第一审民事案件的规定。“制度的设立，应当与制度所解决的问题相适应。如果要在所有的不同等级的法院之间进行分工，不同等级的法院应当根据其审判能力与职责的不同，分别受理不同性质或疑难程度不同的第一审案件。从一般意义上讲，高等级的法院要较低等级的法院审判能力更强，所担负的职责更重，因此所管辖的案件也要比低等级的法院所管辖的案件重要。出于此考虑，法律上可以确定一般的民事案件由低等级的法院作为一审法院，而案情复杂或涉及利益重大的案件由相对高等级的法院作为一审法院。这样的思维逻辑，在我国的民事诉讼立法中得到了充分的体现。”① 根据本条规定，基层人民法院管辖第一审民事案件，但本法另有规定的除外。所以，第一审民事案件原则上由基层人民法院管辖，明确了绝大多数民事案件都由基层人民法院管辖，具体而言是指由基层人民法院的民事审判庭管辖。在人民法院组织系统中，基层人民法院是我国法院组织系统中最基层的单位，它是与我国的基层行政辖区相一致的，具有数量多、分布广、审判人员的数量多且没有审理上诉案件的任务等特点，所以，一般地说，将第一审民事案件原则上都交给基层人民法院承担是比较符合法院工作均衡负担原则的。同时，由于民事纠纷的发生地、当事人住所地或者争议的财产所在地，甚至宣判后的执行，都与基层人民法院辖区相联系，因此，由基层人民法院作为第一审法院，既方便当事人诉讼，又方便人民法院查明相关事实进行审理。所谓“本法另有规定”的除外，是指《民事诉讼法》明确规定的由中级人民法院、高级人民法院和最高人民法院管辖的第一审民事案件依法不由基层人民法院管辖，除此之外，其余一切第一审民案件都由基层人民法院管辖。《民事诉讼法》第 19 条规定：“中级人民法院管辖下列第一审案件：（一）重大的涉外案件：（二）在本辖区有重大影响的案件；（三）最高人民法院确定由中级人民法院管辖的案件。”依据相关司法解释，最高人民法院确定由中级人民法院管辖的案件主要包括：专利案件、海事案件、海商案件、涉及港澳台的重大案件等。此外，经济纠纷的诉讼案件的诉讼单位属于省、自治区、直辖市以上的，一般由中级人民法院作为第一审法院；经济纠纷双方当事人争执标的数额较大，案件比较复杂的，也可以由中级人民法院作为一审法

① 潘剑锋：《第一审民事案件原则上应由基层法院统一行使管辖权》，载《法律适用》2003 年第 6 期。

院。根据《民事诉讼法》第20条、第21条规定，高级人民法院管辖的第一审民事案件为在本辖区内有重大影响的第一审民事案件。最高人民法院管辖的第一审民事案件有两类：第一，在全国有重大影响的案件；第二，认为应当由最高人民法院审理的案件。

【条文适用】

第一，根据各地不同的情况，各省的基层人民法院管辖的第一审民事、经济纠纷案件是不同的。根据最高人民法院批准的各高级人民法院辖区内各级人民级别管辖标准的规定，基层人民法院的级别管辖标准是不同的。针对广东和北京两地曾有以下规定：例如，广东省高级人民法院辖区内基层人民法院管辖的第一审民事、经济纠纷案件：（1）广州、深圳市所辖基层人民法院管辖争议标的金额为600万元以下（不含本数，下同）的案件，300万元以下的涉外和涉港、澳、台案件；（2）珠海、佛山、东莞、中山市所辖的基层人民法院管辖争议标的金额为300万元以下的案件，150万元以下的涉外和涉港、澳、台案件；（3）汕头、惠州、江门、湛江、茂名市所辖基层人民法院管辖争议标的金额为200万元以下的案件，150万元以下的涉外和涉港、澳、台案件；（4）肇庆、汕尾、阳江、韶关、潮州、揭阳、清远、云浮、梅州、河源市所辖基层人民法院以及铁路运输基层人民法院管辖争议标的为100万元以下的案件，70万元以下的涉外和涉港、澳、台案件；（5）高于上列标准50%以内的案件，经中级人民法院批准，基层人民法院可以作为第一审案件受理高于上列所定标准50%以上的案件，中级人民法院不得交由基层人民法院作第一审案件受理。再如，北京市高级人民法院辖区内基层人民法院管辖的第一审民事、经济纠纷案件：（1）基层人民法院管辖下列一审民事、经济纠纷案件：①争议金额在50万元以下的涉外和涉港、澳、台民事案件；②争议金额在500万元以下的房地产案件；③争议金额在250万元以下的其他民事案件；④争议金额在500万元以下的涉外和涉港、澳、台的经济纠纷案件；⑤争议金额在500万元以下的其他经济纠纷案件；⑥不服区、县劳动争议仲裁委员会仲裁的劳动争议案件；⑦经由上级法院依法指定或移送的民事、经济纠纷案件。（2）适用特别程序审理的案件。（3）支付令案件。（4）公示催告案件。（5）区、县工商行政管理机关核准登记的企业、公司的破产案件。

第二，根据《最高人民法院关于调整高级人民法院和中级人民法院管辖第一审民商事案件标准的通知》第 4 条规定，婚姻、继承、家庭、物业服务、人身损害赔偿、交通事故、劳动争议等案件，以及群体性纠纷案件，一般由基层人民法院管辖。

第三，依据《最高人民法院关于涉外民商事案件诉讼管辖若干问题的规定》第 1 条、第 3 条规定，涉外合同和侵权纠纷案件、信用证纠纷案件、申请撤销、承认与强制执行国际仲裁裁决的案件、审查有关涉外民商事仲裁条款效力的案件、申请承认和强制执行外国法院民商事判决、裁定的案件由下列人民法院管辖：（1）国务院批准设立的经济技术开发区人民法院；（2）省会、自治区首府、直辖市所在地的中级人民法院；（3）经济特区、计划单列市中级人民法院；（4）最高人民法院指定的其他中级人民法院；（5）高级人民法院。可见，上述一些案件可以由国务院批准设立的经济技术开发区人民法院管辖。

第十九条　中级人民法院管辖下列第一审民事案件：

（一）重大涉外案件；

（二）在本辖区有重大影响的案件；

（三）最高人民法院确定由中级人民法院管辖的案件。

【条文主旨】

本条是关于中级人民法院管辖第一审民事案件的规定。

【条文理解】

依据《人民法院组织法》规定，地方各级人民法院分为：基层人民法院、中级人民法院、高级人民法院。中级人民法院包括：（1）省、自治区辖市的中级人民法院；（2）在直辖市内设立的中级人民法院；（3）自治州中级人民法院；（4）在省、自治区内按地区设立的中级人民法院。中级人民法院由院长一人，副院长、庭长、副庭长和审判员若干人组成。中级人民法院设刑事审判庭、民事审判庭、经济审判庭，根据需要可以设其他审判庭。中级人民法院审理下列案件：（1）法律规定由其管辖的第一审案件；（2）基层人民法院报请审理的第一审案件；（3）上级人民法院指定管辖的第一审案件；（4）对基层人民法院判决和裁定的上诉、抗诉案件；（5）按照审判监督程序提起的再审案件。中级人民法院对它所受理的刑事和民事案件，认为案情重大应当由上级人民法院审判的时候，可以请求移送上级人民法院审判。但是对于中级人民法院管辖哪些第一审民事案件，该法并无明确规定。

本条是关于中级人民法院管辖的第一审民事案件的规定。根据本条规定，中级人民法院管辖下列三类第一审民事案件。

一、重大涉外案件

涉外案件，是指当事人一方或双方是外国人、无国籍人、外国企业或组织，或者当事人之间民事法律关系的设立、变更、终止的法律事实发生在外国，或者诉讼标的物在外国的案件。简言之，涉外案件是指民事法律关系的主体、内容、客体三者其中之一含有所谓的涉外因素的民事案件。但在我国改革开放中，为引进外资、引进技术兴建的许多从事生产经营的外国独资企业、中外合资企业和中外合作企业，因其注册为中国法人，即属于中国企业，不属于外国企业，因此不构成涉外因素。涉及港、澳、台同胞及企业、组织的案件，也不是涉外案件，但依据相关规定实际上参照执行。

而所谓的重大涉外案件，是指居住在国外的当事人人数众多或者当事人分属多国国籍，或者案情复杂，或者争议标的额较大等的涉外民事案件。这类案件由中级人民法院作为一审法院。《民事诉讼法司法解释》第 1 条则将重大涉外案件修改为："民事诉讼法第十八条第一项规定的重大涉外案件，包括争议标的额大的案件、案情复杂的案件，或者一方当事人人数众多等具有重大影响的案件。"

《最高人民法院关于涉外民商事案件诉讼管辖若干问题的规定》第 1 条、第 3 条规定：涉外合同和侵权纠纷案件、信用证纠纷案件、申请撤销、承认与强制执行国际仲裁裁决的案件、审查有关涉外民商事仲裁条款效力的案件、申请承认和强制执行外国法院民商事判决、裁定的案件，由下列人民法院管辖：（1）国务院批准设立的经济技术开发区人民法院；（2）省会、自治区首府、直辖市所在地的中级人民法院；（3）经济特区、计划单列市中级人民法院；（4）最高人民法院指定的其他中级人民法院；（5）高级人民法院。上述中级人民法院的区域管辖范围由所在地的高级人民法院确定。该解释第 5 条亦规定：涉及我国香港、澳门特别行政区和台湾地区当事人的民商事纠纷案件的管辖，参照该规定处理。可见，上述案件基本上是由中级人民法院管辖。

当然，涉外民商事案件由中级人民法院管辖需要由最高人民法院指定。《最高人民法院关于指定湖南省郴州、邵阳市中级人民法院以及长沙市岳麓区人民法院管辖一审涉外民商事案件的批复》指出："根据《最高人民法院关于涉外民商事案件诉讼管辖若干问题的规定》第一条和《最高人民法院关于加强涉外商事案件诉讼管辖工作的通知》第一条的规定精神，经研究，批复如下：指定郴州、邵阳市中级人民法院管辖一审涉外、涉港澳台民商事案件。郴州、邵阳市中级人民法院对一审涉外、涉港澳台民商事案件的区域管辖范围由你院确定。授权你院指定长沙市岳麓区人民法院管辖一审涉外、涉港澳台民商事案件。长沙市岳麓区人民法院一审涉外、涉港澳台民商事上诉案件由长沙市中级人民法院管辖。"

二、在本辖区有重大影响的案件

中级人民法院管辖的有重大影响的案件，是指案情复杂、涉及范围广、诉讼标的金额较大的案件，案发后案件处理结果的影响超出了基层人民法院的辖区范围，基层人民法院已不便行使管辖权，而由中级人民法院作为第一审管辖法院比较适宜。不过，在具体认定上，还需要各地人民法院根据实际情况来具体把握。审判实践中，判断案件是否在本辖区具有重大影响时考虑的因素主要有：（1）案情的繁简程度；（2）诉讼标的金额大小；（3）在该地区的影响等情况。

例如，北京市高级人民法院辖区内中级人民法院管辖的第一审民事、经济纠纷案件：（1）中级法院管辖下列一审民事、经济纠纷案件：①争议金额在50万元以上不满8000万元的涉外和涉港、澳、台民事案件；②争议金额在500万元以上不满1亿元的房地产案件；③争议金额在250万元以上不满1亿元的其他民事案件；④争议金额在500万元以上不满8000万元的涉外和涉港、澳、台的经济纠纷案件；⑤争议金额在500万元以上不满1亿元的其他经济纠纷案件；⑥不服市劳动争议仲裁委员会仲裁的劳动争议案件。（2）北京市或国家工商行政管理机关核准登记的企业、公司的破产案件。（3）申请撤销仲裁裁决的案件和申请仲裁条款无效的案件。

而后，最高人民法院又作出相应调整。《最高人民法院关于调整高级人民法院和中级人民法院管辖第一审民商事案件标准的通知》指出，中级人民法院管辖第一审民商事案件标准，由高级人民法院自行确定，但应当符合下列条件：北京、上海所辖中级人民法院，广东、江苏、浙江辖区内省会城市、计划单列市和经济较为发达的市中级人民法院，可管辖诉讼标的额不低于 5000 万元的第一审民商事案件，以及诉讼标的额不低于 2000 万元且当事人一方住所地不在本辖区或者涉外、涉港澳台的第一审民商事案件。其他中级人民法院可管辖诉讼标的额不低于 2000 万元的第一审民商事案件，以及诉讼标的额不低于 800 万元且当事人一方住所地不在本辖区或者涉外、涉港澳台的第一审民商事案件。天津所辖中级人民法院，重庆所辖城区中级人民法院，山东、福建、湖北、湖南、河南、辽宁、吉林、黑龙江、广西、安徽、江西、四川、陕西、河北、山西、海南辖区内省会城市、计划单列市和经济较为发达的市中级人民法院，可管辖诉讼标的额不低于 800 万元的第一审民商事案件，以及诉讼标的额不低于 300 万元且当事人一方住所地不在本辖区或者涉外、涉港澳台的第一审民商事案件。其他中级人民法院可管辖诉讼标的额不低于 500 万元的第一审民商事案件，以及诉讼标的额不低于 200 万元且当事人一方住所地不在本辖区或者涉外、涉港澳台的第一审民商事案件。甘肃、贵州、新疆、内蒙古、云南辖区内省会城市中级人民法院，可管辖诉讼标的额不低于 300 万元的第一审民商事案件，以及诉讼标的额不低于 200 万元且当事人一方住所地不在本辖区或者涉外、涉港澳台的第一审民商事案件。其他中级人民法院可管辖诉讼标的额不低于 200 万元的第一审民商事案件，以及诉讼标的额不低于 100 万元且当事人一方住所地不在本辖区或者涉外、涉港澳台的第一审民商事案件。青海、宁夏、西藏辖区内中级人民法院，可管辖诉讼标的额不低于 100 万元的第一审民商事案件，以及诉讼标的额不低于 50 万元且当事人一方住所地不在本辖区或者涉外、涉港澳台的第一审民商事案件。

最高人民法院又于 2021 年 9 月 17 日发布《关于调整中级人民法院管辖第一审民事案件标准的通知》（法发〔2021〕27 号）指出："为适应新时代经济社会发展和民事诉讼需要，准确适用民事诉讼法关于中级人民法院管辖第一审民事案件的规定，合理定位四级法院民事审判职能，现就调整中级人民法院管辖第一审民事案件标准问题，通知如下：一、当事人住所地均在或者均不在受理法院所处省级行政辖区的，中级人民法院管辖诉讼标的额5亿元以上的第一审民事案件。二、当事人一方住所地不在受理法院所处省级行政辖区的，中级人民法院管辖诉讼标的额1亿元以上的第一审民事案件。三、战区军事法院、总直属军事法院管辖诉讼标的额1亿元以上的第一审民事案件。四、对新类型、疑难复杂或者具有普遍法律适用指导意义的案件，可以依照民事诉讼法第三十八条的规定，由上级人民法院决定由其审理，或者根据下级人民法院报请决定由其审理。五、本通知调整的级别管辖标准不适用于知识产权案件、海事海商案件和涉外涉港澳台民商事案件。六、最高人民法院以前发布的关于中级人民法院第一审民事案件级别管辖标准的规定，与本通知不一致的，不再适用。本通知自2021年10月1日起实施，执行过程中遇到的问题，请及时报告我院。”

三、最高人民法院确定由中级人民法院管辖的案件

依据相关司法解释的规定，基于某些案件的特殊性，最高人民法院指定由中级人民法院管辖的主要有以下案件：（1）海事海商案件，因为海事法院均为中级人民法院。（2）专利纠纷案件，该类案件并不是每个中级人民法院都有管辖权，而是由各省、自治区、直辖市人民政府所在地的中级人民法院和最高人民法院指定的中级人民法院管辖。（3）著作权民事纠纷案件，由中级以上人民法院管辖。但有例外：各高级人民法院根据本辖区的实际情况，可以确定若干基层人民法院管辖第一审著作权民事纠纷案件。（4）商标民事纠纷第一审案件，由中级以上人民法院管辖。但有例外：各高级人民法院根据本辖区的实际情况，经最高人民法院批准，可以在较大城市确定1~2个基层人民法院受理第一审商标民事纠纷案件。（5）涉及域名的侵权纠纷案件，由侵权行为地或者被告住所地的中级人民法院管辖。（6）虚假陈述证券民事赔偿案件，由省、直辖市、自治区人民政府所在的市、计划单列市和经济特区中级人民法院

管辖。(7) 对于仲裁协议的效力有异议请求法院作出裁决的，由中级人民法院管辖。(8) 申请撤销仲裁裁决的，由仲裁委员会所在地的中级人民法院管辖。

【条文适用】

在司法实践中，基于某些案件的特殊性，最高人民法院确定由中级人民法院管辖的案件，比较复杂多样，有必要归纳整理。依据相关的司法解释和司法文件，最高人民法院指定由中级人民法院管辖的民商案件有以下几类。

一、海事、海商案件

海事、海商案件包括海事侵权纠纷案件、海商合同纠纷案件、海事执行案件、请求海事保全案件以及其他海事海商案件等。根据《民事诉讼法司法解释》第 2 条第 2 款规定，海事、海商案件由海事法院管辖。海事法院相当于中级人民法院。现在我国已设有海口海事法院、广州海事法院、厦门海事法院、上海海事法院、青岛海事法院、天津海事法院、大连海事法院、武汉海事法院、宁波海事法院和北海海事法院。这十个海事法院都是中级人民法院。

二、专利纠纷案件

专利纠纷案件包括专利申请权纠纷案件、专利权纠纷案件、专利侵权纠纷案件等。依据《民事诉讼法司法解释》第 2 条第 1 款规定，专利纠纷案件由知识产权法院、最高人民法院确定的中级人民法院和基层人民法院管辖。

《最高人民法院关于开展涉及集成电路布图设计案件审判工作的通知》指出：“一、关于受理案件的范围。人民法院受理符合《中华人民共和国民事诉讼法》第一百零八条、《中华人民共和国行政诉讼法》第四十一条规定的起诉条件的下列涉及布图设计的案件：(一) 布图设计专有权权属纠纷案件；（二）布图设计专有权转让合同纠纷案件；（三）侵犯布图设计专有权纠纷案件；（四）诉前申请停止侵权、财产保全案件；（五）不服国务院知识产权行政部门驳回布图设计登记申请的复审决定的条件；（六）不服国务院知识产权行政部门撤销布图设计登记申请决定的案件；（七）不服国务院知识产权行政部门关于使用布图设计非自愿许可决定的案件；（八）不服国务院知识产权行政部门关于使用布图设计非自愿许可的报酬的裁决的案件；（九）不服国务院知识产权行政部门对侵犯布图设计专有权行为处理决定的案件；（十）不服国务院知识产权行政部门行政复议决定的案件；（十一）其他涉及布图设计的案件。二、关于案件的管辖。本通知第一条所列第（五）至（十）类案件，由北京市第一中级人民法院作为第一审人民法院审理；其余各类案件，由各省、自治区、直辖市人民政府所在地，经济特区所在地和大连、青岛、温州、佛山、烟台市的中级人民法院作为第一审人民法院审理。”

《最高人民法院关于审理植物新品种纠纷案件若干问题的解释》第1条规定：“人民法院受理的植物新品种纠纷案件主要包括以下几类：（一）植物新品种申请驳回复审行政纠纷案件；（二）植物新品种权无效行政纠纷案件；（三）植物新品种权更名行政纠纷案件；（四）植物新品种权强制许可纠纷案件；（五）植物新品种权实施强制许可使用费纠纷案件；（六）植物新品种申请权权属纠纷案件；（七）植物新品种权权属纠纷案件；（八）植物新品种申请权转让合同纠纷案件；（九）植物新品种权转让合同纠纷案件；（十）侵害植物新品种权纠纷案件；（十一）假冒他人植物新品种权纠纷案件；（十二）植物新品种培育人署名权纠纷案件；（十三）植物新品种临时保护期使用费纠纷案件；（十四）植物新品种行政处罚纠纷案件；（十五）植物新品种行政复议纠纷案件；（十六）植物新品种行政赔偿纠纷案件；（十七）植物新品种行政奖励纠纷案件；（十八）其他植物新品种权纠纷案件。”第3条规定：“本解释第一条所列第一至五类案件，由北京知识产权法院作为第一审人民法院审理；第六至十八类案件，由知识产权法院，各省、自治区、直辖市人民政府所在地和最高人民法院指定的中级人民法院作为第一审人民法院审理。当事人对植物新品种纠纷民事、行政案件第一审判决、裁定不服，提起上诉的，由最高人民法院审理。”

将专利案件集中在一些具备审判实力并切实需要的中级人民法院审理，有利于总结和积累审判经验，相对固定审判队伍，保持知识产权执法标准的统一。十多年来的审判实践证明，将专利案件集中在一些法院审理，便于最高人民法院开展专业培训和指导，使我国知识产权法官的业务素质和审判水平不断提高，从而保证专利案件的审判质量，保护专利权人的合法利益。最高人民法院在指定某一中级人民法院作为专利案件的一审法院时，一般考虑以下因素：(1) 当地专利纠纷的多少。(2) 是否设有专利管理机关。(3) 数额的大小。《最高人民法院关于调整地方各级人民法院管辖第一审知识产权民事案件标准的通知》指出，高级人民法院管辖诉讼标的额在2亿元以上的第一审知识产权民事案件，以及诉讼标的额在1亿元以上且当事人一方住所地不在其辖区或者涉外、涉港澳台的第一审知识产权民事案件。对于本通知第一项标准以下的第一审知识产权民事案件，除应当由经最高人民法院指定具有一般知识产权民事案件管辖权的基层人民法院管辖的以外，均由中级人民法院管辖。(4) 是否已经所在地的高级人民法院的同意等。

专利纠纷案件由知识产权审判庭审理。我国法院系统自1993年在最高人民法院的指导下，先后在北京、上海、天津、江苏等大多数省、直辖市和沿海特区的中级人民法院设立了专门审判知识产权案件的专门审判庭。1996年10月，最高人民法院也成立了专门审判知识产权案件的专门审判庭。这些专门审判庭称为知识产权审判庭。2000年8月，最高人民法院经过机构改革形成“大民事审判格局”，知识产权审判庭改为民事审判第三庭。2019年1月1日起，最高人民法院成立知识产权法庭，作为最高人民法院派出的常设审判机构，是中国最高审判机关设立的专门的知识产权法庭，负责审理专利等专业技术性较强的知识产权民事和行政上诉案件。

三、商标纠纷案件

《最高人民法院关于审理商标案件有关管辖和法律适用范围问题的解

释》第1条规定：人民法院受理以下商标案件：（1）不服国家知识产权局作出的复审决定或者裁定的行政案件；（2）不服国家知识产权局作出的有关商标的其他行政行为的案件；（3）商标权权属纠纷案件；（4）侵害商标权纠纷案件；（5）确认不侵害商标权纠纷案件；（6）商标权转让合同纠纷案件；（7）商标使用许可合同纠纷案件；（8）商标代理合同纠纷案件；（9）申请诉前停止侵害注册商标专用权案件；（10）申请停止侵害注册商标专用权损害责任案件；（11）申请诉前财产保全案件；（12）申请诉前证据保全案件；（13）其他商标案件。第2条规定：本解释第1条所列第1项第一审案件，由北京市高级人民法院根据最高人民法院的授权确定其辖区内有关中级人民法院管辖。本解释第1条所列第2项第一审案件，根据行政诉讼法的有关规定确定管辖。商标民事纠纷第一审案件，由中级以上人民法院管辖。各高级人民法院根据本辖区的实际情况，经最高人民法院批准，可以在较大城市确定1~2个基层人民法院受理第一审商标民事纠纷案件。

四、证券纠纷案件

《最高人民法院关于对与证券交易所监管职能相关的诉讼案件管辖与受理问题的规定》规定："根据《中华人民共和国民事诉讼法》第三十七条和《中华人民共和国行政诉讼法》第二十三条的有关规定，指定上海证券交易所和深圳证券交易所所在地的中级人民法院分别管辖以上海证券交易所和深圳证券交易所为被告或第三人的与证券交易所监管职能相关的第一审民事和行政案件。"

根据《最高人民法院关于审理证券市场因虚假陈述引发的民事赔偿案件的若干规定》第8条规定："虚假陈述证券民事赔偿案件，由省、直辖市、自治区人民政府所在的市、计划单列市和经济特区中级人民法院管辖。"第10条规定："人民法院受理以发行人或者上市公司以外的虚假陈述行为人为被告提起的诉讼后，经当事人申请或者征得所有原告同意后，可以追加发行人或者上市公司为共同被告。人民法院追加后，应当将案件移送发行人或者上市公司所在地有管辖权的中级人民法院管辖。

当事人不申请或者原告不同意追加，人民法院认为确有必要追加的，应当通知发行人或者上市公司作为共同被告参加诉讼，但不得移送案件。”

《最高人民法院关于中国证券登记结算有限责任公司履行职能相关的诉讼案件指定管辖问题的通知》第 1 条指出：“根据《中华人民共和国民事诉讼法》第三十七条和《中华人民共和国行政诉讼法》第二十二条的有关规定，指定中国证券登记结算有限责任公司及其分支机构所在地的中级人民法院分别管辖以中国证券登记结算有限责任公司或其分支机构为被告、第三人的下列第一审民事和行政案件：1. 中国证券登记结算有限责任公司或其分支机构根据法律、法规、规章的规定，进行证券登记、存管、结算业务或对结算参与人及其他相关单位和人员作出处理决定引发的诉讼；2. 中国证券登记结算有限责任公司或其分支机构根据法律、法规的授权和国务院证券监督管理机构的依法授权，进行证券登记、存管、结算业务或对结算参与人及其他相关单位和人员作出处理决定引发的诉讼；3. 中国证券登记结算有限责任公司或其分支机构根据其章程、业务规则的规定以及相关业务合同、协议、备忘录的约定，进行证券登记、存管、结算业务或对结算参与人及其他相关单位和人员作出处理决定引发的诉讼；4. 中国证券登记结算有限责任公司或其分支机构在履行证券登记、存管、结算职能过程中引发的其他诉讼。”

五、仲裁协议纠纷案件

根据《最高人民法院关于适用〈中华人民共和国仲裁法〉若干问题的解释》第 12 条规定：“当事人向人民法院申请确认仲裁协议效力的案件，由仲裁协议约定的仲裁机构所在地的中级人民法院管辖；仲裁协议约定的仲裁机构不明确的，由仲裁协议签订地或者被申请人住所地的中级人民法院管辖。申请确认涉外仲裁协议效力的案件，由仲裁协议约定的仲裁机构所在地、仲裁协议签订地、申请人或者被申请人住所地的中级人民法院管辖。涉及海事海商纠纷仲裁协议效力的案件，由仲裁协议约定的仲裁机构所在地、仲裁协议签订地、申请人或者被申请人住所地的海事法院管辖；上述地点没有海事法院的，由就近的海事法院管辖。”

六、期货纠纷案件

根据《最高人民法院关于审理期货纠纷案件若干问题的规定》第7条规定："期货纠纷案件由中级人民法院管辖。高级人民法院根据需要可以确定部分基层人民法院受理期货纠纷案件。"《最高人民法院关于审理期货纠纷案件若干问题的规定（二）》第1条规定："以期货交易所为被告或者第三人的因期货交易所履行职责引起的商事案件，由期货交易所所在地的中级人民法院管辖。"

七、著作权纠纷案件

根据《最高人民法院关于审理著作权民事纠纷案件适用法律若干问题的解释》第2条规定："著作权民事纠纷案件，由中级以上人民法院管辖。各高级人民法院根据本辖区的实际情况，可以报请最高人民法院批准，由若干基层人民法院管辖第一审著作权民事纠纷案件。"

八、技术合同纠纷案件

根据《最高人民法院关于审理技术合同纠纷案件适用法律若干问题的解释》第43条规定："技术合同纠纷案件一般由中级以上人民法院管辖。各高级人民法院根据本辖区的实际情况并报经最高人民法院批准，可以指定若干基层人民法院管辖第一审技术合同纠纷案件。其他司法解释对技术合同纠纷案件管辖另有规定的，从其规定。合同中既有技术合同内容，又有其他合同内容，当事人就技术合同内容和其他合同内容均发生争议的，由具有技术合同纠纷案件管辖权的人民法院受理。"

九、驰名商标认定纠纷案件

《最高人民法院关于涉及驰名商标认定的民事纠纷案件管辖问题的通知》指出，从该通知下发之日起，涉及驰名商标认定的民事纠纷案件，由省、自治区人民政府所在地的市、计划单列市中级人民法院，以及直辖市辖区内的中级人民法院管辖。其他中级人民法院管辖此类民事纠纷案件，需报经最高人民法院批准；未经批准的中级人民法院不再受理此类案件。

此外，为了发挥中级人民法院重在二审有效终审、精准定分止争的作用，最高人民法院2021年9月27日印发的《关于完善四级法院审级职能定位改革试点的实施办法》第4条规定：基层人民法院对所管辖的第一审民事案件，认为属于下列情形之一，需要由中级人民法院审理的，可以报请上一级人民法院审理：（1）涉及重大国家利益、社会公共利益，不宜由基层人民法院审理的；（2）在辖区内属于新类型，且案情疑难复杂的；（3）具有普遍法律适用指导意义的；（4）上一级人民法院或者其辖区内各基层人民法院之间近3年裁判生效的同类案件存在重大法律适用分歧，截至案件审理时仍未解决的；（5）由中级人民法院一审更有利于公正审理的。而中级人民法院对辖区基层人民法院已经受理的第一审民事案件，认为属于上述情形之一，有必要由中级人民法院审理的，也应当决定提级管辖。

第二十条　高级人民法院管辖在本辖区有重大影响的第一审民事案件。

【条文主旨】

本条是关于高级人民法院管辖第一审民事案件的规定。

【条文理解】

依据《人民法院组织法》规定，高级人民法院包括：（1）省高级人民法院；（2）自治区高级人民法院；（3）直辖市高级人民法院。高级人民法院由院长一人，副院长、庭长、副庭长和审判员若干人组成。高级人民法院审理下列案件：（1）法律规定由其管辖的第一审案件；（2）下级人民法院报请审理的第一审案件；（3）最高人民法院指定管辖的第一审案件；（4）对中级人民法院判决和裁定的上诉、抗诉案件；（5）按照审判监督程序提起的再审案件；（6）中级人民法院报请复核的死刑案件。可见，高级人民法院的主要任务不是审判第一审民事案件，而是对全省、自治区、直辖市内的基层人民法院和中级人民法院民事审判工作实行监督，总结和交流民事审判工作的经验，指导本辖区内的基层人民法院和中级人民法院的审判工作；还要审判不服中级人民法院判决、裁定依法提起上诉的第二审民事案件等。但是，对高级人民法院应当管辖哪些民事一审案件并无明确规定。

本条是关于高级人民法院管辖的第一审民事案件的规定。虽然按照有关规定，高级人民法院审判法律规定由其管辖的第一审案件，但是高级人民法院具体管辖哪些第一审民事案件并无明确规定。本条对高级人民法院管辖的第一审民事案件亦未作具体规定，只是原则规定管辖本辖区有重大影响的第一审民事案件。这一规定实际上是《民事诉讼法》确定管辖原则的具体体现。这里所指本辖区，即全省、自治区和直辖市所辖地区。只有在此辖区有重大影响的案件，才能由高级人民法院为第一审案件管辖法院。可见，高级人民法院管辖的第一审民事案件是较少的。因为绝大多数第一审民事案件由基层人民法院和中级人民法院管辖，高级人民法院没有必要也没有可能管辖大量的第一审民事案件。这是由高级人民法院的工作职能所决定的。依据法律规定，高级人民法院的主要任务是对不服中级人民法院裁判的上诉案件进行审理，并对其辖区内的中级人民法院和基层人民法院的审判工作进行指导和监督，而由其审理第一审民事案件并不是最主要的任务。只有在本辖区有重大影响的案件，才由其管辖。理论上说，所谓在本辖区有重大影响的案件，概括地说是指案情重大、复杂，涉及面广，影响面大的案件。主要是在省、自治区、直辖市有重大影响的案件，如诉讼标的特别大，跨多个地区，或者在政治上有重大影响等。原则上，一个民事案件，不论发生在哪个基层人民法院或者中级人民法院的辖区内，只要高级人民法院认为该案件在本省、自治区、直辖市内有重大影响，就可以作为第一审管辖进行审判。由于本辖区有重大影响的案件不甚明确，各省、自治区、直辖市高级人民法院可以依照《民事诉讼法》有关规定，从本地实际情况出发，根据案情繁简、诉讼标的金额大小、在当地的影响等情况，对本辖区内一审案件的级别管辖提出意见，报最高人民法院批准。

【条文适用】

为了便利当事人诉讼和人民法院办案，提高审判效率，更有效地监督和指导下级人民法院民商事审判工作，高级人民法院管辖第一审民商事案件会根据形势的发展进行调整，这是需要注意的问题。如为贯彻执行修改后的 2007 年《民事诉讼法》，进一步加强最高人民法院和高级人民法院的审判监督和指导职能，《最高人民法院关于调整高级人民法院和中级人民法院管辖第一审民商事案件标准的通知》（法发〔2008〕10 号）指出：“高级人民法院管辖下列第一审民商事案件：北京、上海、广东、江苏、浙江高级人民法院，可管辖诉讼标的额在2亿元以上的第一审民商事案件，以及诉讼标的额在1亿元以上且当事人一方住所地不在本辖区或者涉外、涉港澳台的第一审民商事案件。天津、重庆、山东、福建、湖北、湖南、河南、辽宁、吉林、黑龙江、广西、安徽、江西、四川、陕西、河北、山西、海南高级人民法院，可管辖诉讼标的额在1亿元以上的第一审民商事案件，以及诉讼标的额在5000万元以上且当事人一方住所地不在本辖区或者涉外、涉港澳台的第一审民商事案件。甘肃、贵州、新疆、内蒙古、云南高级人民法院和新疆生产建设兵团分院，可管辖诉讼标的额在5000万元以上的第一审民商事案件，以及诉讼标的额在2000万元以上且当事人一方住所地不在本辖区或者涉外、涉港澳台的第一审民商事案件。青海、宁夏、西藏高级人民法院可管辖诉讼标的额在2000万元以上的第一审民商事案件，以及诉讼标的额在1000万元以上且当事人一方住所地不在本辖区或者涉外、涉港澳台的第一审民商事案件。”

为了推动将涉及重大国家利益、社会公共利益和具有普遍法律适用指导意义的案件交由较高层级法院审理，以及发挥高级人民法院重在再审依法纠错、统一裁判尺度的作用，最高人民法院2021年9月27日印发的《关于完善四级法院审级职能定位改革试点的实施办法》第5条规定，中级人民法院对所管辖的第一审民事案件，认为属于下列情形之一，需要由高级人民法院审理的，可以报请上一级人民法院审理：（1）具有普遍法律适用指导意义的；（2）上一级人民法院或者其辖区内各中级人民法院之间近3年裁判生效的同类案件存在重大法律适用分歧，截至案件审理时仍未解决的；（3）由高级人民法院一审更有利于公正审理的。而高级人民法院对辖区中级人民法院已经受理的第一审民事案件，认为属于上述情形之一，有必要由高级人民法院审理的，也应当决定提级管辖。

第二十一条　最高人民法院管辖下列第一审民事案件：

（一）在全国有重大影响的案件；

（二）认为应当由本院审理的案件。

【条文主旨】

本条是关于最高人民法院管辖第一审民事案件的规定。

【条文理解】

依据《人民法院组织法》相关规定，最高人民法院是国家最高审判机关。最高人民法院监督地方各级人民法院和专门人民法院的审判工作。最高人民法院由院长一人，副院长、庭长、副庭长和审判员若干人组成。最高人民法院设刑事审判庭、民事审判庭、行政审判庭和其他需要设的审判庭。最高人民法院审理下列案件：（1）法律规定由其管辖的和其认为应当由自己审判的第一审案件；（2）对高级人民法院判决和裁定的上诉、抗诉案件；（3）按照全国人民代表大会常务委员会的规定提起的上诉、抗诉案件；（4）按照审判监督程序提起的再审案件；（5）高级人民法院报请核准的死刑案件。最高人民法院对于在审判过程中如何具体应用法律、法令的问题，进行解释。但是，对最高人民法院管辖哪些第一审民事案件并未作出明确规定。

本条是关于最高人民法院管辖的第一审民事案件的规定。本条对最高人民法院管辖的第一审民事案件规定了两项：即在全国有重大影响的案件和它认为应当由其审理的案件。（1）在全国有重大影响的案件。因为此类案件处理的结果关系重大，不仅对全社会有重大影响，而且对于全国各级人民法院的审判工作也必然起到指导作用。同时，根据最高人民法院自身的条件，适宜审理在全国有重大影响的案件，以保证审判质量。（2）认为应当由本院审理的案件、这是法律赋予国家最高审判机关在管辖上的特殊权力，只要最高人民法院认为某个案件应当由自己审判，不论法律有明确规定与否，或者是否属于在全国范围内有重大影响的案件，其即享有对该案的管辖权，进行审理并作出裁判。法律这样规定，可以使具有代表性的典型案件，通过其审判取得经验，以便指导地方各级人民法院和专门法院的审判工作。同时，也可以防止地方保护主义和来自其他方面对地方法院审判工作的干扰，从而保证案件的审判质量，维护法律尊严。最高人民法院是我国的最高审判机关，其主要任务是对全国地方各级人民法院和军事法院等专门人民法院实行审判监督；通过总结审判工作经验，作出有关适用法律、法规的批复、指示或者司法解释，对全国地方各级人民法院和军事法院等专门人民法院的审判工作进行指导；还要审判不服高级人民法院判决、裁定的上诉案件，因此，最高人民法院管辖的第一审民事案件应当是为数不多的，在全国范围内有重大影响的案件和认为应当由其审判的案件。这样原则性的规定是适宜的，如果发生特殊案件时，最高人民法院对其审判，就有了典型经验。

【条文适用】

虽然本条对最高人民法院管辖的第一审民事案件作出规定，但是由于最高人民法院的民事审判庭内部分工不同，主要分为四个民事审判庭，即民事审判第一、二、三、四庭。按照分工，这四个民事审判庭分别审理以下民事案件：

1. 最高人民法院民事审判第一庭负责审理哪些民事案件？第一，审判第一、二审有关婚姻家庭、劳动争议、不当得利、无因管理等传统民事案件，房地产案件（包括房屋买卖、租赁、预售、按揭、开发合同案件，土地使用权出让、转让合同案件，建筑工程承包合同等案件），不动产相邻关系案件，邻地利用权案件以及其他不动产案件（包括山林、水利、草原、滩涂、铁路、机场、公路、桥梁、港口、堤坝等不动产引起的案件。涉及以房地产及其他不动产为抵押的合同，其性质以主合同性质确定），农村承包合同案件，自然人之间、自然人与法人、其他组织之间的合同、侵权案件。第二，审理申请撤销相关仲裁的案件。第三，审理适用特别程序的案件。第四，办理相关的申请复议案件。第五，审批高级人民法院相关案件延长审限的申请。第六，指导下级人民法院工作。随着环资庭的成立，其中涉及环境资源的案件也划归环资庭。

2. 最高人民法院民事审判第二庭负责审理哪些案件？第一，审判第一、二审国内法人之间、法人与其他组织之间的合同纠纷和侵权纠纷案件，审判第一、二审国内证券、期货、票据、公司、破产等案件。第二，审理申请撤销国内仲裁的案件。第三，办理相关的申请复议案件。第四，审批高级人民法院相关案件延长审限的申请。

3. 最高人民法院民事审判第三庭负责审理哪些案件？第一，审判第一、二审著作权（包括计算机软件）、商标权、专利权、技术合同、不正当竞争以及科技成果权、植物新品种权等知识产权案件。第二，审查处理不服高级人民法院生效裁判的知识产权申请再审案件以及少数立案庭移送的不服基层人民法院、中级人民法院生效裁判的知识产权申请再审案件。第三，办理知识产权申请复议案件。第四，审批高级人民法院知识产权案件延长审限的申请。

需要注意的是，最高人民法院成立了知识产权法庭，该庭是最高人民法院派出的常设审判机构，是中国最高审判机关设立的专门的知识产权法庭，负责审理专利等专业技术性较强的知识产权民事和行政上诉案件。2019 年 1 月 1 日起，全国专利等技术类知识产权民事、行政案件将向最高人民法院上诉，统一由最高人民法院知识产权法庭审理。至此，全国专利等技术类知识产权民事案件依法向最高人民法院上诉的不再由最高人民法院民事审判第三庭负责审理，而是由最高人民法院知识产权法庭负责审理。

4. 最高人民法院民事审判第四庭负责审理哪些案件？第一，审判第一、二审海事案件。第二，审判第一、二审法人之间、法人与其他组织之间的合同和侵权涉外、涉港、澳、台案件；审判第一、二审证券、期货、票据、公司、破产等涉外、涉港、澳、台案件；审判第一、二审信用证案件。第三，审查申请撤销、承认和强制执行国际仲裁裁决、外国法院判决的案件。第四，审查有关涉外仲裁条款效力的案件。第五，审查处理不服高级人民法院生效裁判的海事申请再审的案件及少数立案庭移送的不服中级人民法院和海事法院生效裁判的海事申请再审的案件、海事行政案件和有关海事扣船执行案件。第六，审批高级人民法院相关案件延长审限的申请。

第二节 地域管辖

第二十二条 对公民提起的民事诉讼，由被告住所地人民法院管辖；被告住所地与经常居住地不一致的，由经常居住地人民法院管辖。

对法人或者其他组织提起的民事诉讼，由被告住所地人民法院管辖。

同一诉讼的几个被告住所地、经常居住地在两个以上人民法院辖区的，各该人民法院都有管辖权。

【条文主旨】

本条是关于人民法院地域管辖的规定。

【条文理解】

地域管辖，就是按照人民法院的主管范围和当事人住所地来划分同级人民法院之间审判第一审民事案件的权限。地域管辖根据各种不同民事案件的特点来确定。级别管辖只是确定民事案件第一审由哪一级法院审判，而地域管辖则是在确定级别管辖之后，再确定由哪个地方的人民法院管辖。所以，只有根据地域管辖的规定，才能最后确定案件由哪一个地方的人民法院受理、审判。

级别管辖是划分人民法院系统内上下级各自审判第一审民事案件的权限，而地域管辖则是确定同级人民法院审判第一审民事案件的范围。也可以说，级别管辖是确定纵向的审判分工，地域管辖是确定横向的审判分工。我国四级人民法院都是以行政区划为标准设立的。基层、中级、高级人民法院有许多个，一个具体的民事案件，究竟由哪一个地方的人民法院管辖，亦即原告人到哪一个人民法院递交诉状。《民事诉讼法》对地域管辖作出了一般原则规定，即原告到被告住所地法院起诉，并对某些案件的地域管辖作了特别规定。

一般地域管辖也称普通管辖，是指以当事人住所地与法院辖区的关系来确定管辖法院。一般地域管辖的原则是“原告就被告”，即民事诉讼由被告所在地人民法院管辖。实行“原告就被告”原则，有利于人民法院调查、核实证据，迅速查明案情，正确处理民事纠纷；有利于传唤被告出庭应诉；有利于采取财产保全和先予执行措施，如果被告败诉，还有利于执行；同时，还可以防止原告滥用诉权，给被告造成不应有的损失和浪费司法资源。

第一，本条第1款规定，对公民提起的民事诉讼，由被告住所地人民法院管辖；被告住所地与经常居住地不一致的，由经常居住地人民法院管辖。

这里所说的住所地是指公民的户籍所在地，而所谓的户籍，应以向户籍管理机关登记的正式户口为准，是指长期户口，而不是临时户口。长期户口登记在什么地方，什么地方就是公民的住所地。因而，当公民的住所地与其经常居住地一致时，只有被告的住所地人民法院才对案件有管辖权。但是，随着市场经济的日益发展，公民流动越来越频繁，不少公民长期离开住所地，其主要活动地点并不在住所地。对此，一般认为，其经常居住地视为住所地。因而，被告住所地与经常居住地不一致时，由经常居住地人民法院管辖。经常居住地，依据《民事诉讼法司法解释》第4条规定，是指公民离开住所地至起诉时连续居住1年以上的地方，但公民住院就医的地方除外。在司法实践中，公民在其户籍迁出后，迁入异地之前，如果没有经常居住地的，仍然以其原户籍所在地为其住所地。

认定为经常居住地，必须同时具备下述三个条件：（1）经常居住地是住所地以外的地方。住所地是公民长久固定的住所，也是指公民的户籍所在地，并得到公安机关的承认和登记，具有稳定性。而经常居住地则是住所地以外的地方，带有流动性。（2）经常居住地具有连续性，这种连续性主要表现在居住时间上的持续。根据最高人民法院的上述司法解释，公民只有在一地连续居住 1 年以上，该地才能认定为经常居住地。如果只是偶尔居住，虽前后所跨时间超过一年，也不能认定该地为经常住地。（3）经常居住地是住所地以外最后连续居住 1 年以上的地方。公民在住所地以外连续居住逾 1 年的地方可能不止一个，只能以离开住所地最后连续居住满 1 年以上的地方，认定为经常居住地。

但是，最高人民法院关于经常居住地的司法解释仍不够具体，在司法实践中仍较难把握，关键是对“地方”两字的外延界定不清。有人认为，经常居住地的外延既不能过宽、也不能过窄，应以在同一基层人民法院辖区内连续住满 1 年以上的地区为限。理由是：发生在基层人民法院辖区内的民事案件，除了法律另有规定的以外，该基层人民法院都有管辖权，因此，经常居住地的外延应以同一基层人民法院辖区内连续居住 1 年以上的地区为限，即公民在同一县内虽经迁移，但其在该县境内连续居住满 1 年的，则该县就是公民的经常居住地。经常居住地的外延不应以同一法院辖区内连续居住 1 年以上的地区为限，因为人民法庭是基层人民法院的组成部分。根据《民事诉讼法》的规定，移送管辖发生在法院与法院之间，人民法庭之间并不存在移送管辖问题。[①]

第二，本条第 2 款规定，对法人或者其他组织提起的民事诉讼，由被告住所地人民法院管辖。

这里所说的法人或者其他组织的住所地，是指其主要营业地或者主要办事机构所在地。如果被告是不具有法人资格的其他组织形式，又没有办事机构，则应由被告注册登记地人民法院管辖。根据有关规定，法人以它的主要办事机构所在地为住所。其主要营业地或其主要办事机构所在地为该法人或组织的住所。主要营业地，是指法人主要营业的处所。如果该法人只有一个营业地，那么该地就是该法人的住所地；如果该法人有多处营业地，其中最大的营业地，或者经营额最多的营业地，为主

① 刘璐、高言主编：《民事诉讼法理解适用与案例评析》，人民法院出版社 1996 年版，第 10 页。

要营业地。主要办事机构所在地，是法人首脑机构或最大的办事机构所在地。如果该法人只有一个办事机构，该办事机构的所在地，就是该法人的主要办事机构所在地；如果该法人有数个办事机构，应以其首脑机构所在地，或者最大的办事机构作为主要办事机构所在地。主要营业地和主要办事机构所在地都是法人的住所地，当一个法人的主要营业地和主要办事机构所在地不是在同一地域时，这些地区的人民法院都可以依法人住所地在本辖区而实施管辖权。

个体工商户、个人合伙属于公民的范畴，当他们在生产经营活动中发生纠纷，被作为被告起诉的，如该个体工商户、个人合伙有固定经营场所或办事机构的，应由其经营场所或办事机构所在地人民法院管辖。如果被起诉时，个体工商户或个人合伙已经歇业的，仍由被告单位所在地人民法院管辖。

第三，本条第3款是关于共同管辖的规定。根据《民事诉讼法》第21条第3款规定，同一诉讼的几个被告住所地、经常居住地在两个以上人民法院辖区的，各该人民法院都有管辖权。也就是说，公民、法人或者其他组织，属于同一诉讼中的几个被告，其住所地、经常居住地又不在同一人民法院辖区的，上述各人民法院对该案均有管辖权，当事人可以选择其中一个人民法院起诉，由最先立案的人民法院管辖。这在民事诉讼理论上又称共同管辖。

【条文适用】

1. 依据《民事诉讼法》规定，法人或者其他组织的住所地，是指其主要营业地或者主要办事机构所在地。在实践中，法人的实际营业地或办事机构所在地与法人注册登记的地址不一定一致，应当如何处理？

《北京市高级人民法院审理民商事案件若干问题的解答之五（试行）》指出，法人的实际营业地或办事机构所在地与法人注册登记的地址一致的，法人的住所地依据注册登记的地址确定。法人的实际营业地或办事机构所在地与法人注册登记的地址不一致的，法人的住所地是法人的实际营业地或办事机构所在地。北京市高级人民法院说明认为，这关系案件的管辖法院问题。《民事诉讼法》第 22 条第 2 款规定：“对法人或者其他组织提起的民事诉讼，由被告住所地人民法院管辖。”根据《民事诉讼法司法解释》第 3 条规定，法人的住所地是指法人的主要营业地或主要办事机构所在地。根据工商登记的要求，法人在设立时其住所应当是其主要经营场所，因此，在一般情况下，营业执照登记的地址为法人住所地。但是在工商登记地与实际营业地或办事机构所在地相分离的情况下，法院应以最终确认的实际营业地或办事机构所在地作为法人住所地。此时，法人的注册登记地址不能作为确定管辖的依据。需要注意的是，“案件受理后，受诉人民法院的管辖权不受当事人住所地、经常居住地变更的影响”。在当前市场经济条件下，多营业地或多办事机构的法人普遍存在，也很难区分“主、次”。为统一操作，对主要营业地或主要办事机构所在地的“主要”不作条件限定，包括规模、时间等，只要当事人能够证明其确在该地经营或办公即可。此问题在讨论中，争议较大。一种意见认为，法人住所地是唯一的，实行工商登记制度，如果发生变化，应根据法人登记条例进行变更，未办理变更登记的仍以营业执照确定住所地。原告只需证明起诉地为被告的登记地即可。如果对实际营业地进行确认，对原告是不利的。另一种意见认为，只要法人工商登记地或实际营业地、办事机构有一处在受理案件法院辖区，此法院对案件就具有管辖权。但此两种意见都突破了上述规定。因此，法人的实际营业地或办事机构所在地与法人注册登记的地址不一致，仍应当以法人的实际营业地或办事机构所在地确定管辖法院。

2. 离婚案件由于涉及人身权等特殊情况，其管辖问题比较复杂。

（1）一般离婚的管辖问题。根据《民事诉讼法司法解释》第 12 条规定，夫妻一方离开住所地超过 1 年，另一方起诉离婚的案件，可以由原告住所地人民法院管辖。夫妻双方离开住所地超过 1 年，一方起诉离婚的案件，由被告经常居住地人民法院管辖；没有经常居住地的，由原告起诉时居住地的人民法院管辖。

（2）关于被监禁或者被采取强制性教育措施的人的离婚管辖问题。

根据《民事诉讼法司法解释》第8条规定，双方当事人都被监禁或者被采取强制性教育措施的，由被告原住所地人民法院管辖。被告被监禁或者被采取强制性教育措施一年以上的，由被告被监禁地或者被采取强制性教育措施地人民法院管辖。

（3）关于军婚管辖问题。鉴于军婚的特殊性，《民事诉讼法司法解释》第11条规定："双方当事人均为军人或者军队单位的民事案件由军事法院管辖。"

（4）关于涉外婚姻的管辖问题。《民事诉讼法司法解释》第13条至第16条规定：①在国内结婚并定居国外的华侨，如定居国法院以离婚诉讼须由婚姻缔结地法院管辖为由不予受理，当事人向人民法院提出离婚诉讼的，由婚姻缔结地或一方在国内的最后居住地人民法院管辖。②在国外结婚并定居国外的华侨，如定居国法院以离婚诉讼须由国籍所属国法院管辖为由不予受理，当事人向人民法院提出离婚诉讼的，由一方原住所地或在国内的最后居住地人民法院管辖。③中国公民一方居住在国外，一方居住在国内，不论哪一方向人民法院提起离婚诉讼，国内一方住所地的人民法院都有权管辖。如国外一方在居住国法院起诉，国内一方向人民法院起诉的，受诉人民法院有权管辖。④中国公民双方在国外但未定居，一方向人民法院起诉离婚的，应由原告或者被告原住所地的人民法院管辖。

第二十三条　下列民事诉讼，由原告住所地人民法院管辖；原告住所地与经常居住地不一致的，由原告经常居住地人民法院管辖：

（一）对不在中华人民共和国领域内居住的人提起的有关身份关系的诉讼；

（二）对下落不明或者宣告失踪的人提起的有关身份关系的诉讼；

（三）对被采取强制性教育措施的人提起的诉讼；

（四）对被监禁的人提起的诉讼。

【条文主旨】

本条是关于一般地域管辖的例外规定。

【条文理解】

一般地域管辖的“原告就被告”原则，在某些特殊情况下无法适用或者适用后将对原告、对法院极为不便。为此，本条规定了几种例外的情况由原告住所地人民法院管辖；原告的住所地与经常居住地不一致的，由经常居住地人民法院管辖。

一、对不在中华人民共和国领域内居住的人提起的有关身份关系的诉讼

身份关系，是个人之间发生的与人身有关的法律关系。如因婚姻、血缘等产生的夫妻关系、亲子关系或者收养关系等。身份关系具有严格的人身属性，不可替代、不能转让。对于符合不在中国领域内居住、与身份有关的诉讼案件，由原告住所地或者经常居住地人民法院管辖。

二、对下落不明或者宣告失踪的人提起的有关身份关系的诉讼

被告下落不明或者已经宣告失踪的情况下，根本无法确定其住所地或者经常居住地，由原告住所地或者经常居住地人民法院管辖，可以方便原告行使诉权。根据《民法典》有关规定，公民下落不明，即无人知其去向、杳无音信，满2年的，其利害关系人，即父母、养父母、配偶、子女和债权人等，可依法向人民法院申请宣告该公民失踪。由于被申请人失踪前的经常居住地申请人无法掌握，因此，由原告即申请人住所地人民法院管辖，当住所地与经常居住地不一致时，由经常居住地人民法院管辖。这里必须明确，这一项只适用于因身份关系提起诉讼，如离婚诉讼、解除赡养关系等身份关系方面的诉讼，而不能扩大到财产权益诉讼和侵权方面等其他的诉讼。

三、对正在被采取强制性教育措施的人提起的诉讼

被采取强制性教育措施的人由于离开了住所地或者经常居住地，集中在特定场所接受采取强制性教育措施，人身自由受到一定的限制。如果向被告采取强制性教育措施地人民法院起诉，对原告来说，十分不便，法律规定由原告住所地或者经常居住地人民法院管辖。

四、对正在被监禁的人提起的诉讼

正在被监禁的人，是指在监狱、看守所等被关押失去人身自由的人。包括已捕未决人员、已判刑人员和正在劳动改造的人。这些人的人身自由已被依法剥夺，脱离了住所地或者经常居住地，对上述人提起的诉讼，原告很难知道他们的地址，无法或者不便向被告住所地人民法院起诉，要求向被告监禁地人民法院起诉，不仅不便原告向被告监禁地人民法院起诉，而且由被告监禁地人民法院管辖，很可能造成其工作量过大，法律规定原告住所地或者经常居住地人民法院为有管辖权法院是比较恰当的。

对于后面两种情形出现的新情况，根据《民事诉讼法司法解释》第8条规定，双方当事人都被监禁或被采取强制性教育措施的，由被告原住

所地人民法院管辖。被告被监禁或被采取强制性教育措施 1 年以上的，由被告被监禁地或被采取强制性教育措施地人民法院管辖。

【条文适用】

除上述四种情况外，最高人民法院根据司法实践的需要，对被告就原告的适用进行了以下补充规定：（1）根据《民事诉讼法司法解释》第 9 条规定，追索赡养费、抚育费、扶养费案件的几个被告住所地不在同一辖区的，可以由原告住所地人民法院管辖。（2）根据《民事诉讼法司法解释》第 12 条规定，夫妻一方离开住所地超过 1 年，另一方起诉离婚的案件，可以由原告住所地法院管辖。

此外，根据最高人民法院有关司法解释，涉及国外华侨的离婚案件的管辖有一定的特殊性，应当根据具体情况确定由原告住所地或者被告住所地法院管辖：（1）根据《民事诉讼法司法解释》第 13 条规定，在国内结婚后定居国外的华侨，如定居国法院规定离婚诉讼必须由婚姻缔结地法院管辖，当事人向人民法院提出离婚诉讼的，由婚姻缔结地或一方在国内的最后居住地法院管辖。（2）根据《民事诉讼法司法解释》第 14 条规定，在国外结婚并定居国外的华侨，如定居国法院以离婚诉讼须由国籍所属国法院管辖为由不予受理，当事人向人民法院提出离婚诉讼的，由一方原住所地或在国内的最后居住地法院管辖。（3）根据《民事诉讼法司法解释》第 15 条规定，中国公民一方居住在国外，一方居住在国内，不论哪一方向人民法院提起离婚诉讼，国内一方住所地的法院都有管辖权。如国外一方在居住国法院起诉，国内一方向人民法院起诉的，受诉人民法院有权管辖。（4）根据《民事诉讼法司法解释》第 16 条规定，中国公民双方在国外但未定居，一方向人民法院起诉离婚的，应由原告或者被告原住所地人民法院管辖。

再有，为了保护被监护人的利益，根据《民事诉讼法司法解释》第 10 条规定，不管任何一方不服指定监护或变更监护关系的案件，可以由被监护人住所地人民法院管辖。

第二十四条　因合同纠纷提起的诉讼，由被告住所地或者合同履行地人民法院管辖。

【条文主旨】

本条是关于因合同纠纷提起诉讼的管辖规定。

【条文理解】

本条至第 33 条都是关于特殊地域管辖的相关规定。特殊地域管辖是同一般地域管辖相对应的概念，一般地域管辖以“原告就被告”为原则，即根据被告所在地确定管辖法院。特殊地域管辖，是指将当事人所在地、诉讼标的、诉讼标的物和法律事实等因素综合起来，以这些因素与法院之间的隶属关系为标准所确定的管辖。[①] 特殊地域管辖并不排除一般地域管辖的适用，即此类纠纷亦可由被告住所地法院管辖。本条规定是确定一般合同纠纷管辖法院的基本规则，之所以规定因合同纠纷提起的诉讼可由合同履行地法院管辖，一方面是有些情形由合同履行地法院查明案情更为便利，另一方面是有些情形合同履行地也是被告财产所在地，合同履行地法院采取财产保全措施更及时有效。

【条文适用】

司法实践中，本条适用的重点在于合同履行地的确定。合同履行地，是指履行合同所确定义务的地点。合同履行地的确定可分为三种情形：一是合同约定了履行地点且实际履行地点与该约定履行地点一致，则合

① 张卫平：《民事诉讼法》，法律出版社 2019 年版，第 110 页。

同约定的履行地点便为合同履行地。二是合同并未约定履行地点或约定不明确的，依据《民法典》第 510 条规定，合同当事人可以协议补充，不能达成补充协议的，则按照合同相关条款或者交易习惯确定。仍不能确定的，依据《民法典》第 511 条和《民事诉讼法司法解释》第 18 条规定，争议标的为给付货币的，接收货币一方所在地为合同履行地；交付不动产的，不动产所在地为合同履行地；其他标的，履行义务一方所在地为合同履行地。即时结清的合同，交易行为地为合同履行地。此外，还有一些特别规定：（1）财产租赁合同、融资租赁合同以租赁物使用地为合同履行地。（2）以信息网络方式订立的买卖合同，通过信息网络交付标的的，以买受人住所地为合同履行地；通过其他方式交付标的的，收货地为合同履行地。（3）供用电合同的履行地点为供电设施的产权分界处。（4）在期货公司的分公司、营业部等分支机构进行期货交易的，该分支机构住所地为合同履行地。因实物交割发生纠纷的，期货交易所住所地为合同履行地。（5）加工承揽合同的合同履行地为加工行为地。三是合同约定的履行地点与实际履行地点不一致，且合同当事人对合同履行地点的变更一致认可，此情形应以合同的实际履行地点为合同履行地。需提醒注意的是，依据《民事诉讼法司法解释》第 18 条规定，合同没有实际履行，当事人双方住所地均不在合同约定的履行地的，由被告住所地人民法院管辖。

【典型案例】

深圳市先秦展览资讯有限公司与杭州海康威视数字技术股份有限公司承揽合同纠纷案

【案　　号】最高人民法院（2018）最高法民辖 22 号

【裁判要旨】合同虽未明确写明“合同履行地”，但合同相关条款列明了履行合同义务的地点，应将该地点认定为约定的合同履行地，进而确定管辖法院。

【基本案情】原告深圳市先秦展览资讯有限公司（以下简称先秦公司）因与被告杭州海康威视数字技术股份有限公司（以下简称海康公司）承揽合同纠纷起诉至江苏省南京市玄武区人民法院，先秦公司诉称海康公司与其签订《展位搭建合同》，约定海康公司委托先秦公司负责“2016（第十五届）南京安防展展会”展位的设计、制作、搭建等事宜。合同签订后，先秦公司依约履行了义务，而海康公司未依约履行付款义务，故请求判令海康公司给付先秦公司合同价款45 500元。江苏省南京市玄武区人民法院经审查认为，《展位搭建合同》并未约定合同履行地点，亦未对合同争议约定管辖，依照《民事诉讼法》（2017 年修正）第 34 条①和《民事诉讼法司法解释》第 18 条规定，先秦公司要求海康公司支付合同价款，先秦公司为接收货币一方，其住所地即为合同履行地，而先秦公司的住所地位于广东省深圳市宝安区，不在江苏省南京市玄武区人民法院辖区，江苏省南京市玄武区人民法院对本案无管辖权，本案应移送至广东省深圳市宝安区人民法院管辖。江苏省南京市玄武区人民法院于2017 年 3 月 27 日裁定将本案移送至广东省深圳市宝安区人民法院处理。广东省高级人民法院认为，《展位搭建合同》第 9 条约定“发生争议由合同履行地法院管辖”，而第 1 条约定的“展位布展地址为南京国际博览中心”应视为合同履行地点，江苏省南京市玄武区人民法院将本案移送至广东省深圳市宝安区人民法院管辖不当，于2018 年 3 月 19 日报请最高人民法院指定管辖。

【裁判结果】本案由江苏省南京市建邺区人民法院审理。

【裁判理由】最高人民法院认为，《民事诉讼法》（2017 年修正）第 34 条②规定：“合同或者其他财产权益纠纷的当事人可以书面协议选择被告住所地、合同履行地、合同签订地、原告住所地、标的物所在地等与争议有实际联系的地点的人民法院管辖，但不得违反本法对级别管辖和专属管辖的规定。”《展位搭建合同》第 9 条约定：“本合同履行过程中发生争议的，甲乙双方应友好协商；协商不成的，任何一方可向合同履行

---

① 对应《民事诉讼法》（2023 年修正）第 35 条。

② 对应《民事诉讼法》（2023 年修正）第 35 条。

地人民法院起诉。”该合同第 1 条第 4 项约定：“工程内容：设计效果图及报价单（详见附件）范围内的所有工作内容，具体为展位的设计、制作、搭建以及展会结束后的撤展等。”从该约定内容可知，先秦公司在南京国际博览中心为海康公司进行展位的设计、制作、搭建以及展会结束后的撤展等工作。结合承揽合同的特征，本案合同履行地即为南京国际博览中心。《展位搭建合同》第 1 条约定的布展地址为南京国际博览中心，该约定应视为合同履行地的约定。江苏省南京市玄武区人民法院以《展位搭建合同》未约定合同履行地为由将本案移送广东省深圳市宝安区人民法院管辖不当。经查询，南京国际博览中心位于江苏省南京市建邺区，本案应由江苏省南京市建邺区人民法院管辖。

第二十五条　因保险合同纠纷提起的诉讼，由被告住所地或者保险标的物所在地人民法院管辖。

【条文主旨】

本条是关于因保险合同纠纷提起诉讼的管辖规定。

【条文理解】

保险，是指投保人根据合同约定，向保险人支付保险费，保险人对于合同约定的可能发生的事故因其发生所造成的财产损失承担赔偿保险金责任，或者当被保险人死亡、伤残、疾病或者达到合同约定的年龄、期限等条件时承担给付保险金责任的商业保险行为。保险合同是投保人与保险人约定保险权利义务关系的协议，分为人身保险合同和财产保险合同。保险标的物，是投保人和保险人订立的保险合同所指向的对象，如财产、人身健康或者生命等。[①] 因保险合同纠纷提起的诉讼，不仅可依据一般地域管辖原则由被告住所地法院管辖，亦可由保险标的物所在地法院管辖。

【条文适用】

司法实践中，本条适用的重点在于保险标的物所在地的确定。依据《民事诉讼法司法解释》第21条规定，因财产保险合同纠纷提起的诉讼，如果保险标的物是运输工具或者运输中的货物，可以由运输工具登记注册地、运输目的地、保险事故发生地人民法院管辖。因人身保险合同纠

① 王胜明主编：《中华人民共和国民事诉讼法释义》，法律出版社2012年版，第41页。

纷提起的诉讼，可以由被保险人住所地人民法院管辖。

【典型案例】

南京银河龙翼船有限公司与中国人民财产保险股份有限公司北京市分公司保险合同纠纷案

【案　　号】最高人民法院（2012）民提字第 143 号

【裁判要旨】因保险合同纠纷提起的诉讼，如果保险标的物是运输工具或者运输中的货物，由被告住所地或者运输工具登记注册地、运输目的地、保险事故发生地的人民法院管辖。

【基本案情】原告南京银河龙翼船有限公司（以下简称银河公司）向武汉海事法院起诉称，银河公司有两艘地效翼船（1 号艇、2 号艇）参加 2009 年度在阿联酋沙迦举办的展销会，其通过中国外运股份有限公司特种物流分公司向被告中国人民财产保险股份有限公司北京市分公司（以下简称人保北京分公司）投保财产险，投保金额为每艘 93 万美元，两艘合计 186 万美元，受益人为银河公司。2009 年 12 月 7 日，装载着两艘地效翼船的三个集装箱到达目的地阿联酋沙迦展销会现场，并马上卸车掏箱。在掏箱过程中发现 1 号艇底部有明显的裂痕，后端面破损，造成全损。银河公司请求判令：人保北京分公司支付保险理赔金 93 万美元。人保北京分公司提出管辖权异议，认为涉案保险标的物为运输中的展品，起运地为中国上海，目的地为阿联酋沙迦，武汉海事法院不是被告住所地、运输目的地或保险事故发生地，对本案没有管辖权，请求驳回起诉或将案件移送有管辖权的法院。武汉海事法院裁定驳回人保北京分公司提出的管辖权异议。人保北京分公司不服，向湖北省高级人民法院提起上诉，该院裁定维持一审裁定。人保北京分公司仍不服，向最高人民法院申请再审。最高人民法院裁定提审本案。

【裁判结果】撤销湖北省高级人民法院二审裁定、武汉海事法院一审裁定，本案由天津海事法院管辖。

【裁判理由】最高人民法院认为，本案是海上货物保险合同纠纷，银河公司依据其与人保北京分公司之间的保险合同提起本案诉讼，属于具有涉外因素的海事诉讼案件。《海事诉讼特别程序法》第6条第1款规定："海事诉讼的地域管辖，依照《中华人民共和国民事诉讼法》的有关规定。"《民事诉讼法》（2007年修正）第26条①规定："因保险合同纠纷提起的诉讼，由被告住所地或者保险标的物所在地人民法院管辖。"《最高人民法院关于适用〈中华人民共和国民事诉讼法〉若干问题的意见》第25条②进一步规定："因保险合同纠纷提起的诉讼，如果保险标的物是运输工具或者运输中的货物，由被告住所地或者运输工具登记注册地、运输目的地、保险事故发生地的人民法院管辖。"涉案保险合同约定的运输区间是自中国上海至阿联酋沙迦，保险标的物属于运输中的货物。人保北京分公司主张应适用《最高人民法院关于适用〈中华人民共和国民事诉讼法〉若干问题的意见》第25条③，具有法律依据，应予以支持。运输工具登记注册地、运输目的地、保险事故发生地及被告住所地应当作为确定本案管辖权的依据。而这些地域管辖的连接点均不在武汉海事法院管辖范围，一、二审法院以受损保险标的物位于南京为由，认定武汉海事法院对本案具有管辖权属于适用法律错误，应予纠正。综上，裁定撤销湖北省高级人民法院二审裁定、武汉海事法院一审裁定，本案由天津海事法院管辖。

---

① 对应《民事诉讼法》（2023年修正）第25条。

② 该司法解释已失效，现对应《民事诉讼法司法解释》（2022年修正）第21条，该条规定："因财产保险合同纠纷提起的诉讼，如果保险标的物是运输工具或者运输中的货物，可以由运输工具登记注册地、运输目的地、保险事故发生地人民法院管辖。因人身保险合同纠纷提起的诉讼，可以由被保险人住所地人民法院管辖。"

③ 该司法解释已失效，现对应《民事诉讼法司法解释》（2022年修正）第21条，该条规定："因财产保险合同纠纷提起的诉讼，如果保险标的物是运输工具或者运输中的货物，可以由运输工具登记注册地、运输目的地、保险事故发生地人民法院管辖。因人身保险合同纠纷提起的诉讼，可以由被保险人住所地人民法院管辖。"

第二十六条　因票据纠纷提起的诉讼，由票据支付地或者被告住所地人民法院管辖。

【条文主旨】

本条是关于因票据纠纷提起诉讼的管辖规定。

【条文理解】

票据，是指由出票人签发的、写明在一定的时间、地点由本人或者指定他人按照票面所载文义，向持票人无条件支付一定金额的有价证券。[①] 票据分为汇票、本票和支票三类。汇票是出票人签发的，委托付款人在见票时或者在指定日期无条件支付确定的金额给收款人或者持票人的票据。汇票分为银行汇票和商业汇票。本票即银行本票，是出票人签发的，承诺自己在见票时无条件支付确定的金额给收款人或者持票人的票据。支票是出票人签发的，委托办理支票存款业务的银行或者其他金融机构在见票时无条件支付确定的金额给收款人或者持票人的票据。票据纠纷，是指因行使票据权利或者《票据法》上的非票据权利而引起的纠纷。因票据纠纷提起的诉讼，不仅可以依据一般地域管辖原则由被告住所地法院管辖，亦可以由票据支付地所在地法院管辖。

【条文适用】

司法实践中，本条适用的重点在于票据支付地的确定。票据支付地，是指票据上载明的票据付款地。根据《票据法》第 23 条、第 76 条、第

① 王胜明主编：《中华人民共和国民事诉讼法释义》，法律出版社 2012 年版，第 41 页。

86条规定，汇票上未记载付款地的，付款人的营业场所、住所或者经常居住地为付款地；本票上未记载付款地的，出票人的营业场所为付款地；支票上未记载付款地的，付款人的营业场所为付款地。《票据纠纷规定》第6条规定：“票据支付地是指票据上载明的付款地，票据上未载明付款地的，汇票付款人或者代理付款人的营业场所、住所或者经常居住地，本票出票人的营业场所，支票付款人或者代理付款人的营业场所所在地为票据付款地。代理付款人即付款人的委托代理人，是指根据付款人的委托代为支付票据金额的银行、信用合作社等金融机构。”因此，票据上载明付款地的，票据纠纷可由票据上载明的付款地法院管辖；票据上未载明付款地的，根据不同情形，可由汇票付款人或者代理付款人的营业场所、住所或者经常居住地，本票出票人的营业场所，支票付款人或者代理付款人的营业场所所在地法院管辖。

【典型案例】

恒丰银行股份有限公司泉州分行与通榆县农村信用合作社及河南省金色田野农业发展有限公司票据追索权纠纷案

【案　　号】最高人民法院（2019）最高法民辖终11号

【裁判要旨】汇票上未载明付款地的，汇票付款人或者代理付款人的营业场所、住所或者经常居住地为票据支付地，可由汇票付款人或者代理付款人的营业场所、住所或者经常居住地法院管辖。

【基本案情】原告恒丰银行股份有限公司泉州分行（以下简称恒丰银行）因与被告通榆县农村信用合作联社（以下简称通榆信用社）、河南省金色田野农业发展有限公司票据追索权纠纷起诉至福建省高级人民法院，通榆信用社以本案被告均不在福建省高级人民法院管辖区域为由提出管辖权异议，请求将本案移送至被告住所地吉林省高级人民法院管辖。福建省高级人民法院将中国民生银行股份有限公司福州温泉支行（以下简称民生银行福州温泉支行）认定为讼争两张商业承兑汇票的代理付款人，并将该支行的营业场所认定为讼争两张商业承兑汇票的支付地，裁定驳回通榆信用社的管辖权异议。通榆信用社不服，向最高人民法院提起上诉。

【裁判结果】驳回上诉，维持原裁定。

【裁判理由】最高人民法院认为，《民事诉讼法》（2017年修正）第25条[①]规定："因票据纠纷提起的诉讼，由票据支付地或者被告住所地人民法院管辖。"《票据纠纷规定》第6条第2款[②]规定："票据支付地是指票据上载明的付款地，票据上未载明付款地的，汇票付款人或者代理付款人的营业场所、住所或者经常居住地，本票出票人的营业场所，支票付款人或者代理付款人的营业场所所在地为票据付款地。代理付款人即付款人的委托代理人，是指根据付款人的委托代为支付票据金额的银行、信用合作社等金融机构。"据此，汇票上未载明付款地的，票据支付地确定的连接点应为"汇票付款人或者代理付款人的营业场所、住所或者经常居住地"。本案中，案涉两张商业承兑汇票并未明确记载付款地，但明确载明"付款人为长春鋆地公司，账号为6××1，开户银行为民生银行福州温泉支行；付款人开户行行号为305××××5103，地址为福州市鼓楼区六一北路×号金某花园一层"。根据中国人民银行《支付结算办法》第89条"商业承兑汇票的付款人开户银行收到通过委托收款寄来的商业承兑汇票，将商业承兑汇票留存，并及时通知付款人。（一）付款人收到开户银行的付款通知，应在当日通知银行付款。付款人在接到通知日的次日起3日内（遇法定休假日顺延，下同）未通知银行付款的，视同付款人承诺付款，银行应于付款人接到通知日的次日起第4日（法定休假日顺延，下同）上午开始营业时，将票款划给持票人。付款人提前收到由其承兑的商业汇票，应通知银行于汇票到期日付款。付款人在接到通知日的次日起3日内未通知银行付款，付款人接到通知日的次日起第4日在汇票到期日之前的，银行应于汇票到期日将票款划给持票人。（二）银行在办理划款时，付款人存款账户不足支付的，应填制付款人未

---

① 对应《民事诉讼法》（2023年修正）第26条。

② 对应《票据纠纷规定》（2020年修正）第6条第2款。

付票款通知书，连同商业承兑汇票邮寄持票人开户银行转交持票人。（三）付款人存在合法抗辩事由拒绝支付的，应自接到通知日的次日起3日内，作成拒绝付款证明送交开户银行，银行将拒绝付款证明和商业承兑汇票邮寄持票人开户银行转交持票人”的规定，并结合恒丰银行在其《民事起诉状》中所述“2015年12月23日、2016年1月22日，上述两张商业承兑汇票出票人的开户行民生银行福州温泉支行分别向持票人民生银行广州分行出具《拒绝付款理由书》”的事实，以及案涉商业承兑汇票票面中关于“此联持票人开户行随托收凭证寄付款人开户行作借方凭证附件”的记载，民生银行福州温泉支行作为付款人长春鋆地公司在案涉商业承兑汇票上载明的开户行，可以认定为案涉商业承兑汇票的代理付款人。原审裁定依据案涉商业承兑汇票载明的代理付款人民生银行福州温泉支行的营业地址，认定本案的票据支付地在福建省福州市，进而根据《最高人民法院关于调整高级人民法院和中级人民法院管辖第一审民商事案件标准的通知》的相关规定，依法确定原审法院对本案具有管辖权，有相应的事实和法律依据，本院应予维持。综上，裁定驳回上诉，维持原裁定。

第二十七条　因公司设立、确认股东资格、分配利润、解散等纠纷提起的诉讼，由公司住所地人民法院管辖。

【条文主旨】

本条是关于公司诉讼管辖的规定。

【条文理解】

本条规定因公司设立、确认股东资格、分配利润、解散等纠纷提起的诉讼由公司住所地人民法院管辖，排除了一般地域管辖原则的适用，即此类纠纷不由被告住所地法院管辖。主要原因是法院在审理此类案件时，往往需要调阅公司的注册登记信息以及与争议有关的财务会计凭证、董事会决议、股东会决议等其他相关公司资料。此类纠纷由公司住所地法院管辖，便于及时查明案件事实，节省司法资源，提高诉讼效率，也便于后续的执行。

【条文适用】

司法实践中，本条适用的重点在于公司住所地的认定和公司诉讼范围的确定。第一，关于公司住所地的认定。依据《民法典》第 63 条规定，法人以其主要办事机构所在地为住所。依法需要办理法人登记的，应当将主要办事机构所在地登记为住所。依据《公司法》第 10 条规定，公司以其主要办事机构所在地为住所。依据《公司法司法解释（二）》第 24 条规定，公司住所地是指公司主要办事机构所在地。公司办事机构所在地不明确的，由其注册地人民法院管辖。因此，公司的主要办事机构所在地为其住所地，办事机构所在地不明确的，则以其注册地为住所地。办事机构所在地，是指执行公司业务活动、决定和处理组织事务的机构所在地。主要办事机构所在地，则指统率公司业务的机构所在地。当公司只设一个办事机构时，该办事机构所在地即为公司住所地；当公司设有多个办事机构时，则以其主要办事机构所在地为公司住所地，如总公司所在地、总行所在地等。第二，关于公司诉讼范围的确定。并非所有与公司有关的诉讼都可归于本条规定的公司诉讼范围，而由公司住所地法院管辖，譬如股权转让诉讼、股东代表诉讼就不应适用本条来确定管辖法院。因此，有必要明确本条规定的适用范围。《民事诉讼法司法解释》第 22 条进一步明确：因股东名册记载、请求变更公司登记、股东知情权、公司决议、公司合并、公司分立、公司减资、公司增资等纠纷提起的诉讼，均由公司住所地法院管辖。《公司法司法解释（二）》第 24 条亦规定：解散公司诉讼案件和公司清算案件由公司住所地法院管辖。至于未明确列明的与公司有关的诉讼是否由公司住所地法院管辖，则要结合纠纷是否涉及公司利益、对该纠纷的审理是否适用《公司法》等多方面因素进行综合分析判断。

【典型案例】

海南省丝绸集团有限公司与深圳市庆鹏石油化工经销有限公司、深圳市庆鹏实业集团有限公司、中国同源有限公司、郑某泉及海南省丝绸集团投资有限公司关联交易损害责任纠纷案

【案　　号】最高人民法院（2017）最高法民辖终 233 号

【裁判要旨】股东代表诉讼虽与公司有关，但并不涉及公司的组织变更和组织行为，不应适用《民事诉讼法》（2017 年修正）第 26 条[①]由公司住所地法院管辖。

① 对应《民事诉讼法》（2023 年修正）第 27 条。

【基本案情】原告海南省丝绸集团有限公司（以下简称丝绸集团公司）因与被告深圳市庆鹏实业集团有限公司（以下简称庆鹏实业公司）、深圳市庆鹏石油化工经销有限公司（以下简称庆鹏化工公司）、中国同源有限公司（以下简称同源公司）、郑某泉，第三人海南省丝绸集团投资有限公司（以下简称丝绸投资公司）公司关联交易损害责任纠纷起诉至海南省高级人民法院。丝绸集团公司诉称，丝绸投资公司的注册资本为1.628 亿元，股东为丝绸集团公司、同源公司。2015 年 2 月 27 日，丝绸投资公司经股东会决议同意为庆鹏化工公司借款提供担保，以丝绸投资公司名下位于海口市区的地块向江苏银行股份有限公司深圳分行（以下简称江苏银行深圳分行）提供抵押担保，担保范围为敞口本金金额最高不超过 2 亿元的综合授信额度。之后，丝绸投资公司与江苏银行深圳分行签订了相应的《最高额抵押合同》并办理了土地抵押登记。庆鹏化工公司与丝绸投资公司共同承诺，所借贷款供丝绸投资公司名下位于海口市区地块的开发建设项目专用。江苏银行深圳分行依约向庆鹏化工公司发放贷款 2 亿元，其中包括用于丝绸投资公司土地项目建设的 1.5 亿元。贷款到账后，庆鹏化工公司并未履行承诺，而是将全部贷款挪用给庆鹏实业公司使用。因庆鹏化工公司未及时偿还贷款，江苏银行深圳分行向广东省深圳市中级人民法院（以下简称深圳中院）提起诉讼，该院查封了抵押土地。丝绸集团公司向丝绸投资公司监事会各成员发函，请求监事会履行监事职责，起诉庆鹏实业公司、庆鹏化工公司、同源公司，但监事会未予理会。丝绸集团公司故提起本案股东代表诉讼，请求判令庆鹏实业公司向丝绸投资公司支付其所占用的贷款资金 1.5 亿元及利息，庆鹏化工公司、同源公司、郑某泉对该款项承担连带清偿责任。庆鹏化工公司提出管辖权异议，请求将本案移送深圳中院审理。海南省高级人民法院作出一审裁定，裁定将本案移送深圳中院处理。丝绸集团公司不服，向最高人民法院提起上诉。

【裁判结果】驳回上诉，维持原裁定。

【裁判理由】最高人民法院认为，《民事诉讼法》（2017 年修正）第

26条[①]规定：“因公司设立、确认股东资格、分配利润、解散等纠纷提起的诉讼，由公司住所地人民法院管辖。”《民事诉讼法司法解释》第22条[②]规定：“因股东名册记载、请求变更公司登记、股东知情权、公司决议、公司合并、公司分立、公司减资、公司增资等纠纷提起的诉讼，依照民事诉讼法第二十六条[③]规定确定管辖。”上述条款规定的纠纷类型大多关涉公司组织行为，存在与公司组织相关的多数利害关系人，涉及多数利害关系人的多项法律关系变动，且作出的判决往往具有对世效力。本案纠纷源于丝绸集团公司作为丝绸投资公司的股东，代表丝绸投资公司向庆鹏实业公司主张偿还借款本金，并由庆鹏化工公司、同源公司及郑某泉承担连带责任，性质上属于股东代表诉讼。该诉讼虽与公司有关，但并不涉及公司的组织变更和组织行为。因此，本案纠纷的性质与《民事诉讼法》第26条[④]确定的特殊地域管辖的案件性质不同，本案不适用该规定。综上，裁定驳回上诉，维持原裁定。

① 对应《民事诉讼法》（2023年修正）第27条。

② 对应《民事诉讼法司法解释》（2022年修正）第22条。

③ 对应《民事诉讼法》（2023年修正）第27条。

④ 对应《民事诉讼法》（2023年修正）第27条。

第二十八条　因铁路、公路、水上、航空运输和联合运输合同纠纷提起的诉讼，由运输始发地、目的地或者被告住所地人民法院管辖。

【条文主旨】

本条是关于因铁路、公路、水上、航空运输和联合运输合同纠纷提起诉讼的管辖规定。

【条文理解】

运输合同是承运人将旅客或者货物从起运地点运输到约定地点，旅客、托运人或者收货人支付票款或者运输费用的合同。运输合同分为客运合同和货运合同两大类。运输合同纠纷，是指承运人与托运人在履行运输合同过程中发生的权利义务争议。例如，因托运的货物、行李或者物品受损、丢失引起的纠纷；因乘客受到人身伤害引起的纠纷等。为便于当事人参加诉讼和人民法院及时查明案情、化解纠纷，本条规定了此类纠纷不仅可依据一般地域管辖原则由被告住所地法院管辖，亦可由运输始发地、目的地法院管辖。

【条文适用】

司法实践中，应注意运输目的地是指旅客或货物的最终到达地，不能将中转地也视为运输目的地。同时，根据最高人民法院相关司法解释的规定，铁路运输合同纠纷应由铁路运输法院专门管辖，海上、通海水域的运输合同应由海事法院专门管辖。

【典型案例】

中山海德集装箱运输有限公司与北京华帝燃具销售有限公司、王甲、王乙多式联运合同纠纷案

【案　　号】广东省高级人民法院（2019）粤民辖终29号

【裁判要旨】因多式联运合同纠纷提起的诉讼，属于海事法院专门管辖的，由运输始发地、目的地或者被告住所地海事法院管辖。

【基本案情】原告中山海德集装箱运输有限公司（以下简称海德公司）因与被告北京华帝燃具销售有限公司（以下简称华帝公司）、王甲、王乙多式联运合同纠纷起诉至广州海事法院，华帝公司提出管辖权异议，请求将本案移送至华帝公司住所地北京市丰台区人民法院审理。广州海事法院作出一审裁定，裁定驳回华帝公司的管辖权异议。华帝公司不服，向广东省高级人民法院提起上诉。

【裁判结果】驳回上诉，维持原裁定。

【裁判理由】广东省高级人民法院认为，海德公司起诉请求华帝公司支付运费、王甲及王乙承担连带清偿责任，其主张的货物运输系由广东省中山市运至北京市，含有水运及陆运，本案为包含水路运输在内的多式联运合同纠纷。依照《最高人民法院关于海事法院受理案件范围的规定》第25条规定，本案属于海事法院专门管辖的案件。《民事诉讼法》（2017年修正）第27条[①]规定："因铁路、公路、水上、航空运输和联合运输合同纠纷提起的诉讼，由运输始发地、目的地或者被告住所地人民法院管辖。"涉案《水路集装箱货物运单》记载的接货地和装货港系广东省中山市，运输始发地广东省中山市属于广州海事法院的辖区范围。广州海事法院作为运输始发地有权管辖海事案件的专门法院，依法对本案具有管辖权。综上，裁定驳回上诉，维持原裁定。

① 对应《民事诉讼法》（2023年修正）第28条。

第二十九条　因侵权行为提起的诉讼，由侵权行为地或者被告住所地人民法院管辖。

【条文主旨】

本条是关于因侵权行为提起诉讼的管辖规定。

【条文理解】

侵权行为，是指加害人不法侵害他人财产权利和人身权利的行为。[①]本条规定了此类纠纷不仅可依据一般地域管辖原则由被告住所地法院管辖，亦可由侵权行为地法院管辖。因此，侵权行为地法院可以更加方便快捷地查明侵权事实，进而及时化解纠纷。

【条文适用】

司法实践中，本条适用的重点在于侵权行为地的认定。《民事诉讼法司法解释》第 24 条规定："民事诉讼法第二十九条规定的侵权行为地，包括侵权行为实施地、侵权结果发生地。"因此，侵权行为地不仅指侵权行为实施地，还包括侵权结果发生地。侵权行为实施地，是指侵权人实施侵权行为的地点；侵权结果发生地，是指因侵权行为造成的损害后果出现的地点。在通常情况下，侵权行为实施地和侵权结果发生地为同一地点，但在某些特殊情况下，侵权行为实施地和侵权结果发生地并不一致，此情形下，侵权行为实施地和侵权结果发生地的法院均有管辖权。此外，《民事诉讼法司法解释》还有特别规定，第 25 条规定："信息网络

① 王胜明主编：《中华人民共和国民事诉讼法释义》，法律出版社 2012 年版，第 47 页。

侵权行为实施地包括实施被诉侵权行为的计算机等信息设备所在地，侵权结果发生地包括被侵权人住所地。”该解释第26条规定：“因产品、服务质量不合格造成他人财产、人身损害提起的诉讼，产品制造地、产品销售地、服务提供地、侵权行为地和被告住所地人民法院都有管辖权。”

【典型案例】

康健苗苗（杭州）医药有限公司与登士柏（天津）国际贸易有限公司纵向垄断协议纠纷案

【案　　号】最高人民法院（2020）最高法知民辖终82号

【裁判要旨】侵权行为地包括侵权行为实施地和侵权结果发生地，侵权结果发生地法院对侵权纠纷具有管辖权。

【基本案情】原告康健苗苗（杭州）医药有限公司（以下简称康健苗苗公司）因与被告登士柏（天津）国际贸易有限公司（以下简称登士柏公司）纵向垄断协议纠纷起诉至浙江省杭州市中级人民法院，登士柏公司提出管辖权异议，请求将本案移送至被告住所地和侵权行为实施地的天津市第二中级人民法院审理。浙江省杭州市中级人民法院作出一审裁定，裁定驳回登士柏公司的管辖权异议。登士柏公司不服，向最高人民法院提起上诉。

【裁判结果】驳回上诉，维持原裁定。

【裁判理由】最高人民法院认为，本案系由垄断行为引发的侵权纠纷。《最高人民法院关于审理因垄断行为引发的民事纠纷案件应用法律若干问题的规定》第3条第1款①规定，第一审垄断民事纠纷案件，由省、自治区、直辖市人民政府所在地的市、计划单列市中级人民法院以及最高人民法院指定的中级人民法院管辖。该解释第4条规定：垄断民事纠

① 《最高人民法院关于审理因垄断行为引为的民事纠纷案件应用法律若干问题的规定》（2020年修正）第3条修改为：“第一审垄断民事纠纷案件，知识产权法院，省、自治区、直辖市人民法院所在地的市、计划单列市中级人民法院及最高人民法院指定的中级人民法院管辖。”

纷案件的地域管辖，根据案件具体情况，依照《民事诉讼法》及相关司法解释有关侵权纠纷、合同纠纷等的管辖规定确定。《民事诉讼法》（2017 年修正）第 28 条[①]规定：因侵权行为提起的民事诉讼，由侵权行为地或者被告住所地人民法院管辖。根据《民事诉讼法司法解释》第 24 条规定，《民事诉讼法》第 28 条[②]规定的侵权行为地，包括侵权行为实施地、侵权结果发生地。本案中，根据在案证据，康健苗苗公司向原审法院提供了初步证据证明，登士柏公司向全国经销商发送上述《通知函》后，其经销商之一——亚新齿科公司停止向康健苗苗公司供应登士柏临床产品，导致康健苗苗公司因此受到损失，故康健苗苗公司所在地为侵权结果发生地。因康健苗苗公司住所地在浙江省杭州市，浙江省杭州市中级人民法院即原审法院依法对本案具有管辖权，康健苗苗公司在浙江省杭州市中级人民法院提起诉讼于法有据。综上，裁定驳回上诉，维持原裁定。

① 对应《民事诉讼法》（2023 年修正）第 29 条。

② 对应《民事诉讼法》（2023 年修正）第 29 条。

第三十条　因铁路、公路、水上和航空事故请求损害赔偿提起的诉讼，由事故发生地或者车辆、船舶最先到达地、航空器最先降落地或者被告住所地人民法院管辖。

【条文主旨】

本条是关于因铁路、公路、水上和航空事故请求损害赔偿提起诉讼的管辖规定。

【条文理解】

本条规定了因铁路、公路、水上和航空事故请求损害赔偿提起的诉讼，不仅可依据一般地域管辖原则由被告住所地法院管辖，亦可由事故发生地或者车辆、船舶最先到达地、航空器最先降落地法院管辖。事故发生地不仅指事故发生的地点，而且还包括造成损害结果的地点。车辆、船舶最先到达地，是指事故发生后车辆第一个停靠站、船舶第一个停靠港。航空器最先降落地，则是指事故发生后航空器第一次降落地或坠落地。由事故发生地或者车辆、船舶最先到达地、航空器最先降落地法院管辖此类纠纷，有利于更加及时查明事故原因、损害程度、当事人的责任等情况。

【条文适用】

司法实践中，本条适用的重点在于本条与本法第 29 条“因侵权行为提起的诉讼，由侵权行为地或者被告住所地人民法院管辖”的竞合。当原告因铁路、公路、水上和航空事故提起侵权诉讼的，亦属于“因侵权行为提起的诉讼”，故可适用本法第 29 条，由侵权行为地或者被告住所地人民法院。实际上，本条规定的事故发生地也就是侵权行为地，所以本条规定的管辖法院范围不仅包括了第 29 条规定的管辖法院，而还包括了车辆、船舶最先到达地、航空器最先降落地法院。因此，本条与本法第 29 条并不冲突。此外，需要注意的是，根据最高人民法院相关司法解释的规定，铁路事故应由铁路运输法院专门管辖，海上、通海水域事故应由海事法院专门管辖。

【典型案例】

郝某峰与泉州星航船务有限公司海上人身损害责任纠纷案

【案　　号】浙江省高级人民法院（2018）浙民辖终 32 号

【裁判要旨】侵权行为地包括侵权行为实施地和侵权结果发生地，侵权结果发生地法院对侵权纠纷具有管辖权。

【基本案情】原告郝某峰因与被告泉州星航船务有限公司（以下简称星航公司）海上人身损害责任纠纷起诉至宁波海事法院，星航公司提出管辖权异议，以本案涉及船舶优先权为由请求将本案移送至厦门海事法院审理。宁波海事法院作出一审裁定，裁定驳回星航公司的管辖权异议。星航公司不服，向浙江省高级人民法院提起上诉。

【裁判结果】驳回上诉，维持原裁定。

【裁判理由】浙江省高级人民法院认为，郝某峰向一审法院提起本案诉讼，提交了船员登记证、相关就医病历、收费收据、出院证、诊断说明书和台州市博爱医院司法鉴定所出具的司法鉴定意见书等证据材料，用以证明郝某峰在星航公司所属的“力诚 6”轮工作期间受伤的事实。郝某峰在诉讼请求中并未主张对涉案船舶的优先权，本案应以基础法律关系确定管辖法院。一审法院将本案基础法律关系认定为海上人身损害责任纠纷正确。根据《最高人民法院关于海事法院受理案件范围的规定》第 24 条“船员劳动合同、劳务合同（含船员劳务派遣协议）项下与船员登船、在船服务、离船遣返相关的报酬给付及人身伤亡赔偿纠纷案件”之规定，属于海事法院受理案件范围。《民事诉讼法》（2017年修正）第29条[①]规定：“因铁路、公路、水上和航空事故请求损害赔偿提起的诉讼，由事故发生地或者车辆、船舶最先到达地、航空器最先降落地或者被告住所地人民法院管辖。”本案事故发生在浙江省台州市玉环县境内，属于宁波海事法院管辖范围。故一审法院依法对本案具有管辖权。综上，裁定驳回上诉，维持原裁定。

① 对应《民事诉讼法》（2023年修正）第30条。

第三十一条　因船舶碰撞或者其他海事损害事故请求损害赔偿提起的诉讼，由碰撞发生地、碰撞船舶最先到达地、加害船舶被扣留地或者被告住所地人民法院管辖。

【条文主旨】

本条是关于海事损害事故赔偿纠纷特殊地域管辖的规定。

【条文理解】

一、关于船舶碰撞和其他海事损害事故

船舶碰撞，是指船舶在航行中发生接触，使船舶、船上货物、船上人员受到损害，船舶营运造成损失的事故。其他海事损害事故，是指船舶在航行过程中发生除船舶碰撞之外的其他事故，包括触礁、触岸、搁浅、浪损、失火、爆炸、沉没、失踪、遭遇自然灾害等。

根据我国《海商法》第 170 条规定，船舶因操纵不当或者不遵守航行规章，虽然实际上没有同其他船舶发生碰撞，但是使其他船舶以及船上的人员、货物或者其他财产遭受损失的，适用船舶碰撞的规定。

二、关于海事损害事故赔偿纠纷的管辖法院

因船舶碰撞或者其他海事损害事故产生赔偿纠纷，碰撞发生地、碰撞船舶最先到达地、加害船舶被扣留地、被告住所地的海事法院均有管辖权。

碰撞发生地，是指船舶碰撞发生的具体地点，属于侵权行为发生地。由碰撞发生地法院管辖，有利于查清碰撞发生的原因，认定相应的责任。

碰撞船舶最先到达地，是指船舶碰撞发生后，受损船舶首先停泊的港口或者码头，属于侵权行为发生地的延伸。如果船舶发生了沉没，则船舶沉没地为最先到达地。碰撞船舶最先到达地法院管辖，无论时间、海事距离，离船舶碰撞发生时间和距离都比较近，有利于人民法院对船舶进行调查，对受损情况作出认定。

加害船舶被扣留地，是指船舶碰撞后，加害船舶离开事故发生地的情况下，其被扣留的地点。加害船舶被扣留地法院管辖，有利于人民法院对船舶采取查封、扣押措施，便于将来判决的执行，保障受损一方权利的实现。

被告住所地，是“原告就被告”的一般地域管辖原则在海事损害赔偿诉讼中的适用。被告住所地法院管辖，既有利于法院审理、执行案件，又可以防止原告滥用诉权损害被告的合法权益。[①] 因船舶登记港为船籍港，船籍港一般由船舶所有人依据其住所或主营业所所在地就近选择，故在海事损害赔偿诉讼中，被告住所地一般是加害船舶的船籍港所在地。

【条文适用】

第一，《海事诉讼特别程序法》第4条规定：海事法院受理当事人因海事侵权纠纷、海商合同纠纷以及法律规定的其他海事纠纷提起的诉讼。《海事诉讼特别程序法司法解释》第1条进一步规定：在海上或者通海水域发生的与船舶或者运输、生产、作业相关的海事侵权纠纷、海商合同纠纷，以及法律或者相关司法解释规定的其他海事纠纷案件由海事法院及其上级人民法院专门管辖。因此，因海损事故赔偿纠纷提起的诉讼，在我国由海事法院专门管辖。目前，我国已经设立了广州、上海、青岛、天津、大连、厦门、海口、武汉、宁波、北海十个海事法院。《最高人民法院关于审理发生在我国管辖海域相关案件若干问题的规定（一）》第5条明确了“碰撞发生地法院”为管辖发生海损事故海域的海事法院。关

① 张卫平：《民事诉讼法》，法律出版社2019年版，第109页。

于海事法院的管辖海域，最高人民法院根据全国人大常委会的授权分别出台一系列规定划分了海事法院的管辖范围，1984 年 11 月 28 日《最高人民法院关于设立海事法院几个问题的决定》[①] 确定广州、大连、上海、青岛、天津海事法院的管辖区域；1987 年 7 月 28 日《最高人民法院关于调整武汉、上海海事法院管辖区域的通知》[②] 确定武汉、上海海事法院的管辖区域；1990 年 3 月 2 日《最高人民法院关于设立海口、厦门海事法院的决定》确定海口、厦门海事法院的管辖区域；1992 年 12 月 4 日《最高人民法院关于设立宁波海事法院的决定》确定宁波海事法院的管辖区域；1999 年 7 月 19 日《最高人民法院关于北海海事法院正式对外受理案件问题的通知》确定北海海事法院的管辖区域；2002 年 12 月 10 日《最高人民法院关于调整大连、武汉、北海海事法院管辖区域和案件范围的通知》对大连、武汉、北海海事法院的管辖区域进行调整；2006 年 6 月 20 日《最高人民法院关于调整上海、宁波海事法院管辖区域的通知》对上海、宁波海事法院的管辖区域进行调整；2016 年 3 月 1 日施行的《最高人民法院关于海事诉讼管辖问题的规定》对大连、武汉海事法院的管辖区域进行了调整。

第二，《海事诉讼特别程序法》第 6 条第 2 款第 1 项规定："因海事侵权行为提起的诉讼，除依照《中华人民共和国民事诉讼法》第二十九条至第三十一条[③]的规定以外，还可以由船籍港所在地海事法院管辖。"该规定增加了船籍港所在地的连接点，即对该船舶进行登记注册的机关的所在地。船籍港所在地，既可以是被告所有的船舶，也可以是原告所有的事故船舶。

第三，《海事诉讼特别程序法》第 23 条第 2 款赋予了海事法院具有扣押"姊妹船"的权限，可以扣押对海事请求负有责任的船舶所有人、

---

① 其中关于海事法院收案范围的规定已被《最高人民法院关于海事法院受理案件范围的规定》代替。

② 根据《最高人民法院关于废止 1980 年 1 月 1 日至 1997 年 6 月 30 日期间发布的部分司法解释和司法解释性质文件（第九批）的决定》，该通知已废止，被《最高人民法院关于调整大连、武汉、北海海事法院管辖区域和案件范围的通知》代替。

③ 对应《民事诉讼法》（2023 年修正）第 29 ~ 31 条。

光船承租人、定期租船人或者航次租船人除当事船舶以外的其他船舶，故加害船舶的“姊妹船”被扣留地，也可视为加害船舶扣留地。

第四，对发生在我国管辖海域外的海损事故引起的纠纷，因事故海域不属我国管辖，故无法适用碰撞发生地的管辖连接点。《最高人民法院关于审理发生在我国管辖海域相关案件若干问题的规定（一）》第 5 条第 2 款规定：因在公海等我国管辖海域外发生海损事故，请求损害赔偿在我国法院提起的诉讼，由事故船舶最先到达地、船舶被扣押地或者被告住所地海事法院管辖，未规定碰撞发生地法院管辖。

【典型案例】

芜湖市晨光船务有限公司与珠海市公路局船舶触碰损害责任纠纷案

【案　　号】广东省高级人民法院（2017）粤民辖终 471 号

【裁判要旨】涉案触碰事故发生于广东省珠海市××区××大桥河段，且事故发生后，广州海事法院根据珠海市公路局的申请，于事故附近水域将肇事船舶“新晨光 20”轮扣押。上述触碰事故发生地、加害船舶被扣留地均位于广东省珠海市，处于广州海事法院的辖区范围之内，根据上述法律规定，广州海事法院作为专门管辖涉案类型海事侵权纠纷案件的法院，依法对本案具有管辖权。

【基本案情】上诉人芜湖市晨光船务有限公司（以下简称晨光公司）因与被上诉人珠海市公路局船舶触碰损害责任纠纷一案，不服广州海事法院（2017）粤 72 民初 407 号民事裁定，向广东省高级人民法院（以下简称广东高院）提起上诉。

晨光公司上诉称，其作为被告，住所地位于安徽省芜湖市。本案所涉船舶系海船，尽管触碰地在广东省珠海市，但依照“原告就被告”的原则，本案应由被告住所地的法院即武汉海事法院管辖。请求撤销一审裁定，将本案移送武汉海事法院审理。

珠海市公路局答辩称，本案属于船舶触碰损害责任纠纷，触碰事故发生地为广东省珠海市。依照《民事诉讼法》（2017 年修正）第 30 条[①]、《民事诉讼法司法解释》第 2 条第 2 款的规定，海事海商案件由海事法院管辖。广州海事法院作为涉案事故发生地的法院，对本案依法享有管辖权。一审裁定查明事实清楚，适用法律正确。晨光公司的主张缺乏事实和法律依据，应予驳回。

经查明，珠海市公路局以晨光公司所属的“新晨光 20”轮于航行广东省斗门区赤粉水道莲溪大桥河段过程中触碰莲溪大桥、造成其损失为由，向广州海事法院提出诉前海事请求保全申请，请求扣押“新晨光 20”轮并责令晨光公司提供21 790 000元的担保。广州海事法院经审查，于 2017 年 4 月 7 日作出（2017）粤 72 财保 30 号民事裁定，准许珠海市公路局的上述诉前海事请求保全申请。同日，广州海事法院于莲溪大桥附近水域对“新晨光 20”轮实施了扣押。其后，珠海市公路局在指定期限内提起了本案诉讼。

【裁判结果】裁定驳回上诉，维持原裁定。

【裁判理由】广东高院经审查认为，本案为船舶触碰损害责任纠纷。依照《海事诉讼特别程序法》第 4 条、《民事诉讼法司法解释》第 2 条第 2 款、《海事诉讼特别程序法司法解释》第 1 条及《最高人民法院关于海事法院受理案件范围的规定》之“一、海事侵权纠纷案件”中第 2 条所列类型“船舶触碰海上、通海可航水域、港口及其岸上的设施或者其他财产的损害责任纠纷案件，包括船舶触碰码头、防波堤、栈桥、船闸、桥梁、航标、钻井平台等设施的损害责任纠纷案件”等的规定，本案属于海事侵权纠纷案件，应由海事法院管辖。有关法律并未就船舶触碰损害责任纠纷的地域管辖作出特殊规定，根据《海事诉讼特别程序法》第 6 条第 1 款的规定，本案应按照《民事诉讼法》的有关规定来确定地域管辖。

《民事诉讼法》（2017 年修正）第 30 条[②]规定：“因船舶碰撞或者其他海事损害事故请求损害赔偿提起的诉讼，由碰撞发生地、碰撞船舶最

① 对应《民事诉讼法》（2023 年修正）第 31 条。

② 对应《民事诉讼法》（2023 年修正）第 31 条。

先到达地、加害船舶被扣留地或者被告住所地人民法院管辖。”涉案触碰事故发生于广东省珠海市××区××大桥河段，且事故发生后，广州海事法院根据珠海市公路局的申请，于事故附近水域将肇事船舶“新晨光20”轮扣押。上述触碰事故发生地、加害船舶被扣留地均位于广东省珠海市，处于广州海事法院的辖区范围之内，根据上述法律规定，广州海事法院作为专门管辖涉案类型海事侵权纠纷案件的法院，依法对本案具有管辖权。晨光公司关于本案应移送被告住所地的武汉海事法院管辖的主张理据不足，不予支持。

第三十二条　因海难救助费用提起的诉讼，由救助地或者被救助船舶最先到达地人民法院管辖。

【条文主旨】

本条是关于海难救助费用纠纷特殊地域管辖的规定。

【条文理解】

一、关于海难救助和海难救助费用

海难救助，是指对遭遇海难的船舶或者船舶运载的货物、人员以及其他财产，由外来力量进行救助的行为。实施救助的外来力量可以是从事海上救助业务的专业单位，也可以是临近或过往的船只。实施救助的一方有权根据救助事实和救助效果，请求被救助方给付一定的报酬，该报酬称为救助费用。对于海难救助的法律性质，理论界一般认为属于无因管理，但与民法中的无因管理制度又有所不同。民法中的无因管理，财产所有人有义务向管理人支付必要的费用或管理人因管理事务而遭受的财产损失，但管理人无权要求报酬，而海难救助中的救助人有报酬请求权。[①]

二、关于海难救助费用纠纷的管辖法院

海难救助费用纠纷，既可能发生在救助方和被救助方之间，也可能在多个救助方之间因救助费用的分配而产生。因海难救助费用纠纷提起的诉讼，救助地或者被救助船舶最先到达地的海事法院均有管辖权。

救助地，是指对遇难船舶实施救助行为的地点，或者救助结果发生

① 司玉琢：《海商法专论》，中国人民大学出版社 2015 年版，第 263 页。

的地点。由救助地法院管辖，有利于查清救助的事实，认定报酬的数额。

被救助船舶最先到达地，是指遇难的船舶经过救助脱离危险以后首先停泊的港口或者码头。海难救助有可能发生在我国管辖海域范围内，也可能发生在我国管辖海域外。如果海难救助发生在我国管辖海域外，甚至发生在公海上，不属于任何国家管辖海域，此时救助方可以向被救助船舶最先到达地法院提起诉讼。由被救助船舶最先到达地法院管辖，还便于对船舶进行保全，有利于将来判决的执行。

【条文适用】

第一，《海事诉讼特别程序法》第4条规定：海事法院受理当事人因海事侵权纠纷、海商合同纠纷以及法律规定的其他海事纠纷提起的诉讼。《海事诉讼特别程序法司法解释》第1条进一步规定：在海上或者通海水域发生的与船舶或者运输、生产、作业相关的海事侵权纠纷、海商合同纠纷，以及法律或者相关司法解释规定的其他海事纠纷案件由海事法院及其上级人民法院专门管辖。因此，因海难救助费用提起的诉讼，在我国由海事法院专门管辖。

第二，在海难救助中，被救助对象除船舶外还可能包括货物等其他财产，因此，《海事诉讼特别程序法司法解释》第9条规定了因海难救助费用提起的诉讼，还可以由被救助的船舶以外的其他获救财产所在地的海事法院管辖。

第三，海难救助费用纠纷不适用被告住所地的一般地域管辖原则。由被告住所地人民法院管辖，往往不便于该类案件当事人进行诉讼，也不利于人民法院行使审判权。例如，如果海难救助费用纠纷发生在不同救助方之间，相较被告住所地法院，救助地或者被救助船舶最先到达地法院管辖更有利于查清案件事实，确定救助费用的分配。

第四，对发生在我国管辖海域外的海难救助引起的纠纷，因救助地不属我国管辖，故无法适用海难救助地的管辖连接点，故只能向被救助船舶最先到达地或其他获救财产所在地的海事法院提起诉讼。

【典型案例】

中国平安财产保险股份有限公司东莞分公司与国投洋浦港有限公司拖轮分公司、东莞市丰海海运有限公司等海难救助合同纠纷

【案　　号】海南省高级人民法院（2017）琼民辖终21号

【裁判要旨】本案为海难救助费用引起的纠纷，涉案船舶“丰盛油8”轮在海南八所港发生爆炸事故，救助地在海南八所港，海口海事法院作为海难救助地的法院，对本案具有管辖权。

【基本案情】上诉人中国平安财产保险股份有限公司东莞分公司（以下简称平安财保东莞分公司）因与被上诉人国投洋浦港有限公司拖轮分公司（以下简称洋浦港拖轮分公司）以及原审被告东莞市丰海海运有限公司（以下简称丰海公司）、中国石化扬子石油化工有限公司（以下简称扬子石化公司）海难救助合同纠纷管辖权异议一案，不服海口海事法院（2017）琼72民初66号民事裁定，向海南省高级人民法院（以下简称海南高院）提起上诉。

海口海事法院认为，本案为海难救助费用引起的纠纷，涉案船舶“丰盛油8”轮在海南八所港发生爆炸事故，救助地在海南八所港，该轮在事故处理后最先到达地为南京港。依据《民事诉讼法》（2012年修正）第31条[①]“因海难救助费用提起的诉讼，由救助地或者被救助船舶最先到达地人民法院管辖”的规定，海口海事法院作为海难救助地的法院，对本案具有管辖权。综上，平安财保东莞分公司提出的管辖权异议不成立，应当予以驳回。依照《民事诉讼法》（2012年修正）第154条第1款第2项[②]的规定，裁定驳回平安财保东莞分公司对本案管辖权提出的异议。

平安财保东莞分公司不服一审裁定，上诉称：（1）本案不属于专属

① 对应《民事诉讼法》（2023年修正）第32条。

② 对应《民事诉讼法》（2023年修正）第157条。

管辖，广州海事法院对本案具有管辖权。《民事诉讼法》（2012年修正）第21条[①]与第31条为并列条款，第31条并不优先于第21条适用于本案。上诉人和丰海公司的住所地均为广东省东莞市，广州海事法院作为本案被告住所地法院依法对本案有管辖权。（2）本案为必要共同诉讼，理应由同一法院管辖。本案各方是对同一事故中同一标的物进行的相关作业，整个作业过程是一个不可分割的整体，故各索赔方的诉讼标的是共同的，理应由同一法院适用同一标准确定相关索赔。（3）2016年10月20日，“丰盛油8”轮在八所港发生爆炸事故，被上诉人及南海救助局等十二家单位对该轮进行了救助作业。南海救助局于2017年2月6日在广州海事法院针对其所主张的救助作业对丰海公司、扬子石化公司及平安财保东莞分公司提起诉讼，案号为（2017）粤72民初83号。广州海事法院是最先立案的法院，本案应由广州海事法院统一管辖。（4）在对“丰盛油8”轮救助纠纷中，除丰海公司外，其余11家参与救助单位提出索赔的费用合计为3292.114232万元，已在广州海事法院起诉的南海救助局提出的索赔金额为2379.872万元，占已知索赔金额的72.29%。根据法律的规定，全部救助方依法应在救助报酬中分配各自的份额，因此，由广州海事法院受理本案，更有利于后续分配救助报酬。综上，请求二审法院撤销一审裁定，将本案移送广州海事法院审理。

【裁判结果】海南高院依照《民事诉讼法》（2012年修正）第170条第1款第1项[②]、第171条[③]之规定，裁定驳回上诉，维持原裁定。

【裁判理由】海南高院认为，（1）关于海口海事法院对本案是否有管辖权的问题。《民事诉讼法》（2012年修正）第31条规定：“因海难救助费用提起的诉讼，由救助地或者被救助船舶最先到达地人民法院管辖。”本案为海难救助费用引起的纠纷，涉案船舶“丰盛油8”轮在海南八所港发生爆炸事故，救助地在海南八所港，海口海事法院作为海难救助地的法院，对本案具有管辖权。（2）关于洋浦港拖轮分公司提起的本案诉

① 对应《民事诉讼法》（2023年修正）第22条。

② 对应《民事诉讼法》（2023年修正）第177条第1款第1项。

③ 对应《民事诉讼法》（2023年修正）第178条。

讼与参与救助“丰盛油 8”轮的其他民事主体提起的关于救助费用的诉讼是否属于必要共同诉讼的问题。共同诉讼分为必要共同诉讼和普通共同诉讼两种。必要共同诉讼的诉讼标的是同一的，是不可分之诉。而普通共同诉讼的诉讼标的是同一种类的，为可分之诉。参与救助“丰盛油 8”轮的各民事主体就救助费用提起诉讼的诉讼标的是同一种类的，不是同一的，故洋浦港拖轮分公司提起的本案诉讼与其他参与救助的民事主体就救助费用提起的诉讼不是必要共同诉讼。根据《民事诉讼法》（2012 年修正）第 52 条第 1 款[①]“当事人一方或者双方为二人以上，其诉讼标的是共同的，或者诉讼标的是同一种类、人民法院认为可以合并审理并经当事人同意的，为共同诉讼”的规定，普通共同诉讼的合并审理应以当事人的同意为前提。洋浦港拖轮分公司向海口海事法院提起本案诉讼是其真实意思表示，且符合法律规定的起诉条件，应当予以尊重。因此，上诉人主张参与救助“丰盛油 8”轮的各单位提起的有关救助费用的诉讼应当作为共同诉讼移送广州海事法院审理的上诉理由不能成立，本院不予支持。综上，海口海事法院对本案有管辖权，其驳回平安财保东莞分公司对本案管辖权提出的异议并无不当，应予维持。上诉人的上诉主张不能成立，不予支持。

① 对应《民事诉讼法》（2023 年修正）第 55 条第 1 款。

第三十三条　因共同海损提起的诉讼，由船舶最先到达地、共同海损理算地或者航程终止地的人民法院管辖。

【条文主旨】

本条是关于共同海损纠纷特殊地域管辖的规定。

【条文理解】

一、关于共同海损

共同海损，是指在同一海上航程中，船舶、货物和其他财产遭遇共同危险，为了共同安全，有意地合理地采取措施所直接造成的特殊牺牲、支付的特殊费用。共同海损应当由受益方按照各自的分摊价值的比例分摊。共同海损是海商法上的一个特有制度，要分摊共同海损，需满足共同风险、措施有意而合理、特殊的牺牲和费用、共损行为最终有效四个条件。根据《海商法》第 194 条规定，船舶因发生意外、牺牲或者其他特殊情况而损坏时，为了安全完成本航程，驶入避难港口、避难地点或者驶回装货港口、装货地点进行必要的修理，在该港口或者地点额外停留期间所支付的港口费，船员工资、给养，船舶所消耗的燃料、物料，为修理而卸载、贮存、重装或者搬移船上货物、燃料、物料以及其他财产所造成的损失、支付的费用，应当列入共同海损。

二、关于共同海损纠纷的管辖法院

因共同海损纠纷提起的诉讼，船舶最先到达地、共同海损理算地或者航程终止地的海事法院均有管辖权。

船舶最先到达地，是指共同海损发生后船舶继续航行，首先停泊的港口或者码头，其属于侵权行为发生地的延伸。共同海损发生后船舶最先到达地，距离海损发生的时间和距离都比较近，有利于法院对船舶进行调查，对受损情况作出认定。

共同海损理算，是指由国家认可的具有法定资格的专业机构或人员，按照理算规则，对共同海损的损失和费用、各受益方的分摊价值以及各方应分摊共同海损的数额所进行的审理和计算工作。[①] 共同海损理算地点，一般是船舶航程终止地，也可以是当事人约定的其他地方。我国的共同海损理算机构是中国国际贸易促进委员会，地点在北京。根据《中国国际贸易促进委员会共同海损理算暂行规则》规定，理算地点通常为北京。

航程终止地，是指船舶于航次结束时，到达港口或码头所在地，亦即该航次的目的地。

【条文适用】

第一，《海事诉讼特别程序法》第 4 条规定：海事法院受理当事人因海事侵权纠纷、海商合同纠纷以及法律规定的其他海事纠纷提起的诉讼。《海事诉讼特别程序法司法解释》第 1 条进一步规定：在海上或者通海水域发生的与船舶或者运输、生产、作业相关的海事侵权纠纷、海商合同纠纷，以及法律或者相关司法解释规定的其他海事纠纷案件由海事法院及其上级人民法院专门管辖。因此，因共同海损提起的诉讼，在我国由海事法院专门管辖。

第二，共同海损纠纷不适用被告住所地的一般地域管辖原则。共同海损纠纷由船舶最先到达地、共同海损理算地或者航程终止地的人民法院管辖，更方便查清案件事实，更有利于当事人参加诉讼和法院行使审判权；由被告住所地法院管辖，反而不利于案件的审理。

① 司玉琢：《海商法专论》，中国人民大学出版社 2015 年版，第 301 页。

第三，共同海损纠纷的管辖法院未规定共同海损发生地，主要是海损发生后可能难以确定具体地点，此时依照发生地不能准确确定管辖法院，因此，本条没有将共同海损发生地作为此类案件的管辖标准。

【典型案例】

大连国润船舶代理有限公司与上海凯润船务有限公司、武汉均泰物流有限公司等共同海损纠纷案

【案 号】上海市高级人民法院（2014）沪高民四（海）终字第104号

【裁判要旨】上诉人大连国润船舶代理有限公司与被上诉人凯润公司签订的《水路货物运输合同》中虽有约定管辖条款，但该约定管辖条款的效力无法及于本案共同海损纠纷所涉及的所有当事人。《民事诉讼法》（2012年修正）第32条①规定：因共同海损提起的诉讼，由船舶最先到达地、共同海损理算地或者航程终止地的人民法院管辖。本案中，涉案航程终止地为上海，上海海事法院对本案行使管辖权于法有据。

【基本案情】上诉人大连国润船舶代理有限公司不服上海海事法院（2014）沪海法商初字第753号民事裁定，向上海市高级人民法院（以下简称上海高院）提起上诉。上诉人认为，其与被上诉人上海凯润船务有限公司（以下简称凯润公司）在《水路货物运输合同》中已约定了纠纷的管辖法院为大连海事法院。同时考虑到民事诉讼法“原告就被告”原则维护公平正义的初衷，本案也应由大连海事法院管辖。

【裁判结果】上海高院依照《民事诉讼法》（2012年修正）第170条第1款第1项②、第171条③、第175条④之规定，裁定驳回上诉，维持原

① 对应《民事诉讼法》（2023年修正）第33条。

② 对应《民事诉讼法》（2023年修正）第177条第1款第1项。

③ 对应《民事诉讼法》（2023年修正）第178条。

④ 对应《民事诉讼法》（2023年修正）第182条。

裁定。

【裁判理由】上海高院经审查认为，本案系共同海损纠纷。上诉人与被上诉人凯润公司签订的《水路货物运输合同》中虽有约定管辖条款，但该约定管辖条款的效力无法及于本案共同海损纠纷所涉及的所有当事人。《民事诉讼法》（2012 年修正）第 32 条[①]规定：因共同海损提起的诉讼，由船舶最先到达地，共同海损理算地或者航程终止地的人民法院管辖。本案中，涉案航程终止地为上海，上海海事法院对本案行使管辖权于法有据。上诉人的上诉理由不能成立，不予支持。

① 对应《民事诉讼法》（2023 年修正）第 33 条。

第三十四条 下列案件，由本条规定的人民法院专属管辖：

（一）因不动产纠纷提起的诉讼，由不动产所在地人民法院管辖；

（二）因港口作业中发生纠纷提起的诉讼，由港口所在地人民法院管辖；

（三）因继承遗产纠纷提起的诉讼，由被继承人死亡时住所地或者主要遗产所在地人民法院管辖。

【条文主旨】

本条是关于专属管辖的规定。

【条文理解】

专属管辖，是指由法律直接规定某些特定类型的案件只能由特定的法院管辖，其他法院均无权管辖，当事人也不得通过协议变更的管辖法院。专属管辖的案件，不适用一般地域管辖和特殊地域管辖的规定。专属管辖具有强制性和排他性的特点。

第一，因不动产纠纷提起的诉讼，由不动产所在地人民法院专属管辖。不动产，是指不能移动或移动后会降低乃至丧失其性能或价值的财产，一般是土地及土地上的附着物。《民事诉讼法司法解释》第28条第1款、第2款将不动产纠纷限定为不动产物权纠纷和几类特殊合同纠纷，即因不动产的权利确认、分割、相邻关系等引起的物权纠纷，以及农村土地承包经营合同纠纷、房屋租赁合同纠纷、建设工程施工合同纠纷、政策性房屋买卖合同纠纷。关于不动产所在地的确定，《民事诉讼法司法解释》第28条第3款规定：不动产已登记的，以不动产登记簿记载的所在地为不动产所在地；不动产未登记的，以不动产实际所在地为不动产所在地。不动产纠纷由不动产所在地法院管辖，有利于实地勘查不动产的状况，便于查清案情。同时，不动产所在地法院也方便对不动产采取保全措施，便于将来判决的执行。

第二，因港口作业中发生纠纷提起的诉讼，由港口所在地人民法院专属管辖。港口作业，是指货物的装卸、驳运、仓储、理货等作业。港口作业中发生的纠纷，主要有两类：一类是与港口作业有联系的纠纷，如货物装卸、驳运、货物保管等纠纷；另一类是在港口作业中发生的侵权纠纷，如损坏港口设施、违章操作等行为造成一定的损害而发生的纠纷。港口作业中发生纠纷，需要及时就地解决，其他法院不方便审理，因此由港口所在地法院专属管辖。

第三，因继承遗产纠纷提起的诉讼，由被继承人死亡时住所地或者主要遗产所在地人民法院专属管辖。遗产，是指自然人死亡时遗留的个人合法财产。继承遗产纠纷，是指继承人或者受遗赠人之间因为遗产继承而发生的纠纷，包括法定继承纠纷、遗嘱继承纠纷、被继承人债务清偿纠纷、遗赠纠纷、遗赠扶养协议纠纷、遗产管理纠纷等，其纷争有的在于有无继承权，有的在于遗产分割。因继承遗产纠纷提起的诉讼，由被继承人死亡时住所地管辖，有利于准确确定继承开始的时间、继承人与被继承人之间的身份关系；由主要遗产所在地法院管辖，有利于查清遗产的范围，妥善处理遗产清理与分配等问题。

【条文适用】

第一，因港口作业中发生纠纷提起的诉讼，《海事诉讼特别程序法》第 7 条第 1 项进一步规定了由港口所在地的海事法院专属管辖。

第二，除本条规定的三种情形，《海事诉讼特别程序法》第 7 条第 2 项、第 3 项还规定了另两种专属管辖的情形：一是因船舶排放、泄漏、倾倒油类或者其他有害物质，海上生产、作业或者拆船、修船作业造成海域污染损害提起的诉讼，由污染发生地、损害结果地或者采取预防污染措施地海事法院管辖；二是因在中华人民共和国领域和有管辖权的海域履行的海洋勘探开发合同纠纷提起的诉讼，由合同履行地海事法院管辖。

第三，即使继承遗产纠纷中主要遗产是不动产，因不动产纠纷仅限于不动产物权纠纷和几类特殊合同纠纷，故仍应按照继承遗产纠纷来确定管辖法院，由被继承人死亡时住所地或者主要遗产所在地法院管辖，而不是作为不动产纠纷由不动产所在地法院管辖。

【典型案例】

天津市市政建设开发有限责任公司、天津市政建设集团有限公司融资租赁合同纠纷案

【案　　号】最高人民法院（2019）最高法民辖终464号

【裁判要旨】融资租赁合同法律关系的基本特征在于“融资”“融物”，租金包括了购买租赁物的成本以及出租人的合理利润，虽然案涉的租赁物为房屋，但显著区别于普通的房屋租赁合同，因此本案不属于《民事诉讼法司法解释》第28条规定的不动产专属管辖的范畴，不应按照不动产纠纷确定管辖。

【基本案情】上诉人天津市市政建设开发有限责任公司、天津市政建设集团有限公司因长城国兴金融租赁有限公司与天津胜利宾馆有限公司、天津市市政建设开发有限责任公司、天津市政建设集团有限公司、天津大通投资集团有限公司融资租赁合同纠纷一案，不服新疆维吾尔自治区高级人民法院（以下简称新疆高院）（2019）新民初13号之一民事裁定，向最高人民法院提起上诉。

天津市市政建设开发有限责任公司、天津市政建设集团有限公司上诉称，请求撤销原审裁定，将案件移送至天津市第三中级人民法院审理。事实与理由如下：（1）长金租联回字（2016）第0002号《回租租赁合同》20-1条约定发生的任何争议，任何一方均应向本合同签订地有管辖

权的人民法院提起诉讼，但该约定违反了相关法律规定，应属无效。（2）《民事诉讼法》（2017年修正）第33条[①]规定“因不动产纠纷提起的诉讼，由不动产所在地人民法院管辖”。（3）《民事诉讼法司法解释》第28条规定“民事诉讼法第三十三条[②]第一项规定的不动产纠纷是指因不动产的权利确认、分割、相邻关系等引起的物权纠纷。农村土地承包经营合同纠纷、房屋租赁合同纠纷、建设工程施工合同纠纷、政策性房屋买卖合同纠纷，按照不动产纠纷确定管辖”。（4）本案《回租租赁合同》（主合同）涉及的标的物为位于天津市滨海新区塘沽津塘公路××××号的房地产，依据上述法律规定及本案的诉讼标的，本案应当由不动产所在地人民法院，即天津市第三中级人民法院专属管辖。

长城国兴金融租赁有限公司辩称，依据《民事诉讼法》（2017年修正）第33条和《民事诉讼法司法解释》第28条的规定，不动产物权纠纷按照不动产纠纷确定管辖，除《民事诉讼法司法解释》第28条第2款列举的合同以外，其他以不动产作为合同标的的纠纷，因涉及合同约定的权利义务的实现，仍应作为合同纠纷案件来确定管辖。本案系融资租赁合同纠纷，并非因不动产的权利确认、分割、相邻关系等引起的物权纠纷，不适用不动产纠纷专属管辖。本案融资租赁合同约定争议由合同签订地法院管辖，因合同签订地为乌鲁木齐民主路×号，故新疆高院具有本案的管辖权。故请求驳回上诉，维持原裁定。

【裁判结果】最高人民法院依照《民事诉讼法》（2017年修正）第170条第1款第1项[③]、第171条[④]规定，裁定驳回上诉，维持原裁定。

【裁判理由】最高人民法院经审查认为，本案的争议焦点为：融资租赁合同纠纷中，租赁物为房屋时，应否按照不动产纠纷确定管辖。

《民事诉讼法》（2017年修正）第33条规定，因不动产纠纷提起的诉讼，由不动产所在地人民法院管辖。《民事诉讼法司法解释》第28条

---

① 对应《民事诉讼法》（2023年修正）第34条。
② 对应《民事诉讼法》（2023年修正）第34条。
③ 对应《民事诉讼法》（2023年修正）第177条第1款第1项。
④ 对应《民事诉讼法》（2023年修正）第178条。

第1款、第2款规定："民事诉讼法第三十三条规定的不动产纠纷是指因不动产的权利确认、分割、相邻关系等引起的物权纠纷。农村土地承包经营合同纠纷、房屋租赁合同纠纷、建设工程施工合同纠纷、政策性房屋买卖合同纠纷，按照不动产纠纷确定管辖。"该条列举了按照不动产纠纷确定管辖的合同，除列举的合同以外，其他合同，仍应按照合同纠纷案件来确定管辖。融资租赁合同法律关系，基本特征在于"融资""融物"，租金包括了购买租赁物的成本以及出租人的合理利润，虽然案涉的租赁物为房屋，但显著区别于普通的房屋租赁合同，因此本案不属于《民事诉讼法司法解释》第28条规定的不动产专属管辖的范畴，不应按照不动产纠纷确定管辖。根据《民事诉讼法》（2017年修正）第34条[①]即"合同或者其他财产权益纠纷的当事人可以书面协议选择被告住所地、合同履行地、合同签订地、原告住所地、标的物所在地等与争议有实际联系的地点的人民法院管辖，但不得违反本法对级别管辖和专属管辖"的规定，案涉《回租租赁合同》第20-1条约定"甲、乙双方就本合同的解释和履行发生的任何争议，应通过友好协商解决。未能通过友好协商解决的，任何一方均应向本合同签订地有管辖权的人民法院提起诉讼"，故本案应按《回租租赁合同》的约定确定管辖。《回租租赁合同》的签署地点为乌鲁木齐民主路×号，属于新疆高院辖区，故新疆高院对本案享有管辖权。新疆高院于2019年4月15日立案，根据《最高人民法院关于调整部分高级人民法院和中级人民法院管辖第一审民商事案件标准的通知》（法发〔2018〕13号）规定，当事人一方住所地不在受理法院所处省级行政辖区的，新疆高院管辖诉讼标的额1亿元以上一审民商事案件。本案诉讼标的金额为20 618万余元，亦属于新疆高院管辖范围。

① 对应《民事诉讼法》（2023年修正）第35条。

第三十五条　合同或者其他财产权益纠纷的当事人可以书面协议选择被告住所地、合同履行地、合同签订地、原告住所地、标的物所在地等与争议有实际联系的地点的人民法院管辖，但不得违反本法对级别管辖和专属管辖的规定。

【条文主旨】

本条是关于协议管辖的规定。

【条文理解】

协议管辖，又称为合意管辖或者约定管辖，是指双方当事人在纠纷发生前后，以书面协议的方式约定管辖法院。协议管辖不像专属管辖由法律直接确定管辖法院，而是更多地体现当事人的意愿，体现了对当事人处分权的尊重。根据本条的规定，协议管辖应当符合下列条件：

第一，协议管辖案件的范围应当是“合同或者其他财产权益纠纷”。2012 年《民事诉讼法》修改之前，协议管辖的范围仅限于合同纠纷，修改后的条文扩展了其他财产权益纠纷，扩大了协议管辖的适用范围，进一步体现了当事人的意愿，也有利于减少管辖冲突。2021 年修正《民事诉讼法》时沿用了此规定。因协议管辖体现了当事人的处分权，故只有当事人具有处分权的财产权益纠纷，才能适用协议管辖，例如因物权、知识产权中的财产权而产生的纠纷。对于身份关系，当事人本身没有处分权，由此引发的纠纷也不能适用协议管辖，例如劳动争议案件涉及的法律关系具有人身属性，不适用协议管辖的有关规定。[①] 需要注意的是，根据《民事诉讼法司法解释》第34条规定，当事人因同居或者在解除婚姻、收养关系后发生财产争议，约定管辖的，可以适用协议管辖。

第二，只能协议选择“与争议有实际联系的地点的人民法院管辖”，具体包括被告住所地、合同履行地、合同签订地、原告住所地、标的物所在地等。2012年修改《民事诉讼法》时，增加了“与争议有实际联系的地点”的内容，对当事人选择管辖法院提出了明确要求，所选择的管辖法院必须“与争议有实际联系”。与争议有实际联系的地点，可以是注册登记地、主要办事机构所在地、营业地、侵权行为地等。2021年修正《民事诉讼法》时沿用了此规定。

第三，只能通过书面协议的方式选择管辖法院。根据《民法典》第469条第2款、第3款规定，书面形式是合同书、信件、电报、电传、传真等可以有形地表现所载内容的形式，以电子数据交换、电子邮件等方式能够有形地表现所载内容，并可以随时调取查用的数据电文，视为书面形式。根据《民事诉讼法司法解释》第29条规定，书面协议包括书面合同中的协议管辖条款，或者诉讼前以书面形式达成的选择管辖的协议。因协议管辖必须通过书面协议形式，故口头约定管辖法院无效。

第四，不得违反本法对级别管辖和专属管辖的规定。协议管辖不能变更级别管辖，也不能变更专属管辖，而只能选择地域管辖。例如，双方当事人不能约定把基层人民法院管辖的案件提交中级人民法院审理，否则会违背法律上所规定审级的旨意。又如，因不动产分割产生纠纷，《民事诉讼法》第34条规定，由不动产所在地的人民法院专属管辖，当事人约定不动产所在地以外的被告住所地人民法院管辖，该约定因违反专属管辖而无效。

---

① 参见高某霞与北京海天致远劳务服务有限公司劳动争议案，（2020）最高法民辖27号民事裁定书。

【条文适用】

第一，当事人约定管辖法院的书面协议，对双方当事人和管辖法院均有拘束力。首先，约定管辖的协议对当事人的效力。原告在提起诉讼时须遵守管辖协议的约定，只能向协议约定的管辖法院起诉。如果原告违反管辖协议提起诉讼，被告有权提出管辖权异议。同样，只要原告向协议约定的管辖法院提起诉讼，被告就应当接受该法院的管辖，提出管辖权异议无法得到支持。其次，约定管辖的协议对法院的效力。当事人协议约定的管辖法院具有对该纠纷的管辖权，不能无故拒绝受理，也不得无故移送案件。同样，其他法院不再对该纠纷案件享有管辖权，该纠纷案件只能由协议约定的法院管辖。

第二，根据《民事诉讼法司法解释》第 30 条规定，根据管辖协议，起诉时能够确定管辖法院的，从其约定；不能确定的，依照《民事诉讼法》的相关规定确定管辖。管辖协议约定两个以上与争议有实际联系的地点的人民法院管辖，原告可以向其中一个人民法院起诉。1992 年《最高人民法院关于适用〈中华人民共和国民事诉讼法〉若干问题的意见》[①]第 24 条规定：选择管辖的协议不明确或者选择两个以上人民法院管辖的，选择管辖的协议无效，即要求选择管辖的法院必须是确定的、单一的，在实践中是比较困难的。《民事诉讼法司法解释》改变了这一规定，尊重了当事人双方真实意思表示，扩大了达成管辖协议的自由。

第三，本条关于协议管辖的规定中，没有涉及格式协议管辖条款的效力问题。为了防止经营者利用格式合同损害消费者利益，《民事诉讼法司法解释》第 31 条参照《民法典》的规定，对格式合同中的协议管辖条款作出限定，规定“经营者使用格式条款与消费者订立管辖协议，未采取合理方式提请消费者注意，消费者主张管辖协议无效的，人民法院应予支持”。

① 该文件已失效。

第四，当事人在管辖协议中约定由当事人一方住所地人民法院管辖，如果原告向人民法院提起诉讼时，当时约定的住所地已经发生了变化，根据《民事诉讼法司法解释》第32条规定，仍由签订管辖协议时的住所地法院管辖。该条规定主要是为了稳定当事人预期，防止当事人通过改变住所地选择有利于自己管辖法院的现象发生。当然，如果当事人在协议中约定了可以由变化了的住所地法院管辖，同样要尊重当事人的意思表示，按协议确定管辖法院。

第五，为防止债权人虚假转让债权给第三人而规避协议管辖，《民事诉讼法司法解释》第33条规定：合同转让的，合同的管辖协议对合同受让人有效，但转让时受让人不知道有管辖协议，或者转让协议另有约定且原合同相对人同意的除外。

第六，当事人协议约定管辖法院的纠纷案件，只能是第一审民事案件。对于二审案件，只能向法律规定的上诉审法院上诉，而不能协议变更第二审法院。同样，对于再审案件和执行案件，[①] 当事人也不能通过协议约定管辖。

【典型案例】

江苏中储智运物流有限公司乌海分公司与戴某合同纠纷案

【案　　号】最高人民法院（2020）最高法民辖30号

【裁判要旨】协议管辖包括三个要件：一是属于合同或者其他财产权益纠纷，因身份关系产生的民事纠纷不能协议选择管辖法院。二是可以

① 参见最高人民法院“大庆筑安建工集团有限公司、中煤第六十八工程有限公司与大庆筑安建工集团有限公司曲阜分公司、中煤第六十八工程有限公司合同纠纷案”（2015）执申字第42号执行裁定书：“虽然民事诉讼法没有明文禁止当事人可协商执行管辖法院，但法律对当事人就执行案件管辖权的选择限定于上述两个连接点之间，当事人只能依法选择其中的一个有管辖权的法院提出执行申请，不得以任何方式改变法律规定的执行管辖法院。《中华人民共和国民事诉讼法》有关应诉管辖的规定适用于诉讼程序，在执行程序中适用没有法律依据、法理依据。因此，当事人通过协议方式选择，或通过不提管辖异议、放弃管辖异议等默认方式来确定无执行管辖权的法院享有管辖权，均不符合法律的规定。”

协议管辖选择的法院是被告住所地、合同履行地、合同签订地、原告住所地、标的物所在地等与争议有实际联系的地点的人民法院。三是协议管辖不得违反级别管辖和专属管辖的规定。其中，与争议有实际联系应当是直接的、客观外在的联系，不能将仅存在偶然性联系或者间接性联系作为确定的标准。本案中，中储智运乌海分公司与戴某签订的《中储智运项目合作协议》中约定“协商不成的，可向南京市鼓楼区人民法院提起诉讼”。关于南京市鼓楼区是否为与争议有实际联系的地点，江苏中储智运物流有限公司作为江苏中储智运物流有限公司乌海分公司（以下简称中储物流乌海分公司）的总公司，因分公司不具有法人资格，其民事责任最终将由总公司承担，如果在分公司签订的管辖协议中，约定总公司住所地法院，应认为与争议有实际联系。但如果约定分公司所在总公司的关联公司或者控股公司地点的，因与争议缺乏客观直接的联系，应认定管辖协议无效。江苏中储智运物流有限公司位于江苏省金湖县，并不在南京市鼓楼区。中储南京智慧物流科技有限公司住所地虽位于南京市鼓楼区，但与本案争议缺乏客观直接的联系。故双方当事人关于管辖法院的约定无效。从中储物流乌海分公司起诉的内容来看，其诉讼请求之一指向双方合同约定的支付租金的义务。根据《民事诉讼法司法解释》第18条的规定，本案争议标的为给付货币，接收货币一方即中储物流乌海分公司所在地为合同履行地。内蒙古自治区乌海市海勃湾区人民法院对案件有管辖权，其将案件移送江苏省南京市鼓楼区人民法院不当。

【基本案情】原告中储物流乌海分公司与被告戴某其他合同纠纷一案，中储物流乌海分公司起诉称：2018年12月14日，中储物流乌海分公司与戴某签订《中储智运项目合作协议》，将车辆交付戴某使用，因戴某有多期租金未支付，中储物流乌海分公司起诉至法院，请求判令解除双方签订的合作协议，并由戴某支付拖欠租金393 163元及利息、验车费用2400元、违约金39 316元。内蒙古自治区乌海市海勃湾区人民法院经审理认为，中储物流乌海分公司主张解除的《中储智运项目合作协议》中已明确约定“因履行本协议产生争议的，应先协商解决，协商不成的，可向南京市鼓楼区人民法院提起诉讼”，该案应由南京市鼓楼区人民法院审理。故于2019年9月18日裁定将案件移送南京市鼓楼区人民法院处理。江苏省高级人民法院认为，中储智运乌海分公司具有独立的营业执照，办公地点在内蒙古自治区乌海市海勃湾区海达街××中孚兴隆汽车城××，约定的合同签订地和提车地均在内蒙古乌海市。中储智运乌海分公司提供的其子公司所属的母公司自行出具的《证明》以及《中储南京智慧物流科技有限公司办公固定资产管理制度》《中储智运OA系统管理办法》等，只能证明其内部管理关系及运行方式，与其主张的待证事实缺乏关联性，不足以证明其主张的上述待证事实。江苏省南京市鼓楼区不属于被告住所地、合同履行地、合同签订地、原告住所地、标的物所在地等与争议有实际联系的地点。本案合同履行地位于内蒙古乌海市海勃湾区，应当由内蒙古乌海市海勃湾区法院管辖。因与内蒙古自治区高级人民法院协商不成，根据《民事诉讼法》（2017年修正）第36条[①]报请江苏省高级人民法院指定管辖。

【裁判结果】最高人民法院依照《民事诉讼法》（2017年修正）第36条[②]、第154条[③]的规定，裁定本案由内蒙古自治区乌海市海勃湾区人民法院审理。

【裁判理由】最高人民法院认为，《民事诉讼法》（2017年修正）第34条[④]规定："合同或者其他财产权益纠纷的当事人可以书面协议选择被告住所地、合同履行地、合同签订地、原告住所地、标的物所在地等与争议有实际联系的地点的人民法院管辖，但不得违反本法对级别管辖和专属管辖的规定。"根据该规定，协议管辖包括三个要件：一是属于合同或者其他财产权益纠纷，因身份关系产生的民事纠纷不能协议选择管辖法院。二是可以协议选择的法院是被告住所地、合同履行地、合同签订地、原告住所地、标的物所在地等与争议有实际联系的地点的人民法院。三是协议管辖不得违反级别管辖和专属管辖的规定。其中，与争议有实

① 对应《民事诉讼法》（2023年修正）第37条。
② 对应《民事诉讼法》（2023年修正）第37条。
③ 对应《民事诉讼法》（2023年修正）第157条。
④ 对应《民事诉讼法》（2023年修正）第35条。

际联系应当是直接的、客观外在的联系，不能将仅存在偶然性联系或者间接性联系作为确定的标准。

本案中，中储智运乌海分公司与戴某签订的《中储智运项目合作协议》中约定“协商不成的，可向南京市鼓楼区人民法院提起诉讼”。关于南京市鼓楼区是否为与争议有实际联系的地点，中储智运乌海分公司提交中储南京智慧物流科技有限公司出具的一份《证明》，表明中储智运乌海分公司系中储南京智慧物流科技有限公司下属子公司江苏中储智运物流有限公司的分公司，中储南京智慧物流科技有限公司住所地位于江苏省南京市鼓楼区。对此，最高人民法院认为，江苏中储智运物流有限公司作为中储智运乌海分公司的总公司，因分公司不具有法人资格，其民事责任最终将由总公司承担，如果在分公司签订的管辖协议中，约定总公司住所地法院，应认为与争议有实际联系。但如果约定分公司所在总公司的关联公司或者控股公司地点的，因与争议缺乏客观直接的联系，应认定管辖协议无效。经查询国家企业信用信息公示系统，江苏中储智运物流有限公司位于江苏省金湖县，并不在南京市鼓楼区。中储南京智慧物流科技有限公司住所地虽位于南京市鼓楼区，但与本案争议缺乏客观直接的联系。故双方当事人关于管辖法院的约定无效。从中储物流乌海分公司起诉的内容来看，其诉讼请求之一指向双方合同约定的支付租金的义务。根据《民事诉讼法司法解释》第 18 条的规定，本案争议标的为给付货币，接收货币一方即中储物流乌海分公司所在地为合同履行地。内蒙古自治区乌海市海勃湾区人民法院对案件有管辖权，其将案件移送江苏省南京市鼓楼区人民法院不当。

第三十六条 两个以上人民法院都有管辖权的诉讼，原告可以向其中一个人民法院起诉；原告向两个以上有管辖权的人民法院起诉的，由最先立案的人民法院管辖。

【条文主旨】

本条是关于共同管辖的规定。

【条文理解】

共同管辖，是指根据法律规定，两个或者两个以上的人民法院对同一案件都有管辖权。这种情况可能因诉讼主体或诉讼客体的原因而发生，例如，根据《民事诉讼法》第22条第3款关于一般地域管辖的规定，“同一诉讼的几个被告住所地、经常居住地在两个以上人民法院辖区的，各该人民法院都有管辖权”；也可能因法律的直接规定而发生，例如，本法规定因侵权行为提起的诉讼，侵权行为地人民法院和被告住所地人民法院都有管辖权。

在管辖权存在冲突的情况下，就有选择管辖的问题。法律赋予原告选择权，可以向其中任一法院起诉；如果原告向两个以上有管辖权的人民法院起诉，由最先立案的人民法院管辖。

共同管辖和选择管辖，实际上是同一个问题，只不过共同管辖是从法院角度讲的，选择管辖则是从当事人角度讲的。从两者的关系来看，共同管辖是选择管辖的前提，只有一个案件存在共同管辖时，当事人才能从中选择一个法院起诉。法律规定共同管辖和选择管辖的目的是使地域管辖的确定具有一定的灵活性，方便当事人诉讼。[①]

① 张卫平：《民事诉讼法》，法律出版社2019年版，第114页。

【条文适用】

第一，《民事诉讼法司法解释》第 36 条对“先立案的法院有管辖权”原则作出进一步细化规定，两个以上人民法院都有管辖权的诉讼，先立案的人民法院不得将案件移送给另一个有管辖权的人民法院。人民法院在立案前发现其他有管辖权的人民法院已先立案的，不得重复立案；立案后发现其他有管辖权的人民法院已先立案的，裁定将案件移送给先立案的人民法院。

第二，如果原告向多个法院起诉，又无法确定多个法院在立案时间上的次序，则应当协商确定其中一个法院行使管辖权；无法协商确定的，应当报请共同上级法院指定管辖。

第三，根据《最高人民法院关于进一步完善委派调解机制的指导意见》（法发〔2020〕1 号）第 4 条、第 5 条规定，对于当事人起诉到人民法院的纠纷，经当事人申请或者人民法院引导后当事人同意调解的，人民法院可以在登记立案前，委派特邀调解组织或者特邀调解员进行调解，委派调解的案件编立“诉前调”字号，涉及管辖权争议的，先立“诉前调”字号的法院视为最先立案的人民法院。《最高人民法院关于人民法院深化“分调裁审”机制改革的意见》（法发〔2020〕8 号）第 12 条也明确了“诉前调解先诉管辖原则”，即因双方达不成调解协议转立案的，在发生管辖权争议时，以编立“诉前调”字号时间作为确定先诉管辖的依据。

【典型案例】

玖富数科科技集团有限责任公司与中国人民财产保险股份有限公司广东省分公司服务合同纠纷案

【案　　号】北京市高级人民法院（2020）京民辖终 185 号

【裁判要旨】当事人基于同一法律关系或者同一法律事实而发生纠纷，以不同诉讼请求分别向有管辖权的不同法院起诉的，后立案的法院在得知有关法院先立案的情况后，应当将案件移送先立案的法院合并审理。

【基本案情】玖富数科科技集团有限责任公司（以下简称玖富数科公司）诉称：（1）中国人民财产保险股份有限公司广东省分公司（以下简称人保广东分公司）支付玖富数科公司服务费2 233 526 045.83元。（2）人保广东分公司支付玖富数科公司逾期付款损失，按照中国人民银行同期贷款利率加收50%（6.53%）利息，从每笔款项应付款之日起计算至实际给付之日止，暂计算至2020年5月1日为人民币83 643 009.26元。（1）（2）项合计人民币2 317 169 055.09元。（3）本案诉讼费、保全费由人保广东分公司承担。

事实与理由：2018年3月13日，玖富金科控股集团有限责任公司（于2019年4月18日更名为玖富数科公司）与人保广东分公司签订了《合作协议》，协议约定由玖富数科公司向人保广东分公司提供服务。2019年1月10日，人保广东分公司与玖富数科公司、北京玖富联银科技有限公司（以下简称玖富联银公司）签订了《合作协议补充协议》（以下简称《补充协议一》），进一步约定玖富数科公司提供服务的内容等。2019年5月27日，玖富数科公司、玖富联银公司与人保广东分公司签订了《合作协议补充协议（二）》（以下简称《补充协议二》），修订了服务费用结算的计算方式，并约定本补充协议签订之前已经发生业务但尚未结算的服务费，按照本补充协议的标准计算服务费。上述协议签订后，玖富数科公司一直向人保广东分公司提供服务至2019年12月31日。2019年11月6日之前，人保广东分公司一直按照上述协议约定向玖富数科公司支付服务费用（因双方结算日期滞后于实际提供服务日期，最后一笔款项对应玖富数科公司实际提供服务的日期为2019年7月28日），共计1 139 489 259.45元。2019年11月6日之后，人保广东分公司仍然使用玖富数科公司服务，但未向玖富数科公司支付费用。人保广东分公司对玖富数科公司2019年7月28日至2019年12月31日之间提供的服务，至今未支付费用共计2 233 526 045.83元，玖富数科公司多次与人保广东分公司沟通未果。根据《合作协议》《补充协议一》《补充协议二》的约定，合作期间，如一方出现违约，由此给守约方造成损失的由违约方承担。人保广东分公司未按照约定付款，明显违约，应承担给玖富数科公司造成的损失。依据《最高人民法院关于逾期付款违约金应当按照何种标准计算问题的批复》[①] 之规定，人保广东分公司应按照中国人民银行同期贷款利率、2019 年 8 月 20 日起按同期全国银行间同业拆借中心公布的贷款市场报价利率加收 50% 利息，从每笔款项应付款之日起计算至实际给付之日止的金额，赔偿玖富数科公司损失。

在提交答辩状期间，人保广东分公司对管辖权提出异议认为，本案应移送至广东省广州市中级人民法院（以下简称广州中院）合并审理。理由：（1）玖富数科公司与人保广东分公司纠纷案，人保广东分公司已于 2020 年 5 月 19 日向广州中院提交起诉状、证据等诉讼材料，广州中院已于 2020 年 5 月 21 日正式立案并出具案件受理通知书。而本案立案时间是 2020 年 7 月 10 日，晚于广州中院的立案时间，应由先立案的广州中院合并审理。（2）本案的诉讼请求包括在广州中院受理案件的诉讼请求中，且本案以广州中院的审理结果为依据，因此广州中院对本案进行合并审理更为适宜且有利于节约司法资源，故本案应当移送至广州中院合并审理。

玖富数科公司针对管辖权异议答辩称：（1）玖富数科公司提起诉讼在先，应当裁定驳回人保广东分公司提出的管辖权异议申请。玖富数科公司提交起诉状时间早于人保广东分公司，其于 2020 年 5 月 7 日将书面立案材料邮寄给一审法院；本案属于最高人民法院规定的委派调解的情形，且已经履行完毕委派调解程序；根据最高人民法院及北京市高级人民法院（以下简称北京高院）的有关规定，诉前调解时间应当中断诉讼时效，确认先管辖的依据，并有相关判决支持。（2）玖富数科公司在一审法院提起的诉讼能够涵盖人保广东分公司提起的诉讼，人保广东分公

① 现已失效。

司在广州中院提起的诉讼不能覆盖本案诉讼。虽然两案均需对《补充协议二》的效力进行审核，但两案的诉讼请求不同，玖富数科公司在本案中主张的服务费无法在广州中院受理的案件中得到支持。而本案中若认定协议无效，也必然会处理协议无效之后的费用退回问题，故本案诉讼请求可以覆盖人保广东分公司在广州中院提出的诉讼请求。故本案法院为先立案的法院，广州中院应当裁定将案件移送至一审法院。

一审法院经审查查明，人保广东分公司作为原告，以玖富数科公司、玖富联银公司作为被告，以确认合同无效纠纷为由向广州中院起诉，该院于2020年5月21日立案，案号为（2020）粤01民初643号。人保广东分公司的诉讼请求为：（1）确认人保广东分公司与玖富数科公司、玖富联银公司签订的《补充协议二》无效；（2）撤销人保广东分公司与玖富数科公司、玖富联银公司签订的《补充协议二》；（3）玖富数科公司向人保广东分公司返还多支付的技术服务费1.02亿元及利息；（4）人保广东分公司不需向玖富联银公司、玖富数科公司预支关于玖富数科公司、玖富联银公司单方提出和计算的2019年6月28日至12月31日期间的全部技术服务费，预计为22.1亿元。

玖富数科公司向一审法院提交本案起诉状时间为2020年5月6日，并提交北京审判信息网截图、移动通话记录截图、快递单、北京市互联网金融行业协会调解中心证明等，主张：玖富数科公司于2020年5月6日通过网络向一审法院提交网上立案申请，因无法通过网上直接立案系统完成审核导致审核终结后，玖富数科公司于2020年5月7日将诉讼材料邮寄至一审法院立案庭；玖富数科公司于2020年5月13日收到北京市互联网金融行业协会调解中心电话调解的通知并于当日完成调解程序。玖富数科公司认为根据《最高人民法院关于人民法院深化"分调裁审"机制改革的意见》《最高人民法院关于人民法院特邀调解的规定》以及《最高人民法院关于进一步完善委派调解机制的指导意见》的相关规定，发生管辖权争议时，应当以编立"诉前调"字号时间作为确定先诉管辖的依据，本案属于最高人民法院规定的委派调解的情形，且已经履行完毕委派调解程序，应当以法院委派调解的时间作为判断管辖权异议的立案时间。玖富数科公司并未提供其所称相关立号情况，本案立案日期为 2020 年 7 月 10 日。

一审法院经审查认为，《民事诉讼法》（2017 年修正）第 35 条[①]规定："两个以上人民法院都有管辖权的诉讼，原告可以向其中一个人民法院起诉；原告向两个以上有管辖权的人民法院起诉的，由最先立案的人民法院管辖。"涉案《合作协议》及《补充协议一》《补充协议二》均约定，如发生争议或纠纷时各方当事人协商不成的，任何一方有权将该争议提交其所在地法院。故玖富数科公司与人保广东分公司对于双方就《合作协议》及补充协议产生的纠纷均有权将争议提交各自所在地法院。一审法院与广州中院对双方之间的争议均有管辖权。现各方均作为原告向有管辖权的法院提起诉讼，根据法律规定，应由最先立案的法院管辖。《民事诉讼法司法解释》第 36 条规定："两个以上人民法院都有管辖权的诉讼，先立案的人民法院不得将案件移送给另一个有管辖权的人民法院。人民法院在立案前发现其他有管辖权的人民法院已先立案的，不得重复立案；立案后发现其他有管辖权的人民法院已先立案的，裁定将案件移送给先立案的人民法院。"根据查明事实，首先，广州中院受理的（2020）粤 01 民初 643 号人保广东分公司诉玖富数科公司、玖富联银公司确认合同无效纠纷一案，立案时间为 2020 年 5 月 21 日，早于本案立案时间。同时，玖富数科公司以诉前调解为由认为一审法院立案在先，由于现有证据不足以证明存在立有诉前调字号案件，故该主张缺乏充分的事实依据，一审法院亦难以支持。其次，该案当事人涵盖本案中的全部当事人，两案法律关系相同，在事实部分均涉及各方签订的《补充协议二》内容，在诉讼请求部分亦均涉及 2019 年 7 月 28 日至 2019 年 12 月 31 日期间技术服务费应否支付的问题。综上，一审法院认为，人保广东分公司关于本案应移送广州中院审理的管辖权异议申请具有合理的事由，应予支持。依据《民事诉讼法》（2017 年修正）第 35 条[②]、第 127 条第 1

① 对应《民事诉讼法》（2023 年修正）第 36 条。

② 对应《民事诉讼法》（2023 年修正）第 36 条。

款[①]、《民事诉讼法司法解释》第36条之规定，一审法院裁定本案移送广州中院处理。

玖富数科公司不服一审裁定，向北京高院提起上诉。其认为：（1）本案受案并经一审法院委派调解的时间应认定为2020年5月8日之前，一审法院认定“玖富数科公司并未提供其所称相关立号情况”，以是否有“诉前调”字号这一内部程序否定已经接受案件材料并委派调解的事实实属本末倒置，属于认定事实错误。（2）一审法院裁定将本案移送至广州中院处理，属于适用法律严重错误。根据最高人民法院的案件审理改革方案、《最高人民法院关于进一步完善委派调解机制的指导意见》以及答记者问的解释和指示精神等，就本案和广州中院受理案件的管辖争议而言，应认定一审法院是最先立案的人民法院，本案应由一审法院管辖。综上，请求撤销一审裁定，本案由一审法院审理。

【裁判结果】北京高院依照《民事诉讼法》（2017年修正）第170条第1款第2项[②]、第171条[③]、第175条[④]之规定，裁定撤销北京市第三中级人民法院（2020）京03民初516号民事裁定书，本案指令北京市第三中级人民法院审理。

【裁判理由】北京高院认为，当事人基于同一法律关系或者同一法律事实而发生纠纷，以不同诉讼请求分别向有管辖权的不同法院起诉的，后立案的法院在得知有关法院先立案的情况后，应当将案件移送先立案的法院合并审理。本案中，人保广东分公司与玖富数科公司、玖富联银公司签订的《补充协议一》《补充协议二》系人保广东分公司与玖富数科公司签订的《合作协议》的组成部分。玖富数科公司依据《合作协议》《补充协议一》《补充协议二》以人保广东分公司为被告向一审法院提起服务合同纠纷，请求给付技术服务费等；人保广东分公司作为原告，单独针对《补充协议二》，以玖富数科公司、玖富联银公司作为被告，向

---

① 对应《民事诉讼法》（2023年修正）第130条第1款。

② 对应《民事诉讼法》（2023年修正）第177条第1款第1项。

③ 对应《民事诉讼法》（2023年修正）第178条。

④ 对应《民事诉讼法》（2023年修正）第182条。

广州中院提起确认合同无效纠纷诉讼（以下简称广州案）。本案与广州案虽然在诉讼主体、诉讼请求上不完全相同，但均在上述协议覆盖范围内，两案的审理涉及对同一事实的认定以及同一法律关系的处理，故由后立案的法院将案件移送先立案的法院合并审理为宜。《最高人民法院关于进一步完善委派调解机制的指导意见》《最高人民法院关于人民法院深化“分调裁审”机制改革的意见》等意见明确规定诉前调解先诉管辖原则。根据在案证据以及一审法院查明事实，一审法院于2020年5月8日将本案委派北京市互联网金融行业协会调解中心调解，虽然未立“诉前调”字号存在程序瑕疵，但实质上进行了委派调解工作，故应以该日期作为涉及管辖争议的日期，并确定其是否为先立案日期。广州案未经诉前调解程序，于2020年5月21日立案。因此，一审法院应视为先立案法院。《民事诉讼法》（2017年修正）第35条[①]系针对同一原告起诉的案件，一审法院以其作为依据将本案移送广州中院，系适用法律错误。综上，法院对上诉人玖富数科公司请求，予以支持；一审法院裁定错误，予以纠正。

---

① 对应《民事诉讼法》（2023年修正）第36条。

第三节　移送管辖和指定管辖

第三十七条　人民法院发现受理的案件不属于本院管辖的，应当移送有管辖权的人民法院，受移送的人民法院应当受理。受移送的人民法院认为受移送的案件依照规定不属于本院管辖的，应当报请上级人民法院指定管辖，不得再自行移送。

【条文主旨】

本条是关于转移管辖的规定。

【条文理解】

本条沿用了旧《民事诉讼法》第 36 条的内容。移送管辖是指没有管辖权的人民法院受理原告起诉以后，发现该案件不属于自己管辖，将案件移送给有管辖权的法院进行审理。移送管辖不是管辖权的移送，接受案件移送的法院基于法律规定本来就享有对案件的管辖权，而不是因为接受案件移送而产生管辖权。《民事诉讼法》设立移送管辖制度的目的是避免因案件管辖不明或管辖错误造成审理拖延，从而影响当事人的合法权益，保证民事案件依法及时得到审理。

一、移送管辖的适用条件

根据本条规定，移送管辖需要具备以下三方面条件：（1）案件已经受理。受理是指民事案件的原告向法院递交起诉状，经法院审查，符合起诉条件，在规定时间内予以立案的行为。案件受理是移送管辖的前提，如果案件还没有受理，就不存在移送问题。根据法律规定，法院在审查原告起诉状时，如果发现案件不属于本院管辖的，应当告知原告向有管辖权的人民法院起诉。（2）受理案件的法院依照法律规定对移送案件没有管辖权。（3）受移送法院对移送案件有管辖权。

移送管辖可能发生在同级法院之间，属于地域管辖范围；也可能发生在上下级法院之间，属于级别管辖的范围。

二、移送管辖的具体情形

依启动原因不同，移送管辖可分为因当事人提出管辖权异议成立而移送以及法院自己发现没有管辖权而主动移送，具体包含以下几种情形：

（一）因管辖权异议成立而移送管辖

管辖权异议是人民法院受理案件后，当事人依法提出该人民法院对本案无管辖权的主张和意见，这是《民事诉讼法》规定的当事人的一项重要的诉讼权利。管辖是人民法院在庭前程序阶段需要解决的问题，只有在管辖法院已经确定的情况下，受诉法院对案件才有合法有效的管辖权，才能对案件进行实体审理。因此，必须在实体审理之前就明确案件的管辖权。因此本法第 130 条第 1 款明确规定，人民法院受理案件后，当事人对管辖权有异议的，应当在提交答辩状期间提出。人民法院对当事人提出的异议，应当审查。异议成立的，裁定将案件移送有管辖权的人民法院；异议不成立的，裁定驳回。

（二）因法院依职权发现而移送管辖

第一种是当事人超期提出管辖权异议的情形。对于答辩期外提出的管辖权异议，并不必然进入人民法院的审查程序，但可以作为人民法院依职权发现管辖权问题的来源之一。当事人超期提出的管辖权异议，人民法院可以不予审查、不作答复，但可依职权决定是否将案件移送有管辖权的人民法院审理。第二种是当事人未在答辩期内提出管辖权异议亦未应诉及提出实体答辩意见的情形。对此人民法院同样具有依职权进行审查的职权，根据《民事诉讼法司法解释》第 35 条规定，此种情形中人民法院在一审开庭前发现不属于本院管辖的，应当移送有管辖权的法院。

三、移送管辖的限制

值得注意的是，本法第130条第2款规定了应诉管辖制度，也称默示管辖制度。这是指当事人没有管辖协议，但法院推定当事人之间形成了由受诉法院管辖合意的一项制度。

应诉管辖需要具备两个条件：一是当事人未在答辩期内提出管辖权异议并应诉答辩。应诉管辖之所以被称为默示协议管辖，是因为法律推定了双方当事人就受诉法院有管辖权达成合意。仅仅未在答辩期内提出管辖权异议，并不足以推定被告具有认可管辖法院的意思表示。因此，应诉管辖条件还包括当事人应诉答辩，即当事人针对双方争议的法律关系和对方提出的诉讼请求提出反驳和异议。二是应诉管辖不得违反专属管辖和级别管辖的规定。专属管辖和级别管辖是国家根据行使司法审判职权的需要，对于特定类型的纠纷或基于上下级法院之间的职能分工而作出的专门规定。根据本法第35条规定，书面协议管辖尚不能违反专属管辖和级别管辖的规定，默示的管辖协议更应如此。符合应诉管辖的条件时，应当视为受诉人民法院有管辖权，从而构成对移送管辖的限制。

【条文适用】

移送管辖应当注意以下几个问题：

第一，注意区分管辖权异议裁定和移送管辖裁定。对于当事人提出的管辖权异议，人民法院应当以裁定形式进行答复。管辖权异议裁定为可争议、可上诉的裁定，管辖权异议，申请再审和申诉期间，不构成阻止案件进入实体审理程序的理由。根据一审或二审生效管辖权异议裁定，有管辖权的人民法院可以继续对案件进行实体审理。移送管辖的裁定属于不可诉裁定，不符合本法第157条第1～3项情形。

第二，尊重当事人的管辖选择权。当人民法院移送案件时，发现有数个其他人民法院有管辖权的，应尊重原告的意见，保障原告的选择权。只有当原告拒绝选择时，才由法院依职权决定。

第三，移送管辖只能进行一次。受移送的法院认为自己没有管辖权，不能再行移送或退回，移送法院应当按照管辖权争议处理程序报请共同上级人民法院指定管辖。

第四，不得重复立案。人民法院在立案前发现其他有管辖权的人民法院已经先立案的，不得重复立案；立案后发现其他有管辖权的人民法院已先行立案的，裁定将案件移送给先立案的人民法院。

第三十八条　有管辖权的人民法院由于特殊原因，不能行使管辖权的，由上级人民法院指定管辖。

人民法院之间因管辖权发生争议，由争议双方协商解决；协商解决不了的，报请它们的共同上级人民法院指定管辖。

【条文主旨】

本条是上级法院指定管辖的相关规定。

【条文理解】

指定管辖是法律赋予上级人民法院特殊情况下变更或确定案件的管辖法院的职权，以保证案件及时公正审理。指定管辖是对法定管辖的补充。

根据本条及本法第36条的规定，指定管辖分为三种具体情形，一是存在特殊原因，有管辖权的人民法院不能行使管辖权。特殊原因既包括法律上的原因，如有管辖权的人民法院全体审判人员与本案有利害关系，当事人申请回避或应当自行回避而无法履行审判职能；又包括事实上的原因，如自然灾害、战争、突发性公共卫生事件等。这种情况下应当由有管辖权的法院报请上级法院。二是人民法院发生管辖权争议且无法协商解决的。管辖权争议主要指两个以上人民法院由于管辖区域不明，或者有共同管辖权的案件、多种地域管辖连接点并存的案件，或者对管辖法律规定、协议管辖条款产生不同理解，引起争抢管辖权或推诿管辖权而发生的争议。发生管辖权争议且经协商仍无法解决的，应当由争议法院报请共同的上级法院指定管辖。三是受移送法院对移送案件没有管辖权，应当由受移送法院报请上级法院指定管辖。

实践中第二种情形的处理相对复杂。关于存在管辖权争议时，报请共同上级人民法院指定管辖的程序性问题，最早规定于《最高人民法院关于适用〈中华人民共和国民事诉讼法〉若干问题的意见》（法发〔1992〕22号）第37条，即上级人民法院指定管辖应书面通知报送的人民法院和被指定的人民法院。报送的人民法院接到通知后，应及时告知当事人。实践中产生两个问题：一是指定管辖采用“通知”的方式且仅通知相关法院，对当事人知情权保障不充分、不及时；二是上级法院在指定管辖期间，有的法院可能基于特殊原因抢先判决，破坏了管辖制度的严肃性，不利于公正审判，产生不良的社会影响。基于此，《民事诉讼法司法解释》第40条、第41条作出了修改，较有针对性地回应了实践中出现的问题，同时在程序上作出了操作性较强的细化规定。主要内容为：一是明确“共同上级法院”，即存在管辖权争议的双方为同属一个地、市辖区的基层人民法院的，由该地、市的中级人民法院为共同上级法院；同属一个省、自治区、直辖市的两个人民法院的，该省、自治区、直辖市的高级人民法院为共同上级法院；双方为跨省、自治区、直辖市的人民法院，最高人民法院为共同上级法院。二是规范报请程序。报请应当逐级进行，报请指定管辖前发生管辖权争议的人民法院必须先行协商，未经协商不得直接报请。报请期间，发生管辖权争议的法院应当中止对相关案件的审理，不得作出抢先判决，否则其作出判决、裁定将因程序违法而被撤销，杜绝了因抢先判决造成的审理程序混乱以及指定管辖工作的被动。三是规定上级法院的指定方式。指定管辖应以裁定方式作出，并及时向产生管辖权争议的法院、被指定的人民法院以及案件相关当事人进行送达。裁定作为法律文书应当符合司法公开的相关要求，能够更好地保障当事人的程序知情权。同时，诉讼文书样式也要求裁定中充分地说明指定管辖的理由，使指定管辖工作受到更大范围的监督。另外，对于下级人民法院在指定管辖期间抢先作出的判决、裁定，上级法院可以在指定管辖的裁定中一并撤销。这一规定避免了启动审判监督程序对抢先裁判进行纠错，极大地提高了管辖权争议处理的效率，更有利于案件及时审理。

【条文适用】

指定管辖中应当注意的问题是：

第一，上级法院指定管辖的裁定不可上诉。指定管辖是对法定管辖的补充，目的是确保人民法院早日明确管辖权，及时审判，避免当事人之间的争议久拖不决、合法权益难以得到及时救济。上级法院的指定管辖裁定是针对存在管辖权争议的下级法院通过报请程序而作出，不属于本法第157条第1~3项规定的情形，不能上诉。

第二，指定管辖只能撤销处理管辖争议期间作出的抢先判决。处理管辖争议期间是指下级法院报请上级法院指定处理期间，对该期间以外作出的裁定和判决，应当通过审判监督程序解决。

第三十九条　上级人民法院有权审理下级人民法院管辖的第一审民事案件；确有必要将本院管辖的第一审民事案件交下级人民法院审理的，应当报请其上级人民法院批准。

下级人民法院对它所管辖的第一审民事案件，认为需要由上级人民法院审理的，可以报请上级人民法院审理。

【条文主旨】

本条是关于管辖权转移的规定。

【条文理解】

管辖权的转移是指上下级人民法院之间相互转移管辖权的行为，即上级人民法院将自己管辖的案件转交由下级人民法院审理或经上级人民法院决定或同意，下级人民法院将案件转交由上级人民法院审理的制度。管辖权转移是对级别管辖的补充和变通。

一、把握管辖权转移与移送管辖权的区别

管辖权转移与移送管辖都是受理法院将案件移交给别的法院审理，但二者存在明显区别：一是移交条件不同，管辖权转移是对案件有管辖权的法院将案件转移给原来没有管辖权的法院审理；而移送管辖是对案件没有管辖权的法院，将案件移送给有管辖权的法院审理。二是法院之间的关系不同，管辖权转移发生在上下级法院之间，且双方存在隶属关系；而移送管辖通常发生在同级法院之间，仅有少量情况发生在上下级法院之间，且不一定具有隶属关系。

二、管辖权转移的适用情形

根据本条规定，管辖权转移存在下放管辖和上调管辖两种情形：

（一）下放管辖

下放管辖，是指上级法院认为确有必要时，经报请其上级法院批准后，将由其管辖的第一审民事案件交由下级法院的情形。下放管辖具备以下几个条件：第一，从下放案件类型看，移转的案件必须是上级法院管辖的第一审民事案件，且上级法院认为“确有必要”时，才能进行下放转移。第二，从下放程序来看，人民法院交下级法院审理前，必须报请其上级人民法院批准，未经批准，不能径行交由下级人民法院审理，通常认为报请应采用书面形式。第三，从下放方式来看，人民法院下放管辖权必须采用裁定方式，目的是避免管辖权的转移由上级法院和受诉法院单边操作，剥夺当事人参与和知情权。采用裁定方式必须符合法律文书的送达及公开要求，能够更好地保障当事人的程序权利，同时便于社会对管辖权转移的监督。值得注意的是，管辖权转移的裁定不属于本法第157条第1~3项规定的情形，不能上诉。这也避免案件因管辖问题久拖不决，保障了案件的及时审理。

（二）上调管辖

上调管辖具体包含两种情形：一种是上级法院认为下级法院管辖的第一审民事案件应由自己审理更为合适而提级管辖；另一种是下级法院对其管辖的第一审民事案件认为需要由上级法院审理更为合适而报请上级法院审理。对于上调管辖应当采用何种程序，《民事诉讼法》没有具体规定，可参考2010年最高人民法院制定的《关于规范上下级人民法院审判业务关系的若干意见》第3~5条的相关规定。具体把握以下几点：第一，从报请主体来看，报请上级法院审理的案件只能是基层人民法院和中级人民法院，高级人民法院不能提出报请最高人民法院审理。第二，从案件类型来看，主要侧重于法律适用上产生示范效应，能够通过上级法院审理形成案例，对下级法院审理类案具有指导意义的。包括：（1）重大、复杂、疑难案件，即社会关注度较高、有重大影响力的，案件事实错综复杂或者对适用法律分歧较大的案件；（2）新类型案件，即随着社会经济发展、科技进步产生的诸如虚拟货币、互联网金融等新型问题，下级法院认为难以把握标准、尺度的案件；（3）具有普遍法律适用意义，需要通过上级法院的审理统一裁判尺度的案件；（4）有管辖权的人民法院不宜行使审判权的案件，如当事人与相关法院或法院工作人员有利害关系，案件与当地存在重大利益冲突，地方党政机关或个别领导干预审判等情形的案件。第三，从报请程序来看，下级法院结合具体案情、社会影响程度等综合考量认为必要时报请上调管辖，报请应当采用书面形式，上级法院对于报请应当及时决定是否由自己审理，并以决定书的形式作出是否同意移送或不同意移送审理的决定。同意审理的，下级法院要及时向上级法院移送相关案卷材料；上级法院不同意审理的，则继续由下级法院审理。

【条文适用】

管辖权转移是级别管辖的例外，在适用中应当注意对实体标准和程序规定的严格适用，特别对于下放管辖要注意以下问题：

一是实体标准方面，要严格把握下放管辖的必要性。例如，一些大规模用工企业的破产程序可能衍生数量较多的劳动争议案件，特别是证券公司的破产案件，根据《企业破产法》相关规定，人民法院受理证券公司破产申请后，有关证券公司的民事诉讼只能向受理破产申请的人民法院提起。而对证券公司为当事人的小额债权诉讼、劳动争议诉讼全部由中级人民法院审理，不利于矛盾化解和节约诉讼成本，也不利于对司法资源的优化配置。再如，一些群体性、集团性、类型化诉讼，社会影响广泛、息诉罢访难度较大，下移管辖有利于更好地运用地方政府、党委以及其他社会力量参与化解、形成合力，矛盾属地化解、基层化解的效果更好。因此《民事诉讼法司法解释》第 42 条对“确有必要”的案件类型予以列举，包括破产程序中有关债务人的诉讼案件、当事人人数众多且不方便诉讼的案件以及最高人民法院确定的其他类型案件。实践中要综合考虑案件类型、疑难程度、当事人数量、社会影响、是否存在地方行政干预等因素来判断。

二是程序方面，要严格遵守报请规定，未经上级法院批准直接将应由本级法院审理的民事案件交由下级法院审理的，上级法院发现后应坚决制止并加以纠正。这一规定主要是针对司法实践中存在的问题，如有的法院对下放管辖权较为随意，剥夺当事人依法获得较高水平审判的权利，侵害当事人诉权；还有一些当事人为了将案件留在本地审理，通过各种方式请求法院下放管辖权，从而加剧了地方保护的风险。设置报请批准制度一定程度防止随意下放管辖权，保证级别管辖制度的严肃性和规范性。

第三章　审判组织

第四十条　人民法院审理第一审民事案件，由审判员、人民陪审员共同组成合议庭或者由审判员组成合议庭。合议庭的成员人数，必须是单数。

适用简易程序审理的民事案件，由审判员一人独任审理。基层人民法院审理的基本事实清楚、权利义务关系明确的第一审民事案件，可以由审判员一人适用普通程序独任审理。

人民陪审员在参加审判活动时，除法律另有规定外，与审判员有同等的权利义务。

【条文主旨】

本条是关于人民法院审理第一审民事案件的审判组织和人民陪审员制度的规定。

【条文理解】

一、立法背景

2023 年 9 月 1 日《民事诉讼法》关于本条的修正主要有两个方面：一是将“陪审员”一词修改为“人民陪审员”，与我国《人民陪审员法》中的表述一致。二是将人民陪审员在审判中的活动“执行陪审职务”修改为“参加审判活动”，并新增“除法律另有规定外”，表述更加严谨。

本条在2021年12月24日修正《民事诉讼法》时曾进行过修改，增加了在普通程序中适用独任制的情形。本次修改将人民陪审员的权利表述得更为精准。首先，本次修改将“陪审员”修改为“人民陪审员”，将我国的人民陪审员制度与英美法系的陪审团制度进行了有效区分，更有利于国内法学理论的分析与探讨，此表述亦体现出人民当家作主的理念，突出了我国人民陪审员制度的人民性，彰显中国特色社会主义法治的先进性。其次，本条第3款中，“执行陪审职务”修改为“参加审判活动”，明确执行的陪审职务是参加审判活动，旨在强调人民陪审员并不参与执行活动及除审判以外的活动，职责范围与审判员有所不同，也表明人民法院不得安排人民陪审员从事与履行法定审判职责无关的工作。再次，本条第3款中，新增“除法律另有规定外”，旨在强调人民陪审员与审判员具有同等的权利义务，但有法律规定的例外情形。《人民陪审员法》第2条规定：“公民有依法担任人民陪审员的权利和义务。人民陪审员依照本法产生，依法参加人民法院的审判活动，除法律另有规定外，同法官有同等权利。”该法于2018年公布施行以来，相关表述与本法存在细微差异。此次修改修正了以上差异，使得《民事诉讼法》对人民陪审员制度的规定与《人民陪审员法》相互呼应，形成体系。

二、条文解读

（一）合议制与独任制

本条第1款规定了合议制。合议制是集体审判案件的一种制度，合议庭是实现这种集体审判制度的组织形式。《最高人民法院关于人民法院合议庭工作的若干规定》《最高人民法院关于进一步加强合议庭职责的若干规定》对合议庭的组成、职责等进行了明确规定。人民法院实行合议制审判第一审案件，由法官或者由法官和人民陪审员组成合议庭进行；人民法院实行合议制审判第二审案件和其他应当组成合议庭审判的案件，由法官组成合议庭进行。合议庭组成人员确定后，除因回避或者其他特殊情况，不能继续参加案件审理的之外，不得在案件审理过程中更换。

更换合议庭成员，应当及时通知诉讼当事人。对于是否需要由人民陪审员组成合议庭审理案件，分两种情形：一种情形是由人民陪审员和法官组成合议庭进行审理的案件：（1）涉及群体利益、公共利益的；（2）人民群众广泛关注或者其他社会影响较大的；（3）案情复杂或者有其他情形，需要由人民陪审员参加审判的。人民法院审判上述案件，法律规定由法官独任审理或者由法官组成合议庭审理的，从其规定。另一种情形是人民陪审员不参加审理的案件：（1）依照《民事诉讼法》适用特别程序、督促程序、公示催告程序审理的案件；（2）申请承认外国法院离婚判决的案件；（3）裁定不予受理或者不需要开庭审理的案件。另有，人民陪审员不得参与审理由其以人民调解员身份先行调解的案件。

本条第2款规定了独任制。独任制是指由审判员一人对具体案件进行审理和裁判的制度。我国民事诉讼程序进行简繁分流改革试点，旨在形成一审“以独任制为主，合议制为辅”、二审“以合议制为主，独任制为辅”的审判组织格局。[①] 独任制可以方便当事人诉讼，便于人民法院审判和及时审结案件，科学配置审判资源。2021年12月24日，《民事诉讼法》修正时规定了普通程序中可以适用独任制，此次修正可以说是通过制度变革释放了生产力，有利于化解人民法院案多人少的困境，提高了诉讼效率，回应了广大人民群众对审判效率的新期待。

（二）人民陪审员的权利义务范围

本条第3款采用排除法的形式规定了人民陪审员的权利和义务范围，即“除法律另有规定的以外，与审判员有同等的权利义务”。实行人民陪审员制度，对于加强审判的民主、公正、合法具有重要意义，也是人民群众对人民法院的审判工作进行监督的有效渠道。2018年4月27日，《人民陪审员法》公布并施行，人民陪审员的选任、任期、纪律等相关规则由该法具体规定。人民陪审员参加案件审理的过程中所享有的权利包括程序性权利和实体性权利。程序性权利包括：合议评议案件时，应当

① 《最高人民法院关于民事诉讼程序繁简分流改革试点情况的中期报告》，载中国人大网，http：//www.npc.gov.cn/npc/c30834/202102/7232c144bd824d3d8348e4558cceeb02.shtml，最后访问时间：2023年8月18日。

由人民陪审员首先发表评议意见；人民陪审员同合议庭其他成员意见分歧的，应当将其意见写入笔录；合议庭组成人员意见有重大分歧的，人民陪审员可以要求合议庭将案件提请院长决定是否提交审判委员会讨论决定；人民陪审员必要时可应邀列席审判委员会讨论其陪审的案件，除不得行使表决权外，可以在审判委员会上发表意见。实体性权利包括：参与审判案件时不受行政机关、社会团体和个人的干涉，非经法律规定和程序不得剥夺该项权利；独立自主地陈述对案件的看法和观点；查阅卷宗材料、参加案件调查、参与庭审、庭审中询问、评议案件的权利；审判长应当履行与案件相关的指引、提示义务，但不得妨碍人民陪审员对案件的独立判断；合议庭评议案件时，审判长应当对本案中涉及的事实认定、证据规则、法律规定等事项及应当注意的问题，向人民陪审员进行必要的解释和说明。审判长应当履行与案件审判相关的指引、提示义务，但不得妨碍人民陪审员对案件的独立判断。人民陪审员在三人合议庭中享受与审判员平等的表决权，人民陪审员参加三人合议庭审判案件，对事实认定、法律适用，独立发表意见，行使表决权；人民陪审员参加七人合议庭审判案件，对事实认定独立发表意见，并与法官共同表决，对法律适用不行使表决权。

【条文适用】

本条于2021年12月24日修正后，2023年9月1日再次进行修正。前次修正重点在一审普通程序中可适用独任制审理。一审普通程序适用独任审理应当注意适用条件：一是在一审审理程序中；二是审理法院为基层人民法院；三是案件需要满足“基本事实清楚、权利义务关系明确”的条件。基本事实清楚是指当事人所争议的民事法律关系发生变化的事实基本是清楚的，双方都能提出有关证据，人民法院不需要进行大量的调查和取证工作，人民法院可以在全面审核当事人证据或者采取少量调查工作后就能查清案件的事实，并进行审理工作。如果在主要事实上有争议，并且认定事实的证据又不充分，就很难说“基本事实清楚”。权利义务关系明确一般理解为诉讼当事人之间的民事权利义务关系简单、清楚，双方争议的矛盾比较明确，当事人之间的纠纷的形成和发展过程也不太复杂。

本次修正明确了人民陪审员依法参与审判活动。人民陪审员参加审判活动，依法有权参加案件调查和调解工作，庭审过程中，人民陪审员依法有权向诉讼参加人发问，审判长应当提示人民陪审员围绕案件争议焦点进行发问。人民陪审员是否实质参加审判活动应不以是否庭前阅卷、庭中发问作为判断标准，而应当着力于合议权、意见发表权的正当、有序、规范行使。对于事实认定问题，仍然可以按现行制度规范由人民陪审员与法官共同作出判断。对于相关法律适用问题，由主审法官首先提出法律适用具体意见，人民陪审员对此进行评议，法官可根据人民陪审员评议意见作出最终决定，也可以不接受人民陪审员建议，但应作出说明解释。人民法院应当保障人民陪审员均衡参审，应根据本院实际情况，确定年均参审案件数量的上限和下限，一般在不超过 30 件的范围内确定上限，并报高级人民法院备案和向社会公告。

基层人民法院审判案件需要由人民陪审员参加合议庭审判的，应当在人民陪审员名单中随机抽取确定。中级人民法院、高级人民法院审判案件需要由人民陪审员参加合议庭审判的，在其辖区内的基层人民法院的人民陪审员名单中随机抽取确定。在具体案件中哪位人民陪审员可以参加案件审理亦是随机抽取确定。一般情况下，人民陪审员与法官是同职同权的，但也存在例外情形。依据我国现行法律、法规的规定，在案件审理中，人民陪审员所不能享有的、专属于审判员的权利主要有以下几项：担任审判长的权利，七人合议庭中表决法律适用问题的权利。我国推进人民陪审员参审职权改革，即事实审与法律审的分离，主要是考虑司法审判具有很强专业性，由不具备系统的法律专业知识的人民陪审员对法律问题作出判断，可能导致人民陪审员在参审中不能、不敢发表意见，出现“陪而不审”“审而不议”等问题，而无法发挥陪审制度应有的民主监督功能。从人民陪审员制度运行的实际来看，虽然人民陪审员被赋予与法官几乎相同的职权，但同职同权的配置模式非但难以实现，反而成为问题的根源，使人民陪审员与法官的角色冲突难以避免。根据现有法律规定，尽管合议庭组成人员在具体分工上有所差别，但审判长与合议庭组成人员的表决权是完全平等的，客观上要求合议庭组成人员具有类似或较为接近的知识结构、判断能力、执业经验，如此才可能对类似问题作出类似判断。[①]

① 左卫民、尹摇山：《中国陪审制度比较、反思与前瞻》，载《社会科学研究》2010年第2期。

第四十一条　人民法院审理第二审民事案件，由审判员组成合议庭。合议庭的成员人数，必须是单数。

中级人民法院对第一审适用简易程序审结或者不服裁定提起上诉的第二审民事案件，事实清楚、权利义务关系明确的，经双方当事人同意，可以由审判员一人独任审理。

发回重审的案件，原审人民法院应当按照第一审程序另行组成合议庭。

审理再审案件，原来是第一审的，按照第一审程序另行组成合议庭；原来是第二审的或者是上级人民法院提审的，按照第二审程序另行组成合议庭。

【条文主旨】

本条是关于人民法院审理第二审民事案件、重审和再审案件审判组织的规定。

【条文理解】

2021 年 12 月 24 日修正《民事诉讼法》时，对本条进行了修改，增加了第 2 款规定的第二审民事案件适用独任制的情形。2023 年修正的《民事诉讼法》未对本条作出修改。

根据本条第 1 款规定，第二审民事案件人民法院合议庭的组成人员，只能是审判员，不能有人民陪审员参加。这是与第一审民事案件人民法院合议庭组成的最大不同点。对于第二审民事案件合议庭组成人数的问题，本法未作具体规定。在实践中，第二审合议庭一般由三位审判员组成，在某些特殊情况下，合议庭的人数可以增加，具体人数可以由第二审人民法院根据需要确定，但必须为单数。

本条第2款系2021年修改《民事诉讼法》时新增加的内容，规定了第二审民事程序可以适用独任制的情形。这是贯彻落实习近平总书记关于“深化诉讼制度改革，推进案件繁简分流、轻重分离、快慢分道”[①] 重要指示精神的具体举措之一，也是根据《关于授权最高人民法院在部分地区开展民事诉讼程序繁简分流改革试点工作的决定》进行试点工作的经验总结。

本条第3款规定重审案件的审判组织。我国人民法院审理民事案件实行二审终审制度。根据本法第177条第1款第3项规定，人民法院审理上诉案件，认为原判决认定基本事实不清的，裁定撤销原判，发回原审人民法院重审，也可以查清事实后改判。第4项规定，原判决遗漏当事人或者违法缺席判决等严重违反法定程序的，裁定撤销原判，发回原审人民法院重审。重审案件的合议庭与第一审合议庭组成方式相同，既可以由审判员组成，也可以由审判员和人民陪审员组成，但是，组成人员不能相同。对于发回重审案件合议庭的组成，应当依照第一审程序另行组成合议庭，不得再由原来的合议庭进行审理，不能适用简易程序独任审判，也不能适用普通程序独任审判。

本条第4款对再审案件的审判组织作了规定。按照审判监督程序，对于人民法院已经发生法律效力的判决、裁定、调解书，如果发现确有错误的，应当决定再审。再审的案件可能是第一审法院审结的案件，也可能是第二审人民法院审结的案件。对于再审案件的审判组织，原来是第一审的，应当按照第一审程序另行组成合议庭；原来是第二审的，应当按照第二审程序另行组成合议庭。但是，如果上级人民法院发现下级人民法院已经发生法律效力的判决、裁定、调解书错误的，也可以直接提审。上级人民法院提审的案件不能再按第一审程序另行组成合议庭，而应当按照第二审程序另行组成合议庭，即由审判员组成合议庭。审理再审案件，原来第一审是独任制审判的，应当按照第一审程序组成合议庭，

① 参见《习近平：全面深入做好新时代政法各项工作 促进社会公平正义保障人民安居乐业》，载《人民日报》2019年1月17日，第1版。

不能再由审判员一人独任审判，且原独任审判员不得参加新的合议庭。

【条文适用】

本条第 2 款规定的二审可以采取独任制，是 2021 年修法的重要内容之一。根据该款规定，第二审民事程序适用独任制需满足以下三个条件：一是适用的案件类型是对第一审适用简易程序审理结案或者不服民事裁定提起上诉的第二审民事案件。对于本法第 40 条规定的适用普通程序独任制审理结案的上诉案件不能再适用独任制。同时，对一审民事裁定不服提起上诉的第二审民事案件可以适用独任制，不以该裁定一审时是否为简易程序审理为前提。二是案件需要满足“事实清楚、权利义务关系明确”。这里把握的标准和本法第 40 条规定应一致。三是需要经双方当事人同意。2021 年《民事诉讼法》的一个重要特点，在于将尊重当事人诉讼权利的精神贯彻到每一个新增或修改的条文中，不允许“能简则简，强制适用”，也未给“程序滥用，删繁就简”留下空间。本条款在之前的修正草案中并未规定“经双方当事人同意”的条件，最终修改决定稿增加了该条件，充分体现了立法的人民性。经双方当事人同意才可以适用独任制审理，在保障效率的同时充分尊重当事人的意愿，有利于实现让人民群众在每一个司法案件中感受到公平正义。

事实上，对于案件二审能否用独任制审理，除上述法定条件外，法官也会根据审判经验和案件具体情况进行判断，并非“能用尽用”。以北京市第三中级人民法院 2020 年度的统计数据为例，上诉案件中，第一审适用简易程序的案件共 8234 件，这些案件按照法律规定可以适用独任制，但第二审以合议庭结案的数量为 4341 件，独任制适用率仅为 47.27%。[①]

① 何帆：《2021 年修正民事诉讼法评述》，载微信公众号“法影斑斓”，2021 年 12 月 24 日。

【典型案例】

天津犇鑫建筑劳务公司与刘某民间借贷纠纷案[①]

【案　　号】北京市第三中级人民法院（2021）京03民终15833号

【基本案情】2019年7月3日、7月5日，天津犇鑫建筑劳务公司分两笔向刘某名下尾号为××的中国邮政储蓄银行账户转账20万元和10万元，共计30万元。天津犇鑫建筑劳务公司陈述借款过程：2019年7月，安某找到该公司的法人吴某阳借款，提供了刘某的账号；吴某阳当时不知道刘某对借款是否知情，借款时吴某阳说个人没钱，需要由公司来出借。刘某否认双方之间存在借贷关系，称当时只是利用其账户转账。

【裁判结果】判决驳回天津犇鑫建筑劳务公司的全部诉讼请求。

---

① 该案一审适用简易程序独任审理，一审宣判后，当事人不服提出上诉。根据《关于授权最高人民法院在部分地区开展民事诉讼程序繁简分流改革试点工作的决定》，北京市第三中级人民法院作为二审法院可以适用独任制审理。但在二审审理过程中，上诉人提出异议，不同意独任制审理。鉴于当事人明确表示不同意独任制审理，该案转由合议庭审理并书面告知当事人合议庭组成人员。

第四十二条　人民法院审理下列民事案件，不得由审判员一人独任审理：

（一）涉及国家利益、社会公共利益的案件；

（二）涉及群体性纠纷，可能影响社会稳定的案件；

（三）人民群众广泛关注或者其他社会影响较大的案件；

（四）属于新类型或者疑难复杂的案件；

（五）法律规定应当组成合议庭审理的案件；

（六）其他不宜由审判员一人独任审理的案件。

【条文主旨】

本条是关于人民法院不得适用独任制审理的规定。

【条文理解】

本条是 2021 年《民事诉讼法》修正时新增的内容，2023 年修法时未对本条作修改。本条通过“负面清单”形式，明确了不得适用独任制的 6 种情形。本法第 40 条和第 41 条从正面规定了哪些案件可以适用独任制，在这些可以适用独任制的案件中，如果出现了本条所规定的这 6 种情形，则不得由审判员一人独任审理。这 6 种情形主要包括了案件可能涉及国家利益、社会公共利益的情形，涉及群体性纠纷的情形，人民群众广泛关注或者其他社会影响较大的情形以及属于新类型或者案情疑难复杂的情形等。本条前 4 项属于具体明确的情形，同时，第 5 项强调了法律规定应当组成合议庭审理的案件不得适用独任制。最后，第 6 项还从兜底的角度从法律上规定了其他不宜由审判员一人独任审理的情形，保证了立法的严谨，也给法律适用留足了空间。

【条文适用】

本条属于 2021 年修法时新增内容，在适用时应结合 2021 年修改《民事诉讼法》的背景、目的以及适用独任制审判的制度目标进行具体考量。扩大独任制审理适用范围是 2021 年《民事诉讼法》修改的重要内容，也是在最高人民法院根据《关于授权最高人民法院在部分地区开展民事诉讼程序繁简分流改革试点工作的决定》在北京、广东等 15 个省（区、市）20 个城市的 305 家法院组织开展为期两年的民事诉讼程序繁简分流改革试点经验基础上对审判制度改革采取的举措之一。独任制审理有利于合理分配审判资源，提高审判效率。同时，也会产生扩大独任制适用范围影响公正裁判的担心。为此，本条从反面明确规定了 6 种不得适用独任制的情形，严格限制了独任制适用的范围，确保独任制在法律规定的范围内发挥出制度优势。

2021 年 11 月，最高人民法院印发的《关于进一步完善“四类案件”监督管理工作机制的指导意见》（法发〔2021〕30 号），明确要求对“四类案件”（重大、疑难、复杂、敏感的；涉及群体性纠纷或者引发社会广泛关注，可能影响社会稳定的；与本院或者上级人民法院的类案裁判可能发生冲突的；有关单位或者个人反映法官有违法审判行为的案件），应当依法组成合议庭，一般由院庭长担任审判长。本条明确列举的 4 种不得适用独任制的具体情形与前述“四类案件”相比，条件更为宽松，例如，对于涉及群体性纠纷的案件并不要求结果可能影响社会稳定，在疑难复杂案件之外还规定新类型案件等。此外，虽然本条明确列举的 4 种情形中没有具体明确“重大、疑难、复杂、敏感的”案件以及“与本院或者上级人民法院的类案裁判可能发生冲突的；有关单位或者个人反映法官有违法审判行为的”案件，但本条第 6 项规定了“其他不宜由审判员一人独任审理的案件”的兜底条款。因此，实践中属于“四类案件”的一般均应组成合议庭进行审理。

第四十三条　人民法院在审理过程中，发现案件不宜由审判员一人独任审理的，应当裁定转由合议庭审理。

当事人认为案件由审判员一人独任审理违反法律规定的，可以向人民法院提出异议。人民法院对当事人提出的异议应当审查，异议成立的，裁定转由合议庭审理；异议不成立的，裁定驳回。

【条文主旨】

本条是关于人民法院独任制审理转合议制审理的规定。

【条文理解】

本条是 2021 年《民事诉讼法》修正时新增的内容，主要解决独任制转换合议制的问题。2023 年修法未对本条作出修改。

第 1 款规定人民法院在案件审理过程中，发现案件不宜由审判员一人独任审理的，应当裁定转由合议庭审理。这种裁定属于《民事诉讼法》第 157 条第 1 款第 11 项规定的“其他需要裁定解决的事项”，根据该条第 2 款规定，独任制转合议庭的裁定不属于可以上诉的裁定。

第 2 款规定了当事人在案件审理过程中的程序异议权。该款规定，当事人认为案件由审判员一人独任审理违反法律规定的，可以向人民法院提出异议。同时规定，人民法院对当事人提出的异议应当进行审查，异议成立的，裁定转由合议庭审理；异议不成立的，裁定驳回。该款规定的裁定属于《民事诉讼法》第 157 条第 1 款第 11 项规定的“其他需要裁定解决的事项”，根据法律规定，这种裁定不属于可以上诉的裁定。

因此，独任制转合议制是法院按照案件性质和情况决定，当事人可以提出异议，但是异议是否成立由法院审查，审查结果为终局。

【条文适用】

本条明确规定了独任制转换为合议制的两种方式。人民法院发现案件不宜由审判员一人独任审理的，应当裁定转由合议庭审理。人民法院提出独任审理转合议庭审理可由独任制法官提出，也可由院庭长依个案监督职权提出。按照人民法院审判权力运行机制相关规定，涉及审判组织或程序类型转换的决策，按照内部规定走审批程序。《民事诉讼法司法解释》第258条第2款规定：人民法院发现案情复杂，需要转为普通程序审理的，应当在审理期限届满前作出裁定并将合议庭组成人员及相关事项书面通知双方当事人。人民法院主动发现案件不宜由审判员一人独任审理的，应按内部程序报批后裁定转由合议庭审理，参照前述规定，应在审理期限届满前作出裁定并将合议庭组成人员及相关事项书面通知双方当事人。实践中，一般情况采取口头裁定的方式告知当事人，并书面送达合议庭成员告知书。

当事人认为案件由审判员一人独任审理违反法律规定的，可以向人民法院提出异议。人民法院对当事人提出的异议应当进行审查，异议成立的，裁定转由合议庭审理；异议不成立的，裁定驳回。按照人民法院审判权力运行机制，涉及审判组织或程序类型转换的决策，应按照内部规定进行审批程序，独任法官不能任意驳回。需要“独转合”的，由合议庭审查后，以合议庭名义作出裁定并送达书面通知书。实践中，基层法院一般采取口头裁定的方式告知当事人是否同意该案由独任制转合议制。

第四十四条　合议庭的审判长由院长或者庭长指定审判员一人担任；院长或者庭长参加审判的，由院长或者庭长担任。

【条文主旨】

本条是关于合议庭的审判长由谁担任的规定。

【条文理解】

《最高人民法院关于人民法院合议庭工作的若干规定》（法释〔2002〕25号）第2条规定："合议庭的审判长由符合审判长任职条件的法官担任。院长或者庭长参加合议庭审判案件的时候，自己担任审判长。"《最高人民法院关于进一步加强合议庭职责的若干规定》（法释〔2010〕1号）对合议庭的组成、职责等进行了明确规定。此外，为了使人民法院的院长、副院长、庭长、副庭长更好地履行审判职责，最高人民法院发布《最高人民法院关于完善院长、副院长、庭长、副庭长参加合议庭审理案件制度的若干意见》（法发〔2007〕14号），该意见第5条规定："院长、副院长、庭长、副庭长参加合议庭审理案件，依法担任审判长，与其他合议庭成员享有平等的表决权。院长、副院长参加合议庭评议时，多数人的意见与院长、副院长的意见不一致的，院长、副院长可以决定将案件提交审判委员会讨论。合议庭成员中的非审判委员会委员应当列席审判委员会。"

【条文适用】

实践中，案件合议庭审判长可分为固定审判长和不固定审判长两种形式。传统固定审判长模式下，审判长由院长或者庭长按照程序指定，并作为合议庭负责人管理合议庭日常审判工作。院长或者庭长参加审判的，由院长或者庭长担任审判长。院庭长担任审判长的案件一般是典型、疑难、复杂或社会影响大、关注度高的案件。院庭长并不对合议庭日常事务进行管理，合议庭其他成员一般是个案产生，没有固定合议庭成员。

随着司法改革的深入推进，很多法院采取员额法官团队模式审理案件，承办人为案件审判长，不再专门设置固定审判长管理合议庭。这也是“让审理者裁判，由裁判者负责”的具体体现，实现了权责统一。员额法官团队一般有助理、书记员一名或者多名，有的法官团队还会有技术调查官等司法辅助人员。员额法官负责团队的管理工作。

【典型案例】

刘某诉某汽车贸易有限公司肖像权纠纷案

【案　　号】北京市第三中级人民法院（2020）京03民终4725号

【基本案情】刘某系知名运动员。某汽车公司系以汽车进口、销售、服务等为经营范围的有限责任公司。

2012年1月17日，某汽车公司作为甲方与某汽车公司关联公司作为乙方、刘某作为戊方等签订《合作协议》及相关附件。协议就各方合作事项、服务费及付款条件、保密事项、专有权利等进行了约定。双方约定自本协议有效期届满或本合同提前终止之日起，甲方和乙方不得以任何方式开发和生产制作使用戊方的姓名、肖像、声音、签字样式以及肖像、姓名和声音、签字样式的组合，也不得将其用于公司品牌的生产和制作，但是对于本协议期限届满时或本合同提前终止时已流通到市场上的，载有戊方肖像、声音以及肖像、姓名和声音的组合的有关产品或其宣传品、广告，甲方和乙方需在规定时间内消化该宣传品或广告以及处理有关产品。该消化不得超过本协议期限届满或提前终止之日起三个月，且其消化行为不得侵害丙方、丁方和戊方的合法权益。甲方销售、赠与、使用有关产品、宣传品或广告。如本协议至 2013 年 12 月 31 日终止未能延续，则该消化期为 1 个月。

协议经过两次延期至 2016 年 12 月 31 日终止。

2015 年 4 月 8 日 17 点 36 分，某汽车公司认证的新浪微博账号发布内容为“他用平凡，创造不凡传奇……向平凡致敬，激情不散场，#退役亦英雄#……越传奇，悦平凡”的微博，并配以经过加工的刘某图片。直至 2020 年，一审审理过程中，某汽车公司才删除该微博内容。经核实，上述微博自发布至删除之日的总阅读量为257 464，总转发量为 1195，总评论量为 296，总点赞量为 97。

2015 年 4 月 8 日，某汽车公司认证的微信账号发布标题为“#退役亦英雄#”、内容为“他用平凡，创造不凡传奇……向平凡致敬，激情不散场，#退役亦英雄#。越传奇，悦平凡”的文章，并配以经过加工的刘某图片。直至 2020 年，一审审理过程中，某汽车公司才删除该微信公众号内容。经查，2015 年 4 月 20 日之后的点击量（阅读数）为17 367，2015 年 4 月 20 日之后的流量（在看数）为 0。

2015 年 4 月 20 日，某汽车公司及某汽车公司关联公司向中国某运动协会发出《终止通知》。2015 年 5 月 6 日，中国某运动协会发出回执载明收到《终止通知》。

刘某向一审法院提出诉讼请求：某汽车公司删除涉嫌侵权链接及侵权图片、赔礼道歉、赔偿经济损失。

【裁判结果】一、某汽车公司于判决生效之日起 7 日内在新浪官方微博账号及微信公众号上向刘某赔礼道歉，致歉内容须经一审法院审核；如逾期不执行上述内容，则由一审法院选择一家全国范围内公开发行的报纸，刊登判决主要内容，刊登费用由某汽车公司负担；二、某汽车公司于判决生效之日起 7 日内赔偿刘某经济损失 200 000 元；三、驳回刘某的其他诉讼请求。

第四十五条 合议庭评议案件，实行少数服从多数的原则。评议应当制作笔录，由合议庭成员签名。评议中的不同意见，必须如实记入笔录。

【条文主旨】

本条是关于合议庭活动原则的规定。

【条文理解】

合议庭由若干审判员或者审判员和人民陪审员组成，是民主集中制原则在审判活动中的具体运用。为体现民主审判，保证案件处理的正确性、公正性，本法规定合议庭评议案件实行少数服从多数的原则，每一个合议庭成员都可以充分发表自己的意见，对于少数意见，必须如实记入笔录，然后由合议庭成员签名。对案件的判决、裁定要按照合议庭的多数意见制定。合议庭评议案件是不公开的，合议庭成员应独立自主地评议案件，除书记员参加记录外，其他人员不得参加评议或旁听。评议笔录对外保密，不得向当事人或者其他诉讼参与人泄露。

随着司法改革的不断深入以及错案终身追责制度的进一步落实，有些法院尝试将合议庭合议过程进行全程录音录像，确保合议的充分性和独立性，以备后续案件相应审查。

【条文适用】

法律明确规定合议庭应遵循多数决原则。本法第40条和第41条规定合议庭组成人数为单数，这是实现合议庭形成多数意见的制度基础。在司法实践中，合议庭对于案件可能会形成分歧意见，部分创新型裁判文书也会将少数意见写进判决书，但案件最终的裁判结果均应按照合议庭多数意见处理。同时，合议庭笔录属于案件副卷材料，不对外公开，当事人也无权查阅。这样的规定是为了更好地保障合议庭每一个成员均能充分发表自己的独立意见，不受外界干扰。

第四十六条　审判人员应当依法秉公办案。

审判人员不得接受当事人及其诉讼代理人请客送礼。

审判人员有贪污受贿，徇私舞弊，枉法裁判行为的，应当追究法律责任；构成犯罪的，依法追究刑事责任。

【条文主旨】

本条是关于审判人员依法办案的规定。

【条文理解】

司法是维护社会公平正义的最后一道防线，是当事人保护自己合法权益的最后一个途径。因此，审判人员依法秉公办案对整个社会的公平正义极为重要。本条对如何确保审判人员依法秉公办案作了明确规定。

本条第1款规定，审判人员应当依法秉公办案。这是对审判人员行使审判职能的基本要求。依法秉公办案，是指审判人员在审理民事案件的过程中，必须严格遵守本法和有关实体法律的规定，公平合法地办理案件，不允许违反法律规定，滥用职权，以权谋私、贪污受贿、徇私舞弊。第2款规定，审判人员不得接受当事人及其诉讼代理人的请客送礼，这是为确保审判人员在审理案件过程中能够坚持中立、客观立场的重要条件。第3款规定了审判人员有贪污受贿，徇私舞弊，枉法裁判行为的，应当追究法律责任。这里的法律责任包括行政责任；构成犯罪的，由司法机关依法追究刑事责任。

【条文适用】

在司法实践中，对于审判人员的责任以及纪律要求有具体的细化规定。例如，为进一步规范审判人员的诉讼回避行为，维护司法公正，最高人民法院发布《关于审判人员在诉讼活动中执行回避制度若干问题的规定》（法释〔2011〕12号）；为规范司法人员与当事人、律师、特殊关系人、中介组织的接触、交往行为，保证公正司法，根据有关法律和纪律规定，结合司法工作实际，2015年9月6日，最高人民法院、最高人民检察院、公安部、国家安全部、司法部联合发布《关于进一步规范司法人员与当事人、律师、特殊关系人、中介组织接触交往行为的若干规定》；等等。

本条规定的依法秉公办案包括以下含义：一是人民法院审判人员审理民事案件，在任何时候，任何情况下，都必须严格遵守本法和其他法律的相关规定，在每一个案件中做到以法律为准绳；二是审判人员在诉讼活动中，不仅要严格遵守本法的基本原则，而且要严格遵守具体的诉讼程序以及各项具体规定，切实保障诉讼双方当事人在平等的基础上行使诉讼权利，履行诉讼义务；三是在诉讼过程中，审判人员要在依法办事方面作出榜样，使参加诉讼活动的当事人和其他诉讼参与人严格遵守和执行法律；四是审判人员必须合法、公正地处理民事案件。审判人员应当一视同仁，绝不允许审判人员利用法律的弹性规定办人情案、关系案。

第四章 回 避

第四十七条 审判人员有下列情形之一的，应当自行回避，当事人有权用口头或者书面方式申请他们回避：

（一）是本案当事人或者当事人、诉讼代理人近亲属的；

（二）与本案有利害关系的；

（三）与本案当事人、诉讼代理人有其他关系，可能影响对案件公正审理的。

审判人员接受当事人、诉讼代理人请客送礼，或者违反规定会见当事人、诉讼代理人的，当事人有权要求他们回避。

审判人员有前款规定的行为的，应当依法追究法律责任。

前三款规定，适用于法官助理、书记员、司法技术人员、翻译人员、鉴定人、勘验人。

【条文主旨】

本条是关于民事诉讼回避适用情形的规定。

【条文理解】

2023年9月1日《民事诉讼法》在对本条进行修正时，增加了第4

款中适用回避制度的主体——法官助理和司法技术人员，扩大了应当适用回避的主体。

回避是指审判人员和其他有关人员，出现可能影响案件公正审理的情形，不得参与案件审理。已经参与案件审理的，应当依法退出该案诉讼程序的一种制度。① 回避制度是程序正义的体现，是保障案件得到公正审理、提高司法公信力、让人民群众在司法案件中感受到公平正义的重要制度。本次修正的新增内容主要是回避的主体，包括审判人员、法官助理、书记员、司法技术人员、翻译人员、鉴定人员和勘验人员。

根据 2012 年修正的《民事诉讼法》第 44 条规定，回避适用于以下两种主体：一是审判人员，二是书记员、翻译人员、鉴定人员、勘验人。《民事诉讼法司法解释》第 48 条对审判人员的范围作了较为全面的解释，包括参与本案审理的人民法院院长、副院长、审判委员会委员、庭长、副庭长、审判员和人民陪审员；第 49 条规定书记员、执行员也适用审判人员回避的有关规定。此规定与《回避规定》相一致。《回避规定》第 13 条第 1 款规定："本规定所称审判人员，包括各级人民法院院长、副院长、审判委员会委员、庭长、副庭长、审判员和助理审判员。"第 14 条规定，人民陪审员、书记员和执行员适用审判人员回避的有关规定。

2023 年 9 月 1 日《民事诉讼法》修正回避主体时增加了法官助理和司法技术人员。法官助理是在法官指导下负责审查案件材料、草拟法律文书等审判辅助事务的司法辅助人员。2019 年 1 月 1 日起施行的修订后的《人民法院组织法》在法院的人员构成方面不再规定助理审判员，并增加了法官助理的角色。法官助理虽然对案件的裁判没有决定权，但从事具有一定法律专业性的辅助性事务，审判人员在其辅助上进行审判活动。因此，法官助理的工作也会对审判结果产生影响，比如经过其审查的案件材料，是案件裁判的重要依据之一。此次《民事诉讼法》修正案将法官助理纳入回避规定的适用范围是适应《人民法院组织法》修订内容所作的合理调整。

---

① 参见江伟：《民事诉讼法学》，复旦大学出版社 2002 年版，第 125 页。

司法技术人员是人民法院负责根据审判执行工作需要，辅助查明、解决案件专门性问题开展技术性活动的司法辅助人员。在民商事案件中，司法技术工作是法官审理涉专门性问题案件的重要技术支撑。《人民法院组织法》第51条规定：“人民法院根据审判工作需要，可以设司法技术人员，负责与审判工作有关的事项。”此条规定了司法技术人员负责与审判工作有关的事项。人民法院司法技术人员具备相关专业技能和知识经验，为审判工作提供科学技术支持。司法技术工作专业性强，与审判联系紧密，其中技术性证据的搜集、固定、提取、委托鉴定、协助审查认定等，是人民法院审判工作不可或缺的重要环节，司法技术人员的工作对于审判工作将产生重要影响，将其纳入适用回避制度的主体是对司法技术工作的程序进一步规范。

根据《最高人民法院关于地方各级人民法院设立司法技术辅助工作机构的通知》（法发〔2006〕182号）、《最高人民法院关于罪犯交付执行前暂予监外执行组织诊断工作有关问题的通知》（法〔2014〕319号）等文件的规定，司法技术人员的职责：提供技术咨询和技术审核服务，包括对法官提出的涉案技术问题进行解释或答复，对送审案件中的鉴定文书及相关材料进行审查，提出审核意见；统一办理委托鉴定、评估、审计等事项，主要帮助法官厘清哪些是案件中的专门性问题和技术事实争议的焦点，协助审查检验鉴定相关材料，负责协调、监督检验、鉴定、评估等专业机构等，还有协助破产清算案件处理，指定和监督破产清算案件管理人；协助执行部门开展委托司法拍卖、变卖；其他审判需要的司法技术辅助工作，包括组织鉴定人、专家辅助人出庭参加诉讼，帮助法官收集、调取技术证据，参与有关涉技术证据和专门性问题的调解等。《最高人民法院关于知识产权法院技术调查官参与诉讼活动若干问题的暂行规定》第6条规定了技术调查官的职责：通过查阅诉讼文书和证据材料，明确技术事实的争议焦点；对技术事实的调查范围、顺序、方法提出建议；参与调查取证、勘验、保全，并对其方法、步骤等提出建议；参与询问、听证、庭审活动；提出技术审查意见，列席合议庭评议；必要时，协助法官组织鉴定人、相关技术领域的专业人员提出鉴定意见、咨询意见；完成法官指派的其他相关工作。

书记员是人民法院负责法庭审理记录等审判辅助事务的工作人员。翻译人员是人民法院委托或者指定从事案件翻译工作的人员。鉴定人员是经人民法院指定，运用自己的专业知识进行鉴定活动，并向人民法院提出全面鉴定意见的人员。勘验人员是人民法院的工作人员或者指定的其他人员，是对一定的事件进行勘验、检验并制作勘验笔录的人员。这几类司法辅助人员虽然没有直接掌握审判权力，但因工作职责密切参与审判活动，撰写的法庭审理记录、对案件进行的翻译、出具的鉴定意见或勘验笔录等工作结果都会在一定程度上影响审判人员对于案件的判断，对审判结果起到作用。因此，为确保诉讼的公正性，这几类人员也属于回避制度的适用主体。

【条文适用】

一、回避的法定事由

本条规定了回避制度的法定事由：（1）是本案当事人或者当事人、诉讼代理人近亲属的；（2）与本案有利害关系的；（3）与本案当事人、诉讼代理人有其他关系，可能影响对案件公正审理的。关于对“近亲属”的理解，《民事诉讼法司法解释》第 85 条中的近亲属是指与当事人有夫妻、直系血亲、三代以内旁系血亲、近姻亲关系以及其他有抚养、赡养关系的亲属。《民法典》第 1045 条第 2 款规定：“配偶、父母、子女、兄弟姐妹、祖父母、外祖父母、孙子女、外孙子女为近亲属。”而《最高人民法院关于适用〈中华人民共和国行政诉讼法〉的解释》第 14 条第 1 款规定，《行政诉讼法》第 25 条第 2 款规定的“近亲属”，包括配偶、父母、子女、兄弟姐妹、祖父母、外祖父母、孙子女、外孙子女和其他具有扶养、赡养关系的亲属。《刑事诉讼法》第 108 条第 6 项规定，该法中的“近亲属”是指夫、妻、父、母、子、女、同胞兄弟姊妹。根据《回避规定》的规定，近亲属包括与审判人员有夫妻、直系血亲、三代以内旁系血亲及近姻亲关系的亲属。对存在“利害关系”的理解。《民事诉讼法司法解释》第43条规定了两种存在利害关系的情况：审判人员担任过本案的证人、鉴定人、辩护人、诉讼代理人、翻译人员的；本人或者其近亲属持有本案非上市公司当事人的股份或者股权的。另外，2004年9月3日，《最高人民法院、司法部关于规范法官和律师相互关系维护司法公正的若干规定》（法发〔2004〕9号）第4条第1款规定：“法官应当严格执行回避制度，如果与本案当事人委托的律师有亲朋、同学、师生、曾经同事等关系，可能影响案件公正处理的，应当自行申请回避，是否回避由本院院长或者审判委员会决定。”但是此条也并未明确此种情形下是否应当回避，还是应当看是否可能影响案件公正处理。对于“可能影响对案件公正处理的”的认定，从证明标准角度来看，关键看到何种程度才能认定影响案件公正处理，而可能影响对案件公正审理的证明标准，不同于《民事诉讼法司法解释》第108条“确信待证事实的存在具有高度可能性的”标准，也不同于《民事诉讼法司法解释》第109条“该待证事实存在的可能性能够排除合理怀疑的”的标准，即只要对于“可能存在”形成一种内心确信，达到最低要求，应当认定可能影响对案件的公正处理。审判人员有接受当事人、诉讼代理人请客送礼，或者违反规定会见当事人诉讼代理人行为的，当事人有权要求他们回避。《民事诉讼法司法解释》第44条规定，接受本案当事人及其受托人宴请，或者参加由其支付费用的活动的；索取、接受本案当事人及其受托人财物或者其他利益的；违反规定会见本案当事人、诉讼代理人的；为本案当事人推荐、介绍诉讼代理人，或者为律师、其他人员介绍代理本案的；向本案当事人及其受托人借用款物的；有其他不正当行为，可能影响公正审理的。

二、回避的其他事由

（一）任职回避

根据《回避规定》，审判人员及法院其他工作人员离任2年内，不得以律师身份担任诉讼代理人或者辩护人；审判人员及法院其他工作人员离任后，不得担任原任职法院所审理案件的诉讼代理人或者辩护人，但是作为当事人的监护人或者近亲属代理诉讼或者进行辩护的除外。审判人员及法院其他工作人员的配偶、子女或者父母，担任其所在法院审理案件的诉讼代理人或者辩护人的，人民法院不予准许。根据最高人民法院印发的《关于对配偶父母子女从事律师职业的法院领导干部和审判执行人员实行任职回避的规定》第 2 条的规定，人民法院领导干部和审判执行人员的配偶、父母、子女有下列情形之一的，法院领导干部和审判执行人员应当实行任职回避：担任该领导干部和审判执行人员所任职人民法院辖区内律师事务所的合伙人或者设立人的；在该领导干部和审判执行人员所任职人民法院辖区内以律师身份担任诉讼代理人、辩护人，或者为诉讼案件当事人提供其他有偿法律服务的。

（二）因不当行为而回避

《回避规定》规定，审判人员有下列情形的，当事人及其法定代理人享有申请回避权：私下会见本案一方当事人及其诉讼代理人、辩护人的；为本案当事人推荐、介绍诉讼代理人、辩护人，或者为律师、其他人员介绍办理该案件的；索取、接受本案当事人及其受托人的财物、其他利益，或者要求当事人及其受托人报销费用的；接受本案当事人及其受托人的宴请，或者参加由其支付费用的各项活动的；向本案当事人及其受托人借款，借用交通工具、通讯工具或者其他物品，或者索取、接受当事人及其受托人在购买商品、装修住房以及其他方面给予的好处的；有其他不正当行为，可能影响案件公正审理的。

三、司法实践中应当注意的问题

（一）回避适用的诉讼程序及法律后果

回避适用的诉讼程序包括立案、审理和执行，在诉讼调解中也应当执行回避制度。对于当事人申请回避时，被申请回避的法院工作人员应当立即暂停与本案有关的工作，除非需要采取紧急措施。司法实践中，常有被申请回避的法官认为回避的理由明显不成立而未暂停与本案有关的工作；也有当事人当庭提出回避申请，被申请的法官认为避免增加当事人诉累，向当事人征求意见是否可先开庭，再暂停工作，此均不符合回避规定。另外，审判人员明知具有应当回避的情形未回避，应当依照相关规定予以处分。依法应当回避的审判人员没有回避的，当事人以此申请再审的，人民法院应当依《民事诉讼法》的规定进入再审。

（二）关于全部庭审结束后存在审判人员需要回避的情形处理

申请回避是当事人的一项诉讼权利，应在法律规定的期间内行使。回避事由在案件开始后知道的，也可以在法庭辩论终结前提出。如果当事人在案件审理开始时就知道回避事由，法庭调查开始前明确表示不申请回避，而后又申请回避，因其申请回避权已丧失，人民法院对此可不再作出是否回避的决定。如果案件审结后申请回避但如果全部庭审结束后当事人才知道回避事由，且该事由确属审判人员应当回避的情形，但申请回避的法定时间已过，人民法院对此仍需要区别对待，依法作出处理。由于此时当事人已无申请回避，人民法院无须就回避申请再向当事人作出口头或者书面决定，也可不答复当事人。经调查，审判人员与本案确有利害关系，该事由很可能影响案件的公正审理的，人民法院应当依照本条规定，要求应当回避的审判人员自行回避。

（三）关于当事人申请全院回避或全庭回避的处理

当事人申请全院或全庭回避的没有法律依据。《民事诉讼法》对回避的规定针对的是案件审判人员及相关人员，其对象并非某个法院或庭室，因此，当事人关于案件审理法院和庭室应当整体回避的请求，无法律依据。法院未准许当事人申请整体回避的，不存在程序违法情形。

值得一提的是，案件被二审法院裁定指令审理的不属于需要回避的情形。理由：《民事诉讼法司法解释》第45条第1款规定，“在一个审判程序中参与过本案审判工作的审判人员，不得再参与该案其他程序的审判”。一审法院作出的驳回起诉裁定，仅是认为当事人的起诉不符合《民事诉讼法》规定的起诉要件而作出的程序性驳回，对该案并未进行实体审理。一般理解，“一个审判程序”应当是一级法院对案件争议的问题已经履行法定审理程序，并对争议问题特别是实体问题行使“判断权”。此种情形下，为防止原审合议庭组成人员对案件继续审理已先入为主，形成固定认识，更好保护当事人合法权益，需更换审判人员审理，这是回避制度的题中之义。但是，二审法院撤销一审法院作出的驳回起诉裁定，指令一审法院审理，系认为该案符合起诉要件，一审法院程序性驳回起诉不当，本案应当进行实体审理。此时，原审合议庭组成人员对案件争议的实体问题并未行使过实质“判断权”，一审法院继续对该案件进行实体审理，应视为“一个审判程序”的延续，而非该案的“其他程序”，故原审合议庭组成人员不需要回避。另外，参与审理第三人撤销之诉的案件不能是参与过该案件审判工作的审判人员，即审理过本案的人员，第三人对本案提起第三人撤销之诉的，第三人撤销之诉的合议庭成员不得再参与针对该案的第三人撤销之诉案件的审判。

【典型案例】

杜某司法罚款案

【案　　号】广东省广州市中级人民法院（2018）粤 01 司惩 2 号

【裁判要旨】当事人在没有实质性事由的情况下提出回避申请，事后也未就其回避事由作出明确说明更未提交证明材料的，经法庭多次释明并告知申请回避的法定要求和法律后果后，当事人仍坚持提出回避申请，属于妨害审判活动有序进行、滥用诉讼权利的行为。

【基本案情】人民法院在审理（2018）粤民终 1734 号上诉人杜某与被上诉人张某合伙协议纠纷一案中，杜某以其听说主审法官与案件有特殊关系为由提出回避申请，且并未给出证据。在法院当庭释明若以申请回避为由拖延案件审理，法院将对其行为依法作出相应制裁后，依旧坚称听闻主审法官与案件有特殊关系，并要求给予 5 天时间核实线索。经法院要求杜某当庭致电相关人员核实回避事由后，杜某表示仅是听闻传言，但坚持要求申请主审法官回避，对于杜某提出的回避申请，法院依法予以驳回，杜某未提出复议。

【裁判结果】查明杜某在诉讼过程中存在虚构回避事由滥用诉权的行

为，根据《民事诉讼法》及相关规定，法院决定给予其罚款2000元的处罚。

【裁判理由】在没有实质性事由的情况下提出回避申请，事后也未就其回避事由作出明确说明更未提交证明材料，经法庭多次释明并告知申请回避的法定要求和法律后果后，仍坚持提出回避申请，不仅浪费司法资源，且妨害审判活动的有序进行，属滥用诉讼权利的行为。回避制度是民事诉讼法中保证司法公正的制度安排，但提出回避申请，应当严格遵循《民事诉讼法》《回避规定》等相关规定。2012年我国对《民事诉讼法》进行了部分修改，将诚信原则引入程序法领域。《民事诉讼法》第13条第1款规定："民事诉讼应当遵循诚信原则。"在民事诉讼中确立诚信原则的目的在于，约束各个法律主体之间的诉讼行为，要求当事人或者其他诉讼参与人在行使诉讼权利、履行诉讼义务、实施具体的诉讼行为时，主观上善意、诚实。

第四十八条　当事人提出回避申请，应当说明理由，在案件开始审理时提出；回避事由在案件开始审理后知道的，也可以在法庭辩论终结前提出。

被申请回避的人员在人民法院作出是否回避的决定前，应当暂停参与本案的工作，但案件需要采取紧急措施的除外。

【条文主旨】

本条是关于当事人申请回避的期限和后果的规定。

【条文理解】

本法规定了审判人员自行回避和当事人申请回避两种类型。前者是审判人员和其他相关人员在有法律规定的回避情形时，应当自觉、主动地提出回避的请求，不能借口当事人没有提出申请而继续参加本案件的审理。后者是当事人或其他诉讼参与人发现审判人员或者其他相关人员有本法第 47 条规定的情形时，申请审判人员或者相关人员回避。本条主要是对当事人申请回避的规定。

一、关于当事人申请回避的期限

当事人申请回避固然是其重要的诉讼权利，但为了避免个别当事人滥用申请回避权利，对于申请的时间应当有所限制。否则，当事人尤其是被告在明知回避事由存在，等到诉讼程序基本完成之时再提出回避申请，容易造成诉讼程序拖延和司法资源浪费。按照本条规定，当事人原则上应在案件开始审理时提出回避申请；如果回避事由在案件开始审理后才知道的，也可以在法庭辩论终结前提出。对于当事人申请回避期限的限制，域外也有类似的立法。如《德国民事诉讼法》第43条规定：当事人不主张他所知悉的申请回避原因而在法官前进行辩论或提出声明时，就不能再以法官有不公正的可能而申请其回避。《法国民事诉讼法》第342条、第355条规定：当事人申请回避应当在一经了解有申请回避之原因时即提出申请，否则不予受理，且在任何情况下回避申请均不得在辩论终结之后提出。并且对多名法官提出申请回避应当以同一书状提出，否则不予受理，但如申请回避之原因后来才发现者不在此限。《日本民事诉讼法》第24条规定：当事人申请回避原则上应当在辩论准备程序完结之前提出；当事人已经在法官面前作过辩论的，或者已经在辩论准备程序中作过陈述的，不得对该法官提出回避。但是，当事人不曾知悉有应该回避原因的，或者回避原因发生在当事人辩论或陈述之后的，则不在此限。

二、关于当事人申请回避的后果

按照本法第50条的规定，人民法院对当事人提出的回避申请应当在3日内作出决定。决定的时间很短，在此期间，暂停被申请回避的人员参与本案的工作对诉讼程序影响有限。因此，除紧急情况外，在回避决定作出前原则上应当暂停相关人员的工作。

除了本法规定的审判人员自行回避和当事人申请回避外，《民事诉讼法司法解释》还规定了依职权回避的类型。该解释第46条规定："审判人员有应当回避的情形，没有自行回避，当事人也没有申请其回避的，由院长或者审判委员会决定其回避。"依职权回避，是在审判人员符合回避条件，但当事人没有申请回避、审判人员也没有自行回避，法院依职权决定审判人员回避的一种类型。《回避规定》第4条也有类似规定。在起草相关司法解释时，有意见认为，这涉及院长或审委会没有决定回避是否要启动再审程序的问题，容易引起争议，建议不予规定。经慎重研究，考虑到当前执行回避制度的现状，增加职权回避制度，作为审判人员自行回避和当事人申请回避的有益和必要补充，由法院院长或者审判委员会加强对审判人员是否自行回避的监督，可以更好地完善申请回避和自行回避程序，充分发挥回避制度的作用，有效确保司法公正，提高司法公信。

【条文适用】

当事人申请回避的前提是对审判人员等相关人员的信息有所了解，在没有获得相关信息的情况下，当事人就无法行使申请回避的权利。为保障当事人的知情权，人民法院应当将审判人员等主体的基本情况（姓名、工作单位、职务职称等信息）告知当事人，并告知其申请回避的权利。为此，《民事诉讼法司法解释》第 47 条规定："人民法院应当依法告知当事人对合议庭组成人员、独任审判员和书记员等人员有申请回避的权利。"同时，《回避规定》第 5 条规定："人民法院应当依法告知当事人及其法定代理人有申请回避的权利，以及合议庭组成人员、书记员的姓名、职务等相关信息。"第 6 条规定："人民法院依法调解案件，应当告知当事人及其法定代理人有申请回避的权利，以及主持调解工作的审判人员及其他参与调解工作的人员的姓名、职务等相关信息。"

实践中，法院在开庭前就应当告知当事人合议庭组成人员，以便让其有时间了解情况，准备材料。合议庭的审判长或者独任审判员在开庭审理时，于宣布审判人员、书记员等人员的名单后，应主动询问当事人是否申请回避。如果当事人是在审理开始后发现回避事由的，或者回避事由是在审理开始后发生的，也可以在法庭辩论终结前提出。至于在法庭辩论后提出回避申请的，已超过申请期限，此时不作为当事人申请回避处理，即人民法院无须按照《民事诉讼法》第 50 条规定作出决定并允许当事人复议。但是，如果审判人员或其他人员确实符合回避条件，其应当自行回避或者启动依职权回避程序。对于已发生的诉讼程序，要视情况采取更换承办人、重新开庭等补救措施。第二审人民法院认为第一审人民法院的审理违反回避制度的，还应当根据《回避规定》第 7 条的规定，裁定撤销原判，发回原审人民法院重新审查。

当事人的回避申请应当经过人民法院审查，人民法院审查后，根据审查情况作出是否同意相关人员回避的决定。被申请回避的人员，在人民法院作出是否回避的决定前，应当暂停参与本案的工作，但是案件需要采取紧急措施的除外。对此，要注意回避制度不能被当事人滥用，成为拖延诉讼、逃避债务的手段。例如，在审理金融借款合同纠纷案件时，有的被告故意隐匿逃避诉讼，人民法院不得不通过公告方式送达传票。在庭审时，出庭的被告又提出回避申请，要求重新组织开庭。此时，如该申请没有明确的证据，在征求原告同意的基础上，可以继续开庭。再如，人民法院正在采取财产保全措施，即使当事人申请相关审判人员回避，也不应停止本案的工作，以免造成难以挽回的损失。

第四十九条　院长担任审判长或者独任审判员时的回避，由审判委员会决定；审判人员的回避，由院长决定；其他人员的回避，由审判长或者独任审判员决定。

【条文主旨】

本条是关于回避决定权的规定。

【条文理解】

为了确保当事人的回避申请权利，人民法院应当慎重对待当事人的回避申请，对回避应有一定制度监督。本条根据不同的回避对象对回避决定权人作了不同规定，且在 2021 年《民事诉讼法》修正时，增加了独任审判员的规定。即，院长担任审判长“或者独任审判员”时的回避，由审判委员会决定；其他人员的回避，由审判长“或者独任审判员”决定。之所以增加独任审判员的规定，是因为 2021 年《民事诉讼法》修正的重要内容即扩大独任审判的适用范围。对于一审程序，本法第 40 条第 2 款规定，基层人民法院审理的基本事实清楚、权利义务关系明确的第一审民事案件，可以由审判员一人适用普通程序独任审理；对于二审程序，本法第 41 条第 2 款规定，中级人民法院对第一审适用简易程序审结或者不服裁定提起上诉的第二审民事案件，事实清楚、权利义务关系明确的，经双方当事人同意，可以由审判员一人独任审理。可见，无论是一审普通程序还是二审程序均可适用独任制，范围比较广。因此，有必要在回避制度中增加对独任审判员的规定。根据本条规定，审判人员的回避，由院长决定；其他人员的回避，如书记员、鉴定人员等，在合议制下，由审判长决定，在独任制下，由独任审判员决定；院长担任审判长或者独任审判员时的回避，由审判委员会决定。

【条文适用】

关于院长的回避，此处的“院长”是否包括副院长，法律没有明确规定。如果将“院长”扩大至副院长甚至审判委员会专职委员等院领导，在院领导承办案件或者担任审判长时，回避决定都要经过审判委员会研究决定。我们认为，此处的“院长”不宜包括副院长，理由如下：一是审判委员会不是随时召开，有时甚至会等待较长时间，难以在3日内作出决定。在此期间，按照本法第48条的规定，相关审判工作要等待决定结果，很容易造成审判工作的拖延。二是在当前法院内部管理越来越严格以及“案多人少”问题突出的背景下，如果当事人掌握了相关信息并提出回避申请，副院长或者其他院领导往往主动回避，鲜有院领导或审判人员冒着被处分的风险坚持审理。从这个角度看，副院长或其他院领导的回避，由院长决定即可，无须经审判委员会讨论并作出决定。

关于审判委员会委员的回避问题。根据《人民法院组织法》和《最高人民法院关于健全完善人民法院审判委员会工作机制的意见》的规定，审判委员会的职能包括总结讨论决定重大、疑难、复杂案件的法律适用，讨论决定本院已经发生法律效力的判决、裁定、调解书是否应当再审，讨论决定其他有关审判工作的重大问题。对于重大、疑难、复杂案件，本院已经发生法律效力的判决、裁定、调解书等确有错误需要再审的案件，以及法律适用规则不明的新类型案件，应当提交审判委员会讨论决定。可见，审判委员会虽然不直接开庭审理案件，但有权对案件进行讨论并作出决定，而且审判委员会所作出的决定具有很高的权威性，合议庭必须执行。因此，审判委员会讨论决定案件同样在行使审判权力。案件中，审判委员会委员若有回避的情形，也应当属于回避的主体。对此，《回避规定》第13条第1款规定：“本规定所称审判人员，包括各级人民法院院长、副院长、审判委员会委员、庭长、副庭长、审判员和助理审判员。”审判委员会委员已被列为回避主体。但本条及《民事诉讼法司法解释》没有规定告知当事人本院应当回避的审判委员会委员姓名，也没有明确规定审委会委员回避的程序。而且根据本法第 48 条的规定，当事人应在法庭辩论终结前提出回避申请，但通常审判委员会讨论案件是在法庭辩论结束之后。因此，非合议庭组成人员的审判委员会委员参与案件讨论的，当事人无从知晓也无权申请回避，只能适用自行回避或依职权回避的方式。当然，如果审判委员会委员参加合议庭的，当事人可以依据本法第 48 条规定申请回避。

【典型案例】

李某明与被告包头市思恒建筑劳务有限责任公司租赁合同纠纷案

【案　　号】河北省玉田县人民法院（2021）冀 0229 民初 707 号

【基本案情】河北省玉田县人民法院在审理原告李某明与被告包头市思恒建筑劳务有限责任公司租赁合同纠纷一案中，李某明于 2021 年 4 月 23 日申请玉田县人民法院行政审判庭（综合审判庭）审判长刘某颖回避，理由是其认为刘某颖与本案有利害关系或其他关系，可能影响对案件的公正审理。

【裁判结果】该院院长认为，本案回避理由成立，遂依照《民事诉讼法》第 45 条①、第 46 条②和第 47 条③规定作出决定：准许李某明提出的回避申请。

① 对应《民事诉讼法》（2023 年修正）第 48 条。

② 该条已被《民事诉讼法》（2023 年修正）第 49 条更改，《民事诉讼法》（2023 年修正）第 49 条规定："院长担任审判长或者独任审判员时的回避，由审判委员会决定；审判人员的回避，由院长决定；其他人员的回避，由审判长或者独任审判员决定。"

③ 对应《民事诉讼法》（2023 年修正）第 50 条。

第五十条　人民法院对当事人提出的回避申请，应当在申请提出的三日内，以口头或者书面形式作出决定。申请人对决定不服的，可以在接到决定时申请复议一次。复议期间，被申请回避的人员，不停止参与本案的工作。人民法院对复议申请，应当在三日内作出复议决定，并通知复议申请人。

【条文主旨】

本条是关于回避申请决定程序的规定。

【条文理解】

本条对回避申请决定的期限、形式、救济等程序问题作了规定。回避为非诉事项，很多国家和地区的回避程序都比较简化，通常以诉讼效率为导向，以求迅速、快捷地处理。如《德国民事诉讼法》第45条规定：要求回避的申请，由被申请回避者所属的法院裁判之；如果该法院因被申请回避的人员不能执行职务而不能裁判时，由直接上级法院裁判之。初级法院的法官被申请回避时，由州法院裁判之。如果初级法院法官认为申请回避有理由，可以不需要裁判。法国、日本和我国台湾地区等也有类似规定。总结起来有以下特点：（1）回避申请应通知或送达受到申请的法官。被申请回避的法官，首先对该申请作出意见，并告知其同意回避或者不同意回避的理由。如果其同意，无须裁定即可回避；如不同意或者不予答复，则由接受申请的法院或者其上一级法院就回避申请作出裁判。（2）对申请回避的裁判，可以不经过言词辩论。因此，无须传唤当事人亦无须传唤被申请回避的法官。被申请回避的法官，不得参与该裁判。（3）裁判决定的副本，由法院书记员送交或寄送法官与各方当事人。(4) 对于宣告申请回避有理由的裁定，不得上诉；对于宣告申请回避无理由的裁定，可以提起即时抗告。(5) 若因为裁决法院因排除被申请回避人而无裁判能力者，则由上级审法院裁决为之。主要是指因部分或全部法官被申请回避而导致该法院无法行使对个案的管辖权，因此应将管辖权转移，由上级审法院裁判或者指定同级其他法院审理。[①]与之相比，我国在回避决定程序上更重视院长、审判长的作用，在管辖上均由诉讼法院处理，上级法院参与较少，程序上也比较简化。

【条文适用】

一、回避决定的期限

按照本条规定，人民法院应当在当事人申请回避 3 日内作出决定。决定回避事项属于比较简单的事项，与其他的裁决事项相比，决定时限相对较短。另外，回避决定有一定紧迫性，不宜拖延太久。因为按照本法第 48 条的规定，在回避决定作出之前，审判人员及其他相关人员的审理工作暂停。此时审判程序如何进行，法院将面临两种选择：一是重新委派一位人员继续进行程序；二是诉讼程序暂时停止直至作出回避与否的决定。前一种做法存在的问题是，如果经审查被申请回避的人员确实需要回避，那么中途接手的人员继续程序顺理成章；但如果经审查认为不符合回避条件时，中途接手的人员会陷入尴尬的境地。因此，当事人提出回避申请，诉讼程序往往无法继续进行，应当尽快作出回避决定，以减少对诉讼程序的影响。

二、回避的后果

法院作出回避决定后，被决定回避的人员自然不得再参与本案的诉讼程序，但其已经完成的诉讼行为是否有效？由谁决定该诉讼行为是否

---

① 参见王福华、张士利：《民事诉讼回避制度的两个基本问题》，载《法学论坛》2005 年第 6 期。

有效？这种探讨有一定价值，可以分案件未审结和已审结两种情况。

（一）案件尚未审结

《民事诉讼法》及司法解释未对这种情况作进一步的细化规定。由于回避涉及的人员类型和情形不同，不可一概而论，应根据其对案件产生的影响具体判断。原则上，违反法定程序的行为应当认定无效；需要重新进行的，应当重新进行；有剥夺或限制当事人诉讼权利行为的，应当予以纠正，并给当事人重新行使该诉讼权利的机会。只有这样才能纠正回避人员已经完成的但有失公正的行为，并保证诉讼程序的公正。以此判断，如果被决定回避的人员是案件的合议庭成员，法院应当重新组织开庭；如果被决定回避的人员是鉴定人，其鉴定意见不管是否符合真实，均不得作为证据，法院应重新组织鉴定。但实践中也需要避免个别当事人利用回避制度拖延诉讼。若被决定回避的人员还没有对诉讼活动产生实质影响，不宜将所有的原诉讼活动推倒重来。如告知合议庭组成人员通知书中，某一合议庭成员属于回避对象，但该案由承办人自行组织调查、听证，该合议庭成员没有参与，后来该合议庭成员因及时回避也没有参与后续的合议等事项。在这种情况下，原调查、听证的效力就不宜受到影响。

（二）案件已经审结

对于未生效的一审案件，根据《民事诉讼法司法解释》第 323 条的规定，应当回避的审判人员未回避的，属于严重违反法定程序，应予发回重审。《回避规定》第 7 条进一步规定：第二审人民法院认为第一审人民法院的审理有违反该规定第 1 条至第 3 条规定的，应当裁定撤销原判，发回原审人民法院重新审判。而《回避规定》第 1 条至第 3 条基本涵盖了回避的所有情形。对于已生效的案件，根据《民事诉讼法》第 211 条第 7 项的规定，依法应当回避的审判人员没有回避的，人民法院应当再审。可见，审判人员违反回避制度属于严重程序瑕疵，影响裁判结果的公正性，必须发回重审或者再审。

【典型案例】

广东大兴业集团有限公司申请执行惠州市惠阳名豪木业有限公司案

【案　　号】最高人民法院（2018）最高法执监 442 号

【裁判要旨】执行异议审查过程中，在已经因回避事由变更合议庭成员的情况下，仍由原合议庭成员审理，审理程序违法，应予纠正。

【基本案情】广东省惠州市中级人民法院（以下简称惠州中院）执行广东大兴业集团有限公司（以下简称大兴业公司）申请执行惠州市惠阳名豪木业有限公司（以下简称名豪公司）一案中，被执行人名豪公司提出异议，认为惠州中院在执行过程中，于 2016 年 7 月 26 日公开拍卖名豪公司名下位于惠州市惠阳区淡水镇新桥管理区的60 000平方米土地使用权，买受人惠州市碧桂富投资有限公司（以下简称碧桂富公司）以108 201 600元成交价竞得该土地使用权，并于同日签订了成交确认书。按惠州中院的拍卖公告和成交确认书规定，买受人应当按规定的期限履行交款责任，即应于成交日起七天内（2016 年 8 月 2 日前）付清全部拍卖款。但买受人竟然逾期至 2016 年 11 月 30 日才支付，其行为构成严重违约，侵害了名豪公司的合法权益和司法拍卖的权威，依拍卖公告、成交确认书和《最高人民法院关于人民法院民事执行中拍卖、变卖财产的规定》第 25 条[①]的规定，综上，应撤销惠州中院确认碧桂富公司竞得上述土地使用权的（2014）惠中法执委字第 73 号执行裁定书，对上述土地使用权重新拍卖。同时提出，惠州中院在进行执行异议审查时，存在合议庭成员应当回避而没有回避的情形。

【裁判结果】撤销广东省高级人民法院（2018）粤执复 52 号执行裁定及惠州中院（2017）粤 13 执异 144 号执行裁定，发回惠州中院重新审查。

---

① 对应《最高人民法院关于人民法院民事执行中拍卖、变卖财产的规定》（2020 年修正）第 22 条。

【裁判理由】最高人民法院经审理查明：惠州中院在异议审查过程中，于2017年11月29日向名豪公司、大兴业公司及碧桂富公司下发告知合议庭组成人员通知书，明确该案由审判员唐某平、郑某荣、黄某谦组成合议庭审理。又于2017年12月7日向名豪公司、大兴业公司及碧桂富公司下发变更合议庭组成人员通知书，明确由于合议庭成员黄某谦对本案存在回避事由，现决定将合议庭成员变更为审判员唐某平、郑某荣、李某贞。但卷中材料反映，案件合议时的合议庭成员仍为唐某平、郑某荣、黄某谦。惠州中院（2017）粤13执异144号执行裁定署名合议庭成员也是唐某平、郑某荣、黄某谦。

最高人民法院认为，惠州中院异议审查过程中，在已经因回避事由变更合议庭成员的情况下，仍由原合议庭成员审理本案，审理程序违法，应予纠正。

第五章　诉讼参加人

第一节　当事人

第五十一条　公民、法人和其他组织可以作为民事诉讼的当事人。

法人由其法定代表人进行诉讼。其他组织由其主要负责人进行诉讼。

【条文主旨】

本条是关于民事诉讼当事人的规定。

【条文理解】

民事诉讼中的当事人，是指因民事权利义务发生争议，以自己的名义进行诉讼，要求法院裁判调解的人以及相对人。[①] 按照立法背景资料及相关释义，当事人还须是“受人民法院裁判拘束的利害关系人”，[②] 因此当事人具有三个特征：一是以自己的名义进行起诉、应诉等诉讼行为；二是与案件有直接利害关系；[③] 三是受人民法院裁判拘束。一般而言，缺

① 张卫平：《民事诉讼法》（第 5 版），法律出版社 2019 年版，第 125 页。

② 王胜明主编：《中华人民共和国民事诉讼法释义》（最新修正版），法律出版社 2012 年版，第 84 页。

③ “直接利害关系”的例外情形指有权提起民事公益诉讼的“法律规定的机关或者有关社会团体”。

少上述任何一个要素都不属于当事人。从我国民事诉讼法上的当事人这一概念的外延来看，有狭义的当事人和广义的当事人之分。比如，在一审程序中，狭义上的当事人仅指原告和被告；广义上的当事人则包括原告、被告、共同诉讼人、第三人。①

在民事诉讼法学理上，当事人包括形式上的当事人（程序性权利以及义务归属）、实质上的当事人（实体利害关系）。所谓形式上的当事人，与实体法律关系或者实体上的权利义务归属没有联系，只是纯粹诉讼法上的概念；而实质上的当事人则是从实体法角度出发，作为诉讼标的民事法律关系的主体，即正当当事人。民事诉讼审判实践中通常使用的“适格当事人”“当事人适格”等表述，均是对正当当事人的认定和评判。②

依据本条规定，民事诉讼当事人有三种类型：公民、法人和其他组织。③

一、作为当事人的公民

公民（自然人）是最常见的当事人类型，体现的是民事实体法领域中，个人作为人身、财产关系主体的一般性质。公民成为当事人仅需满足具有诉讼权利能力一项条件，该项能力始于出生终于死亡，故公民均具有当事人能力。④

二、作为当事人的法人和其他组织

与公民相对应，法人和其他组织均为某种形式的组织或者团体。这些组织、团体由于不具有自然人基于“心理过程”的意思决定，而只能是以法律技术手段拟制意思表示的“器官”，因此须由其法定代表人、主

---

① “第三人”，也被称为“准当事人”。参见王亚新等：《中国民事诉讼法重点讲义》（第2版），高等教育出版社2021年版，第148~149页。

② 不符合正当当事人要件的，裁定不予受理或者驳回起诉。

③ 值得注意的是，与之相对应的实体法《民法典》中的一组概念为自然人、法人和非法人组织。

④ 公民的诉讼权利能力与实体法中的权利能力（人格）相对应。而与权利能力相对应的概念是行为能力。如果不具备行为能力，则通过法定代理制度予以弥补。

要负责人代表其进行诉讼。

（一）法人及其法定代表人

依据《民法典》的规定，[①] 依照法律或者法人章程的规定，代表法人从事民事活动的负责人，为法人的法定代表人。实践中，法定代表人为法人的正职负责人，没有正职负责人的，由主持工作的副职负责人担任法定代表人。

（二）其他组织及其负责人

其他组织在实体法中对应的概念是非法人组织。依据《民法典》的规定，[②] 非法人组织不具有法人资格，但是能够以自己的名义从事民事活动。这类能够成为民事诉讼当事人的组织就是其他组织。依据《民事诉讼法司法解释》的规定，[③] 其他组织是指合法设立，有一定的组织机构和财产，但又不具备法人资格的组织。这类组织具有四个方面的法律特征：第一，要求合法成立，必须是依照法律规定的程序和条件成立，法律上予以认可的组织。如果未经依法成立，则不具有其他组织的资格，不属于民事诉讼当事人，应由直接责任人承担民事责任。比如，法人非依法设立的分支机构，或者虽依法设立，但没有领取营业执照的分支机构，以设立该分支机构的法人为当事人。[④] 第二，必须具有一定的组织机构，即有能够保证该组织正常活动的机构。比如，有自己的名称、场所，有

---

① 《民法典》第61条规定："依照法律或者法人章程的规定，代表法人从事民事活动的负责人，为法人的法定代表人。法定代表人以法人名义从事的民事活动，其法律后果由法人承受。法人章程或者法人权力机构对法定代表人代表权的限制，不得对抗善意相对人。"

② 《民法典》第102条规定："非法人组织是不具有法人资格，但是能够依法以自己的名义从事民事活动的组织。非法人组织包括个人独资企业、合伙企业、不具有法人资格的专业服务机构等。"

③ 《民事诉讼法司法解释》（2022年修正）第52条规定："民事诉讼法第四十八条规定的其他组织是指合法成立、有一定的组织机构和财产，但又不具备法人资格的组织，包括：（一）依法登记领取营业执照的个人独资企业；（二）依法登记领取营业执照的合伙企业；（三）依法登记领取我国营业执照的中外合作经营企业、外资企业；（四）依法成立的社会团体的分支机构、代表机构；（五）依法设立并领取营业执照的法人的分支机构；（六）依法设立并领取营业执照的商业银行、政策性银行和非银行金融机构的分支机构；（七）经依法登记领取营业执照的乡镇企业、街道企业；（八）其他符合本条规定条件的组织。"

④ 参见《民事诉讼法司法解释》（2022年修正）第53条。

自己的负责人和一定的职能部门及工作人员。第三，应当有一定的财产。必须具有能够单独支配的，与其经营规模和业务活动的内容、范围相适应的财产。第四，不具有法人资格，即不具备法人设立的条件，法律上没有取得法人资格。

【条文适用】

一、对尚未出生的胎儿利益的特别保护

自然人的权利能力始于出生，胎儿尚未与母体分离，不是独立的自然人，不能依据民事权利能力的一般规定进行保护，但《民法典》对胎儿利益的保护作出特别规定。[①] 对此类情形，应当肯定胎儿具有诉讼权利能力。

二、对死者人格利益的保护

自然人的权利能力终于死亡，死者不再享有人格权，但死者的人格利益应受法律保护。死者人格利益是人格权延伸保护的结果，为了强化和全面保护人格利益，充分体现维护人格尊严的理念，对自然人死亡后的人格利益仍予以保护。[②] 对此类情形，死者的近亲属为当事人。[③]

三、更换法定代表人、主要负责人

法定代表人和主要负责人的诉讼行为是以法人和其他组织的名义进行的，对法人和其他组织具有拘束力。在诉讼过程中，法定代表人和主

① 《民法典》第 16 条规定："涉及遗产继承、接受赠与等胎儿利益保护的，胎儿视为具有民事权利能力。但是，胎儿娩出时为死体的，其民事权利能力自始不存在。"

② 《民法典》第 994 条规定："死者的姓名、肖像、名誉、荣誉、隐私、遗体等受到侵害的，其配偶、子女、父母有权依法请求行为人承担民事责任；死者没有配偶、子女且父母已经死亡的，其他近亲属有权依法请求行为人承担民事责任。"

③ 《民事诉讼法司法解释》（2022 年修正）第 69 条规定："对侵害死者遗体、遗骨以及姓名、肖像、名誉、荣誉、隐私等行为提起诉讼的，死者的近亲属为当事人。"

要负责人更换的，由变更后的法定代表人或主要负责人参加诉讼，并出具身份证明文件，原法定代表人或者主要负责人已经进行的诉讼行为仍然有效。

四、特殊情形中的诉讼担当

法人、其他组织如果处于清算或者破产过程中，其涉及的民事诉讼则以清算组或者破产管理人为当事人。①

五、诉讼主体与责任主体

其他组织虽然可以作为民事主体进行必要的民事活动，也可以作为民事诉讼主体以自己的名义参加民事诉讼，但其毕竟不是独立的民事责任主体。在其财产不足以单独承担民事责任时，对其他组织负责的法人就要代其承担民事责任或者由行为人承担民事责任。

【典型案例】

遵义市鸿翔房地产开发有限公司、冉某彬建设用地使用权转让合同纠纷案

【案　　号】最高人民法院（2020）最高法民再195号

【裁判要旨】依法设立并领取营业执照、有一定组织机构和财产的法人分支机构，符合《民事诉讼法》规定的“其他组织”的法定条件，且与案件有直接利害关系的，该分支机构具备相应的诉讼主体资格。

【基本案情】华业一分公司（一审原告）成立于2013年3月1日，公司经营范围是为上级公司提供服务。其上级公司华业公司具备建筑业

① 《公司法》第184条第7项规定：“清算组在清算期间行使下列职权：……（七）代表公司参与民事诉讼活动。”《公司法司法解释（二）》（2020年修正）第10条规定：“公司依法清算结束并办理注销登记前，有关公司的民事诉讼，应当以公司的名义进行。公司成立清算组的，由清算组负责人代表公司参加诉讼；尚未成立清算组的，由原法定代表人代表公司参加诉讼。”

企业资质证书。鸿翔公司（一审被告）成立于2008年1月10日，经营范围为房地产开发经营、销售建筑材料、室内装饰装修。2013年3月8日，鸿翔公司（甲方）与华业一分公司（乙方）签订《洪升大厦房地产联合开发协议书》，该协议书约定了双方的权利义务及违约责任。协议签订后，因鸿翔公司未按照《洪升大厦房地产联合开发协议书》内容履行义务，华业一分公司向人民法院起诉请求鸿翔公司按照《洪升大厦房地产联合开发协议书》履行义务，并承担违约责任。

该案经历一审、二审和再审程序。在三次审理中，鸿翔公司均主张华业一分公司不具备独立法人资格，其民事责任由华业公司承担，华业一分公司无权将鸿翔公司作为相对人主张权利。

【裁判结果】确认华业一分公司具有原告主体资格。

【裁判理由】华业一分公司作为依法设立的、已领取营业执照的法人分支机构，可以作为民事诉讼当事人参与诉讼。本案中，华业一分公司诉请确认《洪升大厦房地产联合开发协议书》有效，并要求取得该协议书约定由华业一分公司所有的财产，以及要求鸿翔公司按约退还保证金。因华业一分公司系签订《洪升大厦房地产联合开发协议书》的合同当事人，与本案有直接利害关系，依据《民事诉讼法》第119条“起诉必须符合下列条件：（一）原告是与本案有直接利害关系的公民、法人和其他组织”的规定，[①] 华业一分公司具有原告主体资格。

---

① 对应《民事诉讼法》（2023年修正）第122条。

第五十二条　当事人有权委托代理人，提出回避申请，收集、提供证据，进行辩论，请求调解，提起上诉，申请执行。

当事人可以查阅本案有关材料，并可以复制本案有关材料和法律文书。查阅、复制本案有关材料的范围和办法由最高人民法院规定。

当事人必须依法行使诉讼权利，遵守诉讼秩序，履行发生法律效力的判决书、裁定书和调解书。

【条文主旨】

本条是关于当事人享有的诉讼权利和应履行的诉讼义务的规定。

【条文理解】

在民事诉讼中，当事人行使诉讼权利和履行诉讼义务是统一的。只有正确行使诉讼权利，履行诉讼义务，才能保障诉讼程序的顺利进行，维护法律的权威和尊严。

当事人的诉讼权利包括：（1）委托诉讼代理人的权利；（2）申请回避的权利；（3）收集、提供证据的权利；（4）进行辩论的权利；（5）请求调解的权利；（6）提起上诉的权利；（7）向人民法院申请强制执行生效法律文书的权利；（8）查阅并复制本案有关材料和法律文书的权利。

当事人的诉讼义务包括：（1）依法行使诉讼权利；（2）遵守诉讼秩序；（3）履行发生法律效力的判决书、裁定书和调解书。

【条文适用】

权利与义务是辩证统一的关系。当事人的诉讼权利不是绝对的，必须依照《民事诉讼法》的有关规定进行诉讼。在理解本条规定时，需要注意以下两个方面。

一、关于查阅并复制本案有关材料和法律文书的权利

当事人和诉讼代理人均有此诉讼权利。[①] 需要特别注意的是，当事人或者诉讼代理人查阅案件材料中涉及国家秘密、商业秘密和个人隐私的，应当保密。

二、关于遵守诉讼秩序

当事人应当服从法庭的指挥，不得进行有违法庭规则的各种行为。2016年修正的《人民法院法庭规则》作了几个方面的重大修改：

1. 更加注重权利保障。体现在：（1）充分保障诉讼参与人依法行使庭审活动中的各项诉讼权利。要求人民法院开庭审判案件严格按照法律规定的诉讼程序进行。（2）对未成年人合法权益予以特别保护。规定审理未成年人案件的法庭应当根据未成年人身心发展特点进行特殊设置。（3）切实尊重和保障人权。规定刑事在押被告人或上诉人出庭受审时，着正装或便装，不着监管机构的识别服；一般情况下，人民法院在庭审活动中不得对被告人或上诉人使用戒具。（4）加强证人人身安全和个人信息安全的保护。规定刑事法庭可以配置同步视频作证室，供依法应当保护或其他确有保护必要的证人、鉴定人、被害人在庭审作证时使用。（5）加强对特殊群体的关爱。要求法庭设置残疾人无障碍设施，为特殊群体参与庭审活动提供方便。

2. 更加注重庭审规则公平。体现在：（1）诉讼权利行使受到平等保护。要求审判人员在庭审活动中平等对待诉讼各方，不歧视或偏袒任何一方。（2）庭审活动充分接受监督。人民检察院或者诉讼参与人、旁听人员，认为审判人员违反法庭规则的，均可在庭审活动结束后向人民法院反映或直接提出处理建议。（3）规则面前人人平等。规定全体人员在

① 参见《最高人民法院关于诉讼代理人查阅民事案件材料的规定》（2020年12月29日修正）。

庭审活动中都应当服从审判长或独任审判员的指挥，遵守法庭纪律，尊重司法礼仪。任何人违反法庭规则，都应受到追究。

3. 更加注重保障法庭安全。（1）加强法庭安全检查。要求进入法庭的人员出示有效身份证件，并接受人身及携带物品的安全检查。（2）密织法庭安全防护网。明确除经人民法院许可，需在法庭上出示的证据外，不得携带枪支、弹药、管制刀具等法律明确规定的违禁物品，以及性质不明的液体及胶状、粉末状物品进入法庭。（3）严厉处罚危及法庭安全的行为。规定对危及法庭安全的行为，视情节分别予以罚款、拘留或者依法追究刑事责任，发挥法律的惩罚、威慑和预防功能。

4. 更加注重规范法庭秩序。（1）规定法庭内人员不得鼓掌、喧哗，吸烟、进食，拨打或者接听电话，确保正常的庭审秩序。（2）规定非经法院许可，不得对庭审活动进行录音、录像、拍照或使用移动通信工具等传播庭审活动，防止片面化、碎片化的信息误导舆论，干扰审判。（3）规定检察人员、诉讼参与人发言或提问应当经审判长或独任审判员许可；旁听人员不得进入审判区，不得随意站立、走动，不得发言和提问。要求行使权利需依法、有序。（4）规定诉讼参与人、旁听人员不得携带标语、条幅、传单进入法庭。要求当事人通过理性方式表达诉求。（5）规定对哄闹、冲击法庭，侮辱、诽谤、威胁、殴打司法工作人员或者诉讼参与人，毁坏法庭设施，抢夺、损毁诉讼文书、证据等严重扰乱法庭秩序的行为进行严厉处罚。

5. 更加注重庭审活动公开。（1）规定人民法院应当通过官方网站、电子显示屏、公告栏等向公众公开各法庭的编号、具体位置以及旁听席位数量等信息。要求法院在依法公开审理案件时，选择与旁听人数相适应的审判法庭，满足公众旁听需求。（2）明确公众关注度较高、社会影响较大、法治宣传教育意义较强的依法公开进行的庭审活动，人民法院可以通过电视、互联网或者其他公共媒体进行图文、音频、视频直播或录播，让更多的人民群众通过便捷方式旁听庭审活动。（3）规定旁听区可以设置专门的媒体记者席；媒体记者经许可，可以在指定的时间及区域，对庭审活动进行录音、录像、拍照或使用移动通信工具等传播庭审活动。通过允许媒体报道庭审活动，进一步拓宽人民群众了解司法、监督司法的渠道。

6. 更加注重司法礼仪。（1）规定全体人员在审判人员进入法庭以及审判长或独任审判员宣告判决、裁定、决定时应当起立，体现公众对法律的敬畏和对司法的尊重。（2）要求出庭履行职务的人员按照职业着装规定着装，没有职业着装规定的，着正装，其他人员应当文明着装，彰显司法文明。（3）明确审判长或独任审判员主持庭审活动时，要立场公正、平等对待，依照规定使用法槌，理性指挥司法警察维持秩序，确保庭审活动的权威、有序和文明。

第五十三条　双方当事人可以自行和解。

【条文主旨】

本条是关于和解的规定。

【条文理解】

和解，是指双方当事人在进入诉讼程序后，就诉讼标的之主张自主协商，达成合意以解决纠纷。诉讼和解是意思自治原则在民事诉讼程序中的体现。

【条文适用】

一、区分诉讼外的和解与诉讼中的和解

诉讼外的和解，是民事主体在诉讼外进行的民事行为，不具有任何诉讼上的意义和效力。

诉讼中的和解，是当事人在诉讼进行中自行协商，达成协议。在诉讼中，当事人双方可以自行和解，人民法院同意当事人和解的，可以通过撤诉的方式结束诉讼程序。

二、区分诉讼和解与诉讼调解

诉讼和解与诉讼调解都以解决纠纷、终结诉讼为目的，但二者存在以下主要区别：

1. 主体方面。诉讼调解有人民法院的参与和主持；而诉讼和解一般只有双方当事人自行协商，达成和解协议后当事人向人民法院申请撤诉。

2. 程序方面。诉讼调解必须依照《民事诉讼法》规定的程序进行；而诉讼和解没有特别的程序规定，灵活性更强，更体现当事人的意思自治。

3. 法律效果方面。诉讼调解一旦达成，可以直接终结诉讼，调解书具有强制执行的法律效力；而诉讼和解不是结案方式，不能直接终结诉讼，而应由当事人申请撤诉，经人民法院裁定准许后结束诉讼，且和解协议靠当事人双方自愿履行，和解协议不能作为法院的强制执行依据。

【典型案例】

吴某诉四川省眉山西城纸业有限公司买卖合同纠纷案

【案　　号】四川省眉山市中级人民法院（2010）眉执督字第4号复函

【裁判要旨】民事案件二审期间，双方当事人达成和解协议，人民法院准许撤回上诉的，该和解协议未经人民法院依法制作调解书，属于诉讼外达成的协议。一方当事人不履行和解协议，另一方当事人申请执行一审判决的，人民法院应予支持。

【基本案情】原告吴某系四川省眉山市东坡区吴某收旧站业主，从事废品收购业务。约自2004年开始，吴某出售废书给被告四川省眉山西城纸业有限公司（以下简称西城纸业公司）。2009年4月14日，双方通过结算，西城纸业公司向吴某出具欠条载明：今欠吴某废书款197万元。同年6月11日，双方又对后期货款进行了结算，西城纸业公司向吴某出具欠条载明：今欠吴某废书款54.8万元。因经多次催收上述货款无果，吴某向眉山市东坡区人民法院起诉，请求判令西城纸业公司支付货款251.8万元及利息。被告西城纸业公司对欠吴某货款251.8万元没有异议。

一审法院经审理后判决：被告西城纸业公司在判决生效之日起10日内给付原告吴某货款251.8万元及违约利息。

宣判后，西城纸业公司向眉山市中级人民法院提起上诉。二审审理期间，西城纸业公司于2009年10月15日与吴某签订了一份还款协议，商定西城纸业公司的还款计划，吴某则放弃了支付利息的请求。同年10月20日，西城纸业公司以自愿与对方达成和解协议为由申请撤回上诉。眉山市中级人民法院裁定准予撤诉后，因西城纸业公司未完全履行和解协议，吴某向一审法院申请执行一审判决。眉山市东坡区人民法院对吴某申请执行一审判决予以支持。西城纸业公司向眉山市中级人民法院申请执行监督，主张不予执行原一审判决。

【裁判结果】眉山市中级人民法院于2010年7月7日作出（2010）眉执督字第4号复函认为：根据吴某的申请，一审法院受理执行已生效法律文书并无不当，应当继续执行。

【裁判理由】西城纸业公司对于撤诉的法律后果应当明知，即一旦法院裁定准予其撤回上诉，眉山市东坡区人民法院的一审判决即为生效判决，具有强制执行的效力。虽然二审期间双方在自愿基础上达成的和解协议对相关权利义务作出约定，西城纸业公司因该协议的签订而放弃行使上诉权，吴某则放弃了利息，但是该和解协议属于双方当事人诉讼外达成的协议，未经人民法院依法确认制作调解书，不具有强制执行力。西城纸业公司未按和解协议履行还款义务，违背了双方约定和诚信原则，故对其以双方达成和解协议为由，主张不予执行原生效判决的请求不予支持。

第五十四条　原告可以放弃或者变更诉讼请求。被告可以承认或者反驳诉讼请求，有权提起反诉。

【条文主旨】

本条是关于诉讼请求和反诉的规定。

【条文理解】

诉，是指当事人向人民法院提出的，请求特定的人民法院就特定的法律主张或者权利主张（诉讼上的请求）进行裁判的诉讼行为。[①] 相应地，诉讼请求则是指原告通过人民法院以诉讼标的为基础对被告提出的实体权利请求。[②] 可见，诉是起诉的基础内容；起诉是实现诉的具体方式和形式，其功能是启动审判程序，使诉的目的得以实现。显然，诉的种类不同，诉讼请求也不相同。具体而言，根据诉的性质和内容可以将诉分为确认之诉、给付之诉和形成之诉。比如，原告请求确认与被告之间存在合同关系（确认之诉）；原告请求被告支付货款（给付之诉）；原告主张解除合同关系（形成之诉）。当然，这三种诉也不是绝对分离的，如原告请求支付货款（给付之诉），其前提是确认双方之间的供货关系有效（确认之诉）。

一、原告方面

放弃或者变更诉讼请求，是民事诉讼中处分原则的具体体现。但该项权利的行使不得违反法律，不得损害国家、集体和他人利益，否则，

---

① 江伟主编：《民事诉讼法》（第4版），高等教育出版社2013年版，第75页。

② 王胜明主编：《中华人民共和国民事诉讼法释义》（最新修正版），法律出版社2012年版，第91页。

人民法院可不予准许。

1. 原告可以放弃诉讼请求，是指原告起诉后，可以通过法院放弃对于被告的具体实体权利请求，原告可以全部放弃，也可以部分放弃。原告全部放弃诉讼请求的，人民法院可以终止案件的审理；部分放弃诉讼请求的，人民法院对放弃部分的实体权利，可以不予审理、不予裁判。

2. 原告可以变更诉讼请求，是指原告起诉后，在法定期限内可以增加或者减少已经提出的实体权利请求。这种变更，既包括“量”的变更，如增加赔偿的数额；也包括“质”的变更，如将主张侵权责任变更为违约责任。原告变更诉讼请求的，人民法院应当对变更后的请求进行审理和裁判。

二、被告方面

1. 被告承认诉讼请求，是指被告认可原告提出的具体实体权利请求。这是被告的诉讼权利。针对被告作出的承认诉讼请求的诉讼行为，人民法院应当认真进行审查分析，判断双方当事人是否存在串通损害国家、集体和他人合法权益的情形，然后决定是否采纳该承认作为定案的根据。

2. 被告反驳诉讼请求，是指被告提出证据或者理由反对原告的具体实体权利请求。这是被告为维护自身权利所采取的一种诉讼手段，是辩论原则的具体体现。实践中，被告既可以提出实体上的反驳，如原告要求被告履行合同，被告则提出合同违法了法律、行政法规的强制性规定应认定为无效合同；也可以提出程序上的反驳，如被告提出原告的请求不属于民事案件受案范围，应当驳回起诉。

3. 被告提起反诉，是针对原告提起的本诉而言的。反诉是指在正在进行的诉讼（本诉）中，被告针对原告提起的诉讼。本诉的原告在反诉中称为“反诉被告”，本诉的被告在反诉中称为“反诉原告”。反诉的目的在于抵消、排斥或者吞并本诉的诉讼请求。可见，反诉与本诉具有关联性，因此人民法院可以将反诉与本诉合并审理，节省诉讼成本，提高诉讼效率；反诉与本诉又具有独立性，本诉被告（反诉原告）不仅享有原告的诉讼权利，且反诉并不因本诉的撤回而终结，相应地，反诉撤回不影响本诉的继续审理。①

【条文适用】

一、提起本诉与反诉均应符合起诉条件

反诉本质上属于一个独立的诉，本诉被告提起反诉仍应当提供符合起诉条件的相应的证据。②

二、当事人增加诉讼请求、提出反诉与举证期限的关系

1. 原告增加诉讼请求、被告提出反诉的时限，应当在法庭辩论结束前，而非一审举证期限内。③

2. 当事人增加、变更诉讼请求或者提出反诉的，人民法院应当根据案件具体情况重新确定举证期限。④ 这是平等保护双方当事人权利的体现。

三、反诉的构成条件

结合本条与《民事诉讼法司法解释》相关条文规定，⑤ 反诉包括以下几个方面的构成条件：

---

① 《民事诉讼法司法解释》（2022年修正）第239条规定："人民法院准许本诉原告撤诉的，应当对反诉继续审理；被告申请撤回反诉的，人民法院应予准许。"

② 《民事诉讼证据规定》（2019年修正）第1条规定："原告向人民法院起诉或者被告提出反诉，应当提供符合起诉条件的相应的证据。"

③ 《民事诉讼法司法解释》（2022年修正）第232条规定："在案件受理后，法庭辩论结束前，原告增加诉讼请求，被告提出反诉，第三人提出与本案有关的诉讼请求，可以合并审理的，人民法院应当合并审理。"

④ 《民事诉讼证据规定》（2019年修正）第55条第4项规定："（四）当事人增加、变更诉讼请求或者提出反诉的，人民法院应当根据案件具体情况重新确定举证期限。"

⑤ 《民事诉讼法司法解释》（2022年修正）第233条规定："反诉的当事人应当限于本诉的当事人的范围。反诉与本诉的诉讼请求基于相同法律关系、诉讼请求之间具有因果关系，或者反诉与本诉的诉讼请求基于相同事实的，人民法院应当合并审理。反诉应由其他人民法院专属管辖，或者与本诉的诉讼标的及诉讼请求所依据的事实、理由无关联的，裁定不予受理，告知另行起诉。"

1. 构成反诉的实质要件，是指反诉与本诉之间必须具有牵连关系。所谓牵连关系，是指反诉标的及请求与本诉标的及请求存在事实上或者法律上的牵连关系。实践中主要表现为：（1）诉讼请求是基于相同法律关系。（2）诉讼请求之间具有因果关系。（3）本诉与反诉的诉讼请求建立在相同事实基础上。

2. 构成反诉的程序性要件，具体包括以下几个方面：（1）提起反诉的主体，仅限于本诉当事人，禁止第三人提起反诉。（2）前已述及，反诉同本诉一样，须符合起诉条件，且须在法庭辩论结束前提起。（3）反诉只能向受理本诉的同一人民法院提起，且不能违反法律对专属管辖的规定。（4）反诉与本诉应当适用同种诉讼程序，不包括非诉程序。

3. 反诉与本诉可以合并审理的，应当合并审理。包括但不限于反诉与本诉的请求产生于同一法律关系或者同一法律事实。这类反诉与本诉联系紧密，在事实查明和责任认定等方面容易交叉重叠，合并审理无疑有利于统一裁判和提高诉讼效率。

第五十五条　当事人一方或者双方为二人以上，其诉讼标的是共同的，或者诉讼标的是同一种类、人民法院认为可以合并审理并经当事人同意的，为共同诉讼。

共同诉讼的一方当事人对诉讼标的有共同权利义务的，其中一人的诉讼行为经其他共同诉讼人承认，对其他共同诉讼人发生效力；对诉讼标的没有共同权利义务的，其中一人的诉讼行为对其他共同诉讼人不发生效力。

【条文主旨】

本条是关于共同诉讼的规定。

【条文理解】

作为诉讼主体的一般结构，一名原告与一名被告的诉讼结构是原初形态。实践中，由于一个民事纠纷往往牵涉复数的主体，进入诉讼的复数主体在数量上就不限于“一对一”的结构。在一个诉讼中，包括或者超过三名当事人时，就属于共同诉讼。即数名原告或者被告参与一个诉讼程序的诉讼形态。

共同诉讼属于诉讼主体的合并（诉的主观合并），其意义在于简化诉讼程序，节省诉讼的时间和费用，实现诉讼的经济和迅捷，并避免人民法院在同一事件上作出相互矛盾的判决。[①] 在学理上，共同诉讼可分为原初的共同诉讼与后发的共同诉讼、[②] 积极的共同诉讼与消极的共同诉讼、[③]

① 张卫平：《民事诉讼法》（第5版），法律出版社2019年版，第146页。

② 原初的共同诉讼，是指起诉时当事人已经在三人以上。后发的共同诉讼，是指起诉时仍为“一对一”的原初结构，而在诉讼程序进行过程中，因参加或者追加变成三人以上当事人的结构。

③ 积极的共同诉讼，是指原告方为二人以上。消极的共同诉讼，是指被告方为二人以上。

必要的共同诉讼与普通的共同诉讼。本条对必要的共同诉讼与普通的共同诉讼作出了规定。

一、必要的共同诉讼

必要的共同诉讼，是指当事人一方或者双方为二人以上的，其诉讼标的是共同的，人民法院必须作为一个案件合并审理的共同诉讼。其特点在于共同诉讼的一方当事人对诉讼标的具有不可分的共同的权利义务，因此属于不可分之诉。

二、普通的共同诉讼

普通的共同诉讼，是指当事人一方或者双方为二人以上的，其诉讼标的为同一种类，人民法院认为可以合并审理并经当事人同意的诉讼。其特点在于共同诉讼的一方当事人对诉讼标的没有共同的权利义务，只是因为他们的诉讼标的属于同一种类，为审理方便才作为共同诉讼审理，因此属于可分之诉。

三、必要的共同诉讼与普通的共同诉讼的区别

1. 诉讼标的的性质不同。（1）必要的共同诉讼的诉讼标的是共同的或者同一的，共同诉讼人对诉讼标的享有共同的权利或者承担共同的义务。比如，房屋的共同共有人对造成房屋损害的侵权人提起的损害赔偿诉讼，共同共有人基于同一所有权提起的诉讼是必要的共同诉讼。（2）普通的共同诉讼的标的是同一种类，共同诉讼人对诉讼标的不具有共同的权利或者承担共同的义务。比如，物业公司对小区多名业主分别提起欠付供暖费诉讼，被告业主属于普通的共同诉讼人。

2. 共同诉讼人之间的相关性与独立性不同。（1）必要的共同诉讼人之间采取承认的原则，视全体共同诉讼人为一个整体，其中一人的诉讼行为经其他共同诉讼人同意的，即对其他共同诉讼人发生法律效力。（2）普通的共同诉讼人相互独立，一人的诉讼行为仅对自身发生法律效力，而不及于其他共同诉讼人。

3. 审判方式与审判结果不同。（1）必要的共同诉讼作为不可分之诉，共同诉讼人必须一同起诉或者一同应诉。如果其中一人不参加诉讼，争议的权利义务关系以及当事人之间的权利义务关系就难以确定。比如，遗产继承纠纷中，人民法院应当通知所有的继承人参加诉讼，[①] 必须合并审理、合一判决。（2）普通的共同诉讼作为可分之诉，共同诉讼人之间没有共同的利害关系，因此既可以一同起诉或者一同应诉，也可以分别起诉或者分别应诉。相应地，人民法院既可以合并审理，也可以分别审理，但合并审理时须符合条件并经当事人同意。[②]

【条文适用】

实践中，判断是必要的共同诉讼还是普通的共同诉讼，主要看是否符合两条标准：其一，是否基于同一物权或者连带债权债务产生；其二，是否基于同一事实和法律上的原因产生。具体而言，典型必要的共同诉讼形态包括：

1. 以他人之间的法律关系为对象提起的确认之诉或者形成之诉。在此类诉讼中，牵涉该法律关系的所有主体须作为共同被告。比如，利害关系人丙向人民法院请求确认甲、乙之间的婚姻关系无效。

2. 在三人及以上的主体之间并非按份共有，而是具有不可分的财产共有关系等情形中，如果共有人围绕共有财产发生诉讼，原则上所有的共有人都应当成为共同诉讼人。

---

① 《最高人民法院关于适用〈中华人民共和国民法典〉继承编的解释（一）》第 44 条规定："继承诉讼开始后，如继承人、受遗赠人中有既不愿参加诉讼，又不表示放弃实体权利的，应当追加为共同原告；继承人已书面表示放弃继承、受遗赠人在知道受遗赠后六十日内表示放弃受遗赠或者到期没有表示的，不再列为当事人。"《民事诉讼法司法解释》（2022 年修正）第 74 条规定："人民法院追加共同诉讼的当事人时，应当通知其他当事人。应当追加的原告，已明确表示放弃实体权利的，可不予追加；既不愿意参加诉讼，又不放弃实体权利的，仍应追加为共同原告，其不参加诉讼，不影响人民法院对案件的审理和依法作出判决。"

② 普通的共同诉讼合并审理的条件包括：（1）共同的被告必须在同一个人民法院的司法管辖范围；（2）几个诉讼必须属于同一诉讼程序；（3）必须符合合并审理的目的，有利于节省诉讼成本，提高诉讼效率。

3. 作为审理对象的法律关系指向的标的物为共有财产，或者参加该法律关系的一方主体为共有人。只要诉讼的实体内容牵涉不可分的共有财产，共有人原则上都应当成为共同诉讼人。

4. 共同侵权损害赔偿诉讼中，各侵权人原则上应当作为共同诉讼人参加诉讼。存在例外的是，道路交通事故损害赔偿诉讼中，承保机动车强制保险的保险人虽然不是共同侵权人，但由于其在强制保险责任限额范围内承担先行赔偿的义务，故应当作为共同诉讼人参加诉讼。[①]

5. 扩大的“诉讼标的共同”的情形。包括：个体工商户登记的经营者与实际经营者；[②] 从事民事活动的挂靠人与被挂靠人；[③] 企业法人与分立后的企业；[④] 业务介绍信、合同专用章、盖章的空白合同书或者银行账户的出借单位与借用人；[⑤] 相对人针对代理人与被代理人提起的诉讼。[⑥]

【典型案例】

甘肃华远实业有限公司等与兰州银行股份有限公司庆阳分行等金融借款合同纠纷案

【案　　号】最高人民法院（2019）最高法民终 77 号

---

① 《民法典》第 1213 条规定：“机动车发生交通事故造成损害，属于该机动车一方责任的，先由承保机动车强制保险的保险人在强制保险责任限额范围内予以赔偿；不足部分，由承保机动车商业保险的保险人按照保险合同的约定予以赔偿；仍然不足或者没有投保机动车商业保险的，由侵权人赔偿。”

② 《民事诉讼法司法解释》（2022 年修正）第 59 条第 2 款规定：“营业执照上登记的经营者与实际经营者不一致的，以登记的经营者和实际经营者为共同诉讼人。”

③ 《民事诉讼法司法解释》（2022 年修正）第 54 条规定：“以挂靠形式从事民事活动，当事人请求由挂靠人和被挂靠人依法承担民事责任的，该挂靠人和被挂靠人为共同诉讼人。”

④ 《民事诉讼法司法解释》（2022 年修正）第 63 条规定：“企业法人合并的，因合并前的民事活动发生的纠纷，以合并后的企业为当事人；企业法人分立的，因分立前的民事活动发生的纠纷，以分立后的企业为共同诉讼人。”

⑤ 《民事诉讼法司法解释》（2022 年修正）第 65 条规定：“借用业务介绍信、合同专用章、盖章的空白合同书或者银行账户的，出借单位和借用人为共同诉讼人。”

⑥ 《民事诉讼法司法解释》（2022 年修正）第 71 条第 1 款规定：“原告起诉被代理人和代理人，要求承担连带责任的，被代理人和代理人为共同被告。”

【裁判要旨】当事人依据在事实上存在一定关联性的多个法律关系合并提出多项诉讼请求，而并非基于同一事实或者诉讼标的并非同一或同类，不构成共同诉讼的，经人民法院释明后，仍不分别起诉的，人民法院可以裁定驳回起诉。

【基本案情】2014年9月30日，兰州银行向任某龙等21户果农发放一年期贷款3000万元，由春园公司用其果库作抵押担保。上述贷款未实际发放给21户果农，而是由春园公司实际控制并高利转贷给他人谋利。贷款到期后，兰州银行希望春园公司以“借新还旧”的办法解决。2015年11月间，兰州银行负责人肖某、陇东公司控股股东刘某卫、华远公司的实际控制人秦某渝达成了一揽子口头协议，即2015年年底前，秦某渝提供房屋抵押担保，由刘某卫从兰州银行借款3000万元代米某晖归还21户果农的银行欠款，兰州银行承诺年后再给刘某卫放贷8000万元、给秦某渝放贷1.2亿元。2015年12月30日，兰州银行将陇东公司的3000万借款划付至春园公司账户并由春园公司代偿了21户果农的银行借款。自2016年3月始，秦某渝被兰州银行告知无法放贷，而春园公司又不履行其对刘某卫的付款承诺和担保义务，刘某卫也不履行其对华远公司的承诺及时退还房产证，致使秦某渝未能融资，导致“鑫河湾”项目停建。2017年8月28日，兰州银行将陇东公司和华远公司等起诉至甘肃省庆阳市中级人民法院，请求判令陇东公司偿还借款并对华远公司的房产行使抵押权。在此情形下，秦某渝只好接受兰州银行再一次的“借新还旧”方案。2018年，华远公司等6人起诉提出撤销特亨公司代陇东公司的还款行为，判令兰州银行退款；撤销特亨公司在兰州银行的借款合同，同时撤销特亨公司等人为此借款与兰州银行订立的保证合同；撤销秦某渝的股权质押和质押登记等十项诉讼请求。

一审法院认为，华远公司等6人虽称其诉讼请求所依据的事实因有延续性和关联性而成为同一事实，但其诉讼标的既不是共同的，也不是同一种类，依据的法律关系性质也不同，不能将它们视为一个法律关系整体和同一事实，故裁定驳回起诉。华远公司等6人不服该裁定提起上诉。

【裁判结果】驳回上诉，维持原裁定。

【裁判理由】第一，案涉 3 个借款法律关系之间不存在牵连，且华远公司等 6 人的诉讼请求各不相同，诉讼请求所依据的法律关系亦不相同，因此本案诉讼并非基于同一事实发生，不符合合并审理的要件。第二，案涉 3 个借款法律关系虽属同类，但各个借款法律关系涉及的主体不同、担保法律关系不同，且华远公司等 6 人基于不同法律关系所提出的诉讼请求各不相同，所指向的主体也有所不同，故本案亦不属普通共同诉讼，不符合合并审理的条件。第三，在向华远公司等 6 人释明告知其起诉不符合合并审理条件，而其未予撤回相应诉讼请求的情况下，一审法院以华远公司等 6 人的起诉不符合法律规定的起诉条件为由，裁定予以驳回，系在充分保障当事人程序选择权基础上，基于本案实际情况作出的处理，认定事实、适用法律并无不当。

第五十六条　当事人一方人数众多的共同诉讼，可以由当事人推选代表人进行诉讼。代表人的诉讼行为对其所代表的当事人发生效力，但代表人变更、放弃诉讼请求或者承认对方当事人的诉讼请求，进行和解，必须经被代表的当事人同意。

【条文主旨】

本条是关于当事人人数众多且确定的共同诉讼的规定。

【条文理解】

当事人一方人数众多的共同诉讼，如果众多当事人都参加诉讼，会产生诸多不便，也可能造成人民法院重复劳动。为节省诉讼成本，提高诉讼效率，本条规定了代表人诉讼制度。诉讼代表人，则是指为便于进行诉讼，由人数众多的一方当事人推选出来，代表其利益实施诉讼行为的人。

本法将涉及多数当事人的诉讼分为人数众多且确定的共同诉讼、人数不确定的涉及多数人权益的共同诉讼，并分别作出规定。本条规定人数众多且确定的共同诉讼。

一、推选代表人

本条所规定的人数众多且确定的代表人诉讼，是指诉讼标的是同一种类，当事人一方人数众多且起诉时人数可以确定的共同诉讼。为保证诉讼有序进行，当事人可以推选代表人进行诉讼。需要注意的是，当事人必须推选他们之中的人作代表进行诉讼，而不能推选当事人之外的人，即推选出的代表人兼具当事人与诉讼代表人双重身份。[①]

对于不同意推选代表人或者不愿意由代表人代表的当事人，可以自行参加诉讼。

二、代表人诉讼行为的效力

一旦推选产生代表人，其诉讼行为对其所代表的当事人发生效力，体现在两个层面：

1. 程序性事项。代表人实施提出管辖权异议、申请证据保全、申请顺延诉讼期间、提供证据、进行法庭辩论等不涉及实体权利的诉讼行为，对其所代表的当事人发生效力。

2. 实体权利处分。基于处分原则，只要涉及当事人实体权利的行为，如变更、放弃诉讼请求或者承认对方当事人的诉讼请求，进行和解，必须经被代表的当事人同意。如未经当事人同意，代表人的上述行为对未经同意的当事人不发生效力。

【条文适用】

实践中，本条规定的代表人诉讼须注意其构成条件：

1. 当事人一方人数众多，一般指 10 人以上。[②]

2. 起诉时，当事人人数能够确定。如果当事人一方人数众多在起诉时还不能够确定的，则不适用代表人诉讼。

3. 根据诉讼标的是同一的或者同一种类的，代表人诉讼既可以是必要的共同诉讼，也可以是普通的共同诉讼。属于必要的共同诉讼情形的，不愿意推选代表人的当事人，可以自己名义参加诉讼。属于普通的共同诉讼情形的，不愿意推选代表人的当事人，既可以自己名义参加诉讼，

---

① 王胜明主编：《中华人民共和国民事诉讼法释义》（最新修正版），法律出版社 2012 年版，第 98 页。

② 《民事诉讼法司法解释》（2022 年修正）第 75 条规定："民事诉讼法第五十三条、第五十四条和第一百九十九条规定的人数众多，一般指十人以上。"

也可以另行起诉。

4. 人数众多的一方当事人可以推选2~5人作为代表人，每名代表人可以委托1~2人作为诉讼代理人。[①]

---

① 《民事诉讼法司法解释》（2022年修正）第78条规定："民事诉讼法第五十三条和第五十四条规定的代表人为二至五人，每位代表人可以委托一至二人作为诉讼代理人。"

第五十七条　诉讼标的是同一种类、当事人一方人数众多在起诉时人数尚未确定的，人民法院可以发出公告，说明案件情况和诉讼请求，通知权利人在一定期间向人民法院登记。

向人民法院登记的权利人可以推选代表人进行诉讼；推选不出代表人的，人民法院可以与参加登记的权利人商定代表人。

代表人的诉讼行为对其所代表的当事人发生效力，但代表人变更、放弃诉讼请求或者承认对方当事人的诉讼请求，进行和解，必须经被代表的当事人同意。

人民法院作出的判决、裁定，对参加登记的全体权利人发生效力。未参加登记的权利人在诉讼时效期间提起诉讼的，适用该判决、裁定。

【条文主旨】

本条是关于人数不确定的涉及多数人权益的共同诉讼的规定。

【条文理解】

本条规定的人数不确定的涉及多数人权益的共同诉讼，是指诉讼标的是同一种类，当事人一方人数众多但起诉时人数尚未确定的共同诉讼，也称为集团诉讼。

一、公告、登记

由于起诉时人数不能够确定，人民法院受理该诉讼后，可以发出公告，说明案件情况及诉讼请求，通知权利人在一定期限内向人民法院登记。具体期限的长短由人民法院酌情决定（公告期不得少于30日），[①] 但这并非表明如果权利人在此期间未登记就会丧失权利。

二、推选代表人

向人民法院登记的权利人可以推选代表人进行诉讼。当事人推选不出的，可以由人民法院提出人选与参加登记的当事人协商。协商不成的，也可以由人民法院在起诉的当事人中指定代表人。[②]

三、代表人诉讼行为的效力

与本法第56条所规定的人数确定的共同诉讼类似，代表人的诉讼行为对其所代表的当事人发生效力，但涉及实体权利处分的事项须经被代表的当事人同意。

四、判决、裁定效力的扩张

诉讼标的属于同一种类，一方众多当事人之间存在相同种类的权利或者义务，因此对于已经在人民法院登记的当事人以及尚未登记的权利人而言，适用判决效力的扩张。亦即，人民法院对集团诉讼作出的判决、裁定，不仅约束代表人和依法登记的权利人，还对同一情形但未参加诉讼的其他权利人发生法律效力。

【条文适用】

实践中，人数不确定的涉及多数人权益的共同诉讼（集团诉讼）对

---

① 《民事诉讼法司法解释》（2022年修正）第79条规定："依照民事诉讼法第五十四条规定受理的案件，人民法院可以发出公告，通知权利人向人民法院登记。公告期间根据案件的具体情况确定，但不得少于三十日。"

② 《民事诉讼法司法解释》（2022年修正）第77条规定："根据民事诉讼法第五十四条规定，当事人一方人数众多在起诉时不确定的，由当事人推选代表人。当事人推选不出的，可以由人民法院提出人选与当事人协商；协商不成的，也可以由人民法院在起诉的当事人中指定代表人。"

于解决产品责任、环境污染、消费者权益等侵权行为而引发的群体性纠纷具有重要意义。在具体适用时需要注意以下几个方面：

1. 集团诉讼的诉讼标的是同一种类，属于普通的共同诉讼，是可分之诉。

2. 集团诉讼起诉时当事人人数不确定。如果人数已经确定，就应适用本法第 56 条规定的人数众多且确定的共同诉讼制度。

3. 向人民法院登记的权利人，应当举证证明其与对方当事人的法律关系以及受到的损害。人民法院据此审查该权利人的申请是否符合诉讼标的为同一种类。能够证明的，权利人即可成为该集团诉讼的当事人；证明不了的，不予登记，权利人可以另行起诉。①

4. 同意代表人参加诉讼的当事人无须自己参加庭审等后续诉讼程序。

5. 人数众多的一方当事人可以推选 2 ~ 5 人作为代表人，每名代表人可以委托 1 ~ 2 人作为诉讼代理人。②

6. 未参加登记的权利人须在诉讼时效期间向人民法院提起诉讼，才可适用判决、裁定。

7. 判决、裁定效力的扩张，是指适用该判决、裁定中人民法院认定的事实、理由以及确定的确认、给付的原则和计算方法，至于具体确认、给付多少，则须根据权利人的具体情况决定。

---

① 《民事诉讼法司法解释》（2022 年修正）第 80 条规定："根据民事诉讼法第五十四条规定向人民法院登记的权利人，应当证明其与对方当事人的法律关系和所受到的损害。证明不了的，不予登记，权利人可以另行起诉。人民法院的裁判在登记的范围内执行。未参加登记的权利人提起诉讼，人民法院认定其请求成立的，裁定适用人民法院已作出的判决、裁定。"

② 《民事诉讼法司法解释》（2022 年修正）第 78 条规定："民事诉讼法第五十三条和第五十四条规定的代表人为二至五人，每位代表人可以委托一至二人作为诉讼代理人。"

第五十八条　对污染环境、侵害众多消费者合法权益等损害社会公共利益的行为，法律规定的机关和有关组织可以向人民法院提起诉讼。

人民检察院在履行职责中发现破坏生态环境和资源保护、食品药品安全领域侵害众多消费者合法权益等损害社会公共利益的行为，在没有前款规定的机关和组织或者前款规定的机关和组织不提起诉讼的情况下，可以向人民法院提起诉讼。前款规定的机关或者组织提起诉讼的，人民检察院可以支持起诉。

【条文主旨】

本条是关于民事公益诉讼的规定。

【条文理解】

本条第 2 款是本法 2017 年修正时新增加的。依据本条第 2 款规定，一方面人民检察院可以作为适格原告直接提起民事公益诉讼，另一方面还可通过支持其他适格原告起诉的方式参加民事公益诉讼。

除本条规定以外，《环境保护法》《消费者权益保护法》等法律以及最高人民法院、最高人民检察院发布的关于公益诉讼的系列司法解释等，[①] 共同构建起新时代中国特色社会主义公益诉讼制度体系。

【条文适用】

公益诉讼，是指为了保护或者实现公共利益而提起的诉讼。由于公共利益这一概念具有弹性，是一个开放的概念，因此决定了公益诉讼也有广义和狭义之分。[②] 其核心内涵都是民事主体为了维护公共利益可以提起民事诉讼。其具有两方面的显著特点：（1）公共利益总是涉及众多的主体或者公民个人，即带有群体性；（2）这种诉讼由能够代表群体或者公共利益的少数主体提起和实施，这种利益即众多的单个主体所拥有的个体利益累积起来而形成的具有公共性的集合利益，以及为众多主体作为一种共同体或者一个不可分的群体所共同拥有的整体利益。[③]

一、公益诉讼与人民检察院提起的公诉

1. 公益诉讼既可以由特定的国家机关提起，也可以由法律规定的有关组织提起。其本质上是一种民事救济方式。

2. 公诉则是人民检察院针对犯罪嫌疑人的犯罪行为向人民法院提出控告，要求人民法院定罪处刑的诉讼活动。其本质上是一种公权力行为，不属于民事救济方式。

---

① 《民事诉讼法司法解释》（2022年修正）第十三章、《最高人民法院关于审理环境民事公益诉讼案件适用法律若干问题的解释》（2020年修正）、《最高人民法院关于审理消费民事公益诉讼案件适用法律若干问题的解释》（2020年修正）、《最高人民法院、最高人民检察院关于检察公益诉讼案件适用法律若干问题的解释》（2020年修正）、《人民检察院公益诉讼办案规则》；最高人民检察院、最高人民法院、农业农村部、海关总署、国家市场监督管理总局、国家粮食和物资储备局、中国消费者协会印发的《探索建立食品安全民事公益诉讼惩罚性赔偿制度座谈会会议纪要》。

② 广义的公益诉讼观点认为，为了维护公共利益提起的民事诉讼，都是公益诉讼，即包括没有直接利害关系的组织提起的保护公共利益的诉讼，也包括有直接利害关系的自然人或者法人提起的保护公共利益的诉讼。狭义的公益诉讼观点认为，与原告有直接利害关系的诉讼属于普通民事诉讼（私益诉讼）；只有那些与自己没有直接利害关系的民事主体，为了维护公共利益提起的民事诉讼才是公益诉讼。

③ 王亚新等：《中国民事诉讼法重点讲义》（第2版），高等教育出版社2021年版，第206页。

二、公益诉讼与普通民事诉讼（私益诉讼）[①]

1. 诉讼目的不完全相同。公益诉讼的主要目的是维护公共利益；而私益诉讼是民事主体之间的纠纷，直接目的是维护个体利益。

2. 保护利益的特点不同。公益诉讼所保护的公共利益既是私益的集合体，与私益相关联，但又不同于私益，有时具有宏观性、抽象性等特点；而私益诉讼直接保护的是个体利益，具有具体性、微观性等特点。[②]

3. 对诉讼当事人的要求不同。公益诉讼的原告不要求一定与纠纷有法律上的直接利害关系；[③] 而私益诉讼则要求原告必须与案件有法律上的直接利害关系，否则人民法院将不予受理或者驳回起诉。

4. 损害范围的界定方面不同。公益诉讼纠纷所涉及的损害往往具有广泛性、严重性和长期性，特别是涉及环境污染侵权的公益诉讼，损害可能是隐形的，要经过几年甚至几十年才慢慢呈现出来，因此评估鉴定在公益诉讼中运用广泛；而私益诉讼的损害范围则比较容易界定。

5. 管辖法院不同。公益诉讼案件原则上由侵权行为地或者被告住所

---

① 王胜明主编：《中华人民共和国民事诉讼法释义》（最新修正版），法律出版社 2012 年版，第 102 ~ 103 页。

② 虽然私益诉讼通过纠纷解决、定分止争，也有利于维护社会秩序，但相较于公益诉讼，私益诉讼的直接目的仍然是保护个体利益。

③ 《民事诉讼法司法解释》（2022 年修正）第 282 条规定："环境保护法、消费者权益保护法等法律规定的机关和有关组织对污染环境、侵害众多消费者合法权益等损害社会公共利益的行为，根据民事诉讼法第五十八条规定提起公益诉讼，符合下列条件的，人民法院应当受理：（一）有明确的被告；（二）有具体的诉讼请求；（三）有社会公共利益受到损害的初步证据；（四）属于人民法院受理民事诉讼的范围和受诉人民法院管辖。"

地中级人民法院管辖；[①] 而私益诉讼则适用普通的管辖标准。

【典型案例】

人民检察院针对公益林被毁提起公益诉讼案

【案　　号】山东省烟台市中级人民法院（2021）鲁 06 民初 280 号

【裁判要旨】公告期满后，法律规定的机关和有关组织不提起诉讼的，人民检察院可以向人民法院提起诉讼。

【基本案情】2018 年 4 月 8 日，孙某在海阳市乐畎村西山因燃烧自种地清理的杂草引发森林火灾，致使公益林受损，破坏了当地生态环境和资源保护，损害了社会公共利益。孙某的行为构成侵权。2021 年 8 月 2 日，公益诉讼起诉人山东省烟台市人民检察院向山东省烟台市中级人民法院提出诉讼请求，要求孙某承担侵权责任。

【裁判结果】人民检察院提起民事公益诉讼主体适格，判决孙某承担修复生态环境的义务。

【裁判理由】依据《民事诉讼法》第 55 条第 1 款“对污染环境、侵害众多消费者合法权益等损害社会公共利益的行为，法律规定的机关和有关组织可以向人民法院提起诉讼”[②] 及《最高人民法院、最高人民检

---

① 《民事诉讼法司法解释》（2022 年修正）第 283 条规定：“公益诉讼案件由侵权行为地或者被告住所地中级人民法院管辖，但法律、司法解释另有规定的除外。因污染海洋环境提起的公益诉讼，由污染发生地、损害结果地或者采取预防污染措施地海事法院管辖。对同一侵权行为分别向两个以上人民法院提起公益诉讼的，由最先立案的人民法院管辖，必要时由它们的共同上级人民法院指定管辖。”《环境民事公益诉讼解释》（2020 年修正）第 6 条规定：“第一审环境民事公益诉讼案件由污染环境、破坏生态行为发生地、损害结果地或者被告住所地的中级以上人民法院管辖。中级人民法院认为确有必要的，可以在报请高级人民法院批准后，裁定将本院管辖的第一审环境民事公益诉讼案件交由基层人民法院审理。同一原告或者不同原告对同一污染环境、破坏生态行为分别向两个以上有管辖权的人民法院提起环境民事公益诉讼的，由最先立案的人民法院管辖，必要时由共同上级人民法院指定管辖。”《消费民事公益诉讼解释》第 3 条规定：“消费民事公益诉讼案件管辖适用《最高人民法院关于适用〈中华人民共和国民事诉讼法〉的解释》第二百八十五条的有关规定。经最高人民法院批准，高级人民法院可以根据本辖区实际情况，在辖区内确定部分中级人民法院受理第一审消费民事公益诉讼案件。”

② 对应《民事诉讼法》（2023 年修正）第 58 条第 1 款。

察院关于检察公益诉讼案件适用法律若干问题的解释》第13条的规定，本案中，在公益诉讼起诉人公告期满后，仍无法律规定的机关及适格公益组织提起公益诉讼，山东省烟台市人民检察院作为公益诉讼起诉人对孙某过失引发山林火灾所造成的损害提起民事公益诉讼，符合法律规定，其主体资格适格。

第五十九条　对当事人双方的诉讼标的，第三人认为有独立请求权的，有权提起诉讼。

对当事人双方的诉讼标的，第三人虽然没有独立请求权，但案件处理结果同他有法律上的利害关系的，可以申请参加诉讼，或者由人民法院通知他参加诉讼。人民法院判决承担民事责任的第三人，有当事人的诉讼权利义务。

前两款规定的第三人，因不能归责于本人的事由未参加诉讼，但有证据证明发生法律效力的判决、裁定、调解书的部分或者全部内容错误，损害其民事权益的，可以自知道或者应当知道其民事权益受到损害之日起六个月内，向作出该判决、裁定、调解书的人民法院提起诉讼。人民法院经审理，诉讼请求成立的，应当改变或者撤销原判决、裁定、调解书；诉讼请求不成立的，驳回诉讼请求。

【条文主旨】

本条是关于民事诉讼第三人和第三人撤销之诉的规定。

【条文理解】

本条第 1 款、第 2 款分别规定了有独立请求权第三人、无独立请求权第三人，第 3 款规定了第三人撤销之诉。

一、第三人参加诉讼

一般情形中，民事诉讼解决的是原告与被告之间的纠纷，审判的对象往往由双方当事人相互的法律关系构成，因此典型的程序结构就呈现出两造彼此对立的“双方结构”。但在更为复杂的诉讼形态中还存在“准当事人”参加到诉讼程序中的情形，形成“三方诉讼结构”。第三人参加诉讼制度，正是适度延伸诉讼功能，同时有限度增加复杂因素的制度设计，具体包括有独立请求权第三人与无独立请求权第三人制度。

这两种第三人，均是在原告、被告已经形成诉讼的基础上，作为与原告、被告所不同的，具有自身利益的第三方参加到已经开始但未决的既有诉讼程序之中。

二、有独立请求权第三人

本条第1款是有独立请求权第三人能够以提起诉讼的方式，参加到已经形成的诉讼中来的依据。本款所规定的“诉讼标的”指的就是既有诉讼中原告、被告之间争议的实体内容。“有独立请求权”则一方面是指第三人所主张的权益均不同于原告、被告，是具有自己独立性的权利主张；另一方面这种权利主张本身构成第三人与原告、被告之间争议的实体内容，从而使得诉讼程序呈现出包含“诉的主客观合并”和“三方结构”的复杂诉讼形态。[①]“有独立请求权”又可细分为“有全部的独立请求权”与“有部分的独立请求权”两种类型。

有独立请求权第三人参加诉讼，实际上是将两个诉讼——原告与被告之间的本诉、第三人与本诉当事人之间的诉讼合并审理。人民法院将这两个诉讼合并审理，便于查明案情，一次性解决纠纷，同时也有利于避免将两个有关联的诉讼分别审理而可能出现相互矛盾的裁判。

三、无独立请求权第三人

本条第2款规定的无独立请求权第三人，是指他人之间诉讼（本诉）的结果可能会牵涉其在法律上的利害关系，因此有权申请或者经人民法

① 王亚新等：《中国民事诉讼法重点讲义》（第2版），高等教育出版社2021年版，第214页。

院通知有义务参加诉讼的“准当事人”。[①] 如果此类第三人被人民法院判决承担一定的民事责任，“准当事人”就转变成为案件的当事人并具有当事人的一切诉讼权利义务。

无独立请求权第三人参加诉讼有两种方式：一是自己申请参加；二是经人民法院通知参加。此类第三人参加诉讼，实际上是将原告与被告之间已经开始的诉讼，与一个今后可能发生的潜在诉讼合并审理。申言之，无独立请求权第三人制度的前提在于原告与被告之间诉讼的裁判结果可能对第三人此后的权利义务或者法律地位产生实质性影响——此即“案件处理结果同他有法律上的利害关系”所指。[②] 此时，允许第三人参加诉讼，通过主张、举证、辩论等诉讼活动寻求对案件处理结果的影响，无疑既有利于为第三人提供基本的程序保障，也有利于查明事实、扩大一次性解决纠纷的程序容量，更加简化诉讼、方便当事人。具体来看，无独立请求权第三人又可细分为“权利型”“义务型”“权利—义务型”第三人三种类型。[③]

四、第三人撤销之诉

本条第 3 款规定的第三人撤销之诉制度，是 2012 年本法修正时新增加的一项重要制度，旨在对民事权益受到侵害而未能参加诉讼的案外人提供救济。从本法引入第三人撤销之诉制度的目的来看，最初目的就是遏制、打击实践中出现的虚假诉讼，保护案外人利益。但由于第三人撤销之诉与案外人执行异议之诉、案外人申请再审之间存在着错综复杂的

---

① 《民事诉讼法司法解释》（2022 年修正）第 82 条规定：“在一审诉讼中，无独立请求权的第三人无权提出管辖异议，无权放弃、变更诉讼请求或者申请撤诉，被判决承担民事责任的，有权提起上诉。”

② 一般通过牵连关系来认定是否具有法律上的利害关系，即作为原告与被告之间争议诉讼标的的法律关系，与第三人参加的另一法律关系存在牵连关系。在后一法律关系中，当事人是否行使权利、履行义务，对前一法律关系中当事人行使权利、履行义务具有直接或者间接的影响。

③ 王亚新等：《中国民事诉讼法重点讲义》（第 2 版），高等教育出版社 2021 年版，第 221 ~ 225 页。

关系，[①] 实践中具体适用相当复杂，因此在学理层面存在不少争议。[②]

依据本款规定，第三人提起撤销之诉应当满足以下条件：（1）因不能归责于自身的事由未参加诉讼；（2）有证据证明发生法律效力的判决、裁定、调解书的部分或者全部内容错误，损害其民事权益；（3）基于第三人撤销之诉是一种非常救济制度的定位，第三人须自知道或者应当知道其民事权益受到损害之日起6个月内提起撤销之诉。

【条文适用】

一、第三人参加诉讼的具体方式

1. 原告在起诉状中直接列明第三人的，视为原告申请人民法院追加该第三人参加诉讼，由人民法院审查决定是否通知第三人参加诉讼。[③]

2. 有独立请求权第三人具有原告的诉讼地位，其经人民法院传票传唤，无正当理由拒不到庭，或者未经法庭许可中途退庭的，按撤诉处理。[④]

---

① 《全国法院民商事审判工作会议纪要》第119条规定："案外人执行异议之诉以排除对特定标的物的执行为目的，从程序上而言，案外人依据《民事诉讼法》第227条提出执行异议被驳回的，即可向执行人民法院提起执行异议之诉。人民法院对执行异议之诉的审理，一般应当就案外人对执行标的物是否享有权利、享有什么样的权利、权利是否足以排除强制执行进行判断。至于是否作出具体的确权判项，视案外人的诉讼请求而定。案外人未提出确权或者给付诉讼请求的，不作出确权判项，仅在裁判理由中进行分析判断并作出是否排除执行的判项即可。但案外人既提出确权、给付请求，又提出排除执行请求的，人民法院对该请求是否支持、是否排除执行，均应当在具体判项中予以明确。执行异议之诉不以否定作为执行依据的生效裁判为目的，案外人如认为裁判确有错误的，只能通过申请再审或者提起第三人撤销之诉的方式进行救济。"

② 正如有学者认为，"还没有哪一个制度像第三人撤销之诉制度在出台后就这样富有争议"。由此也可窥该制度的复杂程度。参见张卫平：《第三人撤销之诉制度：论争与防范——在2015年第二届紫荆论坛闭幕式上的发言》，载张卫平：《民事诉讼法学分析的力量》，法律出版社2017年版，第277页。

③ 《民事诉讼法司法解释》（2022年修正）第222条规定："原告在起诉状中直接列写第三人的，视为其申请人民法院追加该第三人参加诉讼。是否通知第三人参加诉讼，由人民法院审查决定。"

④ 《民事诉讼法司法解释》（2022年修正）第236条规定："有独立请求权的第三人经人民法院传票传唤，无正当理由拒不到庭的，或者未经法庭许可中途退庭的，比照民事诉讼法第一百四十三条的规定，按撤诉处理。"

3. 有独立请求权第三人参加本诉后，原告申请撤诉，人民法院在准许原告撤诉后，第三人作为另案原告，原诉原告、被告作为另案被告，诉讼继续进行。①

4. 原告、被告、第三人均提起上诉的，均列为上诉人。人民法院可以依职权确定二审程序中当事人的诉讼地位。②

5. 第一审程序中未参加诉讼的第三人，申请参加第二审程序的，人民法院可以准许。③ 其中，对于必须参加诉讼的有独立请求权的第三人，在一审程序中未参加诉讼，二审法院可以根据当事人自愿的原则予以调解；调解不成的，发回重审。④

二、严格限定第三人提起撤销之诉的条件

如前述，第三人撤销之诉是一种非常救济制度，属于特殊救济程序，在实践中需要平衡维护生效法律文书的稳定性与救济案外人民事权益的关系。实践中比较突出的是债权人能否提起第三人撤销之诉的问题。⑤

---

① 《民事诉讼法司法解释》（2022 年修正）第 237 条规定："有独立请求权的第三人参加诉讼后，原告申请撤诉，人民法院在准许原告撤诉后，有独立请求权的第三人作为另案原告，原案原告、被告作为另案被告，诉讼继续进行。"

② 《民事诉讼法司法解释》（2022 年修正）第 315 条规定："双方当事人和第三人都提起上诉的，均列为上诉人。人民法院可以依职权确定第二审程序中当事人的诉讼地位。"

③ 《民事诉讼法司法解释》（2022 年修正）第 81 条第 2 款规定："第一审程序中未参加诉讼的第三人，申请参加第二审程序的，人民法院可以准许。"

④ 《民事诉讼法司法解释》（2022 年修正）第 325 条规定："必须参加诉讼的当事人或者有独立请求权的第三人，在第一审程序中未参加诉讼，第二审人民法院可以根据当事人自愿的原则予以调解；调解不成的，发回重审。"

⑤ 《全国法院民商事审判工作会议纪要》第 120 条规定："第三人撤销之诉中的第三人仅局限于《民事诉讼法》第 56 条规定的有独立请求权及无独立请求权的第三人，而且一般不包括债权人。但是，设立第三人撤销之诉的目的在于，救济第三人享有的因不能归责于本人的事由未参加诉讼但因生效裁判文书内容错误受到损害的民事权益，因此，债权人在下列情况下可以提起第三人撤销之诉：（1）该债权是法律明确给予特殊保护的债权，如《合同法》第 286 条规定的建设工程价款优先受偿权，《海商法》第 22 条规定的船舶优先权；（2）因债务人与他人的权利义务被生效裁判文书确定，导致债权人本来可以对《合同法》第 74 条和《企业破产法》第 31 条规定的债务人的行为享有撤销权而不能行使的；（3）债权人有证据证明，裁判文书主文确定的债权内容部分或者全部虚假的。债权人提起第三人撤销之诉还要符合法律和司法解释规定的其他条件。对于除此之外的其他债权，债权人原则上不得提起第三人撤销之诉。"

第二节 诉讼代理人

第六十条 无诉讼行为能力人由他的监护人作为法定代理人代为诉讼。法定代理人之间互相推诿代理责任的，由人民法院指定其中一人代为诉讼。

【条文主旨】

本条是关于法定诉讼代理人的规定。

【条文理解】

法定诉讼代理人，是指根据法律规定，代理无诉讼行为能力的当事人进行民事活动的人。[①] 诉讼行为能力的有无，以是否具有民事行为能力为依据，只有具有完全民事行为能力的公民才具有诉讼行为能力。《民法典》第18条规定："成年人为完全民事行为能力人，可以独立实施民事法律行为。十六周岁以上的未成年人，以自己的劳动收入为主要生活来源的，视为完全民事行为能力人。"同时，依据《民法典》第19条、第20条、第21条、第22条的规定，"八周岁以上的未成年人""不满八周岁的未成年人""不能辨认自己行为的成年人""不能辨认自己行为的八周岁以上的未成年人""不能完全辨认自己行为的成年人"为无民事行为能力人或者限制民事行为能力人。因此，这五类主体无诉讼行为能力，其诉讼活动需要通过法定代理人代为实施。《民法典》第23条规定："无民事行为能力人、限制民事行为能力人的监护人是其法定代理人。"本条

① 张卫平：《民事诉讼法》，法律出版社2019年版，第172页。

与《民法典》规定保持一致，以监护人作为法定代理人代为诉讼。换言之，实体法上的监护权是法定诉讼代理的权限来源，实体上的监护与被监护的关系是这种权利义务的基础。[①]

实践中也存在法定代理人相互推诿的现象，此时人民法院必须依职权在法定代理人间指定一人代为诉讼，以保障被代理人的诉讼权利和实体权利。

法定诉讼代理人是一种全权代理，他可以以自己的意志代理被代理人实施所有诉讼行为，包括代为诉讼行为和代为受讼行为，[②] 前者如起诉、放弃或变更诉讼请求、提出事实与法律主张、提出证据、进行调解、提起反诉等，后者如应诉等。尽管如此，法定诉讼代理人并非实质意义上的当事人，其并不受判决效力（既判力）约束。

【条文适用】

诉讼行为能力属于诉讼行为的有效要件，如经审查当事人无诉讼行为能力，人民法院不宜直接裁定不予受理或直接驳回起诉，应通过法定诉讼代理人对其诉讼行为效力进行瑕疵补正。[③]《民法典》第 27 条规定："父母是未成年子女的监护人。未成年人的父母已经死亡或者没有监护能力的，由下列有监护能力的人按顺序担任监护人：（一）祖父母、外祖父母；（二）兄、姐；（三）其他愿意担任监护人的个人或者组织，但是须经未成年人住所地的居民委员会、村民委员会或者民政部门同意。"第 28 条规定："无民事行为能力或者限制民事行为能力的成年人，由下列有监护能力的人按顺序担任监护人：（一）配偶；（二）父母、子女；（三）其他近亲属；（四）其他愿意担任监护人的个人或者组织，但是须经被监护人住所地的居民委员会、村民委员会或者民政部门同意。"人民法院应当依

① 王亚新、陈杭平、刘君博：《中国民事诉讼法重点讲义》，高等教育出版社 2017 年版，第 119 页。

② 王胜明主编：《中华人民共和国民事诉讼法释义》（最新修正版），法律出版社 2012 年版，第 124 页。

③ 张卫平：《民事诉讼法》，法律出版社 2019 年版，第 133 页。

照上述规则为无诉讼行为能力人确定法定诉讼代理人。当事人没有《民法典》第 27 条、第 28 条规定的监护人的，可以指定《民法典》第 32 条规定的有关组织担任诉讼中的法定代理人，即由民政部门或具备履行监护职责条件的被监护人住所地的居民委员会、村民委员会担任诉讼代理人。

适用本条文时，须注意与《民事诉讼法司法解释》第 67 条的关系。该条规定："无民事行为能力人、限制民事行为能力人造成他人损害的，无民事行为能力人、限制民事行为能力人和其监护人为共同被告。"在无民事行为能力人和限制民事行为能力人侵权案件中，其监护人应作为共同被告参加诉讼，即成为诉讼的当事人，而非法定代理人。将其监护人列为共同被告，利于人民法院查清案件事实、分清责任，同时也利于执行程序的快速终结。

【典型案例】

杜某古、杜某确认合同效力纠纷案

【案　　号】吉林省延边朝鲜族自治州中级人民法院（2021）吉 24 民终 2101 号

【裁判要旨】诉讼中的原告应当具备诉讼行为能力。没有诉讼行为能力，直接起诉并单独参与诉讼不符合法律规定。

【基本案情】2014 年 2 月 16 日 22 时许，杜某驾驶轿车在某镇南坡由北向南行驶途中，将杜某古撞伤。经县公安交警大队认定，杜某负此次事故的全部责任。2017 年 4 月 26 日，杜某古以杜某、某保险公司为共同被告向某县人民法院提起机动车交通事故责任纠纷一案诉讼，要求二被告赔偿 207 670.6 元。一审法院经审理认定，杜某古在监护人杜某丛和家属的见证下和杜某达成和解协议。一审法院认为，和解协议系双方当事人真实意思表示，属双方当事人自愿达成，且未违反国家法律、行政法规的强制性规定，杜某古对该协议效力提出异议，但未提供相关有效证据予以反驳，且未在法定期间内行使撤销权，一审法院依法对该调解协议的效力予以确认，对杜某古主张该调解协议无效的诉讼请求不予支持。后杜某古不服提起上诉以及再审申请均被驳回。后杜某古又以杜某为被告提起确认合同效力之诉，要求确认杜某古与杜某签订的交通事故赔偿协议无效。二审期间，法院查明杜某古系精神残疾二级。

【裁判结果】一审裁定认定事实清楚，虽适用法律错误，但结果并无不当。依照《民事诉讼法》第 170 条第 1 款第 1 项、[①]《民事诉讼法司法解释》第 334 条[②]的规定，裁定驳回上诉，维持原裁定。

【裁判理由】诉讼中的原告应当具备诉讼行为能力。《民事诉讼法》第 57 条[③]规定："无诉讼行为能力人由他的监护人作为法定代理人代为诉讼。"本案中，杜某古系精神残疾二级，没有诉讼行为能力，现由其直接起诉并单独参与诉讼不符合法律规定。

① 对应《民事诉讼法》（2023 年修正）第 177 条第 1 款第 1 项。
② 对应《民事诉讼法司法解释》（2022 年修正）第 332 条。
③ 对应《民事诉讼法》（2023 年修正）第 60 条。

第六十一条 当事人、法定代理人可以委托一至二人作为诉讼代理人。

下列人员可以被委托为诉讼代理人：

（一）律师、基层法律服务工作者；

（二）当事人的近亲属或者工作人员；

（三）当事人所在社区、单位以及有关社会团体推荐的公民。

【条文主旨】

本条是关于委托诉讼代理人的规定。

【条文理解】

委托诉讼代理人，是指经当事人或其法定代理人授权代为实施诉讼行为的人。

本条第1款规定了委托诉讼代理人的人数为1~2人，这种限制，有利于诉讼的进行，同时节省时间和费用。[①]

本条第2款限定了可以作为委托诉讼代理人的主体范围：

1. 律师、基层法律服务工作者。根据《律师法》第2条的规定，律师是指依法取得律师执业证书，接受委托或者指定，为当事人提供法律服务的执业人员。当前，我国律师队伍已逐步扩大，律师通常具有诉讼经验、专业法律知识，能帮助当事人恰当解决法律问题。同时，律师由于具备较社会一般大众更高的法律水平，在一些复杂案件中，能与法官形成法律问题上的良性互动，便于当事人围绕攻击防御目标进行诉讼，

① 柴发邦、刘家兴、江伟、范明辛：《民事诉讼法通论》，法律出版社1982年版，第182页。

也利于人民法院对有争议的问题集中审理。目前，律师已经成为我国委托诉讼代理人的主体部分。[①] 基层法律服务工作者，是指符合《基层法律服务工作者管理办法》规定的执业条件，经司法行政机关核准取得《基层法律服务工作者执业证》，在基层法律服务所执业，为社会提供法律服务的人员。基层法律服务工作者和律师的工作近似，二者都可称为"专业代理"。

2. 当事人的近亲属或者工作人员。当事人的近亲属包括夫妻、直系血亲、三代以内旁系血亲、近姻亲关系以及其他有抚养、赡养关系的亲属。当事人的工作人员是指与当事人有合法劳动人事关系的职工。

3. 当事人所在社区、单位以及有关社会团体推荐的公民。当事人所在社区一般指当事人住所地的居民委员会或村民委员会所在的区域。当事人所在单位指参加诉讼的主体工作的机构。社会团体推荐的公民担任代理人，须满足《民事诉讼法司法解释》第 87 条的规定：（1）社会团体属于依法登记设立或者依法免予登记设立的非营利性法人组织；（2）被代理人属于该社会团体的成员，或者当事人一方住所地位于该社会团体的活动地域；（3）代理事务属于该社会团体章程载明的业务范围；（4）被推荐的公民是该社会团体的负责人或者与该社会团体有合法劳动人事关系的工作人员。

【条文适用】

1. 委托代理适用的前提是经当事人或其法定代理人授权，无授权则不能代替当事人实施诉讼活动。该事项属于人民法院依职权审查的对象，若无授权，不准予相关主体参加诉讼。此外，根据《民事诉讼法司法解释》第 88 条的规定，相关主体还需要向人民法院提交相关材料：（1）律师应当提交律师执业证、律师事务所证明材料；（2）基层法律服务工作者应当提交法律服务工作者执业证、基层法律服务所出具的介绍信以及

① 张卫平：《民事诉讼法》，法律出版社 2019 年版，第 174 页。

当事人一方位于本辖区内的证明材料；（3）当事人的近亲属应当提交身份证件和与委托人有近亲属关系的证明材料；（4）当事人的工作人员应当提交身份证件和与当事人有合法劳动人事关系的证明材料；（5）当事人所在社区、单位推荐的公民应当提交身份证件、推荐材料和当事人属于该社区、单位的证明材料；（6）有关社会团体推荐的公民应当提交身份证件和符合该解释第87条规定条件的证明材料。

2. 禁止双方代理。所谓双方代理，即同一代理人为当事人双方的委托代理人，进而参加诉讼活动的行为。现代民事诉讼呈现出"双方当事人对立抗衡，法院居中裁判"的等腰三角形结构，若允许同一代理人为双方代理行为，将使得民事诉讼失去其对抗性，极大损害当事人的相关利益。故《律师法》第39条规定："律师不得在同一案件中为双方当事人担任代理人，不得代理与本人或者其近亲属有利益冲突的法律事务。"例如，同一代理人不能在一审程序中担任一方的代理人，而在二审程序中担任另一方的代理人。

【典型案例】

周某波诉杨某利权益转让合同纠纷案

【案　　号】江苏省徐州市中级人民法院（2018）苏03民终1327号

【裁判要旨】普通公民只能在有限情形下作为诉讼代理人参加诉讼活动，未经司法行政机关批准的公民个人与他人签订的有偿法律服务合同，人民法院不予保护。自然人以"受让权益"方式从事有偿法律服务并主张转让款的，人民法院不予支持。

【基本案情】2008年12月19日，案外人王某分别向杨某利、案外人姜某借款20 000元。杨某利与周某波联系，若借款未能偿还，则由周某波代理两笔借款纠纷的诉讼。后周某波以代理人的身份分别就两起诉讼担任代理人，并分别与杨某利和姜某签署权益转让协议。因杨某利未将剩余款项转交给周某波，周某波提起诉讼。后查明，周某波不具有相应的法律职业资质，案涉权益转让协议是为了以此形式向周某波支付风险代理费用和活动费用。

【裁判结果】周某波的上诉理由不能成立，其上诉请求应予驳回。一审判决认定事实清楚，判决结果并无不当，依法予以维持。依照《民事诉讼法》第170条第1款第1项[①]之规定，徐州市中级人民法院于2018年6月29日作出（2018）苏03民终1327号民事判决，判决驳回上诉，维持原判。

【裁判理由】本案中，原告系借用公民代理制度，为被告提供诉讼代理服务，案涉权益转让协议实际隐藏公民有偿法律服务合同内容，原告的行为已经构成“从事诉讼代理业务”。公民代理作为除律师、基层法律服务工作者以外的公民代理参加民事诉讼的活动，是我国诉讼代理制度的重要组成部分，其作为律师代理制度的补充，弥补了律师代理资源配给的不足，保障了当事人诉讼权利的实现，在促进矛盾化解和保障诉讼程序的顺利开展等方面起到了积极作用。《民事诉讼法》确立公民代理制度主要是满足当事人的法律服务需求，但也要保证正常的诉讼秩序。对于法律服务市场而言，实行执业资格准入，有利于净化市场、规范秩序。因此，有关公民代理立法的基本价值取向旨在鼓励互助行为，不能以此营利，亦不鼓励公民代理的职业化倾向。

① 现对应《民事诉讼法》（2023年修正）第177条第1款第1项。

第六十二条　委托他人代为诉讼，必须向人民法院提交由委托人签名或者盖章的授权委托书。

授权委托书必须记明委托事项和权限。诉讼代理人代为承认、放弃、变更诉讼请求，进行和解，提起反诉或者上诉，必须有委托人的特别授权。

侨居在国外的中华人民共和国公民从国外寄交或者托交的授权委托书，必须经中华人民共和国驻该国的使领馆证明；没有使领馆的，由与中华人民共和国有外交关系的第三国驻该国的使领馆证明，再转由中华人民共和国驻该第三国使领馆证明，或者由当地的爱国华侨团体证明。

【条文主旨】

本条是关于委托诉讼代理人授权手续的规定。

【条文理解】

授权委托书，是证明诉讼代理人有代理权的书面文件。委托诉讼代理人基于授权委托书所授予的权限和范围代为实施诉讼活动。

本条第 1 款规定了授权委托书的形式要件，即有书面的委托人签名或盖章，以证明委托人真实的委托意思。

本条第 2 款规定了授权委托书须记载委托事项和权限。委托事项表明了代理人应在何种范围内从事诉讼代理活动，超越委托事项实施的诉讼行为即无权代理，由此产生的后果由无权代理人自负。委托代理的权限分为一般授权和特别授权。一般授权指向的事项与当事人实体权利关系不密切，通常涉及纯粹的诉讼权利，如起诉、应诉、举证、质证、申请回避等。特别授权的事项与当事人的实体权利相关，如全部或部分承认对方诉讼请求、撤诉、和解等。因此，本款对于直接处分当事人实体权利的事项，要求必须有委托人的特别授权，且当事人须明确地写明授予具体的处分实体权利的权限。

本条第 3 款规定了侨居国外的中国公民委托诉讼代理人的手续。即首先应经我国驻该国使领馆证明；没有使领馆的，再由与我国有外交关系的第三国驻该国使领馆证明，再转交我国驻该第三国使领馆证明，或者由当地的爱国华侨团体证明。经上述手续后，才能确定相关当事人的真实委托意思。

【条文适用】

1. 关于一般授权和特别授权的规定。委托进行特别授权，应写明授权“代为承认、放弃、变更诉讼请求，进行和解，提起反诉或上诉”中的一项或几项。根据《民事诉讼法司法解释》第 89 条的规定，仅写“全权代理”而无具体授权的，视为一般授权。当事人在授权委托书中如果没有写明在执行程序中授予代理人代理权的，则代理人在执行程序中无代理权。① 不过，“无论一般授权还是特别授权的委托诉讼代理人均可在辩论过程中，基于与当事人诉讼利益的一致性，在当事人不在场时对不利于被代理人的事实明确承认，其效力直接归属于被代理人，可视为被代理人的自认”。② 因此，为避免委托诉讼代理人在诉讼中自认给当事人带来诉讼风险，《民事诉讼证据规定》对诉讼代理人自认规则作出特别规定。《民事诉讼证据规定》第 5 条规定：“当事人委托诉讼代理人参加诉讼的，除授权委托书明确排除的事项外，诉讼代理人的自认视为当事人的自认。当事人在场对诉讼代理人的自认明确否认的，不视为自认。”根据该规定，当事人可以在授权委托书中明确排除诉讼代理人自认的权利。

---

① 张卫平：《民事诉讼法》，法律出版社 2019 年版，第 175 页。

② 最高人民法院民事审判第一庭编著：《最高人民法院新民事诉讼证据规定理解与适用》，人民法院出版社 2020 年版，第 111 页。

2. 关于转委托的问题。由于诉讼代理关系是建立在委托诉讼代理人与被代理人之间相互信任的基础上，具有严格的人身性质，在未经被代理人同意时，代理人不能转委托。

3. 委托代理人后，当事人仍可以实施诉讼行为，且当事人与代理人诉讼行为不一致的，应以当事人的诉讼行为为准。如当事人在场对诉讼代理人的自认明确否认的，不视为自认。当事人可以对诉讼代理人所作出的关于事实上的陈述予以撤销或更正，诉讼代理人所实施的该诉讼行为不产生效力。[①]

4. 委托授权书应当在开庭审理前提交给人民法院。经人民法院审查后，诉讼代理人才可代为实施诉讼行为。

5. 关于无权代理。诉讼代理人超越代理权限和范围实施的诉讼行为属于无效诉讼行为，但事后当事人予以追认的，其效力瑕疵得以治愈。

【典型案例】

广东奥凯电子有限公司、深圳市康墨科技有限公司等买卖合同纠纷案

【案　　号】广东省深圳市中级人民法院（2021）粤 03 民终 6284 号

【裁判要旨】授权委托书须满足《民事诉讼法》第 59 条第 1 款[②]规定的形式要件，即有书面的委托人签名或者盖章，始能证明有代理权，否则应按照《民事诉讼法》第 144 条[③]作出缺席判决。

【基本案情】深圳市康墨科技有限公司（以下简称康墨公司）因与广东奥凯电子有限公司（以下简称奥凯公司）买卖合同纠纷提起诉讼，在一审中，奥凯公司、王某经依法传唤无正当理由拒不到庭，一审法院依法缺席审理。奥凯公司为一人有限责任公司，王某系唯一股东，因其未

---

① ［日］高桥宏志：《民事诉讼法：制度与理论的深层分析》，林剑锋译，法律出版社 2004 年版，第 192 页。

② 对应《民事诉讼法》（2023 年修正）第 62 条第 1 款。

③ 对应《民事诉讼法》（2023 年修正）第 147 条。

到庭应诉，未能证明公司财产独立于个人的财产，一审法院遂判决二被告承担连带责任。二审期间，奥凯公司主张其管理人员邓某玲提交的授权委托书有法定代表人王某按手印确认，邓某玲可以代表其参加诉讼。后二审法院认为，邓某玲出具的授权委托书未经奥凯公司盖章确认，一审因此认定奥凯公司未到庭应诉，并无不当。

【裁判结果】上诉人的上诉请求不能成立，应予驳回；一审判决认定事实清楚，适用法律正确，应予维持。依照《民事诉讼法》第 170 条第 1 款第 1 项[①]之规定，判决驳回上诉，维持原判。

【裁判理由】法院认为，根据《民事诉讼法》第 59 条规定，委托他人代为诉讼，必须向人民法院提交由委托人签名或者盖章的授权委托书。上诉人主张委托其管理人员邓某玲代为参加诉讼，但其出具的授权委托书未经上诉人盖章确认，一审因此认定上诉人未到庭应诉，并无不当，法院予以确认。

① 对应《民事诉讼法》（2023 年修正）第 177 条第 1 款第 1 项。

第六十三条　诉讼代理人的权限如果变更或者解除，当事人应当书面告知人民法院，并由人民法院通知对方当事人。

【条文主旨】

本条是关于变更或者解除代理权限的规定。

【条文理解】

委托关系成立后，当事人或其法定代理人可以单独或与诉讼代理人协商后对诉讼代理人的权限予以变更，即缩小或扩大诉讼代理人的权限范围；也可以解除对诉讼代理人的授权。变更和解除委托将影响诉讼行为的效力和对方当事人的利益，故应当以书面形式告知法院，并由法院通知对方当事人。

【条文适用】

1. 诉讼代理权变更或解除前已实施的诉讼行为不因变更或解除而失效。

2. 诉讼代理权的解除的情形包括诉讼代理人主动辞去委托、被代理人解除委托。

【典型案例】

印步（北京）软件有限公司与印布软件有限责任公司不正当竞争纠纷案

【案　　号】北京市高级人民法院（2018）京民终 266 号

【裁判要旨】当事人未书面告知人民法院变更或者解除诉讼代理人权限，应以原授权委托书所记载的诉讼代理人的权限为准。当事人以此主张人民法院程序违法的，没有法律依据。

【基本案情】上诉人（原审被告）主张一审法院将开庭传票送达印步北京公司已经解除代理关系的原委托诉讼代理人处，致使印步北京公司未能参加一审庭审，一审法院送达开庭传票程序违法。

【裁判结果】印步北京公司的上诉请求不能成立，应予驳回；一审判决认定事实清楚，适用法律正确，应予维持。依照《民事诉讼法》第 170 条第 1 款第 1 项[①]之规定，判决驳回上诉，维持原判。

【裁判理由】二审诉讼中，上诉人虽提交了《解除委托授权通知》及其原委托诉讼代理人所在律师事务所的情况说明，但在案证据均不能证明上诉人于一审开庭前将其解除诉讼代理人的事项书面告知一审法院。一审法院根据上诉人提交的委托诉讼代理人手续依法向其代理人送达开庭传票，符合法定程序。

① 对应《民事诉讼法》（2023 年修正）第 177 条第 1 款第 1 项。

第六十四条　代理诉讼的律师和其他诉讼代理人有权调查收集证据，可以查阅本案有关材料。查阅本案有关材料的范围和办法由最高人民法院规定。

【条文主旨】

本条是关于诉讼代理人权利的规定。

【条文理解】

本条规定了诉讼代理人的两项权利：（1）调查收集证据。《民事诉讼法》第67条第1款规定：“当事人对自己提出的主张，有责任提供证据。”据此，当事人首先需要对自己的主张承担行为意义上的举证责任，若当事人不予提出任何证据，则要承担诉讼上的不利后果，而当事人通常不具备专业的法律知识和诉讼经验，其未必能准确收集证据，故赋予诉讼代理人调查收集证据的权利就十分重要。（2）查阅本案有关材料。本案材料一般是指法庭辩论终结前存在的起诉状、答辩状、代理意见、证据材料、庭审笔录等。诉讼代理人查阅有关材料，能促使诉讼活动的顺利开展，是一项重要的诉讼权利。

【条文适用】

1. 根据《民事诉讼法司法解释》第90条的规定，当事人对自己提出的诉讼请求所依据的事实或者反驳对方诉讼请求所依据的事实，应当提供证据加以证明。当事人未能提供证据或者证据不足以证明其事实主张的，由负有举证证明责任的当事人承担不利的后果。基于相关证明责任分配规则，原告及被告均对某些待证事实承担证明责任，若穷尽了一切证明活动，待证事实还是处于真伪不明的状态，负有证明责任的当事人将承担诉讼上的不利后果。在实际的诉讼活动中，当事人受制于主客观因素的影响，不能自行收集相关证据，为了避免因证明责任判决的适用导致实体权利无法得到救济，应赋予诉讼代理人调查收集证据的权利。诉讼代理人因客观原因无法自行收集证据，人民法院应当依当事人或其诉讼代理人申请调查收集相关证据。

2. 调查取证权的保障。人民法院应当为诉讼代理人行使调查取证权提供便利，不论是举证期限、庭前证据交换还是证明责任等证据制度的落实，都与调查取证权密切相关。实践中，存在一些因调查取证权行使受阻导致尚未穷尽一切证明活动的情况时，即作出真伪不明的证明责任判决，显然违背证明责任制度的本旨。近年来，实践中试行律师调查令制度，如不少地方法院印发在民事审判和执行程序中实行律师调查令的规定。这在一定程度上缓解了诉讼代理人调查取证权行使受阻的状况，同时，也有利于减少法院依职权调查证据的活动，减轻法院工作负担。

3. 查阅本案有关材料。《最高人民法院关于诉讼代理人查阅民事案件材料的规定》规定，代理民事诉讼的律师和其他诉讼代理人有权查阅所代理案件的有关材料。但是，诉讼代理人查阅案件材料不得影响案件的审理。诉讼代理人为了申请再审，可以查阅已经审理终结的所代理案件有关材料。人民法院应当为诉讼代理人阅卷提供便利条件，安排阅卷场所。诉讼代理人在案件审理终结后，可以查阅案件审判卷的正卷。诉讼代理人查阅案件材料可以摘抄或者复印。涉及国家秘密的案件材料，依照国家有关规定办理。查阅案件材料中涉及国家秘密、商业秘密和个人隐私的，诉讼代理人应当保密。诉讼代理人查阅案件材料时不得涂改、毁损、抽取案件材料。

【典型案例】

郑某武机动车交通事故责任纠纷案

【案　　号】广东省博罗县人民法院（2021）粤1322证保15号

【裁判要旨】为了查清案件事实，可以准许申请人或其诉讼代理人申请调查取证。

【裁判理由】申请人郑某武向法院委托司法鉴定机构对其损伤进行鉴定，该证据对于本案赔偿金额确定尤为重要，但因客观原因不能自行收集证据。法院认为，为了查清本案事实，申请人申请向惠州市调查取证，符合法律相关规定，法院予以准许。依据《民事诉讼法》第61条[①]之规定，决定准许申请人郑某武由其委托诉讼代理人陈某洁调取其在惠州市的交通事故现场监控视频、交通事故案件登记表、道路交通事故现场勘查笔录、道路交通事故现场图、道路交通事故照片、车辆卡口照片、询问笔录、证人证言、道路交通事故车辆检验鉴定意见书。

① 对应《民事诉讼法》（2023年修正）第64条。

第六十五条　离婚案件有诉讼代理人的，本人除不能表达意思的以外，仍应出庭；确因特殊情况无法出庭的，必须向人民法院提交书面意见。

【条文主旨】

本条是关于离婚案件诉讼代理的特殊规定。

【条文理解】

在一般的财产类案件中，当事人委托诉讼代理人后，可以不出庭，但离婚案件属于较特殊的身份关系案件，当事人除不能表达意思外，仍应当出庭。离婚案件的待证事实为“感情确已破裂”，而对于具体的生活事实，诉讼代理人通常不能同当事人一样进行陈述、辩论和说明。相反，当事人本人出庭更有利于查明是否具备离婚条件。此外，人民法院审理离婚案件的，应当进行调解，当事人本人到庭将利于达成调解。

本条也规定了确因特殊情况无法出庭时，当事人本人必须向人民法院提交书面意见。例如，当事人为不能正确表达意思的精神病人，其出庭就没有意义；又如，当事人患有传染病，或当事人身处国外不便出庭等。[①] 对于不能正确表达意思的当事人，既可以不出庭，也可以不提交书面意见。而其他特殊情况的，当事人仍应提交书面意见。

【条文适用】

根据《民事诉讼法司法解释》第 148 条第 2 款的规定，无民事行为

① 王胜明主编：《中华人民共和国民事诉讼法释义》（最新修正版），法律出版社 2012 年版，第 135 页。

能力人的离婚案件，由其法定代理人进行诉讼。法定代理人与对方达成协议要求发给判决书的，可根据协议内容制作判决书。仅无民事行为能力人的离婚案件可以经调解后要求人民法院制作判决书，限制民事行为能力人、完全民事行为能力人的离婚案件经调解后，应由人民法院制作调解书，而不能作出判决书。

【典型案例】

杨某与林某纯离婚纠纷案

【案　　号】广东省潮州市中级人民法院（2014）潮中法民一终字第 242 号

【裁判要旨】经法院传票传唤，无正当理由拒不到庭参加诉讼，也未向法院提交书面答辩意见，于一审期间也未提交书面意见说明无法出庭的特殊情况，委托代理人虽答辩同意离婚，但无法等同当事人本人的真实意思表示。

【基本案情】杨某与林某纯系夫妻关系，林某纯于 2014 年 7 月 25 日以夫妻感情确已破裂为由向某区法院起诉，请求之一为解除婚姻关系。而在此之前，杨某曾提起诉讼要求解除婚姻关系，后以双方有和好可能为由裁定准许撤诉。一审中，杨某经法院传票传唤，无正当理由拒不到庭参加诉讼，也未向法院提交书面答辩意见。一审法院认为，杨某既不到庭参加诉讼，也未提交书面意见说明无法出庭的特殊情况，其委托代理人虽答辩杨某同意离婚，但无法等同杨某本人的真实意思表示。林某纯及杨某委托代理人提供的证据均无法证明杨某、林某纯夫妻感情确已破裂，双方不具备《婚姻法》（现已失效）规定的离婚条件，一审法院不予支持解除婚姻关系的请求。后二审法院与一审法院作出相同的认定。

【裁判结果】原审判决认定事实清楚，适用法律正确，处理适当，二审法院予以维持。上诉人提出的上诉请求，依据不足，二审法院予以驳回。本案经多次调解无果，依照《民事诉讼法》第 170 条第 1 款第 1 项[①]的规定，判决驳回上诉，维持原判。

【裁判理由】经查，杨某经法院传票传唤，无正当理由拒不到庭参加诉讼，也未向法院提交书面答辩意见，于一审期间也未提交书面意见说明无法出庭的特殊情况。原审法院根据《民事诉讼法》第 62 条[②]关于“离婚案件有诉讼代理人的，本人除不能表达意思的以外，仍应出庭；确因特殊情况无法出庭的，必须向人民法院提交书面意见”的规定，判决双方不准离婚，处理正确，二审法院予以维持。

① 对应《民事诉讼法》（2023 年修正）第 177 条第 1 款第 1 项。

② 对应《民事诉讼法》（2023 年修正）第 65 条。

第六章　证　　据

第六十六条　证据包括：

（一）当事人的陈述；

（二）书证；

（三）物证；

（四）视听资料；

（五）电子数据；

（六）证人证言；

（七）鉴定意见；

（八）勘验笔录。

证据必须查证属实，才能作为认定事实的根据。

【条文主旨】

本条是关于民事诉讼证据种类的规定。

【条文理解】

民事诉讼证据，是指能够证明民事案件真实情况的各种资料。民事诉讼中人民法院根据证据认定案件事实，依法作出裁判，即所谓证据裁判主义。“证据”概念实际包含两层含义：其一是作为案件相关信息载体的证据材料，其二是作为证明案件事实的证据方法。只有将证据资料和证据方法相结合，才能正确、全面理解证据“三性”特征和不同证据种类。证据有“三性”：一是真实性，又称客观性。不仅包括证据本身的形成过程是客观真实的，亦包括证据所反映的内容是真实的，只有查证属实的证据材料，才能作为定案的依据。二是关联性。证据与待证事实之间应当具有一定的关联性，包括但不限于因果联系、时间联系、空间联系、条件联系等。与待证事实没有联系的证据材料，不能作为定案的依据。三是合法性。主要表现为：其一，主体合法，即形成证据的主体需符合法律要件，如作出鉴定意见的鉴定人和鉴定机构具有相应的鉴定资质；其二，形式合法，即证据材料需符合法定形式要求，如合同应有盖章或签名；其三，来源合法，即取证程序合法，以违法手段取得的证据材料往往会被作为非法证据予以排除。

根据本条的规定，我国民事诉讼中的证据包括以下几类：

1. 当事人的陈述。当事人的陈述，是指当事人在诉讼中就与案件有关的事实向人民法院所作的陈述，但不同于对诉讼请求、法律适用、程序事项等所作的陈述。在民事诉讼中，双方当事人处于对立的地位，对于同一事实可能存在不同的陈述。基于趋利避害的特性，当事人的陈述易夹带虚假成分，为了追求胜诉，当事人可能向法院作一些不真实的陈述，这就需要人民法院结合其他证据综合研究判断，从而决定哪些陈述可作为认定事实的依据。

2. 书证。书证，是指以文字、符号、图形等所记载的内容或表达的思想内容对案件事实起证明作用的证据，如合同、信函、票据、笔记等。书证具有真实性较强、不易伪造、能直接证明案件基本事实的特点，有民事诉讼中“证据之王”之称，[①] 故被普遍并大量应用。

3. 物证。物证，是指以其外形、质量、数量、性状、规格等客观存在来证明案件事实的物品。例如，产品质量纠纷中的产品、建设工程纠纷中的建筑物等。物证是一种比较常见的证据。

4. 视听资料。视听资料，是指利用录音、录像或者电子计算机储存的录音资料和影像资料来证明案件事实的证据。

5. 电子数据。电子数据即电子证据，是《民事诉讼法》2012 年修正

---

① 张卫平：《民事诉讼法》（第 4 版），法律出版社 2016 年版，第 216 页。

时增加的一种证据形式，狭义的电子数据仅指数字式电子数据，广义的电子数据还包括模拟式电子数据。目前，多数国家并未将电子证据为独立的证据形式，但无论英美法系还是大陆法系国家和地区，均允许电子介质存储的电子信息作为证据在诉讼中使用，只不过基于不同的法律传统和制度，对电子证据的处理方式不同。[①] 电子数据具有以下特点：一是技术依赖性，即电子数据的产生、存储、传输以及调取、分析、再现等都必须依赖于现代电子技术设备和技术手段而实现。二是隐蔽性，即电子数据以电磁等形式存在于介质上，缺乏物理存在感，只有经专门的设备和技术才能使其现真容。三是易于变造性，即保存于磁性介质上的电子数据是可擦写的数据，在存储、传输和使用过程中，极易遭到截取、篡改、删除等破坏，且可以做到不留痕迹。四是可恢复性，即对于传统书证而言，一旦原件遭到毁损则无法复原，而电子数据可以借助计算机取证技术恢复被删除和修改的问题件。鉴于电子证据具有上述不同于传统证据形式的特点，其不宜归于任何一种传统证据类型，更不宜分解为任何其他证据形式之中。在2012年《民事诉讼法》修改时将电子证据作为独立的证据形式，这有利于民事诉讼事实的查明，具有积极意义。《民事诉讼证据规定》第14条规定："电子数据包括下列信息、电子文件：(一)网页、博客、微博客等网络平台发布的信息；(二)手机短信、电子邮件、即时通信、通讯群组等网络应用服务的通信信息；(三)用户注册信息、身份认证信息、电子交易记录、通信记录、登录日志等信息；(四)文档、图片、音频、视频、数字证书、计算机程序等电子文件；(五)其他以数字化形式存储、处理、传输的能够证明案件事实的信息。"这一规定完善丰富了《民事诉讼法司法解释》第116条的内容，紧跟近年来数字技术迅猛发展的时代特征，有利于涉电子数据案件的正确处理。

6. 证人证言。证人证言，是指了解案件情况的证人，以口头或者书面的形式向人民法院所作的对案件事实的陈述。证人所作的陈述可以是自己直接听到、看到的，也可以是从其他人、其他地方间接得知的。出

① 最高人民法院民事审判第一庭编著：《最高人民法院新民事诉讼证据规定理解与适用》，人民法院出版社2020年版，第184页。

庭作证的证人应当客观陈述其亲身感知的事实，不得使用猜测、推断或评论性语言。

7. 鉴定意见。鉴定意见在 2012 年《民事诉讼法》修正前称为“鉴定结论”，是指在民事诉讼中，对于一些专业性很强的问题，经当事人申请、人民法院委托或人民法院依职权委托的专门鉴定机构或人员，运用专业知识或设备分析鉴定后出具的专门性意见。鉴定意见一般具有科学性和较强的证明力，成为人民法院对专业性问题判断的最重要依据。随着社会分工日益细化，案件类型日趋专业性，越来越多的案件需要鉴定，法律对鉴定人鉴定资格和鉴定程序的规定也更加完善。

8. 勘验笔录。勘验笔录，是指人民法院对于与案件事实有关的现场或者不能、不便拿到人民法院的物证，进行现场分析、勘查、检验后所作要求的记录。一些不动产纠纷案件，往往需要法官对现场情况进行了解，并要求勘验人将了解的情况制作成勘验笔录。勘验笔录是对客观事物的书面反映，也是司法亲历性的一种表现。

证据必须查证属实，具备真实性、合法性和关联性，才能作为认定事实的根据。民事诉讼中，案件双方当事人往往站在自己立场上提出有利于实现自己诉讼请求的证据。这些证据在查证属实前，只是证据材料或者说证据来源。当事人提交的证据，人民法院必须认真、细致审查其“三性”以及证据能力，并通过判断证据证明力的强弱来认定案件事实。

【条文适用】

证据种类的划分一定程度上是一种观念的构建，[①]《民事诉讼法》的规定为实践应用作了指引，有助于更好地把握不同种类证据的特征，更准确地收集运用证据。本条文适用时还应根据具体案件注意以下问题：

一是把握不同种类证据的特点。例如，当事人陈述既有其亲身经历案件发生经过的直接感知性，又有陈述内容选择性、不完整性的特点；

① 张卫平：《民事诉讼法》（第 4 版），法律出版社 2016 年版，第 218 页。

证人证言有一定主观性以及记忆的偏差性；电子证据易被篡改，即使在取证过程中有公证机关公证，也不能确保其内容的真实完整性；书证内容的真实性、合法性较容易认定，但其关联性往往成为双方的争议点；鉴定意见的结论受鉴定材料影响较大，且与鉴定人员、鉴定程序有一定关系。

二是科学合理判断证据的证明力。《民事诉讼证据规定》第85条规定："人民法院应当以证据能够证明的案件事实为根据依法作出裁判。审判人员应当依照法定程序，全面、客观地审核证据，依据法律的规定，遵循法官职业道德，运用逻辑推理和日常生活经验，对证据有无证明力和证明力大小独立进行判断，并公开判断的理由和结果。"对于证明力的判断是一个法官裁量权的问题，这就需要给法官判断一定的自由度，但也要防止认定证据随意性，所以法律和司法解释又作出了一些具体规定。例如，无法与原件、原物核对的复印件、复制品不能作为认定案件事实的依据；有社会管理职能的组织在其职权范围内出具的公文书证的证明力一般大于其他组织或个人出具的私文书证。

三是注意证据其他分类对案件事实查明的影响。除了法律规定的八种证据分类外，还有直接证据与间接证据、本证与反证、关于基本事实的证据与非基本事实证据等。这些分类有助于提升对证据证明作用的科学合理认识。例如，直接证据的证明力一般大于间接证据；本证与举证责任相关联，反证与举证责任不直接关联，其通过影响本证的证明力发挥作用；关于基本事实的证据会直接影响裁判结果，应当予以查清或根据举证责任确定法律后果。

【典型案例】

再审申请人宣威市乐丰乡横山煤矿与被申请人云南太阳魂实业集团有限公司、彝良县巴抓正友煤矿、夏某周、宣威市倘塘镇秦家地煤矿、镇雄县高岩煤矿有限公司民间借贷纠纷案

【案　　号】最高人民法院（2021）最高法民申4579号

【裁判要旨】作为民事诉讼证据的鉴定意见限于人民法院依当事人申请或依职权委托而形成。当事人单方委托鉴定机构作出的“鉴定意见”，其证明力显然不能等同于民事诉讼法意义上的鉴定意见。

【基本案情】云南太阳魂实业集团有限公司（以下简称太阳魂公司）与宣威市倘塘镇秦家地煤矿（以下简称秦家地煤矿）签订《借款协议》，约定秦家地煤矿向太阳魂公司借款3000万元。此后，太阳魂公司、秦家地煤矿与夏某周分别签订《债务转让协议》《借款协议》，确认截至2013年12月11日，秦家地煤矿累计向太阳魂公司融资借款65 977 220元，约定秦家地对太阳魂公司的债务转让至夏某周，并由秦家地煤矿对夏某周履行本合同项下的付款义务提供担保，以其持有的秦家地煤矿的100%股权按进行质押，承担无限连带责任。2013年12月17日，太阳魂公司（甲方）与夏某周（乙方）、秦家地煤矿（丙方）、横山煤矿（丁方）、高岩煤矿（戊方）、正友煤矿（己方）签订《保证合同》，内容包括：确认乙方向甲方共计借款65 977 220元，现丙方、丁方、戊方、己方自愿为乙方所欠甲方款项及其他相关费用提供保证，担保方式为连带责任保证，保证期间至今主债务全部清偿之日。夏某周代表横山煤矿、高岩煤矿、正友煤矿与原告签订了该《保证合同》并加盖了该三个煤矿的印章。后夏某周未在约定期限内偿还债务，太阳魂公司向一审法院提起诉讼，请求判令夏某周偿还借款本金为65 977 200元及其他费用，并由秦家地煤矿、横山煤矿、高岩煤矿、正友煤矿对上述债务承担连带保证责任。横山煤矿称其没有授权任何人与原告签订保证合同并加盖公司印章且其没有与太阳魂公司签订过任何保证合同，不应承担连带保证责任。一、二审法院均判决横山煤矿应当承担连带保证责任。二审判决后，横山煤矿自行委托昆明锦康司法鉴定中心就本案《保证合同》上加盖的具有“宣威市乐丰乡横山煤矿”字样的印章进行鉴定，鉴定机构作出昆锦司〔2020〕文鉴字第E2号《印文鉴定意见书》，明确《保证合同》上加盖的印章与横山煤矿的公章不符。故横山煤矿依据《民事诉讼法》（2017

年修正）第200条第1项、第3项①向最高人民法院申请再审。

【裁判结果】最高人民法院再审审查认为，横山煤矿的再审申请不符合《民事诉讼法》（2017年修正）第200条第1项、第3项②规定的情形，驳回宣威市乐丰乡横山煤矿的再审申请。

【裁判理由】最高人民法院认为，昆明锦康司法鉴定中心所作出的昆锦司〔2020〕文鉴字第E2号《印文鉴定意见书》是横山煤矿2019年12月20日自行委托司法鉴定中心鉴定而形成的，但根据《民事诉讼法》的相关规定，作为民事诉讼证据的鉴定意见限于人民法院依当事人申请或依职权委托而形成。

本案中，横山煤矿在一、二审中，经法院释明后未对《保证合同》上加盖的印章的真实性申请鉴定，而在二审之后自行委托有关机构对《保证合同》上的印章进行鉴定，表明《保证合同》上加盖的“宣威市乐丰乡横山煤矿”印文与样本印文并非同一枚印章所盖形成。但单方委托形成的“鉴定意见”其证明力显然不能等同于民事诉讼法意义上的鉴定意见，且送检的样本并未经对方质证。据此，该“鉴定意见”并不足以推翻原判决认定的基本事实。

① 对应《民事诉讼法》（2023年修正）第211条第1项、第3项。

② 对应《民事诉讼法》（2023年修正）第211条第1项、第3项。

第六十七条　当事人对自己提出的主张，有责任提供证据。

当事人及其诉讼代理人因客观原因不能自行收集的证据，或者人民法院认为审理案件需要的证据，人民法院应当调查收集。

人民法院应当按照法定程序，全面地、客观地审查核实证据。

【条文主旨】

本条是关于举证责任、人民法院依职权调查收集证据以及审核证据的规定。

【条文理解】

一、举证责任及其分配

举证责任又称证明责任，是指当事人对自己提出的主张有提供证据进行证明的责任。具体包含行为意义上的举证责任和结果意义上的举证责任两层含义：其一，行为意义上的举证责任是指当事人对自己提出的主张有提供证据的责任；其二，结果意义上的举证责任是指当待证事实真伪不明时由依法负有证明责任的人承担不利后果的责任。从行为和结果双重含义上来界定举证责任的内涵，对于提高民事审判效率、推进民事审判方式改革具有十分重要的意义。本条第 1 款规定了“谁主张，谁举证”原则，侧重于举证的行为意义。《民事诉讼法司法解释》第 90 条规定：“当事人对自己提出的诉讼请求所依据的事实或者反驳对方诉讼请求所依据的事实，应当提供证据加以证明，但法律另有规定的除外。在作出判决前，当事人未能提供证据或者证据不足以证明其事实主张的，由负有举证证明责任的当事人承担不利的后果。”司法解释的这一规定从结果意义上完善了举证责任制度。据此，双方当事人对于自己提出的主张各自负有举证责任。原告对自己的诉讼请求所依据的事实，被告对自己答辩或者反诉所依据的事实，第三人对自己提出的请求所依据的事实等，都应当提出证据。没有证据或者证据不足以证明其提出的事实主张的，该方当事人将承担对自己不利的后果，承担败诉的风险。

我国民事诉讼举证责任分配采用法律要件分类说，其为德国法学家罗森贝克所倡导，通行于大陆法系。罗森贝克将所有的实体规范首先分为彼此对立的两大类：一类是能够产生某种权利的规范。这些规范被叫作“基本规范”“请求权规范”或“主要规范”。另一类是与产生权利规范相对应的、妨碍权利产生或使已经产生的权利归于消灭的规范。这类规范又可以分为三类，即权利妨碍规范、权利消灭规范和权利受制规范。主张权利存在的人，因为要求适用关于权利产生的规范，故应就权利产生的法律要件事实举证；否定权利存在的人，应对妨碍该权利的法律要件事实举证；主张权利消灭的人，应对权利已经消灭的法律要件事实举证；主张权利受制的人，应对权利受制的法律要件事实举证。《民事诉讼法司法解释》第91条规定：“人民法院应当依照下列原则确定举证证明责任的承担，但法律另有规定的除外：（一）主张法律关系存在的当事人，应当对产生该法律关系的基本事实承担举证证明责任；（二）主张法律关系变更、消灭或者权利受到妨害的当事人，应当对该法律关系变更、消灭或者权利受到妨害的基本事实承担举证证明责任。”这一规定就是采用了法律要件分类说。具体而言：

1. 在合同纠纷案件中，主张合同关系成立并生效的一方当事人对合同订立和生效的事实承担举证责任；主张合同关系变更、解除、终止、撤销的一方当事人对引起合同关系变动的事实承担举证责任。对合同是否履行发生争议的，由负有履行义务的当事人承担举证责任。对代理权发生争议的，由主张有代理权的一方当事人承担举证责任。《最高人民法院关于审理民间借贷案件适用法律若干问题的规定》第15条第1款规定："原告仅依据借据、收据、欠条等债权凭证提起民间借贷诉讼，被告抗辩已经偿还借款的，被告应当对其主张提供证据证明。被告提供相应证据证明其主张后，原告仍应就借贷关系的存续承担举证责任。"这一规定体现了举证责任分配理论在司法解释层面的应用。

2. 在一般侵权纠纷案件中，主张损害赔偿的权利人应当对损害赔偿请求权产生的要件事实加以证明，即侵害事实、侵害行为与侵害事实之间存在因果关系、行为具有违法性及行为人存在过错。免责事由属于妨碍权利产生的事实，如受害人故意造成损害事实，应当由行为人加以证明。

3. 在劳动争议纠纷案件中，因用人单位作出开除、除名、辞退、解除劳动合同、减少劳动报酬、计算劳动者工作年限等决定而发生劳动争议的，由用人单位负举证责任。

4. 一些特殊案件中适用举证责任倒置。举证责任倒置并未脱离法律要件说的范畴，只是法律将某些特殊案件的部分要件事实的举证责任分配给了另外一方。例如，生态环境损害赔偿、医疗责任损害赔偿、缺陷产品致人损害赔偿等特殊类型的侵权案件，根据《民法典》规定，可以适用举证责任倒置。

5. 在法律没有明确规定时，人民法院可以通过公平原则和诚信原则，综合当事人的举证能力等因素，对待证事实进行考量，从而将其纳入法律、司法解释规定的某一规范所对应的事实，再决定举证责任的承担。

二、人民法院调查收集的证据

本条第 1 款确立了举证中的当事人主义，第 2 款规定了人民法院职权探知主义，但作为民事诉讼案件，以当事人主义为原则，职权探知主义为例外和补充。人民法院调查收集证据包括以下两种情形：

1. 当事人及其诉讼代理人因客观原因不能自行收集证据。根据《民事诉讼法司法解释》第 94 条的规定，当事人及其诉讼代理人可以申请人民法院调查收集的证据包括：（1）证据由国家有关部门保存，当事人及其诉讼代理人无权查阅调取的；（2）涉及国家秘密、商业秘密、个人隐私的；（3）当事人及其诉讼代理人因客观原因不能自行收集的其他证据。

2. 人民法院认为审理案件需要依职权调取的证据。根据《民事诉讼法司法解释》第 96 条的规定，主要是指以下情形所涉及的事实：（1）涉及可能有损国家利益、社会公共利益的；（2）涉及身份关系的；（3）涉及公益诉讼的；（4）当事人有恶意串通损害他人合法权益可能的；（5）涉及依职权追加当事人、中止诉讼、终结诉讼、回避等与实体争议无关的程序事项的。

三、人民法院依法、全面、客观审核证据

任何证据都要经过人民法院依照法定程序，全面、客观审核后才能成为定案依据。无论是当事人提供的证据、鉴定机构出具的鉴定意见，还是人民法院等司法机关依职权调查取得的证据，都要经过各方当事人质证和人民法院审查认定程序。对于当事人提供的证据，要充分听取其他当事人意见，从多角度分析认证，综合认定证据的客观性、合法性和关联性，进而为认定事实提供准确依据；对于严重侵犯他人合法权益或明显有违社会公序良俗等取得的证据，应当作为非法证据予以排除；对于人民法院委托形成的鉴定意见，要防止“以鉴代审”。

【条文适用】

对于本条的适用需要注意以下几个问题：

第一，举证责任是一种不利后果，体现的是结果意义上的举证责任。这种后果只有在主要事实真伪不明时才能发生作用，能够查明事实的，不能通过举证责任让一方当事人承担不利后果。通过举证责任认定的事实是一种拟制事实，审判实践中应当尽量不予以适用，只有穷尽所有证据方法后才能予以适用；在能够查明事实或者对待证事实能够通过证明标准予以认定的，不应以举证责任的方式来认定事实。

第二，真伪不明的事实一般指作为裁判依据的基本事实，不涉及间

接事实和辅助事实。从裁判适用实体法规范角度看，基本事实即实体法规范的要件事实，对基本事实存在与否作出认定，即可作出裁判。例外的是，即使作为间接事实，文书真实性仍是需要加以证明的。书证的真实性应当由提供者加以证明，需要进行鉴定的，提供者负有提出鉴定申请的义务。

第三，对于特定的待证事实而言，证明责任为单方责任，即由哪一方当事人承担是法律规范预先设定的，故在诉讼中不存在对某一待证事实的举证责任在不同当事人之间转移的问题。如《最高人民法院关于审理民间借贷案件适用法律若干问题的规定》第 16 条规定："原告仅依据金融机构的转账凭证提起民间借贷诉讼，被告抗辩转账系偿还双方之前借款或者其他债务的，被告应当对其主张提供证据证明。被告提供相应证据证明其主张后，原告仍应就借贷关系的成立承担举证责任。"也就是说，民间借贷关系成立的事实证明责任始终在债权人一方，但债务人主张债务已消灭或应由他人偿还的事实属于另一待证事实，应由债务人承担举证责任。同样，举证责任的不利后果也只能由一方承担，无法由双方分担或共担。

第四，不负有举证责任的当事人对相关事实也可以提供相应证据进行反驳，以便使该事实处于确定状态，而不是被动地让事实处于真伪不明状态，即使该事实无法确定，该当事人也不承担不利后果。《民事诉讼法司法解释》第 108 条第 2 款规定："对一方当事人为反驳负有举证证明责任的当事人所主张事实而提供的证据，人民法院经审查并结合相关事实，认为待证事实真伪不明的，应当认定该事实不存在。"也就是说，不负有举证责任的当事人为反驳而提供证据，还可以起到证明防御的作用，使负有举证责任的当事人所举证据的证明力下降。

【典型案例】

山西利虎玻璃（集团）有限公司、西藏自治区地质矿产勘查开发局第五地质大队借贷纠纷案

【案　　号】最高人民法院（2021）最高法民终373号

【裁判要旨】民事诉讼的举证责任既包括当事人对其所主张的事实应提供证据的行为责任，也包括对其所举证据未达到法定证明标准承担不利后果的结果责任，结果责任在待证事实真伪不明的情形下发生效力。对于债权人起诉的借款纠纷案件，借款金额应以出借人向借款人实际支付的金额为准，对该借款金额债权人负有举证责任。债权人所举证据不能达到法定证明标准致借款金额无法确定的，其应当承担不利后果。

【基本案情】申扎县政府、地质五队和利虎公司均为羌塘公司股东，其中利虎公司占股52%，利虎公司的法定代表人担任羌塘公司法定代表人，公司公章由利虎公司委派的人员保管。2012年3月5日，利虎公司与羌塘公司签订借款协议，约定利虎公司向羌塘公司提供借款，并约定了借款用途、利率等内容，但未约定金额。后利虎公司陆续通过银行转账、承兑汇票等方式向羌塘公司出借款项。2018年11月30日，利虎公司与羌塘公司形成记载7890.659万元借款本金的《对账单》，盖有羌塘公司公章。后利虎公司起诉要求羌塘公司偿还7890.659万元借款本金及利息。

【裁判结果】西藏自治区高级人民法院一审判决：一、羌塘公司于判决生效之日起30日内向利虎公司支付借款本金6140.659万元；二、羌塘公司30日内向利虎公司支付截至2018年12月31日的借款利息2888.494671万元，并按相同计算方法支付2019年1月1日至付清之日的利息；三、驳回利虎公司的其他诉讼请求。

最高人民法院二审判决：驳回利虎公司上诉请求，维持一审判决。

【裁判理由】最高人民法院二审认为，《对账单》仅有盖章，无相关

人员签名，利虎公司也未举示相关证据证明《对账单》通过羌塘公司正常的审批流程形成，故在兼具债权人和股东身份的利虎公司掌握公章的情况下，在《对账单》上加盖公章的行为并不能被确认为羌塘公司的真实意思表示，应进一步审查形成《对账单》的具体借款金额。

民事诉讼的举证责任既包括当事人对其所主张的事实应提供证据的行为责任，也包括对其所举证据未达到法定证明标准承担不利后果的结果责任，结果责任在待证事实真伪不明的情形下发生效力。本案系借款纠纷，借款多少应以出借人向借款人实际支付的金额为准，利虎公司应对其主张的 7890.659 万元实际支付到羌塘公司负举证责任。《民事诉讼法司法解释》第 108 条第 1 款、第 2 款规定："对负有举证证明责任的当事人提供的证据，人民法院经审查并结合相关事实，确信待证事实的存在具有高度可能性的，应当认定该事实存在。对一方当事人为反驳负有举证证明责任的当事人所主张事实而提供的证据，人民法院经审查并结合相关事实，认为待证事实真伪不明的，应当认定该事实不存在。"综观全案，利虎公司所举示的一系列证据对于证明借款本金为 7890.659 万元有一定证明力，但对该待证事实羌塘公司等三被上诉人不负有举证责任，且又举示了相关证据予以反驳，致借款本金 1750 万元事实真伪不明，利虎公司应承担相应的不利后果，最高人民法院对一审法院认定的 6140.659 万元借款本金事实予以确认。

第六十八条　当事人对自己提出的主张应当及时提供证据。

人民法院根据当事人的主张和案件审理情况，确定当事人应当提供的证据及其期限。当事人在该期限内提供证据确有困难的，可以向人民法院申请延长期限，人民法院根据当事人的申请适当延长。当事人逾期提供证据的，人民法院应当责令其说明理由；拒不说明理由或者理由不成立的，人民法院根据不同情形可以不予采纳该证据，或者采纳该证据但予以训诫、罚款。

【条文主旨】

本条是关于举证期限以及逾期举证后果的规定。

【条文理解】

一、关于举证期限规定的沿革

举证期限制度，是指负有举证责任的当事人应当在法律规定的或者法院指定的期限内提出证据，否则将承担不利的法律后果。这一制度有利于维护当事人平等对抗关系，提高诉讼效率，但我国2012年《民事诉讼法》修正前并没有对举证期限作出规定，仅在一审开庭审理阶段的第125条第1款规定“当事人在法庭上可以提出新的证据。”这就是所谓的“证据随时提出主义”，也就意味着当事人在诉讼任何阶段都可以随时提出新证据，这可能会造成证据突袭，降低诉讼效率，而且有违诉讼诚信，导致诉讼秩序和裁判效力不稳定，有必要对此予以修正。2001年出台的《民事诉讼证据规定》第33条规定：“人民法院应当在送达案件受理通知书和应诉通知书的同时向当事人送达举证通知书。举证通知书应当载明举证责任的分配原则与要求、可以向人民法院申请调查取证的情形、人民法院根据案件情况指定的举证期限以及逾期提供证据的法律后果。举证期限可以由当事人协商一致，并经人民法院认可。由人民法院指定举证期限的，指定的期限不得少于三十日，自当事人收到案件受理通知书和应诉通知书的次日起计算。”第 34 条第 1 款、第 2 款规定：“当事人应当在举证期限内向人民法院提交证据材料，当事人在举证期限内不提交的，视为放弃举证权利。对于当事人逾期提交的证据材料，人民法院审理时不组织质证，但对方当事人同意质证的除外。”此外还规定了当事人在举证期限内提交证据材料确有困难的，应当在举证期限内向人民法院申请延期举证，经人民法院准许，可以适当延长举证期限。上述规定对举证期限作了较为严格规定，实行“证据关门主义”，但实践中由于各种原因并未得到严格执行。为此，《最高人民法院关于适用〈关于民事诉讼证据的若干规定〉中有关举证时限规定的通知》（法发〔2008〕42 号）对有关事项作了进一步明确。2012 年《民事诉讼法》修正时，部分吸收了上述司法解释内容，并对“证据关门主义”进行了一定的缓和，确立了“证据适时提出主义”。随后的《民事诉讼法司法解释》和 2019 年修正的《民事诉讼证据规定》对法律规定进行了更多的细化，完善了我国民事诉讼举证期限制度。2017 年、2021 年和 2023 年《民事诉讼法》修正均沿袭了 2012 年的规定。

二、举证期限的确定及延长

根据本条的规定，当事人对自己提出的主张应当及时提供证据，但“及时”是一个较为模糊的期限，立法规定举证具体期限由人民法院根据案情予以确定。为此，《民事诉讼法司法解释》第 99 条和 2019 年《民事诉讼证据规定》第 50 条规定送达举证通知书的时间为审理前的准备阶段，这一规定改变了 2001 年《民事诉讼证据规定》在案件受理时指定举证期限的做法。这一改变主要基于以下考虑：

1. 在案件受理时即指定举证期限，双方当事人举证期限届满时间不一致，当诉讼中出现追加当事人等稍微复杂的情况时，由于当事人举证期限届满时间不一，会导致程序操作上的混乱。

2. 根据2007年修正的《民事诉讼法》第133条的规定，需要开庭审理的案件，都要通过证据交换等方式明确争议焦点。这意味着凡是开庭审理的案件，均应有以整理焦点、固定证据为目的的审理前准备，原来的规定已经不适应立法修改的新要求。

3. 在审理前准备阶段，特别是双方当事人到场的情况下指定举证期限，双方期限届满时间相同，有利于诉讼程序的操作。特别是通过采取审前会议、证据交换方式进行审理前准备的更是如此。

本条规定，举证期限由人民法院确定，并未规定当事人协商并经法院准许的方式。“从我国司法实践看，当事人协商确定举证期限的方式操作性很差，双方当事人很难达成一致意见。同时，民事案件类型众多、复杂程度差别很大，在不同的审判阶段要求当事人提供证据的时间应当有一定差异，根据案情的发展也存在变更的客观需要，法律不宜作出一个统一适用的法定期限的规定。由人民法院根据案件审理情况来具体确定当事人的举证期限更具合理性和操作性。”① 但如果没有一个相对合理的期限规定，各地法院实际操作空间过大，各地司法实践将产生较大差异。为充分尊重当事人的程序处分权，应当允许举证期限由当事人协商一致，故《民事诉讼法司法解释》和2019年《民事诉讼证据规定》还是规定了当事人协商并经法院准许的方式来确定举证期限。

本条还对举证期限内提供证据确有困难的当事人，规定了延长举证期限的救济措施，以保障当事人和其他诉讼参与人的合法权益，体现了举证期限制度的原则性和灵活性。本条中的“确有困难”应限于客观障碍，主要包括两种情形：一是指因不可抗力、社会事件等原因，当事人在法定期限内无法完成举证。例如，因疫情、山洪、地震、战争等原因交通中断，当事人在法定举证期限内无法完成异地取证等情况；证人外出尚没有找到、收集有关证据材料尚需时间等。二是当事人具有客观上

① 王胜明主编：《中华人民共和国民事诉讼法释义》，法律出版社2012年版，第153页。

不能举证或难以举证的情形，主要是指需要勘验、鉴定、评估、审计才能证明的；需要由当事人提出申请，由人民法院依职权调查收集的，但当事人应在举证期限届满前提出申请。

三、逾期举证的法律后果

对于当事人逾期提供证据的，本条根据逾期的不同情形作了分别处理：一是人民法院应当责令逾期举证当事人说明逾期理由；二是通过当事人陈述或者再结合相关证据，审查该逾期理由的正当合理性；三是对拒不说明理由或理由不成立的，可以视具体情形不采纳该证据，或采纳该证据但予以训诫、罚款。

【条文适用】

关于本条在审判实践中的适用有以下问题值得注意：

1. 关于具体的举证期限。2019 年《民事诉讼证据规定》根据不同的诉讼程序确定了相应的举证期限，即“人民法院指定举证期限的，适用第一审普通程序审理的案件不得少于十五日，当事人提供新的证据的第二审案件不得少于十日。适用简易程序审理的案件不得超过十五日，小额诉讼案件的举证期限一般不得超过七日”。这一规定与《民事诉讼法司法解释》略有不同，即小额诉讼案件不再适用简易程序的举证期限，这也与 2021 年《民事诉讼法》对小额诉讼程序的修改精神一致，这一点值得在实务中加以注意。另外，举证期限届满后，当事人提供反驳证据或者对已经提供证据的来源、形式等方面的瑕疵进行补正的，人民法院可以酌情再次确定举证期限，该期限不受举证期间限制。

2. 关于人民法院指定举证期限的考量因素。本条赋予人民法院在确定举证期限上一定的自由裁量权，但这一裁量权并非不受限制，人民法院应当充分考虑案件的复杂程度、当事人调查收集证据的能力和所需时间、当事人的具体情况以及法院的工作安排等。因为举证期限对当事人举证能力的要求是较高的，要保证在有限的时间里收集所有的关联性证据以及保证所收集证据的证明力，就须保证当事人和律师收集证据的所有正当手段，适当扩大律师的证据收集权。概言之，法院对举证期限的确定，既要注重诉讼进程的紧凑和快速，又绝不能损害当事人的程序权利，应在兼顾公正和效率原则的前提下，由法官自由确定。

3. 关于与基本事实有关的证据采纳。当事人因故意或者重大过失逾期举证的，原则上将致证据失权，即人民法院不采纳该证据。但有些证据事关基本事实，一概不予以采纳，将致法律事实与客观事实明显背离，这很难为社会观念接受，也将在实质上导致案件结果缺乏妥当性。因此，根据《民事诉讼法司法解释》第 102 条第 1 款的规定，当事人故意或者重大过失逾期提供的证据，如与基本事实有关，人民法院应当采纳，但应对该当事人进行训诫、罚款。罚款的金额应当根据当事人的过错程度、该证据对基本事实的证明价值以及当事人因此收益情况等加以确定，但根据《民事诉讼法》第 118 条第 1 款的规定，最高罚款金额，个人不能超过 10 万元，单位不能超过 100 万元。另外，其他当事人可以要求逾期举证的当事人赔偿因逾期举证所增加的差旅费、误工费等必要费用，人民法院可加重该当事人的诉讼费用承担。

【典型案例】

王某、昆明泰中房地产开发经营有限公司民间借贷纠纷案

【案　　号】最高人民法院（2018）最高法民再 116 号

【裁判要旨】保证期间的认定直接关系保证人是否承担保证责任，对于债权人的实体权益至关重要，属于证明案件基本事实的证据。即使当事人逾期提交证据存在一定过失，人民法院也不宜轻易否定与案件基本事实有关的证据。另外，若合同中存在表述不规范等瑕疵，人民法院同样也不能轻易否定与案件基本事实有关的证据。

【基本案情】2013 年 11 月 21 日，倪某地、泰中公司、天石网通公司、天石建材公司与王某签订了《借款合同》，约定王某出借人民币 600

万元，以及借款期限、利息等。王某、倪某地、泰中公司、天石网通公司、天石建材公司签字、盖章确认，并备注“公司承担连带担保责任”。当天，王某向倪某地转账人民币 600 万元。同日，倪某地、泰中公司、天石网通公司出具收据确认：倪某地收到上述借款。2013 年 12 月 30 日，倪某地、泰中公司、天石网通公司、天石建材公司又与王某签订了《借款合同》，约定王某出借人民币 200 万元，借款期限从 2013 年 12 月 30 日至 2014 年 1 月 29 日，月利率为 2%。当天，王某向倪某地转账人民币 200 万元。同日，倪某地、泰中公司、天石网通公司出具收据确认：倪某地收到上述借款。之后，倪某地以借款人身份向王某出具借条：“借款人倪某地尚欠出借人王某借款本金计人民币捌佰万元整（一、2013 年 11 月 21 日，倪某地向王某借款 600 万元，对应借款合同编号为 20131121—01；二、2013 年 12 月 30 日，倪某地向王某借款 200 万元，对应借款合同编号为 20131230—06），该借款本息及违约责任，由以下公司共同承担。”泰中公司、天石网通公司盖章确认，并备注“上述担保人均承担无限连带担保责任”。后王某起诉要求倪某地还款，上述三公司承担担保责任。

【裁判结果】云南省昆明市中级人民法院一审判决：倪某地归还借款本金 800 万元及利息；驳回了王某的其他诉讼请求。

云南省高级人民法院二审认为，保证人的保证期间已过，保证人免除保证责任，作出维持一审的判决。

最高人民法院再审认为，保证人保证期限未过，判决：倪某地归还借款本金 800 万元及利息；泰中公司、天石网通公司、天石建材公司承担连带保证责任。

【裁判理由】最高人民法院再审认为，二审中，王某提交了泰中公司、天石网通公司、天石建材公司分别于 2013 年 11 月 21 日、2013 年 12 月 31 日签订的两份《保证合同》作为新证据，拟证明其向泰中公司、天石网通公司、天石建材公司主张对倪某地的 800 万元债务承担连带保证责任的保证期间未过。该两份《保证合同》载明：“第五条，保证期间。本合同保证期间为主债权的清偿期届满之日起两年。”而两份《借款合同》中约定的还款期限分别为 2013 年 12 月 20 日、2014 年 1 月 29 日。本案中，王某于2015年3月31日向一审法院起诉，未超过《保证合同》约定的两年保证期间。

王某提交两份《保证合同》作为二审新证据，虽然王某解释一审未提交是因未找到，且合同上存在列明的“保证人”和“借款人”不完全一致等情形，但在没有相反证据否定其真实性的情形之下，二审法院不予采信依据不足。本案中，保证期间的认定直接关系保证人是否承担保证责任，对于债权人的实体权益至关重要，属于证明本案基本事实的证据。根据《民事诉讼法司法解释》第101条“当事人逾期提供证据的，人民法院应当责令其说明理由，必要时可以要求其提供相应的证据。当事人因客观原因逾期提供证据，或者对方当事人对逾期提供证据未提出异议的，视为未逾期”以及第102条“当事人因故意或者重大过失逾期提供的证据，人民法院不予采纳。但该证据与案件基本事实有关的，人民法院应当采纳，并依照民事诉讼法第六十五条、第一百一十五条第一款的规定予以训诫、罚款。当事人非因故意或者重大过失逾期提供的证据，人民法院应当采纳，并对当事人予以训诫”的规定，即使王某逾期提交证据存在一定过失，人民法院也不宜轻易否定与案件基本事实有关的证据。

王某在二审、再审提交的两份《保证合同》原件形成于一审起诉前，因其未及时向一审法院提交该证据，客观上造成了司法资源的浪费。王某应当对其行为承担相应法律后果。法院认定，二审诉讼费68 920元应当由王某负担。

第六十九条　人民法院收到当事人提交的证据材料，应当出具收据，写明证据名称、页数、份数、原件或者复印件以及收到时间等，并由经办人员签名或者盖章。

【条文主旨】

本条是关于人民法院收到当事人提供的证据材料后处理程序的规定。

【条文理解】

收据是人民法院收到当事人提交的证据材料的凭证。人民法院收取当事人提交的证据材料应当出具收据，这又被称为证据收据制度，是我国早期民事审判方式改革的一项措施，在经过多年实践后被司法解释吸收固定，并在 2012 年对《民事诉讼法》的第二次修正中以立法形式确定下来。应该说，实行证据收据制度，体现了人民法院出具证据收据的严肃性，有利于规范人民法院的审判行为，保障当事人诉讼权利。

一、我国证据收据制度的发展

20 世纪 80 年代后期，随着社会经济的发展，民商事案件的复杂性也逐渐增强，民事诉讼中证据材料的种类与数量也日益增多。在当时的审判实践中，由于民事审判的规范化不足，有时会发生人民法院遗失当事人提交的证据的现象，也有极个别法院工作人员徇私舞弊，更改、抽换证据，由此引发新的纠纷。[①] 针对实践中存在的问题，一些地方法院在民事审判方式的改革过程中，实行了对当事人提交的证据材料出具收据的做法。这种做法被最高人民法院总结吸收，并一直延续下来：1992 年 7

① 齐树洁：《关注民事证据制度的立法完善》，载《中国审判》2012 年第 6 期。

月14日，最高人民法院公布的《关于适用〈中华人民共和国民事诉讼法〉若干问题的意见》第71条规定："对当事人提供的证据，人民法院应当出具收据，注明证据的名称、收到的时间、份数和页数，由审判员或书记员签名或盖章。"1997年4月21日，最高人民法院在《关于人民法院立案工作的暂行规定》第10条规定："人民法院收到诉状和有关证据，应当进行登记，并向原告或者自诉人出具收据。收据中应当注明证据名称、原件或复制件、收到时间、份数和页数，由负责审查起诉的审判人员和原告、自诉人签名或者盖章……"1998年7月6日，最高人民法院公布的《关于民事经济审判方式改革问题的若干规定》第4条也规定："审判人员收到当事人或者其诉讼代理人递交的证据材料应当出具收据。"最高人民法院在2001年12月21日公布的《民事诉讼证据规定》第14条再次肯定了这种做法："当事人应当对其提交的证据材料逐一分类编号，对证据材料的来源、证明对象和内容作简要说明，签名盖章，注明提交日期，并依照对方当事人人数提出副本。人民法院收到当事人提交的证据材料，应当出具收据，注明证据的名称、份数和页数以及收到的时间，由经办人员签名或者盖章。"该条也为2019年修正后的《民事诉讼证据规定》第19条所承继。2012年，《民事诉讼法》在第二次修正中吸收了当时《民事诉讼证据规定》第14条第2款的内容，将审判实践中的有效经验以立法形式确定下来，增加第66条："人民法院收到当事人提交的证据材料，应当出具收据，写明证据名称、页数、份数、原件或者复印件以及收到时间等，并由经办人员签名或者盖章。"该条文内容也在2021年和2023年《民事诉讼法》修正中被完全保留。

二、证据收据制度的重要意义

（一）保障当事人的诉讼权利

根据本条规定，人民法院在收到当事人提交的证据材料后，应当仔细核对证据的名称、页数、份数、原件或者复印件等，确认当事人提交证据的时间，并在收据上写明上述事项。可见，人民法院对当事人提交的证据材料出具收据，是一项法定义务。法院没有履行义务的，提交材料的当事人有权向法院索取收据。此外，人民法院出具的收据还可以起到以下证明作用：一是证明当事人已经履行了举证义务。《民事诉讼法》第 67 条第 1 款规定：当事人对自己提出的主张，有责任提供证据。当事人拿到人民法院出具的收据，证明其已经按照法律规定和人民法院的要求，提供收据所列示的证据。二是证明当事人已经提交过的证据及其形式。收据上列明证据的名称、页数、份数、原件或者复印件等内容，证明当事人提交证据的具体形式。三是证明当事人是否在举证期限内提交证据。根据法律规定，当事人举证有一定的期限，逾期举证的，将承担一定的法律后果。收据上载明证据的收到时间，便于证明当事人是否在举证期限内提交证据。

（二）提高人民法院的司法公信力

实行证据收据制度，有助于提高人民法院的司法公信力：一方面，进一步规范了人民法院的审判行为，促使人民法院更好地履行妥善保管相关证据材料的义务，并围绕证据加强程序保障与内部管理；另一方面，有助于人民法院提高诉讼效率，真正践行“司法为民”理念，保护当事人诉讼权利，维护司法公正与司法权威。

三、人民法院出具收据的具体内容

1. 证据名称、页数、份数。即收据上应当写明当事人提交的证据材料的名称，如合同书、发票、欠条等，并注明何种材料各多少份、多少页。这是证据收据应当具备的最基本的内容，也是当事人提供的证据材料得到妥善保管的必要条件。

2. 收到的时间。即办案人员收到当事人提交的证据的时间。收到证据的时间关系到当事人是否在人民法院确定的举证期限内提供证据，对证据的证明能力与证明力具有重要的意义，应当在收据上标明。

3. 经办人员签名或盖章。即证据收据须经人民法院的经办人员签名或者盖章。这是有效证据收据的必要条件，因为如收据上注明的证据发生灭失、毁损等情况，在收据上签名盖章的经办人员可能将承担相应的责任。此处的经办人员，可以是人民法院的审判人员、书记员，也可以是人民法院负责接收诉讼材料的其他工作人员。

4. 原件或者复印件。即在收据中注明当事人提交的证据是原件还是复印件。有些当事人提交的证据为原件或原物，这些材料是证明案件事实的关键证据，且具有不可复制性，如不慎遗失，将直接影响法院的公正审判和司法权威。尤其对于一些极易被更改的证据，如录音带、软盘、光盘等，更应对其是原件还是复制件加以注明。而由于当事人提交的原件具有唯一性，证据原件与副本的遗失往往导致截然不同的损害后果，为保护当事人的合法权益，强化法官妥善保管证据的责任意识，应将"是否为原件"列入证据的收据明细中。

【条文适用】

审判实践中应当注意，本条规定与《民事诉讼证据规定》第19条相比，一方面，证据收据的内容增加了写明证据为"原件或者复印件"的要求。实践中，为防止原件丢失或损毁，人民法院可以只接受经核对无异的书证，原件可在庭审时出示质证。另一方面，本条只确定了人民法院接收证据的程序，并未涉及当事人提交证据的要求。当事人提交证据还应满足《民事诉讼证据规定》第19条"逐一分类编号，对证据材料的来源、证明对象和内容作简要说明，签名盖章，注明提交日期，并依照对方当事人人数提出副本"的要求。

【典型案例】

再审申请人徐州中铁物资有限公司与被申请人徐州牛头山铸业有限公司、江苏红叶视听器材股份有限公司、张家港市方圆投资有限公司、张家港保税区汇通达国际贸易有限公司、张家港市西林贸易有限公司买卖合同纠纷案

【案　　号】最高人民法院（2019）最高法民申6795号

【裁判要旨】当事人在再审申请时未提交法院向其出具的收据，也就不能证明其已向二审法院提交调取证据的申请书。

【基本案情】本案中，徐州中铁物资有限公司（以下简称中铁公司）依据《民事诉讼法》（2017 年修正）第 200 条第 5 项[①]向最高人民法院申请再审称："中铁公司在二审期间提交书面申请，请求调取案涉 11 张商业汇票的原件，但牛头山公司以其为复印件为由不予认可。鉴于其可有效证明中铁公司与牛头山公司之间存在真实的债权债务关系，牛头山公司在《还款协议》签署后已实际履行部分义务，且商业汇票均已到期承兑，中铁公司无法自行收集，故申请二审法院调取。但二审法院在未予答复更未调取的情况下，直接作出判决，损害了中铁公司的诉讼权利，最终导致事实认定错误。"再审申请阶段，中铁公司并未向最高人民法院提交二审法院向其出具的收据材料。

【裁判结果】最高人民法院再审审查认为，中铁公司的再审申请不符合《民事诉讼法》（2017 年修正）第 200 条第 5 项[②]规定情形。

【裁判理由】最高人民法院认为，《民事诉讼法》（2017 年修正）第 66 条[③]规定：人民法院收到当事人提交的证据材料，应当出具收据，写明证据名称、页数、份数、原件或者复印件以及收到时间等，并由经办人员签名或者盖章。然而，中铁公司并未在再审申请时提交二审法院向其出具的收据，也就不能证明其已向二审法院提交调取证据的申请书。因此，其该项主张不能得到支持。

---

① 对应《民事诉讼法》（2023 年修正）第 211 条第 5 项。

② 对应《民事诉讼法》（2023 年修正）第 211 条第 5 项。

③ 对应《民事诉讼法》（2023 年修正）第 69 条。

第七十条　人民法院有权向有关单位和个人调查取证，有关单位和个人不得拒绝。

人民法院对有关单位和个人提出的证明文书，应当辨别真伪，审查确定其效力。

【条文主旨】

本条是关于人民法院调查取证的职权以及对文书的审查义务的规定。

【条文理解】

人民法院要正确处理民事纠纷，必须运用证据查明案件的事实，审判人员只有掌握了充分的证据，才能在事实清楚的基础上适用法律，对民事案件作出正确的处理。《民事诉讼法》第 67 条第 2 款规定：当事人及其诉讼代理人因客观原因不能自行收集的证据，或者人民法院认为审理案件需要的证据，人民法院应当调查收集。可见，在上述情形中，人民法院需要向有关单位和个人调取证据。

本条第 1 款规定，人民法院有权向有关单位和个人调查取证，有关单位和个人不得拒绝。一方面，调取证据是人民法院行使审判权所进行的重要活动，是法律赋予的职权；另一方面，对于单位和个人来说，提供证据则是其应尽的法律义务。因此，人民法院依法调取证据时，任何单位和个人都有义务协助。如果有关单位或个人拒绝或者妨害调查取证，人民法院可以根据《民事诉讼法》第 114 条和第 117 条的规定，对其采取妨害民事诉讼的强制措施。在调取证据后，依据本条第 2 款规定，人民法院对有关单位和个人提出的证明文书，应依法进行审查，鉴别真伪，并确定其证明效力。

值得注意的是，在收集、审查证据的表述上，传统大陆法系一般按照主体立场的不同区分“证据收集”和“证据调查”两个概念，当事人自行收集证据称为“证据收集”；法院收集、调查证据则称为“证据调查”。大陆法系中的“证据调查”在行为意义上包括两个方面：一是收集证据的行为；二是审查、获悉证据资料的行为。[①] 我国《民事诉讼法》并没有采用“证据收集”“证据调查”的表述，而是采用“提供证据”“调查取证”以及“审查核实”“审查”等表述方式，对当事人与法院在证据收集和调查领域的权限和义务进行划分。本条规定的即为法院调查取证的职权以及对文书的审查义务。调查取证这一行为的侧重点在于对证据的发现、提取和固定上，是指在行为意义上对案件事实进行调查，收集、获取能够证明案件真实情况的证据材料，并不包含审查获取证据资料的内容。而审查确定文书的效力在于对当事人提交的文书进行审视、查验，从而确定该证据的真实性、关联性、合法性及其证明力。

【条文适用】

1. 国家机关、社会团体、企事业单位等职能部门提交的证明文书，属于公文书证，一般具有较高的证明力，但立法并没有赋予该类证据材料绝对的效力。《民事诉讼法司法解释》第 114 条规定：国家机关或者其他依法具有社会管理职能的组织，在其职权范围内制作的文书所记载的事项推定为真实，但有相反证据足以推翻的除外。必要时，人民法院可以要求制作文书的机关或者组织对文书的真实性予以说明。这是因为，公文书证也可能因为工作人员的失误或个人利益，出现与事实不符的情形。所以，人民法院仍然应当进行审查，确认其真实性。

2. 适用本条时应当结合《民事诉讼法司法解释》《民事诉讼证据规定》等相关司法解释的规定注意以下几点：

第一，《民事诉讼法司法解释》第 97 条规定：“人民法院调查收集证据，应当由两人以上共同进行。调查材料要由调查人、被调查人、记录

① 李晓丽：《法院证据调查制度研究》，中国政法大学出版社 2014 年版，第 17 页。

人签名、捺印或者盖章。”值得注意的是，法院调查收集证据需要履行法定的程序，应由两人以上共同进行，否则为无效取证。这里的“人”，当然包括审判人员、书记员，在法院参与审判活动的陪审员也应包括在内。审判人员收集调查证据必须是共同进行，不得单独进行。在实践中，有的法院人手紧张，在调查取证时，去了两个审判人员，但各自进行不同的调查，只是在笔录上记两个人的名字。这是不合法的，应当纠正这一做法。

第二，人民法院直接调查收集的证据范围一般应限于两种情形：一是当事人因客观原因不能提供的证据，包括由国家有关部门保存，当事人及其诉讼代理人无权调取的和涉及国家秘密、商业秘密、个人隐私的等。二是当事人未要求收集但人民法院应当依职权调取的证据，包括涉及可能损害国家利益、社会公共利益的；涉及身份关系的；有关公益诉讼的；当事人可能恶意串通损害他人合法权益的；涉及程序性事项的。对于不属于上述情形，但需要对有关证据进行核实的，人民法院可向有关单位和个人核实。

第三，针对不同的证据类型，调查人员应当遵循不同的程序规定：（1）人民法院调查收集的书证，可以是原件，也可以是经核对无误的副本或者复制件。书证是副本或者复制件的，应当在调查笔录中说明来源和取证情况。（2）人民法院调查收集的物证应当是原物。被调查人提供原物确有困难的，可以提供复制品或者影像资料。提供复制品或者影像资料的，应当在调查笔录中说明取证情况。（3）人民法院调查收集计算机数据或者录音、录像等视听资料的，应当要求被调查人提供有关资料的原始载体。被调查人提供原始载体确有困难的，可以提供复制件。人民法院应当在调查笔录中说明其来源和制作经过。（4）人民法院调查收集可能需要鉴定的证据，应当遵守相关技术规范，确保证据不被污染。

第四，摘录有关单位制作的与案件事实相关的文件、材料，应当注明出处，并加盖制作单位或者保管单位的印章，摘录人和其他调查人员应当在摘录件上签名或者盖章。摘录文件、材料应当保持内容相应的完整性，不得断章取义。

【典型案例】

李某柏与南京金陵置业发展有限公司商品房预售合同纠纷案[①]

【案　　号】江苏省南京市中级人民法院（2015）宁民再终字第28号

【裁判要旨】对于政府机关及其他职能部门出具的证明材料，人民法院应当对其真实性、合法性以及与待证事实的关联性进行判断，如上述证据不能反映案件的客观真实情况，则不能作为人民法院认定案件事实的根据。

【基本案情】2007年6月7日，原告李某柏（乙方）与被告金陵置业公司（甲方）签订美仕别墅商品房买卖契约，约定：乙方向甲方购买位于江宁区将军大道某房屋，建筑面积276平方米。同年6月24日，金陵置业公司向李某柏交付了房屋。后因该房屋存在质量问题，需要加固维修，致李某柏无法居住使用该房屋。就租金标准，一审法院曾向南京市江宁区物价局价格认证中心咨询：2010年，与本案讼争房屋同地段同类型的精装修房屋（建筑面积为240平方米～250平方米）月租金价格为7000元～8000元，毛坯房的租金价格为2000元（建筑面积为280.22平方米）。2007年至2010年，房屋租金上涨的幅度为8%～10%。李某柏请求法院判令金陵置业公司支付2010年4月21日至2011年9月21日的租金损失及其他费用。

【裁判结果】南京市江宁区人民法院一审和南京市中级人民法院二审均以南京市江宁区物价局价格认证的咨询意见为依据，以2010年9000元、2011年9900元房屋月租金标准，作出了相应判决。

江苏省高级人民法院再审审查期间向南京市住建局调取了同期同区域别墅租金清册，显示2010年月租金为17 194.3元，2011年月租金价格为19 004.52元。江苏省高级人民法院再审认为，上述咨询意见不应直接

---

① 案例来源：《最高人民法院公报》2016年第12期。

作为认定涉案房屋租金标准的依据，遂将案件发回一审法院重审。最终，一审法院和二审法院经重审，参照住建局的租金清册作出了相应判决。

【裁判理由】江苏省高级人民法院再审认为，人民法院应当以证据能够证明的案件事实为依据依法作出裁判，无论是当事人提供的证据，还是人民法院依职权调取的证据，均应客观真实地反映客观事实。证据经当事人质证或经当事人发表意见后，才能作为定案依据。对于政府机关及其他职能部门出具的询价意见、咨询意见等证据材料，人民法院应当对其真实性、合法性以及与待证事实的关联性进行判断，如上述证据不能反映案件的客观真实情况，则不能作为人民法院认定案件事实的根据。

第七十一条　证据应当在法庭上出示，并由当事人互相质证。对涉及国家秘密、商业秘密和个人隐私的证据应当保密，需要在法庭出示的，不得在公开开庭时出示。

【条文主旨】

本条是关于质证的规定。

【条文理解】

质证，是指在法庭审理过程中，当事人在审判人员的主持下，通过听取、审阅、核对、辨认等方法，对提交法庭的证明材料的真实性、关联性和合法性作出判断，无异议的予以认可，有异议的当面质疑和询问的程序。需要说明的是，质证与“对质”以及“认证”相区别，对质是指当事人各自申请出庭的具有专门知识的人相互之间就其对案件事实中专门问题的认识进行说明与质辩，而认证是指人民法院将经过质证或者当事人认可的证据材料作为认定案件事实根据的过程。[①]

质证程序的意义在于，首先，质证是法院审查、认定证据效力的必要前提。《民事诉讼法司法解释》第103条第1款、第2款规定：“证据应当在法庭上出示，由当事人质证。未经当事人质证的证据，不得作为认定案件事实的根据。当事人在审理前的准备阶段认可的证据，经审判人员在庭审中说明后，视为质证过的证据。”可见，除当事人在审理前的准备阶段认可，且经审判人员说明的证据外，未经质证的证据不得作为定案依据。其次，质证是有关诉讼主体的一种受法律保护的诉讼权利，

① 张卫平：《民事诉讼法》，法律出版社2016年版，第243页。

是诉讼正当程序的标志性产物，但另一方面，质证与否也将影响当事人的其他程序性权利。根据《民事诉讼法司法解释》第387条的规定，当事人对原判决、裁定认定事实的主要证据在原审中拒绝发表质证意见或者质证中未对证据发表质证意见的，不属于《民事诉讼法》第211条第4项规定的未经质证的情形，不构成法定的再审事由。最后，质证对法院查明、认定事实具有重要意义。因为在强化落实举证责任以后，证明材料的调查和法庭辩论都与质证活动紧密相关。证明材料是否客观真实地反映案件事实，与本案的关联程度及其证明力如何等，只有通过当事人对证明材料互相对质，审判人员才能审清、查明，从而正确地归纳争议焦点、认定案件事实，维护裁判的公正性，保障当事人的实体权利与程序权利。

一、质证的主体与客体

质证的主体为当事人、诉讼代理人、第三人。法院是证据认定的主体，而不是质证的主体。质证的对象则是当事人双方提交的和人民法院依当事人申请调查收集的各种证据。值得注意的是，法院依职权调查收集的证据不属于当事人质证的对象。法院应当将其依职权调查收集的证据在庭审中予以出示，听取当事人的意见并就调查收集该证据的情况予以说明。基于法院在诉讼中的中立地位，当事人可以就与证据相关的问题提出疑问，但不能同法院进行质辩。若法院在听取当事人意见后发现所收集的证据存在问题，应当自行撤回该证据。

二、质证的内容

质证的内容则是指对证据的哪些方面进行质证。一项证据材料是否能被法庭作为认定事实的根据，关键在于该证据材料是否具有真实性、合法性和关联性。因此，质证时应当主要围绕证据的“三性”展开。根据《民事诉讼法司法解释》第104条第1款的规定，人民法院应当组织当事人围绕证据的真实性、合法性以及与待证事实的关联性进行质证，并针对证据有无证明力和证明力大小进行说明和辩论。

三、质证的程序

本条规定，证据应当在法庭上出示，并由当事人相互质证。《民事诉讼证据规定》第 62 条规定，质证一般按下列顺序进行：（1）原告出示证据，被告、第三人与原告进行质证；（2）被告出示证据，原告、第三人与被告进行质证；（3）第三人出示证据，原告、被告与第三人进行质证。人民法院依照当事人申请调查收集的证据，作为提出申请的一方当事人提供的证据。值得注意的是，人民法院依职权调查收集的证据，虽然也要由审判人员进行出示说明，听取当事人的意见，但并不属于严格意义上的质证程序。

四、不得公开出示的证据

审判公开是诉讼活动的一个重要原则，一是要向当事人和其他诉讼参与人公开，二是要向社会公开，允许社会公众旁听和网络直播。但是，庭审的公开性易暴露案件信息于当事人特别是社会公众面前，为某些敏感信息的不当扩散提供了机会和场合，可能造成对个人利益甚至国家利益的损害。因此本条规定，对涉及国家秘密、商业秘密和个人隐私的证据应当保密，需要在法庭出示的，不得在公开开庭时出示。这里所说的国家秘密，是指关系国家的安全和利益，依照法定程序确定，在一定时间内只限一定范围的人员知悉的事项。所谓商业秘密，是指不为公众所知悉、具有商业价值并经权利人采取相应保密措施的技术信息、经营信息等商业信息。所谓个人隐私，是指个人生活中不愿意公开或为他人知悉的信息。

应当注意的是，不在公开开庭时出示不等于不出示。涉及国家秘密、商业秘密和个人隐私的证据，不得在公开开庭时出示的，可以采取其他保密的方式出示证据，由当事人进行质证。如果案件本身属于不公开审理的范围，那么可以在法庭上出示该证据并进行质证；如果是公开审理的案件，则应采取其他保密的方式出示证据并进行质证。

五、视为质证的情形

根据《民事诉讼法司法解释》第103条第2款的规定，当事人在审理前的准备阶段认可的证据，经审判人员在庭审中说明后，视为质证过的证据。当事人在证据交换过程中已经认可的证据即表明当事人对该证据的“三性”及证明力没有异议。

【条文适用】

审判实践中值得注意的问题有以下几点：

1. 虽然本条规定“证据应当在法庭上出示”，但《民事诉讼证据规定》第16条规定：“当事人在审理前的准备阶段或者人民法院调查、询问过程中发表过质证意见的证据，视为质证过的证据。”也就是说，质证可以从正式庭审中相对分离出来，在庭前会议等庭前准备阶段或人民法院在其他阶段调查、询问过程中，当事人可以对相关证据发表意见，行使其诉讼权利；人民法院则可以非常灵活地在庭前分阶段解决证据的举证、质证问题，并及时发现待证事实，整理争议焦点，提高庭审效率。

2. 审理过程中，当事人就证据展开的诉讼行为应视为一个整体，当事人应当就案件事实作真实、完整的陈述。对于庭审前已经组织过质证的证据，当事人庭审中陈述与此前不一致的，人民法院应当责令其说明理由，并结合当事人的诉讼能力、证据和案件具体情况进行审查认定。当事人故意作虚假陈述妨碍人民法院审理的，人民法院有权进行处罚。

3. 对书证、物证、视听资料进行质证时，当事人应当出示证据的原件或者原物。但有下列情况之一的除外：（1）出示原件或者原物确有困难，并经人民法院准许出示复制件或者复制品的；（2）原件或者原物已不存在，但有证据证明复制件、复制品与原件或原物一致的。

4. 质证一般采用一证一质、逐个进行的方法，也可以采用其他灵活的方法，如对一组有关联的证据一并予以质证。当案件具有两个以上独立存在的事实或诉讼请求时，法庭可以要求当事人逐项陈述，逐个出示证据并分别进行质证。法庭应当将当事人的质证情况记入笔录，并由当事人核对后签名或者盖章。已经质证过的证据一般不得重复质证。

5. 出于提高诉讼效率、保障当事人诉讼权利的考虑，法院可以组织当事人通过书面形式进行质证，并及时送交对方当事人。但应当注意，由于物证不便于复制或移动，证人一般需要出庭作证，实践中该方式多适用于书面证据以及适用书证规则的一些证据形式，如视听资料、电子数据、鉴定意见、勘验笔录等。

6. 对于某些需要进一步查明事实的案件如民间借贷纠纷等，可合理运用当事人询问制度。《民事诉讼证据规定》第 64 条第 1 款规定："人民法院认为有必要的，可以要求当事人本人到场，就案件的有关事实接受询问。"并配套规定了拒不到场和到场后拒绝签署保证书的后果。审判实践中要结合案情，适时运用当事人询问制度，以强化质证效果，增强审判人员的内心确信。

7. 对于当事人一方以对方逾期提交证据为由而不予质证的，如果人民法院已经要求对方当事人对一方当事人逾期提交的证据质证，这说明人民法院已组织当事人对该组证据进行质证。至于对方当事人以该证据超过举证期限为由不予质证，亦系其对该证据的质证意见，而不能否定人民法院已经组织当事人对该逾期提交的证据予以质证的事实。另外，证据虽未在庭审中出示，但当事人知晓书证内容，且对该内容发表了意见，也应视为经过了质证。

8. 当事人申请进行司法鉴定的，用于司法鉴定的材料应当经双方当事人质证。鉴定意见作出后，还应对鉴定意见进行质证，该鉴定意见才能作为定案依据。

【典型案例】

伊莱利利公司诉豪森药业股份有限公司专利侵权纠纷案

【案　　号】最高人民法院（2009）民三终字第 6 号

【裁判要旨】对涉及国家秘密、商业秘密和个人隐私的证据应当保密，需要在法庭出示的，不得在公开开庭时出示。故在程序上，权利人有权要求被诉侵权人披露完整的涉及该新产品制造方法的证据材料并进行质证。只有在双方当事人对证据进行质证的基础上，才能够对被控侵权方法与专利方法是相同、等同还是不同作出正确的判断，未经质证的证据不得作为认定案件事实的证据。

【基本案情】伊莱利利公司（美国）认为江苏豪森药业股份有限公司（以下简称豪森公司）生产的盐酸吉西他滨所使用的工艺方法与自己享有专利独立权利要求所记载的保护方法相同，侵犯了自己的专利权，请求江苏省高级人民法院依法追究豪森公司的侵权责任。

一审法院经过审理认为，基于本案的特殊性，如将涉及豪森公司工艺方法的技术资料内容交由伊莱利利公司审查，则可能会使豪森公司的商业利益遭受无法预见和无法弥补的损害。因此，决定对豪森公司工艺方法的技术资料采取变通的质证方式：不将该资料提交伊莱利利公司审查而交独立的鉴定专家组审查其真实性以及与原告专利方法是否相同。根据鉴定机构提交的鉴定意见，为豪森公司改进后的工艺方法以及申报生产的工艺方法与伊莱利利公司专利独立权利要求所记载的保护方法不同。一审法院认为鉴定结论理由非常详尽，且伊莱利利公司关于鉴定意见的质证意见不能成立，也无足够相反证据推翻上述鉴定意见，故该鉴定意见应作为有效的定案证据使用。一审法院认定，伊莱利利公司起诉豪森公司侵犯专利权没有事实和法律依据，其诉讼请求被驳回。

伊莱利利公司不服一审判决，向最高人民法院上诉称：一审法院违反《民事诉讼法》以及《民事诉讼证据规定》的规定，剥夺上诉人正当诉讼权利，在一审诉讼中拒绝上诉人审查被上诉人侵权证据资料，一审判决认定的“事实”均未经上诉人质证。

【裁判结果】一审法院判决驳回伊莱利利公司的诉讼请求。

二审法院裁定撤销原判，发回重审。

【裁判理由】最高人民法院经审理认为，根据《民事诉讼法》规定，对涉及国家秘密、商业秘密和个人隐私的证据应当保密，需要在法庭出示的，不得在公开开庭时出示。故在程序上，伊莱利利公司有权要求豪森公司披露完整的涉及该新产品制造方法的证据材料并进行质证。只有在双方当事人对证据进行质证的基础上，才能够对被控侵权方法与专利方法是相同、等同还是不同作出正确的判断。同时，法律给予豪森公司要求伊莱利利公司对披露的证据中涉及商业秘密的内容进行保密的权利。二审法院根据豪森公司的申请采取不公开审理的方式，并要求上诉人伊莱利利公司法定代表人、委托代理人以及其他参与诉讼的人员承担保密义务，不得将通过诉讼程序获得的属于豪森公司商业秘密的技术信息用于诉讼以外的商业用途，否则将追究其法律责任。上述庭审质证方式，既能保障上诉人伊莱利利公司依法获得涉及被控侵权方法的证据材料进行质证的诉讼权利，同时也能避免被上诉人豪森公司所称其商业秘密因诉讼程序而泄露，保护豪森公司的合法利益。

最高人民法院认定，一审法院采信未经双方当事人质证的证据，未能保障伊莱利利公司获得豪森公司盐酸吉西他滨产品生产方法不同于专利方法的有关技术信息的正当诉讼权利，违反应当经过庭审质证才能够作为定案依据的规定，导致一审判决认定事实不清，证据不足，适用法律错误，裁定撤销原判，发回重审。

第七十二条　经过法定程序公证证明的法律事实和文书，人民法院应当作为认定事实的根据，但有相反证据足以推翻公证证明的除外。

【条文主旨】

本条是关于公证证明的法律事实和文书证明效力的规定。

【条文理解】

改革开放后，我国的公证事业迎来了快速发展，有关公证的相关法律制度也逐渐完善。2005年《公证法》颁布，该法第36条规定："经公证的民事法律行为、有法律意义的事实和文书，应当作为认定事实的根据，但有相反证据足以推翻该项公证的除外。"相对于本条表述，2007年修正的《民事诉讼法》规定："经过法定程序公证证明的法律行为、法律事实和文书，人民法院应当作为认定事实的根据。但有相反证据足以推翻公证证明的除外。"这一规定与《公证法》的规定表述是一致的。2012年修正《民事诉讼法》时删除了条文中的"法律行为"，这是因为，从法理上说，法律事实是指依照法律规范，能够引起法律关系产生、变更和消灭的客观情况或现象。[①] 法律事实包括事件和行为，行为以是否以意思表示为要素则分为事实行为与民事法律行为，[②] 因此，法律行为是包含在法律事实之内的，是法律事实的一种，不必在法条中单列。

一、公证概述

公证本质上是一种证明活动。根据《公证法》的规定，公证是公证

① 江平主编：《民法学》，中国政法大学出版社2007年版，第142~143页。

② 王利明：《民法总则》，中国人民大学出版社2017年版，第85~86页。

机构根据自然人、法人或者其他组织的申请，依照法定程序对有法律意义的事实和文书的真实性、合法性予以证明的活动。公证机构是依法设立，不以营利为目的，依法独立行使公证职能、承担民事责任的证明机构。遵守法律规定、坚持公正的原则是对公证活动的最基本要求。公证证明则是公证机构根据当事人的申请，依法定程序对法律事实和文书作出确认其真实性、合法性的证明。由于公证机构会依法定程序对相关法律事实、文书进行审查，故公证机构作出的证明往往具有较高的真实性和可靠性。一般情况下，人民法院应当将其作为认定事实的根据，其效力要高于其他种类的证据。实践证明，在一定程度上，公证具有稳定经济秩序、社会秩序，有效预防纠纷的功能，同时也有助于人民法院查明案件的真实情况，高效地解决纠纷。而公证之所以能发挥如此重要的作用，关键在于法律赋予了公证强大的证明效力。

二、公证证明效力

公证证明效力，是指公证机构对有法律意义的文书和事实所作出的公证证明，在法律上所具有的作用与效能。对于本条规定的理解，应当注意以下几个方面：第一，公证证明对法院认定案件事实具有约束力。根据本条规定，如果当事人在诉讼中提出了与案件事实相关联的经公证证明的事实与文书，在没有否定该公证证明的例外情形时，法院应当将其作为认定事实的根据。第二，公证证明对提出公证证明的当事人具有证据预决效力。根据《民事诉讼证据规定》第 10 条的规定，对于已为有效公证文书所证明的事实，当事人无须举证证明，但当事人有相反证据足以推翻除外。这一规定赋予了公证文书与人民法院生效裁判在认定事实上的同等效力。可见，当事人的事实主张一旦有了公证证明，在未被推翻的情况下，当事人无须再提出证明该争议事实的其他证据。第三，公证证明在证明力方面具有优越性。结合《民事诉讼法》第 66 条、第 67 条、第 70 条的规定可以看出，公证证明与其他没有经过公证证明的文书有着明显的不同，一般的书证如一般单位和个人提供的证明文书，人民法院“应当辨别真伪，审查确定其效力”，而对于公证证明的法律事实和文书，在没有相反证据推翻的情况下，人民法院应当直接认证，并作为认定事实的根据。公证之所以具有不同于一般证据的特殊的证明效力，其正当性、权威性来源于法律对于公证证明的合法性、真实性的实体和程序的系统保障，公证证明也因此具有高度公信力。①

我国现行法律并没有赋予公证绝对的证明效力，只有有效公证文书才具有供人民法院直接采证的证据效力，可见，在诉讼中的公证证明效力的确认上，人民法院与公证机构存在相互制约的关系。法律规定，当事人在诉讼中享有提出其他证据的诉讼权利，对方当事人享有对公证书提出异议的诉讼权利，如果有相反的证据，足以推翻公证证明，人民法院有权不予采证，这是人民法院对公证机关的制约。但只要没有“相反证据”或者虽有相反证据但不“足以推翻”公证机构的公证证明，人民法院就应当确认其效力，这是公证机构对人民法院的制约。

【条文适用】

一、关于公证证明是否必须经过质证才能被采纳

在我国的制度语境下，质证是一般情形下认定证据效力的必经程序，但从法律赋予公证证明较高证明力的立法目的来看，在没有相反证据的情形下，经过我国法定程序公证证明的法律事实和文书可以不再通过质证程序确认。这是因为质证的本意是揭示证据的真实性、合法性、证明效力及证明作用，而公证证明已经具有了这些属性。

二、关于当事人提出相反证据推翻公证证明的情形与要求

一般而言，“有相反证据足以推翻公证证明”包含三种情形：一是当事人举证证明公证证明的法律事实和文书与案件事实本身不符合，是不真实的；二是当事人举证证明公证文书是伪造或变造的，不是公证机构

① 汤维建：《关于公证权性质的若干思考》，载《司法改革论评》2007年第2期。

的真实意思表示；三是当事人举证证明公证行为违法，如公证证明未遵守法定程序要求。[①] 而对于当事人提出的相反证据证明的要求，首先，应当具有相反性，即该证据与公证证明的内容完全是相反的。其次，必须达到足够的程度。由于公证证明具有一定的公信力，推翻其效力的证据应当更加充足，所应达到的标准也应当高于一般的民事诉讼证明标准。再次，该证据本身应当具备真实性、合法性、关联性。如果该证据本身具有瑕疵，则瑕疵证据不能推翻公证证明。[②] 最后，由于公证文书在法律上被视为有效文书，如当事人要将其推翻，应承担证明责任。此外，应当注意的是，推翻公证证明的法律效果仅是法院不再受公证证明优越性的约束，即无须直接将其作为认定事实的依据，而不意味着对公证证明形式的否定。

三、关于公证证明的异议及救济程序

《公证法》第 39 条规定："当事人、公证事项的利害关系人认为公证书有错误的，可以向出具该公证书的公证机构提出复查。公证书的内容违法或者与事实不符的，公证机构应当撤销该公证书并予以公告，该公证书自始无效；公证书有其他错误的，公证机构应当予以更正。"第 40 条规定："当事人、公证事项的利害关系人对公证书的内容有争议的，可以就该争议向人民法院提起民事诉讼。"可见，当事人、公证事项利害关系人对公证证明有异议，可以向公证机构提出复查，公证机构发现问题的可以撤销或更正公证书；也可以向人民法院提起民事诉讼，但应当注意的是，当事人或利害关系人不得起诉撤销、变更公证书或确认其无效。《最高人民法院关于审理涉及公证活动相关民事案件的若干规定》第 2 条规定："当事人、公证事项的利害关系人起诉请求变更、撤销公证书或者确认公证书无效的，人民法院不予受理，告知其依照公证法第三十九条规定可以向出具公证书的公证机构提出复查。"当事人和公证事项的利害关系人对公证证明有异议，其实是认为公证证明的事实对他们之间的权

① 张卫平：《公证证明效力研究》，载《法学研究》2011 年第 1 期。
② 李全息：《论公证与诉讼》，载《中国司法》2008 年第 6 期。

利义务关系产生了不当影响。如果公证书所影响的基础法律关系的争议属于民事性质的，则当事人、利害关系人可以就该争议提起民事诉讼。仅就公证书撤销与否等起诉的，法院应不予受理。

四、关于域外证据是否必须经过公证

《民事诉讼证据规定》第16条第1款、第2款规定："当事人提供的公文书证系在中华人民共和国领域外形成的，该证据应当经所在国公证机关证明，或者履行中华人民共和国与该所在国订立的有关条约中规定的证明手续。中华人民共和国领域外形成的涉及身份关系的证据，应当经所在国公证机关证明并经中华人民共和国驻该国使领馆认证，或者履行中华人民共和国与该所在国订立的有关条约中规定的证明手续。"这对2001年《民事诉讼证据规定》有所修改。修改的主要内容在于，将原来所有域外形成证据一概均由所在国公证机关予以证明，并经我国驻该国使领馆予以认证或履行条约规定手续，修改为将域外形成证据区分为无须经公证、认证的证据和需要经公证、认证的证据。需要经公证、认证的证据包括公文书证和涉及身份关系的证据，其中，公文书证经所在国公证机关证明或者履行条约手续即可，而不再需要同时经我国驻该国使领馆认证，限缩了使领馆认证的范围；需要同时经所在国公证机关证明并经我国驻该国使领馆认证的仅限于涉及身份关系的证据。无须经公证、认证的证据，指普通的民商事法律关系的证据，原则上仅涉及当事人之间的权利义务的确定，其真实性通过质证检验即可，如要求经所在国公证机关证明即能够满足形式上的要求。驻在国使领馆认证的环节既增加了程序的复杂性，也加重了当事人和使领馆的工作负担。

【典型案例】

潍坊众客隆商业发展有限公司、温州市派克箱包有限公司侵害实用新型专利权纠纷案

【案　　号】最高人民法院（2021）最高法知民终 220 号

【裁判要旨】公证机构跨核定地域受理公证业务是否存在程序瑕疵，与公证机构出具的公证书所记载的事实是否客观真实，属于两个不同范畴的问题。除涉及不动产的公证外，在现行法律未对异地公证作出明确禁止性规定的情况下，不能仅因公证机构跨核定地域受理公证业务，即对公证书的真实性与证明力不予认可。

【基本案情】派克公司起诉认为，众客隆公司未经原告许可，销售侵害原告享有专利权的产品。委托律师向山东省平阴县公证处申请保全证据公证。公证人员与方某来到山东省潍坊市潍城区和平路的众客隆，方某以普通消费者身份购买含有案涉专利的拉杆箱一个，取得签购单及购物发票，并对相关场景进行了拍照。购买行为结束后，公证人员对所购物品及票据进行了拍照、封存。山东省平阴县公证处就上述过程作出（2019）鲁平阴证经字第 690 号公证书。众客隆公司认为，平阴县公证处并非《公证法》第 25 条第 1 款规定的申请办理公证主体的“住所地、经常居住地、行为地或者事实发生地的公证机构”，故根据《民事诉讼法》第 69 条[①]的规定，派克公司于原审提交的由平阴县公证处出具的公证书系违反法定程序的产物，依法应予排除。

【裁判结果】一审法院根据第 690 号公证书记载的事实，判决众客隆公司停止侵权，赔偿损失。最高人民法院二审维持一审判决。

【裁判理由】最高人民法院认为，首先，根据《公证法》第 25 条的规定，对于不涉及不动产的公证事项，法律并不强制要求申请办理公证

① 对应《民事诉讼法》（2023 年修正）第 72 条。

的当事人只能向行为地或者事实发生地的公证机构提出公证申请。据此，本案被诉侵权行为地和被诉侵权事实发生地虽在山东省潍坊市，但并不构成派克公司向位于山东省潍坊市地域范围之外的公证机构，即位于山东省济南市的平阴县公证处申请证据保全公证的法律障碍。其次，公证机构跨核定地域受理公证业务是否存在程序瑕疵，与公证机构出具的公证书所记载的事实是否客观真实，属于两个不同范畴的问题。众客隆公司所援引的《公证法》规定属于行政管理性质的规定，并不涉及公证机构跨核定区域执业所出具的公证书的法律效力问题。除涉及不动产的公证外，在现行法律未对异地公证作出明确禁止性规定的情况下，不能仅因公证机构跨核定地域受理公证业务即对公证书的真实性与证明力不予认可。最后，众客隆公司在原审庭审中亦对第 690 号公证书记载内容的真实性予以确认。因此，原审法院采信平阴县公证处出具的第 690 号公证书，并据此认定众客隆公司实施销售被诉侵权产品的行为，并无不当。

第七十三条　书证应当提交原件。物证应当提交原物。提交原件或者原物确有困难的，可以提交复制品、照片、副本、节录本。

提交外文书证，必须附有中文译本。

【条文主旨】

本条是关于优先提交书证原件、物证原物的规定。

【条文理解】

本条第 1 款规定，当事人向法院提供证据，应当优先提供原件或者原物，只有在提交原件、原物确有困难的情况下，才能提交复制品、照片、副本、节录本。其理由在于，原件、原物与某一法律关系的产生、变更、消灭有着千丝万缕的联系，直接表征或见证法律关系的发展过程，或其本身就是法律关系发展的产物，以其来证明案件要件事实最为合适。而且，原件、原物作为案件原始证据，伴随着案件事实发生而形成，其关联性毋庸置疑。证据与案件事实关系越直接、越接近时，其可靠度就越高，证明力就越强。相反，当它与案件事实的关系被复制、复印、传抄等中间环节所阻隔时，其间所发生的失误、偏差、信息损耗、变形，甚至有意变造、篡改等，就会使证据失真，不能如实反映案件事实原貌。因此，原件、原物作为原始证据，更接近案件事实，其可靠性和证明力大于复制品、照片、副本、节录本，要求当事人提交原件或原物，更有利于证明案件事实。

优先提交原件、原物在英美法系与大陆法系国家和地区中也均被视为证据法中的重要规则。就书证而言，在英美法系国家和地区，最佳证据规则是判断书证效力最主要的规则。所谓最佳证据规则，是指一项事实只能用找到的最佳、最有说服力的证据予以证明。依此规则，书证的原件的真实性更强，对于文书内容的口头陈述远不及文书本身记载内容的准确度高，且原件往往包含更多的诸如笔迹、纸张等信息，这些信息往往能成为审查证据的重要依据。[①] 因此，原件为最佳证据，也是第一位的证据。只有在第一位的证据缺失的情况下，第二位的证据才能被允许使用。大陆法系国家和地区没有从证据资格或能力方面明确规定最佳证据规则，而是从审查书证的真实性角度出发，要求当事人提供书证时，原则上应当提交书证原件。但提供非原件并不当然不具有证据资格，法官仍然应当根据当事人提供非原件的具体情况来评判其证据力大小。

一、原件、原物的提交

（一）书证应当提交原件

一般认为，所谓“原件”，又称“原本”，是指文件制作人以文字、图表等形式初始作成的、能够表达或反映其制作目的的文件。原件必须是初始做成的，一般有信件、合同、借条、证件等。实践中辨别书证是否为原件时，应当注意区分以下类型：（1）正本书证，是指依照原本全文抄录、印制等，内容与原本完全相同，对外与原本具有同等法律效力的文书。除了作成的方式不同之外，正本与原本的另一个主要区别是，原本一般由制作人收存或留作存档备查，而正本是发给受件人保存或使用的。因而，正本可视为原件。（2）副本书证，是指依照原本全文抄录、印制但不具有正本效力的书证。副本书证的作成旨在告知有关单位或个人了解、知悉原本文书的内容，因此，书证副本通常发送给主受件人以外的其他有必要了解原本内容的相关单位或个人。可见，副本与正本在制作方法上是相同的，不同之处主要在于副本与正本制作的目的和收存对象不同，副本比正本的效力要低。（3）节录本书证，是指制作人摘要抄录、印制原本文书部分内容后或者摘取了其中一部分原本内容后而形成的书证。节录本与原本相比只能反映原本的部分内容，由于制作人采

① 易延友：《最佳证据规则》，载《比较法研究》2011年第6期。

用主观的方法对原本加以摘要或节录，在一定程度上影响了节录文本客观、全面地体现原本内容，也影响了原本内容的内在逻辑性以及结构的完整性，具有较大的主观倾向。由于节录本是就仅需要了解原本中某一相关的部分而制作的，因此，并未充分考虑到原本的全面、详细而复杂的内容，可见，节录本具有一定的局限性。（4）影印本书证，是指采用影印技术，将原本或正本通过摄影或复制而制作的文书。

（二）物证应当提交原物

所谓“原物”，则是指在民事活动中产生的、与民事法律关系具有密切关系的、能够说明民事权益争议事实的物品。如缺陷产品致人损害中的缺陷产品，交通事故中的肇事车辆等。由于原物是以其客观存在的性能、外形等来证明案件事实的，其最大的特征是它直接来源和产生于民事法律关系形成、变更和消灭的过程之中，所以它在诉讼过程中所起的证明作用更直观、更具体，比其他传来证据更具有证明力。

二、复制品、照片、副本、节录本的提交

本条在坚持优先提交证据的原件、原物的同时，也作了例外规定。关于提交原件、原物的例外情形，应当结合司法解释的相关规定作如下理解。

（一）当事人提供书证原件确有困难

所谓“确有困难”，《民事诉讼法司法解释》第111条进行了具体规定，上述提交书证原件确有困难包括下列情形：（1）书证原件遗失、灭失或者毁损的；（2）原件在对方当事人控制之下，经合法通知提交而拒不提交的；（3）原件在他人控制之下，而其有权不提交的；（4）原件因篇幅或者体积过大而不便提交的；（5）承担举证证明责任的当事人通过申请人民法院调查收集或者其他方式无法获得书证原件的。应当注意，该司法解释对于可以不提供原件的情形的规定，均指存在客观原因的情形，且该规定并无兜底条款，因此除这五种情形外，书证的复制件不能单独作为认定案件事实的依据。

（二）当事人提交物证原物确有困难

《民事诉讼证据规定》第12条、第13条将物证分为动产、不动产证据进行具体规定。首先，“确有困难”的具体情形不同。提交动产确有困难是指原物不宜搬移或不宜保存，据此当事人可以提供复制品、影像资料或者其他替代品；不动产因其性质本身就具有不宜搬移的特点，提交原物均属于确有困难的情形，据此当事人可以直接向人民法院提供该不动产的影像资料。其次，法院在收到上述证据后是否应当及时通知查验不同。收取动产证据的，法院应当及时进行查验；而收取不动产证据时，法院只有在认为有必要时才进行查验。

（三）当事人需要自己保存证据原件或原物

根据《民事诉讼证据规定》第11条的规定，当事人需自己保存证据原件的，可以提供经人民法院核对无异的复制件或者复制品。一般情况下，原物除灭失外都需由当事人自己保存，原件如是当事人日后实施法律行为的依据，也应由其自己保留。应当注意的是，本条规定的是原件及原物的优先提交规则，是书证、物证进入民事诉讼程序的起点，而在质证、审查和认证环节，这一原则同样应得到贯彻。优先提交原件、原物不仅影响到当事人在证据提出环节的诉讼权利义务，还构成对书证、物证形式上证据力的保证，其作用在于确保提交的书证具有证据能力或资格。作为例外情形可以提交的替代品，虽然其证据能力或资格不存在法律上的障碍，但由于其本身具有一定瑕疵，如果其无法与原件核对，其实质证据力仍然会受到影响。人民法院在审查判断该类证据时，应当结合其他证据和案件具体情况进行综合判断，没有其他证据相互印证的，不能将其作为认定案件事实的依据。

三、外文书证必须附有中文译本

本条第2款规定：“提交外文书证，必须附有中文译本。”《民事诉讼法》第273条规定：“人民法院审理涉外民事案件，应当使用中华人民共和国通用的语言、文字。当事人要求提供翻译的，可以提供，费用由当事人承担。”应该说，在诉讼中使用本国语言、文字是国际上通用的一项原则，也是涉及国家主权和民族尊严的问题。本条规定实际上就是以我国涉外民事诉讼中“使用中华人民共和国通用的语言、文字原则”为直接法律依据的。或者说，“使用中华人民共和国通用的语言、文字原则”是对外文书证或资料的必然要求。这既是为了维护我国国家司法主权，也是为了便于我国人民法院及时、准确地审查有关证据，以及方便对方当事人质证。

如果外文书证或外文说明资料系在中华人民共和国领域外形成的，这些外文书证或资料应进行相应的公证、认证等程序。外文书证或外文说明资料所附的中文译本，应随同一起公证、认证等。中文译本在经过上述程序后，方具有与外文书证或者外文说明资料同等的效力。

【条文适用】

审判实践中应当注意以下问题：

1.《民事诉讼证据规定》第 91 条规定：“公文书证的制作者根据文书原件制作的载有部分或者全部内容的副本，与正本具有相同的证明力。在国家机关存档的文件，其复制件、副本、节录本经档案部门或者制作原本的机关证明其内容与原本一致的，该复制件、副本、节录本具有与原本相同的证明力。”由于我国《民事诉讼法司法解释》第 114 条中规定了公文书证具有所载的事项推定真实的效力，公文书证制作者依据原本制作的副本，或是国家机关存档文件的副本、复制件、节录本经过档案部门或制作者证明内容一致的，也具有所载的事项推定真实的效力。

2. 我国《民事诉讼法》将视听资料和电子数据规定为独立于书证的证据类型，书证在范围上排除了视听资料和电子证据。因此，本条仅规定书证应当提交原件、物证应当提交原物。值得注意的是，根据《民事诉讼证据规定》第 15 条的规定，当事人以视听资料或电子数据作为证据的，也应当提供存储该视听资料的原始载体以及电子数据的原件。电子数据的制作者制作的与原件一致的副本，或者直接来源于电子数据的打印件或其他可以显示、识别的输出介质，视为电子数据的原件。在实践中，由于电子数据容易出现截取、修改、删除、伪造等情形，法官可以依据以下情形考察电子数据副本是否可视为原件：（1）可准确反映原始数据内容的输出物或显示物；（2）具有最终完整性和可供随时调取查用的电子副本；（3）双方当事人均未提出原始性异议的电子副本；（4）经公证机关有效公证，不利方当事人提供不出反证推翻的电子副本；（5）附加了可靠电子签名或其他安全程序保障的电子副本；（6）满足法律另行规定或当事人专门约定的其他标准的电子副本。[①]

【典型案例】

福建三木集团股份有限公司与福建省泉州市煌星房地产发展有限公司商品房预售合同纠纷案[②]

【案　　号】最高人民法院（2004）民一终字第104号

【裁判要旨】签订合同的一方当事人主张对方向法院提供的合同文本原件不真实，即应当向法院提供自己持有的合同文本原件及其他相关证据；如果不能向法院提供合同文本原件，亦不能提供其他确有证明力的证据以否定对方当事人提供的合同文本原件的真实性，人民法院应当依据优势证据原则，认定对方当事人提供的合同文本原件真实。

【基本案情】南南公司、三木公司与申达公司签订《协议书》约定，三木公司以合作投资等方式购买煌星公司开发的煌星大厦价值1.3487亿元房产，南南公司保证煌星公司所取得的该笔房产转让款必须全额用于购买卓诚公司、高德公司及华天公司持有的三木公司股份。随后，三木

① 最高人民法院民事审判第一庭编：《民事审判实务问答》，法律出版社2021年版，第284页。

② 案例来源：《最高人民法院公报》2006年第5期。

公司与煌星公司陆续签订《包销协议》《娱乐城与会所协议》及《补充协议》等。上述协议签订后，三木公司与煌星公司签订了三份《商品房合同》，成为确立三木公司与煌星公司商品房买卖关系的最终协议。双方的争议问题是《协议书》第 5 条关于“由于三木公司所购的煌星大厦的房产为在建工程，已作为投资投入南南公司作为资本”的内容是否为煌星公司变造。为此，煌星公司提交了《协议书》原件，三木公司提供了《协议书》复印件，复印件中载明：“由于三木公司所购买的煌星大厦的房产为在建工程，在该房产竣工验收合格并满足办理产权所需各种条件时，南南公司必须通知三木公司办理产权手续。”复印件中并没有“已作为投资投入南南公司作为资本”的约定。

【裁判结果】一审法院认为，三木公司关于煌星公司隐瞒该事实的主张因证据不足，判决驳回三木公司的诉讼请求。最高人民法院二审判决：驳回上诉，维持原判。

【裁判理由】最高人民法院认为，根据《民事诉讼证据规定》（2001 年）第 2 条、第 10 条的规定，[①] 当事人对自己提出的诉讼请求所依据的事实或反驳对方诉讼请求所依据的事实有责任提供证据加以证明。当事人向人民法院提供书证的，应当提供原件，并在人民法院指定的举证期限内积极、全面、正确地完成举证义务。据此，三木公司作为《协议书》签约一方主体，对其主张的合同撤销权负有法律上履行提供《协议书》原件的义务，但三木公司自始未能提供《协议书》原件，也未能提供证据证明煌星公司的《协议书》原件非真实制作而成以及内容不是其真实意思表示。

在双方当事人对《协议书》的形式与内容主张不一，三木公司作为签约一方又不能提供《协议书》原件或相反证据证明煌星公司《协议书》原件不真实的情况下，一审法院依据优势证据原则认定煌星公司提供的《协议书》原件，能够证明《协议书》第 5 条关于“由于三木公司所购买的煌星大厦的房产为在建工程，已作为投资投入南南公司作为资

① 2001 年《民事诉讼证据规定》第 2 条在 2019 年《民事诉讼证据规定》修正后删除，第 10 条现对应《民事诉讼证据规定》（2019 年修正）第 11 条。

本”的内容，为三方当事人真实意思表示，并以此作为认定三木公司知道煌星公司已将三份《商品房合同》项下房产作为投资投入南南公司的证据采纳，并无不当。故对三木公司关于煌星公司持有的《协议书》原件内容为其变造，并对其隐瞒了该事实，已构成欺诈的主张，法院不予支持。

第七十四条　人民法院对视听资料，应当辨别真伪，并结合本案的其他证据，审查确定能否作为认定事实的根据。

【条文主旨】

本条是关于视听资料作为证据使用的规定。

【条文理解】

视听资料是以模拟信号的方式在介质上进行存储的数据，可以通过声音、图像、储存的数据和资料形象地反映一定的法律事实。作为证据的一种，视听资料是通过现代科学技术手段，记录案件的真实情况，并能使案件得以再现的证据。根据《民事诉讼法司法解释》第 116 条规定，视听资料包括录音资料和影像资料。

视听资料是现代科学技术发展的产物，将视听资料作为一种独立的证据类型，是我国在 1982 年《民事诉讼法（试行）》中创立的，其后的《民事诉讼法》一直延续了这种做法，并被《刑事诉讼法》和《行政诉讼法》所吸收，成为我国诉讼程序上独有的一种证据形式。在 2012 年《民事诉讼法》修正之前，电子计算机存储的数据一般也被归于视听资料的范畴，但 2012 年《民事诉讼法》修正后，将电子数据作为独立的证据形式，因此视听资料的范围限于录音资料和录像资料。2021 年和 2023 年修正的《民事诉讼法》依然沿用了将视听资料作为一种独立的证据类型的做法。

视听资料作为证据出现在诉讼中由来已久。与我国的处理方式不同，其他国家虽然也多由专门的法律法规对视听资料进行规范，但均依传统的证据方法对待视听资料，而没有将其作为独立的证据形式。作为证据类型的视听资料包括录音资料和录像资料两种形式。录音资料是应用声、光、电和机械等方面的科学技术，把正在进行的有关人员演说、对话以及自然声响等声音如实地记录下来，然后通过播放再现原来的声迹，以证明案件真实情况的证据资料；录像资料是应用光电效应和电磁转换的原理，将人或事物运动、发展、变化的客观真实情况原原本本地录制下来，再经过播放，重新显示原始的形象来证明案件真实情况的证据资料。

与传统的证据形式相比，视听资料具有以下特点：一是视听资料表现为具有一定科技含量的载体，更依赖于录音带、录像带等物质载体，是以其记录内容对待证事实发挥证明作用。没有物质载体就不存在视听资料证据，其与书证在这个特征上非常接近。二是视听资料具有高度的准确性和动态直观性（逼真性），在形成过程中一般不受录制人主观因素的影响而造成对案件事实的歪曲，属于客观再现。只要录制对象正确、录制方法得当、录制设备正常，视听资料就能准确记录事实。借助相应的技术设备，视听资料就能直接再现一定的案件事实。三是对视听资料的收集和审查都需要依赖科学技术手段。与传统的证据形式相比，视听资料更依赖一定的物质载体，并以其记录的内容来对待证事实发挥证明作用。同时，视听资料的形成也需要借助相应的录音、录像设备，既可以借助上述设备来制作，但也可能通过裁剪、拼接等伪造或篡改。因此，当事人以视听资料作为证据的，应当提供存储该视听资料的原始载体，人民法院对其真实性的检测也要依赖相应的科学技术和设备，或通过鉴定等手段进行甄别。实践中，也确实存在一些当事人通过对视听资料的剪辑、编排、加工，人为制作出对自己有利的证据，删改对自己不利的证据，或者伪造出新的证据，给人民法院审理案件带来很多困难。

【条文适用】

司法实务中，人民法院在认定当事人提交的视听资料能否作为认定案件事实的证据时，应注意把握以下问题。

一、应当由当事人提供存储该视听资料的原始载体

借助于现代科技手段，视听资料既容易形成，但也容易被人为伪造或篡改。因此，对于当事人提交的证据系视听资料的，人民法院应当要求其提供存储该视听资料的原始载体。原始载体对于证明视听资料的客观真实具有重要的作用。人民法院对于当事人确实无法提供原始载体的情况要严格把握。当事人应当说明未提交的原因，人民法院对其说明应当审查是否确属于正当理由。如属于正当理由，可允许当事人提交复制件，再结合在案其他证据来认定事实。如不属于正当理由，应当要求当事人及时提供原始载体，否则将承担不利的诉讼后果。

二、应当审查辨别视听资料的真伪

视听资料在现代科技的帮助下很容易被裁剪、截取、修改、刻意删除、伪造等。因此，对于视听资料，人民法院应当借助于科技、信息手段对其客观性、真实性和完整性进行严查以辨别其真伪。对于一些专业性质的篡改或者当事人异议较大的内容，必要时，人民法院可以寻求司法鉴定，让专业人员对视听资料内容进行甄别。但对于视听资料存在的一些无关内容的删减以及不影响内容的特效处理，应不影响对其内容的审查。

三、应当注意审查视听资料取证的合法性

对于当事人提交的视听资料，应当要求其说明录制或制作视听资料的环境、过程等。要注意审查视听资料的制作是否违反法律有关规定，是否存在采取非法手段通过特殊设备侵犯公民隐私的情形。一般而言，未经被录制人同意的私录视听资料能否作为证据使用，要区分不同情况分别认定：一是对于录制的是自己与对方诉讼当事人之间的谈话、行为等活动，如未侵犯对方隐私或商业秘密等，无论对方是否同意，一般可作为认定案件事实的证据。二是对于录制的内容是具有法律意义的民事活动，是对民事活动的客观再现，且并未侵犯对方合法权益的，一般可

作为认定案件事实的证据。三是要判断被录制人是否存在被胁迫、诱导等情形，即录制内容是否属于未在外界力量干预下的自由表达。

四、应当结合其他证据综合认定

人民法院在认定相关事实时，除视听资料外，还应当根据本案的书证、物证、证人证言等证据，对视听资料进行综合分析、判断。只有反映案件真实情况的视听资料，人民法院才能作为认定事实的根据。此外，存有疑点的视听资料，不能单独作为认定案件事实的依据。

第七十五条　凡是知道案件情况的单位和个人，都有义务出庭作证。有关单位的负责人应当支持证人作证。

不能正确表达意思的人，不能作证。

【条文主旨】

本条是关于证人作证义务和证人资格的规定。

【条文理解】

证人证言是民事诉讼中最常见的证据形式之一，也是各个国家普遍承认的一种重要的证据类型。证人证言是指证人在诉讼过程中向司法机关陈述的与案件情况有关的内容，是以证人在法庭上就其亲身经历的案件事实所作的客观陈述作为证明案件事实的资料。以本人所知道的情况对案件事实作证的人，称为证人。

证人制度在罗马法中即已形成。罗马法对证人资格有严格限制，如须是对于法律行为的证明、非在场人不得为证人等。西方国家对于证人资格的规定一般为，凡能了解和表达证言事实，并能理解宣誓的法律义务的人，除法律另有规定者外，均可作为证人。英美法系国家奉行证人中心主义，证人证言在所有证据类型中居于核心地位，其证人概念所涉及的证人范围非常广泛，证人是经过宣誓对案件事实作证的人。按照是否具有某一专门知识对案件争议的事实作出判断，证人分为两类：一种是专家证人，基于其特定的专门学科的有关学识与经验提供意见，其证言被称为意见证言。另一种是非专家证人，也称为普通证人。普通证人是依据自己就其感官获得的某种程度上的记忆提供证言，其证言被称为感知证言。大陆法系国家和地区证人证言的地位虽然不如英美法系国家，但仍是一种重要的证据类型，立法上往往规定了较为详尽的规则，其证人概念较为狭义，仅指向法庭陈述所知案件情况的第三人，即当事人之外的第三人，不包括当事人本人和鉴定人。英美法系中的专家证人在大陆法系中被称为鉴定人。大陆法系国家和地区认为，证人是将其亲身感知案件事实向法院陈述者，具有不可替代性，原则上将证人与鉴定人严格区分。[①]

我国《民事诉讼法》将证人证言作为一种独立的证据类型，指的是证人以口头或书面方式向人民法院所作的对案件事实的陈述。证人所作的陈述，既可以是亲自听到、看到的，也可以是从其他人、其他地方间接得知的。人民法院认定证人证言，可以通过对证人的智力状况、品德、知识、经验、法律意识和专业技能等的综合分析作出判断。虽然我国《民事诉讼法》未对证人进行明确定义，但一般认为我国对证人的定义与大陆法系国家和地区认定近似，即从狭义上理解，当事人和鉴定人不属于证人的范畴。

【条文适用】

司法实务中，人民法院对于证人作证义务以及证人资格，应注意把握以下问题：

一、准确把握对“证人作证义务”的理解

对于本条第1款的理解，分为两个层面。一是证人出庭作证的前提以及法定义务。人民法院审理案件，查明事实，必须依靠知道案情的各方面证人。证人因其亲历性等特征，其证言对于查清案件事实具有重要的作用。当然，只有对案件情况了解或知悉内情的单位和个人，才可以作为证人。从法律上讲，证人出庭作证是公民应尽的义务，也是法律明确规定的。因此，知道案件情况的人应当积极配合人民法院的审理工作。二是证人所在单位应当为其出庭作证提供便利。如前所述，证人作证义

① 最高人民法院民事审判第一庭编著：《最高人民法院新民事诉讼证据规定理解与适用》，人民法院出版社2020年版，第605页。

务是法律规定的，单位和个人均应积极履行此项义务。证人所在单位的负责人应当积极支持证人出庭接受审判人员和当事人的询问。所以，国家机关、社会团体、企业事业单位的负责人，在本单位人员需要出庭作证时，应当给予支持并提供一定的方便，以保证证人能履行好法律规定的义务。同时，还应注意，我国《民事诉讼法》规定单位也可以作为证人。关于单位作为证人出庭作证的问题，应由该单位授权的法定代表人或者法人代表出庭作证。经人民法院许可，单位出具的文件，可以作为书面证言。但需要把握单位出具的书面证言的形式要求，要符合《民事诉讼法司法解释》第 115 条规定的形式要件，即“单位向人民法院提出的证明材料，应当由单位负责人及制作证明材料的人员签名或者盖章，并加盖单位印章。人民法院就单位出具的证明材料，可以向单位及制作证明材料的人员进行调查核实。必要时，可以要求制作证明材料的人员出庭作证。单位及制作证明材料的人员拒绝人民法院调查核实，或者制作证明材料的人员无正当理由拒绝出庭作证的，该证明材料不得作为认定案件事实的根据”。

此外，在人民法院具体审理程序中，证人在法庭审理前的调查、询问程序中陈述的证言具有与庭审汇总陈述同样的可信性。审理前的准备阶段或者法院调查、询问等程序是在法院主持下进行，证人也是在双方当事人在场的情况下陈述证言，双方当事人均可以就案件的有关问题向证人询问，此时证人所作的陈述，应当具有与庭审中陈述同样的法律效果。这也是《民事诉讼证据规定》第 68 条第 1 款规定的“证人在审理前的准备阶段或者人民法院调查、询问等双方当事人在场时陈述证言的，视为出庭作证”的应有之义。

二、准确把握对“证人资格”的理解

证人资格又称证人能力或证人适格性，一般是指根据法律规定，可以成为诉讼中的证人的法律资格。证人资格，也就是证人的范围，是指哪些人能够作为证人，哪些人不能作为证人。根据本条第 2 款的规定，我国对证人资格的基本原则限制为“不能正确表达意思的人”，采取的是排除式的规定，即除非有不能正确表达意思的情形，所有人均有作为证人的资格。对此理解，要注意把握不能限缩该原则，不能简单地等同于无民事行为能力人和限制民事行为能力人没有证人资格。实践中要注意把握以下几点：一是必须是当事人以外知道案件情况的人，才可以作为证人出庭作证。首先必须是当事人以外的人，很多情况下当事人就是事实参与人，对相关情况自然是知晓的，因利益冲突，其自然不能作为证人。其次是知道案件情况。“知道案件情况”就可以确定证人范围是特定的人，具有不可替代性，是客观存在的，既不能由司法机关自由选择和指定，也不能由别人来代替。二是证人必须要具有感知能力、判断是非的能力和正确的表述能力。我国《民事诉讼法》对于证人的感知能力并未有特别要求。立法承认每一个人都具有一定的感知能力。至于影响感知能力的因素，则视其为与证人证言可信性有关的因素，在审查证人证言的证明力时予以考虑。根据本款规定，精神病患者、呆痴、年幼无知或者其他不能正确表达意思的人，不能作为证人。

三、准确把握无民事行为能力人和限制民事行为能力人作为证人的情形

《民事诉讼证据规定》第67条第2款规定，待证事实与其年龄、智力状况或者精神健康状况相适应的无民事行为能力人和限制民事行为能力人，可以作为证人。将该款规定与本条联系起来，可以对我国《民事诉讼法》规定的证人制度理解得更完整。重点要把握的是，待证事实与其自身自然状况相适应，即可具备相应的证人资格，此时不需要苛求证人必须具有完全民事行为能力。应当指出的是，生理上有缺陷的人，只要这种缺陷不会成为其了解一定事实的障碍，仍可以作为证人。比如，聋哑人可以用文字表述其看到的事情，盲人可以证明其所听到的事实。至于某些对事实有一定理解和表达能力的儿童，在某些情况下也可以作为证人。①

① 全国人大常委会法制工作委员会民法室编著：《〈中华人民共和国民事诉讼法〉释解与适用》，人民法院出版社2012年版，第110页。

综上所述，审判实践中，在审查证人资格时，首先应当审查证人是否具备正确表达意思的能力，审查证人是否具有正确感知事物和准确记忆的能力、是否具有正确的表达能力。在此前提下，当证人是无民事行为能力人或者限制民事行为能力人时，审查待证事实是否与证人的年龄和智力健康状况或者精神健康状况相适应。

第七十六条　经人民法院通知，证人应当出庭作证。有下列情形之一的，经人民法院许可，可以通过书面证言、视听传输技术或者视听资料等方式作证：

（一）因健康原因不能出庭的；

（二）因路途遥远，交通不便不能出庭的；

（三）因自然灾害等不可抗力不能出庭的；

（四）其他有正当理由不能出庭的。

【条文主旨】

本条是关于证人出庭作证的规定。

【条文理解】

证人出庭作证是证人履行作证义务的表现方式。一般而言，出庭作证是原则，不出庭作证是例外。从世界范围来看，无论大陆法系国家和地区还是英美法系国家和地区，对证人作证都以要求出庭为原则，只是基于不同的诉讼模式和不同的程序特点，采取不同的方式。证人是就其亲身感知的事实向法庭作客观陈述的人，其所要证明的内容是其亲身经历的事实，加之其具有不可替代性，故其只能通过正确表达感知来证明案件事实，同时还要接受法官和当事人的询问，诉讼活动才能得以正常进行，所以只有出庭作证，才能履行完毕完整意义上的证人义务。

关于证人享有的权利和应尽的义务，在此有必要对我国民事诉讼程序上的相关规定进行梳理。一般认为，证人享有如下权利：（1）使用本民族语言文字作证的权利。（2）审阅证言和要求对其补充、更正的权利。（3）费用补偿权。即证人因出庭作证而支出的交通费、住宿费、就餐费等合理费用，有权要求获得补偿，并有权要求获得误工补贴。上述费用由败诉一方当事人负担。上述交通、住宿、就餐等必要费用，按照机关事业单位工作人员差旅费用和补贴标准计算；误工损失按照国家上年度职工日平均工资标准计算。（4）获得保护权。证人因为作证而使自己的人身、财产安全受到威胁或损害的，有权要求法院予以保护。

证人负有如下义务：（1）出庭作证的义务。证人只有出席法庭，接受双方当事人的质证和法院的询问，才便于法院审查证人证言的真实性、可靠性和证明力，因此各国民事诉讼法都将出庭作证规定为证人的义务。在诉讼中，当事人申请证人出庭作证的，应当在举证期限届满前提出；符合《民事诉讼法司法解释》第 96 条第 1 款规定情形的，人民法院可以依职权通知证人出庭作证；未经人民法院通知，证人不得出庭作证，但双方当事人同意并经人民法院准许的除外。应当注意的是，根据《民事诉讼法》和司法解释的规定，证人的出庭义务有下列例外：其一，证人具有法律规定的情形之一的，经人民法院许可，可以通过书面证言、视听传输技术或者视听资料等方式作证；其二，证人在人民法院组织双方当事人交换证据时出席陈述证言的，可视为出庭作证。除了上述情形之外，证人未出庭所提供的证言，其证明力将受到一定的影响；无正当理由未出庭作证的证人的证言，不能单独作为认定案件事实的依据。（2）如实作证的义务。证人无论是出庭作证还是提交书面证言、视听资料或者通过双向视听传输技术手段作证，都负有如实作证的义务。人民法院在证人出庭作证前，应当告知其如实作证的义务以及作伪证的法律后果，并责令其签署保证书，但无民事行为能力人和限制民事行为能力人除外；保证书应当载明据实陈述、如有虚假陈述愿意接受处罚等内容。证人拒绝签署保证书的，不得作证，并自行承担相关费用。（3）遵守法庭纪律和诉讼秩序的义务。①

要求证人出庭作证陈述证言，既是保障当事人充分行使质证权利的需要，也是人民法院准确认定事实的需要。证人出庭作证制度的价值一般包括：证人出庭作证能够保障发现案件事实真相，解决实体争议；证

---

① 齐树洁：《民事诉讼法》（第 13 版），厦门大学出版社 2019 年版，第 237 ~ 238 页。

人出庭作证是贯彻直接言词原则的具体体现；证人出庭作证是辩论原则的内在要求。证人出庭作证的目的在于对其证言有效质证，有利于法官查清案件事实，确保裁判公平，维护司法公正。相反，证人不出庭就不利于查清案件事实，对司法公共利益也有一定损害，在证人无法出庭的情况下，法院应追求司法公共利益损害最小化的目标。特殊情况下允许证人不出庭作证，是在司法利益和证人利益之间的平衡选择。虽然允许证人在特殊情形下不出庭，但并不意味着证人不再承担作证义务，其仍可通过书面证言、视听传输技术或者视听资料等方式作证。

【条文适用】

司法实务中，人民法院对于证人作证义务以及证人资格，应注意把握以下问题。

一、要注意把握证人出庭的前提是“经人民法院通知”

人民法院的通知是证人出庭作证的前提，是证人获准出庭作证的标志。原则上，在没有人民法院通知的情况下，证人不能出庭作证。审判实践中，往往出现证人突袭作证的情形，即当事人未在举证期限届满前向人民法院提出申请，而是开庭时径行带证人临时申请作证，或者申请的证人与实际到场的证人不一致，个别审判人员考虑到诉讼效率或者本身对《民事诉讼法》相关规定不熟悉，导致把握尺度弹性过大，对当事人未遵守法律、司法解释规定的行为不加禁止，随意允许未经通知的证人作证，既影响庭审的严肃性，也无法保障证人证言的真实性，对其他当事人也难言公平。因此，要把握好证人出庭的前提，即得到人民法院允许并通知其参加诉讼。未经人民法院通知的，意味着当事人关于证人作证的申请未提出或未被人民法院所允许，也就不存在证人作证的问题。根据《民事诉讼证据规定》第70条的规定，人民法院对于当事人申请证人出庭是要依法审查的，如认为当事人申请证人出庭作证的事项与待证事实无关，或者没有通知证人出庭作证必要的，人民法院可不予准许该申请。此外，还应注意到除了当事人申请证人出庭，人民法院允许后通知证人出庭外，人民法院依职权也可以通知证人出庭。该证人证言即属于人民法院认为审理案件需要的证据，具体须符合《民事诉讼法司法解释》第 96 条第 1 款的规定："民事诉讼法第六十七条第二款规定的人民法院认为审理案件需要的证据包括：（一）涉及可能损害国家利益、社会公共利益的；（二）涉及身份关系的；（三）涉及民事诉讼法第五十五条规定诉讼的；（四）当事人有恶意串通损害他人合法权益可能的；（五）涉及依职权追加当事人、中止诉讼、终结诉讼、回避等程序性事项的。"

二、要注意把握"经人民法院许可"后可以不出庭的情形

根据前文所述，出庭作证是原则，不出庭作证是例外。不出庭作证的情形主要是围绕证人确有困难的，可以不出庭作证。证人负有出庭义务，但并不是说证人在任何情况下都应当出庭。由于各种主客观因素的影响以及从利于诉讼、方便诉讼的角度考虑，在某些特定的情形下，证人可以不出庭作证。2012 年《民事诉讼法》修正前第 70 条规定："证人确有困难不能出庭的，经人民法院许可，可以提交书面证言。"但由于规定过于原则，实践中并不好把握，故对于确有困难的情形予以明确很有必要。本条主要规定以下几种情形：对于因健康原因不能出庭作证的，这是各国的普遍做法，要求年迈体弱或者行动不便的证人必须出庭作证，既不客观也不现实。对于路途遥远、交通不便不能出庭作证的，要把握路途遥远和交通不便两个条件需同时具备，既确实路途遥远，同时交通也不便利，此种情况下经人民法院许可，才可以不出庭作证。如果虽然路途遥远，但考虑到现在各种大众运输技术的飞越发展，证人所在地与法院所在地间交通便利的，也不属于此种情形。对于因自然灾害等不可抗力不能出庭作证的，是考虑到"作证不能"的现实。不可抗力是证人自身无法避免、无法克服的自然现象和社会现象。证人因不可抗力无法出庭，可以以其他方式作证。对于其他有正当理由不能出庭的情况，可视为兜底条款，证人应当在书面申请中写明其不能出庭作证的客观原因，

并提交相应的证据予以证明，人民法院经综合考虑，认为证人出庭作证不合理、不可行的，可准许证人不出庭作证。适用本条，同时还要注意到《民事诉讼证据规定》第68条第2款的规定，“双方当事人同意证人以其他方式作证并经人民法院准许的，证人可以不出庭作证”，这是诉讼契约精神的具体体现。民事诉讼纠纷双方当事人主体平等，法官居中裁判。在当事人各方对证人不出庭作证而以其他方式作证达成合意的情形下，在不违反法律及司法解释规定的前提下，人民法院一般应予准许，这是对当事人充分行使自身权利的尊重，更有利于当事人纠纷的解决。

三、要注意把握证人不出庭时的其他作证方式

本条规定，在人民法院许可证人不出庭作证的前提下，证人作证的其他方式包括书面证言、视听传输技术或者视听资料等方式。书面证言是证人出庭作证之外的最为常见也是最为方便的作证方式。证人不能出庭的，可以提交其亲笔书写的书面证言，也可以以他人记录的证言笔录的形式作证。双向视听传输技术是现代科技发展的产物，为相距遥远的人们提供了便捷、有效的交流途径，与书面证言和视听资料相比，其具有及时性、互动性的优点，能够更为全面地反映证人作证的现场情况，并能够使质证和询问证人的程序及时展开，更有利于法庭正确地审核判断证据，从而更好地保障证人证言的真实性。随着2021年8月1日起《人民法院在线诉讼规则》的施行，双向视听传输技术可能会被更多地适用，人民法院根据当事人选择和案件情况，可以组织当事人开展在线证据交换，通过同步或者非同步方式在线举证、质证，也可以允许证人通过在线方式出庭作证。视听资料相比书面证言，也有一定优越性，可以较为全面地反映证人作证的环境，能够更好地保证证言的可信性，具体可参照本法第74条对于视听资料证据的有关规定。

第七十七条　证人因履行出庭作证义务而支出的交通、住宿、就餐等必要费用以及误工损失，由败诉一方当事人负担。当事人申请证人作证的，由该当事人先行垫付；当事人没有申请，人民法院通知证人作证的，由人民法院先行垫付。

【条文主旨】

本条是关于证人出庭费用负担的规定。

【条文理解】

证人出庭作证是个人因履行公民应尽的义务，对与其个人利益并无直接关联的事项作证，以便人民法院有效查清事实，依法裁判，维护司法公正。但与此同时，证人出庭作证，必然会耗费一定的精力、时间和财力，影响正常的生活和工作。如果证人不在法院所在地，势必还要花费差旅费，使其个人经济利益受损。如果因为履行出庭作证的法定义务，而使证人自身的经济利益受损，违背权利与义务相对应的原则和公平原则。同时，考虑到我国证人作证的意识不强，如果不建立证人出庭作证费用补偿机制，补偿证人因出庭作证而产生的经济损失，证人更不愿意配合法庭出庭作证，这也是 2012 年《民事诉讼法》修正增加此项制度的原因。

从世界范围看，对证人出庭作证给予一定的经济补偿也是各个国家和地区民事诉讼立法和证据立法的普遍做法。《英国民事诉讼规则与诉讼指引》规定了证人的经济补偿费用，包括证人往返法院差旅费和因时间损失而获得的补偿费用，且规定此费用由负有举证责任的当事人预交给法院，在向证人送达传唤令状时，向证人支付。《美国加州证据法典》也同样规定证人补偿费用由负有举证责任的当事人支付。《德国民事诉讼法》规定，证人的补偿费用由负有举证责任的当事人预先垫付，否则法院不予传唤证人。同时，德国法律还规定由败诉方承担另一方当事人预付的证人费用。《法国民事诉讼法》第221条规定，证人可向法官申请并经法官批准领取补偿金。我国《民事诉讼法》在2012年修正以前对于证人作证的费用问题没有规定。2001年《民事诉讼证据规定》第54条第3款规定："证人因出庭作证而支出的合理费用，由提供证人的一方当事人先行支付，由败诉一方当事人承担。"2007年4月1日起施行的《诉讼费用交纳办法》第6条第3项将证人在人民法院指定日期出庭发生的交通费、住宿费、生活费和误工补贴纳入当事人应当向人民法院交纳的诉讼费用。2012年修正的《民事诉讼法》借鉴了司法解释和行政法规的做法而新增规定了证人出庭作证费用补偿制度。

因此，证人因履行出庭作证义务而支出的必要费用或者因出庭作证而影响其正常收入的，在经济上理应有权获得必要的补偿。证人也因此有作证费用的请求权。证人出庭作证的义务并非其对当事人应尽的私法上的义务，而是对代表国家司法权的法院应尽的公法上的协助义务。自此而言，逻辑上法院应当代表国家承担给付义务，但民事诉讼是当事人为了自己的利益请求国家司法机关确定私权之程序，属于国家对于发生私权争执的当事人之特别服务，与国家利益无涉，为此所支出的费用，自然不能由全国纳税人负担。民事诉讼采有偿主义，由当事人自己负担诉讼费用，以防止当事人滥用诉权而提起无益的诉讼，同时也减少国库的支出。①

【条文适用】

司法实务中，人民法院对于证人出庭费用的负担，应注意把握以下问题。

① 占善刚：《民事诉讼中的证人作证费用请求权简论》，载《求索》2020年第6期。

一、注意把握证人行使出庭费用补偿请求权的前提

证人申请人民法院给予出庭费用补偿的前提，应是其个人已经履行出庭作证的义务，即要满足两个条件，其一，证人在法律规定或人民法院指定的时间到庭，逾期未到庭不能提出经济补偿要求。其二，到庭后如实地陈述其亲身感知的事实，不得使用猜测、推断或者评论性语言，更不能作出虚假陈述。

二、注意把握证人出庭费用的范围和标准

根据本条规定，证人出庭费用包括证人因履行出庭作证义务而支出的交通、住宿、就餐等必要费用以及误工损失两个部分。具体而言，其一，证人的出庭费用补偿仅限于其出庭作证所产生的必要费用，包括交通费、住宿费、就餐费以及误工损失。所谓必要费用，是指维持证人正常生活状态和履行出庭作证义务所应当支出的费用。其二，费用的确定标准，交通、住宿、就餐等费用按照机关事业单位工作人员差旅费用和补贴标准计算，误工损失按照国家上年度职工日平均工资标准计算。前者是考虑到机关事业单位对工作人员的差旅和补贴标准有明确规定，依这种标准计算简便易行，且上述标准在社会中处于中等水准，不存在偏高或偏低的情况，对各方当事人相对公平。至于支付误工损失，存在一定争议。从我国国情出发，虽然本法已经规定证人所在单位应当支持公民出庭作证，但在现行市场经济体制下，因证人出庭作证而给所在单位特别是所在企业造成利益损失的，不能一概将这些损失转嫁于该证人所在单位，当然也不能由证人自身负担，这部分损失应当包含在证人出庭费用范围内较为合适。

三、注意把握证人出庭费用的最终负担主体

对于证人出庭费用最终由谁承担，在 2012 年修正《民事诉讼法》时曾有争议，有的观点认为，应由败诉一方当事人负担；有的观点认为，谁主张证人出庭，费用由谁负担；也有观点认为，该证人证言未被法庭采信，则由申请方负担，若被采信，则由对方负担；还有观点认为，应

由国家负担。但最终考虑到证人出庭费用属于诉讼费用的一部分，从诉讼费用的负担原则上看，应当由败诉方负担更为合理，这样也有助于满足规范、警戒、惩罚民事违法当事人的客观需要。故根据“谁主张，谁举证”的举证责任规则，当事人应对己方申请出庭的证人先行垫付相关费用，最终由人民法院在案件审结后按照“谁败诉，谁负担”的原则裁决，即由败诉的一方当事人负担。

四、注意把握证人出庭费用的垫付问题

因证人出庭作证是在法庭审理程序之中，在案件审结之前无法判断何方败诉，故证人出庭费用需要预先垫付。对于当事人自己申请证人作证的，由其自己先行垫付；人民法院依职权通知当事人出庭作证的，由法院先行垫付。同时要注意，当事人申请证人作证时，所需垫付的费用应当缴付给人民法院，再由人民法院支付给证人，当事人不能直接向证人支付。同样，证人也不能向当事人请求支付出庭作证的费用，费用未及时支付的，证人应当基于其公法上的请求权向人民法院提出请求。

五、注意把握证人出庭费用的给付时间

对于证人出庭作证补偿费用，应以庭后给付为主，事前给付为例外作为一般原则。之所以这样规定，是考虑到：其一，人民法院向证人送达出庭通知后，证人是否到庭作证无法确定，事前给付缺乏事实基础，因此，证人作证费用请求权一般应当在证人作证结束之后行使。我国《民事诉讼法》及司法解释对证人行使经济补偿请求权没有规定明确的期限，但从诉讼效率及权利保护的角度出发，证人应当在作证结束后尽快提出主张。其二，对确实有经济困难的证人若仍采取事后给付的方式，显然不利于鼓励证人积极出庭作证，也与保障证人出庭的价值相违背。因此，对于经济确有困难的证人，为保证其能够如期到庭，可以在证人出庭作证之前根据其申请预付差旅费用。[①]

---

① 最高人民法院民事审判第一庭编著：《最高人民法院新民事诉讼证据规定理解与适用》，人民法院出版社2020年版，第671~672页。

第七十八条　人民法院对当事人的陈述，应当结合本案的其他证据，审查确定能否作为认定事实的根据。

当事人拒绝陈述的，不影响人民法院根据证据认定案件事实。

【条文主旨】

本条是关于当事人陈述作为证据的规定。

【条文理解】

当事人的陈述是指案件的当事人向人民法院作出的关于案件事实和证明这些事实情况的陈述。当事人的陈述是民事诉讼证据的一种。在民事诉讼中，当事人对于案件的一切事实、证据的判断，法律的适用，以及对对方当事人主张的事实和理由，有权表示同意或者提出反驳。由于民事纠纷是在当事人之间发生的，所以，他们最了解争议的事实。对于人民法院来说，当事人的陈述是查明案件事实的重要线索，应当给予重视。但是，双方当事人在案件中处于对立地位，他们之间存在利害冲突，可能会夸大、缩小甚至歪曲事实。所以，人民法院对于当事人的陈述应当客观看待，注意其是否有片面和虚假的成分，既不可盲目轻信，也不能忽视其作用。只有把当事人的陈述和案件的其他证据结合起来，综合研究审查，才能确定其是否可以作为认定事实的根据。

有学者认为，当事人就案件有关事实向法院陈述，有两种情况：一是对案件事实的陈述。即当事人就争议的民事法律关系发生、变更或者消灭的事实的说明。当事人为了胜诉，一般都会尽力陈述对自己有利的事实，而对对方当事人陈述的不利于自己的事实，则提出不同的事实根据进行反驳。二是对案件事实的承认。后者即当事人自认，是指一方当事人对另一方当事人所主张的事实加以肯定或者认可。当事人的承认又可以分为审判上的承认和审判外的承认两种。审判上的承认，是指在案件审理过程中，当事人向法院所作的承认。一方当事人对对方当事人所作的关于案件事实的陈述表示同意，可免除对方当事人的举证责任。审判外的承认，是指当事人在法院外对某些事实所作的承认。这种承认不能作为免除举证责任的根据，因其没有法院的参与，对法庭不存在任何拘束力。承认的主体除当事人外，还包括法定监护人、法定代表人、多数人诉讼的代表人和经当事人特别授权的代理人等。①

自认，是指当事人对不利于自己的事实的承认。依据自认作出的场合，可以区分为诉讼中的自认和诉讼外的自认。诉讼中的自认是指当事人在诉讼过程中就对方当事人主张的不利于己的事实，于诉讼上陈述其为真实，或称当事人一方所主张的事实，对他方当事人不利，而他方当事人在诉讼上作出承认此项事实的陈述。② 诉讼外的自认只是影响法官心证的因素，其本身与证明责任无直接关联，故并非证据法关注的问题。在实行辩论主义的民事诉讼中，自认是对于己不利的事实予以承认的声明或表示。声明，在诉讼中通常表现为一方当事人对另一方当事人主张的于其不利的事实予以直接、积极、明确地承认；而作为一种表示，则既可以是明示的作为，也可以是默示的不作为，既可以由当事人自己作出，也可以由经其授权的诉讼代理人作出。③ 对于当事人的自认，在《民事诉讼证据规定》以及《民事诉讼法司法解释》中均有规定。《民事诉讼证据规定》第3条规定："在诉讼过程中，一方当事人陈述的于己不利的事实，或者对于己不利的事实明确表示承认的，另一方当事人无需举证证明。在证据交换、询问、调查过程中，或者在起诉状、答辩状、代理词等书面材料中，当事人明确承认于己不利的事实的，适用前款规定。"《民事诉讼法司法解释》第92条规定："一方当事人在法庭审理中，或者在起诉状、答辩状、代理词等书面材料中，对于己不利的事实明确

① 齐树洁：《民事诉讼法》（第13版），厦门大学出版社2019年版，第238~239页。

② 李学灯：《证据法比较研究》，我国台湾地区五南图书出版公司1992年版，第103页。

③ 肖建华主编：《民事证据法理念与实践》，法律出版社2005年版，第110页。

表示承认的，另一方当事人无需举证证明。对于涉及身份关系、国家利益、社会公共利益等应当由人民法院依职权调查的事实，不适用前款自认的规定。自认的事实与查明的事实不符的，人民法院不予确认。”

【条文适用】

司法实务中，人民法院对于当事人陈述作为证据的情况，应注意把握以下问题。

一、应当结合在案证据对当事人陈述进行必要审查

当事人本身系案件涉及的利益攸关方，是发生纠纷的民事法律关系的主体，虽然对于案件情况最为了解，但因各方利益直接冲突，不可避免存在夸大对己方有利的事实，掩盖、缩小对己方不利的事实的情况，甚至会歪曲事实、虚构情节。这就要求人民法院对于当事人的陈述要保持审慎的态度，要把当事人的陈述与在案客观证据如书证、物证、证人证言等表露的事实进行复位，从而综合分析，审查其是否符合案件的真实情况。只有与案件事实有关，并且符合真实情况的陈述，才能作为人民法院认定事实的依据。特别是对于当事人作出的对于已方不利的事实的承认，如人民法院审查其自认的事实与查明的事实不符的，应对此不予确认。审判实践中，当事人牺牲较小的利益作出于己不利的承认，以换取更大利益的行为并不鲜见。“自认的事实与查明的事实不符”，是指当事人于诉讼上自认的事实，与法官依据法律、司法解释的规定以及在案证据已经形成内心确信的事实不相符，且当事人的陈述亦不能动摇法官心证的情形。这种情况往往还与虚假诉讼密切相关，人民法院在审理案件中如存在一方当事人对于另一方当事人陈述的事实全盘同意，或者对明显于已不利的事实仍旧认可的情形，或者当事人明明亲历案件事实却不能完整准确陈述案件事实或陈述前后矛盾等，极有可能存在虚假诉讼。一旦查实存在虚假诉讼，人民法院应直接判决驳回其诉讼请求。涉嫌犯罪的，人民法院应当及时将相关材料移送刑事侦查机关。

二、应当依法确认当事人陈述的证明效力

人民法院审理民事案件时，对于当事人的陈述，在认真听取的基础上，应当根据在案证据确认其是否具备证据效力。如果当事人的陈述和其他证据没有矛盾，并且双方当事人的陈述也不存在矛盾的，人民法院应该承认其证明效力。如果当事人拒绝陈述，人民法院之前根据在案证据已经对案件事实有大致了解并形成心证，此时即便没有当事人陈述，也可根据在案证据认定案件事实。

三、应当注意将专家辅助人的意见视为当事人的陈述

《民事诉讼法司法解释》第122条第2款规定："具有专门知识的人在法庭上就专业问题提出的意见，视为当事人的陈述。"2012年修正《民事诉讼法》时，加入了专家辅助人制度。专家辅助人在诉讼中的功能是协助当事人就有关专门问题提出意见或者对鉴定意见进行质证，回答审判人员和当事人的询问，与对方当事人申请的专家辅助人对质等，其发表的意见也是围绕鉴定意见或者对专业问题的意见展开的。专家辅助人是当事人的诉讼辅助人，也是当事人申请人民法院通知其出庭的，其在法庭上的活动应视为当事人的活动，故其对专门性问题的陈述应视为当事人的陈述。

第七十九条　当事人可以就查明事实的专门性问题向人民法院申请鉴定。当事人申请鉴定的，由双方当事人协商确定具备资格的鉴定人；协商不成的，由人民法院指定。

当事人未申请鉴定，人民法院对专门性问题认为需要鉴定的，应当委托具备资格的鉴定人进行鉴定。

【条文主旨】

本条是关于鉴定程序启动方式的规定。

【条文理解】

鉴定是鉴定人运用专门的知识和技能，辅之以必要的技术手段，对案件中发生争议的专门性问题进行检测、分析、鉴别的活动。鉴定的成果为鉴定意见，属于专家证据的一种形式。鉴定为大陆法系国家和地区以及受大陆法系影响较深的国家对于诉讼中的专门性问题所采取的辅助法官发现事实的手段。在英美法系国家，虽然也有类似鉴定意见的专家证据形式（法庭专家提供证人证言），但只适用于小额或者速裁程序，居于主导地位的是专家证人。

随着科学技术的快速发展以及社会化生产大分工的不断衍生，社会生活中出现的难以为公众所掌握的专门性问题越来越多，而要对这些专门性问题形成较为全面、正确的认知有赖于极高的专业素养。具体到民事诉讼中，这些专门性问题就体现在需要一定专门知识的案件中，如知识产权纠纷案件、环境污染纠纷案件、产品质量纠纷案件等，在这些案件中，法官在案件审理的过程中往往就需要对各式各类的专门性问题进行判断，但仅凭自己的知识结构、认知水平很难对此作出正确的判断，不得不借助相关领域的专家帮助才能认定案件事实或者证据。因此，在当前的民事诉讼活动中，需通过鉴定才能解决认定事实中涉及的专门性问题的情况十分普遍。对专门性问题进行鉴定的人即为鉴定人，他们根据法院的委托，利用专门知识对案件中的某些专门性问题进行鉴别、分析、判断，最后提供的结论性意见即为鉴定意见。当前，普通民事诉讼中大量涉及鉴定的事项主要有：医疗损害的侵权因果关系、人身损害的伤残程度、护理依赖度、劳动能力、房屋或工程质量及修复、产品质量、笔迹及公司印章真伪以及财产评估、建设工程造价评估等。[①]

鉴定意见是指具备资格的鉴定人对民事案件中出现的专门性问题，通过鉴别和判断后作出的书面意见，如医学鉴定、指纹鉴定、产品质量鉴定、文书鉴定、会计鉴定等。[②] 由于鉴定意见是运用专业知识、专门技术与方法对案件事实涉及的某一专门问题所作出的鉴别和判断，具有科学性，进而对相关专门问题有着较强的证明力，往往成为审查和鉴别其他证据的重要手段。因此，鉴定意见是民事诉讼中十分重要的证据类型，对于涉及专门性问题的案件事实的查明发挥着重要作用。

对于专家证据，我国《民事诉讼法》与大陆法系国家和地区的规定较为接近，对于涉及专门性问题的事实，法院主要将委托具有专门鉴定资质的鉴定机构对委托鉴定的专门性问题得出鉴定意见作为对相关证据的搜集、调查的主要手段。此时，司法鉴定在诉讼中的作用是在裁判者对相关专门性问题查明所依赖的专业知识背景有缺失的情况下，通过专家的专门知识帮助自己正确认识有关的证据和基本的判断方法，从而确定涉及专门性问题的案件事实，并由此实现公正裁判。鉴定人是以法官助手的身份出现在诉讼活动之中的，由此，从事司法鉴定职业的鉴定人员也就必须具备中立性、专业性、公共性和帮助性的职业特征。

在民事诉讼中，鉴定意见在一定情形下往往具有其他证据所不能替代的作用，对于印证其他证据真实性和可靠性，具有重要作用；在一些

---

① 最高人民法院民事审判第一庭编著：《最高人民法院新民事诉讼证据规定理解与适用》，人民法院出版社2020年版，第309页。

② 王胜明主编：《中华人民共和国民事诉讼法释义》，法律出版社2012年版，第147页。

特定情形下，正确地运用鉴定意见，可直接认定案件事实的主要情节或者否定某些主要情节，特别是在一些疑难复杂案件中，鉴定的作用更能体现出来。但需要注意的是，由于很多主观或者客观原因，鉴定意见也有不准确、不可靠的时候，不同的鉴定机构、鉴定人员对于同一专门性问题可能得出相反的结论，如对于笔迹的鉴定等。因此，法官在审理案件认定事实时也不能仅依靠鉴定意见，还是应当结合在案全部证据，进行综合审查判断，从而准确认定案件事实，依法裁判。①

【条文适用】

司法实务中，人民法院对于鉴定程序启动方式的情况，应注意把握以下问题。

一、正确理解鉴定程序的启动主体

鉴定程序可以因当事人申请启动，也可以由人民法院依职权启动。对于待证事实负有举证责任的当事人，若待证事实涉及专门性问题需要鉴定的，该当事人负有申请的义务。如果其未申请鉴定导致待证事实无法借助鉴定意见进行判断而真伪不明的，由该当事人承担不利后果。首先，申请鉴定是当事人的一项权利。除非涉及人民法院依职权启动鉴定的情形，一般情况下，鉴定程序多因当事人申请而启动，这也是强化当事人的举证责任、建立现代民事审判制度的客观要求。人民法院对于当事人申请鉴定的权利应当予以保护。对查明案件事实的专门性问题需要进行鉴定的，当事人有权提出申请。其次，要发挥人民法院对于是否启动鉴定的审查权作用。对于当事人就专门性问题向人民法院申请启动鉴定的，是否准许由人民法院决定。也就是说，并非只要当事人提出启动鉴定的申请，人民法院就一定会启动鉴定。人民法院经审查认为，当事人申请鉴定的专门性问题与待证事实无关联（此种情况下，鉴定意见必

① 最高人民法院民事审判第一庭编著：《最高人民法院新民事诉讼证据规定理解与适用》，人民法院出版社 2020 年版，第 310 页。

然因欠缺证据的关联性而不具有证据能力）、对于证明待证事实无意义以及其他无鉴定必要的，人民法院可不予准许当事人的申请。这是考虑到一旦启动鉴定，鉴定的时间往往较长，一定程度上影响当事人胜诉权的早日实现，且在人民法院认为根据在案证据已经能认定事实的情况下，可以不允许启动鉴定。如果认为确有启动鉴定的必要，对双方当事人均申请鉴定，或者一方当事人申请、另一方当事人同意的，人民法院应当启动鉴定程序；如果只有一方当事人申请鉴定，鉴定的内容经审查确为查明案件事实的专门性问题，另一方当事人虽然不同意，人民法院一般也应允许启动鉴定。最后，关于鉴定人的确定。本条规定了确定鉴定人的两种方式，即协商和指定。要注意把握的一点是，鉴定人的确定，优先采用当事人协商的方式，在协商不成的情况下，人民法院才可以指定鉴定人。在当事人申请鉴定的情况下，如果直接由法院指定鉴定人，既没有尊重当事人的意见，也容易导致当事人对鉴定人产生不信任的情绪，触发重新鉴定的问题。为在程序上公正地保障当事人的诉讼权利，应当由双方协商确定鉴定人，这体现了对当事人意愿和诉讼权利的尊重，可以避免当事人对法院和鉴定人中立性的质疑，鉴定意见才可能让当事人心服口服，有利于案结事了。

二、正确理解当事人申请与法院依职权启动鉴定的相关问题

目前，《民事诉讼法》规定鉴定的启动方式是依当事人申请启动以及法院依职权启动。人民法院依职权启动鉴定，性质上属于人民法院依职权调查收集证据的行为，应当遵守依职权调查收集证据的条件，即存在“人民法院认为审理案件需要的证据”的情形。也就是说，人民法院依职权启动鉴定，还要与《民事诉讼法司法解释》第96条规定的人民法院应当依职权查明的事实范围相一致。对于属于当事人举证范围内的相关专门性问题的证明，如果对该待证事实负有举证责任的当事人拒不申请鉴定，如何处理是实践中常遇到的问题。有观点认为，此种情况属于本条第2款规定的情形，即当事人未申请鉴定，人民法院应当委托具备资格的鉴定人进行鉴定。但这种观点与《民事诉讼法司法解释》第96条相冲

突，也与当事人申请鉴定这一诉讼权利与诉讼负担的基本设定发生根本矛盾，且在实际操作过程中因各级法院并无此项财产支出而无法操作。那么对待这一问题，还是应回归到鉴定意见的性质上分析。鉴定意见本质属于证据的一种，申请鉴定是当事人履行自己举证责任的内容。当事人需要鉴定意见来证明自己的主张时，当然应当主动申请鉴定；如拒不申请鉴定，其应当就该主张承担举证不能的法律后果，这也可以视为当事人自己对诉讼权利的处分。但仅在特殊情形下，即当事人不申请鉴定，人民法院经审查认为该专门性问题涉及有损国家利益、社会公共利益或者他人合法权益的事实，不启动鉴定就无法准确认定事实的情形下，人民法院方可依职权委托鉴定。

第八十条　鉴定人有权了解进行鉴定所需要的案件材料，必要时可以询问当事人、证人。

鉴定人应当提出书面鉴定意见，在鉴定书上签名或者盖章。

【条文主旨】

本条是关于鉴定人权利及义务的规定。

【条文理解】

司法鉴定是公共法律服务体系的重要组成部分，有着法律性、科学性的双重属性，在保障诉讼执行活动中发挥着不可替代的作用，为人民法院依法查明涉及专门性问题的案件事实提供极其重要的科学依据。正是由于鉴定活动自身的高度专业性以及案件情况的复杂性，为更好发挥司法鉴定的作用，就有必要对鉴定人的权利和义务进行明确，以促进鉴定的发展，督促鉴定的实施。故为保障鉴定人能够及时、顺利地开展鉴定活动，本条第1款规定了鉴定人可以因鉴定需要了解相关案件材料，必要时也可以询问当事人、证人之后实施鉴定。

关于鉴定人享有的权利。鉴定人的权利是指法律为保障鉴定人正常执业，而赋予其在执业时为一定行为的可能性。鉴定人的权利因承担鉴定的任务和鉴定的需要而产生，鉴定人为得出正确结论，有权要求提供与鉴定有关的材料或了解与鉴定有关的案件情况，同时有权获取鉴定费用。[①] 在大陆法系国家和地区，鉴定人因被视为“法官的助手”而享有较

① 汪建成：《司法鉴定模式与专家证人模式的融合——中国刑事司法鉴定制度改革的方向》，载《国家检察官学院学报》2011年第4期。

英美法系专家证人更充分的权利。对于鉴定人权利的规定，多见于刑事诉讼法律方面。比如，《日本刑事诉讼法》规定，鉴定人在鉴定上有必要时，经法院许可，可以进入有人居住或有人看守的宅邸、建筑或船舶，检查身体，解剖尸体，发掘坟墓或者毁坏物品；鉴定人可以请求交通费、日津贴费、住宿费、鉴定费，接受因鉴定而需要的费用的支付或者偿还。[①]《德国刑事诉讼法》规定：为了准备鉴定，依鉴定人要求可以许可他通过询（讯）问证人、被指控人进一步了解事实。为了查明真相的同一目的，可以许可鉴定人查阅案卷，询（讯）问证人、被指控人时在场以及直接向他们发问。在法国，鉴定人除了享有了解具体案情、独立出具鉴定意见和获取鉴定报酬等基本权利外，还享有对被审查人进行询问、要求当事人与第三人向其提交全部法律文件、要求延长鉴定期限、拒绝鉴定、获知相关裁判结果等一系列权利。[②]

在民事诉讼程序上，我国学者认为鉴定人应主要享有下列权利：（1）了解、查阅与鉴定事项有关的情况和资料；（2）有权通过询问当事人和证人了解有关情况，有权参加现场勘验；（3）要求委托人无偿提供鉴定所需要的鉴材、样本；（4）拒绝接受不合法、不具备鉴定条件或者超出登记的执业类别的鉴定委托；（5）拒绝解决、回答与鉴定无关的问题；（6）鉴定意见不一致时，保留不同意见；（7）获得合法报酬。[③]

关于鉴定人应尽的义务。正是由于鉴定活动自身的高度专业性导致的认知障碍，为了防止可能出现的风险，法律必须对鉴定人的相应义务进行明确。《全国人民代表大会常务委员会关于司法鉴定管理问题的决定》第 12 条规定："鉴定人和鉴定机构从事司法鉴定业务，应当遵守法律、法规，遵守职业道德和职业纪律，尊重科学，遵守技术操作规范。"该规定被视为我国对鉴定人的总领性规范要求。但是，由于相关义务规定得较为笼统，鉴定人在司法鉴定过程中需要遵守哪些具体的规则仍比

---

① 宫万路：《鉴定人制度比较研究》，载何家弘主编：《证据学论坛》（第 1 卷），中国政法大学出版社 2000 年版，第 76 页。

② 杜志淳、霍宪丹：《中国司法鉴定制度研究》，中国法制出版社 2002 年版，第 31 页。

③ 齐树洁：《民事诉讼法》（第 13 版），厦门大学出版社 2019 年版，第 239 页。

较模糊。在大陆法系国家和地区的法律中，对鉴定人的义务的规定不尽相同。如《法国刑事诉讼法典》第160~168条规定鉴定人义务主要有以下几个方面：一是宣誓的义务；二是在规定期限内完成鉴定任务的义务；三是按要求制作鉴定书并署名的义务；四是有出庭作证的义务。《德国刑事诉讼法》第73条、第75条、第77条、第79条规定鉴定人的义务有以下几个方面：一是鉴定的义务；二是按期完成鉴定的义务；三是出庭的义务；四是宣誓的义务。《俄罗斯联邦民事诉讼法典》第76条规定了鉴定人的主要义务：一是必须遵照法院的传唤出庭；二是提供客观结论。此外，多数大陆法系国家和地区法律还规定了鉴定人的“回避义务”和“保密义务”等。

在民事诉讼程序上，我国学者多认为鉴定人应主要履行下列义务：(1)受所在司法鉴定机构指派按照规定时限独立完成鉴定工作，并出具鉴定意见；(2)对鉴定意见负责；(3)依法回避；(4)妥善保管送鉴的鉴材、样本和资料；(5)保守在执业活动中知悉的国家秘密、商业秘密和个人隐私；(6)依法出庭作证，回答与鉴定有关的询问。《民事诉讼法》第81条也规定：“当事人对鉴定意见有异议或者人民法院认为鉴定人有必要出庭的，鉴定人应当出庭作证。经人民法院通知，鉴定人拒不出庭作证的，鉴定意见不得作为认定事实的根据；支付鉴定费用的当事人可以要求返还鉴定费用。”此外，鉴定人应当科学、客观、独立、公正地从事司法鉴定活动，遵守法律、法规的规定，遵守职业道德和职业纪律，遵守司法鉴定管理规范。鉴定人执业实行回避、保密、时限和错鉴责任追究制度。由于鉴定人义务并未有明确统一的标准规定，上述列举并未穷尽所有的鉴定机构法定义务，各地法院在执行中，可以根据具体需要，依照法律、行政法规，参照规章以及鉴定机构自行制定的章程对鉴定人在诉讼活动中的要求，对鉴定人向法院出具的承诺书中关于其义务部分适当调整或者进行一定的增补。

【条文适用】

司法实务中，人民法院对于鉴定人权利和义务，应注意把握以下问题。

一、准确把握“鉴定所需要”以及“必要时可以询问当事人、证人”

本条规定鉴定人有权了解进行鉴定所需要的案件材料，前提是因鉴定所需要。鉴定人实施鉴定过程中，就鉴定所需的案件材料，自然有权予以了解，否则将导致后续鉴定无法进行。比如，鉴定涉及笔迹是否真实的问题，鉴定人需要了解当事人签字的背景，签字时自身的状态以及当事人在其他文字材料中的签字情况，以便作出更为准确的认定。又如，对于因伤害造成的伤情鉴定，鉴定人需要查看当事人受伤的具体情况以及伤害发生的前因后果、发生伤害的时空环境，了解这些都有助于鉴定意见的形成，自然也应视为鉴定所需要。要注意的是，如确实为鉴定需要，即使某些材料涉及国家秘密、商业秘密或者个人隐私，经人民法院许可，鉴定人也有权了解。有关当事人在诉讼中应当根据鉴定人的要求，将其掌握、控制的所有为鉴定活动的开展所必需的有关物证材料或者其他相关材料交予鉴定人。对诉讼卷宗和存于法院的证物，也应允许鉴定人利用。同样基于鉴定需要且在必要时，经过人民法院许可，鉴定人也可以向当事人、证人询问与鉴定有关的情况。询问当事人、证人并非每个鉴定都需要具备的程序，如案件相关鉴定素材齐备，足以满足鉴定要求，鉴定人可以直接作出鉴定，此时就不需要询问当事人、证人。此外，鉴定人询问当事人、证人应在法庭程序中进行，且必须得到法院许可。询问的内容需与鉴定有关，不允许询问与鉴定无关的内容。

二、准确把握书面鉴定意见的形式要求

鉴定意见是鉴定活动的最后输出产品，也是鉴定人完成鉴定的标志。鉴定人应当在人民法院确定的时间内完成鉴定，并提交书面鉴定意见，且必须在鉴定书上签名或盖章。人民法院委托的鉴定人通过科学鉴定出具的鉴定意见同样也属于广义的法律文书，因为司法鉴定文书是司法鉴定活动的产物，是鉴定意见的载体。规范法治社会背景下的司法鉴定文书是现代司法对保障社会公平正义的要求。因此，其制作不仅应当符合

法理性和逻辑性的基本要求，还要符合司法鉴定就专门性问题作出专门意见的科学性属性的要求。所以，有必要对鉴定意见的文书制作作出规范，要求其服务于审判需要，做到实体科学、程序公正、结论清晰，既要满足裁判者的审理视角需求，亦要符合当事人感知、理解、信服的获知真相需求，提高鉴定意见书的可阅读性和严肃性，从证据制作的源头树立起当事人对鉴定意见权威性和规范性的高度认同。因此，对于书面鉴定意见，应当结合《民事诉讼证据规定》第35条关于鉴定时间的要求、第36条关于鉴定意见形式的要求来规范。

作为借助于专业理论和科学的技术手段，通过对鉴定对象的鉴别和判断而得出结论的鉴定意见，因其较强的专业性、严谨的逻辑性和结论的科学性，使得该类证据天然具有很强的证明力。正是如此，作为公正司法的重要载体和查明事实的坚实基础，鉴定意见格式规范就尤为重要。依据《全国人民代表大会常务委员会关于司法鉴定管理问题的决定》及修订后的《司法鉴定程序通则》（司法部令第132号），司法部发布《关于印发司法鉴定文书格式的通知》（司发通〔2016〕112号），原《司法部关于印发〈司法鉴定文书规范〉和〈司法鉴定协议书（示范文本）〉的通知》（司发通〔2007〕71号）同时废止，进一步对司法鉴定文书的格式提出了规范化要求：

1. 鉴定意见必须符合法定的形式要求。主要包括：按照统一格式制作，由2名以上司法鉴定人签名（打印文本和亲笔签名）、加注《司法鉴定人执业证》证号，加盖司法鉴定专用章，注明意见书制作时间等。上述法定的文本格式要求，缺一不可，否则，将导致鉴定意见因形式上的缺陷而遭致证据能力的缺失。

2. 鉴定意见必须符合文理表达的要求。在内容上主要包括：（1）委托鉴定的内容、要求；（2）鉴定所依据的相关材料；（3）鉴定所依据的原理、方法；（4）对鉴定过程作出的具体说明；（5）给出去伪存真的鉴定意见等。当然，这不仅仅是对内容的要求，同时也是正常科学论证的展开，符合司法的逻辑定位，即要证明什么内容、有哪些根据作为可供证明的材料、相关的科学原理或者试验方法、鉴定的步骤和过程，并根据上述的要素最终得出符合程序规范和科学判断的结论性意见。司法鉴定文书不仅要明真，而且要通过先进技术，以“看得见的方式”指出“不真”之所在。[①]

3. 鉴定意见必须出具保证客观、公正、诚实地进行鉴定，保证出庭作证，如作虚假鉴定应当承担法律责任等内容的承诺书。

① 王平荣：《司法鉴定文书文理表达研究》，载《东方论坛》2017 年第 3 期。

第八十一条　当事人对鉴定意见有异议或者人民法院认为鉴定人有必要出庭的，鉴定人应当出庭作证。经人民法院通知，鉴定人拒不出庭作证的，鉴定意见不得作为认定事实的根据；支付鉴定费用的当事人可以要求返还鉴定费用。

【条文主旨】

本条是关于鉴定人出庭作证制度的规定。

【条文理解】

本条规定是2012年《民事诉讼法》修正增加的内容。鉴定意见是对民事诉讼中涉及的查明事实的专门性问题进行鉴别和判断形成的意见，属于证据的一种，对于案件的定性和走向具有直接影响，因此有必要进行质证，这是对当事人诉讼权利的正当程序保障。鉴定人出庭作证、接受当事人的发问，回答有关鉴定争议的问题，并说明鉴定的过程、依据等，是鉴定人的义务，也是保障鉴定意见真实性、合法性和证明力的重要形式。否则，鉴定意见的证明力无从产生，也不得作为认定事实的根据。而在司法实践中，鉴定人不出庭的情况屡见不鲜，少数法官也仅是当庭宣读鉴定意见而很少通知鉴定人出庭。部分鉴定人接到法院通知也经常找各种理由推脱，导致鉴定意见基本上无法通过正当程序进行质证，严重影响鉴定意见作为案件认定事实的合法性基础，也往往导致重复鉴定、多头鉴定的出现。而本条规定从法律规制的角度对于鉴定人出庭予以明确，并规定了不出庭应当承担的后果，应该说，对于解决鉴定人不出庭的问题起到积极作用。

在鉴定人出庭作证的制度上，英美法系国家的专家证人制度贯彻得较为彻底，专家证人在庭外所作的陈述或向法庭提交的书面意见都不具有证据的可采性。而在大陆法系国家，由于其诉讼模式的职权主义色彩，当法官认为鉴定人不需要出庭时，鉴定人可以向法庭提交书面意见。但是，鉴定意见本身所固有的特点，使得鉴定人出庭的重要性愈加显现。当法院要求鉴定人出庭而鉴定人拒绝时，其鉴定意见应被视为无证据能力，而且为保障当事人的质证权利，如果控辩双方要求鉴定人出庭，法院一般应当同意。①

我国对于鉴定人出庭作证制度，除了《民事诉讼法》本条的规定，也可见于司法部出台的《关于进一步规范和完善司法鉴定人出庭作证活动的指导意见》（司规〔2020〕2号），该意见以部门规章的形式对鉴定人出庭作证制度作了详细规范。该指导意见第1条即对鉴定人出庭作证的定义予以明确，规定“司法鉴定人出庭作证是指经司法行政机关审核登记，取得《司法鉴定人执业证》的司法鉴定人经人民法院依法通知，在法庭上对自己作出的鉴定意见，从鉴定依据、鉴定步骤、鉴定方法、可靠程度等方面进行解释和说明，并在法庭上当面回答质询和提问的行为”。第2条第1款规定了出庭作证的具体鉴定人员，即“人民法院出庭通知已指定出庭作证鉴定人的，要由被指定的鉴定人出庭作证；未指定出庭作证的鉴定人时，由鉴定机构指定一名或多名在司法鉴定意见书上签名的鉴定人出庭作证”。同时也规定，司法鉴定机构要给鉴定人出庭提供必要条件。第3条规定了鉴定人可以向人民法院提出不到庭书面申请的情形，即“（一）未按照法定时限通知到庭的；（二）因健康原因不能到庭的；（三）路途特别遥远，交通不便难以到庭的；（四）因自然灾害等不可抗力不能到庭的；（五）有其他正当理由不能到庭的。经人民法院同意，未到庭的鉴定人可以提交书面答复或者说明，或者使用视频传输等技术作证”。第4条规定了鉴定人出庭前要做好以下准备工作：“（一）了解、查阅与鉴定事项有关的情况和资料；（二）了解出庭的相关信息和质证的争议焦点；（三）准备需要携带的有助于说明鉴定的辅助器材和设备；

① 汪建成：《司法鉴定模式与专家证人模式的融合——中国刑事司法鉴定制度改革的方向》，载《国家检察官学院学报》2011年第4期。

（四）其他需要准备的工作。”第5条规定了鉴定人出庭作证应遵守的要求，包括：“（一）遵守法律、法规，恪守职业道德，实事求是，尊重科学，尊重事实；（二）按时出庭，举止文明，遵守法庭纪律；（三）配合法庭质证，如实回答与鉴定有关的问题；（四）妥善保管出庭所需的鉴定材料、样本和鉴定档案资料；（五）所回答问题涉及执业活动中知悉的国家秘密、商业秘密和个人隐私的，应当向人民法院阐明；经人民法院许可的，应当如实回答；（六）依法应当做到的其他事项。”第6条规定了鉴定人出庭的程序条件：“鉴定人到庭作证时，要按照人民法院的要求，携带本人身份证件、司法鉴定人执业证和人民法院出庭通知等材料，并在法庭指定的鉴定人席就座。”第7条规定了对于鉴定人的保护：“在出庭过程中，鉴定人遇有下列情形的，可以及时向人民法院提出请求：（一）认为本人或者其近亲属的人身安全面临危险，需要请求保护的；（二）受到诉讼参与人或者其他人以言语或者行为进行侮辱、诽谤，需要予以制止的。”第8条规定了鉴定人出庭作证要如实回答的问题，即“（一）与本人及其所执业鉴定机构执业资格和执业范围有关的问题；（二）与鉴定活动及其鉴定意见有关的问题；（三）其他依法应当回答的问题”。第9条规定了对于鉴定人在法庭质证程序中无法当庭回答质询或者提问的，经法庭同意，可以在庭后提交书面意见。第10条规定：“鉴定人退庭后，要对法庭笔录中鉴定意见的质证内容进行确认。经确认无误的，应当签名；发现记录有差错的，可以要求补充或者改正。”第11条是对鉴定机构归档的规定，即“出庭结束后，鉴定机构要将鉴定人出庭作证相关材料归档”。第12条、第13条规定了司法行政机关对司法鉴定工作的管理要求。第14条规定了司法行政机关对无正当理由拒不出庭的鉴定人实施的行政处罚，即“司法行政机关接到人民法院有关鉴定人无正当理由拒不出庭的通报、司法建议，或公民、法人和其他组织有关投诉、举报的，要依法进行调查处理。在调查中发现鉴定人存在经人民法院依法通知，拒绝出庭作证情形的，要依法给予其停止从事司法鉴定业务三个月以上一年以下的处罚；情节严重的，撤销登记”。

【条文适用】

司法实务中，人民法院对于鉴定人出庭作证制度，应注意把握以下问题。

一、注意把握鉴定人出庭作证的条件

本条明确了鉴定人出庭作证的前提条件，即当事人对鉴定意见有异议或者人民法院认为鉴定人有必要出庭的。根据这一规定，对鉴定人出庭作证的两种情况分析如下：一种情况是当事人对鉴定意见有异议。鉴定人提出书面鉴定意见后，人民法院应当将鉴定意见及时发送各方当事人，各方当事人对鉴定意见均没有表示异议的，可以在开庭时不再对鉴定意见进行质证，直接认可鉴定意见作为证据的证明效力。如果各方当事人或者其中一方当事人或几方当事人对鉴定意见持有异议，人民法院则需要通知鉴定人出庭参加质证，至于出庭人员，参照司法部规章的规定，如果人民法院出庭通知已指定出庭作证鉴定人的，要由被指定的鉴定人出庭作证；未指定出庭作证的鉴定人时，由鉴定机构指定一名或多名在司法鉴定意见书上签名的鉴定人出庭作证。鉴定人员出庭后，要接受当事人的质询和提问，并回答相关问题，对有关鉴定情况进行说明。另一种情况是人民法院认为鉴定人有必要出庭的。这种情况主要表现为即使各方当事人对鉴定意见均没有异议，但人民法院根据案件审理需要认为鉴定人有必要出庭作证，比如，鉴定意见可能涉及有损国家利益、社会公共利益或者他人合法权益的情况，或者涉及依职权追加当事人等情况。此外，人民法院认为双方虽然都没有异议，但案件中可能存在虚假诉讼或者恶意串通等情形有必要让鉴定人出庭接受质证，此时，人民法院即可按照审判需要依职权通知鉴定人出庭。

二、注意把握鉴定人不出庭作证的后果

本条明确了鉴定人在有出庭作证的义务，经人民法院通知，拒不出

庭作证时，需要承担的法律后果。如鉴定人拒不出庭，又无其他正当理由，其承受的后果之一便是鉴定意见不得作为认定事实的根据，言外之意，鉴定意见将变得毫无意义，失去作为证据的作用。这样规定的原因包括：一是鉴定意见是对民事事实中涉及的查明事实的专门性问题进行鉴别和判断形成的专业意见，对于案件事实的查清有着直接影响，甚至直接影响到当事人诉讼结果。为保障鉴定意见的真实性、合法性，避免重复鉴定，提高审判效力，同时做到保护当事人正当的诉讼权利，让当事人接受鉴定意见，从而接受裁判结果，法院应当在对鉴定意见有争议的情况下，促使鉴定人出庭作证，满足当事人质询的需要，答疑解惑，解除疑虑。二是其他证据如证人证言对个案来讲是特定的，在诉讼上具有不可替代性，如果证人确有特殊原因不能出庭作证的，应当允许其通过其他方式作证。而鉴定意见是经法院委托出具的，是专业人员根据科学方法和自己的专业知识作出的判断，不具有唯一性，而是具有可更换性或替代性。鉴定人不出庭的，人民法院可以另行委托其他鉴定机构提出鉴定意见。因此，不能像对待普通证人那样为鉴定人设定特殊原因，从而使得鉴定人拒绝出庭作证合法化。如果鉴定人在客观上确实因特殊情况难以出庭的，应当及时更换鉴定人，重新作出鉴定意见，而不得允许鉴定人不出庭作证。鉴定人拒绝出庭作证，如果仅规定其鉴定意见不被法院接受作为认定事实的根据，就是把鉴定人不出庭作证的不利后果归于当事人，鉴定人无须承担任何责任。这对当事人来说是很不合理的，特别是对已经支付了鉴定费用的当事人，如此下去，更会起到纵容鉴定人不出庭作证的负面作用。因此，本条进一步规定，经人民法院通知，鉴定人拒绝出庭作证的，支付鉴定费用的当事人可以要求返还鉴定费用。[①] 这也可以看作是鉴定人不出庭作证所要承担的法律后果。

① 全国人大常委会法制工作委员会民法室编著：《〈中华人民共和国民事诉讼法〉释解与适用》，人民法院出版社2012年版，第110页。

第八十二条　当事人可以申请人民法院通知有专门知识的人出庭，就鉴定人作出的鉴定意见或者专业问题提出意见。

【条文主旨】

本条是关于有专门知识的人出庭制度的规定。

【条文理解】

本条规定是 2012 年《民事诉讼法》修正增加的内容。有专门知识的人，指的就是民事诉讼上所说的专家辅助人。2012 年《民事诉讼法》修正时，吸收了当时的《民事诉讼证据规定》第 61 条的内容，在我国立法上确立了民事诉讼中鉴定与专家辅助人并存的“双层”专家证据制度，对于我国民事诉讼的发展具有重要意义。

我国民事诉讼制度中有关专家辅助人的规定，最早出现在 2001 年《民事诉讼证据规定》之中。在 2001 年《民事诉讼证据规定》起草、论证过程中，一些地方法院的法官提出，在对鉴定意见质证时，往往由于当事人和诉讼代理人均不具备相应的专业知识，而导致质证活动难以充分展开。对此，有些地方法院尝试建议当事人各自申请专家出庭，协助其对鉴定意见中的有关专门性问题进行质证，取得了很好的效果。因此，他们建议将这种做法在司法解释中确定下来，以解决审判实践中有关鉴定意见质证困难的问题。

2001 年《民事诉讼证据规定》采纳了这种意见，在第 61 条规定：“当事人可以向人民法院申请由一至二名具有专门知识的人员出庭就案件的专门性问题进行说明。人民法院准许其申请的，有关费用由提出申请的当事人负担。审判人员和当事人可以对出庭的具有专门知识的人员进行询问。经人民法院准许，可以由当事人各自申请的具有专门知识的人员就有案件中的问题进行对质。具有专门知识的人员可以对鉴定人进行询问。”由于该条规定在审判实践适用中取得比较好的效果，且有的法院在没有委托鉴定的情况下，通过将这种“具有专门知识的人员”适用到对诉讼中涉及的专业性问题陈述意见，较好地实现了提高审判效率和保障当事人诉讼权利的平衡。在2012年《民事诉讼法》修正过程中，立法机关吸收了最高人民法院的意见，将其总结归纳后，形成《民事诉讼法》目前的规定。2021年修正的《民事诉讼法》保留了这一规定。《民事诉讼法司法解释》第122条、第123条延续了2001年《民事诉讼证据规定》第61条的精神，对修正前的《民事诉讼法》第79条的适用作出解释。2019年修正的《民事诉讼证据规定》第83~84条，除对《民事诉讼法》吸收的部分外，继续对专家辅助人的申请和通知、专家辅助人的询问以及专家辅助人参与诉讼活动的范围进行规定。

对于专家辅助人的功能，英美法系国家基于诉讼中贯彻“武器平等”的原则，由当事人聘请的专家证人就有关专业性问题进行作证，通过双方当事人或者代理人对专家证人的交叉询问，有利于审理者保持中立的立场，平衡双方的意见作出裁决。这种做法充分反映出英美法对当事人主义诉讼理念的推崇。然而，英美法上的专家证人制度存在无法回避的缺陷，即专家证人的“党派性”。而大陆法系国家和地区的鉴定人制度，由于鉴定人是法庭所任命的专家，独立于双方当事人，因而能够更好地体现公正、中立和客观的立场，有效克服专家证人制度的“党派性”缺陷。[①] 但这种现象也导致法官过度依赖鉴定人，削弱了自身的独立性。相比较而言，目前我国民事诉讼中采用的专家辅助人制度与鉴定制度相结合的双层专家制度，既可以发挥鉴定制度的专业性，又可以发挥专家辅助人对当事人的帮助诉讼作用，可谓双管齐下。从规定专家辅助人制度进入我国民事诉讼实践后，该制度呈现的效果得到各方的高度肯定。

---

① 张永泉：《论民事鉴定制度》，载《法学研究》2000年第5期。

【条文适用】

司法实务中，人民法院对于有专门知识的人出庭制度，应注意把握以下问题。

一、把握好有专门知识的人出庭的制度安排

对于有专门知识的人出庭制度，《民事诉讼法》在本条规定了基本原则。其具体的制度安排可以结合《民事诉讼法司法解释》第 122 条、第 123 条以及《民事诉讼证据规定》第 83 条、第 84 条来共同掌握。实践中主要把握好几个小点：一是有专门知识的人出庭需要由当事人在举证期限届满前提出申请，人数为 1 ~ 2 人；二是人民法院根据案件情况以及是否必要，决定是否同意当事人关于有专门知识的人出庭的申请；三是有专门知识的人的诉讼地位是诉讼辅助人，其出席法庭审理时不是作为证人陈述意见，而是作为当事人的诉讼辅助人出庭，其在法庭上的位置应与当事人及其诉讼代理人在法庭上的位置保持一致；四是因有专门知识的人系当事人主动申请其出庭帮助自己参与诉讼，故其因出席庭审而负担的相关费用，应当由申请其出庭的当事人负担；五是有专门知识的人是当事人申请人民法院通知其出庭的，其在法庭上的活动视为当事人的活动，故其对专门性问题的陈述应视为当事人的陈述；六是人民法院对于有专门知识的人的资格问题不作审查。

二、把握好有专门知识的人出庭的作用

根据本条规定，有专门知识的人出庭，主要是对鉴定人作出的鉴定意见或者专业问题提出意见。其具体作用体现在以下两个方面：一是对鉴定人作出的鉴定意见提出意见。鉴定意见是具备资格的鉴定人对民事案件中出现的专门性问题，依据科学手段，通过鉴别和判断后作出的书面意见。该书面意见具有极强专业性和复杂性，法官及一般当事人对该专门性问题可能并无研究，对鉴定意见可能也存在知识盲区。特别是随

着现代科技的迅猛发展，社会化大分工的日益细化，民事案件中遇到的专业性问题也将越来越多，需要鉴定的情形也层出不穷，得出的鉴定意见也越来越受到重视。鉴定意见作为证据的一种，其重要性不言而喻。在这样的情况下，让当事人自己对鉴定意见发表专业质证意见可能不太现实，甚至会导致当事人申请重新鉴定等后果。为保证鉴定意见的科学性、准确性和公正性，真正发挥好鉴定意见对于查明案件事实的作用，此时应由当事人申请人民法院通知有专门知识的人出庭，根据其专业知识，对鉴定意见提出专业意见，包括对鉴定结论是否正确、鉴定方法是否科学、鉴定程序是否合法、鉴定过程是否标准、鉴定材料的选材是否适合等方面提出意见。其一方面可以辅助当事人对鉴定意见作出判断，有助于当事人作出对鉴定意见是否提出异议的决定，另一方面在某种程度上也可以辅助法官更好地理解鉴定意见，有助于法官对案件事实形成更科学的判断，形成内心确信，作出公平公正的判决。二是对专业问题提出意见。在民事诉讼中，有些问题涉及某一专门领域的专门知识，这些专门问题有的无法或者无须通过鉴定解决，但对于审理案件、认定案件事实又具有一定甚至决定性的作用。比如，某一发明专利是否与另一发明专利采取的方法相类似，建筑、机械、金融或者网络等领域中某一专业词语如何理解等问题。对这些问题的界定和把握，可能超出了法官这一职业所应当具备的知识结构和业务素养。有专门知识的人出庭，就专业问题进行说明，回答询问，提出自己的意见，能够帮助法官和当事人对这些专业问题作出适当理解，澄清不当的认识，帮助法官避免因知识结构的局限性和特殊专门经验的贫乏性对于正确认定案件事实所产生的不利影响，从而使得对案件事实的认定，能够建立在对专业人才充分运用的基础上，具备广泛的科学性和充分的客观性，保证案件判决的公正、公正。①

---

① 全国人大常委会法制工作委员会民法室编著：《〈中华人民共和国民事诉讼法〉释解与适用》，人民法院出版社2012年版，第121页。

第八十三条　勘验物证或者现场，勘验人必须出示人民法院的证件，并邀请当地基层组织或者当事人所在单位派人参加。当事人或者当事人的成年家属应当到场，拒不到场的，不影响勘验的进行。

有关单位和个人根据人民法院的通知，有义务保护现场，协助勘验工作。

勘验人应当将勘验情况和结果制作笔录，由勘验人、当事人和被邀参加人签名或者盖章。

【条文主旨】

本条是关于勘验程序的规定。

【条文理解】

在民事诉讼中，当事人争议的标的物，有些是无法移动或者难以携带、搬运到法院的。这些物件有时会成为人民法院审理案件的重要证据。在此情况下，人民法院就需要对这些物品进行勘验。有些是案件争议的标的本身就是现场，如相邻权纠纷中常见的房屋之间是否存在遮挡等问题，也需要勘验人现场查验、测量、辨别。勘验在理论上系指“法官以其五官之感觉作用，直接亲自体验物体之性状，从而认识一定人物事况性状事实之存否为证据之调查证据行为”,[①] 勘验本身并不是证据，而只是一种调查证据的方法，勘验的结果才是证据。勘验的结果不仅包括通过勘验制作的笔录，还包括通过勘验留在审理者大脑中的印象。

我国理论界和实务界通常将勘验理解为“人民法院审判人员在诉讼

---

① 姜世明：《民事诉讼法》，我国台湾地区新学林出版股份有限公司 2013 年版，第 200 页。

过程中，为了查明一定事实，对与案件争议有关的现场、物品或物体亲自或指定有关人员进行查验、拍照、测量的行为。根据查验的情况和结果制成的笔录，被称为勘验笔录”。[①] 由于《民事诉讼法》明确将勘验笔录规定为证据形式，在我国的民事诉讼中，勘验中能够作为证据使用的只有体现勘验过程和结果的勘验笔录，至于勘验留在法官大脑中的印象，只是影响法官对待证事实的心证因素，并不作为证据对待。也有学者认为，“勘验笔录是指法院为查明案件事实对案件现场和有关物品进行勘验检查后所制成的笔录。在民事诉讼中，有时由于案件审理的需要，为了查清事实真相，审判人员必须到现场进行勘验，以便对现场情况有清楚的了解。勘验人员将勘验的结果制作成笔录，便形成了一种独立的证据”。[②]

人民法院勘验物证或者现场的，勘验人必须出示人民法院的证件，以证明勘验人的身份和具体执行的勘验任务。同时，人民法院应当邀请勘验当地基层组织或者当事人所在单位派人参加。比如，可以邀请当事人所在的工作单位或当地村民委员会、居民委员会、公安局派出所、人民调解委员会、司法所等组织派人参加。邀请当地基层组织或者有关单位参加勘验工作，有利于勘验工作准确、顺利地进行，也有利于增加勘验的公信力。同时，上述组织应当积极配合并支持人民法院的勘验工作。

勘验是法院的职权，这是各国的通例。在勘验的启动上，各国也普遍承认法院既可以根据当事人的申请进行勘验，也可以依职权决定进行勘验。如《奥地利民事诉讼法》第368条规定，法院为了查明事实情况，可依申请或职权，在必要时，召集一名或数名鉴定人令其进行检证。

【条文适用】

司法实务中，人民法院对于勘验程序，应注意把握以下问题。

---

① 常怡主编：《民事诉讼法学》，中国政法大学出版社1994年版，第161页。

② 齐树洁：《民事诉讼法》（第13版），厦门大学出版社2019年版，第241页。

一、勘验可依当事人申请或依人民法院职权启动

勘验是在诉讼程序中，对于物证或者现场进行实地踏勘或现场勘验，从而认定案件相关事实。《民事诉讼法司法解释》第 124 条已明确规定，人民法院认为有必要的，可以根据当事人的申请或者依职权对物证或者现场进行勘验。因而审判实践中，对于勘验的启动，要把握“确有必要”这个原则，再根据当事人的申请或者根据案件情况，由人民法院决定是否同意其申请或者是否需依职权启动勘验。也就是说，无论当事人申请勘验还是法院依职权进行勘验，都需要满足“有必要进行勘验”的条件，这是启动勘验的前提条件。在勘验的过程中，避免不了要对物证或者现场进行测量、拍照、录音录像等，从而可能涉及人的隐私和尊严。因此，在勘验的过程中，要特别注意保护他人的隐私和尊严。

二、勘验应通知有关当事人到场

人民法院在勘验后形成的勘验笔录对案件事实认定有直接影响作用。因此，勘验过程中，通知有关当事人到场确有必要。本条规定当事人或者当事人的成年家属应当到场，如果当事人是公民的，应当通知当事人或者他的成年家属到场；如果当事人是法人或者非法人组织的，应当通知其法定代表人或者其他组织的负责人到场，以便他们能了解勘验的情况，保护其合法的权利。当事人或者其成年家属、法定代表人或者其他组织的负责人拒不到场的，不影响人民法院的勘验工作，勘验工作可以照常进行。同时，有关单位和个人也有协助人民法院保护好现场、协助法院做好勘验工作的义务。

三、勘验人应当制作符合法定要求的勘验笔录

勘验的产品就是勘验笔录。勘验笔录作为证据的一种，是认定案件事实的重要依据。因此，勘验人在勘验后应当将勘验情况和结果制作笔录，并由勘验人、当事人和被邀参加人签名或者盖章。对于勘验后绘制的现场图应当注明绘制的时间、方位、测绘人姓名、身份等内容。勘验

笔录应如实记录物证或现场上一切与案件有关的客观情况。在开庭审理时，审判人员应当庭宣读或出示勘验笔录和照片、绘制的图表，使当事人了解勘验的有关情况，并听取他们的意见。当事人要求重新勘验的，可以重新勘验。[①] 勘验过程中，可能会涉及专门性的问题。对于这些专门性问题，如果不超过一般人常识的范围，勘验人即可以作出判断，则没有鉴定的必要。如法官无法通过勘验的方法查明专门性的问题，则根据《民事诉讼法司法解释》第 124 条第 2 款的规定，“人民法院可以要求鉴定人参与勘验。必要时，可以要求鉴定人在勘验中进行鉴定”。而实践中，在鉴定过程中可能也会发生需要对物证、现场等进行勘验的情形，在这种情况下，从节约诉讼资源、方便案件审理的角度出发，应当综合运用勘验和鉴定两种调查收集证据的方法，充分发挥我国民事诉讼中采用的专家辅助人制度与鉴定制度相结合的双层专家制度，既可以发挥鉴定制度的专业性，又可以发挥专家辅助人对当事人的帮助诉讼作用的优势，为查明案件事实做好辅助，帮助法官作出公平公正的裁判。

① 齐树洁：《民事诉讼法》（第 13 版），厦门大学出版社 2019 年版，第 242 页。

第八十四条　在证据可能灭失或者以后难以取得的情况下，当事人可以在诉讼过程中向人民法院申请保全证据，人民法院也可以主动采取保全措施。

因情况紧急，在证据可能灭失或者以后难以取得的情况下，利害关系人可以在提起诉讼或者申请仲裁前向证据所在地、被申请人住所地或者对案件有管辖权的人民法院申请保全证据。

证据保全的其他程序，参照适用本法第九章保全的有关规定。

【条文主旨】

本条是关于证据保全的规定。

【条文理解】

证据保全，是指在证据有可能毁损、灭失，或以后难以取得的情况下，人民法院采取措施对证据进行保护，以保证其证明力的一项措施。证据保全有助于保护可能被破坏或灭失的证据，能够保障和落实当事人的证据收集权和证据提出权，有利于诉讼的顺利进行和法院公正裁判，促进纠纷的化解。证据保全的意义，在于保护证据的证明力，使与案件有关的事实材料不因有关情形的发生而无法取得或丧失证明作用，以此来满足当事人证明案件事实和法院查明案件事实的需要。简单来说，其意义体现在两个方面，即促使裁判在事实认定上获得正确的结果、一定程度上减少讼争的发生。

对于证据保全概念的理解，学界有以下几种比较有代表性的观点：一是“固定与保管说”。这种观点认为，证据保全是指用一定的形式将证据固定下来，加以妥善保管，以供司法人员或律师认定案件事实时使用。二是“确定说”。这种观点认为，证据保全是指在证据可能灭失或以后难以取得的情况下，人民法院在开庭审理前，根据当事人的请求或者依照职权采取一定措施加以确定的制度。三是“预先调查说”。这种观点认为，证据保全是指人民法院或公证机关在法庭审查前对证据预先进行调查、加以保护的措施，是在诉讼提起前或诉讼提起后，在证据调查步骤之前，依法预先地调查证据以确保证据调查结果的程序。四是“延伸说”。这种观点认为，证据保全是对证据的预先调查行为，是法庭调查的向前延伸，并对调查的证据加以固定和保管。后三种观点强调法院的职权主义。结合上述四种观点，证据保全是当事人基于民事权利，为维护自身的合法权益，自主选择在适当的时候，向法定的机构提起的收集、固定、保管相关证据，以保持其证明力的活动。

根据证据保全适用的阶段不同，可以将证据保全分为诉讼证据保全和诉前证据保全。诉讼证据保全是当事人起诉之后进行的证据保全。诉前证据保全是当事人起诉之前进行的证据保全。二者在适用情形、管辖、程序和救济等方面存在一定差异。大陆法系大多数国家和地区立法上都明确证据保全包括诉讼证据保全和诉前证据保全，并在具体规定中体现了两者的区别。

关于我国相关法律上证据保全的历史沿革。1999年颁布的《海事诉讼特别程序法》首次在法律中明确规定了诉前证据保全制度，随后修改的《商标法》《专利法》和《著作权法》再次确认了诉前证据保全制度。2007年修正的《民事诉讼法》第74条规定：“在证据可能灭失或者以后难以取得的情况下，诉讼参加人可以向人民法院申请保全证据，人民法院也可以主动采取保全措施。”从上述内容可以看出，我国民事诉讼立法在之前并不承认诉前证据保全。在2012年的《民事诉讼法》修正中，则将诉前证据保全写入。这既是为了满足审判实践的需要，也与其他实体法相衔接。由于诉前证据保全主要发生在知识产权诉讼、海事诉讼中，而相应司法解释对诉前证据保全已有规定，普通民事诉讼在诉前多依赖诉讼证明地位较高的公证行为保全证据，诉前证据保全在普通民事诉讼中并不多见。目前对证据保全，很多法律都有规定。比如《仲裁法》第 46 条规定："在证据可能灭失或者以后难以取得的情况下，当事人可以申请证据保全。当事人申请证据保全的，仲裁委员会应当将当事人的申请提交证据所在地的基层人民法院。"《公证法》第 11 条第 1 款第 9 项规定："根据自然人、法人或者其他组织的申请，公证机构办理下列公证事项：……（九）保全证据……"

【条文适用】

司法实务中，人民法院对于证据保全，应注意把握以下问题。

一、关于诉讼证据保全

本条第 1 款规定的是诉讼证据保全，是指在诉讼进行中，在证据可能灭失或者今后难以取得的情况下，法院依申请或者依职权对证据予以调查收集和固定保护的行为。本款规定了诉讼证据保全的启动主体和条件。把握好本款内容，要注意以下几点：一是关于诉讼证据保全的启动。根据本款规定，启动证据保全主要有两个途径，即依当事人申请或者人民法院依职权主动采取保全措施。对于是否启动证据保全，人民法院要判断申请保全的证据在形式上对于案件事实的证明是否有意义，即保全的证据与待证事实之间在形式上是否具有关联性。至于实质上是否相关联、证明价值大小，属于证据实质审查的问题，并不在人民法院审查证据保全申请的考虑之列。二是申请证据保全的时间。《民事诉讼法司法解释》第 98 条第 1 款规定："当事人根据民事诉讼法第八十四条第一款规定申请证据保全的，可以在举证期限届满前书面提出。"申请应当在举证期限届满前以书面形式提出。三是证据保全的前提是证据存在可能灭失或者以后难以取得的情况。证据可能灭失，可能是客观或主观原因引起。证据以后难以取得，强调的是证据获得的未来不可预测性，即证据现在如不进行保全，有可能在以后流转或灭失，给将来取证带来极大困难。

二、关于诉前证据保全

本条第2款规定的是诉前证据保全，是指在提起诉讼或者申请仲裁前，因情况紧急，在证据可能灭失或者以后难以取得的情况下，法院依利害关系人申请对证据予以调查收集和固定保护的行为。采取诉前证据保全措施须符合以下几点：一是在提起诉讼或者申请仲裁前才能采取诉前证据保全措施。在利害关系人提起诉讼或者申请仲裁前进行诉讼证据保全，可以防止证据的灭失或者以后难以取得，可以避免后续进行的诉讼或者仲裁举证困难，也可以方便当事人在起诉或者申请仲裁前即能收集到相关证据，有助于当事人清楚了解争议事实的实际状况，促进调解或者和解。同时，也有利于后续诉讼或者仲裁中当事人对争议焦点及证据的认识，提高诉讼或仲裁效率。二是申请的主体是利害关系人。由于案件尚未进入诉讼或仲裁，此时的当事人只能称之为利害关系人。这里的利害关系人，是指民事权益可能受到损害或者可能与他人发生民事权益纠纷的人。是否属于利害关系人，应当由人民法院审查判断予以确定。三是受理诉前证据保全的管辖法院。根据本款规定，证据所在地、被申请人住所地或者对案件有管辖权的人民法院受理当事人关于诉前证据保全的申请。四是申请的条件。根据本款规定，申请的前提是证据处于紧急状况，不申请保全将可能导致证据灭失或者以后难以取得。比之诉讼证据保全，本款增加的条件为“情况紧急”，这是考虑到案件毕竟未进入诉讼或者仲裁，必须是利害关系人认为情况紧急才可以申请保全，且是否允许须由法院根据情况决定，这也可以防止利害关系人滥用诉前证据保全的程序。

三、关于“参照适用”的理解

本条第3款是关于证据保全其他程序适用法律的规定。“参照适用”是指拟规范的内容与被引用法条所规范的内容在法律事实上虽然不同，但性质类似，可以将两者统一处理，但在进行法律适用时，需要进行价值判断和裁量选择。本款规定的证据保全除了诉讼证据保全以及诉前证据保全外，其他程序适用《民事诉讼法》第九章关于保全的有关规定。这是考虑到《民事诉讼法》中的保全与证据保全有类似之处，而本法第九章对保全已经作了较为详细的规定。比如，关于诉前证据保全的具体程序事项，参照适用《民事诉讼法》第 104 条的规定，即“利害关系人因情况紧急，不立即申请保全将会使其合法权益受到难以弥补的损害的，可以在提起诉讼或者申请仲裁前向被保全财产所在地、被申请人住所地或者对案件有管辖权的人民法院申请采取保全措施。申请人应当提供担保，不提供担保的，裁定驳回申请。人民法院接受申请后，必须在四十八小时内作出裁定；裁定采取保全措施的，应当立即开始执行。申请人在人民法院采取保全措施后三十日内不依法提起诉讼或者申请仲裁的，人民法院应当解除保全”。

四、关于证据保全的担保

《民事诉讼法司法解释》第 98 条第 2 款规定：“证据保全可能对他人造成损失的，人民法院应当责令申请人提供相应的担保。”一般情况下，证据保全是对既有证据的调查收集和固定，不会对被保全的证据持有人造成经济上的损失。但如果存在可能对他人造成损失的情况，根据该款规定，人民法院应当责令申请证据保全的当事人提供相应的担保。

第七章　期间、送达

第一节　期　　间

第八十五条　期间包括法定期间和人民法院指定的期间。

期间以时、日、月、年计算。期间开始的时和日，不计算在期间内。

期间届满的最后一日是法定休假日的，以法定休假日后的第一日为期间届满的日期。

期间不包括在途时间，诉讼文书在期满前交邮的，不算过期。

【条文主旨】

本条是关于期间种类和期间计算的规定。

【条文理解】

2021 年《民事诉讼法》修正时将本条第 3 款的“节假日”修改为“法定休假日”。2023 年《民事诉讼法》修正时未作修改。

“法定休假日”的概念见诸立法，始于《民法典》。《民法典》第 203 条第 1 款规定：“期间的最后一日是法定休假日的，以法定休假日结束的次日为期间的最后一日。”因此，为与《民法典》的规定保持一致，2021

年《民事诉讼法》对本条作出修改。

法定休假日是指法律规定的全体公民休假的日期。法定休假日的范围要广于法定节假日。《全国年节及纪念日放假办法》第 2 条规定："全体公民放假的节日：（一）新年，放假 1 天（1 月 1 日）；（二）春节，放假 3 天（农历正月初一、初二、初三）；（三）清明节，放假 1 天（农历清明当日）；（四）劳动节，放假 1 天（5 月 1 日）；（五）端午节，放假 1 天（农历端午当日）；（六）中秋节，放假 1 天（农历中秋当日）；（七）国庆节，放假 3 天（10 月 1 日、2 日、3 日）。"该办法第 6 条规定："全体公民放假的假日，如果适逢星期六、星期日，应当在工作日补假。部分公民放假的假日，如果适逢星期六、星期日，则不补假。"《国务院关于职工工作时间的规定》第 7 条第 1 款规定："国家机关、事业单位实行统一的工作时间，星期六和星期日为周休息日。"目前理论和实务上均认为，星期六和星期日以及上述法定节假日作为计算期间的法定休假日。

应当注意的是，法定休假日是适用于社会不特定公众，并为人们所熟知的特定日期，对于特定职业或者特定人员、特定时期的休息日，比如婚丧假、年假等情形，都会因人而异，不属于法定休假日，不能作为计算期间中法定休假日。

一、期间的概念

期间，是指当事人、其他诉讼参与人以及人民法院进行民事诉讼或者审理民事案件时应当遵守的时间期限。如人民法院收到起诉状，经审查认为符合起诉条件的，应当在 7 日内立案，并通知当事人；人民法院应当在立案之日起 5 日内将起诉状副本发送被告，被告在收到之日起 15 日内提出答辩状；人民法院应当在收到答辩状之日起 5 日内将答辩状副本发送原告。这里的"七日内立案""五日内发送起诉状副本""十五日内提出答辩状"等，就属于期间的规定。民事诉讼活动，包括起诉、受理、审理、判决、上诉、执行等许多环节，依次进行，许多环节是通过期间衔接起来的，所以期间是民事诉讼制度的一项重要内容。《民事诉讼法》规定期间的目的，在于保证当事人和其他诉讼参加人及时行使诉讼权利，履行诉讼义务，使人民法院及时进行审判，使当事人的民事争议及时得到解决。

二、期间与期日的区别

理解期间的概念，必须注意它与期日的区别。期日，是指人民法院确定的进行某一诉讼行为的具体时间，如人民法院开庭审理案件的日期、原告与被告之间交换证据的日期、人民法院宣告判决的日期等。期间和期日有以下几个区别：

第一，期间是指一段持续的时间，有开始期与终止期。如当事人不服一审判决的上诉期限为判决书送达之日起15天等。而期日是指某一特定的时间点，只有开始期，没有终止期，如法院开庭审理的日期。

第二，期间通常适用于当事人及其他诉讼参与人或者人民法院单方进行某项诉讼行为。而期日主要适用于当事人、其他诉讼参与人以及人民法院共同进行某项诉讼行为。

第三，期间开始后，并非一定发生某项诉讼行为。如当事人对一审判决不服的上诉期为15天，但当事人在15天内有可能不上诉。而期日开始后，通常一定发生某项诉讼行为。如人民法院确定的开庭审理日期一到，就必须开庭审理。

第四，期日都是由人民法院指定的；而期间有的由法律规定，有的由人民法院指定。

第五，期日因特殊情况的发生可以变更，如经当事人申请、人民法院准许，变更开庭日期；而期间有的可以变更，有的不能变更。

三、期间的种类

1. 以期间是法律规定还是法院指定为标准，可以将期间分为法定期间和指定期间。法定期间，是指由法律直接规定的期间。比如，立案的期间是7日，从人民法院接到诉状或者口头起诉之日起算；宣告公民失踪的公告的期间为3个月；上诉期间，不服地方法院一审判决提起上诉的期间为 15 日，不服地方法院一审裁定提起上诉的期间为 10 日；申请执行的期间为 2 年等。法定期间的意义在于，法律规定某项诉讼行为在一定的期间内进行，如果超过规定的期间，所进行的诉讼行为将不发生法律效力。法定期间具有确定性的特点，即除法律另有规定外，人民法院不得依职权或者依当事人申请而改变法定期间，即不得延长或者缩短法定期间。指定期间，是指人民法院根据案件的具体情况，对于进行某项诉讼行为所指定的期间。比如，法院指定当事人补正起诉状的欠缺的期间；法院在判决书中指定当事人履行义务的期间等。指定期间是可变期间，是对法定期间的必要的补充。指定期间具有灵活性的特点，人民法院可根据具体情况指定某一诉讼行为的实施期间，同时可以适当延长或者缩短，甚至还可以取消原来指定的期间。人民法院指定期间时，需要注意指定期间应当明确、具体，同时指定期间的长短要与相关诉讼行为的实施要求相适应，既不能过长亦不能过短，过长会迟延诉讼的进行和案件的审结，过短会限制诉讼参加人行使诉讼权利。此外，人民法院在指定期间时，不应当与法定期间相冲突。

2. 以期间能否变更为标准，可以将期间分为不变期间和可变期间。不变期间，是指在规定的期间内，除法律另有规定的情况外，不准许法院延长或者缩短的期间，如上诉期间、申请执行法律文书的期间等。在不变期间内应当进行的诉讼行为没有进行，权利人就丧失了该项诉讼权利。比如，不在上诉期间内提起上诉，就丧失了上诉权，判决或者裁定即发生法律效力。可变期间，是指人民法院依照法律规定的条件，可以进行变更的期间。如因发生地震导致道路不通，因重病住院不能出庭等，法院根据当事人的申请或者依职权变更原定的期间。指定期间都是可变期间；法定期间依照法律规定可以变更，法律没有规定的不能变更。

【条文适用】

期间的规定对于保障和促进当事人及其他诉讼参与人正确行使诉讼权利、依法履行诉讼义务，具有十分重要的意义。根据本条的规定，期间以时、日、月、年计算，但期间开始的时、日不计算在期间内。对此，《民事诉讼法司法解释》也作了明确的规定。《民事诉讼法司法解释》第125条规定：民事诉讼中以时起算的期间从次时起算；以日、月、年计算的期间从次日起算。审判实践中，在计算期间时，还应当注意以下几点：

第一，如果期间是以月为单位计算的，1月一般按公历中的月份天数计算，不分大月、小月；如果期间是以年为单位计算的，1年一般按365天计算，不分平年、闰年。以月计算的，期间届满的日期，应当是届满那个月对应于开始月份的那一天；如果没有对应于开始月份的那一天的，应当为届满那个月的最后一天。例如，在一起宣告失踪的案件中，人民法院于2012年2月28日公告寻找下落不明人，公告期间为3个月，公告期届满日期在2012年5月28日。在该日期下落不明人还未出现的，人民法院就可以依法作出判决，宣告下落不明的人失踪。

第二，期间届满的最后一日是法定休假日的，以法定休假日后的第一日为期间届满的日期。如期间本应在10月1日届满，但按照国务院的规定，10月1日至7日为国庆假日，这样10月8日为期间届满日。实践中对此需注意两点：（1）法律规定的部分公民享有休假权利的节日一般不能作为影响期间计算的日期。《全国年节及纪念日放假办法》第3条规定："部分公民放假的节日及纪念日：（一）妇女节（3月8日），妇女放假半天；（二）青年节（5月4日），14周岁以上的青年放假半天；（三）儿童节（6月1日），不满14周岁的少年儿童放假1天；（四）中国人民解放军建军纪念日（8月1日），现役军人放假半天。"此外，该办法第4条规定："少数民族习惯的节日，由各少数民族聚居地区的地方人民政府，按照各该民族习惯，规定放假日期。"这部分节假日是否属于上述的法定休假日，从而对于期间计算产生实质影响，实务中存在争议。我们倾向于不作为影响期间计算的法定休假日。因为，一方面这些假日不是针对所有人民群众，且除了儿童节之外，都是放假半天，其另外的半天就非法定休假日，故这些节日可能在总体上不能属于影响期间计算的日期，但如果当事人有特别约定的，当然要遵守该约定。（2）法人或者其他组织内部规定的放假或者休息日，不属于法定休假日。如某市一大型综合商场为了方便顾客在休息日购物，规定该商场员工的休息日为周一和周二，周六和周日则为正常的工作日。

第三，期间不包括在途期间，诉讼文书在期限届满前交邮的，不算过期。法定期间和指定期间，均不包括在途期间。如当事人接到一审法院判决书后，经过准备，在第 13 天的时候通过邮局寄出了上诉状，交邮 6 天后人民法院收到上诉状。那么，这 6 天的时间，不计算在上诉期间之内。也就是说，向人民法院提交上诉状，只要是在法定期间届满前交邮的，人民法院不论多长时间后才收到，都不算超过期间。法定期间届满前交邮，是指期间届满日 24 时前交邮。如一审判决书在 3 月 1 日送达，只要在 3 月 16 日 24 时前通过邮局以挂号信的形式寄出上诉状，就不能算超过上诉期间。当然，期满前是否交邮，应当以邮局的邮戳为准。只要邮戳上的时间可以证明在期间届满之前，当事人已经将需要邮寄的诉讼文书交付邮局的，就不算过期。

【典型案例】

中国信达资产管理股份有限公司天津市分公司与天津龙威粮油工业有限公司等借款合同纠纷案

【案　　号】最高人民法院（2020）最高法民终 63 号

【基本案情】中国光大银行股份有限公司天津滨海分行（以下简称光大银行滨海分行）与天津龙威粮油工业有限公司（以下简称天津龙威公司）签订贷款合同，约定光大银行滨海分行向天津龙威公司提供贷款，天津市聚龙粮油有限公司、靖江龙威粮油工业有限公司、天津市邦柱贸易有限责任公司、杨某犟向光大银行滨海分行提供连带责任保证担保。后光大银行滨海分行发出解除合同的通知，要求天津龙威公司偿还拖欠的贷款本息，担保人履行担保责任。光大银行滨海分行与中国信达资产管理股份有限公司天津市分公司（以下简称信达公司）签订《债权转让协议》，将《流动资金贷款合同》项下债权转让给了信达公司。信达公司起诉请求天津龙威公司还本付息，各担保人承担连带保证责任。

一审判决作出后，天津龙威公司不服，上诉称信达公司 2017 年 9 月 19 日宣布贷款到期，且期内利息已计算至 2017 年 9 月 19 日，则逾期罚息及复利应从宣布到期日的次日即 2017 年 9 月 20 日起计算，一审判决认定逾期罚息及复利从 2017 年 9 月 19 日起算错误。

【裁判结果】驳回上诉，维持原判。

【裁判理由】最高人民法院二审认为，一审判决第一项为："被告天津龙威粮油工业有限公司于本判决生效之日起十日内偿还原告中国信达资产管理股份有限公司天津市分公司贷款本金 237 530 000 元，截至 2017 年 9 月 19 日的利息 14 874 326. 54 元及自 2017 年 9 月 19 日起至实际给付之日止的利息。"此处"自 2017 年 9 月 19 日起至实际给付之日止"为利息的计付期间。关于期间问题，《民法典》第 201 条规定："按照年、月、日计算期间的，开始的当日不计入，自下一日开始计算。"《民事诉讼法司法解释》第 125 条规定，依照《民事诉讼法》第 82 条第 2 款[①]的相关规定，民事诉讼中以时起算的期间从次时起算；以日、月、年计算的期间从次日起算。一审判决确定的期间开始当日即 2017 年 9 月 19 日不计算利息，应自下一日也就是 2017 年 9 月 20 日开始计息。

① 现对应《民事诉讼法》（2023 年修正）第 85 条第 2 款。

第八十六条　当事人因不可抗拒的事由或者其他正当理由耽误期限的，在障碍消除后的十日内，可以申请顺延期限，是否准许，由人民法院决定。

【条文主旨】

本条是关于期间耽误和顺延的规定。

【条文理解】

一、关于期间的耽误

期间的耽误，是指当事人在法定期间或者指定期间内没有完成一定的诉讼行为。如某山区县的一位村民不服法院的一审民事判决，准备提出上诉，但在接到判决书的第 10 天，该地山洪暴发，交通、通信中断，等交通、通信恢复时，已超过了法律规定的 15 天上诉期限，即耽误了上诉期限。期间的耽误，不仅影响民事诉讼活动的正常进行，还可能导致当事人丧失相应的诉讼权利，从而影响当事人的实体权利。

期间耽误的原因多种多样，在不同的案件中有不同的具体表现。概括起来讲，期间耽误的原因，可以分为两类。

（一）由于当事人的主观原因造成的

主观原因，是指当事人实施或者不实施某种行为时的主观心理状态。因主观原因造成期间耽误，主要是指当事人主观上存在故意或者过失。（1）故意，是指当事人已经预见到自己实施或者不实施某种行为，将会造成期间的耽误，却仍然实施或者不实施该行为，从而导致期间耽误这一结果的发生。如当事人明明知道不服一审民事判决的上诉期为 15 天，但却故意不在上诉期内提出上诉。（2）过失，是指当事人已经预见到自己实施或者不实施某种行为，可能会造成期间的耽误，但其以为只要稍加小心或者采取某些措施就可以避免，或者当事人应当预见到自己实施或者不实施某种行为可能会造成期间的耽误，却没有预见到，从而造成了期间耽误这一结果的发生。如当事人接到一审民事判决书后，找不同的人商量要不要提出上诉，由于各方面意见不一，犹豫不决，导致错过了上诉期。

（二）由于不可归责于当事人的原因造成的

不可归责于当事人的原因，是指期间耽误的原因，不是由于当事人在主观上存在故意或者过失，而是与当事人主观原因无关的其他原因造成的。根据本条的规定，不可归责于当事人的原因，可以分为两种：一是不可抗拒的事由。不可抗拒的事由，通常也称为不可抗力，按照《民法典》的规定，是指不能预见、不能避免且不能克服的客观情况。地震、洪水、海啸等自然灾害，都属于不可抗力的范围，即属于当事人不可抗拒的事由。此外，某些人类行为，如发生战争、新冠肺炎疫情防控等，对于当事人来讲，也是不可抗拒的事由。二是其他正当理由。其他正当理由，是指造成期间耽误的原因，与当事人的主观原因无关，而是因为其他客观情况造成的。如当事人突发重病入院抢救、诉讼文书被他人延误而未及时收到等。

二、关于期间的顺延

由于期间耽误的原因不同，其后果也不同。因为当事人主观上的故意或者过失，耽误期限的，其原因在于当事人自己，其责任也由当事人自己承担，即不存在顺延期限的问题。因不可抗拒的事由或者其他正当理由耽误期限的，其原因不在于当事人，其责任也不应当由当事人承担，《民事诉讼法》规定可以通过一定的程序和方式进行补救，即按照本条规定，在障碍消除后的10日内向人民法院申请顺延期限。

【条文适用】

审判实践中适用该条规定，应注意把握以下几点：

第一，顺延期限的申请应当在法定期间内提出。即应当在障碍消除后的 10 日内提出申请。如果当事人没有按时提出顺延期限的申请，就失去了再进行某项诉讼行为的权利。如某一民事案件的一审判决上诉期限于 2 月 15 日届满，在 2 月 5 日发生了地震，导致交通、通信中断，2 月 15 日，交通恢复。当事人可以在障碍消除后 10 日内，即 2 月 25 日前，向人民法院提出顺延期间的申请。如果在 2 月 25 日前没有提出上诉，而是过了 2 月 25 日再提出上诉，将产生人民法院不予受理该上诉的后果。

第二，顺延申请应当向有权作出决定的法院提出。耽误期间的事由，既可能发生在一审程序中，也可能发生在二审程序、再审程序中。在哪个程序发生耽误，就应当向正在审理案件的法院申请顺延。但是，如果耽误上诉期间的，应当向作出裁判的一审人民法院提出申请；申请再审期间的顺延，应当向申请再审的法院提出申请。

第三，顺延申请是否准许由法院决定。人民法院对当事人提出的顺延期限申请，经过审查以后，认为符合法律规定的顺延期限的条件，准许顺延；认为不符合顺延期限法定条件的，不予准许。

第四，顺延期限的计算需准确把握。人民法院准予顺延期间后，顺延多长时间，因法定期间和指定期间的不同而有所不同。法定期间顺延日期的计算，以实际耽误的时间为准。如前述耽误的上诉期间为 5 日，那么顺延的期限也是 5 日。指定期间顺延由法院根据具体情况决定。

【典型案例】

湖南北山建设集团股份有限公司与阳光财产保险股份有限公司湖南省分公司因申请诉中财产保全损害责任纠纷案

【案　　号】最高人民法院（2021）最高法民申 6111 号

【基本案情】湖南北山建设集团股份有限公司（以下简称北山建设集团公司）与湖南北山房地产开发有限公司（以下简称北山房地产公司）签订建设工程施工合同，约定北山房地产公司将工程发包给北山建设集团公司承建施工。后双方因施工合同发生纠纷，北山房地产公司向一审法院提起诉讼，同时申请财产保全，请求查封、扣押、冻结北山建设集团公司资金，阳光财产保险股份有限公司（以下简称阳光保险公司）自愿为北山房地产公司申请的财产保全提供担保。该案审结后，北山建设集团公司向法院起诉请求判令阳光保险公司赔偿因北山房地产公司错误财产保全造成的损失。

此案二审判决作出后，阳光保险公司不服，申请再审称，二审判决认为北山建设集团公司的上诉未超过上诉期限错误。

【裁判结果】驳回阳光保险公司的再审申请。

【裁判理由】最高人民法院再审审查认为，北山建设集团公司于 2020 年 1 月 21 日收到一审判决书，并于 2020 年 2 月 4 日向一审主审法官短信表达了上诉的意思表示，一审主审法官同意因新型冠状肺炎疫情原因待法院诉讼服务窗口恢复后办理上诉事宜。《最高人民法院关于依法妥善审理涉新冠肺炎疫情民事案件若干问题的指导意见（一）》第 7 条规定：依法顺延诉讼期间。因疫情或者疫情防控措施耽误法律规定或者人民法院指定的诉讼期限，当事人根据《民事诉讼法》第 83 条[①]规定申请顺延期限的，人民法院应当根据疫情形势以及当事人提供的证据情况综合考虑

① 对应《民事诉讼法》（2023 年修正）第 86 条。

是否准许，依法保护当事人诉讼权利。新型冠状肺炎疫情及防控措施打破了正常的诉讼秩序，相关法院诉讼服务窗口也因此处于关闭状态，北山建设集团公司于收到一审判决书的 15 日内向一审法官表达了上诉的意思表示，一审法官表示同意，之后其在法院规定的时间内提交上诉状并缴纳上诉费，并没有怠于行使上诉权。

第二节　送　　达

第八十七条　送达诉讼文书必须有送达回证，由受送达人在送达回证上记明收到日期，签名或者盖章。

受送达人在送达回证上的签收日期为送达日期。

【条文主旨】

本条是关于送达回证的规定。

【条文理解】

一、送达的概念和意义

送达，是指法院依照法定方式和程序，将诉讼文书送交当事人和其他诉讼参与人的行为。执行送达任务，向当事人及其他诉讼参与人履行送达义务的人，称为送达人；接受法院送达的诉讼文书的当事人或者其他诉讼参与人，称为受送达人。送达的意义主要体现在两个方面：一是有利于全面保障当事人及诉讼参与人的诉讼权利。人民法院将诉讼文书送交当事人及其他诉讼参与人，让他们了解诉讼文书的内容，以便他们据此参加诉讼活动，行使诉讼权利，履行诉讼义务，维护自身权益。二是推动诉讼进程的发展。人民法院依法送达后，受送达人无正当理由没有在规定的时间内行使诉讼权利、履行诉讼义务，则须承担法律规定的后果。送达除了具有诉讼行为的含义，还具有诉讼制度的含义。送达制度以规范诉讼文书在当事人与法院之间的传递为内容，由一系列的法律原则和具体制度所组成。它以保障当事人及诉讼参与人诉讼权利为核心，全面体现法院与当事人及诉讼参与人的诉讼法律关系。

综观各国民事诉讼立法，关于送达的立法体例大体有两种：一种是以英美法系为代表的当事人主义，即送达由当事人完成，法院原则上不参与送达，如《美国联邦民事诉讼规则》第 4 条第 2 款明确规定：原告提交起诉状的同时或之后，可以向书记官提交传唤状并要求书记官署名，加盖法院印章。如果传唤状的形式符合要求，书记官应当署名，加盖法院印章，并且将传唤状发还给原告，以便由原告向被告送达。另一种是以大陆法系为代表的职权主义，即送达由法院完成，当事人不承担送达义务，如《日本民事诉讼法》第 98 条规定：送达，除另有规定外，依（法院）职权进行。关于送达的事务，由法院书记官处理。我国采取职权主义，送达在《民事诉讼法》中单列一节，另因案件涉及范围不同，还分为普通送达和涉外送达。由于两大法系在送达性质认识上的区别，英美法系国家通过当事人或者其律师在他国境内送达传票、起诉状副本等法律文书的行为，被其他国家（主要是大陆法系国家）视为对该国司法主权的侵犯。为调和各国和地区在民事送达法律制度上的冲突，两大法系主要国家于 1965 年缔结了《海牙送达公约》。我国已于 1991 年 3 月 2 日由全国人大常委会作出批准加入《海牙送达公约》的决定，公约自 1992 年 1 月 1 日起对我国生效。

二、送达的特征

1. 送达的主体是法院。由法院以外的主体向当事人或其他诉讼参与人送交材料的行为不属于送达。受送达人必须是当事人或其他诉讼参与人。若当事人是无诉讼行为能力的诉讼主体，则应向其法定代理人送达。当事人及其他诉讼参与人之间，法院之间送交诉讼文书的行为以及法院向其他单位或个人送交诉讼文书的行为均不属于送达，不适用《民事诉讼法》关于送达的规定。

2. 送达的对象是当事人或者其他诉讼参与人。法院之间相互递送材料以及法院对当事人或者其他诉讼参与人以外的其他单位或者个人发送材料，都不是我国《民事诉讼法》意义上的送达。

3. 送达的内容是各种诉讼文书，如起诉状副本、传票、开庭通知书、判决书、裁定书、调解书等。

4. 送达必须按法定的程序和方式进行。送达是法院的职权行为，法律文书一经送达，直接对当事人的诉讼权利和实体权利产生重要的法律意义，因此，唯有按照法定的程序和方式进行的送达，才是有效的送达；送达程序和方式的不合法将导致送达无效。

三、送达回证

送达回证，是指人民法院制作的用以证明受送达人收到人民法院所送达的诉讼文书的书面凭证。送达回证是检查人民法院是否按法定程序和方式送达诉讼文书的标志，是送达人完成送达任务的凭证，不仅能够证明人民法院是否履行了法定的职责，完成了送达任务，还是受送达人接受或者拒绝签收送达文书的证明，能够证明当事人是否耽误了诉讼期间，是衡量当事人和其他诉讼参与人诉讼行为是否有效的依据。

根据本条规定，送达诉讼文书必须有送达回证，由受送达人在送达回证上记明收到日期、签名或者盖章。受送达人在送达回证上的签收日期为送达日期，它是计算期间的主要根据。

【条文适用】

依据本条规定，人民法院向当事人或者其他诉讼参与人送达诉讼文书，无论采取何种送达方式，都应当有送达回证，让受送达人在送达回证上签收，签收的日期即是送达日期。但是，实践中也存在两种例外情形：一是在公告送达中，无须送达回证，公告期间届满的日期即是送达日期。当然，公告送达应当也要有相关的公告期满的证明材料入卷。二是在邮寄送达中，人民法院通常都会制作送达回证一并寄送当事人，要求当事人签收后寄回人民法院入卷，但有的当事人往往收到法律文书后不将送达回证寄回法院，此种情形下，依据《最高人民法院关于以法院专递方式邮寄送达民事诉讼文书的若干规定》第9条的规定，有下列情形之一的，即为送达：（1）受送达人在邮件回执上签名、盖章或者捺印的；（2）受送达人是无民事行为能力或者限制民事行为能力的自然人，其法定代理人签收的；（3）受送达人是法人或者其他组织，其法人的法定代表人、该组织的主要负责人或者办公室、收发室、值班室的工作人员签收的；（4）受送达人的诉讼代理人签收的；（5）受送达人指定的代收人签收的；（6）受送达人的同住成年家属签收的。另依据《民事诉讼法》第 91 条的规定，邮寄送达的，以回执上注明的收件日期为送达日期。

【典型案例】

红岭创投电子商务股份有限公司与攀枝花市仁和区土地储备中心等其他纠纷案

【案　　号】最高人民法院（2017）最高法民终 946 号

【基本案情】红岭创投电子商务股份有限公司与攀枝花市仁和区土地储备中心等其他纠纷案一审判决送达后，2017 年 6 月 5 日，攀枝花市仁和区土地储备中心一审阶段的委托诉讼代理人姜某群通过邮政特快专递向一审法院寄送民事上诉状。2017 年 7 月 7 日，红岭创投电子商务股份有限公司向最高人民法院提交驳回上诉申请书，认为上诉人攀枝花市仁和区土地储备中心递交上诉状已超过法定期限，请求最高人民法院驳回上诉。

【裁判结果】对攀枝花市仁和区土地储备中心的上诉，最高人民法院不予受理。

【裁判理由】最高人民法院认为，姜某群一审期间的代理权限为特别授权，包括“代为递交和签收法律文书”，一审法院向攀枝花市仁和区土地储备中心的委托诉讼代理人送达，符合上述规定。《最高人民法院关于以法院专递方式邮寄送达民事诉讼文书的若干规定》第 7 条第 1 款规定：“受送达人指定代收人的，指定代收人的签收视为受送达人本人签收。”

一审法院邮政特快专递的底单载明收件人为姜某群，电话为姜某群预留手机号，地址为姜某群预留的工作单位，收件人签名虽为段某梅，结合《EMS查快递》运单跟踪显示“投递并签收，签收人：本人收”和段某梅此后转交邮件的事实，应认为姜某群委托段某梅代收，段某梅签收视为姜某群本人签收。《民事诉讼法》的相关条文规定受送达人在送达回证上的签收日期为送达日期。但该规定显然意指签收日期须为送达实际发生的日期，而不能在受送达人在送达回证上注明的签收日期与实际送达日期不一致的情况下，以受送达人在送达回证上所签署的签收日期否定送达实际发生的日期。结合《EMS查快递》运单跟踪显示的签收时间为“2017-05-17，11:46:03”和段某梅并未否认5月17日签收的事实，应认定实际送达日期为2017年5月17日。即便按照姜某群在送达回证上签署的日期，认为其迟至2017年5月25日才知悉一审判决，距15日的上诉期限届至也仍有一周时间，但其迟至2017年6月5日才向一审法院寄出上诉状，不能认为其提起上诉仍在合理的期限之内。

第八十八条　送达诉讼文书，应当直接送交受送达人。受送达人是公民的，本人不在交他的同住成年家属签收；受送达人是法人或者其他组织的，应当由法人的法定代表人、其他组织的主要负责人或者该法人、组织负责收件的人签收；受送达人有诉讼代理人的，可以送交其代理人签收；受送达人已向人民法院指定代收人的，送交代收人签收。

受送达人的同住成年家属，法人或者其他组织的负责收件的人，诉讼代理人或者代收人在送达回证上签收的日期为送达日期。

【条文主旨】

本条是关于直接送达的规定。

【条文理解】

直接送达，是指人民法院指派专人包括执行送达任务的书记员、司法警察或者其他工作人员将应当送达的诉讼文书，直接当面交付给受送达人本人签收或者法律明确规定的相关人的送达方式。

一、属于直接送达的情况

根据本条规定，以下情况属于直接送达：（1）受送达人是公民的，应当由本人签收。（2）受送达人是法人或其他组织的，由其法定代表人或主要负责人，或者该法人、组织负责收件的人签收。

二、视为直接送达的情况

1. 受送达人是公民的，但该公民本人不在送达地点的，由其同住成年家属签收。

2. 受送达人有诉讼代理人的，可以送交其代理人签收。

3. 受送达人已向人民法院指定代收人的，送交代收人签收。

三、直接送达送达日期的确定

受送达人在送达回证上的签收日期即是送达日期，若送达回证不是受送达人本人签收的，受送达人的同住成年家属、法人或者其他组织的负责收件的人、诉讼代理人或者代收人在送达回证上签收的时间为送达日期。

【条文适用】

送达诉讼文书应当以直接送达为原则，在《民事诉讼法》规定的各种送达方式中，直接送达是首选方式。只有当直接送达确有困难时，人民法院才可以根据情况选择其他方式进行送达。

适用直接送达，最重要的条件是人民法院能够确定受送达人的准确送达地址。受送达人是公民的，送达地址通常是公民的住所地或经常居住地。受送达人是法人或者其他组织的，送达地址通常是法人或其他组织的主要营业地或者主要办事机构所在地。

近年来，随着社会经济的发展，人口流动加剧，因受送达人提供的送达地址不准确、送达地址变更等因素，实践中出现了“送达难”的问题。为了解决送达地址难以明确的问题，有关司法解释规定了送达地址确认书、推定送达等制度。《最高人民法院关于适用简易程序审理民事案件的若干规定》第5条第1款规定：“当事人应当在起诉或者答辩时向人民法院提供自己准确的送达地址、收件人、电话号码等其他联系方式，并签名或者按指印确认。”在规定送达地址确认书的基础上，该规定进一步规定了推定送达制度。该规定第10条第1款规定：“因当事人自己提供的送达地址不准确、送达地址变更未及时告知人民法院，或者当事人拒不提供自己的送达地址而导致诉讼文书未能被当事人实际接收的，按下列方式处理：（一）邮寄送达的，以邮件回执上注明的退回之日视为送达之日；（二）直接送达的，送达人当场在送达回证上记明情况之日视为送达之日。”

【典型案例】

波特城（江苏）智慧园区有限公司破产管理人与深圳市全泰控股有限公司破产管理人追缴出资款纠纷案

【案　　号】最高人民法院（2018）最高法民申 5681 号

【基本案情】全泰控股有限公司（以下简称全泰公司）与陈某建、汪某钧作为投资人共同设立波特城（江苏）智慧园区有限公司（以下简称波特城公司），波特城公司章程规定，全泰公司作为股东以货币出资方式认缴出资额 5100 万元，认缴比例 51%。高邮市广缘工程建设有限公司以波特城公司不能清偿到期债务且明显缺乏清偿能力为由提出破产申请，一审法院裁定受理高邮市广缘工程建设有限公司对波特城公司的破产清算申请。波特城公司管理人向全泰公司发出《催缴出资函》，要求全泰公司将出资款 5100 万元缴至管理人的银行账户，全泰公司未予答复。后波特城公司管理人诉至法院追缴全泰公司应缴的出资款。该案二审判决支持了波特城公司管理人的诉讼请求。二审判决作出后，全泰公司申请再审称二审法院未将判决书依法直接送达全泰公司，程序不当。

【裁判结果】驳回深圳市全泰控股有限公司的再审申请。

【裁判理由】最高人民法院再审审查认为，关于送达程序，《民事诉讼法》第 85 条第 1 款[①]规定，受送达人有诉讼代理人的，可以送交其代理人签收，二审法院向全泰公司的委托诉讼代理人送达诉讼文书符合法律规定，全泰公司有关送达程序不当的再审申请理由不能成立。

① 对应《民事诉讼法》（2023 年修正）第 88 条第 1 款。

第八十九条　受送达人或者他的同住成年家属拒绝接收诉讼文书的，送达人可以邀请有关基层组织或者所在单位的代表到场，说明情况，在送达回证上记明拒收事由和日期，由送达人、见证人签名或者盖章，把诉讼文书留在受送达人的住所；也可以把诉讼文书留在受送达人的住所，并采用拍照、录像等方式记录送达过程，即视为送达。

【条文主旨】

本条是关于留置送达的规定。

【条文理解】

留置送达，是指受送达人无正当理由拒绝签收诉讼文书时，送达人依法将送达文书放置在受送达人的住所即产生送达法律效力的送达方式。

送达人在受送达人或者他的同住成年家属拒绝接收诉讼文书的情况下，既可以采用邀请见证人的方式来实现留置送达，也可以选择将诉讼文书留在受送达人住所的同时，采用拍照、录像等记录送达过程的方式来实现留置送达。本条规定赋予了送达人在实现留置送达方式上的选择权，便于送达人根据不同的实际情况，选择不同的实现留置送达的方式。

此外，当受送达人有诉讼代理人时，送达人既可以向受送达人送达，也可以向其诉讼代理人送达。受送达人指定诉讼代理人为代收人的，向诉讼代理人送达时，适用留置送达。

【条文适用】

一、留置送达的条件

留置送达和其他送达方式的目的都是完成送达任务，维护当事人的合法权利，保障民事诉讼程序的顺利进行。留置送达是在直接送达不能进行时所采取的一种送达方式，是直接送达的一种最直接的补充方式，它与直接送达具有同等的效力。适用留置送达，应具备相应的条件，具体包括：

1. 受送达人或其他法定签收人拒绝接收送达人员的诉讼文书，这是适用留置送达的前提条件。拒绝接收一般包括两种情况：一种是故意躲避送达人员，致使送达人员无法寻找到受送达人；另一种是虽不躲避送达人员，但是当面拒绝接收送达的诉讼文书，或者是接收送达的诉讼文书却拒绝签名或盖章。如果诉讼文书被受送达人或其他法定签收人直接接收，就没有必要适用留置送达。只有受送达人或其他法定签收人拒绝接收诉讼文书，才有适用留置送达的可能。可以说，在各种送达方式中，留置送达是能够对直接送达当场进行补救，从而减少司法资源浪费的一种送达方式。

2. 留置送达的地址应是受送达人的住所。住所的界定根据受送达人的身份而有所区别。根据我国《民法典》及有关司法解释的规定，受送达人为自然人时，自然人的住所为户籍登记或者其他有效身份登记记载的居所；经常居所与住所不一致的，经常居所视为住所。送达人只有把送达的诉讼文书留在受送达人的户籍登记或者其他有效身份登记记载的居所或者是其经常居所，才能完成留置送达，在受送达人的工作地点或者其他地方不能进行留置送达。当受送达人为法人或其他组织时，它的主要办事机构所在地为适用留置送达的地点。

3. 留置送达的对象不包括调解书。根据《民事诉讼法》的规定，调解书经双方当事人签收后，即具有法律效力。调解未达成协议或者调解书送达前一方反悔的，人民法院应当及时判决。《民事诉讼法司法解释》第 133 条规定："调解书应当直接送达当事人本人，不适用留置送达。当事人本人因故不能签收的，可由其指定的代收人签收。"因此，调解书应当直接送达当事人本人，不适用留置送达。

二、有见证人情况下的留置送达

在留置送达的情形下，由于受送达人或者其他法定签收人拒绝接收送达，难以通过受送达人或者其他法定签收人的签章来证明送达行为的完成。因此，有必要通过见证人或者其他方式来证明人民法院依法完成送达行为。

根据本条规定，受送达人或者其同住成年家属拒绝签收诉讼文书时，送达人可以邀请有关基层组织或者所在单位的代表到场，说明情况，在送达回证上记明拒收事由和日期，由送达人、见证人签名或者盖章，把诉讼文书留在受送达人的住所，即可视为送达。这种情况下，留置送达是在见证人的在场见证下完成的。送达人可以邀请见证人到场见证，不是必须邀请，也就是说送达人可以根据情况，选择在见证人在场见证情况下进行留置送达，也可以采取其他方式进行留置送达。

在邀请见证人在场见证的情况下，见证人的范围是限定的，不是任何人都可以担任，必须是法律规定的有关基层组织或所在单位代表。基层组织，是指村民委员会或居民委员会。所在单位，是指受送达人的工作单位或者学习单位。送达人应向在场见证的基层组织或所在单位代表说明送达相关情况。此外，在送达回证上要记明受送达人拒收的事由和日期，由送达人和见证人签名或者盖章。设置这个要求是为了防止送达人员滥用留置送达，不遵守法定程序，从而损害受送达人的权利。

三、无见证人情况下的留置送达

司法实践中，人民法院进行留置送达，时常出现难以寻找到符合法律规定条件的见证人，或者符合法律规定的相关人员不愿担当见证人的情形。为此，本条规定了在无见证人情况下，采取科技手段进行留置送达，即“也可以把诉讼文书留在受送达人的住所，并采用拍照、录像等方式记录送达过程，即视为送达”，使得送达工作更为方便、快捷。

【典型案例】

湖北银行股份有限公司宜昌南湖支行与陕钢集团汉中钢铁有限责任公司等金融借款合同纠纷案

【案　　号】最高人民法院（2018）最高法民申6256号

【基本案情】湖北银行股份有限公司宜昌南湖支行（简称南湖支行）与宜昌钟宜实业有限公司（简称钟宜公司）签订《授信协议》约定，由南湖支行向钟宜公司提供循环融资额度2亿元人民币的承兑汇票敞口授信。南湖支行分别与陕钢集团汉中钢铁有限责任公司（简称汉中公司）、李某华、黄某珍、肖某平、闫某明、湖北钟宜钢结构公司（简称钟宜钢构公司）签订《最高额保证合同》。上述《最高额保证合同》约定，汉中公司、李某华、黄某珍、肖某平、闫某明、钟宜钢构公司自愿为钟宜公司提供连带责任保证。南湖支行起诉请求钟宜公司还本付息，各保证人承担连带清偿责任。该案二审判决支持了南湖支行的部分诉讼请求。汉中公司不服，申请再审称，该案生效判决存在未经合法传唤、缺席判决等严重违反法定程序的问题。

【裁判结果】驳回陕钢集团汉中钢铁有限责任公司的再审申请。

【裁判理由】最高人民法院再审审查认为，《民事诉讼法》第89条规定：“受送达人或者他的同住成年家属拒绝接收诉讼文书的，送达人可以邀请有关基层组织或者所在单位的代表到场，说明情况，在送达回证上记明拒收事由和日期，由送达人、见证人签名或者盖章，把诉讼文书留在受送达人的住所；也可以把诉讼文书留在受送达人的住所，并采用拍照、录像等方式记录送达过程，即视为送达。”即留置送达包括两种方式，一是邀请基层组织或所在单位的代表到场说明情况并由送达人、见证人签名或盖章后，把诉讼文书留在受送达人的住所；二是把诉讼文书留在受送达人的住所，并采用拍照、录像等方式记录送达过程，即视为送达。本案一审采取拍照方式，并有留置送达的照片，符合第二种留置送达方式，属于有效送达。

第九十条　经受送达人同意，人民法院可以采用能够确认其收悉的电子方式送达诉讼文书。通过电子方式送达的判决书、裁定书、调解书，受送达人提出需要纸质文书的，人民法院应当提供。

采用前款方式送达的，以送达信息到达受送达人特定系统的日期为送达日期。

【条文主旨】

本条是关于电子送达的规定。

【条文理解】

2021 年《民事诉讼法》修改时，本条在 2017 年《民事诉讼法》第 87 条的基础上作出修改，主要修改了有以下两个方面：一是丰富了送达渠道，将“传真、电子邮件等”修改为“电子方式”；二是扩大了电子送达的适用范围，规定经受送达人同意，可以电子送达判决书、裁定书、调解书。作出这样的修改，主要是为了适应信息化时代的要求，提高诉讼效率，提升电子送达的有效性，切实保障当事人的诉讼知情权。2023 年修正《民事诉讼法》时未对本条作出修改。

一、电子送达方式的产生及其必要性

随着人类社会迈入信息化时代，电子信息技术的普及成为这个时代鲜明的特征。电子信息技术具有覆盖面广、传输快、效率高、成本低等优势，为法院增加送达途径、降低诉讼成本，提高审判效率提供了更多选择。在信息化时代背景下，电子信息技术在诉讼活动中的应用成为了必然，利用电子方式送达诉讼文书应运而生。

在各国和地区民事诉讼制度发展史中，送达方式的演进一直伴随并反映特定历史阶段新技术的发展。4000年前《伊努纳法典》向被告的送达通过大声喊出其名字并得到应答而完成，自此，直接送达一直是各国和地区诉讼制度中普遍适用的送达方式；而交通工具的进步使邮寄送达逐渐被各国和地区法律接纳；19世纪末，作为对新生电报技术的回应，美国爱达荷州、犹他州等州际立法允许采用电报方式送达；20世纪80年代末，传真方式的送达也逐渐被许多国家纳入立法；20世纪末，尤其是进入21世纪以来，随着全球社会迈入信息化的时代，电子信息传播渠道的普及化构成这个时代的鲜明特征，两大法系主要代表国家都在纷纷推进文书送达电子化的实践。1996年4月11日，英国伦敦皇室王座分庭纽曼法官允许原告律师以电邮的方式向法院管辖区内的当事人送达司法命令，这是全球第一起通过电邮方式送达司法命令的案件。该案中，被告除了电子邮件地址外，从未透露其他的联系方式，原告采用任何传统的送达方式都不可能向被告送达。最后，法官同意原告采用被告倾向使用的电子邮件方式，向他进行送达。随后，1999年《英国民事诉讼规则》第6.2条明确规定：送达文书可采取如下方式……根据有关诉讼指引，通过传真或其他电子通讯方式。2002年美国联邦第九巡回法院在Rio上诉案中作出史无前例的判决，判定电子邮件送达符合《美国联邦民事诉讼程序规则》和《美国宪法》的正当程序原则，该判决阐述："法院不能对技术变革和进步熟视无睹，我们生活的世界不再是一个仅能通过快速帆船和蒸汽轮船送达信件来进行交流的时代，通过卫星进行电子交流能够及时传送通知与信息，送达不再需要通过寄信到被告家里以便其能接到所有通知，只要被告有一个电子终端，即使其家里的钢制大门紧锁，也丝毫不妨碍被告接收所有信息。"除英美法系外，大陆法系国家主要代表在诉讼电子化方面也逐步推进，如德国自2007年起立法明文规定督促程序只能通过电子形式递交，对于非督促程序的普通诉讼，约1/5法院允许当事人通过电子途径递交起诉书。

我国也在有关特别法及司法解释中规定了电子送达。2000年开始施行的《海事诉讼特别程序法》第80条第1款第3项规定：海事诉讼法律文书的送达，可以通过能够确认收悉的其他适当方式送达。根据 2008 年实施的《海事诉讼特别程序法司法解释》第 55 条的规定："其他适当方式"包括传真、电子邮件（包括受送达人的专门网址）等送达方式。2011 年施行的《关于人民法院办理海峡两岸送达文书和调查取证司法互助案件的规定》第 7 条第 1 款第 7 项规定：人民法院向住所地在我国台湾地区的当事人送达民事和行政诉讼司法文书，有明确的传真号码、电子信箱地址的，可以通过传真、电子邮件方式向受送达人送达。2018 年实施的《最高人民法院关于互联网法院审理案件若干问题的规定》第 15 条第 1 款规定：经当事人同意，互联网法院应当通过中国审判流程信息公开网、诉讼平台、手机短信、传真、电子邮件、即时通讯账号等电子方式送达诉讼文书及当事人提交的证据材料等。2020 年修正的《最高人民法院关于适用简易程序审理民事案件的若干规定》第 6 条规定：原告起诉后，人民法院可以采取捎口信、电话、传真、电子邮件等简便方式随时传唤双方当事人、证人。2020 年修正的《最高人民法院关于涉外民事或商事案件司法文书送达问题若干规定》第 10 条规定：除本规定上述送达方式外，人民法院可以通过传真、电子邮件等能够确认收悉的其他适当方式向受送达人送达。2021 年实施的《人民法院在线诉讼规则》第 29 条规定：经受送达人同意，人民法院可以通过送达平台，向受送达人的电子邮箱、即时通讯账号、诉讼平台专用账号等电子地址，按照法律和司法解释的相关规定送达诉讼文书和证据材料。

此外，一些地方法院也在不断尝试电子送达。例如，《上海市高级人民法院关于网上立案、电子送达、电子归档的若干规定》第 10 条规定：当事人同意采取电子送达方式的民事案件（含民事、商事、知识产权、海事海商、金融案件）、刑事自诉案件、行政案件以及民事强制执行案件可以进行电子送达。陕西、四川、江苏等地方法院也对电子送达作出了较为具体的规定。这些对电子送达的探索实践，为电子送达的立法积累了重要的经验。

二、适用电子送达的条件

随着科技的进步和人员流动性加大，以及法院收案数量的不断增长，原《民事诉讼法》规定的送达方式难以满足提高司法效率的要求。因此，2021 年修改《民事诉讼法》时，法律文书送达方式成为修改的重要内容之一。在认真总结我国探索实践经验的基础上，2021 年《民事诉讼法》修改时完善了电子送达的规定。根据本条规定，采用电子送达，应具备以下几个条件：

1. 应经受送达人同意，这是适用电子送达方式的前提条件。诉讼文书的送达应当尊重当事人的意愿，允许当事人对送达方式（包括电子送达）进行选择，充分尊重当事人的程序选择权。电子送达作为一种新的送达方式，在具有便捷性、高效性、经济性优点的同时，也存在电子送达地址变化快，信息传送、保存过程中存在一定风险，对当事人的程序保障构成威胁等问题。通过取得受送达人同意，可以确认受送达人的真实意愿，查明送达地址，有效避免争议，提高送达的及时性和准确性。就理论上而言，受送达人同意包括明示同意和默示同意，特殊情况下，还包括推定默示同意。

2. 采用的方式能够确认受送达人收悉。能够确认受送达人收悉，一方面，是指电子送达地址准确，能够让受送达人接收到有关诉讼文书的信息，这可以通过由受送达人提供电子送达地址（如常用的电子邮箱、传真号码、即时通讯账号）来实现；另一方面，采取的电子送达方式应能够让受送达人直观、准确地知晓有关诉讼文书的信息，而不需要再借助其他技术手段才能知晓。电子送达包括通过中国审判流程信息公开网、全国统一送达平台、手机短信、传真、电子邮箱、即时通讯账号等多种方式进行送达。

3. 送达判决书、裁定书、调解书，受送达人提出需要纸质文书的，人民法院应当提供。判决书、裁定书、调解书是较为特殊的一类诉讼文书，它们涉及受送达人重要的诉讼权利和实体权利，当事人通常需要长期保存，在申请执行时也需要出示原件，因此，2017 年《民事诉讼法》规定了判决书、裁定书、调解书不适用电子送达。为优化送达方式，顺利推进诉讼进程，切实解决“送达难”的问题，2019 年 12 月 28 日，第十三届全国人大常委会第十五次会议通过《关于授权最高人民法院在部分地区开展民事诉讼程序繁简分流改革试点工作的决定》，授权最高人民法院在15个省（区、市）20个城市的法院开展为期两年的民事诉讼程序繁简分流改革试点工作。2020年最高人民法院制定了《民事诉讼程序繁简分流改革试点实施办法》，部分法院开展了电子送达判决书、裁定书、调解书的试点工作。在总结实践经验的基础上，2021年修改《民事诉讼法》时规定了经受送达人同意，人民法院可以电子送达判决书、裁定书、调解书等裁判文书，受送达人提出需要纸质裁判文书的，人民法院应当提供。

三、电子送达的日期

电子送达不仅在操作方式上不同于传统的送达方式，而且在送达日期的确定上也有一定的特殊性。电子送达方式下，诉讼文书是以数据电文形式传送的，受送达人收到信息和知悉信息内容的时间并不一致。收到信息的时间为数据电文进入受送达人特定系统的时间，知悉信息的时间为受送达人真正阅读该信息的时间，因此存在以什么时间作为送达时间的问题。国外做法一般分为如下几种：第一种是由受送达人采取电子签名的方式确认接收的日期为送达日期，以德国为代表，但由于电子签名法对安全性的高要求，该类方式在德国实践的效果并不理想；第二种是由网络服务提供商介入，如美国在线可以在收件人实际阅读电子邮件之后，网络服务商给发件人发送回证；第三种是设置功能性回执确认送达，由受送达人（接收方）的计算机在收到送达人（源发方）的信息时自动发出信息，确认诉讼文书已经收到。

考虑到电子送达是法律顺应新技术发展作出的规定，新的送达方式本身也将随着信息网络技术的发展而发展，本条第2款并未详细列举不同电子送达方式的不同送达日期，而是原则概括规定“以送达信息到达受送达人特定系统的日期”为送达日期。如此规定，一方面是因为到达受送达人特定系统的时间相对容易确定，另一方面也有利于督促受送达人积极行使诉讼权利。

关于“特定系统”，《民法典》第137条第2款也有规定：“以非对话方式作出的采用数据电文形式的意思表示，相对人指定特定系统接收数据电文的，该数据电文进入该特定系统时生效。”当然，是否到达、何时到达都存在事实问题与法律证明问题，以采用电子邮件方式送达为例，电子邮件送达所依赖的网络系统在技术上隐藏着诸多不安全性，如文书虽经发送，但受送达人邮件系统遭遇黑客袭击，受送文书并未到达受送达人邮箱系统，因此该送达尚未完成。法律规定电子送达方式，一方面对提高司法效率、减少司法资源负担具有积极意义；另一方面也对法院信息化建设提出了更高的要求。

【条文适用】

受送达人同意既可以是明示同意，也可以是默示同意，具体包括以下情形：第一，明确表示同意，即受送达人主动提出适用电子送达或者填写送达地址确认书。第二，作出事前约定，即受送达人对在诉讼中适用电子送达已作出过约定，但此时需考察送达条款是否属于格式条款，若提供制式合同一方未尽到提示说明义务的，对方当事人可以要求确认该条款无效。第三，作出事中表示行为，即受送达人在提交的起诉状、答辩状中主动提供用于接收送达的电子地址，但未明确是否用于接受电子送达。此时一般应向当事人作进一步确认，明确该地址用途和功能是用于联系还是接受送达。当事人仅登录使用电子诉讼平台，不宜直接认定为同意电子送达。第四，作出事后的认可，即受送达人通过回复收悉、参加诉讼等方式接受已经完成的电子送达，并且未明确表示不同意电子送达。受送达人接受送达后，又表示不同意电子送达的，应当认定已完成的送达有效，但此后不宜再适用电子送达。人民法院可以通过电话确认、诉讼平台在线确认、线下发送电子送达确认书等方式，确认受送达人是否同意电子送达，以及受送达人接收电子送达的具体方式和地址，并告知电子送达的适用范围、效力、送达地址变更方式以及其他需告知的送达事项。

人民法院可以建立专门的电子送达平台，或以中国审判流程信息公开网、全国统一送达平台等为依托，或者采取与大型门户网站、通信运营商合作的方式，通过传真、电子邮件、即时通讯账号、信息公众号等多种方式进行送达。电子送达的发出端应当是人民法院统一规范的平台，确保送达过程可查询、可验证、可追溯，形成有效的电子送达凭证。采用传真、电子邮件方式送达的，送达人员应记录传真发送和接收号码、电子邮件发送和接收邮箱、发送时间、送达诉讼文书名称，并打印传真发送确认单、电子邮件发送成功网页，存卷备查。采用短信、微信等方式送达的，送达人员应记录收发手机号码、发送时间、送达诉讼文书名称，并将短信、微信等送达内容拍摄照片，存卷备查。对于移动通信工具能够接通但无法直接送达、邮寄送达的，可以采取电话送达的方式，由送达人员告知当事人诉讼文书内容，并记录拨打、接听电话号码、通话时间、送达诉讼文书内容，通话过程应当录音以存卷备查。实践中要注意避免分散和多头送达，同一文书原则上只采取一种电子送达方式，如果送达后无法确认该种方式送达效力的，可以继续采取其他电子送达方式。完成有效送达的，人民法院应当制作电子送达凭证，电子送达凭证具有送达回证效力。

【典型案例】

中国长城资产管理股份有限公司甘肃省分公司与庆阳市至尊汽车贸易服务有限公司等金融借款合同纠纷案

【案　　号】最高人民法院（2020）最高法民再 16 号

【基本案情】中国工商银行甘肃省庆阳市分行（简称工行庆阳分行）与庆阳市至尊汽车贸易服务有限公司（简称至尊汽车公司）签订了一份借款合同。李某刚是至尊汽车公司的法定代表人，其代表至尊汽车公司与工行庆阳分行签订上述借款合同。漫某艳向工行庆阳分行出具了承诺书，以其房产为上述贷款作抵押，并承担连带担保责任，杨某杰以漫某艳配偶的身份在该承诺书上签名。工行庆阳分行与漫某艳签订《抵押合同》，漫某艳以其所有的商业用房为至尊汽车公司向工行庆阳分行借款提供抵押担保，杨某杰以抵押物共有人的身份在《抵押合同》上签名，同日办理了抵押登记。合同履行中，经工行庆阳分行多次催收，至尊汽车公司向工行庆阳分行归还部分借款本金，支付若干借款利息；之后未归还剩余借款本金，亦未清偿剩余借款利息。工行庆阳分行将债权让与中国长城资产管理股份有限公司甘肃省分公司（简称长城资产甘肃分公司）。之后，长城资产甘肃分公司起诉请求法院判令至尊汽车公司还本付息及实现抵押权。该案二审裁定作出后，长城资产甘肃分公司不服，向最高人民法院申请再审，提出一审法院第二次开庭仅以手机短信方式通知长城资产甘肃分公司，未对至尊汽车公司公告送达开庭传票，侵害其诉讼权利，属程序违法等理由。最高人民法院依法对该案予以提审。

【裁判结果】一、撤销甘肃省高级人民法院（2019）甘民终296号民事裁定及甘肃省庆阳市中级人民法院（2018）甘10民初58号民事裁定；二、指令甘肃省庆阳市中级人民法院对本案进行审理。

【裁判理由】最高人民法院再审认为，长城资产甘肃分公司认为一审法院以手机短信方式通知其第二次开庭时间，同时未向至尊汽车公司公告送达开庭传票，违反法定程序。根据《民事诉讼法》的相关规定，经受送达人同意，人民法院可以采用传真、电子邮件等能够确认其收悉的方式送达诉讼文书。本案中一审法院以手机短信的方式向长城资产甘肃分公司送达第二次开庭传票，其在收到后按时参加庭审，该送达程序并无不妥。

第九十一条　直接送达诉讼文书有困难的，可以委托其他人民法院代为送达，或者邮寄送达。邮寄送达的，以回执上注明的收件日期为送达日期。

【条文主旨】

本条是关于委托送达和邮寄送达的规定。

【条文理解】

诉讼文书原则上应当直接送达，但在司法实践中，常常存在直接送达比较困难的情形。根据本条规定，在直接送达比较困难的情况下，可以委托送达或者邮寄送达。委托送达和邮寄送达与直接送达具有同等法律效力。

一、委托送达

委托送达，是指受诉人民法院在直接送达诉讼文书有困难的情况下，委托受送达人所在地的人民法院代为送达的方式。这里的委托人必须是受诉人民法院，当事人及其他诉讼参与人无权委托其他人民法院送达诉讼文书。委托送达的前提是受诉人民法院直接送达诉讼文书确有困难，例如，受送达人居住在受诉法院辖区外，或者由于疫情防控等原因，导致直接送达诉讼文书有困难等的情形。

委托法院必须向受托法院出具委托函，将委托的事项和要求、受送达人的地址明确告知受委托的人民法院，并附需要送达的诉讼文书和送达回证。受送达人在送达回证上签收的日期为送达日期。

二、邮寄送达

邮寄送达，是指在人民法院直接送达诉讼文书有困难时，通过邮政机构将诉讼文书挂号寄给或者以专递方式交给受送达人的方式。在民事诉讼中，送达以直接送达为原则，能够直接送达的，应当尽量采取直接送达的方式。本条所规定的委托送达和邮寄送达均是直接送达的补充方式，是人民法院在直接送达难以实现时的补救性手段。在人民法院未采取直接送达方式送达诉讼文书之前，一般不宜直接委托送达或邮寄送达。委托送达和邮寄送达在选择适用上并无先后之分，当受诉法院在直接送达诉讼文书确有困难时，受诉法院既可以选择委托送达，也可以选择邮寄送达。但由于邮寄送达具有便捷、成本低等优点，实践中大多选择邮寄送达。

邮寄送达的，以受送达人在挂号回执或者专递回执上注明的收件日期为送达日期。邮寄送达应当附有送达回证。挂号信回执或者专递回执上注明的收件日期与送达回证上注明的收件日期不一致的，或者送达回证没有寄回的，以挂号信回执或者专递回执上注明的收件日期为送达日期。因当事人提供的送达地址不准确、拒不提供送达地址、送达地址变更未书面告知人民法院，导致民事诉讼文书未能被受送达人实际接收的，邮寄送达的，文书被退回之日为送达之日。但受送达人能够证明自己向人民法院提供的送达地址准确无误，自己在送达过程中没有过错的，被退回的诉讼文书不能视为送达，亦不能产生送达的法律效果，受送达人也不承担送达不能的不利后果。受诉法院应将需要送达的诉讼文书向受送达人重新进行送达。

【条文适用】

为切实解决民事诉讼“送达难”问题，进一步提升民事送达工作质效，规范民事送达行为，有效应对拖延诉讼及逃避诉讼等不诚信行为，依法及时保障当事人的合法权益，最高人民法院先后制定《关于以法院专递邮寄送达民事诉讼文书的若干规定》《关于进一步加强民事送达工作的若干意见》等规范性文件，为各级人民法院切实改进和加强送达工作，提升民事送达的质量和效率提供了明确的规范指引。根据上述文件规定，人民法院在适用委托送达或者邮寄送达方式向受送达人送达诉讼文书时，应注意把握如下几个方面的问题：

第一，有下列情形之一的，人民法院不能邮寄送达：（1）受送达人或者其诉讼代理人、受送达人指定的代收人同意在指定的期间内到人民法院接受送达的；（2）受送达人下落不明的；（3）法律规定或者我国缔结或者参加的国际条约中约定有特别送达方式的。

第二，当事人起诉或者答辩时应当向人民法院提供或者确认自己准确的送达地址，并填写送达地址确认书。当事人提供的送达地址应当包括邮政编码、详细地址以及受送达人的联系电话等。当事人拒绝提供的，人民法院应当告知其拒不提供送达地址的不利后果，并记入笔录。当事人在送达地址确认书中确认的送达地址，适用于第一审程序、第二审程序和执行程序。当事人变更送达地址，应当以书面方式告知人民法院。当事人未书面变更的，以其确认的地址为送达地址。当事人要求对送达地址确认书中的内容保密的，人民法院应当为其保密。

第三，当事人拒绝确认送达地址或以拒绝应诉、拒接电话、避而不见送达人员、搬离原住所等躲避、规避送达，人民法院不能或无法要求其确认送达地址的，可以分别以下列方式处理：（1）当事人在诉讼所涉及的合同、往来函件中对送达地址有明确约定的，以约定的地址为送达地址；（2）没有约定的，以当事人在诉讼中提交的书面材料中载明的自己的地址为送达地址；（3）没有约定、当事人也未提交书面材料或者书面材料中未载明地址的，以 1 年内进行其他诉讼、仲裁案件中提供的地址为送达地址；（4）无以上情形的，以当事人 1 年内进行民事活动时经常使用的地址为送达地址。依照上述方式仍不能确认送达地址的，自然人以其户籍登记的住所或者在经常居住地登记的住址为送达地址，法人或者其他组织以其工商登记或其他依法登记、备案的住所地为送达地址。

第四，邮政机构按照当事人提供或者确认的送达地址送达的，应当在规定的日期内将回执退回人民法院。邮政机构按照当事人提供或确认的送达地址在 5 日内投送 3 次以上未能送达，通过电话或者其他联系方式又无法告知受送达人的，应当将邮件在规定的日期内退回人民法院，并说明退回的理由。

第五，受送达人指定代收人的，指定代收人的签收视为受送达人本人签收。邮政机构在受送达人提供或确认的送达地址未能见到受送达人的，可以将邮件交给与受送达人同住的成年家属代收，但代收人是同一案件中另一方当事人的除外。受送达人及其代收人应当在邮件回执上签名、盖章或者捺印。受送达人及其代收人在签收时应当出示其有效身份证件并在回执上填写该证件的号码；受送达人及其代收人拒绝签收的，由邮政机构的投递员记明情况后将邮件退回人民法院。

第六，邮寄送达有下列情形之一的，即为送达：（1）受送达人在邮件回执上签名、盖章或者捺印的；（2）受送达人是无民事行为能力或者限制民事行为能力的自然人，其法定代理人签收的；（3）受送达人是法人或者其他组织，其法人的法定代表人、该组织的主要负责人或者办公室、收发室、值班室的工作人员签收的；（4）受送达人的诉讼代理人签收的；（5）受送达人指定的代收人签收的；（6）受送达人的同住成年家属签收的。

第七，签收人是受送达人本人或者是受送达人的法定代表人、主要负责人、法定代理人、诉讼代理人的，签收人应当当场核对邮件内容。签收人发现邮件内容与回执上的文书名称不一致的，应当当场向邮政机构的投递员提出，由投递员在回执上记明情况后将邮件退回人民法院。签收人是受送达人办公室、收发室或值班室的工作人员或者是与受送达人同住的成年家属，受送达人发现邮件内容与回执上的文书名称不一致的，应当在收到邮件后的3日内将该邮件退回人民法院，并以书面方式说明退回的理由。

第八，受诉法院委托其他人民法院代为送达的，委托法院应当出具委托函，并附需要送达的诉讼文书和送达回证，受委托人民法院应当自收到委托函及相关诉讼文书之日起10日内代为送达。

【典型案例】

黄某与成都市利元企业管理有限责任公司等民间借贷纠纷案

【案　　号】最高人民法院（2017）最高法民终 966 号

【基本案情】黄某作为出借人，杨某作为借款人，成都市利元企业管理有限责任公司（以下简称利元公司）作为保证人，三方签订五份《借款协议》，约定杨某向黄某借款，利元公司承担连带保证责任。各协议签订当日，黄某向杨某指定的银行账户汇入借款 2500 万元。借款到期后，因借款人不能按期归还款项，黄某与杨某、利元公司签订《补充协议》对还款事项作出约定，《补充协议》另载明利元公司以杨某名义向黄某借款人民币 2500 万元，已归还 180 万元。后黄某向人民法院起诉请求判令杨某、利元公司还本付息。一审法院支持了黄某的诉讼请求。利元公司不服，上诉称一审法院在开庭前未对利元公司合法传唤即进行缺席审判。

【裁判结果】驳回上诉，维持原判。

【裁判理由】最高人民法院二审认为，本案一审程序中，一审法院以法院专递向利元公司邮寄送达了应诉通知书、起诉状副本、传票等诉讼文书。邮寄地址为利元公司庭审中自认的办公地点，收件人为利元公司法定代表人蒋某荣，邮件查询显示上述诉讼文书于 2016 年 5 月 31 日经单位收发章签收妥投。根据《民事诉讼法》第 88 条[①]关于“邮寄送达的，以回执上注明的收件日期为送达日期”之规定，上述诉讼文书已经于 2016 年 5 月 31 日送达利元公司，故利元公司关于其没有收到诉讼文书的主张没有事实与法律依据，本院不予支持。且利元公司自认其经本案另一当事人杨某告知本案案件受理情况及一审法院将于 2016 年 6 月 24 日开庭后，于 2016 年 6 月 24 日曾派人前往贵州省高级人民法院，但利元公司未应诉，亦未向人民法院提交任何诉讼材料。利元公司放弃诉讼权利，应当承担相应的法律后果。

---

① 对应《民事诉讼法》（2023 年修正）第 91 条。

第九十二条 受送达人是军人的，通过其所在部队团以上单位的政治机关转交。

【条文主旨】

本条是关于向军人进行送达的特殊规定。

【条文理解】

军人是一种特殊职业，军队是一个特殊团体，其具有流动性、保密性等特点，在诉讼活动中，如果要将有关诉讼文书直接送达某军人往往比较困难，委托送达或者邮寄送达也存在一定的难度。为了解决对军人送达诉讼文书的问题，根据本条规定，受送达人是军人的，通过其所在部队团以上单位的政治机关转交。本条规定的这种对军人的特殊送达方式与本法所规定的直接送达具有同等的法律效力。

【条文适用】

审判实践中，准确适用本条需注意两点：一是本条所指的“军人”是指现役军人，不包括退伍军人；二是必须通过部队团以上单位的政治机关转交，不得通过团以下的单位转交，也不得通过团以上单位的其他机关转交。

【典型案例】

嵊州市德贝置业有限公司与屠某房屋买卖合同纠纷案

【案　　号】浙江省绍兴市中级人民法院（2020）浙 06 民终 1401 号

【基本案情】屠某（买受人）与嵊州市德贝置业有限公司（以下简称德贝置业公司）（出卖人）签订商品房买卖合同。合同签订后，屠某向德贝置业公司指定的银行办理了按揭贷款手续，但由于屠某提交的手续不完备，未能办理按揭贷款，后屠某也未自筹资金向德贝置业公司付清其余购房款。德贝置业公司起诉请求屠某承担违约责任。一审判决支持了德贝置业公司的部分诉讼请求。屠某不服，以一审法院送达方式违法等为由提起上诉。

【裁判结果】撤销浙江省嵊州市人民法院（2019）浙 0683 民初 5350 号民事判决；本案发回浙江省嵊州市人民法院重审。

【裁判理由】浙江省绍兴市中级人民法院二审认为，关于送达方式，《民事诉讼法》规定，受送达人下落不明，或者用本节规定的其他方式无法送达的，公告送达。而本案中根据屠某在二审中新提交的证据，屠某系北海舰队现役士兵，《民事诉讼法》第 89 条[①]规定："受送达人是军人的，通过其所在部队团以上单位的政治机关转交。"故一审法院在未通过屠某所在部队团以上单位的政治机关转交的情况下，直接公告送达，程序不当。

---

① 对应《民事诉讼法》（2023 年修正）第 92 条。

第九十三条　受送达人被监禁的，通过其所在监所转交。

受送达人被采取强制性教育措施的，通过其所在强制性教育机构转交。

【条文主旨】

本条是关于被监禁或者被采取强制性教育措施的人送达的特殊规定。

【条文理解】

被监禁的人或者被采取强制性教育措施的人人身自由受到一定的限制或者剥夺，但其民事诉讼权利并没有被剥夺，他们在发生民事争议时，仍然可以作为当事人参与到民事诉讼中来，因此，对于被监禁的人或者被采取强制性教育措施的人也存在如何送达诉讼文书的问题。与普通人相比，对他们进行送达具有一定的特殊性，因此民事诉讼法需要作出特殊规定。根据本条的规定，受送达人被监禁的，通过其所在监所转交。受送达人被采取强制性教育措施的，通过其所在强制性教育机构转交。这两种情况同本法第92条通过军人所在部队团以上单位的政治机关向军人的送达一同构成了我国送达制度中的转交送达，即法律规定不能直接送达、委托送达或者邮寄送达，而由人民法院将诉讼文书交受送达人所在部队或者有关单位代收后转交给受送达人。本条在理解上主要有两个方面的内容：

1. 受送达人是特殊主体，即被监禁的人或者被采取强制性教育措施的人。被监禁的人是指被依法关押的罪犯、被告人、犯罪嫌疑人。被采取强制性教育措施的人的范围，则要结合有关法律规定加以确定。例如，《治安管理处罚法》第76条规定：有本法第67条、第68条、第70条的行为，屡教不改的，可以按照国家规定采取强制性教育措施。被监禁的人通常被关押在监狱、看守所中，被采取强制性教育措施的人被拘束在强制性教育机构中，他们在会见、通信等方面，必须遵守有关管理规范。因此，对这些人不便于直接送达诉讼文书，委托送达或者邮寄送达也存在一定的困难。

2. 诉讼文书由有关机构、单位转交。因为被监禁或者被采取强制性教育措施的人的特殊性，对他们进行送达时，不是直接送交给他们，而是通过对他们负有监管、教育职责的有关机构、单位转交，即通过所在监所或者强制性教育机构转交。

【条文适用】

鉴于被监禁人或者被采取强制性教育措施人的人身自由受到限制的特殊性，而被监禁的人与被采取强制性教育措施的人又有所不同，本条对这些人员的送达分别作了特别规定，即受送达人是被监禁的，通过其所在监所转交。受送达人是被采取强制性教育措施的，通过其所在强制性教育机构转交。根据《民事诉讼法》的相关规定，代为转交的机关、单位收到诉讼文书后，必须立即交受送达的被监禁人或者被采取强制性教育措施的人签收，不能代为签收，或者扣押、拖延。有关机构、单位代为转交的，被监禁或者被采取强制性教育措施的人在送达回证上签收的日期，为送达日期。

【典型案例】

上海浦东发展银行股份有限公司兰州分行与甘肃省文化产业融资担保有限公司等金融借款合同纠纷案

【案　　号】甘肃省高级人民法院（2021）甘民终 448 号

【基本案情】上海浦东发展银行股份有限公司兰州分行（简称浦发银行兰州分行）与甘肃中贸伟业文化投资管理集团有限责任公司（简称中

贸公司）签订融资额度协议，约定浦发银行兰州分行为中贸公司授权融资额度2000万元，担保人李某、何某惠、李某彪提供保证担保，甘肃省文化产业投融资担保有限公司（以下简称文化产业担保公司）提供质押及保证。后浦发银行兰州分行与借款人中贸公司签订《流动资金借款合同》，约定借款金额2000万元，借款用途为借新还旧，文化产业担保公司提供连带责任保证担保。后因中贸公司未能按约还款，浦发银行兰州分行向人民法院起诉请求判令中贸公司还本付息，各保证人承担保证责任。一审判决支持了浦发银行兰州分行的部分诉讼请求。文化产业担保公司不服，以一审法院送达方式违法等理由提起上诉。

【裁判结果】撤销甘肃省兰州市中级人民法院（2020）甘01民初323号民事判决；本案发回甘肃省兰州市中级人民法院重审。

【裁判理由】甘肃省高级人民法院二审认为，根据《民事诉讼法》的规定，送达诉讼文书应当直接送受送达人；受送达人被监禁的，通过其所在监所转交。本案一审时，李某因刑事案件被羁押在看守所，根据上述法律规定，法律文书是可以直接送达李某的，但一审法院并没有按照上述法律规定的方式送达，而是通过公告方式给李某送达起诉状副本和传票，送达程序违法。

第九十四条　代为转交的机关、单位收到诉讼文书后，必须立即交受送达人签收，以在送达回证上的签收日期，为送达日期。

【条文主旨】

本条是关于转交送达日期的规定。

【条文理解】

转交送达，是指受诉人民法院基于受送达人的有关情况而将需要送达的诉讼文书交有关机关、单位转交受送达人的送达方式。根据《民事诉讼法》的有关规定，适用转交送达的情况有三种：一是受送达人是军人的，通过其所在部队团以上单位的政治机关转交；二是受送达人被监禁的，通过其所在监所转交；三是受送达人被采取强制性教育措施的，通过其所在强制性教育机构转交。

民事诉讼程序中设置转交送达，有利于维护有关机关、单位的正常管理秩序，有利于保密和安全，但可能出现转交环节过多，转交机关、单位怠于转交送达、扣押诉讼文书甚至拒绝转交等情况。为督促代为转交的机关、单位积极履行转交义务，保障受送达人的诉讼权利，根据本条规定，代为转交的机关、单位在收到诉讼文书后，有义务立即将收到的诉讼文书交受送达人签收，以受送达人在送达回证上的签收日期，为送达日期。

【条文适用】

转交机关、单位应毫不拖延地将收到的诉讼文书转交给受送达人，而不应再次转给其他部门送达，除非有法律规定的特殊情形，转交机关、单位不应扣押诉讼文书、隐瞒送达情况。受送达人收到诉讼文书后，在送达回证上注明的签收日期为送达日期，转交的机关、单位不能代为签收。

【典型案例】

梁某、王某与许某、崔某东民间借贷纠纷案

【案　　号】山西省高级人民法院（2018）晋民申3025号

【基本案情】梁某、王某系夫妻关系，梁某、王某与许某自2012年起开始银行转账往来交易，后许某为梁某、王某出具一张借条，约定了借款金额和还款期限。还款期限到期后，许某未偿还，梁某、王某诉至一审法院。该案二审判决作出后，许某不服，申请再审称，其作为应当参加诉讼的当事人，因不能归责于本人或者其诉讼代理人的事由，未参加诉讼，二审法院开庭程序不合法。

【裁判结果】指令太原市中级人民法院再审本案；再审期间，中止原判决的执行。

【裁判理由】山西省高级人民法院再审审查认为，二审法院于2018年4月2日公开开庭审理了本案，开庭前于2018年3月20日及3月23日两次通过法院专递邮件方式向在山西省女子监狱服刑的许某发送开庭传票，但均被以“无人认领”为由退回原址。二审法院据此认定许某经该院合法传唤未到庭参加诉讼，违反了《民事诉讼法》“受送达人被监禁的，通过其所在监所转交。受送达人被采取强制性教育措施的，通过其所在强制性教育机构转交”及“代为转交的机关、单位收到诉讼文书后，必须立即交受送达人签收，以在送达回证上的签收日期，为送达日期”之规定，且二审法院在未合法传唤再审申请人的情况下缺席判决。

第九十五条　受送达人下落不明，或者用本节规定的其他方式无法送达的，公告送达。自发出公告之日起，经过三十日，即视为送达。

公告送达，应当在案卷中记明原因和经过。

【条文主旨】

本条是关于公告送达的规定。

【条文理解】

2023 年《民事诉讼法》未对本条作出修改。2021 年《民事诉讼法》修改时，本条对 2017 年《民事诉讼法》第 92 条进行了修改，将“经过六十日”改为“经过三十日”，缩短了公告送达的期限。实践中，大量需要公告送达的案件，其实是当事人故意逃避诉讼、恶意拖延诉讼所致，对不诚信的诉讼参与者，不应给予过度的权利保障。随着现代科技的发展，互联网作为一种广泛运用的信息传播工具也加入公告送达活动中来，在线公告具有即时性、便捷性、全覆盖、易查询等特点，客观上也不再需要过长的公告期限。为适应社会经济发展变化，进一步缩短审理周期，满足人民群众及时、高效地解决纠纷的需求，本条将公告送达期限从 60 日缩短为 30 日，即自人民法院发出公告之日起，经过 30 日，视为送达。

一、公告送达的概念和性质

公告送达，是指在受送达人下落不明或者以其他方式无法送达的情况下，人民法院通过适当的媒介将需要送达的诉讼文书的有关内容进行公告，经过一定时间后视为送达的方式。

送达是保障诉讼程序顺利进行的重要环节。但是，实践中，常常出现受送达人下落不明，或者不能用本法规定的直接送达、委托送达、邮寄送达、转交送达等方式将诉讼文书送达受送达人的情形。如果因无法送达而长期耽搁民事诉讼的进行，必然会导致民事法律关系长期处于不稳定状态，损害当事人的合法权益。因此，为了维护当事人的合法利益，使诉讼程序能够及时进行，就要求在法律上设置一种替代的送达方式。公告送达就是这样一种送达方式，该送达方式的本质为一种拟制送达，其在信息传播方式上具有推定性，是以其他所有送达方式的失败为启动要件的，只有在受送达人下落不明或以其他送达方式无法送达的情况下才可以使用。公告送达具有强制通知的功能。这种法律上的送达并不等于事实上的送达，但无论受送达人是否知悉公告内容，只要经过法定的公告期限即视为完成送达。

二、公告送达的适用条件

尽管法律承认公告送达的效力，但事实上公告送达的信息未必为受送达人所知，有可能损害受送达人的诉讼权利，因此各国法律对公告送达的适用都比较谨慎，我国《民事诉讼法》对公告送达也规定了严格的适用条件，即只有在受送达人下落不明或其他送达方式无法送达的情况下才能适用。

（一）受送达人下落不明

通常而言，下落不明，是指受送达人没有音讯，无法以电话、邮寄等方式联系。其原因既可能是受送达人确实不知道诉讼情况未能主动联系法院，也可能是由于通讯条件等客观原因暂无法与法院联系，还可能是为了逃避诉讼故意不与法院联系或躲避法院工作人员的主动联系。总之，下落不明的状态应具备时间意义上的延展性，只有该状态持续了一段时间，法院才能认定该“下落不明”为法律意义上的下落不明状态。

（二）其他方式无法送达

其他方式无法送达，是指除公告送达外的其他法定送达方式均无法送达给受送达人。公告送达是在其他送达方式不能送达时方可使用的一种补充性送达方式。

三、公告送达的效力

公告送达是一种法定的送达方式，人民法院公开告知的内容经过一定的期间，产生与其他送达方式相同的法律效果。公告送达生效，不论是在诉讼法律关系上，还是在实体上，都会产生相应的法律效力。例如，起诉书副本经公告送达后，被告的答辩、举证、提起反诉等期间开始计算；开庭传票经公告送达后，被送达人应在传票规定的时间到庭应诉，否则，法院将依法作撤诉处理或作出缺席判决；一审判决书经公告送达后，上诉期间将开始计算，经过法定期间，被送达人没有提出上诉的，一审判决将生效，具有执行内容的裁判文书经送达后，被送达人应在裁判文书规定的期限内履行义务，否则，相对方可申请法院强制执行等。

当然，从事实角度看，公告送达与其他送达方式还是有区别的。公告送达的内容可能被受送达人知悉，也可能不被受送达人知悉。但只要公告送达在法律上不存在适用错误或者瑕疵，受送达人就不可以自己没有收到诉讼文书为由而提出异议。公告送达不需要受送达人的签收，没有送达回证，因此应当在案卷中记明公告送达的原因和经过。

【条文适用】

公告送达程序的启动包括了依当事人申请和法院依职权两类。在适用公告送达时一般由合议庭的全体成员共同审查适用条件，依少数服从多数的原则作出是否适用的决定。

公告送达可以采取以下形式：（1）在法院的公告栏张贴公告。（2）在受送达人原住所地张贴公告。（3）在报纸上刊登公告。根据 2001 年 12 月 21 日最高人民法院下发的《关于改进人民法院公告发布工作的通知》的规定，各级人民法院不得将公告送交《人民法院报》以外的报纸发布。（4）对公告送达方式有特殊要求的，应按要求的方式进行公告。需要注意的是，随着互联网技术的日益普及，推进电子公告，建立统一规范的公告送达平台，充分发挥电子公告覆盖面广、便于查询、精准度高等优势，是适应时代发展的要求。法院在进行公告时，在上述方式中任意选择一种即可。公告期满，即视为送达。

公告文书在内容上应具备明确性和规范性。首先，公告文书要详细载明受送达人的身份情况，写清受送达人的姓名，还要注明其出生年月、住所地、职业等详细个人资料以及案由、案情、对方当事人的基本情况、受送达人在该案中的诉讼地位等，以便相关人员能自我核实。其次，公告文书中应尽可能详细地记载需送达的诉讼文书的内容、启动公告送达的原因经过以及法官所释明的送达法律后果。人民法院进行公告送达时，因诉讼文书的不同，对公告内容的要求也不同。公告送达起诉状或上诉状副本的，应说明起诉或上诉要点，受送达人答辩期限及逾期不答辩的法律后果；公告送达传票的，应说明出庭地点、时间及逾期不出庭的法律后果；公告送达判决书、裁定书的，应说明裁判主要内容，属于一审的，还应说明上诉权利、上诉期限和上诉的人民法院。最后，公告文书的末尾应将法院名称、公告日期、合议庭组成人员姓名一一列明，并加盖人民法院印章。

公告送达费通常由申请人先行垫付。当前，刊登送达的费用一般由公告申请人先行垫付并交至法院，然后再由法院将公告费连同待公告的法律文书一并交至相关媒体。法院对案件作出裁判后，公告费最终由败诉方承担。由于存在公告费的预交问题，因而公告费预交与否就成为公告送达能否被采用的先行条件之一。

公告送达是所有送达方式都无法使用时的送达方式，送达期间届满即视为送达，法院据此可以作出缺席判决等行为，因此，公告送达方式的运用直接影响当事人权利义务的行使，应当慎重采用，尤其对起诉状等诉讼文书。司法实践中就出现过从来不知道有诉讼存在的人“被离婚”“被判决”的情况。当然，也存在诉讼当事人难找的情况，这给法院审判带来许多实际困难，人民法院应当根据案件的具体情况，选择最适当的送达方式，保障当事人的诉讼权益。

【典型案例】

张某与南通恒亚房地产开发有限公司等民间借贷纠纷案

【案　　号】最高人民法院（2020）最高法民终 440 号

【基本案情】张某与南通恒亚房地产开发有限公司（以下简称恒亚公司）签订《借款合同》，恒亚公司向张某借款，宋某立、宋某、张某秋、芦某、温某成为恒亚公司借款提供最高额保证。后张某与恒亚公司签订《借款资金往来核对确认书》，恒亚公司确认：经核对账务，共收到张某借款 15 笔，共计29 600万元，以上数据核对一致无误，无任何争议。张某、恒亚公司分别签名、签章，宋某、宋某立在保证人栏签名，温某成在保证人一栏加盖名章。恒亚公司的实际控制人宋某立被昆山市公安局逮捕。恒亚公司以张某为被告提起诉讼，要求确认《借款合同》《借款资金往来核对确认书》无效。一审判决作出后，恒亚公司不服，上诉称一审法院对宋某立采用公告送达方式，程序严重错误。

【裁判结果】驳回上诉，维持原判。

【裁判理由】最高人民法院二审认为，经查明，一审法院向宋某立、宋某邮寄送达应诉通知书、开庭传票等法律文书无法有效进行送达，通过《民事诉讼法》规定的其他送达方式亦未能送达。《民事诉讼法》第 92 条第 1 款[①]规定，受送达人下落不明，或者用本节规定的其他方式无法送达的，公告送达。因此，在采用其他方式无法送达的情况下，一审法院采用公告送达方式并不违反法定程序。

① 对应《民事诉讼法》（2023 年修正）第 95 条第 1 款。

第八章　调　　解

第九十六条　人民法院审理民事案件，根据当事人自愿的原则，在事实清楚的基础上，分清是非，进行调解。

【条文主旨】

本条是关于民事诉讼调解原则的规定。

【条文理解】

调解，是被誉为“东方经验”的一种重要纠纷解决方式。广义上的调解，是指具有中立性的第三方，以国家法律、法规、政策以及公序良俗等为依据，采取斡旋、疏导、劝说等方式，帮助当事人达成合意、解决纠纷的活动。传统调解在中国解纷机制中占据了主导地位，被民众广泛接受，既平息了大多数的纠纷，也维护了地方的安定和谐。诉讼调解，又称法院调解，是调解制度与民事诉讼制度的重要组成部分。诉讼调解，是指在人民法院审判组织的主持下，诉讼各方当事人平等协商、互谅互让，自愿就民事权利与义务达成一致，经人民法院认可，终结诉讼活动的一种纠纷化解方式。本法的第9条将诉讼调解确定为《民事诉讼法》的基本原则，该条规定，“人民法院审理民事案件，应当根据自愿和合法的原则进行调解；调解不成的，应当及时判决”。

本章就调解的原则、程序、文书制作等细则作出了规定。本条规定了诉讼调解的两项原则——自愿原则和查明事实、分清是非原则。

一、自愿原则

诉讼调解自愿原则，是指在民事诉讼过程中，人民法院对案件进行调解，必须充分尊重当事人及其他诉讼参与人的意愿，以当事人自愿为调解活动的前提。从本质上来说，调解是自律型的纠纷解决方式，自愿既是调解制度的根本属性，也是调解区别于审判的关键所在。诉讼调解具有当事人合意解决纠纷之本质与当事人根据处分原则行使处分权相互协议解决争议之特点，这决定了自愿原则是民事诉讼调解的根本原则，也是民事诉讼调解的正当性基础。人民法院在诉讼调解中要采取积极措施，充分保障当事人能够真实地表达自己的意愿，依法行使其处分权利；确保当事人真心自愿地接受调解，相互之间实现互谅互让，能够彻底化解矛盾、消除纠纷，做到案结事了。调解自愿原则包含两方面的要求，即程序自愿与实体自愿。

第一，程序自愿，是指调解的提出、进行以及终止，都应遵循当事人的意愿，以确保当事人之间形成平等的权利义务关系，使调解结果能体现各方当事人的真实利益追求。一方面，当事人具有程序选择权。进入诉讼程序后，人民法院应充分尊重当事人对调解与裁判的选择权，由当事人自主决定是否接受调解。案件的主审法官以及合议庭等审判组织只具有建议权，其可以主动向当事人宣讲调解的优势，询问当事人是否愿意接受调解，亦可以为各方当事人的磋商创造条件，但绝不能越俎代庖、强迫调解。另一方面，当事人应当具有一定的程序主导权。在调解过程中，当事人一旦认为调解无法满足其诉讼期望或诉讼目的，随时可以要求人民法院终止调解程序。在调解协议达成后，签收人民法院制作的民事调解书之前，除特殊情况外，当事人仍可以反悔要求人民法院依法裁判。人民法院只能通过说服教育等方式引导当事人自愿达成协议或遵守协议，绝不能强迫或变相强迫当事人一方或双方接受人民法院的调解意见。

第二，实体自愿，是指最终达成的调解协议的内容应当是当事人的真实意思表示。调解协议的内容直接关涉当事人的民事权利义务，应由当事人依照自身意愿进行处分。当事人为达成调解协议，往往需要作出一定让步，即处分自身的实体权利，人民法院应充分保障该种处分是当事人的真实意思表示，而不得以任何方式强迫或变相强迫当事人接受人民法院的调解意见或调解方案。

二、事实清楚、分清是非原则

事实清楚、分清是非原则，是指人民法院对案件进行调解应当以案件事实的清楚和是非责任的分清为基础。诉讼调解的重点在于以理服人、用事实说话，在民事诉讼调解的过程中，如果作为中立第三方的主持人员对案件事实的判断不清晰，对案件事实信息掌控不全面，就无法有的放矢地对双方当事人进行法治宣传，不能客观公正地提出调解建议，难以引导和促使各方当事人在自愿的基础上进行协商，最终必然会导致“和稀泥”现象的出现，既严重阻碍调解程序的进行，又会因此而损害司法公信。

【条文适用】

诉讼调解中应当注意如下问题：

1. 诉讼调解必须遵循合法原则。《民事诉讼法司法解释》第六章对调解作出专章规定，该司法解释第142条、第145条规定了调解的自愿、合法原则。根据该司法解释之规定，人民法院受理案件后，经审查，认为法律关系明确、事实清楚，在征得当事人双方同意后，可以径行调解。在调解过程中，人民法院不仅应遵循自愿原则和事实清楚、分清是非原则，还要遵循合法原则。本法第99条从调解协议的自愿、合法性角度，再次强调了这两个诉讼调解的原则。

合法原则，是指诉讼调解活动以及调解协议的内容不得违反法律之规定。其包含程序合法与实体合法两方面的要求。一方面，诉讼调解的程序必须合法。为保障当事人的诉讼权益，人民法院主持各方当事人进行调解活动，必须按照法定的程序和要求进行。另一方面，从实体上而言，当事人所达成的调解协议的内容不得违背法律的禁止性规定，不得损害国家、社会公共利益和他人利益。

2. 司法实践中，在进行诉讼调解时，应当注意区分事实清楚与查明事实的不同。调解过程中的事实清楚是相对而言的，只要已经辨明的案件事实能够使法官内心对于各方当事人的是非有了基本的判断就已经达到事实清楚的标准，它并不要求法官对所有的事实都查得水落石出，尤其在细节问题上无法达到与裁判相同的要求，而查明事实则是对作出裁判的要求。与 1982 年《民事诉讼法（试行)》所规定的“应当在查明事实、分清是非的基础上进行调解”相比，现行《民事诉讼法》对调解“事实清楚”要求的规定更为灵活、科学。

3. 根据《民事诉讼法司法解释》第 145 条以及《最高人民法院关于进一步发挥诉讼调解在构建社会主义和谐社会中积极作用的若干意见》第 5 条等规定，一方面，人民法院首先应考虑尊重当事人意愿，以自愿接受为开展调解工作之前提，当事人一方或者双方坚持不愿调解的，应当及时裁判，不得强制当事人接受调解。另一方面，对一些情况特殊的案件，人民法院应当主动调解，如离婚案件等。另外，人民法院应当重点做好以下案件的调解工作：涉及群体利益，需要政府和相关部门配合的案件；人数众多的共同诉讼、集团诉讼案件；案情复杂，当事人之间情绪严重对立，且双方都难以形成证据优势的案件；相关法律法规没有规定或者规定不明确，在适用法律方面有一定困难的案件；敏感性强、社会关注程度大的案件；申诉复查案件和再审案件。但需要强调的是，任何案件的调解，都不应“和稀泥”，更不应久调不决。

4. 在充分发挥调解功能的同时，要正确处理调解和裁判的关系。根据《最高人民法院关于进一步发挥诉讼调解在构建社会主义和谐社会中积极作用的若干意见》的规定，民事审判工作应当以定分止争、胜败皆明、案结事了为目标，确保实现法律效果和社会效果的有机统一。各级人民法院要正确处理调解和裁判的关系，既要进一步加强诉讼调解工作力度，增加调解结案的数量，尽力提高调解结案的比例，也要避免片面追求调解率的倾向。对有调解可能的案件，应当尽量创造条件进行调解。

对不适宜进行调解、明显不具备调解基础或完全没有调解可能的案件，应当及时作出裁判。

【典型案例】

太原市尖草坪区阳曲农村信用合作社与山西通盛房地产有限公司等房屋买卖合同纠纷再审案[①]

【案　　号】最高人民法院（2009）民监字第255号

【裁判要旨】调解应建立在事实清楚、分清是非的基础之上。法院在调解过程中，应对调解协议中处分的标的物上是否有案外人利益，即当事人是否对标的物享有完整的处分权这一基本事实进行审查。在大力倡导以调解方式结案、促进司法和谐的背景下，应注意防止当事人采用调解方式损害第三人利益或国家、集体利益。

【基本案情】2003年10月8日，通盛公司与东民集团签订协议书，约定通盛公司将太原市西羊市×号楼1幢一、二层房产（以下简称诉争房产）转让给东民集团。2003年10月31日，上述房产过户至东民集团名下。2004年4月12日，阳曲信用社因与东民集团发生担保合同纠纷，向山西省高级人民法院提起诉讼，并申请对东民集团所有的诉争房产进行诉讼保全。就此，山西高院作出（2004）晋立民保字第2号民事裁定书，查封了上述房产。诉讼中，阳曲信用社与东民集团达成调解协议，山西高院制作了（2004）晋民初字第16号民事调解书："被告东民集团于2004年7月25日前将本金5000万元及利息1 941 720元（截至2004年3月20日）偿还原告阳曲信用社，逾期利息按合同约定的偿付。"由于东民集团未按时履行调解书，阳曲信用社遂申请山西高院强制执行。山西高院向东民集团发出执行通知书，责令其限期履行民事调解书，但东民集团在规定期限内仍未履行。山西高院作出（2004）晋执字第20号民

① 案例来源：《人民司法·案例》2010年第10期。

事裁定："冻结、划拨东民集团在银行的存款54 544 397.2元人民币或查封、扣押、拍卖、变卖其同等价值的财产。"诉争房产进入强制执行程序。山西高院执行局委托山西高院司法技术鉴定中心对查封房产进行了估价，房产价值为50 548 745元，并定于2005年5月20日由双方当事人到山西高院选定拍卖机构，准备拍卖房产。

2005年5月28日，通盛公司向山西高院提出执行异议，称诉争房产是由通盛公司开发建设的，其虽与东民集团签订买卖合同，并将产权证书办理到了东民集团名下，但东民集团仍有6302万元房款未支付，根据双方签订的协议书中约定的所有权保留条款，该房产仍属于通盛公司所有，请求山西高院停止对该房产的执行。其后，通盛公司以房屋买卖合同纠纷为由诉至山西高院，请求：（1）解除双方2003年10月8日签订的房屋买卖协议书；（2）判令被告返还属原告所有的诉争房产，并承担一切手续税费；（3）判令被告承担违约责任，支付违约金173.92万元。

作为原被告双方的通盛公司、东民集团在一审证据交换前达成了和解协议，内容是：（1）解除双方于2003年10月8日签订的房屋买卖协议书；（2）被告返还原告诉争房产，原告返还被告已支付的购房款348万元；（3）被告在该房屋内外投入的装潢费用与被告使用该房屋应付原告的房屋使用费互相抵销；（4）因返还房屋发生的税费由被告承担130万元，其余的税费由原告承担；（5）原告同意不再追究被告的违约责任，放弃要求被告承担违约金173.92万元的诉讼请求，被告同意承担本案全部诉讼费342 495元；（6）本和解协议第2～5条在本和解书生效后5日内履行完毕。山西高院认为，和解协议系双方当事人自愿达成，内容不违反法律规定，法院应当确认，于是根据和解协议内容作出调解书。调解书生效后，山西高院执行局即以该调解书为依据将涉案房产解封，并将房产过户至通盛公司名下。

案外人阳曲信用社认为该调解书侵犯了其利益，向最高人民法院提起申诉。

【裁判结果】该案由最高人民法院提审；再审期间，中止原调解书的执行。

【裁判理由】最高人民法院认为，山西高院在本案审理过程中并未对诉争房产实际交易情况和权利状态进行审查，而直接对通盛公司及东民集团双方认可的事实及举示的证据进行了认定。但原审出示的证据因与有关国家机关保存的公文书证内容相矛盾而无法确认其真实性。根据《民事诉讼法》相关规定，人民法院审理民事案件，根据当事人自愿的原则，在事实清楚的基础上，分清是非，进行调解。对于涉及第三人利益的案件，法官应当对调解是否会损害第三人利益这一事实进行必要的审查，否则就会使调解成为某些当事人互相串通损害第三人利益甚至国家或集体利益的一种方式。本案中诉争房产系由山西高院作出查封裁定，通盛公司在提出执行异议的同时向山西高院起诉，法官理应发现案件争议房产被查封并即将执行给阳曲信用社这一事实，并应认识到调解有可能损害第三人阳曲信用社的利益，进而应对案件事实进一步查明以决定如何处理，而非完全根据通盛公司与东民集团之间的和解协议制作调解书。从调解书的内容来看，调解书处分了已被查封的诉争房产。2004年《最高人民法院关于人民法院民事执行中查封、扣押、冻结财产的规定》第26条[①]规定："被执行人就已经查封、扣押、冻结的财产所作的移转、设定权利负担或者其他有碍执行的行为，不得对抗申请执行人。"据此，调解书内容违反法律相关规定。

① 对应《最高人民法院关于人民法院民事执行中查封、扣押、冻结财产的规定》（2020年修正）第24条。

第九十七条　人民法院进行调解，可以由审判员一人主持，也可以由合议庭主持，并尽可能就地进行。

人民法院进行调解，可以用简便方式通知当事人、证人到庭。

【条文主旨】

本条是关于诉讼调解程序中的组织形式、地点、通知方式等的规定。

【条文理解】

调解并非所有民事诉讼案件的必经程序，但又未与审理程序截然分开，其内含于诉讼程序之中，贯穿于民事诉讼的各个环节。但相较于程序严谨的诉讼规范，由于调解灵活、高效的特性，使得其又应当具有一些特别的、更能体现亲和性、融洽性，相对宽松的程序，基于这些要求，《民事诉讼法》对调解的程序作出了一些特别的规定。

一、诉讼调解的组织形式

根据本条之规定，在进行诉讼调解时，根据案件的不同情况，人民法院可以在两种不同的组织形式中作出选择。

（一）一人主持

一人主持，即由一位审判人员主持调解，该调解主持人原则上为案件的主审法官，既可以是独任审理的审判员，也可以是合议审理中的合议庭成员。当前，一人主持是调解的主要组织形式，运用最为广泛。在基层人民法院和它派出的法庭审理的事实清楚、权利义务关系明确、争议不大的一审民事案件，即简易程序审理的案件，尤其是适用小额诉讼程序审理的案件，以及其他合议庭认为事实较为清楚、争点明确的一、二审民事案件中，这种调解组织形式因其灵活性和便捷性，在调解效率和成本节省上体现出较大优势。

（二）合议庭主持

相对审判员一人调解而言，在疑难复杂或者当事人调解方案差距大、矛盾尖锐的案件中，合议庭主持调解的调解效果更佳，原因在于：一是人多力量大，合议庭成员能够一起研究分析案件事实，寻找调解契机和切入点，共同商量调解策略，分别做好当事人的说服劝解工作；二是一些重大复杂的民事案件由合议庭主持调解更能彰显人民法院对调解工作的重视，增强当事人对调解工作的信赖，成功率更高。

二、调解的地点

根据本条规定，调解应尽可能就地进行，这是出于便利当事人、节约诉讼成本的考虑。如休庭后，可以直接在开庭地点开展调解，既节约了时间，也避免了当事人多次到法院或其他地点的不便。司法实践中，有经验丰富的审判人员将调解工作贯穿整个审理环节，不拘于时空限制，庭前庭后，当面、电话或者线上，寓协调化解于释法析理之中，引导当事人对诉讼结果作出正确合理的预判；亦有审判人员亲自上门做当事人工作的情形，这往往更有利于消除当事人顾虑、化解当事人心结，从而进一步提升调解成功率。

三、调解的方式

相对于审判程序而言，出于便利性、灵活性与效率的要求，法律对调解的程序性限制并不十分严格。根据本条规定，人民法院主持调解时，可以用简便的方式通知当事人、证人到某一地点进行调解，如打电话、托人带口信等，而不必采取发传票等正式复杂的手续。随着司法信息化的发展，线上通讯、短（彩）信通知等方式亦可运用于调解过程中。

【条文适用】

除《民事诉讼法》外，最高人民法院出台了多个司法解释对调解程序作出了详尽规定。

一、《民事诉讼法司法解释》对诉讼调解参与人的规定

《民事诉讼法司法解释》第 146 ~ 148 条 、第 150 条对诉讼调解的参与人及其权利义务和调解程序作出了规定，根据上述条文之规定：

1. 当事人自身及经其特别授权的委托代理人均可以参加调解，但应以当事人亲自参与调解为原则。当事人及经其特别授权的委托代理人在调解协议上签名，均具有效力。之所以要求当事人亲自参与调解，是因为在审判人员的引导下，当事人可以在调解过程中通过商谈、倾吐消解对立情绪，找到问题根源，“对症下药”，提高协调的成功率。同时，也尽量避免委托代理人签订调解协议后，当事人自身又反悔的情形。另外，对离婚案件有额外要求，确因特殊情况无法出庭参加调解的离婚案件当事人，除本人不能表达意志的以外，应当出具书面意见，以说明自己的主张。

2. 无独立请求权的第三人参加诉讼的案件，人民法院调解时需要确定无独立请求权的第三人承担义务的，其亦应为调解参加人。由第三人承担的义务应当经其同意，否则不能在调解协议中确定其义务。调解书应当同时送达第三人。该承担义务的第三人同样享有反悔权，即其在调解书送达前反悔的，人民法院应当及时判决。

3. 民事调解不公开原则以及调解参与人的保密义务。人民法院审理民事案件，调解过程不公开，但当事人同意公开的除外。调解协议内容不公开，但为保护国家利益、社会公共利益、他人合法权益，人民法院认为确有必要公开的除外。主持调解以及参与调解的人员，对调解过程以及调解过程中获悉的国家秘密、商业秘密、个人隐私和其他不宜公开的信息，应当保守秘密，但为保护国家利益、社会公共利益、他人合法权益的除外。

二、《民事调解工作规定》中关于调解程序的规定

该规定自2004年11月1日起施行，并经历了2008年和2020年两次修正，该规定对诉讼调解的适用范围以及程序等作出了较为详尽的规定。

1. 关于调解主体的规定。根据该规定第1条规定，与当事人有特定关系或者与案件有一定联系的企业事业单位、社会团体或者其他组织，和具有专门知识、特定社会经验、与当事人有特定关系并有利于促成调解的个人都能够成为调解主体，其既可以接受人民法院邀请协助调解，也可以接受人民法院委托主持调解。对以上主体主持下达成的调解协议，人民法院应当依法予以确认。

2. 关于调解程序开始、推动以及时限的规定。诉讼调解的开始包括两种方式：一是因当事人申请而开始；二是由人民法院依职权征得各方当事人同意后开始。申请调解是当事人的一项诉讼权利，在民事诉讼中，各方当事人都有权请求人民法院以调解的方式解决纠纷，终结诉讼。当事人的调解申请经人民法院接受后，调解程序即可开始。在当事人未申请调解的情况下，人民法院认为存在调解可能的，还可以依职权主动进行调解，但必须征得各方当事人同意，任何一方当事人拒绝调解的，则不应进行调解。2020年该司法解释的修正，删除了原关于调解在“答辩期满后裁判前”或“征得当事人同意，在答辩期满前”进行的条文，体现了调解贯穿民事诉讼全过程的理念。在调解的过程中，调解方案既可以由当事人自行提出，也可以由主持调解的人员提出，且无论是调解方案还是调解协议的内容，可以超出诉讼请求，是否准许，由人民法院审查。在调解时限上，在答辩期满前，人民法院均可以对案件进行调解。适用普通程序的案件在当事人同意调解之日起15日内，适用简易程序的案件在当事人同意调解之日起7日内未达成调解协议的，经各方当事人同意，可以继续调解。延长的调解期间不计入审限。

3. 关于调解方式的规定。一是调解是否公开。该司法解释规定，当事人申请不公开进行调解的，人民法院应当准许；该条规定与《民事诉

讼法司法解释》的规定并不冲突，体现的是当事人对调解不公开的请求权。二是调解时当事人各方应当同时在场，人民法院根据需要也可以对当事人分别作调解工作，即原则上应采用“面对面”的调解方式，必要时也可以进行“背靠背”的调解。

三、《最高人民法院关于进一步发挥诉讼调解在构建社会主义和谐社会中积极作用的若干意见》对诉讼调解程序的规定

1. 在案件立案阶段可以对案件进行调解。根据该意见第 10 条之规定，案件立案后并征得当事人各方同意的，人民法院可以在立案阶段对案件进行调解。立案阶段的调解应当坚持以效率、快捷为原则，避免案件在立案阶段积压。对于案情复杂且当事人不同意调解的，或者找不到当事人的案件，应当及时移送审判庭审理。适用简易程序的一审案件，立案阶段调解期限原则上不超过立案后 10 日；适用普通程序的一审案件，立案阶段调解期限原则上不超过 20 日。二审案件原则上不进行立案调解，或者对二审案件规定更为合理的调解期限。该条规定主要意义在于确立了立案阶段亦可调解的原则。实际上，随着司法制度的发展和民事诉讼调解作用的发挥，调解已经覆盖了纠纷发生后化解的全过程，甚至并不限于诉讼阶段。故此，该规定中二审案件原则上不进行立案调解的规定已不符合实际需要，形同虚设。

2. 调解程序应实现正当性、简易性、可操作性和亲和性、透明性、宽松性相结合。在诉讼调解中，应当注重调解程序的正当性、简易性和可操作性，避免调解的随意性。诉讼调解的程序和方法应当符合法律和司法解释的规定。同时，还应注重增强调解工作的亲和力、透明度、效率，方便当事人参与调解。应当根据案件实际情况，灵活选择调解方式和方法，为当事人创造自由协商、互谅互让的宽松条件和氛围。

3. 对调解主体的进一步明确。人民法院可以引入社会力量进行调解，包括有利于案件调解的人民调解组织、基层群众自治组织、工会、妇联等有关组织，还有人大代表、政协委员、律师等个人，以及受人民法院指派、经当事人同意的法官助理等审判辅助人员。对疑难、复杂和有重

大影响的案件，人民法院的庭长或者院长可以主持调解。

四、《诉与非诉衔接意见》的有关规定

2009年7月24日，最高人民法院下发了《诉与非诉衔接意见》，该意见中关于诉讼调解程序的规定有：

1. 调解地点。根据该意见第16条第1款之规定，调解应当在人民法院的法庭或者其他办公场所进行，经当事人同意也可以在法院以外的场所进行。虽然对于调解场地的规定较为灵活，但诉讼调解仍然属于司法活动的重要内容，审判人员应注意该场地的选择不应有损司法公信。

2. 调解参与人的规定。根据该意见第16条第2款之规定，除当事人同意的外，开庭前从事调解的法官原则上不参与同一案件的开庭审理。

3. 调解是否公开。该意见第19条的规定与《民事诉讼法司法解释》的规定一致，并进一步明确：从事调解的机关、组织、调解员，以及负责调解事务管理的法院工作人员，不得披露调解过程的有关情况，不得在就相关案件进行的诉讼中作证，当事人不得在审判程序中将调解过程中制作的笔录、当事人为达成调解协议而作出的让步或者承诺、调解员或者当事人发表的任何意见或者建议等作为证据提出，但下列情形除外：（1）双方当事人均同意的；（2）法律有明确规定的；（3）为保护国家利益、社会公共利益、案外人合法权益，人民法院认为确有必要的。

以上司法解释的规定存在冲突的，应以《民事诉讼法司法解释》和《民事调解工作规定》的规定为准。

第九十八条　人民法院进行调解，可以邀请有关单位和个人协助。被邀请的单位和个人，应当协助人民法院进行调解。

【条文主旨】

本条是关于协助调解及有关单位和个人的协助调解义务的规定。

【条文理解】

协助调解是诉调对接的内容之一，属规范性程序措施。诉调对接是一种工作方式，指通过人民调解、行政调解和司法调解的有机结合，使诉讼调解与社会矛盾纠纷大调解这两种纠纷解决机制相互衔接，充分发挥诉讼调解与大调解机制各自的优势，使司法审判与社会力量优势互补，形成合力，促使纠纷以更加便捷、经济、高效的途径得到解决，从而更好地维护社会的和谐与稳定。作为诉调对接的重要内容与表现形式，协助调解体现了诉讼调解与诉讼外调解的结合，是新时代我国法院对依靠群众解决民事纠纷的调解传统的回归。协助调解在司法实践中得到了广泛运用并取得了良好的效果。2010 年 3 月，最高人民法院在向全国人大代表戴仲川的答复函中明确，从各级法院邀请人大代表、政协委员协助调解的情况看，人大代表、政协委员协助调解的效果好，当事人满意度高。因此，人民法院今后将结合“建立健全诉讼与非诉讼相衔接的矛盾纠纷解决机制”改革，进一步发展邀请人大代表、政协委员及社会力量协助调解的制度。[①]

根据本条之规定，人民法院在进行调解时，可以根据案件的实际需

① 何靖：《引入社会力量协助调解值得推广》，载《人民法院报》2011 年 3 月 9 日，第 6 版。

要，邀请与当事人有一定关系的单位或个人协助，共同做当事人的工作。这里的单位，既可以是当事人所在单位，也可以是纠纷发生地或者当事人居住地的基层组织，如居民委员会、村民委员会、人民调解委员会等。这里的个人，既可以是当事人的亲友、领导，也可以是当事人的邻居、同事。这些单位和个人对当事人比较了解，也为当事人所信任，可以有针对性地做好当事人的思想工作，有效地消除当事人之间的对立情绪，他们所提出的调解方案，也更容易为当事人所接受。他们的协助能推动调解工作的顺利进行，为调解协议的达成创造良好条件。

有关单位和个人一经法院邀请，就负有协助人民法院调解的义务，而不能无故推诿拒绝。有关单位和个人在协助法院调解时，同样应当遵循自愿原则，事实清楚、分清是非原则以及合法原则。

协助调解具有如下特征：第一，协助调解本质上仍为诉讼调解。协助调解的前提是法院已立案受理纠纷并决定对案件进行调解，其仍然是在诉讼过程中进行的法院主持下的诉讼活动。第二，协助调解以法院为主持调解的主体。在协助调解中，主持调解的仍然是人民法院，法院负有决定调解的开始及进行，形成调解方案、审查和批准调解协议、制作调解书等责任。在调解过程中，法官应当在理清案情、厘清法律关系、分清责任的基础上提出具体的调解意见，而协助人则主要是根据法官对案件的判断和意见，帮助法官做当事人的工作，促使当事人达成调解协议。第三，协助人对促成调解有着重要作用。强调协助调解是诉讼调解，并不是要贬低协助人参与调解的重要意义，也不是要限制协助人发挥其作用。实际上，协助人在调解中起着重要作用，不仅可以帮助法院做当事人的工作，而且可以帮助法院出主意、想办法，提出有助于解决纠纷的方案。从一些案例看，正是由于协助人的加入，正是由于协助人对当事人的影响力，才使纠纷最终调解成功。[①]

① 李浩：《法院协助调解机制研究》，载《法律科学（西北政法大学学报）》2009年第4期。

【条文适用】

在最高人民法院一系列司法解释中，对协助调解以及委托调解制度作出了规定，主要包括如下方面。

一、协助调解的主体

《民事调解工作规定》第 1 条第 1 款对协助调解的主体进行了明确，根据该款规定，人民法院可以邀请与当事人有特定关系或者与案件有一定联系的企业事业单位、社会团体或者其他组织，和具有专门知识、特定社会经验、与当事人有特定关系并有利于促成调解的个人协助调解工作。

《最高人民法院关于进一步发挥诉讼调解在构建社会主义和谐社会中积极作用的若干意见》第 11 条的规定则更为具体，即人民法院可以根据法律以及司法解释的规定，建立和完善引入社会力量进行调解的工作机制。人民法院可以引导当事人选择办案法官之外的有利于案件调解的人民调解组织、基层群众自治组织、工会、妇联等有关组织进行调解，也可以邀请人大代表、政协委员、律师等个人进行调解。

二、关于委托调解的规定

（一）委托调解的定义

委托调解，是指人民法院对诉至法院的民事纠纷，在征得当事人同意后，委托特定的组织或个人主持进行调解的纠纷解决方式。委托调解亦是诉调对接的重要内容，它实现了调审的适度分离，缓解了法院压力，满足了高效解纷的社会需求。

（二）对委托调解的规定

《民事调解工作规定》首次对委托调解作出了明确规定，该规定 2020 年修正时在第 1 条第 2 款规定：经各方当事人同意，人民法院可以委托前款规定的单位或者个人，即与当事人有特定关系或者与案件有一定联系的企业事业单位、社会团体或者其他组织，和具有专门知识、特定社会经验、与当事人有特定关系并有利于促成调解的个人对案件进行调解，达成调解协议后，人民法院应当依法予以确认。

随后，2007年《最高人民法院关于进一步发挥诉讼调解在构建社会主义和谐社会中积极作用的若干意见》也肯定了委托调解这一特殊的诉讼调解形式。该意见第11条对协助调解和委托调解进行了总括性规定：人民法院可以根据法律以及司法解释的规定，建立和完善引入社会力量进行调解的工作机制。人民法院可以引导当事人选择办案法官之外的有利于案件调解的人民调解组织、基层群众自治组织、工会、妇联等有关组织进行调解，也可以邀请人大代表、政协委员、律师等个人进行调解。该意见第23条提出了对包括委托调解在内的诉调对接机制的发展要求，人民法院应当认真研究和探索建立诉讼程序与诉外纠纷解决机制的对接机制，坚持以审判工作为中心，加强对人民调解组织的指导，大力支持、依法监督其他组织的调解工作，积极推动社会多元化纠纷解决机制的建立和完善，充分发挥社会各方面缓解矛盾、解决纠纷的作用。

2009年《诉与非诉衔接意见》第14条、第15条、第17条、第18条与《最高人民法院关于进一步发挥诉讼调解在构建社会主义和谐社会中积极作用的若干意见》第17条对委托调解作出了具体规定，主要包括如下内容：

1. 立案前的委托调解。对属于人民法院受理民事诉讼的范围和受诉人民法院管辖的案件，人民法院在收到起诉状或者口头起诉之后、正式立案之前，可以依职权或者经当事人申请后，委派行政机关、人民调解组织、商事调解组织、行业调解组织或者其他具有调解职能的组织进行调解。当事人不同意调解或者在商定、指定时间内不能达成调解协议的，人民法院应当依法及时立案。

2. 立案后的委托调解。经双方当事人同意，或者人民法院认为确有必要的，人民法院可以在立案后将民事案件委托行政机关、人民调解组织、商事调解组织、行业调解组织或者其他具有调解职能的组织协助进行调解。当事人可以协商选定有关机关或者组织，也可商请人民法院确定。

3. 委托调解的法律后果。调解结束后，有关机关或者组织应当将调解结果告知人民法院。达成调解协议的，当事人可以申请撤诉、申请司法确认，或者由人民法院经过审查后制作调解书。调解不成的，人民法院应当及时审判。

4. 委托调解的依据。有关组织调解案件时，在不违反法律、行政法规强制性规定的前提下，可以参考行业惯例、村规民约、社区公约和当地善良风俗等行为规范，引导当事人达成调解协议。

5. 当事人的法律责任。在调解过程中当事人有隐瞒重要事实、提供虚假情况或者故意拖延时间等行为的，调解员可以给予警告或者终止调解，并将有关情况报告委派或委托人民法院。当事人的行为给其他当事人或者案外人造成损失的，应当承担相应的法律责任。

6. 委托调解中调解书的制作。当事人同意由办案法官之外的社会组织或者个人主持调解，达成调解协议的，主持调解的社会组织或者个人应当在调解协议上签名或者盖章。但是人民法院根据调解协议制作的调解书，主持调解的社会组织或者个人不签名或者盖章。

（三）委托调解与协助调解的区别

广义的协助调解应当包括委托调解，但严格来说，狭义上的协助调解与委托调解虽都属于诉调对接的内容，都受《民事诉讼法》第 98 条之规范，都是人民法院以外的第三方参与调解，但其仍存在许多不同之处，不能混为一谈：

1. 法律依据不同。协助调解的直接法律依据是《民事诉讼法》第 98 条，而委托调解的法律依据是《民事调解工作规定》第 1 条第 2 款。

2. 人民法院在调解中的作用不同。在协助调解中，人民法院起主持、主导调解的作用，有关单位和个人只是从旁协助，为审判人员提供帮助。而委托调解中，有关单位和个人是调解的主持人、主导者，其独立行使调解职权，享有更大的自主权，法院则不参与调解的具体过程，只在一定程度上起监督指导作用。

3. 适用程序不同。协助调解时，有关单位和个人参与调解无须取得双方当事人的同意，其协助可以全程协助调解，也可以部分参与调解；委托调解则必须获得各方当事人同意，且受托调解人全程参与调解。协助调解应当严格遵守《民事诉讼法》的法定调解程序进行；委托调解则并不一定遵照《民事诉讼法》所规定的调解程序来进行调解，其在不违反法律、行政法规强制性规定的前提下，可以参考行业惯例、村规民约、社区公约和当地善良风俗等行为规范，更具灵活性。

4. 调解成功的法律效果不同。协助调解成功的，人民法院应当制作调解书；委托调解成功的，当事人可以申请撤诉、申请司法确认，或者由人民法院经过审查后制作调解书。

司法实践中，应当根据案件实际情况，选择适合的调解方式，以提高调解成功率。

第九十九条　调解达成协议，必须双方自愿，不得强迫。调解协议的内容不得违反法律规定。

【条文主旨】

本条是关于再次重申调解自愿原则，并进一步阐释调解合法原则的规定。

【条文理解】

《民事诉讼法》第 96 条规定了调解自愿原则与事实清楚、分清是非原则。本条并非对第 96 条的简单重复，其规定的重点在于对调解协议进行专门约束。调解协议，是在人民法院主持下，各方当事人平等协商，对自身利益进行综合判断而自愿达成的合意，其主体是当事人，而非人民法院。调解协议的达成，是调解程序结束的重要前提和基础，在此情况下，调解结束意味着诉讼的结束。调解失败也能导致调解程序的结束，但诉讼并不因此结束，而是继续进行，直至人民法院作出裁判。

调解协议与调解书既有着不可分割的紧密联系，又并不完全等同。调解协议是作为平等主体的当事人之间达成的私法契约，而调解书则是由人民法院制作的具有强制执行力的公权力文书，它不仅是当事人相互协商结果的记录，还是人民法院行使审判权的重要标志。调解协议是人民法院制作调解书的主要依据，也是调解制度不可或缺的重要内容，因此，对调解协议作出约束是十分必要的。

根据本条之规定，调解协议必须遵循自愿和合法原则。自愿原则贯穿调解程序始终，是调解的核心原则。调解协议的自愿达成包含两方面的要求：第一，是当事人都自愿接受调解，都同意人民法院以调解方式解决他们之间的纠纷，如果有一方或多方不愿接受调解，人民法院不得强迫；第二，当事人为达成调解协议往往对自身民事权益作出处分，大部分情况下是对自身利益的放弃，这种处分与放弃必须是当事人的真实意思表示，即当事人必须自愿接受协议内容。合法原则，是指人民法院和当事人的调解活动及调解协议不应违反法律之规定。合法原则有两层含义：一是程序合法，即调解活动应当按照法定程序进行，诉讼调解的组织、方式、步骤、调解协议的达成和调解书的送达均应符合《民事诉讼法》及相关司法解释的规定；二是实体合法，即当事人之间达成调解协议的内容不得违反有关法律的规定。本条主要对合法原则的第二层含义作出了规定。

【条文适用】

司法实践中，适用该条时需要注意以下问题。

一、调解方案的提出

虽然调解必须坚持当事人自愿原则，但同时也应注重人民法院主导作用的发挥，对有调解可能的案件，人民法院应当尽量创造条件进行调解。根据《民事调解工作规定》第6条，当事人可以自行提出调解方案，主持调解的人员也可以提出调解方案供当事人协商时参考。

二、对调解协议合法性的把握

调解是人民法院行使审判权和当事人行使处分权相结合的产物，对调解协议合法性的要求不能机械地理解。虽然当事人自愿的，不一定都合法，但鉴于《民事诉讼法》对调解与判决的不同要求，对调解协议的合法性应当作宽松的理解，允许其有一定的灵活性。

人民法院在提出调解方案及对当事人达成的调解协议进行审查时，应当尽量使其与实体法的要求相一致。但这并不是说，调解协议应当像判决那样严格按照实体法的规定达成，也并不意味着应当以符合实体法的规定为判断调解协议合法的标准。应当在不违反原则即不违反法律中禁止性规定的前提下，允许当事人在合法的范围内行使处分权。根据《民事调解工作规定》与《最高人民法院关于进一步发挥诉讼调解在构建社会主义和谐社会中积极作用的若干意见》的规定，人民法院在对调解协议审查时需注意以下几点：

1. 调解协议内容超出诉讼请求的，并不必然导致调解协议的不合法，人民法院可以准许。

2. 人民法院对于调解协议约定一方不履行协议应当承担民事责任的，应予准许。调解协议约定一方不履行协议，另一方可以请求人民法院对案件作出裁判的条款，人民法院不予准许。调解协议的达成、调解书的作出意味着诉讼的终结，一方不履行调解协议或调解书时，终结的诉讼程序已无法回转，另一方可以通过执行程序对自身权利进行救济。

3. 调解协议约定一方提供担保或者案外人同意为当事人提供担保的，人民法院应当准许。案外人提供担保的，人民法院制作调解书应当列明担保人，并将调解书送交担保人。担保人不签收调解书的，不影响调解书生效。当事人或者案外人提供的担保在符合《民法典》规定的条件时生效。

4. 人民法院依法对调解协议或者和解协议进行审查的内容包括：协议是否违反了法律、行政法规的强制性规定，是否侵害国家利益和社会公共利益；协议内容是否属于当事人处分权的范畴；当事人争议的法律关系是否涉及案外人的权益；协议指定转移的财产上是否存在案外人权利；协议内容是否符合善良风俗和公共道德；调解是否存在明显违反当事人真实意思的情形等。具有下列情形之一的，调解协议不合法的，对其效力人民法院不予确认：（1）侵害国家利益、社会公共利益的；（2）侵害案外人利益的；（3）违背当事人真实意思的；（4）违反法律、行政法规禁止性规定的。另外，人民法院还特别应当强化对虚假诉讼的审查，坚决杜绝以在虚假诉讼中达成调解协议的方式损害国家、集体及第三人利益的情况。

5. 诉讼费用问题。当事人不能对诉讼费用如何承担达成协议的，不影响调解协议的效力。人民法院可以直接决定当事人承担诉讼费用的比例，并将决定记入调解书。

三、严格防范虚假诉讼犯罪

虚假诉讼犯罪，是指行为人单独或者与他人恶意串通，采取伪造证据、虚假陈述等手段，捏造民事案件基本事实，虚构民事纠纷，向人民法院提起民事诉讼，妨害司法秩序或者严重侵害他人合法权益，依照法律应当受刑罚处罚的行为。民事商事审判领域存在的虚假诉讼现象，不仅严重侵害案外人合法权益、破坏社会诚信，也扰乱了正常的诉讼秩序，损害司法权威和司法公信力，人民群众对此反映强烈。民事诉讼调解是虚假诉讼犯罪的高发领域，因此，调解人员尤其是审判人员在调解过程中一定要提高警惕，采取有效措施防范和制裁虚假诉讼行为。

2016年，最高人民法院印发实施《最高人民法院关于防范和制裁虚假诉讼的指导意见》；2018年，最高人民法院、最高人民检察院公布了《关于办理虚假诉讼刑事案件适用法律若干问题的解释》；2021年，最高人民法院、最高人民检察院、公安部、司法部印发《关于进一步加强虚假诉讼犯罪惩治工作的意见》。以上文件或司法解释均对虚假诉讼的甄别、防范和制裁作出了明确、详细的规定。在调解中，防范虚假诉讼应注意：

1. 对于虚假诉讼高发的案件类型，予以重点关注、严格审查调解协议。根据《最高人民法院、最高人民检察院、公安部关于进一步加强虚假诉讼犯罪惩治工作的意见》第5条之规定：民间借贷纠纷案件，涉及房屋限购、机动车配置指标调控的以物抵债案件，以离婚诉讼一方当事人为被告的财产纠纷案件，以已经资不抵债或者已经被作为被执行人的自然人、法人和非法人组织为被告的财产纠纷案件，以拆迁区划范围内的自然人为当事人的离婚、分家析产、继承、房屋买卖合同纠纷案件，公司分立、合并和企业破产纠纷案件；劳动争议案件；涉及驰名商标认定的案件，其他需要重点关注的民事案件，均属于虚假诉讼犯罪易发的民事案件类型，应审慎审理、调解。

2. 对调解过程中，当事人行为异常、不符合常理的，应严格审查。根据《最高人民法院、最高人民检察院、公安部关于进一步加强虚假诉讼犯罪惩治工作的意见》第 6 条之规定：民事诉讼当事人有下列情形之一的，人民法院、人民检察院在履行职责过程中应当依法严格审查，及时甄别和发现虚假诉讼犯罪：（1）原告起诉依据的事实、理由不符合常理，存在伪造证据、虚假陈述可能的；（2）原告诉请司法保护的诉讼标的额与其自身经济状况严重不符的；（3）在可能影响案外人利益的案件中，当事人之间存在近亲属关系或者关联企业等共同利益关系的；（4）当事人之间不存在实质性民事权益争议和实质性诉辩对抗的；（5）一方当事人对于另一方当事人提出的对其不利的事实明确表示承认，且不符合常理的；（6）认定案件事实的证据不足，但双方当事人主动迅速达成调解协议，请求人民法院制作调解书的；（7）当事人自愿以价格明显不对等的财产抵付债务的；（8）民事诉讼过程中存在其他异常情况的。

3. 要加强对调解协议的审查力度。对双方主动达成调解协议并申请人民法院出具调解书的，应当结合案件基础事实，注重审查调解协议是否损害国家利益、社会公共利益或者案外人的合法权益；对人民调解协议司法确认案件，要按照民事诉讼法司法解释要求，注重审查基础法律关系的真实性。

4. 及时移送处理。在调解过程中，人民法院发现涉嫌虚假诉讼犯罪的，应当及时报告，并由本院指定的专门职能部门移送公安机关。人民法院向公安机关移送涉嫌虚假诉讼犯罪案件，应当附下列材料：案件移送函，载明移送案件的人民法院或者人民检察院名称、民事案件当事人名称和案由、所处民事诉讼阶段、民事案件办理人及联系电话等。案件移送函应当附移送材料清单和回执，经人民法院或者人民检察院负责人批准后，加盖人民法院或者人民检察院公章；移送线索的情况说明，载明案件来源、当事人信息、涉嫌虚假诉讼犯罪的事实、法律依据等，并附相关证据材料；与民事案件有关的诉讼材料，包括起诉书、答辩状、庭审笔录、调查笔录、谈话笔录等。人民法院将涉嫌虚假诉讼犯罪案件移送公安机关的，同时将有关情况通报同级人民检察院。

【典型案例】

上海迅通物流有限公司诉上海凌运庆铃汽车修理服务有限公司房屋租赁合同纠纷案①

【案 号】上海市普陀区人民法院（2011）普民四（民）再初字第1－1号、（2011）普民四（民）再初字第1号、（2011）普民四（民）再初字第1－2号

【裁判要旨】对于存在实际控制关系的诉讼主体，虚构伪造证据材料，提起无实质性争议的民事诉讼，并主动达成调解协议侵害第三人利益的行为，法院可认定其为虚假诉讼。虚假诉讼是一种严重妨害司法公信的违法行为，对当事人提出的撤诉申请，法院应当主动干预，即不允许撤诉。同时，应作出驳回起诉的裁定，并对相关责任单位（人）科以民事制裁。

【基本案情】迅通公司提起房屋租赁合同纠纷之诉，称庆铃公司拖欠房屋租金，诉请法院判令终止双方所签《租房合同》，庆铃公司迁出上述房屋及场地，支付租金、水电费以及违约金人民币523 984.94元。庆铃公司对迅通公司提出的诉讼请求无异议。后，双方达成调解，协议解除上述《租房合同》，庆铃公司迁出上述房屋及场地，并向迅通公司支付租金、水电费人民币423 984.94元，迅通公司支付庆铃公司装修补偿款人民币301 968元，经折抵后庆铃公司还应给付迅通公司人民币122 016.94元。上海市普陀区人民法院根据上述内容，于2009年9月14日出具（2009）普民三（民）初字第2471号民事调解书。2009年10月15日，迅通公司与庆铃公司在执行过程中达成执行和解，庆铃公司划款人民币122 016.94元至迅通公司。2011年7月，庆铃公司股东盛某军以（2009）普民三（民）初字第2471号民事调解书侵害其股东权益为由，向上海市普陀区

① 案例来源：《人民法院案例选》2013年第4期（总第86辑）。

人民检察院提出申诉。2011 年 12 月 21 日，上海市普陀区人民法院审判委员会经讨论决定，（2009）普民三（民）初字第 2471 号民事调解书存在错误，应予再审。再审中，法院追加盛某军为第三人。再审查明，迅通公司的法定代表人为刘某培，庆铃公司的法定代表人亦为刘某培。代表迅通公司签订租赁合同的刘某娟为刘某培的姐姐。迅通公司在原审中所提供的坐落于上海市真陈路 × 号的房地产权证，并非系争《租房合同》中所指租赁房屋的房地产权证。再审过程中，迅通公司以庆铃公司进行清算，庆铃公司拖欠租赁费将另案主张为由，向法院提出对本案的撤诉申请。

【裁判结果】上海市普陀区人民法院于 2012 年 3 月 31 日作出（2011）普民四（民）再初字第 1 号民事裁定：（1）撤销本院（2009）普民三（民）初字第 2471 号民事调解书；（2）驳回原审原告上海迅通物流有限公司的起诉。同时于 2012 年 3 月 31 日作出（2011）普民四（民）再初字第 1－2 号民事制裁决定：（1）对被制裁人（原审原告）上海迅通物流有限公司罚款人民币50 000元，该款应于本决定生效之日起 7 日内向本院缴纳；（2）对被制裁人刘某培罚款人民币 5000 元，该款应于本决定生效之日起 7 日内向本院缴纳。

【裁判理由】涉案原审原告迅通公司、原审被告庆铃公司的法定代表人是刘某培的事实，以工商行政机关注册登记档案材料为准，予以确认。从本案到案的证据来看，庆铃公司是由刘某培与第三人盛某军于 2005 年 6 月 12 日签订《联营协议书》后共同注资设立，并由协议双方共同负责经营的联营实体。根据联营协议的约定以及刘某培与盛某军各自投入联营体经营所需的资金比例，刘某培与盛某军各享有庆铃公司 50% 的股权。按照常理刘某培作为迅通公司与庆铃公司两家有限公司的法定代表人，在从事公司的经营活动中，尤其在联营体即庆铃公司股东间为股权产生纠纷引发诉讼的时刻，应当理性承受诉讼风险，自觉遵守法律的规定和联营合同的约定，积极寻求正确的解决矛盾方法或积极寻求正确的救济途径。然而，法定代表人刘某培为了将联营体的资产迅速转移至迅通公司名下，不惜违背联营协议和诚信原则，擅自携其姐刘某娟代表迅通公司，刘某培代表庆铃公司凭空捏造《租房合同》，以此虚构迅通公司与庆铃公司存有租赁关系的事实，并把同《租房合同》项下租赁标的场地无关的房地产权证当作证据，以“租赁合同纠纷”为诉因致讼。审理期间，法定代表人刘某培委托他人代理迅通公司、委托律师代理庆铃公司出庭，双方“手拉手”达成调解协议，进而“手拉手”通过执行程序将庆铃公司资产122 016.94元划转到迅通公司账内。刘某培这一出于非法动机和目的，利用法律赋予公民、法人的诉讼权利，采取虚假的诉讼主体、事实及证据而提起的民事诉讼之属性，依法应认定为虚假诉讼。

鉴于迅通公司、刘某培实施虚假诉讼的行为，是一种严重妨害司法公信、具有严重社会危害性的违法行为。为此，对迅通公司提出的撤诉申请，不予准许，并且在依法撤销（2009）普民三（民）初字第2471号民事调解书以及驳回迅通公司起诉的前提下，将对迅通公司及其法定代表人刘某培科以民事制裁。

第一百条　调解达成协议，人民法院应当制作调解书。调解书应当写明诉讼请求、案件的事实和调解结果。

调解书由审判人员、书记员署名，加盖人民法院印章，送达双方当事人。

调解书经双方当事人签收后，即具有法律效力。

【条文主旨】

本条是关于民事调解书的制作要求以及送达、效力的规定。

【条文理解】

民事调解书是人民法院常用的重要的司法应用文书之一，具有法律效力，其指民事案件审理过程中，人民法院根据自愿和合法的原则，在事实清楚、分清是非的基础上，通过调解促使当事人达成协议，以此为基础制作的记载当事人之间协议内容的法律文书。它是纠纷解决的最终载体，不仅是当事人意思自治的表示，也是人民法院认可当事人协议并赋予其法律效力的证明。民事调解书既有别于调解协议，也与民事判决书有着明显的不同：第一，民事调解书与调解协议不同。调解协议的签订是民事调解书制作的前提条件与必经过程，调解协议是民事调解书实质内容的来源。但与调解协议相比较，民事调解书是法定的司法文书，必须依据法律要求制作，在格式上必须遵循一定的法律规定与惯例，在文字表述上更为规范。第二，民事调解书与民事判决书不同。二者虽然都具有终结诉讼的效力，但民事调解书在具有法律强制力的同时，还具有明确的契约性，其在合法的前提下，主要体现了当事人的意志，而民事判决书则体现了人民法院的意志即国家的意志。两者发生法律效力的时间也不同。民事调解书经双方当事人签收后，即具有法律效力；而第一审民事判决书只有在上诉期过后，当事人不上诉的情况下才发生法律效力。鉴于司法实践中民事调解书的广泛使用，我们应高度重视民事调解书的制作。

调解程序的结束有两种情况：一是调解失败，诉讼程序继续；二是因当事人达成协议而结束。一般来说，调解协议本身并不具有强制执行力，对当事人是否依约履行无从约束。为避免就同一事实和法律问题重复诉讼情况的出现，维护司法活动的严肃性，人民法院应当对调解协议进行审查，对符合法律规定的则以制式的法律文书赋予其强制执行力，终结诉讼。

一、民事调解书的制作要求

对调解书的制作，《民事诉讼法》作出了明确的要求，即其内容应当包括当事人的诉讼请求、案件的事实和调解结果。诉讼请求，是指当事人向人民法院提出的，要求人民法院保护其民事权利，作出相应的确认、给付、形成判决的请求。诉讼请求可能是一项，也可能是几项，都应在调解书中写明。案件事实，是指人民法院经过一定的法定程序查明确认的证明案件真相的被法律所规范的生活事实。案件事实是诉讼调解的基础，也是判断调解协议是否合法的重要依据。写明案件事实有助于增强审判人员的责任感，有利于保证审判质量和对人民法院的司法行为进行监督。调解结果，是指经由人民法院审查确认的当事人达成的调解协议的具体约定。这部分内容直接涉及调解书的执行和落实，应当具体明确，不能有所遗漏，以免发生争议。

与民事判决书一样，民事调解书应由审判员、书记员署名，并加盖人民法院印章，除此之外，还应写明制作调解书的年、月、日。

二、民事调解书的生效

调解书经双方当事人签收后，方产生法律效力。这包含三层意思：一是民事调解书必须经各方当事人签收后才发生法律效力，如果有一方当事人拒收，则不产生法律效力。二是调解书生效的时间以当事人签收的时间为准。三是生效的民事调解书与生效的民事判决书有同等的法律效力。对当事人而言，其权利义务已经确定，就本案不得另行起诉或再上诉；对人民法院而言，不经过审判监督程序，不得随意撤销、变更或作出与之相抵触的裁判。

【条文适用】

一、调解书的格式

调解书应当按照统一的格式制作，其应当包括首部、正文和尾部三部分。

1. 首部。在首部中，应依次列明：（1）人民法院名称、文书种类、案件编号。（2）各方当事人及其诉讼代理人的基本情况。当事人是自然人的，写明其姓名、性别、出生年月日、民族、职业（或工作单位和职务）及住所。有别名或者曾用名，且该别名或者曾用名与本案有关联的，应在姓名之后用括号标明。当事人是法人的，写明其名称和住所地，并写明法定代表人的姓名和职务。当事人是依法成立的不具备法人资格的其他组织的，写明其名称和住所地，并写明负责人的姓名和职务。有法定代理人或指定代理人的，应写明其姓名、性别、职业（或工作单位和职务）及住所，并在姓名之后用括号注明其与当事人的关系。有委托代理人的，应写明其姓名、性别、职业或者工作单位和职务及住所。委托代理人是当事人近亲属的，还应当在姓名之后注明其与当事人的关系。如果委托代理人系律师，则只写明其姓名、单位和职业。（3）案由与简要的案件由来。

2. 正文。《民事诉讼法》对调解书的要求相较判决书而言要宽松很多，并未要求将制作判决书所要求的诉讼请求、争议的事实和理由，判决认定的事实、理由和适用的法律依据等作为调解书制作的内容，这体现了调解书很大程度上源于当事人意思自治的本质特征。调解书正文主要包括案件事实和调解结果两部分。应当注意的是，按照《民事诉讼法》

的规定，民事调解书一般应简要写明案件的基本事实，之所以要求写明，是基于民事诉讼调解分清是非原则的考量，但在司法实践中，也必须考虑尊重当事人意思自治的需要，对于当事人双方要求或同意略写的，人民法院也可以略写。调解结果包括当事人的调解协议，如果当事人对诉讼费用负担未达成一致的，还应写明诉讼费用的负担。在诉讼费用负担后，应当写明："上述协议，符合有关法律规定，本院予以确认。本调解书经双方当事人签收后，即具有法律效力。"

3. 尾部。调解书的尾部由审判员、书记员签名或盖章，还应加盖人民法院印章，并写明制作调解书的年、月、日。

二、司法解释对调解书生效的特别规定

《民事诉讼法司法解释》《民事调解工作规定》《最高人民法院关于进一步发挥诉讼调解在构建社会主义和谐社会中积极作用的若干意见》等相关司法解释和司法指导性文件对调解书的生效、内容等作出了一些特别规定。

1. 关于调解书的内容、适用范围及例外。一是当事人就部分诉讼请求达成调解协议的，人民法院可以就此先行确认并制作调解书。当事人就主要诉讼请求达成调解协议，请求人民法院对未达成协议的诉讼请求提出处理意见并表示接受该处理结果的，人民法院的处理意见是调解协议的一部分内容，制作调解书的记入调解书。二是要确定无独立请求权的第三人承担义务的，应经第三人的同意，调解书应当同时送达第三人。三是调解不制作判决及其例外情形。当事人自行和解或者调解达成协议后，请求人民法院按照和解协议或者调解协议的内容制作判决书的，人民法院不予准许。但例外情形是，无民事行为能力人的离婚案件，由其法定代理人进行诉讼。法定代理人与对方达成协议要求发给判决书的，可根据协议内容制作判决书。

2. 不影响调解书生效的几种情形。一是担保人不签收文书的情形。调解协议约定一方提供担保或者案外人同意为当事人提供担保的，人民法院应当准许。案外人提供担保的，人民法院制作调解书应当列明担保

人，并将调解书送交担保人。担保人不签收调解书的，不影响调解书生效。二是对调解书的内容既不享有权利又不承担义务的当事人不签收调解书的，不影响调解书的效力。

3. 调解书的补正。当事人以民事调解书与调解协议的原意不一致为由提出异议，人民法院审查后认为异议成立的，应当根据调解协议作出裁定，补正民事调解书的相关内容。

4. 调解书的送达、效力及特殊情况。一般情况下，调解书应当直接送达当事人本人，不适用留置送达和公告送达。当事人本人因故不能签收的，可由其指定的代收人签收。调解书经各方当事人签收后，方具有法律效力。此种情形的例外在于，当事人各方同意在调解协议上签名或者盖章后即发生法律效力的，经人民法院审查确认后，应当记入笔录或者将调解协议附卷，并由当事人、审判人员、书记员签名或者盖章后即具有法律效力。在这种情形下，当事人请求制作调解书的，人民法院审查确认后可以制作调解书送交当事人。当事人拒收调解书的，不影响调解协议的效力。对此类调解书，可以采用公告送达或留置送达的方式。

5. 民事调解文书的规范问题。一是各高级人民法院可以根据法律以及司法解释的规定统一诉讼调解法律文书的格式，制作当事人答辩期满前调解同意书、继续调解申请书、委托调解书、诉讼费用决定书、调解书等诉讼调解文书模本。二是调解书的内容可以简化，简要记明案由和当事人诉讼请求，经当事人同意，可以不写案件事实、审理过程和证据情况等。三是应当区分当事人签收生效的调解书和根据当事人签名或者盖章已经生效的调解协议制作的作为强制执行依据的调解书的格式。

【典型案例】

浙江和信电力开发有限公司、金华市大兴物资有限公司与通和置业投资有限公司、广厦控股创业投资有限公司、上海富沃企业发展有限公司、通和投资控股有限公司损害公司权益纠纷上诉案①

【案　　号】最高人民法院（2008）民二终字第123号

【裁判要旨】有限责任公司的股东依照《公司法》第152条的规定，向公司的董事、监事、高管人员或者他人提起股东代表诉讼后，经人民法院主持，诉讼各方达成调解协议的，该调解协议不仅要经过诉讼各方一致同意，还必须经过提起股东代表诉讼的股东所在的公司和该公司未参与诉讼的其他股东同意后，人民法院才能最终确认该调解协议的法律效力。

【基本案情】原审第三人通和投资控股有限公司（以下简称通和控股）成立于1999年4月30日，注册资本金为68 000万元。其中浙江和信电力开发有限公司（以下简称和信公司）出资5000万元，占出资比例的7.38%，金华市大兴物资有限公司（以下简称大兴公司）出资1830万元，占出资比例的2.69%，深圳市恒信德威实业发展有限公司（以下简称恒信公司）出资34 824万元，占出资比例的51.21%，浙江广厦股份有限公司（以下简称广厦股份）出资12 500万元，占出资比例的18.38%。通和置业投资有限公司（以下简称通和置业）系2002年6月13日设立的有限责任公司，其中通和控股持有95%的股权，金华市金威产权管理服务有限公司（即恒信公司的原名，2004年11月12日该公司从浙江金华市迁入广东深圳市登记注册，企业名称变更为恒信公司）持有5%的股权。2004年9月15日，通和控股分别与上海城市房地产有限公司、恒信公司签订股权转让协议，通和控股将其持有的通和置业35%、30%的股

① 案例来源：《最高人民法院公报》2009年第6期（总第152期）。

权出让。同年9月17日通和置业向当地工商行政管理部门办理了变更登记手续，恒信公司、上海城市房地产有限公司持有通和置业各35%股权，通和控股持有30%股权。2004年12月21日，以恒信公司、上海城市房地产有限公司、通和控股为股权出让方，上海富沃企业发展有限公司（以下简称富沃公司）、浙江金科实业有限公司（以下简称金科公司）为股权受让方，通和置业为第三人签订通和置业股权转让框架协议，约定：股权出让方同意将其持有通和置业的全部股权转让给股权受让方，其中恒信公司将其持有的通和置业35%股权转让给富沃公司，上海城市房地产有限公司将其持有的通和置业5%股权转让给富沃公司、30%股权转让给金科公司，通和控股将其持有的通和置业30%股权转让给金科公司。本次股权转让完成后，通和置业的股权结构和股东名册变更为：富沃公司持有40%股权，金科公司持有60%股权。股权出让方依据该协议约定义务出让通和置业股权应获得的总收益款为6亿元，收益款由两部分组成，股权出让方向股权受让方出让通和置业全部股权的股权转让金为3.5亿元，股权出让方自通和置业获得项目利润补偿款为2.5亿元。其中富沃公司应支付股权转让金1.4亿元，即应付通和控股1.225亿元，在股权转让合同有效签署生效后10个工作日内支付3000万元，余款在150个工作日内付清。应付恒信公司1750万元，在股权转让合同有效签署生效后的10个工作日内支付1000万元，余款在150个工作日内付清。同日，通和控股分别与上海城市房地产有限公司、恒信公司签订解除股权转让协议，均约定由于上海城市房地产有限公司、恒信公司未按股权转让协议约定支付股权转让款，各方同意解除股权转让协议，该股权标的的权利义务均由通和控股承担，上海城市房地产有限公司、恒信公司不再享有该股权的权利和义务，上海城市房地产有限公司、恒信公司承诺在通和控股找到受让方后，按照通和控股的书面授权，与通和控股指定的受让方签订股权转让协议，将股权以通和控股指定的价格、付款方式全部划入通和控股指定的银行账户。同日，通和控股分别与上海城市房地产有限公司、恒信公司签订授权委托书，授权上海城市房地产有限公司将其持有的通和置业30%股权转让给上海邦联科技实业有限公司、5%股权转让给富沃公司，授权恒信公司将其持有的通和置业35%股权转让给富沃公司同一天，上海城市房地产有限公司分别与上海邦联科技实业有限公司、富沃公司签订股权转让协议，将通和置业30%股权转让给上海邦联科技实业有限公司，将5%的股权转让给富沃公司，其中富沃公司的受让价为1750万元。恒信公司与富沃公司签订股权转让协议，将35%股权转让给富沃公司，转让价为12 250万元。通和控股分别与金科公司、上海邦联科技实业有限公司签订股权转让协议，将其持有的10%、20%股权转让给两公司。协议签订当天，上海城市房地产有限公司、恒信公司分别给受让人出具付款委托书，要求将股权转让款划入通和控股账户。协议签订后，富沃公司于2004年12月24日向通和控股支付4500万元。2005年6月23日，通和控股、富沃公司、恒信公司签订还款协议，约定：三方确认富沃公司需向通和控股支付的债务本金数额为9500万元，其中富沃公司应付通和控股而未付的股权转让款为7750万元，通过调账方式应由富沃公司支付给通和控股的债务为1750万元。三方同意富沃公司应付而未付的1750万元由富沃公司直接支付给通和控股，通和控股同时冲减富沃公司所欠通和控股相同数额的债务。富沃公司在2005年6月30日前偿还债务本金500万元，2006年6月30日前偿还债务本金4500万元，并从2005年7月1日始按年利率8.5%的比例向通和控股计付资金占用费。2006年12月31日前偿还所余债务本金4500万元，并从2005年7月1日始按年利率8.5%的比例向通和控股计付资金占用费。资金占用费随相应本金一次性支付。2005年6月22日、6月29日，富沃公司先后支付通和控股350万元、150万元。2006年I月，通和置业经工商行政管理部门核准变更登记，公司股权依法变更为广厘创业持有50%股权，东阳市江南置业有限公司持有40%股权，金科公司持有10%股权。2006年2月28日，通和控股作出2006年第二次临时股东会决议，通过了《关于委托广厘创业代公司追回部分应收账款的议案》，同意广厦控股创业投资有限公司（以下简称广厦创业）全权行使通和控股的债权人权利，代为追回通和置业利润补偿款15 912.5万元以及富沃公司受让通和置业股权的欠款7250万元及利息，通和控股不再行使该项权利。2006年10月，通和置业又经变更登记，广厘创业持有通和置业 100% 股权。2006 年 11 月 7 日，通和控股向广度创业出具委托付款书，要求广厦创业将收回的富沃公司股权转让款 5112 万元直接支付给浙江大学生物科技股份有限公司。同年 11 月 10 日，广厦创业作为付款人，向该公司支付 5112 万元。2007 年 1 月 12 日、3 月 2 日，广厦创业先后向通和置业发出催款函，要求通和置业支付通和控股项目利润补偿款 15 912.5 万元。2007 年 3 月 12 日、4 月 16 日，和信公司、大兴公司等通和控股股东先后给通和控股发出《关于要求公司立即通过诉讼追回被违法占用资金和转移项目的函》和《关于要求公司立即通过诉追索应收债权，切实维护公司及其股东合法权益的紧急催告函》，要求公司通过诉讼向广厦创业、通和置业、富沃公司追回公司的巨额应收债权，追回被广度创业侵吞的蚌埠新区发展股份有限公司股权转让款和分红等。2007 年 4 月 17 日，通和控股总裁徐泉函复和信公司、大兴公司等，称基于公司当时的状况及用章的审批程序，公司无法根据股东的要求提起诉讼、向通和置业、富沃公司和广厦创业追索公司的巨额应收债权。2007 年 4 月 25 日，和信公司、大兴公司共同向原审法院提起诉讼，请求：（1）通和置业立即向通和控股支付利润补偿款 23 750 万元及利息 1049.71 万元；（2）富沃公司立即向通和控股支付股权转让款 9000 万元及利息 1419.5 万元；（3）撤销通和控股对广厦创业的委托代收的授权；若广厘创业已经收取部分债权，则应返还通和控股；（4）通和置业、富沃公司、广厦创业承担诉讼费用。

该案一审判决后，和信公司、大兴公司、通和置业、广厦创业不服，提出上诉。

【裁判结果】二审审理期间，在最高人民法院主持下，各方当事人基于自愿、合法原则，经友好协商，于 2009 年 3 月 17 日达成调解协议。最高人民法院作出调解书确认该调解协议效力，决定了当事人承担诉讼费用的比例并将决定记入调解书。

【裁判理由】涉案调解协议是各方当事人在自愿基础上的真实意思表示，不违反法律、行政法规的禁止性规定。调解协议的内容不仅经过了提起代表诉讼的股东即和信公司、大兴公司以及作为诉讼第三人的公司即通和控股的同意，而且也已经经过了通和控股中的其他所有股东的书面同意，所以调解协议没有损害通和控股及其股东的利益。故对该调解协议予以确认。

第一百零一条　下列案件调解达成协议，人民法院可以不制作调解书：

（一）调解和好的离婚案件；

（二）调解维持收养关系的案件；

（三）能够即时履行的案件；

（四）其他不需要制作调解书的案件。

对不需要制作调解书的协议，应当记入笔录，由双方当事人、审判人员、书记员签名或者盖章后，即具有法律效力。

【条文主旨】

本条是关于不需要制作调解书的几类案件及相应程序、效力的规定。

【条文理解】

一般而言，以调解方式结案的民事案件都应当制作调解书，以表明人民法院对争议法律关系的认定及对纠纷的处理决定。调解书将当事人的调解协议转换为具有强制力的法律文书，不仅约束当事人，还具有对世效力。但同样存在一些特殊案件，这些类型的案件通常不涉及案外人的利益，不会对他人权利、义务的行使和履行造成影响，也不需要人民法院强制执行或人民法院无法强制执行，如带有极浓感情色彩的离婚案件、收养纠纷案件。对这类案件制作调解书既无必要，还可能为纠纷的解决带来不良影响。故对以上特殊类型的案件，人民法院可以从有利于纠纷彻底解决、方便群众诉讼、便于审判等角度考虑，根据案件实际情况，决定是否制作调解书。

不制作调解书的案件一般应满足以下条件之一：一是案件系确认、

变更之诉，且调解之结果是维持当事人间已有的法律关系，即当事人之间的法律关系不会发生变化，调解协议实际上没有给付内容，不需要因一方不履行而采取强制执行措施。二是虽系有执行内容的财产权益案件，但是调解协议的给付能够即时履行，不存在需要后续强制执行的问题。通常情况下，这类能即时履行的案件均属标的数额不大的案件。

根据本条之规定，可以不制作调解书的案件包括如下类型：

1. 调解和好的离婚案件。在调解和好的离婚案件中，双方当事人的婚姻关系仍然持续，为避免给当事人今后的生活造成阴影，维护双方之间的感情，不制作调解书更有利于当事人间感情的良性发展和夫妻关系的融洽。

2. 调解维持收养关系的案件。收养，是指依照一定的法律程序，将他人的子女作为自己的子女加以抚养，使原来没有直系血亲关系的人产生拟制的父母与子女关系的法律行为。这种因收养行为而产生的拟制的父母与子女关系就是收养关系。因收养关系而导致的纠纷一般是父母或子女一方要求解除收养关系，系变更之诉，经人民法院调解维持收养关系的，当事人之间的法律关系并未发生变化，亦不需要也无法强制执行。

3. 能够即时履行的案件。该类案件指当事人能马上履行调解协议所确定的权利与义务的案件。对于这类案件，当事人双方在调解协议签订后，已经即时将权利、义务履行完毕，既不需要法院的强制执行，双方也不会再就案件争议再起纠纷。

4. 其他不需要制作调解书的案件。本项是对不需要制作调解书的情形的弹性条款，赋予人民法院在审判实践中依据案件实际情况灵活决定是否制作调解书的自由裁量权。但应当注意，不制作调解书的必须从严审查是否符合相关条件。一般来说，为避免后续执行不便，财产案件在协议达成后不能即时履行的，都应当制作调解书，不属于不需要制作调解书的范围。

对不需要制作调解书的民事案件，应当注意调解笔录的完善，在笔录中应记明调解的经过、双方达成协议的内容以及履行情况等，由各方当事人、审判人员、书记员签名或盖章后，才能发生法律效力。

【条文适用】

一、调解协议的效力

调解协议的效力，是指在不需要制作调解书的案件中，调解协议记入笔录并经各方当事人、审判人员、书记员签名或盖章后，其所具有的法律效力。在此情况下，记入调解笔录的调解协议与生效调解书具有同等效力：第一，对当事人的效力，体现在对已经发生法律效力的调解协议当事人不能上诉、不得就同一事实另行起诉；第二，对人民法院的效力，人民法院非经审判监督程序，不得任意撤销或变更已经生效的调解协议；第三，此类调解协议绝大部分本身无须强制执行，由于此类案件达成的调解协议多是已经即时履行或不具有强制执行内容的，故不存在强制执行的问题。

二、调解笔录的样式

调解笔录

（各类调解案件通用）

时间：××××年××月××日××时××分至××时××分

地点：……

审判人员：……（写明职务和姓名）

书记员：×××

被邀协助调解人员：（写明单位、职务、姓名）

调解经过和结果：

（首先核对当事人，宣布案由，告知诉讼权利和义务等）

……

（调解达成协议的，写明：）

经主持调解，当事人自愿达成如下协议：

……

（确定调解协议签名生效的，写明：）本调解协议经各方当事人在调解笔录上签名或者盖章后，即具有法律效力。

（以下无正文）

当事人和其他诉讼参加人（签名或者盖章）

审判人员（签名）

书记员（签名）

【说明】

1. 本笔录样式供各人民法院对刑事自诉案件、民事、经济案件和行政侵权赔偿案件等进行调解时适用。在开庭审理辩论终结后进行调解的，不适用本笔录样式。

2. 调解笔录，特别是当事人达成调解协议的内容，应当如实准确记载。

3. 本笔录经当事人校阅后，由当事人签名或盖章。

4. 审判人员和书记员应在笔录上签名。

三、司法解释的相关规定

根据《民事调解工作规定》与《最高人民法院关于进一步发挥诉讼调解在构建社会主义和谐社会中积极作用的若干意见》的相关规定，对于不需要制作调解书的案件，当事人请求制作调解书的，人民法院仍应当依据当事人申请制作调解书并送交当事人。但任何一方当事人拒收调解书的，并不影响调解协议的效力。一方不履行调解协议的，另一方可以持调解书向人民法院申请执行。如果当事人未申请制作调解书，一方当事人不履行调解协议，另一方持生效的调解协议申请强制执行的，人民法院亦应当受理。

对于再审案件，调解达成调解协议并记入调解笔录，经当事人、审判人员、书记员签名或者盖章后生效，当事人不申请制作调解书的，人民法院应当裁定终结再审程序。

第一百零二条　调解未达成协议或者调解书送达前一方反悔的，人民法院应当及时判决。

【条文主旨】

本条是关于调解不成的处理方式的规定。

【条文理解】

诉讼调解是我国重要的诉讼制度，是人民法院行使审判权的重要方式。在解决纠纷上，调解具有其独特优势，如有利于缓和社会矛盾，能够做到案结事了，减少上诉、缠访，节约诉讼成本等。但是我们必须看到，调解并非万能，其本身亦有局限性，也无法替代判决的作用。判决与调解一样，都是人民法院审理民事案件的方式，二者并无好坏优劣之分，因此，司法实践中应当做到调判结合，扬长避短，在调解和判决之间寻找一个最佳的平衡点、结合点，这对增强人民法院的司法审判能力、加快构建中国特色纠纷解决和诉讼服务模式意义重大。基于此，本条对调解和判决方式相结合相促进的要求作出了规定。

诉讼过程中，审判人员应根据当事人意愿与案件具体情况，抓紧时机做调解工作，但对于明显不具有调解基础或无须调解的案件，则应当及时下判，以免损害当事人的期限利益，降低诉讼效率。

在以下两种情况下，人民法院均应及时作出判决：

第一，在调解过程中，当事人无法达成调解协议的，即各方当事人之间就其向人民法院提出的全部诉讼请求的范围无法协商达成统一的意思表示，仅就部分诉讼请求达成一致意见的不能视为全案调解完成。当事人就部分诉讼请求达成一致的情形，可参照前述第 100 条释义中的处理方式处理。

第二，调解书生效前当事人反悔的。一般来说，调解协议系各方当事人自愿达成，当事人能够自觉履行，但司法实践中不乏当事人反悔的情形。以调解结案有两种情况：一是制作调解书，送达各方当事人并由之签收后生效；二是不需要制作调解书的，将调解协议记入调解笔录后由各方当事人、审判人员、书记员签字或盖章即发生法律效力。第一种情况下，调解书在依照法定程序送达当事人后，才发生法律效力。当事人一方或者双方可以以拒绝签收调解书等方式表达其对调解协议内容的不认可，此种情况下，人民法院应当及时判决。第二种情况下，当事人在调解笔录上签字之前也可以反悔，拒绝签字，请求法院另行调解或及时下判，但当事人一旦签字，则不得再反悔。

应当注意的是，调解书应当同时送达第三人。第三人在调解书送达前反悔的，人民法院也要及时判决。但如果该第三人对调解书的内容既不享有权利又不承担义务的，则不影响调解书的效力。

【条文适用】

一、调解书或调解协议生效后的反悔

调解书经法定程序送达生效后或调解协议经记入调解笔录由各方当事人、审判人员、书记员签字或盖章生效后，当事人反悔的，人民法院不得另行作出判决。此时，调解书或调解协议已经发生法律效力，当事人必须受其约束。当事人有异议的，如果确有证据证明调解违反自愿原则或者调解协议的内容违反法律的，只能通过审判监督程序解决。

二、司法实践中对判决和调解关系的把握

“能调则调，当判则判，调判结合，案结事了”的方针精辟地概括出判决与调解在民事审判中的关系。司法实践中，人民法院应当克服“久调不决”和“一判了事”两种不良倾向，根据实际情况，建立科学合理的调解激励机制，提高法官调解的积极性和主动性。但同时，也要注意

避免片面追求调解率，既要切实解决重判决、轻调解导致的不愿调、不会调的问题，又要防止因片面追求调解率带来的违法调、强迫调的问题，坚决防止侵害当事人合法权益问题的发生。

【典型案例】

岳阳市汇辰房地产开发有限公司与岳阳中林置业投资有限公司、湖南泰山工程有限公司建设用地使用权转让合同纠纷再审案①

【案　　号】最高人民法院（2014）民提字第 104 号

【裁判要旨】诉讼中达成的调解协议性质不同于一般民事合同，其与诉讼密切相关，虽是为解决已发生的诉讼纠纷而由各方当事人自愿达成的协议，但其以法院调解书的形式表现出来，才具有强制执行力，在法院制作的调解书送达之前，签订调解协议的当事人有反悔的权利。

【基本案情】2011 年 11 月 11 日，湖南省岳阳市中级人民法院（以下简称一审法院）受理了湖南泰山工程有限公司（以下简称泰山公司）诉岳阳市汇辰房地产开发有限公司（以下简称汇辰公司）建设工程施工合同纠纷一案，并依泰山公司申请查封了汇辰公司位于岳阳大道与北港交汇处东北角未开发部分土地。审理期间，汇辰公司、泰山公司以及岳阳中林置业投资有限公司（以下简称中林公司）于 2011 年 12 月 20 日就泰山公司与汇辰公司之间的工程款结算事宜进行了协商，并制作了《调解协议书》。在该《调解协议书》中，汇辰公司还与第三方中林公司就本案诉争土地的转让签订了相关条款。转让协议约定：甲方（汇辰公司）将其名下位于岳阳市北港路与金鹗路交叉处约 3.6 亩土地使用权作价 2000 万元抵偿给陈某年投资并为法人代表的中林公司（丙方），甲方予以认可。同日，汇辰公司与中林公司为进一步明确转让的有关事项签订了《补充协议》。2011 年 12 月至 2012 年 1 月期间，中林公司与泰山公司向

① 案例来源：《人民法院案例选》2016 年第 4 期（总第 98 辑）。

汇辰公司支付1924.5万元，汇辰公司确认该款为中林公司支付的土地使用权转让款，中林公司尚有75.5万元的土地使用权转让款未付。汇辰公司在协议签订后，未办理土地使用权转让手续。中林公司遂于2012年4月6日诉至一审法院，请求判令：汇辰公司履行调解协议中及时办理土地使用权过户手续的义务并承担因拖延办理土地使用权过户手续造成中林公司增加的融资成本1 818 000元。

【裁判结果】一审判决：（1）由汇辰公司在判决生效后7日内将位于岳阳市北港路与金鹗路交叉处约3.6亩土地使用权变更登记至中林公司名下（土地四至范围以岳阳市国土资源管理局出具的墨线图为准），变更登记过程中涉及的各项税费，由中林公司承担100万元，超过部分由中林公司与汇辰公司各承担50%，中林公司在判决生效后7日内应向汇辰公司支付该宗土地使用权转让款余款75.5万元；（2）驳回中林公司的其他诉讼请求。

二审判决：驳回上诉，维持原判。

再审判决：撤销一、二审判决，驳回中林公司的诉讼请求。

【裁判理由】中林公司提起本案诉讼依据的是其与汇辰公司、泰山公司三方在泰山公司诉汇辰公司建设工程施工合同纠纷案件中达成的《调解协议书》，该《调解协议书》的性质和效力，决定了各方当事人是否应受《调解协议书》约束并履行相关义务。从本案查明的事实来看，汇辰公司和泰山公司虽在另案建设工程施工合同纠纷中与中林公司共同签订了《调解协议书》，但各方并未约定协议签订后即生效，而是在该协议中明确约定“本调解协议经甲乙丙三方签字，岳阳市中级人民法院认定后生效，由岳阳市中级人民法院制作调解书”。因此，在一审法院依法制作调解书并送达当事人之前，涉案《调解协议书》不发生法律效力。虽然中林公司依据《调解协议书》履行了大部分的付款义务，汇辰公司也接受了中林公司支付的款项，但当事人的上述履行行为并不能产生改变《调解协议书》中有关经“岳阳市中级人民法院认定后生效”的法律后果。由于汇辰公司和中林公司、泰山公司签订的《调解协议书》未按照三方当事人的约定经一审法院确认并制作调解书，该

《调解协议书》对当事人不具有法律约束力。中林公司以《调解协议书》为依据，提起要求汇辰公司履行办理土地使用权过户手续义务及赔偿相关损失的诉讼，缺乏相应的事实和法律依据，前述诉讼请求应当予以驳回。

第九章　保全和先予执行

第一百零三条　人民法院对于可能因当事人一方的行为或者其他原因，使判决难以执行或者造成当事人其他损害的案件，根据对方当事人的申请，可以裁定对其财产进行保全、责令其作出一定行为或者禁止其作出一定行为；当事人没有提出申请的，人民法院在必要时也可以裁定采取保全措施。

人民法院采取保全措施，可以责令申请人提供担保，申请人不提供担保的，裁定驳回申请。

人民法院接受申请后，对情况紧急的，必须在四十八小时内作出裁定；裁定采取保全措施的，应当立即开始执行。

【条文主旨】

本条是关于诉讼保全的条件、措施及保全裁定的规定。

【条文理解】

本条沿袭了2012年《民事诉讼法》的规定，2012年《民事诉讼法》修正以前，实务界和理论界均有将行为保全正式确立为我国民事诉讼保全制度的呼声，认为《民事诉讼法》仅规定财产保全，没有规定行为保全，已不能满足民事诉讼的现实需要，抑制了诉讼保全制度应有功能的发挥。修改过程中，各界对确立行为保全制度意见基本趋于一致，鲜有不同声音。鉴于此，修正后的《民事诉讼法》增加了行为保全制度，将其与财产保全制度在同一法条中确立下来。

关于保全担保的范围问题，2012 年修改《民事诉讼法》征求意见过程中，有一种意见提出，原来《民事诉讼法》只是笼统规定可以责令申请人提供担保，但对担保的范围没有涉及，实践中很多法院要求申请人按照保全财产的价值甚至争议标的额提供担保，给申请人造成过重负担，建议明确规定“可以责令申请人在保全财产价值的适当比例或可能造成损失的范围内提供相应的担保”，以解决担保门槛过高的问题。立法机关经过反复论证，考虑到具体案件千差万别，是否要求足额担保还是只要求适当比例的担保，应由人民法院视案件的具体情况灵活掌握，法律不宜规定得过于具体。

至于人民法院对不提供担保的申请人，驳回其申请是采取口头形式，还是书面形式；如果采取书面形式，是采取通知、决定形式还是裁定的形式，2012 年修正前的《民事诉讼法》没作规定，实践中的做法也不尽一致。为体现法律的严肃性和文书样式的一致性，修正后的《民事诉讼法》要求驳回申请人的保全申请一律用裁定。

诉讼保全，是指人民法院在案件受理后作出判决前的诉讼过程中，为保证当事人民事诉讼目的得以实现，根据当事人的申请或者依职权采取的一种临时保护措施。债权人提起民事诉讼后，债务人可能对有关财产进行转移、隐匿、毁损、变卖或者继续实施某种侵权行为，为避免债权人判决胜诉后诉讼目的落空，《民事诉讼法》设立一种保全程序来预先保护债权人的权益。

根据本条和相关司法解释的规定，诉讼保全必须具备以下条件：

1. 诉讼保全的适用时间必须在案件受理后，尚未作出生效判决前。在一审或二审程序中，如果案件尚未审结，都可以申请保全。如果法院的判决已经生效，进入执行程序，当事人只能申请强制执行，不能申请诉讼保全。

2. 诉讼保全的适用前提是，可能因当事人一方的行为或者其他原因，使判决难以执行或者造成当事人损害，即存在实施保全措施的客观需要。

3. 诉讼保全的发生，既可能是由于当事人申请，也可以是人民法院依职权主动进行。人民法院只有在必要时才能成为诉讼保全制度的发动者，一般应当由当事人提交符合法定条件的申请。《最高人民法院关于人民法院办理财产保全案件若干问题的规定》对当事人、利害关系人申请财产保全提出了明确要求，该规定第1条规定："当事人、利害关系人申请财产保全，应当向人民法院提交申请书，并提供相关证据材料。申请书应当载明下列事项：（一）申请保全人与被保全人的身份、送达地址、联系方式；（二）请求事项和所根据的事实与理由；（三）请求保全数额或者争议标的；（四）明确的被保全财产信息或者具体的被保全财产线索；（五）为财产保全提供担保的财产信息或资信证明，或者不需要提供担保的理由；（六）其他需要载明的事项。法律文书生效后，进入执行程序前，债权人申请财产保全的，应当写明生效法律文书的制作机关、文号和主要内容，并附生效法律文书副本。"

4. 诉讼保全可以责令申请人提供相应担保，也可以不要求申请人提供担保。值得注意的是，法律文书生效后进入执行程序前，债权人也可以申请财产保全，此时人民法院可以不要求其提供担保。

5. 人民法院责令申请人提供相应担保，申请人不提供担保的，应当裁定驳回其申请。是否责令申请人提供担保，由人民法院视情况决定，因为在诉讼中人民法院对当事人的诉讼请求、事实和理由，经过审查已有一定的了解，对于不需要当事人提供担保的，可以不责令，但是一旦人民法院责令申请人提供，申请人就必须提供担保，否则，人民法院可以驳回其申请。

6. 对情况紧急的诉讼保全申请，人民法院受理后应在48小时内作出是否采取诉讼保全的裁定，决定保全的应当立即执行。《最高人民法院关于人民法院办理财产保全案件若干问题的规定》对人民法院采取保全措施的裁定作出时间和保全措施的实施时间均作出了明确规定，即第4条规定："人民法院接受财产保全申请后，应当在五日内作出裁定；需要提供担保的，应当在提供担保后五日内作出裁定；裁定采取保全措施的，应当在五日内开始执行。对情况紧急的，必须在四十八小时内作出裁定；

裁定采取保全措施的，应当立即开始执行。”

【条文适用】

一、行为保全制度的确立

本条将行为保全与财产保全设置在同一法条中，对适用条件、措施及保全裁定作了统一规定。民事诉讼实践中，财产保全制度施行由来已久，对这一制度的理解适用无须赘言，但行为保全作为 2012 年对《民事诉讼法》进行修正时新确立的保全制度，对其属性和正确适用有必要作一些介绍。

行为保全，是指人民法院为了保护当事人一方的合法权益，保证今后判决或裁定得以顺利执行，避免造成损失或损失扩大，在诉讼前或诉讼过程中，责令另一方当事人作出一定行为或禁止其作出一定行为的强制性措施。

虽然行为保全制度在 2012 年《民事诉讼法》修改中才正式作为一项诉讼制度予以确立，但这项制度早已在我国其他民商事法律和司法解释中得到零星体现。最高人民法院在 1987 年 1 月 1 日起施行的《关于贯彻执行〈中华人民共和国民法通则〉若干问题的意见（试行）》（已失效）第 162 条就作了如下规定：“在诉讼中遇有需要停止侵害、排除妨害、消除危险的情况时，人民法院可以根据当事人的申请或者依职权先行作出裁定。”该条规定为法院及时制止侵权行为提供了法律依据。1992 年，最高人民法院又在《关于审理专利纠纷案件若干问题的解答》中明确规定，人民法院认为必要时，可责令被告停止侵权行为或采取其他制止侵权损害继续扩大的措施，虽然这一规被定名为“财产保全”，但实质上是直接针对被申请人的行为。此后，我国在涉及知识产权的相关立法上，出于与国际接轨的需要，对行为保全制度也做了一些积极尝试。如 2000 年修正后的《专利法》第 61 条规定：“专利权人或者利害关系人有证据证明他人正在实施或者即将实施侵犯其专利权的行为，如不及时制止将会使其合法权益受到难以弥补的损害的，可以在起诉前向人民法院申请采取责令停止有关行为和财产保全的措施。”随后修订的《商标法》和《著作权法》也分别在第57条和第49条作出了类似规定。同时，最高人民法院在2001年、2002年先后通过的《关于对诉前停止侵犯专利权行为适用法律问题的若干规定》《关于诉前停止侵犯注册商标专用权行为和保全证据适用问题的解释》和《关于审理著作权民事纠纷案件适用法律若干问题的解释》三个司法解释中也可见到行为保全的相关内容。不仅在知识产权立法和司法解释中涉及行为保全，2000年7月1日开始施行的《海事诉讼特别程序法》第51条规定的海事强制令制度也具有行为保全性质，海事请求人为使其合法权益免受侵害，可以依据该法请求海事法院责令被请求人作为或者不作为。与行为保全制度发展不相适应的是，我国1991年正式施行的《民事诉讼法》以及2007年进行第一次修正时均未正式确立这一制度，实务和理论界对此都感到遗憾。鉴于行为保全制度的设立既有理论依据，又有现实需求，而且在个别民商事领域已经开始施行，2012年《民事诉讼法》修改时正式予以确立也就成为必然。

二、诉讼保全对担保的要求

本条规定了“人民法院采取保全措施，可以责令申请人提供担保，申请人不提供担保的，裁定驳回申请”，具体如何掌握，《民事诉讼法司法解释》第152条进行了明确，该条第3款规定：“在诉讼中，人民法院依申请或者依职权采取保全措施的，应当根据案件的具体情况，决定当事人是否应当提供担保以及担保的数额。”具体而言，可以根据案件的实际情况，充分考虑胜诉的可能性及造成对方损失的可能性，可以要求提供担保，也可以不要求提供担保。主要考虑案件已经进入审理程序，原告能否胜诉以及可能给被保全人造成多大损失相对容易判断，人民法院可以根据具体情况决定是否要求提供担保以及担保数额。如申请人基于追索赡养费、扶养费、抚养费、抚恤金、劳动报酬的案件，当事人申请财产保全的，一般可以不要求提供担保。需要注意的是，对于诉讼保全的担保方式不能仅限于现金，人的担保和其他物的担保也应纳入担保方式。另外，本条对责令当事人提供保全担保没有规定具体的形式，过往实践中操作亦不够规范，对此，《民事诉讼法司法解释》第 152 条明确规定：人民法院责令当事人提供保全担保时，应当采用书面通知的形式。

过往实践中人民法院通常要求当事人提供相当于保全数额的担保，而保全仅限制对被保全财产的处分，一般情况下不会导致财产灭失，所以全额担保的数额通常远远高于可能对被保全一方造成的财产损失，这就导致担保要求过高，保全适用比例偏低，保全制度功能作用难以充分发挥。为解决这一问题，《最高人民法院关于人民法院办理财产保全案件若干问题的规定》对保全担保的数额要求作了适当调整，即第 5 条规定：人民法院依照《民事诉讼法》规定责令申请保全人提供财产保全担保的，担保数额不超过请求保全数额的 30%；申请保全的财产系争议标的的，担保数额不超过争议标的的价值的 30%。利害关系人申请诉前财产保全的，应当提供相当于请求保全数额的担保；情况特殊的，人民法院可以酌情处理。财产保全期间，申请保全人提供的担保不足以赔偿可能给被保全人造成的损失的，人民法院可以责令其追加相应的担保；拒不追加的，可以裁定解除或者部分解除保全。对上述规定，应作全面理解：一是该规定确实大大降低了当事人申请保全的成本，即在一般情况下，诉讼保全的担保数额不超过请求保全数额或争议标的的财产价值的 30%；二是为平衡保护各方当事人的合法权益，当担保数额不足以赔偿因保全期间过长、市场发生巨变等因素可能造成的损失，人民法院有权根据实际情况对担保数额予以调整，责令当事人追加担保；三是在诉前财产保全情况下，利害关系人提出申请时，应当提供相当于请求保全数额的担保，人民法院亦可根据特殊情况进行酌情处理。

三、行为保全与财产保全、先予执行的区别

从表面上来看，《民事诉讼法》规定的行为保全与财产保全、先予执行都属于人民法院在判决之前作出的强制性措施，但三者在立法目的、适用条件上均存在本质区别，实践中应区分开来。

（一）行为保全与财产保全的区别

行为保全与财产保全都属于诉讼保全制度，都具有保障将来判决执

行的目的，都可以在诉前或诉讼中适用，而且都可以视情况要求申请人提供相应的担保，以限制申请人滥用权力的情况发生，如果事后发现申请错误、被申请人因保全遭受损失的，申请人应当承担赔偿责任，但两者仍然存在显然差别。

1. 立法目的不同。行为保全除了具有保障判决执行的目的外，还具有避免造成损失或损失进一步扩大的目的，而财产保全则主要从将来的判决能得到有效执行的角度考虑。

2. 适用对象不同。行为保全适用于诉讼请求为非金钱请求的民事案件，保全对象为被申请人的行为；财产保全则适用于诉讼请求为金钱请求或可以转化为金钱请求的民事案件，保全对象是被申请人的财产。

3. 保全方式不同。财产保全一般是采取查封、扣押、冻结等方式，以防止当事人隐匿、转移、变卖财产等情况发生；行为保全则是通过责令被申请人作出一定行为或禁止其作出一定行为，暂时满足申请人的现有权益不受被申请人的继续侵害。

4. 执行手段不同。财产保全完全可由法院主动完成，或由被申请人、第三方配合完成；而行为保全裁定的执行有赖于被申请人的切实履行，当其拒不履行时，人民法院不能直接强制，只能采取替代履行或罚款、拘留等间接强制措施来促使其履行。

5. 对反担保的处理方式不同。被申请人在财产保全中提供反担保的，法律规定人民法院应该解除财产保全；而行为保全是否因被申请人提供反担保而解除，法律没有规定，实践中一般不应解除，除非申请人自己表示同意。

（二）行为保全与先予执行的区别

行为保全和先予执行都强调了裁定事项的紧急性，其救济方式都可以表现为要求一方当事人为或不为一定行为，但二者存在本质差别。

1. 制度目的不同。行为保全的目的在于，通过责令另一方当事人为一定行为或者不为一定行为，避免给申请人造成损失或使损失扩大；而先予执行的目的是解决申请人在生活或生产方面的迫切需要，使申请人的权利在判决之前获得全部或部分的满足。

2. 发生时间不同。行为保全既可以在诉讼过程中进行，也可以在诉讼开始前进行；而先予执行只能在诉讼开始之后，判决作出之前作出裁定，因为先予执行是提前实现判决的全部或部分内容，要求当事人之间的权利义务关系经过法院的审理程序加以明确后方可作出决断，因此在诉讼前法院不能适用先予执行。

3. 针对的对象不同。行为保全的对象只是行为；而先予执行的对象既可以是行为，也可以是财产。

4. 适用条件不同。行为保全适用的范围比较宽泛，而先予执行只限于《民事诉讼法》明确规定的“追索赡养、扶养费、抚养费、抚恤金、医疗费用的；追索劳动报酬的；因情况紧急需要先予执行的”三类情形。

5. 法律后果不同。行为保全的着眼点在于保全，对于案件的实质一般不产生影响；而先予执行的着力点在执行，往往对案件的最终判决具有较强的预示效果，先予执行裁定与判决一致的可能性高。

第一百零四条　利害关系人因情况紧急，不立即申请保全将会使其合法权益受到难以弥补的损害的，可以在提起诉讼或者申请仲裁前向被保全财产所在地、被申请人住所地或者对案件有管辖权的人民法院申请采取保全措施。申请人应当提供担保，不提供担保的，裁定驳回申请。

人民法院接受申请后，必须在四十八小时内作出裁定；裁定采取保全措施的，应当立即开始执行。

申请人在人民法院采取保全措施后三十日内不依法提起诉讼或者申请仲裁的，人民法院应当解除保全。

【条文主旨】

本条是关于诉前保全申请的条件、受理法院及采取保全后当事人起诉期限的规定。

【条文理解】

2012 年《民事诉讼法》在诉前保全规定方面，增加和修改了如下内容：一是利害关系人可以提起诉前行为保全申请。由于在 2012 年《民事诉讼法》第 100 条[①]增加了诉讼中行为保全的内容，因此在本条诉前保全的条款中对“保全”的理解当然包括行为保全。二是增加了利害关系人在申请仲裁前也可以向人民法院申请保全的规定。三是对受理诉前保全的法院范围作了明确界定，即可以向被保全财产所在地、被申请人住所地或者对案件有管辖权的人民法院申请，而 2012 年修改前的《民事诉讼

① 对应《民事诉讼法》（2023 年修正）第 103 条。

法》对此规定比较笼统。四是要求对驳回诉前保全申请必须用裁定，与上一条适用裁定驳回诉讼保全的要求一致。五是对人民法院采取诉前保全措施后，申请人正式提起诉讼或仲裁的期限作了延长规定，由原来规定的15日延长至30日。本条沿袭了2012年《民事诉讼法》的规定。

根据本条的规定，采取诉前保全应当具备以下条件：

1. 申请诉前保全的条件。申请诉前保全必须是利害关系人因情况紧急，不立即申请保全将会使其合法权益受到难以弥补的损害。既可以申请财产保全，也可以申请行为保全。情况紧急，一般是指紧急到申请人来不及起诉，必须立即采取财产保全措施。受到难以弥补的损害，是指被申请人可能随时转移被申请保全的财物，而该财物一旦转移，申请人的财产权利就难以实现或不能实现，或指申请人可能继续实施某种行为，这种行为将给申请人造成损失或进一步扩大损失。

2. 申请诉前保全的时间。除了在向人民法院提起诉讼前可申请诉前保全外，根据本条规定，利害关系人向仲裁机关申请仲裁前也可以向人民法院申请诉前保全。

3. 必须由利害关系人提出申请。此处利害关系人，是指与被申请人发生争议，或者认为被申请人侵害其权利的人。

4. 诉前保全申请必须向有关法院提出。被保全财产所在地、被申请人住所地或对案件有管辖权的人民法院均可受理诉前保全申请。

5. 申请诉前保全必须提供担保。人民法院根据申请人的诉前保全申请，决定采取保全措施的，应当责令申请人提供担保；申请人不提供担保的，应当以裁定的形式驳回申请。

6. 申请人提起诉讼的期限。申请人应当在人民法院采取保全措施后30日内正式提起诉讼或申请仲裁，否则，人民法院将解除保全。

以上条件必须同时具备，才能采取财产保全措施。人民法院接受诉前保全申请后，必须在48小时内作出裁定；对裁定采取财产保全措施的，应当立即开始执行。

诉前保全申请人在人民法院采取保全措施后，应当及时与被申请人解决民事纠纷，不能及时解决的，应当在采取保全措施后的30日内向人民法院起诉或向仲裁机关申请仲裁。如果在 30 日内不起诉，又不提出撤销保全措施的，为保护被申请人的合法权益，人民法院应当依职权解除财产保全，以免被申请人因保全时间过长而扩大经济损失。

【条文适用】

诉前保全，是指人民法院在民事案件受理前或仲裁申请受理前，因情况紧急，为了不使利害关系人的合法权益受到难以弥补的损害，根据利害关系人的申请，对被申请人的财产进行保全，或者责令被申请人作出一定行为或禁止其作出一定行为的民事强制措施。比如，双方当事人签订买卖合同之前，买方按约定先支付 100 万元货款后，发现对方存在欺诈行为，根本没有履约能力，而且提前支付的 100 万元很可能被转移，如不及时采取冻结该账户相应存款的保全措施，将造成难以追回的损失，如果按照正常的起诉渠道，在人民法院受理起诉后再申请保全，需要等待一定时间，到时恐怕无法补救，针对这种情况，法律就有必要赋予利害关系人在情况紧急时，在起诉前请求人民法院及时保全可能被转移的财产。根据本条的规定，实践中，应注意掌握以下问题。

一、行为保全同样适用于诉前保全申请

《民事诉讼法》在第 103 条诉讼保全的规定中增加了行为保全的内容，因此本条诉前保全相应也应当包含行为保全的内容，利害关系人在诉讼前不仅可以申请对被申请人的相关财产采取保全措施，也可以请求人民法院责令被申请人作出一定行为，或者禁止其作出一定行为，避免造成损失或损失进一步扩大。对诉前行为保全的适用条件与诉前财产保全一样。

二、申请仲裁前也可以申请诉前保全

2012 年修改前的《民事诉讼法》对申请仲裁的当事人能否提出保全申请以及向哪里提出申请没有涉及。《仲裁法》第 28 条第 1 款规定：“一

方当事人因另一方当事人的行为或者其他原因，可能使裁决不能执行或者难以执行的，可以申请财产保全。”这一条只规定在仲裁期间可以申请保全，对申请仲裁前能否申请保全也没作进一步规定。实践中，很多当事人由于约定了仲裁条款，发生争议后只能依照约定首先选择申请仲裁机关裁决，而不能直接向人民法院提起诉讼，在这种情况下，如果遇到紧急情况需要及时保全的，也应当赋予利害关系人向有关法院提起保全申请的权利，否则其将面临难以补救的损害。基于这种情况，2012 年《民事诉讼法》修改时对此作了补充完善，明确规定利害关系人在提起诉讼或申请仲裁前均可申请诉前保全。

三、诉前保全必须提供担保

诉前保全是在起诉前进行的，利害关系人是否起诉，即便是起诉能否胜诉尚属未知，而保全措施的适用可能会给被申请人造成一定的经济损失，为了平等地保护双方当事人的利益，本条硬性规定申请人申请诉前保全必须提供担保。至于是要求足额担保还是一定比例的担保，从本条与本法第 103 条规定的差别来看，第 103 条规定诉讼保全要求“可以责令申请人提供担保”，而本条规定是“应当提供担保”。对“可以责令申请人提供担保”可理解为根据案件的实际情况，可以要求担保，也可以不要求担保；要求担保的，既可以是足额担保，也可以是按一定比例担保。与此相对应，从字面上对诉前保全“应当提供担保”就应理解为应当提供足额担保。从现实情况来看，诉讼保全提起时人民法院经过了一定的审理程序，对那些事实清楚、法律关系十分明确，申请人胜诉几乎没有悬念的案件，没有必要一律要求提供担保甚至是足额担保，但诉前保全情况不同，申请人是否会起诉以及起诉后能否胜诉都还是未知数，为避免给被申请人造成损失，要求申请人提供足额担保也在情理之中。对此，《民事诉讼法司法解释》第 152 条进行了具体解释，该条规定：“利害关系人申请诉前保全的，应当提供担保。申请诉前财产保全的，应当提供相当于请求保全数额的担保；情况特殊的，人民法院可以酌情处理。申请诉前行为保全的，担保的数额由人民法院根据案件的具体情况决定。”《最高人民法院关于人民法院办理财产保全案件若干问题的规定》第5条亦作出了相同的规定。实践中，对于诉前保全的担保，一般情况下，要适用全额担保的规定。但在极其特殊的情况下，人民法院可以根据案件的具体情况酌情处理，可以不要求全额担保。也就是说，对诉前财产保全的担保，要求申请人提供全额担保是原则，不全额提供担保是例外。主要是考虑诉前保全采取时，还没有提起诉讼，出现风险的可能性比诉讼中的保全要高，担保要求自然要高一些。

四、诉前保全与诉讼保全的区别

诉前保全与诉讼保全虽然都是保全制度，但因为诉前保全发生在诉讼程序启动之前，对被申请人的影响更大，因此在制度设计上更为严格。具体而言，二者存在以下区别：

1. 提起的时间不同。诉前保全只能在尚未起诉或者申请仲裁时提起，诉讼保全是在诉讼或仲裁过程中提起。

2. 提起的主体不同。诉前保全只能是依据利害关系人的申请，诉讼保全除了当事人申请外，人民法院认为必要的，也可依职权启动。

3. 对是否提供担保的要求不同。诉前保全的申请人必须提供担保，诉讼保全的申请人只有在法院责令其提供担保时才需提供担保。

4. 对人民法院作出裁定的时限要求不同。诉讼保全只要求情况紧急的，才必须在48小时内作出裁定；诉前保全因为都属于情况紧急才提起，因此只要是提起诉前保全申请，都必须在48小时内作出裁定。

第一百零五条　保全限于请求的范围，或者与本案有关的财物。

【条文主旨】

本条是关于保全范围的规定。

【条文理解】

本条系根据 2012 年修改前《民事诉讼法》第 94 条第 1 款关于“财产保全限于请求的范围，或者与本案有关的财物”的规定演变而来。由于 2012 年《民事诉讼法》修改对保全制度增加了行为保全的内容，对有关保全范围的规定也就不能仅限于财产保全，因而将这方面的规定相应修改为“保全限于请求的范围，或者与本案有关的财物”。可以看出，对保全范围的规定，修改后的本条除了将“财产保全”改为“保全”外，其余未作调整，仍应坚持原来的原则和精神。本条沿袭了 2012 年《民事诉讼法》的规定。

根据本条规定，保全限于请求的范围，或者与本案有关的财物。限于请求的范围，是指保全的财产应当在价值或者对象上与申请人诉讼请求的内容相等或相符。实践中，请求保全的范围可以与诉讼请求的范围重合，也可以小于诉讼请求的范围；如果请求保全的范围超出诉讼请求的范围，则人民法院对超出的部分不予支持。如原告诉讼请求是要求被告支付 5 万元货款，现查明被告在某银行有 10 万元的存款，此时保全就只能冻结被告账户内的 5 万元。与本案有关的财物，是指保全的财物是本案的诉讼标的物，或者是与本案有牵连的其他财物。如当事人双方对一房屋的所有权发生争议诉诸法院，申请人就可以对该房屋申请保全，请求予以查封。

【条文适用】

保全的目的，在于确保在法院判决后，申请人的权益能够得到及时的实现。因此保全的范围，只能限制在请求的范围内或者与本案有关的财物。人民法院在实践中应当严格遵守规定，以避免因采取保全措施不当给被申请人或者第三人造成经济上的损害。根据《民事诉讼法司法解释》，对下列财产可以采取保全措施。

一、债务人应得的收益

《民事诉讼法司法解释》第158条规定："人民法院对债务人到期应得的收益，可以采取财产保全措施，限制其支取，通知有关单位协助执行。"人民法院对债务人到期应得的收益，可以采取财产保全措施，第一，要明确采取保全的对象是债务人对其具有资本性质的投资所应获得的利益，而且期限已至。第二，对到期应得收益采取保全措施是裁定限制债务人支取。第三，以通知书形式通知到期应得收益的相对人有关单位予以协助。

二、债务人的到期债权

《民事诉讼法司法解释》第159条规定："债务人的财产不能满足保全请求，但对他人有到期债权的，人民法院可以依债权人的申请裁定该他人不得对本案债务人清偿。该他人要求偿付的，由人民法院提存财物或者价款。"法院对债务人的到期债权采取诉讼保全的实际意义是非常明确的，即通过法院的保全，可以使他人停止向债务人支付款项，从而使债权人权利的实现多了一种可能性。根据司法解释的规定，人民法院对到期债权进行保全时必须具体把握好以下几个点：第一，保全必须由当事人申请。第二，所保全的债权必须为债务人依据合同所应得的债权利益，且已到期，对未到期的债权原则上不能进行保全。第三，享有到期债权的他人要求偿付的，不得支付或交付给债务人，只能向人民法院支付或交付，由人民法院提存财物或者价款。

三、债务人所有的其他人享有抵押权、质押权或留置权的财产

《民事诉讼法司法解释》第157条有明确解释："人民法院对抵押物、质押物、留置物可以采取财产保全措施，但不影响抵押权人、质权人、留置权人的优先受偿权。"

第一百零六条　财产保全采取查封、扣押、冻结或者法律规定的其他方法。人民法院保全财产后，应当立即通知被保全财产的人。

财产已被查封、冻结的，不得重复查封、冻结。

【条文主旨】

本条是关于财产保全措施的规定。

【条文理解】

实践中，无论是诉讼中的财产保全还是诉前财产保全，都可以适用查封、扣押、冻结或者法律规定的其他方法。人民法院在司法活动中，为了保护当事人的知情权，对被保全财产的单位或个人，应当及时履行告知义务，以便被保全人根据法律规定及时行使申请异议、复议等权利。对告知的情形，2012 年修改前的《民事诉讼法》仅规定“人民法院冻结财产后，应当立即通知被冻结财产的人”，由于“冻结”只是财产保全措施的一种，上述规定未免显得疏漏。按理，对查封、扣押或其他方法保全财产的也应当及时告知相对人，因此，2012 年修改后的《民事诉讼法》规定“人民法院保全财产后，应当立即通知被保全财产的人”，依照此规定，人民法院只要是采取了保全措施，不管是查封、扣押、冻结措施，还是法律规定的其他方法，都应当及时告知。本条沿袭了 2012 年《民事诉讼法》的规定。

根据本条规定，人民法院裁定财产保全后，可以采取以下保全措施：

1. 查封，是指人民法院将需要保全的财物清点后，加贴人民法院的封条，就地封存，不便加贴封条的，应当张贴公告，不准任何单位和个人进行移动和处分。

2. 扣押，一般是把需要保全的财物运到其他便于保存的场所加以扣留，使被申请人不能继续占有、使用和处分。人民法院对扣押的财产可以自行保管，也可以委托其他单位或个人保管。

3. 冻结，是对被申请人的存款、资产、债权、股权等收益采取的保全措施。具体实施时，由人民法院发出协助执行通知书，请银行、信用社和有关单位办理冻结被申请人存款、资产、债权、股权的相关手续，不准提取和转移。

4. 法律规定的其他办法，是指上述三种方法之外的其他保全方法，如变卖财物、保存价款等。

【条文适用】

一、采取财产保全的方法和措施，依照执行程序相关规定办理

实践中，无论是诉讼中的财产保全还是诉前财产保全，都可以适用查封、扣押、冻结或者法律规定的其他方法。由于保全的方法与措施，与执行程序中的控制性执行措施并无不同。执行程序中，最高人民法院关于查封、扣押、冻结的司法解释对其方法与措施已有明确具体规定，如对不动产的查封，《最高人民法院关于人民法院民事执行中查封、扣押、冻结财产的规定》对查封、扣押、冻结的方法、期限，以及轮候查封、扣押、冻结等也作出了一些具体规范。可见，上述方法无论诉讼中财产保全还是诉前财产保全都可以参照适用。因此，《民事诉讼法司法解释》第 156 条进行了具体解释，“人民法院采取财产保全的方法和措施，依照执行程序相关规定办理”。

二、采取具体财产保全措施时应注意的事项

1. 对不动产和特定的动产（如车辆、船舶等）进行财产保全，可以采用扣押有关财产权证照并通知有关产权登记部门不予办理该项财产的转移手续的财产保全措施；必要时，也可以查封或扣押该项财产。应当

注意保全裁定载明金额要与财产的价值相当。《最高人民法院关于人民法院办理财产保全案件若干问题的规定》第15条第2款规定："可供保全的土地、房屋等不动产的整体价值明显高于保全裁定载明金额的，人民法院应当对该不动产的相应价值部分采取查封、扣押、冻结措施，但该不动产在使用上不可分或者分割会严重减损其价值的除外。"

2.《民事诉讼法司法解释》第153条规定：人民法院对季节性商品、鲜活、易腐烂变质以及其他不宜长期保存的物品采取保全措施时，可以责令当事人及时处理，由人民法院保存价款；必要时，人民法院可予以变卖，保存价款。

3.《民事诉讼法司法解释》第158条、第159条规定：人民法院对债务人到期应得的收益，可以采取财产保全措施，限制其支取，通知有关单位协助执行。债务人的财产不能满足保全请求，但对他人有到期债权的，人民法院可以依债权人的申请裁定该他人不得对本案债务人清偿。该他人要求偿付的，由人民法院提存财物或者价款。

4.人民法院在财产保全中采取查封、扣押、冻结财产措施时，应当妥善保管被查封、扣押、冻结的财产。《最高人民法院关于人民法院民事执行中查封、扣押、冻结财产的规定》第10条、第11条规定：不宜由人民法院保管的，人民法院可以指定被保全人负责保管；不宜由被保全人保管的，可以委托他人或者申请保全人保管。查封、扣押、冻结担保物权人占有的担保财产，一般由担保物权人保管。由人民法院指定被保全人保管的财产，如果继续使用对该财产的价值无重大影响，可以允许被保全人继续使用；由人民法院保管或者委托他人、申请保全人保管的财产，人民法院和其他保管人不得使用。

5.《民事诉讼法司法解释》第160条规定：当事人向采取诉前保全措施以外的其他有管辖权的人民法院起诉的，采取诉前保全措施的人民法院应当将保全手续移送受理案件的人民法院。诉前保全的裁定视为受移送人民法院作出的裁定。

6.《民事诉讼法司法解释》第161条规定：对当事人不服一审判决提起上诉的案件，在第二审人民法院接到报送的案件之前，当事人有转移、隐匿、出卖或者毁损财产等行为，必须采取保全措施的，由第一审人民法院依当事人申请或者依职权采取。第一审人民法院的保全裁定，应当及时报送第二审人民法院。

7.《民事诉讼法司法解释》第 162 条规定：第二审人民法院裁定对第一审人民法院采取的保全措施予以续保或者采取新的保全措施的，可以自行实施，也可以委托第一审人民法院实施。再审人民法院裁定对原保全措施予以续保或者采取新的保全措施的，可以自行实施，也可以委托原审人民法院或者执行法院实施。

8.《民事诉讼法司法解释》第 164 条规定：对申请保全人或者他人提供的担保财产，人民法院应当依法办理查封、扣押、冻结等手续。

三、不得重复查封规定与轮候查封制度

本条规定“财产已被查封、冻结的，不得重复查封、冻结”。该规定与司法实践中的轮候查封制度并不冲突，因为轮候查封是对人民法院已经查封的财产，依次按时间先后在登记机关进行登记，排队等候，待查封依法解除后，在先的轮候查封自动转化为正式查封的制度。可见，轮候查封并非真正意义上的查封，只是将来有可能自动转化为正式查封。确立轮候查封制度始于 2004 年 2 月 10 日最高人民法院、国土资源部、建设部联合发布的《关于依法规范人民法院执行和国土资源房地产管理部门协助执行若干问题的通知》，不过其范围仅限于土地使用权、房屋这两种最典型的不动产。其后，最高人民法院在 2005 年 1 月 1 日实施的《关于人民法院民事执行中查封、扣押、冻结财产的规定》将轮候查封制度适用的范围扩大到所有财产。

第一百零七条 财产纠纷案件，被申请人提供担保的，人民法院应当裁定解除保全。

【条文主旨】

本条是关于被申请人提供担保后解除财产保全的规定。

【条文理解】

本条是根据2012年修改前《民事诉讼法》第95条关于“被申请人提供担保的，人民法院应当解除财产保全”规定的延续和引申，因为修改后的《民事诉讼法》增加了行为保全的内容，有些侵权案件申请人的诉请特别针对被申请人的行为，不能转化为金钱给付的，即便是被申请人提供担保，也不宜解除保全，因此本法在表述时作了特别界定，限于“财产纠纷案件，被申请人提供担保的，人民法院应当裁定解除保全”。本条沿袭了2012年《民事诉讼法》的规定。

保全是为了使今后的判决有实现的基础。在财产纠纷案件中，如果被申请人向人民法院能提供合适的担保，担保的数额又与案件争议的数额相当，将在很大程度上消除将来生效判决不能执行或者难以执行的风险，同样达到了当初人民法院根据申请人的申请采取保全措施的目的。因此，在这种情况下，只要被申请人提供了合适的担保，人民法院原来的保全措施就失去了继续存在的价值，可以解除。

根据本条规定，被申请人提供担保要引起解除保全的法律后果，必须同时具备以下条件：

1. 仅限于财产纠纷案件。只有财产纠纷案件，被申请人提供担保的，才能解除保全，而且只要担保符合要求，人民法院就应当解除保全。但对于侵权纠纷案件等其他案件，被申请人提供担保不一定能引起解除保全的法律后果，人民法院要根据案件的具体情况确定是否解除保全。

2. 担保必须符合要求。被申请人提供担保的形式有多种，包括保证人担保，现金、有价证券或实物担保。采取保证人担保的，保证人应向人民法院出具证明担保金额的保证书，以及具备担保能力的相关材料，并得到审查认可；提供现金、有价证券或实物担保的，其金额或价值不应低于被保全财产的价值或金额。

【条文适用】

解除保全措施，必须严格遵循有关规定。《民事诉讼法司法解释》第 165 条规定：人民法院裁定采取财产保全措施后，除作出保全裁定的人民法院自行解除或者其上级人民法院决定解除外，在财产保全期限内，任何单位都不得解除保全措施。

同时，也要注意案件审理过程中第三人担保与执行程序的衔接问题。《执行工作规定》第 54 条又进一步规定："人民法院在审理案件期间，保证人为被执行人提供保证，人民法院据此未对被执行人的财产采取保全措施或解除保全措施的，案件审结后如果被执行人无财产可供执行或其财产不足清偿债务时，即使生效法律文书中未确定保证人承担责任，人民法院有权裁定执行保证人在保证责任范围内的财产。"对于被保全人或第三人提供充分有效担保后请求解除保全的，人民法院应当准许。对此，《最高人民法院关于人民法院办理财产保全案件若干问题的规定》第 22 条规定："财产纠纷案件，被保全人或第三人提供充分有效担保请求解除保全，人民法院应当裁定准许。"

第一百零八条 申请有错误的，申请人应当赔偿被申请人因保全所遭受的损失。

【条文主旨】

本条是关于保全申请有错误的处理规定。

【条文理解】

申请人向人民法院申请保全，属于当事人行使诉讼权利的行为。《民事诉讼法》赋予申请人该项权利的同时，同样注重被申请人合法权益的保护。申请人应在法律规定的框架内向人民法院申请保全，如其超越权利的合理边界，滥用此项权利给被申请人造成损害的，也应承担相应的法律责任。司法实践中，因申请人保全申请有错误，给被申请人造成损失的案件时有发生，被申请人同样需要法律救济。基于上述理由，本条规定了申请人错误申请保全的赔偿责任。理解本条规定应重点把握以下问题。

一、责任主体

本条将错误申请保全的责任主体规定为申请人，仅适用于人民法院依当事人申请采取保全措施的情形。通常情况下，申请人是错误申请保全法律责任的主要承担者。但《民事诉讼法》作此规定，并不表示将被申请人完全排除在责任主体之外。如果被申请人对其损失的造成或扩大存在可归责的原因，例如，被申请人对保全财产未尽妥善保管义务，导致财产损失或损失扩大，被申请人对损失也应承担相应责任，从而减轻申请人的赔偿责任。在上述情形下，人民法院应区分申请人申请错误和被申请人责任，对损失的承担问题妥善处理。如果被申请人遭受损失除了因申请人错误申请保全以外，还由于第三人的行为导致损失，第三人也应当承担相应的赔偿责任。

二、责任性质

申请人承担责任的方式是赔偿损失，对此通常从民事责任的角度界定申请人责任的性质，申请人的赔偿责任应通过民事诉讼程序予以确定。申请保全属于申请人的诉讼行为，以产生、变更诉讼法律关系为目的，该诉讼行为符合法律规定，未给被申请人造成损失的情况下，双方只产生诉讼法律关系，但申请保全存在错误并使被申请人遭受损失时，双方则产生了实体上的赔偿责任。申请人据此应承担的赔偿责任，与法院因保全行为违法而承担的责任截然不同，仍然属于平等主体之间的民事权利义务关系。

三、申请保全确有错误

本条规定的“申请有错误”如何理解，法律、司法解释没有更为明确的规定，实践中也有不同意见。一种意见认为，申请有错误可以理解为，申请人在申请保全的过程中存在过错，包括主观故意和过失，例如申请人在可以保全其他相应价值财产的情况下，申请保全价值明显超过诉讼标的额的财产。另一种意见认为，申请有错误不仅包括申请人存在过错的情形，也包括除此以外的其他情形，只要申请人的保全申请不当给被申请人造成损失，申请人就应承担赔偿责任，例如申请人败诉或申请人虽未败诉，但判决确定的权利小于请求范围，以致保全范围过大给被申请人造成损失。第一种意见将申请人的主观因素作为其是否应承担赔偿责任的一项构成要件；第二种意见更侧重从申请人申请保全的行为对被申请人造成损失的角度，判断申请人是否承担赔偿责任。两种意见在实践中均不同程度存在，对于申请有错误应如何适用法律，还需要司法解释进一步明确。

四、被申请人存在遭受损失的事实

申请人申请保全有错误，不一定会给被申请人带来损失，有些情况下，申请人申请保全错误损害的是案外人的利益，被申请人可能并未因此遭受损失。本条规定了申请人和被申请人之间因申请有错误而产生的权利义务关系，暂不涉及其他主体。被申请人没有遭受损失的，申请人不向被申请人承担赔偿责任。如果给其他主体造成损失，申请人仍可能对其他主体承担民事赔偿责任。

损失具有多种形式，除了财产损失以外，被申请人还可能存在其他类型的损失。申请人错误申请保全给被申请人造成的损失应如何界定，在实践中也是有争议的问题。一种意见认为，从申请人赔偿损失的表述看，可以对损失作限制解释，将其限定为财产损失，也便于实务操作。另一种意见认为，通常情况下，被申请人的损失表现为财产损失，但也不能对错误保全对被申请人造成的其他损失视而不见，申请人的赔偿责任可以由法官根据损失的种类和程度等具体情况进行衡量。本条立法本意在于保护被申请人的合法权益，通过规定申请人的赔偿责任，对其错误申请保全的行为进行制裁，对于被申请人因此遭受的损害给予救济。基于上述考虑，如果申请人的申请确有错误，其行为对被申请人造成的损失能够用赔偿的方式得以救济，被申请人可以依据本条规定向申请人主张赔偿。

五、被申请人的损失与保全申请错误存在因果关系

被申请人的损失需因申请人错误申请保全造成，这里的因果关系可以参照侵权责任法律中的因果关系理论进行解释。实践中，部分案件被申请人的财产损失并非因申请人向人民法院申请保全造成，而是由于被申请人自身对相关财产保管不善，或者故意虚构事实、隐瞒真相，制造财产损失的假象，以及其他与保全申请无关等原因造成损失。人民法院对上述情形下被申请人提出的损害赔偿请求，应不予支持。

【条文适用】

司法实务中，人民法院在适用本条处理申请人申请保全错误给被申

请人造成损失的纠纷中，应注意以下问题。

一、案外人的权利保护问题

本条规定了申请保全错误的情况下被申请人的权利救济问题，但没有提到案外人。对于申请人申请保全错误造成案外人损失的问题，根据《最高人民法院关于当事人申请财产保全错误造成案外人损失应否承担赔偿责任问题的解释》，申请人也应依法承担赔偿责任。有一种意见认为，申请人申请保全，对于给案外人造成的损失理应由申请人赔偿，与被申请人无关，在案外人与申请人的诉讼中不能将被申请人列为被告。通常情况下，申请人是主要的责任主体，但实践中的情形也并非尽是如此，在被申请人对损失的造成和扩大也有责任的情形下，不宜将被申请人完全排除在责任主体之外。

二、申请人错误申请的赔偿责任与法院违法保全的赔偿责任

实践中发生的保全错误，通常包括两种情形：一是申请人申请保全错误；二是法院保全行为违反法律规定。第一种情形的错误，由申请人根据本条规定，对被申请人的损失承担赔偿责任。第二种情形的错误，应由人民法院根据《国家赔偿法》第 36 条、第 38 条等相关规定，承担国家赔偿责任。例如，人民法院依职权主动采取保全措施，如果出现保全违法的情形，给被保全人造成损失的，应依法承担国家赔偿责任。

申请人申请错误和法院保全行为违法属于两个层面的问题。申请人向人民法院提出保全申请后，人民法院应对保全申请进行审查后才能作出裁定并实施保全。如果在保全程序中出现被申请人权利受损的事实，人民法院有必要区分被申请人遭受损失的原因是申请人申请有误，还是法院对保全申请的审查和实施存在错误。如果问题是申请人的保全申请本身存在损害被申请人利益的瑕疵，而法院的保全裁定和实施行为符合法律规定，则应根据本条规定由申请人承担赔偿责任，不属于国家赔偿的范围。但如果因为法院在审查保全申请或者实施保全措施的过程中违反法律规定，给被申请人造成损失的，则属于法院承担国家赔偿责任的

范畴。例如，申请人向法院申请财产保全，法院可以单独查封被申请人仓库的货物，即与申请保全的数额相当，但法院查封了整个企业的生产厂房，连生产设备也一并查封，导致被申请企业无法正常生产经营，从而造成财产损失。再如，被申请人明确告知有保质期的产品，法院在保全过程中没有及时销售提存货款，造成产品超过保质期无法销售，给被申请人造成损失。上述情形均属于法院采取保全措施不当给被申请人造成损失，应当依据《国家赔偿法》的规定，承担国家赔偿责任。

司法实践中可能遇到的难题是，有些案件中申请人申请错误和法院保全违法可以进行区分，但有部分案件被申请人因保全遭受的损失，既因申请人错误申请造成，也与法院审查不严或者违法实施保全行为有关，明确区分申请人民事赔偿责任和法院国家赔偿责任较为困难。在此情况下，权利受损的一方如何寻求救济，在案件具体操作上存在一些疑难问题。一种意见认为，可以由受到损失的当事人选择一种方式请求赔偿，如果通过一种方式不能得到充分救济时，可以再通过另一种方式补足。申请人民事赔偿和法院国家赔偿毕竟属于两种不同性质的救济途径，原则上法院应尽可能划分民事赔偿和国家赔偿的范围，引导当事人按照法律规定的途径寻求救济。对于该问题的处理，还有赖于司法实践进一步积累审理相关案件的经验，以便更好地处理此类纠纷。

【典型案例】

甲公司与丙公司申请财产保全错误赔偿案①

【裁判要旨】申请财产保全错误的认定，应以财产保全申请人存在明显的主观恶意作为构成要件之一，不应简单以其诉讼请求是否成立作为唯一依据。

【基本案情】2010年2月，甲公司以乙和丙公司为共同被告，向某人

① 案例来源：《民事审判指导与参考》2013第2辑（总第54辑）。

民法院提起诉讼，在该案中，甲公司要求乙偿还借款 3500 万元，丙公司作为借款的实际使用人，承担连带清偿责任。在诉讼过程中，2010 年 4 月，甲公司对丙公司名下的房产申请了财产保全，法院于 2010 年 5 月作出民事裁定，将丙公司名下 17 套房屋予以查封。2010 年 9 月，该人民法院作出一审判决，认定甲公司与乙之间的借款合同合法有效，丙公司虽然使用了该合同项下的借款，但丙公司取得该款项的使用权并不是依据借款合同，而是基于乙向丙公司投资的另一法律关系，故丙公司不应承担还款责任，故法院判决乙向甲公司偿还借款 3500 万元，驳回了甲公司对丙公司的诉讼请求。该判决生效后，法院裁定解除了对丙公司 17 套房产的查封，实际查封日期为 140 天。丙公司遂以甲公司申请财产保全错误为由提起诉讼，要求甲公司赔偿因查封房产造成的占用资金损失及房价下跌损失等 200 余万元。

【裁判结果】一审法院认为，甲公司以丙公司实际使用借款合同项下款项为由，将丙公司诉至法院并申请查封了丙公司所有的房产，造成丙公司不能及时将房屋出售变现，确实存在资金占用损失。经人民法院生效判决认定，丙公司不应对甲公司承担借款偿还责任，因此，应当认为甲公司申请财产保全错误，甲公司应赔偿丙公司查封期间资金占用损失 80 万元。甲公司不服提出上诉。二审撤销了一审判决，驳回了丙公司的诉讼请求。

【裁判理由】二审法院认为，甲公司在诉讼过程中对丙公司所有的房屋申请财产保全，是行使法律赋予其的诉讼权利的表现。虽然最终人民法院生效裁判认为，丙公司对甲公司不负清偿义务，但甲公司的诉讼请求与财产保全申请，不存在明显的恶意，其对丙公司提出的诉讼请求未得到人民法院的支持，仅是因其对涉案法律关系和当事人民事责任的理解错误。因此，不应认为甲公司申请财产保全错误。

第一百零九条　人民法院对下列案件，根据当事人的申请，可以裁定先予执行：

（一）追索赡养费、扶养费、抚养费、抚恤金、医疗费用的；

（二）追索劳动报酬的；

（三）因情况紧急需要先予执行的。

【条文主旨】

本条是关于先予执行适用范围的规定。

【条文理解】

先予执行，是指人民法院在终审判决作出前，为了解决权利人的生活或者生产经营急需，根据当事人的申请，依法裁定一方当事人预先给付另一方当事人一定数额的金钱或其他财物，或者立即实施或停止实施某种行为的诉讼制度。[①] 先予执行，是相对于依据生效裁判的终局执行而言的。先予执行的重要特征是在法院立案受理民事案件后，作出生效裁判前，即责令一方当事人向对方当事人先行履行义务。先予执行制度设立的目的在于，解决某些特殊民事案件当事人生活或生产经营的迫切需要。理解本条规定的内容可以从两个方面入手：一是先予执行是法院依当事人申请进行的诉讼行为，法院不得依职权主动裁定先予执行；二是先予执行可以适用的案件范围是有限的，法院只能在某些特殊案件的诉讼过程中裁定先予执行。

---

① 江伟主编：《中国民事诉讼法教程》，中国政法大学出版社2008年版，第172页。

一、根据当事人申请裁定先予执行

本条首先明确了先予执行程序的启动方式。先予执行裁定只能由人民法院根据当事人的申请作出，人民法院不能依职权主动裁定先予执行。这一点与诉讼保全有所不同。根据《民事诉讼法》第 103 条规定，诉讼保全既可以根据当事人申请作出，也可以在必要时，由人民法院依职权作出。两者在程序的启动方式上存在区别。

二、先予执行适用的案件范围

裁定先予执行只能在诉讼类型为给付之诉的诉讼中作出。按照当事人诉讼请求的目的和内容，可以把诉分为确认之诉、给付之诉和形成之诉。确认之诉，是指原告请求法院确认与被告之间是否存在某种民事法律关系的诉讼。确认之诉的客体为法律关系，不包括事实和事实关系。确认之诉的特点在于原告仅要求法院通过审判确认特定的法律关系存在或不存在，并不要求判令被告基于存在的法律关系履行给付义务。确认之诉可以进一步分为积极的确认之诉和消极的确认之诉。前者是指原告起诉要求法院确认其主张的法律关系存在的诉讼，后者是指原告起诉要求法院确认其主张的法律关系不存在的诉讼。给付之诉，是指原告请求法院判令被告向其履行特定给付义务的诉讼。在给付之诉中，原告要求被告履行的给付义务既包括给付一定数额的货币或财产，也包括为或不为某种特定的行为。给付之诉的特点在于法院的判决具有执行力，被告不履行给付义务时，原告可以向人民法院申请强制执行生效判决。形成之诉，是指原告请求法院以判决改变或消灭既存的某种民事法律关系的诉，如离婚诉讼、解除收养关系的诉讼。形成之诉的判决一经生效，即产生变更或消灭相应民事法律关系的效果。

先予执行只是对给付之诉中申请人的请求而言，确认之诉和形成之诉的判决没有给付内容，不具有执行力，不必执行，也不可能执行。申请人如果在确认之诉或者形成之诉的诉讼过程中提出先予执行的申请，人民法院应审查判断其申请是否超越了诉讼请求的范围，如果超过诉讼请求的范围，人民法院不予支持。

根据本条规定，先予执行适用于以下三类案件。

（一）追索赡养费、扶养费、抚养费、抚恤金、医疗费用

1. 追索赡养费、扶养费、抚养费的案件。追索赡养费、扶养费、抚养费的案件与当事人之间的身份关系有密切联系，属于婚姻家庭法调整的范畴。此类案件的审理，涉及亲属间的纠纷，权利人往往处于弱势地位，难以维持正常生活，如果等到人民法院作出生效裁判再予以执行，对弱者的权利将难以实现有效保护。人民法院可视案件情况，依据《民法典》、相关司法解释及本条规定，决定是否裁定对义务人先予执行。

追索赡养费的案件，一般是父母、养父母要求子女、养子女履行赡养义务的案件，或者是祖父母、外祖父母要求孙子女、外孙子女赡养等此类案件。根据《民法典》第1067条第2款的规定，成年子女不履行赡养义务的，缺乏劳动能力或者生活困难的父母，有要求成年子女付给赡养费的权利。根据《民法典》第1074条第2款的规定，有负担能力的孙子女、外孙子女，对于子女已经死亡或子女无力赡养的祖父母、外祖父母，有赡养的义务。根据《民法典》第1069条规定，子女对父母的赡养义务，不因父母的婚姻关系变化而终止。对于收养关系，根据《民法典》第1111条规定，自收养关系成立之日起，养父母与养子女间的权利义务关系，适用《民法典》关于父母子女关系的规定。养子女对养父母的赡养义务与子女对父母的赡养义务相同。

追索扶养费的案件，包括夫妻之间要求对方扶养的案件，也包括兄弟姐妹之间要求给付扶养费等案件。这里的“扶养”和“抚养”是不同的两个概念。扶养通常指夫妻之间、符合法定条件的兄弟姐妹之间的婚姻、家庭关系。抚养是指父母对子女，养父母对养子女，符合法定条件的祖父母、外祖父母对孙子女、外孙子女等长辈对晚辈的家庭关系。《民法典》第1059条规定：夫妻有相互扶养的义务；需要扶养的一方，在另一方不履行扶养义务时，有要求其付给扶养费的权利。《民法典》第1075条规定：有负担能力的兄、姐，对于父母已经死亡或父母无力抚养的未成年的弟、妹，有扶养的义务；由兄、姐扶养长大的有负担能力的弟、

妹，对于缺乏劳动能力又缺乏生活来源的兄、姐，有扶养的义务。

追索抚养费的案件，通常是子女、养子女要求父母、养父母付给抚养费的案件，或者是符合法定条件的孙子女、外孙子女要求祖父母、外祖父母抚养等案件。抚养费包括生活费、教育费、医疗费等费用。根据《民法典》第 1067 条第 1 款的规定，父母不履行抚养义务的，未成年子女或者不能独立生活的成年子女，有要求父母付给抚养费的权利。其中，不能独立生活的子女是指尚在校接受高中及其以下学历教育，或者丧失、部分丧失劳动能力等非主观原因无法维持正常生活的成年子女。该法第 1071 条规定：非婚生子女享有与婚生子女同等的权利，任何组织或者个人不得加以危害和歧视；不直接抚养非婚生子女的生父或者生母，应当负担未成年子女或者不能独立生活的成年子女的抚养费。因收养形成的父母子女关系，同样适用《民法典》关于父母子女关系的有关规定。根据《民法典》第 1074 条第 1 款的规定，有负担能力的祖父母、外祖父母，对于父母已经死亡或者父母无力抚养的未成年孙子女、外孙子女，有抚养的义务。

2. 追索抚恤金的案件。支付抚恤金的案件有多种情况，既可能是军人、国家工作人员等因公牺牲或伤残，由国家有关部门或单位依法向其本人或家属发放抚恤金，也可能是企业、事业单位职工因出现规定事由，由工作单位付给抚恤金等多种情形。抚恤金对权利人本人或者死者家属具有抚慰、体恤、保障其基本生活等作用，相关单位或部门应依法及时、足额地向权利人发放抚恤金，以弥补其受到的伤害和损失。人民法院对涉及追索抚恤金的案件可以裁定先予执行。

3. 追索医疗费用的案件。医疗费用系权利人身体受到损害，在治疗过程中产生的住院费、手术费、护理费、医药费等相关费用。医疗费用关系权利人人身健康，并可能影响治疗效果。对生活困难的权利人，如果不及时为其支付医疗费将影响治疗的，人民法院可以裁定先予执行。追索医疗费用的纠纷通常发生在侵权案件中，但并不限于侵权纠纷，诉讼过程中涉及支付医疗费用的案件，人民法院均可根据案件具体情况，决定是否先予执行。

（二）追索劳动报酬

劳动报酬是劳动者应得的劳动收入，具体表现形式可以是工资、劳务费、加班费、奖金、业务提成等。劳动报酬直接关系到劳动者及其供养家属的生活，出于对劳动者维持生活所需的考虑，追索劳动报酬的案件，人民法院可以裁定先予执行。

（三）因情况紧急需要先予执行

该项规定需要人民法院结合案件具体情况适用，是否属于情况紧急由审理案件的法院裁量认定。通常来讲，情况紧急是指如果不立即通过先予执行将申请人请求的权利予以实现，将严重影响其生活或者生产经营的情形。《民事诉讼法司法解释》第170条对本条“情况紧急”的解释包括：

1. 需要立即停止侵害、排除妨碍的。停止侵害、排除妨碍是《民法典》第179条规定的承担民事责任的方式。对于一方当事人可能遭受对方当事人即将或正在实施的侵害、即将或已经造成的妨碍，如果不立即责令对方停止或排除，将会使当事人的权利遭受现实的损害、扩大或加重已经造成的损害的，人民法院可以视为情况紧急，裁定先予执行。因需要立即停止侵害、排除妨碍而采取先予执行，应以当事人权利义务关系明确、侵害或妨碍行为对权利人的生活或生产产生了实际严重影响或者情况紧急为条件，不得随意作扩大解释，任意适用。

2. 需要立即制止某项行为的。对于当事人正在实施某项行为，人民法院经另一方当事人申请，认为有必要立即制止的，可以裁定先予制止。

3. 追索恢复生产、经营急需的保险理赔费的。保险理赔费作为已经遭受损失的补偿费用，及时获得保险理赔费，对当事人弥补损失、恢复生产经营具有重要意义。对恢复生产经营急需的保险理赔费先予执行，有利于充分发挥保险对经济损失的补偿作用，最大限度地降低事故造成的损失。

4. 需要立即返还社会保险金、社会救助资金的。社会保险金，是指由被保险人交纳的保险费而形成的一种基金，当被保险人遇到不幸或遭到损失时，即可用此保险基金进行补偿。主要用于参与社保的劳动者的社会保障和社会福利，是为参保人员的未来生活提供最基本保障的“养老金”和未来出现生命意外需要抢救或医治的“救命钱”。社会救助资金，是指国家和其他社会主体对于遭受自然灾害、失去劳动能力或者其他低收入公民给予的物质帮助，以维持其基本生活需求，保障其最低生活水平，帮助社会脆弱群体摆脱生存危机，进而维护社会秩序的稳定。社会保险金和社会救助资金对生活陷入危机的权利人有直接甚至决定性影响。因此，需要对方立即返还社会保险金和社会救助资金的，也应按情况紧急处理。

5. 不立即返还款项，将严重影响权利人生活和生产经营的。对于被告人不立即返还款项将严重影响权利人生活和生产经营的其他情况，也存在尽快实现权利的迫切需要，司法解释也将其规定为情况紧急。这样规定赋予了人民法院一定的自由裁量权，严重影响权利人生活和生产经营的情况，需要人民法院根据案件具体情况认定。

【条文适用】

司法实践中，人民法院裁定先予执行应注意执行标的的范围问题。根据《民事诉讼法司法解释》第 169 条规定，先予执行应当限于当事人诉讼请求的范围，并以当事人的生活、生产经营的急需为限。换言之，人民法院裁定先予执行的范围同时受到两个限制：一是受诉讼请求范围的限制；二是应以权利人生活、生产经营的急需为限。

先予执行的范围不能超过当事人的诉讼请求，当事人可以在诉讼中要求提高诉讼请求的数额或者追加诉讼请求，在当事人的诉讼请求没有变化的前提下，人民法院不得超过诉讼请求范围采取先予执行。先予执行制度设立的目的在于，在诉讼过程中先行解决权利人生活或生产经营中的迫切需要。因此，先予执行的范围应以一方当事人生活、生产经营的迫切需要为限，人民法院超过这个限度，在其需要的数量或程度之外对另一方当事人先予执行的，有违制度设置的初衷，并且使另一方当事人在生效裁判确定前过多地承担义务。如果不是当事人生活、生产经营急需，人民法院应当通过正常的诉讼程序确立双方权利义务关系后，再由当事人通过执行程序实现权利。

第一百一十条　人民法院裁定先予执行的，应当符合下列条件：

（一）当事人之间权利义务关系明确，不先予执行将严重影响申请人的生活或者生产经营的；

（二）被申请人有履行能力。

人民法院可以责令申请人提供担保，申请人不提供担保的，驳回申请。申请人败诉的，应当赔偿被申请人因先予执行遭受的财产损失。

【条文主旨】

本条是关于先予执行条件的规定。

【条文理解】

先予执行除了应当在符合法律规定的案件类型中适用以外，还应符合法律规定的条件。先予执行是在生效裁判确立前进行的，先予执行的内容可能和生效判决最终确定的结果不一致。对于先予执行可能造成的错误和损失，有必要从制度上为被申请人明确权利救济途径。因此，申请人申请先予执行的，人民法院可以责令申请人提供担保。申请人如果最终败诉，或者法院生效裁判最终认定的权益小于已经先予执行的范围，申请人应当赔偿被申请人因此遭受的财产损失。当事人申请先予执行的，人民法院可以根据案件具体情况，决定是否要求申请人提供担保。理解本条规定应注意以下问题：

一、裁定先予执行的条件

人民法院裁定先予执行，应当符合下列条件。

（一）当事人之间的权利义务关系明确

先予执行实质是在法院生效裁判确定前，实现原告的全部或部分实体权利，其逻辑前提是申请人胜诉的可能性很大，申请人的请求在未来的生效裁判中会得到支持，先予执行的内容与未来生效裁判的内容基本一致。因此，先予执行应当以当事人之间的权利义务关系明确为条件。权利义务关系明确，是指案件在法院立案受理到生效裁判作出前，就可以基本判断哪一方该享有权利，哪一方应当履行义务。例如，双方对于母子关系没有争议，被告未尽赡养义务导致申请人生活困难的事实也是明确的，即属于当事人之间权利义务关系明确。如果双方对案件事实、证据存在争议，被申请人是否存在给付义务不明确，或者双方存在对待给付的问题时，被申请人主张抗辩权等，这些情况下，双方的权利义务关系并不明确，人民法院不宜轻易裁定先予执行。

（二）不先予执行将严重影响申请人的生活或者生产经营

该项条件是对先予执行紧迫性、必要性的要求，即先予执行应满足申请人生活和生产经营的迫切需要。对申请人生活或者生产经营造成严重影响，是指申请人的生活无法维持，或者其生产经营活动无法继续。例如，申请人年老或伤残，丧失劳动能力没有生活来源，如果不先予执行，其生活必然面临严重困难；劳动者的劳动报酬是其生活的主要来源，用人单位无故拖欠，造成劳动者无法维持本人及家人日常生活；企业遭受火灾损失后，急需保险理赔费用于购买原料、恢复生产，如不先予执行，企业可能面临停产、无法继续经营的境地；等等。

（三）被申请人有履行能力

裁定先予执行，客观上要以被申请人有履行义务的能力为前提。如果被申请人没有履行义务的能力，即使人民法院裁定先予执行，也没有实际意义，还可能给被申请人的生活或者生产经营活动带来不利影响。在被申请人有履行能力的基础上裁定先予执行，也是充分考虑了被申请人的实际情况，防止先予执行给被申请人造成损害。被申请人有履行能力，是指被申请人实际上具有给付、返还或者赔偿申请人实体权利请求的能力。

（四）当事人提出申请

先予执行属于人民法院依当事人申请才能作出的行为，应由当事人向受诉人民法院以书面形式提出申请，人民法院不能在没有权利人申请的情况下主动依职权裁定对债务人先予执行。

二、申请人提供担保

对符合先予执行案件范围和先予执行条件的申请，人民法院还需要考虑是否需要责令申请人提供担保。因为先予执行发生在生效裁判作出之前，如果当事人的申请出现错误，导致先予执行裁定的内容和法院生效裁判的内容相矛盾，则需要相应的救济机制对此类错误进行补救，对被申请人因此遭受的损失进行补偿。因此，本条规定了对符合先予执行条件的案件，人民法院可以责令申请人提供担保。这里“可以责令”是指提供担保并不是必经程序，是否责令申请人提供担保，由法院根据案件具体情况决定。先予执行的目的是，在申请人的生活或者生产经营受到严重影响的情况下，将其实体权利提前实现，以解决当前生活或者生产经营困难。如果申请人没有提供担保的能力，法院责令其提供担保，申请人往往难以办到，更加重其生活或者生产经营的困难。因此，人民法院不能把提供担保作为裁定先予执行的必要条件。如果申请人可以要求第三人提供担保，人民法院也可以责令申请人提供担保。对于责令提供担保的申请人不提供担保的，人民法院应裁定驳回先予执行申请。

三、申请人败诉的赔偿责任

在先予执行裁定的内容和生效裁判结果相一致的情况下，申请人先予执行获得的利益有生效裁判支持，是有法律依据的。但案件经人民法院审理终结后，若申请人败诉，或者虽然胜诉但生效裁判给付的数额小于先予执行的数额，那么申请人在先予执行程序中获得的全部利益或部分利益失去了法律依据，而被申请人因此遭受了损失，申请人应当返还因先予执行所取得的利益。根据《民事诉讼法司法解释》第 173 条规定，人民法院先予执行后，根据发生法律效力的判决，申请人应当返还因先予执行所取得的利益的，适用《民事诉讼法》有关执行回转的规定。如果执行回转后仍不足以弥补被申请人的财产损失的，申请人还应予以赔偿。如果申请人已经提供了担保，对被申请人的财产损失可以用担保财产进行赔付。

【条文适用】

人民法院在适用先予执行程序中应注意以下问题。

一、先予执行裁定的作出和执行应分别由审判庭和执行局负责

随着司法体制改革的逐步深入，先予执行裁定的制作和执行经历了由审判庭负责，到审判庭进行审查并作出裁定，并移交执行局执行的改革过程。2011 年 10 月，最高人民法院出台了《关于执行权合理配置和科学运行的若干意见》。该意见第 16 条规定：先予执行的申请由相关审判机构审查并作出裁定，裁定先予执行的，移交执行局执行。2020 年 12 月 29 日修正的《执行工作规定》第 3 条，将原条文规定的“人民法院在审理民事、行政案件中作出的财产保全和先予执行裁定，由审理案件的审判庭负责执行”修改为“人民法院在审理民事、行政案件中作出的财产保全和先予执行裁定，一般应当移送执行机构实施”。人民法院在内部管理方面，应加强审判部门和执行部门在先予执行裁定与实施过程中的配合，审判部门一旦裁定先予执行，应将先予执行裁定和案件相关材料尽快移送执行局采取执行措施。对于先予执行的案件，执行机构应与其他终局执行的案件同样对待，依法采取执行措施。先予执行的实施程序适用执行程序的有关规定。执行机构在执行先予执行裁定过程中，如果发现先予执行裁定不符合法律规定，可与作出裁定的审判部门协调解决。

二、慎重裁定先予执行

先予执行是人民法院在生效裁判确定前对被申请人采取强制执行措施的行为，由于没有最终的生效判决作为依据，被申请人通常对法院先

予执行行为的对抗、抵触情绪较大。先予执行裁定毕竟不同于法院生效裁判，可能存在错误，给被申请人造成损失，容易引发社会矛盾。所以，人民法院在裁定先予执行的过程中，应采取严格谨慎的态度，可以在进行必要的调查后，对依法确需先予执行的案件裁定先予执行，最大限度地降低先予执行可能对被申请人造成的不利影响。人民法院对当事人申请先予执行的案件，只有在案件的基本事实清楚，当事人间的权利义务关系明确，被申请人具有履行能力，先予执行的财产为申请人生产、生活所急需，不先予执行会造成更大损失的情况下，才能采取先予执行的措施。在先予执行裁定的实施过程中，对于被执行人或利害关系人以自残、自杀等手段相要挟，或暴力抗拒执行的，人民法院可以先行制裁妨碍执行的行为，等条件成熟再继续执行裁定内容。

三、申请人赔偿责任与国家赔偿责任的区分

本条规定了申请人因先予执行给被申请人造成财产损失的赔偿责任。实践中，有部分案件被申请人的财产损失除了因先予执行的范围超过生效判决判定的义务以外，还与法院在先予执行的实施过程中违法执行有关，如某法院在先予执行过程中，未经法定审批程序，对被申请人住宅强行搜查，搜查过程中方法失当造成被申请人财产损失。先予执行过程中由于加入法院违法执行的原因导致被申请人的财产损失，应由先予执行的法院对其违法行为造成的后果承担国家赔偿责任，申请人应承担的是先予执行超出生效判决确定部分的财产返还或赔偿责任。在处理类似案件的过程中，人民法院应注意法院先予执行行为违法和申请人赔偿责任的区别，避免因法院先予执行行为违法给被申请人造成的损失一并由申请人承担。

第一百一十一条　当事人对保全或者先予执行的裁定不服的，可以申请复议一次。复议期间不停止裁定的执行。

【条文主旨】

本条是关于当事人对保全或先予执行裁定不服的救济程序的规定。

【条文理解】

保全裁定和先予执行裁定虽然涉及当事人民事权利和义务，但不是对民事主体权利义务关系的最后决定，其主要功能仍在于解决诉讼程序上发生的事项，保证案件审理和执行程序的顺利进行，故两者仍属于诉讼程序的范畴，《民事诉讼法》规定用裁定的方式作出处理。《民事诉讼法》对于当事人不服法院裁定规定了不同的救济途径。当事人对不予受理、管辖权异议、驳回起诉的裁定，可以上诉。其他裁定一经作出，立即生效。保全裁定和先予执行裁定属于作出即产生法律效力的裁定，当事人不能提起上诉。但《民事诉讼法》为了切实保护当事人的合法权益，对保全裁定和先予执行裁定，赋予当事人向原作出裁定的法院申请复议的权利。

对民事裁定的复议和对民事裁定的上诉不同。当事人提起复议的裁定已经发生法律效力，当事人提起上诉的裁定则尚未发生法律效力，需待上一级法院审理后，根据上一级法院的审理结果决定原裁定是否生效。当事人申请复议的法院应当是作出原生效民事裁定的法院，审理当事人不服一审法院民事裁定上诉案件的法院，则是作出原民事裁定法院的上一级法院。对于法律、司法解释没有规定上诉或复议程序的民事裁定，当事人不得上诉或提出复议。

一、当事人应向作出保全裁定、先予执行裁定的法院申请复议

保全裁定和先予执行裁定的复议由原作出裁定的法院审查处理。这里的复议应与执行程序中，当事人、利害关系人就执行行为的合法性向执行法院提出执行行为异议后，不服执行法院的处理结果向上一级法院申请复议的程序区分开来。前者是在诉讼开始前或诉讼过程中，对当事人不服人民法院保全和先予执行裁定规定的救济程序；后者属于人民法院对保全和先予执行裁定的具体执行过程中，以及终局执行程序中，法律针对强制执行行为违反执行程序法律规定的情形，为当事人、利害关系人设置的救济程序。对执行程序开始前人民法院的保全裁定和先予执行裁定，当事人只能向原作出裁定的法院申请复议，不能向该法院的上一级法院直接申请复议。

二、当事人应向作出裁定的法院及时申请复议

《民事诉讼法》没有规定当事人申请复议的期限，但当事人不能过分拖延。如果待案件审结后才申请复议，也不利于其自身权益的维护。故《民事诉讼法司法解释》第 171 条规定：当事人对保全或者先予执行裁定不服的，可以自收到裁定书之日起 5 日内向作出裁定的人民法院申请复议。为便于当事人及时主张权利，人民法院应当在保全和先予执行裁定中载明当事人申请复议的权利，这也属于人民法院向当事人告知诉讼权利义务的方式。

三、复议以一次为限

对当事人的复议申请，人民法院仅审查一次。对同一保全或先予执行裁定，当事人再次申请复议的，人民法院不再受理。如果保全裁定或先予执行裁定的内容是可分的，当事人仅对裁定中的部分内容申请复议后，又对其他内容申请复议的，或者人民法院先后作出多份保全或先予执行裁定，当事人仅对部分裁定申请复议后，又对其他裁定申请复议的，人民法院只对重复申请的部分或者已经复议审查的部分裁定不再审查，

但对裁定的其他内容或其他未经复议审查的裁定，仍应在复议程序中作出处理。

四、复议期间不停止裁定的执行

保全裁定和先予执行裁定属于一经作出即发生法律效力的裁定，因此，复议的过程不能对裁定的效力造成影响，当事人申请复议，不能阻却生效裁定的执行。但根据《民事诉讼法》第 107 条的规定，财产纠纷案件，如果在复议过程中，保全的被申请人提供担保的，人民法院当应裁定解除保全。

五、复议的处理方式

根据《民事诉讼法司法解释》第 171 条的规定，人民法院应当在收到复议申请后 10 日内审查；裁定正确的，驳回当事人的申请；裁定不当的，变更或者撤销原裁定。复议裁定应当送达当事人。复议期间，当事人申请撤回复议的，人民法院可以准许。但对于当事人撤回复议申请后是否可以就同一事项再次申请复议，实践中存有争议。

【条文适用】

当事人对保全裁定和先予执行裁定申请复议的，人民法院在处理此类案件过程中应注意以下问题。

一、对复议申请应当受理并及时审查

申请复议是《民事诉讼法》赋予当事人的诉讼权利，也有利于人民法院发现保全和先予执行裁定的问题，及时纠正。根据《民事诉讼法司法解释》第 171 条规定，人民法院对当事人的复议申请应及时审查。实践中，个别法院对当事人的复议申请并没有做到及时审查，导致当事人不能及时得到救济。很多问题留到判决生效，案件进入执行程序后才得以处理，错过纠正保全和先予执行裁定错误的最佳时机。对当事人复议

申请的审查由原作出保全和先予执行裁定的法院办理，上一级法院不能通过复议程序对原受诉法院的裁定进行审查，缺乏监督下级法院审判行为的有效手段，对受诉法院不处理或拖延处理复议申请的行为难以实现有效监督。如果受诉法院的保全裁定和先予执行裁定确有错误，只能通过复议程序由原法院自行纠正。因此，受诉法院对当事人的复议申请必须及时审查处理，保证权利救济渠道畅通。

二、注意区分当事人对保全裁定、先予执行裁定不服的复议和对保全、先予执行实施行为的异议

根据《最高人民法院关于执行权合理配置和科学运行的若干意见》第16条的规定，保全和先予执行的申请由相关审判机构审查并作出裁定，裁定保全或者先予执行的，移交执行局执行。《执行工作规定》第3条规定：人民法院在审理民事、行政案件中作出的财产保全和先予执行裁定，一般应当移送执行机构实施。也就是说，保全和先予执行裁定的制作与实施分别由审判机构和执行机构负责。审判机构对保全裁定和先予执行裁定的制作，适用《民事诉讼法》第九章的规定；而执行机构对保全裁定和先予执行裁定的执行，应适用《民事诉讼法》执行程序的相关规定。因此，对于当事人的权利救济途径也分别适用不同的法律程序。人民法院在司法实践中应对当事人的请求进行区分，明确当事人是对保全裁定或先予执行裁定不服申请复议，还是对保全、先予执行的实施行为不服提出执行异议。

根据《最高人民法院关于执行权合理配置和科学运行的若干意见》第17条的规定，当事人、案外人对保全、先予执行的裁定不服申请复议的，由作出裁定的立案机构或者审判机构按照《民事诉讼法》规定的复议程序进行审查；当事人、案外人、利害关系人对保全、先予执行的实施行为提出异议的，由执行局根据异议事项的性质按照执行异议或者案外人异议进行审查。执行异议是因执行行为本身违反程序性规定，侵害了执行案件当事人或者第三人的合法权益，由利益受损的当事人或者第三人（利害关系人）以法院违反执行程序为由提出的异议，即程序异议。

案外人异议是案外人认为法院的执行行为侵害了其实体权利，是基于对执行标的主张实体权利提出的异议，即实体异议。当事人、案外人的异议既指向保全、先予执行的裁定，又指向实施行为的，一并由作出裁定的立案机构或者审判机构分别按照《民事诉讼法》关于保全裁定、先予执行裁定的复议程序，以及执行异议或案外人异议的相关规定审查。

三、复议的审判组织

通常情况下，人民法院为慎重处理当事人不服保全、先予执行裁定的复议申请，在复议程序中组成合议庭对复议申请进行审查并作出裁定。但对于复议案件的审判组织是否应有别于作出保全、先予执行裁定的审判组织，则有不同认识。一种意见认为，对当事人复议申请的审查应另行组成合议庭，原作出裁定的审判组织不能参与复议的审查，以尽可能保证复议结果的公正性；另一种意见认为，对于当事人的复议申请，也可以由原审判组织审查处理，法律只是规定当事人申请复议的权利，没有对处理复议申请的审判组织作进一步规定。

受诉法院是否应另行组成合议庭审查当事人的复议申请，《民事诉讼法》没有明确规定，由原审判组织审查更偏重审查效率的考虑，另行组成合议庭则更有利于保障审查结果的公正性。

四、利害关系人不服保全或者先予执行裁定的救济

本条规定了当事人对保全或者先予执行裁定不服的，可以申请复议一次。关于本案当事人以外与保全或者先予执行有利害关系的其他主体权利救济问题，根据《民事诉讼法司法解释》第 172 条的规定，利害关系人对保全或者先予执行的裁定不服申请复议的，由作出裁定的人民法院依照《民事诉讼法》第 111 条规定处理。这一规定对本条申请复议的权利主体作了扩大解释，以司法解释的形式赋予利害关系人权利救济途径，为人民法院审查处理利害关系人复议申请，提供了法律依据，也符合司法实践中普遍存在的做法。

第十章　对妨害民事诉讼的强制措施

第一百一十二条　人民法院对必须到庭的被告，经两次传票传唤，无正当理由拒不到庭的，可以拘传。

【条文主旨】

本条是关于对必须到庭的被告适用拘传的规定。

【条文理解】

对妨害民事诉讼的强制措施，是指在民事诉讼中，对有妨害民事诉讼秩序行为的人采用的排除其妨害行为的强制措施。妨害民事诉讼的行为，是指在民事诉讼过程中，行为主体故意破坏和扰乱正常的诉讼秩序，妨害民事诉讼活动正常进行的行为。根据《民事诉讼法》的规定，对妨害民事诉讼强制措施的种类有以下五种：拘传、训诫、责令退出法庭、罚款、拘留。拘传是指在人民法院开庭审理案件或办理执行案件时，对必须到庭的被告或必须到场的被执行人经过两次传票传唤，在其无正当理由拒不到庭或到场的情况下，人民法院依法强制其到庭参加诉讼活动或者到场接受询问的一种强制措施。民事诉讼程序中对被告适用拘传，必须具备以下条件。

一、拘传的对象是必须到庭的被告

审判实践中，并不是对所有无正当理由拒不到庭的被告都有必要采取拘传措施，拘传的对象只是因案件审理需要必须到庭的被告，对于符合《民事诉讼法》规定的缺席判决条件的被告，可以依法对其缺席判决，不必拘传。换言之，拘传应在被告不到庭，诉讼就无法正常进行的情况下适用。《民事诉讼法司法解释》第 174 条规定：本条规定的必须到庭的被告，是指负有赡养、抚育、扶养义务和不到庭就无法查清案情的被告。这些案件的被告因与原告之间具有某种身份关系，或者与案件事实的查明、民事责任的承担具有密切关系，如果适用缺席判决将影响案件的正确处理或审理效果，有必要强制被告到庭参加诉讼活动。另外，给国家、集体或他人造成损害的未成年人的法定代理人，如其必须到庭，经两次传票传唤无正当理由拒不到庭的，也可以适用拘传。根据《民事诉讼法司法解释》第 235 条规定，无民事行为能力的当事人的法定代理人，经传票传唤无正当理由拒不到庭，属于原告方的，比照《民事诉讼法》第 146 条的规定，按撤诉处理；属于被告方的，比照《民事诉讼法》第 147 条的规定，缺席判决。必要时，人民法院可以拘传其到庭。

对证人、鉴定人、勘验人等诉讼参与人不适用拘传。根据《民事诉讼法》第 146 条、第 148 条的规定，原告经传票传唤，无正当理由拒不到庭的，或者未经法庭许可中途退庭的，可以按撤诉处理；被告反诉的，可以缺席判决；人民法院裁定不准许撤诉的，原告经传票传唤，无正当理由拒不到庭的，可以缺席判决。故原告不属于本条拘传的适用对象。

根据《民事诉讼法司法解释》第 236 条、第 240 条规定，有独立请求权的第三人和无独立请求权的第三人也不属于拘传的对象，第三人在民事诉讼中的法律地位和被告是不同的。对于有独立请求权的第三人经人民法院传票传唤，无正当理由拒不到庭的，或者未经法庭许可中途退庭的，比照原告的情形处理；对于无独立请求权的第三人经人民法院传票传唤，无正当理由拒不到庭，或者未经法庭许可中途退庭的，不影响案件的审理，人民法院可以判决无独立请求权的第三人承担民事责任。

二、经两次传票传唤

法院传唤被告的次数不得少于两次，只经一次传唤的，不能适用拘传。传唤的方式必须使用传票，口头传唤的，不属于本条规定的传唤形式。没有经过传票传唤，或者传票传唤的次数不到两次的，不得适用拘传。

三、被告无正当理由拒不到庭

正当理由，是指当事人无法预见和难以克服的事由，如自然灾害、身染重病、工作和生活上有某些客观困难等。被告不到庭，人民法院应在没有正当理由的情况下才能对其适用拘传，如果其确实有正当理由而不能按要求到庭参加诉讼的，人民法院可以变更开庭日期，不能不分事由地随意对被告进行拘传。

上述三个条件应当同时具备，人民法院才能适用拘传措施。根据《民事诉讼法》第 119 条的规定，拘传必须经过院长批准，并使用拘传票。

【条文适用】

本条规定了人民法院在审判过程中适用拘传的条件，在执行程序中人民法院对被执行人或被执行人的法定代表人、负责人、实际控制人也可以依法采取拘传的措施。人民法院在适用拘传过程中，应注意以下问题。

一、拘传的具体程序

对符合拘传条件的被告，应由案件独任审判员或合议庭提出拘传被告到庭的意见和理由，层报法院院长批准。经院长审查批准后，应填写拘传票，拘传票一般一式两联，分为审批联和正本。审批联经院长审批后存卷，正式拘传票加盖院印后在执行拘传时，向被拘传人出示，执行拘传后将拘传票正本存卷。

拘传票应载明被拘传人姓名、性别、工作单位或住址、应到时间、应到处所、拘传决定、拘传票送达被拘传人时间、拘传情况等内容。拘传票应直接送达被拘传人，并由被拘传人在拘传票上签名。被拘传人拒绝签名的，执行人员应在拘传票中注明。

在强制拘传前，执行拘传的法院工作人员应向被拘传人说明拒不到庭的后果，如果被拘传人经过批评教育认识到错误，能够主动到庭参加诉讼的，可以不对其强制拘传。如果被拘传人仍拒不到庭，可以强制其到庭，被拘传人抗拒拘传的，人民法院可以使用戒具强制其到庭。

二、执行程序中拘传的适用

本条规定主要是对民事审判程序中对被告适用拘传的规定，执行程序中也有对被执行人进行拘传的规定。《民事诉讼法司法解释》第482条第1款规定：对必须接受调查询问的被执行人、被执行人的法定代表人、负责人或者实际控制人，经依法传唤无正当理由拒不到场的，人民法院可以拘传其到场。根据《民事诉讼法》第252条的规定，被执行人未按执行通知履行法律文书确定的义务，应当向人民法院如实报告财产情况。执行程序中，法院需要传唤被执行人到法院来调查其财产状况。如果被执行人或其法定代表人、负责人、实际控制人为逃避债务，经合法传唤无正当理由拒不到场，人民法院可以依法对其实施拘传。拘传作为一种强制措施，在一定时间内剥夺了被执行人的人身自由，执行法院应依据拘传的法定条件，决定是否拘传被执行人。

（一）执行程序中拘传的适用条件

1. 执行程序适用拘传的对象是必须到人民法院接受询问的被执行人或其法定代表人、负责人、实际控制人。必须到人民法院接受询问，是指执行法院认为，被执行人如不到法院来接受询问，执行程序将难以顺利进行。被执行人或被执行人的法定代表人、负责人对自身的财产状况最为了解，其是否到场对有关情况进行陈述，关系到案件能否顺利进行。适用拘传多为调查财产线索的手段。

2. 必须经过人民法院依法传唤。被传唤人经依法传唤仍拒不到场的，已经表明其没有到场接受询问的意思，如果符合拘传的其他条件，执行法院可以依法对其实施拘传。

3. 被执行人或被执行人的法定代表人、负责人、实际控制人无正当理由拒不到场。如果被传唤人没有到场有正当理由的，执行法院也不得对其实施拘传。这里用了“到场”而不是“到庭”，主要是为了与审判程序相区别。

4. 根据《民事诉讼法》第119条第1款规定，实施拘传必须经法院院长批准。

（二）规范执行程序中拘传的实施行为

执行程序中人民法院决定采取拘传的，同样应当使用拘传票。根据《最高人民法院关于人民法院执行公开的若干规定》第9条的规定，人民法院采取拘传措施的，应当依法向被拘传人出示有关手续，并说明对其进行拘传的理由和法律依据。采取拘传措施后，应当将情况告知其他当事人。

根据《民事诉讼法司法解释》第482条的规定，人民法院应当及时对被拘传人进行调查询问，调查询问的时间不得超过8小时；情况复杂，依法可能采取拘留措施的，调查询问的时间不得超过24小时；人民法院在本辖区以外采取拘传措施时，可以将被拘传人拘传到当地人民法院，当地人民法院应予协助。当地法院指被拘传人所在地法院。拘传的目的是对被拘传人就其经济状况、履行能力方面进行调查询问，只是为了达成这一目的而采取的迫使被执行人服从、配合人民法院执行的措施，而不像拘留那样具有处罚的性质。实践中应根据这个目的来进行理解和适用，防止滥用此项权力。

第一百一十三条　诉讼参与人和其他人应当遵守法庭规则。

人民法院对违反法庭规则的人，可以予以训诫，责令退出法庭或者予以罚款、拘留。

人民法院对哄闹、冲击法庭，侮辱、诽谤、威胁、殴打审判人员，严重扰乱法庭秩序的人，依法追究刑事责任；情节较轻的，予以罚款、拘留。

【条文主旨】

本条是关于对诉讼参与人、其他人违反法庭规则、扰乱法庭秩序的行为采取强制措施，直至追究刑事责任的规定。

【条文理解】

开庭审理前，书记员应当向当事人、其他诉讼参与人以及旁听人员宣布法庭规则。法庭规则是法院开庭审判时，诉讼参与人和其他人应当遵守的纪律与秩序，是开庭审理得以顺利进行的保障。法庭规则宣布后，对违反法庭规则的人，人民法院可以根据其行为的轻重程度，依法采取相应的强制措施，包括予以训诫、责令退出法庭、罚款、拘留。训诫是指人民法院对妨害民事诉讼行为情节较轻的人，通过批评、教育的方式，指出其行为的违法性和危害性，并责令其不得再犯的一种强制措施。责令退出法庭是指人民法院对于违反法庭规则的人，强制其离开法庭，防止其继续实施妨害民事诉讼行为的强制措施。对行为人采取训诫、责令退出法庭仍不足以制止其妨害民事诉讼秩序行为的，人民法院可以决定对其罚款、拘留。对于扰乱法庭秩序情节严重，构成犯罪的行为人，对妨害民事诉讼的强制措施已不足以制裁其违法行为的，可依法追究其刑事责任。本条规定的目的集中体现为对法庭规则和法庭审判秩序的维护。在适用本条规定时，应注意以下问题。

一、法庭规则的主要内容

法庭是人民法院代表国家依法审判各类案件的专门场所。法庭规则是诉讼参与人和其他人在法院开庭审理案件过程中应当遵守的行为规范。这里的诉讼参与人包括当事人、法定代理人、诉讼代理人、证人、勘验人、鉴定人等参与法庭审判的主体。其他人包括旁听人员等诉讼参与人以外的其他人。根据最高人民法院颁布的《人民法院法庭规则》第17条规定，全体人员在庭审活动中应当服从审判长或独任审判员的指挥，尊重司法礼仪，遵守法庭纪律，不得实施下列行为：（1）鼓掌、喧哗；（2）吸烟、进食；（3）拨打或接听电话；（4）对庭审活动进行录音、录像、拍照或使用移动通信工具等传播庭审活动；（5）其他危害法庭安全或妨害法庭秩序的行为。检察人员、诉讼参与人发言或提问，应当经审判长或独任审判员许可。旁听人员不得进入审判活动区，不得随意站立、走动，不得发言和提问。媒体记者经许可对庭审活动进行录音、录像、拍照或使用移动通信工具等传播庭审活动，应当在指定的时间及区域进行，不得影响或干扰庭审活动。该规则第20条规定：行为人实施下列行为之一，危及法庭安全或扰乱法庭秩序的，根据相关法律规定，予以罚款、拘留；构成犯罪的，依法追究其刑事责任：（1）非法携带枪支、弹药、管制刀具或者爆炸性、易燃性、放射性、毒害性、腐蚀性物品以及传染病病原体进入法庭；（2）哄闹、冲击法庭；（3）侮辱、诽谤、威胁、殴打司法工作人员或诉讼参与人；（4）毁坏法庭设施，抢夺、损毁诉讼文书、证据；（5）其他危害法庭安全或扰乱法庭秩序的行为。该规则第26条规定：外国人、无国籍人旁听庭审活动，外国媒体记者报道庭审活动，应当遵守本规则。

《民事诉讼法司法解释》第176条规定：诉讼参与人或者其他人有下列行为之一的，人民法院可以适用《民事诉讼法》第113条规定处理：（1）未经准许进行录音、录像、摄影的；（2）未经准许以移动通信等方式现场传播审判活动的；（3）其他扰乱法庭秩序，妨害审判活动进行的。出现以上规定情形的，人民法院可以暂扣诉讼参与人或者其他人进行录音、录像、摄影、传播审判活动的器材，并责令其删除有关内容；拒不删除的，人民法院可以采取必要手段强制删除。

二、强制措施的适用

（一）训诫的适用

训诫主要适用于违反法庭规则情节轻微的人。训诫一般应当场进行，以求达到纠正行为人违反法庭规则行为的目的。根据《民事诉讼法司法解释》第 177 条规定，训诫由合议庭或者独任审判员决定；训诫的内容应当记入庭审笔录。合议庭或者独任审判员决定后，可以当庭对行为人给予口头批评教育，责令其改正错误，训诫的内容由书记员记入庭审笔录。在执行程序中，执行人员对被执行人或其他人妨害执行的行为也可以进行训诫，责令其履行生效法律文书确定的义务或者配合法院执行。如果经训诫，行为人仍不改正错误，人民法院可以适用更为严厉的强制措施。

（二）责令退出法庭的适用

责令退出法庭的适用对象同样是违反法庭规则的人，其严厉程度和制裁力度要强于训诫。对于违反法庭规则、扰乱诉讼秩序的行为人，人民法院可以先对其进行训诫，如果其仍然不停止妨害诉讼的行为，可进一步适用责令退出法庭的强制措施，以维护法庭秩序。《人民法院法庭规则》第 19 条规定：审判长或独任审判员对违反法庭纪律的人员应当予以警告；对不听警告的，予以训诫；对训诫无效的，责令其退出法庭；对拒不退出法庭的，指令司法警察将其强行带出法庭。根据《民事诉讼法司法解释》第 177 条规定，责令退出法庭可以由合议庭作出决定，也可以由独任审判员决定，由书记员将被责令退出法庭的违法事实记入笔录。

（三）罚款、拘留的适用

对于违反法庭规则、扰乱法庭秩序的行为人，适用罚款、拘留是比训诫、责令退出法庭更为严厉的强制措施，其违反法庭规则的行为超出了情节轻微的程度，已经严重干扰了法庭正常的审判活动，对其采取训诫、责令退出法庭的措施，不能与其违法行为的危害性相适应。在这种情形下，人民法院可以决定对行为人实施罚款或拘留。对于哄闹、冲击法庭，侮辱、诽谤、威胁、殴打审判人员等扰乱法庭秩序的行为，情节较轻尚不构成犯罪的，人民法院也应予以罚款、拘留。根据《民事诉讼法司法解释》第 183 条的规定，这里的罚款、拘留可以单独适用，也可以合并适用。

三、追究刑事责任

对扰乱法庭秩序，侵害审判人员人身权利，情节严重或者造成严重后果的行为，人民法院应依法追究行为人的刑事责任。严重扰乱法庭秩序的行为包括哄闹、冲击法庭，侮辱、诽谤、威胁、殴打审判人员等。根据《刑法》分则的相关规定，行为人严重扰乱法庭秩序的行为，可能构成扰乱法庭秩序罪、侮辱罪、故意伤害罪等罪名。

根据《刑法》第 309 条的规定，扰乱法庭秩序罪，是指聚众哄闹、冲击法庭，殴打司法工作人员或者诉讼参与人，侮辱、诽谤、威胁司法工作人员或者诉讼参与人，毁坏法庭设施，抢夺、损毁诉讼文书、证据等严重扰乱法庭秩序的犯罪。本罪侵犯的客体是人民法院审理案件的正常审判秩序。犯罪客观方面表现为聚众哄闹、冲击法庭；殴打司法工作人员或者诉讼参与人；侮辱、诽谤、威胁司法工作人员或者诉讼参与人，不听法庭制止，严重扰乱法庭秩序；毁坏法庭设施，抢夺、损毁诉讼文书、证据等情节严重的行为。哄闹、冲击法庭必须采取聚众的形式，殴打司法工作人员则不要求采取聚众的形式。聚众一般是指聚集 3 人以上。聚众哄闹、冲击法庭，是指行为人在法庭审判过程中起哄、喧闹，影响法庭正常审判工作，冲击法庭包括强行闯入审判区、围堵司法工作人员等破坏法庭审判秩序等行为。殴打司法工作人员或者诉讼参与人，包括对审理案件的法官、法官助理、书记员、司法警察、其他诉讼参与人等实施人身攻击、伤害，例如行为人咬伤维持法庭秩序的司法警察。殴打司法工作人员或者诉讼参与人如果造成轻伤以上的严重后果，应按《刑法》第 234 条故意伤害罪追究行为人的刑事责任。本罪的犯罪主体是一般主体。犯罪主观方面是故意。根据《刑法》第 309 条的规定，犯本罪的，处三年以下有期徒刑、拘役、管制或者罚金。

【条文适用】

对于实践中出现的诉讼参与人、旁听人员以各种方式干扰庭审活动，严重影响审判工作严肃性的情形，为进一步加强法庭审判秩序管理，最高人民法院办公厅于 2009 年 10 月 27 日发布了《关于进一步加强法庭审判秩序管理的通知》。根据该通知的要求，人民法院在加强法庭审判秩序管理，维护庭审安全，确保庭审活动正常进行的过程中，应做到以下几点。

一、严格执行《人民法院法庭规则》

各级人民法院在推进审判公开的过程中，要大力宣传《人民法院法庭规则》，将其置于法院公告栏等醒目位置，通过设置咨询台、电子查询屏，发放应诉通知、诉讼手册等形式使公众知晓，书记员在开庭审理前必须当庭宣读。人民法院在庭审过程中要敢于管理、善于管理，在切实尊重和保障诉讼参与人的诉讼权利、公民的旁听权和新闻记者的报道权的同时，对公然违反法庭规则的各种行为，必须坚决予以制止和纠正。对违反法庭规则的人采取强制措施，由司法警察执行。

二、严格执行关于维护庭审秩序的相关规定

对于诉讼参与人、其他人以哄闹、冲击等方式扰乱法庭秩序，违反法庭规则的，人民法院可以采取警告、训诫、责令具结悔过、责令退出法庭、强行带出法庭、罚款、拘留等多种措施，情节严重、构成犯罪的，依法追究刑事责任。各级人民法院要充分认识和领会法律赋予人民法院在庭审秩序管理中职权的多样性，综合运用批评教育与依法采取强制措

施等各种手段，灵活机动加以处置，确保庭审秩序安全，必要时还可依法宣布休庭或延期审理，待影响庭审活动正常开展的不利因素消除后再行开庭。

三、积极开展庭审安全检查和教育培训活动

人民法院要及时查找各种隐患和漏洞，积极采取措施整改，从人、财、物各方面加强庭审安全保卫工作。要从增强司法理念的高度，加强教育培训力度，促进广大干警树立庭审安全意识，提高审判管理能力。要特别注重对中级、基层人民法院院长的培训，特别注重对一线办案法官尤其是审判长的培训，通过分析典型案例、观摩开庭、现场评点等方式，不断增强其权利保障意识、诉讼安全意识、岗位责任意识，提高其庭审驾驭能力、突发事件处置能力和法律适用能力。

四、着力构建、优化庭审秩序管理的长效机制

人民法院应进一步完善重点案件庭审组织应对机制，对敏感案件、重大刑事案件、当事人积怨较深的民事案件，要强化庭审安全保卫工作的组织领导，配强合议庭，配齐警力，采取有效应对措施。要进一步完善新闻发布机制，坚持新闻工作的归口管理原则，规范新闻采访、庭审直播的审批程序。

五、严肃查处庭审秩序管理中的失职行为

审判长、独任审判员以及司法警察在庭审活动中，必须认真履行职责、维护审判秩序。对于因采取措施简单轻率，或者对违反法庭规则行为置之不理、处置拖拉等失职行为造成不良影响或者其他严重后果的，要按照有关规定严肃追究其违纪违法责任。

第一百一十四条　诉讼参与人或者其他人有下列行为之一的，人民法院可以根据情节轻重予以罚款、拘留；构成犯罪的，依法追究刑事责任：

（一）伪造、毁灭重要证据，妨碍人民法院审理案件的；

（二）以暴力、威胁、贿买方法阻止证人作证或者指使、贿买、胁迫他人作伪证的；

（三）隐藏、转移、变卖、毁损已被查封、扣押的财产，或者已被清点并责令其保管的财产，转移已被冻结的财产的；

（四）对司法工作人员、诉讼参加人、证人、翻译人员、鉴定人、勘验人、协助执行的人，进行侮辱、诽谤、诬陷、殴打或者打击报复的；

（五）以暴力、威胁或者其他方法阻碍司法工作人员执行职务的；

（六）拒不履行人民法院已经发生法律效力的判决、裁定的。

人民法院对有前款规定的行为之一的单位，可以对其主要负责人或者直接责任人员予以罚款、拘留；构成犯罪的，依法追究刑事责任。

【条文主旨】

本条是关于诉讼参与人或者其他人妨害证据收集，非法处置人民法院保全财产，阻拦、破坏司法人员执行职务，拒不执行生效法律文书等妨害民事诉讼行为采取强制措施的规定。

【条文理解】

诉讼参与人、其他人妨害民事诉讼的行为不仅表现为扰乱法庭秩序，在证据的收集、保全财产的处理、司法工作人员执行职务、其他诉讼参与人参与诉讼活动等民事诉讼的多个方面，都可能出现妨害诉讼活动正常进行的行为。《民事诉讼法》有必要对实践中常见、多发的妨害民事诉讼行为规定相应的制裁措施，以维护正常的诉讼秩序，保障诉讼活动顺利进行。对本条规定的妨害行为，人民法院可以适用的强制措施为罚款、拘留。构成犯罪的，依法追究刑事责任。对于单位实施本条所列妨害民事诉讼行为的，人民法院可以对单位的主要负责人或者直接责任人员予以罚款、拘留；构成犯罪的，依法追究刑事责任。

一、伪造、毁灭重要证据

伪造证据，是指行为人故意制造虚假证据，或者对原有证据加以改造，使其失去证明案件事实的功能和作用，使审判人员对案件事实和证据的判断发生偏差或错误认定案情的行为。毁灭证据，是指行为人对证据进行破坏，造成证据灭失，从而使审判人员无法收集和审查该证据的行为。本条规定的证据应当属于认定案件事实的重要证据。证据根据其与待证事实的关联性、证据的内容、形式等，对司法证明活动的重要性会有所区别。这里的重要证据，是指对案件事实具有重要证明作用的证据，或者说对证明案件事实是不可或缺的证据。如果行为人伪造、毁灭的证据与案件事实的认定关系不大，其行为的危害性尚未达到妨碍人民法院审理案件的程度，可不对其采取妨害民事诉讼的强制措施。

对于伪造、毁灭重要证据，妨碍人民法院审理案件但尚未构成犯罪的行为，人民法院可以根据情节轻重予以罚款、拘留。对于构成犯罪的，依法追究刑事责任。与伪造、毁灭重要证据相关的罪名是《刑法》第307条第2款规定的帮助毁灭、伪造证据罪。帮助毁灭、伪造证据罪，是指其他人帮助当事人毁灭、伪造证据，情节严重的行为。本罪主观方面是故意，即明知是证据而毁灭，或者明知作为证据使用而伪造。根据《刑法》第 307 条规定，犯本罪的，处三年以下有期徒刑或者拘役。在适用该规定追究相关人员刑事责任过程中，应当注意本罪与伪证罪和辩护人、诉讼代理人毁灭证据、伪造证据、妨害作证罪的区分。本罪适用于刑事、民事、行政诉讼中帮助当事人毁灭、伪造证据的行为，而后两项罪名只能适用于刑事诉讼中，且犯罪构成要件与本罪不同，人民法院在适用法律时应予注意。

二、妨害作证

妨害作证包括两种形式：一是以暴力、威胁、贿买的方法阻止证人作证。即通过向知晓案件事实的人，以暴力、威胁的方式逼迫，或者向其提供金钱、利益等方式收买，阻止证人向人民法院出庭作证或者提供书面证言。二是指使、贿买、胁迫他人作伪证。指使，即通过支付金钱的方式引诱，或者以其他方式威胁、迫使证人向人民法院提供虚假的证人证言，误导法院裁判。对上述妨害作证尚未构成犯罪的行为，人民法院可以根据案件具体情况对其罚款、拘留。构成犯罪的，应根据《刑法》第 307 条第 1 款的规定，追究其妨害作证的刑事责任。因采取暴力手段阻止证人作证或指使他人作伪证而触犯其他罪名的，应从一重罪处断。

三、非法处置人民法院保全的财产

行为人在民事诉讼和执行程序中，隐藏、转移、变卖、毁损已被人民法院查封、扣押的财产，或者已被清点并责令其保管的财产，转移已被冻结的财产，人民法院可对其采取罚款、拘留的强制措施。对于行为人非法处置法院保全的财产构成犯罪应如何定罪的问题，实践中存有争议。一种意见认为，行为人为了拒不执行判决、裁定，在判决、裁定生效以后隐藏、转移、变卖、毁损已经被司法机关查封、扣押、冻结的财产，对抗判决、裁定执行的，应当根据《刑法》第 313 条的规定，以拒不执行判决、裁定罪定罪处罚；如果是在判决、裁定生效之前就实施了妨害已被查封、扣押、冻结的财产的行为，导致判决、裁定无法执行的，应依据《刑法》第314条的规定，以非法处置查封、扣押、冻结的财产罪论处。另一种意见认为，对于行为人隐藏、转移、变卖、毁损人民法院查封、扣押、冻结的财产的行为，不管判决、裁定是否已经生效，均应按非法处置查封、扣押、冻结的财产罪论处。该罪是对行为人非法处置法院已经保全财产的专门规定，法律并未将判决、裁定是否生效作为构成要件的重要内容，且该罪的法定刑和拒不执行判决、裁定罪完全相同，对实践中非法处置法院保全财产的行为，以非法处置查封、扣押、冻结的财产罪论处，是较为妥当的。对于行为人非法处置法院查封、扣押、冻结的财产如何定罪的问题，属于行为人实施一个行为，触犯两个罪名，即刑法理论上的想象竞合犯，但两个罪的法定刑完全相同，如何处理该问题属于刑法学的研究范畴，在此不多赘述。

四、侮辱、诽谤、诬陷、殴打或者打击报复司法工作人员、诉讼参加人、证人、翻译人员、鉴定人、勘验人、协助执行人

行为人对司法工作人员，当事人、法定代理人、诉讼代理人等诉讼参加人，证人、翻译人员、鉴定人、勘验人、协助执行人等其他诉讼参与人，实施侮辱、诽谤、诬陷、殴打或者打击报复的，人民法院可对其进行罚款、拘留。情节严重构成犯罪的，应根据《刑法》关于侮辱罪、诽谤罪、故意伤害罪、打击报复证人罪等相关规定追究行为人的刑事责任。此处有必要说明的是打击报复证人罪。该罪侵犯的客体是证人依法作证的权利；客观方面表现为对证人进行打击报复的行为，对象是已经在诉讼过程中依法作证的证人。了解案件情况，但尚未作证的人，属于妨害作证罪的行为对象，不是本罪的对象。通过加害证人近亲属的方式报复证人，如果构成犯罪的，也应依法追究刑事责任；尚不够刑事处罚的，依法给予治安管理处罚，或者根据本条规定对其罚款、拘留。

五、以暴力、威胁或者其他方法阻碍司法工作人员执行职务

这里的“司法工作人员”包括审判人员、执行人员、书记员、司法警察等。阻碍司法人员执行职务的行为包括暴力、威胁或者其他方法。

根据《民事诉讼法司法解释》第 187 条规定，以暴力、威胁或者其他方法阻碍司法工作人员执行职务的行为，包括：（1）在人民法院哄闹、滞留，不听从司法工作人员劝阻的；（2）故意毁损、抢夺人民法院法律文书、查封标志的；（3）哄闹、冲击执行公务现场，围困、扣押执行或者协助执行公务人员的；（4）毁损、抢夺、扣留案件材料、执行公务车辆、其他执行公务器械、执行公务人员服装和执行公务证件的；（5）以暴力、威胁或者其他方法阻碍司法工作人员查询、查封、扣押、冻结、划拨、拍卖、变卖财产的；（6）以暴力、威胁或者其他方法阻碍司法工作人员执行职务的其他行为。对于以暴力、威胁的方法阻碍司法工作人员依法执行职务情节严重的，可以根据《刑法》第 277 条第 1 款的规定，以妨害公务罪追究行为人的刑事责任。

六、拒不履行生效判决、裁定

人民法院的判决、裁定发生法律效力后，义务人应当及时、全面履行判决、裁定所确定的义务。义务人拒不履行的，人民法院除了依据《民事诉讼法》责令其承担迟延履行利息或迟延履行金以外，还可以根据本条规定，对其采取罚款、拘留的强制措施，以促使其履行义务。根据《民事诉讼法司法解释》第 188 条规定，拒不履行人民法院已经发生法律效力的判决、裁定的行为，包括：（1）在法律文书发生法律效力后隐藏、转移、变卖、毁损财产或者无偿转让财产、以明显不合理的价格交易财产、放弃到期债权、无偿为他人提供担保等，致使人民法院无法执行的；（2）隐藏、转移、毁损或者未经人民法院允许处分已向人民法院提供担保的财产的；（3）违反人民法院限制高消费令进行消费的；（4）有履行能力而拒不按照人民法院执行通知履行生效法律文书确定的义务的；（5）有义务协助执行的个人接到人民法院协助执行通知书后，拒不协助执行的。对义务主体有能力履行而拒不履行生效判决、裁定，情节严重的，可以依据《刑法》第 313 条拒不执行判决、裁定罪追究刑事责任。

七、其他行为

根据《民事诉讼法司法解释》第 189 条规定，诉讼参与人或者其他人有下列行为之一的，人民法院可以适用《民事诉讼法》第114条的规定处理：(1) 冒充他人提起诉讼或者参加诉讼的；(2) 证人签署保证书后作虚假证言，妨碍人民法院审理案件的；(3) 伪造、隐藏、毁灭或者拒绝交出有关被执行人履行能力的重要证据，妨碍人民法院查明被执行人财产状况的；(4) 擅自解冻已被人民法院冻结的财产的；(5) 接到人民法院协助执行通知书后，给当事人通风报信，协助其转移、隐匿财产的。

【条文适用】

被执行人或其他人拒不履行生效法律文书，或者实施妨害执行的行为，是执行程序中适用强制措施的主要情形。根据《执行工作规定》第57条的规定，执行程序中的下列情形人民法院可以按照本条的规定处理：(1) 隐藏、转移、变卖、毁损向人民法院提供执行担保的财产的；(2) 案外人与被执行人恶意串通转移被执行人的财产的；(3) 故意撕毁人民法院执行公告、封条的；(4) 伪造、隐藏、毁灭有关被执行人履行能力的重要证据，妨碍人民法院查明被执行人财产状况的；(5) 指使、贿买、胁迫他人对被执行人的财产状况和履行义务的能力问题作伪证的；(6) 妨碍人民法院依法搜查的；(7) 以暴力、威胁或其他方法妨碍或抗拒执行的；(8) 哄闹、冲击执行现场的；(9) 对人民法院执行人员或协助执行人员进行侮辱、诽谤、诬陷、围攻、威胁、殴打或者打击报复的；(10) 毁损、抢夺执行案件材料、执行公务车辆、其他执行器械、执行人员服装和执行公务证件的。

除上述情形外，执行程序中按照妨害执行行为处理的还包括其他情形。例如，《执行工作规定》第44条第3款规定：对于只能由被执行人完成的行为，经教育，被执行人仍拒不履行的，人民法院应当按照妨害执行行为的有关规定处理。再如，《最高人民法院关于限制被执行人高消费及有关消费的若干规定》明确，被执行人未按执行通知书指定的期间履行生效法律文书确定的给付义务的，人民法院可以采取限制消费措施，限制其高消费及非生活或者经营必需的有关消费；纳入失信被执行人名单的被执行人，人民法院应当对其采取限制消费措施。被执行人违反限制消费令进行消费的行为属于拒不履行人民法院已经发生法律效力的判决、裁定的行为，经查证属实的，依照本条的规定，予以拘留、罚款；情节严重，构成犯罪的，追究其刑事责任。有关单位在收到人民法院协助执行通知书后，仍允许被执行人进行高消费及非生活或者经营必需的有关消费的，人民法院可以依照本条的规定，追究其法律责任。

第一百一十五条 当事人之间恶意串通，企图通过诉讼、调解等方式侵害国家利益、社会公共利益或者他人合法权益的，人民法院应当驳回其请求，并根据情节轻重予以罚款、拘留；构成犯罪的，依法追究刑事责任。

当事人单方捏造民事案件基本事实，向人民法院提起诉讼，企图侵害国家利益、社会公共利益或者他人合法权益的，适用前款规定。

【条文主旨】

本条是关于如何处理当事人之间恶意串通或单方捏造民事案件基本事实，企图通过诉讼、调解等方式侵害国家利益、社会公共利益或者他人合法权益的行为的规定。

【条文理解】

2023 年 9 月 1 日《民事诉讼法》对本条的修正为：一是在他人合法权益前新增“国家利益、社会公共利益”，将侵害的利益主体扩展为国家利益、社会公共利益或者他人合法权益；二是新增一款：“当事人单方捏造民事案件基本事实，向人民法院提起诉讼，企图侵害国家利益、社会公共利益或者他人合法权益的，适用前款规定。”本次《民事诉讼法》修正在第 1 款新增“国家利益、社会公共利益或者”，将国家利益、社会公共利益和他人合法权益均列为受保护的对象，旨在强调法律对国家和社会公共利益的保护，也是将《民事诉讼法司法解释》第 190 条第 1 款规定的“民事诉讼法第一百一十五条规定的他人合法权益，包括案外人的合法权益、国家利益、社会公共利益”的内容融合在本条中。本次《民事诉讼法》修正案新增第 2 款“当事人单方捏造民事案件基本事实，向人民法院提起诉讼，企图侵害国家利益、社会公共利益或者他人合法权益的，适用前款规定”，将当事人单方捏造事实提起诉讼以侵害国家、社会或他人合法权益的情形同样列入本法制裁范围，加大对虚假诉讼的惩治力度。理由：虚假诉讼扰乱司法秩序，损害司法公信力和司法权威，需要从立法上进行严格规制。修正前的《民事诉讼法》虽对当事人之间恶意串通形成的虚假诉讼的法律后果作了明确规定，但从司法实践的情况来看，除当事人之间恶意串通形成的虚假诉讼外，还存在当事人单方捏造民事案件基本事实，向人民法院提起诉讼，企图侵害国家利益、社会公共利益或者他人合法权益的情形。本次《民事诉讼法》的修改，在系统总结司法实践经验的基础上，对于单方捏造民事案件基本事实形成的虚假诉讼，明确其应与当事人恶意串通形成的虚假诉讼适用同样的法律规则，即对单方行为同样加以规制，以实现民事诉讼领域对于虚假诉讼更为全面的规范。①

当事人之间恶意串通虚假诉讼是指当事人之间合谋串通，虚构事实提起诉讼，侵害他人合法权益的行为。当事人单方捏造民事案件基本事实提起诉讼属于单方欺骗型虚假诉讼，认定当事人单方捏造民事案件基本事实需注意几个方面：一是基本事实是指用以确定当事人主体资格、案件性质、民事权利义务等对原判决、裁定的结果有实质性影响的事实。例如，虚构法律关系、隐瞒存在已针对同一事项的生效裁判或者相关案件正在审理过程中等事实、在债务清偿之诉中隐瞒债务已经清偿的事实、捏造重要证据等。二是提起诉讼，包括原告提起诉讼，也包括被告提起反诉，还包括第三人提起独立的诉讼请求。与恶意串通型虚假诉讼不同的是，单方欺骗型虚假诉讼所意图侵害的对象可以是作为诉讼相对方的原告、被告，也可以是诉讼外不特定对象。三是国家利益、社会公共利益和他人的合法权益包括财产性权益和非财产性权益。

《民事诉讼法》第 13 条规定：“民事诉讼应当遵循诚信原则。”诚信原则的适用包括了所有的诉讼主体和对象，人民法院在保护诉讼参与人

① 《全国人大常委会法工委民法室主任黄薇解读〈民事诉讼法〉修订》，载微信公众号“中国法律评论”，2023 年 9 月 4 日。

诉讼权利的同时，诉讼参与人应当履行诚信的诉讼义务。诉讼诚信义务是对所有诉讼主体自身的“能动和理性”行为的要求，不仅仅是诉讼的手段和工具。[①] 虚假诉讼是妨害民事诉讼的行为之一，本条旨在打击虚假诉讼，亦是我国民事诉讼之诚信原则在立法中的体现。

【条文适用】

一、双方串通型与单方欺骗型虚假诉讼聚焦的重点领域

虚假诉讼聚焦的重点领域为民间借贷纠纷，执行异议之诉，劳动争议，离婚析产纠纷，诉离婚案件一方当事人的财产纠纷，企业破产纠纷，公司分立（合并）纠纷，涉驰名商标的商标纠纷，涉拆迁的离婚、分家析产、继承、房屋买卖合同纠纷，涉房屋限购和机动车配置指标调控等宏观调控政策的买卖合同、以物抵债纠纷等各类纠纷。

二、双方串通型与单方欺骗型虚假诉讼的主要情形

一般而言，双方串通型虚假诉讼的主要情形有：双方当事人恶意串通，捏造案件基本事实、虚构法律关系，进行民事诉讼、申请确认调解协议效力、申请法院调解、申请实现担保物权或者申请支付令；双方当事人恶意串通，对虚假的案件基本事实作出自认；夫妻之间利用离婚诉讼转移财产，逃避债务，侵害债权人利益；继承案件中，双方当事人故意隐瞒存在其他继承人的情形；当事人与公司、企业的法定代表人或者实际控制人、董事、监事、经理或者其他管理人员恶意串通，捏造公司、企业债务或者担保义务；委托代理人、共同诉讼代表人等实际实施诉讼行为的人员与对方当事人恶意串通，损害委托人、被代表人等当事人的利益；演出企业等与艺人恶意串通，利用“阴阳合同”等，提起虚假诉讼的行为；其他当事人恶意串通的虚假诉讼行为。

---

① 唐东楚：《诉讼主体诚信论：以民事诉讼诚信原则立法为中心》，光明日报出版社2011年版，第7页。

单方欺骗型虚假诉讼的主要情形有：恶意利用证据，虚构法律关系提起诉讼；起诉时隐瞒存在已针对同一事项的生效裁判或者相关案件正在审理过程中等事实；隐瞒债务已经清偿的事实，起诉要求他人履行债务；假借民间借贷之名，诱使或迫使他人签订“借贷”或变相“借贷”“抵押”“担保”等相关协议，通过虚增借贷金额、恶意制造违约、恶意主张违约、毁匿还款证据等方式形成虚假债权债务；在离婚诉讼过程中，一方当事人与诉讼当事人之外的他人恶意串通，虚构夫妻关系存续期间的共同债务，侵害对方利益；当事人基于捏造的事实申请人民法院采取财产保全、证据保全或者行为保全措施；一方当事人与诉讼当事人之外的他人恶意串通，捏造债权债务关系或者达成损害其他权利人利益的以物抵债协议；故意错列被告或者第三人，把与本案无关的当事人拖入诉讼；在破产案件审理过程中申报捏造的财产权利，或者主张捏造的优先受偿权；通过伪造证据等方式捏造知识产权侵权关系或者不正当竞争关系；在土地、房屋征收拆迁安置补偿过程中，捏造身份关系提起离婚、分家析产、继承、房屋买卖合同纠纷等诉讼行为；当事人捏造身份、合同、侵权、继承等民事法律关系的行为；行为人伪造代理手续或者冒充他人名义，提起诉讼；故意提供虚假户籍所在地、经常居住地或者法人的主要办事机构所在地等证明材料，意图改变诉讼管辖；其他当事人或者其他诉讼参与人单方实施的虚假诉讼行为。

三、虚假诉讼的法律后果

《最高人民法院、最高人民检察院、公安部、司法部关于进一步加强虚假诉讼犯罪惩治工作的意见》（法发〔2021〕10 号）第 22 条规定，对于故意制造、参与虚假诉讼犯罪活动的民事诉讼当事人和其他诉讼参与人，人民法院应当加大罚款、拘留等对妨害民事诉讼的强制措施的适用力度。民事诉讼当事人、其他诉讼参与人实施虚假诉讼，人民法院向公安机关移送案件有关材料前，可以依照《民事诉讼法》的规定先行予以罚款、拘留。对虚假诉讼刑事案件被告人判处罚金、有期徒刑或者拘役的，人民法院已经依照《民事诉讼法》的规定给予的罚款、拘留，应当依法折抵相应罚金或者刑期。

受害人因虚假诉讼导致民事权益受到损害，依照《民法典》第 1165 第 1 款的规定请求损害赔偿的，人民法院予以受理。受害人就下列损失请求损害赔偿的，人民法院予以支持：受害人为应对虚假诉讼及索赔而产生的律师费、差旅费、调查取证费等直接经济损失；受害人因虚假诉讼所造成预期利润减少等间接经济损失；虚假诉讼给受害人造成的其他经济损失。人民法院根据上述损失与虚假诉讼的因果关系确定实施虚假诉讼的当事人应当承担的损害赔偿责任。在受害人的损失难以确定的情况下，可以综合考虑提起虚假诉讼的当事人的主观过错程度、侵权行为的性质和情节、受害人遭受损失的严重程度等因素，酌情确定赔偿数额。实施虚假诉讼侵害他人人身权益造成严重精神损害，受害人主张依据《民法典》第 1183 条的规定请求赔偿精神损害的，人民法院予以受理。

四、刑事民事诉讼程序之间的衔接

人民法院向公安机关移送涉嫌虚假诉讼犯罪案件，民事案件必须以相关刑事案件的审理结果为依据的，应当依照《民事诉讼法》第 153 条第 1 款第 5 项的规定裁定中止诉讼。刑事案件的审理结果不影响民事诉讼程序正常进行的，民事案件应当继续审理。刑事案件裁判认定民事诉讼当事人的行为构成虚假诉讼犯罪，相关民事案件尚在审理或者执行过程中的，作出刑事裁判的人民法院应当及时函告审理或者执行该民事案件的人民法院。人民法院对于与虚假诉讼刑事案件的裁判存在冲突的已经发生法律效力的民事判决、裁定、调解书，应当及时依法启动审判监督程序予以纠正。

值得注意的是，人民法院应当在审理案件中尽到最大注意义务识别虚假诉讼，对于存在虚假诉讼犯罪嫌疑的民事案件，人民法院可以依职权调查收集证据。对于当事人有下列情形之一的，应当依法严格审查，及时甄别和发现虚假诉讼犯罪：原告起诉依据的事实、理由不符合常理，存在伪造证据、虚假陈述可能的；原告诉请司法保护的诉讼标的额与其自身经济状况严重不符的；在可能影响案外人利益的案件中，当事人之间存在近亲属关系或者关联企业等共同利益关系的；当事人之间不存在实质性民事权益争议和实质性诉辩对抗的；一方当事人对于另一方当事人提出的对其不利的事实明确表示承认，且不符合常理的；认定案件事实的证据不足，但双方当事人主动迅速达成调解协议，请求人民法院制作调解书的；当事人自愿以价格明显不对等的财产抵付债务的；民事诉讼过程中存在其他异常情况的。

第一百一十六条　被执行人与他人恶意串通，通过诉讼、仲裁、调解等方式逃避履行法律文书确定的义务的，人民法院应当根据情节轻重予以罚款、拘留；构成犯罪的，依法追究刑事责任。

【条文主旨】

本条是关于如何处理被执行人与他人恶意串通，通过诉讼、仲裁、调解等方式逃避履行法律文书确定的义务的行为的规定。

【条文理解】

实践中，一些有履行能力的被执行人通常采取各种手段规避执行，与他人恶意串通，通过虚假诉讼或者仲裁手段转移财产、虚构优先债权参与分配等，而且手段日趋隐蔽，直接损害了债权人的合法权益，浪费司法资源，极大地损害了司法权威，必须采取有效手段加以遏制，必要时要依法运用刑罚手段严厉打击。尽管经过“两到三年基本解决执行难”和“切实解决执行难”的历程，对被执行人的打击力度不断加大，被执行人规避执行的空间不断得到压缩，但是应当看到，被执行人仍然会采取更多手段来阻却执行逃避债务。但如何认定恶意串通，可能需要债权人通过其他法定程序加以主张，举出相应的证据。具体而言，对本条理解，应掌握以下要素：第一，适用主体是针对已经进入强制执行程序的被执行人。第二，行为表现是被执行人与他人恶意串通，通过诉讼、仲裁、调解等方式。恶意串通的理解应与上条一致，但是本条增加了通过仲裁的这一方式。第三，行为人的目的是逃避履行生效法律文书确定的义务。第四，处罚措施方面，一般应首先考虑对被执行人适用罚款、拘留措施，对于被执行人逃避义务情节严重，涉嫌触犯刑法的行为，要依法追究刑事责任。应当说，具体处罚主体是经过审判后，再交由执行部门处理，还是可以由执行部门直接处理，目前仍缺乏进一步的细化规定。

【条文适用】

根据本条规定，人民法院对当事人间恶意串通，企图通过诉讼、调解等方式侵害他人合法权益的行为作如下处理：

1. 人民法院应当根据情节轻重予以罚款、拘留。理解此处规定，需要把握两点：一是予以罚款、拘留是人民法院的一项法定义务。即人民法院经过审理发现有本条规定的行为，人民法院应当根据情节轻重予以罚款、拘留。二是予以罚款、拘留由人民法院根据情节轻重决定。

2. 构成犯罪的，依法追究刑事责任。理解这一规定，需要注意两点：一是构成犯罪的，是否构成犯罪要符合《刑法》的规定；二是追究刑事责任要依法进行，即要依据我国现行《刑事诉讼法》和《刑法》的规定追究“恶意串通，通过诉讼、仲裁、调解等方式逃避履行法律文书确定的义务的”行为人的刑事责任。

第一百一十七条　有义务协助调查、执行的单位有下列行为之一的，人民法院除责令其履行协助义务外，并可以予以罚款：

（一）有关单位拒绝或者妨碍人民法院调查取证的；

（二）有关单位接到人民法院协助执行通知书后，拒不协助查询、扣押、冻结、划拨、变价财产的；

（三）有关单位接到人民法院协助执行通知书后，拒不协助扣留被执行人的收入、办理有关财产权证照转移手续、转交有关票证、证照或者其他财产的；

（四）其他拒绝协助执行的。

人民法院对有前款规定的行为之一的单位，可以对其主要负责人或者直接责任人员予以罚款；对仍不履行协助义务的，可以予以拘留；并可以向监察机关或者有关机关提出予以纪律处分的司法建议。

【条文主旨】

本条是关于有义务协助调查、执行的单位及其主要负责人或者直接责任人员不协助调查、执行所采取的强制措施的规定。

【条文理解】

实践中，有些具有协助人民法院调查取证、冻结划拨财产等义务的单位，如金融机构、政府职能部门等，出于一些动机，消极协助或者拒不协助法院的执行工作，妨害执行，因此需要根据不同情况对该单位实施罚款，或者对其主要责任人或直接责任人员实施罚款、拘留等强制措施。根据本条规定，人民法院对于协助单位的下列行为，除了责令其履行义务外，均可以实施罚款：

1. 拒绝或者妨碍人民法院调查取证。此处所称的有关单位，是指握有证据的有关单位，比如房屋管理部门、土地管理部门、林业管理部门、车船管理部门、户籍管理机关、公证机关、婚姻登记机关等。拒绝调查取证，包括明确不让人民法院调查取证，不向人民法院提供所需要的证据，也包括以不作为的方式对人民法院调查取证的协助要求不予理睬。妨害调查取证，指对人民法院的调查取证设置障碍，编造借口，使人民法院无法得到所需证据等行为。

2. 拒不协助查询、扣押、冻结、划拨、变价财产。银行、信用合作社和其他储蓄业务的金融机构及其他有关单位接到人民法院的协助执行通知书后，有义务协助查询、扣押、冻结、划拨、变价财产，拒不协助的，构成妨害民事诉讼的行为。此规定包括三个关键点：一是人民法院发出协助执行通知书；二是已经接到人民法院协助执行通知书；三是拒不协助查询、扣押、冻结、划拨、变价财产。此处所称的有关单位，是指接到人民法院协助执行通知书后，拒不协助查询、扣押、冻结、划拨、变价财产的任何单位，比如银行类单位等。接到人民法院协助执行通知书后，拒不协助查询、扣押、冻结、划拨、变价财产的行为为不履行不法定义务的行为。

3. 拒不协助办理扣留收入、证照移转等手续。此规定包括三个关键点：一是人民法院发出协助执行通知书；二是已经接到人民法院协助执行通知书；三是拒不协助扣留被执行人的收入、办理有关财产权证照转移手续、转交有关票证、证照或者其他财产。此处所称的有关单位，是指接到人民法院协助执行通知书后，拒不协助扣留被执行人的收入、办理有关财产权证照转移手续、转交有关票证、证照或者其他财产的单位，比如发放工资的单位，办理房屋、车辆证照转移手续的单位，需要转交户口本、营业执照的单位等。拒不协助扣留被执行人的收入、办理有关财产权证照转移手续、转交有关票证、证照或者其他财产的行为属于不履行法定义务的行为。

4. 其他拒绝协助执行行为。本条第1款前3项虽然详尽列举了需要有关单位协助执行的常见事项，但无法穷尽实践中可能碰到的所有问题，因此，本条第1款第4项规定了这一兜底条款，只要性质上属于拒绝协助人民法院执行的行为，均可视为妨害民事诉讼行为。

【条文适用】

根据本条第1款的规定，“有义务协助调查、执行的单位有下列行为之一的，人民法院除责令其履行协助义务外，并可以予以罚款”。就是说，一方面必须履行自己的法定义务；另一方面还要承担罚款的责任。此两项可以合并承担。但需要指出的是，是否处以罚款，由人民法院根据违法单位的具体情况决定是否并处。

根据本条第2款的规定，人民法院对有前款规定的行为之一的单位，可以对其主要负责人或者直接责任人员予以罚款；对仍不履行协助义务的，可以予以拘留；并可以向监察机关或者有关机关提出予以纪律处分的司法建议。对此需要说明的是：一是此处所称的主要负责人，主要是指单位的法定代表人或者履行法定代表人职责的人员。此处所称的直接负责责任人员，主要是指具体实施违法行为的负责人员。二是主要负责人或者直接责任人员承担责任有一定的顺序，首先是要罚款，其次如果罚款后仍然不履行协助义务的方可以予以拘留。三是如果人民法院作出了予以罚款、予以拘留决定后，还可以一并向监察机关（如各地的监察厅局等）或者有关机关（如违法行为人的上级机关等）提出司法建议。应当说，基本解决执行难成果的实现，仅靠人民法院一家单打独斗是难以完成的，需要社会各方力量的协作配合。而协助义务机关就是查控被执行人财产、法院打击规避执行的有力协作者和配合者。在面对法院的生效法律文书，协助义务机关应当高效、精准完成协助义务，即使有异议，也应当在完成协助义务后再予以提出。只要在法院协助文书的范围内完成协助义务，即使协助执行错误，协助义务机关也无须承担相应法律责任。但是不应以各种理由推诿、拒不接收或者拖延办理等。

【典型案例】

灌云县国土局因拒不履行协助执行义务被处罚款案

【案　　号】江苏省高级人民法院（2015）苏执复字第 00076 号

【裁判要旨】人民法院通知占有被执行人财产的单位协助执行的，该协助执行人应当依照协助执行通知书的内容履行协助义务，有义务协助执行的单位无故推脱、拒绝履行将被执行人的款项汇入法院指定账户的协助义务，且违反法院预查封裁判文书的要求，将协助执行款项返还给被执行人的，属于拒不履行协助义务的情形，人民法院除责令行为人履行协助义务外，还可以对协助执行人处以罚款。

【基本案情】申请复议人灌云县国土资源局因申请执行人赵某胜与被执行人刘某正、江苏润金置业有限公司（以下简称润金置业公司）民间借贷纠纷案，不服连云港市中级人民法院（2014）连执字第 0412 号罚款决定书，向江苏省高级人民法院申请复议。

江苏省高级人民法院经审查查明：连云港市中级人民法院在审理赵某胜与刘某正、润金置业公司民间借贷纠纷一案过程中，于 2013 年 1 月 17 日向灌云县国土资源局送达（2012）连商初字第 211－1 号民事裁定书和协助执行通知书，预查封润金置业公司竞得的位于灌云县编号为县城 2011－3 号地块国有土地使用权，查封期限为 2 年。如润金置业公司与灌云县国土资源局签订的土地使用权出让合同无法继续履行，预查封润金置业公司已缴纳的土地使用权出让价款，以 2200 万元为限（润金置业公司实际共缴纳土地出让金 2600 万元）。2013 年 3 月 14 日，连云港市中级人民法院作出（2012）连商初字第 0211 号民事判决：（1）刘某正于判决生效之日起支付赵某胜借款 2200 万元及逾期利息（自 2012 年 8 月 10 日起至判决确定给付之日止，每月支付 40 万元）。（2）润金置业公司对刘某正的上述债务承担连带担保责任。因刘某正、润金置业公司未按判决履行义务，赵某胜向连云港市中级人民法院申请执行，连云港市中级人民法院于2014年9月16日立案执行。

执行过程中，连云港市中级人民法院于2014年11月13日向灌云县国土资源局作出（2014）连执字第0412号执行裁定、协助执行通知书：提取被执行人润金置业公司已缴纳的国有土地使用权出让价款2200万元至该院指定银行账户。灌云县国土资源局未能履行。2014年11月18日，连云港市中级人民法院向灌云县国土资源局作出（2014）连执字第0412号通知书，要求灌云县国土资源局于2014年11月22日前将润金置业公司缴纳的土地出让金2200万元汇入法院指定账户。灌云县国土资源局仍未履行。连云港市中级人民法院于2014年11月26日向灌云县国土资源局作出（2014）连执字第0412号罚款决定书，以灌云县国土资源局未履行上述协助义务为由，依据《民事诉讼法》（2012年修正）第114条①、第115条②的规定，对灌云县国土资源局处以人民币60万元的罚款。

江苏省高级人民法院另查明：2011年6月16日，灌云县国土资源局与润金置业公司签订国有建设用地出让合同，合同载明出让人灌云县国土资源局开户银行为灌云农村合作银行营业部，账号3207××××××××××××××0501，出让宗地编号县城2011－3号，出让价款4643万元。因润金置业公司未按出让合同约定缴清全部土地出让价款，灌云县政府于2013年2月4日对灌云县国土资源局作出同意解除县城2011－3号地块国有建设用地使用权出让合同的批复。2013年2月6日，灌云县财政部门将2400万元拨付至灌云县国有土地储备中心（以下简称土地储备中心）账户，2013年2月8日，土地储备中心按照润金置业公司的要求将500万元电汇给何某贤。

本案在复议过程中，申请执行人举证灌云县机构编制委员会于2011年8月20日对灌云县国土资源局作出的灌编（2001）3号《关于同意成立灌云县国有土地储备中心的批复》，主要内容为："同意成立'灌云县国有土地储备中心'为副科级全民事业单位，隶属于你局，核定事业编制8名，经费渠道为自收自支。"灌云县国土资源局官方网站上，该局单

① 对应《民事诉讼法》（2023年修正）第117条。

② 对应《民事诉讼法》（2023年修正）第118条。

位简介载明该局现有 8 个内设职能科室，5 个直属事业单位，土地储备中心是 5 个直属事业单位之一。灌云县国土资源局网页组织机构领导分工栏，载明灌云县国土资源局局领导分管土地储备中心工作。

本案争议焦点为：（1）灌云县国土资源局是否履行了协助执行义务。（2）连云港市中级人民法院作出的（2014）连执字第 0412 号罚款决定书是否有事实和法律依据。

江苏省高级人民法院审查认为：（1）灌云县机构编制委员会 2011 年 8 月 20 日对灌云县国土资源局作出的灌编（2001）3 号《关于同意成立灌云县国有土地储备中心的批复》，载明土地储备中心隶属于灌云县国土资源局，灌云县国土资源局官方网站上，也载明土地储备中心是该局 5 个直属事业单位之一，由该局的局领导分管土地储备中心工作。上述证据证明土地储备中心系灌云县国土资源局的直属事业单位。（2）灌云县国土资源局与润金置业公司签订的国有建设用地出让合同中，载明了缴纳土地出让金的银行账户，即灌云县财政局非税收入汇缴专户。连云港市中级人民法院于 2013 年 1 月 17 日向灌云县国土资源局送达了（2012）连商初字第 211－1 号民事裁定书和协助执行通知书，预查封润金置业公司已缴纳的 2200 万元土地出让款，灌云县国土资源局签收上述协助执行法律文书，且未提出异议。但在灌云县政府于 2013 年 2 月 4 日对灌云县国土资源局作出同意解除县城 2011－3 号地块国有建设用地使用权出让合同的批复后，土地储备中心却将连云港市中级人民法院冻结的 2200 万元款项转让他人。对于连云港市中级人民法院冻结润金置业公司缴纳的 2200 万元土地出让金的事实，因土地储备中心系灌云县国土资源局的直属事业单位，以及上述土地出让金缴纳、流转过程表明，不仅灌云县国土资源局对此是明知的，土地储备中心对 2200 万元土地出让金被冻结事实也属于知道或应当知道。

【裁判结果】依照《民事诉讼法》（2012 年修正）第 114 条第 1 款第

2项[①]、第115条第1款[②]、第116条第3款[③]的规定，江苏省高级人民法院于2015年9月1日作出（2015）苏执复字第00076号复议决定：驳回申请复议人灌云县国土资源局的复议申请，维持江苏省连云港市中级人民法院（2014）连执字第0412号罚款决定书。

【裁判理由】土地储备中心系灌云县国土资源局的直属事业单位，连云港市中级人民法院向灌云县国土资源局送达的协助执行通知后，灌云县国土资源局及其下属土地储备中心均应按照执行法院的协助执行通知履行义务。在灌云县政府对灌云县国土资源局作出同意解除国有建设用地使用权出让合同批复后，灌云县国土资源局任由其直属事业单位土地储备中心将连云港市中级人民法院冻结的2200万元款项转汇他人，灌云县国土资源局未履行协助执行义务，连云港市中级人民法院作出的（2014）连执字第0412号罚款决定书，具有事实和法律依据。

---

① 对应《民事诉讼法》（2023年修正）第114条第1款第2项。

② 对应《民事诉讼法》（2023年修正）第118条第1款

③ 对应《民事诉讼法》（2023年修正）第119条第3款。

第一百一十八条　对个人的罚款金额，为人民币十万元以下。对单位的罚款金额，为人民币五万元以上一百万元以下。

拘留的期限，为十五日以下。

被拘留的人，由人民法院交公安机关看管。在拘留期间，被拘留人承认并改正错误的，人民法院可以决定提前解除拘留。

【条文主旨】

本条是关于罚款金额、拘留期限的规定。

【条文理解】

一、罚款金额

本条所称的罚款金额，是指罚款的具体数额。本条关于罚款数额分个人和单位两种情况作出规定。一是对个人的罚款数额为人民币 10 万元以下，其中 10 万元以下包括了 10 万元本数，至于对个人罚款数额多少，由人民法院根据案件的具体情况在法定范围内且以能够满足惩罚需要为目的作出具体的决定。二是对单位的罚款数额，为人民币 5 万元以上 100 万元以下。其中，5 万元和 100 万元均包括本数，至于对单位罚款数额多少，由人民法院根据案件的具体情况在法定范围内且以能够满足惩罚需要为目的作出具体的决定。根据《民事诉讼法》的规定，罚款必须经院长批准。罚款应当用决定书。对决定不服的，可以向上一级人民法院申请复议一次。复议期间不停止执行。

二、拘留期限

本条所称的拘留的期限，即指拘留的具体时间范围。根据本条规定，拘留的期限，为15日以下。其中15日以下包括15日本身，至于时间多长，由人民法院根据案件的具体情况在法定范围内且以能够满足惩罚需要为目的作出具体的决定。根据《民事诉讼法》的规定，拘留必须经院长批准。拘留应当用决定书。对决定不服的，可以向上一级人民法院申请复议一次。复议期间不停止执行。

根据本条第3款的规定，被拘留的人，由人民法院交公安机关看管。在拘留期间，被拘留人承认并改正错误的，人民法院可以决定提前解除拘留。也就是说，在拘留期间，被拘留人承认并改正错误的，决定提前解除拘留的权力在人民法院，是否解除由人民法院根据案件的具体情况、当事人的具体表现依法予以确定。

【条文适用】

该条在适用中应当注意以下问题：

1. 适用罚款、拘留措施要坚持适度原则。对行为人是否采取罚款、拘留措施，以及罚款金额大小、拘留时间长短，都要根据妨害民事诉讼行为人行为的性质、对诉讼影响的大小、行为人的经济状况等案件的具体情况来综合判定。只要能达到教育行为人，制止妨害行为的目的即可，应当防止任意适用或者滥用。

2. 对同一妨害行为不能重复适用罚款、拘留措施。对妨害民事诉讼行为人的罚款、拘留措施可以单独适用，也可以合并适用，但是对同一妨害民事诉讼行为的罚款、拘留不得连续适用。只有发生了新的妨害民事诉讼的行为，人民法院才可以重新予以罚款、拘留。

第一百一十九条　拘传、罚款、拘留必须经院长批准。

拘传应当发拘传票。

罚款、拘留应当用决定书。对决定不服的，可以向上一级人民法院申请复议一次。复议期间不停止执行。

【条文主旨】

本条是关于人民法院采取拘传、罚款、拘留的程序和相关当事人救济途径的规定。

【条文理解】

拘传、罚款、拘留等强制措施涉及国家司法机关对诉讼参与人或其他人人身自由、财产权利的限制或剥夺，在适用过程中必须符合法律规定的条件，并严格依照法定程序作出决定和实施，否则即构成对其人身自由和财产权利的侵害。对于罚款、拘留这类相对严厉的民事诉讼强制措施，应当赋予当事人权利救济途径，及时纠正司法机关错误采取罚款、拘留的行为。人民法院采取拘传、罚款、拘留的强制措施必须经过院长批准。

审判程序和执行程序中适用拘传，应当使用拘传票。拘传票应载明被拘传人姓名、性别、工作单位或住址、应到时间、应到处所、拘传决定、拘传票送达被拘传人时间、拘传情况等内容。拘传票应直接送达被拘传人，并由被拘传人在拘传票上签名。被拘传人拒绝签名的，执行人员应在拘传票中注明。

适用罚款、拘留的，应由合议庭或独任审判员提出意见，层报院长审查批准后，制作罚款决定书或拘留决定书。罚款、拘留决定书应在开头部分写明作出决定的人民法院全称、决定书编号、案由、当事人或被罚款人、被拘留人的基本情况；正文部分写明行为人妨害民事诉讼或执行的具体事实、作出决定的理由、作出决定的法律依据、决定的内容、申请复议的权利等，决定罚款的应写明罚款的具体数额、缴纳罚款的期限，决定拘留的应写明拘留的期限；结尾部分由作出决定的审判组织或审判人员署名，写明作出决定的时间，并加盖作出决定的人民法院院印。罚款、拘留决定书一经作出即发生法律效力。罚款决定书应送达被罚款人和协助执行人。拘留决定书应送达被拘留人和协助执行的公安机关，由执行拘留的公安机关办理拘留手续。

本条规定罚款和拘留应当用决定书的形式。民事决定书适用的事项具有两个特点：一是适用民事决定的事项具有急需解决的紧急性，如不及时解决，民事诉讼就难以进行；二是适用民事决定的事项一般不属于诉讼程序本身的问题，但与诉讼程序有联系。妨害民事诉讼的行为就属于诉讼中的特定事项，但其本身并不是诉讼程序的组成部分，但是如果不及时对妨害民事诉讼的行为人采取强制措施，诉讼程序就难以继续进行。

决定书和判决书不同：判决书用于处理案件的实体问题，而决定书仅适用于某些特定的事项；判决书在案件审理的最后阶段作出，判决作出后，受诉法院可以作结案处理，决定书是在案件审理过程中作出的，决定书作出后，案件的审理程序并没有结束。决定书与裁定书也不同：裁定书用于处理程序性问题，而决定书主要不是解决程序问题；裁定书的主要作用在于指挥诉讼活动，推进诉讼的进程，而决定书的主要作用在于排除诉讼中的障碍，保证诉讼活动正常进行。

被罚款人、被拘留人对罚款、拘留决定不服的，可以向上一级人民法院申请复议，申请复议以一次为限，复议期间不停止执行。与当事人不服保全、先予执行裁定申请复议不同，对罚款、拘留决定不服的复议由决定罚款、拘留法院的上一级法院审查。根据《民事诉讼法司法解释》第185条、第186条规定，被罚款、拘留的人不服罚款、拘留决定申请复议的，应当自收到决定书之日起3日内提出；上级人民法院应当在收到复议申请后 5 日内作出决定，并将复议结果通知下级人民法院和当事人；上级人民法院复议时认为强制措施不当的，应当制作决定书，撤销或者变更下级人民法院作出的拘留、罚款决定；情况紧急的，可以在口头通知后 3 日内发出决定书。对罚款、拘留决定的复议，一般由受理复议申请的上一级法院组成合议庭进行审查。复议决定书应当写明当事人基本情况，申请复议的请求和理由，上一级法院经审查后认定的相关事实，作出复议决定的理由，作出复议决定的法律依据，复议决定的内容等；结尾部分由作出决定的审判组织署名，写明作出决定的时间，并加盖作出决定的人民法院院印。

【条文适用】

一、紧急情况下的拘留

根据《民事诉讼法司法解释》第 181 条规定，因哄闹、冲击法庭，用暴力、威胁等方法抗拒执行公务等紧急情况，必须立即采取拘留措施的，可在拘留后，立即报告院长补办批准手续。院长认为拘留不当的，应当解除拘留。

二、对特殊主体的司法拘留

根据《全国人民代表大会和地方各级人民代表大会代表法》第 32 条第 2 款、第 4 款的规定，对县级以上的各级人民代表大会代表，如果采取司法拘留的强制措施，应当经该级人民代表大会主席团或者人民代表大会常务委员会许可。乡、民族乡、镇的人民代表大会代表，如果被司法拘留的，执行机关应当立即报告乡、民族乡、镇的人民代表大会。

人民法院在对政协委员采取拘留措施时，可比照拘留人大代表的程序进行。对政协委员的拘留可以视情况在拘留人大代表的程序上作适当简化，人民法院决定拘留政协委员的，应将采取拘留措施的情况通报政协机关。

三、执行程序中不服罚款、拘留决定申请复议和执行异议的区别

根据《最高人民法院关于人民法院执行公开的若干规定》第9条，人民法院采取拘留、罚款、拘传等强制措施的，应当依法向被采取强制措施的人出示有关手续，并说明对其采取强制措施的理由和法律依据。采取强制措施后，应当将情况告知其他当事人。采取拘留或罚款措施的，应当在决定书中告知被拘留或者被罚款的人享有向上一级人民法院申请复议的权利。

关于当事人认为人民法院执行程序中作出的罚款、拘留决定违反法律规定，能否向执行法院提出执行异议的问题，执行异议是《民事诉讼法》规定的当事人、利害关系人认为法院执行行为违反法律规定的救济程序，而执行中的罚款、拘留决定仍然属于对妨害民事诉讼强制措施的范畴，《民事诉讼法》对此类事项规定了专门的复议程序。所以对罚款、拘留决定不服的，应按本条规定直接向上一级法院申请复议，不应通过提出执行异议的方式寻求救济。

【典型案例】

丙银行不服H法院罚款决定申请复议案

【裁判要旨】上一级法院在复议程序中认为执行法院罚款数额过高的，可以酌情减轻处罚。

【基本案情】H法院在执行甲公司申请执行乙市政府财政局建设工程合同纠纷一案过程中，裁定冻结、扣划乙市政府财政局在丙银行某账户上的存款800万元。乙市政府财政局以冻结、扣划的存款属于粮棉油收购专项资金为由，向H法院提出执行异议。H法院审查后驳回其异议请求，并赴丙银行要求协助扣划上述存款，丙银行以该款项属于政府专项资金，应当专款专用为由不予协助。H法院作出罚款决定书，对丙银行罚款人民币30万元。对此，丙银行向H法院的上一级法院G法院申请复

议。同时乙市政府财政局不服 H 法院驳回其执行异议的裁定，也向 G 法院申请复议。

【裁判结果】 G 法院审查后查明，H 法院裁定冻结、扣划的乙市政府财政局的银行存款确属粮棉油收购专项资金，裁定撤销 H 法院的执行异议裁定和冻结、扣划乙市政府财政局在丙银行存款的裁定，决定维持 H 法院对丙银行的罚款决定，但将罚款的数额变更为 10 万元。

【裁判理由】 G 法院认为，粮棉油政策性收购资金是用于国家和地方专项储备的粮食、棉花、油料的收购、储备、调销资金和国家定购粮食、棉花收购资金，包括各级财政开支的直接用于粮棉油环节的价格补贴款、银行粮油政策性收购货款和粮棉油政策性收购企业的粮棉调销回笼款。该资金只能用于粮棉油收购及相关费用支出。乙市政府财政局账户内的资金应专款专用，财政局只是该账户的管理人。人民法院不能对粮棉油收购专项资金强制执行。故乙市政府财政局的复议请求成立，H 法院裁定冻结及扣划该账户内的资金错误，依法应予纠正。

关于丙银行不服 H 法院对其罚款 30 万元的决定，G 法院复议审查后认为，协助人民法院执行是金融机构的法定义务，金融机构作为协助执行人无权对人民法院的执行裁定书、协助执行通知书等相关法律文书进行实质审查。H 法院对已经冻结的乙市政府财政局在丙银行某账户内的 800 万元存款进行扣划，扣划手续与冻结裁定指向的对象是一致的，扣划义务人是明确的，丙银行对此应当予以协助。其拒不协助扣划的行为违反法律规定，构成妨害执行的行为，应给予处罚。但是，鉴于上述 800 万元存款属于粮棉油收购专项资金，应当专款专用。乙市政府财政局的复议申请成立，丙银行不予协助扣划，是为了保证专项资金的安全，其不予协助执行的行为没有造成严重后果，故应当酌情减轻处罚。

第一百二十条 采取对妨害民事诉讼的强制措施必须由人民法院决定。任何单位和个人采取非法拘禁他人或者非法私自扣押他人财产追索债务的，应当依法追究刑事责任，或者予以拘留、罚款。

【条文主旨】

本条是关于对妨碍民事诉讼和执行的强制措施决定、实施主体的规定。

【条文理解】

对妨害民事诉讼和执行的强制措施，是在民事诉讼和执行程序中，人民法院为保证诉讼活动和执行活动的顺利进行，依法对妨害民事诉讼和执行的行为采取的强制手段，属于国家司法机关通过行使公权力，对行为人妨害行为的制裁措施。因此，对妨害民事诉讼和执行的行为采取强制措施，只能由受理民事、执行案件的人民法院决定。其他单位或个人采用非法手段寻求权利救济的，不受法律保护，对其违法行为，应依法承担相应的法律责任。

对妨害民事诉讼和执行的强制措施只有人民法院有权采取，其他任何单位和个人都无权决定对妨害民事诉讼的人采取强制措施。实践中，有些单位、个人为追索债务，采取拘禁他人逼其还债，或者私自扣留他人财产用以抵偿债务或迫使他人尽快偿还债务等方式自行寻求救济，对于这些侵害他人人身自由和财产权利的私力救济行为，可依法追究其法律责任。如果这种行为发生在人民法院审理民事案件或者办理执行案件的过程中，人民法院可以根据本条规定，对行为人予以拘留、罚款。非法拘禁他人或者非法扣押他人财产追索债务的行为，不仅违反了程序法的规定，破坏了正常的审判、执行程序，而且严重损害了他人的人身自由和财产权利，对此类行为，人民法院应依法予以制裁。

适用罚款、拘留的情形应当是行为虽然违反法律规定，但情节轻微尚未构成犯罪的，如果行为人非法拘禁他人或者非法私自扣押他人财产追索债务情节严重，构成犯罪的，应由其他部门依据《刑法》规定追究行为人的刑事责任。非法拘禁他人侵害他人的人身权利，非法扣押他人财产侵害他人财产权利，本条规定的违法行为可能触犯《刑法》分则第四章“侵犯公民人身权利罪”、第五章“侵犯财产罪”的部分罪名。

一、侵犯人身权利的犯罪

侵犯公民人身权利罪中与本条规定相关的罪名是非法拘禁罪。这里有必要对非法拘禁罪进行简要介绍，供人民法院决定是否将行为人移交公安机关追究刑事责任时参考。非法拘禁罪，是指通过拘押、禁闭或者其他强制方法，非法剥夺他人人身自由权利的行为。根据《刑法》第238条规定，为索取债务非法扣押、拘禁他人的，依照《刑法》该条的规定处罚。非法拘禁罪侵犯的客体是他人的人身自由权利。在认定该类案件的性质时，应注意以下问题：

（一）非法拘禁罪与其他限制人身自由犯罪的界限

行为人为索取债务非法扣押、拘禁他人的行为，在认识上容易和绑架罪发生一定联系。绑架罪，是指以勒索财物或者其他要求为目的，采取暴力、胁迫或者其他方法，绑架他人作为人质的行为。绑架罪和非法拘禁罪在形式上都剥夺了被害人的人身自由，但区别在于前者是为了获取非法利益而绑架他人，这里的“非法利益”包括物质利益，也包括其他利益；后者与绑架罪获取非法利益的目的不同，为了讨债而拘禁他人的，除了将债务追讨回来之外，并不提出其他财物或不法利益的要求。如果超出追讨债务的范畴获取其他非法利益的，可能构成绑架罪。

（二）非法拘禁罪与侮辱罪、故意伤害罪、故意杀人罪、过失致人重伤罪、过失致人死亡罪的界限

非法拘禁他人，具有侮辱情节的，根据《刑法》第238条第1款规

定，按非法拘禁罪从重处罚，可不再按侮辱罪处理。

根据《刑法》第 238 条关于非法拘禁罪的规定，拘禁他人的过程中具有殴打情节的，从重处罚。需要注意的是，这里所说的“殴打”，应当以故意致人轻伤为限。如果行为人的非法拘禁行为过失造成被害人重伤、死亡的，属于非法拘禁罪的结果加重犯，应当以非法拘禁罪定罪处罚，致人重伤的，按非法拘禁罪处三年以上十年以下有期徒刑；致人死亡的，按非法拘禁罪处十年以上有期徒刑，不再按过失致人重伤罪、过失致人死亡罪处理。如果在非法拘禁过程中，行为人故意造成被害人重伤或者故意杀害被害人的，其行为已经超出了非法拘禁罪的犯罪构成要件范畴，应当以故意伤害罪或者故意杀人罪定罪处罚。

国家机关工作人员利用职权犯上述罪的，从重处罚。

二、侵犯财产的犯罪

行为人私自扣押他人财产以追索债务的，如果符合《刑法》第五章侵犯财产罪的规定，应按照相应的罪名追究其刑事责任。私自扣押他人财产的行为有多种表现形式。例如，行为人以暴力、胁迫或者其他方法使他人不能抗拒，强行将他人财物抢走的行为，可能构成抢劫罪；采用公开夺取他人财产的行为强行追索债务，数额较大的，可能构成抢夺罪。之所以要对行为人非法扣押他人财产强索债务情节严重的行为追究刑事责任，是因为行为人虽然对他人享有债权，但其应当通过正当的法律程序主张权利，由人民法院对债务人采取强制措施。债权人不通过法律途径，而是私自采取侵害他人财产权的方式实现权利的，其行为仍然具有违法性，损害了他人对其自身财产的所有权。

【条文适用】

有关单位和个人非法拘禁他人，或者非法私自扣押他人财产追索债务的行为，只有发生在民事审判和执行程序中，人民法院才能依据本条规定对其予以拘留、罚款。如果上述行为不是发生在民事诉讼和执行过程中，人民法院就不能按妨害民事诉讼来采取强制措施，而应由其他有关部门依法处理。对于有关单位和个人在诉讼、执行程序之外，为追索债务实施非法拘禁他人和非法扣押他人财产的行为，尚未构成犯罪的，受害人可以根据《治安管理处罚法》第40条、第49条的规定，请求公安机关对行为人进行行政处罚；情节严重构成犯罪的，应直接根据《刑法》和《刑事诉讼法》的规定，追究行为人的刑事责任。

第十一章　诉讼费用

第一百二十一条　当事人进行民事诉讼，应当按照规定交纳案件受理费。财产案件除交纳案件受理费外，并按照规定交纳其他诉讼费用。

当事人交纳诉讼费用确有困难的，可以按照规定向人民法院申请缓交、减交或者免交。

收取诉讼费用的办法另行制定。

【条文主旨】

本条是关于诉讼费用的规定。

【条文理解】

诉讼费用，是指当事人进行民事诉讼依法应当向人民法院交纳和支出的费用。诉讼费用制度是民事诉讼法的一项重要制度。在民事诉讼中交纳诉讼费用，是世界各国和地区普遍采用的一项民事诉讼制度。民事诉讼中交纳诉讼费用具有以下重要意义：

第一，制裁民事违法行为。诉讼费用一般由败诉方负担，对民事违法行为具有制裁的功能。由于这种制裁功能的存在，民事主体可能会积极履行其所应承担的民事义务。

第二，减少当事人滥用诉权。诉讼费用原则上由败诉的当事人和不当进行诉讼行为的当事人负担。当事人在提起诉讼时必然要考虑诉讼成本，在一定程度上可以遏制当事人滥用诉权的行为。

第三，减少纳税人的负担和国家的财政开支。民事诉讼发生在特定的当事人之间，与社会其他成员并不存在直接的利害关系。如果不对民事诉讼征收诉讼费用，将由整个社会为少数人的需要负担不合理的开支。民事案件是由于特定当事人之间的民事权利义务关系发生的争议，诉讼费用理应由该特定的当事人负担。

第四，有利于维护国家的主权和经济利益，贯彻国际交往中的平等互利原则。世界各国和地区普遍实行民事诉讼收费制度，我国只有和世界各国和地区的做法保持一致，才能体现平等互利原则，维护我国的主权和经济利益。[①]

理解本条内容时应重点把握以下几点。

一、诉讼费用的种类

根据本条和《诉讼费用交纳办法》的规定，诉讼费用包括案件受理费、申请费和其他诉讼费用三种。

（一）案件受理费

案件受理费，是指当事人启动民事诉讼程序，向人民法院依法交纳的费用。案件受理费是在人民法院审理案件时交纳的，具有国家规费的性质。除《诉讼费用交纳办法》规定可以不交纳受理费的案件以外，其他案件原则上均应交纳案件受理费。根据《诉讼费用交纳办法》第 7 条的规定，案件受理费包括：第一审案件受理费；第二审案件受理费；再审案件中，依照该办法规定需要交纳的案件受理费。根据该办法第 9 条的规定，再审案件当事人不交纳案件受理费，但下列情形除外：（1）当事人有新的证据，足以推翻原判决、裁定，向人民法院申请再审，人民法院经审查决定再审的案件；（2）当事人对人民法院第一审判决或者裁定未提出上诉，第一审判决、裁定或者调解书发生法律效力后又申请再审，人民法院经审查决定再审的案件。

根据《诉讼费用交纳办法》第 8 条的规定，下列案件不交纳案件受

① 江伟主编：《中国民事诉讼法教程》，中国政法大学出版社 2008 年版，第 188 页。

理费：（1）依照《民事诉讼法》规定的特别程序审理的案件，如选民资格案件、宣告公民失踪案件、宣告公民死亡案件、认定公民无行为能力或者限制行为能力的案件、认定财产无主案件；（2）裁定不予受理、驳回起诉、驳回上诉的案件；（3）对不予受理、驳回起诉和管辖权异议裁定不服，提起上诉的案件；（4）行政赔偿案件。

案件受理费因案件性质不同执行不同的交纳标准。《诉讼费用交纳办法》第13条对财产案件、非财产案件、知识产权案件、劳动争议案件、管辖权异议等案件的受理费规定了不同的收费标准。由于我国各地经济发展水平差异较大，该条规定省、自治区、直辖市人民政府可以结合本地实际情况，对部分案件受理费交纳标准制定具体的规定。

需要说明的是，《诉讼费用交纳办法》根据案件程序的繁简、结案的方式、案件的审级、当事人参与诉讼的情况、诉讼程序的性质等因素，对案件受理费的收取作了一些特殊规定。根据第15～19条的规定：以调解方式结案或者当事人申请撤诉的，减半交纳案件受理费；适用简易程序审理的案件减半交纳案件受理费；对财产案件提起上诉的，按照不服一审判决部分的上诉请求数额交纳案件受理费；被告提起反诉、有独立请求权的第三人提出与本案有关的诉讼请求，人民法院决定合并审理的，分别减半交纳案件受理费；需要交纳案件受理费的再审案件，按照不服原判决部分的再审请求数额交纳案件受理费。

根据《民事诉讼法司法解释》第194条、第195条、第199条、第202条等规定，依照《民事诉讼法》第57条审理的案件不预交案件受理费，结案后按照诉讼标的额由败诉方交纳。支付令失效后转入诉讼程序的，债权人应当按照《诉讼费用交纳办法》补交案件受理费；支付令被撤销后，债权人另行起诉的，按照《诉讼费用交纳办法》交纳诉讼费用。适用简易程序审理的案件转为普通程序的，原告自接到人民法院交纳诉讼费用通知之日起7日内补交案件受理费；原告无正当理由未按期足额补交的，按撤诉处理，已经收取的诉讼费用退还一半。原告、被告、第三人分别上诉的，按照上诉请求分别预交二审案件受理费；同一方多人共同上诉的，只预交一份二审案件受理费；分别上诉的，按照上诉请求分别预交二审案件受理费。

（二）申请费

申请费，是指当事人申请人民法院执行法律规定由人民法院执行的法律文书、申请人民法院采取财产保全措施等事项时，应向人民法院交纳的费用。

根据《诉讼费用交纳办法》第 10 条的规定，当事人依法向人民法院申请下列事项，应当交纳申请费：（1）申请执行人民法院发生法律效力的判决、裁定、调解书，仲裁机构依法作出的裁决和调解书，公证机构依法赋予强制执行效力的债权文书；（2）申请保全措施；（3）申请支付令；（4）申请公示催告；（5）申请撤销仲裁裁决或者认定仲裁协议效力；（6）申请破产；（7）申请海事强制令、共同海损理算、设立海事赔偿责任限制基金、海事债权登记、船舶优先权催告；（8）申请承认和执行外国法院判决、裁定和国外仲裁机构裁决。《诉讼费用交纳办法》第 14 条对上述案件申请费的标准作了详细规定。

（三）其他诉讼费用

其他诉讼费用，是指在诉讼过程中实际支出的应由当事人负担的各种费用。根据《诉讼费用交纳办法》第 11 条、第 12 条的规定，证人、鉴定人、翻译人员、理算人员在人民法院指定日期出庭发生的交通费、住宿费、生活费和误工补贴，由人民法院按照国家规定标准代为收取。当事人复制案件卷宗材料和法律文书应当按实际成本向人民法院交纳工本费。诉讼过程中因鉴定、公告、勘验、翻译、评估、拍卖、变卖、仓储、保管、运输、船舶监管等发生的依法应当由当事人负担的费用，人民法院根据谁主张、谁负担的原则，决定由当事人直接支付给有关机构或者单位，人民法院不得代收代付。人民法院依照《民事诉讼法》的规定提供当地民族通用语言、文字翻译的，不收取费用。

二、诉讼费用的缓、减、免

诉讼费用制度具有减少当事人滥用诉权的作用，但对于经济确有困难又需要寻求法院司法保护的当事人，诉讼费用制度也有必要设立相应的救助手段，对处于弱势地位的部分当事人给予救济和帮助。本条第2款规定：当事人交纳诉讼费用确有困难的，可以向人民法院申请缓交、减交或者免交。《诉讼费用交纳办法》第六章“司法救助”进一步明确了诉讼费用缓交、减交和免交的适用条件及相关问题。诉讼费用制度中的司法救助，也称诉讼救助，是指人民法院对于民事案件中经济确有困难的当事人，实行诉讼费用缓交、减交或者免交的制度。

（一）缓交诉讼费用

缓交，是指当事人经济上确有困难，暂时无力交纳诉讼费用，向人民法院申请延缓交纳，待有能力时再行交纳的制度。《诉讼费用交纳办法》第47条规定：当事人申请司法救助，符合下列情形之一的，人民法院应当准予缓交诉讼费用：（1）追索社会保险金、经济补偿金的；（2）海上事故、交通事故、医疗事故、工伤事故、产品质量事故或者其他人身伤害事故的受害人请求赔偿的；（3）正在接受有关部门法律援助的；（4）确实需要缓交的其他情形。根据该办法第49条的规定，当事人申请缓交诉讼费用经审查符合规定的，人民法院应当在决定立案之前作出准予缓交的决定。

（二）减交诉讼费用

减交，是指当事人经济上确有困难，无力交纳全部诉讼费用，人民法院准予减少交纳诉讼费用的制度。《诉讼费用交纳办法》第46条规定：当事人申请司法救助，符合下列情形之一的，人民法院应当准予减交诉讼费用：（1）因自然灾害等不可抗力造成生活困难，正在接受社会救济，或者家庭生产经营难以为继的；（2）属于国家规定的优抚、安置对象的；（3）社会福利机构和救助管理站；（4）确实需要减交的其他情形。人民法院准予减交诉讼费用的，减交比例不得低于30%。该办法第51条规定：人民法院准予当事人减交诉讼费用的，应当在法律文书中载明。

（三）免交诉讼费用

免交，是指当事人经济确有困难，无力交纳诉讼费用，人民法院准许其不交纳诉讼费用的制度。《诉讼费用交纳办法》第44条第2款规定：

诉讼费用的免交只适用于自然人。免交不同于不交，不交诉讼费用是指依法不应当交纳的情形，免交是指依法应当交纳但由于当事人经济困难，人民法院予以免除的情形。《诉讼费用交纳办法》第45条规定：当事人申请司法救助，符合下列情形之一的，人民法院应当准予免交诉讼费用：（1）残疾人无固定生活来源的；（2）追索赡养费、扶养费、抚育费、抚恤金的；（3）最低生活保障对象、农村特困定期救济对象、农村五保供养对象或者领取失业保险金人员，无其他收入的；（4）因见义勇为或者为保护社会公共利益致使自身合法权益受到损害，本人或者其近亲属请求赔偿或者补偿的；（5）确实需要免交的其他情形。该办法第51条规定：人民法院准予当事人免交诉讼费用的，应当在法律文书中载明。

（四）司法救助的申请程序

《诉讼费用交纳办法》第48条规定：当事人申请司法救助，应当在起诉或者上诉时提交书面申请、足以证明其确有经济困难的证明材料以及其他相关证明材料。因生活困难或者追索基本生活费用申请免交、减交诉讼费用的，还应当提供本人及其家庭经济状况符合当地民政、劳动保障等部门规定的公民经济困难标准的证明。人民法院对当事人的司法救助申请不予批准的，应当向当事人书面说明理由。

三、收取诉讼费用办法的制定

我国诉讼费用收取办法的制定主体，经历了由最高人民法院向国务院转变的过程。最高人民法院1984年曾颁布《民事诉讼收费办法（试行)》，对诉讼费用的收取进行管理。1989年又重新颁布《人民法院诉讼收费办法》，并废止1984年的《民事诉讼收费办法（试行)》。此后，最高人民法院1999年颁布《〈人民法院诉讼收费办法〉补充规定》，对1989年的《人民法院诉讼收费办法》作了补充。2006年12月8日，国务院第159次常务会议审议通过了《诉讼费用交纳办法》，自2007年4月1日起施行。2007年4月20日，最高人民法院发布《关于适用〈诉讼费用交纳办法〉的通知》，明确《诉讼费用交纳办法》自2007年4月1

日起施行，《人民法院诉讼收费办法》和《〈人民法院诉讼收费办法〉补充规定》不再适用。最高人民法院2015年2月4日施行的《民事诉讼法司法解释》对诉讼费用问题制定了很多新规则，该司法解释与《诉讼费用交纳办法》并行适用。

【条文适用】

人民法院在诉讼费用的交纳和退还过程中，应严格执行《诉讼费用交纳办法》第四章的规定，并按照第五章规定的要求在法律文书中对诉讼费用的分担作出裁决。另外，根据《最高人民法院关于适用〈诉讼费用交纳办法〉的通知》要求，人民法院在处理诉讼费用的一些具体问题上应注意以下几点。

一、《诉讼费用交纳办法》实施后再审案件的收费标准

对2007年4月1日以前已经作出生效裁判的案件依法再审的，适用《诉讼费用交纳办法》的规定。人民法院对再审案件依法改判的，原审诉讼费用的负担按照原审时诉讼费用负担的原则和标准重新予以确定。

二、当事人未按照规定交纳案件受理费或者申请费的后果

当事人逾期不按照《诉讼费用交纳办法》第20条的规定交纳案件受理费或者申请费并且没有提出司法救助申请，或者申请司法救助未获批准，在人民法院指定期限内仍未交纳案件受理费或者申请费的，由人民法院依法按照当事人自动撤诉或者撤回申请处理。

三、诉讼费用的负担

《诉讼费用交纳办法》第29条规定：诉讼费用由败诉方负担，胜诉方自愿承担的除外。对原告胜诉的案件，诉讼费用由被告负担，人民法院应当将预收的诉讼费用退还原告，再由人民法院直接向被告收取，但原告自愿承担或者同意被告直接向其支付的除外。当事人拒不交纳诉讼

费用的，人民法院应当依法强制执行。

四、执行申请费和破产申请费的收取

《诉讼费用交纳办法》第20条规定：执行申请费和破产申请费不由申请人预交，执行申请费执行后交纳，破产申请费清算后交纳。自2007年4月1日起，执行申请费由人民法院在执行生效法律文书确定的内容之外直接向被执行人收取，破产申请费由人民法院在破产清算后从破产财产中优先拨付。

除此以外，《民事诉讼法司法解释》对诉讼费用确立的部分规则有必要说明。

（一）关于诉讼标的金额的确定

《民事诉讼法司法解释》第197条、第198条规定，诉讼标的物是证券的，按照证券交易规则并根据当事人起诉之日前最后一个交易日的收盘价、当日的市场价或者其载明的金额计算诉讼标的金额；诉讼标的物是房屋、土地、林木、车辆、船舶、文物等特定物或者知识产权，起诉时价值难以确定的，人民法院应当向原告释明主张过高或者过低的诉讼风险，以原告主张的价值确定诉讼标的金额。

（二）关于诉讼请求与诉讼费的交纳标准

《民事诉讼法司法解释》第201条规定：既有财产性诉讼请求，又有非财产性诉讼请求的，按照财产性诉讼请求的标准交纳诉讼费；有多个财产性诉讼请求的，合并计算交纳诉讼费；诉讼请求中有多个非财产性诉讼请求的，按一件交纳诉讼费。

（三）关于诉讼费用的负担

《民事诉讼法司法解释》第203条规定：承担连带责任的当事人败诉的，应当共同负担诉讼费用。该解释第204条规定：实现担保物权案件，人民法院裁定拍卖、变卖担保财产的，申请费由债务人、担保人负担；人民法院裁定驳回申请的，申请费由申请人负担；申请人另行起诉的，其已经交纳的申请费可以从案件受理费中扣除。该解释第207条规定：判决生效后，胜诉方预交但不应负担的诉讼费用，人民法院应当退还，由败诉方向人民法院交纳，但胜诉方自愿承担或者同意败诉方直接向其支付的除外；当事人拒不交纳诉讼费用的，人民法院可以强制执行。

第二编　审判程序

第十二章　第一审普通程序

第一节　起诉和受理

第一百二十二条　起诉必须符合下列条件：

（一）原告是与本案有直接利害关系的公民、法人和其他组织；

（二）有明确的被告；

（三）有具体的诉讼请求和事实、理由；

（四）属于人民法院受理民事诉讼的范围和受诉人民法院管辖。

【条文主旨】

本条是关于原告提起民事诉讼需要符合的起诉条件的规定。

【条文理解】

起诉是指公民、法人或者其他组织认为自己的民事权利受到侵害，以自己的名义请求人民法院通过审判给予司法保护的诉讼行为。起诉是当事人行使诉权的具体体现，起诉可以启动民事诉讼程序，使案件进入诉讼系属，在当事人之间、当事人与法院之间引起民事诉讼关系的产生，起诉条件是指《民事诉讼法》规定的公民、法人或其他组织向人民法院请求启动民事审判程序所需要具备的条件。起诉是否符合起诉条件直接决定案件能否被人民法院受理，并进入实体审理程序。

一、原告适格

原告是指认为自己的民事权益或者受其管理支配的民事权益受到侵害，或者与他人发生民事权益争议，以自己的名义向人民法院提起诉讼，引起诉讼程序发生的主体。适格原告需具备以下两项条件：

（一）原告需具备民事诉讼权利能力

民事诉讼权利能力是决定公民、法人或其他组织能够以当事人的身份、以自己的名义参加民事诉讼的资格，是原告适格的前提和基础。民事诉讼权利能力的内涵和外延不同于民事权利能力。民事权利能力是指作为民事主体可以享有民事权利、承担民事义务的资格，民事权利能力是民事实体法中的概念，民事诉讼权利能力是民事诉讼法中的概念。根据《民法典》第一编第二章的规定，公民、法人和出生时为活体的胎儿具有民事权利能力。享有民事诉讼权利能力的主体除上述主体外，还包括不具有法人资格的其他组织。《民事诉讼法司法解释》第 52 条规定了享有民事诉讼权利能力的非法人组织包括：（1）依法登记领取营业执照的个人独资企业；（2）依法登记领取营业执照的合伙企业；（3）依法登记领取我国营业执照的中外合作经营企业、外资企业；（4）依法成立的社会团体的分支机构、代表机构；（5）依法设立并领取营业执照的法人的分支机构；（6）依法设立并领取营业执照的商业银行、政策性银行和非银行金融机构的分支机构；（7）经依法登记领取营业执照的乡镇企业、街道企业；（8）其他符合本条规定条件的组织。

具有民事诉讼权利能力的主体不一定具有民事诉讼行为能力，民事诉讼行为能力是指能够亲自进行民事诉讼活动，具有独立行使诉讼权利和履行诉讼义务的能力，又称为诉讼能力。具有民事诉讼权利能力而不具有民事诉讼行为能力的主体，可以通过法定代理或诉讼代理形式补正诉讼行为能力的不足。

（二）原告需与案件具有直接利害关系

利害关系在本质上是一种法律上的利益冲突，直接利害关系是不以其他权益主体的存在为媒介，双方直接发生法律层面的利益冲突，一方的民事权利直接因对方的行为遭受损害，而如果一方的行为间接导致他人民事权益遭受损害，则此种因果关系仅在事实层面存在，不属于直接利害关系。原告与案件的直接利害关系决定了原告是否具有诉的利益。

原告与案件的直接利害关系体现为两种形态：一是原告是发生争议的民事法律关系的主体之一；二是原告虽不是民事法律关系的主体之一，但其依照法律规定，对争议的民事法律关系中涉及的民事权益享有管理权和支配权。换言之，原告认为自己享有或管理下的民事权益受到侵害，故向法院提起诉讼，此时原告与案件具有利害关系。由于直接利害关系存在与否涉及对争议民事法律关系的主体和内容的判断，属于案件实体问题，因此人民法院在判断原告与案件是否具有直接利害关系时，应主要以原告主张的事实和理由为准。

二、被告明确

被告是指被诉称侵犯原告民事权益或与原告发生民事权益争议，被人民法院传唤应诉的人。原告起诉时，需提供被告准确的姓名或名称、住址和联系方式。根据《民事诉讼法司法解释》第209条第1款之规定，原告提供被告的姓名或者名称、住所等信息具体明确，足以使被告与他人相区别的，可以认定为有明确的被告。

起诉的主体条件中，仅要求被告明确，不要求“被告适格”。适格被告是与原告发生争议的民事法律关系的主体，原告对该被告具有实施诉讼的权能，被告是否适格关系到原告的实体诉讼请求是否应当支持，属于案件审理中的实体问题。被告不适格时，人民法院应判决驳回原告诉讼请求，实践中不能以被告不适格为由裁定不予受理或驳回起诉。人民法院在审查原告的起诉是否符合起诉条件时，应严格限制为形式要件的审查，只要符合《民事诉讼法》规定的起诉条件，就应当立案受理，对于实体问题，应在实体审理程序中查明，不能以被告不应承担实体义务为由，裁定不予受理或驳回起诉。

三、诉讼请求和事实、理由

诉讼请求是原告提起诉讼所欲获得的具体的实体法律地位或实体法效果，也可称为诉的声明。根据原告提出的诉讼请求的具体内容，可以将诉讼的种类划分为确认之诉、给付之诉和形成之诉。诉讼请求限定人民法院行使司法审判权的范围，根据不告不理原则，人民法院应当在当事人提出的诉讼请求范围内进行审理，不能超出当事人的诉讼请求裁判；对于当事人提出的诉讼请求，属于《民事诉讼法》规定的受案范围内的，人民法院都应当进行审理，不能遗漏诉讼请求判决。诉讼请求与诉讼标的概念密切相关，进而对诉的识别具有重要意义，是判断重复诉讼的标准之一。

除诉讼请求外，原告还应提出其所主张的案件事实，以及能够支撑其主张的理由。原告所主张的案件事实应当从形式上具备引起某种法律关系的基本要素，其主张的理由与诉讼请求之间应当具备形式上的因果关系。原告有能够证明其所主张的事实的证据，应当向法院提交，以说明其所提出诉讼请求的正当性。但《民事诉讼法》并未将提交证据作为原告向人民法院起诉的条件，故不能以原告未向法院提交足以胜诉的证据为由不予受理原告的起诉。

四、主管与管辖

法院主管，也即法院受案范围，是确定人民法院和其他国家机关、社会团体之间解决民事、经济纠纷职权范围的分工与权限。《民事诉讼法》第 3 条规定："人民法院受理公民之间、法人之间、其他组织之间以及他们相互之间因财产关系和人身关系提起的民事诉讼。"这是对法院主管范围的具体规定。对于属于人民法院主管范围内的事项，人民法院应当依法行使审判权，立案受理并进行实体审理。不属于人民法院主管范围内的纠纷，应告知当事人向有关机关申请解决。

管辖是指人民法院内部受理民事案件的分工和权限。管辖制度对于民事诉讼实践具有重要意义：一是可以科学合理地将各类案件分配至各地各级人民法院，防止案件过分集中于某些人民法院，使审判力量与案件数量相对均衡；二是正确界定管辖有利于防止各地法院之间相互推诿，或争夺管辖权，形成管辖争议，使案件尽快确定管辖法院，进入实体审理程序；三是有利于当事人正确有效地行使诉权，及时向有管辖权的法院起诉案件才能得到受理，避免因管辖不明导致当事人告状无门，保护当事人诉权和实体合法权益；四是在当事人之间合理分配诉讼成本，防止滥诉，最大限度地便利当事人参加诉讼，减轻当事人诉累。受诉法院具有管辖权是起诉的条件之一。受诉法院对案件没有管辖权的，应当告知当事人向有管辖权的人民法院起诉。案件受理后发现没有管辖权的，人民法院应当裁定将案件移送有管辖权的人民法院。

【条文适用】

一、立案登记制与立案审查制

为充分保障当事人诉权，切实解决人民群众反映的“立案难”问题，2014年10月23日，中国共产党第十八届中央委员会第四次全体会议通过《中共中央关于全面推进依法治国若干重大问题的决定》，其中提出“改革法院案件受理制度，变立案审查制为立案登记制，对人民法院依法应该受理的案件，做到有案必立、有诉必理，保障当事人诉权”。2015年4月1日，中央全面深化改革领导小组第十一次会议审议通过《关于人民法院推行立案登记制改革的意见》，改革法院案件受理制度。在立案审查制下，各级法院对当事人起诉条件的审查尺度不一，甚至进行实质性审查。而实行立案登记制后，对符合法律规定的起诉，人民法院应当予以登记立案。

审判实践中，应当正确理解和把握立案登记制，立案登记制并不意味着对当事人的起诉一律立案受理，人民法院仍应当对原告的起诉是否符合本条规定的条件进行审查，但强调对审查尺度和标准的统一把握。

本条规定的 4 项要件是人民法院审查受理民事起诉的法定标准，不得在本条和法律、司法解释的明文规定之外，再行设定起诉条件。

二、主管异议与管辖权异议

主管异议是指被告认为原告的起诉不属于人民法院主管范围，应由其他国家机关处理而向人民法院提出的异议。管辖权异议是指被告认为受诉法院对原告的起诉不具有管辖权而提出的异议。

《民事诉讼法》中未对主管异议规定具体的争议解决程序，实践中，被告可在答辩状中提出主管异议，人民法院在审理过程中，认为被告提出的主管异议成立，应当裁定驳回起诉；认为主管异议不能成立的，应当继续审理，无需专门针对主管异议出具裁定，可在最终作出的判决中对被告提出的主管异议进行裁判说理。人民法院也可依职权对案件是否属于人民法院受诉范围进行审查，并决定对案件不予受理、驳回起诉或继续审理。

《民事诉讼法》第 130 条规定了管辖权异议程序。人民法院受理案件后，被告有权提出管辖权异议，人民法院对被告提出的管辖权异议，应当出具裁定，当事人不服管辖权异议的裁定，有权提起上诉，但无权申请再审。

实践中存在混淆主管异议与管辖权异议的问题，例如，被告以双方签订有仲裁协议为由，主张人民法院不应受理原告的起诉，被告提出的异议属于主管异议，异议成立，人民法院应裁定不予受理或驳回起诉，并告知原告向仲裁机构申请仲裁。异议不成立的，人民法院应继续审理案件，无需出具裁定。实践中，有法院将被告提出的主管异议按管辖权异议程序予以审查并出具裁定，同时赋予当事人上诉权，导致案件迟迟不能进入审理程序。实践中应注意区分两种类型的异议，适用不同的程序处理。

【典型案例】

黄某与某置业公司、某典当公司、黄某某合同纠纷案

【案　　号】最高人民法院（2021）最高法民再 191 号

【裁判要旨】合同纠纷案件不以原告是直接签订合同的主体为起诉条件；被告认可原告主张的案件事实不是否定原告诉权的理由。除法律另有规定外，《民事诉讼法》（2017 年修正）第 119 条[①]是判断原告是否有权起诉的唯一标准，人民法院不得在《民事诉讼法》（2017 年修正）第 119 条规定的 4 项条件之外，再行设定起诉条件。

【基本案情】青岛中院作出执行裁定，将案涉土地过户至买受人某典当公司名下。黄某以案外人身份提出执行异议，在执行异议程序中，其与某置业公司达成《和解协议》，某典当公司与某置业公司签订《协议书》，两份协议约定：某置业公司向某典当公司支付 5000 万元，并向黄某支付 7000 万元，某典当公司配合将案涉土地过户至某置业公司名下，黄某将净地交付某置业公司。后黄某撤回执行异议。案涉土地现登记在某典当公司名下。黄某以某典当公司和某置业公司未履行支付土地价款义务为由，诉至法院。

【裁判结果】一审法院认为，人民法院受理民事诉讼须以民事主体之间存在法律利益的具体争讼为前提，黄某与某典当公司不存在合同关系，故黄某无权请求某典当公司承担付款责任。某置业公司对黄某提交的《和解协议》予以确认，对黄某的诉求亦未提出实质性异议，故双方可依法自主实施民事行为，黄某对该项诉讼请求不具有诉的利益，无司法救济之必要。裁定驳回黄某的起诉。二审法院维持一审裁定。黄某向最高人民法院申请再审，最高人民法院再审撤销一、二审裁定，指令青岛中院审理本案。

---

① 对应《民事诉讼法》（2023 年修正）第 122 条。

【裁判理由】最高人民法院再审认为：某置业公司认可黄某主张的事实，并不代表双方在《和解协议》项下没有纠纷，也不代表双方能够自行履行《和解协议》项下的合同义务。某置业公司对黄某所主张的案件事实的认可不能作为否定黄某具有诉的利益的理由。黄某主张其对案涉土地享有权益，以其对案涉土地的权益被某典当公司占有为由起诉某典当公司。案涉土地目前登记在某典当公司名下，故黄某与案件具有直接利害关系，享有起诉某典当公司要求承担责任的诉权。黄某与某典当公司未直接签订合同不是否定黄某诉权的法定事由。案涉土地实际权利归属是人民法院实体审理程序应解决的问题。

第一百二十三条　起诉应当向人民法院递交起诉状，并按照被告人数提出副本。

书写起诉状确有困难的，可以口头起诉，由人民法院记入笔录，并告知对方当事人。

【条文主旨】

本条是关于起诉应提交起诉状或口头起诉的规定。

【条文理解】

按普通程序审理的案件，以书面起诉为原则，以口头起诉为例外和补充。一般情况下，原告应当向人民法院提交符合法定形式的起诉状，只有在原告书写起诉状有困难时，才可以口头起诉。除上述情形外，《民事诉讼法》第 161 条第 1 款还规定：对简单的民事案件，原告可以口头起诉。

一、起诉状

起诉状也称“诉状”，是指公民、法人或其他组织认为自身合法权益遭受侵害而向人民法院提出诉讼请求的文书。最高人民法院于 2016 年 6 月 28 日印发《民事诉讼文书样式》，其中提供了民事起诉状的样本，为当事人书写诉状提供示范和指引。书写起诉状，有利于明确表达原告的诉讼请求及所依据的事实和理由，也便于人民法院判断是否应予受理原告的起诉。通过将起诉状副本送达被告，可以及时将原告的主张和依据传达给被告，有利于被告行使答辩权。起诉状是一种重要的诉讼文书，用语应文明、规范。《民事诉讼法司法解释》第 210 条中对起诉状的用语措辞提出要求，起诉状中不能包含谩骂和人身攻击之辞，否则应予修改。

原告应按被告人数提交内容与正本相同的副本，由人民法院向被告送达，起诉状正本应留存入卷宗。副本可以抄写，也可以打印、复印。

二、口头起诉

口头起诉是指原告以口述形式向人民法院作出提起民事诉讼的意思表示。口头起诉是对书面起诉形式的补充。《民事诉讼法》中规定了两种情况下可以口头起诉：一是本条规定的书写起诉状确有困难的；二是《民事诉讼法》第 161 条规定的“对简单的民事案件，原告可以口头起诉”。简易程序中采取口头起诉的方式，便于人民群众参加诉讼，利用法律手段保护自身的权益。《民事诉讼法司法解释》第 265 条规定：“原告口头起诉的，人民法院应当将当事人的姓名、性别、工作单位、住所、联系方式等基本信息，诉讼请求，事实及理由等准确记入笔录，由原告核对无误后签名或者捺印。对当事人提交的证据材料，应当出具收据。”对于口头起诉的内容，由法官记入笔录，在案件受理后，将起诉状内容告知对方当事人，具体方式可以口头通知或书面告知。书面告知时，应当将笔录抄本或笔录要点的摘抄本送达被告。口头起诉具有与书面起诉相同的法律效力，口头起诉笔录具有与起诉状相同的法律效力。最高人民法院于 2016 年 6 月 28 日印发的《民事诉讼文书样式》中提供了口头起诉登记表的格式文本，供人民法院记录当事人口头起诉情况时使用。

【条文适用】

一、接收诉状与立案受理

实践中应区分人民法院接收诉状与立案受理，《最高人民法院关于人民法院登记立案若干问题的规定》第 2 条第 1 款规定：“对起诉、自诉，人民法院应当一律接收诉状，出具书面凭证并注明收到日期。”接收诉状并不代表立案受理。接收诉状后，经审查认为符合法律规定的起诉条件，且不具有《民事诉讼法》第 127 条规定的不予受理情形的，人民法院应当登记立案。对不符合法律规定的起诉，人民法院应当予以释明。当事人提交的诉状和材料不符合要求的，人民法院应当一次性书面告知当事人在指定期限内补正。当事人在指定期限内补正的，人民法院决定是否立案的期间，自收到补正材料之日起计算。当事人在指定期限内没有补正的，退回诉状并记录在册；坚持起诉、自诉的，裁定或者决定不予受理、不予立案。经补正仍不符合要求的，裁定或者决定不予受理、不予立案。对立案工作中存在的不接收诉状、接收诉状后不出具书面凭证，不一次性告知当事人补正诉状内容，以及有案不立、拖延立案、干扰立案、既不立案又不作出裁定或者决定等违法违纪情形，当事人可以向受诉人民法院或者上级人民法院投诉。人民法院应当在受理投诉之日起 15 日内，查明事实，并将情况反馈当事人。发现违法违纪行为的，依法依纪追究相关人员责任；构成犯罪的，依法追究刑事责任。

二、起诉的法律后果

1. 产生诉讼系属。自原告向法院起诉时，发生诉讼系属。诉讼系属是指因提起诉讼使诉讼的请求存在于法院之状态。如果是以书面方式起诉的，自起诉状送交法院时发生诉讼系属；如果是以口头方式起诉的，自作成笔录时发生诉讼系属。诉讼系属一经形成，案件处于诉讼状态中，即使尚未正式立案受理或出具不予受理的裁定，原告不得再行起诉，否则应视为重复起诉。

2. 引起诉讼时效中断。起诉状中载明原告的诉讼请求，原告提起诉讼，应视为向被告主张权利，应当引起诉讼时效中断的实体法效果。自中断时起，诉讼时效期间重新计算。

【典型案例】

吕某、羊某等专利权权属纠纷案

【案　　号】最高人民法院（2021）最高法知民终 1180 号

【裁判要旨】对原告主体资格的形式审查通常在立案阶段进行，立案后审理过程中，如果发现起诉材料存在瑕疵，法院应当向当事人释明并要求补正，必要时，应当依职权予以查明。

【基本案情】吕某、羊某、王某向一审法院提起诉讼，吕某、羊某、王某在一审中提交的《民事起诉状》共有3页，前2页包括当事人信息、诉讼请求、事实与理由部分，并标明页码为第1页、第2页，第2页最后一行为“（以下无正文）”。最后一页为签字页，吕某、羊某、王某在该页签名按指印，日期为2019年10月17日，标明页码为1页。一审法院于2019年11月15日立案受理，于2020年6月30日开庭审理。2020年11月18日，山东省东营市渤海公证处出具了公证书，证明吕某、羊某、王某在《民事起诉状》上签名、按指印。该《民事起诉状》与吕某、羊某、王某提交原审法院的《民事起诉状》一致。吕某、羊某、王某将该公证书提交一审法院，但一审法院未采纳。

【裁判结果】一审法院认为，吕某、羊某、王某提交的起诉状存在严重瑕疵，吕某、羊某、王某提交的起诉状共3页，第1页和第2页字体和纸张一致，最后一页无主文，仅有吕某、羊某、王某的签字，纸张和字体与前2页明显不一致，标注的页码为第1页。应视为吕某、羊某、王某未提交合格的起诉状，不能确定本次起诉是否为吕某、羊某、王某的真实意思表示。一审法院裁定：驳回吕某、羊某、王某的起诉。三人不服，向最高人民法院提起上诉。最高人民法院二审裁定指令一审法院受理本案。

【裁判理由】最高人民法院二审认为：对原告主体资格的形式审查通常在立案阶段进行，立案后审理过程中，如果发现起诉材料存在瑕疵，法院应当向当事人释明并要求补正，必要时，应当依职权予以查明。吕某、羊某、王某补充提交的《公证书》已经弥补了《民事起诉状》的形式瑕疵，证明《民事起诉状》是三人的真实意思表示。一审裁定对此未予记载和确认，也未说明不予采信的理由，径行裁定驳回起诉，事实认定有误。一审法院依据《民事诉讼法》（2017年修正）第120条[①]的规定裁定驳回吕某、羊某、王某的起诉。该条规定的是起诉的形式，并非驳回起诉的适用条件。一审法院适用该条规定裁定驳回起诉，法律适用错误。

① 对应《民事诉讼法》（2023年修正）第123条。

第一百二十四条　起诉状应当记明下列事项：

（一）原告的姓名、性别、年龄、民族、职业、工作单位、住所、联系方式，法人或者其他组织的名称、住所和法定代表人或者主要负责人的姓名、职务、联系方式；

（二）被告的姓名、性别、工作单位、住所等信息，法人或者其他组织的名称、住所等信息；

（三）诉讼请求和所根据的事实与理由；

（四）证据和证据来源，证人姓名和住所。

【条文主旨】

本条是关于起诉状内容的规定。

【条文理解】

起诉状中应包括本条所列四项内容，第 1 ~ 2 项为当事人基本情况，属于诉的主体方面的内容，其中被告的信息应明确到足以与其他主体相区别。在某些案件中，双方当事人的住所地尤其是被告住所地，对于确定案件管辖法院具有重要意义。第 3 项诉讼请求和事实理由是起诉状的主要内容，两者共同确定了案件的诉讼标的，决定了人民法院审理案件的范围。人民法院应当围绕原告提出的诉讼请求审理案件，不得超出诉讼请求范围审理案件，也不得遗漏诉讼请求进行判决。原告诉讼请求主张的具体数额即诉讼标的额，是人民法院计算一审案件受理费的主要依据。第 4 项为证据，起诉状中应列明原告拟向法院提交的证据及证据来源，一般应制作证据目录，证据来源用于说明证据的合法性。原告申请证人出庭作证的，应写明证人姓名和住所。除上述内容外，实践中有些法院会要求原告列明其所主张的案由，便于法院界定争议的法律关系。

【条文适用】

一、起诉状的形式要件

起诉状除具备上述要素外，还应符合形式要件。《民事诉讼文书样式》提供了起诉状样本，为书写起诉状提供指引。起诉状可以是书面打印版本或手写版本，要求字迹清晰可辨，用语规范文明，内容齐全完整。原告为自然人的，起诉状上应有原告本人签字或捺印，原告为公司或其他组织的，应加盖印章，并由公司法定代表人或其他组织负责人签字。根据《人民法院在线诉讼规则》第 9 条第 2 款之规定，当事人已在线提交符合要求的起诉状等材料的，人民法院不得要求当事人再提供纸质件。

二、被告信息明确

根据《民事诉讼法司法解释》第 209 条要求，被告的信息必须明确具体，包括姓名或名称、住所等信息，足以与其他被告相区别。起诉状列写被告信息不足以认定明确的被告的，人民法院可以告知原告补正。原告补正后仍不能确定明确的被告的，人民法院裁定不予受理。实践中，关于是否需要提供被告身份证件号码的问题，只要原告提供具体明确的足以使被告与他人相区别的姓名或者名称、住所等信息，即使没有自然人被告身份证件号码，也应该依法登记立案。能使被告区别于他人的信息很多，如姓名、性别、年龄、住址、社会关系、身份证件号码、工作单位、其他户籍登记内容等。信息越多，越利于确定具体的被告。原告如果在起诉阶段能够提供被告的身份证号码，一方面有利于被告身份的识别，足以使该被告与他人相区别；另一方面有利于后续诉讼活动的顺利进行。

【典型案例】

某股份公司、某钢铁公司等侵害发明专利权纠纷案

【案　　号】最高人民法院（2021）最高法知民终 1082 号

【裁判要旨】起诉状应当记明“诉讼请求和所根据的事实与理由”。对于专利而言，原告应当在起诉状中载明据以起诉被诉侵权人侵犯其专利权的权利要求。如果经释明，原告仍不确定其选择的权利要求，则属于《民事诉讼法》所规定的起诉条件不成就的情形，据此驳回起诉并不构成对原告诉权的限制。

【基本案情】某股份公司向一审法院提供的第 1109112 号发明专利证书载明：涉案专利系专利号为 ZL20101029××××3、发明名称为“立式卷芯架输送系统”的发明专利，授权公告日为 2012 年 12 月 26 日，权利要求书载明涉案专利权共有 8 项权利要求。某股份公司提交的起诉状中未载明据以起诉某钢铁公司等侵犯其专利权的权利要求。2020 年 9 月 7 日，一审法院告知某股份公司，其提供的起诉状未载明据以起诉被告侵犯其专利权的权利要求，要求某股份公司在 5 个工作日内对此予以明确，某股份公司未予明确。

【裁判结果】一审法院裁定驳回某股份公司起诉，某股份公司不服，向最高人民法院提起上诉。最高人民法院二审裁定驳回某股份公司上诉，维持原裁定。

【裁判理由】《民事诉讼法》（2017 年修正）第 119 条第 1 款第 3 项[①]规定，起诉必须“有具体的诉讼请求和事实、理由”；第 121 条第 1 款第 3 项[②]规定，起诉状应当记明“诉讼请求和所根据的事实与理由”。对于专利而言，每一项权利要求是一个完整的技术方案，权利要求的确定是侵权比对的基础。如果权利要求书中有多项权利要求，原告应当在

① 对应《民事诉讼法》（2023 年修正）第 122 条第 1 款第 3 项。

② 对应《民事诉讼法》（2023 年修正）第 124 条第 1 款第 3 项。

起诉状中载明据以起诉被诉侵权人侵犯其专利权的权利要求。如果经释明，原告仍不确定其选择的权利要求，则属于《民事诉讼法》所规定的起诉条件不成就的情形，据此驳回起诉并不构成对原告诉权的限制。对于某股份公司的上述主张，不予支持。

第一百二十五条　当事人起诉到人民法院的民事纠纷，适宜调解的，先行调解，但当事人拒绝调解的除外。

【条文主旨】

本条是关于民事纠纷先行调解的规定。

【条文理解】

先行调解是指当事人起诉后，案件进入审理程序之前，由人民调解组织或法院对双方当事人之间的纠纷先期进行调解。先行调解属于替代诉讼的纠纷解决机制，是案件分流的重要途径。先行调解不同于诉讼外调解和诉讼中的调解，其发生在人民法院对当事人间的民事纠纷进行审理之前，也被称为诉前调解。诉前调解包括设在各级法院立案庭的人民调解组织或调解员进行的人民调解和立案庭法官进行的立案调解。《最高人民法院关于全面推进人民法院诉讼服务中心建设的指导意见》（法发〔2014〕23 号）中要求，人民法院诉讼服务中心应设立调解工作室，由法官、专职人民调解员等进行诉前调解或立案调解，开展诉调对接工作。

一、调解的基本原则

（一）自愿原则

调解应是双方当事人真实意思表示，调解协议的达成应建立在双方当事人平等协商的基础之上，一方不能采用欺诈、胁迫等违背对方真实意思的手段达成调解。人民法院要尊重当事人选择调解或者裁判方式解决纠纷的权利，在调解程序的启动、调解的方式方法和达成调解协议等方面贯彻调解自愿原则。人民法院应为双方当事人达成调解协议提供条件、机会和必要的司法保障。针对当事人在文化知识、诉讼能力方面的不同特点，用通俗易懂的语言，进行释法解疑，充分说明可能存在的诉讼风险，引导当事人在充分认识自身权利义务的基础上，平等自愿地解决纠纷。

（二）合法原则

第一，调解的程序应合法，调解的启动、进行和终结均应符合法律规定的程序，在此过程中应注意规范审判权的行使，不得违背当事人意愿去强迫调解，坚决避免以判压调、以拖促调。第二，调解的内容应合法，调解结果不能明显违反公平正义和社会公序良俗，不得损害国家利益、社会公共利益和第三人利益。人民法院应查明当事人之间的纠纷争执点和利益共同点，准确合理确定当事人利益关系的平衡点，维持双方当事人权利义务基本均衡，确保调解结果的正当性。要认真履行对调解协议审查确认的职责，确保调解协议的内容不违反法律规定，正确发挥司法调解的功能，切实维护公平正义。

二、调解优先工作原则

调解与审判是人民群众之间解决矛盾纠纷的两种机制，长期以来，司法实践中采用“能调则调、当判则判、调判结合、案结事了”的工作原则处理调解与审判之间的关系。2010年6月7日公布的《最高人民法院关于进一步贯彻“调解优先、调判结合”工作原则的若干意见》（法发〔2010〕16号）正式确立了调解优先、调判结合的工作原则，着力推动人民调解、行政调解、司法调解“三位一体”大调解工作体系建设。调解优先被确立为处理调解与审判之间关系的工作原则。调解有利于化解矛盾纠纷，修复当事人之间的关系，实现案结事了，对促进社会和谐稳定具有独特优势和重要价值。《最高人民法院关于进一步贯彻“调解优先、调判结合”工作原则的若干意见》要求进一步强化立案调解工作。在案件立案之后、移送审判业务庭之前，要充分利用立案窗口“第一时间接触当事人、第一时间了解案情”的优势，积极引导当事人选择调解方式解决纠纷。

【条文适用】

一、适于诉前调解的案件范围

诉前调解并非适用于所有案件类型，实践中调撤率较高的案件主要为发生在亲属、邻里之间或事实清楚、标的额较小的案件。婚姻家庭纠纷、继承纠纷、劳务合同纠纷、交通事故和工伤事故引起的权利义务关系较为明确的损害赔偿纠纷、宅基地和相邻关系纠纷、合伙协议纠纷、诉讼标的额较小的民事纠纷，属于适于调解的纠纷，一般可先行调解，但是根据案件的性质和当事人的实际情况不能调解或者显然没有调解必要的除外。对适用特别程序、督促程序、公示催告程序、破产还债程序审理的案件，婚姻关系、身份关系确认案件以及其他依案件性质不宜进行调解的民事案件，不予调解。

二、调解终结

在适用先行调解原则的过程中，既要发挥调解在处理亲属、邻里纠纷等事实清楚、权利义务明确、争议不大的案件时简便、灵活、快捷的优势，又要防止久调不立、久调不决等损害当事人诉权的行为，科学合理地确定调解期限。人民法院在收到当事人起诉状或者口头起诉之后、正式立案之前，要积极引导当事人先行就近、就地选择调解组织解决纠纷，充分发挥诉前调解的案件分流作用，力争将矛盾纠纷化解在诉前。当事人选择诉前调解的，应当暂缓立案；当事人不同意诉前调解，或者诉前调解期限届满未达成协议，当事人坚持起诉的，经审查符合《民事诉讼法》规定的受理条件的，应当及时立案，保障当事人依法行使诉权。

【典型案例】

黄某、陈某1等民间借贷纠纷案

【案　　号】福建省福州市中级人民法院（2021）闽01民终8111号

【裁判要旨】当事人起诉到人民法院的民事纠纷，适宜调解的，先行调解，但当事人拒绝调解的除外。一方当事人请求人民法院调解，其他当事人不同意调解的，人民法院应当依法作出判决。

【基本案情】2020年5月31日，黄某、陈某1向王某、陈某2出具借条一张，内容为：本人因偿还洪洋乡信用社到期贷款，特向王某、陈某2借款165 167元，借款方式为现金，借款日期为2020年5月29日，还款日期为2020年9月1日前还款3万元，以后每个季度按时还款3万元直至还清，如到期未还，则按月息1%计算至还清之日。王某、陈某2于2020年6月1日为黄某、陈某1向罗源县农村信用合作联社洪洋信用社代偿166 283．48元。至一审法院判决时，黄某、陈某1分文未还。

【裁判结果】一审法院判决：黄某、陈某1于一审判决生效之日起十日内归还王某、陈某2借款165 167元及利息；驳回王某、陈某2的其他诉讼请求。黄某、陈某1不服，提起上诉。二审法院判决驳回上诉，维持原判决。

【裁判理由】二审法院认为，关于黄某、陈某1主张一审法院未组织调解的问题，根据《民事诉讼法》第9条“人民法院审理民事案件，应当根据自愿和合法的原则进行调解；调解不成的，应当及时判决”及第122条①“当事人起诉到人民法院的民事纠纷，适宜调解的，先行调解，但当事人拒绝调解的除外”之规定，本案中，王某、陈某2已明确表示不愿意调解，一审法院依法作出判决并无不当。

① 对应《民事诉讼法》（2023年修正）第125条。

第一百二十六条　人民法院应当保障当事人依照法律规定享有的起诉权利。对符合本法第一百二十二条的起诉，必须受理。符合起诉条件的，应当在七日内立案，并通知当事人；不符合起诉条件的，应当在七日内作出裁定书，不予受理；原告对裁定不服的，可以提起上诉。

【条文主旨】

本条是关于人民法院对民事纠纷立案受理程序的规定。

【条文理解】

本条规定了法院受理民事案件的条件、程序和救济途径，突出法院对起诉权的保护。受理是指人民法院接受原告的起诉，对符合起诉条件的案件予以立案的诉讼行为，司法实践中受理也称为立案。立案工作由各级人民法院立案庭负责。在立案登记制背景下，对于当事人递交的起诉状，人民法院应当一律接收，出具书面凭证并注明收到日期。对于符合法律规定的起诉，人民法院应当立案；不符合法律规定的起诉，人民法院裁定不予受理。立案庭登记立案，并将案件移交审判庭后，审判人员在审理中发现不符合起诉条件的，应当裁定驳回起诉。

一、立案登记制改革

2007 年修正的《民事诉讼法》第 112 条规定了人民法院收到起诉状后应对是否符合起诉条件进行审查，实际采用立案审查制。2012 年修正的《民事诉讼法》第 123 条中取消了人民法院审查起诉条件的规定，要求对符合起诉条件的，7 日内立案并作出裁定书。《民事诉讼法司法解释》第 208 条进一步确立了立案登记制，立案审查制逐渐退出历史舞台。

2015 年 4 月 1 日，中央全面深化改革领导小组第十一次会议审议通过了《关于人民法院推行立案登记制改革的意见》。2015 年 4 月 15 日，《最高人民法院关于人民法院登记立案若干问题的规定》公布，自 2015 年 5 月 1 日起施行，完成了人民法院立案工作由立案审查制向立案登记制的转变。

立案审查制是指当事人向法院提起诉讼时，法院对诉讼要件进行实质审查后，决定是否受理。审查内容主要包括主体资格、法律关系、诉讼请求以及管辖权等。立案审查制下，诉讼起点是法院决定立案时，在此之前诉讼程序没有开启，案件尚未建立起诉讼系属。法院决定不立案的，可以口头告知当事人不予受理。立案审查制下，立案门槛较高，原本仅应负责程序审查的立案人员承担了诸如审查当事人主体是否适格等实体审理的任务，且没有为当事人提供充分的抗辩机会，各地法院审查尺度标准不一，造成了立案难问题。

立案登记制是指法院对当事人的起诉不进行实质审查，仅仅对形式要件进行审查。立案登记制改革的总体思路是以党的十八届四中全会精神和习近平总书记的重要指示为指引，坚持以宪法和法律为依据，以群众需求为导向，从解决实际问题入手，对依法应该受理的案件，做到有案必立、有诉必理，切实保障当事人诉权，从制度上、源头上、根本上解决“立案难”问题。《最高人民法院关于人民法院推行立案登记制改革的意见》从立案登记制改革的指导思想、登记立案范围、登记立案程序、健全配套机制、制裁违法滥诉、切实加强立案监督六个方面，全面规定了立案登记制度。除了法律明文规定不予登记立案的情形外，人民法院对当事人提交的诉状应一律接收，并出具书面凭证。起诉状和相关证据材料符合《民事诉讼法》规定条件的，当场登记立案。

二、保障起诉权

起诉权是指当事人请求人民法院行使审判权，维护自己合法权益的诉讼权利。起诉权是程序意义上的诉权，旨在启动诉讼程序，使案件进入诉讼系属，为实体权利寻求司法救济，人民法院应当充分保障当事人的诉权。《最高人民法院关于人民法院登记立案若干问题的规定》第 1 条和《民事诉讼法司法解释》第 208 条在司法解释层面确立了立案登记制，立案登记制是保护当事人起诉权的一项重要司法制度。

三、书面形式作出裁定

1982 年的《民事诉讼法（试行）》第 85 条规定：人民法院对当事人的起诉，经审查认为不符合受理条件，应当在 7 日内通知原告不予受理，并说明理由。在该部《民事诉讼法（试行）》中，人民法院决定不予受理的，通知当事人即可，并且未限定通知的方式为书面，也未赋予原告上诉权。实践中有法院仅口头通知原告不予受理。此项规定在一定程度上造成了法院的立案难问题。1991 年 4 月 1 日施行的《民事诉讼法》第 112 条规定：人民法院认为起诉不符合法定条件的，应当在 7 日内裁定不予受理，该条并未限定不予受理裁定必须采用书面形式，实践中仍有法院通过口头形式向原告宣告不予受理其起诉，进而导致原告也无从行使对不予受理裁定的上诉权，没有从根本上解决立案难问题。2012 年修正的《民事诉讼法》第 123 条明确规定：不符合起诉条件的，人民法院应当在 7 日内作出裁定书，不予受理。原告对裁定不服的，可以提起上诉。该条被正式固定下来，沿袭至今。要求不予受理必须以裁定形式作出，有利于保障原告的诉权，并且为原告行使上诉权创造了前提，有利于解决立案难问题。

四、仅原告方有权上诉

本条规定了原告对不予受理的裁定不服，有权提起上诉，但并未明确规定被告是否有权对不予受理的裁定提起上诉。按反对解释原则，被告无权对不予受理裁定提起上诉。人民法院受理起诉的实质要件为原告具有诉的利益，人民法院裁定不予受理原告的起诉，被告的利益未因原告的起诉遭受任何损害，故被告不享有上诉的利益，无权提起上诉。本条规定限定了对不予受理裁定提起上诉的主体范围。

【条文适用】

一、受理条件

人民法院决定是否立案受理时，主要从三个方面判定：一是起诉是否符合《民事诉讼法》第 122 条规定的起诉条件；二是起诉是否具有《民事诉讼法》第 127 条规定的不应受理的情形；三是起诉状的形式与内容是否符合法律要求，有无遗漏或错误，是否按被告人数提交起诉状副本，起诉状中是否包含谩骂和人身攻击之辞，如果起诉状的形式或内容不符合法律规定，人民法院可要求当事人限期补正。

立案登记制下的立案受理程序以诉状提交给法院的时间节点作为诉讼程序开启的标志，只要当事人提供符合形式要件的诉状，法院应当一律接收，并在规定期限内依法处理，统一了各地法院立案标准。当事人依法无障碍行使诉权，体现了对当事人起诉权的充分保护。登记立案针对的是初始案件，包括民事起诉、行政起诉、刑事自诉、强制执行和国家赔偿申请。对上诉、申请再审、刑事申诉、执行复议和国家赔偿申诉案件立案工作，法律另有规定，不适用登记立案的规定。

二、决定是否受理的期限

人民法院应当在法定期限内决定是否受理案件，期间自收到当事人起诉状的次日起计算。人民法院因起诉状内容欠缺令原告补正的，自补正后交人民法院的次日起计算。由上级人民法院交下级人民法院，或者由基层人民法院转交有关人民法院受理的案件，从人民法院收到起诉状的次日起计算。

三、裁定驳回起诉与判决驳回诉讼请求

人民法院立案后，发现原告的起诉不符合法定受理条件，原告对所主张的诉讼请求不享有程序意义上的起诉权，应以裁定形式驳回原告的

起诉。在人民法院立案之后，发现原告主张的诉讼请求不能成立，即原告并不享有其所主张的实体权利，原告虽有诉权，但不享有胜诉权，应判决驳回原告的诉讼请求。

裁定驳回起诉和判决驳回诉讼请求的区别表现在以下方面：第一，裁判的对象不同。驳回起诉否定了原告程序意义上的诉权，而驳回诉讼请求否定原告实体的胜诉权。无论当事人提出实体主张是否应当得到支持，只要当事人的起诉符合《民事诉讼法》第 122 条规定的形式要件，当事人就享有起诉权，人民法院应当受理起诉，对当事人提出的诉讼请求进行审理并作出裁判。人民法院不能以当事人的实体主张不应得到支持为由不予受理当事人的起诉。胜诉权是指原告对被告的实体要求获得满足的权利。当原告对被告提出的实体法主张不能成立，原告对被告不享有实体法上的请求权时，原告的诉讼请求不应得到支持，法院应判决驳回原告诉讼请求。胜诉权与诉讼时效具有关联，原告向法院起诉超过诉讼时效，虽然原告仍然具有程序意义上的起诉权，但因其实体权利已经不受法律保护，成为“自然债”，因此法院对于原告的实体权利不再给予司法强制性的保护，表现为原告丧失胜诉权。虽然原告仍然享有起诉权，法院应受理原告的起诉，但因其丧失胜诉权，法院应当以判决形式驳回原告诉讼请求。第二，作出裁定的法律依据不同。裁定驳回起诉主要依据《民事诉讼法》所规定的起诉条件，而判决驳回诉讼请求主要依据民事实体法的相关规定。第三，上诉期限不同。不服驳回起诉裁定的上诉期为 10 天，而不服驳回诉讼请求判决的上诉期为 15 天。第四，可否再次起诉的规定不同。法院裁定驳回起诉以后，当符合起诉条件时，原告还可以起诉。原因在于，人民法院裁定驳回起诉的案件，案件并未进入实体审理阶段，或者虽然进入实体审理阶段，但由于驳回起诉导致审理行为并未发生诉讼法上的意义，诉权并未消耗，原告仍然享有诉权，可以再次提起诉讼，只要符合《民事诉讼法》规定的条件，人民法院仍然应当立案受理。而判决驳回诉讼请求后，因案件已经实体审理，诉权已经消耗，当事人间的权利义务关系已经确定，原告再次起诉，属于重复诉讼，法院不应受理。

【典型案例】

杨某财产损害赔偿纠纷案

【案　　号】最高人民法院（2018）最高法民终 886 号

【裁判要旨】人民法院实行立案登记制度，但根据《最高人民法院关于人民法院登记立案若干问题的规定》第 10 条第 1 项关于人民法院对违法起诉或者不符合法律规定的起诉不予登记立案的规定，人民法院仍需对当事人的起诉是否符合法律规定的条件进行形式审查。

【基本案情】2000 年 7 月，高某将其承包的山西省临县招贤镇高家庄煤矿 4#、5#生产井转包给杨某，后由于国家对煤矿资源整合的政策需要，上述生产井被列为停产整顿范围，于 2004 年被临县人民政府炸毁和关闭。临县人民政府对于其未经批准炸毁生产井的违法行为，已经向杨某予以赔偿。

【裁判结果】由于杨某承包的 4#、5#生产井已经关闭，杨某已不能继续承包经营，矿产资源属于国家所有，并非个人占用，案涉高家庄煤矿 4#、5#生产井关闭后原有的矿产资源依然属于国家所有，至于在 2008 年以后煤炭资源整合过程中，闫某承包的高家庄煤矿 8#、9#生产井的开采、改制、转让及资源整合等行为是否涉及 4#、5#生产井的权益与杨某没有直接利害关系，其向闫某等追偿 4#、5#生产井的部分煤矿整合转让补偿款，没有法律依据；如杨某认为对其承包的案涉生产井关闭不当或者补偿不足，亦不符合民事诉讼的范围。一审裁定驳回杨某的起诉，杨某不服，提起上诉。二审法院裁定驳回杨某上诉。

【裁判理由】虽然人民法院实行立案登记制度，但根据《最高人民法院关于人民法院登记立案若干问题的规定》第 10 条第 1 项关于人民法院对违法起诉或者不符合法律规定的起诉不予登记立案的规定，人民法院仍需对当事人的起诉是否符合法律规定的条件进行形式审查，一审裁定依据《民事诉讼法》第 119 条[①]的规定对杨某的起诉进行审查于法有据，亦未对杨某的相关民事权益进行实体认定，故杨某上诉时关于一审裁定对其实体权利进行了实体认定，违反了立案登记制程序审查规定的主张，缺乏事实和法律依据。最后，一审卷宗记载的本案收案时间为 2018 年 7 月 9 日，而一审裁定作出的日期为 2018 年 7 月 19 日，虽超出了《民事诉讼法》第 123 条[②]关于人民法院应当在 7 日内作出不予受理裁定的规定期限，程序上存在瑕疵，但结果并无不当，可予以维持。

① 对应《民事诉讼法》（2023 年修正）第 122 条。

② 对应《民事诉讼法》（2023 年修正）第 126 条。

第一百二十七条　人民法院对下列起诉，分别情形，予以处理：

（一）依照行政诉讼法的规定，属于行政诉讼受案范围的，告知原告提起行政诉讼；

（二）依照法律规定，双方当事人达成书面仲裁协议申请仲裁、不得向人民法院起诉的，告知原告向仲裁机构申请仲裁；

（三）依照法律规定，应当由其他机关处理的争议，告知原告向有关机关申请解决；

（四）对不属于本院管辖的案件，告知原告向有管辖权的人民法院起诉；

（五）对判决、裁定、调解书已经发生法律效力的案件，当事人又起诉的，告知原告申请再审，但人民法院准许撤诉的裁定除外；

（六）依照法律规定，在一定期限内不得起诉的案件，在不得起诉的期限内起诉的，不予受理；

（七）判决不准离婚和调解和好的离婚案件，判决、调解维持收养关系的案件，没有新情况、新理由，原告在六个月内又起诉的，不予受理。

【条文主旨】

本条是关于对起诉不予受理的七种情形的规定。

【条文理解】

不予受理是指人民法院在立案前，认为原告的起诉不符合《民事诉讼法》规定的条件，从程序上裁定不予立案受理原告起诉的司法行为。不予受理是对原告起诉的形式要件的否定性评价。

一、属于行政诉讼受案范围

行政诉讼与民事诉讼虽然都属于人民法院主管，但两者性质不同。行政诉讼是指公民、法人或者其他组织认为行政机关或行政机关工作人员的具体行政行为侵害其合法权益而提起的诉讼。民事诉讼是平等主体的公民、法人或者其他组织之间以及他们相互之间因财产关系和人身关系提起的诉讼。人民法院应在准确判断纠纷性质的基础上，确定原告的起诉是否属于民事诉讼的受案范围。

二、有仲裁协议

仲裁协议是双方当事人达成的选择由仲裁机构解决纠纷的意思表示，是双方当事人关于纠纷解决机制的合意，对双方当事人具有拘束力。无论是在纠纷发生之前或之后达成的仲裁协议，均具有排除人民法院司法管辖权的法律效力。当事人在合同中约定的仲裁条款，同样具有此种效力。仲裁协议排除司法管辖的前提是仲裁协议合法有效，内容清晰明确。仲裁与法院主管具有互斥性，当事人只能选择一种纠纷解决途径。有些当事人在合同中同时约定了向仲裁机构申请仲裁和向法院起诉两种纠纷解决机制，即约定了“或裁或审”的内容，应视为仲裁协议约定不明，仲裁协议无效。此种情况下，因诉讼是终局纠纷解决机制，当事人可以向法院提起诉讼。

三、不属于人民法院主管

《宪法》《人民法院组织法》和其他相关法律划分了人民法院与其他国家机关的职权分工，依法应由其他机关处理的争议，人民法院无权行使审判权。当事人向法院起诉的，应告知当事人向有权处理其主张的机关申请解决或救济。

四、不属于受诉人民法院管辖

属于受诉人民法院管辖是《民事诉讼法》第122条规定的起诉条件之一，如果受诉法院对原告的起诉没有管辖权，应当告知原告向有管辖权的人民法院起诉。原告坚持起诉的，应裁定不予受理。如果人民法院立案受理后，发现对案件不具有管辖权，不得以此为由驳回起诉，而应当移送有管辖权的人民法院，受移送的人民法院认为案件不属于本院管辖的，表明两地法院存在管辖权争议，应当报请两地法院的共同上级法院指定管辖，不得再行移送。

五、重复起诉

重复起诉是指相同的当事人，以相同的诉讼请求和事实、理由，再次向人民法院提起的诉讼。重复起诉不予受理是现代民事诉讼法一事不再理原则的体现，源于罗马法中的“一案不二讼”制度和“诉权消耗”理论，该理论认为所有的诉权都会因诉讼系属而消耗，对同一诉讼不允许二次诉讼系属。在重复起诉的情况下，诉的主体、诉的客体（诉讼标的和诉讼请求）、诉的原因事实均相同，可以得出前诉与后诉属于同一个诉的结论。如果当事人认为生效裁判有错误，只能通过申请再审的方式请求启动审判监督程序解决。例外情形是人民法院裁定准予撤诉，原告申请撤诉，是对诉讼权利的处分，并不意味着放弃实体权利，法院准许原告撤诉，仅表明法院同意原告对自身诉讼权利的处分，原告有权以同一事实和理由，就同一诉讼标的再次起诉。

六、在不得起诉的期限内起诉

法律规定在一定期限内不得起诉的案件，主要指《民法典》第1082条的规定，该条规定：女方在怀孕期间、分娩后1年内或者终止妊娠后6个月内，男方不得提出离婚；但是，女方提出离婚或者人民法院认为确有必要受理男方离婚请求的除外。

七、特定的离婚、收养案件

离婚、收养案件属于人身关系纠纷，婚姻、收养的基础是双方的感情，本条规定是为给双方时间、消除隔阂、促进和好。但如果 6 个月内，双方产生了新的冲突，感情进一步恶化，婚姻、收养关系确实无法维系，应视为产生新情况、具有新理由，原告在 6 个月内起诉的，人民法院也应予以受理。如果在 6 个月内，被告向人民法院起诉的，也应受理。

【条文适用】

重复起诉的识别决定后诉能否受理，实践中应准确把握重复起诉的认定标准。在《民事诉讼法司法解释》出台之前，我国《民事诉讼法》并未对重复起诉规定明确的构成要件，重复起诉仅在对一事不再理原则的研究中有所涉及。《民事诉讼法司法解释》第 247 条规定了重复起诉的要件，同时满足以下三项条件的，视为重复起诉：“（一）后诉与前诉的当事人相同；（二）后诉与前诉的诉讼标的相同；（三）后诉与前诉的诉讼请求相同，或者后诉的诉讼请求实质上否定前诉裁判结果。当事人重复起诉的，裁定不予受理；已经受理的，裁定驳回起诉，但法律、司法解释另有规定的除外。”该条司法解释首次明确了重复起诉的要件及引起的法律后果，是对一事不再理原则的进一步细化和完善，此条规定作为实践中对“一事”的判断标准，更具操作性。

1. 关于当事人相同，对于当事人相同的条件应作宽泛的理解，不能认为只有当前、后两诉当事人完全一致时，才符合此项条件。如果前诉原告同时向多个被告主张实体权利，或前诉存在诉的合并情形，而后诉中，原告仅向前诉被告之一主张实体权利，也可视为当事人相同。

2. 关于诉讼标的相同，民事诉讼理论界对诉讼标的的识别曾有多项理论学说，从旧实体法说、诉讼法说到新实体法说和诉讼标的统一概念否定说等，莫衷一是。实务界仍采旧实体法说，认为诉讼标的是原告在诉讼中提出的实体权利，但在发生请求权竞合时该学说不能作出合理解释。有学者为解决诉讼标的识别问题，提出“新二分支说”，认为原告提出的事实和理由不仅具有诉讼法意义，而且与实体法也存在联系，因而诉的声明和事实理由，只要其中任何一项为单一则诉讼标的为单一，只有两者均为多数时诉讼标的才为多数。[①] 诉的声明即诉讼请求。按此学说，原告基于不同事实理由提出同一诉讼请求，或原告基于同一事实理由提出不同诉讼请求，均属同一诉讼标的，后诉不应受理。

3. 关于诉讼请求，后诉与前诉的诉讼请求相同时，如上文所述，两诉诉讼标的相同，后诉构成重复起诉。后诉诉讼请求实质上否定前诉裁判结果，表明原告提起后诉实为对前诉裁判结果的不认可和挑战，表明前诉与后诉争议的权利义务关系具有一致性，后诉构成重复起诉。

重复起诉可以发生在多个诉讼阶段，当原告同时向有管辖权的两个以上人民法院起诉，虽然法院均尚未受理，仍构成重复起诉；前诉已经受理但尚未判决，正在审理过程中时，再次起诉的，以及前诉已经审理并作出判决，再次起诉的，均可构成重复起诉。

【典型案例】

张某、刘某商品房销售合同纠纷案

【案　　号】最高人民法院（2021）最高法民申2930号

【裁判要旨】双方当事人达成书面仲裁协议申请仲裁，当事人向人民法院起诉，不予受理，告知原告向仲裁机构申请仲裁。

【基本案情】张某、刘某与新煜公司签订的《商品房买卖合同》明确约定，因合同在履行过程中发生的争议，协商不成，提交咸阳仲裁委员会仲裁。双方当事人因合同履行迟延交房违约发生纠纷，经咸阳仲裁委员会作出咸仲裁字（2018）第0142号裁决，驳回了张某、刘某的仲裁请求。张某、刘某向咸阳市中级人民法院申请撤销该仲裁裁决，咸阳市中

① 参见江伟主编：《中国民事诉讼法专论》，中国政法大学出版社1998年版，第86页。

级人民法院作出（2019）陕 04 民特 13 号裁定，驳回二人的撤销仲裁申请。张某、刘某提起本案诉讼。

【裁判结果】一审法院裁定驳回起诉，张某、刘某不服，提起上诉。二审法院裁定驳回一审裁定。

【裁判理由】《民事诉讼法》（2017 年修正）第 124 条[①]第 2 项规定，依照法律规定，双方当事人达成书面仲裁协议申请仲裁，不得向人民法院起诉的，告知原告向仲裁机构申请仲裁。《民事诉讼法司法解释》第 215 条规定："依照民事诉讼法第一百二十四条[②]第二项的规定，当事人在书面合同中订有仲裁条款，或者在发生纠纷后达成书面仲裁协议，一方向人民法院起诉的，人民法院应当告知原告向仲裁机构申请仲裁，其坚持起诉的，裁定不予受理，但仲裁条款或者仲裁协议不成立、无效、失效、内容不明确无法执行的除外。"《仲裁法》第 9 条第 1 款规定："仲裁实行一裁终局的制度。裁决作出后，当事人就同一纠纷再申请仲裁或者向人民法院起诉的，仲裁委员会或者人民法院不予受理。"张某、刘某已经选择仲裁解决纠纷，并提起了撤销仲裁之诉，其二人提起的诉讼符合上述法律及司法解释规定的情形，一审法院对其起诉不予受理，并无不当。

① 对应《民事诉讼法》（2023 年修正）第 127 条。
② 对应《民事诉讼法》（2023 年修正）第 127 条。

第二节 审理前的准备

第一百二十八条 人民法院应当在立案之日起五日内将起诉状副本发送被告，被告应当在收到之日起十五日内提出答辩状。答辩状应当记明被告的姓名、性别、年龄、民族、职业、工作单位、住所、联系方式；法人或者其他组织的名称、住所和法定代表人或者主要负责人的姓名、职务、联系方式。人民法院应当在收到答辩状之日起五日内将答辩状副本发送原告。

被告不提出答辩状的，不影响人民法院审理。

【条文主旨】

本条是关于人民法院发送起诉状副本、被告提出答辩状和人民法院发送答辩状副本以及期间的规定。

【条文理解】

根据本条规定，人民法院受理案件后，应当在立案之日起 5 日内将起诉状副本发送被告，如果原告是口头起诉的，人民法院也应在 5 日内将口述笔录的复制本发送被告，或者口头将原告起诉的内容通知被告。被告应当按照原告的人数，在收到起诉状副本之日起 15 日内向人民法院提出答辩状。对在中华人民共和国领域内没有住所的被告，其提出答辩状的期限另有规定。《民事诉讼法》第 285 条规定："被告在中华人民共和国领域内没有住所的，人民法院应当将起诉状副本送达被告、并通知被告在收到起诉状副本后三十日内提出答辩状。被告申请延期的，是否准许，由人民法院决定。”

答辩，是相对起诉而言，是当事人行使辩论权利的一种形式，即被告对原告提出的诉讼请求和所依据的事实与理由进行回答和辩解。《民事诉讼证据规定》第 49 条规定：“被告应当在答辩期届满前提出书面答辩，阐明其对原告诉讼请求及所依据的事实和理由的意见。”答辩的内容既包括程序方面的，比如提出案件不属于受理案件的人民法院主管或管辖，原告没有诉权，原告起诉不符合条件等；也包括实体方面的，比如说明纠纷的原因，反驳原告诉讼请求所依据的事实与理由，提出自己的诉讼请求等。答辩状通常由首部、正文和尾部三个部分组成。首部应记明答辩人的基本信息，记明被告的姓名、性别、年龄、民族、职业、工作单位、住所、联系方式；法人或者其他组织的名称、住所和法定代表人或者主要负责人的姓名、职务、联系方式，这与《民事诉讼法》第 124 条规定的起诉状应记明的原告信息一致。被告已委托诉讼代理人的，还应当记明委托诉讼代理人的基本信息。正文应记明答辩所依据的事实和理由。尾部应记明答辩状送至的人民法院名称、时间，以及答辩人签字或盖章。人民法院应当自收到答辩状之日起 5 日内将答辩状副本发送给原告。

【条文适用】

《民事诉讼法》中规定的当事人诉讼地位平等原则和辩论原则要求双方当事人平等地享有诉讼权利、承担诉讼义务，都有权利充分了解对方的主张和证据，以便进行辩论和诉讼对抗。人民法院在诉讼中有义务保障双方当事人的程序权利，而知情权是程序性权利的重要组成部分。人民法院在法定期限内将起诉状副本发送被告、将答辩状副本发送原告，是为了使案件信息在双方当事人之间形成双向交流，既让双方当事人有的放矢做好充分的庭前准备，以免在诉讼中可能出现中断诉讼的情况，也有利于法官在后续程序中归纳争议焦点和准备庭审调查，提高案件审判质量和效率。

本条的适用，涉及一个理论问题，即被告答辩是诉讼权利还是诉讼义务。本条规定被告“应当”提交答辩状，体现了立法者鼓励被告答辩的意图，而规定被告“应当”提交答辩状，并规定“被告不提出答辩状的，不影响人民法院审理”，则反映了立法者不赞成引入“答辩失权”“强制答辩”制度的态度，即答辩是被告的诉讼权利，是否行使以及如何行使，由被告自己决定，任何人不得强制或限制。实践中，被告不按期提出答辩状，虽可能造成原告需再次举证、法院需再次组织开庭等问题，导致诉讼进程拖延，司法资源浪费；但是基于我国民事诉讼中的当事人的诉讼能力的客观现状，如将被告提出答辩状作为一项诉讼义务加以规定，可能会给诉讼实务带来相当的冲击乃至混乱，反而有悖于民事诉讼公正和效率的价值目标。

另外，关于简易程序中的答辩。《最高人民法院关于适用简易程序审理民事案件的若干规定》第 7 条规定：“双方当事人到庭后，被告同意口头答辩的，人民法院可以当即开庭审理；被告要求书面答辩的，人民法院应当将提交答辩状的期限和开庭的具体日期告知各方当事人，并向当事人说明逾期举证以及拒不到庭的法律后果，由各方当事人在笔录和开庭传票的送达回证上签名或者按指印。”

第一百二十九条　人民法院对决定受理的案件，应当在受理案件通知书和应诉通知书中向当事人告知有关的诉讼权利义务，或者口头告知。

【条文主旨】

本条是关于人民法院告知当事人有关诉讼权利义务的规定。

【条文理解】

自 1991 年《民事诉讼法》制定以来，本条在历次修正中未经任何修改。人民法院通过告知当事人诉讼权利义务，使当事人获悉诉讼信息和程序性事项，既便于当事人充分行使诉讼权利、依法履行诉讼义务，同时也是诉讼程序顺利进行的保证。人民法院告知当事人诉讼权利义务可以采用两种方式：一是书面告知，即在受理案件通知书和应诉通知书中写明有关的诉讼权利义务。受理案件通知书是人民法院接到原告起诉后，经审查认为符合起诉条件的，应当在决定立案后，向原告发出决定立案和预交诉讼费的通知书。应诉通知书是人民法院对原告的起诉决定受理后，应向被告发出的通知书，主要内容包括原告、被告姓名，案由，送达起诉状副本，告知被告按期提出答辩，可以委托诉讼代理人及其他事项。二是口头告知，如果不在通知书中记明，应当在送达通知书的同时，以口头方式告知，便于当事人及时了解诉讼权利义务。

人民法院告知当事人的诉讼权利义务主要包括以下内容。

一、当事人享有的诉讼权利

主要包括：（1）当事人有平等的诉讼权利，有权在法律规定范围内处分自己的民事权利和诉讼权利。（2）当事人有权委托代理人参加诉讼，就陈述事实进行辩论、请求调解、提起上诉、申请执行。（3）当事人有权查阅案件有关材料，复印本案有关证据材料和法律文书，但应当遵守人民法院对查阅、复印案件材料的相关规定。（4）双方当事人可以自行和解。（5）原告可以放弃或者变更诉讼请求，被告可以承认或者反驳诉讼请求，被告有权提起反诉。（6）当事人有权对受理案件人民法院的管辖权提出异议，但是应当在提交答辩状期间提出。（7）对案件的审判人员、书记员等，当事人认为是本案的当事人或者当事人、诉讼代理人近亲属，与本案有利害关系，与本案当事人、诉讼代理人有其他关系，可能影响案件公正审理的，有权申请回避，但是应当说明理由，在案件开始审理时提出（若是在开始审理后才知道回避事由的，可以在法庭辩论终结前提出）。（8）当事人有权收集、提供证据，对因客观原因不能自行收集的证据，有权依法申请人民法院调查收集。

二、当事人应当履行的诉讼义务

主要包括：（1）当事人应当遵守诉讼程序和法庭纪律，服从法庭指挥，尊重司法礼仪，依法行使诉讼权利；不得有未经准许进行录音、录像、拍照或使用移动通信工具等传播庭审活动等行为。对违反法庭规则的人，人民法院可以适用《民事诉讼法》和《人民法院法庭规则》的相关规定，予以训诫，责令退出法庭或者予以罚款、拘留，暂扣进行录音、录像、拍照、传播庭审活动使用的设备及存储介质，并删除有关内容。（2）当事人应当尊重对方当事人和其他诉讼参与人的诉讼权利。（3）若当事人和其他诉讼参与人有严重扰乱法庭秩序及《民事诉讼法》规定的其他妨害民事诉讼的行为，人民法院依法对其罚款、拘留乃至追究刑事责任。（4）当事人按照规定交纳案件受理费及其他诉讼费用。

另外，人民法院在送达案件受理通知书和应诉通知书时，除了应当告知当事人有关诉讼权利义务以外，还应根据《民事诉讼证据规定》第50条第1款规定，向当事人送达举证通知书。举证通知书应当载明举证责任的分配原则和要求、可以向人民法院申请调查收集证据的情形、人民法院根据案件情况指定的举证期限以及逾期提供证据的法律后果等内容。

【条文适用】

向当事人告知诉讼权利义务是人民法院的一项义务，如果人民法院未履行告知义务将产生何种法律效果呢？若当事人以人民法院未履行告知义务为由提起上诉，二审法院能否据此认为原判决违反法定程序，可能影响案件正确判决而裁定撤销原判决，发回原审法院重审呢？从《民事诉讼法司法解释》第 323 条至第 327 条列举的人民法院违反法定程序应当发回重审或根据具体情况作出不同处理的情形来看，其中并不包括人民法院未向当事人告知诉讼权利义务的情形。但是，当事人对于诉讼权利义务的知情权，是《民事诉讼法》赋予当事人在诉讼中的一项程序权利。人民法院未履行告知义务，属于程序瑕疵，如果确实导致当事人因不知道诉讼权利义务而未行使诉讼权利或未履行诉讼义务，并因此直接或间接影响诉讼结果的，应认为属于《民事诉讼法》中规定的原判决违反法定程序，可能影响案件正确判决的情形。

第一百三十条　人民法院受理案件后，当事人对管辖权有异议的，应当在提交答辩状期间提出。人民法院对当事人提出的异议，应当审查。异议成立的，裁定将案件移送有管辖权的人民法院；异议不成立的，裁定驳回。

当事人未提出管辖异议，并应诉答辩或者提出反诉的，视为受诉人民法院有管辖权，但违反级别管辖和专属管辖规定的除外。

【条文主旨】

本条是关于管辖权异议和应诉管辖的规定。

【条文理解】

管辖权异议制度与应诉管辖制度均涉及法院管辖权的问题。根据《民事诉讼法》第 122 条规定，属于受诉人民法院管辖是民事案件起诉必须符合的条件之一。因此，只有首先确定案件的管辖法院，才能开始案件的审理，有效保障当事人的诉权。本条第 2 款新增“提出反诉”的表述，将当事人提出反诉的情形与当事人作应诉答辩的情形均视为可以构成应诉管辖的情形。

将提出反诉同样视为构成应诉管辖情形的这一修改并非首创，《民事诉讼法司法解释》第 223 条第 2 款中关于“当事人未提出管辖异议，就案件实体内容进行答辩、陈述或者反诉”的规定，可以认定为《民事诉讼法》第 130 条第 2 款规定的应诉答辩。民事诉讼中当事人答辩，是指案件的被告或被上诉人，针对原告或上诉人向人民法院递交的起诉状或上诉状中提出的问题，依据事实和法律所进行的辩驳；而提出反诉，则是指在一个已经开始的本诉程序中，本诉的被告以本诉原告为被告，向受诉法院提出的与本诉有牵连的独立的反请求。二者属于两个互不包含的法律概念，故《民事诉讼法司法解释》第 223 条第 2 款单独规定了反诉可以认定为应诉答辩。本次《民事诉讼法》的修改是将《民事诉讼法司法解释》第 223 条的内容融合在本条中。

【条文适用】

一、管辖权异议的构成要件

本条第 1 款规定了管辖权异议的情形。《民事诉讼法》第 122 条明确规定，属于受诉人民法院管辖是民事案件起诉必须符合的条件之一。因此，只有首先确定案件的管辖法院，才能开始案件的审理，有效保障当事人的诉权。案件受理后，当事人对管辖权有异议的，人民法院需要依法对当事人提出的异议进行审查，以平等保护当事人的诉讼权利和管辖利益，并保障人民法院正确行使管辖权。而本条第 1 款便对管辖权异议的构成要件作出了相应规定，当事人与人民法院应以此为依据进行相应的异议与审查：

一是异议主体：当事人。通常而言，提出管辖权异议的当事人应是被告，因为原告作为诉讼提起者，只有在已经认可受诉法院管辖权的情况下才会向其提起相应的诉讼；而被告作为被动应诉的一方，更有可能认为受诉法院并无管辖权。

最高人民法院曾就第三人能否提出管辖权异议的问题作出《关于第三人能否对管辖权提出异议问题的批复》（法［经］复〔1990〕9 号）该批复规定："一、有独立请求权的第三人主动参加他人已开始的诉讼，应视为承认和接受了受诉法院的管辖，因而不发生对管辖权提出异议的问题；如果是受诉法院依职权通知他参加诉讼，则他有权选择是以有独立请求权的第三人的身份参加诉讼，还是以原告身份向其他有管辖权的法院另行起诉。二、无独立请求权的第三人参加他人已开始的诉讼，是通过支持一方当事人的主张，维护自己的利益。由于他在诉讼中始终辅助一方当事人，并以一方当事人的主张为转移。所以，他无权对受诉法院的管辖权提出异议。”

二是异议期限：提交答辩状期间，即收到起诉状副本之日起 15 日内。当事人若未在答辩期满前提出管辖权异议，可视为无管辖权异议或放弃行使管辖权异议的权利。

三是异议内容：当事人认为受诉法院受理了其无管辖权的案件。管辖权异议的客体为第一审案件管辖权，当事人无权对特别程序案件、二审案件、再审案件管辖提出异议。根据现行《最高人民法院关于审理民事级别管辖异议案件若干问题的规定》，管辖权异议的客体既包括级别管辖，也包括地域管辖。《民事诉讼法》第 18 条至第 21 条对我国的级别管辖作出了相应规定，第 22 条至第 36 条则对我国的地域管辖作出了相应规定。当事人和人民法院可以根据以上两类规定，判断该案受诉法院是否具有相应的管辖权。

此外，本条款亦对管辖权异议的后果作出了相应规定。若当事人提出管辖权异议后，经人民法院审查异议成立的，法院应裁定将案件移送有管辖权的人民法院；若异议不成立，则应裁定驳回。

二、应诉管辖的构成要件

本条第 2 款规定了应诉管辖的情形。与德国法将被告不提出管辖异议而应诉答辩、反诉的行为拟制为与原告达成管辖合意不同，我国法将这种情形拟制为被告同意受诉法院管辖本案，继而产生受诉法院获得管辖权的法律效果。

应诉管辖的解释及其法律效果的明确。为保障应诉管辖程序正当，在被告未受合法通知或者原告隐瞒管辖原因事实、虚构管辖连接点骗取管辖利益的情形下，被告不提管辖异议并应诉答辩、反诉的行为不构成“同意”的意思表示，不能成立应诉管辖。应诉管辖的程序效力仅及于本案程序。[①]

---

① 参见吴英姿：《我国应诉管辖的法理重述——从“默示/推定协议解释论”批判开始》，载《法商研究》2023 年第 2 期。

一是应诉主体：当事人。与有权提出管辖权异议的主体相对应地，通常而言，应诉的主体是被告方。值得注意的是，在同时存在多名被告的案件中，必须全体被告均未提出管辖权异议并均已作出应诉答辩或反诉，方可成立应诉管辖。因为在此情形下，每一位被告提出管辖权异议的权利都是平等的，任何一位被告具有独立的提出管辖权异议的权利，该权利不因其他被告的放弃而失效。此外，特殊情形下，若原告提出了管辖权异议，应诉管辖亦不能成立。

二是应诉客体：原本并无管辖权的法院已经受理的一审民事案件。

三是应诉方式：当事人未提出管辖异议，并作出应诉答辩或者提出反诉。这一构成要件意味着其需要同时达成两个条件。首先，本案的所有当事人在收到诉讼材料后，均未在提交答辩状期间内，即 15 天内提出管辖权异议申请；其次，本案的所有被告方均已作出应诉答辩或者提出反诉，即对管辖法院未提出异议。

四是应诉效果：原本并无管辖权的法院被视为具有管辖权。

五是应诉管辖的例外：违反级别管辖和专属管辖规定。在此情形下，即便案件当事人并未提出任何管辖异议，甚至已经提交答辩或反诉，人民法院亦需及时移送相应法院受理，而无法因应诉管辖而取得管辖权。此时，人民法院可根据《民事诉讼法》第 37 条规定进行相应案件的移送，受移送的人民法院应当受理。受移送的人民法院认为受移送的案件依照规定不属于本院管辖的，应当报请上级人民法院指定管辖，不得再自行移送。

【典型案例】

陈某与程某买卖合同纠纷案

【案　　号】最高人民法院（2020）最高法民辖 82 号

【裁判要旨】如果当事人没有提出管辖权异议，且已经应诉答辩，则视为当事人接受管辖，如果法院认为自己没有管辖权，应该在被告应诉前移送相关案件至有管辖权的人民法院。如果被告已经应诉答辩，即使法院认为自己没有管辖权，也不宜再行移送。

【基本案情】原告起诉后，福建省连江县人民法院于2019年7月15日登记立案，2019年7月17日向被告程某发送应诉通知书。被告程某于2019年8月19日提交相应答辩状，并未就管辖权提出异议。2019年8月19日，福建省连江县人民法院开庭审理本案，原告到庭，被告缺席，该院就本案进行审理，并进行法庭调查。

【裁判结果】福建省连江县人民法院裁定将本案移送重庆市酉阳土家族苗族自治县人民法院。

【裁判理由】根据《民事诉讼法司法解释》第35条的规定："当事人在答辩期间届满后未应诉答辩，人民法院在一审开庭前，发现案件不属于本院管辖的，应当裁定移送有管辖权的人民法院。"而根据《民事诉讼法》第130条之规定，人民法院受理案件后，当事人对管辖权有异议的，应当在提交答辩状期间提出。人民法院对当事人提出的异议，应当审查。异议成立的，裁定将案件移送有管辖权的人民法院；异议不成立的，裁定驳回。当事人未提出管辖异议，并应诉答辩的，视为受诉人民法院有管辖权，但违反级别管辖和专属管辖规定的除外。如受案人民法院发现案件不属于本院管辖，有权依据《民事诉讼法》第36条之规定，将案件移送有管辖权的法院。如果当事人提起管辖权异议，法院应该在管辖权异议期间解决相关管辖权争议；如果当事人没有提出管辖权异议，且已经应诉答辩，则视为当事人接受管辖，如果法院认为自己没有管辖权，应该在被告应诉前移送相关案件至有管辖权的人民法院。如果被告已经应诉答辩，即使法院认为自己没有管辖权，也不宜再行移送。本案中，福建省连江县人民法院受理本案后，且已经于2019年8月19日开庭审理，且被告虽未出庭，但是已经应诉答辩。福建省连江县人民法院即使认为自己没有管辖权，也不能将案件移送其他法院，其移送管辖不当。

第一百三十一条　审判人员确定后，应当在三日内告知当事人。

【条文主旨】

本条是关于人民法院向当事人告知审判人员的规定。

【条文理解】

2021 年《民事诉讼法》修正时，本条内容有改动，将《民事诉讼法》（2017 年修正）第 128 条中的“合议庭组成人员”修改为本条的“审判人员”，这是为适应《民事诉讼法》关于审判组织的修改而作的修改。2023 年修法时本条未作修改。为进一步优化配置司法资源，分别发挥“独任制灵活高效、合议制民主议决”的制度优势，《民事诉讼法》第 40 条、第 41 条扩大了独任制的适用范围，明确一审普通程序、中级人民法院（含专门法院）第二审程序可以适用独任制，由审判员一人独任审理。因此，适用第一审普通程序审理案件，有两种组织形式，分别是组成合议庭或由审判员一人独任审理。

根据本条规定，人民法院应当在确定审判组织后 3 日内将审判人员告知当事人。当事人有权及时知晓案件的审判人员，以便开庭审理时充分、有效地行使申请回避的权利。

【条文适用】

对于人民法院向当事人告知审判人员的形式，法律上并未作出明确规定，原则上人民法院应当采用书面形式告知当事人。告知原告，可以随被告的答辩状副本一并送达；告知被告，可以随应诉通知书一并送达，直接送达确有困难的，可以采用其他送达方式送达，但这种情况应当制作工作笔录，并将笔录记入卷宗。对于特殊情况下无法以书面形式告知的，也可以口头告知，同样应当制作工作笔录，并将笔录记入卷宗。《最高人民法院关于人民法院合议庭工作的若干规定》第 3 条规定："合议庭组成人员确定后，除因回避或者其他特殊情况，不能继续参加案件审理的之外，不得在案件审理过程中更换。更换合议庭成员，应当报请院长或者庭长决定。合议庭成员的更换情况应当及时通知诉讼当事人。"人民法院向当事人告知审判人员后，因故需要变更审判人员的，应当在变更后的 3 日内将审判人员变更的情况和变更的原因重新告知当事人。在开庭前 3 日内决定变更审判人员的，原定的开庭日期应予顺延，这也是充分保障当事人回避申请权的需要。

第一百三十二条　审判人员必须认真审核诉讼材料，调查收集必要的证据。

【条文主旨】

本条是关于审判人员审核诉讼材料、调查收集必要的证据的规定。

【条文理解】

诉讼材料，是指原被告向受诉法院提交的起诉状、答辩状以及证据材料等。必要的证据，是指对于认定事实、适用法律必不可少的证据材料。

审核诉讼材料，是指承办案件的审判人员对原告的起诉状、被告的答辩状、证据材料和其他诉讼材料进行审查和核实。经过审核诉讼材料，人民法院发现有以下情形的，应区别情况予以处理：（1）审查该案是否属于人民法院受理案件的范围和受诉法院管辖，对于不属于人民法院受理范围的，裁定驳回起诉；对于不属于受诉法院管辖的，移送有管辖权的人民法院处理。（2）了解原告的诉讼请求和被告对诉讼请求的反驳是否还需要一定的证明材料，如需要，通知当事人补正。（3）审查被告是否提起反诉，是否符合反诉的条件，对于不符合反诉条件的，告知被告另行起诉。（4）查明是否需要人民法院调查、收集必要的证据，是否需要对可能灭失的证据采取保全措施，是否需要对相关事项进行鉴定或勘验。（5）确定是否有必要按法定程序通知其他民事主体参加诉讼。（6）其他需要审查和处理的事项。

人民法院除了应当审核诉讼材料以外，还应当收集必要的证据，人民法院调查、收集的证据分为两种情形：一是对当事人及其诉讼代理人因客观原因不能自行收集证据，人民法院依当事人在举证期限届满前提交的书面申请，调查、收集与案件有关的证据；二是人民法院认为审理案件需要而依职权主动调查、收集与案件有关的证据。两种情形的适用条件不同。必要的证据的范围应当限于法律明确规定的范围。《民事诉讼法》确定的举证原则是“谁主张，谁举证”，一般情况下案件事实由当事人主张，证据由当事人收集提供，法院根据这一原则要求，原则上保持消极地位。但是，在审判实践中，有一些证据材料是当事人难以自行收集，但对查明案件事实却是不可缺少的，需要由人民法院调取。根据《民事诉讼法司法解释》第94条第1款规定，当事人及其诉讼代理人因客观原因不能自行收集的证据，包括：“（一）证据由国家有关部门保存，当事人及其诉讼代理人无权查阅调取的；（二）涉及国家秘密、商业秘密或者个人隐私的；（三）当事人及其诉讼代理人因客观原因不能自行收集的其他证据。”对于法院认为有必要依职权调查收集证据的情形，《民事诉讼法司法解释》第96条作出明确规定，包括：“（一）涉及可能损害国家利益、社会公共利益的；（二）涉及身份关系的；（三）涉及民事诉讼法第五十五条[①]规定诉讼的；（四）当事人有恶意串通损害他人合法权益可能的；（五）涉及依职权追加当事人、中止诉讼、终结诉讼、回避等程序性事项的。”同时，明确除上述情形外，人民法院调查收集证据，应当依据当事人的申请进行。人民法院主动调查、收集相关证据是当事人提供证据的补充。

【条文适用】

在案件开庭审理前认真审核诉讼材料，可以使审判人员了解案件的基本情况、双方当事人的争议焦点，以及需要庭审调查、辩论的主要问题，同时也可以提示审判人员提前熟悉案件情况和适用的法律条款等，从而确保正确高效地开展庭审。一般来讲，庭审准备开始的时间为答辩期届满，因为此时才能根据起诉和答辩的情况，确认双方当事人的争议

① 对应《民事诉讼法》（2023年修正）第58条。

焦点，并围绕争议焦点展开庭审准备活动。

审判人员在审核诉讼材料时，应当详细、全面地审阅，对于当事人表述不清楚的，如果有条件，应当请当事人澄清；对于涉及诉讼管辖、追加当事人等需要处理的事项，应当及时处理。必要时，还可以根据《民事诉讼法司法解释》第 224 条规定，在答辩期届满后，通过组织证据交换、召集庭前会议等方式，做好审理前的准备。

需要注意的是，建立审前准备程序的理念主要基于当事人主义的模式选择和价值取向，即审判人员处于一种消极的中立者的地位，在庭审前一般不应当受到来自任何一方证据、观点的不当影响。因此，审判人员在审核诉讼材料时不能先入为主，应当避免对案件进行实质审查的任何倾向。换言之，审判人员审核诉讼材料、调查收集必要的证据，只是为正确推进诉讼做好前期准备，从性质上讲，只是程序性的准备而非实体性审理，对于案件的实体性事项需要经过法庭调查、法庭辩论后形成内心确信或合议庭评议后才能形成结论性意见。

第一百三十三条　人民法院派出人员进行调查时，应当向被调查人出示证件。

调查笔录经被调查人校阅后，由被调查人、调查人签名或者盖章。

【条文主旨】

本条是关于人民法院进行调查程序的规定。

【条文理解】

人民法院进行调查取证时，必须按照一定的程序。根据本条规定，人民法院派出人员进行调查时，应当向被调查人出示表明调查人员身份的证件，取得被调查人的信任和配合。人民法院进行调查取证是人民法院行使审判权的职权活动，任何单位和个人都有义务协助，不得以任何借口予以拒绝。对于拒不配合人民法院调查的，人民法院可以责令其履行协助调查的义务，必要时还可以依法对其采取妨碍民事诉讼的强制措施。

人民法院派出人员在进行调查时，应当制作调查笔录，记录调查人、被调查人、记录人，调查时间、地点、对象、调查事项等内容。调查人员在调查中应当保持客观中立态度，调查笔录应当客观详尽、实事求是。调查笔录制作完成后，应当交由被调查人校阅，被调查人对笔录有异议的，可以提出修改意见，并在修改处签名或者盖章，调查笔录经过被调查人校阅无误后应当由被调查人、调查人签名或者盖章；被调查人、调查人有数人的，均应当在调查笔录上签名或者盖章。未经上述程序取得的调查笔录，不具有证据效力，不得作为案件裁判的依据。本条对于规范调查人员的调查行为，维护被调查人的合法权益，增强调查活动的合法性、严肃性具有重要意义。

【条文适用】

在适用本条时，应注意把握以下问题。

1. 人民法院派出人员进行调查时，应当向被调查人出示证件。《民事诉讼法司法解释》第 97 条规定："人民法院调查收集证据，应当由两人以上共同进行。调查材料要由调查人、被调查人、记录人签名、捺印或者盖章。"因此，调查应由两名以上的工作人员共同进行。这里的"工作人员"，指的是审判员或书记员，必要时也可以由法警协助。工作人员在调查前应当向被调查人出示证件，表明自己的身份，取得被调查人的信任和配合。任何单位和个人都有协助法院调查的义务。对于拒不履行协助调查义务的单位或个人，人民法院除责令其履行协助义务外，还可对其适用罚款等强制措施。对拒不协助调查的单位，人民法院还可以对其主要负责人或者直接责任人员予以罚款，对仍不履行协助义务的，可以予以拘留，并可以向监察机关或者有关机关提出给予纪律处分的司法建议。

2. 人民法院应当制作调查笔录，调查笔录经被调查人校阅后，由被调查人、调查人签名或者盖章。调查笔录应当记录调查人、被调查人、记录人，调查时间、地点、对象、调查事项等内容。调查笔录是对整个调查程序的反映，应当客观详尽、实事求是地记载。如果调查笔录存在模糊之处，应当要求调查人进行补正。如果删节调查笔录的，则需要重新制作，以保证调查笔录的质量。调查笔录制作完成后，应当交由被调查人校阅，并在核对后由调查人、被调查人和记录人签名或者盖章。如果被调查人不愿意在调查笔录上签字的，调查人员应当在调查笔录中如实记录，如果有第三人在场的，应当请第三人在调查笔录上签名或者盖章。被调查人不愿意在调查笔录上签字，并不影响调查笔录的效力。

3. 根据《民事诉讼证据规定》第 21 条至第 24 条规定，人民法院在调查取证过程中还应把握：（1）调查人员调查收集的书证，可以是原件，也可以是经核对无误的副本或者复制件。副本或者复制件，应当在调查笔录中说明来源和取证情况。（2）调查人员调查收集的物证应当是原物。被调查人提供原物确有困难的，可以提供复制品或者影像资料。提供复制品或者影像资料的，应当在调查笔录中说明取证情况。（3）调查人员调查收集视听资料、电子数据，应当要求被调查人提供原始载体。提供原始载体确有困难的，可以提供复制件。提供复制件的，调查人员应当在调查笔录中说明其来源和制作经过。（4）人民法院调查收集可能需要鉴定的证据，应当遵守相关技术规范，确保证据不被污染。

第一百三十四条　人民法院在必要时可以委托外地人民法院调查。

委托调查，必须提出明确的项目和要求。受委托人民法院可以主动补充调查。

受委托人民法院收到委托书后，应当在三十日内完成调查。因故不能完成的，应当在上述期限内函告委托人民法院。

【条文主旨】

本条是关于人民法院委托调查的规定。

【条文理解】

根据本条规定，受诉法院在调查程序时，除自行调查外，还可以根据实际情况委托外地人民法院进行调查。在委托调查中，受委托的人民法院一般是被调查人或调查事项所在地的人民法院。通过委托调查，可以在保证调查质量的前提下降低调查成本，提高调查效率。

受诉法院在提出委托调查的请求时，应当明确委托调查的项目和要求。为了保证调查事项的完整性并满足诉讼活动的客观需要，受委托的人民法院除根据委托调查的项目和要求进行调查外，如果发现与委托项目有关的证据，可以主动补充调查。

受委托的人民法院收到委托书后，应当在 30 日内完成调查，并将调查材料函复委托人民法院。因故不能完成，或者需要延长期限完成的，应当在上述期限内函告委托人民法院。

【条文适用】

委托调查，是指人民法院需要调查的证据在异地时，由受诉法院委托当地法院执行调查活动的一项制度，该制度符合诉讼经济的要求。受诉人民法院决定委托调查的，应当向受托法院出具委托调查函，明确调查的项目和要求。受委托的人民法院应当按要求完成调查。为了全面地查清案情，受委托的人民法院如果认为有必要，可以补充调查委托调查函所列的项目和要求以外的事项。受委托的人民法院接受委托后，应当在 30 日内完成。案件复杂或因客观原因无法完成的，应当及时告知委托法院。受托人民法院无故拒不进行调查的，委托人民法院可以督促其尽快执行调查活动，但是否可以报请共同的上级法院责令受委托法院调查，尚未有明确规定。

此外，本条规定的委托调查与执行程序中的委托调查制度不同。在执行程序中的委托调查制度，是指在案件执行阶段，经申请执行人申请，由人民法院签发调查令，指定申请执行人的代理律师持调查令向有关单位或个人调查收集特定证据。二者在程序阶段、受托主体、委托内容等方面均有显著区别。

第一百三十五条　必须共同进行诉讼的当事人没有参加诉讼的，人民法院应当通知其参加诉讼。

【条文主旨】

本条是关于人民法院追加当事人的规定。

【条文理解】

追加当事人，是指人民法院发现对诉讼标的具有共同权利或义务的当事人未参加诉讼时，依照职权追加其为案件的当事人的诉讼行为。根据《民事诉讼法》规定，以共同诉讼人之间对诉讼标的的关系，可分为必要的共同诉讼和普通的共同诉讼。争议的诉讼标的是同一的共同诉讼，是必要的共同诉讼，如合伙关系中基于合伙财产的诉讼、共同继承人基于被继承财产的诉讼。对于必要的共同诉讼，要求共同诉讼人必须一同起诉或应诉，未一同起诉或应诉的，法院应予以追加，合并审理并作出判决。争议的诉讼标的是同种类的共同诉讼，是普通的共同诉讼，如一加害人对数人实施了加害行为，数个受害人作为共同诉讼人分别向加害人提出损害赔偿请求。对于普通的共同诉讼，当事人之间没有共同的权利义务关系，不是必须共同进行诉讼，也不会产生追加当事人的问题。本条规定，必须共同进行诉讼的当事人未参加诉讼的，人民法院应当通知其参加诉讼。

根据《民事诉讼法司法解释》第 73 条规定，必须共同进行诉讼的当事人没有参加诉讼的，人民法院应当依照本条规定，通知其参加；当事人也可以向人民法院申请追加。人民法院对当事人提出的申请，应当进行审查，申请理由不成立的，裁定驳回；申请理由成立的，书面通知被追加的当事人参加诉讼。因此，人民法院追加当事人的方式有两种：一是人民法院依职权追加，受诉人民法院在审核诉讼材料后，发现必须共同进行诉讼的当事人没有参加诉讼时，应当通知其参加诉讼；二是当事人申请追加，当事人对于人民法院受理的案件，申请参加诉讼或者申请追加他人参加诉讼，人民法院经审查同意追加并通知当事人参加诉讼。根据《民事诉讼法司法解释》第 74 条的规定，人民法院追加共同诉讼的当事人时，应当通知其他当事人。应当追加的原告，已明确表示放弃实体权利的，可不予追加；既不愿意参加诉讼，又不放弃实体权利的，仍应追加为共同原告，其不参加诉讼，不影响人民法院对案件的审理和依法作出判决。而人民法院依法追加被告时，不以其本人和该案其他诉讼当事人的主观意愿为转移，均应通知追加，即便其不出庭参加诉讼，也不影响人民法院对案件的审理与判决，且判决生效以后，对其同样具有约束力。如果应当追加的被告属于依法必须到庭的被告，在其经人民法院通知后拒不到庭参加诉讼，经两次传票传唤，仍无正当理由拒不到庭的，可以对其进行拘传。

追加当事人一般应当在第一审程序中进行，根据《民事诉讼法司法解释》第 325 条规定，必须参加诉讼的当事人或者有独立请求权的第三人，在第一审程序中未参加诉讼，第二审人民法院可以根据当事人自愿的原则予以调解；调解不成的，发回重审。

另外，根据《最高人民法院关于对第一审刑事自诉案件当事人提起附带民事诉讼，部分共同侵害人未参加诉讼的，人民法院是否应当通知其参加诉讼问题的答复》（法函〔2001〕71 号）规定，对第一审刑事自诉案件当事人提起附带民事诉讼，必须共同进行诉讼的其他侵害人未参加诉讼的，人民法院应当通知其参加诉讼。

【条文适用】

一、必须共同进行诉讼的当事人的范围

在民事诉讼中，必须共同进行诉讼的当事人主要包括：一是必要共

同诉讼的当事人；二是必须参加诉讼的无独立请求权的第三人。

追加当事人的理论基础是在必要的共同诉讼中，当事人争议的诉讼标的是不可分的，共同原告或共同被告一同参加诉讼，既有利于当事人维护自己的合法权益，又便于人民法院对案件进行审判。换言之，必要共同诉讼是一种不可分之诉，要求共同诉讼人必须一同起诉或者一同应诉。如果只有其中部分共同诉讼人起诉或应诉的，即为共同诉讼当事人不适格。必要共同诉讼人之一没有独立的诉讼权能，不能单独行使诉权。如果法院发现有共同诉讼人没有参加诉讼时，应当依职权通知其参加诉讼。

在民事诉讼中追加当事人，除追加必要的共同原告和被告以外，还包括追加无独立请求权的第三人。无独立请求权的第三人依附于必要共同原告或被告，也是必须与原告、被告共同进行诉讼的当事人，以便将来可能出现的另一个诉讼放在现在的诉讼中一并解决。因此，当人民法院发现有无独立请求权的第三人时，无论原告或被告是否同意，都应当通知其参加诉讼。无独立请求权的第三人接到人民法院通知后，可以申请参加诉讼，不申请参加诉讼的，不影响人民法院对案件的审判，法院的裁判同样对其发生法律效力。但有独立请求权的第三人和普通共同诉讼人并非必须共同进行诉讼的当事人，其诉讼标的具有可分割性，如法院告知有关诉讼情况后，其不愿参加诉讼的，则法院不能强行予以追加。

二、追加当事人的程序问题

追加当事人的申请人应当向人民法院递交书面申请书，申请书要载明被追加当事人的基本情况、追加的事实和理由及被追加当事人的诉讼地位，同时还应提供能够证明申请书所记载的事实和理由的证据。法院依申请或依职权追加当事人时，需向被追加的当事人送达参与诉讼通知书，并根据案情写明被追加的当事人的诉讼地位，将追加当事人的情况及时通知其他案件当事人，并变更案件的举证期限，送达追加当事人变更举证期限通知书给当事人。如果当事人没有递交书面的申请书，只是在庭审或答辩状中提出要求追加当事人的，法院认为无须追加当事人的，应在裁判文书中阐明，无须制作不予追加当事人的民事裁定。

当事人向一审法院申请追加案外人参加诉讼，一审法院经审查认为当事人的申请不成立的，应根据《民事诉讼法司法解释》第 73 条规定作出驳回追加当事人申请的民事裁定，并及时送达当事人。应当注意的是，根据《民事诉讼法》的规定，只有当事人不服一审法院作出的不予受理、对管辖权异议和驳回起诉的民事裁定时，才可以提起上诉。

三、被追加当事人的诉讼地位

被追加当事人的诉讼地位要根据案件基本事实及权利义务关系确定，被追加的当事人对诉讼当事人双方的诉讼标的有独立请求权的，列为有独立请求权的第三人，该第三人有权提起诉讼，提出诉讼请求和事实、理由，成为案件的当事人。被追加的当事人对原诉讼当事人双方的诉讼标的，虽然没有独立的请求权，但案件的处理结果同他有法律上的利害关系的，列为无独立请求权的第三人。被追加的当事人若有可能被判决承担民事责任的，可以直接追加为被告。无论是人民法院是依申请还是依职权追加被告，在案件审理中都要征求原告对被追加的被告是否承担责任的意见。原告同意向该被告主张权利的，人民法院应根据查明的事实及案件的实际情况，对该被告是否承担责任作出裁判。当原告明确放弃对被追加的被告主张权利，而案件事实和证据证明该被告应承担实体责任，原列被告没有责任时，原告要承担被判决驳回诉讼请求的风险。[①]

① 何克权：《民事诉讼追加当事人若干问题研究》，载《人民法院报》2011 年 7 月 13 日，第 7 版。

第一百三十六条　人民法院对受理的案件，分别情形，予以处理：

（一）当事人没有争议，符合督促程序规定条件的，可以转入督促程序；

（二）开庭前可以调解的，采取调解方式及时解决纠纷；

（三）根据案件情况，确定适用简易程序或者普通程序；

（四）需要开庭审理的，通过要求当事人交换证据等方式，明确争议焦点。

【条文主旨】

本条是关于在开庭前准备程序中人民法院对受理的案件分别情形予以处理、实行繁简分流的规定。

【条文理解】

开庭前准备程序，是整个民事诉讼程序的重要组成部分，是完善以庭审为中心的民事诉讼程序的重要基础。开庭前准备程序使得法院将原本在审理程序中做的工作提前至审前阶段，使得庭审前准备程序具备了化解纠纷和案件分流的功能。

本条规定的开庭前准备程序，与大陆法系国家、英美法系国家规定的审前程序既有联系又有区别。联系在于开庭前准备程序和审前程序，许多国家都有一些共通性的认识：（1）具备功能多元化特点，兼有实体法和程序法的意义，如法院组织双方交换证据、整理争议焦点等具有实体审理的特征；（2）主要的参加主体是当事人，都是由当事人决定需要判断的案件事实，由当事人收集、提出并与对方交换证据，以此形成对庭审有约束力的争点，同时为法官审理提供基础。区别在于与英美法系的审前程序相比，本条规定的开庭前准备程序是指以法院主导为原则，在开庭审理前按一定方式、程序实施的，并由当事人及其他诉讼参与人参加的一系列诉讼活动的总和，包括法院根据案件的具体情形进行繁简分流，对于适宜通过特别程序或者非诉机制解决的纠纷，采取督促或者调解程序定分止争；对于必须通过诉讼机制解决的纠纷，法院根据案件性质，选择适宜的审理程序，指示当事人交换证据、明确争议焦点，为下一阶段的开庭审理做好准备。

一、对于当事人之间没有争议并且符合督促程序适用条件的案件，转入督促程序

督促，是指对以给付金钱或者有价证券为标的请求，人民法院根据债权人的申请，向债务人发出附有条件的支付令，如果债务人在法定期间内未履行义务又不提出书面异议，债权人可以根据支付令向人民法院申请强制执行。从性质上看，督促程序不同于普通的诉讼程序，区别在于督促程序主要适用于当事人之间无争议的关于给付金钱、有价证券的债权债务纠纷，法院只进行形式审查，省去答辩、调查、开庭、上诉和二审等环节，使得督促程序具有简便、快捷的特点。向债务人发出支付令，债务人提出书面异议的，案件可进入调解或者审理程序。债务人在规定的期间内不提出异议又不履行支付令的，债权人可以向人民法院申请执行。

二、对开庭前可以调解的案件，采取调解等方式及时解决纠纷

调解是《民事诉讼法》的一项基本原则，《民事诉讼法》第9条规定：“人民法院审理民事案件，应当根据自愿和合法的原则进行调解；调解不成的，应当及时判决。”调解这一基本原则，贯穿于整个民事诉讼的全过程。首先是立案前的先行调解，《民事诉讼法》第125条规定：“当事人起诉到人民法院的民事纠纷，适宜调解的，先行调解，但当事人拒

绝调解的除外。”其次是本条第 2 项规定的开庭前的调解，“开庭前可以调解的，采取调解方式及时解决纠纷”。最后还有开庭审理后的调解，《民事诉讼法》第 145 条规定：“法庭辩论终结，应当依法作出判决。判决前能够调解的，还可以进行调解，调解不成的，应当及时判决。”本条中，如何理解开庭前“可以调解的”，还是应遵循调解的自愿和合法的原则。如果当事人不同意调解的，应尊重当事人的意愿，及时开庭审理。

三、根据案件情况，确定案件适用简易程序或者普通程序

普通程序内容齐备、结构完整，在审判程序中处于基础地位；简易程序简便、快捷，在效率上具有优越性，但在程序保障上不如普通程序。人民法院应根据案件的性质，对受理的案件决定是适用简易程序还是适用普通程序。需要注意的是，《民事诉讼法》对于简易程序的适用条件作了明确的规定，主要分为两类：一类是“事实清楚、权利义务关系明确、争议不大的简单的民事案件”，明确小额诉讼案件属于适用简易程序的案件；另一类是在上述民事案件之外，当事人双方也可以约定适用简易程序，同时还新增规定“基层人民法院审理的基本事实清楚、权利义务明确的第一审民事案件，可以由审判员一人适用普通程序独任审理”。本条第 3 项规定的“根据案件情况，确定适用简易程序或者普通程序”中的“案件情况”，不仅包括法院对案件是否属于“事实清楚、权利义务关系明确、争议不大的简单的民事案件”的判断，还包括当事人双方是否约定适用简易程序的情况。需要说明的是，案件的审理程序主要应由人民法院根据案件性质确定，即使当事人约定适用简易程序，但人民法院在审理过程中，发现案件不宜适用简易程序的，裁定转为普通程序。另外，起诉时被告下落不明的案件、发回重审和按照审判监督程序再审的案件，不得适用简易程序审理；已经按照普通程序审理的案件，在审理过程中即使发生情况变化，也不得改用简易程序审理。

四、需要开庭审理的，通过要求当事人交换证据等方式，明确争议焦点

人民法院受理的案件，经过上述转入督促程序、调解解决、适用简

易程序等方式的过滤和分流，剩余的案件一般是需要集中开庭审理的案件，这就需要发挥开庭前准备程序的功能，为开庭审理做好必要而充分的准备。所谓“必要”，是指这种准备的进行与展开不得在实质意义上取代庭审而使庭审流于形式；所谓“充分”，意味着审前准备工作应达到适合开庭的程度，为庭审提供公正和效率的保障。具体而言，开庭前准备程序的功能包括证据资料的获取、争议焦点和证据的整理两大方面，实现途径则是通过证据交换等方式，使当事人双方进行证据交锋，最终形成对本案具有程序制约力的争议焦点。

《民事诉讼法司法解释》第 224 条规定：依照本条第 4 项规定，人民法院可以在答辩期届满后，通过组织证据交换、召集庭前会议等方式，做好审理前的准备。该解释第 225 条规定：“根据案件具体情况，庭前会议可以包括下列内容：（一）明确原告的诉讼请求和被告的答辩意见；（二）审查处理当事人增加、变更诉讼请求的申请和提出的反诉，以及第三人提出的与本案有关的诉讼请求；（三）根据当事人的申请决定调查收集证据，委托鉴定，要求当事人提供证据，进行勘验，进行证据保全；（四）组织交换证据；（五）归纳争议焦点；（六）进行调解。”该解释第 226 条规定：“人民法院应当根据当事人的诉讼请求、答辩意见以及证据交换的情况，归纳争议焦点，并就归纳的争议焦点征求当事人的意见。”

需要说明的是，本条规定的证据交换与争议焦点明确，均是在人民法院的指挥下进行。具体而言，是否需要在开庭审理前明确争议焦点、是通过证据交换的方式还是以庭前会议或者其他方式明确争议焦点、如何确定证据交换的日期等，都是由人民法院根据案件具体情况进行判断，并在其主导下组织当事人及其他诉讼参加人完成，具体方式与方法可以灵活掌握。

【条文适用】

根据“程序与纠纷一致原则”，不同的纠纷解决方式对纠纷最终解决所要求的形式不同。在庭审前准备程序中，一个案件可能通过多种途径得到解决，需要建立能满足各种需要的多样化结案形式，不能因为最终的形式要件而影响到其他程序化解纠纷功能的发挥。[①] 因此，为更好地适用本条规定，应树立以下理念：在程序地位上，民事开庭前准备程序具有独立的程序价值，与开庭审理程序是并行的程序；在程序功能上，着重实现案件繁简分流，并以庭审替代方式最大限度地化解民事纠纷；在程序特征上，整合现有程序制度资源，形成诉讼内和法官主导下的多元化解纷机制；在程序保障上，以人民法庭和基层人民法院立案庭为依托，健全完善多元解纷组织。对本条的适用，必须从审判工作全局的高度认识，进一步推动部分审判职能审前化、司法资源配置审前化，将审前作为化解民商事纠纷案件的重要渠道，根据不同解纷方式的要求，以最高效率、最大限度地解决案件纠纷，努力实现案结事了人和。

---

① 江必新等：《民事诉讼的制度逻辑与理性构建——〈民事诉讼法〉再修改之思辨》，中国法制出版社 2012 年版，第 124～125 页。

第三节　开庭审理

第一百三十七条　人民法院审理民事案件，除涉及国家秘密、个人隐私或者法律另有规定的以外，应当公开进行。

离婚案件，涉及商业秘密的案件，当事人申请不公开审理的，可以不公开审理。

【条文主旨】

本条是关于人民法院审理案件方式的规定。

【条文理解】

公开审理是指人民法院在审判过程中，事先公告开庭时间、地点，庭审中公开法庭调查、法庭辩论，对审判结果公开宣判。

公开审理是我国《宪法》确立的人民法院审判活动的一项基本制度，根据《宪法》第 130 条的规定，人民法院审理案件，除法律规定的特别情况外，一律公开进行。我国《民事诉讼法》第 10 条确定的基本原则之一为公开审判。人民法院审理民事案件，应以公开审理为原则，以不公开审理为例外。

一、公开的对象

人民法院审理案件公开的对象，包括两个方面：一是人民群众。即案件的整个审理经过，乃至最后宣判结果，都允许人民群众旁听。这有助于保障人民群众的知情权，提高司法公信力，打造透明、公开、阳光的群众监督机制。二是社会媒体。公开审理的案件，社会媒体经过人民法院的准许，旁听时可以进行拍照、录音、录像、转播直播庭审情况，对案件予以报道。但是不得进行有倾向性的解读，不得对审判组织、审判人员进行点评，更不能提前披露审理结果。

二、公开的例外

根据本条规定，公开审理是原则，但也存在例外情形。有些案件，公开审理反而会对国家利益、社会利益造成损失，或者会对当事人造成不良影响，这就需要不公开审理。对于不公开审理的情形，主要分为两种类型。

（一）法定不公开审理

法定不公开审理的案件主要是涉及国家秘密、个人隐私或者法律另有规定的案件。根据《保守国家秘密法》的规定，国家秘密是指关系国家的安全和利益，依照法定程序确定，在一定时间内只限一定范围的人员知悉的事项。国家秘密存在于国家安全体系的各领域、各要素、各层面，融合在事关国家安全的各项业务之中。[①] 因此，审判过程中涉及国家秘密的案件，人民法院应当依法不公开审理，以免使国家安全和利益受到损害。至于国家秘密具体的事项范围，《保守国家秘密法》有详细列举，审判人员可以据此予以审查确定。

个人隐私权是指公民享有保护其个人生活中不愿公开或不为他人知悉的秘密的权利。一般认为，隐私权的内容包括个人生活安宁权、个人生活情报保密权、个人通讯秘密权以及个人隐私利用权。[②] 隐私权的价值在于个人自由和尊严的本质，体现于个人自主，不受他人的操纵及支配。[③] 由此可见，个人隐私权作为一项基本权利，在审判过程中，人民法院应当依法予以保护。

---

① 沈万如：《推进国家秘密治理体系和治理能力现代化》，载《论坛》2021年第3期。

② 狄亚娜：《论大数据时代的不公平审理与隐私权保护》，载《法学杂志》2016年第9期。

③ 王泽鉴：《人格权的具体化及其保护范围·隐私权篇》，载《比较法研究》2008年第6期。

（二）依申请不公开审理

对于离婚案件、涉及商业秘密的案件，当事人可以申请法院不公开审理。由于离婚案件往往涉及个人隐私和夫妻情感问题，如果当事人认为公开审理不利于将来生活的安宁秩序，以及影响个人心理上、精神上的状态，可以向法院申请不公开审理，法院原则上应当允许。商业秘密是指生产工艺、配方、贸易联系、购销渠道等当事人不愿公开的技术秘密、商业情报及信息。商业秘密作为一种重要的信息类知识产权，具备以下几个特征：一是秘密性，只为特定主体掌握，禁止非法获取、披露、使用；二是价值性，能给权利人带来经济利益，创造商业财富；三是实用性，可以在生产过程中应用使用，并且能产生积极效果。商业秘密已然成为市场竞争的战略资源，在激烈的社会竞争中发挥着重要作用。公开审理涉及商业秘密的案件，有可能给当事人造成难以弥补的损失。如果当事人以涉商业秘密为由申请不公开审理，人民法院应当按照《反不正当竞争法》《最高人民法院关于审理侵犯商业秘密民事案件适用法律若干问题的规定》的相关规定作出决定。

【条文适用】

实务中对于本条的适用和把握，需要注意以下几点：

第一，关于不公开审理涉及个人隐私的案件，实践中如何判断是否属于隐私，是个难点问题。理论界对此存在两种截然不同的观点。一种观点认为，如果个人隐私违反法律规定，或者个人隐私有悖公序良俗，就不属于正当合法的权利，法院可以不用保护，因此应当公开审理。另一种观点认为，法律要保护的是隐私权，保护的对象是公民个人不愿被人知晓的私人生活，所以不管隐私是否合法，都应当不公开审理。我们认为，第二种观点更可取，从文义解释层面来看，本条规定的是个人隐私，而不是合法的个人隐私权，从有利于保护公民人身基本权利的角度，不公开审理更符合立法本意。

第二，关于不公开审理涉及商业秘密的案件，因双方当事人可能是竞争对手，如果将证据公开在法庭上一一质证，可能导致商业秘密泄露。所以法院可以根据具体情况，庭前不对证据进行送达和交换，而是依职权对证据进行审查认定。同时，案件审结后当事人调取卷宗的权限也应限制。

第三，不公开审理的案件，虽然对庭前公告、法庭调查、法庭辩论、最后陈述意见等各个环节都不公开，但是宣告判决一律应当公开进行。应当注意的是，判决中涉及国家秘密、个人隐私、商业秘密的内容，需要隐去或者技术处理，否则国家利益、社会利益、公民基本权利仍然得不到保护。

第一百三十八条　人民法院审理民事案件，根据需要进行巡回审理，就地办案。

【条文主旨】

本条是关于人民法院巡回审理、就地办案的规定。

【条文理解】

一、立法背景

巡回审判有着较深的历史渊源，早在 1164 年，英国就确立了巡回审判制度，当时的国王亨利二世颁布了《克拉伦登法典》，规定了王室法院的巡回法官对地方土地纠纷案件进行审理，这是英国司法制度的重大改革。当时，英国国王带着他的法官到处巡回审判，使得王室司法行为和司法秩序更加规范化、专门化。1194 年，查理二世发布了《英国巡回法庭章程》，确立了巡回控诉流程，使得巡回审判制度更加全面和细致。到了 13 世纪中期，美国、意大利等国家也陆续建立了巡回法庭，巡回审判逐渐成为各国一项重要的诉讼制度。

在我国抗日战争时期，各根据地建立了人民派出法庭和巡回法庭，时任陕西宁边区高等法院院长的马锡五经常深入群众，带着卷宗下乡就地办案。他打破传统陈规束缚，形成了中国特色的“马锡五审判方式”，此后被作为先进经验加以推广适用，我国民事诉讼巡回审判模式也随之确立。中华人民共和国成立以后，我国加大了人民法庭的建设，巡回审判制度得到进一步巩固和完善。1954 年公布的《人民法院组织法》规定，基层人民法院根据地区、人口和案件有关情况，可以设立若干人民法庭。这是第一次通过立法的形式确立巡回审判方式。1991 年公布的

《民事诉讼法》再次确定巡回审判制度，2021年修正《民事诉讼法》时，也保留了巡回审判、就地办案的规定。

二、巡回审判的司法体现

我国民事诉讼一向重视“两便原则”，即“便利人民群众进行诉讼”“便利人民法院审理案件”。巡回审判是人民法院践行司法为民的体现，从一定层面反映了法治的温度。

首先，巡回审判可以让偏远地区的人民群众同样便利地享受到司法服务，减少当事人往返法院而产生的负担。近几年，不断涌现出“田间法庭”“马背法庭”“草原法庭”“海上法庭”，司法便民的“最后一公里”正在逐渐打通。2021年，北京市通州区人民法院在环球度假区内设立了一站式多元解纷中心，也是贯彻就地办案、巡回审理的司法举措。

其次，巡回审理还可以在化解矛盾的同时，起到审理一案、教育一片的法制宣传作用。尤其对于一些抚养赡养的案件、群体性的案件、涉当地风俗习惯的案件，可以到现场进行调查，就地办案。此外，随着信息化建设日趋成熟，在审理方式上可以更多元化，打造“互联网+巡回审判”的新模式，[①] 实现宣传教育的现代化。

【条文适用】

实践中需要注意的是，巡回审理的目的是方便群众诉讼，最大限度地为群众解决实际问题，最大程度地减少群众的诉累。但这并不意味着可以简化程序或者随意审理，否则可能会剥夺当事人的诉讼权利。各人民法院在开展巡回审判时，应注意把握巡回审判灵活性与规范性的界限，在贯彻便利原则的同时，保障法定程序的规范性。

---

① 郑妮：《从巡回审判中寻找百年党史的光与影》，载《人民法院报》2021年7月30日，第7版。

第一百三十九条 人民法院审理民事案件，应当在开庭三日前通知当事人和其他诉讼参与人。公开审理的，应当公告当事人姓名、案由和开庭的时间、地点。

【条文主旨】

本条是关于法院通知当事人参加诉讼和发布公告的规定。

【条文理解】

1982年颁布的《民事诉讼法（试行）》规定了本条内容，此后历次修正的《民事诉讼法》都沿袭了该规定，本次《民事诉讼法》修正，对于本条予以保留。

当事人包括原告、被告、共同诉讼人、第三人；诉讼参加人包括当事人和代理人（法定代理人、委托代理人）；诉讼参与人包括诉讼参加人和其他诉讼参与人（证人、鉴定人、勘验人、翻译人员）。

开庭审理是普通程序中最基本和最主要的阶段，是当事人行使诉权进行诉讼活动和人民法院行使审判权进行审判活动最集中、最生动的体现，对人民法院正确审理民事案件具有重要的意义。开庭审理能够确保人民法院审判权的正确行使，有利于对审判活动的有效监督。开庭审理将案件的审理过程置于群众的监督之下，增加了审判活动的透明度，有利于保证案件处理的公正性；有利于保护当事人的诉讼权利和实体权利。《民事诉讼法》对开庭审理中当事人各项诉讼权利及其行使的方式作了充分的规定，开庭审理有利于当事人充分行使诉讼权利，自觉履行诉讼义务，保证庭审活动的顺利进行，最终保护当事人的实体权利；有利于充分发挥开庭审理的教育作用，扩大法治宣传效果。

开庭之前通知当事人，给当事人充足的时间准备庭审，是听审请求权的一项重要内容。听审请求权作为法治国家的基本要求，在我国的《民事诉讼法》中也有一些具体的规定，比如本条关于法院在开庭 3 日前通知当事人的规定。

【条文适用】

人民法院应当在开庭 3 日前将传票送达当事人，将出庭通知书送达其他诉讼参与人，传票和通知书应当写明案由、开庭的时间和地点，以确保当事人和其他诉讼参与人有充足的时间为庭审做好准备。原告经传票传唤，无正当理由拒不到庭或未经许可中途退庭的，可以按撤诉处理。被告经人民法院传票传唤，无正当理由拒不到庭，或未经许可中途退庭的，法院可以宣布缺席审理。

实践中，人民法院在确定开庭日期之后通知当事人到法院领取传票，或者通过邮寄送达的方式送达传票，邮寄送达必须确保当事人在开庭 3 日之前收到开庭传票。如果当事人没有收到传票或者收到传票的时间已经超过传票中确定的开庭时间，是不能开庭的，应当再次送达传票。当事人同意的，也可采用电子送达方式。《最高人民法院关于进一步推进案件繁简分流优化司法资源配置的若干意见》第 3 条规定："完善送达程序与送达方式。当事人在纠纷发生之前约定送达地址的，人民法院可以将该地址作为送达诉讼文书的确认地址。当事人起诉或者答辩时应当依照规定填写送达地址确认书。积极运用电子方式送达；当事人同意电子送达的，应当提供并确认传真号、电子信箱、微信号等电子送达地址。充分利用中国审判流程信息公开网，建立全国法院统一的电子送达平台。完善国家邮政机构以法院专递方式进行送达。"《最高人民法院关于进一步加强民事送达工作的若干意见》第 12 条规定："采用短信、微信等方式送达的，送达人员应记录收发手机号码、发送时间、送达诉讼文书名称，并将短信、微信等送达内容拍摄照片，存卷备查。"

如当事人下落不明，也可采取公告送达，但前提是穷尽其他送达手段，包括直接送达、留置送达、委托送达、邮寄送达等均无法成功送达，而且要在案卷中记明原因和经过。因公告送达仅为一种法律推定的拟制送达方式。公告送达可以在法院的公告栏和受送达人住所地张贴公告，也可以在报纸、信息网络等媒体上刊登公告，对公告送达方式有特殊要求的，应当按要求的方式进行。公告期满，即视为送达。公告送达传票，应当说明出庭的时间和地点及逾期不出庭的法律后果。

公开审理的案件，人民法院应当在开庭3日前向社会发布开庭公告，包括当事人的姓名、案由和开庭的时间、地点。对于诉讼参与人及其亲友而言，可以准确地参与到庭审中来，对于其他人而言，可以旁听自己感兴趣的案件，一方面最大限度满足公众知情权和监督权，切实提升裁判公信力；另一方面强化了司法的宣传教育作用，真正使审判走向社会，达到社会效果和法律效果的统一。公告可以在法院的公告栏张贴，巡回审理的可以在案发地或其他相关的地点张贴。2018年11月20日发布的《最高人民法院关于进一步深化司法公开的意见》第13条提出要健全司法公开形式。司法公开形式应当因地制宜、因事而定、权威规范、注重实效，便于公众及时准确获取，坚决防止形式主义。最高人民法院对公开形式有统一要求的，应当按照相关要求进行公开。鼓励基层人民法院探索行之有效、群众喜闻乐见的司法公开形式。结合实际，可以将传统方式公开与新媒体方式公开相结合，传统方式如人民法院公报、广播、电视、网络、人民法院政务网站或其他权威网站平台，由于覆盖面狭窄，送达功能逐渐弱化，因此人民法院也在与时俱进，加强新媒体送达方式的适用，如人民法院官方微博、微信公众号、人民法院诉讼服务大厅、诉讼服务网、12368诉讼服务热线、移动微法院等诉讼服务平台等。

【典型案例】

甘肃源祥房地产开发有限公司建设工程施工合同纠纷案

【案　　号】最高人民法院（2019）最高法民申3879号

【裁判要旨】受送达人已经收到法院发送的开庭短信，其主张因无法判断短信真伪而导致耽误参加庭审，以及法院未能穷尽其他送达方式而直接以短信方式通知开庭违反法定程序的理由不能成立。

【基本案情】甘肃源祥房地产开发有限公司（以下简称源祥公司）因与甘肃古典建设集团有限公司（以下简称古典公司）建设工程施工合同纠纷一案，不服甘肃省高级人民法院（2019）甘民终 6 号民事判决，向最高人民法院申请再审。

源祥公司申请再审称，一审法院未穷尽送达方式直接采用短信通知开庭时间，程序违法。本案中，源祥公司住所地地址明确、电话畅通，但一审法院未经直接送达，即以短信方式通知开庭时间，因源祥公司对短信来源和真伪无从判断，导致延误了开庭。

【裁判结果】驳回源祥公司的再审申请。

【裁判理由】最高人民法院经审理认为，《民事诉讼法司法解释》第 135 条第 1 款规定："电子送达可以采用传真、电子邮件、移动通信等即时收悉的特定系统作为送达媒介。"本案中，一审法院在源祥公司住所地张贴开庭公告，并向公司法定代表人发送短信告知其开庭时间、地点。源祥公司法定代表人收到该短信并申请延期开庭。同时，源祥公司在二审上诉理由中称未能参加一审庭审的原因系公司法定代表人在外出差申请延期未获准许。由此可见，源祥公司知晓一审开庭时间，其主张因无法判断短信真伪而导致耽误参加庭审的理由不能成立。二审判决以源祥公司可委托诉讼代理人出庭，法定代表人出差不属于延期开庭的法定事由为由，认定一审送达程序合法，并无不当。

第一百四十条 开庭审理前，书记员应当查明当事人和其他诉讼参与人是否到庭，宣布法庭纪律。

开庭审理时，由审判长或者独任审判员核对当事人，宣布案由，宣布审判人员、法官助理、书记员等的名单，告知当事人有关的诉讼权利义务，询问当事人是否提出回避申请。

【条文主旨】

本条是关于人民法院庭前准备工作和开庭审理工作的规定。

【条文理解】

本条包括庭前准备和开庭审理两个阶段。庭前准备是整个庭审活动的起点，严格规范的庭前准备工作是确保庭审活动顺利高效进行的重要保障，直接影响当事人实体权利的实现。本次修正是将本条第 2 款在审判长或独任审判员开庭阶段需要宣布的人员名单中新增了“法官助理”。

目前，法官助理按照来源大致可分为编制内法官助理、聘用制法官助理和实习制法官助理等三类。《人民法院组织法》第 48 条第 1 款规定：人民法院的法官助理在法官指导下负责审查案件材料、草拟法律文书等审判辅助事务。根据《最高人民法院关于完善人民法院司法责任制的若干意见》第 19 条规定，法官助理在法官的指导下履行以下职责：（1）审查诉讼材料，协助法官组织庭前证据交换；（2）协助法官组织庭前调解，草拟调解文书；（3）受法官委托或者协助法官依法办理财产保全和证据保全措施等；（4）受法官指派，办理委托鉴定、评估等工作；（5）根据法官的要求，准备与案件审理相关的参考资料，研究案件涉及的相关法律问题；（6）在法官的指导下草拟裁判文书；（7）完成法官交办的其他审判辅助性工作。

可见，设置法官助理一职的目的是将法官从繁杂的事务性工作中解放，从而使后者更专注于审判工作；其本意并非授权审判机关或者审判人员将审判权转授予法官助理。法官助理不是法官，不具有主持审理活动的身份。然而实践中，不少法院由法官助理主持庭前会议、整理争议焦点和证据、撰写法律文书初稿，法官助理们对案件的意见显然会通过这些方式影响到法官们对案件的判断。尤其在司法改革后，一部分法官转为法官助理，但其工作依然对当事人的权利义务产生较大的实质影响。此前，《民事诉讼法》规定了法官和书记员自行回避和申请回避的情形，但是对法官助理的回避缺少法律规定。本次修正案的回避制度增加法官助理这一主体，适应了司法改革后法院内新的人员职务结构变化。

【条文适用】

一、庭前准备阶段

本条款对书记员庭前准备阶段的规定较为简洁，意在强调开庭当天前半小时内，书记员应查明当事人和其他诉讼参与人是否到庭，并在当事人和其他诉讼参与人均到庭后及时提前宣布法庭纪律，保障后续庭审的顺利进行。

书记员需要查明是否到庭的当事人及其他诉讼参与人一般包括原告、被告、第三人、诉讼代理人、证人、鉴定人、翻译人员等。原告无正当理由拒不到庭，可以按撤诉处理。被告无正当理由拒不到庭的，审判长可以宣布缺席审理。

书记员宣布的法庭纪律为《人民法院法庭规则》第 17 条规定的内容：全体人员在庭审活动中应当服从审判长或独任审判员的指挥，尊重司法礼仪，遵守法庭纪律，不得实施下列行为：鼓掌、喧哗；吸烟、进食；拨打或接听电话；对庭审活动进行录音、录像、拍照或使用移动通信工具等传播庭审活动；其他危害法庭安全或妨害法庭秩序的行为。检察人员、诉讼参与人发言或提问，应当经审判长或独任审判员许可。旁听人员不得进入审判活动区，不得随意站立、走动，不得发言和提问。媒体记者经许可实施该条第1款第4项规定的行为，应当在指定的时间及区域进行，不得影响或干扰庭审活动。对于违反法庭纪律的人，可依法予以训诫，责令退出法庭或者予以罚款、拘留等惩罚。对哄闹、冲击法庭，侮辱、诽谤、威胁、殴打审判人员严重扰乱法庭秩序的人，依法追究刑事责任；情节较轻的，予以罚款拘留。

通常来说，书记员在庭前准备阶段所需要承担的准备工作往往比本条款的规定更加复杂。例如，早在开庭的若干天之前，书记员就需要提前分案排期、做好开庭登记，并为法官准备好相关诉讼材料，并做好相应的送达工作。而在庭审当天，书记员还需要提前检查法庭设施是否齐备，扩音、录音或录像设备能否正常开启；确认审判人员、各方当事人的座席卡摆放是否正确，引导当事人及旁听人员入座；查验并收集当事人及委托代理人的身份证明、授权委托书、送达地址确认书，对于未填写授权委托书的委托代理人，应敦促、指导其填写，并应明确委托代理之具体权限；询问各方当事人有无证人到庭作证，若有证人到庭，应核对证人身份，并请证人在法庭外等候，以待法庭传唤；联系未到庭的当事人或其委托代理人，并确认能否到庭，若有迟延，问明迟延原因；宣读法庭纪律，等等。对于书记员的以上事务性工作，当事人及其他诉讼参与人应当积极理解与配合，不得故意阻挠、扰乱庭前准备秩序。

二、开庭审理阶段

开庭审理阶段中，在正式进入实体性审查之前，法官和书记员同样需要做好相应的告知与确认工作。本条第2款强调，开庭审理时，审判长或者独任审判员应再次核对当事人身份信息，宣布案由和审判人员、法官助理、书记员等的名单，并告知当事人有关的诉讼权利义务，询问当事人是否提出回避申请等。具体而言，本条款的规定可以被拆分为以下四项。

（一）核对当事人信息

开庭审理时，由审判长或者独任审判员核对当事人，核对的顺序是原告、被告、第三人，核对的内容包括姓名、性别、年龄、民族、籍贯、工作单位、职业和住所。当事人是法人或者其他组织的，首先，核对法定代表人或者主要负责人的姓名、职务。要求当事人提供法人证明、营业执照等证件，核对当事人的名称与营业执照上记载的名称是否一致，以防后续出现法律文书错误的情形。如果不一致，应当要求当事人提交相关变更登记证明资料进行核实。其次，核查法人或者其他组织是否已经注销或者撤销，是否有权利义务承受主体或者继续履行其职能的主体。对于诉讼代理人应当查明其代理资格和代理权限。

（二）宣布案由和审判人员、法官助理、书记员等的名单

案由、人员名单系法庭审理和后续相关裁判文书的重要信息，法院对以上信息具有向当事人和其他诉讼参与人的披露义务，以便及时纠错、明确是否需要进行回避。

（三）告知当事人有关的诉讼权利义务

审判长应在开庭审理阶段亲自口头告知，书记员应将审判长的告知内容记入笔录。此外，根据《最高人民法院关于适用简易程序审理民事案件的若干规定》第 19 条规定，若开庭前已经书面或者口头告知当事人诉讼权利义务，或者当事人各方均委托律师代理诉讼的，审判人员除告知当事人申请回避的权利外，可以不再告知当事人其他的诉讼权利义务。

（四）询问当事人是否提出回避申请

在向当事人进行相应的询问之前，审判长或独任审判员应确保其已经向当事人宣布了应宣布的相关信息，保障当事人的知情权。被申请回避的人员在人民法院作出是否回避的决定前，应当暂停参与本案的工作，但案件需要采取紧急措施的除外。其中，院长担任审判长或独任审判员时的回避，由审判委员会决定；审判人员的回避，由院长决定；其他人员的回避，由审判长或独任审判员决定。

第一百四十一条　法庭调查按照下列顺序进行：

（一）当事人陈述；

（二）告知证人的权利义务，证人作证，宣读未到庭的证人证言；

（三）出示书证、物证、视听资料和电子数据；

（四）宣读鉴定意见；

（五）宣读勘验笔录。

【条文主旨】

本条是关于法庭调查顺序的规定。

【条文理解】

法庭调查，是指人民法院依照法定程序，在法庭上向当事人及其他诉讼参与人审查核实案件事实和各种证据的诉讼活动。法庭调查是开庭审理的重要环节，该环节的顺利进行，有助于人民法院查明案件事实，从而为正确适用法律打下基础。依据本条规定，法庭调查可分为两个阶段，分别为当事人陈述和当事人出示证据并相互质证。

一、当事人陈述

法庭调查的第一个步骤是由原告、被告、第三人依次进行陈述。首先，由原告口头陈述诉讼请求，并说明事实和理由。其次，由被告发表答辩意见，如其提出反诉，则还应陈述反诉请求，并说明事实和理由。最后，由第三人进行陈述，根据第三人类型的不同，陈述的具体内容可作如下区分：如该第三人为有独立请求权的第三人，则其需陈述诉讼请求，并说明事实和理由；如该第三人为无独立请求权的第三人，则其应对原告、被告的陈述发表认可或反对的意见。原告、被告可就第三人陈述发表答辩意见。

二、当事人出示证据并相互质证

证据应当在法庭上出示，由当事人相互质证。未经当事人质证的证据，不得作为认定案件事实的根据。证据依下列顺序出示：

1. 告知证人的权利义务，证人作证，宣读未到庭的证人证言。凡是知道案件情况的单位和个人，都有义务出庭作证。经人民法院通知，证人应当出庭作证。证人有正当理由不能出庭的，经人民法院许可，可以通过书面证言、视听传输技术或者视听资料等方式作证。对于有正当理由不能出庭的证人提供的书面证言，应当当庭宣读。人民法院应当要求证人在作证之前签署保证书，并在法庭上宣读保证书的内容。但无民事行为能力人和限制民事行为能力人作为证人的除外。证人确有正当理由不能宣读保证书的，由书记员代为宣读并进行说明。证人拒绝签署或者宣读保证书的，不得作证，并自行承担相关费用。证人应当客观陈述其亲身感知的事实，作证时不得使用猜测、推断或者评论性语言。证人作证前不得旁听法庭审理，作证时不得以宣读事先准备的书面材料的方式陈述证言。证人言辞表达有障碍的，可以通过其他表达方式作证。证人应当就其作证的事项进行连续陈述。

2. 出示书证、物证、视听资料和电子数据。对书证、物证、视听资料进行质证时，当事人应当出示证据的原件或者原物。但有下列情形之一的除外：（1）出示原件或者原物确有困难，并经人民法院准许出示复制件或者复制品的；（2）原件或者原物已不存在，但有证据证明复制件、复制品与原件或者原物一致的。当事人以电子数据作为证据的，应当提供原件。电子数据的制作者制作的与原件一致的副本，或者直接来源于电子数据的打印件或其他可以显示、识别的输出介质，视为电子数据的原件。

3. 宣读鉴定意见。鉴定意见应当当庭宣读。当事人对鉴定意见有异议或者人民法院认为鉴定人有必要出庭的，鉴定人应当出庭作证。经人民法院通知，鉴定人拒不出庭作证的，鉴定意见不得作为认定事实的根据；支付鉴定费用的当事人可以要求返还鉴定费用。当事人因鉴定人拒不出庭作证申请重新鉴定的，人民法院应当准许。

4. 宣读勘验笔录。如审判人员或人民法院指定的其他人员在法庭调查前曾对现场或物品进行勘验，则作为法定证据形式的一种，勘验笔录亦应当庭予以宣读。

【条文适用】

第一，当事人在审理前的准备阶段或者人民法院调查、询问过程中发表过质证意见的证据，视为质证过的证据。当事人要求以书面方式发表质证意见，人民法院在听取对方当事人意见后认为有必要的，可以准许。人民法院应当及时将书面质证意见送交对方当事人。

第二，人民法院根据当事人申请调查收集的证据，在审判人员对调查收集证据的情况进行说明后，由提出申请的当事人与对方当事人、第三人进行质证。人民法院依职权调查收集的证据，由审判人员对调查收集证据的情况进行说明后，听取当事人的意见。

第三，关于电子数据，2012 年《民事诉讼法》修正时，明确将其列为一种独立的证据形式。《民事诉讼法司法解释》第 116 条将电子证据界定为“通过电子邮件、电子数据交换、网上聊天记录、博客、微博客、手机短信、电子签名、域名等形成或者存储在电子介质中的信息”。但这一规定对电子数据范围仅作了较为原则的规定，[①] 尚不足以应对错综复杂的司法实践需求。《民事诉讼证据规定》第 14 条则对电子数据进行了类型化的整理。该条规定：“电子数据包括下列信息、电子文件：（一）网页、博客、微博客等网络平台发布的信息；（二）手机短信、电子邮件、即时通信、通讯群组等网络应用服务的通信信息；（三）用户注册信息、身份认证信息、电子交易记录、通信记录、登录日志等信息；（四）文

① 最高人民法院民事审判第一庭编著：《最高人民法院民事诉讼证据规定理解与适用》，人民法院出版社 2020 年版，第 186 页。

档、图片、音频、视频、数字证书、计算机程序等电子文件；（五）其他以数字化形式存储、处理、传输的能够证明案件事实的信息。”

第四，需注意的是，我国《民事诉讼法》将当事人的陈述作为法定证据形式的一种。人民法院对当事人的陈述，应当结合本案的其他证据，审查确定能否作为认定事实的根据。当事人拒绝陈述的，不影响人民法院根据其他证据认定案件事实。

第一百四十二条　当事人在法庭上可以提出新的证据。

当事人经法庭许可，可以向证人、鉴定人、勘验人发问。

当事人要求重新进行调查、鉴定或者勘验的，是否准许，由人民法院决定。

【条文主旨】

本条是关于当事人在法庭调查阶段的诉讼权利的规定。

【条文理解】

提出证据是当事人在诉讼法上的一项基本权利，除了在起诉和受理阶段、庭前准备阶段之外，当事人还可以在法庭调查阶段提出新的证据。但是，为防止诉讼不当迟延，当事人亦有在举证期限内及时提供证据的义务。因此，对于当事人在法庭上提出新的证据，还需考查该证据是否逾期。当事人逾期提供证据的，人民法院应当责令其说明理由，必要时可以要求其提供相应的证据。当事人因客观原因逾期提供证据，或者对方当事人对逾期提供证据未提出异议的，视为未逾期。当事人因故意或者重大过失逾期提供的证据，人民法院不予采纳。但该证据与案件基本事实有关的，人民法院应当采纳，并依法予以训诫、罚款。

向证人、鉴定人、勘验人发问是当事人质证权的体现。询问证人、鉴定人、勘验人不得使用威胁、侮辱等不适当的言语和方式。询问证人应当分别进行，其他证人不得在场；人民法院认为有必要的，可以要求证人之间进行对质。鉴定人并非必须出庭作证。当事人对鉴定书内容有异议的，先由鉴定人作出解释、说明或者补充。当事人在收到鉴定人的书面答复后仍有异议的，人民法院应当根据《诉讼费用交纳办法》第 11 条的规定，通知有异议的当事人预交鉴定人出庭费用，并通知鉴定人出庭；有异议的当事人不预交鉴定人出庭费用的，视为放弃异议。鉴定人如需出庭作证，则对当事人的询问有如实作答的义务。对于当事人的询问，当庭答复确有困难的，经人民法院准许，鉴定人可以在庭审结束后书面答复。人民法院应当及时将书面答复送交当事人，并听取当事人的意见。必要时，可以再次组织质证。经法庭许可，当事人也可询问勘验人。

若当事人认为鉴定意见有误，可申请重新鉴定。当事人申请重新鉴定，存在下列情形之一的，人民法院应当准许：（1）鉴定人不具备相应资格的；（2）鉴定程序严重违法的；（3）鉴定意见明显依据不足的；（4）鉴定意见不能作为证据使用的其他情形。对鉴定意见的瑕疵，可以通过补正、补充鉴定或者补充质证、重新质证等方法解决的，人民法院不予准许重新鉴定的申请。重新鉴定的，原鉴定意见不得作为认定案件事实的根据。

【条文适用】

第一，举证期限届满后，当事人提供反驳证据或者对已经提供的证据的来源、形式等方面的瑕疵进行补正的，人民法院可以酌情再次确定举证期限。

第二，询问证人，可从证言的内容、证人的佐证能力、证人与当事人及其代理人之间的利害关系、证人感知事实的客观环境、证人是否受到不当引导等角度进行。[①]

第三，询问鉴定人，可从鉴定人的资格、鉴定所使用的材料和技术、鉴定的依据、鉴定的过程、鉴定的结论、鉴定人签名或盖章等方面进行。[②]

---

① 邵明：《民事诉讼法》，中国人民大学出版社 2007 年版，第 345 页。
② 邵明：《民事诉讼法》，中国人民大学出版社 2007 年版，第 345 页。

第一百四十三条 原告增加诉讼请求，被告提出反诉，第三人提出与本案有关的诉讼请求，可以合并审理。

【条文主旨】

本条是关于对已有诉讼请求和新增诉讼请求合并审理的规定。

【条文理解】

2023 年《民事诉讼法》修正未对本条作出修改。在此之前，《民事诉讼法》（2021 年修正）第 143 条、《民事诉讼法》（2012 年修正）第 140 条、《民事诉讼法》（2007 年修正）第 126 条亦进行了相应规定。

诉讼过程中，原告根据诉讼进程、证据收集情况以及被告答辩或第三人陈述情况，可以依法变更或者增加诉讼请求；被告基于双方法律关系中权益的维护，在某些情况下可以提起反诉；在案件诉讼过程中，第三人为维护自己的合法权益，可以申请参加诉讼并提出独立的诉讼请求。为减轻当事人诉累，节约司法资源，避免出现相互矛盾的裁判，尽可能一次性解决纠纷，本条规定，原告增加诉讼请求，被告提出反诉，第三人提出与本案有关的诉讼请求，可以合并审理。合并审理对于简化诉讼程序，构建高效、便捷的民事纠纷解决方式，充分保护各方当事人权益具有积极的意义。在今后我国民事诉讼法律实践的发展中，合并审理将继续发挥其应有的作用。

根据本条规定，人民法院合并审理已有诉讼请求和新增诉讼请求，主要有以下三种情形：

1. 原告增加诉讼请求的，可以与已经提出的诉讼请求合并审理。原告增加诉讼请求，是指在诉讼过程中，原告根据自身情况和诉讼形势的变化，在已经提出的诉讼请求不足以满足自己的主张时，增加新的诉讼请求。原告增加诉讼请求，是其行使实体权利和诉讼权利的体现。需要注意的是，原告增加的诉讼请求与已经提出的诉讼请求应是基于同一事实，或者同一实体权利义务关系，或者同一诉讼理由。如果与已经提出的诉讼请求并非基于同一事实，或者同一实体权利义务关系，也非同一诉讼理由，则不属于增加诉讼请求，而属提起新的诉讼，应当另案审理，不能合并审理。

2. 被告提出反诉的，可以与本诉合并审理。反诉，是指在正在进行的诉讼中（诉讼系属中），本诉的被告以本诉的原告为被告提起的与本诉相关联的诉讼。本诉的原告在反诉中称为“反诉被告”，本诉的被告称为“反诉原告”。被告提出反诉的目的，是抵消或者吞并本诉的诉讼请求，或者使本诉的诉讼请求失去意义。根据《民事诉讼法司法解释》第 233 条的规定，须注意以下几点：（1）反诉的当事人应当限于本诉的当事人的范围。（2）反诉与本诉的诉讼请求基于相同法律关系、诉讼请求之间具有因果关系，或者反诉与本诉的诉讼请求基于相同事实的，人民法院应当合并审理。（3）反诉应由其他人民法院专属管辖，或者与本诉的诉讼标的及诉讼请求所依据的事实、理由无关联的，裁定不予受理，告知另行起诉。

3. 第三人提出与本案有关的诉讼请求的，可以与本诉合并审理。在民事案件中，一个民事纠纷除了涉及原被告双方当事人的利益，往往还涉及原被告之外的民事主体的权利，即涉及“第三人”的利益。第三人参加诉讼，提出独立的诉讼请求，应当符合以下条件：（1）对本诉中的原告和被告争议的诉讼标的主张独立的请求权。所谓独立的请求权，是指第三人所主张的请求权不同于本诉原告向被告主张的请求权，而是同时直接针对本诉原告和被告的。从主张来看，第三人的主张既不同于原告，也不同于被告。这种独立的请求权包括全部的独立请求权和部分的独立请求权。全部的独立请求权是指请求的内容全部否定原告和被告的实体权利，部分的独立请求权则是指部分否定原告和被告的实体权利。（2）以起诉的方式参加。既然是以起诉的方式参加诉讼，就应当符合

《民事诉讼法》关于起诉的条件的规定，也应当预交案件受理费。[①]

关于原告增加诉讼请求、被告提出反诉、第三人提出与本案有关的诉讼请求的时间，本条对此并未作明确的规定。《民事诉讼法司法解释》第 232 条规定："在案件受理后，法庭辩论结束前，原告增加诉讼请求，被告提出反诉，第三人提出与本案有关的诉讼请求，可以合并审理的，人民法院应当合并审理。"第 325 条规定："必须参加诉讼的当事人或者有独立请求权的第三人，在第一审程序中未参加诉讼，第二审人民法院可以根据当事人自愿的原则予以调解；调解不成的，发回重审。"第 326 条规定："在第二审程序中，原审原告增加独立的诉讼请求或者原审被告提出反诉的，第二审人民法院可以根据当事人自愿的原则就新增加的诉讼请求或者反诉进行调解；调解不成的，告知当事人另行起诉。双方当事人同意由第二审人民法院一并审理的，第二审人民法院可以一并裁判。"根据上述规定，原告增加诉讼请求，被告提出反诉，第三人提出与本案有关的诉讼请求，应在一审案件受理后，法庭辩论结束前。在二审程序中，原审原告增加独立的诉讼请求，或者原审被告提出反诉，除双方当事人同意由第二审人民法院一并审理外，二审法院只能进行调解，调解不成，应由当事人另行起诉，不能合并审理。第三人在二审程序中提出独立的请求权，二审法院只能根据当事人自愿的原则进行调解，调解不成，则发回重审，不能合并审理。

【条文适用】

一、人民法院是否必须合并审理

本条规定："原告增加诉讼请求，被告提出反诉，第三人提出与本案有关的诉讼请求，可以合并审理。"即原告增加诉讼请求，被告提出反诉，第三人提出与本案有关的诉讼请求，"可以"合并审理，而非"应

① 张卫平：《民事诉讼法》，法律出版社 2016 年版，第 159 ~ 160 页。

当”或者“必须”合并审理。是否合并审理，可由人民法院根据案情决定。但是，根据《民事诉讼法司法解释》第232条的规定，在案件受理后，法庭辩论结束前，原告增加诉讼请求，被告提出反诉，第三人提出与本案有关的诉讼请求，可以合并审理的，人民法院应当合并审理。司法解释进一步明确，在此情况下，可以合并审理的，人民法院应当合并审理。对此，应理解为，在案件受理后，法庭辩论结束前，原告增加诉讼请求，被告提出反诉，第三人提出与本案有关的诉讼请求，原则上应当合并审理。除非合并审理不利于解决主要纠纷，反而导致诉讼拖延，案件处理难度加大，人民法院根据新旧诉讼请求的实际内容，结合案件的具体情况，作出不合并审理的决定。对于不合并审理的案件，人民法院应当告诉当事人另行起诉，或者对第三人的起诉另行立案审理。

二、发回重审案件的处理

《民事诉讼法司法解释》第251条规定：“二审裁定撤销一审判决发回重审的案件，当事人申请变更、增加诉讼请求或者提出反诉，第三人提出与本案有关的诉讼请求的，依照民事诉讼法第一百四十三条规定处理。”按此规定，二审裁定撤销一审判决发回重审的案件，当事人申请变更、增加诉讼请求或者提出反诉，第三人提出与本案有关的诉讼请求的，人民法院同样可以合并审理。该解释第252条则规定：“再审裁定撤销原判决、裁定发回重审的案件，当事人申请变更、增加诉讼请求或者提出反诉，符合下列情形之一的，人民法院应当准许：（一）原审未合法传唤缺席判决，影响当事人行使诉讼权利的；（二）追加新的诉讼当事人的；（三）诉讼标的物灭失或者发生变化致使原诉讼请求无法实现的；（四）当事人申请变更、增加的诉讼请求或者提出的反诉，无法通过另诉解决的。”即再审案件中，当事人仅在上述规定的特定情形下，可以增加诉讼请求或者提出反诉。除此之外的其他情形，当事人只能另行起诉，不能在本案中合并审理。

【典型案例】

陈某、汪某委托合同纠纷案

【案　　号】最高人民法院（2020）最高法民申3283号

【裁判要旨】反诉的当事人应当限于本诉的当事人的范围，反诉与本诉的诉讼请求基于相同法律关系、诉讼请求之间具有因果关系，或者反诉与本诉的诉讼请求基于相同事实的，人民法院应当合并审理。不符合上述条件的，不予合并审理。

【基本案情】汪某因与陈某委托经营管理合同纠纷向广西壮族自治区北海市中级人民法院提起诉讼，请求法院判令陈某偿还租金751 500元和利息192 054元。陈某提起反诉，请求判令汪某向其支付另案委托代理费60万元、其代汪某偿还的其他债务30万元，以及其他借款20万元，并判令案外人郑某对借款20万元承担连带责任。

【裁判结果】裁定对陈某的反诉不予受理。

【裁判理由】一审法院认为，本案中，原告汪某提起诉讼，要求陈某返还租金及相应利息，是基于其委托陈某管理经营合浦嘉乐园而产生的纠纷，本案的基础法律关系是委托经营管理合同，而陈某提出的反诉的相对方除汪某之外还有郑某，所依据的法律关系之一是汪某与陈某之间因委托诉讼关系而产生的诉讼代理费、办案费纠纷，另一法律关系是双方之间的民间借贷纠纷，该两个法律关系与汪某提起的诉讼不是同一法律关系，所依据的事实、诉讼标的、理由亦无关联，故陈某提出的反诉请求不符合法律规定，应不予受理，陈某可另行诉讼。

二审法院认为，陈某的反诉并不符合法定条件，即反诉的当事人并非限于本诉的当事人范围；反诉与本诉的法律关系非同一，反诉所依据的事实、诉讼标的、理由与本诉亦无关联，故裁定驳回上诉，维持原裁定。

陈某不服，向最高人民法院申请再审，最高人民法院认为，本案的审查重点为原审对陈某提起的反诉不予受理是否存在错误。《民事诉讼法司法解释》第 233 条第 1 款、第 2 款规定：反诉的当事人应当限于本诉的当事人的范围，反诉与本诉的诉讼请求基于相同法律关系、诉讼请求之间具有因果关系，或者反诉与本诉的诉讼请求基于相同事实的，人民法院应当合并审理。本案再审申请人陈某系在汪某起诉其委托合同纠纷一案中提起反诉，其反诉请求包括要求案外人郑某承担连带清偿责任，该项反诉请求的当事人已超出本诉当事人的范围。此外，陈某的反诉请求系基于委托诉讼代理合同及民间借贷合同，而汪某本诉请求系基于委托经营管理合同，因此陈某的反诉与汪某的本诉请求不属于相同法律关系，亦非基于相同事实，故裁定驳回陈某的再审申请。

第一百四十四条　法庭辩论按照下列顺序进行：

（一）原告及其诉讼代理人发言；

（二）被告及其诉讼代理人答辩；

（三）第三人及其诉讼代理人发言或者答辩；

（四）互相辩论。

法庭辩论终结，由审判长或者独任审判员按照原告、被告、第三人的先后顺序征询各方最后意见。

【条文主旨】

本条是关于法庭辩论的规定。

【条文理解】

2021 年修改《民事诉讼法》时，本条对《民事诉讼法》（2017 年修正）第 141 条作出修改，修改内容体现为第 2 款，将“法庭辩论终结，由审判长按照原告、被告、第三人的先后顺序征询各方最后意见”修改为“法庭辩论终结，由审判长或者独任审判员按照原告、被告、第三人的先后顺序征询各方最后意见”。修改后，表述更加准确，也与 2021 年《民事诉讼法》修改扩大独任审判员的适用范围相呼应。2023 年修改《民事诉讼法》时未对本条作修改。

辩论原则是民事诉讼的基本原则。《民事诉讼法》第 12 条规定：“人民法院审理民事案件时，当事人有权进行辩论。”该条是《民事诉讼法》对辩论原则的原则性规定，是辩论原则的法律依据。一般认为，辩论权是当事人的一项重要的诉讼权利，既包括一方当事人陈述事实和理由的权利，也包括对方当事人进行反驳和答辩的权利。辩论的范围既包括对案件事实认定的争议，也包括对法律适用的争议，还包括诉讼程序是否正当的争议。辩论的形式既包括口头形式，也包括书面形式。辩论原则应当贯穿诉讼的全过程，除特别程序外，在第一审程序、第二审程序和审判监督程序中，均应贯穿辩论原则，人民法院应当充分保障当事人的辩论权。法庭辩论是双方当事人及其诉讼代理人在法庭上就有争议的事实和法律问题，进行辩驳和论证，以维护其合法权益的活动，[①] 是当事人行使辩论权最重要的形式。本条对法庭辩论的具体方式进行了规定。根据本条的规定，法庭辩论按照下列顺序进行：

1. 原告及其诉讼代理人发言。法庭调查结束，审判长宣布开始法庭辩论后，应当先由原告方发言。具体辩论的内容可以根据当事人之前陈述和法庭调查的情况进行。如果双方对法律适用问题没有争议，仅对证据采信和事实认定存在争议，应重点针对事实争议发表辩论意见。如果双方对事实认定没有争议，仅对法律适用存在争议，可仅围绕法律适用问题发表辩论意见。如果双方对事实认定、法律适用均存在争议，则应对证据采信、事实认定、法律适用发表全面意见。发表辩论意见的目的是论证自己的主张，反驳被告的主张。原告陈述后，有代理人的，由代理人对原告的发言作补充或者进一步说明。原告不到庭或不发表意见的，可由其诉讼代理人发言。

2. 被告及其诉讼代理人答辩。被告方答辩，应有针对性，即围绕争议焦点，针对原告的主张进行辩解和驳斥，论证自己的主张。被告发言完毕后，其诉讼代理人可以对被告的发言作补充或进一步说明。被告不到庭或不发表意见的，可由其诉讼代理人发言和答辩。

3. 第三人及其诉讼代理人发言或答辩。第三人包括有独立请求权的第三人和无独立请求权的第三人。有独立请求权的第三人的主张既不同于原告的主张，也不同于被告的主张，其须论证自己独立的主张成立，并且反驳原被告双方的观点。无独立请求权的第三人的观点，通常与其中一方当事人相同，此时可在该方当事人发言的基础上进行补充，不必重复相同观点。

---

① 张卫平：《民事诉讼法》，法律出版社2016年版，第307页。

4. 各方当事人相互辩论。原告方、被告方、第三人分别发表辩论意见后，各方进行相互辩论。相互辩论原则上仍按原告方、被告方、第三人的顺序进行。相互辩论应当具有针对性，针对之前辩论中的争议问题进行。对当事人与案件争议无关的发言，或者不断重复的发言，审判人员则应当予以制止。必要时，审判人员可以根据案件审理的具体情况，限定当事人及其诉讼代理人每次发言的时间。

法庭辩论终结，由审判长或者独任审判员按照原告、被告、第三人的先后顺序征询各方最后意见。各方当事人陈述了最后意见后，法庭辩论终结。

【条文适用】

司法实践中，还须注意以下问题：

1. 关于法庭调查与法庭辩论合并进行的问题。《民事诉讼法司法解释》第230条规定：人民法院根据案件具体情况并征得当事人同意，可以将法庭调查和法庭辩论合并进行。在审判实践中，对一些争议较多的案件，审判人员为避免法庭调查与法庭辩论在一些问题上的重复、辩论的问题分散、庭审时间过长，往往在法庭调查中合并一部分法庭辩论内容。就当事人而言，为避免说前忘后，也愿意每调查一个问题，先就这个问题进行辩论。因此，该条规定，人民法院可根据案件具体情况，在征得当事人同意前提下，将法庭调查与法庭辩论合并进行。司法实践中，法庭调查与法庭辩论合并进行的形式，可以考虑以下两种：一是审判人员总结争议焦点后，直接征求双方当事人意见，针对每一个焦点问题法庭调查和法庭辩论相结合，逐个争议焦点依次进行；二是在法庭调查中，审判人员认为针对某一争议焦点法庭调查和法庭辩论相结合更有利于查清事实或准确适用法律时，可以征询当事人的意见，在法庭调查阶段对该问题合并进行法庭辩论。法庭调查与法庭辩论合并进行，需要注意以下问题：一是须征得当事人同意；二是须根据案件具体情况，从有利于提高开庭审理的效率和发挥审理的效果出发，决定是否采用法庭调查和法庭辩论合并进行的形式；三是法庭调查和法庭辩论合并进行，是出于审理的便利，灵活进行法庭调查和法庭辩论，并非省略其中一个阶段。法庭调查和法庭辩论合并进行，可以避免在一些案件中法庭调查和法庭辩论分别进行而可能引起的重复辩论、反复争论等问题，从而有效利用开庭时间、充分利用有限的司法资源、提高庭审效率。①

2. 简易程序中法庭辩论的简化。《民事诉讼法》第十三章“简易程序”中的第 162 条规定：“基层人民法院和它派出的法庭审理简单的民事案件，可以用简便方式传唤当事人和证人、送达诉讼文书、审理案件，但应当保障当事人陈述意见的权利。”《民事诉讼法》第 163 条规定：“简单的民事案件由审判员一人独任审理，并不受本法第一百三十九条、第一百四十一条、第一百四十四条规定的限制。”《民事诉讼程序繁简分流改革试点实施办法》第 13 条规定：对于适用简易程序的案件，庭审可以采取直接围绕诉讼请求或案件要素进行的简化审理程序。根据上述规定，适用简易程序审理的民事案件，审判人员根据案件的具体情况，可以不受本法规定的法庭调查和法庭辩论顺序的限制，采取更为灵活简化的方式进行审理。

【典型案例】

唐某钊、关某芳股权转让纠纷案

【案　　号】广东省广州市中级人民法院（2020）粤 01 民终 4325 号

【裁判要旨】违法剥夺当事人辩论权利，属严重违反法定程序，法院应裁定发回重审。

【基本案情】该案一审卷宗中开庭笔录显示，一审法院仅进行了法庭调查，而未组织双方当事人进行法庭辩论和最后陈述。

【裁判结果】撤销一审判决，发回重审。

① 吴兆祥、陈龙业：《坚持公开公正提高诉讼效率》，载《人民司法·应用》2015 年第 9 期。

【裁判理由】二审法院认为，《民事诉讼法》（2017 年修正）第 170 条第 1 款第 4 项[①]规定："第二审人民法院对上诉案件，经过审理，按照下列情形，分别处理……（四）原判决遗漏当事人或者违法缺席判决等严重违反法定程序的，裁定撤销原判决，发回原审人民法院重审。"《民事诉讼法司法解释》第 325 条第 4 项[②]规定："下列情形，可以认定为民事诉讼法第一百七十条第一款第四项规定的严重违反法定程序……（四）违法剥夺当事人辩论权利的。"本案中，一审卷宗中 2019 年 8 月 29 日的开庭笔录显示，一审法院在当天仅进行了法庭调查，而未组织双方当事人进行法庭辩论和最后陈述，之后也未再次开庭，违法剥夺了当事人辩论权利，属严重违反法定程序，裁定撤销一审判决，发回一审法院重审。

① 对应《民事诉讼法》（2023 年修正）第 177 条第 1 款第 4 项。

② 对应《民事诉讼法司法解释》（2022 年修正）第 323 条第 4 项。

第一百四十五条　法庭辩论终结，应当依法作出判决。判决前能够调解的，还可以进行调解，调解不成的，应当及时判决。

【条文主旨】

本条是关于法庭辩论后的调解的规定。

【条文理解】

2023 年修正的《民事诉讼法》未对本条进行修改。在此之前，《民事诉讼法》（2021 年修正）第 145 条、《民事诉讼法》（2012 年修正）第 142 条、《民事诉讼法》（2007 年修正）第 128 条亦进行了相应规定。

法院调解是指在人民法院审判人员的主持下，双方当事人通过自愿协商，达成协议，解决民事争议的活动和结案方式，由于调解是在诉讼中进行的，也称为“诉讼调解”或“诉讼上的调解”。[①] 调解是民事诉讼的一项基本原则，贯穿民事诉讼的整个过程。调解是人民法院解决民事纠纷的两种法定方式之一，是当事人行使处分权和人民法院行使审判权的结合。相较于判决，调解有以下特点：一是有利于彻底解决当事人的纠纷。调解是双方当事人在自愿的基础上，通过平等协商的方式解决他们之间的纠纷。协商的范围，可以不仅限于案件争议的范围。且因调解协议系当事人自愿达成，调解更有利于化解双方矛盾，实现案结事了、纠纷实质性化解。二是有利于简化诉讼程序，节约社会成本。调解的时间、地点、程序、方式较为灵活，且调解贯穿民事诉讼全过程，审判人员可以根据案件的具体情况适时组织调解，还可以邀请社区人员、长辈

① 张卫平：《民事诉讼法》，法律出版社 2016 年版，第 310 页。

亲属、行业协会或者其他相关人员参加调解，同时解决多方争议。

根据本条规定，法庭辩论终结，应当依法作出判决。判决前能够调解的，还可以进行调解，调解不成的，应当及时判决。司法实践中，法庭调查和辩论后，除法院规定不得调解的案件外，审判人员应当按照原告、被告和第三人的顺序询问当事人是否愿意调解，当事人均同意调解的，人民法院应当调解。调解时，审判人员应当释明法律规定，分清责任是非。根据案件具体情况，审判人员可以引导一方当事人提出调解方案供另一案考虑，或者要求双方均提出调解方案，审判人员根据双方差异有针对性地做调解工作，促成双方达成调解协议。必要时，审判人员也可以根据双方当事人的请求提出建议方案，在此基础上分别征询各方当事人意见，析法释理，逐步缩小差距，达成共识。《民事诉讼法》之所以强调法庭辩论后的调解，是因为有些民事案件在诉讼开始时，双方当事人争议很大，情绪对抗严重，互不相让，不愿意调解，或者双方对基本事实认定或法律适用存在很大差距，难以达成调解协议。法庭辩论终结后，案件事实已经查清，是非基本分明，双方当事人情绪对抗也可能没那么激烈，此时更有可能愿意接受调解，达成调解协议。因此，民事案件判决前，能够调解的，审判人员应当努力进行调解，不能能调不调。但是，当事人不愿意调解或者经过调解双方当事人达不成协议的，人民法院应当及时依法判决，不能久调不决。

【条文适用】

1. 调解应遵循的原则。一是自愿原则。调解必须在当事人自愿的前提下进行，不得强迫调解、以判压调。二是查清事实、分清是非的原则。调解不是“和稀泥”，调解是人民法院行使审判权的方式，审判人员应当在查清事实、分清是非的基础上组织调解。三是合法原则。当事人达成的调解协议内容不得违反法律法规的规定，不得损害国家、集体和他人的合法权益。即对当事人达成的调解协议，人民法院应当进行合法性审查，调解内容不合法的，人民法院不得确认其效力。

2. 不宜调解的案件。《民事诉讼法司法解释》第 143 条规定："适用特别程序、督促程序、公示催告程序的案件，婚姻等身份关系确认案件以及其他根据案件性质不能进行调解的案件，不得调解。"《最高人民法院关于进一步深化家事审判方式和工作机制改革的意见（试行）》第 6 条规定："人民法院审理家事案件，应当增强调解意识，拓展调解方式，创新调解机制，提高调解能力，将调解贯穿案件审判全过程。婚姻效力、身份关系确认、人身安全保护令申请等根据案件性质不能进行调解的案件除外。"针对不得调解的案件，人民法院不得调解，当事人自行达成调解协议，要求人民法院确认的，不予确认。

3. 调解不公开。《民事诉讼法司法解释》第 146 条规定："人民法院审理民事案件，调解过程不公开，但当事人同意公开的除外。调解协议内容不公开，但为保护国家利益、社会公共利益、他人合法权益，人民法院认为确有必要公开的除外。主持调解以及参与调解的人员，对调解过程以及调解过程中获悉的国家秘密、商业秘密、个人隐私和其他不宜公开的信息，应当保守秘密，但为保护国家利益、社会公共利益、他人合法权益的除外。"除为保护国家利益、社会公共利益、他人合法权益的以外，人民法院进行调解，对调解过程和调解协议内容原则不公开，审判人员不得泄露其在调解过程中获悉的国家秘密、商业秘密和个人隐私，以及其他不宜公开的信息。

【典型案例】

李某与山东启德置业有限公司商品房预约合同纠纷案

【案　　号】山东省济南市中级人民法院（2014）济民一终字第 692 号

【裁判要旨】调解必须在查清事实、分清是非的基础上进行。

【基本案情】2011 年 11 月 30 日，李某与启德公司签订《启德国际金融中心特别优惠权益卡申请协议书》一份，双方约定：（1）李某有意购买启德公司开发的启德国际金融中心写字楼（或公寓）单位，为表诚意，在填写本协议时自愿交纳信誉保证金人民币125万元，购25张特别优惠权益卡，申请获得购买本项目的优惠权益。（2）本权益卡为启德国际金融中心优惠购房凭证，购买一套写字楼（或公寓）单位可使用多张卡，但一张卡仅限购买一套写字楼（或公寓）单位。一张卡仅限使用一次。（3）每张权益卡在购房时，按每5万元信誉保证金，享受10平方米按照10 500元/平方米的均价（实际价格因楼层、朝向等因素有所不同，在均价的±10%以内浮动）购买写字楼（或公寓）的权益。即李某的权益卡可共享受250平方米按照10 500元/平方米的均价购买写字楼（或公寓）的优惠权益。（4）本权益卡在规定的期限内具有优先选房的权利。（5）在规定的公开选房的时间内，选房并签订启德国际金融中心商品房认购协议。凭保证金的多少，按照第3条标准来确定享受特别优惠价格的面积数，超出该面积数的面积则按当日的市场价进行结算，同时将首付最低补至总房款的50%。（6）在规定的时间内选房的员工，若在2个月内转让该房（即自定房之日起2个月内），公司给予免费办理更名手续的特殊优惠。（7）此权益卡实行实名制。若需更名，需本人持相关手续到公司办变更手续。2011年11月30日，启德公司向李某出具收据三份，一份为256 050元，注明转账；一份为6050元，注明现金；一份为993 950元，注明现金。关于涉案款项如何交付，李某称，2007年4月13日转账存入大地锐城账户20万元，2010年9月16日通过招商银行向大地锐城账户转款46 050元，另外还交纳现金3950元，以上25万元款项用于购买大地锐城房屋，后转成启德公司的信誉保证金。2011年11月29日和2011年11月30日，李某分别向启德公司经理李某乙、张某转款49万元和51万元，用于交纳涉案信誉保证金。

庭审过程中，李某与启德公司一度达成调解协议。

【裁判结果】对调解协议不予确认，依法作出判决。

【裁判理由】一审法院认为，在庭审过程中，李某与启德公司一度达成调解协议，但《民事诉讼法》第 64 条[①]规定，当事人对自己提出的主张，有责任提供证据。李某所主张的该项诉讼请求成立的前提应为其实际依照双方签订合同交纳涉案信誉保证金，从李某提交的证据来看，其陈述的大地锐城的 25 万元购房款如何转换成涉案 25 万元信誉保证金，缺乏相关证据予以支持；其余款项李某主张银行转账给了启德公司的经理李某乙、张某，由他们交付启德公司，前述的“交付”缺乏相关证据予以佐证，故对调解协议不予确认。

二审法院认为，虽启德公司认可其于 2011 年 11 月 30 日与李某签订《启德国际金融中心特别优惠权益卡申请协议书》，同意返还李某 125 万元并支付利息，且启德公司亦与李某就此达成调解协议，但人民法院仍需审查李某是否向启德公司交纳涉案 125 万元。现李某提供的证据不能证明该事实，一审对双方达成的调解协议不予认可，并无不当。

---

① 对应《民事诉讼法》（2023 年修正）第 67 条。

第一百四十六条 原告经传票传唤，无正当理由拒不到庭的，或者未经法庭许可中途退庭的，可以按撤诉处理；被告反诉的，可以缺席判决。

【条文主旨】

本条是关于原告无正当理由拒不到庭，或者未经法庭许可中途退庭如何处理的规定。

【条文理解】

2023年修正的《民事诉讼法》未对本条作出修改。在此之前，《民事诉讼法》（2021年修正）第146条、《民事诉讼法》（2017年修正）第143条、《民事诉讼法》（2012年修正）第143条、《民事诉讼法》（2007年修正）第129条亦进行了相应规定。

《民事诉讼法》第13条第1款规定："民事诉讼应当遵循诚信原则。"在民事诉讼中，当事人均应按照人民法院确定期日到庭，才能确保诉讼活动及时、顺利地进行，明确当事人的权利义务关系，保护当事人的合法权益，也使法律的严肃性和人民法院的权威得到维护。作为要求解决纠纷、维护其权益而提起诉讼的原告，更应当配合人民法院的工作，使案件得到及时、正确的处理。在民事诉讼中，原告按照确定的开庭期日按时到庭参加诉讼，是遵循诚信原则的体现，也是原告应当履行的诉讼义务。本条是对原告不履行出庭义务，将承担相应的法律后果的规定。

一、适用本条的两种情形

1. 原告经传票传唤，无正当理由拒不到庭。其一，人民法院必须依照法定的方式将开庭的时间、地点通知原告，且必须是经传票传唤原告拒不到庭才发生本条规定的法律后果。其二，原告无正当理由拒不到庭。《民事诉讼法》第 149 条规定："有下列情形之一的，可以延期开庭审理：（一）必须到庭的当事人和其他诉讼参与人有正当理由没有到庭的；（二）当事人临时提出回避申请的；（三）需要通知新的证人到庭，调取新的证据，重新鉴定、勘验，或者需要补充调查的；（四）其他应当延期的情形。"原告收到人民法院传票传唤后，如果确实有不能到庭的事由，应当及时向人民法院提出。人民法院经审查，认为原告提出的不能到庭的理由正当，确实不能到庭的，可以决定延期审理，并及时将延期审理的情况通知被告；认为原告提出的理由不正当，可以决定不延期审理，并通知原告。原告接到不延期审理的通知后，应当按时出庭。原告经人民法院传票传唤，未向人民法院提出延期开庭申请，或者提出延期开庭申请人民法院未予准许，原告拒不到庭的，属于本条规定的情形。

2. 原告未经法庭许可中途退庭。遵守法律纪律，尊重审判人员的诉讼指挥权，是当事人应尽的诉讼义务。原告未经法庭许可中途退庭，是一种藐视法庭的行为。这一行为违反了法庭纪律，扰乱了诉讼程序，干扰了诉讼进程，属于本条规定的情形。

二、法律后果

1. 按撤诉处理。原告经传票传唤，无正当理由拒不到庭的，或者未经法庭许可中途退庭的，可以按撤诉处理。撤诉是原告撤回起诉的诉讼行为。《民事诉讼法》规定撤诉分两种情况：一是原告申请撤诉，二是人民法院按撤诉处理。按撤诉处理，是人民法院在审理过程中，依法对原告经传票传唤无正当理由拒不到庭或者未经法庭准许中途退庭行为进行处理的一种方式。可以按撤诉处理的含义是，要按照撤诉是否符合法律规定来掌握，对符合撤诉条件的，按撤诉处理，对不符合撤诉条件的，人民法院应当继续审理。

2. 缺席判决。被告反诉的，可以缺席判决。《民事诉讼法》第 146 ~ 148 条分别对人民法院可以缺席判决的情形进行了规定，具体包括：原告经传票传唤，无正当理由拒不到庭或者未经法庭许可中途退庭，又不宜按撤诉处理的；在被告提出反诉的情况下，原告经传票传唤无正当理由拒不到庭的，或者未经法庭许可中途退庭的；被告经传票传唤，无正当理由拒不到庭的，或者未经法庭许可中途退庭的；宣判前，原告申请撤诉，人民法院裁定不准撤诉，经传票传唤无正当理由拒不到庭的。被告反诉的案件中，原告经传票传唤，无正当理由拒不到庭的，或者未经法庭许可中途退庭的，人民法院经审查符合撤诉条件的，本诉按撤诉处理，反诉可以缺席判决。

【条文适用】

1. 未经传票传唤，不得按撤诉处理，或者缺席判决。本条所称法律后果，必须是在经传票传唤无正当理由拒不到庭，或者中途退庭的情况下适用，未经传票传唤，不得适用。未经传票传唤缺席判决，属严重违反法律程序。依照《民事诉讼法》第 177 条第 1 款第 4 项的规定，一审违法缺席判决的，二审法院裁定撤销原审判决，发回原审人民法院重审。依照《民事诉讼法》第 211 条第 10 项的规定，原审未经传票传唤，缺席判决，当事人申请再审的，人民法院应当再审。

2. 有独立请求权的第三人的问题。《民事诉讼法司法解释》第 236 条规定："有独立请求权的第三人经人民法院传票传唤，无正当理由拒不到庭的，或者未经法庭许可中途退庭的，比照民事诉讼法第一百四十六条的规定，按撤诉处理。"有独立请求权的第三人参加诉讼，提出独立的请求，其经传票传唤无正当理由拒不到庭，或者未经法庭许可中途退庭，视为其对自身权利的放弃，人民法院可以比照本条，对该第三人按撤诉处理。

3. 原告经传票传唤，无正当理由拒不到庭的，或者未经法庭许可中途退庭的，可以按撤诉处理，而非应当或者必须按撤诉处理。人民法院经审查，认为符合撤诉条件的，按撤诉处理，不符合撤诉条件的，应当继续审理。"可以按撤诉处理"意味着，如果案件需要继续审理的，或者当事人有违反法律的行为需要依法处理的，即便当事人发生可以按撤诉处理的行为，人民法院仍可以不按撤诉处理，而继续审理案件，以体现国家对当事人非法处分行为的干预。《民事诉讼法司法解释》第 238 条第 1 款明确规定："当事人申请撤诉或者依法可以按撤诉处理的案件，如果当事人有违反法律的行为需要依法处理的，人民法院可以不准许撤诉或者不按撤诉处理。"按照《最高人民法院关于深入开展虚假诉讼整治工作的意见》（法〔2021〕281 号）第 5 条的规定："人民法院认定为虚假诉讼的案件，原告申请撤诉的，不予准许，应当根据民事诉讼法第一百一十二条①规定，驳回其诉讼请求。"按自动撤诉处理时，也应当依照上述规定审查处理。

4. 第二审人民法院审理上诉案件，除另有规定外，可以适用该条规定。《民事诉讼法》第 181 条规定："第二审人民法院审理上诉案件，除依照本章规定外，适用第一审普通程序。"依照该规定，第二审人民法院审理上诉案件，上诉人经传票传唤，无正当理由拒不到庭的，或者未经法庭许可中途退庭的，可以按撤回上诉处理，对方上诉的，可以缺席判决。

【典型案例】

范某与北京怡昌投资有限公司合资、合作开发房地产合同纠纷案

【案　　号】最高人民法院（2020）最高法民终 194 号

【裁判要旨】上诉人经法院传票传唤，无正当理由拒不到庭接受询问，可以按自动撤回上诉处理。

【基本案情】法院在二审审理过程中已经依法向范某送达传票，范某无正当理由拒不到庭接受询问。

【裁判结果】本案按上诉人范某撤回上诉处理。一审判决自裁定书送达之日起发生法律效力。

① 对应《民事诉讼法》（2023 年修正）第 115 条。

【裁判理由】最高人民法院认为，本院审理过程中已经依法向范某送达传票。范某经传票传唤，无正当理由拒不到庭接受询问。依据《民事诉讼法》第143条[①]“原告经传票传唤，无正当理由拒不到庭的，或者未经法庭许可中途退庭的，可以按撤诉处理，被告反诉的，可以缺席审判”，第169条[②]第1款“第二审人民法院对上诉案件，应当组成合议庭，开庭审理。经过阅卷、调查和询问当事人，对没有提出新的事实、证据或者理由，合议庭认为不需要开庭审理的，可以不开庭审理”，以及第174条[③]“第二审人民法院审理上诉案件，除依照本章规定外，适用第一审普通程序”的规定，本案应按上诉人范某撤回上诉处理。

---

① 对应《民事诉讼法》（2023年修正）第146条。

② 对应《民事诉讼法》（2023年修正）第176条。

③ 对应《民事诉讼法》（2023年修正）第181条。

第一百四十七条　被告经传票传唤，无正当理由拒不到庭的，或者未经法庭许可中途退庭的，可以缺席判决。

【条文主旨】

本条是关于被告无正当理由拒不到庭或者未经法庭许可中途退庭如何处理的规定。

【条文理解】

2023 年修正的《民事诉讼法》未对本条作出修改。在此之前，《民事诉讼法》（2021 年修正）第 147 条、《民事诉讼法》（2017 年修正）第 144 条、《民事诉讼法》（2012 年修正）第 144 条、《民事诉讼法》（2007 年修正）第 130 条亦进行了相应规定。

缺席判决是指法院在一方当事人在开庭审理中不到庭或中途退庭时所作出的判决。[①] 在民事诉讼过程中，为了保障自己的合法权益，各方当事人均应当配合人民法院的工作，按时出庭陈述意见并充分辩论，以便人民法院及时查明案情，正确适用法律，公正裁判。但当事人无正当理由不到庭或者中途退出法庭的，人民法院亦应作出相应处理。本条规定，被告经传票传唤，无正当理由拒不到庭的，或者未经法庭许可中途退庭的，可以缺席判决。

本条强调：（1）经传票传唤。非经传票传唤未到庭参加诉讼，不得适用缺席判决。《民事诉讼法》第 177 条第 1 款规定："第二审人民法院对上诉案件，经过审理，按照下列情形，分别处理……（四）原判决遗

① 张卫平：《民事诉讼法》，法律出版社 2016 年版，第 318 页。

漏当事人或者违法缺席判决等严重违反法定程序的，裁定撤销原判决，发回原审人民法院重审。”第207条规定：“当事人的申请符合下列情形之一的，人民法院应当再审……（十）未经传票传唤，缺席判决的……”根据上述规定，未经传票传唤缺席审判，属严重违反法定程序，将导致二审发回重审或者案件启动再审。（2）无正当理由拒不到庭。无正当理由，一般指没有不可抗力、意外事件等使被告无法到庭的特殊情况。被告收到人民法院传票后，确有不能按时到庭的事由，应当及早向人民法院提出。人民法院经审查，认为被告提出的理由正当，确实不能到庭的，可以决定延期审理，并将延期审理的情况及时通知原告。人民法院经审理，认为被告提出的理由不正当，可以决定不延期审理，并将不延期审理的决定通知被告。被告接到人民法院的不准许延期审理的通知后，应当按时出庭。如果被告经人民法院传票传唤，无正当理由拒不到庭，或者被告虽然到庭，但在审理过程中未经法庭许可中途退庭的，人民法院可以缺席判决。

根据《民事诉讼法》和《民事诉讼法司法解释》的规定，适用缺席判决的情形主要是以下几种：被告经合法传唤，无正当理由拒不到庭的；被告未经法庭许可中途退庭的；宣判前，原告申请撤诉，人民法院裁定不准许撤诉的，原告经传票传唤无正当理由拒不到庭的；原告经传票传唤，无正当理由拒不到庭或者未经法庭许可中途退庭，但不宜按撤诉处理的；原告经传票传唤，无正当理由拒不到庭或者未经法庭许可中途退庭，但有被告提出反诉的情况下，缺席判决。

【条文适用】

司法实践中还需要注意以下问题：

1. 被告经传票传唤，无正当理由拒不到庭的，或者未经法庭许可中途退庭的，可以缺席判决，并非应当缺席判决。缺席判决是一种对缺席当事人的权益保护非常不利的处理方式，为了正确判决，确保司法公正，我国《民事诉讼法》除了规定缺席判决必须经传票传唤的前提条件，还规定了特定条件下人民法院可以对当事人进行拘传。对于必须到庭的被告，经人民法院两次传票传唤，无正当理由拒不到庭，人民法院可以根据《民事诉讼法》的有关规定，对其采取拘传的强制措施。必须到庭的被告，一般是指追索赡养费、扶养费、抚育费、抚恤金、劳动报酬案件和离婚案件的被告，以及其他不到庭就无法查清案情的被告。如按照《民事诉讼法司法解释》第 235 条的规定，无民事行为能力的当事人的法定代理人，经传票传唤无正当理由拒不到庭，属于被告方的，比照《民事诉讼法》第 147 条的规定，缺席判决，必要时，人民法院可以拘传其到庭。

2. 可以缺席判决，不表示不保护被告的合法权益。人民法院进行缺席判决，不等同于人民法院直接采信原告的证据，或者直接支持原告的诉讼请求。在缺席判决的情形下，人民法院应当对当事人提出的诉讼材料认真审查，其中包括未出庭的被告已经提供的诉讼材料，在充分考虑缺席一方当事人合法权益的前提下，作出判决。《民事诉讼法司法解释》第 241 条即明确规定："被告经传票传唤无正当理由拒不到庭，或者未经法庭许可中途退庭的，人民法院应当按期开庭或者继续开庭审理，对到庭的当事人诉讼请求、双方的诉辩理由以及已经提交的证据及其他诉讼材料进行审理后，可以依法缺席判决。"

3. 对无独立请求权的第三人经人民法院传票传唤，无正当理由拒不到庭，或者未经法庭许可中途退庭的处理。在现行制度下，无独立请求权的第三人有可能承担民事责任，因此该第三人的诉讼地位相当于被告。《民事诉讼法司法解释》第 240 条规定：无独立请求权的第三人经人民法院传票传唤，无正当理由拒不到庭，或者未经法庭许可中途退庭的，不影响案件的审理。即无独立请求权的第三人经人民法院传票传唤，无正当理由拒不到庭，或者未经法庭许可中途退庭的，人民法院亦可以缺席判决。

4. 人民法院依法缺席审理后，被告又提交书面意见的，人民法院可不再组织庭审，直接依据在案证据作出判决。

【典型案例】

北京雅电科技有限公司、成都恺缔科技有限公司计算机软件开发合同纠纷案

【案　　号】最高人民法院（2021）最高法知民终 774 号

【裁判要旨】法院经合法公告送达后，在被告未参加庭审的情况下缺席审理符合法定程序。庭审后，被告提交了答辩意见并表示无证据提供。法院未再次组织庭审，依据在案证据作出民事判决并未违反法定程序。

【基本案情】在北京雅电科技有限公司（以下简称雅电公司）与成都恺缔科技有限公司（以下简称恺缔公司）计算机软件开发合同纠纷一案中，雅电公司在一审法院依法对其送达传票后，未到庭参加诉讼，但于庭审结束后致电一审法院。一审法院其后向其邮寄送达了诉讼材料。雅电公司在查看了起诉状和证据后，提交了书面代理意见，但并未提供证据。一审法院未再组织开庭，依照《民事诉讼法》第 144 条①进行缺席判决。

【裁判结果】驳回上诉，维持原判。

【裁判理由】最高人民法院认为，一审法院经合法的公告送达后开庭审理符合法定程序，在雅电公司未参加原审庭审的情况下缺席审理并无不当。原审法院在庭审后接到雅电公司来电，已向其邮寄送达了起诉状以及证据材料，并且告知其可以提交答辩意见及提供证据，雅电公司亦提交了代理意见并表示没有证据提供。上述事实表明，原审法院保障了雅电公司的诉讼权利。在此基础上，原审法院未再次组织庭审，依据在案证据作出原审判决并未违反法定程序。

① 对应《民事诉讼法》（2023 年修正）第 147 条。

第一百四十八条　宣判前，原告申请撤诉的，是否准许，由人民法院裁定。

人民法院裁定不准许撤诉的，原告经传票传唤，无正当理由拒不到庭的，可以缺席判决。

【条文主旨】

本条是关于原告申请撤诉的规定。

【条文理解】

2023 年修正的《民事诉讼法》未对本条作出修改。在此之前，《民事诉讼法》（2021 年修正）第 148 条、《民事诉讼法》（2017 年修正）第 145 条、《民事诉讼法》（2012 年修正）第 145 条、《民事诉讼法》（2007 年修正）第 131 条亦进行了相应规定。

一、关于原告申请撤诉的规定

本条第 1 款是关于原告申请撤诉的规定。撤诉，指向人民法院起诉后，在判决宣告前，撤回起诉的行为。申请撤诉，是指当事人以积极的意思表示，向受诉法院要求撤回已提出之诉，不再要求法院对案件继续进行审判的行为。[①]《民事诉讼法》第 13 条第 2 款规定：当事人有权在法律规定的范围内处分自己的民事权利和诉讼权利。申请撤诉是原告行使处分权的体现。

申请撤诉应当符合以下条件：（1）撤诉必须以书面或者口头的方式向

① 法律出版社法规中心编：《中华人民共和国民事诉讼法注释本》，法律出版社 2020 年版，第 127 页。

受诉人民法院提出。（2）当事人必须明确表达撤诉的意思表示。（3）撤诉必须是当事人的真实意思表示。（4）申请撤诉应在宣判前向受诉法院提出。（5）撤诉必须符合诚信原则。《民事诉讼法》第 13 条第 1 款规定：民事诉讼应当遵循诚信原则。原告申请撤诉必须符合诚信原则，否则不能发生撤诉的法律效果。

撤诉的法律效果如下：（1）诉讼程序终结。撤诉是人民法院结案的方式之一，当事人申请撤诉，符合法律规定的，人民法院裁定准许，诉讼程序终结。人民法院无须再对当事人争议的实体问题进行审理并作出裁判。（2）当事人可以另行起诉。申请撤诉是当事人对自己诉讼权利的处分，只表明其不要求人民法院在本案中对其实体法律关系继续审理并作出裁判，并不表明其放弃与之相关的实体权利。因此，《民事诉讼法司法解释》第 214 条第 1 款规定：原告撤诉或者人民法院按撤诉处理后，原告以同一诉讼请求再次起诉的，人民法院应予受理。例外情形在该条第 2 款规定，即“原告撤诉或者按撤诉处理的离婚案件，没有新情况、新理由，六个月内又起诉的，比照民事诉讼法第一百二十七条第七项的规定不予受理”。此外，根据《民事诉讼法司法解释》第 336 条第 2 款和第 408 条第 2 款的规定，原审原告在第二审程序中撤回起诉后重复起诉的，人民法院不予受理，一审原告在再审审理程序中撤回起诉后重复起诉的，人民法院不予受理。

原告申请撤诉，是否准许，由人民法院裁定。对原告提出的撤诉申请，人民法院应当依法进行审查，认为符合条件的，裁定准许，诉讼程序终结，认为原告申请撤诉不符合条件的，裁定不准许撤诉，诉讼继续。需要注意的是，《民事诉讼法司法解释》第 238 条第 2 款明确规定：法庭辩论终结后原告申请撤诉，被告不同意的，人民法院可以不予准许。即原告在法庭辩论终结后申请撤诉，审判人员应当征求被告的意见，被告不同意原告撤诉的，人民法院可以不予准许。

二、关于人民法院裁定不准许撤诉后，原告经传票传唤，无正当理由拒不到庭如何处理的问题

本条第 2 款是关于法院不准许原告撤诉时，原告经传票传唤无正当

理由拒不到庭如何处理的规定。起诉和撤诉都是原告行使处分权的体现，是否准许原告撤诉，是人民法院行使审判权的体现。起诉和撤诉是否发生原告希望的法律后果，取决于人民法院的决定。法院裁定不准许撤诉后，诉讼程序应当继续进行，原告应当依法参加诉讼，行使诉讼权利，履行诉讼义务，配合法院的审判活动，并且接受法院的审判结果。司法实践中，由于原告已经提出撤诉请求，表明其不想再继续进行诉讼的心理愿望，在人民法院裁定不准许其撤诉的情况下，原告往往会消极对待人民法院其后的审判活动，对此，本条明确规定，原告在继续进行的审判中经传票传唤，无正当理由拒不到庭的，人民法院可以缺席判决。

【条文适用】

当事人有权处分自己的诉讼权利，原告申请撤诉是行使处分权的体现。但是，诉讼并非原告一方的事情，而是需要人民法院、原告、被告以及其他诉讼参与人共同参与的活动。一旦原告提起诉讼，人民法院开始履行职责、行使职权，人民法院受理案件并向被告送达应诉通知书后，被告开始应诉，部分案件中第三人亦参与诉讼，甚至还有部分案件在诉讼中启动了鉴定程序，如果允许原告随意撤回起诉，其后又任意再次起诉，将导致被告和第三人诉累增加，合法权益受到损害，人民法院司法成本无谓增加，权威性亦受到影响，因此，原告申请撤诉，人民法院应当予以审查。何种情况下准许撤诉，何种情况下不准许撤诉，本条没有明确规定。

司法实践中，对于原告在诉讼过程中提出撤诉申请的，负责案件审理的审判人员首先要审查原告申请撤诉是否符合法律规定的程序，其次要审查申请撤诉是否为原告的真实意思表示，撤诉是否出于原告自愿，是否存在被胁迫等情况，最后要审查原告申请撤诉是否符合诚信原则，是否存在规避法律的情况，是否存在法律不允许撤诉的情形。经审查认为原告申请撤诉合法自愿，符合诚信原则，不存在规避法律的情况，也不存在法律不允许撤诉的情形的，人民法院可以裁定准许原告撤诉，对于原告的撤诉不符合上述要求的，应当裁定不准许原告撤诉，并及时告知原告。

诉讼过程中，原告发现目前收集的证据尚不足以支持自己的诉讼请求，或者与对方当事人达成和解协议，或者基于相互谅解等原因自愿放弃诉讼请求，因而申请撤诉的，人民法院原则上应当准许。

此外，法律明确规定某些情形下，原告申请撤诉的，人民法院不予准许（或者可以不予准许），例如：（1）《最高人民法院关于防范和制裁虚假诉讼的指导意见》第11条规定："经查明属于虚假诉讼，原告申请撤诉的，不予准许……"（2）《民事诉讼法司法解释》第238条规定："当事人申请撤诉或者依法可以按撤诉处理的案件，如果当事人有违反法律的行为需要依法处理的，人民法院可以不准许撤诉或者不按撤诉处理。法庭辩论终结后原告申请撤诉，被告不同意的，人民法院可以不予准许。"（3）《民事诉讼法司法解释》第288条规定："公益诉讼案件的原告在法庭辩论终结后申请撤诉的，人民法院不予准许。"《最高人民法院关于审理环境民事公益诉讼案件适用法律若干问题的解释》亦作了相应规定。第27条规定："法庭辩论终结后，原告申请撤诉的，人民法院不予准许，但本解释第二十六条①规定的情形除外。"（4）《最高人民法院关于适用〈中华人民共和国民法典〉婚姻家庭编的解释（一）》第11条第1款规定："人民法院受理请求确认婚姻无效案件后，原告申请撤诉的，不予准许。"

【典型案例】

良港船厂诉明赢公司船舶修理合同纠纷案

【案　　号】浙江省宁波海事法院（2014）甬海法舟商初字第602号

【裁判要旨】原被告双方恶意串通、虚构事实，有企图共同侵害他人

① 《最高人民法院关于审理环境民事公益诉讼案件适用法律若干问题的解释》第26条规定："负有环境资源保护监督管理职责的部门依法履行监管职责而使原告诉讼请求全部实现，原告申请撤诉的，人民法院应予准许。"

合法权益的主观意图和客观行为，构成虚假诉讼，原告申请撤诉的，不予准许，应当驳回其诉讼请求并予以处罚。

【基本案情】原告良港船厂起诉称，2014 年 6 月 28 日，其与被告明赢公司签订《船舶修理合同》一份，双方约定：原告对被告所有的“明赢 9”船进行修理，修理费为 380 万元，船舶进厂前预付 100 万元，出厂后逐月付清余款，如被告违约，则需支付应付金额日千分之五的违约金。2014 年 7 月 31 日，“明赢 9”船维修完毕。2014 年 8 月 7 日，被告出具《修理确认书》，双方确认修理费为 380 万元，该款项于 2014 年 11 月底前付清。后被告一直拖欠未付，故原告诉至法院，请求判令：（1）被告明赢公司支付船舶修理费 380 万元；（2）被告明赢公司支付违约金 51.85 万元；（3）被告明赢公司支付该船留置船厂期间的相关费用；（4）原告良港船厂就上述三项费用对被告所有的“明赢 9”船享有船舶留置权；（5）本案诉讼费由被告负担。庭审中，原告良港船厂变更第三项诉讼请求为：被告明赢公司支付“明赢 9”船留置船厂期间的费用105 350元。

法院查明，2014 年 6 月 9 日至 7 月 22 日，被告明赢公司所有的“明赢 9”船一直抛锚在舟山长峙锚地，期间并未经良港船厂修理。7 月 23 日下午，该船驶离锚地，停靠在良港船厂码头。“明赢 9”船停靠良港船厂码头至 10 月 14 日被扣押期间，该船亦未经修理。

2014 年 12 月 20 日，原告良港船厂向法院递交撤诉申请。

【裁判结果】判决驳回原告良港船厂的诉讼请求。

【裁判理由】法院认为，民事活动应当遵循诚信原则，不得违背公序良俗，不得损害他人及社会公共利益。本案中，原告良港船厂主张其在 2014 年 6 月 25 日至 7 月 31 日对被告明赢公司所有的“明赢 9”船进行维修，并为此提供了由原被告双方共同签字的修船合同、项目完工验收单及修理费结算书，这与法院查明的该船在 2014 年 6 月 25 日至 7 月 31 日未进行过任何修理的客观事实严重不符。原被告之间恶意串通、虚构事实，企图共同侵害他人合法权益的主观意图和客观行为十分明显，已构成虚假诉讼，对原告申请撤诉，法院已裁定不予准许。原告的诉讼请求应予驳回，并应依法予以制裁。

第一百四十九条 有下列情形之一的，可以延期开庭审理：

（一）必须到庭的当事人和其他诉讼参与人有正当理由没有到庭的；

（二）当事人临时提出回避申请的；

（三）需要通知新的证人到庭，调取新的证据，重新鉴定、勘验，或者需要补充调查的；

（四）其他应当延期的情形。

【条文主旨】

本条是关于人民法院可以延期审理的规定。

【条文理解】

2023年修正的《民事诉讼法》未对本条作出修改。在此之前，《民事诉讼法》（2021年修正）第149条、《民事诉讼法》（2017年修正）第146条、《民事诉讼法》（2012年修正）第146条、《民事诉讼法》（2007年修正）第132条亦进行了相应规定。

延期审理是指在诉讼过程中，由于发生了法律规定的情况，致使人民法院不能在原定的日期对案件进行审理时，人民法院把已经开庭审理的案件改到另一日期进行审理。[①] 本条规定，有下列情形之一的，可以延期审理：

1. 必须到庭的当事人和其他诉讼参与人有正当理由没有到庭。必须

① 王胜明主编：《中华人民共和国民事诉讼法释义》，法律出版社2012年版，第351页。

到庭的当事人，主要有三种：一是能够表达意志的离婚案件的当事人；[①]二是负有赡养、抚育、扶养义务和不到庭就无法查清案情的被告；[②] 三是其他不到庭就无法查清事实的被告。必须到庭的其他诉讼参与人，是指不到庭就无法查清事实或者庭审无法进行的诉讼参与人，如案件中的关键证人。有正当理由没有到庭，是指未到庭有无法克服、不能避免的客观上的理由，而不是故意地拒绝到庭，如当事人由于不幸遭遇交通事故而无法到庭。必须到庭的当事人和其他诉讼参与人，如果确有正当理由没有到庭，人民法院可以延期审理。

2. 当事人临时申请回避。回避制度，是指民事诉讼中，审判人员以及其他可能影响案件公正审理的有关人员，在遇有法律规定的回避情形时，不得参与案件的审理，已经参与的要退出该案件诉讼程序的制度。[③]《民事诉讼法》第 48 条规定："当事人提出回避申请，应当说明理由，在案件开始审理时提出；回避事由在案件开始审理后知道的，也可以在法庭辩论终结前提出。被申请回避的人员在人民法院作出是否回避的决定前，应当暂停参与本案的工作，但案件需要采取紧急措施的除外。"第 131 条规定："审判人员确定后，应当在三日内告知当事人。"第 140 条第 2 款规定："开庭审理时，由审判长或者独任审判员核对当事人，宣布案由，宣布审判人员、书记员名单，告知当事人有关的诉讼权利义务，询问当事人是否提出回避申请。"根据上述规定，当事人从案件开始审理时到法庭辩论终结前均可以提出回避申请。如果当事人在开庭审理过程中，临时提出回避申请的，人民法院应当及时进行审查，当事人的申请无理的，驳回其申请，开庭审理继续进行；人民法院一时无法决定是否接受当事人的申请或者接受申请后无法确定新的合议庭组成人员的，开庭审理则不能如期进行，人民法院应作出延期审理的决定。

3. 需要通知新的证人到庭，调取新的证据，重新鉴定、勘验或者需

---

① 《民事诉讼法》（2023 年修正）第 65 条规定："离婚案件有诉讼代理人的，本人除不能表达意思的以外，仍应出庭；确因特殊情况无法出庭的，必须向人民法院提交书面意见。"

② 根据《民事诉讼法司法解释》第 174 条第 1 款规定，《民事诉讼法》第 112 条规定的必须到庭的被告，是指负有赡养、抚育、扶养义务和不到庭就无法查清案情的被告。

③ 张卫平：《民事诉讼法》，法律出版社 2016 年版，第 60 页。

要补充调查。在开庭审理过程中，如果当事人提出了新的证人和新的证据，或者申请调取新的证据，或者人民法院认为应当重新鉴定、勘验，或者需要补充调查的，开庭审理就不能继续进行，人民法院可以决定延期审理。

4. 其他应当延期审理的情形。本条第 4 项是对人民法院对于具体情形自由裁量的规定。按照《最高人民法院关于严格规范民商事案件延长审限和延期开庭问题的规定》第 2 条的规定，“其他应当延期的情形”是指因不可抗力或者意外事件导致庭审无法正常进行的情形。

【条文适用】

需要注意的是，为维护诉讼当事人合法权益，避免因延期开庭拖延诉讼，根据修正后的《最高人民法院关于严格规范民商事案件延长审限和延期开庭问题的规定》，人民法院延期开庭时需要注意以下几点：

第一，根据第 3 条规定，人民法院应当严格限制延期开庭审理次数。适用普通程序审理民商事案件，延期开庭审理次数不超过两次；适用简易程序以及小额速裁程序审理民商事案件，延期开庭审理次数不超过一次。第二，根据第 5 条规定，人民法院开庭审理民商事案件后，认为需要延期开庭审理的，应当依法告知当事人下次开庭的时间。两次开庭间隔时间不得超过 1 个月，但因不可抗力或当事人同意的除外。第三，根据第 6 条规定，独任审判员或者合议庭认为符合“其他应当延期的情形”决定延期开庭的，应当报本院院长批准。

【典型案例】

王某、山西中联实业有限公司企业借贷纠纷案

【案　　号】最高人民法院（2020）最高法民申 1108 号

【裁判要旨】证人在开庭前生病住院无法出庭，当事人在开庭前向人

民法院提交了延期开庭申请书，二审人民法院应当延期开庭或另行组织补充质证。

【基本案情】案件争议焦点为案涉《承诺书》真实性能否认定。证人薛某作为借款合同的保证人和《承诺书》出具的参与人，知道整个案件事实发展经过，对查明案件事实具有重要作用，属于必须到庭的诉讼参与人，但是薛某在开庭前生病住院无法出庭，当事人在二审开庭前向人民法院提交了延期开庭申请书，二审人民法院未予准许，仍然按照既定时间开庭审理。

【裁判结果】由最高人民法院指令再审。

【裁判理由】最高人民法院认为，二审期间，王某申请薛某出庭作证，因薛某生病住院，王某申请延期举证，并提交了医院的证明材料但未获二审法院准许。根据2001年《民事诉讼证据规定》第2条①的规定："当事人对自己提出的诉讼请求所依据的事实或者反驳对方诉讼请求所依据的事实有责任提供证据加以证明。"基于薛某提交的证词与本案的事实有重要的关联性，二审法院应当对该证词进行质证。中联公司否认《承诺书》的真实性，亦应进一步由中联公司就其否认《承诺书》真实性举证。一、二审法院关于《承诺书》的事实未进一步查清，举证责任分配不当。

① 该规定于2019年《民事诉讼证据规定》修正时删除，可参见《民事诉讼法司法解释》第90条。

第一百五十条 书记员应当将法庭审理的全部活动记入笔录，由审判人员和书记员签名。

法庭笔录应当当庭宣读，也可以告知当事人和其他诉讼参与人当庭或者在五日内阅读。当事人和其他诉讼参与人认为对自己的陈述记录有遗漏或者差错的，有权申请补正。如果不予补正，应当将申请记录在案。

法庭笔录由当事人和其他诉讼参与人签名或者盖章。拒绝签名盖章的，记明情况附卷。

【条文主旨】

本条是关于法庭笔录的制作、宣读以及由当事人和其他诉讼参与人签名或者盖章具体程序的规定。

【条文理解】

2023 年修正的《民事诉讼法》未对本条作出修改。在此之前，《民事诉讼法》（2021 年修正）第 150 条、《民事诉讼法》（2017 年修正）第 147 条、《民事诉讼法》（2012 年修正）第 147 条、《民事诉讼法》（2007 年修正）第 133 条亦进行了相应规定。

法庭笔录，是指人民法院的书记员制作的能够反映法庭审理真实情况的书面记录。法庭笔录记载了当事人的主张和陈述、证据的质证、法院对案件事实的认定、当事人双方的辩论内容，是法院裁判的重要依据。[①]

法庭笔录的记载人为人民法院的书记员。

① 张卫平：《民事诉讼法》，法律出版社 2016 年版，第 307 页。

法庭笔录的内容为法庭审理的全部活动。一般情况下，法庭笔录主要包括以下内容：（1）笔录名称，如开庭笔录、宣判笔录等。（2）案由，开庭时间和地点，审判人员、书记员的姓名。（3）原告、被告、第三人、诉讼代理人的姓名、性别、年龄等。若有未到庭的，应当记明未到庭的情况。（4）审判长告知当事人的诉讼权利和义务，以及是否要求审判人员或者其他出庭人员回避的情况。（5）当事人陈述。（6）法庭调查的全部情况：法庭对所有证据进行的调查，当事人对各种证据的辨认及提出的意见和要求，在审理过程中提出的新证据。（7）原告、被告、第三人、诉讼代理人法庭辩论的发言。（8）原告提出增加、变更、撤回的诉讼请求，被告提出的反诉，第三人提出的诉讼请求等，以及审判人员对这些情况的处理。（9）当事人和其他诉讼参与人的签名或盖章，或者当事人和其他诉讼参与人拒绝签名或盖章的情况。

法庭笔录在形式上须由审判人员和书记员签名。

法庭笔录应当当庭宣读，也可以告知当事人和其他诉讼参与人当庭或者在5日内阅读。当事人和其他诉讼参与人认为法庭笔录对自己的陈述记录有遗漏或者差错的，有权申请补正。如果不予补正，应当将申请记录在案。

【条文适用】

人民法院应当高度重视法庭笔录的制作程序和过程，使法庭笔录能够真实反映法庭审理的全部活动。书记员必须严格按照法律规定的内容和程序制作庭审笔录，将庭审的全过程记入笔录并且如实反映案件的全貌。客观真实的法庭笔录，既可用于了解当事人的全部主张，也可用于强化审判监督，确保审判人员依法行使职权。因此，法庭笔录除了反映当事人和其他诉讼参与人的全部活动外，审判人员的活动也应记入笔录，如审判员行使诉讼指挥权、释明相应权利义务的情况，必须如实记录。

当事人认为法庭笔录的记载有遗漏或者差错，申请补正的，审判人员或书记员应当认真审查，确实存在遗漏和差错的，应该及时补正。需要强调的是，要严格区分记载存在遗漏或者差错与当事人改变、补充庭审时发言两种不同情况。记载存在遗漏或者差错，是指法庭笔录的记载与当事人陈述或者庭审过程不符；当事人改变、补充庭审时发言，是指法庭笔录对当事人发言的记载无误，但当事人后来认为当时发言与事实不符，或对其不利，或存在未尽之言，想要改变或者补充当时的发言。对于前一种情况，审判人员和书记员审查属实，应当补正；对于后一种情况，审判人员和书记员不得在法庭笔录中直接补正。当事人事后推翻庭审中的陈述或者先前自认，需依照法定程序进行，由人民法院依法审查。当事人或者诉讼参与人对于法庭笔录的记载存在争议的，书记员应当及时调取法庭录音、录像进行比对，确保庭审笔录反映庭审的真实情况。

第一百五十一条　人民法院对公开审理或者不公开审理的案件，一律公开宣告判决。

当庭宣判的，应当在十日内发送判决书；定期宣判的，宣判后立即发给判决书。

宣告判决时，必须告知当事人上诉权利、上诉期限和上诉的法院。

宣告离婚判决，必须告知当事人在判决发生法律效力前不得另行结婚。

【条文主旨】

本条是关于人民法院公开宣告判决的规定。

【条文理解】

2023 年修正的《民事诉讼法》未对本条作出修改。在此之前，《民事诉讼法》（2021 年修正）第 151 条、《民事诉讼法》（2017 年修正）第 148 条、《民事诉讼法》（2012 年修正）第 148 条、《民事诉讼法》（2007 年修正）第 134 条亦进行了相应规定。

我国《民事诉讼法》第 10 条规定："人民法院审理民事案件，依照法律规定实行合议、回避、公开审判和两审终审制度。"公开审判制度，是指人民法院在审理民事案件时，应当将除合议庭评议案件以外的审判过程和结果，向群众和社会公开的制度。宣告判决是审判程序的最后环节，公开宣告判决体现了司法程序的文明、进步，体现了国家司法权力的神圣和庄严。

根据本条规定，公开宣判应注意以下事项：

1. 本条第 1 款规定："人民法院对公开审理或者不公开审理的案件，

一律公开宣告判决。”公开审判制度是我国民事审判的基本制度，根据该制度的一般要求，人民法院在审理案件时应当公开进行。但对有些特殊的案件，如果完全公开有可能导致国家秘密、商业秘密泄露，或不利于对个人隐私的保护，因此，《民事诉讼法》亦规定某些特殊案件不公开审理。《民事诉讼法》第137条规定：“人民法院审理民事案件，除涉及国家秘密、个人隐私或者法律另有规定的以外，应当公开进行。离婚案件，涉及商业秘密的案件，当事人申请不公开审理的，可以不公开审理。”根据该条规定，涉及国家秘密、个人隐私的案件，不公开审理，离婚案件、涉及商业秘密的案件，当事人申请不公开审理的，人民法院可以不公开审理。根据本条第1款的规定，人民法院对公开审理或者不公开审理的案件，一律公开宣告判决。

2. 宣判可以是当庭宣判，也可以是定期宣判。人民法院经过对案件的审理，查清了争议的事实，可以当庭宣判；由于某种特殊原因不能当庭宣判的（如合议庭需要另行评议、案件需要提交审判委员会讨论决定等），也可以择日公开宣判。当庭宣判的，人民法院应当在10日内发送判决书；定期宣判的，宣判后立即发给判决书。

3. 人民法院宣告一审判决时，必须告知当事人上诉权利、上诉期限和上诉的法院，即告知当事人，如果不服本判决，可于接到判决书之日起15日内，向本院提交上诉状及副本，上诉于第二审人民法院（司法实践中须明确具体的法院）。

4. 宣告一审离婚判决，必须告知当事人在判决发生法律效力前不得另行结婚。根据我国《民事诉讼法》第10条的规定，人民法院审理民事案件，依照法律规定实行两审终审制度。两审终审制度，是指民事案件经过两级人民法院审理和判决即告终结的制度。当事人对第一审人民法院作出的裁判不服的，可以在法律规定的期间内，向上一级人民法院提起上诉，经过上一级人民法院审判后，裁判才发生法律效力。对于离婚案件，如果第一审法院判决准许离婚，当事人上诉，二审法院有可能作出不准离婚的判决，因此，第一审法院宣告离婚判决，必须告知当事人在判决发生法律效力之前不得另行结婚。

【条文适用】

本条对当庭宣判案件的裁判文书如何送达没有明确规定，对此，司法解释进行了明确。《民事诉讼法司法解释》第 253 条规定："当庭宣判的案件，除当事人当庭要求邮寄发送裁判文书的外，人民法院应当告知当事人或者诉讼代理人领取裁判文书的时间和地点以及逾期不领取的法律后果。上述情况，应当记入笔录。"适用该条注意以下几点：

1. 当庭宣判的案件，当事人可以选择要求邮寄发送裁判文书，也可以选择自行到法院领取文书。当庭宣判的案件，当事人已经知晓裁判文书的内容，败诉一方当事人可能逃避人民法院对裁判文书的送达，从而造成送达难以及后续诉讼程序拖延。因此，当庭宣判时，有必要对判决书送达的方式进行明确，当事人要求邮寄发送裁判文书的，应当对裁判文书进行邮寄送达，当事人选择自行前往法院领取裁判文书的，应当明确领取裁判文书的时间和地点。

2. 当事人要求邮寄送达裁判文书的，应当提供准确的送达地址。根据《最高人民法院以法院专递方式邮寄送达民事诉讼文书的若干规定》第 11 条第 1 款的规定，因受送达人自己提供或者确认的送达地址不准确、拒不提供送达地址、送达地址变更未及时告知人民法院、受送达人本人或者受送达人指定的代收人拒绝签收，导致诉讼文书未能被受送达人实际接收的，文书退回之日视为送达之日。

3. 当事人自行前往法院领取裁判文书的，人民法院除了告知当事人或者诉讼代理人领取裁判文书的时间和地点外，还须告知逾期不领取的法律后果。司法实践中，逾期不领取的法律后果应是裁判文书视为送达。即人民法院在宣告判决时告知当事人，在指定期间内未领取的，指定领取裁判文书期间届满之日即为送达之日，当事人的上诉期从人民法院指定领取裁判文书期间届满之日起开始计算。

第一百五十二条 人民法院适用普通程序审理的案件，应当在立案之日起六个月内审结。有特殊情况需要延长的，经本院院长批准，可以延长六个月；还需要延长的，报请上级人民法院批准。

【条文主旨】

本条是关于人民法院审理一审民事案件的期限的规定。

【条文理解】

2023年修正的《民事诉讼法》未对本条作出修改。2021年修正的《民事诉讼法》第152条对《民事诉讼法》（2017修正）第149条作出修改，将“由本院院长批准，可以延长六个月”修改为“经本院院长批准，可以延长六个月”，表述更为精准。在此之前，《民事诉讼法》（2012年修正）第149条、《民事诉讼法》（2007年修正）第135条亦对相关内容进行了规定。

审限，是指法律规定的人民法院审理案件的期限。《民事诉讼法》规定审限，目的是提高审判效率，减轻当事人的诉累，促使当事人及时实施诉讼行为，人民法院及时审结案件。根据本条规定，人民法院适用普通程序审理的案件，应当在立案之日起6个月内审结。同时，由于民事案件范围广、种类多，不同种类案件的复杂程度不同，有的案件需要专门性知识，如专利、商标等知识产权侵权案件，有的需要做大量的调查取证与核实证据工作，如建设工程施工合同纠纷、知识产权纠纷等案件，有的案件可能在6个月内不能及时审结。因此，《民事诉讼法》作了可以延长审限的规定。本条规定，有特殊情况需要延长审限的，经本院院长批准，可以延长6个月，还需要延长的，报请上级人民法院批准。

为了维护诉讼当事人合法权益，结合审判实际，根据《最高人民法院关于严格规范民商事案件延长审限和延期开庭问题的规定》的规定，人民法院延长审限应当注意以下问题：

1. 人民法院审理民商事案件时，应当严格遵守法律及司法解释有关审限的规定。法律规定有特殊情况需要延长审限的，独任审判员或合议庭应当在期限届满 15 日前向本院院长提出申请，并说明详细情况和理由。院长应当在期限届满 5 日前作出决定。经本院院长批准延长审限后尚不能结案，需要再次延长的，应当在期限届满 15 日前报请上级人民法院批准。上级人民法院应当在审限届满 5 日前作出决定。即延长审限需要在审限届满前一定期限内提出，并在审限届满前作出决定。

2. 人民法院应当将案件的立案时间，审理期限，扣除、延长、重新计算审限和延期开庭审理的情况及事由，按照《最高人民法院关于人民法院通过互联网公开审判流程信息的规定》及时向当事人及其法定代理人、诉讼代理人公开。当事人及其法定代理人、诉讼代理人有异议的，可以依法向受理案件的法院申请监督。

【条文适用】

《民事诉讼法》虽然规定了适用普通程序审理的一审案件审限为 6 个月，并规定特殊情况可以延长审限 6 个月，还需延长的，报请上一级人民法院批准。但在一些特殊情况下，有些诉讼活动不能正常进行，其占用的期间不应计入审限，需要予以扣除。

《民事诉讼法司法解释》第 243 条规定："民事诉讼法第一百五十二条规定的审限，是指从立案之日起至裁判宣告、调解书送达之日止的期间，但公告期间、鉴定期间、双方当事人和解期间、审理当事人提出的管辖异议以及处理人民法院之间的管辖争议期间不应计算在内。"据此，公告、鉴定的期间，审理当事人提出的管辖权异议和处理法院之间的管辖争议的期间等不应计算在审限内。当事人和解的期间也不计入审限，可以扣除。根据《民事调解工作规定》第 2 条的规定，双方当事人申请庭外和解的期间，不计入审限。对于适用该规定扣除审限时，应当注意规范庭外和解启动程序和次数，及时给当事人制作笔录或者要求当事人提交书面申请，在调解不成时及时恢复审理。要防止随意启动庭外和解程序，以此来规避正常审理期限，造成隐性超期，造成案件久“和”不审、久“调”不判。

【典型案例】

重庆国豪建设有限公司与重庆捷安市装运输有限公司追偿权纠纷案

【案　　号】重庆市第五中级人民法院（2015）渝五中法民终字第 00493 号

【裁判要旨】双方当事人和解期间不计入审限。

【基本案情】重庆国豪建设有限公司（以下简称国豪公司）因与重庆捷安市装运输有限公司（以下简称捷安公司）追偿权纠纷，诉至法院。一审审理中，一审法院曾组织双方调解，因双方分歧较大，调解未果。一审法院判决驳回原告国豪公司的诉讼请求。国豪公司不服提起上诉，认为一审审理超过法定审限，系程序违法。

【裁判结果】驳回上诉，维持原判。

【裁判理由】《民事诉讼法司法解释》第 243 条规定：“民事诉讼法第一百四十九条[①]规定的审限，是指从立案之日起至裁判宣告、调解书送达之日止的期间，但公告期间、鉴定期间、双方当事人和解期间、审理当事人提出的管辖异议以及处理人民法院之间的管辖争议期间不应计算在内。”国豪公司和捷安公司在一审审理期间，均向法院提交了书面和解申请，一审审理程序并无不当。

---

① 对应《民事诉讼法》（2023 年修正）第 152 条。

第四节　诉讼中止和终结

第一百五十三条　有下列情形之一的，中止诉讼：

（一）一方当事人死亡，需要等待继承人表明是否参加诉讼的；

（二）一方当事人丧失诉讼行为能力，尚未确定法定代理人的；

（三）作为一方当事人的法人或者其他组织终止，尚未确定权利义务承受人的；

（四）一方当事人因不可抗拒的事由，不能参加诉讼的；

（五）本案必须以另一案的审理结果为依据，而另一案尚未审结的；

（六）其他应当中止诉讼的情形。

中止诉讼的原因消除后，恢复诉讼。

【条文主旨】

本条是关于中止诉讼具体情形的规定。

【条文理解】

一般情况下，民事诉讼程序开始后，应当依照法定程序连续进行，但有时会出现某种无法克服和难以避免的特殊情况，导致诉讼程序不能或者不宜进行，需要使诉讼程序暂时停止。根据本条规定，民事诉讼发生中止诉讼有下列情形：

1. 一方当事人死亡，需要等待继承人表明是否参加诉讼。在民事诉讼进行中，一方当事人死亡，其诉讼权利能力自然终止，必须等待其继承人参加诉讼，诉讼程序才能继续进行。如果其继承人能及时参加诉讼，则诉讼无须中止。如果确定继承人比较复杂，甚至可能发生争议，需要一定时间才能确定继承人是否承担被继承人的诉讼权利义务时，应当中止诉讼。需要注意的是，需要等待继承人的情况仅发生在因财产关系发生争议的案件中。身份关系只能存在于特定的自然人之间，任何一方当事人死亡，都会导致该特定的身份关系消灭。因身份关系提起的诉讼，不发生等待继承人参加诉讼的问题，如离婚案件中，一方当事人死亡，婚姻关系就自然解除。根据《民事诉讼法司法解释》第55条的规定："在诉讼中，一方当事人死亡，需要等待继承人表明是否参加诉讼的，裁定中止诉讼。人民法院应当及时通知继承人作为当事人承担诉讼，被继承人已经进行的诉讼行为对承担诉讼的继承人有效。"

2. 一方当事人丧失诉讼行为能力，尚未确定法定代理人。在民事诉讼中，一方当事人丧失诉讼行为能力，如突发精神病，以致无法表达自身的意志，就不能自主行使诉讼权利、承担诉讼义务，需要由监护人作为法定代理人代为诉讼，如果确定法定代理人确有困难，需要较长时间时，应中止诉讼。《民事诉讼法司法解释》第347条规定："在诉讼中，当事人的利害关系人提出该当事人患有精神病，要求宣告该当事人无民事行为能力或者限制民事行为能力的，应由利害关系人向人民法院提出申请，由受诉人民法院按照特别程序立案审理，原诉讼中止。"

3. 作为一方当事人的法人或者其他组织终止，尚未确定权利义务承受人。在民事诉讼进行中，作为一方当事人的法人或其他组织，如果因合并、撤销、解散等原因而终止的，即丧失了当事人资格，不能继续作为当事人参加诉讼，而由其权利义务承受人承担诉讼，在权利义务承受人没有确定前，应中止诉讼。

4. 一方当事人因不可抗拒的事由，不能参加诉讼。不可抗拒的事由是指人力无法预料、无法克服、无法避免的强制力所造成的事由，如地震、洪水等自然灾害，或者战争等个人力量无法避免的情况。当事人因为这种重大变故，在较长的时间内不能参加诉讼的，应中止诉讼。不可抗拒事由系不能归责于当事人的事由，诉讼中止中“不可抗拒的事由”适用情形与延期审理中“有正当理由没有到庭”都是为了保护当事人的诉讼权利，适用情形存在一定交叉，需要注意的是，通常延期审理主要是针对诉讼拖延时间不长，延长期限可以预见的情形，延期审理多属于诉讼中事由，如申请回避，使用决定书。而中止属于诉讼活动停止，多为诉讼外的事由。关于中止诉讼的法律文书适用的是裁定书。

5. 本案必须以另一案的审理结果为依据，而另一案件尚未审结。审判实践中，有些民事案件比较复杂，案件之间的法律关系或者事实情况相互牵连。一个案件的事实认定或者法律适用，要以另一案件的审理结果为依据，如果不等另一案件审结而急于裁判，就有可能出现两案件事实不清，适用法律失当，出现矛盾的裁判。这不仅不利于保护当事人的合法权益，使已有纠纷更加复杂，还有损法院判决、裁定的严肃性。因此，遇到这种情况就应当中止诉讼。需要注意的是，中止诉讼不能过于随意。是否必须以其他案件的审理结果为前提，取决于案件审理的需要，彼此关联的两个案件是否有先决关系或前提关系。规定本项的立法意图在于避免裁判上的相互矛盾并节约诉讼成本。因此重点在于本案的审理是否必须要以另一案的审理结果为依据，具有先决关系。另一案的审理包括刑事案件、民事案件和行政案件。《全国法院民商事审判工作会议纪要》（法〔2019〕254 号）对民刑交叉案件中民商事案件中止审理的条件作出规定：“人民法院在审理民商事案件时，如果民商事案件必须以相关刑事案件的审理结果为依据，而刑事案件尚未审结的，应当根据《民事诉讼法》第 150 条第 5 项[①]的规定裁定中止诉讼。待刑事案件审结后，再恢复民商事案件的审理。如果民商事案件不是必须以相关的刑事案件的审理结果为依据，则民商事案件应当继续审理。”“必须”意味着民事诉讼中作为裁判对象的事实，是应当由刑事司法机关按照刑事诉讼程序认

① 对应《民事诉讼法》（2023 年修正）第 153 条第 5 项。

定的，民事法律关系问题或民事争议的解决必须以另一案的审理结果为前提。大体上有两种情形：其一，导致民事损害赔偿责任的侵害事实同时可能构成犯罪的情形。例如，犯罪行为导致了财产或人身损害。其二，民事案件中的事实涉及犯罪，犯罪成立与否关系到民事案件基本事实的认定。例如，当事人或第三人在本案民事诉讼中涉嫌伪造证据、伪造文书构成犯罪的情形。民事审判机关无权在民事诉讼程序中认定涉及犯罪问题的事实，涉及犯罪事实的认定将会对本案的事实认定产生实质性影响，从而直接影响裁判结果。对于第一种情形，既可以采取刑事附带民事诉讼的方式解决，也可以单独提起民事诉讼。如果刑事诉讼已经终结，当然不存在刑民交叉的问题。只有在刑事诉讼、民事诉讼并行存在的情形，才会发生民事诉讼是否中止的问题。由于犯罪成立与否是民事赔偿的前提，因此，如果移送刑事诉讼使其成为附带的诉讼，则民事诉讼应当中止。对于第二种情形，一旦涉嫌伪造证据、伪造文书的犯罪成立，那么这些伪造的证据、文书便不能作为民事案件认定事实的依据。因此涉及伪造证据、伪造文书的刑事案件处于侦查和诉讼中，且尚未有最终审理结果的，基于先决关系本案民事诉讼应当中止，这在一定程度上也缓解了当事人在某些情况下举证困难的问题，有利于对当事人权利的保护。

6. 其他应当中止的情形。除了上述五种情形外，还可能有其他情况使案件的审理程序不能继续进行下去，此时应由法院根据审判实践中的实际情况灵活掌握，以适应复杂多变的社会现实。如法院受理破产申请后，已经开始而尚未终结的有关债务人的民事诉讼或者仲裁应当中止，在管理人接管债务人的财产后，该诉讼或者仲裁继续进行。再如，第三人撤销之诉案件审理期间，法院对生效判决、裁定、调解书裁定再审的，受理第三人撤销之诉的法院应当裁定将第三人的诉讼请求并入再审程序。但有证据证明原审当事人之间恶意串通损害第三人合法权益的，人民法院应当先行审理第三人撤销之诉案件，裁定中止再审诉讼。

裁定中止诉讼的原因消除，恢复诉讼程序时，不必撤销原裁定，从人民法院通知或者准许当事人双方继续进行诉讼时起，中止诉讼的裁定即失去效力。

【条文适用】

诉讼中止申请。诉讼中止可在受理起诉后至裁判之前的任何阶段发生。当事人申请诉讼中止或人民法院发现中止事由的，法院应当依职权对中止的事由进行调查。中止事由成立的，中止诉讼应当由人民法院以书面形式作出裁定，由审判人员、书记员署名并加盖人民法院印章。人民法院除依法采取诉讼保全措施外，应停止对本案的审理。中止诉讼的裁定一经作出即发生法律效力，当事人不得上诉，不得申请复议。《民事诉讼法》第 219 条第 3 款规定："各级人民检察院对审判监督程序以外的其他审判程序中审判人员的违法行为，有权向同级人民法院提出检察建议。"据此，当事人认为人民法院诉讼中止裁定错误的，可以向人民检察院申诉，请求人民检察院向同级人民法院提出检察建议。

中止诉讼的裁定的效力体现为：除了已经作出的保全和先予执行的裁定需要继续执行以外，一切属于本案诉讼程序的活动一律暂停，但已经进行的一切诉讼行为继续有效。

诉讼程序的恢复。诉讼中止必然是由特定的中止事由引发的，不管是程序性事项还是与实体有关的事项，都是一种可消除的暂时状态，而非永久状态。中止诉讼的原因消除后，应及时恢复诉讼程序，诉讼程序恢复之日，中止诉讼的裁定自行失效。恢复诉讼程序时，不必撤销原裁定，从人民法院通知或者准许双方当事人继续进行诉讼时起，中止诉讼的裁定即失去效力。诉讼程序恢复后，诉讼程序从中止前的状态继续前进，已经进行的诉讼行为对新出现的诉讼承担人具有约束力。

在具体处理民刑交叉诉讼时，应当首先考虑彼此之间是否有先决关系。如果民事诉讼双方当事人所争议的事实与刑事诉讼所涉及的犯罪事实属于同一事实，民事诉讼必须以刑事诉讼结果为前提才能作出正确处理的，或者民事诉讼必须等到涉及刑事诉讼一方当事人的刑事诉讼结案后才能继续进行的，就应当中止民事诉讼，并将有关材料移送有关司法机关，执行先刑后民原则，待刑事案件审结后，再恢复民事案件的审理。

但如果案件的基本事实无须以相关刑事案件的审理结果为依据的，人民法院应当继续审理。

在本条第5项的具体适用中，最高人民法院在司法实践中根据不同案件类型进一步作出了细化解释。例如：《最高人民法院关于审理民间借贷案件适用法律若干问题的规定》第7条规定："民间借贷纠纷的基本案件事实必须以刑事案件的审理结果为依据，而该刑事案件尚未审结的，人民法院应当裁定中止诉讼。"《最高人民法院关于审理专利纠纷案件适用法律问题的若干规定》第5条第1款规定："人民法院受理的侵犯实用新型、外观设计专利权纠纷案件，被告在答辩期间内请求宣告该项专利权无效的，人民法院应当中止诉讼。"

先行的诉讼应当对后行或待行的诉讼具有先决性，是后行诉讼审理的前提或基础，在相互之间存在先决关系时，作为前提的诉讼可先行，另一诉讼应予以中止，等待前提诉讼的审结。处理民刑、民行交叉诉讼关系将先决关系作为原则，考虑的是社会对裁判一致性的认同与追求以及司法制度的现实。在处理交叉诉讼关系时，虽然先决关系是最重要或主要的考量因素，但不是绝对的，诉讼效率也是民事诉讼所追求的重要价值之一，不可以因为具有先决关系的前提诉讼的迟延而使另一诉讼受到过分迟延。因此，需要法官根据案件的各种具体情形予以裁量决定。在审判原理上，审理各自案件的法官都拥有独立的审判权，对自己管辖的案件在事实认定和法律适用上都是独立的。《民事诉讼法》第153条第4～6项内容通常称为裁量中止，由于阻却诉讼程序事由的不确定性，法官需要结合案件审理的其他因素综合考量是否进行中止。

诉讼中止不是诉讼终结，案件依然处于诉讼系属中，因此已经实施的诉讼行为包括裁判行为依然有效。例如，起诉、诉讼保全、证据保全等。

第一百五十四条　有下列情形之一的，终结诉讼：

（一）原告死亡，没有继承人，或者继承人放弃诉讼权利的；

（二）被告死亡，没有遗产，也没有应当承担义务的人的；

（三）离婚案件一方当事人死亡的；

（四）追索赡养费、扶养费、抚养费以及解除收养关系案件的一方当事人死亡的。

【条文主旨】

本条是关于诉讼终结具体情形的规定。

【条文理解】

民事诉讼终结是当出现某种法定的情形时，法院依法结束民事案件审理的活动。通常情况下，民事诉讼因人民法院对案件作出裁判或者通过调解而结束，但在诉讼进行中如果发生了法律规定的某种特殊情况，使得案件的审理不可能进行下去或者进行下去没有意义时，就要以裁定终结诉讼的方式结束诉讼程序。

本条规定，有下列情形之一的，终结诉讼：

1. 原告死亡，没有继承人，或者继承人放弃诉讼权利。民事诉讼是因原告提出诉讼请求、主张一定权利而引起的。如果原告死亡，没有继承人，或者继承人放弃诉讼权利，就使诉讼失去了权利主张人。这样的诉讼继续下去既不可能也无意义，人民法院应当终结诉讼。

2. 被告死亡，没有遗产，也没有应当承担义务的人。被告死亡，没有遗产，也没有应当承担义务的人，原告的诉讼请求不可能得到满足，诉讼继续进行既不可能也无意义，应当终结诉讼。

3. 离婚案件一方当事人死亡。离婚案件是为了解除当事人之间的婚姻关系。一方当事人死亡，婚姻关系自然消灭，诉讼要解决的问题前提已经不复存在，应当终结诉讼。

4. 追索赡养费、扶养费、抚养费以及解除收养关系案件的一方当事人死亡。需要注意的是，2021 年《民事诉讼法》修正时，将 2017 年《民事诉讼法》第 151 条第 4 项“追索赡养费、扶养费、抚育费以及解除收养关系案件的一方当事人死亡的”中的“抚育费”修改为“抚养费”。

追索赡养费、扶养费、抚养费案件的原告死亡的，提出给付要求的人不存在了；被告死亡，也不能再支付赡养费、扶养费和抚养费。案件审理的实际意义消失，应当终结诉讼。解除收养关系案件的一方当事人死亡的，收养关系已经不复存在，诉讼也没有进行的必要，应当终结诉讼。

诉讼终结，案件就不再审理，当事人不得再就同一诉讼标的提起诉讼。诉讼终结关系到另一方当事人的民事权益能否得到保护的问题，《民事诉讼法》明确规定了可以终结诉讼的四种情况，而没有作类似诉讼中止的兜底性条款规定，其意义在于对诉讼终结的适用，要求严格掌握，依法进行。

人民法院决定诉讼终结，应当作出书面裁定。裁定应当由审判人员、书记员署名，并加盖人民法院印章，送达当事人。诉讼终结的裁定，一经作出即发生法律效力，当事人对该裁定不得提起上诉。

【条文适用】

掌握《民事诉讼法》有关诉讼终结的规定应当注意以下两点：（1）诉讼终结是诉讼程序的终结，终结诉讼的裁定，不能确定死亡一方当事人的财产归属。（2）诉讼终结将从法律上排除当事人诉讼权利的行使，适用必须严格限制，对于本条规定之外的情形，即便对诉讼的进行造成严重的障碍，也不得扩张适用诉讼终结。例如，民事案件的原告起诉时提供的被告住址不准确，往往导致诉讼文书无法送达，案件也无法进行，但是对于这种情况应当要求原告补充材料。因有关部门不准许当事人自行查询其他当事人的住址信息，原告向人民法院申请查询的，人民法院应当依原告的申请予以查询。因客观原因原告不能补充或者依据原告补充的材料仍不能确定被告住址的，人民法院可以依法向被告公告送达诉讼文书。人民法院不能仅以原告不能提供真实、准确的被告住址为由裁定终结诉讼。

上诉案件的当事人死亡或者终止的，人民法院依法通知其权利义务参加者参加诉讼。需要终结诉讼的，适用本条规定。

认定财产无主案件，公告期间有人对财产提出请求的，人民法院应当裁定终结特别程序，告知申请人另行起诉，适用普通程序审理。

根据《民事诉讼法司法解释》第 346 条规定："人民法院受理宣告失踪、宣告死亡案件后，作出判决前，申请人撤回申请的，人民法院应当裁定终结案件，但其他符合法律规定的利害关系人加入程序要求继续审理的除外。"

根据《民事诉讼法司法解释》第 404 条规定："再审审理期间，有下列情形之一的，可以裁定终结再审程序：（一）再审申请人在再审期间撤回再审请求，人民法院准许的；（二）再审申请人经传票传唤，无正当理由拒不到庭的，或者未经法庭许可中途退庭，按撤回再审请求处理的；（三）人民检察院撤回抗诉的；（四）有本解释第四百条第一项至第四项规定情形的。因人民检察院提出抗诉裁定再审的案件，申请抗诉的当事人有前款规定的情形，且不损害国家利益、社会公共利益或者他人合法权益的，人民法院应当裁定终结再审程序。再审程序终结后，人民法院裁定中止执行的原生效判决自动恢复执行。"

第五节　判决和裁定

第一百五十五条　判决书应当写明判决结果和作出该判决的理由。判决书内容包括：

（一）案由、诉讼请求、争议的事实和理由；

（二）判决认定的事实和理由、适用的法律和理由；

（三）判决结果和诉讼费用的负担；

（四）上诉期间和上诉的法院。

判决书由审判人员、书记员署名，加盖人民法院印章。

【条文主旨】

本条是关于人民法院判决书内容、形式的规定。

【条文理解】

民事判决是人民法院通过审理民事案件，依据事实和法律对案件作出的权威性判定，是国家裁判权行使的典型形态，形式上最完整、最能体现司法的权威与对当事人权利的尊重与保障。民事判决作出后，即具有拘束力、既判力、执行力，除了人民法院按照法律规定的程序撤销或者改判外，任何单位和个人均不得否定其法律效力。民事判决必须以书面形式作出，形成的书面文件被称为民事判决书。在各国的诉讼实践中，民事判决书的制作都具有非常重要的法律地位。本条的立法目的就是规范裁判文书制作，强化判决书说理性。

一、强化判决书说理性

本条首先规定了判决书应当写明判决结果和作出该判决的理由，目的为强化判决书说理性。判决结果，即判决的结论，是人民法院根据审判中认定的事实和理由以及适用的法律条款，解决案件争议的内容，要求明确、肯定、具体，有执行内容的判决结果应当具有可操作性。判决结果可能是全部或部分承认当事人的诉讼请求，也可能是全部或部分否定当事人的诉讼请求。而该判决的理由，主要包括事实依据和法律依据。事实依据是法庭在查明事实的基础上，通过辨别是非，说明当事人提出的哪些事实可以确定，哪些主张予以支持，哪些不予支持。法律依据是人民法院作出判决的具体法律根据，既有实体法依据，也有程序法依据。

现代判决制度的一大特点就是充分说明裁判理由。判决应当有合理根据，阐明事实认定和法律适用的理由，这是确保司法公正的基本要求。法官可以根据内心确信来认定案件事实，但是必须公开自己的心证过程，经得起上级法院、当事人和社会公众的评判，既防止司法权专横与滥用，又使裁判可以获得公众信赖。可以说，司法公正在裁判文书中的体现就是充分进行说理论证，以理服人。

阐明判决理由包括对案件事实的认定和法律的适用两个方面的内容。根据审判实践经验，对裁判文书的说理要做到以下两个方面：第一，在关于事实认定的说理方面，要从客观性、合法性和关联性三个方面对证据进行具体分析、论证。在上述分析的基础上，在裁判文书中表明对当事人所举证据是否采纳，并说明理由，全面呈现法庭举证、质证、认证情况以及事实认定过程。案件事实要与法庭所认定的证据紧密联系，做到认定事实与采信证据相一致。在案件事实表述上，要侧重与案件定性、处理有关的事实情节。对当事人双方有争议的部分，要依据证据，详细阐明法庭对该部分事实认定的理由。第二，在对法律适用的说理方面，应结合个案事实，对具体适用法律某一条款作为裁判依据的理由予以解释，必要时要对法律条款进行详尽法理解释，以向当事人昭示所选用法条的原因及其内涵。在具体处置上，要对其裁量选择作出详尽说明，而不能仅是简单宣告裁判依据的法律条款。

一般来说，法院作出判决时所依赖的正当性资源中自治和合意的成分越多，对判决书的要求越低；相反，自治性越少、强制性越多的纠纷解决机制对于判决书的要求越高。[①] 因此，对于案情简单、事实清楚，当事人没有争议的案件或者调解解决的案件，可以概括叙述事实或简要论述理由。当事人双方对事实及法律适用有分歧、争议的，应当详细叙述争议事实及论述理由。

充分说理，可以说是裁判文书制作的首要规则。我国于 2012 年在《民事诉讼法》中明确增加“判决书应当写明判决结果和作出该判决的理由”的规定，自此以立法的形式强调了裁判文书充分说理原则的法律地位。裁判理由的说明不但是法官的权力，更是义务与责任。

二、规范判决书的内容

根据本条规定，民事判决书应当包括四项内容，应从以下几方面予以理解。

（一）案由、诉讼请求、争议的事实和理由

案由是民事案件审理以及制作裁判文书中的核心问题。民事案件案由即民事诉讼案件的名称，反映该民事案件的类型和所涉及的民事法律关系的性质，是人民法院对诉讼争议所包含的法律关系进行的提炼概括。案由的确定涉及对当事人诉的把握、对案件事实的认定和对法律的准确适用，是审理民事案件最基础性的工作。根据最高人民法院出台的《民事案件案由规定》，民事案件案由分为 11 部分 54 类 473 种，是确定案件案由的依据。

诉讼请求是指当事人通过人民法院向对方当事人提出的实体权利请求。在民事诉讼中，原告向被告提出的请求，被告反诉提出的请求，诉讼中的第三人向原被告提出的请求，都是诉讼请求。根据当事人诉讼请求的目的和内容的不同，可以将诉分为确认之诉、给付之诉和变更之诉。

① 傅郁林：《民事裁判文书的功能与风格》，载《中国社会科学》2000 年第 4 期。

争议的事实和理由，是指双方当事人在起诉和答辩中直接反映的争议事实以及双方当事人为了维护自己的诉讼主张所分别持有的具体理由。在制作判决书时，应对双方当事人各自提出的争议事实和理由分别归纳记载，以便尽可能准确地反映出双方当事人之间的争议焦点。

（二）判决认定的事实和理由、适用的法律和理由

这一部分是判决的正文部分，是判决书的主要内容。判决认定的事实和理由，是法院经过审理查明事实，辨别是非曲直，通过一定的说理，确定当事人提出的哪些事实可以成立，哪些主张应予支持或不予支持。认定的事实应当能够全面、客观地揭示案情，以此为前提才能作出正确的判决结果。

适用的法律和理由，是指人民法院认定的事实应适用哪些法律，作出判决应依据哪些实体法和程序法条款。裁判文书中公开法律适用的理由尤为重要，这是法治社会中依法司法和审判公开原则的必然要求。现代法治社会的一个基本标准，就是司法的可预见性，即对所发生的各种纠纷，应当以公开的、可预见的行为规则为其裁判依据，当事人可以在事前根据这些规则预测自己行为的后果，从而引导行为的模式和走向。司法过程的可预见性，司法判决的价值导向，以及对当事人行为模式的规范影响，都可以从对法律依据的引用中体现出来。在裁判文书中公开法律适用的理由，是法官创造性的释法活动，通过将抽象的法律规范同具体的案件事实结合起来，使法律规范最大限度地适应不断变化的社会实际。裁判文书通过个案对法律进行具体解释，当事人以及社会公众往往根据法院在裁判文书中对法律的解释来预测法律的执行力度和实现方式，所以，裁判文书示范性和引导性需要通过判决书关于判决理由的论述以及判决主文等宣示出来。同时，公开法律适用的理由也能约束法官裁判行为，从制度上防止裁判专断。

（三）判决结果和诉讼费用的负担

判决的结果一般又称为判决的主文，是民事判决书的核心部分。判决主文应当注意其可执行性，使执行有明确依据和可操作性，应当针对当事人的诉讼请求而作出，人民法院应当在判决书中一一回应当事人提

出的诉讼请求和主张，表明态度不能遗漏；同时基于处分原则和不告不理原则要求，判决主文不能超出当事人请求的范围。

诉讼费用的负担，是法院依法决定谁负担诉讼费用以及如何负担、具体的数额等。诉讼费用的负担本身不是判决结果，但是与判决结果密切相关。法院应按照法律规定的诉讼费用负担的原则对诉讼费用的负担作出裁判。当事人不得单独就诉讼费用的负担提起上诉。

（四）上诉期间和上诉的法院

根据《民事诉讼法》的规定，上诉期间应为收到判决书之日起 15 日内，上诉法院为一审法院的上一级法院。除了最高人民法院作出的一审判决和适用特别程序审理作出的判决外，地方各级人民法院作出的一审判决均是可以上诉的判决。为保护当事人的上诉权利，判决书中应当载明上诉期间和上诉法院。

上述四项内容是判决书中的主要内容，构成了判决书的骨架，但并非判决书中的全部内容。一份结构完整的判决书可以分为首部、正文和尾部三部分。判决书的首部除应写明案由以外，还应当写明标题、人民法院的全称、案号、当事人和其他诉讼参与人的基本情况、开庭审理的时间、审判组织、所适用的程序等内容。判决书的正文部分则包括诉讼请求、争议的事实和理由、判决认定的事实和理由、适用的法律依据和理由、判决结果和诉讼费用的负担等内容。判决书的尾部则要包括上诉期间以及上诉法院。此外，判决书上要有合议庭组成人员或独任审判员、书记员署名，同时要注明该判决书制作的时间并加盖人民法院印章。

【条文适用】

司法实践中，正确适用本条，应当注意以下事项。

一、其他裁判文书对判决书的参照适用

普通程序是人民法院审理第一审民事案件通常适用的程序，集中展

示了民事诉讼程序的全貌，起着各种诉讼程序通则的作用，成为整个民事审判程序的基础，因此，一审诉讼判决书也就成为裁判文书的基础。非诉讼程序的案件和二审诉讼案件的判决书，在内容和要求上与一审诉讼案件判决书有所不同。非诉讼案件的判决书，由于不存在民事权益之争，所以无须写明争议的事实和理由；又由于非诉讼案件要求确认法律事实，所以应当记明申请人申请确认的事实和依据；不要求写出上诉期间和上诉法院，只需要表明该判决为终审判决即可。对上诉案件的判决，应当写明上诉的请求和理由，上诉案件的审理结果及其判决理由；同时应当写明“本判决为终审判决”字样。裁定书的内容和形式也应当参照判决书制作，但是要根据实际情况适当删改。

二、判决书中如何正确引用法律规范

一般而言，法依层次可划分为：宪法、法律、行政法规；地方性法规、自治条例、单行条例及其他地方性法规；国务院各部委、具有行政管理职能的直属机关和省、自治区、直辖市、较大的市的人民政府制定的规范性文件。司法解释在效力层级上应当等同于其所解释的法律。上述规范性文件，审判活动中法官应当依据或参照执行。其中，宪法、法律、行政法规和司法解释可以直接在判决主文之前引用；最高人民法院带有指导性的会议纪要、意见等规范性文件应当贯彻执行，但不宜直接在判决主文之前引用；其他规范性文件可以在认定事实和说理之中引用，但不宜在判决主文之前直接援引。

对所适用并引用的法律条文，要说明引用理由并揭示该法该条与本案纠纷的本质联系。从审判实践经验来看，案情简单且适用法律条文较少的，可在综合说理之后集中列举相关条文；但案情较复杂、说理层次较多、需引用不同法律条文的，应同综合说理部分结合起来，一边论证一边列举，具体采用哪种方法，应根据案情灵活处理。适用并引用法律条文应当公开其具体内容，不能只写出法律名称和法条序号，要使人们对法律规定与案件事实之间的内在联系一目了然。在顺序方面，原则上应当以裁判顺序来决定，具体应当注意两点：一是适用须另引用程序法

的，先引用程序法，再引实体法。二是对实体法的适用和引用，以宪法、法律、行政法规、司法解释为序。对处于同一效力位阶的法律，引用特别法优于普通法，但二者均需要引用的，则应先引普通法再引特别法，对行政法规和司法解释也应参照处理。

第一百五十六条　人民法院审理案件，其中一部分事实已经清楚，可以就该部分先行判决。

【条文主旨】

本条是关于人民法院可就部分已查清事实进行先行判决的规定。

【条文理解】

部分先行判决是为了及时保护当事人的合法权益，防止诉讼过分迟延，如果对一部分请求的相关事实已经查明，而且就这部分诉讼请求又需要尽快判决，人民法院可以先就该部分作出判决，其他诉讼请求待相关事实进一步查明后，通过后续判决解决。原告向人民法院提起诉讼，可以有一个或几个诉讼请求。一般情况下，在一个诉讼中，法院查明案件事实后，应当对原告提出的全部诉讼请求依法作出裁判，但案件在审理中，由于种种原因的限制，对原告各项诉讼请求相关的事实难以全部查清，不能一次对所有的诉讼请求作出判决时，可以就查清的当事人的部分诉讼请求先行判决。例如，继承案件中，继承人甲主张继承人乙占有的房屋、车辆均属被继承人的遗产，要求继承，人民法院经过审查，查明车辆是乙的财产，而非遗产，但对于房屋是否属于遗产一时难以查明。此时人民法院可以对车辆的问题先行判决，然后继续审理关于房屋继承的请求。再如，建设工程案件审理过程中，需要鉴定的事项过多，审理时间可能因部分鉴定造成拖延，在已付工程款额和应付工程款额的案件主要事实已经查明的情况下，可以先行判决支付工程款。又如，侵权纠纷中，通常要确认存在侵权行为以及确定具体的侵权赔偿数额，通过先行判决主要解决确认是否构成侵权以及是否应当判令停止侵害。在查清侵权的事实后通过先行判决，权利人能够及时获得停止侵害救济，且在侵权判定已明确的情况下，多元化纠纷解决机制更有基础和空间发挥作用。权利人可以通过自行与被诉侵权人协商，或者在第三方主持下调解，就赔偿问题达成协议并履行。

需要注意的是，先行判决仅为中间判决，如果人民法院根据当事人的申请或者经审理后认为可以先行判决的，在作出判决后应当就剩余部分继续审理，不应驳回当事人主张的其他诉讼请求。先行判决后，整个案件并没有结束，人民法院审判活动将集中在其他未决事项上。部分先行判决的法律效力与全案判决的效力相同，如果是一审的，当事人对部分先行判决不服的，可以在判决作出后 15 日内，就该判决向上一级人民法院提起上诉。

【条文适用】

1. 可以进行先行判决的部分，主要是指在诉讼请求中可以独立分出的部分，或者是几个合并审理的诉中的一个相对独立部分；而且先行判决部分事实必须已经清楚。如果该部分诉讼请求与整个诉讼请求不可分，对该部分先行判决将会使其余的诉讼请求难以确定，就不能对该部分先行判决。

2. 依据本条规定进行的先行判决并不是对全案作出的判决。没有判决的部分仍然在审理中。就部分已查清的事实先行判决时，要向当事人说明案件的其他部分仍然在审理中，以免发生误解，造成不必要的纠纷。要避免在全案判决时出现遗漏当事人诉讼请求的情况。

3. 在当事人提交申请书明确请求先行判决、其他部分另行主张的情况下，人民法院应当向当事人释明，该申请究竟是请求先行判决还是主张变更诉讼请求，随后再针对其明确的意思表示作出裁判。

4. 要注意与相关制度之间的衔接，如部分在先判决与临时禁令。当事人在专利侵权诉讼程序中针对被诉侵权人既申请作出责令停止侵害的行为保全，又申请作出判令停止侵害的部分判决的，人民法院不应因作出停止侵害的部分判决而对该行为保全申请不予处理，而应对该行为保全申请予以审查；符合行为保全条件的，应及时作出裁定。

责令停止侵害的行为保全申请与判令停止侵害的部分判决在功能上具有尽快明确各方当事人之间的法律关系状态、提高纠纷解决效率的类似之处，在内容上存在重叠的可能，但作为两种不同的制度设计，责令停止侵害的行为保全申请在特定情况下仍具有独特价值。例如，当发生申请人利益被侵害的紧急情况或者给申请人造成损害的其他情况，判令停止侵害的部分判决因处于上诉状态而尚未发生效力，责令停止侵害的诉中行为保全措施可以起到及时制止侵权行为的效果，更加有效地保护专利权。特别是在我国相关民事诉讼法律并未规定未生效判决临时执行制度的现实情况下，责令停止侵害的行为保全的价值更加明显。鉴于此，二审法院对于停止侵害专利权的行为保全申请，可以考虑如下情况，分别予以处理：如果情况紧急或者可能造成其他损害，权利人提出行为保全申请，而二审人民法院无法在行为保全申请处理期限内作出终审判决的，应当对行为保全申请单独处理，依法及时作出裁定；符合行为保全条件的，应当及时采取保全措施。此时，由于一审判决已经认定侵权成立，二审人民法院可根据案情对该行为保全申请进行审查，且不要求必须提供担保。如果二审法院能够在行为保全申请处理期限内作出终审判决的，可以及时作出判决并驳回行为保全申请。

【典型案例】

厦门卢卡斯汽车配件有限公司、厦门富可汽车配件有限公司与瓦莱奥清洗系统公司、陈某强侵害发明专利权纠纷案

【案　　号】最高人民法院（2019）最高法知民终 2 号

【裁判要旨】在专利侵权诉讼程序中，责令停止被诉侵权行为的行为保全具有独立价值。当事人既申请责令停止被诉侵权行为，又申请先行判决停止侵害，人民法院认为需要作出停止侵害先行判决的，应当同时

对行为保全申请予以审查，符合行为保全条件的，应当及时作出裁定。

【基本案情】瓦莱奥清洗系统公司（以下简称瓦莱奥公司）是涉案发明专利的专利权人，该专利仍在保护期内。瓦莱奥公司向一审法院起诉请求：判令厦门卢卡斯汽车配件有限公司（以下简称卢卡斯公司）、厦门富可汽车配件有限公司（以下简称富可公司）和陈某强立即停止侵权行为，即卢卡斯公司、富可公司立即停止制造、销售和许诺销售被诉侵权产品，陈某强立即停止制造和销售被诉侵权产品；判令卢卡斯公司、富可公司和陈某强销毁已制造的被诉侵权产品以及用于制造被诉侵权产品的设备、模具、图纸等相关实物和资料；判令卢卡斯公司、富可公司和陈某强连带支付赔偿金暂计500万元及因制止侵权行为而支付的合理开支暂计100万元；本案所有诉讼费和保全费由卢卡斯公司、富可公司和陈某强共同负担。在一审诉讼过程中，瓦莱奥公司请求一审法院确认被诉侵权产品三个型号的刮水器落入涉案发明专利权利要求1~10的保护范围，并先行判决卢卡斯公司、富可公司和陈某强立即停止侵害涉案专利权的行为。

【裁判结果】一审法院作出先行判决，判令卢卡斯公司、富可公司于判决生效之日起立即停止对涉案专利权的侵害。卢卡斯公司、富可公司不服上述判决，向最高人民法院提起上诉。最高人民法院公开开庭审理本案，作出（2019）最高法知民终2号民事判决，并当庭宣判，判决驳回上诉，维持原判。

【裁判理由】一审法院认为，被诉侵权产品落入涉案专利权利要求1~3、6~10的保护范围，未落入涉案专利权利要求4、5的保护范围。卢卡斯公司、富可公司实施了销售、许诺销售及共同制造被诉侵权产品的行为，应当承担停止侵害的民事责任，但本案现有证据不能证明陈某强实施了制造、销售被诉侵权产品的行为。本案对瓦莱奥公司有关先行作出部分判决的请求予以支持。关于本案中，具体处理诉中行为保全的上诉主张，二审法院经审理认为，当事人在一审程序中提出行为保全申请的，在二审人民法院接到报送的案件之前，由一审人民法院管辖；在二审人民法院接到报送的案件之后，应由二审人民法院管辖。本案中，具体处理诉中行为保全申请时需要考虑的特殊情况是，一审法院虽已作出关于责令停止侵害涉案专利权的部分判决，但并未生效，专利权人继续坚持其在一审程序中的行为保全申请。由于案件已经由二审法院受理，与本案有关的行为保全申请亦应由二审法院管辖和处理。瓦莱奥公司在二审程序中坚持其责令卢卡斯公司、富可公司停止侵害涉案专利权的诉中行为保全申请，但是瓦莱奥公司所提交的证据并不足以证明发生了给其造成损害的紧急情况，且二审法院已经当庭作出判决，本案判决已经发生法律效力，另行作出责令停止侵害涉案专利权的行为保全裁定已无必要。因此，对于瓦莱奥公司的诉中行为保全申请，不予支持。

第一百五十七条　裁定适用于下列范围：

（一）不予受理；

（二）对管辖权有异议的；

（三）驳回起诉；

（四）保全和先予执行；

（五）准许或者不准许撤诉；

（六）中止或者终结诉讼；

（七）补正判决书中的笔误；

（八）中止或者终结执行；

（九）撤销或者不予执行仲裁裁决；

（十）不予执行公证机关赋予强制执行效力的债权文书；

（十一）其他需要裁定解决的事项。

对前款第一项至第三项裁定，可以上诉。

裁定书应当写明裁定结果和作出该裁定的理由。裁定书由审判人员、书记员署名，加盖人民法院印章。口头裁定的，记入笔录。

【条文主旨】

本条是关于裁定的适用范围、可否上诉以及民事裁定书内容、形式的规定。

【条文理解】

法院处理民事案件，需要就案件依法作出权威性判定。与判决一样，裁定也是人民法院行使审判权的重要方式之一，是人民法院对诉讼过程中有关程序上的事项所作的判定。所谓裁定，就是人民法院在审理案件的过程中，对程序上应解决的事项所作的权威性判定。所谓裁定书，则是由人民法院制作的记载民事裁定内容的法律文书。本条规定了裁定的适用范围、救济程序，规范了裁定书的内容及形式要求，并强调应写明裁定的理由，强化了裁判文书的充分说理性。

一、裁定的适用范围

裁定的适用范围，即哪些程序上的事项需要适用裁定的方式解决。根据本条第 1 款之规定，民事裁定适用于下列事项：

1. 不予受理。所谓受理，是指法院依据法律规定对起诉进行审查，对符合起诉条件的予以立案，从而启动民事诉讼程序的行为。受理是法院基于审判权而实施的职权行为，与原告的起诉构成了对应关系。受理的程序包括两个环节：一是审查起诉；二是受理立案。人民法院对当事人的起诉进行审查后，对符合起诉条件的，应当在 7 日内立案，并通知当事人。不符合起诉条件的，应当在 7 日内作出裁定书，不予受理。对于不予受理的裁定，当事人不服，可以上诉。

2. 对管辖权有异议的。管辖权异议，是指当事人向受诉法院提出的该法院对所受理案件无管辖权的意见和主张。当事人对管辖权提出异议，是当事人的一项诉讼权利。人民法院受理案件后，当事人对管辖权有异议的，应当在提交答辩状期间提出。人民法院对当事人提出的异议，应当审查。异议成立的，裁定将案件移送有管辖权的人民法院；异议不成立的，裁定驳回。对于管辖权异议的裁定，当事人不服的，可以上诉。

3. 驳回起诉。不符合起诉条件的案件，应当不予受理。如果人民法院受理了不属于民事诉讼受理范围的案件，原告又不愿撤诉的，则应裁定驳回起诉；如果人民法院在审理过程中，发现原告起诉不符合起诉条件的，应当通知原告撤诉，原告不撤诉的，裁定驳回起诉。当事人对驳回起诉的裁定不服的，可以上诉。

4. 保全和先予执行。保全是指人民法院为了保证将来作出的判决能够得到有效的执行，在受理诉讼之前或者诉讼的过程之中，根据利害关系人或者当事人的申请，或者依据《民事诉讼法》赋予的职权，对当事人的财产作出一些法定的强制性保护措施或者责令当事人作出一定行为、禁止当事人作出一定行为。根据《民事诉讼法》第103条之规定，人民法院对于可能因当事人一方的行为或者其他原因，使判决难以执行或者造成当事人其他损害的案件，可以裁定对其财产进行保全、责令其作出一定行为或者禁止其作出一定行为。

先予执行，则是指人民法院在审理民事案件时，为了满足当事人的生产、生活的迫切需要，在终局判决之前，根据当事人的申请，依法裁定应当履行义务的一方当事人提前给付一定数额的金钱、财物或者停止、实施某些行为，并立即执行的制度。例如，根据《民事诉讼法》第109~110条之规定，对追索赡养费等案件，人民法院在符合规定条件的情况下，可以裁定先予执行。

需要注意的是，裁定一般适用于诉讼过程中发生的程序性问题。特殊的是，保全和先予执行虽然都以裁定形式作出，却都涉及实体问题。例如，财产保全要查封、扣押财产；而先予执行要责令一方当事人预先履行一定义务等。不过，财产保全并不决定财产的归属；行为保全与先予执行只是基于某些案件当事人的特殊需要，责令另一方当事人为一定行为、禁止为一定行为或预先履行一定的义务，并不是最终确定当事人的实体权利义务。所以，保全和先予执行仍属于程序问题，有保证诉讼顺利进行的作用。对保全和先予执行的裁定，当事人不能上诉，但可以向作出裁定的法院申请复议一次。

5. 准许或者不准许撤诉。撤诉即放弃全部诉讼请求。撤诉是原告或上诉人的一项诉讼权利，但该权利受到一定限制，必须在法律许可的范围内行使。原告可以在起诉后，宣判前申请撤诉；上诉后，上诉人可以在二审法院判决宣告前申请撤回上诉。原告或上诉人申请撤诉后，能否达到申请撤诉想要的后果，取决于法院是否准许。如果得到人民法院的准许，则产生撤诉的效果，从而终结案件的诉讼程序；如果没有得到人民法院的准许，则诉讼程序继续进行。人民法院准许撤诉或者不准撤诉是以裁定方式依法作出的。该裁定一经作出，就具有法律效力，当事人不能上诉，也不能申请复议。

6. 中止或者终结诉讼。在诉讼过程中，当出现了诉讼中止或者终结的情形，人民法院应当作出中止诉讼或者终结诉讼的裁定。中止或终结诉讼的裁定一经作出，即具有法律效力，当事人既不能上诉，也不能申请复议。需要注意的是，裁定中止诉讼的原因消除，恢复诉讼程序时，不必撤销原裁定，从人民法院通知或者准许当事人双方继续进行诉讼时起，中止诉讼的裁定即失去效力。

7. 补正判决书中的笔误。民事判决书中的笔误，是指法律文书误写、误算，诉讼费用漏写、误算和其他笔误。对判决书进行补正，应当用裁定的方式。补正判决书中的笔误，不涉及当事人实体权利和诉讼权利，一经裁定补正，即发生法律效力，当事人不能上诉，也不能申请复议。

8. 中止或者终结执行。人民法院在执行过程中，如出现了法定的执行中止或终结的情形，应当作出中止或者终结执行的裁定。中止和终结执行的裁定，送达当事人后立即生效。

9. 撤销或者不予执行仲裁裁决。申请撤销仲裁裁决与申请不予执行仲裁裁决是仲裁裁决当事人寻求司法救济、维护自身合法权益的两项措施。我国《民事诉讼法》中规定了六种不予执行仲裁裁决的情形，《仲裁法》中则分别规定了国内仲裁裁决和涉外仲裁裁决予以撤销的情形。不予执行仲裁裁决的审查与撤销仲裁裁决的审查条件基本相同。当事人提出证据证明仲裁裁决有《仲裁法》第 58 条第 1 款规定的情形之一的，经人民法院组成合议庭审查核实，或者人民法院认定该裁决违背社会公共利益的，应当作出撤销仲裁裁决的裁定。对当事人申请执行的仲裁裁决，在被申请人提出证据证明有《民事诉讼法》第 248 条第 2 款规定的“当事人在合同中没有订有仲裁条款或者事后没有达成书面仲裁协议的”等六种情形之一的，经人民法院组成合议庭审查核实，或者人民法院认定执行该裁决违背社会公共利益的，应当作出不予执行仲裁裁决的裁定。撤销或者不予执行仲裁裁决的裁定一经作出，即具有法律效力，当事人不能上诉，也不能申请复议。

10. 不予执行公证机关赋予强制执行效力的债权文书。当事人申请执行公证机关依法赋予执行效力的债权文书的，人民法院认定该文书确有错误，不予执行的，应作出不予执行的裁定。该裁定一经作出，即具有法律效力，当事人不能上诉，也不能申请复议。

11. 其他需要裁定解决的事项。本条明确列举了可以裁定处理的10种情形后，又因实践中还存在一些需要裁定解决的事项，如二审程序中撤销一审判决、发回重审的裁定，破产程序中的裁定，执行程序中的裁定等，又规定了本项作为兜底条款，明确了“其他需要裁定解决的事项”适用裁定。即除了本条明确列举的十种情形外，对诉讼中其他大量的程序性事项，如需要裁定的，人民法院也可以作出裁定，避免出现遗漏的情况。采取“列举+其他”方式进行开放式规定，既可以明确应当适用裁定形式处理的事项，又可以应对将来伴随社会经济发展变化和诉讼理念的不断深入而可能出现的其他样态的新型特殊事项，技术处理上更为灵活。

二、裁定的救济程序

本条第2款规定了裁定的救济程序，规定对不予受理、管辖权异议以及驳回起诉这三项裁定，当事人可以提起上诉。需要注意，当事人不服裁定的救济程序，存在差异。如前所述，不予受理等三项裁定，当事人可以提起上诉；对于保全和先予执行裁定以及执行异议裁定等，可以申请复议；而对于补正笔误等大量裁定来说，一经作出即产生法律效力，不能上诉，也不能申请复议。

三、强化裁定书说理性

民事裁判既是法院行使审判权的具体方式，也是法院行使审判权的结果，以书面形式作出的裁判，即民事裁判文书。在各国的诉讼实践中，民事裁判文书的制作都具有非常重要的法律地位。就形式而言，裁定可以书面形式作出，也可以口头作出，口头裁定一般适用于比较简单的问题，以口头形式作出的裁定，书记员应当记入笔录；以书面形式作出的，被称为民事裁定书，一般适用于与当事人权利义务关系比较重大的程序问题，例如，财产保全和先予执行的裁定、驳回起诉的裁定、终结诉讼的裁定等，都应采用书面裁定形式。审判实践中，裁定大多为书面形式。

本条第 3 款规定了裁定书应当写明裁定结果和作出该裁定的理由，是对裁定书说理性的要求。裁定结果是指法院根据事实和理由对所遇问题作出的权威性判断；作出该裁定的理由即该案诉讼程序进行中所遭遇到的客观情况以及该案的审判组织依据法律所确认的理由。裁定与判决一样，也是人民法院行使审判权的重要方式之一，裁定书属于裁判文书的组成部分，为确保裁定的公正性，法院作出裁定应当阐明理由，包括事实理由和法律根据。

就内容而言，民事裁定书也由首部、正文、尾部组成，与判决书的要求基本相同，根据实际情况稍加变化即可。裁定书要写明当事人及其诉讼代理人的基本情况；当事人的诉讼请求和案由；认定的事实和理由、适用的法律和理由；裁定的事项；允许上诉的裁定，注明上诉期间和上诉的法院；允许复议的裁定，注明复议的权利和复议的法院。如果是不得上诉的裁定，应记明“本裁定不得上诉”。如果是终审裁定，应记明“本裁定为终审裁定”。根据本条规定，裁定书应当由审判人员、书记员署名，加盖人民法院印章。

【条文适用】

司法实践中，为了正确理解与适用本条，还应当注意以下几点：

1. 民事裁定与民事判决虽然都是人民法院作出的，但有很大区别，主要体现在以下几个方面：（1）处理的问题不同。民事裁定主要用于对程序问题的处理；民事判决则用于对实体问题的处理。（2）适用的阶段不同。民事裁定既可以在诉前适用，也可以在诉讼阶段适用，还可以在执行阶段适用；民事判决只有在诉讼阶段才能适用。（3）表现的形式不同。民事裁定可以用书面的形式，也可以用口头的形式；民事判决一般采用书面的形式作出。（4）上诉的期间不同。不服民事裁定的上诉期为

10天；不服民事判决的上诉期为15天。

2. 关于以裁定书补正判决书笔误的问题。目前有观点提出，诉讼费用的判定属于实体事项，理应以判决形式作出，《德国民法典》《日本民法典》都是作此规定，建议在诉讼费用漏写、误算的情况下，法院应当根据当事人的申请作出补充判决，而不是以裁定的方式补充和更正。[①] 这一问题在《民事诉讼法》中并未具体规定，司法实践中对于诉讼费用的漏写、误算也一直是以裁定的方式予以补正。另外，需要注意的是，《民事诉讼法司法解释》第245条规定："民事诉讼法第一百五十七条第一款第七项规定的笔误是指法律文书误写、误算，诉讼费用漏写、误算和其他笔误"，将可以裁定补正笔误的范围扩大至法律文书，也即不仅判决书中的笔误可以裁定补正，裁定书、调解书中的笔误也可以裁定予以补正。

① 参见江伟主编：《民事诉讼法典专家修改建议稿及立法理由》，法律出版社2008年版，第249~250页。

第一百五十八条　最高人民法院的判决、裁定，以及依法不准上诉或者超过上诉期没有上诉的判决、裁定，是发生法律效力的判决、裁定。

【条文主旨】

本条是关于发生法律效力的判决、裁定的规定。

【条文理解】

不同级别的法院和适用不同程序作出的判决，发生法律效力的时间也不同。最高人民法院无论作为一审法院还是作为二审法院，其作出的判决都是终审的判决，一经宣判即发生法律效力。最高人民法院无论作为一审法院、二审法院，还是依照审判监督程序审理的再审法院，其作出的裁定都是发生终局效力的裁定。最高人民法院审理的案件的裁判文书送达之日，即为判决、裁定发生法律效力之日。

各级人民法院适用第二审程序作出的判决、裁定，一经宣判即发生法律效力。在一审裁判文书送达后，双方均未提起上诉，上诉期满之日为裁判发生法律效力之日。当事人对判决提起上诉的期限为 15 日，对裁定提起上诉的期限为 10 日。超过法定上诉期限，一审法院的判决或者裁定即发生法律效力，当事人不得再行使上诉权，提起上诉。如果当事人认为生效的判决或者裁定有错误，只能申请再审，不能提起上诉。当事人申请再审的起算日为期满之后的第二日。一方或双方上诉引起二审的，二审裁判文书送达之日，即为判决、裁定发生法律效力之日。当事人申请再审的起算日为送达之后的第二日。在一审上诉期内，一审判决是不发生法律效力的。只有在上诉期内，双方当事人均不上诉的，上诉期满，一审判决才生效。生效后才能按照判决中的义务履行。

一审终审不准上诉的判决，一经宣告即发生法律效力。基层人民法院和其派出的法庭审理“事实清楚、权利义务关系明确、争议不大的简单金钱给付民事案件”且标的额为各省、自治区、直辖市上年度就业人员年平均工资50%以下的，适用小额诉讼的程序审理，实行一审终审。依法不准上诉的判决、裁定的裁判文书送达之日，即为判决、裁定发生法律效力之日。

生效判决的法律效力。民事判决生效后即具有执行力，当事人必须履行。一方当事人拒绝履行的，对方当事人可以向人民法院申请执行。执行人员接到申请执行书或者移交执行书，向依判决负有义务的一方当事人发出执行通知，限令其在一定期间履行，逾期不履行的，由人民法院强制执行。对判决已经发生法律效力的案件，当事人又起诉的，人民法院不予受理。如果当事人认为生效判决确有错误的，只能按审判监督程序申请再审。法律规定的判决、裁定存在错误的情形，系指生效裁判的处理结果存在错误，并不包括裁判文书在认定相关事实或论述法律意见过程中发生的错误。此外，人民法院在生效裁判文书中认定的事实，当事人如能提供相反证据予以推翻，则不能作为另案认定事实的当然依据。

依法不准上诉的裁定，一经宣布，即具有法律效力。可以上诉的裁定超过法定期限当事人未提出上诉，又没有延长期限的正当理由，上诉期满后，裁定即发生法律效力。二审法院对提起上诉的裁定作出的裁定是终审裁定，一经宣布，即发生法律效力。

【条文适用】

1. 依法不准上诉的判决包括：依照特别程序审理的选民资格案件，宣告失踪、宣告死亡案件，认定公民无民事行为能力或者限制民事行为能力案件，认定财产无主案件，确认调解协议案件，实现担保物权案件。实行两审终审的案件，适用第一审程序作出的判决，当事人在收到判决书后的15日内未提出上诉，又无延长期限的正当理由的，该判决即发生法律效力。

2. 依法不准上诉的裁定是指不予受理、决定管辖权异议、驳回起诉裁定之外的各种裁定，这些裁定有的可以复议，但复议不停止执行，裁定作出后就发生法律效力。

3. 对于不予受理、决定管辖权异议、驳回起诉的裁定，当事人不服的，应当在裁定作出之日起 10 日内向上一级人民法院提起上诉。当事人在规定期间不提起上诉，又无正当理由延长上诉期间的，裁定即发生法律效力。民事裁定发生法律效力后，即具有约束力，当事人必须履行。对裁定已经发生法律效力的案件，当事人又起诉的，除准许撤诉的裁定外，人民法院不予受理。如果当事人认为生效裁定确有错误的，可以按照审判监督程序申请再审。

第一百五十九条 公众可以查阅发生法律效力的判决书、裁定书，但涉及国家秘密、商业秘密和个人隐私的内容除外。

【条文主旨】

本条是关于裁判文书公开制度的规定。

【条文理解】

一、裁判文书公开制度的立法背景

裁判文书公开，是指人民法院通过一定的方式将自己作出的各类法律文书向当事人及社会公众公开。2012年《民事诉讼法》修正时，在多年司法实践经验的基础上，以立法的形式将裁判文书向社会公开确立为一项诉讼制度。

裁判文书公开是民事诉讼公开审判制度的重要内容。而公开审判原则是现代诉讼制度的重要基石，是确保公平正义的基本要素。公正的前提必须是公开，没有公开则无所谓正义。人民法院的裁判文书不只是审判过程和裁判结果的书面反映，更重要的是表明法官在审理该案时审判权运用得是否公正。裁判文书承载着向社会展示司法公正的功能，人们通过裁判文书及其执行，能具体深刻地理解法律，感受到法律的尊严和权威，公正裁判具有规范和导引公众行为功能，有利于培养公民意识，促进社会法治意识的形成。

裁判文书向社会公开内含丰富的法律价值，向社会公布已生效的裁判文书是提升法院的公信力、树立司法的公正性与司法权威、引导公众正确行为的重要途径。有学者曾概括裁判公开的八大作用：显示遏制司法腐败的功能、保障正义实现的功能、提高诉讼效益的功能、培育法官素养的功能、保证裁判质量的功能、发现法律漏洞的功能、促进学术研究的功能。[①]

二、公开的内容

裁判公开包括三个层次：一是在裁判文书中公开裁判内容；二是裁判文书对诉讼参与人公开；三是裁判文书对社会公开。裁判向社会公开蕴涵着丰富的法律价值，不但是审判公开制度的重要内容，还对提高审判质量、释法服判具有重要作用。本条规定了公众可以查阅发生法律效力的判决书、裁定书，但涉及国家秘密、商业秘密和个人隐私的内容除外，即是关于裁判文书向社会公开的规定。对此应从以下方面理解：

首先，裁判文书公开的范围是面向社会全面公开，公众均可查阅，没有特殊限制。需要注意的是，裁判文书的公开应当具有完整性，即应当全部、全文公开，不能因案件类型、影响大小和文书质量高低而进行取舍，这是实现裁判文书公开的基本要求。但是公开的对象只限于裁判文书本身，相应的案卷不是公开的对象，公众不能自由查阅案卷。

其次，裁判文书公开的对象限定于发生法律效力的判决书和裁定书。民事诉讼过程中法院作出的决定书、调解书、人民调解协议确认书以及一审人民法院作出的因上诉期限尚未届满而尚未发生法律效力的判决书、裁定书等都不属于公开的对象。

最后，裁判向社会公开具有例外情形，即涉及国家秘密、商业秘密和个人隐私的内容不得公开。裁判文书向社会公布是审判公开的必要要求，而从维护诉讼参与人（尤其是诉讼当事人）的利益出发，如果毫无限制地向社会公开所有的裁判文书，就有可能损害诉讼参与人的利益。因此，出于社会公共利益的考虑，在立法中设置裁判文书原则上向社会公开的法律规范的同时，也应当进行必要的限制。因此本条规定了涉及国家秘密、商业秘密和个人隐私的内容不对社会公开，作为裁判文书公

① 尹西明：《裁判公开制度研究》，载《河北法学》2003年第5期。

开的必要限制。

国家秘密，是指关系国家安全和利益，依照法定程序确定，在一定时间内只限于一定范围的人员知悉的事项。涉及国家秘密的内容不对社会公开，目的在于维护国家政治、经济利益和社会公共利益。所谓商业秘密，是指技术秘密、商业情报及信息等，如生产工艺、配方、贸易联系、购销渠道等当事人不愿公开的工商业秘密。商业秘密本身具有一定的经济价值，如在生效裁判文书中将相关内容予以公开，可能会损害当事人的合法经济利益，因而对涉及商业秘密的内容不予公开。个人隐私又称私人生活秘密或私生活秘密，是指私人生活安宁不受他人非法干扰，私人信息不受他人非法搜集、刺探和公开。① 涉及个人隐私的内容不对社会公开，以防个人私生活中不宜公开的内容扩散出去，对公民个人和社会产生不良影响。但需要注意的是，裁判文书对社会公开是《民事诉讼法》确立的一项诉讼制度，法院公开裁判文书不需要取得当事人的同意。

三、裁判文书公开的途径

《民事诉讼法》中没有具体规定裁判文书向社会公开的实现途径，留待人民法院在司法实践中因地制宜，积极探索适宜的方式与途径。自 2012 年《民事诉讼法》中规定了裁判文书向社会公开的制度以来，经过多年实践，裁判文书公开的途径、程序和方法已经有了比较成熟的经验，主要有以下几种公开方式：

一是通过互联网公开裁判文书。信息网络化背景下的裁判文书的公开要注重借助信息技术手段，增强裁判文书公开的科技含量和人性化措施。充分利用现代科学技术，实现全国法院联网，将所有裁判文书上传，并开发研制相应的查询、检索系统，供法官或公众查阅浏览就是一个很好的途径。法院借助互联网将裁判文书公开适应了信息化的要求，有利于扩大公开的覆盖面，而且具有技术简单、成本低、时效性强的优点。

二是通过出版物编印、刊登各类裁判文书。人民法院可以根据法制

---

① 参见张新宝：《隐私权的法律保护》，群众出版社 2004 年版，第 7 页。

宣传、法学研究、案例指导、统一裁判标准的需要，集中编印、刊登各类裁判文书。

在现代信息技术条件下，通过网络公开与出版物公开各有其优势，唯有通过多种途径优势互补，相互配合，才能向全社会开放裁判文书，增强其公开性、透明度，疏通普通公众查阅裁判文书的渠道。今后还应积极探索新方式、新途径，为裁判文书公开提供各种渠道，使人民法院制作的裁判文书，真正成为向社会公众展示法院文明、公正司法形象的载体。

【条文适用】

本条规定了裁判文书向社会公开的原则，司法实践中适用这一条文时应当注意以下几个问题。

一、要充分理解《民事诉讼法》中各个条文之间的内在联系

如前所述，裁判公开包括三个层次：一是在裁判文书中公开裁判内容；二是裁判文书对诉讼参与人公开；三是裁判文书对社会公开。裁判文书对社会公开的一个前提条件就是在裁判文书中要公开裁判的内容，要在裁判文书中完整呈现出审理过程、事实认定、法律适用以及法官作出该裁判的理由。因此，我国《民事诉讼法》在规定裁判文书向社会公开的同时，进一步明确判决书、裁定书都应当写明判决、裁定结果以及作出判决、裁定的理由，对判决尤其强调了理由包括认定事实的理由和法律适用的理由两方面，确立了裁判文书的充分说理性。

二、正确理解裁判文书向社会公开与不公开审理案件的关系

我国法律规定的不公开审理案件，主要是涉及国家秘密、个人隐私的案件，14 岁以上不满 16 岁未成年人犯罪的案件，以及经当事人申请不公开审理的离婚案件、涉及商业秘密的案件等。在适用本条有关裁判文书向社会公开的规定时，应当注意不要将法定不公开审理的案件与裁判

文书公开的例外情形直接等同。

我国《民事诉讼法》明确规定人民法院对公开审理或者不公开审理的案件，一律公开宣告判决。即不公开审理的案件并不意味着其所有活动及其结果不向社会公众公开，仅是审理过程不向社会公众公开，其宣告判决是公开进行的。在不公开审理的案件中，审判活动可能需要具体调查、确认有关国家秘密、个人隐私、商业秘密等内容，不宜公开，但裁判文书中所记载的往往是相关证据的名称与认定的结论，不涉及具体内容，因此审理过程中虽然涉及相关秘密事项，但裁判文书中不一定记载。即“审理中的秘密不一定维系至裁判文书中。例如，审理过程因存在法定的秘密没有公开，但既可能因秘密在审理中并没有被采纳为案件认定事实的根据而于裁判文书中没有显示，也可能因在判决时秘密已经失去秘密性等原因，裁判文书中已经不存在秘密”。[①] 而裁判文书对社会公开的例外情形是根据裁判文书本身的内容来判断的，并不以相关案件的审理程序为标准。因此，即使案件不公开审理，如果裁判文书没有涉及此类案件中具体的秘密，则也是应当向社会公开的。

三、正确处理公众知情权与当事人隐私权保护的问题

正确适用裁判文书公开制度的规定，尤其要注意处理好公众知情权与当事人隐私权保护之间的关系。由于裁判文书的公开是审判公开的一项重要内容，对增强诉讼程序制度的正当性、提升司法的公信力，都具有重要的意义，因此一方面公开程序应当满足公众希望了解案件真相的知情权，但另一方面也要防止过分公开而给当事人及社会公共利益带来损害，对裁判文书的公开需要掌握一定限度。裁判文书向社会公开制度中所规定的涉及国家秘密、商业秘密与个人隐私的内容不予以公开的作用，即是取得双方利益保护的平衡。但《民事诉讼法》中只是进行了原则性规定，裁判文书公开与当事人隐私权保护的关系问题历来是争论的热点与难点问题。

---

① 郝振江：《裁判文书的公开是审判公开的重要内容》，载《人民法院报》2009年4月16日，第5版。

有观点认为，司法文书公开过程中泄露当事人的隐私，属于当事人参与诉讼所需要承担的诉讼风险。当特定民商事纠纷中的当事人寻求司法权力救济以解决纠纷时，其原本属于私人领域的事项便被纳入公共权力运作的轨道之中并应遵守其基本的要求。其中一个重要要求就是审判公开。审判公开包括裁判文书公开是公众对司法活动知情权的需求，是公正合法行使审判权的要求。而案件中当事人的确定性是最为基本的前提。如果裁判文书中隐去了包括当事人姓名在内的所有信息，公众就难以确定这一案件的真实性。而且，在法院的公开开庭审理过程中，当事人的真实形象，该纠纷所涉及的各种证据、事实及法院的裁判结论与理由等都完全暴露在法庭之上，并为参加庭审与旁听的所有人掌握。因此，当事人的姓名不应当构成个人隐私，更不应当构成对裁判文书公开的法律限制。至于性别、出生年月、工作单位、职务等信息，则应视其与该特定案件的内在联系而决定。有关信息是否应当在裁判文书中隐去，取决于此类信息与案件审判之内在联系，取决于公众为确信判决之公正合法所必需，如无公开之必要，应当予以隐去，以照顾与保护当事人的正当隐私利益。

由于裁判文书向社会公开的问题涉及公众的知情权、当事人的隐私权及司法权威等诸多现实问题，如何在满足公众知情权与保护涉案当事人隐私权之间取得平衡，有待实践中继续探索研究。

新民事诉讼法
条文理解与适用

（2023 年最新版）

（下）

江必新 主编

人 民 法 院 出 版 社

总 目 录

目　录

（下册）

第十三章　简易程序

第六节　认定财产无主案件

第七节　确认调解协议案件

第八节　实现担保物权案件

第十六章　审判监督程序

第十七章　督促程序

第十八章　公示催告程序

第四编　涉外民事诉讼程序的特别规定

第二十三章　一般原则

第二十四章　管　　辖

第十三章 简易程序

第一百六十条 基层人民法院和它派出的法庭审理事实清楚、权利义务关系明确、争议不大的简单的民事案件，适用本章规定。

基层人民法院和它派出的法庭审理前款规定以外的民事案件，当事人双方也可以约定适用简易程序。

【条文主旨】

本条是关于适用简易程序审理案件范围的规定。

【条文理解】

公正与效率是司法追求的两个永恒的目标。司法是维护公平正义的最后一道防线，公正在司法制度中的地位不言而喻。现代社会，存在诉讼案件高发与司法资源有限的矛盾，再加上高速运转社会中群众快速兑现权利的追求，司法效率越来越受到重视。简易程序就是兼顾司法公正与司法效率的程序设计。2021年《民事诉讼法》修正过程中，一审稿曾将本条第1款中“争议不大”的适用条件删除，但最终公布的修正稿恢复了原条文内容，对本条文未作任何修改。2023年修法时本条也未作修改。

一、背景介绍

（一）民事简易程序的概念

学理上，民事简易程序分为广义和狭义两类。广义的民事简易程序是民事诉讼中所有简易化程序的总称，既包括通常程序中的简易程序，也包括特别程序中的简易程序；既包括整体的简易程序，也包括局部适用的简易程序；既包括初审程序中的简易程序，也包括上诉审和再审程序中的简易程序。[①] 但就我国现行立法规定而言，民事简易程序指的是狭义的民事简易程序，即基层人民法院和它派出的法庭审理简单的民事案件所适用的程序，不包括民事诉讼中的其他简易程序，如特别程序中的督促程序。

民事简易程序与民事普通一审程序的区别主要表现为：（1）适用范围不同。“事实清楚、权利义务关系明确、争议不大的简单的民事案件”一般应适用简易程序；除此之外的案件都适用普通程序审理，除非双方当事人选择适用简易程序。（2）起诉方式不同。对适用简易程序审理的案件，当事人可以口头起诉，或者当事人双方同时到法院请求解决纠纷；而适用普通程序审理的案件，当事人应当向法院递交起诉状，只有在书写起诉状确有困难时，才可以口头起诉。（3）审判主体不同。简易程序由审判员一人独任审理；普通程序原则上应当组成合议庭。[②]（4）人民法院指定的举证期限不完全相同。根据 2019 年修正的《民事诉讼证据规定》第 51 条第 2 款规定：“人民法院指定举证期限的，适用第一审普通程序审理的案件不得少于十五日，当事人提供新的证据的第二审案件不得少于十日。适用简易程序审理的案件不得超过十五日，小额诉讼案件的举证期限一般不得超过七日。”（5）庭审程序不同。简易程序对庭审前准备、庭审顺序没有严格限定，传唤当事人和证人也可通过简便方式随时传唤，对于双方当事人同时到庭的，可以立即审理；而普通程序则有严格的庭审流程。（6）审理期限不同。适用简易程序审理的案件，应当在立案之日起 3 个月内审结；小额诉讼程序，应当在立案之日起 2 个月

① 江伟主编：《民事诉讼法》（第 3 版），高等教育出版社 2007 年版，第 319 页。

② 《民事诉讼法》（2023 年修正）第 40 条第 2 款规定：“适用简易程序审理的民事案件，由审判员一人独任审理。基层人民法院审理的基本事实清楚、权利义务关系明确的第一审民事案件，可以由审判员一人适用普通程序独任审理。”第 41 条第 2 款规定：“中级人民法院对第一审适用简易程序审结或者不服裁定提起上诉的第二审民事案件，事实清楚、权利义务关系明确的，经双方当事人同意，可以由审判员一人独任审理。”

内审结。[①] 而适用普通程序审理的案件，应当在立案之日起6个月内审结，有特殊情况需要延长的，经本院院长批准，可以延长6个月，还需延长的，报请上级人民法院批准。（7）是否可转换不同。适用简易程序审理的案件，在发现案情复杂时，可以转入普通程序审理；但按照普通程序审理的案件，不得改用简易程序审理。即审判程序只能单向转化，由简易程序转入普通程序。

（二）民事简易程序的价值取向和功能

民事诉讼通过程序设计来实现正义，现代诉讼机制以公正程序保障为基础原理和基本出发点。缺乏效率的民事诉讼程序不合理，各类案件和各种程序平均占用司法资源和诉讼资源也不合理。效率低下、成本高昂意味着抬高了当事人通过诉讼救济权利的门槛，就此而言，简易程序的价值不仅在于提高效率，更是司法大众化的必然要求。综上，构建诉讼程序必须遵行程序保障原理和诉讼费相当性原理，程序的繁复或简易都应与所需解决的纠纷和所要保护的权利性质相匹配。简言之，简易程序应当谋求诉讼公正与诉讼效率的一体实现，或者说在简化程序的同时，应当具有最低限度公正性的保障。[②]

具体而言，民事简易程序具有以下功能：（1）有利于降低诉讼成本，节约司法资源。一方面，民事简易程序通过简化起诉、送达、庭审、裁判文书以及降低诉讼费用等方式，使当事人可以较低的诉讼成本尽早从诉讼中摆脱出来，符合当事人对诉讼效率的要求；另一方面，诉讼周期的缩短、审判组织的简化可以使有限的司法资源发挥出最大潜能，最大程度节省人力、物力、财力，有效缓解"案多人少"的矛盾。（2）有利于贯彻"两便"原则。两便原则包括便利人民群众参加诉讼和便利人民法院办案两个方面。简易程序使得司法救济途径变得简单明了，更多欠缺法律知识和诉讼能力的人民群众将因此能更方便接近司法资源，从而

---

① 《民事诉讼法》（2023年修正）第164条增加规定："有特殊情况需要延长的，经本院院长批准，可以延长一个月。"新增加第168条规定："人民法院适用小额诉讼的程序审理案件，应当在立案之日起两个月内审结。有特殊情况需要延长的，经本院院长批准，可以延长一个月。"

② 参见邵明：《民事诉讼法学》，中国人民大学出版社2007年版，第428~429页。

使参加诉讼的权利得到有效保障。（3）有利于树立司法威信。简易程序可以有效帮助人民法院实现案件繁简分流，简单案件快速审结可以尽早化解纠纷兑现权利，复杂案件则可以集中人力精力确保案件质量，从而树立人民法院权威，提升人民群众对司法的信任与满意度。

（三）我国民事简易程序立法的演变

我国 1982 年颁布的《民事诉讼法（试行）》以 4 个条文对简易程序作了专章规定，1991 年颁行的《民事诉讼法》增加了简易程序审限的规定。随后，最高人民法院陆续出台了与民事简易程序有关的若干司法解释。例如，1992 年《最高人民法院关于适用〈中华人民共和国民事诉讼法〉若干问题的意见》以 8 个条文对简易程序作了规定；1993 年《经济纠纷案件适用简易程序开庭审理的若干规定》共有 25 个条文；1998 年《最高人民法院关于民事经济审判方式改革问题的若干规定》中有一条关于简易程序的规定；2003 年 9 月 10 日《最高人民法院关于适用简易程序审理民事案件的若干规定》共有 34 个条文。2007 年《民事诉讼法》修正中本条未作改动，2012 年《民事诉讼法》修正中增加规定了第 2 款，2017 年、2021 年、2023 年《民事诉讼法》三次修正中本条都未予以改动。

近年来，大多数国家都在不断扩大简易程序的适用范围，以解决诉讼案件数量急剧增加、诉讼迟延和诉讼成本高昂的问题，追求诉讼公正与诉讼效率的最佳平衡，我国同样面临这一问题。考察本条的历史沿革，可以看出立法者认识的逐步深化。但是，民事简易程序的完善速度跟不上我国的社会发展与司法实践，扩大简易程序适用范围仍是 2021 年《民事诉讼法》修正的任务之一。

二、民事简易程序的适用范围

根据本条第 1 款的规定，民事简易程序适用于事实清楚、权利义务关系明确、争议不大的民事案件。《民事诉讼法司法解释》第 256 条对具体适用条件进行了解释：事实清楚，是指当事人对争议的事实陈述基本一致，并能提供相应的证据，无须人民法院调查收集证据即可查明事实；

权利义务关系明确，是指能明确区分谁是责任的承担者，谁是权利的享有者；争议不大，是指当事人对案件的是非、责任承担以及诉讼标的争执无原则分歧。

简易程序适用范围的规定大致有三种模式：第一，概括式。我国《民事诉讼法》一直采用这种方式，即将适用范围限定在简单案件范围。第二，数额式。对收案范围确定一个数额，即以标的金额为限。第三，列举适用简易程序的简单民事案件，以案件的性质作为划分标准。以上三种模式各有利弊，观察我国《民事诉讼法》的发展，可以看出我国逐渐从概括式走向概括式加数额式的复合立法模式，以发挥不同模式之长，适应纷繁复杂的社会现实。

2012年《民事诉讼法》修正中，曾有观点提出，当事人有权以合意的形式排除简易程序的适用，并被草案第一稿吸纳。但是在修改过程中，最高人民法院对此提出反对意见，认为当事人的约定不能排除简易程序的适用，否则会架空简易程序。2012年修正后公布的法律采纳了最高人民法院的意见。即对于符合简易程序规定情形的案件，人民法院有权强制适用简易程序，当事人不能约定排除简易程序的适用。

三、民事简易程序的选择适用

根据当事人有权处分民事权利和诉讼权利的原则，2012年《民事诉讼法》修正增加了第2款，规定对基层人民法院和它派出的法庭审理的简易民事案件以外的其他民事案件，当事人双方也可以约定适用简易程序。第一，约定适用简易程序的案件限于不符合简易程序适用条件的案件类型。第二，就审级方面限定于一审案件，且必须是基层人民法院及其派出法庭管辖的案件。第三，约定适用简易程序需要双方当事人合意。双方当事人在自愿基础上协商一致，达成合意，是选择适用简易程序的正当性基础。

当事人约定普通案件适用简易程序，是行使程序选择权的结果。所谓程序选择权，是当事人在民事诉讼中就程序性事项达成合意后共同处分自己诉讼权利的一种权能，它以双方当事人形成的诉讼契约为基础，以处分自己依法享有的诉讼权利为内容。大陆法系民事诉讼法学者提出了“诉讼契约”概念，指双方当事人在诉讼外或诉讼中对于现在或将来之一定纠纷，就民事诉讼有关行为达成的旨在对诉讼程序之进行发生直接或间接影响的合意。[①] 诉讼契约从当事人的诉讼主体地位平等出发，强调当事人的自愿与合意，尊重了当事人处分自己权利的自由，反映了近代私法与公法相互交融、渗透的趋势。民事诉讼法学理上的选择主义与处分权主义就是私法自治在公法领域的直接延伸。在民事简易程序中引入当事人的选择权，符合民事诉讼当事人意思自治的要求。

在民事简易程序中引入当事人的程序选择权，允许当事人通过合意放弃以普通程序解决纠纷的权利，对适用普通程序审理的案件选择适用简易程序，是上述最低公正性程序保障和诉讼效率一体原则的体现，既贯彻了民事诉讼程序中的处分原则和意思自治原则，体现了对当事人处分权的尊重和诉讼民主精神；又能适当扩大简易程序适用范围，有利于纠纷的快速解决与司法资源的优化配置。

【条文适用】

简易程序的适用标准“事实清楚、权利义务关系明确、争议不大”，在具体操作中会面临一定困难。首先，诉前关于民事案件简单和复杂的判断只能是主观的。案件未经实质审理，其实难以确定是否属于“事实清楚、权利义务关系明确、争议不大”，这种概括在一定程度上不符合司法认知的规律。其次，该标准固然因具有弹性而能够适应复杂的实践情形，但是标准较为原则，不易操作。有鉴于此，为了合理界定民事简易程序的适用范围，增加判断标准的可操作性，最高人民法院出台了《关于适用简易程序审理民事案件的若干规定》，规定了几类不得适用简易程序审理的民事案件。主要有：（1）起诉时被告下落不明的；（2）发回重审的；（3）共同诉讼中一方或者双方当事人人数众多的；（4）法律规定

① 参见张嘉军：《论诉讼契约的合法性》，载《法学论坛》2010年第4期。

应当适用特别程序、审判监督程序、督促程序、公示催告程序和企业法人破产还债程序的；（5）人民法院认为不宜适用简易程序进行审理的。而《民事诉讼法司法解释》在此基础上又增加了“涉及国家利益、社会公共利益的”以及“第三人起诉请求改变或撤销生效判决、裁定、调解书的”两类案件不适用简易程序。上述规定，司法实践中应当注意遵守。

第一百六十一条　对简单的民事案件，原告可以口头起诉。

当事人双方可以同时到基层人民法院或者它派出的法庭，请求解决纠纷。基层人民法院或者它派出的法庭可以当即审理，也可以另定日期审理。

【条文主旨】

本条是关于简易程序的起诉方式和受理程序的规定。

【条文理解】

一、起诉与纠纷处理程序的简化

简易程序的适用范围是简单案件，与之相对的程序设计就灵活简化。简易程序的灵活简化体现在整个程序中。在保证当事人基本诉讼权利的基础上，起诉方式、传唤当事人、送达文书、审理案件都可以采取灵活简化的方式。本条关于程序的简化主要体现在两个方面：一是起诉方式可以简化为口头形式；二是案件受理到审理可以合并到一天进行，省略了普通程序中通常的答辩期间、庭前准备等程序环节。

二、简易程序的起诉方式

适用简易程序审理的案件，原告既可以口头起诉，也可以书面起诉。口头起诉的，不以书面起诉确有困难为前提。这一点与《民事诉讼法》规定的普通程序要以“书写起诉状确有困难”作为可以口头起诉的条件不同。《最高人民法院关于适用简易程序审理民事案件的若干规定》第 4 条将口头起诉的条件具体规定为：（1）原告必须是自然人；（2）原告本人不能书写起诉状或者委托他人代写起诉状确有困难。原告口头起诉后，人民法院应当将起诉的内容记入笔录，并将起诉的内容以口头或书面的方式告知被告，被告可以口头，也可以书面提出答辩。尽管口头起诉不利于诉讼的规范化建设，但是符合我国目前仍然存在较大数量群众不具备书写起诉状的能力的现实，符合方便当事人通过诉讼救济权利、司法为民的原则。

虽然《民事诉讼法》对简易程序的起诉方式予以简化，但是具体起诉需要符合诉讼法的基本原理，也要符合《民事诉讼法》第122条关于起诉实质条件的规定，即原告必须是与本案有直接利害关系的公民、法人和其他组织；有明确的被告；有具体的诉讼请求和事实、理由；属于人民法院受理民事案件的范围和受诉人民法院管辖。

三、简易案件的受理程序

首先，对于适用简易程序审理的案件，双方当事人可以同时到所在地基层人民法院或者其派出法庭起诉应诉，请求解决纠纷。此项规定，不仅对快速审理提出了要求，即本条中所讲的最好是当即审理；也为当即审理提供了条件，因为通常情况下只有双方当事人同时到庭，才有当天审理的机会和可能。

其次，基层人民法院或它的派出法庭既可以当即审理，也可以另定日期审理。虽然此处规定对人民法院提供了两个并列的选择，但是从体系解释的角度看，显然是提倡能够当即审理的就当即审理。只有在条件不具备，需要进行另行出示证据、通知证人等庭前准备工作时，才推荐另定日期审理。

最后，人民法院当即审理需要立案与审理部门的衔接配合。对于派出法庭来说，由于团队较小，立案与审理的衔接程序较为灵活，对于基层法院来讲，也需要强化立案与审判部门的衔接，确保当即审判、快速解决纠纷目标的实现。

第一百六十二条　基层人民法院和它派出的法庭审理简单的民事案件，可以用简便方式传唤当事人和证人、送达诉讼文书、审理案件，但应当保障当事人陈述意见的权利。

【条文主旨】

本条是关于简易程序中相应程序环节简化的规定。

【条文理解】

简易程序使人民群众能方便地通过诉讼及时定分止争，降低涉诉财产交易和流转成本，切实保障了人民群众的诉讼权利。适用简易程序审理，能及时、简便、经济地解决民事纠纷，提高诉讼效率，节约司法资源，减轻当事人的诉累，对维护人民群众的合法权益具有重要意义。同时，将各类民事案件繁简分流，体现了现代民事诉讼中适用诉讼程序应与被解决的民事纠纷规模相适应的相称原则，有利于实现司法资源的优化配置。

简易程序与普通程序相比，最大的特点与优势就是程序简便。如果程序环节不简化，则简易程序的功能就难以发挥。本条规定基层人民法院和它派出的法庭审理简单的民事案件，可以用简便方式传唤当事人、送达文书、审理案件，在加强保障当事人陈述意见权利的前提下，简化了程序环节，提高了审判效率，降低了诉讼成本，有利于合理配置司法资源。

一、以简便方式传唤当事人及证人

民事诉讼中的传唤，是指人民法院以法定方式命令当事人和证人到庭的一种通知方式，它是人民法院行使司法审判权的重要内容之一。民事诉讼中的传唤具有如下特征：传唤的主体只能是人民法院；传唤必须按照法定程序进行；传唤的后果由法律确定。如原告经传票传唤，无正当理由拒不到庭，或者未经法庭许可中途退庭的，可以按撤诉处理；被告经传票传唤，无正当理由拒不到庭，或者未经法庭许可中途退庭的，可以缺席判决；人民法院对于必须到庭的被告，经两次传票传唤，无正当理由拒不到庭的，可以拘传。

依据本条规定，人民法院适用简易程序审理民事案件时，可以采取简便方式传唤当事人、证人。所谓简便方式，就是根据案件的具体情况，灵活采用简单方便的方式。这种简便传唤具有如下特点：

第一，传唤的方式具有多样性。适用简易程序审理的民事案件一般标的额较小，案情简单，权利义务关系明确，采用形式多样的传唤方式更符合简易民事案件自身的特点。普通程序中的传唤只能通过传票进行，而简易程序中的传唤则可以通过捎口信、打电话、发短信、发传真、发电子邮件等多种方式进行。实践中，还有法院使用 QQ、微信、微博等即时通讯工具传唤、通知，也属于积极有益的探索。

第二，传唤的时间更加灵活。适用普通程序审理的案件，根据《民事诉讼法》的规定，应当在开庭 3 日前通知当事人和其他诉讼参与人，而适用简易程序审理的案件则不受这一时间限制，更加灵活。

第三，与普通程序中的传唤在法律效果上存在差异。根据《民事诉讼法司法解释》第 261 条关于“以简便方式送达的开庭通知，未经当事人确认或者没有其他证据证明当事人已经收到的，人民法院不得缺席判决”之规定，简便传唤由于未采取传票方式，所以如果没有被传唤人的确认或相关证据证明，人民法院不得缺席判决。当然，无论是通过书面的传票形式，还是通过捎口信等其他简便形式，目的都是传唤当事人，让其得知开庭相关事项。因此，这些简便形式只要得到当事人的确认，或者有证据证明当事人已经收到或知悉开庭相关事项的，就具有用传票传唤当事人一样的效果，就可以缺席判决。

二、以简便方式送达文书

以简便方式传唤当事人、证人解决的是开庭通知的送达问题，但对其他需要送达的法律文书也应当以制度规范，否则依简易程序审理的案件往往会因送达而使整个程序的价值目标难以实现。故此，依据本条规定，法院适用简易程序时可以采用传真、电子邮件等能够确认收悉的方式送达文书，方便了基层人民法院根据当地实际情况积极探索以各种方便灵活的方式送达文书。而送达方式更加灵活，则有利于解决审判实践中送达难的问题，提高诉讼效率。

需要注意的是，原《民事诉讼法司法解释》第 261 条第 1 款的规定将裁判文书排除在简便送达对象之外，规定：适用简易程序审理案件，人民法院可以采取捎口信、电话、短信、传真、电子邮件等简便方式“送达裁判文书以外的诉讼文书”。2022 年《民事诉讼法司法解释》修正时，将第 261 条第 1 款的规定修改为：“适用简易程序审理案件，人民法院可以依照民事诉讼法第九十条、第一百六十二条的规定采取捎口信、电话、短信、传真、电子邮件等简便方式传唤双方当事人、通知证人和送达诉讼文书。”将裁判文书纳入简便送达对象范围内。

在送达方式上，除了捎口信、电话、短信、传真、电子邮件等方式外，各地法院还可以根据本地实际情况，积极探索诸如偶遇送达、强制带离送达、简化留置送达条件等方式。

三、以简便方式审理案件

简易程序的目的在于速审、速结，应当尽量简化审理案件的程序，突出简易程序简便性的特点与优势，更好地体现简易程序经济、便民、快捷的原则。简易程序中，人民法院可以以简便方式审理案件，具体表现在以下方面：首先，简易程序由审判员一人独任审理。其次，在审前准备阶段的简化。综览各国和地区有关简易程序、简易判决的设计理念及其内容规定，都对审前准备程序进行了相当程度的简化处理甚至完全不要。因此，对争点简单明了、当事人起诉和答辩阶段已经提出了充分证据材料的案件，可以直接进入开庭审理程序，简化庭前准备环节。再次，简易程序不受开庭期日提前通知及公开审理进行公告的限制。最后，适用简易程序开庭审理案件时程序简化，不受针对普通程序规定的法庭调查、法庭辩论顺序的限制。

规定可以简便方式审理案件，方便基层人民法院根据实际情况积极探索方便灵活的审理方式，提高审判效率，也为总结审判实践经验，制定简易程序中简便的审理方式提供了法律依据。如最高人民法院制定《关于适用简易程序审理民事案件的若干规定》等司法解释，以开庭审理为核心，凸显简易程序经济、快捷的内在价值，对简易程序的当庭举证、一次开庭、当庭宣判等作出了规定，对于简化审理程序，提高审判效率，降低当事人诉累具有十分重要的作用。

四、保障当事人陈述意见的权利

不论简易程序如何简化，其最终目的仍然是及时、快捷地保护当事人依法享有的诉讼权利和实体权利，不能以牺牲公正换取效率，不能单纯为了程序上的简便而无视当事人依法享有的诉讼权利。而当事人陈述意见的权利是基本权利，不得被简化；否则简易程序就会有失公正，当事人对诉讼结果也不会认可。

适用简易程序时，可以使用简便的方式传唤当事人、证人，送达文书、审理案件，但是如果不给当事人充分合理的时间准备应诉、办理委托手续等，有可能造成被告仓促应诉，审理过程中也难以有效陈述意见，在诉讼中处于不利地位。从实际效果看，往往会使当事人与法院产生对立情绪，不利于法院协调矛盾和及时有效地解决当事人纠纷。因此，《民事诉讼法》在简化审理方式的基础上，强调要保障当事人陈述意见的权利。具体到审判实践中，应做到在起诉、答辩、庭审过程中都保证当事人陈述意见的权利，应当确保文书送达，给当事人陈述意见的机会。例如，以捎口信、电话、传真、电子邮件等形式发送的开庭通知，未经当事人确认或者没有其他证据足以证明当事人已经收到的，人民法院不得缺席判决的规定，就确保了当事人陈述意见的权利和机会。

【条文适用】

司法实践中，正确理解和适用本条，需要注意以下几个问题：

1. 《民事诉讼法》中规定了适用简易程序审理案件，用简便方式传唤不受普通程序规定的开庭 3 日前书面通知当事人和其他诉讼参与人这一时间限制。这一规定，为人民法院方便灵活地根据当地通讯条件传唤当事人、证人，提供了法律依据，方便了广大基层人民法院办案。

在 2012 年《民事诉讼法》修正之前，曾规定适用简易程序审理的案件，可以“随时传唤”，这里的随时传唤表达的意思就是不受普通程序中关于开庭 3 日前通知当事人和其他诉讼参与人、张贴开庭公告规定的限制。但使用“随时传唤”这一表述容易造成误解。曾有观点认为，《民事诉讼法》规定简易程序可以“当即审理”“随时传唤当事人、证人”，说明简易程序不必有答辩期，因此适用简易程序审理的案件，可以不理会当事人提出的关于书面答辩、进行庭前准备或请求给予时间委托代理人的要求，随时开庭。这种观点错误地理解了“随时传唤”的规定，无疑损害了当事人的合法权益，对审判实践造成一定困扰。因此，在 2012 年修正《民事诉讼法》时，就进行了修改，保留了原条文中关于以简便方式传唤当事人、证人的规定，但删除了随时传唤的规定。

2. 本条对简易程序在传唤程序、送达程序、审理方式方面进行了简化，在保障当事人法定程序权利的同时，使审理更简洁，体现民事简易程序“简化”的特点。然而，适用简易程序进行审理应注重审理活动的规范，杜绝程序的随意性，简易程序不是没有法定程序，提升审判效率、降低诉讼成本要建立在保障当事人各项程序权利的基础上。《民事诉讼法》强调要保障当事人陈述意见的权利，防止以牺牲公正换取效率的不当做法。如简便传唤中如果有一方当事人对人民法院的审判活动不配合，且有恶意拖延诉讼之嫌时，人民法院应当及时改由传票传唤。简便传唤缺少当事人签字确认的送达回证，为了加强简便方式传唤的效力，进一步规范人民法院的简便传唤，人民法院应当将简便传唤的时间、方式记录在卷。

根据《民事诉讼法》的有关原理，简易程序是对第一审普通程序的简化，除法律特别规定的简便方法外，其他诸如答辩期、申请撤诉、按撤诉处理、缺席判决、延期审理、中止诉讼等，凡是在简易程序一章中没有规定的，仍适用第一审普通程序的相关规定。

3. 关于证人使用传唤还是通知的问题。本条规定了可以用简便方式传唤当事人和证人，即对当事人与证人都使用“传唤”。传唤当事人，并无争议，但对证人是否可以用传唤方式则存在分歧意见。《民事诉讼法》虽然在本条规定了传唤证人，但是在第76条也规定了“经人民法院通知，证人应当出庭作证”，对证人到庭还是用的通知方式。

在制定《民事诉讼法司法解释》时，普遍观点认为，既然《民事诉讼法》对传唤规定了相应法律后果：拘传、撤诉和缺席判决等，那么可以理解为传唤是一种能导致相应后果的诉讼保障措施。由于我国现行法律只强调出庭作证是个人和单位的法定义务，对拒绝作证和拒不到庭作证的行为却没有相应的处罚规定，法庭因此也无法对证人采取有效的强制措施，故对证人出庭更适宜采用通知形式。最终，《民事诉讼法司法解释》第261条规定，适用简易程序审理案件，人民法院可以采取捎口信、电话、短信、传真、电子邮件等简便方式传唤双方当事人、通知证人和送达诉讼文书，对当事人和证人进行了区分，将“传唤证人”改为“通知证人”。司法实践中，对证人出庭多数采用的也是通知形式。

第一百六十三条　简单的民事案件由审判员一人独任审理，并不受本法第一百三十九条、第一百四十一条、第一百四十四条规定的限制。

【条文主旨】

本条是关于简易程序审理方式特殊性的规定。

【条文理解】

本条规定了适用简易程序的案件审理方式上的特殊性，明确了适用简易程序的案件由审判员独任审理，开庭通知、法庭调查和法庭辩论等庭审程序可以更为灵活。本条自 2007 年《民事诉讼法》规定以来，在历次修改中均未作实质修改，内容完全一致。文字表述的不同仅是因条文中引用的其他法条序号发生变化，但实质内容并无变化，依然指简易程序不受《民事诉讼法》第 139 条关于开庭 3 日前通知当事人和其他诉讼参与人、张贴开庭公告，第 141 条关于法庭调查顺序，第 144 条关于法庭辩论顺序规定的限制。对于本条，主要从以下方面理解。

一、实行独任审理

我国人民法院审理民事案件的组织形式，分为合议制和独任制。按照第一审普通程序审理民事案件，大多应当采取合议制的审判方式。但对于适用简易程序审理的民事案件，由于其事实清楚、权利义务关系明确、争议不大，因此无须适用合议制，一人独任审理可以保证审判质量，同时也有利于提高效率，合理配置司法资源。因此，本条规定适用简易程序审理的案件由审判员独任审理。

需要注意的是，由审判员独任审理，并不意味着审判组织只有一个人，同样也需要书记员担任记录。《民事诉讼法司法解释》第261条第3款规定："适用简易程序审理案件，由审判员独任审判，书记员担任记录。"该司法解释进一步明确了简易程序的审判组织，强调了适用简易程序审理案件，由审判员独任审判，书记员担任记录，不能由审判员自己审判、自己记录，更不能由书记员代替审判员审理案件，否则将构成严重违反法定程序。从司法实践来看，审记分开有利于减轻审判员庭审工作负担，增强当事人对裁判过程公开性、公正性的认知。

独任审理是审判组织的简化，但其同样要遵守有关回避的规定。在独任审理下，也应告知当事人审判员、书记员的名单，询问当事人是否提出回避申请，当事人如果提出，应按《民事诉讼法》关于回避的有关规定办理。

二、开庭通知时限问题

本条规定，适用简易程序的简单民事案件，审理时不受本法第139条限制。而本法第139条规定："人民法院审理民事案件，应当在开庭三日前通知当事人和其他诉讼参与人。公开审理的，应当公告当事人姓名、案由和开庭的时间、地点。"不受《民事诉讼法》第139条限制，具体包括两个方面：

第一，开庭前通知诉讼参与人没有时限要求，只要以合适方式通知诉讼参与人并且能够让其有合理的准备时间以按时参加庭审即可；如果提前一天，甚至半天能够实现这一点，都是符合法律规定的。但必须强调一点，虽然没有时限要求，但必须保证所有诉讼参与人都收到了开庭通知并且有合理的准备时间。

第二，适用简易程序的民事案件，在遵循公开审理原则下，无须提前公告当事人的姓名、案由和开庭的时间、地点。

三、法庭调查和法庭辩论可以更加灵活

本条规定，适用简易程序的简单民事案件，审理不受本法第141条、第144条的限制。《民事诉讼法》第141条对法庭调查的顺序作了规定，

如首先由当事人进行陈述，然后是证人作证、出示书证等。根据该条规定，法庭调查的顺序为：“（一）当事人陈述；（二）告知证人的权利义务，证人作证，宣读未到庭的证人证言；（三）出示书证、物证、视听资料和电子数据；（四）宣读鉴定意见；（五）宣读勘验笔录。”《民事诉讼法》第 144 条对法庭辩论顺序作了规定：“法庭辩论的顺序为：（一）原告及其诉讼代理人发言；（二）被告及其诉讼代理人答辩；（三）第三人及其诉讼代理人发言或者答辩；（四）互相辩论。法庭辩论终结，由审判长或者独任审判员按照原告、被告、第三人的先后顺序征询各方最后意见。”

根据本条规定，适用简易程序审理民事案件，可以不受《民事诉讼法》规定的法庭调查和法庭辩论顺序的限制。本条规定还意味着，人民法院可以根据实际情况，将法庭调查和法庭辩论两个阶段有机结合起来，合并进行，法庭调查、法庭辩论两个阶段的划分无须过于严格。具体如，开庭时，审判人员可以根据当事人的诉讼请求和答辩意见归纳出争议焦点，经当事人确认后，由当事人围绕争议焦点举证、质证和辩论。如果当事人对案件事实无争议，审判人员可以在听取当事人就适用法律方面的辩论意见后径行判决、裁定。又如，庭审结束时，审判人员可以根据案件的审理情况对争议焦点和当事人各方举证、质证和辩论的情况进行简要总结。

【条文适用】

本条是关于适用简易程序审理案件的审判组织、审理程序等方面特殊性的规定。在审判实践中，正确理解与适用本条应当注意以下几个问题：

第一，适用简易程序审理案件同样遵循公开审理原则。根据本条规定，适用简易程序的民事案件，无须提前公告当事人的姓名、案由和开庭的时间地点。但需要注意的是，适用简易程序审理民事案件，也应当遵循公开审理原则，虽然无须提前公告当事人的姓名、案由和开庭的时间地点，但没有法定理由，一律应当依法公开审理。

第二，简易程序开庭审理的程序要比普通程序简化。根据《最高人民法院关于适用简易程序审理民事案件的若干规定》第21条之规定，开庭时，审判人员可以根据当事人的诉讼请求和答辩意见归纳出争议焦点，经当事人确认后，当事人围绕争议焦点举证、质证和辩论。对案件事实无争议的，审判人员可以在听取当事人就适用法律方面的辩论意见后径行判决、裁定。为提高庭审的质量和效率，降低诉讼成本，法院适用简易程序时，应当一次开庭审结，但法院认为确有必要再次开庭的除外。以一次开庭为原则，对于减轻当事人的讼累，加快涉讼财产的流转速度具有十分重要的作用，可以更好地实现民事简易程序所负载的社会功能，使广大人民群众依法享有的诉讼权利和实体权利得以及时实现。但特殊情况下，如当事人申请人民法院调查收集证据的、当事人一方申请鉴定的，当事人的诉讼请求涉及国家利益，社会公共利益或他人合法权益的，当事人当庭申请延期举证的等，都可能成为再次开庭的条件。人民法院应当根据案件的具体情况决定开庭的次数。

第三，简易程序的基本特点是审理程序简便，凡是能够简化的程序都可简化，但是，简易程序毕竟是人民法院审理案件的程序，基本审理程序应当具备。简易程序中有特殊规定的，按照其特殊规定审理，简易程序中没有规定的，仍应按普通程序严格办理。如：独任审判员开庭审理时要核对当事人，宣布案由，宣布审判员、书记员姓名，向当事人告知诉讼权利，还要当庭核对事实，进行辩论，判决公开；审判活动全过程如实记入笔录，不得任意简化。

尤其要强调法庭笔录的记录。法庭笔录既是人民法院适用简易程序审理案件活动的全部记录，又是上级法院在二审程序中全面掌握一审审判活动的主要依据，因此，在适用简易程序审理民事案件的过程中，法庭笔录不能简。根据《最高人民法院关于适用简易程序审理民事案件的若干规定》第24条之规定，书记员应当将适用简易程序审理民事案件的全部活动记入笔录。特别是对于审判人员关于当事人诉讼权利义务的告知、争议焦点的概括、证据的认定和裁判的宣告等重大事项；当事人申请回避、自认、撤诉、和解等重大事项；当事人当庭陈述的与其诉讼权利直接相关的其他事项，应当详细记载。

第一百六十四条　人民法院适用简易程序审理案件，应当在立案之日起三个月内审结。有特殊情况需要延长的，经本院院长批准，可以延长一个月。

【条文主旨】

本条是关于简易程序审理期限及期限延长的规定。

【条文理解】

审理期限，是指法律规定人民法院审理案件的期限，简称审限。本条规定了简易程序的审理期限问题。对于本条规定，应从以下方面理解。

一、本条的沿革

本条在 2021 年《民事诉讼法》修正中进行了实质性修改，2023 年修正时未作修改。2017 年修正的《民事诉讼法》第 161 条只是规定了简易程序审理期限为 3 个月，并无延长审限的规定。在理解上，通常认为简易程序的审限不能延长。1992 年《最高人民法院关于适用〈中华人民共和国民事诉讼法〉若干问题的意见》第 170 条对此明确解释为“适用简易程序审理的案件，审理期限不得延长”。这样规定的理由，普遍认为如果 3 个月内审结不了的，说明该案件不宜作为简单民事案件审理，应当按照规定转为普通程序审理。

然而，司法实践情况千差万别，这样设定明显不符合审判规律。实践中，确实存在部分适用简易程序审理的案件，在 3 个月审限内已查明事实本可以作出裁判，却因意外原因而耽搁或者已经基本查明事实，只需很短时间再调查核实个别证据等就可以作出裁判等情形。此时，如果一律将简易程序转为普通程序，则需要组成合议庭、另行开庭等，将极大地增加当事人诉讼成本和占用不必要的司法资源。此外，近年来，民事案件数量大量增加，特别是基层法院，民事法官需要同时处理大量案件，且诉讼参与人水平也参差不齐，法官需要进行大量的诉讼指导工作，因此确实也存在一些简单案件通过简易程序审理也可能会面临审限不够的现实情况。为应对这种情形，2021 年《民事诉讼法》修正时，在简易程序基本审限 3 个月的基础上，增加了新规定“有特殊情况需要延长的，经本院院长批准，可以延长一个月”。根据这个规定，在 2022 年修正的《民事诉讼法司法解释》中，将第 258 条第 1 款的规定修改为“适用简易程序审理的案件，审理期限到期后，有特殊情况需要延长的，经本院院长批准，可以延长审理期限。延长后的审理期限累计不得超过四个月”。

二、简易程序审限为 3 个月

民事诉讼法规定审限的目的是提高审判效率，减轻当事人的诉累，促使当事人及时实施诉讼行为。对于第一审普通程序的审理期限，根据《民事诉讼法》第 152 条之规定，人民法院适用普通程序审理的案件，应当在立案之日起 6 个月内审结。而适用简易程序的案件都是事实清楚、权利义务关系明确、争议不大的案件，且简易程序在传唤当事人、通知开庭、送达文书等各个程序环节都有所简化，其审理期限相较于普通程序所适用的审理期限来说应当更短。因此，自 1991 年《民事诉讼法》第 146 条规定了适用简易程序审理案件的期限为 3 个月起，其后《民事诉讼法》在 2007 年与 2012 年两次修正过程中，只修改了条文序号，对条文内容未作变动。2017 年、2021 年《民事诉讼法》未作修改。本条亦继承之前的规定，明确适用简易程序审理案件，应当在立案之日起 3 个月内审结。将简易程序的审理期限限定为 3 个月，有利于及时有效地解决民事纠纷，达到简易程序高效经济解决纠纷的程序设置目的。

本条还规定了简易程序审理期限的起算时间。审限的起止时间对于实际的审理时间有重要影响。根据司法解释的相关规定，审限的起止时间是指从立案起至裁判宣告、调解书送达之日止的期间，但公告期间、鉴定期间、审理当事人提出的管辖权异议以及处理人民法院之间的管辖争议期间，不应计算在内。根据本条规定，简易程序审限的起算时间与普通程序一样，均规定为应从立案之日起算。

三、简易程序审理期限延长的问题

这一问题是 2021 年《民事诉讼法》修正中的一个重要修改之处。鉴于民事案件范围广、种类多，各个案件的复杂、疑难程度以及审理难度都有差异，因此，适用普通程序审理的案件审限可以延长。即《民事诉讼法》在规定统一审限的同时，为应对特殊情况，又规定了审理期限有特殊情况需要延长的，经本院院长批准，可以延长 6 个月；还需要延长的，报请上级人民法院批准。延长次数上并无限制。

但简易程序审理期限能否延长，则一直存在争议。延长简易程序审理期限与将简易程序转为普通程序相比，涉及当事人双方的重大程序利益，在 2021 年《民事诉讼法》修正中，考虑到司法实践中确需延长的实际情形，汲取司法解释的有益经验，并加以修改完善，允许简易程序审限延长。本条明确了适用简易程序的案件，审限“有特殊情况需要延长的，经本院院长批准，可以延长一个月”。

需要注意的是，简易程序审限延长时间应有限制，仅适用于只要审限稍作延长，案件就可以审结的情形。因为只有在该种情形下延长审限才会比将简易程序转换为普通程序更合理。如果审限过于延长，则明显已不符合简易程序“快审快结”的特点，说明案件本来就不应再适用简易程序，应当将其转为普通程序审理。因此本条将简易程序审限延长时间限定为 1 个月，且只可以延长一次，没有可以继续延长的规定。

关于审限延长的审批权限问题，本条规定应当经本院院长审批。适用简易程序审理的案件在 3 个月的审限届满没有审理完毕的，并非都可以延长审限。对于人民法院已认定案情复杂、争议较大的非简单民事案件或属于法律、司法解释已规定不适用简易程序的案件，为保障当事人的程序利益，应当转为普通程序。因此，本条规定了是否延长审限，继续适用简易程序应当经本院院长批准。

【条文适用】

2022年修正后的《民事诉讼法司法解释》第258条规定：“适用简易程序审理的案件，审理期限到期后，有特殊情况需要延长的，经本院院长批准，可以延长审理期限。延长后的审理期限累计不得超过四个月。人民法院发现案件不宜适用简易程序，需要转为普通程序审理的，应当在审理期限届满前作出裁定并将审判人员及相关事项书面通知双方当事人。案件转为普通程序审理的，审理期限自人民法院立案之日计算。”司法实践中，正确理解与适用本条需要注意结合《民事诉讼法司法解释》第258条的规定。

第一百六十五条　基层人民法院和它派出的法庭审理事实清楚、权利义务关系明确、争议不大的简单金钱给付民事案件，标的额为各省、自治区、直辖市上年度就业人员年平均工资百分之五十以下的，适用小额诉讼的程序审理，实行一审终审。

基层人民法院和它派出的法庭审理前款规定的民事案件，标的额超过各省、自治区、直辖市上年度就业人员年平均工资百分之五十但在二倍以下的，当事人双方也可以约定适用小额诉讼的程序。

【条文主旨】

本条是关于小额诉讼程序适用范围、救济程序以及约定适用的规定。

【条文理解】

本条规定了小额诉讼程序。对小额诉讼程序，应从以下方面予以理解。

一、小额诉讼程序的修改背景

小额诉讼即诉讼标的额特别小的诉讼，在实践中大量存在。为及时有效地解决小额纠纷，节约司法资源，许多国家和地区在第一审民事诉讼程序中，专门设有追求低成本与高效率的小额诉讼程序。小额诉讼程序是根据程序相称的原理构建的，所谓“程序相称”，是指程序的设计应当与案件的性质、争议的金额、争议事项的复杂程度等因素相适应，由此使案件得到妥当的处理。

从各国和地区的民事诉讼规定来看，相当多数的国家和地区将小额诉讼案件从简易案件中独立出来，设置了独立的小额诉讼程序。小额诉讼程序的建立有利于民事案件繁简分流处理，能更有效地配置司法资源，同时有利于实现司法的大众化，通过简易化的努力使一般民众普遍能够得到具体的有程序保障的司法服务。从保障当事人平等使用法院之机会以“接近正义”的目的出发，也应当建立简便经济快捷的小额诉讼程序。

我国1991年《民事诉讼法》制定时并未规定小额诉讼程序，为及时解决面广量大的小额民事纠纷，2011年3月，最高人民法院发布《关于部分基层人民法院开展小额速裁试点工作的指导意见》，在90个基层人民法院开展小额速裁试点工作。2012年《民事诉讼法》修正时，根据此前一些地方的试点探索并借鉴国外经验，以立法形式正式建立了小额诉讼程序。2012年修正的《民事诉讼法》第162条规定：基层人民法院和它派出的法庭审理的简易程序案件，标的额为各省、自治区、直辖市上年度就业人员年平均工资30%以下的，实行一审终审。

然而，自2012年《民事诉讼法》新增小额诉讼程序以来，小额诉讼程序总体适用率一直偏低，制度功能未充分发挥。经过调研与试点实践，认为这与小额诉讼程序标的数额设置过低从而导致适用门槛较高，将大量案件挡在程序之外存在一定关系，因此有必要作出调整完善。2021年《民事诉讼法》修正时，在最高人民法院的建议下，本条在《民事诉讼法》（2017年修正）第162条规定的基础上修改完成。

2021年《民事诉讼法》修正时，本条实质性变化有三点：第一，将小额诉讼标的额由上年度就业人员年平均工资“百分之三十以下”修改为“百分之五十以下”，扩大了小额诉讼程序的适用范围；第二，将适用小额诉讼程序的案件类型限制在金钱给付案件中；第三，增加了一定限额内金钱给付案件约定适用小额诉讼程序的情形。

普遍认为，小额诉讼程序的修改，是2021年《民事诉讼法》修正最重要的成果之一。2023年修改时未作变动。

二、小额诉讼程序的适用范围

小额诉讼程序的适用范围具有重大影响，在很大程度上决定了这一程序制度的存在价值。从其他国家和地区规定来看，确定小额诉讼的标准和方法有很大差异，有些以请求金额为标准，有些以一审判决确定的争议金额为标准，有些则以上诉人在上诉中可能获得的利益为标准。其中以请求金额为标准比较普遍，如英国规定小额诉讼程序的受案标的额为5000 英镑，日本规定小额诉讼程序限于标的额在30 万日元以下的金钱支付请求等。有些在限定请求金额的同时还限定了适用小额诉讼程序的案件类型，一般限于交通事故、消费纠纷、邻里纠纷等。我国《民事诉讼法》则从以下三方面限定了小额诉讼的适用范围。

（一）小额诉讼程序只能由基层人民法院及其派出法庭适用

小额诉讼程序只能由基层人民法院及其派出法庭适用，而且只适用于审理一审案件。二审案件、发回重审和按照审判监督程序再审的案件不得适用小额诉讼程序，中级人民法院、高级人民法院以及最高人民法院审理第一审民事案件，也不得适用小额诉讼程序。

（二）小额诉讼案件是简单金钱给付民事案件

这一条件是对适用小额诉讼程序案件性质和类型的限制。如果只以诉讼标的额来决定是否适用小额诉讼程序，而不对适用小额诉讼程序审理的民事案件的性质和类型作出限定，将无法完全实现该制度的立法目的。这是因为，首先，只以标的额为标准，而不考虑案件类型，不利于非财产性案件、疑难案件的公正审理。司法实践中，有的案件虽然涉及财产争议，但其主要争议则并非财产性质，而在人格、身份方面。如离婚纠纷、收养纠纷、人格权纠纷等。涉及离婚、收养等人身性质的案件一般不宜适用小额诉讼程序，其原因在于这些具有人身性质的案件不宜也很难以金钱数额来衡量。其次，诉讼标的额大小与级别管辖有关，但与案件本身繁简、复杂程度没有必然因果关系。有些案件标的额虽小，但案情相对复杂，对当事人乃至社会造成的影响也很大。此时，如仅以标的额为由适用小额诉讼程序审理，则未必能保障当事人合法权益和实现案结事了。参考多数国家和地区规定的有益尝试，吸取司法实践经验，2021 年《民事诉讼法》修正时将小额诉讼程序适用案件类型和性质限定于事实清楚、权利义务关系明确、争议不大的简单金钱给付民事案件。

1. 适用小额诉讼程序的案件是事实清楚、权利义务关系明确、争议不大的简单民事案件。小额诉讼程序属于特殊的简易程序，因此适用小额诉讼程序的案件首先是适用简易程序的简单民事案件，即小额诉讼案件必须是事实清楚、权利义务关系明确、争议不大的简单民事案件。2012年《民事诉讼法》第162条将其表述为“符合本法第一百五十七条第一款规定的简单的民事案件”，而本条则更加明确地表述为“事实清楚、权利义务关系明确、争议不大的”简单民事案件，两者并无实质性差别。

事实清楚，是指当事人双方对争议的事实陈述基本一致，并能提供可靠的证据，无须人民法院调查收集证据即可判明事实、分清是非；所谓“权利义务关系明确”，是指谁是责任的承担者，谁是权利的享有者，关系明确；所谓“争议不大”，是指当事人对案件的是非、责任以及诉讼标的争执无原则分歧。如果不符合这一条件，即使标的额非常小，也不应适用小额诉讼程序。

2. 适用小额诉讼程序的案件限定为金钱给付案件。这是2021年《民事诉讼法》修正中新增加的限定条件，即只有金钱给付性质的案件才适用小额诉讼程序。所谓金钱给付类案件，一般是指当事人仅在金钱给付的数额、时间、方式上存在争议的案件。对于当事人除给付金钱外，还提出其他诉讼请求的案件，原则上不适用小额诉讼程序。

之所以将小额诉讼程序的适用限定于金钱给付案件，是因为涉金钱给付的财产纠纷在涉及财产利益的范围上能够明确认定，而除金钱给付财产纠纷以外的那些财产利益，如果转换为金钱数额来加以确定就可能增加程序的复杂性，比如要不可避免地通过对有关财物的鉴定、资产评估等方法来加以解决，若超出了一定标的金额，就可能导致适用简易程序甚至普通程序，故与小额程序的特点与性质不相吻合。

这一限制排除了大量非金钱给付或含小额金钱给付的复合标的案件等简单案件的适用空间，同时配合《民事诉讼法》中规定的禁止适用小额诉讼程序的情形，可以有效防止小额诉讼程序的普遍性适用，客观上也将有助于小额诉讼案件数量维持在可预期的合理数量范围内。

（三）小额诉讼案件的标的额

小额诉讼程序必须严格限定适用范围，最主要的限定标准就是标的额。如何确定小额诉讼具体标的额，是界定小额诉讼程序适用范围的关键所在。鉴于我国疆域广阔，各地经济发展水平存在较大差异，因此某一确定的具体财产金额在不同的地区对当地民众的日常生活、企业资产构成等的影响以及社会经济发展的作用具有不同的含义与价值。因此，“小额”标准在各地应有不同，在立法上不宜规定绝对数，应当根据各地区的经济发展水平规定相对数。规定相对数不但照顾了各地经济社会发展水平的不平衡，根据各地的经济发展水平确定了标的额条件，还实现了标的额条件的动态发展，可以保证标的额条件及时更新、与时俱进。

2012年《民事诉讼法》新增小额诉讼程序时，规定了小额诉讼案件应当满足标的额为各省、自治区、直辖市上年度就业人员年平均工资30%以下的条件。据统计，2011年全国城镇单位就业人员年平均工资为41 799元，按30%计算，全国大多数省区市为1.2万元左右。但自2012年《民事诉讼法》新增小额诉讼程序以来，小额诉讼程序总体适用率一直偏低，制度功能未充分发挥，这与标的数额设置过低、适用门槛较高存在一定关系，有必要作出调整完善。2021年《民事诉讼法》修正时，最高人民法院建议将适用标的额从原来的各省、自治区、直辖市上年度就业人员年平均工资“百分之三十以下”提升到“百分之五十以下”。

一是从试点效果看，适当提高标的额标准，有效激活了小额诉讼程序的制度优势，截至2021年第三季度，全国试点法院适用小额诉讼程序审结案件121.32万件，占民事一审结案数的20.74%，较试点前上升15.04个百分点，整体规模相对合理，能够有效兼顾审判质量、效率和当事人权利保障，试点地区当事人普遍反映，小额诉讼程序为解决纠纷提供了更加高效便捷的途径。二是从标的额标准提高的幅度上看，50%的比例主要是根据试点情况确定的，具有合理性和可行性。经测算，2019年至2021年，全国就业人员平均工资的50%分别为4.2万元、4.7万元和4.9万元，经济较为发达地区平均工资将达到6~7万元，欠发达地区平均工资将达到3~4万元。总体上看，50%的比例设置所对应的数额较为适中，与各地经济发展水平相适应，符合社会对小额的一般认知，也有助于形成科学的案件结构。三是从域外司法实践看，各国小额案件标的额总体上会随着社会经济发展而同步提高，2012年至2019年间，英国从5000英镑提高到1万英镑，折合人民币约8.67万元。美国各州小额诉讼适用的金额标准从1000～7500美元调整为2000～15 000美元，折合人民币约1.38～10.36万元。截至2019年，各国适用标准折合为人民币后也在5万元左右。

此外，需要注意的是，该标的额是指当事人起诉时确定的诉讼请求数额，对于持续发生的违约金、利息等或者存在特定计算方法的，应当以当事人起诉之日确定的金额总额作为标的额。

（四）关于小额诉讼程序的约定适用

小额诉讼程序中，基于程序相称原则，降低程序成本不仅涉及当事人的利益，也关系国家司法资源的有效使用和优化配置问题。关于小额诉讼程序能否约定适用的问题，在《民事诉讼法》修正过程中，主要有以下三种观点：第一种观点认为，应该采取强制主义，小额诉讼由法院依职权决定适用，当事人无权选择。只要属于法定数额标准以下的案件，无须征询当事人意见，直接由人民法院依职权决定启动小额诉讼程序，当事人无权以合意方式排除适用；而对于不属于小额诉讼适用范围的案件，当事人也无权以合意方式选择适用。第二种观点认为，小额诉讼程序应贯彻自愿原则，由当事人决定是否自愿适用小额诉讼程序解决他们之间的纠纷。第三种观点认为，应当采取强制与自愿相结合的原则。即一定标的额以下的案件，采取强制主义，标的金额超过一定标准的案件，采取当事人双方自愿的原则。

2012年《民事诉讼法》采取的是第一种观点，2021年《民事诉讼法》则进行了修改，改采第三种观点，即规定当事人在一定范围内可以约定适用小额诉讼程序。对于基层人民法院和它派出的法庭审理事实清楚、权利义务关系明确、争议不大的简单金钱给付民事案件，标的额超过各省、自治区、直辖市上年度就业人员年平均工资50%但在2倍以下的，当事人双方可以约定适用小额诉讼的程序。这既尊重了当事人的程序选择权，同时也扩大了小额诉讼程序的适用范围，将小额诉讼所涉标的额的上限扩大到了法定标的额以上4倍以内的幅度。

这里的“当事人双方约定”，可以是原被告诉前约定适用，也可以是立案后原被告达成一致意见适用。案件开庭审理前，人民法院应充分告知原被告小额诉讼程序一审终审等相关事项，可以征询当事人双方意见。如果当事人双方一致同意适用小额诉讼程序的，可以按小额诉讼程序审理，并将有关情况记录在案。当事人双方一经约定适用小额诉讼程序，原则上不得反悔。此外，需要注意的是，当事人的程序选择权依然不包括可以约定选择排除小额诉讼程序的适用。如果小额、轻微案件不适用小额诉讼程序审理，将不可避免地造成司法资源的浪费，使得司法资源无法更多地投向更为复杂的民事纠纷，从而最终导致司法资源的配置失衡。为有效提升司法资源利用效率和降低当事人诉讼成本，应当适用小额诉讼程序的案件，当事人不能选择排除其适用。根据《民事诉讼法》第 169 条第 2 款之规定，当事人认为案件适用小额诉讼的程序审理违反法律规定的，可以向人民法院提出异议。人民法院对当事人提出的异议应当审查，异议成立的，应当适用简易程序的其他规定审理或者裁定转为普通程序；异议不成立的，裁定驳回。

三、关于小额诉讼程序的救济渠道

理想的小额诉讼程序应该是在实现高效率、低成本的价值目标的前提下最大限度地兼顾判决结果的准确与公正，故救济程序设计非常重要。综观其他国家与地区的规定，小额诉讼制度一般都实行一审终审，也有实行原则上一审终审，例外情形允许上诉的。对于适用小额诉讼程序可能作出的不准确的裁判，应当提供何种救济渠道？主要有以下几种观点：第一种观点认为，为了保证案件的质量和避免诉讼成本过高，小额程序中应采取一审终审和再审相结合的主张。第二种观点认为，为了贯彻小额诉讼之简便、快速特点，应尽量适用比较简易化的上诉审程序或复核程序，允许当事人择一行使。第三种观点认为，可以采取一审终审，但应当允许当事人对裁决申请复议或者异议一次，如果出现错误，可以提起再审。但也有观点认为，适用小额诉讼程序的案件不得申请再审，使之充分发挥其经济、快捷的效用，否则实质上就违背了一审终审的原则。

当小额诉讼案件在法院作出裁判终结之后，应该给予对不公正判决补正的机会，但同时小额程序的基本价值目标也应严格遵守。就审级制度而言，某一诉讼经过的审级越多，诉讼耗费的时间就越长，成本就越高，特别是我国广大农村距离中级人民法院一般较远，采取上诉的形式会造成诉讼成本的攀升。相对于小额诉讼案件来说，标的额本身就小，为了很小的标的额花费大量时间、精力和诉讼费用，并不利于纠纷和争议的解决，反而可能扩大矛盾，产生额外的纠纷和争议，最终可能违背小额诉讼程序的基本特点和属性。因此，《民事诉讼法》最终采纳一审终审观点，规定小额诉讼程序实行一审终审制。也即对适用小额诉讼程序作出的判决不服的，不允许上诉，但没有禁止当事人申请再审。

小额诉讼程序实行一审终审制度，满足了小额诉讼程序的特别要求，具有大众化、成本低廉化、效率最大化的特点，这也是小额诉讼程序区别于其他简易程序的根本特点之一。

本条规定完善小额诉讼程序，明确小额诉讼程序的适用条件、标的额标准、适用范围、救济程序等，有利于进一步发挥小额诉讼程序高效便捷终局解决纠纷的制度优势。

【条文适用】

司法实践中，正确理解和适用本条，还应当注意以下问题。

一、关于小额诉讼程序与简易程序的关系问题

从多数国家和地区的民事诉讼规定来看，多将小额诉讼程序单独设立，不同于简易程序。首先，小额诉讼程序简便快捷，环节更加简化。例如，《日本民事诉讼法》规定，小额诉讼程序原则上一次开庭期日内审理终结，当事人应在开庭审理期日前或该期日，提出全部的攻击或防御的方法，证据也仅限于能即时调查的证据。其次，小额诉讼收费低廉，一般适用小额诉讼费用专门标准。例如，《英国民事诉讼规则》规定，治安法官责令当事人支付的诉讼费用金额不得超过 260 英镑。最后，小额

诉讼一般具有非专业化的特点，对法官和当事人的法律专业化程度没有特别要求。例如，法官多为非职业法官或位次较低的职业法官，而在实行律师强制代理制的国家，小额诉讼不要求律师代理等。

但我国《民事诉讼法》中，小额诉讼程序没有脱离简易程序单独设立，是在简易程序中增加了小额案件审理的特别规定，使一定数额之下的特定类型小额争议在程序环节上更加简化，即在我国立法上，小额诉讼程序是简易程序的再简化。因此，对于小额诉讼程序来说，有特殊规定的，适用特殊规定；而在程序环节上没有特别规定，应当适用简易程序的规定。

《民事诉讼法》规定了小额诉讼在程序上的特殊性，主要体现在以下四点：第一，小额诉讼程序一审终审。第二，适用小额诉讼程序审理的案件，可以一次开庭审结并且当庭宣判。第三，适用小额诉讼程序审理的案件，审限为立案之日起 2 个月。经本院院长批准，可以延长 1 个月。第四，小额诉讼程序转换。人民法院在审理过程中，发现案件不宜适用小额诉讼程序的，应当适用简易程序的其他规定审理或者裁定转为普通程序。当事人认为案件适用小额诉讼的程序审理违反法律规定的，可以向人民法院提出异议。人民法院对当事人提出的异议应当审查，异议成立的，应当适用简易程序的其他规定审理或者裁定转为普通程序；异议不成立的，裁定驳回。此外，在 2015 年《民事诉讼法司法解释》中，为了将小额诉讼程序相对简易、程序更简便审理的特征落到实处，该司法解释用专门一节，对适用小额诉讼程序的案件如何更简便地处理，实现快收快审快结作了系统规定。在 2022 年《民事诉讼法司法解释》中，对两个条文作了修改（现第 273 条和第 279 条）因此，在适用小额诉讼程序审理案件时，应优先适用法律、司法解释关于小额诉讼程序部分的规定。

只有在小额诉讼程序没有特殊规定的情形下，才可以类推适用简易程序的规定。具体地说，比如，简易程序由审判员独任审理，小额诉讼程序应予适用。再如，适用简易程序的案件法院可以用简便方式传唤诉讼参与人、送达文书、审理案件，开庭通知、法庭调查和法庭辩论等庭审程序可以更为灵活等规定，小额诉讼程序同样予以适用，且在保障当事人答辩、举证、质证、陈述、辩论等诉讼权利的前提下，可以比照简易程序进一步简化传唤、送达、证据交换的方式。小额诉讼程序的庭审同样可以不受法庭调查、法庭辩论等庭审程序限制，可以直接围绕诉讼请求或者案件要素进行。

二、关于小额诉讼程序是否会成为银行、物业公司的“讨债工具”的问题

除程序简化外，小额诉讼程序案件适用范围也有较大变化。有人担心，小额诉讼是否会因此成为银行、物业公司的“讨债工具”？对于这一问题，根据最高人民法院试点情况和调研结论，小额诉讼不会成为银行、物业公司的“讨债工具”。主要原因如下：

一是小额诉讼程序适用案件范围有相应限制。根据《民事诉讼法》相关规定，小额诉讼程序不适用于“一方当事人下落不明的案件”，而审判实践中，涉及银行、小贷公司“讨债”的案件，通常伴随一方当事人下落不明的情形，根据规定此种情况不适用小额诉讼程序。

二是讨债类案件在实践中占比不高。试点情况反映，适用小额诉讼程序的案件中，当事人为企业的案件占比和当事人为个人的案件占比分别大约为50%，其中金融借款合同纠纷仅占全部小额诉讼案件的13.67%，涉及银行讨债的信用卡纠纷包含其中，占比更小。

三是讨债类纠纷大多通过多元解纷机制实现了诉前化解。例如，北京、广州等地均开发上线了金融纠纷一站式解纷平台，批量调解或速裁信用卡纠纷；又如，许多地方对于物业纠纷进行诉源治理。大部分此类案件在诉前就得以解决，实践中成讼率较低。

在我国快速增长的民事案件中，小额诉讼案件占有较大比重，小额诉讼程序既能保障司法资源得以充分利用，更多地发挥其解决纠纷、实现正义的功能，又可以及时解决面广量大的小额民事纠纷，构建起复杂案件重点审、简单案件简易审、小额案件快速审的诉讼格局。

第一百六十六条　人民法院审理下列民事案件，不适用小额诉讼的程序：

（一）人身关系、财产确权案件；

（二）涉外案件；

（三）需要评估、鉴定或者对诉前评估、鉴定结果有异议的案件；

（四）一方当事人下落不明的案件；

（五）当事人提出反诉的案件；

（六）其他不宜适用小额诉讼的程序审理的案件。

【条文主旨】

本条是关于小额诉讼程序排除适用的规定。

【条文理解】

在排除适用小额诉讼程序清单上的案件，即使标的额再小，也不能适用小额诉讼程序审理。对于本条，应从以下方面理解。

一、小额诉讼程序的排除适用制度设立的背景

立法设置小额诉讼程序的目的是提高诉讼效率、节约司法资源、实现司法大众化。本法第165条规定了小额诉讼程序的适用条件，将小额诉讼程序适用范围限定于一定金额之下的简单金钱给付民事案件。然而，由于部分案件类型自身存在特殊性，即使其标的额较小，但以小额诉讼程序审理这一类型案件时，也可能会出现违反程序相当性原则的情形。为有效提升司法资源利用效率和降低当事人的诉讼成本，有必要将案件类型化划分，以针对不同案件适用不同的审理程序。

为适应实践中小额诉讼案件类型化需要，2015年《民事诉讼法司法解释》第275条规定了不适用小额诉讼程序审理的案件包括："（一）人身关系、财产确权纠纷；（二）涉外民事纠纷；（三）知识产权纠纷；（四）需要评估、鉴定或者对诉前评估、鉴定结果有异议的纠纷；（五）其他不宜适用一审终审的纠纷。"2021年《民事诉讼法》修改时，在总结司法实践经验基础上，吸收司法解释相关规定并予以发展完善，制定了本条规定，以立法的形式明确了不适用小额诉讼程序的案件类型，防止出现不当扩大小额诉讼程序适用案件范围的情形。由于相关内容已经上升为立法，2022年《民事诉讼法司法解释》修正时删除了原第275条的规定。

二、不适用小额诉讼程序的案件类型

（一）人身关系、财产确权案件

第一，涉及人身关系确认的案件不适用小额诉讼程序。人身关系诉讼，是指不以财产关系为诉讼标的，而是关于是否存在人身关系的诉讼。如当事人要求支付赡养费、扶养费、抚养费等人身关系纠纷中，如果对原被告之间是否存在父母子女等人身关系发生争议，则为人身关系确认案件，标的额再小也不适用小额诉讼程序审理。如果人身关系清楚，只是双方当事人在给付的数额、时间、方式上存在争议，则属于金钱给付案件，符合条件的，可以适用小额诉讼程序审理。

之所以人身关系确认案件不适用小额诉讼程序，其原因在于人身关系存在与否不但涉及双方当事人的利益，还涉及多数关系人的利益，甚至可能会影响社会公共利益和国家利益。进而，身份关系案件必须采取绝对真实主义标准，由法官更多地依职权查明是否存在身份关系，而不能完全依据当事人意思自治。如果将身份关系有无存在争议的案件适用小额诉讼程序由独任制法官审理，一审终审，则可能存在以下问题：一是法官无法在短时间内查明案件的客观真实情况；二是这类案件中，法官经常需要依职权调查取证，花费更多的时间和精力，造成诉讼的拖延。这显然与小额诉讼程序快审快结的要求不符。

第二，财产确权案件不适用小额诉讼程序。财产确权案件主要包括所有权确认案件、用益物权确认案件、担保物权确认案件。财产确权案件不适用小额诉讼程序的理由在于：一是物权为对世权，其权利确认与否，涉及不特定第三人的利益。适用小额诉讼程序审理与物权案件本身的复杂性不适应，有可能产生当事人恶意串通通过确权损害国家、集体乃至案外人合法权益的非法目的更可能实现的弊端。二是财产确权纠纷，当事人往往对财产价值是否符合小额诉讼程序对标的限额要求产生争议，需要进行财产价值评估。如果等财产价值评估意见出来，再决定是否适用小额诉讼程序则已不符合该程序快立快审快结的内在要求。因此，财产确权案件不适用小额诉讼程序。

（二）涉外案件

涉外案件不适用小额诉讼程序。所谓涉外案件，案件中具有当事人涉外、涉及诉讼标的的事实涉外、诉讼标的物涉外三种情形之一特征的民事案件。涉外民事案件的管辖、送达、答辩、审限等都与第一审普通程序差别较大，具体表现为涉外民事案件的管辖一般在中院、送达期限和答辩期限较长、没有审限要求等。因为涉外民事诉讼本身的特殊性，所以《民事诉讼法》中对涉外民事诉讼案件的审理程序以专编形式加以特别规定。显然，如果涉外民事纠纷适用小额诉讼程序审理，则可能无法达到快审快结的效果。因此，涉外民事案件不适用小额诉讼程序。

（三）需要评估、鉴定或者对诉前评估、鉴定结果有异议的案件

需要评估、鉴定的案件不适用小额诉讼程序，主要在于这类案件中涉及的专业问题，必须通过专门机构、专门人员作出专业判断。因此，虽然这类案件标的金额小，审理却往往比较复杂，多数情况下需要较长时间才能查明案件事实，客观上无法实现快审快结，因此不能适用小额诉讼程序。同样，对诉前评估、鉴定结果有异议的案件，也是因为需要耗费更多时间进行评估、鉴定或可能需要重新委托评估、鉴定，也没必要适用小额诉讼程序。因此，本法在 2021 年修改时，明确规定了此类情形不适用小额诉讼程序。

（四）一方当事人下落不明的案件

一方当事人下落不明的案件不适用小额诉讼程序，其主要理由有两点：一是当事人一方下落不明的，诉讼文书送达会产生困难，往往需要适用公告送达，因此将造成诉讼迟延，不符合简易程序快审快结的特点；二是当事人一方下落不明的，很有可能因无法获取对方当事人意见，难以判断案件是否事实清楚、权利义务关系是否明确、争议是否不大等，而不能准确判定是否属于小额诉讼程序适用范围。有鉴于此，无论原告方还是被告方下落不明，都不应适用小额诉讼程序。

（五）当事人提出反诉的案件

当事人提出反诉的案件不适用小额诉讼程序。所谓反诉，是指诉讼进行过程中，本诉的被告以本诉的原告为被告提起的诉讼。在本诉为共同诉讼的情形下，共同被告的一人向本诉原告提起的诉讼，以及本诉被告向共同原告的一人提起的诉讼也都属于反诉。立法设立反诉的目的是将本诉和反诉合并审理，减少当事人的讼累，降低诉讼成本。由于反诉相对于本诉而言是一种独立的诉，其是否成立与本诉并无关联，两者之间仅仅是因为诉讼标的属于同一法律关系或同一权利、两者诉讼请求基于同一法律关系或同一原因事实；两者诉讼请求互不相容而合并审理。可见，反诉的提出一般意味着存在较复杂的法律关系，双方争议较大。此时，已不符合小额诉讼程序审理案件的要求，不适宜用小额诉讼程序。

（六）其他不宜适用小额诉讼程序审理的案件。

除上述五种明确不适用小额诉讼程序的情形外，还有一些不宜适用小额诉讼程序审理的案件。如发回重审的案件，法律规定应当另行组成合议庭审理；当事人一方人数众多的案件，涉及众多当事人利益的案件，往往社会影响较大，如处理稍加不慎则可能会影响社会稳定；第三人撤销之诉案件涉及原生效判决、裁定、调解书的稳定性，审理时应持审慎态度；或新类型案件、辖区内类似案件较多需要统一裁量标准的案件等，均不适宜以小额诉讼程序审理。在明确列举五种不适用小额诉讼程序审理的案件外，再规定兜底性条款，可以有效避免挂一漏万。

【条文适用】

司法实践中，正确理解与适用本条，还应当注意以下问题。

一、关于第二审法院能否以第一审法院应当适用小额诉讼程序而没有适用为由发回重审的问题

按照《民事诉讼法》相关规定，发回重审的案件应当组成合议庭按普通程序审理。如果第二审法院以第一审法院应当适用小额诉讼程序而没有适用为由将案件发回重审，案件将重新按照普通程序审理，这样既违背小额诉讼程序快捷解决纠纷、降低诉讼成本的制度定位，也增加了当事人讼累。因此，即使案件应当适用小额诉讼程序而没有适用，第二审人民法院也不能以程序适用错误为由将案件发回重审。

二、小额诉讼中当事人能否增加或者变更诉讼请求的问题

根据《民事诉讼法》第 143 条之规定，原告增加诉讼请求，被告提出反诉，第三人提出与本案有关的诉讼请求，可以合并审理。诉讼中，当事人可以增加诉讼请求，可以提出反诉，也可以变更诉讼请求。在适用普通程序审理案件时，均可以合并审理。本条规定了当事人提出反诉的，不能适用小额诉讼程序审理。那么，适用小额诉讼程序审理的案件中，当事人增加或变更诉讼请求的，如何处理呢？增加或变更诉讼请求其实质均为诉的变更。诉的变更包括两种情形：一种是量的变更，即诉讼请求的增加或减少；另一种则是质的变更，即诉讼请求性质发生了变更，如将侵权之诉变更为合同之诉等。如果当事人增加诉讼请求导致案件总标的额超过《民事诉讼法》第 165 条规定的上限或增加的诉讼请求涉及身份关系、财产确权等法律明确规定不能适用小额诉讼程序审理的情形时，则此时案件已经不适宜继续适用小额诉讼程序审理了。至于变更诉讼请求的问题，当事人变更诉讼请求行为本身说明该案件具有一定复杂性，同时变更诉讼请求也可能导致之前已经进行的如举证、质证等

诉讼行为推倒重来。这必然会造成诉讼进程的拖延，不符合小额诉讼程序快审快结的要求，此时案件也不适合继续适用小额诉讼程序审理了。

根据《民事诉讼法》第169条之规定，人民法院在审理过程中，发现案件不宜适用小额诉讼程序的，应当适用简易程序的其他规定审理或者裁定转为普通程序。此时法院应当判断案件是否还满足简易程序审理案件的条件，如果满足，应当适用简易程序的其他规定审理；如果不满足，则应当裁定转为普通程序审理。当然，如果变更后的诉讼请求并未超过小额诉讼程序适用案件的最高标的金额且法律关系未发生变化，也不会造成诉讼拖延，则可以继续适用小额诉讼程序审理。

第一百六十七条　人民法院适用小额诉讼的程序审理案件，可以一次开庭审结并且当庭宣判。

【条文主旨】

本条是关于小额诉讼案件可以一次开庭和当庭宣判的规定。

【条文理解】

本条是 2021 年修正《民事诉讼法》时增加的条文，2023 年修正时未作修改。2012 年修正《民事诉讼法》时，在简易程序一章增加了一条关于小额诉讼的规定。2012 年《民事诉讼法》第 162 条规定："基层人民法院和它派出的法庭审理符合本法第一百五十七条第一款规定的简单的民事案件，标的额为各省、自治区、直辖市上年度就业人员年平均工资百分之三十以下的，实行一审终审。"在制定该条规定时存在争议：一是小额诉讼案件"一审终审"制度打破了我国民事诉讼两审终审的基本制度。二是有人担心当事人的审级利益得不到较好保障，不利于实现司法公正。三是对如何确定小额诉讼的标的上限存在不同认识。如果在全国划定单一、固定的标的额上限，可能在不同地区产生不同的效果。例如，如果以两万元为小额诉讼的标的额上限，在发达地区，大量案件无法纳入小额诉讼案件的范围，小额诉讼达不到简案快办的目标；在欠发达地区，尤其是边远落后地区，这一固定的标的额上限又显得太高，将当地的一些"大额"案件也纳入小额诉讼案件的范围。四是诉讼标的与案件难易程度和当事人争议大小并不完全等同。有的案件标的额不高，但当事人矛盾深，处理难度大，反而不适合小额诉讼程序。虽然存在不同认识，但如何在社会成员之间合理分配有限的司法资源，是不能回避的问题。司法实践迫切需要改革缺乏弹性的诉讼制度。在特定社会的特定时期，司法资源是固定的、有限的。对所有纠纷一视同仁看似形式公平，实际却是一种低效的做法，会带来结果不公平，会让真正需要投入司法资源的纠纷分配到更少的司法资源，让这些对社会发展和当事人权益有重大影响的纠纷得不到有效解决。在纠纷不多、司法资源稀缺性不突出的情况下，对所有纠纷一视同仁的做法尚不会显出弊端。在纠纷快速增长、法官面临繁重的裁判任务的情况下，这一做法的弊端就显现出来。2012年《民事诉讼法》第162条包括两个方面的内容：一是明确了"小额"的标准；二是明确了小额诉讼一审终审制度。同时，小额诉讼程序规定在简易程序一章。从体系解释的角度看，小额诉讼应当遵守《民事诉讼法》关于简易程序的规定。此后，2017年修正《民事诉讼法》时未对小额诉讼制度进行修改。

小额诉讼程序虽然规定在简易程序中，但其与简易程序有所不同。关于小额诉讼程序与简易程序的关系，小额诉讼程序能否在简易程序的基础上进一步简化，存在不同认识。这一问题在《民事诉讼法司法解释》中一定程度上得到了解答。《民事诉讼法司法解释》（2022年修正）第274条规定："人民法院受理小额诉讼案件，应当向当事人告知该类案件的审判组织、一审终审、审理期限、诉讼费用交纳标准等相关事项。"该条规定了当事人的知情权，让当事人对小额诉讼相关事项有准确认识。《民事诉讼法司法解释》（2022年修正）第275条规定："小额诉讼案件的举证期限由人民法院确定，也可以由当事人协商一致并经人民法院准许，但一般不超过七日。被告要求书面答辩的，人民法院可以在征得其同意的基础上合理确定答辩期间，但最长不得超过十五日。当事人到庭后表示不需要举证期限和答辩期间的，人民法院可立即开庭审理。"该条解释对小额诉讼案件举证期限和答辩期间作了规定。

关于简易程序制度对诉讼程序的简化，2017年修正的《民事诉讼法》作出了相关规定。原第158条规定"对简单的民事案件，原告可以口头起诉。当事人双方可以同时到基层人民法院或者它派出的法庭，请求解决纠纷。基层人民法院或者它派出的法庭可以当即审理，也可以另定日期审理"。原第159条规定："基层人民法院和它派出的法庭审理简单的民事案件，可以用简便方式传唤当事人和证人、送达诉讼文书、审理案件，但应当保障当事人陈述意见的权利。”原第 160 条规定：“简单的民事案件由审判员一人独任审理，并不受本法第一百三十六条、第一百三十八条、第一百四十一条规定的限制。”原第 136 条规定：“人民法院审理民事案件，应当在开庭三日前通知当事人和其他诉讼参与人。公开审理的，应当公告当事人姓名、案由和开庭的时间、地点。”原第 138 条规定：“法庭调查按照下列顺序进行：（一）当事人陈述；（二）告知证人的权利义务，证人作证，宣读未到庭的证人证言；（三）出示书证、物证、视听资料和电子数据；（四）宣读鉴定意见；（五）宣读勘验笔录。”原第 141 条规定：“法庭辩论按照下列顺序进行：（一）原告及其诉讼代理人发言；（二）被告及其诉讼代理人答辩；（三）第三人及其诉讼代理人发言或者答辩；（四）互相辩论。法庭辩论终结，由审判长按照原告、被告、第三人的先后顺序征询各方最后意见。”从上述规定看，简易程序制度对诉讼程序的简化包括传唤、送达和审理的各个方面。在审理方面，开庭前通知、法庭调查、法庭辩论以及最后陈述，都可以简便为之。在此基础上，《民事诉讼法司法解释》（2022 年修正）第 275 条对举证期限和答辩期间也进行了灵活把握。根据《民事诉讼法司法解释》（2022 年修正）第 99 条规定，普通程序的举证期限不得少于 15 日。而小额诉讼的举证期限是原则上不超过 7 日。

在 2021 年修正《民事诉讼法》过程中，立法机关试图对小额诉讼程序作进一步简化。2021 年《民事诉讼法》（修正草案一审稿）第 167 条规定：“适用小额诉讼程序审理的案件，当事人明确表示放弃答辩和举证期限的，人民法院可以直接开庭审理。被告要求书面答辩的，应当在收到起诉状副本之日起七日内提出答辩状。有特殊情况的，经向人民法院申请，可以延长至收到起诉状副本之日起十五日内提出。小额诉讼案件的举证期限由人民法院确定，也可以由当事人协商一致并经人民法院准许，但不得超过七日。当事人在该期限内提供证据确有困难的，经向人民法院申请，举证期限可以延长至十五日。”第 168 条规定：“适用小额诉讼的程序审理案件，可以简化起诉、答辩、传唤、送达、庭审等程序和裁判文书内容，但应当保障当事人举证、质证、陈述和辩论等诉讼权利。小额诉讼案件一般应当一次开庭审结并且当庭宣判，但人民法院认为确有必要再次开庭的除外。”最终通过的《全国人民代表大会常务委员会关于修改〈中华人民共和国民事诉讼法〉的决定》并未保留一审稿第167 条和第 168 条第 1 款规定，并且对第 2 款作了修改。这表明立法机关对于小额诉讼程序相对于简易程序还应当将程序简化到什么程度，尚未形成较为明确的意见。《民事诉讼法》第 167 条规定：“人民法院适用小额诉讼的程序审理案件，可以一次开庭审结并且当庭宣判。”由于民事案件原则上都可以一次开庭审结并且当庭宣判，该条实际上成为一条宣示性条款。

【条文适用】

《民事诉讼法》第 167 条规定：“人民法院适用小额诉讼的程序审理案件，可以一次开庭审结并且当庭宣判。”从内容上看，该条并无特别之处。因为其他案件也可以一次开庭并且当庭宣判。尤其是一次开庭，这是司法实践中的常态。往往只有事实复杂、证据众多或者需要鉴定等情况下才需要二次开庭。当事人的举证能力也是导致二次开庭的重要原因。但本条规定实际是作了一种宣示：既然是小额诉讼案件，原则上应当一次开庭，同时也应当尽量当庭宣判，这才符合小额诉讼程序设定的初衷。同时，在审理小额诉讼案件时，如何在简案快办和保护当事人诉讼权利中取得平衡，如何进行具体操作：一方面要依据《民事诉讼法》和《民事诉讼法司法解释》关于简易程序和小额诉讼程序的相关规定进行；另一方面还需要在司法实践中不断探索，并在总结司法实践经验的基础上，通过司法解释等方式予以明确。

第一百六十八条　人民法院适用小额诉讼的程序审理案件，应当在立案之日起两个月内审结。有特殊情况需要延长的，经本院院长批准，可以延长一个月。

【条文主旨】

本条是关于小额诉讼案件审限的规定。

【条文理解】

设定小额诉讼程序的立法本意是要简案快办，提高办案效率，合理分配司法资源。提高办案效率，集中体现在办案时间上。办案时间越短，司法效率越高。但如果办案时间太短，当事人的基本诉讼权利得不到保障，程序正义就会受到损害，现代司法文明的基础也将丧失。如果办案时间太长，既与小额诉讼程序设定的目的相悖，也不利于社会公平正义的及时实现。

关于审限，《民事诉讼法》规定一审普通程序的审限为 6 个月，简易程序的审限是 3 个月，小额诉讼程序的审限是 2 个月。审限是提高审判效率的纲，纲举则目张。只要严格把握好审限内结案这一要求，通过小额诉讼就能实现简案快办、繁案精办、快慢分流的目标。

【条文适用】

司法实践中，适用本条规定需要注意四个方面的问题：一是要从严把握审限内结案的要求，提高司法效率。如果大量小额诉讼案件都延长审限，则小额诉讼制度设立的立法目的就没有实现。二是要从严把握审限延长的原因。本条规定了“有特殊情况需要延长”这一原因。什么情况属于特殊情况呢？案件疑难复杂、标的额高等不符合小额诉讼受理条件的情况不属于本条规定的“特殊情况”。这种情况下，应当将其按简易程序办理，或者转为普通程序。实践中的特殊情况包括办案人员工作岗位调动等情况。三是要从严把握审限延长的审批权限。只有经本院院长批准，才可以延长1个月审限。四是要注意审限延长的时间。只能延长1个月审限。即小额诉讼案件的审限即使延长后，也不会超过简易诉讼案件的审限。要防止实践中反复延长审限的情况发生。

第一百六十九条　人民法院在审理过程中，发现案件不宜适用小额诉讼的程序的，应当适用简易程序的其他规定审理或者裁定转为普通程序。

当事人认为案件适用小额诉讼的程序审理违反法律规定的，可以向人民法院提出异议。人民法院对当事人提出的异议应当审查，异议成立的，应当适用简易程序的其他规定审理或者裁定转为普通程序；异议不成立的，裁定驳回。

【条文主旨】

本条是关于小额诉讼案件依法适用简易程序或者转为普通程序案件的规定。

【条文理解】

本条是 2021 年修正《民事诉讼法》时新增加的条文，本次修正未作修改。根据《民事诉讼法》的规定，一审诉讼案件可能适用的程序包括小额诉讼程序、简易程序和普通程序。每种程序对应的案件不同。2021 年修正《民事诉讼法》之前，《民事诉讼法》关于小额诉讼的规定只有一条，即原第 162 条规定："基层人民法院和它派出的法庭审理符合本法第一百五十七条第一款规定的简单的民事案件，标的额为各省、自治区、直辖市上年度就业人员年平均工资百分之三十以下的，实行一审终审。"依据 2021 年之前的《民事诉讼法》，并不存在独立的小额诉讼程序。小额诉讼适用简易程序，只是实行一审终审。《民事诉讼法司法解释》第十二章专门规定了简易程序中的小额诉讼。即小额诉讼程序并非一个独立的程序类型，只是简易程序的组成部分。同时，《民事诉讼法司法解释》

第十二章对小额诉讼案件审理的程序规定作了区别于简易程序的规定，相对于简易程序更为简便、快捷。我国一审诉讼程序实际上形成了小额诉讼的程序、简易程序和普通程序三种类型并存的情况。

本法第169条规定："人民法院在审理过程中，发现案件不宜适用小额诉讼的程序的，应当适用简易程序的其他规定审理或者裁定转为普通程序。当事人认为案件适用小额诉讼的程序审理违反法律规定的，可以向人民法院提出异议。人民法院对当事人提出的异议应当审查，异议成立的，应当适用简易程序的其他规定审理或者裁定转为普通程序；异议不成立的，裁定驳回。"从文义上看，该条用了"小额诉讼的程序""简易程序""普通程序"来表述三种不同的程序。已经适用小额诉讼的程序的案件，如果发现不宜适用小额诉讼的程序的，应当直接适用简易程序审理案件，无须出具裁定书，也不属于"转"程序。但是，已经适用小额诉讼的程序的案件，如果发现不仅不宜适用小额诉讼的程序，而且不宜适用简易程序的，就需要出具裁定，转为普通程序。是否要出具裁定，是否"转"程序，体现了立法机关对"小额诉讼的程序""简易程序""普通程序"的态度并不完全相同。"简易程序""普通程序"是两个完全独立、不相同的一审诉讼程序，二者是并列关系。从体系解释的角度看，小额诉讼程序规定在简易程序一章，说明其是简易程序的一种，包含在简易程序中。因此，"小额诉讼的程序"实质上仍属于"简易程序"，二者是包含关系。从"小额诉讼的程序"到"简易程序"，不需要"转"，也不需要出具裁定，直接适用简易程序就行了。从实质上看，"小额诉讼的程序"到"简易程序"，是在同一程序中继续审理案件，只是程序不能再像小额诉讼程序那样简化，也不能一审终审，审限也不同；"小额诉讼的程序"或者"简易程序"转"普通程序"，则是一个新程序重新开始。这里需要把握三种程序的关系和立法用语上的微妙差别。

【条文适用】

一、准确把握小额诉讼程序、简易程序和普通程序的适用条件

（一）小额诉讼程序的适用条件

关于小额诉讼程序的适用条件，2017 年《民事诉讼法》第 157 条第 1 款规定："基层人民法院和它派出的法庭审理事实清楚、权利义务关系明确、争议不大的简单的民事案件，适用本章规定。" 2017 年《民事诉讼法》第 162 条规定："基层人民法院和它派出的法庭审理符合本法第一百五十七条第一款规定的简单的民事案件，标的额为各省、自治区、直辖市上年度就业人员年平均工资百分之三十以下的，实行一审终审。" 本法对小额诉讼程序的适用条件作了修改。2017 年《民事诉讼法》第 162 条被修改为第 165 条，该条规定："基层人民法院和它派出的法庭审理事实清楚、权利义务关系明确、争议不大的简单金钱给付民事案件，标的额为各省、自治区、直辖市上年度就业人员年平均工资百分之五十以下的，适用小额诉讼的程序审理，实行一审终审。基层人民法院和它派出的法庭审理前款规定的民事案件，标的额超过各省、自治区、直辖市上年度就业人员年平均工资百分之五十但在二倍以下的，当事人双方也可以约定适用小额诉讼的程序。"

结合这两个条文，可以看出，小额诉讼案件需要符合以下条件：

第一，小额诉讼案件必须是基层人民法院和它派出的法庭受理的案件，中级人民法院以上的法院审理案件，不能适用小额诉讼程序。

第二，小额诉讼案件必须是简单的民事案件。如果法律关系十分复杂，或者所涉及的法律问题是复杂的法律问题，就不能适用小额诉讼程序。如何判定一个案件是否简单呢？事实清楚、权利义务关系明确、争议不大可以作为判断标准。事实清楚，说明案件事实认定问题不复杂。权利义务关系明确说明事实认定和法律适用问题都不复杂。需要注意的是，有的案件虽然事实简单，但属于何种法律关系在实践中可能存在争

议，法律关系的认定较为复杂，也不宜适用小额诉讼程序。在实践中争议较大的是“争议不大”这个标准。有观点认为，既然当事人已经到人民法院诉讼，说明双方争议很大，否则就不用到人民法院诉讼，双方协商解决即可。因此，建议删除“争议不大”这个条件。但立法机关最终未采纳这一观点。

第三，小额诉讼案件应当是金钱给付类的民事案件。与其他类型案件相比，金钱给付案件相对简单，更易适用小额诉讼程序。2021年《民事诉讼法》第165条借鉴了《民事诉讼法司法解释》（2020年修正）第274条[①]规定。《民事诉讼法司法解释》（2020年修正）第274条规定：“下列金钱给付的案件，适用小额诉讼程序审理：（一）买卖合同、借款合同、租赁合同纠纷；（二）身份关系清楚，仅在给付的数额、时间、方式上存在争议的赡养费、抚育费、扶养费纠纷；（三）责任明确，仅在给付的数额、时间、方式上存在争议的交通事故损害赔偿和其他人身损害赔偿纠纷；（四）供用水、电、气、热力合同纠纷；（五）银行卡纠纷；（六）劳动关系清楚，仅在劳动报酬、工伤医疗费、经济补偿金或者赔偿金给付数额、时间、方式上存在争议的劳动合同纠纷；（七）劳务关系清楚，仅在劳务报酬给付数额、时间、方式上存在争议的劳务合同纠纷；（八）物业、电信等服务合同纠纷；（九）其他金钱给付纠纷。”与《民事诉讼法司法解释》（2020年修正）第274条采用的列举加兜底式规定相比，本法第165条规定采用概括式表述，直接规定“金钱给付民事案件”可适用小额诉讼程序，其内容与《民事诉讼法司法解释》（2020年修正）第274条规定并无实质区别。

第四，小额诉讼案件标的额不能超过法定上限。关于小额诉讼标的额的法定上限，本法第165条规定了两条上限：一是标的额为各省、自治区、直辖市上年度就业人员年平均工资50%以下；二是标的额超过各省、自治区、直辖市上年度就业人员年平均工资50%但在2倍以下。在前一种情况下，人民法院直接适用小额诉讼程序。在后一种情况下，当

① 2022年修正的《民事诉讼法司法解释》删除了该条。

事人双方也可以约定适用小额诉讼的程序。当事人约定适用小额诉讼程序，既可以是事前约定，也可以是事后同意。与2021年修正前的《民事诉讼法》相比，小额诉讼案件标的额上限从标的额为各省、自治区、直辖市上年度就业人员年平均工资30%提高到50%，扩大了小额诉讼案件的范围。同时，本法第165条还在总结司法实践经验的基础上，规定了当事人约定适用小额诉讼程序的情形。标的额超过各省、自治区、直辖市上年度就业人员年平均工资50%但在2倍以下，在尊重当事人意愿的情况下，也可以适用小额诉讼程序，进一步扩大了小额诉讼程序的范围。

非金钱给付民事案件不能适用小额诉讼程序。本法第166条规定："人民法院审理下列民事案件，不适用小额诉讼的程序：（一）人身关系、财产确权案件；（二）涉外案件；（三）需要评估、鉴定或者对诉前评估、鉴定结果有异议的案件；（四）一方当事人下落不明的案件；（五）当事人提出反诉的案件；（六）其他不宜适用小额诉讼的程序审理的案件。"本条规定借鉴了《民事诉讼法司法解释》（2020年修正）第275条[①]规定。《民事诉讼法司法解释》（2020年修正）第275条规定："下列案件，不适用小额诉讼程序审理：（一）人身关系、财产确权纠纷；（二）涉外民事纠纷；（三）知识产权纠纷；（四）需要评估、鉴定或者对诉前评估、鉴定结果有异议的纠纷；（五）其他不宜适用一审终审的纠纷。"二者相比较，本法第166条未将知识产权案件排除在外，增加了一方当事人下落不明的案件和当事人提出反诉的案件。一方当事人下落不明的案件，往往需要公告送达，适用小额诉讼程序也无法快速、高效审判；而且此类案件往往需要缺席审判。因此，这类案件不宜适用小额诉讼程序。当事人提出反诉的案件，说明当事人争议较大。而且本诉与反诉相互交织，一般也不属于简单的民事案件。因此，这类案件也不宜适用小额诉讼程序。

（二）简易程序的适用条件

本法第160条规定："基层人民法院和它派出的法庭审理事实清楚、

① 2022年修正的《民事诉讼法司法解释》删除了该条。

权利义务关系明确、争议不大的简单的民事案件，适用本章规定。基层人民法院和它派出的法庭审理前款规定以外的民事案件，当事人双方也可以约定适用简易程序。”根据该条规定，适用简易程序的条件如下：

第一，适用简易程序的案件必须是基层人民法院和它派出的法庭受理的案件，中级人民法院以上的法院审理案件，不能适用小额诉讼程序。

第二，适用简易程序的案件必须是简单的民事案件。如果法律关系十分复杂，或者所涉及的法律问题是复杂的法律问题，就不能适用小额诉讼程序。在判定一个案件是否简单时，同样应当以事实清楚、权利义务关系明确、争议不大作为判断标准。

此外，即使不属于事实清楚、权利义务关系明确、争议不大的简单的民事案件，只要当事人双方约定适用简易程序，人民法院仍可适用简易程序。这与小额诉讼程序一样，当事人有自愿处分诉讼权利之权利。

（三）普通程序的适用条件

除了适用简易程序（包括小额诉讼程序）、特别程序的案件外，其他一审案件均适用普通程序。当然，适用普通程序的前提是起诉要符合法律规定的条件。即本法第122条规定：“起诉必须符合下列条件：（一）原告是与本案有直接利害关系的公民、法人和其他组织；（二）有明确的被告；（三）有具体的诉讼请求和事实、理由；（四）属于人民法院受理民事诉讼的范围和受诉人民法院管辖。”

适用小额诉讼程序要求最严格，其次是适用简易程序，再次是适用一审普通程序。如果在司法实践中，人民法院将本不符合小额诉讼条件的案件作为小额诉讼案件受理，在人民法院发现后或者当事人提出后，就不应再适用小额诉讼程序。如果案件符合简易程序的适用条件，就应当适用简易程序。如果案件不符合简易程序的适用条件，就应当转为普通程序。

二、依法保护当事人的异议权

小额诉讼案件实行一审终审，当事人没有上诉权。如果当事人对于人民法院适用小额诉讼程序有异议，且人民法院确实将不应当适用小额诉讼程序的案件适用了小额诉讼程序，并导致当事人丧失上诉权，会损害当事人的诉讼权利。对此，本法第 169 条第 2 款赋予了当事人异议权，该条款规定：“当事人认为案件适用小额诉讼的程序审理违反法律规定的，可以向人民法院提出异议。人民法院对当事人提出的异议应当审查，异议成立的，应当适用简易程序的其他规定审理或者裁定转为普通程序；异议不成立的，裁定驳回。”该条款借鉴了《民事诉讼法司法解释》（2020 年修正）第 281 条规定。对于当事人提出的异议，人民法院应当认真审查。审查范围是该案是否应当适用小额诉讼程序。人民法院经审查，如果认为案件不应当适用小额诉讼程序，当事人的异议成立，就应当依法适用简易程序的其他规定审理案件，或者裁定转为普通程序；如果认为案件应当适用小额诉讼程序，当事人的异议不成立，应当裁定驳回。

三、因当事人增加或者变更诉讼请求等原因导致的程序转换

实践中，人民法院受理小额诉讼案件后，又发现案件不宜适用小额诉讼程序。既可能是人民法院在受理时没有全面掌握案情所致，也可能是当事人行使诉权导致。《民事诉讼法司法解释》（2022 年修正）第 278 条规定：“因当事人申请增加或者变更诉讼请求、提出反诉、追加当事人等，致使案件不符合小额诉讼案件条件的，应当适用简易程序的其他规定审理。前款规定案件，应当适用普通程序审理的，裁定转为普通程序。适用简易程序的其他规定或者普通程序审理前，双方当事人已确认的事实，可以不再进行举证、质证。”当事人申请增加或者变更诉讼请求、提出反诉、追加当事人等行为，都可能导致诉讼标的变化。例如，诉讼标的不再仅限于金钱给付，诉讼标的额增加而超出了小额诉讼案件标的额上限。这些情况下，案件就不宜再适用小额诉讼程序。需要注意的是，根据本法第 166 条第 5 项规定，只要当事人提出反诉，无论标的额大小，也无论诉讼标的是否属于金钱给付，都不宜再适用小额诉讼程序。上述情况下，如果案件符合简易程序的适用条件，就应当适用简易程序。如果案件不符合简易程序的适用条件，就应当适用普通程序。

四、应当注意小额诉讼程序与简易程序、普通程序的衔接

小额诉讼程序转简易程序较好处理，因二者实际上都是在一个程序中，是同一个程序的继续，只是简便程度不一样。小额诉讼程序转普通程序的情况下，实际上是开始了一个新的程序。此时，既要考虑到普通程序本身的完整性，也要兼顾诉讼经济原则。根据《民事诉讼法司法解释》（2022年修正）第278条规定，小额诉讼程序经裁定转为普通程序后，双方当事人已确认的事实，可以不再进行举证、质证，这有利于降低诉讼成本和当事人诉累。

第一百七十条　人民法院在审理过程中，发现案件不宜适用简易程序的，裁定转为普通程序。

【条文主旨】

本条是关于人民法院依职权将简易程序转为普通程序的规定。

【条文理解】

本条规定未进行修改。简易程序相对于普通程序更为简便、快捷，但程序保障相对较弱，只适用于简单案件，才能实现诉讼正义与诉讼效率的平衡。如果案件不符合适用简易程序的条件，仍适用简易程序，则有可能损害司法公正，不利于保护当事人的权利。1991 年《民事诉讼法》未就简易程序转为普通程序的问题作出规定。但实践中存在已经适用简易程序审理的案件，经审理发现不宜适用简易程序审理的问题。对该问题如何处理，需要明确规定。对此，1992 年《最高人民法院关于适用〈中华人民共和国民事诉讼法〉若干问题的意见》（已失效）第 170 条规定："适用简易程序审理的案件，审理期限不得延长。在审理过程中，发现案情复杂，需要转为普通程序审理的，可以转为普通程序，由合议庭进行审理，并及时通知双方当事人。审理期限从立案的次日起计算。"1993 年《经济纠纷案件适用简易程序开庭审理的若干规定》（已失效）第 3 条第 2 款规定："经询问双方当事人或者被告答辩后，发现双方争议较大，案情重大、复杂的，转入普通程序进行审理。"2003 年《最高人民法院关于适用简易程序审理民事案件的若干规定》第 26 条规定："审判人员在审理过程中发现案情复杂需要转为普通程序的，应当在审限届满前及时作出决定，并书面通知当事人。"后《民事诉讼法》也采纳了这一观点，就人民法院依职权将简易程序转为普通程序的问题作出规定。

2012年《民事诉讼法》第163条规定："人民法院在审理过程中，发现案件不宜适用简易程序的，裁定转为普通程序。"

【条文适用】

一、准确把握案件不宜适用简易程序的情形

关于简易程序的适用条件，本法第160条规定："基层人民法院和它派出的法庭审理事实清楚、权利义务关系明确、争议不大的简单的民事案件，适用本章规定。基层人民法院和它派出的法庭审理前款规定以外的民事案件，当事人双方也可以约定适用简易程序。"根据该条规定，适用简易程序的条件有二：一是必须是基层人民法院和它派出的法庭受理的案件，中级人民法院以上的法院审理案件，不能适用小额诉讼程序。二是必须是简单的民事案件。如果法律关系十分复杂，或者所涉及的法律问题是复杂的法律问题，就不能适用小额诉讼程序。在判定一个案件是否简单时，同样应当以事实清楚、权利义务关系明确、争议不大作为判断标准。对于不属于事实清楚、权利义务关系明确、争议不大的简单的民事案件，在当事人双方约定适用简易程序的情况下，人民法院仍可适用简易程序。如果人民法院作为简易程序受理的案件，经审理发现不符合前述条件，就不能继续适用简易程序。这种情况下，就应当裁定转为普通程序。

二、当事人有权对适用简易程序提出异议

《民事诉讼法司法解释》（2022年修正）第269条规定："当事人就案件适用简易程序提出异议，人民法院经审查，异议成立的，裁定转为普通程序；异议不成立的，裁定驳回。裁定以口头方式作出的，应当记入笔录。转为普通程序的，人民法院应当将审判人员及相关事项以书面形式通知双方当事人。转为普通程序前，双方当事人已确认的事实，可以不再进行举证、质证。"根据本条规定，当事人有权对适用简易程序提

出异议。对于当事人的异议，人民法院应当审查，审查的重点是案件是否符合适用简易程序的条件。经审查，当事人异议成立的，裁定转为普通程序。简易程序转为普通程序后，人民法院应当将审判人员（而非合议庭组成人员）及相关事项以书面形式通知双方当事人，以保障当事人的知情权、申请回避等权利。基于诉讼经济原则考虑，在简易程序转为普通程序前，当事人已确认的事实，就不需要再进行举证、质证。需要注意的是，如果异议不成立的，裁定驳回；裁定以口头方式作出的，应当记入笔录。而修正之前，异议不成立的并不要求作出裁定，修改的目的是加强对异议权的保障。

第十四章　第二审程序

第一百七十一条　当事人不服地方人民法院第一审判决的，有权在判决书送达之日起十五日内向上一级人民法院提起上诉。

当事人不服地方人民法院第一审裁定的，有权在裁定书送达之日起十日内向上一级人民法院提起上诉。

【条文主旨】

本条是关于提起上诉的规定。

【条文理解】

第二审程序，是指上级人民法院根据当事人的上诉，对下级第一审人民法院未发生法律效力的民事判决、裁定进行审理的程序。第二审程序是因当事人提起上诉引起的，因此又称为上诉审程序。从传统语义角度来看，对于法院一审裁判感到不满的诉讼当事人，申请重新考虑全部或部分案件所使用的司法程序，在大多数国家都称为“上诉”。“上诉”的语义发展，透露出法律发展的两条主线：一为法律绝对尊崇理念的转向，通过对于法治自身的纠正机制的制度设计，来监督运作法律的低微层级（如初审或一审阶段），体现法律对其“活的生命”——适用法律的理性的相对尊崇的回归；二为法律对于其运行主体的法官的重视与保护，因为上诉的攻击对象已经置换为更为客观的静态判决，降低了上诉攻击性对法官品性的直接针对。[①] 我国民事诉讼二审程序的意义在于，有利于保护当事人的合法权益，有利于上级法院监督和检查下级法院的审判工作，有利于国家法律的统一适用。[②] 提起上诉须具备法定条件。

一、提起上诉的人员

当事人的概念有广义和狭义之分。广义的当事人包括原告、被告、共同诉讼人和第三人。狭义的当事人仅指原告和被告。本条所称的“当事人”强调的是与一审判决结果有利害关系的人，也就是说，以“利害关系”作为衡量是否享有上诉权的标准。换句话说，二审程序的当事人要求其具备上诉的利益，比较法上一般以“形式不服说”作为通说，只要当事人在一审中的声明部分与一审判决结果存在不一致，就认为其具备上诉的利益。上诉利益的限制是与二审程序的设计理念即对一审程序的监督和救济相匹配的。上诉审是在诉讼程序中对可能的不当裁判的一种救济模式。

根据我国《民事诉讼法》的规定，凡是在一审程序中具有实体权利义务的当事人都可以成为上诉人。上诉人的对方当事人就是被上诉人。这里的对方当事人强调的是与上诉人的利益相对的人。当事人称谓的变化，表明他们在诉讼程序中具有不同的诉讼地位，享有不同的诉讼权利，承担不同的诉讼地位。上诉人具体包括：一审程序中原告和被告、共同诉讼人、诉讼代表人、有独立请求权的第三人以及人民法院判决其承担责任的无独立请求权的第三人。上述人员的上诉权是法定的，不可随意剥夺。上诉权的意义有二：一是上诉人要求在上诉审法院继续解决与对方当事人之间的民事权益之争，以维护自己的合法权益；二是上诉人要求上诉审法院，通过对案件的审理，以撤销或者变更第一审法院的裁判。[③]

上诉行为一般由享有上诉权的人自己行使。第一审程序中无诉讼行

---

① 常怡主编：《比较民事诉讼法》，中国政法大学出版社 2002 年版，第 615 页。

② 章武生主编：《民事诉讼法新论》，法律出版社 2002 年版，第 385 ~ 387 页。

③ 柴发邦主编：《中国民事诉讼法学》，中国人民公安大学出版社 1992 年版，第 410 页。

为能力当事人的法定代理人，有权代理其行使上诉权，但上诉人仍系无诉讼行为能力当事人。经当事人特别授权的委托代理人，可以被代理人的名义提起上诉。

二、提起上诉的客体

提起上诉的客体是依法允许上诉的判决或裁定。可以上诉的判决和裁定包括：地方各级人民法院适用第一审简易程序、普通程序作出的判决，按照审判监督程序由一审法院作出的再审判决，二审法院发回一审法院重审后所作出的判决，一审法院作出的不予受理的裁定、对管辖权有异议的裁定、驳回起诉的裁定。1991年《民事诉讼法》与1982年《民事诉讼法（试行）》相比，扩大了裁定可以上诉的范围，1982年《民事诉讼法（试行）》只有对驳回起诉的裁定可以上诉，之后扩大为对驳回起诉、不予受理和对管辖权有异议的裁定当事人都可以上诉，加强了上级法院对下级法院的监督。《民事诉讼法》允许提起上诉的，上诉审法院是第一审人民法院的上一级人民法院。

除了不予受理、对管辖权有异议、驳回起诉的裁定可以提起上诉以外，其他裁定都不允许上诉。不可提起上诉的判决包括：最高人民法院作出的判决，二审法院作出的判决，依特别程序、公示催告程序作出的判决。对于负担诉讼费用的裁判，不得单独提起上诉。需要注意的是，简易程序中的小额诉讼有一些特殊规定。本法第165条规定：适用小额诉讼的程序审理，实行一审终审。《民事诉讼法司法解释》第276条规定：当事人对小额诉讼案件提出管辖异议的，人民法院应当作出裁定。裁定一经作出即生效。第277条规定：人民法院受理小额诉讼案件后，发现起诉不符合《民事诉讼法》规定的起诉条件的，裁定驳回起诉。裁定一经作出即生效。

三、提起上诉的期限

规定上诉期限的意义在于：一方面，为了保证当事人的合法权益，给予其行使权利的时间；另一方面，可督促当事人尽早行使权利，防止诉讼拖延太久及早稳定实体法律关系，维护裁判的稳定性。因此，法定的上诉期限一般不得变更。如果当事人因不可抗拒的法定事由超过上诉期限的，是否顺延，应向第一审人民法院说明情况并经准许后方可允许提起上诉。

根据《民事诉讼法》规定，裁定的上诉期限是 10 日，判决的上诉期限是 15 日。比 1982 年《民事诉讼法（试行）》规定的裁定 7 日、判决 10 日的上诉期限有所延长。判决的上诉期限与裁定的上诉期限不同：首先，裁定与判决解决的问题不同，因此上诉期限长短不同。其次，从需要上看，裁定基本上解决程序上的问题，程序上的问题一般比较单一；判决解决实体问题，实体问题比较复杂。单一的时间就短些，复杂的时间就长些。

上诉期限的计算因情况不同而有所变化：上诉状以邮寄方式递交的，交邮时间不计算在法定的上诉期限内。电子方式送达的，以送达信息到达受送达人特定系统的日期为送达日期。一审判决书和裁定书不能同时送达双方当事人的，当事人的上诉期从各自收到法律文书的次日起分别计算，但法律文书的生效日期，以最后一个收到法律文书的当事人的上诉期计算，即最后一个收到裁判的当事人的上诉期届满而无人上诉的，裁判才发生效力。必要的共同诉讼的上诉期限，从共同诉讼人中最后收到裁判书的人收到时间的次日起计算；而普通的共同诉讼，可以分别计算上诉期限。当事人一方人数众多的诉讼，其上诉期间应从最后收到裁判的代表人收到裁判的次日起开始计算。

一审宣判时或判决书、裁定书送达时，当事人口头表示上诉的，人民法院应告知其必须在法定上诉期间内提出上诉状。未在法定上诉期间内递交上诉状的，视为未提出上诉。

【条文适用】

对二审程序中当事人的确定，有一些特殊情形需要在理论和实践中加以注意。

第一，一审双方当事人和第三人都提出上诉的，均是上诉人。对此问题之前曾有过讨论：第一种意见是，把一审原告作为上诉人，被告作为被上诉人，一审什么地位，二审相应地在什么地位。第二种意见是，谁先递上诉状，谁是上诉人，后递上诉状的为被上诉人。第三种意见是，互为上诉人和被上诉人。根据《民事诉讼法司法解释》第375条规定，双方当事人和第三人都提起上诉的，均列为上诉人。人民法院可以依职权确定第二审程序中当事人的诉讼地位。

第二，共同诉讼因为种类不同，所以上诉人和被上诉人的情况也不相同。必要的共同诉讼，争议的诉讼标的是同一的，因此共同诉讼人之间表现出更多的同一性和牵连性。根据《民事诉讼法司法解释》第317条规定，其中一人或部分人提出上诉的，按下列情况处理：其一，上诉仅对与对方当事人之间权利义务分担有意见，不涉及其他共同诉讼人利益的，对方当事人为被上诉人，未上诉的同一方当事人依原审诉讼地位列明；其二，上诉仅对共同诉讼人之间权利义务分担有意见，不涉及对方当事人利益的，未上诉的同一方当事人为被上诉人，对方当事人依原审诉讼地位列明；其三，上诉对双方当事人之间以及共同诉讼人之间权利义务承担有意见的，未提起上诉的其他当事人均为被上诉人。

普通的共同诉讼，其共同诉讼本身就是可分之诉；因此，共同诉讼人各自保持独立性，他们之间的关系也比较松散。其中一人或部分人的诉讼行为包括提起上诉，对其他共同诉讼人没有实质上的影响，也不发生法律效力，可以独自作为上诉人或被上诉人。

第三，第三人提起上诉的，有独立请求权的第三人，其诉讼地位等同于原告，可以独立提起上诉，以本诉的原告和被告为共同被上诉人或者以其中的一方为被上诉人。无独立请求权的第三人，对于诉讼标的无任何独立请求权，是因案件的处理结果同其有法律上的利害关系而参加到诉讼中的人，其在诉讼中不具有独立的原告或被告的诉讼地位，只是辅助原告或被告参加诉讼，一般无权独立提起上诉，但可以随所参加的当事人一方提起上诉。只有法院判决其承担责任的无独立请求权的第三人可以提起独立上诉。

第四，代表人诉讼的情况比较复杂。我国《民事诉讼法》规定了两种代表人诉讼：一种是起诉时人数确定的，另一种是起诉时人数不确定的。代表人诉讼中代表人上诉，对于被代表的当事人的上诉权如何处理，立法上没有明确规定，学界也有不同认识。《最高人民法院关于证券纠纷代表人诉讼若干问题的规定》对普通代表人诉讼的上诉问题作出了规定，第 28 条规定："一审判决送达后，代表人决定上诉的，应当在上诉期间届满前通知全体原告。原告自收到通知之日起十五日内决定放弃上诉的，应当通知一审法院。被告在上诉期间内未上诉的，一审判决在放弃上诉的原告与被告之间生效，二审裁判的效力不及于放弃上诉的原告。"

第一百七十二条　上诉应当递交上诉状。上诉状的内容，应当包括当事人的姓名，法人的名称及其法定代表人的姓名或者其他组织的名称及其主要负责人的姓名；原审人民法院名称、案件的编号和案由；上诉的请求和理由。

【条文主旨】

本条是关于递交上诉状的规定。

【条文理解】

《民事诉讼法》与《民事诉讼法（试行）》相比，内容基本相同，但文字进行了修改，表述更加规范，开宗明义地规定了上诉应当提交上诉状。具有上诉权的人，由原来的“当事人”“企事业单位、机关、团体”改为“当事人”“法人”“其他组织”，扩大了上诉主体。

上诉状是当事人不服第一审法院的判决或裁定，向上一级人民法院提出请求撤销或者变更原审法院裁判的诉讼文书。上诉状与起诉状的共同之处在于，都是意图启动一定的诉讼程序，目的是保护自身的合法权益。但两者有所不同，上诉人不仅与被上诉人有民事权利义务的争议，而且对一审裁判结果有异议。所以，上诉状不仅包括上诉人提出实体权利请求，还包括要求改变第一审法院的裁判。相对而言，起诉状的内容更单一。上诉状的内容包括：

第一，当事人的基本情况。当事人包括上诉人和被上诉人，表明上诉的主体与对方当事人。当事人是公民的，写明其姓名、现住址等；是法人或其他组织的，写明法人或其他组织的名称、住所地以及法定代表人或主要负责人的姓名、职务。有诉讼代理人的，写明代理人的基本情况。

第二，原审法院的名称、案件的编号和案由。这一部分是为了便于原审人民法院整理案件卷宗，上报上一级人民法院。

第三，上诉请求和理由。这一部分是上诉状的主体和核心，既是上诉人请求司法保护的内容和理由，又是上诉审法院对上诉案件审理的基础。上诉请求是上诉人通过上诉所要达到的目的。上诉请求应明确、具体，表明要求上诉审法院全部或部分变更原审裁判的态度和内容，因为这关系人民法院在二审程序中的审理范围，比如，请求撤销原判决，依法改判，要求法院如何改判。上诉理由，则是上诉人认为原审裁判在认定事实和适用法律方面不当或错误所根据的事实和理由，包括在第一审程序中应提供而未提供的事实、理由和证据。这一部分可使上诉审法院了解上诉的实质内容，为审理乃至二审裁判做准备。上诉请求和理由应针对原审裁判的事实和理由展开。

上诉状不符合要求或不完整的，上诉人应予补正。

【条文适用】

上诉状既是当事人不服一审裁判的诉讼行为，也是当事人要求上诉法院审查一审法院审判的上诉行为的书面要求，因此当事人递交书面上诉状是上诉行为必要的形式要件。即使当事人在当庭宣判时表示上诉，并记录在案，也必须在法定期限内递交上诉状作为上诉的依据。有的当事人在一审宣判时或判决书、裁定书送达时，当即表示不服要上诉，但未递交上诉状的，原审人民法院应当告知当事人口头上诉无效，其须在法定期限内按照《民事诉讼法》的规定提出上诉状及副本。在法定上诉期限内未递交上诉状的，视为未提起上诉，当事人在法定上诉期限内表示上诉的同时，请求延期递交上诉状的，人民法院经审查认为理由正当的，可以酌定准许适当延长。当事人在法定上诉期限内仅表示上诉，但既未递交上诉状，又未请求延期的，或者请求延期但未获人民法院准许，而且未在法定上诉期限内递交上诉状，或者获准延期之后，在延长的期限内仍未递交上诉状，原审判决或裁定在法定上诉期限或延长期限届满后即发生法律效力。当事人不服该判决或裁定的，人民法院应当作为申诉处理。当事人在一审宣判或判决书、裁定书送达时声明不上诉，而在上诉期限内递交上诉状及其副本的，应承认其上诉行为。

第一百七十三条　上诉状应当通过原审人民法院提出，并按照对方当事人或者代表人的人数提出副本。

当事人直接向第二审人民法院上诉的，第二审人民法院应当在五日内将上诉状移交原审人民法院。

【条文主旨】

本条是关于上诉状提出方式的规定。

【条文理解】

上诉人通过什么方式提起上诉，应该有法律的明确规范。1991年《民事诉讼法》除了为适应人数众多的当事人而规定可按“代表人”的人数提出上诉状副本之外，其余内容与1982年《民事诉讼法（试行）》相同。2021年和2023年修正的《民事诉讼法》对本条未作修改。当事人提起上诉的方式有两种。

第一种是向原审人民法院提交上诉状，即通过原审人民法院提起上诉，这是原则性规定，也是一般应当采取的方式。为什么以通过原审人民法院提起上诉为原则呢？（1）便利当事人上诉。当事人一般离原审法院比较近，离上诉审法院比较远，特别是地处农村地区的当事人，如果要求他们一律向上诉审法院提出上诉状，成本比较高。（2）原审法院是案件的审理法院，当事人是否在法定期限内提出上诉，关系是诉讼程序结束、原裁判生效还是案件转移到上级法院继续审理，原审法院应了解这一情况。（3）原审人民法院向对方当事人送达上诉状副本，向上诉审法院报送全部卷宗和诉讼卷宗也比较方便。

第二种是向原审人民法院的上一级人民法院提交上诉状，向第二审人民法院提起上诉是例外。这种方式也是允许的，第二审人民法院不能以当事人应通过原审人民法院提起上诉为由加以拒绝。这个规定主要是为了充分保护当事人的上诉权，消除当事人的顾虑，当事人有时不信任原审人民法院，所以直接向二审法院提起。二审法院在接到上诉状之后，应于5日内将上诉状及其副本移交原审人民法院，以便于原审人民法院能够及时向被上诉人送达上诉状副本，并将全部案卷报送上一级人民法院。

本条还规定：当事人上诉的应按照对方当事人或者代表人的人数提出副本。这是为了让对方当事人了解上诉的请求与理由，保障其充分行使答辩权，及时提交答辩状。

【条文适用】

在司法实务中，对本条的执行需注意以下问题：

第一，上诉审查权的归属。本条引申出一个问题，就是对上诉审查的权限属于原审人民法院还是第二审人民法院？上诉不符合法定条件，比如超过上诉期限又没有延长期限的正当理由的，应当由哪个法院作出裁定驳回上诉呢？对此，1956年《最高人民法院关于各级人民法院刑、民事案件审判程序总结》中的意见是："如果没有正当的逾期理由而当事人坚持上诉的，应当由原审人民法院院长或者受院长委托的人审查原判决或者裁定有无错误。逾期虽无理由，但经审查后发现原判决或者裁定确有错误的，应当按照人民法院组织法第十二条第一款规定的审判监督程序处理；逾期无理由，原判决或者裁定亦无错误，而当事人仍坚持上诉的，应将上诉状及当事人逾期坚持上诉的情况报送上级人民法院审查处理，并通知当事人。"之后的1982年《民事诉讼法（试行）》和1991年《民事诉讼法》都没有明确规定。有的学者提出，上诉是第二审程序的起点，对上诉的审查应属于第二审法院的职能。原审法院认为上诉不符合法定条件，直接裁定驳回没有法律明文规定。而且，从诉讼制度本身应有的制约观点看弊多利少。[①] 但多数观点主张由原审人民法院对上诉进行审查和裁定。我们认为，一般情况下由原审人民法院进行审查是适当的，这是因为：首先，法律规定不符合法定条件如超过上诉期限就不能上诉，原审人民法院依法裁定驳回上诉符合法律的要求，并不与法律相悖。其次，不符合法定条件的上诉不是合法有效的上诉，当事人与二审法院之间不存在诉讼法律关系。本条第 2 款规定：当事人向第二审人民法院上诉的，第二审人民法院将上诉状移交原审人民法院，暗含着第二审人民法院不直接对上诉进行审查。最后，由原审人民法院审查上诉对上诉人而言更加方便、快捷。既然原审人民法院有权对上诉进行审查，那么就应当承认其有权驳回不符合条件的上诉。原审人民法院有权对当事人的上诉是否符合条件进行审查。如果条件欠缺的，原审人民法院应及时通知上诉人，能够补正的予以补正。上诉不符合法定条件且不能补正的，原审人民法院有权直接作出处理。

原则上由原审人民法院对上诉进行审查，并不完全排除第二审人民法院上诉审查的可能性。例如，案件移送到二审法院之后，二审法院发现当事人的上诉已经超过了法定上诉期限。这种情况下人民法院只能认为当事人未提起上诉。具体如何处理呢？如果二审法院在立案审查时即发现当事人递交上诉状的时间已超过法定上诉期限，应不予立案，通知当事人原审判决已生效，当事人可依法按审判监督程序申请再审。

第二，审判实践中有当事人拒收或撕毁一审法院判决书或裁定书，直接到第二审人民法院上诉的，原审人民法院应对当事人进行适当的批评教育，并向其交代清楚上诉权利，但不因此剥夺当事人的上诉权。当事人拒收原审人民法院的判决书或裁定书，又不明确表示上诉，在法定上诉期限届满后，原审人民法院的裁判即发生法律效力。当事人提起上诉后，原审人民法院发现本院的判决书、裁定书确有错误的，仍应按照上诉程序进行，不能径行按照审判监督程序自行加以纠正。原审人民法院应按照本法第 172 条的规定，继续向第二审人民法院报送材料，但可

① 陶秉权：《试论我国民事诉讼第二审程序中的几个问题》，载《西北政法学院学报》1987 年第 3 期。

附具意见，要求第二审人民法院在二审程序中予以纠正。

第三，上诉的必备条件——须缴纳案件受理费。根据本法第 171～172 条的规定，提起上诉的条件包括：（1）提起上诉的主体必须是依法享有上诉权的当事人；（2）提起上诉的客体必须是依法允许上诉的判决或裁定；（3）要在法定期限内提起上诉；（4）必须递交上诉状；（5）遵循法定程序提出。除此之外，还有一个《民事诉讼法》没有明确规定的条件也必须满足，即上诉人依法缴纳诉讼费。《民事诉讼法司法解释》第 318 条规定：虽递交上诉状，但未在指定的期限内交纳上诉费的，按自动撤回上诉处理。对不予受理、驳回起诉和管辖权异议裁定不服，提起上诉的案件不交纳案件受理费。只有同时具备这六个条件，上诉才能成立，引起上诉审程序的发生。

国务院制定和颁布的《诉讼费用交纳办法》第 22 条第 2 款、第 4 款分别规定："上诉案件的案件受理费由上诉人向人民法院提交上诉状时预交。双方当事人都提起上诉的，分别预交。上诉人在上诉期内未预交诉讼费用的，人民法院应当通知其在 7 日内预交。""当事人逾期不交纳诉讼费用又未提出司法救助申请，或者申请司法救助未获批准，在人民法院指定期限内仍未交纳诉讼费用的，由人民法院依照有关规定处理。"第 44 条规定："当事人交纳诉讼费用确有困难的，可以依照本办法向人民法院申请缓交、减交或者免交诉讼费用的司法救助。诉讼费用的免交只适用于自然人。"第 48 条规定："当事人申请司法救助，应当在起诉或者上诉时提交书面申请、足以证明其确有经济困难的证明材料以及其他相关证明材料。因生活困难或者追索基本生活费用申请免交、减交诉讼费用的，还应当提供本人及其家庭经济状况符合当地民政、劳动保障等部门规定的公民经济困难标准的证明。人民法院对当事人的司法救助申请不予批准的，应当向当事人书面说明理由。"因此，当事人一般应当在上诉期内预交二审案件受理费，或法院通知后 7 日内预交，未依法预交的上诉不成立，按自动放弃上诉处理。以下三种情况属于有效上诉：一是在上诉期限内预交了诉讼费用；二是虽在上诉期限内未能预交，但在接到人民法院通知后 7 日内预交的；三是当事人在上诉时申请司法救助，人民法院准予缓交或免交，或者人民法院准予减交后在指定期限内交纳的。关于二审案件受理费的缓、减、免，首先，应由上诉人提出，人民法院不能依职权主动决定。其次，缓、减、免二审案件受理费的决定权在第二审人民法院，而不是原审人民法院。具体的标准应依据《诉讼费用交纳办法》第 45 ~ 47 条。如果上诉人提出司法救助申请，原审人民法院要立即将材料报送第二审人民法院审查，第二审人民法院审查决定后，及时将决定的内容反馈给原审人民法院。

关于二审案件受理费的交纳数额，《诉讼费用交纳办法》第 17 条规定："对财产案件提起上诉的，按照不服一审判决部分的上诉请求数额交纳案件受理费。"原审人民法院审查上诉时，应注意根据上诉请求数额确定和收取二审案件受理费。二审案件受理费由上诉人向原审人民法院交纳，然后由原审人民法院转至第二审人民法院，只要在法定期限内交纳就属有效。

第一百七十四条　原审人民法院收到上诉状，应当在五日内将上诉状副本送达对方当事人，对方当事人在收到之日起十五日内提出答辩状。人民法院应当在收到答辩状之日起五日内将副本送达上诉人。对方当事人不提出答辩状的，不影响人民法院审理。

原审人民法院收到上诉状、答辩状，应当在五日内连同全部案卷和证据，报送第二审人民法院。

【条文主旨】

本条是关于受理上诉的规定。

【条文理解】

为了保证上诉程序的顺利启动，原审人民法院收到当事人上诉状后要做一定的准备工作。1991年《民事诉讼法》与《民事诉讼法（试行）》相比，内容基本相同，主要修改的事项有：一是增加规定了人民法院应当在收到答辩状之日起5日内将副本送达上诉人，使送达程序更加完整。二是将原审人民法院向第二审人民法院报送材料的时间具体化，由“尽快”变为“五日内”，操作起来更明确。此后《民事诉讼法》对本条没有修改。

本条第1款规定了诉讼文书的接收和送达。“原审人民法院收到上诉状”，既包括当事人直接向原审人民法院递交上诉状及其副本，也包括第二审人民法院在收到上诉状后5日内将上诉状移交原审人民法院。原审人民法院收到上诉状之后应当进行审查。经审查，上诉符合条件的，原审人民法院应在5日内将上诉状副本送达对方当事人即被上诉人。如果认为上诉材料欠缺，应通知当事人予以补正；如果上诉不符合条件，应及时通知当事人。对方当事人收到上诉状副本后，应当在15日之内提出答辩状并送交原审人民法院。原审人民法院应当从收到答辩状之日起 5 日内，将答辩状副本送达给上诉人。

被上诉人提出答辩是诉讼权利平等原则的具体体现。我国民事诉讼法没有将被上诉人提交答辩状作为一种义务，而是作为一种权利。被上诉人有权行使这项权利，也可以放弃，是否在法定期限内提交答辩状完全由其自行决定，人民法院不能强迫被上诉人答辩。被上诉人在法定期限内不行使答辩权，并不产生不利后果，不影响其在案件审理过程中进行口头答辩或提交书面答辩材料，也不影响人民法院审理案件。

本条第 2 款规定了案件材料和证据的报送。被上诉人提交答辩状的，原审人民法院应当在 5 日内将上诉状、答辩状，连同全部卷宗和证据，报送第二审人民法院。如果被上诉人未在法定期限内提交答辩状，则在答辩期限届满后 5 日之内，原审人民法院将上诉状连同全部卷宗和证据，报送第二审人民法院。上诉状和答辩状是双方当事人向第二审人民法院提出的诉讼文书。原审人民法院向第二审人民法院报送的全部卷宗和证据，是案件在原审人民法院审理期间的全部诉讼资料。原审人民法院完成报送的程序后，诉讼关系即在一审全部结束。第二审人民法院收到全部案卷、书状和证据后，认为符合法律规定条件的，应当予以受理。

【条文适用】

根据本条第 2 款规定，原审人民法院收到上诉状、答辩状，应当在 5 日内连同全部案卷和证据，报送第二审人民法院。在人民法院立审分离改革之后，第二审人民法院审查上诉的工作实际由立案机构承担了。《最高人民法院关于全国法院立案工作座谈会纪要》提出，要统一立案机构的职责范围，全面实施立审分立的原则。“全面实行立审分立，建立立案与审理互相分立、相互制约又有机结合的诉讼运行机制，是人民法院为了确保司法公正，完善我国审判制度而推出的一项重要改革举措。”按照立审分立的要求，立案机构应承担的主要职责包括对上诉案件进行立案登记，审理不服下级法院不予受理、管辖异议的上诉案件。

第一百七十五条　第二审人民法院应当对上诉请求的有关事实和适用法律进行审查。

【条文主旨】

本条是关于二审案件审理范围的规定。

【条文理解】

《民事诉讼法（试行）》规定，第二审人民法院必须全面审查第一审人民法院认定的事实和适用的法律，不受上诉范围的限制。这一规定体现了实事求是的思想，“是国家干预民事诉讼、上级人民法院对下级人民法院的审判活动进行监督的具体表现”。[①] 1991年修改后的《民事诉讼法》限制为只就上诉请求的有关事实和适用的法律进行审查。“这一规定充分体现了民事诉讼当事人的处分原则，即民事诉讼当事人有依法支配自己的民事权利和诉讼权利的自由……这一原则的依法实施，可以保障当事人根据自己的意志，处分自己的民事权利和诉讼权利，体现了社会主义民主和社会主义法制的优越性，也有利于第二审人民法院集中精力尽快查明上诉请求的事实，根据法律规定，及时作出相应的判决和裁定。”[②]《民事诉讼法》此次修正对本条未作修改。

上诉请求的有关事实和适用法律，既包括上诉人提出的事实和法律问题，也包括上诉人未提出，但与上诉请求有关的其他事实和法律问题。因此，第二审人民法院“对上诉请求的有关事实和适用法律进行审查”，

---

① 程延陵、朱锡森、唐德华、杨荣新：《中华人民共和国民事诉讼法（试行）释义》，吉林人民出版社1984年版，第161页。

② 江伟主编：《中华人民共和国民事诉讼法释义·新旧条文对比·适用》，华夏出版社1991年版，第246~247页。

既不同于在一审裁判的基础上对案件进行全面审理，也不同于严格受到上诉人请求范围的制约，只对上诉请求范围内的事实和法律问题进行审理。这种审查，既是事实审，也是法律审，但审理的事实和法律是与上诉请求有关的事实和法律，涉及上诉请求的事实和法律都是审查对象。一是要审查上诉请求是否有事实根据？二是要审查一审裁判适用法律是否正确？值得讨论的问题是，当事人在上诉中没有提出，但一审存在违反法律禁止性规定或者损害国家利益和社会公共利益的情况的，二审法院是否也“不告不理”？如果一审裁判既损害了一方当事人的利益，又损害了国家利益、社会公共利益，即便受损害的当事人在上诉请求中不主张权利，二审法院也应当依法纠正。因为国家、集体或者社会公共利益，是案件当事人无权处分的，二审法院应当进行审查。

【条文适用】

二审案件审理范围，实质上是上诉审人民法院的职能范围问题，涉及当事人诉权与二审法院审判权之间的关系，是二审程序的核心问题。无论是理论研究还是司法实践，都有深入探讨的必要。二审案件审理范围问题，可从以下几个方面探讨。

一、二审程序的性质

关于二审程序的性质，从各国立法看主要有三种方式：（1）复审制。法院对一审审理过的事实和证据以及新的事实和证据，再重新进行审理。（2）事后审制。第二审法院审查一审法院裁判在认定事实和适用法律方面有无错误，一般不再对案件事实和证据进行调查，不允许对以二审提出的新证据为审判。（3）续审制。二审是在一审基础上继续进行的，既可以对一审法院裁判在认定事实和适用法律上是否适当进行审查，还可以对当事人提出的新事实、新证据进行审理。

我国《民事诉讼法（试行）》规定，第二审人民法院全面审查第一审人民法院认定的事实和适用的法律，不受上诉范围的限制，实际上是一种复审制。“这种上诉审的审理结构造成了第一审审理功能弱化，当事人完全可以‘不打一审打二审’，从而使得司法的效率价值得不到实现。”① 1991年《民事诉讼法》作了改变，使二审程序成为续审制。目前大多数国家的二审程序都采用续审制，但对当事人在二审程序中提出新证据是否加以限制则有不同的规定。部分国家对二审提出新证据不加任何限制，部分国家则加以限制。例如，德国对采纳新证据加以限制，主要目的是提高第二审程序的威信，阻止诉讼当事人把主要精力推迟到第二审程序上。英国判例法对向二审法院提出新证据加以两项限制：（1）新证据必须是表面上可信的；（2）采纳这些新证据至少应能对案件的结果产生重大的影响。我国允许当事人在二审程序中提出新证据。《民事诉讼法司法解释》第99条和《民事诉讼证据规定》第51条都规定了，举证期限可以由当事人协商，并经人民法院准许。人民法院指定举证期限的，当事人提供新的证据的第二审案件不得少于10日。

二、二审审理范围的四种模式

根据诉权与审判权在二审审理范围上的作用，二审审理范围有以下四种模式。

（一）审判权确定模式

我国《民事诉讼法（试行）》规定的全面审查就是审判权确定模式。二审审理的范围，不是由作为诉讼主体的当事人行使诉权确定的，二审法院审理案件不受上诉人的上诉请求和理由的约束，可以由二审法院自行决定审理哪些事项。当事人上诉行为的作用是启动二审程序，其上诉内容仅对二审法院起一个参考作用。

（二）诉权确定模式

诉权确定模式是与审判权确定模式相对立的。诉权确定模式是一种根据当事人的上诉请求确定二审审理范围的诉讼模式。二审审理的范围，不仅要以一审审理范围为基础，而且要由当事人的上诉请求来确定。超

① 刘敏：《论我国民事诉讼二审程序的完善》，载《法商研究》2001年第6期。

出上诉请求的部分，一般不进入上诉审理范围。

（三）审判权主导的混合模式

审判权主导的混合模式，是指在二审案件审理范围的确定方面，虽然以诉权作为基础，但审判权可以超越诉权。最典型的就是二审法院发现一审裁判的非上诉部分有错误应该怎么处理。二审法院的审理范围不完全受制于上诉请求，对于非上诉部分的事实和法律错误，二审法院可以依职权主动干预加以纠正。

（四）诉权主导的混合模式

目前，以当事人诉权为主导决定二审审理范围的模式是比较普遍的做法。其实，纯粹由当事人诉权决定二审审理范围，完全排除审判权干预，在各国司法实践中是不存在的。各国之间的差异只是干预的事项和程度有所不同。“审理范围是一种当事人意志与国家干预力折中平衡的产物，它一方面体现当事人对于自己民事实体权利的自主处分，因为上诉的发动及上诉的范围由自己决定，并在各国法律实践中将这种自我处分作为审理范围最主要的决定因素；同时国家干预力量则体现在特殊类型上诉的审理范围上的权力扩张。”① 当事人的上诉请求决定了二审审理范围，虽然也允许审判权在上诉请求之外扩大行使进行审查，但只是作为例外情况，条件予以严格限制。当事人诉权的根本性和主导性作用非常突出。

三、确定二审审理范围的几项原则

确定二审审理范围应遵循以下几项原则：

第一，不告不理原则。不告不理是民事诉讼的一项基本原则，是处分原则在审判范围问题上的具体体现。不告不理在二审程序中的含义包括：（1）是否提起上诉由当事人决定，法院不能依职权启动二审程序；（2）二审审理在什么范围内进行，由当事人决定；（3）二审法院原则上只能在上诉请求的范围之内进行审理，审判权受上诉请求的制约。

第二，上诉不利益变更禁止原则。上诉不利益变更禁止原则，是指

① 常怡主编：《比较民事诉讼法》，中国政法大学出版社2002年版，第644～645页。

在上诉人上诉的情况下，不论上诉请求全部或部分是否能够得到支持，二审裁判都不能加重上诉人的责任。上诉人最不利的结果是二审驳回上诉，维持原裁判，而不能被改判更不利的负担。如果没有这项原则，将二审审理范围限定在上诉请求的范围之内就难以实现。上诉不利益变更禁止原则也有例外：（1）诉讼要件欠缺；（2）原审判决违反了禁止性规定或者损害社会公共利益、他人合法权益；（3）被上诉人也提出了上诉。比如《民事诉讼法司法解释》第 328 条规定："人民法院依照第二审程序审理案件，认为依法不应由人民法院受理的，可以由第二审人民法院直接裁定撤销原裁判，驳回起诉。"该解释第 329 条规定："人民法院依照第二审程序审理案件，认为第一审人民法院受理案件违反专属管辖规定的，应当裁定撤销原裁判并移送有管辖权的人民法院。"

第三，利益变更禁止原则。利益变更禁止原则，是指在上诉人的上诉请求之外，虽然存在可以对上诉人作出更加有利裁判的可能性，但由于上诉请求没有包含这样的内容，二审法院无权主动变更，作出对上诉人更有利的判决。

四、二审审理范围受到一审的制约

二审审理范围被限制在一审诉讼请求和审理范围之内，在一审中没有提出的诉讼请求或者虽提出但一审法院未予审理的诉讼请求，不属于二审审理范围。《民事诉讼法司法解释》第 324 条规定："对当事人在第一审程序中已经提出的诉讼请求，原审人民法院未作审理、判决的，第二审人民法院可以根据当事人自愿的原则进行调解；调解不成的，发回重审。"该解释第 325 条规定："必须参加诉讼的当事人或者有独立请求权的第三人，在第一审程序中未参加诉讼，第二审人民法院可以根据当事人自愿的原则予以调解；调解不成的，发回重审。"该解释第 326 条规定："在第二审程序中，原审原告增加独立的诉讼请求或者原审被告提出反诉的，第二审人民法院可以根据当事人自愿的原则就新增加的诉讼请求或者反诉进行调解；调解不成的，告知当事人另行起诉。双方当事人同意由第二审人民法院一并审理的，第二审人民法院可以一并裁判。"

第一百七十六条　第二审人民法院对上诉案件应当开庭审理。经过阅卷、调查和询问当事人，对没有提出新的事实、证据或者理由，人民法院认为不需要开庭审理的，可以不开庭审理。

第二审人民法院审理上诉案件，可以在本院进行，也可以到案件发生地或者原审人民法院所在地进行。

【条文主旨】

本条是关于二审可以不开庭审理的情况及二审审理地点的规定。

【条文理解】

二审人民法院审理上诉案件，必须组成合议庭，不能由独任审判员审理。二审人民法院接到上诉状及案卷材料后，应立即组成合议庭开始对上诉案件进行审查。二审与一审可以由审判员、人民陪审员组成合议庭不同，二审应当由审判员组成合议庭，合议庭的成员，应为三人以上单数。合议庭组成后，首先应当审查上诉人、被上诉人是否符合法定条件，是不是在法定上诉期内提起的上诉，上诉状的内容是否符合法律规定。对于无上诉权的人提起的上诉作出裁定予以驳回；对于不符合条件的被上诉人通知更换；对于上诉书内容欠缺的，通知补正。对于超过法定上诉期而一审人民法院未裁定驳回上诉而直接送二审人民法院的，合议庭应当裁定驳回上诉。即使发现原判决确有错误，也应按审判监督程序予以纠正，而不应当进行第二审程序。在对上诉行为审查之后，应立即审阅案卷材料，熟悉案情，必要时可进行调查。其目的在于判断案情是否清楚，一审判决或者裁定是否有错误以及上诉人的请求及理由。查清案情是进一步进行其他事项的基础。

开庭审理方式中合议庭成员的参与程度显然要高于不开庭审理的径行判决。在民事二审程序中之所以要设置两种审理方式，目的在于通过案件的“繁简分流”来达到公正与效率之间的平衡。第二审人民法院组成合议庭后，经过阅卷、调查和询问当事人，对没有提出新的事实、证据或者理由的，合议庭认为不需要开庭审理的，可以不开庭审，而径行作出判决。之所以这么规定，是因为对于当事人没有新的事实、证据提供，也没有新的理由提出的，二审法院对案件事实的认定仍是依据在一审中当事人提交的全部证据及当庭陈述，而当事人提交的全部证据及当庭陈述已经在一审法院向二审法院报送的全部卷宗材料中。所以，二审法院完全可以通过审阅一审的卷宗得以了解，从而对案件的事实作出自己独立的认定。

2021年《民事诉讼法》修改时将2017年《民事诉讼法》原第169条中的“第二审人民法院对上诉案件应当开庭审理。经过阅卷、调查和询问当事人，对没有提出新的事实、证据或者理由，合议庭或者独任审判员认为不需要开庭审理的，可以不开庭审理”，修改为第176条中的“第二审人民法院对上诉案件应当开庭审理。经过阅卷、调查和询问当事人，对没有提出新的事实、证据或者理由，人民法院认为不需要开庭审理的，可以不开庭审理”。将“合议庭或者独任审判员认为不需要开庭审理的”修改为“人民法院认为不需要开庭审理的”，主体的变化体现了审判活动的严肃性。

对于二审法院的径行判决，2007年《民事诉讼法》第152条第1款规定：“第二审人民法院对上诉案件，应当组成合议庭，开庭审理。经过阅卷和调查，询问当事人，在事实核对清楚后，合议庭认为不需要开庭审理的，也可以径行判决、裁定。”随着近些年来民事二审案件数呈几何倍数增长，在法院审判人员不可能大幅度增加的情况下，案多人少的矛盾极为突出，导致存在上诉案件直接采用径行判决进行处理的方式，无形中扩大了径行判决的适用范围，径行判决的扩大化一定程度弱化了审理过程的严肃性。在2012年《民事诉讼法》修改过程中，部分人大代表、律师和专家提出，由于《民事诉讼法》中对第二审民事案件是否必领开庭审理规定得不够清晰，实践中有一些二审法院径行判决的比例过高，尤其是当事人提出了新的事实和证据或者理由的，二审法院仍不开庭审理而采取径行判决的方式处理，侵害了当事人的诉讼权利。因此有必要对径行判决的条件予以细化或者明确，2012 年《民事诉讼法》针对该条第 1 款对第二审民事案件是否必须开庭审理规定不够清晰的问题，进一步明确规定了第二审程序开庭审理的条件，并将 2007《民事诉讼法》第 152 条改为第 169 条，该条第 1 款则修改为："第二审人民法院对上诉案件，应当组成合议庭，开庭审理。经过阅卷、调查和询问当事人，对没有提出新的事实、证据或者理由，合议庭认为不需要开庭审理的，可以不开庭审理。"依据该条款的规定，第二审人民法院对于上诉案件原则上都应当开庭后审理，但是对当事人没有提出新的事实、证据或者理由的，第二审人民法院经过阅卷、调查和询问当事人，认为案件事实清楚，上诉人的请求和理由明确，上诉人与被上诉人双方提出的事实和证据基本一致，则可以不开庭审理而径行作出判决。

可见，第二审人民法院对上诉案件开庭审理应是"常态"，而对于不开庭审理的径行判决则是特殊情况下的"非常态"，而这种"非常态"仅限于案情简单，事实清楚，当事人没有提出新的事实、证据或者理由的情形。但是，不开庭审理也要进行阅卷、调查和询问当事人。

直接审理原则是现代法治社会诉讼的基本要求，人民法院审理、裁决民事案件，必须由受诉法院审判人员亲自听取当事人和其他诉讼参与人的言词陈述及辩论，亲自审查证据及其他有关的诉讼资料，最后依法作出判决的原则。依据法理，裁判的正当性可以通过审理过程的严肃性得到体现，审级越高，案件的审理应更严肃。将"二审开庭审理"法律化、明确化，是非常必要的，避免当事人对二审的信赖减退，也是合乎民心的。2012 年《民事诉讼法》将 2007 年《民事诉讼法》中的"在事实核对清楚后"修改为"对没有提出新的事实证据或者理由"。也就是说，"对于上诉案件第二审人民法院经过阅卷、调查和询问当事人后，对没有提出新的事实、证据或者理由"的，才可以不开庭审理。为避免对"径行判决"概念的误读，2012 年修改时采用了"不开庭审理"的表述，其意义在于强调“审理”的过程不能省路，虽然可以不开庭，但对上诉人没有提出新的事实、证据或者理由，而且是合议庭认为不需要开庭审理的，合议庭也应当履行“审理”程序，阅卷、调查和询问当事人、调查核实案件事实。

二审人民法院在做好准备工作之后，如果决定开庭审理的，则应当确定开庭的地点。第二审人民法院审理上诉案件，可以在本院进行，也可以到案件发生地或者原审人民法院所在地进行。这些做法的目的是方便当事人诉讼、方便人民法院审理，提高办案效率，维护当事人的合法权益。

【条文适用】

第二审人民法院对上诉案件，决定可以不开庭审理的，须以当事人没有提出新的事实、证据或者理由为前提，在此前提下，经过阅卷、调查和询问当事人，认为不需要开庭审理的，才可以不开庭审理。如果当事人上诉时提出了新的事实、证据或者理由，则第二审人民法院必须开庭审理，此修改是为了进一步保护当事人的诉讼权利和实体权利。

《民事诉讼法司法解释》第 331 条规定：第二审人民法院对下列上诉案件，可以不开庭审理：（1）不服不予受理、管辖权异议和驳回起诉裁定的；（2）当事人提出的上诉请求明显不能成立的；（3）原判决、裁定认定事实清楚，但适用法律错误的；（4）原判决严重违反法定程序，需要发回重审的。

第二审人民法院组成合议庭后，案件的承办人及合议庭成员要认真审阅案卷，目的是通过审查当事人提起的上诉是否具备了法律规定的提起上诉的条件，是否在上诉期限内提起上诉，诉讼费是否交齐，上诉人是否提出新的事实或者证据等事项。如果当事人提起上诉的事项等有欠缺，法律规定允许其补正的应通知其补正，不允许补正的，则应直接裁定驳回其上诉。当然，依据本条规定，为了查明事实，对一审判决作出的公正、合法性进行评断，二审人民法院在审查案卷过程中，必要时对相关的事实和证据还可以进行调查并询问当事人。

承办人及合议庭成员经过阅卷、调查、询问当事人后，如果当事人提出新的事实、证据或者理由，那么合议庭应当开庭审理。新事实、证据或者理由的出现，使得对案件事实的认定产生了改变的可能，出于保护当事人诉讼权利及客观公平的要求，第二审人民法院对此种情况应当开庭审理。通过开庭审理，对相关的事实予以查证，进而对一审程序中的事实认定、证据采用或者法律适用是否正确作出终审判断，以求得法律真实最大限度地接近案件的客观真实。

对于当事人没有新的事实、证据提供，也没有新的理由提出的，二审人民法院据以查明案件事实的信息来源与一审人民法院完全一致，二审人民法院的开庭审理不但完全没有必要，而且还导致诉讼程序的繁琐化和诉讼时间的不当延长，造成司法资源的浪费。因此，通过阅卷、调查和询问当事人后，对没有提出新的事实、证据或者理由的，完全可以通过审阅一审的卷宗之后径行裁判。径行判决的情形主要包括：（1）一审就不予受理、驳回起诉和管辖权异议作出裁定的案件；（2）当事人提出的上诉请求明显不能成立的案件；（3）原审裁判认定事实清楚，但适用法律错误的案件；（4）原判决违反法定程序，可能影响案件正确判决，需要发回重审的案件。

是否有新的事实、证据或者理由通过审阅一审案卷和上诉状以及询问当事人就可以明确，无须严格的庭审过程。在当事人提出新的事实、证据和理由的情况下，须通过开庭审理，给予上诉人和被上诉人充分陈述及抗辩机会，质询新证据，查明新事实，并通过辩论确定新提出的理由是否充分，在程序上保障当事人就新的事实、证据和主张予以阐述、说明和抗辩的权利。从而在程序上保证二审判决的公正。反之，如果径行裁决，尽管在实体上并不当然导致事实认定错误、裁决错误，但程序上的缺陷必然会妨碍当事人的诉讼程序中的权利，导致对人民法院裁判公正性的怀疑。

需要强调的是，第二审人民法院不开庭审理而径行判决，只是针对特定的案件，并非简化了程序。径行判决除了阅卷外，还要调查和询问当事人，同样需要对案件事实进行调查核实。二审法院对上诉案件不开庭审理，有两个条件：一个是当事人“没有提出新的事实、证据或者理由”，另一个是“人民法院认为不需要开庭审理”。审判实践中应当把握的是，即使当事人没有提出新的事实、证据或者理由，仍然有一些其他因素，应当研究是否应当开庭审理。如果案情比较复杂，双方争执不一，事实不清楚，或者当事人提出新的事实、证据或者理由，则应当开庭审理。

第一百七十七条　第二审人民法院对上诉案件，经过审理，按照下列情形，分别处理：

（一）原判决、裁定认定事实清楚，适用法律正确的，以判决、裁定方式驳回上诉，维持原判决、裁定；

（二）原判决、裁定认定事实错误或者适用法律错误的，以判决、裁定方式依法改判、撤销或者变更；

（三）原判决认定基本事实不清的，裁定撤销原判决，发回原审人民法院重审，或者查清事实后改判；

（四）原判决遗漏当事人或者违法缺席判决等严重违反法定程序的，裁定撤销原判决，发回原审人民法院重审。

原审人民法院对发回重审的案件作出判决后，当事人提起上诉的，第二审人民法院不得再次发回重审。

【条文主旨】

本条是关于上诉案件如何分情况进行判决裁定的规定。

【条文理解】

第二审人民法院审理的上诉案件是在第一审人民法院裁判的基础上进行的，是第一审程序的继续，即对同一诉讼法律关系的继续审理。该条是关于对上诉案件进行处理的规定，即对不服一审判决、裁定提起上诉的案件二审法院如何处理的规定。第二审程序与第一审程序是两个不同审级的程序，第一审程序因原告起诉而开始；第二审程序则因一审当事人上诉而开始。第一审人民法院是就原告的诉讼请求，对当事人之间的民事纠纷进行全面审理，并对当事人之间的权利义务关系作出处理；第二审人民法院主要是对上诉请求的有关事实和适用法律进行审查，就上诉请求所涉及的权利义务关系作出处理，同时也纠正第一审判决、裁定中的错误。依据本条的规定，上诉案件的处理有三种方式：维持原判决、裁定；依法改判、撤销或者变更；撤销原判决、裁定，发回一审法院重审。

第二审人民法院对于上诉案件，应当根据不同的情形，作不同的处理。

一、以判决、裁定方式驳回上诉，维持原判决、裁定

该处理方式以原判决、裁定的正确合法为根据。上诉案件的处理不仅要对当事人之间的争议作出最终的判断，还要对一审审理程序所作的判断给予评价，维持原判决或裁定是上级人民法院对下级人民法院判决、裁定正确性与合法性的一种肯定，同时也是上级人民法院对下级人民法院判决、裁定所确认的当事人之间的权利义务关系的一种认可。

从本条规定的内容来看，维持一审判决或裁定的条件是一审法院“认定事实清楚”以及“适用法律正确”。上述两项同时具备，适用维持原审判决或裁定。对判决的上诉，原判决认定事实清楚，适用法律正确的，第二审人民法院以判决方式驳回上诉，维持原判决；对裁定上诉的，原裁定认定事实清楚，适用法律正确的，第二审人民法院以裁定方式驳回上诉，维持原裁定。2007年《民事诉讼法》第153条第1款第1项仅规定二审法院对上诉判决的处理方式而对提起上诉的裁定二审法院如何处理并未规定。为了解决在司法实践中出现“当事人不服二审法院作出的裁定提起上诉后，二审法院如果维持原裁定的”，是否可以以2007年《民事诉讼法》中第153条第1款第1项的规定为依据的问题。2012年《民事诉讼法》修改时，在该条原内容的基础上增加了有关“裁定”的内容，即明确规定了：原判决、裁定认定事实清楚、适用法律正确的，二审法院要以判决、裁定的方式驳回上诉，维持原判决或裁定。从而使得该法条的内涵和外延显得更加周延，为司法审判提供了明确而清晰的

裁判依据。

二、以判决、裁定方式依法改判、撤销或者变更

改判、撤销或者变更出现在几种情况下，认定事实错误、适用法律错误、认定事实和适用法律都存在错误的。原审判决、裁定认定事实错误（或者认定事实不清）或者适用法律错误的，二审法院可以依法改变原审判决。认定事实错误主要是指以虚假的事实或者伪造的事实作为定案依据的；而认定事实不清，主要是指对事实的认定不真实、不够准确或者是没有将案件事实调查清楚的。此种情形下，二审法院应该在查清事实的基础上，依法进行改判。

原审判决、裁定适用法律错误的，主要是指原审判决、裁定在认定事实正确，仅是适用法律存在错误，此时二审人民法院可以直接以一审法院认定的事实为根据，重新适用法律作出改变原审判决、裁定的处理方式。2007 年《民事诉讼法》第 153 条第 1 款第 2 项主要规定了“原判决适用法律错误的，依法改判”，2012 年修改时将原判决适用法律错误规定为可以“改判”外，还增加了“认定事实错误的”情形，也可以改判。修改时该项也同样增加了“裁定”方面的内容，即对提起上诉的裁定，只要是“认定事实及适用法律错误的”，二审法院同样可以以“裁定”的方式进行改判。与 2007 年《民事诉讼法》的内容相比，对于“事实认定错误和适用法律错误的”，二审法院除了依法进行改判外，还可以以裁定的方式对原审裁定进行撤销或者变更。对判决的上诉，认定事实或者适用法律错误的，第二审人民法院以判决方式直接改判。对裁定的上诉，认定事实或者适用法律错误的，第二审人民法院以裁定方式撤销或者变更。

三、裁定撤销原判决，发回原审人民法院重审，或者查清事实后改判

撤销原审判决，发回原审法院进行重审，是指对于原审判决认定基本事实不清的或者原审判决有严重违反法定程序的，才可以裁定撤销原

审判决，发回原审法院进行重审。基本事实是指案件的关键事实，可能影响案件最终判决的事实。

依据该条的规定，撤销原审判决发回重审的有以下两种情形：

1. 原审判决认定基本事实不清楚的，二审法院可以裁定撤销原审判决由原审法院重审，也可以在查清事实的基础上二审法院进行改判，即二审法院除自行改判外，亦可以撤销原审判决，发回原审法院进行重审。

2. 原审判决严重违反法定程序的，裁定撤销原审判决、发回原审法院重审。依据该条的规定只有严重违反法定程序的，才能撤销原审判决，发回原审法院进行重审，而对于未严重违反法定程序的，则不应撤销原审判决发回重审。

对于严重违反法定程序的，根据《民事诉讼法司法解释》第323条规定："下列情形，可以认定为民事诉讼法第一百七十七条第一款第四项规定的严重违反法定程序：（一）审判组织的组成不合法的；（二）应当回避的审判人员未回避的；（三）无诉讼行为能力人未经法定代理人代为诉讼的；（四）违法剥夺当事人辩论权利的。"

对于原审法院审理的案件的一般事实不清的情况下，第二审人民法院应直接查清事实后改判，只有在基本事实不清的情况下，第二审人民法院才可以在查清事实后改判和发回重审之间选择。在原审判决认定基本事实不清的情况下，为节约司法资源、提高司法效率，第二审人民法院如果能够直接查清事实后改判的，应当首先考虑查清事实后改判。在由原审人民法院审理更方便于查清基本事实的情况下，才考虑将案件发回原审法院重审。

在司法实践中，对于二审法院是自行改判抑或发回重审，往往取决于积案压力、案件受外界干预程度和对此干预的驾驭能力。2012年《民事诉讼法》对2007年《民事诉讼法》关于第二审人民法院审理上诉案件的处理情况作出了修改，特别是集中在发回重审的适用条件上和发回重审的次数上作出了限制规定。2007年《民事诉讼法》第153条规定："第二审人民法院对上诉案件，经过审理，按照下列情形，分别处理：（一）原判决认定事实清楚，适用法律正确的，判决驳回上诉，维持原判决；（三）原判决适用法律错误的，依法改判；（三）原判决认定事实错误，或者原判决认定事实不清，证据不足，裁定撤销原判决，发回原审人民法院重审，或者查清事实后改判：（四）原判决违反法定程序，可能影响案件正确判决的，裁定撤销原判决，发回原审人民法院重审。当事人对重审案件的判决、裁定，可以上诉。”2012年《民事诉讼法》第170条重点修改了2007年《民事诉讼法》第153条第1款的第3～4项和第2款。2012年《民事诉讼法》第170条第1款第3项、第4项规定：“（三）原判决认定基本事实不清的，裁定撤销原判决，发回原审人民法院重审，或者查清事实后改判；（四）原判决遗漏当事人或者违法缺席判决等严重违反法定程序的，裁定撤销原判决，发回原审人民法院重审。原审人民法院对发回重审的案件作出判决后，当事人提起上诉的，第二审人民法院不得再次发回重审。”对于上述第3～4项的修改，主要是重新规定了发回重审的适用情形，其中第3项可以看作是对实体救济型发回重审适用条件的适当限制。

本条第2款规定，原审人民法院对发回重审的案件作出判决后，当事人提起上诉的，第二审人民法院不得再次发回重审。重新审理不是对一判决的简单更正，而是要严格按照一审程序重新审查，要另行组成合议庭审理，发回重审所作判决、裁定仍是第一审的判决、裁定，当事人对重审案件的判决、裁定，可以上诉，对此类案件，第二审人民法院不得以任何理由再次发回重审。

【条文适用】

对事实错误区分情况，如果属于原判决、裁定认定事实错误或者适用法律错误的，以判决、裁定方式依法改判、撤销或者变更；如果原判决认定基本事实不清的，裁定撤销原判决，发回原审人民法院重审，或者查清事实后改判。需要注意的是，人民法院过多地将案件发回一审人民法院重审，既增加当事人的诉讼成本，又影响审判效率。在第二审人民法院能查清事实改判的情况下，由第二审人民法院直接查清事实后改判；在基本事实不清，第二审人民法院查清事实有困难，发回一审人民法院查清更有利的情况下，才发回原审人民法院重审。基本事实，是指用以确定当事人主体资格、案件性质、民事权利义务等对原判决、裁定结果有实质性影响的事实。

第二审人民法院查明第一审人民法院作出的不予受理裁定有错误的，应当在撤销原裁定的同时，指令第一审人民法院立案受理；查明第一审人民法院作出的驳回起诉裁定有错误的，应当在撤销原裁定的同时，指令第一审人民法院审理。

原审判决存在遗漏当事人或者违法缺席判决等严重违反法定程序的，裁定撤销原判决，发回原审人民法院重审。对于“严重违反法定程序”采用的是列举加兜底的表述方式对严重违反法定程序的事项进行了表述，即列举了“原审判决遗漏当事人或者违法缺席判决”两项，在列举上述两项后该条采用了“等”字的将两项以外的情形予以概括。对违反法定程序的情况是进行限定的，必须是遗漏当事人或者违法缺席判决等严重违反法定程序的情况，第二审人民法院才可以发回原审人民法院重审。

原审判决、裁定主文正确，但认定事实错误；或者原审判决、裁定主文正确，但判决理由不当；或者原审判决、裁定主文正确，但适用法律不当。虽然理论界和司法实践中对维持原判是维持判决主文还是维持整个判决内容有不同的理解，但司法实务界认为，“维持原判”应是对整个判决主文即判决结果的维持。因为判决主文是建立在事实认定和适用法律的基础上的，即使一审事实认定和适用法律有误，二审对事实和说理部分予以纠正，如果二审法院的判决结果与一审判决主文相同，也应该认定为维持原判。根据《民事诉讼法司法解释》第332条的规定，原判决、裁定认定事实或者适用法律虽有瑕疵，但裁判结果正确的，第二审人民法院可以在判决、裁定中纠正瑕疵后，依照本条第1款第1项规定予以维持。

发回重审是上级法院撤销下级法院的判决、裁定，将案件发回一审法院重新审判，由一审法院另行组成合议庭按照第一审程序进行审理的一种制度。这项制度设立的初衷是为了让二审法院更好地从法律上监督一审法院，也可以避免一审法院在案件事实认定、法律适用上的错误。由于法律对于发回重审的次数没有规定，导致出现一个案件多次发回重审的情况，既增加了当事人的诉讼负担，又影响了审判效率和司法公正的实现。为了能在法定的时间内结案，对发回重审的条件和次数作了限制，原审人民法院对发回重审的案件作出判决后，当事人提起上诉的，第二审人民法院不得再次发回重审。该规定解决案件久拖不决，提高诉讼效率，保障当事人权益。

根据《民事诉讼法司法解释》第 328 条、第 329 条的规定，人民法院依照第二审程序审理案件，如果认为依法不应由人民法院受理的，可以由第二审人民法院直接裁定撤销原裁判，驳回起诉；如果认为第一审人民法院受理案件违反专属管辖规定的，应当裁定撤销裁判并移送有管辖权的人民法院。

第二审对事实清楚的上诉案件可以不开庭而径行判决的程序不适用于第一审程序的审理。

根据《民事诉讼法司法解释》第 300 条的规定，第三人诉讼请求并入再审程序审理时，按照第一审程序审理的，人民法院应当对第三人的诉讼请求一并审理，所作的判决可以上诉；按照第二审程序审理的，人民法院可以调解，调解达不成协议的，应当裁定撤销原判决、裁定，发回一审法院重审，重审时应当列明第三人。

第一百七十八条　第二审人民法院对不服第一审人民法院裁定的上诉案件的处理，一律使用裁定。

【条文主旨】

本条是关于对不服裁定的上诉案件一律使用裁定的规定。

【条文理解】

裁定解决的是诉讼过程中程序方面的问题，是根据诉讼程序中的事实，对诉讼程序的开始、进行和终结所作出的决定。裁定的效力，表现在对于所涉及的诉讼参与人及法院产生裁定内容相应的拘束力，由于其指向的是程序事务，故其效力是一种程序法上的效力，不产生实体法意义上的效力。[①] 其目的是保证诉讼活动的顺利进行。根据《民事诉讼法》的规定，当事人不服第一审人民法院不予受理的裁定、对管辖权异议的裁定、驳回起诉的裁定，有权依法提起上诉。第二审人民法院对这三种裁定上诉的审理，重新作出决定用以解决维持原裁定、改变原裁定、撤销原裁定，针对的仍然是程序问题。因此，仍然采用裁定的形式。

【条文适用】

第二审人民法院应对上诉的裁定依法进行审查，并根据裁定的不同情况作出处理。原审裁定认定事实清楚，适用法律正确的，裁定驳回上诉，维持原裁定；原裁定认定事实错误或者适用法律错误的，裁定撤销原裁定，并作出变更的内容。

① 江伟主编：《民事诉讼法》，高等教育出版社2000年版，第281页。

根据《民事诉讼法司法解释》第330条的规定，第二审人民法院在审理中如果查明第一审人民法院作出的不予受理裁定有错误的，应当在撤销原裁定的同时，指令第一审人民法院立案受理；查明第一审人民法院作出的驳回起诉裁定有错误的，应当在撤销原裁定的同时，指令第一审人民法院进行审理。这样规定，一是体现了上级法院对下级法院的审判监督，二是有利于保护当事人的诉权，避免一审人民法院仍然对当事人的诉讼请求置之不理。

如果第二审人民法院发现原审人民法院受理了不应由人民法院受理的案件，应直接裁定撤销原裁定的同时，驳回起诉，告知当事人向有关主管机关申请解决。这样规定的目的，一是能够强化上级法院对下级法院的监督，使监督权落到实处。如果二审人民法院仅撤销原裁定，而无权驳回起诉，则案件发回重审后第一审人民法院可能坚持原意见，继续审理，浪费司法资源，也使上级法院的监督权落空。二是尽早告知当事人不属于人民法院受理范围，当事人可及时通过其他渠道寻求解决。按照审判监督程序提审或者再审时适用第二审程序的，也执行此规定。

对于不服管辖权异议的裁定而上诉的案件，如果原裁定有错误，第二审人民法院应如何处理？《民事诉讼法》和司法解释都没有明确规定。第二审人民法院应根据案件实际情况处理，比如在撤销原裁定的同时，指令第一审人民法院移送管辖或者进行审理。

第一百七十九条　第二审人民法院审理上诉案件，可以进行调解。调解达成协议，应当制作调解书，由审判人员、书记员署名，加盖人民法院印章。调解书送达后，原审人民法院的判决即视为撤销。

【条文主旨】

本条是关于二审调解的规定。

【条文理解】

法院调解，是指在法院审判人员的主持下，双方当事人就民事权益争议自愿、平等地进行协商，达成协议，解决纠纷的诉讼活动。法院调解既是人民法院审理民事案件中贯彻调解原则的一种诉讼活动，又是人民法院行使审判权、解决民事纠纷、结束诉讼程序的一种方式。无论当事人是否最后达成了协议，法院为了调解的目的而做的一切调停工作都属于法院调解。

调解是我国司法实践一贯坚持的优良传统。“调解优先、调判结合”是人民法院的审判工作原则。《最高人民法院关于进一步贯彻“调解优先、调判结合”工作原则的若干意见》（法发〔2010〕16 号）要求，各级法院特别是基层人民法院要把调解作为处理民事案件的首选结案方式和基本工作方法。对依法和依案件性质可以调解的所有民事案件都要首先尝试运用调解方式解决，将调解贯穿于民事审判工作的全过程和所有环节。因此，民事诉讼第二审程序仍应该将调解作为首要的工作方法和结案方式，其对于恢复双方当事人之间的关系、化解矛盾冲突、促进社会和谐稳定具有重要意义。

第一，二审调解的开始。既可以依据当事人的申请，也可以由人民法院依职权主动启动。适合调解的二审民事案件，应当调解，并且二审人民法院要重点做好以下案件的调解工作：涉及群体利益，需要政府和相关部门配合的案件；人数众多的共同诉讼、集团诉讼案件；案情复杂，当事人之间情绪严重对立，且双方都难以形成证据优势的案件；相关法律法规没有规定或者规定不明确，在适用法律方面有一定困难的案件；敏感性强、社会关注程度大的案件。

第二，二审调解的程序。在二审诉讼调解中，应当注重调解程序的正当性、简易性和可操作性，避免调解的随意性。诉讼调解的程序和方法应当符合法律和司法解释的规定。调解开始前，审判人员要告知当事人诉讼权利和义务、审判人员，询问当事人是否申请回避，调解过程中也要遵循当事人自愿与合法原则。人民法院不能强制或违背当事人意愿进行调解。

第三，二审调解的内容。二审调解既可以对当事人上诉请求范围内的实体问题进行调解，也可以对一审判决认定的而上诉人未提出异议的实体问题进行调解。由于此时一审判决还未生效，当事人对此有处分权。另外，下列案件二审人民法院可以适用调解，调解不成的分别予以发回重审：当事人在一审中已经提出诉讼请求，原审人民法院未作审理、判决的；必须参加诉讼的当事人在一审中未参加诉讼的；一审判决不准离婚，二审人民法院认为应当判决离婚的。二审中，原审原告增加诉讼请求或原审被告提出反诉的，二审人民法院可以根据当事人自愿的原则就新增加的诉讼请求或反诉进行调解，调解不成的告知当事人另行起诉。如果调解不成，则二审人民法院应及时判决，不能久调不决。经过调解双方当事人达成调解协议的，二审人民法院应依法审查协议的内容。

第四，二审法院对调解协议的审查。调解协议不能违背法律、行政法规的禁止性规定，不能损害国家利益、社会公共利益；不能侵害案外人合法权益，不能违背当事人真实意思。如果协议有不符合上述规定之处，审判人员可以指出后让当事人重新协商。经人民法院审查符合法律政策的调解协议，二审人民法院应予以批准并制作调解书。

二审人民法院制作的调解书应写明以下内容：（1）案由、诉讼请求；（2）争议的事实和理由；（3）认定的事实和适用的法律；（4）调解结果和诉讼费用的负担。调解书由审判人员、书记员署名，并加盖第二审人民法院的印章。调解书一经送达双方当事人即发生法律效力，原审人民法院的判决即视为撤销。

【条文适用】

司法实务中，二审调解需要注意以下问题：第一，根据《民事诉讼法》第41条第2款的规定，部分二审民事案件，可以由审判员一人独任审理。二审案件无论是组成合议庭审理还是独任审理，都适用调解。根据实际情况，在调解书上署名。第二，如果二审组成合议庭审理，那么具体的调解工作可以由一名审判员负责，但需要由合议庭审查调解内容包括达成的调解协议是否符合自愿和合法的原则。第三，调解书也是第二审人民法院的法律文书，调解书送达当事人后即具有终审判决、终结诉讼的法律效力，具有执行内容，并具有执行的效力。第四，一审调解和二审调解的不同点是：一审调解一般应当制作调解书，但符合《民事诉讼法》第101条规定的也可以不制作调解书；二审调解后必须制作调解书。这是因为二审调解是否成立直接关系到一审判决的效力包括是否以此执行。上诉审理期间，一审判决未发生法律效力，二审经调解达成协议，是二审审判结果，该结果必须以书面形式加以明示，便于当事人和社会公众知晓。否则，一审判决的效力始终处于不稳定状态，终止或执行都缺乏依据。一审程序中的调解不存在此问题。第五，当事人在第二审程序中达成和解协议的，人民法院可以根据当事人的请求，对双方达成的和解协议进行审查并制作调解书送达当事人。第六，第二审人民法院的调解书上不能有“撤销原判”的表述，因为《民事诉讼法》明确规定了，调解书送达后，原审人民法院的判决即“视为撤销”。“撤销原判”与“视为撤销”不同，“撤销原判”以原审判决错误为前提，而调解协议是双方当事人自愿互谅互让达成的，并不等于原审判决有错，不能用当事人行使处分权的结果来衡量和撤销人民法院行使审判权的结果。“视为撤销”的含义不是二审人民法院用调解书撤销了原审判决，而是二审调解书生效后，原审判决就此失去了法律效力。

第一百八十条　第二审人民法院判决宣告前，上诉人申请撤回上诉的，是否准许，由第二审人民法院裁定。

【条文主旨】

本条是关于撤回上诉的规定。

【条文理解】

提起上诉是当事人的一项诉讼权利，相应地，撤回上诉也是当事人的一项诉讼权利。撤回上诉，是指上诉人提起上诉后，在第二审人民法院判决宣告前，撤回上诉请求的诉讼行为。对于撤回上诉的申请是否准许，由第二审人民法院裁定。因此，“撤回上诉是当事人和人民法院两个诉讼行为的结合”。[①] 对于撤回上诉，法律既加以保护，又有一定的限制。

撤回上诉与撤回起诉相比，两者的法律后果不同。一审原告撤回起诉，通常视为未起诉，当事人在法定期限内仍然享有起诉的权利。但上诉人撤回上诉，就丧失了上诉权，不得再行提起上诉。同时，第一审判决由于上诉人撤回上诉而发生法律效力。即使当事人对一审判决有异议，也只能向人民法院申请再审。

【条文适用】

一、撤回上诉的申请形式

撤回上诉的申请既可以是书面形式，也可以是口头形式，但必须在

① 董少谋主编：《民事诉讼法学》，法律出版社2011年版，第316页。

第二审人民法院判决宣告以前提出。口头申请撤回上诉的，二审人民法院应当将申请的内容记入笔录。

二、对撤回上诉的审查

《民事诉讼法司法解释》第 335 条规定：“在第二审程序中，当事人申请撤回上诉，人民法院经审查认为一审判决确有错误，或者当事人之间恶意串通损害国家利益、社会公共利益、他人合法权益的，不应准许。”除此之外，如果上诉人撤回上诉是受到胁迫，撤回上诉并非上诉人真实意思表示的，也不应准许撤回上诉，因为这将损害上诉人的合法权益。如果存在上述情形，第二审人民法院应当裁定不准撤回上诉。

三、二审人民法院的裁定方式及效力

第二审人民法院不准上诉人撤回上诉的，可以口头裁定驳回，并将裁定内容记入笔录，也可以书面裁定驳回。但准予撤回上诉的，必须使用书面裁定。准许撤回上诉的裁定是终审裁定，一经送达即产生法律效力，当事人既不能提起上诉，也不能申请复议。同时，原审人民法院的一审判决发生法律效力，当事人必须执行。

第一百八十一条　第二审人民法院审理上诉案件，除依照本章规定外，适用第一审普通程序。

【条文主旨】

本条是关于二审适用程序的规定。

【条文理解】

第二审程序是第一审程序的延续，是就同一案件在第一审程序的基础上，根据上诉案件审理的需要和特点所作的补充性规定。因此，在审理二审案件的过程中，法律对二审程序有特别规定的，应适用二审程序的特别规定，对于二审程序没有特别规定的事项，适用一审程序的规定。

在所有的审判程序中，普通程序是适用范围最广泛的程序。普通程序是人民法院审理第一审案件的程序，也是人民法院审理民事案件最常用的标准程序和规范程序，因此在整个民事诉讼程序中占据基础地位。与其他诉讼程序相比，普通程序具有以下特点：第一，普通程序具有程序的完整性。普通程序是诉讼程序中最完整的一种程序类型。其完整性表现在体系的完整性和内容的完整性两方面。从体系上看，普通程序包括当事人起诉、人民法院受理、审理前准备、开庭审理、法庭调解、法庭辩论、评议、裁判、宣告判决等各个法定环节，每一个诉讼阶段按照先后顺序密切衔接，体系完整，反映了审判活动和诉讼活动的全貌和基本规律。从内容上看，普通程序对各个诉讼阶段的具体内容都有明确具体的规定，而且对一些必要的诉讼制度也作出了规定，如撤诉、缺席判决、诉讼中止和诉讼终结。这些情况在其他诉讼程序中也可能出现，所以是其他诉讼程序必不可少的制度。与此相对，二审程序不具有程序的完整性，而是带有补充的性质。并非二审中的每个诉讼环节和内容都在二审程序中有所规定，其规定的只是有别于普通程序的特殊性问题。没有规定的问题，依照普通程序执行。第二，普通程序具有相对独立性。普通程序除了需要遵守和贯彻《民事诉讼法》总则中规定的基本原则和基本制度外，不依附于任何其他程序而存在，也无须再适用其他任何程序的规定。二审程序则以普通程序为基础，缺乏这种独立性。第三，普通程序具有广泛的适用性。普通程序不仅适用于各级人民法院审理第一审民事案件，而且在二审程序和审判监督程序审理的案件中，也经常需要援用普通程序的某些规定。而二审程序适用的范围相对狭窄。

二审程序与普通程序之间的关系，既反映了民事诉讼程序之间的差异性，又显示了相互的协调性，是一种科学的立法设计。

第二审人民法院审理案件除了依照本章关于二审程序的规定外，还要适用第一审普通程序，比如开庭审理前的准备程序、开庭审理程序中有关法庭调查、辩论的顺序、诉讼中止和终结、当事人的诉讼权利和义务、调解、裁定、判决等。

【条文适用】

虽然从《民事诉讼法》的规定看似乎简单明了，只要二审程序没有规定的事项就适用一审普通程序，但因为二审程序毕竟与一审程序不同，有其自身的独特性，因此二审程序在某些方面并不能完全照搬一审程序的规定。

一、第二审人民法院如何宣告判决

按照《民事诉讼法》第151条第1款的规定，人民法院对公开审理或者不公开审理的案件，一律公开宣告判决。第二审人民法院审理上诉案件宣告判决时，同样应遵守这一规定。但是，上诉案件与一审案件明显不同的特点之一就是，有关管辖权的规定决定了一审人民法院审理的案件一般就在当事人居住地，但二审法院所在地往往离当事人所在地距离很远。因此，《民事诉讼法司法解释》第338条规定：第二审人民法院宣告判决可以自行宣判，也可以委托原审人民法院或者当事人所在地人民法院代行宣判。二审人民法院委托其他法院宣告判决的，需要办理一系列委托手续，包括委托宣告函、宣判笔录、送达回证、判决书或裁定书。

二、二审程序是否允许原告撤诉

关于二审程序中是否允许原告撤诉，之前存在较大争议。《民事诉讼法司法解释》第336条规定：在第二审程序中，原审原告申请撤回起诉，经其他当事人同意，且不损害国家利益、社会公共利益、他人合法权益的，人民法院可以准许。准许撤诉的，应当一并裁定撤销一审裁判。原审原告在第二审程序中撤回起诉后重复起诉的，人民法院不予受理。该解释第337条规定：因和解而申请撤诉，经审查符合撤诉条件的，人民法院应予准许。二审程序允许原告撤诉的条件：一是其他当事人同意原告撤诉；二是撤诉不损害国家利益、社会公共利益、他人合法权益。允许撤诉的法律后果是不允许原告重复起诉。

第一百八十二条　第二审人民法院的判决、裁定，是终审的判决、裁定。

【条文主旨】

本条是关于二审判决、裁定效力的规定。

【条文理解】

我国民事诉讼实行两审终审制，当事人对除最高人民法院之外的第一审人民法院作出的判决以及在上诉范围内的三种裁定不服，可以在法定期限内提起上诉。两审终审制是我国《宪法》和《人民法院组织法》早已规定的审级制度。这种审级制度，一是便利人民群众进行诉讼，保障当事人的诉讼权利；二是有利于上级法院加强对下级法院的监督，保障案件质量；三是能够使案件及时得到解决，减少人力、物力和财力的过多耗费，与我国的国情相符合。根据两审终审的基本原则，二审人民法院作出的判决和裁定是终审的判决和裁定。

我国民事诉讼实行两审终审制，当事人对除最高人民法院之外的第一审人民法院作出的判决以及在上诉范围内的三种裁定不服，可以在法定期限内提起上诉。当事人在法定期限内不上诉的，第一审判决和裁定发生法律效力；当事人在法定期限内上诉的，第一审判决和裁定不发生法律效力，案件进入二审程序。第二审人民法院对案件作出的判决、裁定就是终审的判决、裁定。终审的判决、裁定，是指第二审人民法院作出的一经送达即发生法律效力的判决、裁定。当事人不得对二审判决、裁定再行提起上诉，也不能就同一事实和理由向人民法院再次起诉。非依法经由审判监督程序，任何单位、个人甚至人民法院都无权撤销或变更这一终审判决、裁定；当事人不服终审判决、裁定的，只能在法定期限内依照审判监督程序规定的期限和条件申请再审。

【条文适用】

第二审人民法院作出的判决、裁定，是终审的判决、裁定，这种终审的判决和裁定的效力如何，又会对当事人、人民法院以及社会公众产生怎样的影响呢？裁判的效力，实际是国家法律权威性的体现。一般生效的判决在法律意义上具备“三力”：确定当事人之间民事权利义务关系的确定力；对给付判决的执行力；生效判决自身的证据力。[①] 我国终审判决的效力集中体现在三个方面：第一，拘束力。二审判决生效后，对于上诉当事人而言，要求其不得违背判决的内容，对于被上诉人，当然也有同样的要求；该二审判决除非经由审判监督程序不得任意被撤销或变更；其他社会成员应对该判决予以认可和维护。第二，确定力。生效的二审判决确定了上诉人与被上诉人之间争议的法律关系，消灭了上诉人再以上诉方式撤销、变更判决的程序性权利。第三，给付判决的执行力。对于有给付内容的判决，负有义务的一方当事人没有自觉履行的时候，享有权利的当事人有权申请人民法院强制执行，以保证终审判决确定的权利、义务得以实现。裁定的效力，表现在对于所涉及的诉讼参与人及法院产生裁定内容相应的拘束力。由于裁定针对的是程序性事项，因此其效力仅为程序性的效力，不产生实体上的效果。

本条与第 158 条虽然规定的都是“发生法律效力”的判决、裁定，但本条强调的是二审裁判的“终审”性质。这种终审性质必然是由二审程序在整个民事诉讼程序中所处的地位和发挥的功能决定的。换句话说，文书是程序的载体，二审判决、裁定能否真正成为终审判决、裁定，取决于二审程序是否真正是一种终审程序。

---

① 齐树洁主编：《民事程序法》，厦门大学出版社 2002 年版，第 185 ~ 186 页。

第一百八十三条　人民法院审理对判决的上诉案件，应当在第二审立案之日起三个月内审结。有特殊情况需要延长的，由本院院长批准。

人民法院审理对裁定的上诉案件，应当在第二审立案之日起三十日内作出终审裁定。

【条文主旨】

本条是关于二审审理期限的规定。

【条文理解】

二审程序作为法定的诉讼程序，同样需要对审理期限明确作出规定。在《民事诉讼法（试行）》中，没有关于二审案件审理期限的规定，造成审判实践中一些上诉案件久拖不决，当事人之间的诉争不能及时有效解决，影响了经济社会生活的稳定。因此1991年制定《民事诉讼法》时增加了二审审理期限的条款。此次修订仍延续1991年的原文。上诉案件经过一审程序，已经耗费了相当一段时间，当事人对诉讼也投入了大量人力、物力，规定二审审理期限的规定，可以促使二审法院在保证办案质量的前提下加快审理进度，减少当事人诉累，以更好地保护当事人的合法权益，稳定社会关系和秩序。

对于不服判决的上诉案件，二审人民法院应在第二审立案之日起3个月内审结。3个月是对判决上诉案件的法定审理期限，一般不能延长。但立法考虑，案件各不相同，有些案件存在特殊情况，比如案情疑难、复杂，有的案件跨行政区，人民法院需要到不同的地区进行调查工作，有的案件遇到法律适用方面的疑难问题需要逐级向最高人民法院请示，这样二审人民法院很难在3个月的期限内办结，需要延长审理期限。延长审限的，由本院院长批准。是否批准，由院长决定。

对于不服裁定的上诉案件，二审人民法院应在第二审立案之日起30日内作出终审裁定，而且对裁定的上诉案件的审理期限不能延长。之所以对裁定的上诉案件审理期限较对判决的上诉案件审理期限短，并且不能延长审限，是因为可以上诉的三类裁定都只涉及程序事项，事实并不复杂，拖延过久不利于当事人诉讼权利的行使。

【条文适用】

《最高人民法院关于严格执行案件审理期限制度的若干规定》第2条规定：审理对民事判决的上诉案件，审理期限为3个月；有特殊情况需要延长的，经本院院长批准，可以延长3个月。审理对民事裁定的上诉案件，审理期限为30日。在执行二审审理期限方面需注意以下问题。

一、二审审理期限的计算

《最高人民法院关于严格执行案件审理期限制度的若干规定》第8条规定：案件的审理期限从立案次日起计算。第9条规定：民事二审程序中下列期间不计入审理期限，可以从审限中扣除：公告、鉴定的期间、由有关专业机构进行审计、评估、资产清理的期间、中止诉讼至恢复诉讼的期间。第10条规定："人民法院判决书宣判、裁定书宣告或者调解书送达最后一名当事人的日期为结案时间。如需委托宣判、送达的，委托宣判、送达的人民法院应当在审限届满前将判决书、裁定书、调解书送达受托人民法院。受托人民法院应当在收到委托书后七日内送达。人民法院判决书宣判、裁定书宣告或者调解书送达有下列情形之一的，结案时间遵守以下规定：（一）留置送达的，以裁判文书留在受送达人的住所日为结案时间；（二）公告送达的，以公告刊登之日为结案时间；（三）邮寄送达的，以交邮日期为结案时间；（四）通过有关单位转交送达的，以送达回证上当事人签收的日期为结案时间。"

二、二审审理期限的延长

二审案件延长审理期限需要履行一定的报批手续，不得随意延长。《最高人民法院关于严格执行案件审理期限制度的若干规定》第 12 条规定："民事案件应当在审理期限届满十日前向本院院长提出申请；还需延长的，应当在审理期限届满十日前向上一级人民法院提出申请。"第 14 条规定："对于下级人民法院申请延长办案期限的报告，上级人民法院应当在审理期限届满三日前作出决定，并通知提出申请延长审理期限的人民法院。需要本院院长批准延长办案期限的，院长应当在审限届满前批准或者决定。"

三、对二审审理期限的监督检查

监督检查是保证二审案件按照审限规定执行的必要措施。《最高人民法院关于严格执行案件审理期限制度的若干规定》第 20 条规定："各级人民法院应当将审理案件期限情况作为审判管理的重要内容，加强对案件审理期限的管理、监督和检查。"第 21 条规定："各级人民法院应当建立审理期限届满前的催办制度。"第 22 条规定："各级人民法院应当建立案件审理期限定期通报制度。对违反诉讼法规定，超过审理期限或者违反本规定的情况进行通报。"第 23 条规定："审判人员故意拖延办案，或者因过失延误办案，造成严重后果的，依照《人民法院审判纪律处分办法（试行）》第五十九条的规定予以处分。审判人员故意拖延移送案件材料，或者接受委托送达后，故意拖延不予送达的，参照《人民法院审判纪律处分办法（试行）》第五十九条的规定予以处分。"这些措施可以有力地督促和警示审判人员严格遵守审限要求。

四、对二审审理期限情况的公开

二审法院审限执行情况属于司法公开的内容。最高人民法院公布的《关于司法公开的六项规定》要求，案件延长审限的情况应当告知当事人。最高人民法院公布的《司法公开示范法院标准》指出，案件未在法定期限内审结的，应当在法定期限届满前将中止诉讼、延长审限的情况及理由以书面或者口头方式告知当事人。

五、对二审审理期限的管理

审限反映了审判效率，因此对于审限的管控是人民法院审判管理的重要内容之一。《最高人民法院关于加强人民法院审判管理工作的若干意见》提出："……10. 切实加强审判效率管理。要根据审判工作整体运行态势，合理分配审判资源，明确简易案件与疑难复杂案件的分类标准，实现案件繁简分流，提高审判效率。要完善审限动态监控机制，实行审限提示与预警，规范延长、扣除案件的审限审批手续，强化对案件审限的管理，促进法定审限内结案。"

六、二审调解的审理期限可适当放宽

《民事调解工作规定》第2条规定：当事人在诉讼过程中自行达成和解协议的，人民法院可以根据当事人的申请依法确认和解协议制作调解书。双方当事人申请庭外和解的期间，不计入审限。第4条规定：在答辩期满前人民法院对案件进行调解，适用普通程序的案件在当事人同意调解之日起15天内，适用简易程序的案件在当事人同意调解之日起7天内未达成调解协议的，经各方当事人同意，可以继续调解。延长的调解期间不计入审限。

《最高人民法院关于进一步贯彻"调解优先、调判结合"工作原则的若干意见》指出，要建立健全有利于调解工作科学发展的审判流程管理体系。落实特定情况下的和解、调解期间不计入审限的规定，合理放宽对调解案件适用时间、期间和审限的限制。当事人愿意进行调解，但审理期限即将届满的，可以由当事人协商确定继续调解的期限，经人民法院审查同意后，由承办法官记录在卷。案件有达成调解协议的可能，当事人不能就继续调解的期限达成一致的，经本院院长批准，可以合理延长调解期限。

第十五章　特别程序

第一节　一般规定

第一百八十四条　人民法院审理选民资格案件、宣告失踪或者宣告死亡案件、指定遗产管理人案件、认定公民无民事行为能力或者限制民事行为能力案件、认定财产无主案件、确认调解协议案件和实现担保物权案件，适用本章规定。本章没有规定的，适用本法和其他法律的有关规定。

【条文主旨】

本条是关于人民法院审理某些非民事权益纠纷案件所适用的特别程序的规定。

【条文理解】

特别程序，是指人民法院审理某些非民事权益纠纷案件所适用的特殊程序。适用特别程序审理的案件包括选民资格案件、宣告失踪或者宣告死亡案件、指定遗产管理人案件、认定公民无民事行为能力或者限制民事行为能力案件、认定财产无主案件、确认调解协议案件和实现担保物权案件。《民事诉讼法》（2012 年修正）在适用特别程序审理的案件范围中，增加了确认调解协议案件和实现担保物权案件。本次修正，再次扩大了适用特别程序审理的案件范围，新增指定遗产管理人案件。

随着经济发展，遗产种类复杂，借贷、抵押等关系的出现，因遗嘱、遗赠、遗赠扶养协议、亲属继承关系等各种复杂原因而引发的财产纠纷越来越多，凭借遗嘱继承、法定继承或者当事人内部调解并不能完全解决这些财产纠纷。财产类型的复杂化导致获取信息的门槛提高，继承活动需要付出更大的成本。“遗产管理人”便应运而生。对于遗产管理人的权利外观，有学者认为根据不同情况由公证处出具公证书，或者人民法院颁发证书来赋予遗产管理人权利外观。[①] 域外国家的遗产管理人制度相对成熟，德国、日本等大陆法系国家以及英美法系国家，都对遗产管理人制度的各方面具有相对全面的规定，对于遗产管理程序的启动到结束都有了完整的体系。在遗产管理人的确定方式方面，德国托比亚斯等人提出三种方式，即遗嘱指定、继承人担任、法院指定等方式。[②] 遗产管理人通过集中信息、相对独立且专业的手段来减少遗产在分配过程中的运行成本，解决了部分复杂的继承纠纷案件。

《民法典》第六编第四章专门规定了遗产处理的程序和规则，并在现行继承法的基础上，进一步完善了有关遗产处理的制度，其中之一便是增加了遗产管理人制度。[③]《民法典》第1146条规定：“对遗产管理人的确定有争议的，利害关系人可以向人民法院申请指定遗产管理人。”结合《民法典》第194条、第1146条和《信托法》第39条[④]等规定，司法实践中出现以下情形，利害关系人可以向法院起诉，申请指定遗产管理人：（1）遗嘱未指定遗嘱继承人，继承人对遗产管理人的选任有争议的。（2）没有继承人或者继承人下落不明，遗嘱中又未指定遗嘱执行人的。

① 王葆莳、吴云煐：《〈民法典〉遗产管理人制度适用问题研究》，载《财经法学》2020年第6期。

② ［德］雷纳·弗兰克、［德］托比亚斯·海尔姆斯：《德国继承法》（第6版），王葆时、林佳业译，中国政法大学出版社2015年版。

③ 《民法典》第1145条至第1149条对遗产管理人的认定、职责、责任和报酬等进行了规定。

④ 《信托法》第39条规定：“受托人有下列情形之一的，其职责终止：（一）死亡或者被依法宣告死亡；（二）被依法宣告为无民事行为能力人或者限制民事行为能力人；（三）被依法撤销或者被宣告破产；（四）依法解散或者法定资格丧失；（五）辞任或者被解任；（六）法律、行政法规规定的其他情形。受托人职责终止时，其继承人或者遗产管理人、监护人、清算人应当妥善保管信托财产，协助新受托人接管信托事务。”

(3) 对指定遗产管理人的遗嘱的效力存在争议的。(4) 遗产管理人有证据证明继承人的行为已经或将要损害其利益的。《民事诉讼法》(2023 年修正) 第十五章第四节新增指定遗产管理人案件的程序规定，也是为了适应司法实践及《民法典》对法院指定管理人制度的规定。

【条文适用】

人民法院审理本条规定的案件，在法律适用方面首先适用本法关于特别程序的规定，特别程序没有规定时，适用本法和其他法律的有关规定。

【典型案例】

赵某贝、赵某等申请指定遗产管理人案

【案　　号】陕西省澄城县人民法院（2022）陕 0525 民特 3 号

【裁判要旨】申请指定遗产管理人案件，法院通过特别程序审理，管辖法院为被继承人死亡时居住地法院。依据《民法典》第 1146 条规定，对遗产管理人的确定有争议的，利害关系人可向人民法院申请指定遗产管理人。利害关系人同为第一顺序的继承人（包含配偶、子女、父母），在第一顺序继承人中，子女一致同意由被继承人配偶作为遗产管理人，符合法律规定，法院予以支持。

【基本案情】申请人王某莲于 1989 年与赵某甲结婚，双方 1992 年 2 月 14 日生长子赵某贝；1997 年 XX 月 XX 日生次子赵某。2022 年 3 月 17 日赵某甲因病去世，现赵某贝、赵某（被申请人）均在西安工作，未婚。申请人王某莲、赵某甲与被申请人赵某贝、赵某系父母子女关系。另查明赵某甲的母亲权某某（又名张某某）住澄城县 XX 镇 XX 村 XX 组，已于 1994 年去世。赵某甲父亲赵某乙住澄城县 XX 镇 XX 村 XX 组，已于 2007 年去世。赵某甲与刘某民间借贷纠纷一案，澄城县人民法院作出

（2020）陕0525民初1624号民事判决书后，在申请执行该生效判决时，由于二被申请人也系赵某甲法定继承人，故申请人提起该遗产管理纠纷之诉。陕西省澄城县人民法院作为被继承人死亡时居住地法院，依法适用特别程序公开开庭审理了本案。

【裁判结果】判决指定王某莲为赵某甲遗产管理人。

【裁判理由】申请人为确定遗产管理人提起该诉讼，依照《民法典》第1127条、第1146条之规定，被申请人赵某贝、赵某和申请人王某莲、赵某乙、权某某（又名张某某）同属赵某甲遗产第一顺序继承人，赵某贝、赵某均有权对赵某甲遗产继承。赵某甲的父母赵某乙、权某某（又名张某某）已先于赵某甲去世，则不存在对赵某甲财产继承。在第一顺序继承人中，赵某贝、赵某在庭审时均表示同意由王某莲作为赵某甲遗产管理人，故法院应予以支持。

第一百八十五条　依照本章程序审理的案件，实行一审终审。选民资格案件或者重大、疑难的案件，由审判员组成合议庭审理；其他案件由审判员一人独任审理。

【条文主旨】

本条是关于特别程序审级制度、审判组织和审判人员的规定。

【条文理解】

本条是特别程序的一般规定，具有总则性地位与引领性作用。审级制度，是指民事案件经过数级裁判机关审理裁判而告终结的制度。总体来看，审级制度的形态包括多重审判制和一审终审制两种。多重审判制指的是民事案件经过两级或两级以上裁判机关审理裁判而宣告终结的制度，其优点有利于减少错误裁判，保障案件质量，还有利于上级法院对下级法院的监督，保障法律实施的统一性和完整性。其缺点则在于增加了诉讼负担、诉讼时间和司法成本，不利于纠纷的迅速化解。[①] 适用特别程序审理的案件系非民事权益纠纷类案件，主要倾向于追求诉讼效率价值，故本条规定了一审终审的审级制度。

审判组织是代表法院行使审判权，对案件进行审理和裁判的法院内部组织机构。一般的民事案件的审判组织分为合议制和独任制。适用特别程序审理的案件是不存在民事权益冲突的案件，一般较为简单，所以原则上采用独任制。选民资格案件或重大、疑难的案件采用合议制，即特别程序的审判组织以"独任制为原则，以合议制为例外"。选民资格案件涉公民的宪法性权利，本条规定采用合议制。重大、疑难案件一般具

① 江必新主编：《新民事诉讼法理解适用与实务指南》，法律出版社 2012 年版，第 665 页。

有重大影响或存在疑难复杂，故本条规定应采用合议制。对于重大、疑难具体如何认定，一般应考虑案件性质、涉及面是否广泛、是否属于群体性案件等因素，若案件在较大区域内为众人所知，备受社会关注，其处理结果将产生重大深远的影响属于重大案件。如特殊的涉外案件，备受媒体关注的案件，裁判结果将影响广泛的案件。应当注意的是，重大案件即使不复杂，案情简单、证据充分、适用法律无争议，但也应当采用合议制。疑难案件一般是指认定事实困难和适用法律困难的案件。认定事实困难包括案情复杂、案件事实难以查清的案件，也包括案件事实历经时间太长导致客观事实很难查清，调查收集证据困难的案件；还包括证据证明力不强、证据取得方式不当、证据之间明显矛盾、用于认定事实的关键证据存在瑕疵等导致认定事实不能的案件。适用法律困难包括法律关系复杂、适用法律存在争议、案件涉及法律规范存在不够完善的案件。但如何认定重大、疑难案件，还需法官在司法实践中把握。

本条内涵如下：

1. 一审终审制。一审终审主要考虑特别程序在内容上主要审查和处理与民事权利义务争议无关的、不终局判定民事责任的非讼事件，旨在确认法律事实或民事权利的存在与否，在功能上主要是预防纠纷的发生而非直接解决民事纠纷，需要快捷、简便和经济的程序设计。

2. 特别程序终结后才发现案件的事实认定或者法律适用确实存在错误，在可以变更的情况下，可以再启动特别程序作出新的判决、撤销原判决。

3. 以独任制为原则，以合议制为例外。除选民资格案件或者重大、疑难的案件外，由一人独任审理。特别程序中没有直接实体权益争议的相对方，只是对某种权利或法律事实进行确认或否定，通常事实比较清楚或者已经经过有关部门的处理，人民法院对有关事实的认定和核实相对容易，所以一般适用独任审理。

4. 由审判员审理。在特别程序中，行使审判权的只能是审判员，不能由人民陪审员参与审理。

【条文适用】

适用特别程序的案件，不能上诉，不能进入再审。司法实践中，对于特别程序中的选民资格案件，若是判决支持起诉人的请求或是不支持起诉人的请求，不能上诉，并无争议。但对于以下两种情形是否不能上诉存在争议：一种情形是起诉人要求确认其具有选民资格，但经人民法院审理，其未经过前置程序，人民法院认为不符合起诉条件，不属于人民法院的受理范围，根据本法第 122 条第 4 项起诉必须符合“属于人民法院受理民事诉讼的范围和受诉人民法院管辖”的规定，驳回起诉。第二种情形是人民法院以不属于人民法院的受理范围，人民法院根据本法第 122 条第 4 项起诉必须符合“属于人民法院受理民事诉讼的范围和受诉人民法院管辖”，驳回起诉。如起诉人认为选举委员会应当将其列为候选人，而未列为候选人，其提起诉讼，或是村民认为其享有村民委员会成员的选举的资格而提起的诉讼。对上述两种情形下的驳回起诉，起诉人是否可以上诉有不同的观点。司法实践中，两种观点均有采用。

一种观点认为，起诉人有提起上诉的权利，此上诉权不是因是否具备选民资格提请上诉的权利，而是基于对案件是否符合起诉条件提请上诉的权利，且驳回起诉适用的法律规定是一审普通程序中的第 122 条的规定，而对于一审普通程序中适用第 122 条规定驳回起诉的，根据第 126 条的规定，原告对裁定不服的，可以提起上诉。另外，第 157 条第 1 款规定：“裁定适用下列范围：（一）不予受理；（二）对管辖权有异议的；（三）驳回起诉……”第 2 款规定：“对前款第一项至第三项裁定，可以上诉。”因此，对于选民资格案件，人民法院经审理认为不予受理或驳回起诉的，根据该条规定，可以上诉。再者，此种情形下，驳回起诉未经实体审理，不适用特别程序一审终审的规定，属于对驳回起诉不服的可以上诉的情形。

另一种观点认为，起诉人无权提起上诉。本法第 185 条规定了适用特别程序审理的案件，实行一审终审。选民资格案件规定在本章，适用本章规定审理的案件不能上诉。另外，根据《全国人民代表大会和地方各级人民代表大会选举法》第28条规定“选民名单应在选举日的二十日以前公布……”，选举名单公布至选举日的时间不长，若允许对驳回起诉的裁定上诉，将可能影响选举工作的正常进行。

我们认为，根据特别程序一审终审的性质，结合选民资格案件的特点，采用后一种观点更符合特别程序的立法目的。

理由如下：首先，本法第185条规定：“依照本章程序审理的案件，实行一审终审。”即表明适用特别程序审理的案件，当事人不得上诉、不得申请再审。《民事诉讼法司法解释》第372条第1款规定：“适用特别程序作出的判决、裁定，当事人、利害关系人认为有错误的，可以向作出该判决、裁定的人民法院提出异议。人民法院经审查，异议成立或者部分成立的，作出新的判决、裁定撤销或者改变原判决、裁定；异议不成立的，裁定驳回。”由此可以看出，即便是当事人对适用特别程序作出的判决、裁定有异议，是向原审人民法院提出，而不是向上一级人民法院提出。另外，《民事诉讼法司法解释》第378条规定：“适用特别程序、督促程序、公示催告程序、破产程序等非讼程序审理的案件，当事人不得申请再审。”特别程序有规定的，应当先适用特别程序，特别程序没有规定的，适用本法其他规定。本章明确规定了适用特别程序的案件，适用一审终审，也就是不再适用本法第126条和第157条第2款的规定。再者，司法实践中，民事案件的案号类型及其代字标准也规定了适用简易或普通程序审理的一审案件，类型及其代字为“民初”，相对应的二审案件，类型及其代字为“民终”。适用特别程序审理的案件类型及其代字为“民特”，相对应的不服该判决和裁定的案件类型及其代字为“民特监”，而非“民终”。由此可以说明，对人民法院裁定驳回起诉的选民资格案件不能上诉，不能采用“民终”的案件类型及其代字。

【典型案例】

李某某与江门市新会区文龙村村民选举委员会选民资格纠纷案

【案　　号】广东省江门市中级人民法院（2021）粤 07 民终 2359 号民事裁定

【裁判要旨】选民资格案件系适用特别程序审理的案件，实行一审终审，原告的起诉经一审处理后，没有上诉权。若一审裁定赋予原告上诉权，二审应当因该上诉没有法律依据而终结审查。

【基本案情】2012 年，因李某某叔叔年老未婚，生活无依靠，李某某在冷水农场开办养鸡场并砍了一些树，被追究毁林罪，拘留 1 个月后，判一缓一。2017 年至 2020 年，李某某担任文龙村组长。2021 年 1 月 11 日换届选举，李某某以 319 票获第 1 名。2021 年 1 月 26 日，文龙村选举委员会出具通知称李某某于 2012 年犯罪，不得作为村民小组长、村民代表人选。对此，李某某向广东省新会区人民法院（以下简称新会法院）起诉，认为刑罚并未判剥夺其选举权和被选举权。根据《广东省村民委员会选举办法》第 3 条规定，任何组织或个人不得指定、委任或撤换村委会成员。因此，李某某认为村民委员会选举委员会公布的选民名单有误，向选举委员会申请处理后，对选举委员会作出的决定不服，向人民法院提起诉讼，申请撤销文龙村村民选举委员会 2021 年 1 月 26 日作出的《关于李某某同志审查反馈意见的通知》；确认 2021 年 1 月 11 日文龙村民小组选举李某某小组长的结果有效。新会法院认为，李某某以选民资格纠纷提起本案诉讼，但申请确定选民资格案件是指公民认为选举委员会公布的选民名单有误，向选举委员会申请处理后，对选举委员会作出的决定不服，向人民法院提起诉讼的案件。李某某在本案中要求撤销文龙村选举委员会 2021 年 1 月 26 日作出的《关于李某某同志审查反馈意见的通知》，并确认 2021 年 1 月 11 日龙文村民小组选举结果有效，是对选举结果有异议，并非对选民名单有异议，故本案并非确定选民资格案，不属于人民法院受理因财产、人身关系的民事诉讼的范围，新会法院对本案没有管辖权，据此裁定不予受理李某某的起诉。李某某提起上诉请求指令新会法院审理本案。

【裁判结果】广东省江门市中级人民法院于2021年5月24日作出（2021）粤07民终2359号民事裁定，终结本案审查。

【裁判理由】李某某以文龙村选举委员会剥夺其选举权和被选举权为由，起诉请求撤销文龙村选举委员会2021年1月26日作出的《关于李某某同志审查反馈意见的通知》；确认2021年1月11日村集体小组选举李某某小组长的结果有效。本案系因李某某是否享有被选举权产生的纠纷。依照《民事诉讼法》（2017年修正）第十五章特别程序第177条[①]"人民法院审理选民资格案件、宣告失踪或者宣告死亡案件……适用本章规定……"、第178条[②]"依照本章程序审理的案件，实行一审终审……"的规定，选民资格案件系适用特别程序审理的案件，实行一审终审，李某某的起诉经一审处理后，没有上诉权。一审裁定赋予李某某上诉权缺乏法律依据，本案不应作为二审案件继续审查，本案应当终结审查。

---

① 对应《民事诉讼法》（2023年修正）第184条。

② 对应《民事诉讼法》（2023年修正）第185条。

第一百八十六条　人民法院在依照本章程序审理案件的过程中，发现本案属于民事权益争议的，应当裁定终结特别程序，并告知利害关系人可以另行起诉。

【条文主旨】

本条是关于特别程序衔接转换的规定。

【条文理解】

我国现行法律把特别程序审理对象严格地限定于没有争议的事件。有民事权益争议的案件涉及实体权利义务，应当适用一般诉讼程序，以保证有争议双方当事人有对等的辩论和对抗机会。因此，在特别程序中发现本属于民事权益争议的，应当裁定终结特别程序，进行程序转换。

特别程序与一般的民事诉讼程序不同。在一般的民事诉讼程序中，人民法院审理案件的目的是解决民事争议，通过审判保护当事人的民事权益。而在特别程序中，人民法院审理案件的目的只是对一定的民事权利或者法律事实加以确认，而不是解决民事权利义务争议。① 因此，若在特别程序中发现案件属于民事权益争议的，不宜再适用追求效率价值的特别程序来进行审理民事权益争议案件，而应当裁定终结特别程序，转换成普通程序审理。

应当注意的是，特别程序并不是单一的审理某类案件的程序，其包含了不同种类非民事权益争议的案件的审理程序，这些不同种类的案件的特殊审理程序分别规定在相应的实体法和民事诉讼法中。

---

① 江必新主编：《新民事诉讼法理解适用与实务指南》，法律出版社 2012 年版，第 667 页。

【条文适用】

特别程序在程序转换时应当注意以下方面：

1. 为保障各类程序的独立性，若审理过程中，发现案件属于民事权益争议的，应当裁定终结特别程序，并告知利害关系人按照普通程序或简易程序另行起诉，以保证程序主体的权益，同时也保障第三人有有效的程序保障，使申请人或起诉人之外的利害关系人获得程序救济。

2. 适用特别程序审理的内容是对某种法律事实或某种权利是否存在或权利的行使状态进行确认，不解决民事权益争议。适用特别程序审理的案件，除选民资格案件由起诉人提起，其他案件皆由申请人提起。在特别程序中，有时不要求起诉人或申请人与案件有直接利害关系，如选民资格案件和认定财产无主案件，而在普通诉讼程序中，案件皆是由原告提起，并且原告应当是与案件有直接利害关系的公民、法人或其他组织。

3. 本条规定了人民法院告知利害关系人可以另行起诉的法律义务，即不履行告知义务，则可能侵犯当事人的诉讼权利。

4. 应当注意利害关系人的界定和范围。本法多处提到利害关系人，但各处不尽相同。在民事诉讼中，一般可将利害关系人分为两类：一是诉讼程序中的当事人。该利害关系人还未进入到诉讼中，可能与诉争案件的实体法律关系密切相关，可能系案件的当事人。二是诉讼程序中的案外人。该利害关系人与诉争的标的有法律上的牵连关系，案件的实体处理与程序处理同其有利害关系。

在特别程序中，应当转换成普通程序的，除考虑利害关系人的利益外，还应当考虑国家、社会、他人的利益。从维护法秩序、方便人们的生活出发，对非讼程序中的利害关系人应当进行宽泛解释。①

---

① 江必新主编：《新民事诉讼法理解适用与实务指南》，法律出版社2012年版，第668页。

【典型案例】

王某某、彭某某申请认定财产无主案

【案　　号】湖北省武汉市武昌区人民法院（2016）鄂0106民特46号民事裁定

【裁判要旨】认定财产无主案件，公告期间他人对财产提出请求的，人民法院应当裁定终结特别程序，告知当事人另行起诉，适用普通程序审理。

【基本案情】申请人王某某、彭某某申请认定位于武汉市武昌区水果湖街武重明珠苑小区某房屋为无主财产，湖北省武汉市武昌区人民法院于2016年6月2日发出财产认领公告。2017年1月20日，该院受理张某诉张某1、张某2继承纠纷一案，张某起诉要求判令上述房产由张某继承。

【裁判结果】2017年3月20日，湖北省武汉市武昌区人民法院作出（2016）鄂0106民特46号民事裁定，终结本案程序。

【裁判理由】原告王某某、彭某某申请认定案涉财产无主，但在案涉房屋公告期间，张某起诉要求继承认定财产无主案件，公告期间有人对财产提出请求的，应当认定本案属于民事权益争议，人民法院应当裁定终结特别程序，告知当事人另行起诉，适用普通程序审理。故本案应终结程序，王某某、彭某某可另行起诉。

第一百八十七条　人民法院适用特别程序审理的案件，应当在立案之日起三十日内或者公告期满后三十日内审结。有特殊情况需要延长的，由本院院长批准。但审理选民资格的案件除外。

【条文主旨】

本条是关于特别程序审限的规定。

【条文理解】

本条规定的是适用特别程序审理案件的审理期限，对人民法院审理这类案件的时间予以了明确规定与限制。本条源于 1991 年《民事诉讼法》第 163 条审理期限原则上为立案之日起 30 日内或公告期满后 30 日。例外是：有特殊情况无法在规定期限内审结的，可以申请本院院长批准延长；选民资格案件适用更短的审理期限和计算方法。因此，在审理特别程序案件的时候应注意审理期限，既不同于普通程序的 6 个月，也不同于简易程序的 3 个月，而是 30 日。这主要因为特别程序审理的是不存在民事权益冲突的案件，一般情况下，事实比较容易查明，没有太复杂的情节，且没有像普通程序一样存在对抗的原被告双方，无须花费过多的时间用于调查取证。

对于本条的理解应当把握以下三个方面：一是立案之日起 30 日内审结。如确认公民无民事行为能力或限制民事行为能力案件、认定财产无主案件、确认调解协议案件和实现担保物权案件等。二是公告之日起 30 日内审结。如宣告失踪或宣告死亡案件。三是选民资格案件在选举日之前审结。

【条文适用】

1. 特别程序不能在 30 日内审结的，有必要综合考量特殊情况，允许适当地延长审限。至于延长多长时间，本章未作明确规定。但《最高人民法院关于严格执行案件审理期限度的若干规定》中指出，适用特别程序审理的案件，有特殊情况需要延长的，由本院院长批准，可以延长 30 日。

2. 有特殊情况需要延长审限的，应遵照审批机制，由本院院长批准，但应当在审理期限届满 10 日前向本院院长提出申请。

3. 司法实践中，应严格把握特殊情况的适用，在案件确有特殊情况时，应切实履行报批手续。

4. 应当注意对本条但书的理解。当前司法实务中，对本条中“但审理选民资格的案件除外”有三种理解：第一种理解是但书针对“人民法院适用特别程序审理的案件，应当在立案之日起三十日内或者公告期满后三十日内审结”的除外情形；第二种理解是但书针对“有特殊情况需要延长的，由本院院长批准”的除外情形；第三种理解是两者兼而有之。这三种不同的理解有两个关键点：一是选民资格案件是否适用本条规定的 30 日内应当审结的规定；二是选民资格案件是否适用特殊情形经审批审限可延长的规定。对此，我们倾向于采用第三种理解，但书针对的是前两句话，即选民资格案件不适用 30 日内审结的规定，也不适用特殊情形经审批审限可延长的规定。理由如下：首先，本章规定了选民资格案件应当在选举日之前审结，而结合《全国人民代表大会和地方各级人民代表大会选举法》的规定，选民名单应当在选举日前 20 日公布，公民不服选举委员会所作的处理决定，可以在选举日的 5 日以前起诉，人民法院在收到起诉书后，经审查认为符合受理条件的，应当在 7 日内立案。因此，按此时间计算，选民资格案件的审限若适用 30 日审结的规定，则不一定能在选举日之前审结。其次，如果适用院长审批延长审限的做法，若院长审批延长审限，选举日又未因诉讼而延期，则也有可能不能选举日之前审结。若能在审选举日之前审结，也无须院长审批，在选举日之前审结即可。综上，我们认为但书的情形应当作第三种理解。

第二节　选民资格案件

第一百八十八条　公民不服选举委员会对选民资格的申诉所作的处理决定，可以在选举日的五日以前向选区所在地基层人民法院起诉。

【条文主旨】

本条是关于选民资格案件的前置程序、起诉时间和管辖法院的规定。

【条文理解】

选举权与被选举权是《宪法》赋予公民的一项基本政治权利，也是公民参与国家管理事务的基础。为给公民在选举上的宪法权利提供程序保障与司法救济，《民事诉讼法（试行）》规定了“选民名单案件”审理程序。本条源于《民事诉讼法（试行）》第 131 条和第 132 条规定，若公民认为选举委员会的处理决定仍然违法或有误，可以向选区所在地的基层人民法院提起民事诉讼的特别程序。

一、选民资格案件的概念与内涵

选民资格案件，是指公民对选举委员会公布的选民名单有异议，向选举委员会申诉后，不服选举委员会所作的处理决定，而向人民法院提起诉讼的案件。本条具有以下几个方面的内涵：

一是起诉的主体。起诉人并不一定是选民名单所涉及的公民本人，也可以是其他公民，即除了选民名单涉及的公民本人外，其他任何公民认为选民名单有错误的，可以对选民名单进行申诉，对申诉决定不服的，可以向人民法院提起诉讼。与普通程序不一样，特别程序的起诉人不一定与案件有直接利害关系，也不像非讼程序的申请人一样，必须是利害关系人。凡是认为选民名单有错误的公民，无论是否与选举资格直接相关，都可以作为起诉人提起选民资格诉讼。

二是前置程序。起诉人提起选民资格案件的诉讼需要经过前置程序，即先向选举委员会提出申诉，并且经选举委员会对该争议作出处理决定。公民跨越前置程序而直接向人民法院起诉的，人民法院不予受理。

三是时效法定。选民资格案件的起诉时间是在“选举日的五日以前”，没有在法定时间内向法院起诉，人民法院不予受理。此规定主要是为了保证案件有足够的审理时间，从而保证在选举日前作出判决。

四是由选区所在地的基层人民法院管辖。本条既规定了级别管辖，又规定了地域管辖。从级别管辖来看，均由基层人民法院管辖，中级以上人民法院不得管辖此类案件。从地域管辖来看，由选区所在地人民法院管辖。地域管辖的规定主要考虑选民名单由选区的选举委员会确定，为方便公民起诉和选举委员会指派代表参加诉讼，也便于人民法院向选举委员会和有关选民取得联系、调查情况，从而降低案件的诉讼成本，也有利于在审限内办结案件。但值得注意的是，《最高人民法院关于军事法院管辖民事案件若干问题的规定》第1条规定：“下列民事案件，由军事法院管辖：（一）双方当事人均为军人或者军队单位的案件，但法律另有规定的除外；（二）涉及机密级以上军事秘密的案件；（三）军队设立选举委员会的选民资格案件；（四）认定营区内无主财产案件。”因此，军队设立选举委员会的选民资格案件由军事法院管辖。

二、选民资格案件的特征

一是非民事性。选民资格案件是起诉人与选举委员会之间就选民资格的有无或选民名单的对错发生争议，因此，它不同于有关公民之间民事权利义务的争诉案件，而是一种对公民或起诉人是否具备选民资格的选举权纠纷。

二是实体判决性。它与确认调解协议或实现担保物权案件等不同的是，它对是否具备选民资格这一实体问题作出判决。

三是公益性。选民资格案件具有一定的公益性，不适用调解与和解。

四是职权探知性。选民资格案件不具备私人的自由处分权，不适用辩论主义，而只能由人民法院职权调查探知。

【条文适用】

适用本条应当关注请求权的基础。对于选民资格案件，虽然涉及实体权利义务的争议，但争议的是宪法权利，不是民事权利，请求权的基础源于《宪法》和《全国人民代表大会和地方各级人民代表大会选举法》规定的选民的权利。

有观点认为村民委员会的选民资格纠纷也是属于本章特别程序中的选民资格案件纠纷。但事实上，本条适用范围为全国人民代表大会和地方各级人民代表大会的选举，不包括村民委员会、居民委员会的选举。从体系解释的角度来看，这里的选举应当是指权力机关的选举，不包括自治组织的选举。另外，本条适用的实体法主要是《全国人民代表大会和地方各级人民代表大会选举法》。《村民委员会组织法》《城市居民委员会组织法》只规定了村民或居民依法享有选举权和被选举权，而并未规定其选举权被侵犯之后的救济途径。且村民委员会是村民自我管理、自我教育、自我服务的基层群众性自治组织，村民选举会的选举，由村民选举委员会主持。对登记参加选举的村民名单有异议的，可以向村民选举委员会申诉，村民选举委员会作出处理决定，并公布处理结果。且《村民委员会组织法》第 14 条第 4 款规定，村民委员会的“具体选举办法由省、自治区、直辖市的人民代表大会常务委员会规定”，并没有规定不服的可以向人民法院起诉。另外，对村民委员会选民资格审查的权力、解释或者纠正的权力，包括主持选举工作的全部权力，都在村民选举委员会，属于村民自治范围，而不是源于《全国人民代表大会和地方各级人民代表大会选举法》的规定。因此，因村民委员会成员的选民资格和候选人资格产生的纠纷而提起诉讼不属于人民法院的受理范围。另外，在审理中还应当注意以下几个方面。

一、选民资格案件没有“被告”

具有原告身份的人的称谓不称为“原告”，而称作“起诉人”，除起诉人以外对选举资格有争议的人，不称作“被告”，而是称作“相关公民”，选举委员会不是被告。因此，选民资格案件没有“被告”。判决书只能列为“起诉人”，不能列“被告”，案件由来不能写成“×××诉×××确定选民资格纠纷一案”，应当写成“起诉人×××申请确定选民资格一案”。

二、关于候选人的资格争议不属于选民资格案件

公民若认为选举委员会应当列其为候选人而未列为候选人而提起诉讼的，人民法院不予受理。虽有观点认为仍然属于选民资格案件。但我们认为此类案件不属于选民资格案件。[①] 事实上，选民资格案件的审理对象是选民名单是否错误，而不是候选人名单是否错误。因此，候选人作为起诉人诉请确认候选人资格的案件不属于选民资格案件。

三、选民资格案件采用判决形式

在法律文书中，不能写成“判决：驳回×××的诉讼请求”；更不能写成“裁定：驳回×××的申请”。若支持起诉人申请，应当变更选举委员会决定的，可写成“×××在×××选区具有/不具有选民资格。”不支持起诉人申请，应当为“判决：驳回×××的申请”。

在法条援引时，可以引用《全国人民代表大会和地方各级人民代表大会选举法》相关法律条文。更为重要的是，应当在判决主文后附加

① 例如，河北省高级人民法院（2019）冀民申 7529 号选民资格纠纷案件，认为未将起诉人列为村委会主任候选人不属于人民法院民事案件的受理范围。

“本判决为终审判决”。

四、选民资格案件的主体起诉的几种情形

一是被监禁但未被剥夺政治权利的公民或者虽然已经被剥夺政治权利但已经期满的公民，或因患有精神病等原因在前次选举未列入选民名单但已经恢复精神健康的公民，由于该选区的选举委员会工作人员没有落实选举法的规定而使选民名单出现错误的；二是依法被剥夺了选举权或者因为患有精神病等不应当有选举权的公民，该选区选举委员会公布的选民名单上却给予了该公民选民资格的；三是公民居住地发生变动而导致该公民在选民名单上被遗漏的；四是公民已经成年，依法享有选举权，但该公民所在选区的选举委员会因计算年龄等方面的工作失误而没有确定该公民享有选民资格的；五是已经死亡的公民应当从选民名单上予以除名，但由于工作失误而未被除名的。这些行为通常是行为人工作上的失误或者是由于客观的原因造成的。近年来，选民资格案件呈上升趋势。选民资格确认案件一般与集体经济组织成员身份确认案件紧密相连。仅因未确认选民资格而起诉的较为少见。近几年选民资格案件数量上升较快，其中，常见情形是选民资格案件伴随着起诉人另行以原告身份起诉要求集体经济组织支付其土地征收补偿款等。换言之，选民资格案件后，可能会出现集体经济组织成员身份确认案件。起诉人拟通过确认其具有某集体经济组织的选民资格以确认其享有集体组织成员资格，从而应当享有集体组织成员的经济利益。但事实上，村民委员会选民资格纠纷不属于本章规定的选民资格案件，而是否具备集体经济组织成员的资格并不仅从是否具有选民资格来识别和认定，相关的是否享有集体经济组织成员的经济利益的实体权利争议可通过实体案件处理，如外嫁女要求分得土地征收补偿款等。

【典型案例】

王某某申请确定选民资格案

【案　　号】福建省三明市三元区人民法院（2021）闽 0403 民特 13 号

【裁判要旨】选民资格案件的请求权的基础源于《宪法》和《全国人民代表大会和地方各级人民代表大会选举法》规定的选民的权利。对村民委员会或居民委员会的选民资格的异议提起诉讼不应受理。

【基本案情】起诉人王某某系台江村村民，户籍在台江村本村。2021 年是三元区台江村村民选举委员会第十二届选举换届之年。2021 年 11 月 10 日，白沙街道台江村选举委员会公布审核后选民名单中没有起诉人王某某。王某某向选举委员会提交申诉书，其答复为以上届经表决有参加村委选举的登记为本届村委会选举村民，决定起诉人不具备选民资格。王某某提起诉讼。

【裁判结果】2021 年 12 月 7 日，福建省三明市三元区人民法院作出（2021）闽 0403 民特 13 号民事裁定，驳回起诉人王某某的起诉。

【裁判理由】《全国人民代表大会和地方各级人民代表大会选举法》第 29 条规定的实为公民在选举国家权力机关代表中的选举资格，是一项政治权利。《村民委员会组织法》第 2 条、第 12 条、第 14 条规定的村民委员会性质系村民自我管理、自我教育、自我服务的基层群众性自治组织。村民委员会的选举，由村民选举委员会主持。对登记参加选举的村民名单有异议的，应当自名单公布之日起 5 日内向村民选举委员会申诉，村民选举委员会应当自收到申诉之日起 3 日内作出处理决定，并公布处理结果。上述条款并未规定对村民选举委员会公布的村民名单有不同意见的可以向人民法院起诉，王某某提起诉讼不属于人民法院受理的选民资格案件范围。

第一百八十九条　人民法院受理选民资格案件后，必须在选举日前审结。

审理时，起诉人、选举委员会的代表和有关公民必须参加。

人民法院的判决书，应当在选举日前送达选举委员会和起诉人，并通知有关公民。

【条文主旨】

本条是关于选民资格案件的审限、诉讼参加人及送达的规定。

【条文理解】

本条有以下几个方面的内涵：

1. 选民资格案件必须在选举日的 5 日前起诉，在选举日前审结、送达与通知。本条规定了选民资格案件的审理期限，审理期限是从立案到结案的全部时间，其属于诉讼法上的一种法定期间。选民资格案件具有时效紧急性，不存在利害冲突的双方当事人，且为保证选举的顺利进行，审理期限的规定较为特殊。另外，依据《全国人民代表大会和地方各级人民代表大会选举法》的规定，公民可以在选民名单公布之日起 5 日内向选举委员会申诉，对选民名单遗漏有选举权的人或填列没有选举权的人或名单上的姓名错写等表达不同意见，选举委员会应在 3 日内作出处理决定。

2. 有关主体必须参加。选民资格案件因非民事性、非私益性、非自由处分性，不能单纯适用律师代理，在审理时，起诉人、选举委员会的代表和有关公民必须参加。

3. 对公民是否具有选民资格人民法院应当作出判决，制作判决书后，应当在选举日前将判决书送达起诉人和选举委员会，并通知有关公民。

在公民的个人权利中，选举权是与人民主权联系最紧密的权利，它直接来源于人民主权，同时人民主权的实现又必须依赖选举权的落实。虽然《民事诉讼法》只有第188条、第189条这两个短短的条文，但是它的法理及其对选举制度的维护意义是不言而喻的。

【条文适用】

适用特别程序审理选民资格案件，应当注意以下几个问题：

1. 人民法院审理选民资格案件，应当开庭审理，人民法院确定开庭日期后，应当通知起诉人、选举委员会和有关公民参加。其中，有关公民即案件涉及其选民资格的公民，是指起诉人以外的起诉人认为是遗漏的公民或者不应列入选民名单的人。

2. 人民法院受理选民资格案件后，应当由审判员组成合议庭进行审理，即使案件案情简单，也不能由审判员一人独任审理。因为审理选民资格案件关系到公民的政治权利。

3. 人民法院受理选民资格案件后，必须在选举日前审结，以避免影响选举工作的正常进行，造成有选举权的公民不能行使权利，无选举权的人却取得了选举权的情况。

4. 有关公民到庭参加诉讼，在案件由来部分应当写明“公民×××到庭参加诉讼”。起诉人和选举委员会、有关公民不服判决不可以上诉，也不可以申请再审。

5. 关于选民资格案件是否可以延长审理期限。观点一认为，有特殊情况可以延长审理期限，只要在选举日前审结即可。观点二认为，不得延长审理期限，是为了确保选举工作的正常进行。结合本法第187条的规定，“但审理选民资格案件除外”应表明选民资格案件不适用该条规定的30日内审结，也不适用“有特殊情况需要延长的，由本院院长批准的”的规定，我们认为选民资格案件不得延长审理期限，应当在选举日前审结。

6. 选民资格案件涉及的是公民宪法权利，具有根本性和严肃性，某一公民是否有选举权、是否具有选民资格，都只是根据法律的具体规定来确定，不受有关主体意志的影响，有关主体也没有自由处分该利益的自由；并且，司法决定是最终决定，因此，这类案件不适用调解，不得以调解的方式结案。

第三节 宣告失踪、宣告死亡案件

第一百九十条 公民下落不明满二年，利害关系人申请宣告其失踪的，向下落不明人住所地基层人民法院提出。

申请书应当写明失踪的事实、时间和请求，并附有公安机关或者其他有关机关关于该公民下落不明的书面证明。

【条文主旨】

本条是关于利害关系人申请宣告失踪管辖法院和申请书应载明事项的规定。

【条文理解】

宣告失踪是《民法典》第 40 条所规定的一项民事实体法制度，该条规定：“自然人下落不明满二年的，利害关系人可以向人民法院申请宣告该自然人为失踪人。”本条从民事程序法角度对宣告失踪的具体适用从两个方面作出了进一步规定：第一，明确了利害关系人申请宣告下落不明人失踪的地域管辖和级别管辖法院，即在地域管辖上由下落不明人住所地人民法院受理，在级别管辖上由基层人民法院受理。第二，明确了利害关系人提交的宣告失踪申请书应当记载的内容及其相应的证明材料，即在内容上须载明下落不明人失踪的事实和时间等基本事实以及具体的请求内容等，在证明材料上须提供由公安机关或者其他有权机关以书面形式出具的证明公民下落不明的材料。通过进一步规定，本条实际上明确了人民法院受理宣告失踪申请的实质条件，即申请人为下落不明人的利害关系人、具体的请求内容与事实理由和属于受诉基层人民法院管辖，以及形式要件即需提交申请书和书面证明等。

【条文适用】

在具体适用本条及有关司法解释的过程中，有如下三个问题值得注意。

一、利害关系人的范围

关于有权申请宣告下落不明自然人失踪的利害关系人范围，《民法典》《民事诉讼法》及现行相关司法解释均未作出明确的规定。1987年1月1日起施行的《最高人民法院关于贯彻执行〈中华人民共和国民法通则〉若干问题的意见（试行）》（已失效）第24条规定："申请宣告失踪的利害关系人，包括被申请宣告失踪人的配偶、父母、子女、兄弟姐妹、祖父母、外祖父母、孙子女、外孙子女以及其他与被申请人有民事权利义务关系的人。"在制定《民法典》的过程中，对该规定基本没有争议，但普遍认为继续作为司法解释的内容较妥，[①] 因此，虽然该司法解释已被废止，司法实践中仍可以参照适用。

有权提出宣告失踪申请的利害关系人有多人的，相互之间没有先后顺序之分，既可以由一人提出，也可以由多人同时提出，多人同时提出或者多人分别提出但人民法院尚未作出判决的，依照《民事诉讼法司法解释》第344条的规定，应当将多个利害关系人列为共同申请人。利害关系人在提出申请时，应当提供材料证明其与下落不明人之间的关系，尤其是除具有身份关系之外的其他利害关系人提出申请的，需要提供其与下落不明人之间具有明确、具体民事权利义务关系的证明材料，以证明其申请宣告失踪的必要性和正当性。人民法院作出判决后，其他利害

① 参见黄薇主编：《中华人民共和国民法典总则编释义》，法律出版社2020年版，第108页。

关系人申请宣告失踪的，应当区别情况予以处理：已经判决宣告失踪的，可以告知其撤回申请，利害关系人撤回申请的，裁定终结案件，拒不撤回的，裁定驳回；判决驳回申请的，鉴于事实情况可能已经发生了变化，应当进行审理并根据审理的情况作出相应的判决。在受理宣告失踪案件后作出判决前，申请人撤回申请的，依照《民事诉讼法司法解释》第346条规定，应当裁定终结案件，但其他符合法律规定的利害关系人加入程序要求继续审理的除外。

关于人民检察院是否可以提出宣告失踪申请，在立法例上主要有两种做法：一种是如我国《民法典》未加规定，另一种如《日本民法典》第25条第1款规定检察官可以提出。在理论上主要有两种观点：第一种观点认为，在下落不明人没有利害关系人或者利害关系人怠于提出申请的情况下，如不宣告其失踪则可能致使其财产遭受损害或者损害他人合法权益，因此应增加检察机关作为申请宣告失踪的主体。[①] 第二种观点认为，宣告失踪主要产生民事法律后果，在绝大情况下不涉及社会公共利益，因此不必增加检察机关为申请人。[②] “失踪不仅涉及失踪人自身的财产利益保护，而且涉及失踪人之利害关系人的财产利益与人身利益之保护”，[③] 因此宣告失踪制度的立法目的主要在于保护下落不明人和利害关系人的利益。就下落不明人利益受损而言，如果没有利害关系人申请宣告失踪将使其财产处于无人管理的状态，在查明相关事实后检察机关提出宣告失踪申请具有积极意义，应予肯定。就利害关系人利益受损而言，其作为民事权利主体享有处分权，除涉及社会公共利益外即使其怠于申请宣告失踪，检察机关径行介入提出宣告失踪申请有干涉民事活动之嫌，正当性依据不足。要之，在特定情形下赋予检察机关提出宣告失踪申请的权利有其合理性，但应当限定在确有必要的范围之内。

---

① 参见梁慧星主编：《中国民法典草案建议稿附理由·总则编》，法律出版社2013年版，第83页。

② 参见陈甦主编：《民法总则评注》，法律出版社2017年版，第298页。

③ 尹田：《论宣告失踪与宣告死亡》，载《法学研究》2001年第6期。

二、申请宣告失踪的具体请求

宣告下落不明人失踪是利害关系人提出宣告失踪申请的应有之义，是具体的请求之一。除此之外，《民事诉讼法司法解释》第 341 条规定："宣告失踪或者宣告死亡案件，人民法院可以根据申请人的请求，清理下落不明人的财产，并指定案件审理期间的财产管理人。公告期满后，人民法院判决宣告失踪的，应当同时依照民法典第四十二条的规定指定失踪人的财产代管人。"这也就是说，除了提出宣告失踪的请求之外，利害关系人还可以提出清理下落不明人的财产、指定案件审理期间的财产管理人和宣告失踪后的财产代管人等。就指定财产代管人而言，"财产代管人的确定是宣告失踪制度核心之所在"。[①] 只有指定了财产代管人，才能对被宣告失踪人财产实施有效的管理，宣告失踪制度旨在保护下落不明人和利害关系人权益的立法目的才能实现。从这个意义上来说，申请指定财产代管人是申请宣告失踪必需的具体请求之一，利害关系人应当依照《民法典》第 42 条规定的在下落不明人的配偶、成年子女、父母或者其他愿意担任财产代管人中提出具体的人选，在代管有争议，没有规定的人或者规定的人无代管能力的情况下，申请由人民法院指定的人代管。失踪人的财产代管人经人民法院指定后，代管人申请变更代管的，依照《民事诉讼法司法解释》第 341 条的规定，比照《民事诉讼法》特别程序的有关规定进行审理，申请理由成立的，裁定撤销申请人的代管人身份，同时另行指定财产代管人；申请理由不成立的，裁定驳回申请。失踪人的其他利害关系人申请变更代管的，其前提是人民法院指定的财产代管人不愿主动申请变更代管，在其与其他利害关系人之间便产生了对抗关系，应当由其他利害关系人作为原告，以原指定的代管人为被告提起诉讼，并按普通程序进行审理。就提出清理下落不明人的财产和指定案件审理期间的财产管理人而言，由于主要发生在宣告失踪案件的审理期间，并不是宣告失踪判决的内容，不应作为申请宣告失踪的具体请求，案件

---

① 翟远见：《〈民法典〉宣告失踪制度的解释与补充》，载《法律适用》2021 年第 10 期。

审理期间的财产管理人可以由人民法院参照《民法典》第42条规定通过书面形式予以确定。

三、下落不明期间的计算

关于下落不明期间的计算，《民法典》第41条规定：“自然人下落不明的时间自其失去音讯之日起计算。战争期间下落不明的，下落不明的时间自战争结束之日或者有关机关确定的下落不明之日起计算。”对此，需要注意的有：一是依照《民法典》第201条第1款和第202条之规定，按照年、月、日计算期间的，开始的当日不计入，自下一日开始计算；按照年、月计算期间的，到期月的对应日为期间的最后一日，没有对应日的，月末日为期间的最后一日。二是战争期间下落不明的，以战争结束之日起计算为原则，以有关机关确定的下落不明之日起计算为例外。从逻辑上看，既然是在战争期间下落不明的，那么有关机关确定的下落不明之日应当早于战争结束之日，否则从战争结束之日起计算即可，无须有关机关再行确定下落不明之日。从有关机关确定的下落不明之日的适用对象上来看，主要为参加军事行动的人员，有关机关则主要是指军队组织，[①] 所谓参加军事行动的人员包括参加军事行动的军事人员和非军事人员，但不包括未参加军事行动的军事人员，对于未参加军事行动的人员无论是军事人员还是非军事人员在战争期间下落不明的，都应当从战争结束之日起计算下落不明期间。除军队组织以外的其他机关能否确定参加或者未参加军事行动的人员在战争期间下落不明的问题，鉴于战争期间的特殊性，如果可以由其他机关确定将会大大增加战争期间下落不明时间自战争结束之日计算的例外情形，不宜作较宽解释。

---

① 参见黄薇主编：《中华人民共和国民法典总则编释义》，法律出版社2020年版，第110页。

第一百九十一条　公民下落不明满四年，或者因意外事件下落不明满二年，或者因意外事件下落不明，经有关机关证明该公民不可能生存，利害关系人申请宣告其死亡的，向下落不明人住所地基层人民法院提出。

申请书应当写明下落不明的事实、时间和请求，并附有公安机关或者其他有关机关关于该公民下落不明的书面证明。

【条文主旨】

本条是关于利害关系人申请宣告死亡管辖法院和申请书应载明事项的规定。

【条文理解】

宣告死亡是《民法典》第 46 条所规定的一项实体法制度，该条规定："自然人有下列情形之一的，利害关系人可以向人民法院申请宣告该自然人死亡：（一）下落不明满四年；（二）因意外事件，下落不明满二年。因意外事件下落不明，经有关机关证明该自然人不可能生存的，申请宣告死亡不受二年时间的限制。"《民事诉讼法》2021 年修正时将"意外事故"修改为"意外事件"，以保持与《民法典》之间的一致。本条从民事程序法角度对宣告死亡的具体适用从两个方面作出了规定：第一，明确了利害关系人申请宣告下落不明人死亡的地域管辖和级别管辖法院，即在地域管辖上由下落不明人住所地人民法院受理，在级别管辖上由基层人民法院受理。第二，明确了利害关系人提交的宣告死亡申请书应当记载的内容及其相应的证明材料，即在内容上须载明下落不明人失踪的事实和时间等基本事实以及具体的请求内容等，在证明材料上须提供由公安机关或者其他有权机关以书面形式出具的证明公民下落不明的材料。通过进一步规定，本条实际上明确了人民法院受理宣告死亡申请的实质条件，即申请人为下落不明人的利害关系人、具体的请求内容与事实理由和属于受诉基层人民法院管辖；以及形式要件，即需提交申请书和书面证明等。

【条文适用】

在具体适用本条及有关司法解释的过程中，有如下三个问题值得注意。

一、利害关系人的范围

关于有权申请下落不明自然人宣告死亡的利害关系人范围，《民法典》《民事诉讼法》及现行相关司法解释均未作出明确的规定。1987 年 1 月 1 日起施行的《最高人民法院关于贯彻执行〈中华人民共和国民法通则〉若干问题的意见（试行）》（已失效）第 25 条规定：“申请宣告死亡的利害关系人的顺序是：（一）配偶；（二）父母、子女；（三）兄弟姐妹、祖父母、外祖父母、孙子女、外孙子女；（四）其他有民事权利义务关系的人。申请撤销死亡宣告不受上列顺序限制。”之所以规定申请宣告死亡的利害关系人的顺序，主要原因在于先顺位的利害关系人与下落不明人之间在身份关系上更为密切，如果作为第二顺位的父母、成年子女申请宣告死亡，但作为第一顺位的配偶希望继续维持婚姻关系而不愿宣告死亡，将会影响配偶的婚姻自主，显然违背人身权受保护程度大于财产权的法理依据。[①] 也正因为主要考虑的是身份关系，该条在一定程度上忽视了宣告死亡在财产关系上的法律效果。宣告死亡制度的主要目的在于保护利害关系人的利益，利害关系人地位一律平等，不应当有先后之分，[②] 如果作为第一顺位的配偶基于掌控、独享财产利益等不正当目的而

① 参见尹田：《民事主体理论与立法研究》，法律出版社 2003 年版，第 79 页。

② 参见梁慧星：《民法总论》，法律出版社 2007 年版，第 114 页。

不申请宣告死亡，将会影响作为第二顺位的继承人行使继承权，这显然损害其合法权益。在制定《民法典》的过程中，普遍意见认为不应当规定申请宣告死亡的顺序，因此未加规定。[①] 这是否就意味着宣告死亡就必然没有顺序之分呢？有观点认为，《民法典》第 47 条规定："对同一自然人，有的利害关系人申请宣告死亡，有的利害关系人申请宣告失踪，符合本法规定的宣告死亡条件的，人民法院应当宣告死亡。"从法律的文义、立法精神和实践需要等角度应解释为已经取消了宣告死亡申请人的顺序限制。[②] 该观点值得商榷，这是因为：一则从立法理由的阐释来看，该条规定主要是将司法解释的规定上升为法律，明确宣告死亡并不以宣告失踪为前提。[③] 二则在多个利害关系人之中，如果申请宣告失踪尚不能保护其权益的，则其有权申请宣告死亡，如前所述配偶不同意宣告死亡而只申请宣告失踪，但父母申请宣告死亡的，在符合宣告死亡条件的情况下，则应当宣告死亡；如果申请宣告失踪足以保护其权益的，则根据权利不得滥用的基本法理，在其他利害关系人有正当理由不同意宣告死亡的情况下，则应当对其申请宣告死亡作出必要的限制，如下落不明人的普通债权人为了实现债权申请宣告死亡，但下落不明人的近亲属为了维持现有的婚姻、家庭等身份关系表示不同意的。

在有权提出宣告死亡申请的利害关系人有多人且都有必要申请宣告死亡的情况下，既可以由一人提出，也可以由多人同时提出，多人同时提出或者多人分别提出但人民法院尚未作出判决的，依照《民事诉讼法司法解释》第 344 条规定，应当将多个利害关系人列为共同申请人。利害关系人在提出申请时，应当提供材料证明其与下落不明人之间的关系，尤其是除身份关系之外的其他利害关系人提出申请的，需要提供其与下落不明人之间具有明确、具体民事权利义务关系的证明材料，以证明其

---

① 参见黄薇主编：《中华人民共和国民法典总则编释义》，法律出版社 2020 年版，第 120 页。

② 参见张燕、仲伟珩：《论民法总则宣告死亡制度的规则冲突与解释适用》，载《中国应用法学》2018 年第 4 期。

③ 参见黄薇主编：《中华人民共和国民法典总则编释义》，法律出版社 2020 年版，第 121 页。

申请宣告死亡的必要性和正当性。人民法院作出判决后，其他利害关系人申请的，应当区别情况予以处理：已经判决宣告死亡的，可以告知其撤回申请，利害关系人撤回申请的，裁定终结案件，拒不撤回的，裁定驳回；判决驳回申请的，鉴于事实情况可能已经发生了变化，应当进行审理并根据审理的情况作出相应的判决。在受理宣告死亡案件后作出判决前，申请人撤回申请的，依照《民事诉讼法司法解释》第346条规定，应当裁定终结案件，但其他符合法律规定的利害关系人加入程序要求继续审理的除外。

关于人民检察院是否可以提出宣告死亡申请，实践中主要有两种做法：一种是如《民法典》未加规定；另一种如我国台湾地区“民法”第8条第1款规定：“失踪人失踪满七年后，法院得因利害关系人或检察官之声请，为死亡之宣告。”在理论上，则与申请宣告失踪一样也存在着肯定说和否定说两种不同的观点。[①] 宣告死亡制度目的是及时了结下落不明人与他人的财产关系和人身关系，从而维护正常的经济秩序和社会秩序。[②] 鉴于宣告死亡相较于宣告失踪对有关利害关系人，尤其是与下落不明人具有身份关系的利害关系人影响更为重大，赋予检察机关提出宣告死亡申请的权利只有在没有利害关系人、其财产应收归国家或者集体所有的情况下才具有正当性，否则在确有必要时仅需提出宣告失踪申请即可。

二、申请宣告死亡的具体请求

宣告下落不明人死亡是利害关系人提出宣告死亡申请的应有之义，是具体的请求之一。与申请宣告失踪的情形一样，除了提出宣告死亡的请求之外，利害关系人申请宣告死亡的还可以提出清理下落不明人的财产，并请求指定案件审理期间的财产管理人。关于案件审理期间的财产管理人如何确定，现行法律和司法解释未能作出明确的规定，宣告死亡申请人可以参照《民法典》第42条和第1145条的规定，在下落不明人

① 参见尹田：《论宣告失踪与宣告死亡》，载《法学研究》2001年第6期。

② 参见黄薇主编：《中华人民共和国民法典总则编释义》，法律出版社2020年版，第118页。

的配偶、成年子女、父母、遗嘱执行人、下落不明人住所地的民政部门或者村民委员会以及其他愿意担任财产代管人中提出具体的人选。对于判决宣告死亡的，是否需要同时指定遗产管理人，现行法律和司法解释也未能作出明确的规定，《民法典》第 1145 条规定了遗产管理人的范围和顺序，因此应当由遗嘱执行人、继承人推选的遗产管理人、全体继承人以及被继承人生前住所地的民政部门或者村民委员会依法承担相应的遗产管理职责即可，无须在宣告死亡的判决中同时指定遗产管理人。对遗产管理人的确定有争议的，利害关系人再依照《民法典》第 1146 条向人民法院申请指定遗产管理人。因此，请求指定遗产管理人并不是申请宣告死亡的具体请求之一。至于再行申请指定遗产管理人的诉讼程序，则可以参照《民事诉讼法司法解释》第 342 条，比照《民事诉讼法》特别程序的有关规定进行审理。

三、下落不明期间的计算

关于下落不明的期间本条与《民法典》第 46 条的规定在本质上是一致的，就其具体起算而言也应当适用《民法典》第 41 条的规定，在此不再赘述。其中，颇有争议的是战争是否属于意外事件：如果认为战争属于意外事件，则申请宣告战争期间下落不明人死亡，应当从战争结束之日或者有关机关确定的下落不明之日起满 2 年，如果经有关机关证明下落不明人不可能生存的，则不受 2 年时间的限制；如果认为战争不属于意外事件，则需要自下落不明之日起满 4 年。“然在战争失踪，如战争延长，则于战争继续中不得为死亡宣告，事实颇为不便。”① 因此，有观点认为，应当将战争归入意外事件范围之内，适用意外事件的相关规定。② 该观点值得商榷，这主要是因为：第一，如果认为战争属于意外事件，则宣告战争期间下落不明人失踪的期间与宣告其死亡的期间都是二年，不能体现宣告死亡的条件严于宣告失踪的基本法理。第二，之所以规定因意外事件下落不明满二年即可宣告死亡而不是一般情形下下落不明满

---

① 史尚宽：《民法总论》，中国政法大学出版社 2000 年版，第 96 页。

② 参见刘黎：《民法总则对宣告死亡制度的发展与完善》，载《人民司法》2018 年第 34 期。

四年才能宣告死亡，是因为在空难、海难以及矿井透水、爆炸等意外事件中下落不明人与意外事件之间的关系较为确定，且其难以生存的概率也比较大。但就战争而言，因战争规模难以明确界定、下落不明人是否处于战区以及是否因战争而下落不明等都难以作出明确的判断，加之战争期间有可能通讯联络受阻，获取讯息比较困难，自战争结束之日起满4年才可宣告死亡较为妥当。

【典型案例】

张某某申请宣告吴某某死亡案

【案　　号】最高人民法院（2016）最高法民辖20号

【裁判要旨】申请宣告死亡案件的管辖法院为下落不明人住所地基层人民法院，在无居（暂）住记录等证据证明下落不明人经常居住地的情况下，应当由其户籍所在地基层人民法院管辖。

【基本案情】张某某申请宣告吴某某死亡一案，贵州省镇远县人民法院（以下简称镇远法院）于2015年受理后，根据广东省佛山市南海区里水镇得胜村民委员会出具的关于张某某夫妇于2006年4月至2012年3月30日期间曾租赁其商铺进行经营的《证明》，认为该案应由广东省佛山市南海区人民法院（以下简称南海法院）管辖，以（2015）镇民特字第00001号民事裁定将该案移送南海法院审理。南海法院认为该移送不当，层报广东省高级人民法院，广东省高级人民法院经与贵州省高级人民法院协商未果，以（2015）粤高法立请字第1号《关于对张某某申请宣告吴某某死亡一案管辖问题的请示》报请最高人民法院指定管辖。

【裁判结果】一、撤销镇远法院（2015）镇民特字第00001号民事裁定；二、指定该案由镇远法院审理。

【裁判理由】下落不明人吴某某的户籍所在地在贵州省镇远县，故镇远法院为下落不明人吴某某的住所地基层人民法院。镇远法院并未提供诸如吴某某在南海区居（暂）住记录等其他证据，仅凭上述《证明》，尚不足以证明吴某某下落不明前的经常居住地在佛山市南海区。该案应由下落不明人吴某某的住所地法院镇远法院管辖，镇远法院将该案移送至南海法院管辖缺乏事实和法律依据，应予纠正。

第一百九十二条 人民法院受理宣告失踪、宣告死亡案件后，应当发出寻找下落不明人的公告。宣告失踪的公告期间为三个月，宣告死亡的公告期间为一年。因意外事件下落不明，经有关机关证明该公民不可能生存的，宣告死亡的公告期间为三个月。

公告期间届满，人民法院应当根据被宣告失踪、宣告死亡的事实是否得到确认，作出宣告失踪、宣告死亡的判决或者驳回申请的判决。

【条文主旨】

本条是关于宣告失踪、宣告死亡公告期间和如何作出判决的规定。

【条文理解】

民事实体法并未就受理宣告失踪、宣告死亡案件后应当发出公告寻找下落不明人作出规定，本条是从民事程序法角度增加了人民法院须发出寻找公告的要求，《民事诉讼法》2021年修正时将“意外事故”修改为“意外事件”，以保持民事实体法与民事程序法两者之间的一致性。之所以如此规定，主要是因为有关利害关系人申请宣告失踪、宣告死亡是基于自身的判断和需求而提出的，在立案受理时人民法院只能进行形式性审查，在审理的过程中通过发出寻找下落不明人公告的方式能够对有关利害关系人的申请进行实质性审查并在查明事实后作出相应的判决。如此既有利于实现民事实体法设立宣告失踪、宣告死亡制度的目的，也能够有效避免有关利害关系人不当甚至滥用权利以损害下落不明人和其他利害关系人的合法权益。

依照《民事诉讼法司法解释》第345条规定，寻找下落不明人公告应当记载下列内容：“（一）被申请人应当在规定期间内向受理法院申报其具体地址及其联系方式。否则，被申请人将被宣告失踪、宣告死亡；（二）凡知悉被申请人生存现状的人，应当在公告期间内将其所知道情况向受理法院报告。”关于公告的期间则有两种：一种是 3 个月，适用于宣告失踪和因意外事件下落不明，经有关机关证明不可能生存情形下的宣告死亡；另一种为 1 年，适用于一般情形下的宣告死亡，这也充分体现了宣告死亡条件严于宣告失踪的基本法理。关于公告的方式和范围等，相关法律和司法解释均未作出明确的规定，对此可以参照《民事诉讼法司法解释》第 138 条关于公告送达的规定，在受诉人民法院的公告栏、下落不明人住所地、下落不明人最后可能出现的地方等张贴公告，也可以在报纸、信息网络等媒体上刊登公告，发出公告日期以最后张贴或者刊登的日期为准。人民法院在下落不明人住所地、下落不明人最后可能出现的地方张贴公告的，应当采取拍照、录像等方式记录张贴过程。

【条文适用】

在具体适用本条及有关司法解释的过程中，有如下两个问题值得注意。

一、宣告失踪和宣告死亡竞合的处理

宣告失踪和宣告死亡之间的竞合可能存在四种情形：一是不同的利害关系人在宣告失踪判决作出前提出宣告死亡申请；二是不同的利害关系人在宣告死亡判决作出前提出宣告失踪申请；三是不同或者同一利害关系人在判决宣告失踪后提出宣告死亡申请；四是不同或者同一利害关系人在判决宣告死亡后提出宣告失踪申请。对于第一种和第二种情形，应当在比较申请宣告失踪的利害关系人与申请宣告死亡的利害关系人与下落不明人之间的关系和考量宣告失踪或者宣告死亡能否足以保护其权益的基础上作出更精细化的处理。对于下落不明人的债权人申请宣告失

踪而下落不明人的配偶、父母、子女等申请宣告死亡的，依照《民法典》第47条进行处理。但在相反情形下，鉴于下落不明人的债权人通过宣告失踪能够足以保护其财产关系上的权益，应以尊重与下落不明人不仅存在财产关系而且存在人身关系的利害关系人的申请为妥。对于第三种情形，《民事诉讼法司法解释》第343条规定："人民法院判决宣告公民失踪后，利害关系人向人民法院申请宣告失踪人死亡，自失踪之日起满四年的，人民法院应当受理，宣告失踪的判决即是该公民失踪的证明，审理中仍应依照民事诉讼法第一百九十二条规定进行公告。"这也就是说，对于被宣告失踪人下落不明的时间直接根据宣告失踪判决查明的事实径行认定即可，无须再进行审理，但对于被宣告失踪人是否符合宣告死亡的条件仍然需要进行审理并按照宣告死亡程序公告寻找下落不明人的要求进行公告。值得注意的是，宣告失踪的条件是下落不明满2年，而在一般情形下宣告死亡的条件是下落不明满4年，因此被宣告失踪人自下落不明之日起计算满4年的才能宣告其死亡，寻找下落不明人的公告期间为1年。但对于因意外事件下落不明的，宣告失踪和宣告死亡在下落不明的期间上是一致的，因此如果申请人能够证明被宣告失踪人是因意外事件而下落不明并经人民法院审理确认的，被宣告失踪人自下落不明之日起计算满2年即可宣告其死亡，寻找下落不明人的公告期间为3个月。对于第四种情形，鉴于对下落不明人已经作出宣告死亡的判决，再行审理并作出宣告失踪的判决已无必要，可以告知申请人撤回申请，申请人撤回申请的，裁定终结案件，拒不撤回的，裁定驳回。

二、宣告失踪、宣告死亡的判决主文

公告期间届满，人民法院经审理认为符合相应条件的，应当作出宣告失踪、宣告死亡的判决，认为不符合相应条件的，应当作出驳回申请的判决，无论哪种判决均为终审判决，申请人都不得提起上诉。就后者而言，判决主文相对简单，但因下落不明期间尚未届满而被判决驳回申请的，在下落不明期间届满后申请人可以再次提出申请。就前者而言，对于宣告失踪的，结合其有两项具体请求，主文也应该有两项：第一项是宣告下落不明人失踪；第二项是指定失踪人的财产代管人。对于宣告死亡的，由于只有一项具体请求，主文则应该是宣告下落不明人死亡。[①]

① 参见最高人民法院修改后民事诉讼法贯彻实施工作领导小组编：《民事诉讼文书样式》，人民法院出版社 2016 年版，第 450 页、第 454 页。

第一百九十三条　被宣告失踪、宣告死亡的公民重新出现，经本人或者利害关系人申请，人民法院应当作出新判决，撤销原判决。

【条文主旨】

本条是关于撤销宣告失踪、宣告死亡判决的规定。

【条文理解】

《民法典》第45条第1款和第50条从民事实体法角度规定了失踪宣告和死亡宣告的撤销制度，本条从民事程序法角度规定了撤销宣告失踪、宣告死亡判决的具体方式，两者在本质内容上没有差异。宣告失踪和宣告死亡在性质上属于法律拟制，通过法定程序推定下落不明人失踪或者死亡，而实际上可能并非如此。之所以在被宣告失踪、宣告死亡人出现后需要撤销原判决，主要有两个方面的原因：第一，推定下落不明人失踪或者死亡的原判决与实际情况不符，被宣告失踪、宣告死亡人出现后即以事实证明其并未失踪或者死亡。第二，下落不明人被宣告失踪或者死亡后，对其身份关系、财产关系都产生了重大的影响，重新出现后需要恢复其自然人的法律地位以行使其民事权利，如请求财产代管人移交有关财产并报告财产代管情况（《民法典》第45条第2款），请求有关民事主体返还财产、给予补偿或者赔偿（《民法典》第53条），婚姻关系原则上自撤销死亡宣告之日起自行恢复（《民法典》第51条）等。

作为对生效法律文书的撤销，本条所规定的“撤销原判决”与《民事诉讼法》第59条第3款所规定的第三人撤销之诉中撤销原判决和《民事诉讼法司法解释》第252条、第409条、第420条等所规定的再审程序中撤销原判决均有所不同。第三人撤销之诉和再审程序中撤销原判决都因为原判决在审判程序、事实认定或者法律适用上存在错误，需要通过撤销原判决并就权利义务关系作出新的判决的方式加以纠正，原判决撤销后将改变撤销之前所确定的权利义务关系。而撤销宣告失踪、宣告死亡判决并不改变撤销之前因宣告失踪、宣告死亡所产生的法律效力。从这个意义上说，撤销宣告失踪、宣告死亡判决并不是原判决出现错误，如果原判决在诸如下落不明期间、意外事件以及有关机关出具的证明文件等事实认定或者法律适用上存在错误，则应当适用《民事诉讼法》所规定的审判监督程序进行纠正，而不是适用特别程序作出新的判决。

【条文适用】

在具体适用本条及有关司法解释的过程中，有如下两个问题值得注意。

一、撤销原判决的申请主体

本条和《民法典》第 45 条第 1 款、第 50 条都规定：被宣告失踪、宣告死亡人重新出现后，申请通过特别程序作出新判决的主体是本人或者利害关系人，这实际上就排除了人民法院依职权启动的可能性。之所以强调需要依申请进行，主要是因为撤销宣告失踪、宣告死亡主要涉及的是民事权利，民事权利主体依法享有处分权。但被宣告失踪、宣告死亡人重新出现后，如果本人或者利害关系人不提出申请的，将会影响社会经济关系的稳定，从维护社会公共利益的角度出发，此时有必要赋予检察机关提出申请的权利，并通过立法或者司法解释加以完善。

本人或者利害关系人有多人的，既可以由一人提出，也可以由多人同时提出，多人同时提出或者多人分别提出但人民法院尚未作出判决的，参照《民事诉讼法司法解释》第 344 条规定，应当将本人或者利害关系人列为共同申请人，撤销原判决的申请人与原宣告失踪、宣告死亡的申请人之间无须具有对应关系。对于既有判决宣告失踪又有判决宣告死亡的案件，本人或者利害关系人中有的申请撤销宣告失踪、有的申请撤销宣告死亡的，或者只申请撤销宣告失踪或者只申请撤销宣告死亡的，鉴于被宣告失踪、宣告死亡人重新出现后宣告失踪和宣告死亡的法律拟制都不再具有事实依据，人民法院都应当同时作出撤销宣告失踪和宣告死亡的判决。

二、撤销原判决的管辖法院

本条及相关司法解释未规定申请撤销宣告失踪、宣告死亡案件的管辖法院，理解上应向原判决法院提出，这是因为：其一，撤销原判决并不是对原判决的纠错，而是因为下落不明人重新出现后需要作出新判决并将原判决撤销。其二，原判决法院对判决宣告失踪、宣告死亡的情况比较了解，有利于查明被宣告失踪、宣告死亡的人与重新出现的“本人”是否属于同一人，进而作出正确的新判决。如果本人或者利害关系人向重新出现的“本人”现住所地基层人民法院等其他人民法院提出申请的，依法应当不予受理，已经受理的应当移送给原判决法院审理。

【典型案例】

甘某1与甘某2等申请撤销宣告自然人死亡案

【案　　号】北京市东城区人民法院（2021）京0101民特监3号

【裁判要旨】撤销宣告失踪、宣告死亡判决并不是原判决出现错误，如果原判决在事实认定存在错误的，应当适用《民事诉讼法》所规定的审判监督程序进行纠正，而不是适用特别程序作出新的判决。

【基本案情】申请人甘某1称，甘某2与其系父子关系，甘某2于2001年12月6日在我国台湾地区去世。甘某3明知上述情况，但却到北京市东城区人民法院（以下简称东城法院）以甘某2下落不明为由申请宣告死亡。法院于2019年8月28日作出（2018）京0101民特767号民事判决书，宣告甘某2死亡。鉴于甘某2并非下落不明，其有具体的死亡时间，故法院宣告其死亡与事实不符，特申请撤销上述判决。经查，甘某 2 于 2001 年 12 月 6 日在我国台湾地区去世。

【裁判结果】撤销东城法院（2018）京 0101 民特 767 号民事判决。

【裁判理由】宣告死亡是法律上的一种推定死亡，鉴于甘某 2 于 2001 年 12 月 6 日已死亡，故以其下落不明已满四年为由作出的（2018）京 0101 民特 767 号民事判决应予以撤销。

第四节　指定遗产管理人案件

第一百九十四条　对遗产管理人的确定有争议，利害关系人申请指定遗产管理人的，向被继承人死亡时住所地或者主要遗产所在地基层人民法院提出。

申请书应当写明被继承人死亡的时间、申请事由和具体请求，并附有被继承人死亡的相关证据。

【条文主旨】

本条是关于指定遗产管理人案件管辖、申请书的相关要求的规定。

【条文理解】

本条是新增的内容。根据《民法典》第1146条规定，对遗产管理人的确定有争议的，利害关系人可向人民法院申请指定遗产管理人。而本条第1款规定便是对指定遗产管理人案件管辖的规范，包含了地域管辖和级别管辖，即向被继承人死亡时住所地或者主要遗产所在地基层人民法院提出。当前被继承人遗产从其数量到类型都呈现多样化复杂化的趋势，被继承人死后遗产管理难度大大增加。本法对管辖法院确定，主要是考虑更有利于保管或维护被继承人遗产的角度。《民事诉讼法》第34条第3项规定："因继承遗产纠纷提起的诉讼，由被继承人死亡时住所地或者主要遗产所在地人民法院管辖。"根据该规定，涉及继承遗产的纠纷应当由特定法院专属管辖。确定遗产管理人的纠纷也属于因继承遗产引发的纠纷，故也应由被继承人死亡时的住所地或者主要遗产所在地法院管辖，由这两类法院管辖，主要是因为它们与遗产存在密切联系，便于了解案情，能够更便利地审理此类纠纷。即使面对不断变化的遗产范围、不断增加的遗产类型，指定的遗产管理人亦可通过中立的、专业的遗产管理实现高效、有序的遗产分割，同时也可大大降低遗产清理的成本。[①] 对“利害关系人”的范围需要进一步明确，法律规定利害关系人可以向法院提出指定遗产管理人的申请，遗产管理人的设立以妥善管理被继承人的财产、保护遗产权利人的合法权益、保障遗产公平合理分配为目的。有权利向法院申请指定遗产管理人的“利害关系人”划定为继承人、遗产债权人、受遗赠人以及对被继承人尽了扶养义务的人[②]四类。以上四类人对确定的遗产管理人出现分歧时，为了保障程序的进行可以提出申请。

利害关系人的权益受到侵害时，在无法解决的情况下，向法院提出申请，法院在对申请进行审核后应当指定遗产管理人。为了防止遗漏，应对争议的具体范围进行界定，具体如下：第一，被继承人指定遗嘱执行人担任遗产管理人时，利害关系人对遗嘱的真实性、有效性存在质疑；第二，被继承人没有留有遗嘱时，且法定继承人范围无法确定时，导致在选任遗产管理人时出现互相推诿的情况；第三，继承人为多人时因为缺少决议机制而导致意见不一时无法推选出遗产管理人，或者个别继承人拒绝共同担任遗产管理人；第四，受遗赠人的受遗赠权、遗产债权人的债权被他人侵害时主张权利；第五，遗产管理人在履行职责时懈怠或者有侵吞被继承人的遗产，可能会导致遗产权利人的利益受损，利害关系人认为其无法再担任遗产管理人的；第六，法院认为的其他需要指定遗产管理人的情况。出现上述情形时，就需要法院来介入指定遗产管理人，以便后续流程顺利进行。

本条第 2 款是关于向法院申请指定遗产管理人的申请书的具体内容及相关证据的规定。根据《民法典》第 1121 条之规定，继承从被继承人死亡开始。对被继承人死亡时间的确定，包括自然死亡和宣告死亡两种。

---

① 莫志：《论遗产管理人制度适用之边界——兼评民法典草案三审稿第 1145 ~ 1151 条》，载《光华法学》2020 年第 1 期。

② 《民法典》第 1131 条规定：“对继承人以外的依靠被继承人扶养的人，或者继承人以外的对被继承人扶养较多的人，可以分给适当的遗产。”

司法实践中，对自然人的死亡确定，是以呼吸停止和心脏搏动停止为生理死亡的时间。自然死亡的证明有两种：一是在医疗卫生单位医治后死亡的，出具《死亡医学证明》；二是对公民正常死亡无法取得医院出具的死亡证明的，凭居（村）委会出具证明。失踪人宣告死亡，依照《民法典》第 48 条规定，[①] 应提供人民法院宣告死亡的判决书。

【条文适用】

人民法院受理本条规定的指定遗产管理人案件，其一，应遵守地域管辖和级别管辖，如当事人向没有管辖权的法院提出，应向当事人及时告知正确的管辖法院。其二，必须由利害关系提出申请。此处所说的利害关系人包括继承人[②]、遗产债权人、受遗赠人以及对被继承人尽了扶养义务的人四类。其三，人民法院应严格审查申请书需列明的事项及相关证据，特别是被继承人死亡的书面证明，要区分自然死亡和宣告死亡两种情形。

【典型案例】

顾某芳、顾某元等遗产管理纠纷指定遗产管理人案

【案　　号】江苏省太仓市人民法院（2022）苏 0585 民特 32 号

【裁判要旨】遗产管理人的设立，有利于避免遗产出现无人管理的状态，具有管理和保全财产、维护遗产权利人的利益、实现遗产公平分配和保障交易安全的功能。《民法典》明确规定在没有继承人或继承人放弃继承的情况下，由被继承人生前住所地的民政部门或村民委员会担任遗

① 《民法典》第 48 条规定："被宣告死亡的人，人民法院宣告死亡的判决作出之日视为其死亡的日期；因意外事件下落不明宣告死亡的，意外事件发生之日视为其死亡的日期。"

② 参见《民法典》第 1127 条至第 1129 条之规定，利害关系人中包括第一顺序的继承人：配偶、子女、父母；第二顺序的继承人：兄弟姐妹、祖父母、外祖父母；代位继承人、丧偶儿媳、女婿对被继承人尽了主要赡养义务的，均可参与继承。

产管理人。《民法典》同时规定对遗产管理人确定有争议的，利害关系人可以申请人民法院指定。实践中对利害关系人的理解主要为继承人、受遗赠人、遗产债权人。本案中，法院认定对被继承人尽到主要扶养义务的申请人，可以作为利害关系人申请指定遗产管理人，完善了遗产管理人制度。

【基本案情】杨某梧和杨某本系姐弟关系，二人父母先于二人去世，二人无其他兄弟姐妹，且均无配偶、无子女。杨某本为聋哑人，生活不能自理，与杨某梧共同生活。杨某梧去世后，顾某芳、顾某元、顾某其三人尽心照料杨某本饮食起居等日常生活。2017年10月，杨某本因病入院治疗，直至2021年1月在该医院死亡。其间，顾某芳等三人轮流探望、陪护，并负责处理住院期间的医疗费、伙食费等。杨某本死亡后的丧葬事宜由顾某芳等三人操办，三人还将杨某梧、杨某本及其父母骨灰盒一并安葬在集体塔灵内，在祭祖纪念日遵照当地风俗进行祭扫。现杨某本于2021年1月30日死亡，其无继承人，后顾某芳等三人向法院申请指定太仓市民政局为杨某本的遗产管理人。

【裁判结果】判决指定太仓市民政局作为杨某本的遗产管理人。

【裁判理由】本案中，顾某芳等三人并非杨某本的继承人，但对杨某本生前的饮食、医疗等极尽照顾，生活上扶助较多。因顾某芳等三人对杨某本进行了事实上的扶养，尽到的扶养义务较多，故依据上述法律规定，顾某芳等三人符合《民法典》第1131条规定的“可以分给适当遗产”的情形，有权作为利害关系人申请指定遗产管理人。这也是社会主义良好道德风尚的具体体现，应予鼓励。本案中，杨某本无法定继承人、受遗赠人和遗产债权人，如不允许顾某芳等三人申请指定遗产管理人，不利于遗产的保存、管理和处理。鉴于民政部门承担社会救济、社会福利事业等工作，比较了解辖区内公民的家庭关系、财产状况等，有能力担任遗产管理人，故法院对顾某芳等三人申请指定杨某本生前住所地的民政部门即太仓市民政局作为遗产管理人，依法予以支持。

第一百九十五条 人民法院受理申请后，应当审查核实，并按照有利于遗产管理的原则，判决指定遗产管理人。

【条文主旨】

本条是关于指定遗产管理人审理程序的规定。

【条文理解】

从《民法典》第 1145 条、第 1146 条的规定来看，遗产管理人产生的顺位应是：（1）遗嘱执行人担任；（2）继承人推选；（3）继承人共同担任；（4）民政部门或村民委员会担任；（5）人民法院依申请指定。人民法院收到当事人申请指定遗产管理人时，已是产生遗产管理人的最后一种顺位，故应充分保障继承人的权利及程序的公正。法院选派遗产管理人时应有一个选任范围，相关人选需要具备一定资格。首先，遗产管理人是否具备民事行为能力是其能否进行遗产管理的前提和基础。从民法体系来看，结合《民法典》第 18 条、第 144 条以及第 145 条之规定，遗产管理人应具备完全民事行为能力。[①] 其次，法院对继承人之身份确认亦有争议，以遗嘱为形式要件或者根据继承人接受继承之书面声明可否成为其依据法律规定就任遗产管理人有效权利外观。《德国民法典》第 2368 条及《德国家事事件和非讼事件程序法》直接规定遗嘱执行人证书制度，并对相关程序作出规定，赋权法院可依申请向其颁发任命证书[②]；本次《民事诉讼法》修正，明确以判决书形式指定遗产管理人，这就是

---

① 陈苇：《改革开放三十年（1978～2008）中国婚姻家庭继承法研究之回顾与展望》，中国政法大学出版社 2010 版，第 384～386 页。

② 《德国民法典》（第 4 版），陈卫佐译注，法律出版社 2015 年版。

我国被指定遗产管理人的权利外观。

遗产管理人在履行职责的过程中应当恪尽职守、勤勉尽职，妥善地执行职务，以保护继承人和其他遗产利害关系人的权益。这就要求遗产管理人需要具备一定的管理能力，不但要有民事行为能力，还要掌握一定的法律财会知识，并具备经营管理遗产的能力。人民法院在指定遗产管理人时应当综合考虑其是否有资格和能力来管理遗产，按照有利于遗产管理的原则，判决指定遗产管理人。关于遗产管理人的管理能力，有学者认为新型财产及财产性权利纷繁复杂，因此遗产管理人需要具有专业性。[①] 不宜指定以下人来担任遗产管理人：第一，因故意或重大过失犯罪受过刑罚的人；第二，被列入失信名单的人；第三，缺乏承担民事行为的能力的限制民事行为能力人或无民事行为能力人；第四，与继承人、被继承人、遗产权利人等有利害关系的人。此外，法院可以列举出可担任遗产管理人的具体名册，当出现类似需要法院指定的情况时，遗产管理人可以直接在名单中指定，不用再过多的浪费司法资源。管理人名册列出后，可以采取抽签、轮候、摇号等方式随机认定遗产管理人，法院指定的遗产管理人在没有合理正当理由的前提下，不得拒绝担任遗产管理人，应当在规定时间内及时胜任，提高法院指定遗产管理人的效率，以保证遗产管理制度的顺利实行。

【条文适用】

人民法院在办理指定遗产管理人案件时，应当对遗产管理人产生的顺位及符合条件指定遗产管理人的资格情况进行审查，综合考虑其是否有能力来管理遗产，按照有利于遗产管理的原则，判决指定最合适的遗产管理人，妥善管理被继承人的遗产，维护利害关系人的合法权益。

---

① 付翠英：《遗产管理制度的设立基础和体系架构》，载《法学》2012 年第 8 期。

【典型案例】

万某1与李某银申请指定遗产管理人案

【案　　号】上海市宝山区人民法院（2023）沪0113民特259号

【裁判要旨】《民法典》第1145条规定："继承开始后，遗嘱执行人为遗产管理人；没有遗嘱执行人的，继承人应当及时推选遗产管理人；继承人未推选的，由继承人共同担任遗产管理人；没有继承人或者继承人均放弃继承的，由被继承人生前住所地的民政部门或者村民委员会担任遗产管理人。"继承开始后，第一顺位的继承人都符合担任被继承人的遗产管理人，符合条件的利害关系人本着有利于遗产管理的原则可以向法院申请指定遗产管理人。

【基本案情】万某，男，于2019年12月5日死亡。万某的配偶为被申请人李某银，二人共育有一名子女即申请人万某1，无其他子女。万某未留有遗嘱。另查明，万某生前于2015年12月26日与上海A有限公司、上海B有限公司签订《个人出借咨询与服务协议》，附上海B有限公司出具的《债权回购承诺函》《收款确认书》《债权转让与受让协议》。根据中国民生银行账户对账单，万某于2015年12月26日分两笔向上海炳恒资产管理转账共计30万元。2016年6月14日，万某与上海某集团有限公司签订《展期协议》，针对的是上述《个人出借咨询与服务协议》对应的30万元。万某累计收到利息10 650元，现因理财公司暴雷本金及利息均无法收回。目前黄浦法院已发通知要求受害人依法登记，但需要指定遗产管理人。因母亲年事已高，故由申请人万某1作为遗产管理人。

【裁判结果】判决指定申请人万某1担任被继承人万某的遗产管理人。

【裁判理由】《民法典》第1145条规定：继承开始后，遗嘱执行人为遗产管理人；没有遗嘱执行人的，继承人应当及时推选遗产管理人。

本案中，申请人万某1（被继承人儿子）与被申请人李某银（被继承人配偶）作为被继承人万某的全部第一顺位法定继承人，一致确认由申请人作为万某的遗产管理人，于法有据，故对申请人的申请予以准许。

第一百九十六条　被指定的遗产管理人死亡、终止、丧失民事行为能力或者存在其他无法继续履行遗产管理职责情形的，人民法院可以根据利害关系人或者本人的申请另行指定遗产管理人。

【条文主旨】

本条是关于指定遗产管理人退出或解任以及另行指定的具体情形的规定。

【条文理解】

我国《民法典》没有对指定遗产管理人的退出机制进行规定。本条的修订目的就是弥补实体法的不足，就指定的遗产管理人的退出机制作出规定，来保证遗产管理程序的系统性和闭合性。关于遗产管理人的退出，各国法律均作出了规定。如《德国民法典》规定了遗产管理人可因辞任、解任、死亡而终止管理职务。[①] 根据英国法律的规定，遗产管理人的职务除了可以因管理任务完成而终止之外，还可因自动放弃管理遗产的权利而终止。[②]《日本民法典》对遗产管理人的任职资格，作出了严格限制，除规定无民事行为能力人不得担任遗嘱执行人以外，还规定破产人也不得担任遗嘱执行人。关于遗产管理人的退出，《日本民法典》从遗产管理职务的自行终止、辞任、解任三个方面作出了规定。在解任方面规定利害关系人可向法院申请解除不妥善履行管理职责的遗产管理人。[③]美国法律在遗产管理人的退出方面规定了管理程序的中止和终止。遗产

---

① 参见《德国民法典》第2225~2227条。

② 参见《英国高等法院法》（1981年版）第116条。

③ 参见《日本民法典》第1019条。

管理任务尚未完成时由于管理人自身的原因（如丧失行为能力、死亡等）导致管理程序无法进行的，管理程序暂时中止并对无法履行职责的管理人进行解任，待其重新具备遗产管理资格或重新对遗产管理人进行指定之后再重启。利害关系人可向法院申请免除不妥善履行管理职责或不具备遗产管理能力的遗产管理人的职务。①

根据我国《民事诉讼法》（2023 年修正）第 195 条规定，指定遗产管理人须遵循有利于遗产管理的原则，遗产管理人在履行职责的过程中应当恪尽职守、勤勉尽职，妥善地执行职务，以保护继承人和其他遗产利害关系人的权益。若出现指定的遗产管理人为无民事行为能力人或限制民事行为能力人抑或是不能胜任该工作的情形时，遗产管理人可否辞任，辞任对象为谁，能否有替补人选，② 实践中如果遗产管理人由法院指定而产生时，解任也只能由法院进行，遗产的利益相关人或本人可以正当理由向法院提出申请。具体而言，针对指定遗产管理人解任的正当事由应当包括：（1）被指定的遗产管理人死亡；（2）被指定的遗产管理人终止履行义务；（3）被指定的遗产管理人丧失行为能力；（4）被指定的遗产管理人专业性不强，不能胜任复杂的遗产管理事务；（5）其他无法继续履行遗产管理职责的情形。

当被指定的遗产管理人出现上述情况时，利害关系人或者本人可向作出指定的人民法院申请撤销遗产管理人的资格，并另行指定遗产管理人。新指定的遗产管理人应当与原来的遗产管理人具有相同的权利和义务。在权利外观方面，人民法院应以判决的方式变更指定遗产管理人。

【条文适用】

人民法院应重点把握指定遗产管理人退出或解任的几种正当事由。在被指定的遗产管理人出现上述情形时，可依据利害关系人或本人的申请解除遗产管理人资格或辞任遗产管理人职务并重新审查，另行指定遗

① 参见《美国统一遗嘱检验法典》第 608 ~ 612 条。

② 刘文编著：《继承法比较研究》，中国人民公安大学出版社 2004 年版，第 343 ~ 344 页。

产管理人，确保被执行人的遗产得到妥善管理。

【典型案例】

徐某明与杨某生、杨某林等申请指定遗产管理人案

【案　　号】上海市嘉定区人民法院（2021）沪0114民特171号

【裁判要旨】对遗产管理人的确定有争议的，利害关系人可以向人民法院申请指定遗产管理人。涉案申请人与被申请人就遗产等纠纷在法院存在诉讼且尚未处置完毕，被继承的遗产在被申请人控制管理下，申请人要求指定其为遗产管理人不利于维护财产现状，也不利于解决双方的争议，因此，应当驳回申请人的申请。

【基本案情】被继承人杨某康（2018年10月10日去世），被继承人戴某英（2019年4月22日去世）夫妇共育有子女5人，女儿杨某珍（2007年4月17日去世，其育有儿子徐某明、徐某华）、儿子杨某生、儿子杨某林、儿子杨某华、儿子杨某明（2004年3月17日去世，其妻邵某英2009年6月5日去世，其女杨某2010年4月1日去世）。现明确属于被继承人杨某康、戴某英不动产为：位于外冈镇喜泉路的房屋的2套。申请人徐某明认为尚有上述房屋动迁后产生房屋租金、安置过渡费若干及戴某英农龄分红款等动产，同时确认上述财产实际控制人为三被申请人杨某生、杨某林、杨某华，有存在毁损、流失遗产可能，故申请人徐某明向法院申请其作为被继承人杨某康与戴某英的遗产管理人。

【裁判结果】判决驳回申请人徐某明的申请。

【裁判理由】故根据《民法典》第1146条规定，对遗产管理人的确定有争议的，利害关系人可以向人民法院申请指定遗产管理人，但设定遗产管理人的意义在于更好地维护好遗产状况，解决遗产争议及维护继承人的合法权益。本案中，一则申请人徐某明与被申请人杨某生、杨某林、杨某华就遗产等纠纷在上海市嘉定区人民法院存在诉

讼，现尚未处置完毕；同时，如现明确被继承的遗产在被申请人杨某生等人控制管理下，则申请人徐某明求指定其为遗产管理人更不利于维护财产现状，也不利于解决双方的争议。故上海市嘉定区人民法院综合考虑申请人与被申请人的各方意见，认为应驳回申请人徐某明的申请。

第一百九十七条　遗产管理人违反遗产管理职责，严重侵害继承人、受遗赠人或者债权人合法权益的，人民法院可以根据利害关系人的申请，撤销其遗产管理人资格，并依法指定新的遗产管理人。

【条文主旨】

本条是关于撤销遗产管理人资格并指定新的遗产管理人的规定。

【条文理解】

遗产管理人制度回应了当今司法实践的需要，遗产管理人选任制度则是遗产管理人制度的核心。若遗产管理人不具备遗产管理资格或违反管理职责将对遗产利害关系人的权益造成损害。梁慧星等学者建议当遗嘱执行人未妥善履行管理职责时，人民法院可依遗产利害关系人的申请解除遗嘱执行人的资格。[①] 若遗产管理人应当履行勤勉忠实的义务，当其怠于履行职责或实行故意损害遗产利害关系人利益行为时应当采取救济手段以保证遗产管理的顺利进行，故本条对若遗产管理人因违反管理职责而丧失资格的情形进行了规定。一方面，设立遗产管理人之目的在于避免遗产财产的损毁、维护继承人、债权人等遗产利害相关人的利益，指定的遗产管理人在职务履行完毕之前，应当一直保有适当的履职能力，应当具备民事行为能力，或者相应的专业职业资格并且谨慎地履行职责。实践中，如果遗产管理人丧失专业职业资格，继续履职明显不当，应当解任遗产管理人。另一方面，遗产管理人怠于履行职责，如出现对于易腐烂的遗物任由其腐烂变质不处理、未

① 梁慧星主编：《中国民法典草案建议稿附理由：继承编》，法律出版社2013年版，第262页。

及时编制遗产清单向继承人报告，怠于通知遗产债务人、债权人等情形时，遗产管理人已经明显不适合履行职务，继续履行职务可能会损害继承人、债权人的利益，人民法院可以根据利害关系人的申请，撤销其遗产管理人资格，并依法指定新的遗产管理人。各国的民法或继承法均有关于遗产管理人违反遗产管理职责被解任的相关规定，如《意大利民法典》规定，当遗嘱执行人履行管理职责的行为不规范或者存在不适宜的履职行为时，根据利害关系人的申请，司法机构可以将失职的遗嘱执行人解任，有必要的还应对遗产管理的有关情况进行核实。[①] 美国法律也规定了管理程序的中止和终止。遗产管理任务尚未完成时由于管理人自身的原因（如丧失行为能力、死亡等）导致管理程序无法进行的，管理程序暂时中止并对无法履行职责的管理人进行解任，待其重新具备遗产管理资格或重新对遗产管理人进行指定之后再重启。利害关系人可向法院申请免除不妥善履行管理职责或不具备遗产管理能力的遗产管理人的职务。[②]

《民法典》第 44 条对财产代管人的变更进行了规定，[③] 故与之对应，对于遗产管理人的变更或解任应根据其不同类型作出规定：自然人担任遗产管理人的，因其不履行或怠于履行职责而给相关遗产利害关系人造成损失的、故意实施损害利害关系人利益行为的，应当明确规定可对其进行解任。法人或者非法人组织担任遗产管理人的，除上述情况以外，在进行遗产管理的过程中被吊销相关专业执业证书的、出现破产、解散等事由的应当明确规定可对其进行解任。解任由遗产利害关系人向人民法院提出申请，经人民法院允许之后对其进行解任然后重新指定选任。故本条规定的利害关系人申请撤销权，主要适用以下两种情形：一是遗产管理人滥用职权、损害遗产的价值、侵害继承人和其他遗产受益人的

---

① 参见《意大利民法典》第 532 条、第 710 条。

② 参见《美国统一遗嘱检验法典》第 608 ~ 612 条。

③ 《民法典》第 44 条规定："财产代管人不履行代管职责、侵害失踪人财产权益或者丧失代管能力的，失踪人的利害关系人可以向人民法院申请变更财产代管人。财产代管人有正当理由的，可以向人民法院申请变更财产代管人。人民法院变更财产代管人的，变更后的财产代管人有权请求原财产代管人及时移交有关财产并报告财产代管情况。"

权益；二是遗产管理人怠于履行职责，未采取必要的措施保全遗产，不能按时开展管理工作。[①] 继承人或其他的遗产利害关系人可以向人民法院申请解除遗产管理人的资格，终止其职务。怠于履行或者不当履行职责的具体表现即为法律要求其应当从事的行为，如清理遗产、编制清单等重大事由而不以过失为必要，只需要存在危及遗产安全的危险即可。

【条文适用】

人民法院在审查遗产管理人解任案件时，应重点审查资格丧失情形：一是遗产管理人滥用职权，损害遗产的价值，侵害继承人和其他遗产受益人的权益；二是遗产管理人怠于履行职责，未采取必要的措施保全遗产，不能按时开展管理工作。应注意的是，违反注意义务非为资格丧失的必要条件，只有遗产管理人之行为未尽法定职责且同时存在故意或重大过失损害遗产的价值才符合资格丧失情形。

【典型案例】

郭某1、郭某2等继承纠纷案

【案　　号】河北省沧州市中级人民法院（2021）冀09民终7520号

【裁判要旨】《民法典》第1146条规定："对遗产管理人的确定有争议的，利害关系人可以向人民法院申请指定遗产管理人。"涉案原告与三被告均系被继承人第一顺序合法继承人，该四人应当按照法定继承的顺序继承被继承人的合法遗产。但四人对遗产管理人的确定有争议，故原告与三被告不能共同管理被继承人的遗产。报告遗产情况系遗产管理人的职责，本案中未确定被继承人遗产管理人，原告仅主张其与三被告共同管理被继承人的遗产，并向其报告被继承人的遗产情况，法院不应予

① 梁慧星主编：《中国民法典草案建议稿附理由·继承编》，法律出版社2013年版，第262页。

以支持。

【基本案情】被继承人陆某明于 2021 年 5 月 22 日因病去世。被继承人陆某明系被告郭某 2 的妻子，原告郭某 1、被告郭某 4、被告郭某 3 的母亲，被继承人陆某明的父母均先于陆某明去世。被继承人陆某明 2021 年 5 月 14 日自书材料一份，该材料载明："士中，我最亲近的人，这辈子我们挣了半天，就挣下这套房子，我们要保住！这是老郭家的点滴财产！你就放心吧！交到谁手里都姓郭！按你的意愿办事！姓郭！郭！郭某 3 要争气！把家发展起来！姐姐、弟弟都要支持！把私心变成公心！房子还姓郭！钱财没多少，余下的分配吧！没有多少了，都自己争气，把家发达起来吧！妈妈遗愿。"现原告来院起诉，要求原告与三被告共同管理被继承人陆某明的遗产，并向原告报告被继承人陆某明的遗产情况，三被告不同意原告的以上诉求。

【裁判结果】一审驳回原告郭某 1 的诉讼请求。二审驳回上诉，维持原判。

【裁判理由】一审法院认为，本案中，被继承人陆某明生前所书写的材料，并未对其遗产作出个人处理，故原告提供的被继承人陆某明所书写的材料不符合遗嘱的法定形式，不予采纳。本案中原告系被继承人陆某明的女儿，被告郭某 2 系被继承人陆某明的丈夫，被告郭某 4、郭某 3 系被继承人陆某明的儿子，该四人均系陆某明第一顺序合法继承人，被继承人陆某明无其他法定第一顺序继承人，故该四人应当按照法定继承的顺序继承被继承人陆某明的合法遗产。《民法典》第 1146 条规定："对遗产管理人的确定有争议的，利害关系人可以向人民法院申请指定遗产管理人。"因被继承人陆某明的继承人对遗产管理人的确定有争议，故原告与三被告不能共同管理被继承人陆某明的遗产，对原告主张其与三被告共同管理被继承人陆某明的遗产的诉求不予支持。报告遗产情况系遗产管理人的职责，因在本案中未确定被继承人陆某明的遗产管理人，故对原告的该诉求亦不予支持。父女、姐弟对簿公堂与中华民族家和万事兴的优良传统相违背，家庭内部矛盾应由家庭内部和平解决。

二审法院认为，根据《民法典》规定，由人民法院指定遗产管理人一般是指在遗产范围明确的情况下，在继承人对于由谁担任遗产管理人存在不同意见无法达成一致，且由利害关系人向人民法院提出申请指定的情形。在本案被继承人未有合法有效遗嘱的情况下，上述当事人对被继承人的遗产均享有继承权，现当事人对于遗产管理人的确定存在争议，遗产范围亦未完全明确。人民法院在法律文书中不宜对权利义务主体、给付内容尚不明确的申请事项作出实体判决。故本案上诉人诉求其与三被上诉人共同管理被继承人的遗产并报告遗产情况，理据不足。虽然上诉人郭某 1 的诉求在本案中不能得到支持，但为了防止遗产毁损、灭失、侵吞或者争抢，避免因未及时分割遗产造成新的矛盾和纠纷，维护自己的合法权益，各方当事人对于遗产的管理、继承事宜应尽量协商公平合理解决，避免因物质利益伤害骨肉亲情。协商不能也可依法另行主张继承遗产的权利。综上所述，郭某 1 的上诉事由不能成立，法院对其上诉请求不予支持。

第五节　认定公民无民事行为能力、限制民事行为能力案件

第一百九十八条　申请认定公民无民事行为能力或者限制民事行为能力，由利害关系人或者有关组织向该公民住所地基层人民法院提出。

申请书应当写明该公民无民事行为能力或者限制民事行为能力的事实和根据。

【条文主旨】

本条是关于认定公民无民事行为能力或者限制民事行为能力案件申请主体、管辖法院、申请形式及内容的规定。

【条文理解】

一、民事行为能力的概念界定

民事行为能力，是指民事主体能够独立通过意思表示，进行民事行为的能力。[①] 与作为依法享有一定权利并承担相应义务的资格或能力的民事权利能力的含义不同，当权利主体欲以行为变动法律关系时，除了具备权利能力，还需要具备行为能力，即权利主体能够通过自己的行为独立参加民事法律关系所需要具备的判断能力和意思能力。法律创设了以意思能力为基础的行为能力制度，旨在保障思虑未成熟者的利益和维护

① 王利明主编：《民法》（第 5 版），中国人民大学出版社 2010 年版，第 48 页。

社会正常的交易秩序。[①]

从本质上看，具有中华人民共和国国籍的公民均具有民事权利能力，都具备享有民事权利和承担民事义务的资格，但并非所有中国公民均具有民事行为能力，“公民是否具备民事行为能力是以该公民的年龄、智力和精神健康状况为判断标准的”。[②]

早在19世纪，萨维尼在其《当代罗马法体系》一书中就对权利能力和行为能力进行了区分，将行为能力定性为取得权利的可能性。对于公民（自然人）的民事行为能力，民法上权利主体的行为能力以其是否包括责任能力，在概念上具有广义和狭义之区分，广义的行为能力，也包括为不法行为并为该行为的后果承担责任的能力。

世界各国的民事立法，对民事主体具备民事行为能力所设定的标准不尽相同，但不外乎年龄和理智（精神状况）两个基本尺度。行为能力以意思能力为基础，意思能力之有无属于事实问题，在以年龄作为判断自然人意思能力基本标准的同时，对达到成年但心智有障碍者可以采取个案审查主义，作为划分民事行为能力的补充标准，如缺乏意思能力，可以认定其为无民事行为能力人或者限制行为能力人。

按照民事行为能力的大小和有无，我国《民法典》以自然人的年龄及认知能力作为确定民事行为能力的依据，根据具体情况，将民事主体的行为能力分为三个不同的阶梯状态。《民法典》第17条至第22条规定，完全民事行为能力人分为两类：一是一般的完全民事行为能力人，即18周岁以上的自然人；二是视为完全民事行为能力人，即16周岁以上以自己的劳动收入为主要生活来源的未成年人是完全民事行为能力人，可以独立实施民事法律行为。关于限制民事行为能力，是指法律赋予未成年但达到一定年龄或者虽已成年但因精神健康疾病不能完全辨认自己行为后果的自然人，从事与其年龄和精神健康状态相适应的民事活动的资格。从年龄上看，《民法典》将限制行为能力人的标准从10周岁调整

① 参见王卫国主编：《民法》，中国政法大学出版社2007年版，第53页。

② 参见杨荣馨主编：《〈中华人民共和国民事诉讼法〉释义》，清华大学出版社2012年版，第256页。

为8周岁以上未成年人，对于因精神健康问题不能完全辨认自己行为的成年人，也作为限制民事行为能力人对待，上述两类限制民事行为能力人，法律规定其实施的民事法律行为由其法定代理人代理或者经其法定代理人同意、追认。但是，8周岁以上未成年人可以独立实施纯获利益的民事法律行为或者与其年龄、智力相适应的民事法律行为；不能完全辨认自己行为的成年人可以独立实施纯获利益的民事法律行为或者与其智力、健康状况相适应的民事法律行为；8周岁以下未成年人以及不能辨认自己行为的成年人为无民事行为能力人，由其法定代理人代理实施民事法律行为。

二、认定公民民事行为能力的理论基础与制度价值

公民的民事行为能力并非一成不变，由于受年龄、智力和精神状态等因素影响，具有一定的可变性。我国立法对未成年人以外的无民事行为能力人和限制民事行为能力人采取宣告制度，以保护公民的合法权益，维护民事流转秩序的安全。[①]

民法设立民事行为能力制度，意在保护未成年人和神智不健全人的利益。[②] 例如，未成年人因心智发育尚未成熟，欠缺生活经验，如果从事与其年龄智力不匹配的民事行为，大概率会遭受不利益，法律规定未经其法定代理人代理实施的法律行为无效。也就是说，即使无民事行为能力人、限制民事行为能力人实施了依法不得独立实施的民事行为，属于无效的民事行为，但实践中，仍然存在大量的无民事行为能力人、限制民事行为能力人实施的依法不能独立实施的民事行为，其法定代理人和行为相对方可能对该行为是否有效产生争议，由此导致无民事行为能力人或者限制民事行为能力人从事民事活动、参与民事交易的交易结果具有不确定性，双方的民事行为效力容易陷入不确定的状态。为了保证交易的稳定性，最大可能消除民事交易活动中的不确定性因素，维护市场

① 参见全国人大常委会法制工作委员会民法室编：《中华人民共和国民事诉讼法条文说明、立法理由及相关规定》，北京大学出版社2012年版，第189页。

② 王利明主编：《民法》（第5版），中国人民大学出版社2010年版，第48页。

经济秩序和社会秩序的稳定，这就需要对特定民事交易主体的民事行为能力通过一定程序进行认定。

如果从年龄上看，未成年人是以8周岁年龄为分界线，区分无民事行为能力和限制行为能力，标准客观直接，较容易辨别。但对于成年人，要判断其是否具备民事行为能力并非易事，这就要对认知能力进行个案审查，通过一定的司法程序进行确认，必要时需结合专业的医学诊断结果。因此，有需要通过法定程序认定无民事行为能力或者限制民事行为能力的自然人指的是成年人。《民法典》第24条规定的也是对不能辨认或者不能完全辨认自己行为的成年人申请认定无民事行为能力或者限制行为能力。

基于行为能力认定的必要性，赋予无民事行为能力或者限制民事行为能力的利害关系人或有关组织向法院申请认定当事人无民事行为能力或者限制民事行为能力的权利，并以此确定监护人，是民法设立行为能力制度保护认知能力不健全之人的应有之义。无论是事前认定以防患于未然，还是事后认定以解决纠纷，此种认定对维护无民事行为能力人、限制民事行为能力人及其他交易主体的利益，维持交易秩序，均具有积极意义。

三、申请认定民事行为能力的对象

依据《民法典》第24条规定，被申请认定限制民事行为能力或者无民事行为能力的人限定在“不能”辨认或者不能完全辨认自己行为的成年人。相对于原《民法通则》第19条规定的“精神病人”，概念内涵更加宽泛，可以将所有需要保护的意思能力欠缺的人吸纳进去。比如，处于植物人状态的自然人、已丧失判断辨别能力的痴呆老人，按照原《民法通则》的规定，仍然属于完全民事行为能力人，但实际上已经缺乏民事行为能力。[①] 从无民事行为能力视角看，可以借鉴德、日等国的成年监护制度，适当将认定无民事行为能力的群体扩大至禁治产人。

---

① 参见最高人民法院民法典贯彻实施工作领导小组主编：《中华人民共和国民法典总则编理解与适用》，人民法院出版社2020年版，第152页。

禁治产人，是指因心神丧失或精神耗弱而对自己的财产无处理能力，经法院宣告丧失民事行为能力的人。心神丧失指完全丧失意思能力。精神耗弱指部分意思能力丧失。成为禁治产人的条件包括：第一，必须是因心神丧失或精神耗弱而失去正常的认识能力和控制自己行为的能力，不能处理自己的民事事务，或因浪费、酗酒使自己或家属有倾家荡产危险的成年人。第二，须经配偶、近亲属、保佐人或检察官的申请，由法院予以宣告。被宣布为禁治产的人，在法律上就成为无行为能力的人，应为其设置监护人，代其处理民事事务。当禁治产人心神恢复或浪费、酗酒行为改正时，可经一定程序由法院撤销宣告。《德国民法典》规定：因精神病或精神耗弱，致不能处理自己事务者；因挥霍浪费致自己或家属有陷于贫困之虞者；因酗酒或吸毒不能处理自己事务，或致自己或家属有陷于贫困之虞者，或危及他人安全者，均得禁治产，但我国民法并未采纳和确立禁治产人制度。

【条文适用】

一、法律程序与管辖法院

认定公民无民事行为能力或者限制民事行为能力是民事诉讼的特别程序，由其住所地基层人民法院管辖。《民事诉讼法司法解释》第 347 条规定：在普通程序中，当事人的利害关系人提出该当事人患有精神病，要求宣告该当事人无民事行为能力或者限制民事行为能力的，应由利害关系人向人民法院提出申请，由受诉人民法院按照特别程序立案审理，原诉讼中止。也就是说，在普通程序中申请认定的，纠纷的受诉法院获得了对认定公民无民事行为能力或者限制民事行为能力案件的管辖权。

认定公民无民事行为能力或者限制民事行为能力的当事人能否提出管辖异议在司法实践中存有争议。一种观点认为，《民事诉讼法》并未明确禁止特别程序案件当事人提出管辖权异议，并且《民事诉讼法》第

184条规定：“人民法院审理选民资格案件、宣告失踪或者宣告死亡案件、认定公民无民事行为能力或者限制民事行为能力案件、认定财产无主案件、确认调解协议案件和实现担保物权案件，适用本章规定。本章没有规定的，适用本法和其他法律的有关规定。”另一种观点认为，特别程序是对法律事实或者权利的实际状态进行确认，有区别于诉讼程序的特殊规则和制度，允许当事人提出异议会破坏特别程序效率优先的价值取向。虽然不允许当事人对管辖权提起异议，但当事人对管辖权存在争议，人民法院应当对此进行审查，经审查发现本院确实对案件无管辖权，应当依职权移送有管辖权的法院处理。实际上这两种观点指向的结果都是法院需要对管辖权异议进行审查。但前者法院需要对管辖权问题进行审查并作出裁判，而后者法院不予受理，法院是否依职权进行了审查，当事人无从知晓。在下述典型案例中，北京市第一中级人民法院即采第二种观点。

我们认为，第二种观点更具备合理性。将认定公民无民事行为能力或者限制民事行为能力案件的管辖法院规定为公民住所地基层法院，是出于方便查清事实的目的，但对于公民无民事行为能力或者限制民事行为能力的认定，事实上需要依赖更加客观的标准如医学鉴定，因此即便受理案件的法院并非严格意义上的公民住所地的法院，也并不会对最终造成实质性不同的认定结果。

二、申请人的资格和范围

《民事诉讼法》2021年修正时将原规定的“近亲属或者其他利害关系人”修改为“利害关系人或者有关组织”，与《民法典》第24条的规定保持一致，从而回应司法实践中人民法院长期受理审查以居民委员会、村民委员会、民政部门等组织作为申请主体的认定公民无民事行为能力或限制民事行为能力案件的情况。《民法典》第24条明确规定有关组织包括居民委员会、村民委员会、学校、医疗机构、妇女联合会、残疾人联合会、依法设立的老年人组织、民政部门等。《民法典》第1045条规定：自然人的近亲属包括配偶、父母、子女、兄弟姐妹、祖父母、外祖父母、孙子女、外孙子女。其他利害关系人系指近亲属以外的亲属、朋友，通说认为也应当包括债权人或债务人。

是否存在利害关系是认定申请人是否具有申请权的关键，但即便是配偶也并非一定具有申请权，[①] 法院需要结合具体情况进行综合判断。公司是否有权申请认定担任公司股东或法定代表人或执行董事的自然人为无民事行为能力或者限制民事行为能力，实践中存有争议。有观点认为，利害关系人是指与争议的法律关系或某一事件、事实或人有权利义务关系的人，股东或法定代表人或执行董事的民事行为能力影响到公司的运转，公司符合利害关系人的法定身份。反对的观点认为，公司与自然人股东、法定代表人或执行董事之间的关系不足以使公司成为利害关系人，公司亦不属于《民法典》规定的其他组织，故公司不具有申请人资格。

我们认为，有资格申请公民无民事行为能力或者限制民事行为能力的利害关系人不应无限制地扩大，否则一方面会对被申请人及其亲属造成不良影响，另一方面可能会导致该权利被滥用。公司虽具有人合性的特质，但其他如债权人等与自然人股东、法定代表人或执行董事有利害关系的主体已经可以实现申请宣告无民事行为能力或者限制民事行为能力的目的。

三、申请认定应采用书面形式

申请书内容应当包括申请人与被申请人之间的利害关系、公民无民事行为能力或者限制民事行为能力的事实和依据等。

申请认定公民无民事行为能力或者限制民事行为能力应当具备的条件，除应符合上述三点所提及的管辖法院、申请人资格及应采取书面形式外，被申请人还应当具有不能或不能完全辨认自己行为的客观事实存在。但被申请人是否存在不能辨认或完全不能辨认自己行为的事实，需

① 在天津市北辰区人民法院（2021）津 0113 民特 111 号民事判决中，申请人虽然是被执行人的配偶，但法院认为申请人与被申请人已分居长达 20 年之久，且申请人是在被申请人起诉申请人支付扶养费纠纷案中向法院提起宣告无民事行为能力特别程序，系与被申请人存在利益冲突，不具有申请人的资格。

要由法院经审查作出判断。因此，该条件强调的是申请人在申请认定时应向法院提交关于被申请人具有不能或不能完全辨认自己行为的初步证明。

【典型案例】

王某甲、王某乙申请认定王某无民事行为能力管辖权异议案

【案　　号】北京市第一中级人民法院（2014）一中民终字第2350号

【裁判要旨】特别程序案件中的当事人不享有提出管辖权异议的权利。人民法院受理特别程序案件后，被申请人向法院提出管辖权异议的，人民法院应当告知当事人对其提出的异议不予审查。但人民法院应依职权对管辖权进行审查，如经审查发现受理的特别程序案件确实不属于本院管辖的，应当将案件移送有管辖权的人民法院。

【基本案情】王某甲、王某乙向北京市海淀区人民法院申请称：父亲王某在其前妻李某某去世后，精神上受到很大刺激，后王某与孙某某结婚，现王某被医院诊断为继发癫痫、全面性发作、脑梗死等，为确保无民事行为能力人的人身和财产不受侵犯，申请法院确认被申请人王某为无民事行为能力人。

北京市海淀区人民法院向被申请人送达申请书副本后，王某之妻孙某某作为王某之代理人在提交答辩状期间对管辖权提出异议，以王某经常居住地在北京市朝阳区为由，要求将本案移送至北京市朝阳区人民法院管辖。

【裁判结果】北京市海淀区人民法院于2013年12月2日作出（2013）海民特字第93号民事裁定书，裁定驳回王某对本案管辖权提出的异议。裁定作出后，王某向北京市第一中级人民法院提起上诉，北京市第一中级人民法院于2014年3月10日作出（2014）一中民终字第2350号民事裁定书，裁定撤销北京市海淀区人民法院（2013）海民特字第93号民事裁定；对王某提出的管辖权异议申请不予受理。

【裁判理由】管辖权异议是在普通程序中法律规定当事人享有的诉讼权利，而本案为认定公民无民事行为能力案件，依照法律规定应适用特别程序进行审理，故当事人不享有提出管辖权异议的权利。一审法院针对孙某某提出的管辖权异议申请予以受理不当，法院应予纠正。孙某某对本案管辖权提出异议不符合法律规定，法院不予支持。

第一百九十九条　人民法院受理申请后，必要时应当对被请求认定为无民事行为能力或者限制民事行为能力的公民进行鉴定。申请人已提供鉴定意见的，应当对鉴定意见进行审查。

【条文主旨】

本条是关于法院认定公民无民事行为能力或者限制民事行为能力判断依据的规定。

【条文理解】

一、认定程序须依申请启动

理论上，认定公民民事行为能力，属于家事非诉案件，只能依申请启动认定程序，不能由法院依职权为之。尽管申请人不是被认定人本人，也需要贯彻处分权主义，以合格的申请人向法院提出申请为程序启动的必要条件。

二、认定民事行为能力有无的判断依据

认定公民是否具有辨认或者完全辨认自己行为的能力，原则上应当以对公民的智力和精神健康状况进行科学鉴定为主要依据，由此作出的认定判决才具有公信力，也系司法为民精神在认定程序中的精准体现，彰显对被申请认定人和利害关系人的司法人文关怀。本条虽以“必要”作为进行司法精神病学鉴定程序的启动的标准，但实践中，如果被申请鉴定人并非公认的精神病患者，皆须提交鉴定机构予以鉴定。除鉴定意

见之外,[①] 实践中也存在其他两种非依赖鉴定意见的认定方式。[②]

（一）通过鉴定程序的认定

人民法院受理认定申请后，不能由法官通过内心确信主观作出认定，需要参照一定的客观标准，一般情况下，人民法院委托具有相关资质的鉴定机构作出鉴定，以该鉴定意见作为认定公民有无民事行为能力或者限制行为能力的基本依据。如果认定申请人提供在提交认定申请前自行委托鉴定机构作出的鉴定意见的，人民法院不应当当然采用，要对该鉴定意见进行审查：一是审查作出该鉴定意见的机构的资质；二是审查该鉴定意见的作出程序是否符合相关法律规定。申请人提供了相关的鉴定意见的，人民法院应当对鉴定意见审查。审查无疑义的，可以该鉴定意见为依据，无须再委托司法鉴定；但如果认为鉴定意见内容或鉴定程序存在问题的，则应另行委托司法鉴定机构进行重新鉴定。以防止将具备民事行为能力的人，简单地通过鉴定意见认定成无民事行为能力或者限制行为能力。

（二）依据公认的事实和证据作出的认定

认定公民无民事行为能力或者限制民事行为能力对被申请人利益关系重大，法院应当依托客观充分的证据谨慎作出认定。但《民事诉讼法》规定的认定标准较为灵活，依托鉴定机构作出的鉴定意见并非人民法院审理此类案件的唯一标准，人民法院认为必要的情况下可以进行医学鉴定。但除鉴定外，也可以依据公民所在地的村民委员会、居民委员会出具的证明材料以及周围群众的感知和认知作出认定，但利害关系人有异议的除外。如被申请人属于群众公知公认的精神病人状态且利害关系人没有异议，人民法院可以参照公知公认的精神病人状态作出认定。但对

① 2012年《民事诉讼法》修正时，将“鉴定结论”修改为“鉴定意见”。

② 有的观点认为，被要求认定的无民事行为能力、限制民事行为能力的公民是否为精神病人，必须以医学鉴定为依据，该医学鉴定既可以是申请人自行提交法院的医院鉴定结论，也可以申请程序启动后，人民法院指定鉴定单位作出的司法鉴定，这就排除了法院可以通过公认的事实以及医院诊断证明书认定行为能力的可能性，与法条立法旨意并不相符。参见全国人大常委会法制工作委员会民法室编：《中华人民共和国民事诉讼法条文说明、立法理由及相关规定》，北京大学出版社2012年版，第189页。

于其他难以辨认的情况，法院应当委托相关鉴定机构对被申请人有无民事行为能力进行司法鉴定。

（三）医疗机构出具的诊断证明和诊断意见也可以作为认定标准

正常情况下，智力和精神健康状态出现问题的公民，会到医疗机构进行治疗，医学专家在治疗过程中作出的医学检查意见或者医院的诊断证明书，人民法院也可以作为证明材料使用，结合群众公认的事实，作出有无行为能力的认定。

【条文适用】

一、人民法院应以鉴定为原则、不鉴定为例外

除公知公认的精神病人状态外，对被申请人是否具备认知能力并不好判断，此时就需要借助专业的医学鉴定意见予以佐证。从审慎认定被申请人无民事行为能力或者限制民事行为能力的角度，法院应当以鉴定为原则，不鉴定为例外。不鉴定的情形并不仅仅包括被申请人属于公知公认的精神病人状态、不能或者完全不能辨认自己行为，还包括被申请人具备自主表达能力、思路清晰，与常人无异等明显不属于对自身行为缺乏认知能力的情形。

二、人民法院对申请人提供的鉴定意见的审查

人民法院对申请人提供的鉴定意见进行审查，是确保认定依据准确、维护当事人权益的体现。司法实践中，法院对申请人提供的鉴定意见主要从内容和程序两个方面进行审查。如有的法院认为，将未经当事人质证的材料作为鉴定依据程序违法，或是鉴定申请事项与鉴定结果范围不一致，此类鉴定意见应不予采信。如鉴定报告出具时间与向法院申请认定的时间距离久远的，已经无法反映被申请人行为能力状况的，亦不能作为认定被申请人是否具备行为能力的参考依据。

申请人一方提交的自行鉴定意见，并非司法医学鉴定，如果经过审查，人民法院对鉴定意见存在疑问，有失客观性，仍需要提交指定的鉴定部门重新进行鉴定，依据新的鉴定意见作出认定判决。①

【典型案例】

王某某、王某申请宣告公民限制民事行为能力案

【案　　号】河南省汝州市人民法院（2021）豫 0482 民特 122 号

【裁判要旨】人民法院对鉴定人出具的鉴定书应当进行审查，组织当事人对鉴定材料进行质证，未经质证的材料，不得作为鉴定的依据。司法鉴定意见书所依据的鉴定材料未经质证，程序不符合法律规定，申请人的司法鉴定申请书中的请求事项与鉴定结果范围并不一致，鉴定意见书不予采信。

【基本案情】被申请人王某系申请人王某某的父亲。2016 年左右，家人发现被申请人经常表现出疑心被害、言行乱、夜不能眠，长期进行药物治疗。2018 年 9 月左右，被申请人王某因受到刺激病情加重，出现尿裤子、半夜点燃照片、突然对孩子进行殴打等新症状。2019 年 1 月 1 日在洛阳市精神卫生中心医院治疗，经初步诊断为精神分裂症。2021 年 3 月 22 日，经洛阳市科鉴法医精神病司法鉴定所鉴定，被申请人 2018 年 12 月份时精神状态为精神分裂症，为限定民事行为能力人。申请人向法院申请依法宣告被申请人王某 2018 年 12 月时为限制民事行为能力人并指定王某某为被申请人的监护人。

法院查明洛阳科鉴法医精神病司法鉴定所出具编号为豫科鉴司鉴所（2021）精鉴字第 44 号司法鉴定意见书所依据的鉴定材料未经质证。调取的洛阳科鉴法医精神病司法鉴定所的鉴定材料中，申请人的司法鉴定申请书中的请求事项为请求对被申请人王某的精神状态和民事行为能力

① 参见杨荣馨主编：《〈中华人民共和国民事诉讼法〉释义》，清华大学出版社 2012 年版，第 258 页。

进行鉴定，申请时间为2020年12月9日。（2021）精鉴字第44号司法鉴定意见书显示，王某2018年12月份时的民事行为能力应评定为限定民事行为能力。

【裁判结果】法院对洛阳科鉴法医精神病司法鉴定所出具编号为豫科鉴司鉴所（2021）精鉴字第44号司法鉴定意见书不予采纳，申请人王某某申请确认被申请人王某2018年12月份时为限制民事行为能力人的请求，证据不足，不予支持。

第二百条　人民法院审理认定公民无民事行为能力或者限制民事行为能力的案件，应当由该公民的近亲属为代理人，但申请人除外。近亲属互相推诿的，由人民法院指定其中一人为代理人。该公民健康情况许可的，还应当询问本人的意见。

人民法院经审理认定申请有事实根据的，判决该公民为无民事行为能力或者限制民事行为能力人；认定申请没有事实根据的，应当判决予以驳回。

【条文主旨】

本条是关于认定公民无民事行为能力或者限制民事行为能力案件的代理人及审理结果的规定。

【条文理解】

在认定公民无民事行为能力或者限制民事行为能力的案件中，考虑到被申请人可能无法准确表达自己的意志和观点，为了保障被申请人的利益，法律规定由被申请人的近亲属担任其代理人，但如果申请人就是近亲属的，则为了避免利益冲突，该申请人不能作为被申请人的代理人。如果近亲属之间互相推诿的，为了保障程序的顺利进行，法院应从中指定一人作为代理人。被申请人情况允许的，代理人的选择应当征询被申请人的意见，既是充分尊重和保障被申请人的利益，也是为了更方便调查和了解被申请人的情况。

人民法院审理认定公民无民事行为能力或者限制民事行为能力案件的判决有两类：一是根据现有证据可以认定被申请人不能辨认或者不能完全辨认自己行为的，人民法院应判决宣告被申请人为无民事行为能力人或者限制民事行为能力人。二是人民法院根据现有证据可以认定被申请人具备民事行为能力，或者被申请人不配合鉴定，申请人又未提供鉴定意见，无法对被申请人是否具备辨认自己行为能力作出判断的，人民法院应作出驳回申请的判决。

民事立法对无民事行为能力人或者限制民事行为能力人的保护除宣告程序外，主要体现在监护制度的确立。司法实践中，在申请认定公民为无民事行为能力人或者限制民事行为能力人的同时提出指定监护人的，人民法院经审查认为依据现有事实证据可以认定被申请人为无民事行为能力或者限制民事行为能力的，应当同时对提出的指定监护人的申请进行审查并指定监护人。

【条文适用】

一、代理人的选定

在申请认定公民无民事行为能力或者限制民事行为能力的案件中，法律及相关司法解释并未规定必须将被申请人同一顺序的所有近亲属都作为代理人，也未规定必须通知所有的近亲属参加案件的审理，近亲属中的一人作为代理人亦可。

被申请人没有近亲属的，人民法院可以指定经被申请人住所地的居民委员会、村民委员会或者民政部门同意，且愿意担任代理人的个人或者组织为代理人。没有前述规定的代理人的，由被申请人住所地的居民委员会、村民委员会或者民政部门担任代理人。代理人可以是一人，也可以是同一顺序中的两人。[①]

需要注意的是，代理人只是在案件审理期间行使代理权，其并非被申请人当然的监护人。

---

① 参见《民事诉讼法司法解释》第350条。

二、监护人的指定

《民法典》第 28 条规定："无民事行为能力或者限制民事行为能力的成年人，由下列有监护能力的人按顺序担任监护人：（一）配偶；（二）父母、子女；（三）其他近亲属；（四）其他愿意担任监护人的个人或者组织，但是须经被监护人住所地的居民委员会、村民委员会或者民政部门同意。"第 30 条规定："依法具有监护资格的人之间可以协议确定监护人。协议确定监护人应当尊重被监护人的真实意愿。"第 31 条第 1 款、第 2 款规定："对监护人的确定有争议的，由被监护人住所地的居民委员会、村民委员会或者民政部门指定监护人，有关当事人对指定不服的，可以向人民法院申请指定监护人；有关当事人也可以直接向人民法院申请指定监护人。""居民委员会、村民委员会、民政部门或者人民法院应当尊重被监护人的真实意愿，按照最有利于被监护人的原则在依法具有监护资格的人中指定监护人。"《民事诉讼法司法解释》第 349 条规定："被指定的监护人不服居民委员会、村民委员会或者民政部门指定，应当自接到通知之日起三十日内向人民法院提出异议。经审理，认为指定并无不当的，裁定驳回异议；指定不当的，判决撤销指定，同时另行指定监护人。判决书应当送达异议人、原指定单位及判决指定的监护人。有关当事人依照民法典第三十一条第一款规定直接向人民法院申请指定监护人的，适用特别程序审理，判决指定监护人。判决书应当送达申请人、判决指定的监护人。"《民法典》第 32 条规定："没有依法具有监护资格的人的，监护人由民政部门担任，也可以由具备履行监护职责条件的被监护人住所地的居民委员会、村民委员会担任。"

由此可知，《民法典》第 28 条规定的是成年人中无民事行为能力人或者限制民事行为能力人监护人的法定顺位，在第一顺位的监护人不存在不履行监护职责或者侵害被监护人合法权益的情况下，申请人若申请指定其他人担任监护人，第一顺位的监护人不同意的，人民法院对申请人指定监护人的申请不予支持。

三、认定公民行为能力案件申请人不能提起上诉

认定公民行为能力程序属于非诉案件，无论是判决宣告被申请人为无民事行为能力人或者限制民事行为能力人，或是判决驳回申请，均为终审判决，申请人均不能提起上诉。根据《民事诉讼法司法解释》第372条的规定，适用特别程序作出的判决、裁定，当事人、利害关系人认为有错误的，可以向作出该判决、裁定的人民法院提出异议。人民法院经审查，异议成立或者部分成立的，作出新的判决、裁定撤销或者改变原判决、裁定；异议不成立的，裁定驳回。

【典型案例】

冯某云与冷某雪申请宣告自然人无民事行为能力案

【案　　号】北京市丰台区人民法院（2021）京0106民特1203号

【裁判要旨】无民事行为能力人或者限制民事行为能力人的监护人由具有监护资格的人按顺序担任，配偶作为第一顺位监护人不存在不履行监护职责或者侵害被监护人合法权益的情况下，申请人要求指定第二顺位的被申请人父母担任监护人，而配偶不同意的，不得指定被申请人的父母担任监护人。

【基本案情】申请人冯某云与被申请人冷某雪系母子关系，2020年冷某雪经北京市大兴区心康医院诊断证明患有偏执型精神分裂症，后住院治疗，案件审理期间仍未出院。因冷某雪犯病期间不能正确表达自己意志，为保护冷某雪合法权益，保护其人身、财产安全，特申请法院指定专业医学鉴定机构对冷某雪现阶段精神状况进行鉴定，并指定冯某云为其监护人，代理其参加各项民事活动及照料其日常生活。

冷某雪指定代理人冷某雪之妻张某秀辩称，同意宣告冷某雪为限制民事行为能力人，不同意指定冯某云为冷某雪的监护人。

【裁判结果】北京市丰台区人民法院于2021年12月14日作出

(2021) 京 0106 民特 1203 号判决书，宣告冷某雪为限制民事行为能力人；驳回冯某云的其他申请事项。

【裁判理由】根据司法鉴定意见，冯某云申请宣告冷某雪为限制民事行为能力人，具有充分事实依据，法院予以支持。无民事行为能力或者限制民事行为能力的成年人，由下列有监护能力的人按顺序担任监护人：(1) 配偶；(2) 父母、子女；(3) 其他近亲属……本案中，张某秀作为冷某雪配偶，系第一顺位监护人，现张某秀不同意指定冯某云为冷某雪监护人，在无充分证据证明张某秀不履行监护职责或者侵害被监护人合法权益的情况下，法院对冯某云要求指定其为冷某雪的监护人的申请事项不予支持。

第二百零一条　人民法院根据被认定为无民事行为能力人、限制民事行为能力人本人、利害关系人或者有关组织的申请，证实该公民无民事行为能力或者限制民事行为能力的原因已经消除的，应当作出新判决，撤销原判决。

【条文主旨】

本条是关于公民恢复全部或部分认知能力，申请撤销宣告无民事行为能力或者限制民事行为能力判决的规定。

【条文理解】

认定公民民事行为能力程序属于非诉特别程序，从法理上看，非诉法律文书具有可变更性，不同于民事诉讼法上裁判具有拘束力，如因情势变更，对于新发生之能力事实，自应允许法院作出新判决撤销原判决。

在公民无民事行为能力或者限制民事行为能力的原因已经消除的情况下，如精神疾病因治疗得到缓解或治愈的，再限制其实施民事行为将对该公民的权益造成影响。在法院作出宣告公民无民事行为能力或者限制民事行为能力的判决后，该公民的行为能力并不会因为认知能力恢复而自动获取，仍需要由该公民、利害关系人或者有关组织向法院申请，由法院审查认定无民事行为能力或者限制民事行为能力的原因是否已经消除。需要注意的是，撤销原认定判决，只能由该被认定的公民及其监护人提出申请，人民法院不得依职权启动撤销宣告的法律程序。

【条文适用】

第一，被宣告为无民事行为能力或者限制民事行为能力的公民本人申请撤销宣告时，申请人为其本人，无被申请人。若由利害关系人或者有关组织作为申请人的，被宣告为无民事行为能力或者限制民事行为能力的公民为被申请人。

法院经审查认定公民被宣告为无民事行为能力或者限制民事行为能力的原因已经消除的，法院作出的判决主文包括两项内容：一是撤销宣告该公民为无民事行为能力人或者限制民事行为能力人的判决；二是判决该公民恢复民事行为能力或者宣告该公民为限制民事行为能力人。如某公民被宣告无民事行为能力后，该公民认为其已恢复完全行为能力，申请宣告其为完全民事行为能力人。法院经委托鉴定机构进行鉴定，鉴定意见为该公民尚未恢复完全行为能力，为限制民事行为能力人。法院作出的判决即为，撤销宣告该公民为无民事行为能力人的判决，宣告该公民为限制民事行为能力人。

如法院经审查认为，认定该公民为无民事行为能力或者民事行为能力的原因尚未消除的，法院应判决驳回申请。还需注意的是，未被法院判决宣告过为无民事行为能力或者限制民事行为能力的公民，不能向法院申请宣告其恢复完全民事行为能力或者限制民事行为能力，对此种申请，法院应当裁定不予受理。

第二，判断公民无民事行为能力或者限制民事行为能力的原因是否消除时，人民法院可委托鉴定机构对申请恢复行为能力的公民进行行为能力鉴定。在司法实践中，法院主要参考鉴定机构出具的对公民是否恢复行为能力的鉴定意见作出认定，因未提交证明材料或者不配合提供鉴定材料或不依法交纳鉴定费用等原因导致无法完成鉴定的，人民法院往往会以当事人的申请无事实依据为由判决驳回。

第三，原认定为无民事行为能力的判决被撤销后，新判决送达后，原被认定为无民事行为能力人或者限制行为能力人就成为完全民事行为能力人，原判决指定的监护人就不再继续作为该公民的监护人，该公民可以进行正常的民事活动。

【典型案例】

刘某常与刘某申请宣告公民恢复完全民事行为能力案

【案　　号】山东省济南市槐荫区人民法院（2020）鲁 0104 民特 217 号

【裁判要旨】对未经人民法院判决宣告为无民事行为能力或者限制民事行为能力的公民，申请法院宣告其恢复完全民事行为能力或限制民事行为能力，不属于人民法院受理民事诉讼的范围，人民法院依法不予受理。

【基本案情】2020 年 8 月 17 日，刘某常作为刘某的监护人向济南市槐荫区人民法院申请宣告恢复刘某恢复完全民事行为能力。刘某持有残疾证，载明为精神残疾人，残疾等级为四级，为限制民事行为能力人，监护人为刘某常。刘某曾得过双相情感障碍，现已经痊愈，特申请认定刘某为完全民事行为能力人。

【裁判结果】济南市槐荫区人民法院经审查认为，申请宣告公民恢复完全民事行为能力是指人民法院依法作出宣告公民为无民事行为能力人或限制民事行为能力人的判决后，如果造成该公民无民事行为能力或限制民事行为能力的原因已经消除的，其本人或者其他利害关系人可以申请人民法院宣告该公民恢复为完全民事行为能力人。本案中刘某并未经过判决宣告为无民事行为能力人或限制民事行为能力人，根据《民事诉讼法》（2017 年修正）第 119 条[①]“起诉必须符合下列条件：……（四）属于人民法院受理民事诉讼的范围和受诉人民法院管辖”的规定，本案不属于人民法院受理民事诉讼的范围，故法院对本案依法不予受理。

---

① 对应《民事诉讼法》（2023 年修正）第 122 条。

第六节　认定财产无主案件

第二百零二条　申请认定财产无主，由公民、法人或者其他组织向财产所在地基层人民法院提出。

申请书应当写明财产的种类、数量以及要求认定财产无主的根据。

【条文主旨】

本条是关于认定财产无主案件的申请及管辖的规定。

【条文理解】

财产所有权是民事权利主体对财产享有的依法占有、使用、收益和处分的权利，财产之上存在所有权人是常态，但亦会出现财产与所有权人分离之情形。同所有权人分离之财产，在特定情形下可能成为无主之财产。

所谓无主财产，是指财产处于无人认领、无人使用、无人管理的状态。有学者认为，无主物者，指现在不属于任何人所有之物而言，至于物是否曾属于他人则非所问，故如经所有人抛弃之物，自仍属无主物。[①] 从无主物的类别上看，有自始无主物、拟制无主物、抛弃物、事实无主物、无人继承的遗产。有学者认为除此之外，还有一种推定无主物。

认定财产无主，就是指人民法院根据公民、法人或者其他组织的申

① 谢在全：《民法物权论》，中国政法大学出版社 2011 年版，第 233 页。

请，依照法律程序将某项归属不明的财产认定为无主财产，并将其收归国家或集体所有的特定程序。在立法目的上，财产无主，既不利于发挥财产的自身价值，也容易导致财产遭受不必要损失，为避免财产处于无主状态，物尽其用，也为了避免财产遭受不必要的损失，法律必须要对无主状态的财产的归属予以明确。即通过一定的法律程序对财产无主的状态进行认定。我国对无主财产认定的法律程序借鉴苏联的双重立法模式，既在《民法典》中对于遗失物、漂流物、发现埋藏物或者隐藏物的失物招领进行了规定，[①] 又在《民事诉讼法》中设置了认定财产无主的特别程序。[②] 因两项程序在受理机构、适用对象、认定方式、法律结果和救济途径上有所不同，故存在程序选择的适用问题。

但无论是《民法典》关于拾得遗失物的规定还是《民事诉讼法》规定的无主财产认定程序，其立法意旨均在于通过一定程序发现财产权利人，将无主财产收归国有或者集体所有，充分发挥财产的经济效益和价值，同时也使不确定的财产法律关系得以确定，稳定社会经济秩序。因此，根据《民事诉讼法司法解释》第348条的规定，认定财产无主案件，公告期间有人对财产提出请求的，人民法院应当裁定终结特别程序，告知申请人另行起诉，适用普通程序审理。

【条文适用】

一、申请人的范围

从条文规定来看，申请认定财产无主的申请人范围较为宽泛。因此

① 《民法典》第314条规定："拾得遗失物，应当返还权利人。拾得人应当及时通知权利人领取，或者送交公安等有关部门。"第315条规定："有关部门收到遗失物，知道权利人的，应当及时通知其领取；不知道的，应当及时发布招领公告。"第318条规定："遗失物自发布招领公告之日起一年内无人认领的，归国家所有。"第319条规定："拾得漂流物、发现埋藏物或者隐藏物的，参照适用拾得遗失物的有关规定。法律另有规定的，依照其规定。"

② 参见赵盛和：《我国无主财产认定程序的转型》，载《国家检察官学院学报》2015年第6期。

有观点提出，任何知悉财产所有人不明或无人继承的公民、法人或者其他组织均可以作为申请人。在司法实践中，自然人作为申请人的主要有两种情况：一种是申请人对被继承人进行照料抚养，请求法院认定遗产无主并判归申请人所有；另一种是无主财产由申请人发现。由法人或其他组织作为申请人的，也主要有两种情况。一种是无主财产在其主管范围内，如海洋与渔业执法大队、海事局等在其管理海域范围内发现的无法查明所有人或经营人的船舶，可以申请认定为无主财产。另一种情况是被继承人为企业或组织成员或存在经济或管理关系，例如，居民委员会、街道办事处、村民委员会、村民小组、集体所有制企业等对其成员或职工无人继承的遗产可以申请认定为无主财产；又如，仓储管理公司对存放于其仓库但所有人不明的货物可以申请认定为无主财产。

虽然认定财产无主程序的立法本意是发现财产权利人，确定财产法律关系，将无主财产收归国有或集体所有。但司法实践中，许多申请人申请将财产判归自己所有，此种情况主要发生在申请人对被继承人进行照料或抚养，而被继承人财产无人继承，申请人申请认定遗产为无主财产，并以尽到照料抚养责任为由请求分得遗产，将遗产判归申请人所有。《最高人民法院公报》1995 年第 4 期的陈某某申请认定财产无主案即是典型代表。①

二、管辖法院的确定

管辖是法院体系内对案件负担进行均衡分布的事务管理。让处理某些特定案件时有便利条件的法院取得管辖案件的审判主体资格，如调查

① 该案的基本案情为，陈某某请求认定上海市河间路×××弄××号前半间房屋为无主财产，并将该房屋判归其所有。上海市杨浦区人民法院认为，位于该河间路×××弄××号前半间约 7 平方米房屋确属无主财产，依法应收归国家或者集体所有。鉴于申请人陈某某对原房屋所有人陈某 1 生前尽了主要扶养义务，依照《继承法》第 14 条关于“继承人以外的对被继承人扶养较多的人，可以分给他们适当的遗产”的规定，应当从该无主财产中分给陈某某适当的财产。但是，该无主财产价值不大，收归国家或集体所有无多大实际意义。因而，申请人陈某某要求将上述无主财产归其所有，符合法律规定，对此应予支持。

事实、勘验现场等，能够有效节约司法资源。[①] 认定财产无主程序的目的是解决财产所有权的归属问题，不适用确定地域管辖的一般原则，从利于查清财产实际情况、及时寻找所有人的角度出发，立法者将认定财产无主案件的管辖法院确定为财产所在地基层人民法院，而非申请人住所地的人民法院。

申请财产无主案件的管辖亦有特别法的适用空间。根据《海事诉讼特别程序法》第 9 条的规定，当事人申请认定海上财产无主的，向财产所在地海事法院提出。因此，申请在海上发现的船舶为无主财产，应当向船舶所在地的海事法院提出。

三、需提交书面申请

申请认定财产无主应当通过书面形式向法院提出，并在申请书中写明财产的种类、数量以及要求认定财产无主的根据。对于不动产，应当写明其具体所在位置，目前占有的情况。认定财产无主的根据是关键，不仅要求财产处于无法确定所有人的状态，并且该状态应已持续一段时间。认定财产无主程序须依申请启动，人民法院不得依职权自行启动某项财产的认定无主程序。

四、可认定无主财产的类别

认定财产无主案件中的财产通常有以下几种：没有所有人或者所有人不明的财产（包括所有人不明的埋藏物或隐藏物）；拾得的遗失物或漂流物；无人继承的财产。

通说认为，认定无主的财产应该限于有形财产，不包括无形财产或

---

① 参见王亚新：《民事诉讼管辖：原理、结构及程序的动态》，载《当代法学》2016 年第 2 期。

精神财富。[①] 但司法实践中，已有法院受理认定著作权为无主财产的案件。[②]

【典型案例】

冯某添申请认定财产无主案

【案　　号】广东省广州市中级人民法院（2015）穗中法立民终字第 1878 号

【裁判要旨】申请人与申请被认定为无主的财产没有直接利害关系，则该申请不符合《民事诉讼法》（2012 年修正）第 119 条第 1 项[③]关于原告应是与本案有直接利害关系的公民、法人和其他组织的前提条件，人民法院不予受理。

【基本案情】申请人冯某添申请认定广州市海珠区同福中路龙圣里×号的 1 幢 2 层（部分 1 层）房屋为无主财产。事实及理由为：（1）按照人的自然寿命推算，原房屋产权人现在已 123 岁，几乎没有生存的可能；（2）该房屋长期处于财产与财产所有权人分离、无人管理的状态。房屋

---

① 参见杨荣馨主编：《〈中华人民共和国民事诉讼法〉释义》，清华大学出版社 2012 年版，第 262 页。全国人大常委会法制工作委员会民法室也认为应限于有形财产。参见全国人大常委会法制工作委员会民法室编：《中华人民共和国民事诉讼法条文说明、立法理由及相关规定》，北京大学出版社 2012 年版，第 310 页。

② 参见北京市西城区人民法院（2007）西民特字第 11692 号。群众出版社于 20 世纪 60 年代初，按照有关部门的指示，出版发行了溥某所著《我的前半生》一书，在社会上引起强烈反响和好评。1967 年溥某去世后，该书的著作权由溥某的夫人李某贤女士继承。1997 年李某贤去世。由于李某贤没有继承人，群众出版社申请法院认定溥某所著《我的前半生》一书为无主财产。北京市西城区人民法院对群众出版社的申请进行了核实，2007 年 9 月 25 日在《人民法院报》发出财产认领公告。2008 年 8 月 22 日，金某玲向北京市西城区人民法院申请认领《我的前半生》的著作财产权。特别程序终结。2009 年 8 月，金某玲向北京市丰台区人民法院起诉群众出版社，要求确认《我的前半生》著作权归己所有。经过长达一年的庭审调查，法院认为《我的前半生》一书著作权已经由法院生效判决确认归溥某所有。李某贤作为溥某的妻子及唯一法定继承人，生前未对《我的前半生》一书的著作财产权进行处分，李某贤去世后也没有继承人，金某玲并不是李某贤的遗产继承人，因此，金某玲要求确认《我的前半生》著作财产权归其所有，于法无据，被驳回。参见《溥仪侄女认领〈我的前半生〉著作权被法院驳回》，载《中华读书报》2011 年 1 月 5 日，第 1 版。

③ 对应《民事诉讼法》（2023 年修正）第 122 条第 1 项。

产权人梁某（我国香港特别行政区居民）于1951年7月31日书面委托居住在广州市第六甫水脚某号的表兄蔡某代为办理该房屋一切产权登记手续。根据（1987）城住字第242号《城镇房屋所有权登记暂行办法》第3条规定，城镇房屋所有人都必须在限期内到房屋所在地登记机关登记，领取房屋所有权证。而该房屋，在1955年3月11日蔡某代为领取《房地产所有证》后，未有依法于1987年全国开展的城镇房屋所有权登记中进行房屋权属登记。至今，广州市房地产档案馆现存的该房屋登记资料只有1954年房屋登记的南字7032号档案。（3）该房屋已被他人非法占有，谋取私利。20世纪60年代曾居住在×号的梁某甲深知该房屋长期处于财产与财产所有权人分离、无人管理状况，伙同其子梁某乙编造谎言，骗取规划部门批准其维修×号房屋后，为占有该房屋，违法改建该房屋为房中房牟取租金收益，造成对×号房屋的极大破坏。

【裁判结果】广州市海珠区人民法院以申请人没有举证证明房屋产权人已不存在为由，作出（2015）穗海法立民初字第7号民事裁定，对其申请不予受理。冯某添不服该裁定，向广州市中级人民法院上诉。经查，冯某添与本案没有直接利害关系，冯某添的申请不符合《民事诉讼法》第122条第1项“起诉必须符合下列条件：（一）原告是与本案有直接利害关系的公民、法人和其他组织……”的规定。广州市中级人民法院裁定维持原判。

第二百零三条　人民法院受理申请后，经审查核实，应当发出财产认领公告。公告满一年无人认领的，判决认定财产无主，收归国家或者集体所有。

【条文主旨】

本条是关于人民法院审理认定财产无主案件的规定。

【条文理解】

人民法院审理申请认定财产无主案件，一般程序如下：

首先，人民法院在受理认定财产无主案件的申请后，应当对财产的权属状况进行调查核实，如果能确定其所有权的或者有继承人的，或者根据法律关系不宜认定为无主财产的，或者认定为无主财产并无实益的，法院应判决驳回申请。

其次，如果根据现有证据确实无法确定财产所有权人或继承人的，法院应发出财产认领公告，以寻找财产所有权人或继承人。1 年公告期的确定兼顾了给予财产所有权人或继承人以充分的时间认领财产维护其权益与财产法律关系不能长期处于无法确定状态的考虑。《民法典》第 318 条将遗失物的公告时间由原来的 6 个月修改为 1 年，既出于此种考虑，也是为保持与《民事诉讼法》公告期限的一致性。

最后，公告期满后的处理。财产认领公告发出后，人民法院根据出现的不同情形，分别予以处理：（1）财产所有权人或继承人主张权利，此时，无论该声称对财产享有所有权或继承权的主体是否确实对财产享有所有权或继承权，认定财产无主程序都应当终结，申请人对认领人提出的主张有异议的，法院应作出裁定，终结特别程序，告知申请人另行起诉，适用普通程序对财产权属作出认定。其原因在于法院发出认领公告寻找财产所有权人或继承人的目的已经达到，至于财产的确定归属问题交由普通诉讼程序予以解决。（2）如果1年期内无人认领的，人民法院判决认定为无主财产，根据实际情况收归国家或集体所有。收归集体所有的情况主要发生在农村集体经济组织成员尤其是“五保户”财产无人继承、又无人受遗赠的情况下。“五保户”，是指根据《农村五保供养条例》规定的由民政部门在吃、穿、住、医、葬方面给予生活照顾和物质帮助的村民，即老年、残疾或者未满16周岁的村民，无劳动能力、无生活来源又无法定赡养、抚养、扶养义务人，或者其法定赡养、抚养、扶养义务人无赡养、抚养、扶养能力的。

【条文适用】

第一，申请认定无主的财产在公告1年期内无人认领，判决认定为无主是一种法律上的推定，即该财产可能存在事实上的所有权人或继承人。因此，本法第204条对判决认定财产无主后，原财产所有权或者继承人出现，并在《民法典》规定的诉讼时效期间内提出主张的，人民法院仍应当审查核实，并根据查明的结果作出相应判决。

第二，在认定财产为无主财产收归国有或集体所有时，应将无主财产或其变价所得款用于支付公告、评估、救助、保管、拍卖等费用后，余款收归国家或集体所有。

第三，《民法典》第1160条规定：“无人继承又无人受遗赠的遗产，归国家所有，用于公益事业；死者生前是集体所有制组织成员的，归所在集体所有制组织所有。”根据该规定，被继承人死亡没有法定继承人和遗嘱的，只能收归国有或者集体所有，但司法实践中，申请人虽没有继承权，但以对被继承人进行扶养照顾为由，申请认定被继承人遗产为无主遗产并判归申请人所有。这在《最高人民法院关于适用〈中华人民共和国民法典〉继承编的解释（一）》第41条也得到体现，即“遗产因无人继承又无人受遗赠归国家或者集体所有制组织所有时，按照民法典第一千一百三十一条规定可以分给适当遗产的人提出取得遗产的诉讼请求，人民法院应当视情况适当分给遗产”。实际上是法院在认定被继承人遗产为无主财产收归国有或集体的例外，考虑到继承人以外的对被继承人扶养较多的人，体现了尊老、扶弱、助人的良好社会风尚，应当予以弘扬，可以适当分给其遗产。如果遗产价值较小，法院可直接将遗产判归申请人所有。如果遗产为不可分割之不动产的，法院应综合考虑案件情况及不动产价值，若不动产价值超过应分给申请人遗产价值的，法院亦可判决该不动产归申请人所有，但申请人应向法院支付房屋折价款，该折价款为无主财产，收归国家或集体所有。

【典型案例】

徐某波申请认定财产无主特别程序案

【案　　号】上海市浦东区人民法院（2021）沪0115民特94号

【裁判要旨】在通过法定程序认定财产为无主财产后，对财产所有权人生前尽到赡养照拂义务的主体可以适当分得其财产。

【基本案情】沈某2与申请人徐某波之母沈某1系姐妹关系，沈某2的丈夫、父母、子女、妹妹均已死亡。沈某2于2018年5月14日病故，其生前日常生活长期由申请人照料，病重时的相关事务及身后事亦由申请人操办。沈某2生前表示择日将其财产悉数赠与申请人，但还未赠与财产便已去世，遗留了本案涉案股票。作为沈某2的近亲属，申请人对其履行了生养死葬的照顾义务，故请求法院依法认定沈某2名下股权证号为009×××××××××的上海银行股票及其项下所有权益为无主财产，并判归申请人所有。

人民法院于2021年1月22日在陆家嘴法庭公告栏发出认领上述财产的公告，法定公告期间为一年，现已届满，上述财产无人认领。

【裁判结果】人民法院受理认定财产无主申请后，经审查核实，发出财产认领告知满一年无人认领的，判决认定财产无主，收归国家或集体所有。鉴于申请人徐某波对沈某2尽了较多赡养义务，沈某2现已死亡，故申请人申请认定上述上海银行股票及其项下所有权益为无主财产，并要求归其所有的请求，法院予以支持。

第二百零四条　判决认定财产无主后，原财产所有人或者继承人出现，在民法典规定的诉讼时效期间可以对财产提出请求，人民法院审查属实后，应当作出新判决，撤销原判决。

【条文主旨】

本条是关于撤销认定财产无主案件判决的规定。

【条文理解】

人民法院按照认定财产无主程序作出的认定财产无主的判决，是在一定事实基础上作出的法律推定，但可能事实上被认定为无主的财产是有所有权人或继承人的。因为，存在财产所有权人或继承人未在公告期内看到公告并及时向法院主张权利的可能性。

一方面，法院发布的公告大多通过纸质媒体刊载，财产所有权人或继承人获知财产公告的信息渠道有限；另一方面，如果一项财产通过法院审查发布公告，已经初步具备了所有人不明的依据，仅通过 1 年的公告期寻找所有权人或继承人，实现的概率较低。基于上述原因，为了保障财产所有权人或继承人的合法权益，判决认定财产无主后，所有权人或继承人在《民法典》规定的诉讼时效期间内向法院提出撤销认定财产无主申请的，人民法院应当审查并根据查明的事实作出相应的判决。

本条在 2021 年修正时将“民法通则规定的诉讼时效”修改为“民法典规定的诉讼时效”。根据《民法典》第 188 条规定，财产所有权人或继承人应当自知道或者应当知道财产被法院判决认定为无主财产后的 3 年内向人民法院主张权利。

【条文适用】

第一，法院应主动审查诉讼时效问题。根据本条规定，人民法院在审查财产所有权人或继承人提出的撤销认定财产无主申请时，应主动审查当事人主张权利是否已过诉讼时效。

第二，人民法院经审查，认为当事人提出的请求无事实依据，不符合法律规定的，应裁定驳回其申请；如查证申请人确属财产的所有权人或继承人的，应当作出新的撤销判决。

第三，认定财产无主的案件被撤销后，将会涉及执行回转问题。根据本法相关规定，执行完毕后，据以执行的判决、裁定和其他法律文书确有错误，被人民法院撤销的，对已被执行的财产，人民法院应当作出裁定，责令取得财产的人返还；拒不返还的，强制执行。在认定财产无主案件中，法院判决财产收归国有或集体所有的，能够返还原物的，应当返还原物。不能返还原物的，应当折价补偿。原财产已经不存在的，按照财产的实际价值折价返还。

对于原认定财产无主案件判决中，法院直接将财产判归申请人所有的，应当视情况决定是否返还。如财产判归申请人所有是为了支付申请人为保管财产或为了照养被继承人所支出的费用的，财产所有权人或继承人愿意向申请人支付该费用的，财产应当予以返还，不能返还的，无须折价赔偿。

【典型案例】

王某太申请撤销认定财产无主案

【案　　号】北京市东城区人民法院（2019）京0101民特1424号

【裁判要旨】申请人并非被认定为无主财产原所有权人的法定继承人，也并非原所有权人的代位继承人或转继承人，亦无证据证明申请人是原所有权人的遗嘱继承人。申请人仅以对原所有权人晚年尽养老送终义务、应分得遗产为由申请撤销认定财产无主，不符合相关法律规定。

【基本案情】东城区（旧门牌）房屋8间原为白某所有。1988年，北京市东城区人民法院作出（1987）东民字第1172号民事判决书，确定上述房屋8间为无主财产，收归国家所有。申请人王某太称，东城区（旧门牌）房屋8间原为申请人之舅舅白某名下房产，白某终生未婚无子女，其晚年期间的生活一直由申请人照顾，并尽到生养死葬的义务。根据原《继承法》规定及最高人民法院相关复函的精神，申请人虽然不是白某的法定继承人，但有权利分得白某的部分或全部遗产。故申请撤销上述认定财产无主的民事判决书。

【裁判结果】驳回申请人王某太要求撤销认定财产无主的申请。

【裁判理由】根据相关法律规定，判决认定财产无主后，原财产所有人或者继承人出现，在《民法典》规定的诉讼时效期间可以对财产提出请求，人民法院审查属实后，应当作出新判决，撤销原判决。本案中，王某太本人不是白某的法定继承人，王某太之母白某1先于白某死亡，王某太不是白某的代位继承人或转继承人，亦无证据显示其是白某的遗嘱继承人。现王某太仅以对白某晚年尽养老送终义务、应分得遗产为由申请撤销认定财产无主，不符合相关法律规定，对其申请请求，不予支持。

第七节　确认调解协议案件

第二百零五条　经依法设立的调解组织调解达成调解协议，申请司法确认的，由双方当事人自调解协议生效之日起三十日内，共同向下列人民法院提出：

（一）人民法院邀请调解组织开展先行调解的，向作出邀请的人民法院提出；

（二）调解组织自行开展调解的，向当事人住所地、标的物所在地、调解组织所在地的基层人民法院提出；调解协议所涉纠纷应当由中级人民法院管辖的，向相应的中级人民法院提出。

【条文主旨】

本条是关于确认调解协议案件的调解主体、申请主体、申请期限和管辖规则的规定。

【条文理解】

本条是 2012 年《民事诉讼法》增加的条文，2021 年修正时又作了较大幅度的修改完善，2023 年未作修改。致力于“优化司法确认程序，合理扩大司法确认程序适用范围，完善司法确认案件管辖规则”。准确理解本条，应着重把握以下几点。

一、确认调解协议制度的由来

本条所属第七节，是 2012 年修正的《民事诉讼法》新增加的内容。

非诉调解的制度化，源自1989年国务院制定的《人民调解委员会组织条例》，但该条例没有解决调解协议的司法强制力问题。2002年9月16日，最高人民法院出台《关于审理涉及人民调解协议的民事案件的若干规定》（法释〔2002〕29号，已失效），首次以司法解释的形式将人民调解协议确定为具有民事合同性质的协议，但仍规定涉人民调解协议的案件一般适用简易程序，而不是非讼程序。2002年9月24日，中共中央办公厅、国务院办公厅以中办发〔2002〕23号文件转发了《最高人民法院、司法部关于进一步加强新时期人民调解工作的意见》，首次明确提出“依法确认人民调解协议的法律效力”，但未改变前述司法解释立场。2004年9月16日，最高人民法院出台的《关于人民法院民事调解工作若干问题的规定》（法释〔2004〕12号），确立了“委托调解”新机制，但该机制只对诉讼系属中的民事案件的人民调解协议赋予法院调解的效力，没有解决诉讼系属外的人民调解协议等同于生效判决的效力问题。2007年《民事诉讼法》修改论证期间，不少人呼吁建立非诉讼的司法确认调解协议制度，但因该次修改主要解决再审和执行问题，故修正案并未作出相应规定。

2008年年底，中央部署了深化司法体制和工作机制改革的任务，安排了“法院做好诉调对接、中央出台相关政策、改革成果转化为立法”的“三步走”改革进程，最高人民法院被中央确定为“建立健全诉讼与非诉讼相衔接的矛盾纠纷解决机制”改革项目的牵头单位。经过试点，最高人民法院于2009年9月出台了《诉与非诉衔接意见》，增加了对非诉讼调解协议进行司法确认的程序。此举显然具有突破性和开创性的意义，但由于仅属于包含着司法政策指向或具有倡导性的司法文件性质，在法律效力上仍显不足。2011年1月1日，《人民调解法》正式施行，这意味着司法确认制度正式入法，被确定为国家司法制度，标志着我国多元解纷机制改革进入了一个新的发展阶段。同年，最高人民法院出台《人民调解协议司法确认程序规定》，进一步明确和细化了司法确认的程序及效力。2012年《民事诉讼法》修改时，进一步吸收和巩固司法改革的成果，增加了调解协议司法确认案件的内容，从诉讼法层面上为多元解纷机制的发展提供充分的法律依据。

2021 年《民事诉讼法》修正时，以本条将司法确认范围扩大为“经依法设立的调解组织”调解达成的调解协议，并区分“人民法院邀请调解组织开展先行调解”和“调解组织自行开展调解”两种情况，确定了管辖法院。同时，明确“中级人民法院”（含专门法院）也可以开展司法确认，兼顾了级别管辖、专门管辖等特殊情形的需要。如此一来，除人民调解委员会外，商事调解、道交赔偿调解、医疗纠纷调解和残联、妇联、消协等社会团体的调解在纠纷解决中的功能可以进一步发挥。

二、调解主体

2021 年《民事诉讼法》修正前，从多元解纷机制的逻辑、司法政策和实践来看，非诉讼调解的主体既可以是调解组织，也可以是编入或未编入某个调解组织的调解员个人。2021 年《民事诉讼法》修正时，一审稿曾将调解主体扩及调解员个人。对此，有意见认为，调解员个人主持达成的调解协议易受质疑，将其纳入法定司法确认范围过于超前，后续可通过将调解员均编入调解组织的方式妥善解决此问题。鉴于此，2021 年《民事诉讼法》修改仍将非诉讼调解的主体限定于调解组织。

至于哪些调解组织主持达成的调解协议可以被申请司法确认，在决定增加本节规定的 2012 年修法过程中曾有不同意见：有人提出，根据或参照《人民调解法》设立的人民调解委员会范围已经很广，该法又明确规定人民调解委员会主持达成的调解协议可以被申请司法确认，故只有人民调解委员会才适格。有人提出，全国人大及其常委会通过的法律有关于司法确认明确规定的，相应的调解组织即适格。还有人提出，实践中，除人民调解委员会外，还有其他调解组织，故广义法律中有关于司法确认明确规定的，相应的调解组织均适格。鉴于此，本着既考虑我国民间纠纷特点和人民调解工作实际情况，也为将来发展留下了空间的精神，《民事诉讼法》（2012 年修正）第 194 条规定：“申请司法确认调解协议，由双方当事人依照人民调解法等法律，自调解协议生效之日起三十日内，共同向调解组织所在地基层人民法院提出。”2021 年《民事诉讼法》修正时，将“依照人民调解法等法律”修改为“依法设立的调解组织”，实际上进一步明确了此处界定调解组织所依据的法律系广义之法律，从而为扩大调解组织范围提供了坚实的依据。

需要注意的是，随着党的十八届四中全会提出“健全社会矛盾纠纷预防化解机制，完善调解、仲裁、行政裁决、行政复议、诉讼等有机衔接、相互协调的多元化纠纷解决机制”的要求，社会各类调解组织面临着蓬勃发展的大好时机，人民群众也逐步认识到纠纷解决方式的多元化。而《人民调解法》界定人民调解委员会是解决“民间纠纷”的群众自治性组织，但何为“民间纠纷”，并无清晰、固定含义。传统上，人民调解的范围基本是小额债务、邻里关系、轻微侵权等一般民事纠纷。虽然随着经济社会的发展变化，人民调解的范围发生了很大的变化，一些地方在矛盾纠纷多发的土地承包、村务管理、征地拆迁、环境污染、劳资工伤、交通事故、物业管理、医疗纠纷等领域也建立了人民调解组织，但人民调解并不能涵盖所有的纠纷领域。一些专业性较强的领域，纷纷设立了并不以人民调解委员会命名，更专业化、职业化，也另有操作规则，甚至具有盈利性的调解机构，如商事调解组织、行业调解组织等。这些调解组织或机构在化解专业纠纷方面发挥了重要的作用，促进了我国多元化纠纷解决机制的发展，同样需要通过司法确认制度的完善为其发展提供法律保障。

三、申请主体

根据本条规定，必须由调解协议的双方当事人共同提出申请。

至于“共同”的形式，并不限于当事人双方或其代理人共同到法院提出申请一种；实践中，根据《诉与非诉衔接意见》，一方当事人提出申请，另一方当事人表示同意的（具体形式不限于签字确认、另行出具承诺书等），也视为双方共同提出了申请。

需要注意的是，在2012年修法过程中，有人提出，应由共同申请变为单方申请，以尽量避免有的当事人恶意利用本程序拖延时间。还有人认为，还应征得调解组织的同意，这实际上相当于诉讼外调解的三方共同提出。对此，大多数学者并不认同，立法机关未予采纳。

四、申请期限及申请前提

根据本条规定，当事人应当自调解协议生效之日起 30 日内提出申请。

需要注意的是，司法确认程序是对已生效的调解协议的确认，并不是调解协议生效的要件。按照《人民调解法》的第 29 条、第 30 条的规定，调解协议书自各方当事人签名、盖章或者按指印，人民调解员签名并加盖人民调解委员会印章之日起生效；口头调解协议自各方当事人达成协议之日起生效。在调解协议达成后，如果双方当事人认为没有司法确认的必要，如已即时履行完毕，或不涉及给付内容等，可以不申请司法确认。

五、管辖规则

这是本条中改动最大、最有实质性变化的部分。个中原因，可从相关规定的演化过程及前述分析介绍中得到答案。

2009 年出台的《诉与非诉衔接意见》第 21 条规定："当事人可以在书面调解协议中选择当事人住所地、调解协议履行地、调解协议签订地、标的物所在地基层人民法院管辖，但不得违反法律对专属管辖的规定。当事人没有约定的，除《中华人民共和国民事诉讼法》第三十四条规定的情形外，由当事人住所地或者调解协议履行地的基层人民法院管辖。经人民法院委派或委托有关机关或者组织调解达成的调解协议的申请确认案件，由委派或委托人民法院管辖。"这样规定的最大好处，就是充分尊重了当事人的选择权。2011 年出台的《人民调解协议司法确认程序规定》第 2 条规定："当事人申请确认调解协议的，由主持调解的人民调解委员会所在地基层人民法院或者它派出的法庭管辖。人民法院在立案前委派人民调解委员会调解并达成调解协议，当事人申请司法确认的，由委派的人民法院管辖。"对于管辖规则的不同，相应的理由是：《诉与非诉衔接意见》规定的可以申请司法确认的案件范围包括经行政机关、人民调解组织、商事调解组织、行业调解组织或者其他具有调解职能的组织调解达成的具有民事合同性质的协议，而本规定主要规范人民调解协议司法确认程序。人民调解委员会主要调解民间纠纷，多为婚姻家庭纠纷、继承纠纷、相邻关系纠纷，以及简单的民事合同、侵权责任纠纷，而且人民调解委员会与纠纷当事人之间联系密切，与当事人通常在同一个村或者同一个街道。因此，就人民调解协议的司法确认管辖而言，没有必要规定若干个选择项供当事人选择。直接规定由调解委员会所在地的基层人民法院或其派出法庭管辖人民调解协议司法确认案件，不仅方便当事人申请确认，也方便人民法院开展必要的审查工作。

在 2012 年《民事诉讼法》修改过程中，关于此处管辖规则的争议比较大。主要有两种意见：第一种意见认为，司法确认案件的管辖法院应为调解组织所在地的基层人民法院。这有利于纠纷的解决，当事人选择的调解组织一般是与纠纷当事人之间联系密切的组织，一般也是当事人住所地、调解协议履行地、调解协议签订地，规定由调解组织所在地的基层人民法院管辖，对申请司法确认的当事人和受理司法确认案件的法院都比较方便。第二种意见认为，以不动产为标的物的司法确认案件，由于《人民调解法》没有规定人民调解委员会的地域管辖范围问题，有些当事人可能会利用法律的疏漏，达到损人利己的目的。如有的当事人可能会在远离不动产所在地的地方进行调解，对房产权利问题达成协议，并就地申请司法确认。如果受理司法确认案件的法院没有全面了解案情，作出确认调解协议有效的裁定，有可能导致损害他人合法权益的后果。应当说，这种担心不无道理。但《人民调解协议司法确认程序规定》没有明确涉及不动产的司法确认案件是否应当参照《民事诉讼法》专属管辖的规定。人民法院在办理涉及不动产的司法确认案件的时候，应当要求当事人提供不动产财产权利证明等证明材料，并应当要求当事人提出选择异地调解的合理理由。如果当事人通过调解损害了他人合法利益，应当承担相应的法律责任。此外，因为委派的人民法院在初次接触案件的时候，已经对案情有了初步了解，由其对调解协议进行审查确认，有利于提高效率。最终，2012 年修正的《民事诉讼法》基本采纳了第一种意见，规定司法确认案件一律向调解组织所在地的基层人民法院提出申请，这主要考虑了纠纷解决的便利性，即法院审查司法确认案件时，遇到问题便于向调解组织了解，也便于当事人提出申请。此后，《民事诉讼法司法解释》第 351 条规定："申请司法确认调解协议的，双方当事人应当本人或者由符合民事诉讼法第六十一条规定的代理人依照民事诉讼法第二百零一条的规定提出申请。"

2021 年修改过程中，《民事诉讼法》（修正草案）以第 202 条规定："经依法设立的调解组织主持达成调解协议，申请司法确认的，由双方当事人自调解协议生效之日起三十日内，共同向下列人民法院提出：（一）人民法院邀请调解组织、调解员开展先行调解的，向作出邀请的人民法院提出；（二）当事人申请由人民调解委员会调解的，向人民调解委员会所在地的基层人民法院提出；（三）当事人申请由其他依法设立的调解组织或者依法任职的调解员调解的，应当向当事人住所地、标的物所在地的基层人民法院提出。调解协议所涉纠纷应当由中级人民法院、专门人民法院管辖的，向相应的中级人民法院、专门人民法院提出。"最终，2021 年修法以本条作出前述规定。此二者与此前的规定相比，基本回归到了《诉与非诉衔接意见》的规则模式上，即多联结点模式。究其原因：一是更尊重当事人的选择权，也便于执行；二是更尊重实践发展，如在线调解等；三是体现了稳步前进的传统立法特点，逐步吸收成熟经验。至于最终文本与《民事诉讼法》（修正草案）第 202 条的差异：一是稳妥起见，暂未规定对调解员个人主持达成的调解协议的司法确认；二是应由专门人民法院管辖的，实际上可被基层、中级两级人民法院的概念所涵盖。

【条文适用】

一、申请时应当提交的材料

《人民调解协议司法确认程序规定》第 3 条规定："当事人申请确认

调解协议，应当向人民法院提交司法确认申请书、调解协议和身份证明、资格证明，以及与调解协议相关的财产权利证明等证明材料，并提供双方当事人的送达地址、电话号码等联系方式。委托他人代为申请的，必须向人民法院提交由委托人签名或者盖章的授权委托书。”

二、是否受理的决定期限、文书样式

《人民调解协议司法确认程序规定》第 4 条第 1 款规定：“人民法院收到当事人司法确认申请，应当在三日内决定是否受理。人民法院决定受理的……并及时向当事人送达受理通知书。双方当事人同时到法院申请司法确认的，人民法院可以当即受理并作出是否确认的决定。”

三、不予受理情形、文书样式

《民事诉讼法司法解释》第 355 条规定：“当事人申请司法确认调解协议，有下列情形之一的，人民法院裁定不予受理：（一）不属于人民法院受理范围的；（二）不属于收到申请的人民法院管辖的；（三）申请确认婚姻关系、亲子关系、收养关系等身份关系无效、有效或者解除的；（四）涉及适用其他特别程序、公示催告程序、破产程序审理的；（五）调解协议内容涉及物权、知识产权确权的。人民法院受理申请后，发现有上述不予受理情形的，应当裁定驳回当事人的申请。”

四、诉讼费用

对于诉讼费用，本法和《民事诉讼法司法解释》均未作出规定。但《人民调解协议司法确认程序规定》第 11 条规定：“人民法院办理人民调解协议司法确认案件，不收取费用。”随着多元解纷机制的发展，该规定可扩展适用于其他非诉讼的调解协议。司法确认案件不收费的主要目的是鼓励当事人选择非诉讼方式解决纠纷。

第二百零六条　人民法院受理申请后，经审查，符合法律规定的，裁定调解协议有效，一方当事人拒绝履行或者未全部履行的，对方当事人可以向人民法院申请执行；不符合法律规定的，裁定驳回申请，当事人可以通过调解方式变更原调解协议或者达成新的调解协议，也可以向人民法院提起诉讼。

【条文主旨】

本条是关于确认调解协议案件应如何审查处理的规定。

【条文理解】

准确理解本条，应着重把握以下几点。

一、审查方式

本条仅规定了人民法院受理申请后，应当进行审查，没有规定以何种方式、标准进行审查。

关于审查方式，《民事诉讼法司法解释》第356条规定："人民法院审查相关情况时，应当通知双方当事人共同到场对案件进行核实。人民法院经审查，认为当事人的陈述或者提供的证明材料不充分、不完备或者有疑义的，可以要求当事人限期补充陈述或者补充证明材料。必要时，人民法院可以向调解组织核实有关情况。"

此前，2009年出台的《诉与非诉衔接意见》第23条规定："人民法院审理申请确认调解协议案件，参照适用《中华人民共和国民事诉讼法》有关简易程序的规定。案件由审判员一人独任审理，双方当事人应当同时到庭。人民法院应当面询问双方当事人是否理解所达成协议的内容，是否接受因此而产生的后果，是否愿意由人民法院通过司法确认程序赋予该协议强制执行的效力。”2011年出台的《人民调解协议司法确认程序规定》第6条规定：“人民法院受理司法确认申请后，应当指定一名审判人员对调解协议进行审查。人民法院在必要时可以通知双方当事人同时到场，当面询问当事人。当事人应当向人民法院如实陈述申请确认的调解协议的有关情况，保证提交的证明材料真实、合法。人民法院在审查中，认为当事人的陈述或者提供的证明材料不充分、不完备或者有疑义的，可以要求当事人补充陈述或者补充证明材料。当事人无正当理由未按时补充或者拒不接受询问的，可以按撤回司法确认申请处理。”

综合上述规定，再结合本法特别程序第一节“一般规定”相关条款可知，司法确认案件由审判员一人独任审判。审查时，人民法院应当通知双方当事人共同到场对案件进行核实，审查过程中应询问并核实相关证明材料，必要时可向调解组织核实有关情况。

二、判断标准

本条规定的判断标准，是“符合法律规定”或“不符合法律规定”。从相关规定看，主要是一些反向规定，即指属于受案范围但不符合实质要件的，但也包括受案后又发现有不予受理情形的。

关于不应予受理的情形，请参见本书解读第201条的“条文适用”部分内容。

关于实质性判断标准，《民事诉讼法司法解释》第358条规定：“经审查，调解协议有下列情形之一的，人民法院应当裁定驳回申请：（一）违反法律强制性规定的；（二）损害国家利益、社会公共利益、他人合法权益的；（三）违背公序良俗的；（四）违反自愿原则的；（五）内容不明确的；（六）其他不能进行司法确认的情形。”

此前，《诉与非诉衔接意见》第24条规定：“有下列情形之一的，人民法院不予确认调解协议效力：（一）违反法律、行政法规强制性规定的；（二）侵害国家利益、社会公共利益的；（三）侵害案外人合法权益的；（四）涉及是否追究当事人刑事责任的；（五）内容不明确，无法确认和执行的；（六）调解组织、调解员强迫调解或者有其他严重违反职业道德准则的行为的；（七）其他情形不应当确认的。当事人在违背真实意思的情况下签订调解协议，或者调解组织、调解员与案件有利害关系、调解显失公正的，人民法院对调解协议效力不予确认，但当事人明知存在上述情形，仍坚持申请确认的除外。”《人民调解协议司法确认程序规定》第 7 条规定：“具有下列情形之一的，人民法院不予确认调解协议效力：（一）违反法律、行政法规强制性规定的；（二）侵害国家利益、社会公共利益的；（三）侵害案外人合法权益的；（四）损害社会公序良俗的；（五）内容不明确，无法确认的；（六）其他不能进行司法确认的情形。”

相较之下，《民事诉讼法司法解释》第 358 条规定与此前规定的差异主要体现在：第一，强调自愿原则，凡违反自愿原则的，一律不予确认。第二，对涉及是否追究当刑事责任的，未作明确表态。那么，目前，对于涉刑事的非诉讼调解协议，是否可以进行司法确认呢？我们认为，目前不应纳入确认范围。理由如下：一方面，从《人民调解协议司法确认程序规定》第 4 条（受理范围）起草时的争议和最终选择来看，当时曾有观点提出，人民调解委员会对轻微刑事案件主持调解达成协议后，当事人也可以申请司法确认。其理由是人民调解委员会可以根据《人民调解法》调解民间纠纷。民间纠纷的范围广泛，包括了民事案件和部分轻微刑事案件。但最终，《人民调解协议司法确认程序规定》在序言中明确规定确认的调解协议范围为“民事调解协议”，原因在于：其一，人民调解委员会对民事纠纷的调解经验相对丰富，目前法院开展的司法确认工作也主要针对民事调解协议；其二，虽然有的人民调解委员会也对部分轻微刑事案件进行调解并取得了较好的效果，但这项工作尚处于初步探索阶段，还不够成熟；其三，对民间纠纷内涵和外延的理解目前尚存争议。另一方面，对《民事诉讼法司法解释》第 355 条第 1 款“当事人申请司法确认调解协议，有下列情形之一的，人民法院裁定不予受理：（一）不属于人民法院受理范围的”规定的理解，一般认为指不属于民事案件受案范围。

综上可知，同时满足《民事诉讼法司法解释》第 355 条和第 358 条规定的调解协议，才可以裁定确认有效；不满足其中之一者，即应裁定驳回申请。

三、审查结果、所用文书样式及其主文表达

根据本条规定，经审查，符合法律规定的，裁定调解协议有效；经审查，不符合法律规定的，裁定驳回申请。

如前所述，受理申请后无论确认调解协议有效还是驳回申请，都用裁定书。对此处应采用何种文书，在 2012 年之前的实践中主要有四种形式：决定书、确认书、调解书及裁定书。《诉与非诉衔接意见》第 25 条和《人民调解协议司法确认程序规定》第 5 条均规定为决定书。2012 年《民事诉讼法》修改过程中对此争议较大，最终采纳裁定书的主要理由是：第一，裁定书作为执行依据在各地法院的认同度较高，便于申请人实现实体权利；第二，在现行《民事诉讼法》框架下，裁定书与决定书、调解书等其他文书相比更为适宜，既体现司法确认案件的实质审查特点，也不同于法院诉讼调解后制作的调解书。

此处还需要注意裁定书的主文表述。2010 年《人民调解法》第 33 条第 3 款规定：人民法院依法确认调解协议无效的，当事人可以通过人民调解方式变更调解协议或者签订新的调解协议，也可以向人民法院提起诉讼。2011 年《人民调解协议司法确认程序规定》第 8 条规定："人民法院经审查认为调解协议符合确认条件的，应当作出确认决定书；决定不予确认调解协议效力的，应当作出不予确认决定书。"但根据 2012 年修正的《民事诉讼法》，符合法律规定的，裁定书主文应为确认某协议有效；不符合法律规定的，裁定书主文是驳回申请人的申请，而非确认某协议无效或者对某协议不予确认。这一变化的主要原因：一是当事人并未申请确认无效；二是确认无效意味着要进行更多的实体审查，与司法确认程序属于非讼程序的性质和特点不符，不利于发挥司法确认程序简便快捷的优势；三是人民法院裁定驳回申请后，当事人对调解协议还有补救措施，预留了下一步解决纠纷的空间。

四、裁定效力与救济途径

（一）确认裁定与后续救济

根据本法第 185 条“依照本章程序审理的案件，实行一审终审”的规定和本条规定，人民法院确认调解协议有效的裁定是终审的裁定，一经宣告或者送达即生效，一方当事人拒绝履行或者未全部履行的，对方当事人可以向人民法院申请执行。

此情况下，当事人（主要是事后又拒绝履行或未全部履行的一方申请人）或利害关系人不服裁定，认为有错误的，如何寻求救济？对此，本节没有相关规定，但《民事诉讼法司法解释》第 372 条规定：“适用特别程序作出的判决、裁定，当事人、利害关系人认为有错误的，可以向作出该判决、裁定的人民法院提出异议。人民法院经审查，异议成立或者部分成立的，作出新的判决、裁定撤销或者改变原判决、裁定；异议不成立的，裁定驳回。对人民法院作出的确认调解协议、准许实现担保物权的裁定，当事人有异议的，应当自收到裁定之日起十五日内提出；利害关系人有异议的，自知道或者应当知道其民事权益受到侵害之日起六个月内提出。”《民事诉讼法司法解释》第 378 条规定：“适用特别程序、督促程序、公示催告程序、破产程序等非讼程序审理的案件，当事人不得申请再审。”根据上述规定，当事人、利害关系人的救济途径是提出异议，但要在司法解释规定的期限内向作出裁定的法院提出异议。

（二）驳回裁定与后续救济

根据本条和《民事诉讼法司法解释》第 372 条的规定，如果当事人对驳回裁定没有异议，但又想继续解决纠纷的，可以通过调解方式变更原调解协议或者达成新的调解协议，也可以向人民法院提起诉讼。但从逻辑上可知，如果驳回原因是不符合受理条件，那么通常只能向人民法院提起诉讼，而无法再通过调解方式变更原调解协议或者达成新的调解协议。

但如果当事人对驳回裁定有异议，坚持认为调解协议可被确认有效，该如何寻求救济？此时，根据《民事诉讼法司法解释》第 372 条规定，当事人也是可以提出异议的。至于异议的期限，要注意对《民事诉讼法司法解释》第372条第2款作体系解释，将15日异议期限扩及本情形。这在民事诉讼文书样式中已有体现，略有遗憾的是部分文书交代救济权时有不一致之处，后续应予修订。

【条文适用】

一、调解协议瑕疵内容的处理

调解协议是接受调解的当事人双方合意或多方协商的结果，人民法院应当尊重当事人意愿。在司法确认程序中也要充分尊重私权，不干涉当事人意思自治，不介入当事人对权利、义务的处分。但是，法院审查过程中发现协议有法律瑕疵的，可以先向当事人进行释明，建议协商补正或者建议其通过调解方式变更原调解协议或达成新的调解协议；当事人不接受建议的，再裁定驳回并告知其仍然可以通过调解方式变更原调解协议或者达成新的调解协议，也可以提起诉讼。

二、撤回申请与按撤回申请处理

本法没有关于撤回申请与视为撤回申请的规定。2011年《人民调解协议司法确认程序规定》第5条第2款规定："在人民法院作出是否确认的决定前，一方或者双方当事人撤回司法确认申请的，人民法院应当准许。"但施行在后的《民事诉讼法司法解释》第357条规定："确认调解协议的裁定作出前，当事人撤回申请的，人民法院可以裁定准许。当事人无正当理由未在限期内补充陈述、补充证明材料或者拒不接受询问的，人民法院可以按撤回申请处理。"根据法律适用原则，应适用《民事诉讼法司法解释》前述规定。

三、司法确认案件的审限

《人民调解协议司法确认程序规定》第5条第1款规定："人民法院

应当自受理司法确认申请之日起十五日内作出是否确认的决定。因特殊情况需要延长的，经本院院长批准，可以延长十日。”但 2012 年《民事诉讼法》将确认调解协议案件纳入特别程序，同时规定“人民法院适用特别程序审理的案件，应当在立案之日起三十日内或者公告期满后三十日内审结。有特殊情况需要延长的，由本院院长批准。但审理选民资格的案件除外”。此后至本次修法均未有变化。根据新旧法适用规则，此类案件的审限应执行《民事诉讼法》的规定。

四、执行法院

本法第 235 条规定：“发生法律效力的民事判决、裁定，以及刑事判决、裁定中的财产部分，由第一审人民法院或者与第一审人民法院同级的被执行的财产所在地人民法院执行。法律规定由人民法院执行的其他法律文书，由被执行人住所地或者被执行的财产所在地人民法院执行。”根据该条和本法第 205 条规定，确认调解协议案件的执行法院是作出确认裁定的基层、中级人民法院或者与其同级的被执行财产所在地人民法院。

【典型案例】

吴某某、黄某某申请确认与福建省霞浦县三沙宝银来捕捞有限公司调解协议合法有效案

【案　　号】福建省宁德市霞浦县人民法院（2014）霞调确字第 2 号

【裁判要旨】调解组织自行开展调解的，由双方当事人共同向基层人民法院提出。人民法院受理确认调解协议申请后，经审查，符合法律规定的，裁定调解协议有效。案件发生地为钓鱼岛海域附近，人民法院行使司法管辖权有助于进一步明确主权。

【基本案情】2014 年 6 月 27 日 8 时 50 分左右，申请人福建省霞浦县三沙宝银来捕捞有限公司所有的闽霞渔 01 × ×3 号渔船，位于东经 123 度 16 分、北纬 26 度 46 分，即钓鱼岛以北 60 海里海域沉没，致船员黄某某

下落不明。申请人吴某某系黄某某配偶、申请人黄某1系黄某某儿子。事故发生后，经霞浦县三沙镇人民调解委员会调解，双方当事人达成调解协议，即2014085号人民调解协议书。

【裁判结果】福建省宁德市霞浦县人民法院依照《专属经济区和大陆架法》第2条、第3条，《民法通则》第5条①，《民事诉讼法》（2012年修正）第194条②、第195条③以及《人民调解协议司法确认程序规定》第8条、第9条之规定，决定如下：

申请人福建省霞浦县三沙宝银来捕捞有限公司与申请人吴某某、黄某1于2014年8月19日签订的福建省霞浦县三沙镇人民调解委员会第2014085号人民调解协议合法有效。

【裁判理由】福建省宁德市霞浦县人民法院认为，本案事故发生于钓鱼岛以北60海里海域。鉴于钓鱼岛是中国的固有领土，且2012年9月10日，中国政府发表声明公布了钓鱼岛及其附属岛屿的领海基点基线。同时，根据《专属经济区和大陆架法》第2条规定，中华人民共和国的专属经济区，为中华人民共和国领海以外并邻接领海的区域，从测算领海宽度的基线量起延至二百海里。中华人民共和国的大陆架，为中华人民共和国领海以外依本国陆地领土的全部自然延伸，扩展到大陆边外缘的海底区域的海床和底土；如果从测算领海宽度的基线量起至大陆边外缘的距离不足二百海里，则扩展至二百海里。为此，本案事故发生海域可确定为中国专属经济区和大陆架海域。《专属经济区和大陆架法》第3条还规定对海洋环境的保护和保全，可行使管辖权。因此，本院除对本案申请人享有属人管辖权外，同时还享有《专属经济区和大陆架法》规定的专属管辖权。

综上，该院适用中华人民共和国之相关法律裁决，上述协议系双方当事人的真实意思表示，且不违背法律规定，故合法有效。

---

① 对应《民法典》第3条。

② 对应《民事诉讼法》（2023年修正）第205条。

③ 对应《民事诉讼法》（2023年修正）第206条。

第八节　实现担保物权案件

第二百零七条　申请实现担保物权，由担保物权人以及其他有权请求实现担保物权的人依照民法典等法律，向担保财产所在地或者担保物权登记地基层人民法院提出。

【条文主旨】

本条是关于实现担保物权案件的法律依据、申请主体和管辖法院的规定。

【条文理解】

本条是2012 年修正《民事诉讼法》时增加的内容，2021 年修正时仅将法律依据从“物权法”调整为“民法典”并对条文序号作了相应调整。2023 年修正时仅调整条文序号。准确理解本条，应着重把握以下几点。

一、实现担保物权制度的由来

本条所属第八节，是2012 年修正的《民事诉讼法》新增加的内容。

实现担保物权，是担保物权人最主要的权利，也是特定情形下担保人维护自身利益的手段措施。从世界各国家和地区的立法来看，担保物权的实现途径有私力救济和公力救济两大类，后者又包括非诉讼和诉讼两种具体模式。私力救济的成功与否，很多时候取决于担保人是否配合。公力救济中，诉讼程序虽已相对完备，但往往比较冗长、繁杂、成本昂贵；而担保物权本身争议不大的情况下，通过非讼程序解决问题，可以在正义、效率、安全等法律价值之间取得最佳平衡。

在我国，担保物权的公力救济方式，经历了从诉讼程序到非讼程序的立法转变过程。根据1995年施行的《担保法》及其配套司法解释规定，抵押权人以及其他有权请求实现担保物权的人需要实现担保物权时，只能向人民法院提起诉讼，但该方式存在程序复杂、成本高、效率低等不足。2007年10月1日起施行的《物权法》，虽然规定了“可以请求人民法院拍卖、变卖抵押财产”等内容，但对于具体应通过非讼程序还是诉讼程序实现担保物权，上述规定内容本身并未提供清晰的答案。《物权法》通过后，学界和司法界一般认为此处“请求人民法院拍卖、变卖抵押财产”意指通过非讼程序解决。但也有观点认为，“请求人民法院拍卖、变卖”并非通过非讼程序，而是通过诉讼程序解决。[①] 为消除争议，解决好与《物权法》等法律的衔接问题，2012年修正的《民事诉讼法》在特别程序一章中增加了“实现担保物权案件”一节。2021年《民事诉讼法》修改时，在内容上仅将原第196条中的“物权法”调整为“民法典”，同时相应调整了条文序号。

二、法律依据

根据本条规定，申请实现担保物权的法律依据是“民法典等法律”。这里要注意正确理解“等法律”三字。一方面，虽然《民法典》是民事实体法的集大成者，但“等”字的汉语法习惯（在前面仅列举一项时通常应理解为“等外等”）和“法律”两字的广、狭义之分，给此处法律依据的实际范围留足了扩展空间。另一方面，此处的法律依据主要是实体性法律规范，虽然《民事诉讼法司法解释》为回应实践需求，进一步明确了抵押人也属于“其他有权请求实现担保物权的人”，故形式上此处的法律依据也包括程序性司法解释，但从实质性质判断，该解释内容仍属实体性规范。

另需注意的是，《最高人民法院关于适用〈中华人民共和国民法典〉有关担保制度的解释》“四、关于非典型担保”部分规定了可以适用本条规定的非典型权利质权，以及部分可以参照本条的其他情形。

① 参见最高人民法院物权法研究小组编著：《〈中华人民共和国物权法〉条文理解与适用》，人民法院出版社2007年版，第581页、第583页。

三、申请主体

根据本条规定，申请主体包括“担保物权人”和“其他有权请求实现担保物权的人”两类，至于各自的具体范围，尚需根据“民法典等法律”进行判断。

对此，要注意《民事诉讼法司法解释》对《民法典》的细化规定。因为单从《民法典》来看，明确规定有权请求人民法院拍卖、变卖担保物的，仅有抵押权人、出质人、财产被留置的债务人。但是，《民事诉讼法司法解释》第 359 条进一步明确规定：“民事诉讼法第二百零三条①规定的担保物权人，包括抵押权人、质权人、留置权人；其他有权请求实现担保物权的人，包括抵押人、出质人、财产被留置的债务人或者所有权人等。”此解释条文中的“等”字，是为了随社会发展给其他主体也成为适格申请人留有余地。

为准确理解《民事诉讼法司法解释》第 359 条，有必要回顾一下起草过程中的相关争议。当时的调研显示，审判实践中主要有三种意见：第一种意见认为，2012 年《民事诉讼法》第 196 条规定的“担保物权人”主要是指原《物权法》第 195 条规定的抵押权人，“其他有权请求实现担保物权的人”主要是指原《物权法》第 220 条规定的出质人、第 237 条规定的财产被留置的债务人以及原《合同法》第 286 条规定的建设工程合同中的承包人。抵押人、质权人、留置权人应排除在外，尤其是质权人和留置权人已实际占有担保财产，不必依赖公权力实现担保物权。第二种意见认为，申请主体还应当包括质权人和留置权人。理由是，从物权法的整体立法意图来看，我国担保物权的实现采取自力救济和公力救济两种方式。按体系解释，既然允许抵押权人作为实现担保物权程序的申请人，那么就应当允许质权人和留置权人作为申请人。第三种意见认为，不仅应扩及质权人和留置权人，抵押人也不应排除在外。理由是，若抵押权人不及时申请实现抵押权，则可能导致无力清偿的主债务人承

① 现对应《民事诉讼法》（2023 年修正）第 207 条。

担高额逾期利息，而且抵押物变现价格也受到市场影响，故为平衡利益关系，也应当允许抵押人请求法院拍卖、变卖抵押财产。2012年修正的《民事诉讼法》施行以后，部分人民法院出台的相关指导意见中也赋予了抵押人申请人的地位。经论证，多数意见认为第三种意见更符合审判实践的需要，同时考量到理论界和实务界对于建设工程款优先权是否为法定抵押权存有争议，故《民事诉讼法司法解释》最终作出了前述规定。

四、管辖法院

根据本条规定，申请实现担保物权案件的管辖法院是“担保财产所在地或者担保物权登记地基层人民法院”。具体可从以下三点加以把握：

第一，在2012《民事诉讼法》修改过程中，第一、二次审议稿中均仅规定“担保财产所在地基层人民法院”，后来又增加了“担保物权登记地”。由担保财产所在地基层人民法院管辖，便于担保财产的查封、扣押、冻结。增加“担保物权登记地”，主要考虑到有些担保财产是财产权利，由登记地法院管辖更有利于了解财产状况。

第二，实践中，有的实现担保物权案件的标的额较大，若按诉讼案件级别管辖的规定，可能超过基层人民法院管辖范围。而本条明确规定，实现担保物权案件一律由基层人民法院管辖。如此规定，主要是考虑到申请实现担保物权案件的非讼程序特征。基层人民法院不得将此类案件移给上级人民法院管辖。

第三，《民事诉讼法司法解释》第360条至第364条还进一步细化丰富了管辖规则，应根据具体情况选择适用。其中，第360条规定：“实现票据、仓单、提单等有权利凭证的权利质权案件，可以由权利凭证持有人住所地人民法院管辖；无权利凭证的权利质权，由出质登记地人民法院管辖。”第361条规定：“实现担保物权案件属于海事法院等专门人民法院管辖的，由专门人民法院管辖。”第363条规定：“同一债权的担保物有多个且所在地不同，申请人分别向有管辖权的人民法院申请实现担保物权的，人民法院应当依法受理。”第365条规定：“依照民法典第三百九十二条的规定，被担保的债权既有物的担保又有人的担保，当事人对实现担保物权的顺序有约定，实现担保物权的申请违反该约定的，人民法院裁定不予受理；没有约定或者约定不明的，人民法院应当受理。”第 365 条规定：“同一财产上设立多个担保物权，登记在先的担保物权尚未实现的，不影响后顺位的担保物权人向人民法院申请实现担保物权。”

【条文适用】

一、申请实现抵押权，并不以先行协商不成为前提

《民法典》第 410 条（基本沿袭原《物权法》第 195 条）前两款规定：“债务人不履行到期债务或者发生当事人约定的实现抵押权的情形，抵押权人可以与抵押人协议以抵押财产折价或者以拍卖、变卖该抵押财产所得的价款优先受偿。协议损害其他债权人利益的，其他债权人可以请求人民法院撤销该协议。抵押权人与抵押人未就抵押权实现方式达成协议的，抵押权人可以请求人民法院拍卖、变卖抵押财产。”据此，有观点认为协议不成是申请实现抵押权的前提条件。我们认为，该观点错误，主要理由如下：第一，与抵押人协议还是向法院申请强制执行，是法律赋予抵押权人的选择权而非义务。抵押权人可以不经协议直接向法院申请实现抵押权。第二，从日本和我国台湾地区经验看，也没有要求以协商为前提。第三，如此要求，则与特别程序方便、快捷等宗旨相悖。

二、担保物有多个且所在地不同的，申请人有集中或分别申请的选择权

对于同一笔债权有多个担保物且担保物分散在不同法院辖区内，如何确定管辖法院，此前各地法院做法不一。在 2015 年《民事诉讼法司法解释》起草过程中，对于此情形下是集中管辖还是分别管辖，曾有过激烈的争论。最终，考虑到我国幅员辽阔，各地区经济发展的不平衡，应将方便申请人实现其权利作为首要标准，故原第 364 条规定：“同一债权的担保物有多个且所在地不同，申请人分别向有管辖权的人民法院申请

实现担保物权的，人民法院应当依法受理。”2020年、2022年修正新的司法解释时沿用了这一规定。[①] 需要注意的是，该条只是强调申请人有权分别申请，并不意味着不能向同一个法院集中申请实现全部担保物权，该法院不能以担保物不完全在其辖区内而拒绝受理和审查。

三、申请时应当提交的材料

《民事诉讼法司法解释》第365条规定：“申请实现担保物权，应当提交下列材料：（一）申请书。申请书应当记明申请人、被申请人的姓名或者名称、联系方式等基本信息，具体的请求和事实、理由；（二）证明担保物权存在的材料，包括主合同、担保合同、抵押登记证明或者他项权利证书，权利质权的权利凭证或者质权出质登记证明等；（三）证明实现担保物权条件成就的材料；（四）担保财产现状的说明；（五）人民法院认为需要提交的其他材料。”

四、本特别程序与诉讼程序的关系

2012年《民事诉讼法》增设实现担保物权特别程序后，对于特别程序与诉讼程序的关系。实践中存在争议，从裁判实例来看，有的地方法院认为特别程序是诉讼程序的前置程序。我们认为，这一理解适用不妥，实现担保物权案件特别程序并非一般诉讼程序的前置程序。这是因为虽然法律确立了特别程序，但并没有否定一般诉讼程序，在特别程序无法实现权利时，当事人便可以提起一般诉讼程序。实现担保物权案件特别程序或担保物权案件一般诉讼程序是一个特别程序与一般程序的选择问题，这与债权督促程序和债权纠纷一般诉讼程序有着相似之处。这是法律赋予当事人的程序选择权，当事人既可以选择实现担保物权案件特别程序，也可以选择担保物权案件一般诉讼程序。因此，实务中，对于当事人通过诉讼程序请求实现担保物权的，人民法院应当告知其可以通过特别程序实现担保物权，但最终还是要尊重当事人的选择权。

---

① 2022年修正的《民事诉讼法司法解释》将该条的条文序号改为第362条。

第二百零八条　人民法院受理申请后，经审查，符合法律规定的，裁定拍卖、变卖担保财产，当事人依据该裁定可以向人民法院申请执行；不符合法律规定的，裁定驳回申请，当事人可以向人民法院提起诉讼。

【条文主旨】

本条是关于实现担保物权案件应如何审查处理的规定。

【条文理解】

本条是 2012 年修正《民事诉讼法》时增加的内容，本次修正时仅有条文序号调整，没有内容方面的变化。准确理解本条，应着重把握以下几点。

一、受理至审查期间的工作

本条没有相关规定。《民事诉讼法司法解释》第 366 条规定："人民法院受理申请后，应当在五日内向被申请人送达申请书副本、异议权利告知书等文书。被申请人有异议的，应当在收到人民法院通知后的五日内向人民法院提出，同时说明理由并提供相应的证据材料。"

二、审查方式

本条仅规定人民法院受理申请后，应当进行审查，没有规定以何种方式进行审查。对此，《民事诉讼法司法解释》第 367 条规定："实现担保物权案件可以由审判员一人独任审查。担保财产标的额超过基层人民法院管辖范围的，应当组成合议庭进行审查。"第 368 条规定："人民法院审查实现担保物权案件，可以询问申请人、被申请人、利害关系人，必要时可以依职权调查相关事实。”之所以要规定询问程序，主要是考量目前社会诚信建设尚待加强，组织询问可以更加有效地防止当事人相互串通损害其他人的合法权益。此外，非讼程序本身适用职权主义，人民法院在审查过程中，可不限于当事人提供的材料，必要时可依职权调查，以便查清相应的事实。

三、审查内容、判断标准

本条规定的判断标准，是“符合法律规定”或“不符合法律规定”。对此，《民事诉讼法司法解释》第 369 条第 1 款规定：“人民法院应当就主合同的效力、期限、履行情况，担保物权是否有效设立、担保财产的范围、被担保的债权范围、被担保的债权是否已届清偿期等担保物权实现的条件，以及是否损害他人合法权益等内容进行审查。”

四、审查结果、所用文书样式及其主文表达

根据本条规定，经审查，符合法律规定的，裁定拍卖、变卖担保财产；经审查，不符合法律规定的，裁定驳回申请。据此，所用文书样式为裁定书。裁定主文方面，符合法律规定的，应为“裁定准许拍卖、变卖被申请人×××的……”；不符合法律规定的，不是裁定不予准许，而是“裁定驳回申请人×××的申请”。

此处需要注意《民事诉讼法司法解释》第 370 条和《最高人民法院关于适用〈中华人民共和国民法典〉有关担保制度的解释》第 45 条第 2 款的规定。《民事诉讼法司法解释》第 370 条规定：“人民法院审查后，按下列情形分别处理：（一）当事人对实现担保物权无实质性争议且实现担保物权条件成就的，裁定准许拍卖、变卖担保财产；（二）当事人对实现担保物权有部分实质性争议的，可以就无争议部分裁定准许拍卖、变卖担保财产；（三）当事人对实现担保物权有实质性争议的，裁定驳回申请，并告知申请人向人民法院提起诉讼。”《最高人民法院关于适用〈中华人民共和国民法典〉有关担保制度的解释》第 45 条第 2 款规定：“当事人依照民事诉讼法有关‘实现担保物权案件’的规定，申请拍卖、变

卖担保财产，被申请人以担保合同约定仲裁条款为由主张驳回申请的，人民法院经审查后，应当按照以下情形分别处理：（一）当事人对担保物权无实质性争议且实现担保物权条件已经成就的，应当裁定准许拍卖、变卖担保财产；（二）当事人对实现担保物权有部分实质性争议的，可以就无争议的部分裁定准许拍卖、变卖担保财产，并告知可以就有争议的部分申请仲裁；（三）当事人对实现担保物权有实质性争议的，裁定驳回申请，并告知可以向仲裁机构申请仲裁。”

五、裁定效力与救济途径

（一）确认裁定与后续救济

根据本法第 185 条“依照本章程序审理的案件，实行一审终审”的规定和本条规定，人民法院准许实现担保物权的裁定是终审的裁定，一经宣告或者送达即生效，申请人即可依据该裁定向人民法院申请执行。

此情况下，当事人（主要是被申请人）或利害关系人不服裁定，认为有错误的，如何寻求救济？对此，本节没有相关规定，但《民事诉讼法司法解释》第 372 条规定：“适用特别程序作出的判决、裁定，当事人、利害关系人认为有错误的，可以向作出该判决、裁定的人民法院提出异议。人民法院经审查，异议成立或者部分成立的，作出新的判决、裁定撤销或者改变原判决、裁定；异议不成立的，裁定驳回。对人民法院作出的确认调解协议、准许实现担保物权的裁定，当事人有异议的，应当自收到裁定之日起十五日内提出；利害关系人有异议的，自知道或者应当知道其民事权益受到侵害之日起六个月内提出。”《民事诉讼法司法解释》第 378 条规定：“适用特别程序、督促程序、公示催告程序、破产程序等非讼程序审理的案件，当事人不得申请再审。”根据上述规定，当事人、利害关系人的救济途径是提出异议，但要在司法解释规定的期限内向作出裁定的法院提出异议。

（二）驳回裁定与后续救济

根据本条和《民事诉讼法司法解释》第 372 条的规定，如果申请人对驳回裁定没有异议，但又想继续实现担保物权的，应采用公力救济的另一路径，即向人民法院提起诉讼。

但如果申请人对驳回裁定有异议，坚持认为可以通过非讼程序实现担保物权，该如何寻求救济？此时，根据《民事诉讼法司法解释》第 372 条，其也是可以提出异议的。至于异议的期限，要注意对《民事诉讼法司法解释》第 372 条第 2 款作体系解释，将 15 日异议期限扩及本情形。这在《民事诉讼文书样式》中已有体现，略有遗憾的是部分文书交代救济权时有不一致之处，后续应予修订。

【条文适用】

一、本程序中是否可以申请财产保全

对此，本节并未作出规定，实践中各地法院的做法也不一致。有意见认为，通常情况下担保物权人的权利已经得到保障，没有再行财产保全之必要。但是，实践中，若担保财产被其他执行普通债权的法院首先查封，那么按照执行相关规定，在特别程序中执行担保财产往往会遇到障碍。受理实现担保物权申请的法院由于没有直接处置权，需要和首查封的法院协商，既增加沟通成本，也影响整体处置效率。而且，现实中也确实存在担保人或财产占有人恶意转移财产的情形，如不允许在实现担保物权程序中提起财产保全，不利于保障准许拍卖、变卖裁定的效力。鉴于此，《民事诉讼法司法解释》第 371 条规定："人民法院受理申请后，申请人对担保财产提出保全申请的，可以按照民事诉讼法关于诉讼保全的规定办理。"注意，是按诉中保全而非诉前保全的规定办理。

二、通过本程序清偿不足的债权，应如何实现

对此，实践中有两种对立意见：一种意见提出，从减少当事人讼累、提高执行效率考虑，可由执行法院直接裁定执行被执行人其他可供执行的财产。另一种意见认为，受生效裁定文书确定性的限制，以及实现担保物权标的物的特定性，经实现担保物权后不足清偿的债权，需要经申

请人向人民法院提起新的诉讼，形成新的执行依据后，再由债权人向人民法院申请执行。我们认为，后一种观点更符合现行法律、司法解释精神。

【典型案例】

宁安合作联社东京城信用社与天福利亨房地产开发有限公司民间借贷纠纷案

【案　　号】最高人民法院（2018）最高法民终 562 号

【裁判要旨】实现担保物权案件的申请人，包括抵押人等“其他有权请求实现担保物权的人”。人民法院在实现担保物权非讼程序中作出准许拍卖、变卖担保财产的裁定后，当事人又就同一担保法律关系向人民法院提起担保物权纠纷之诉的，人民法院不应受理。但是，通过实现担保物权非讼程序拍卖、变卖担保物后仍不足以清偿全部主债权的，债权人可就未实现的债权另行通过诉讼程序主张权利。

【基本案情】宁安合作联社东京城信用社系宁安合作联社的分支机构。2008 至 2009 年，天福利亨公司与东京城信用社签订了 6 份借款合同及抵押担保合同。2017 年 8 月 24 日，天福利亨公司向黑龙江省宁安市人民法院申请实现担保物权，请求拍卖或变卖该公司抵押房产，所得价款偿还所欠贷款本金 9729 万元及自相应利息。宁安市法院以（2017）黑 1084 民特 3 号民事裁定书，裁定准许拍卖、变卖天福利亨公司所有的房产偿还上述欠款及利息。该裁定已发生法律效力且在执行过程中。其后，宁安合作联社东京城信用社针对同一借款担保法律关系，又向黑龙江省高级人民法院提起本案诉讼，请求天福利亨公司偿还借款罚息、利息及复利，对天福利亨公司抵押的财产拍卖或变卖后所得款项优先受偿。

【裁判结果】二审法院：驳回上诉，维持原判。

【裁判理由】最高人民法院二审认为，本案与天福利亨公司作为申请人先行提起的宁安市法院（2017）黑 1084 民特 3 号申请实现担保物权案，均是针对宁安合作联社东京城信用社对天福利亨公司享有的同一借款债权。前案是当事人通过非讼程序实现担保物权，而本案是当事人通过诉讼程序请求对抵押物优先受偿以实现担保物权。尽管本案的诉讼请求与前案申请并不完全重合，但争议法律关系同一，且均是为了实现担保物权。根据《民事诉讼法》关于“申请实现担保物权”的特别程序规定，在借款担保法律关系中的一方当事人已经通过非讼程序申请实现担保物权的情况下，只有其申请被人民法院裁定驳回，或者申请实现担保物权的非讼案件已经执行完毕，债权人还存在尚未清偿的债权的，当事人才可以就同一借款担保法律关系另行向人民法院提起诉讼。若申请实现担保物权非讼案件的生效民事裁定准许拍卖、变卖抵押财产优先偿还借款债务，且该非讼案件正在执行过程中，实现担保物权的范围尚未最终确定，则债权人不得就同一借款担保法律关系再行提起诉讼，主张对抵押物优先受偿。本案中，因宁安市法院（2017）黑1084民特3号民事裁定准许拍卖、变卖天福利亨公司所有的房产偿还案涉欠款及利息，该裁定现已发生法律效力并且在执行过程中，故宁安合作联社东京城信用社不得针对同一借款担保法律关系，提起本案诉讼请求对抵押物优先受偿。一审法院裁定驳回宁安合作联社东京城信用社的起诉，理由虽不准确，但结果并无不当。

第十六章　审判监督程序

第二百零九条　各级人民法院院长对本院已经发生法律效力的判决、裁定、调解书，发现确有错误，认为需要再审的，应当提交审判委员会讨论决定。

最高人民法院对地方各级人民法院已经发生法律效力的判决、裁定、调解书，上级人民法院对下级人民法院已经发生法律效力的判决、裁定、调解书，发现确有错误的，有权提审或者指令下级人民法院再审。

【条文主旨】

本条是关于人民法院依职权启动再审的规定。

【条文理解】

一、依职权再审修改建议简介

2017 年、2021 年和 2023 年修改《民事诉讼法》中未涉及审判监督程序篇。人民法院依职权再审如何规定或者是否应当取消，是在 2007 年和 2012 年修改《民事诉讼法》时理论界和实务界的热门话题，因为该内容仍然重要，常在司法实务中适用，此处予以简介。

（一）依职权启动再审的存废之争

不少学者和司法实务部门人士提出，应当取消依职权再审。法院主动发起再审，主要有以下缺陷：（1）违背了民事诉讼“不告不理”的基本规律，过度干预了当事人的处分权；（2）违反裁判的中立原则和诉审分离原则；（3）审判权的过度扩张，造成了当事人申请再审权利的虚化以及旁落；（4）违背了民事诉讼的目的以及既判力理论；（5）为现实中当事人反复申诉提供了制度基础，易于造成“终审不终”局面。

在2007年和2012年修改《民事诉讼法》时，立法机关认为多一条救济途径给人民法院有现实需要，可以进一步确保裁判公正。从相关域外规定看，为了体现法院作为司法机构的正直和诚信，也存在依职权再审的立法例。[①]

（二）2012年修改时增加了可依职权对调解书启动再审

人民法院依职权再审的范围，在2012年前是“发生法律效力的判决、裁定”，2012年《民事诉讼法》修改中增加了“调解书”。在司法实践中，“发生法律效力的判决、裁定”常被理解为在立法本意上包含有生效调解书，特别是损害案外第三人合法权益的民事调解书，常常在强制执行阶段被执行法院发现，相关法院也会引用本条依职权启动再审，予以纠错。

二、启动再审的三个途径

根据我国《民事诉讼法》的规定，启动再审的渠道包括下列三种：人民法院依职权再审、当事人申请再审以及检察机关抗诉再审。

（一）依职权再审

人民法院依职权决定再审是人民法院内部对自身审判工作行使检查监督权的程序内安排。根据法律的规定，依职权再审的主要条件应当包括：第一，判决、裁定、调解书已经发生法律效力。对于尚未发生法律效力的判决、裁定确有错误的，应当寻求上诉审程序加以纠正。第二，原判决、裁定、调解书确有错误。这里是与当事人申请再审以及检察机关抗诉再审启动再审标准的重大不同之处。依职权再审不必遵从再审事

① 孙祥壮：《美国法院纠正错误终局判决及其对我国的启示》，载《法律适用》2015年第7期。

由的设定，而仅仅需要人民法院审查认为原判决、裁定“确有错误”。

（二）当事人申请再审

当事人申请再审，亦称再审之诉，是指民事诉讼的当事人对已经发生法律效力的判决、裁定、调解协议，认为有错误，可以向原审人民法院或其上一级人民法院申请再行审理的行为。司法实践表明，对当事人申请再审作形式审查是必要的，强调保护当事人申请再审的权利，也需要有基本的法定条件为前提，而不能是非常随意的信访申诉。结合法律以及相关司法解释的规定，当事人申请再审的主要条件应当包括：第一，要符合法律规定的申请再审期限。即符合《民事诉讼法》第 216 条的规定。第二，要具有法律规定的事由。当事人认为发生法律效力的判决、裁定有错误，于申请再审之时，应当指明其再审申请具有《民事诉讼法》第 211 条所列明的一项或多项再审事由。第三，符合申请再审管辖的规定。即符合《民事诉讼法》第 210 条的规定。第四，提交符合条件的再审申请书。2007 年《民事诉讼法》修改后，第一次以立法形式提出了“再审申请书”概念。《民事诉讼法司法解释》第 376 条规定了再审申请书应当记明的事项。这就意味着当事人提出申请再审至少在形式意义上应当提交载明各方当事人基本信息、原生效裁判文书案号、具体再审事由、再审请求和理由等内容的书状，而不是无法获得有效信息的“来信来访”。撰写再审申请书有一定的要求，不仅要符合一定格式的要求，也要符合特定内容的要求，否则人民法院可以要求再审申请人补正或改正。

（三）检察机关抗诉再审

抗诉，是指人民检察院对人民法院的判决或裁定认为符合法定抗诉条件，依法提请人民法院对案件重新进行审理的一种诉讼活动。目前，我国民事诉讼中的抗诉属于事后监督，仅限于对生效民事裁判的抗诉，对未生效的民事裁判，人民检察院没有抗诉权。我国民事抗诉制度的立法设计，主要是在学习和引进苏联关于检察机关参与民事诉讼制度基础上建立起来的，其出发点就是通过检察监督实现国家对诉讼进行适当的干预，以追求司法的公正性和法制的统一，维护国家利益和社会公共利益。按照苏联的法律观念，检察机关负有监督法律执行的职能。为了实现这一职能，它就必须参与民事诉讼程序，以保护社会主义国有财产、公民个人财产以及其他各项合法的权益。根据苏联法律的规定，检察机关参加民事诉讼，主要表现在它可以提起民事诉讼，也可以参与整个诉讼过程，并对它认为不公正的一审法院判决提出抗议，要求上级法院重审。[①] 结合法律以及相关司法解释的规定，我国民事抗诉再审的主要条件应当包括：第一，人民法院的判决、裁定以及损害公益的民事调解书已经生效。对于民事裁定书的抗诉，有若干限制，一般认为对可以上诉的民事裁定才能提出抗诉。第二，具有法定的抗诉情形。2007 年《民事诉讼法》修正后，将抗诉再审的事由与当事人申请再审事由完全一致起来。第三，关于申请抗诉的期限。根据 2021 年 8 月 1 日起施行的最高人民检察院《人民检察院民事诉讼监督规则》第 20 条第 1 款规定："当事人依照本规则第十九条第一项规定向人民检察院申请监督，应当在人民法院作出驳回再审申请裁定或者再审判决、裁定发生法律效力之日起两年内提出。"第四，关于"上级抗"原则和接受抗诉的人民法院，即对生效民事判决、裁定的抗诉原则上实行"上级抗"，与上级人民检察院同级的人民法院接受抗诉。《民事诉讼法》第 219 条第 1 款、第 2 款规定："最高人民检察院对各级人民法院已经发生法律效力的判决、裁定，上级人民检察院对下级人民法院已经发生法律效力的判决、裁定，发现有本法第二百一十一条规定情形之一的，或者发现调解书损害国家利益、社会公共利益的，应当提出抗诉。地方各级人民检察院对同级人民法院已经发生法律效力的判决、裁定，发现有本法第二百一十一条规定情形之一的，或者发现调解书损害国家利益、社会公共利益的，可以向同级人民法院提出检察建议，并报上级人民检察院备案；也可以提请上级人民检察院向同级人民法院提出抗诉。"只有最高人民检察院对最高人民法院已经发生法律效力的判决、裁定，发现确有错误的，有权向最高人民法院提出抗诉。地方各级人民检察院可以向同级人民法院提出再审检察建议，并报上级人民检察院备案。

---

① 参见何勤华：《关于新中国移植苏联司法制度的反思》，载《中外法学》2002 年第 3 期。

需要指出的是，再审检察建议仅是人民法院发现裁判是否错误的渠道，不像抗诉的效力，抗诉在一般意义上会导致再审。如果根据再审检察建议发现原审裁判确有错误的话，由人民法院依职权启动再审。

三、确有错误的启动标准

人民法院依职权再审区别于当事人申请再审以及检察机关抗诉再审的标准为是否具有法定再审事由，人民法院依职权再审以“确有错误”为启动再审的标准。确有错误的启动标准，在理论和实务界被认为过于笼统、概括，缺乏具体的掌握尺度与可操作性，带有浓厚的主观色彩，在实践中也被认为难以掌握。不少人认为，究竟什么是“确有错误”，不同的地区和法院、不同的主体和法官自然会从不同的认识角度与立场出发，将可能产生多种看法，得出多种答案。我们认为，在依职权提起再审中的“确有错误”标准，应当接近或者约等于再审改判的标准。

四、法条的三层含义

根据本条规定，依职权提起再审包括以下三层含义：（1）各级人民法院院长对本院已经发生法律效力的判决、裁定、调解书，发现确有错误，认为需要再审的，应当提交审判委员会讨论决定。由院审判委员会讨论决定是否再审，是民主集中制在再审程序中的体现。（2）最高人民法院对地方各级人民法院已经发生法律效力的判决、裁定、调解书，发现确有错误的，有权提审或者指令下级人民法院再审。最高人民法院是我国的最高审判机关，对地方各级人民法院的审判工作享有审判监督权。（3）上级人民法院对下级人民法院已经发生法律效力的判决、裁定、调解书，发现确有错误的，有权提审或者指令下级人民法院再审。根据法律规定，上级人民法院对下级人民法院的审判工作享有审判监督权。

【条文适用】

一、信访申诉渠道启动的路径

学界一般认为，所谓信访，是人民信访的简称，是指通过信件等方式向有关部门反映意见、情况或请求等。[①] 法院的信访，是指公民、法人或者其他组织采用书信、电子邮件、传真、电话、走访等形式，向各级人民法院信访部门反映情况，提出建议、意见或者投诉请求，要求依法处理的活动。来信来访与业已进行的诉讼有联系，是人民法院信访工作区别于一般信访的主要标志。申诉权是我国《宪法》明确赋予公民的一项基本权利，也是一项基本人权。宪法上的申诉是针对国家机关和国家工作人员的违法失职行为，人民法院及其人员作为国家机关和国家工作人员的一部分，公民可以就它们的违法失职行为提出申诉。作为民主权利的申诉权与信访常常相连，人们通常称为信访申诉或申诉信访，它们不是进入法院的一项诉讼活动，其性质上是申辩、陈述权，属于行政性质，具有浓郁的监督色彩。

司法实践中，通过信访申诉渠道复查后认为确有错误的案件，一般依照本条文，依职权发动再审。

（一）“诉访分离”的探索和初步成果

2007 年修改《民事诉讼法》审判监督程序之后，将当事人申请再审诉权化改造大踏步向前推进，当事人申请再审的权利得到更加充分的保护，很多地方法院认为申请再审的“门槛”降低了。于是，最高人民法院提出了促进“诉访分离”，分别对待。大家普遍认识到，科学区分申请再审与信访申诉，应当从性质上重新审视这二者。它们应当定位为诉与非诉的关系。申诉信访属于行政性质，申请再审（包括诉权意义上的申诉）则属于诉讼性质，是当事人拥有的法定程序性权利。属于诉权性质

---

① 应星：《作为特殊行政救济的信访救济》，载《法学研究》2004 年第 3 期。

的申请再审，形式审查条件通过并立案之后，即由其他业务庭审查再审申请是否符合启动再审的条件（是否具有法定再审事由）。走完所有诉讼程序的案件，当事人仍不服的，作为信访申诉对待。在司法实践中，依照有关信访终结的规范性意见，绝大多数案件就此信访终结，少数案件由于矛盾比较突出或者有意义，被挑选出来，依照传统复查路径的方式处理。上述认识和实践，对于我国民事再审制度的建立和完善至关重要。

依照传统的方式复查，如果认为原判决、裁定、调解书确有错误，需要决定再审纠错的，应当援引本条，走依职权再审，作出再审的裁定。如果认为申诉没有道理，原判决、裁定、调解书可以维持的，仍用驳回申诉通知书。

（二）关于驳回申诉通知书

在司法实践中，常常出现不属于申请再审性质的案件被立为申请再审案件或者申诉案件。对于这类案件经审查后的处理方式常常会引起争议，一种意见认为即使过了法定的申请再审期限而立案的，也应当使用裁定予以驳回；另一种意见认为一旦不符合申请再审案件条件的，驳回时应当以申诉案件对待，援引本条，采用驳回通知书形式予以驳回，且合议庭不署名，加盖院印即可。我们认为，应当采用驳回申诉通知书的形式才符合“诉访分离”的理论和实践。

二、决定再审民事裁定书的署名

2012 年《民事诉讼法》修改时，将 2007 年《民事诉讼法》第 185 条中的“裁定由院长署名，加盖人民法院印章”予以删除，与其他启动再审路径一致，均采用合议庭署名。

第二百一十条　当事人对已经发生法律效力的判决、裁定，认为有错误的，可以向上一级人民法院申请再审；当事人一方人数众多或者当事人双方为公民的案件，也可以向原审人民法院申请再审。当事人申请再审的，不停止判决、裁定的执行。

【条文主旨】

本条是关于当事人申请再审权利及申请再审管辖、效力的规定。

【条文理解】

一、2007年《民事诉讼法》中申请再审管辖上提一级的修改以及评估

申请再审案件的管辖问题是贯穿2007年、2012年《民事诉讼法》修改以及2021年全国人民代表大会授权决定《全国人民代表大会常务委员会关于授权最高人民法院组织开展四级法院审级职能定位改革试点工作的决定》的重大问题。鉴于其重要性，此条理解中我们重点回顾几次修法中各自考量的因素。

（一）2007年《民事诉讼法》中申请再审管辖上提一级的修改

2007年修改前的《民事诉讼法》规定，当事人提出申请再审可以向原审人民法院或者上一级人民法院提出。这一具有灵活性的申请再审管辖制度虽然给予当事人和上下级人民法院较大的自主性，但由于缺乏管辖冲突解决规则，造成了现实中申请再审管辖的混乱局面。主要表现在以下两方面：一方面（法院），原审人民法院对已经作出生效裁判的案件从主观上可能不愿意再次介入，基于上一级人民法院也享有管辖权的规定，往往将当事人推向上级人民法院；上级人民法院通常认为应首先由

原审人民法院自行审查并纠正自身的错误，不应将矛盾上交，因而习惯于将当事人的再审申请转交原审人民法院处理。由于立法上的不确定性，使得有的申请再审案件未能及时获得处理，给当事人造成一定困扰和不满。另一方面（当事人），在原审人民法院败诉的结果使当事人对原审人民法院能否自行纠错产生一定怀疑，当事人更愿意向上级人民法院求得救济。由于立法上的不确定性，实践中不少当事人向原审人民法院提交再审申请书的同时，也向上一级人民法院提交再审申请书，甚至同时向更高级别的人民法院上访申诉。这种当事人申请再审的无序状态，造成了多头申诉、反复申诉、重复立案现象，极大地浪费了司法资源，影响了社会安定秩序，也造成了当事人讼累。出于解决“申诉难”的立法目的，2007 年修法明确规定了申请再审向上一级人民法院提出，期冀消除当事人和社会大众对原审法院管辖申请再审案件公正性的顾虑，从客观上增强再审程序的权威性和公正性。

（二）对申请再审管辖上提一级修改的评估

对“上提一级”的立法本意，时任全国人大常委会法工委副主任王胜明于 2007 年所作的《关于〈中华人民共和国民事诉讼法修正案（草案）〉的说明》，已经阐释明确，主要包括两个目的：一是避免多头申诉、重复审查；二是避免当事人担心原审法院不能自行纠错的疑虑。无疑，“上提一级”代表着大多数申诉人的愿望，能够最为有效地避免上下级法院对当事人的再审申请互相推诿的现象，更有利于增强再审纠错的有效性，也有利于上级法院对下级法院的加强监督力度。但是，也有人认为，“上提一级”带来了上级法院任务量的巨大攀升，可能引发上级法院审查再审申请的质量危机等问题。

二、2012 年《民事诉讼法》修改中的主要争议

申请再审管辖一律“上提一级”是否需要修改，以及如何修改，是 2012 年《民事诉讼法》修改中的一个重要焦点之所在。因此，有必要在此回顾一下 2012 年修改《民事诉讼法》中的相关讨论和观点。

（一）是否需要修改问题

一种观点认为，鉴于2007年修改的审判监督程序在司法实践中出现一些新情况和新问题，需要对“上提一级”作进一步调整。主要理由包括：（1）将矛盾纠纷解决在基层、解决在当地的需要。2007年《民事诉讼法》修改时，最高人民法院曾提出对经原审人民法院审判委员会讨论决定的生效民事裁判申请再审的，由上一级人民法院管辖并再审，不宜完全“上提一级”，否则会将矛盾纠纷上引。立法机关接受最高人民法院提出的部分意见并修改后，规定申请再审一律“上提一级”管辖，同时增加已经决定再审的案件可以交下级法院再审的规定，分流案件，缓解上级法院的案件压力。但是，几年来的司法实践显示，裁定再审后可交下级法院再审的规定，并没有解决“上提一级”给上级法院带来的案件压力问题。2007年《民事诉讼法》修改决定施行几年后，出现的新情况和新问题是，申请再审案件大量集中到最高人民法院和高级人民法院，一方面使得最高人民法院和高级人民法院面临较大的审判压力，另一方面信访申诉人员向最高人民法院和高级人民法院集中的趋势也十分明显。与把矛盾纠纷和不安全因素解决在基层、解决在当地、解决在萌芽状态的精神相悖，不利于社会秩序的稳定。（2）上级法院案多人少矛盾突出。最高人民法院和各高级人民法院面临案件数量激增、办案人员不够的局面。最高人民法院与高级人民法院因办理大量的案件，制约了监督与指导职能的发挥。（3）当事人申请再审的成本增高，司法资源浪费现象严重。一方面，当事人到首都和省会城市申请再审，成本很高。有的当事人不愿意到上一级法院申请再审，特别是地域跨度较大的边疆省区尤甚。另一方面，基层人民法院由于再审权受限，做信访人员稳控工作的积极性可能会下降。（4）申请再审和再审案件由原生效裁判法院管辖是一些国家的普遍做法。如《德国民事诉讼法》第584条规定：再审之诉专属于作出第一审判决的法院管辖；如果被声明不服的判决、或数个被声明不服的判决中的一个，是州法院所作的判决，或者对于上告审所作出的判决依第580条第1项至第3项、第6项、第7项而声明不服时，再审之诉专属于该控诉法院管辖；如果对于上告审所作的判决依第579条、第

580 条第 4 项、第 5 项而声明不服时，再审之诉专属于该上告法院管辖。

另一种观点认为，讨论“上提一级”调整问题的前提是，应先回答 2007 年对申请再审管辖的修法成果是基本肯定还是基本否定的问题；认为“案多人少”矛盾首先不是立法上需要考虑的问题，“矛盾纠纷解决在基层、化解在当地”问题首先是要通过提高审判质量以进一步减少再审的数量。

（二）2012 年《民事诉讼法》修改中的方案

最高人民法院通过各种形式的调研，听取了各级法院的意见，主要提出以下几种方案：首先，在与全国人大常委会法工委会商之处，是将“生效裁判系由原审人民法院审判委员会讨论决定的”作为上提一级的唯一方案。其次，提出“申请事由属于适用法律错误的，由作出生效判决、裁定的上一级人民法院管辖；申请事由属于其他法定事由的，由原审人民法院管辖”。再次，是将“生效裁判系由原审人民法院审判委员会讨论决定的；一方当事人住所地系作出生效裁判法院辖区以外的；以适用法律错误为唯一申请再审事由的”三个因素联合，作为是否上提一级的方案。最后，是将上述三个因素的方案作为第一方案，将“发生在公民之间的案件、一审后当事人未上诉而发生法律效力的案件、一方当事人人数众多的案件，当事人可以向原审人民法院申请再审”作为第二方案，由全国人大常委会法工委选择其中之一种方案。

1. 以是否已经审委会讨论作为划线标准。修法刚开始阶段，最高人民法院为了解决申请再审管辖一律上提一级带来的弊端，建议将申请再审案件的管辖原则调整为由原审人民法院受理；只有生效裁判经过原审人民法院审委会讨论决定的，当事人的申请再审由上一级人民法院管辖。与此同时，为了加强原审人民法院自行纠错的有效性，最高人民法院建议将 2012 年之前《民事诉讼法》规定的当事人可以同时向人民法院申请再审与向人民检察院申请抗诉，调整为向人民法院申请再审处理在前，申请检察机关抗诉在后，即在再审申请被人民法院驳回后才可申请检察机关抗诉。这样既可以在以申请再审调整为由原审人民法院受理后，确保原审人民法院依法及时纠错的力度，又可以避免“双轨制”带来的司法资源浪费和司法秩序混乱。

但有观点认为，对于根据“生效裁判系由原审人民法院审判委员会讨论决定的”来决定是否上提一级的建议，人民群众不知道哪些案件是经过审委会讨论的，不具有可操作性；有些案件审判人员认为不属于疑难重大，没有提交审委会讨论，会造成当事人申请再审时无法适用；该标准出台可能会引起社会争议。

2. 避免地方保护主义的方案。最高人民法院建议，规定“一方当事人住所地系作出生效裁判法院辖区以外的”上提一级审查，主要原因是有利于克服地方保护主义。

但另一种观点认为，对于以“一方当事人住所地系作出生效裁判法院辖区以外的”来决定是否上提一级的建议，大部分案件当事人住所地都在生效裁判法院辖区内，由此划线没有实际意义。

3. 考虑以法律审与事实审的分离作为划线标准。法律审与事实审的分野是民事诉讼法制现代化的必由之路。刑民不分、法律与事实问题不分，是我国古代司法传统的一个重要特征。欲促使我国民事诉讼制度从传统型向现代型迈进，其中重要一环就是，将事实问题与法律问题划分清晰并与相应审级法院的职能定位相适应。[①] 有法官建议，可以以是否属于法律问题为标准，即将纯粹属于法律问题的申请再审案件“上提一级”审查，涉及事实或者因认定事实错误导致适用法律错误以及其他事由的案件向原审法院申请再审。故建议2007年《民事诉讼法》第178条修改为“当事人对已经发生法律效力的判决、裁定申请再审，申请事由属于适用法律错误的，由作出生效判决、裁定的上一级人民法院管辖；申请事由属于其他法定事由的，由原审人民法院管辖，但不停止判决、裁定的执行”。主要理由是：（1）从审级分工上看，上级法院主要应考虑统一法律适用尺度等职责。上级法院将法律问题阐述得更加明晰后，具有示范效应，当事人的预测性也会增强，有的甚至不再继续选择诉讼。（2）因事实问题的再审申请交回原审法院审查处理，不仅是将矛盾解决在地方

① 江必新：《民事复审程序类型化研究》，载《法学家》2012年第2期。

的需要，而且原审法院在查清事实方面更有优势。上级法院本身司法资源有限，又远离案发当地，也未必利于案件纠纷解决。目前，多数申请再审案件涉及事实认定问题，或因事实错误导致法律错误，上级法院的法官不得不奔波调查取证，但实际效果并不理想。由于时间紧、联络困难等原因，上级法院的法官经常无法约谈到了解案件真实情况的相关人员；调取书证、勘验、鉴定等工作还有待于当地有关部门和机构的配合；由于对基层社会和当地民俗习惯了解不深，致使有的符合法律规定的再审裁判在实际执行过程中遇到一些困难；等等。（3）保障当事人的程序性权利以及实体性权利，需要更多司法资源的投入。无限增加最高人民法院的办案人员既不现实也无必要，原审法院能够承担此任。2007 年《民事诉讼法》修改后，中高级人民法院普遍设有单独的再审事由审查庭（有的称为立案庭，有的称为申诉审查庭）和审判监督庭，加之申请再审权利保护的理念已得到巩固，应当相信绝大多数案件都会得到依法公正处理。（4）查清事实是关键，原审才是公正的源头。查清事实中涉及的一些需要协调的问题，地方法院有优势寻求合力，有利于化解纠纷。原审法院在将事实查清之后，自身纠错，也有利于提高审判水平，从根本上解决审判质量问题。（5）应当坚持规定当事人只有在经过法院再审审查被驳回后才可向检察院申请抗诉。这种“法院审查在先、检察监督在后”模式，可以使检察院的外部监督提前转化为法院内部监督，促使原审法院在处理申请再审案件和已受理的再审案件时，及时纠正确有错误的裁判。如果由于检察机关抗诉后改判，而原审法院自身未纠错，法院内部可以通过追责机制予以追责。

但另一种观点认为，对于“以适用法律错误为唯一申请再审事由的”来决定是否上提一级的建议，法律审和事实审在实践当中很难分清，没有哪个案件不涉及法律适用问题；人民群众不知道什么是法律审和事实审，有些律师也不好区分；虽然 2007 年以后法院内部采取集中培训等方式提高办案水平，但是人民群众依然希望通过上提一级来解决问题；针对信访压力加大的问题，如果能够通过法治渠道解决当然更好。最后，立法机关以理论和实践准备均不够，未予采纳法律审与事实审的分离。

（三）2012年立法方案的形成

在基本否定“三个因素”作为上提一级划线标准的同时，全国人大常委会法工委认为，“一审后当事人未上诉而发生法律效力的案件、一方当事人人数众多的案件，当事人可以向原审人民法院申请再审”方案，可以继续磋商。最高人民法院建议，第一、二次审议稿中规定发生在公民之间的案件可以向原审人民法院申请再审，还应在此基础上作进一步修改，增加两种情形。主要理由是：（1）一审裁判后，当事人应当根据《民事诉讼法》预设的常规救济途径，提出上诉寻求救济。在上诉预缴诉讼费用，而申请再审不预缴任何诉讼费用的国情下，应当限制当事人在无正当理由未提出上诉的情况下，又选择特殊救济途径的再审程序。（2）当事人一方人数众多的案件，往往涉及社会稳定问题。由原审人民法院审查此类案件，可以充分发挥原审人民法院查清事实、将矛盾纠纷化解在当地的优势，同时与信访等相关政策相互配套，充分依靠基层组织、充分依靠当地群众，有利于将矛盾化解在基层、将不稳定因素解决在萌芽状态，切实保障社会稳定。

三、“认为有错误”这一表述的修改建议以及采纳情况

有观点认为，应当效仿调解书申请再审的条文，将申请再审的权利与再审法定事由结合起来表述，避免立法上的不严谨产生司法实践中的某些混乱现象，故建议将当事人对已经发生法律效力的判决、裁定，“认为有错误”表述为“认为有本法××条列举情形的”，可以申请再审。但立法机关未予采纳。

四、条文的内涵

2006年立法机关启动的修改《民事诉讼法》计划，是基于解决“申诉难”“申请再审难”的迫切要求，以切实维护公民、法人和其他组织的合法权益，维护司法公正为目的，对《民事诉讼法》审判监督程序中有关当事人申请再审权利的行使等相关程序进行修订，并非对《民事诉讼法》审判监督程序的全面改革和修订。故2007年立法修改选择在当时实

施的《民事诉讼法》基本框架不变的前提下，对《民事诉讼法》规定的当事人申请再审权利进行诉权化改造的方式，以当事人进行诉讼的模式完善当事人申请再审权利的行使、法院的受理及审查、审理等各项制度，使申请再审诉权化、程序化。将申请再审权利作为诉权的地位通过立法加以完善和落实，确立当事人的诉讼地位，畅通当事人申请再审渠道，可以从制度上保障当事人申请再审权利的落实，切实解决当事人“申诉难”的问题，减少涉法上访现象，维护社会和谐稳定。

2012 年修改民事审判监督程序，是 2007 年对当事人申请再审诉权化改造的继续和完善。对于申请再审管辖来讲，主要是寻求理论和实践的协调和平衡，做到纠错的有效性、诉讼理论逻辑自洽性以及上级法院工作量适当的有机统一。不仅仅是要解决“申诉难”问题，还要解决“申诉乱”“乱申诉”等在 2007 年《民事诉讼法》修正后实施中暴露出来的一些问题。

根据 2012 年修正后的规定，本条包括以下五个主要内容。

（一）当事人对发生法律效力的判决、裁定，当事人认为有错误的，可以申请再审

这是立法赋予当事人申请再审权利的规定，即可以行使申请再审权利。具体内容有三：（1）享有申请再审权的主体为案件当事人，即受人民法院生效裁判约束的利害关系人。（2）当事人可以申请再审的判决、裁定是已经发生法律效力的判决、裁定。根据《民事诉讼法》的规定，经过两级人民法院审理后作出的裁判为发生法律效力的裁判，一审裁判后未上诉的和最高人民法院作出的一审裁判亦为生效裁判。对当事人可以申请再审的生效裁判的范围，争议较多的是一审未上诉而生效的裁判是否应赋予当事人通过申请再审进行救济的权利。再审程序是一种特殊的救济程序，是对原审裁判存在法定程序和实体错误的事后补救程序，除具有纠错作用外，还同时具有维护生效裁判的既判力的使命。再审程序实质上是维护生效裁判既判力及纠正错误裁判的有机统一或者说是一种平衡。它不同于通常意义上的诉讼程序。过多地启动再审必将破坏已经发生法律效力的裁判的稳定性、权威性。同时，本条虽然规定当事人

对发生法律效力的判决、裁定认为有错误的，可以提出再审申请，但这并不是说所有发生法律效力的判决、裁定的当事人都可以申请再审。当事人可以申请再审的判决，通常是指通过普通程序和简易程序进行审理的，对当事人实体权利义务作出决断的生效判决。根据《民事诉讼法》及相关司法解释的规定，对已经发生法律效力的解除婚姻关系的案件，按照督促程序、公示催告程序、破产还债程序审理的案件，以及依照审判监督程序审理后维持原判的案件，当事人不享有申请再审权利。2012年修正《民事诉讼法》时，删除了“违反法律规定，管辖错误的”再审事由，这意味着可以申请再审的裁定又恢复至先前的两种。（3）申请再审的前提是当事人认为生效裁判有错误。本条虽然仍从当事人的角度规定为当事人认为原生效裁判有错误时可以申请再审，但是从立法本意来看，即便启动再审所纠正的错误，也并非原审诉讼过程中发生的所有错误。从再审事由的设定来看，启动再审的缘由需要是原裁判出现比较重要的错误。由于启动再审的标准与再审改判的标准还存在一定的落差，其中至少包括弥补程序性错误后的维持原判等因素，故可以说通过再审纠正的应是实体上存在的严重错误或者导致违背程序正义的严重程序性错误。但是从当事人认为有错误出发，应当是指当事人认为发生法律效力的判决、裁定存在2012年修正的《民事诉讼法》第200条[①]规定的法定应当再审情形的错误，并提出再审申请的，有管辖权的人民法院才能够受理其再审申请，然后依照法定程序进行审查、审理。对生效裁判存在2012年修正的《民事诉讼法》第200条[②]规定的应当再审情形之外的错误，因不属于应当再审的情形，即使当事人向人民法院申请再审，人民法院也不予以受理。因此可以说，通过2007年和2012年修改《民事诉讼法》，已将审判监督程序下进行的纠错，转变为更加符合民事审判规律的依法纠错。

① 对应《民事诉讼法》（2023年修正）第211条。

② 对应《民事诉讼法》（2023年修正）第211条。

（二）当事人对于普通案件申请再审的，由作出生效裁判法院的上一级人民法院管辖

申请再审管辖是人民法院对当事人申请再审案件的受理及审理上的职权划分。2007 年修改《民事诉讼法》时，以解决“申诉难”为主要目的，为切实保障当事人申请再审权利的实现，将申请再审管辖作为立法修正的主要任务之一，予以明确。如何设立申请再审管辖制度，才能使当事人申请再审权利得到充分保护，并符合当事人申请再审诉权化改造的目标，是立法者们一直关注以及着重研究的问题。其他法治国家立法例关于再审管辖制度的规定中，对再审之诉基本采取原审法院管辖的原则。而我国与其他国家的民事诉讼模式及社会背景不尽相同。无论是英美法系国家，还是大陆法系国家，在民事诉讼审级上主要实行三审终审制，并且其第三审基本上是由高等法院或者由最高法院管辖，处理法律适用问题。当事人通过通常上诉审程序，有机会将案件的法律问题提交到高等法院或者最高一级的法院审理。再审之诉则是对受不当裁判侵害的当事人的再次救济机会，各国均限定了严格的条件，限定在很短的期间如一个月内进行救济，并成为实践中很少启动的、非常例外的诉讼程序。我国实行的是两审终审制，根据我国法院组织结构，绝大部分案件两审终审于中级人民法院。裁判发生法律效力后，当事人不再享有上诉权。我国之所以不采取三审终审，很大原因是希望通过审判监督程序，在一定程度上弥补上诉审审级不足问题。因而，在再审事由的塑造上，既包括了事实错误和程序错误，还包括法律适用错误以及裁判者违法犯罪。而其他法治国家的再审之诉设定的再审事由，通常不包括对法律适用错误的救济，因为该部分已有第三审法院专门予以解决。裁判的公正性既取决于司法裁判的水平，又取决于社会公众对法院裁判的公正性的信赖。在我国，当事人在裁判发生法律效力后之所以申请再审，很大程度上是希望寻求更高级别的、其认为更权威的法院的再次裁决。立法机关在 2007 年修法调研中认识到当事人的普遍想法，故在 2007 年修正《民事诉讼法》申请再审管辖制度中最终采取申请再审管辖一律上提一级的原则。

（三）2012年修正《民事诉讼法》时增加了两种情形为上提一级的例外

1. 公民之间的案件。原被告均为公民的案件，往往涉及当事人参加诉讼所要花费的费用以及社会稳定的问题。同时，考虑到公民之间的案件需要做大量的息诉息访工作，故由原审法院处理更为妥当。

2. 一方当事人人数众多的。当事人一方人数众多的案件，往往涉及社会稳定问题。由原审人民法院审查此类案件，可以充分发挥原审人民法院查清事实、将矛盾纠纷化解在当地的优势，同时与信访等相关政策相互配套，充分依靠基层组织、充分依靠当地群众，有利于将矛盾化解在基层、将不稳定因素解决在萌芽状态，切实保障社会稳定。

（四）对一审未上诉案件申请再审的管辖

一审裁判后，当事人应当根据《民事诉讼法》预设的常规救济途径，提出上诉寻求救济。在上诉预缴诉讼费用，而申请再审不预缴任何诉讼费用的规定下，应当限制当事人在无正当理由未提出上诉的情况下，又选择特殊救济途径的再审程序。

民事诉讼中之所以设立通常的审级制度，目的即在于要求诉讼当事人通过通常的审级对自己的权利进行救济，对原判的错误即时进行纠正，只有穷尽普通救济程序仍达不到目的的，才可以通过法律设立的特别救济程序进行救济。启动再审的前提是通常审判程序中存在给当事人合法权益造成损害的，不纠正有违司法正义的程序性或实体瑕疵，启动再审的代价是以牺牲生效裁判既判力来实现司法正义的追求。因此，在正常的审级中能够解决的问题，应当通过正常审级进行及时救济，否则不利于发挥通常审级功能，也使申请再审程序通常化。考察各个国家和地区的相关规定，穷尽普通审级是当事人有权启动再审的前提条件。如《德国民事诉讼法》第579条在规定可以提出取消之诉的情形的同时，通过第2款规定，在第1项（即为判决的法院不是依法组成的）和第3项（即法官因有偏颇之虞应行回避，并且回避申请已经宣告理由，而该法官仍参与裁判）的情形，如果可以通过上诉而主张判决无效时，不能提起取消之诉。[①] 在我国两审终审为通常审级的民事诉讼模式下，当事人能够通过上诉程序予以救济但放弃上诉权的，即一审裁判后当事人没有上诉的，是否仍允许其通过申请再审程序对原判错误进行救济，始终存在争议。主流观点认为应区分不同情形，对一审生效的裁判的当事人享有的申请再审权利进行限制。这一观点与世界各国再审之诉确立的原则一致。但修法时分歧较大，故未作为例外规定。

（五）当事人申请再审对原生效裁判执行效力的影响

2007年、2012年、2017年、2021年及2023年修正《民事诉讼法》，仍然沿用当事人申请再审不停止原生效裁判的执行。当事人申请再审权虽然属于诉权的性质，但与起诉权、上诉权不同之处在于申请再审是对已经发生法律效力的裁判请求再次审理而行使的权利。发生法律效力的裁判具有确定力、拘束力和执行力，非依据法定事由并经法定程序不得改变。当事人申请再审虽然是以纠正原审生效裁判存在的错误为目的，但再审程序设立的宗旨应是既维护当事人申请再审权利的实现，纠正错误的裁判，也要维护生效裁判的既判力，最终实现对司法正义的追求。从维护生效裁判既判力出发，生效裁判的执行效力不应因当事人申请再审而轻易受到影响。依据《民事诉讼法》审判监督程序的规定，当事人认为生效裁判存在错误，可以向人民法院提交再审申请，由人民法院通过审查程序确定再审事由是否成立。对再审事由成立的，裁定再审，事由不成立的，驳回再审申请。当事人申请再审并不必然导致生效裁判被再审，只有经人民法院通过审查程序，确定当事人申请再审事由符合法定再审情形，才能够进入再审。在当事人再审事由不符合法定再审情形时，其再审申请将被驳回。因此，当事人申请再审虽然使生效裁判的既判力受到质疑，但在未经审查阶段确定其再审事由是否成立的前提下采取某种方式限制生效裁判的执行力，显然过早限制了生效裁判的既判力。立法从当事人申请再审审查程序阶段性的特点及平衡依法纠错和维持生效裁判既判力的角度出发，以当事人申请再审事由是否成立，作为对生

---

① 谢怀栻译：《德意志联邦共和国民事诉讼法》，中国法制出版社2001年版。

效裁判既判力予以限制的基准点，既符合法理，又平衡了生效裁判既判力的要求和依法纠错的目的，还可以防止当事人滥用申请再审权利拖延执行。

【条文适用】

一、“可以”的指向

2007 年修改《民事诉讼法》之后，由于法律规定的是“可以向上一级人民法院申请再审”，实务理解中就有不少人提出，在当事人坚持向原审法院申请再审时，原审法院在释明向上一级法院申请的前提下，是否有对该申请再审案件的审查权？一种观点认为，应当理解为立法上赋予了当事人这种选择权，这是尊重当事人申请再审权利和方便当事人诉讼的需要。至于原审法院审查后，认为原判决、裁定存在《民事诉讼法》（2007 年修正）第 179 条[①]列举的事由时，原审法院是依照《民事诉讼法》（2007 年修正）第 181 条第 2 款[②]的规定，由于不存在再审权而报请上一级法院再审，还是依照《民事诉讼法》（2007 年修正）第 177 条[③]依职权再审进行，需要进一步论证、明确。另一种观点认为，申请再审管辖“上提一级”的本意就是应向上一级人民法院提出申请再审，“可以”一词的指向是申请再审权利是否行使，故原审法院不存在审查权。因而，本条所陈的“可以”，是指可以行使申请再审权利也可以不行使。关于这一点，需要通过司法解释作进一步的明确。

二、“认为有错误”指向

正如前文讨论的，当事人在决定是否行使申请再审权利时，应将其认为生效裁判存在的错误与本法第 211 条规定的错误情形相对照并予以

① 对应《民事诉讼法》（2023 年修正）第 211 条。
② 对应《民事诉讼法》（2023 年修正）第 215 条第 2 款。
③ 对应《民事诉讼法》（2023 年修正）第 209 条。

指明，以防止滥诉行为。因而，这里的“认为有错误”，指向的是法定再审事由而不是任何的理由。

三、疑难问题

1. 司法实践中，有的当事人在判决生效后，将判决确认的债权予以转让，债权受让人对该判决不服提出再审申请，人民法院是否受理？也就是说，债权受让人是否有申请再审权？对此，最高人民法院有关批复持否定态度。[①]《民事诉讼法司法解释》第 373 条也作了明确规定。

2.《最高人民法院关于印发〈关于完善四级法院审级职能定位改革试点的实施办法〉的通知》（法〔2021〕242 号）颁布后，相关高级法院和最高人民法院执行“上提一级”管辖的探索将不断开展，从而形成较为成熟的经验。

从目前短期的探索看，最高人民法院主要探索法律审与事实审的分离，并根据全国人民代表大会的试点决定和最高人民法院的试点办法的规定，要求当事人及其律师提交的再审申请书中明确表示对二审判决的事实认定部分没有异议，仅指出对适用法律的哪个或哪些具体问题点不服。从预期来看，特别是对于跨行政区划的适用法律有错误的案件，将成为上级法院关注和纠正的重点。

具体做法和经验，需要进一步积累和总结。

---

① 参见《最高人民法院关于判决生效后当事人将判决确认的债权转让债权受让人对该判决不服提出再审申请人民法院是否受理问题的批复》（法释〔2011〕2 号）。

第二百一十一条　当事人的申请符合下列情形之一的，人民法院应当再审：

（一）有新的证据，足以推翻原判决、裁定的；

（二）原判决、裁定认定的基本事实缺乏证据证明的；

（三）原判决、裁定认定事实的主要证据是伪造的；

（四）原判决、裁定认定事实的主要证据未经质证的；

（五）对审理案件需要的主要证据，当事人因客观原因不能自行收集，书面申请人民法院调查收集，人民法院未调查收集的；

（六）原判决、裁定适用法律确有错误的；

（七）审判组织的组成不合法或者依法应当回避的审判人员没有回避的；

（八）无诉讼行为能力人未经法定代理人代为诉讼或者应当参加诉讼的当事人，因不能归责于本人或者其诉讼代理人的事由，未参加诉讼的；

（九）违反法律规定，剥夺当事人辩论权利的；

（十）未经传票传唤，缺席判决的；

（十一）原判决、裁定遗漏或者超出诉讼请求的；

（十二）据以作出原判决、裁定的法律文书被撤销或者变更的；

（十三）审判人员审理该案件时有贪污受贿，徇私舞弊，枉法裁判行为的。

【条文主旨】

本条是关于再审事由的规定。

【条文理解】

民事再审事由，也称为申请再审事由，是指法院审查应否启动民事再审程序的理由或根据，被视为打开再审程序之门的钥匙。[①] 由于再审事由的设置，是反向划定原裁判既判力的范围，其重要意义不言而喻。2007 年修改《民事诉讼法》审判监督程序时，对再审事由予以明晰化、法定化、客观化，无论是对司法实践还是理论研究，均取得了相当积极的意义。正如有的学者所评价的，由于“再审事由在再审制度中属于敏感的中枢环节”，再审事由的大幅度修改属于 2021 年修正诸多亮点中“最亮的一点”。[②]

民事诉讼经过一定的程序保障，得出发生法律效力的裁判，在一般情形之下不应变动，进而促进社会生活秩序的形成或恢复，这乃是既判力概念的主要内涵。既判力通过裁判终局性达成，不容许再轻易地加以改变，但并不意味着没有例外。相反，再审制度的存在，在一定意义上说是反向划定既判力作用的边界。这一边界的确定，一般来讲主要是通过设立法定再审事由进行的。在大陆法系的民事诉讼理论中，民事再审事由也被认为是原裁判存在瑕疵以及作为判决基础的资料存在缺陷，正是因为原裁判存在瑕疵，所以才导致通过再审，宣告原裁判的无效。[③] 以《德国民事诉讼法》为例，规定了四项程序性事由，凡声明具有此类事由之一者，当事人可以提出取消之诉（或称为自始无效之诉）；规定了 7 项

---

① 张卫平：《民事再审事由研究》，载《法学研究》2000 年第 5 期。

② 汤维建：《民事诉讼法全面修改专题研究》，北京大学出版社 2008 年版，第 370～371 页、第 377 页。

③ ［日］高桥宏志：《重点讲义民事诉讼法》，张卫平、许可译，法律出版社 2007 年版，第 471 页。

事实类事由，凡声明具有此类事由之一者，当事人可以提出恢复原状之诉。这11项事由均为审判实践中较重大的错误，均具有客观性的特征，一般不易以个人的主观判断而致分歧，故对于当事人和法院来说，不易由于判断标准的不一致而产生当事人认为是错案，而法院认为不是错案的不同评价。除此之外，德国、日本等典型大陆法系国家根据再审的补充性原理，在民事诉讼法中规定，在判决生效前当事人上诉中主张了的事由但被驳回的，以及虽然知道存在再审事由但在上诉中未主张的，判决生效后均不允许以此事由提出再审申请。

一般认为，目前《民事诉讼法》规定了三种发动再审程序的渠道：当事人申请再审、检察机关抗诉再审和法院依职权启动。按照再审程序大概念来说，上述三种发动方式可以分为两类：第一类是再审之诉，即将当事人申请再审视作诉权；第二类是审判监督，即指检察机关抗诉再审和法院依职权启动，两者权力均源于监督权。本条属于第一类情形，属于当事人申请再审的事由。如果提出的申请再审书中声明的事由，经人民法院审查认为符合其中事由之一的，应当裁定进入再审审理阶段。

2012年《民事诉讼法》修正中结合审判实践，针对民事诉讼中容易发生错误的因素与环节，将应当予以再审的情形以列举的方式，加以进一步明细化、法定化，符合民事申请再审诉权化的改造方向。因2017年和2021年修改《民事诉讼法》中没有涉及修改再审事由，故此处将简要介绍2012年修法中形成具体条文的过程和要点。

一、关于细化第2项、第6项再审事由的建议

（一）建议的原因

2007年《民事诉讼法》修正中对民事再审事由的重塑较之以前的规定有了很大进步，但随着司法实践的推进和经验的积累，我们发现这些列举的再审事由中仍有不太科学的地方，主要表现为第2项、第6项的范围过大。据调查，依这两项启动再审的案件特别是抗诉再审占所有再审案件的80%以上，且启动再审后维持原判的居多。故应从主观标准向客观标准转化，从概括性标准向具体标准转化，避免当事人和司法机关

对于“何为错案”判断上的分歧，尽可能增加申请再审事由的可识别性和可操作性。[①]

（二）建议的条文

最高人民法院曾建议立法机关将第2项细化为“（一）应当具备的法定基本事实无相应证据证明的；（二）证明基本事实存在的相关证据不具有可采性；（三）主要证据缺乏足够证明力的”；将第6项细化为“（一）适用的法律与案件性质明显不符的；（二）确定民事责任明显违背当事人约定或者法律规定的；（三）适用已经失效或尚未施行的法律的；（四）违反法律溯及力规定的；（五）明显违背立法本意的”。

（三）建议采纳情况

制度之间往往存在千丝万缕的联系。上述建议的采纳与否，涉及法律审与事实审能否分离，或者说曾是“上提一级”调整划线标准的配套方案。对于适用法律确有错误的细化事由，主要依赖于2008年《最高人民法院关于适用〈中华人民共和国民事诉讼法〉审判监督程序若干问题的解释》第13条[②]对该事由的解释。从目前立法规定的事由已有13项之多可见，加上建议的这几项细化事由，我国的民事再审事由可能接近20项。比对其他国家立法来看，我国立法规定的民事再审事由较多。由于我国并未确立法律审与事实审的分离制度，因此该事由未在立法中细化，而留待司法解释解决。

二、关于在第5项证据前增加“主要”二字

与基本事实相对应的证据，是审理案件必须具有的主要证据。立法机关在“证据”之前增加“主要”二字，有利于更为准确地理解和把握。可想而知，如果缺乏该相应的主要证据，人民法院所认定的基本事实则基础不牢，建立在此之上的裁判也就失去了正当性的基础。

---

① 江必新:《论民事审判监督制度之完善》，载《中国法学》2011年第6期。

② 2020年12月29日《最高人民法院关于修改〈最高人民法院关于人民法院民事调解工作若干问题的规定〉等十九件民事诉讼类司法解释的决定》已将该条删除。

三、关于删除管辖错误事由

（一）2007年修改《民事诉讼法》时对管辖错误再审事由的讨论

2007年修改《民事诉讼法》的最初阶段并没有关于管辖错误的再审事由。2007年6月，《民事诉讼法修正案草案》第一次审议后，提交全国人大常委会第二次审议的《民事诉讼法修正案草案》中将该项事由增加为再审事由。在立法过程中以及法律表决通过后，该事由分歧和争议较大。针对2007年8月《民事诉讼法修正案草案》第4条第7项规定“违反法律规定，管辖错误的”，有人认为此规定不妥，建议删除该规定；或者，鉴于《民事诉讼法》对专属管辖作了强制性规定，建议将该项修改为“违反法律的专属管辖规定，管辖错误的”。

（二）管辖错误的限缩性解释

对“违反法律规定，管辖错误的”，防止该事由在实践中被滥用。2008年《最高人民法院关于适用〈中华人民共和国民事诉讼法〉审判监督程序若干问题的解释》力图对该事由作符合审判实践情况的解释。该解释第14条规定：“违反专属管辖、专门管辖规定以及其他严重违法行使管辖权的，人民法院应当认定为民事诉讼法第一百七十九条第一款第（七）项规定的‘管辖错误’。”[①]

（三）2012年修法中将管辖错误事由的删除

管辖制度本质上是一种分配制度，其理论前提是每一个法院审理的案件都是公正的，属于“审判公正假定”范畴。规定管辖错误事由，其理论前提是“司法保护假定”，实际上是对司法公正性的否定，沿此逻辑，一国的司法体系存在的基本合理性就受到质疑。管辖权异议的两审终审制人为地强化了管辖权对于当事人的重要性。[②] 过分强调管辖错误的

① 2020年12月29日《最高人民法院关于修改〈最高人民法院关于人民法院民事调解工作若干问题的规定〉等十九件民事诉讼类司法解释的决定》已将该条删除。

② 张卫平：《管辖权异议：回归原点与制度修正》，载《法学研究》2006年第4期。

救济，有可能偏离了管辖制度和再审制度的宗旨。[①] 最后，在理论界和实务界的共同努力之下，立法机关在2011 年10 月公布的一审草案稿中，删除了管辖错误事由。

四、2012 年修法中删除程序性兜底事由

2007 年《民事诉讼法》第 179 条第 2 款沿袭了 1991 年《民事诉讼法》的规定，继续规定“违反法定程序可能影响案件正确判决、裁定的情形”。2007 年《民事诉讼法》修正过程中，最高人民法院曾建议删除该项事由，原因在于主要的程序性违法情形均已列举出来，不需要再行规定该程序性兜底事由。为了体现 2007 年《民事诉讼法》第 179 条第 1 款与第 2 款之间的递进逻辑关系，至少在“情形”前增加“其他”二字，以表示为其他情形。但在 2007 年最后一次审议的最后阶段，立法机关删除了“其他”二字。这样，2007 年修正后《民事诉讼法》第 179 条第 1 款中对违反法定程序的列举事由与第 2 款之间的衔接就发生冲突。为了解决上述冲突，2008 年《最高人民法院关于适用〈中华人民共和国民事诉讼法〉审判监督程序若干问题的解释》第 17 条规定：“民事诉讼法第一百七十九条第二款规定的‘违反法定程序可能影响案件正确判决、裁定的情形’，是指除民事诉讼法第一百七十九条第一款第（四）项以及第（七）项至第（十二）项之外的其他违反法定程序，可能导致案件裁判结果错误的情形。”[②] 很可能基于上述问题的考量以及增加再审事由的客观性，立法机关在2011 年10 月公布的一审草案稿中，删除了该程序性兜底事由。

---

① 张卫平：《再审制度修正解读》，载《中国司法》2008 年第 1 期。

② 2020 年 12 月 29 日《最高人民法院关于修改〈最高人民法院关于人民法院民事调解工作若干问题的规定〉等十九件民事诉讼类司法解释的决定》已将该条删除。

【条文适用】

一、注意再审事由与当事人提出的理由之间的区别

再审事由与理由之间，最大的区别在于客观性。从立法上来讲，再审事由应当尽量是一种客观存在的事实，不应以提出申请再审的当事人以及法官的意志或主观判断为转移。只有将再审理由尽可能客观化，减少主观因素，才能使是否应当再审有具体、清晰的标准。客观性强的再审事由，既有利于当事人正确依法行使其申请再审权利，又便于法院审查决定是否应当受理当事人提出的诉讼。当事人和法院在再审问题上均有清晰的规则可以遵循，双方一般也就不会在此问题上发生争执。

二、注意与《民事诉讼法》第210条联合解读

《民事诉讼法》第210条规定：当事人申请再审的前提是“认为有错误”。但是，“认为有错误”并非指认为原审裁判中任何微小的瑕疵，一般来讲，当事人申请再审应当结合《民事诉讼法》第211条规定的再审事由进行，才能符合申请再审书状的相关要求，才能为人民法院按照申请再审案件立案受理。若当事人未声明具体的再审事由，或被告知指明法定的再审事由而未指明的，该申请将可能被视为一般信访申诉对待。

三、把握列举事由的意义

当事人声称案件有错误，认为需要进入再审程序得到救济，而进入再审程序前，人民法院需要按照一定的审查程序予以筛选。司法虽然有较为严密的程序，但是错误仍然不可避免。正因为如此，不同法系或不同国家的再审制度尽管规定与掌握的再审事由有宽有窄，但在具有维护判决既判力及终局性的明确意识并施以不同程度的限制这一点上，都是共通的。因此，在规定再审事由时，一般均根据案件错误的性质、程度以及对司法公正的影响，对再审的范围加以控制和限定。2021年《民事

诉讼法》修正时，结合我国目前的政治、经济、文化和法治发展水平等现实国情，较为宽泛地对民事再审事由进行设计，采用了“列举主义”，尽可能地为受到错误裁判损害的当事人提供救济机会。因此，在司法实践中，把握再审事由时，应当严格限定在法律条文列举的具体事由上，除此之外，对于当事人的申请再审，不允许根据其他未加列举的事由提起再审。

四、注意主管错误与管辖错误事由的不同

在理论和实务界，对于是否管辖错误一律不能提出再审申请，仍然存在一定争议。另外，对于案件是否由人民法院主管还是仲裁机构等主管如果发生错误，能否申请再审，司法实践中存在不同认识。有的法院将主管发生错误当作管辖错误，属于不当。笔者倾向认为，主管发生错误的，应当赋予当事人申请再审权利。

（一）有新的证据，足以推翻原判决、裁定的

【条文主旨】

本项是关于再审新证据的规定。

【条文理解】

理论界和实务界一般认为，长期以来，我国民事诉讼实行“证据随时提出主义”。也就是说，当事人无论在何种诉讼程序中，也无论在何种诉讼阶段，均有权提出相关证据，人民法院也应当随时接受这些证据。在司法实践中，一些当事人在庭审前不提供证据，而在庭审中临时提出证据，不仅干扰了诉讼活动的正常进行，也影响了审判效率的提高。为了避免“证据随时提出主义”带来的一系列弊端，《民事诉讼证据规定》实行了相对化的举证时限和证据失权制度。举证时限制度，是指负有举证责任的当事人应当在法律规定和法院指定的期限内提出证明其主张的相应证据，逾期不举证则承担证据失权法律后果的一项民事诉讼期间制

度。证据失权是逾期举证的法律后果，是举证时限制度的核心，是指当事人在法院指定的举证期限内未向法院提交证据，且不存在举证期限的延长或举证期限的重新指定之情形的，便丧失提出证据的权利，实质是丧失证明权。证据失权制度的存在，要求当事人在适当的时候向人民法院提出证据，也就是"证据适时提出主义"。因此，不少人认为，《民事诉讼证据规定》通过限定新证据的范围，实现了民事证据制度由"证据随时提出主义"向"证据适时提出主义"的重大转变。为维护生效裁判的相对稳定性和严肃性，保护对方当事人的合法权益，防止一方当事人滥用诉讼权利，并考虑与一审、二审程序中新证据的衔接，2001年《民事诉讼证据规定》第44条将申请再审阶段的"新的证据"解释为"原审庭审结束后新发现的证据"，并且规定"当事人在再审程序中提供新的证据的，应当在申请再审时提出"。然而，这一解释并没有从根本上解决再审新证据的问题，对再审程序中是否存在新证据以及新证据的范围等，仍争议不断。事实上，对于新的证据是否属于法定的再审事由，各主要大陆法系国家规定不一。比如，在德国、法国和意大利的民事诉讼法中，发现新的重要证据等是得到广泛承认的再审事由，日本却于1925年第一次民事诉讼法修订中，出于"从高度尊重判决的宗旨出发，还是以不承认这样的再审事由为佳"的立法理由，删除了新证据的再审事由。虽经有些学者主张重新列入再审事由，但日本近年来新修订的现行民事诉讼法仍然没有承认这一再审事由。[①] 据此可以判断，有的国家立法上承认再审新证据的概念，而有的国家则不一定接受。就《民事诉讼法》《民事诉讼证据规定》以及司法实践来看，我国是采用承认再审新证据概念的国家。《民事诉讼法司法解释》第386条规定："再审申请人证明其提交的新的证据符合下列情形之一的，可以认定逾期提供证据的理由成立：（一）在原审庭审结束前已经存在，因客观原因于庭审结束后才发现的；（二）在原审庭审结束前已经发现，但因客观原因无法取得或者在规定的期限内不能提供的；（三）在原审庭审结束后形成，无法据此另行提起诉

① 王亚新：《对抗与判定——日本民事诉讼的基本结构》，清华大学出版社2002年版，第359页、第364页。

讼的。再审申请人提交的证据在原审中已经提供，原审人民法院未组织质证且未作为裁判根据的，视为逾期提供证据的理由成立，但原审人民法院依照民事诉讼法第六十六条规定不予采纳的除外。”

【条文适用】

在审判实践中，再审新证据的认定确实是一个比较复杂且富有争议的问题。我们认为，可以根据相关证据的出现和提出时间、与原裁判讼争的主要事实的关系以及证据提交人的主观心态等方面来进一步把握，具体而言主要应考虑以下三个方面：

1. 再审新证据的形式要件。该要件主要是从证据形成时间上的考量。首先，再审新证据应当是申请再审时新提交的证据。在原审期间已经提交的证据，无论在原审中是否采信或者原审法院对该证据未置可否，均属于原有证据范畴。其次，再审新证据一般是指新发现的证据。这里主要涉及再审新证据基准时的确定。从发现证据的时间来看，再审新证据应当包括原审庭审终结前发现的证据和原审庭审终结后发现的证据两种情形。将后一种情形界定为再审新证据，理论和实务界看法一致；对于前一种情形，则争议较大。我们认为，对于原来已发现的证据，当事人没有及时提交，应当结合当事人的主观要件加以确定，即是否属于虽然已经发现但因客观原因无法获取或在举证期限内无法提供的证据。最后，再审新证据一般是指原先形成的证据。也就是说，该证据一般应形成于原审庭审终结前，“是在辩论终结前就已经客观存在的证据，只不过在辩论终结前当事人尚未发现或者因客观原因未能提出”。故有些人将再审新证据称为“新发现的老证据”。然而，在原审庭审或辩论终结之后新形成的证据是否可以纳入再审新证据范围，理论和司法实务界均存有争议。我们认为，从既判力理论中以原审辩论终结之时作为既判力的基准时来看，对于在原审庭审或辩论终结后形成的证据，一般不宜视为再审新证据。对于依据原先事实重新作出的鉴定意见、报告等，则另当别论。据此，我们可以将《民事诉讼法司法解释》第 386 条规定的四种情形归纳为新发现的证据、新出现的证据、新形成的证据以及拟制的新证据。

2. 再审新证据的实质要件。该要件主要是从再审新证据与原审主要讼争事实的关联性上的考量。第一，再审新证据应当具有重要性。除了符合形式要件外，再审新证据应当是证明力相当强的证据，也就是说，“足以”推翻原判决、裁定。《民事诉讼法司法解释》第385条第1款规定：“再审申请人提供的新的证据，能够证明原判决、裁定认定基本事实或者裁判结果错误的，应当认定为民事诉讼法第二百零七条第一项[①]规定的情形。”笔者认为，再审新证据一定是对应于要件事实或基本事实的主要证据，对于证明力尚不足以动摇原生效裁判，仍不能启动再审程序的证据，一般应不具有再审新证据作用。第二，再审新证据与原审诉讼应当具有不可分性。再审程序是在原审诉讼基础上的延续和补充，是相对于原审的特别救济程序。再审程序的审理应当以原审诉讼请求为审理、裁判的对象和范围，不应超越原审诉讼请求。如果新证据与原审诉讼具有可分性，可以另行起诉处理的话，一般不应冲破原审裁判的既判力而启动再审程序。对此，最高人民法院相关司法解释均有明确规定。比如，1984年8月30日公布的《最高人民法院关于贯彻执行民事政策法律若干问题的意见》（已失效）第23条第2款规定：“子女由于生活和受教育的需要，或者父母一方的经济情况有较大的变化，因而提出改变原定抚养费数额的，应由当事人双方先行协议，协议不成时，根据实际情况判决。父母对子女的抚养义务到子女独立生活时止。”1993年11月3日公布的《最高人民法院关于人民法院审理离婚案件处理子女抚养问题的若干具体意见》（已失效）第15条规定：“离婚后，一方要求变更子女抚养关系的，或者子女要求增加抚育费的，应另行起诉。”2002年7月18日公布的《最高人民法院关于民事损害赔偿案件当事人的再审申请超出原审诉讼请求人民法院是否应当再审问题的批复》（已失效）规定：“民事损害赔偿案件当事人的再审申请超出原审诉讼请求，或者当事人在原审判决、裁定执行终结前，以物价变动等为由向人民法院申请再审的，人民法院应当依法予以驳回。”因此，对于损害赔偿案件、子女生活费、受教育费

---

① 对应《民事诉讼法》（2023年修正）第211条第1项。

案件等，如果后来情况发生了变化，一方当事人要求增加抚育费等，必须另行起诉，而不是通过对已有生效裁判的案件申请再审来处理。

3. 再审新证据的主观要件。该要件主要考量是否属于可以归责于当事人的原因。根据主观要件的要求，再审新证据一般是指因不可归责于当事人的原因而在原审辩论终结前未发现并提交的证据。不过，对于再审新证据是否应当包括主观要件以及如何甄别主观要件的相关要素，各国存在不同立法例，我国理论界和实务界对此也有争议。《民事诉讼法司法解释》第 385 条第 2 款规定："对于符合前款规定的证据，人民法院应当责令再审申请人说明其逾期提供该证据的理由；拒不说明理由或者理由不成立的，依照民事诉讼法第六十八条第二款和本解释第一百零二条的规定处理。"

另外，当事人以本项事由提出申请再审的，不受原裁判文书生效之日起 6 个月申请再审时限的限制。但是，当事人超过 6 个月申请再审的，受 6 个月的相对期间的限制，6 个月的起算点是从知道或者应当知道出现该事由之日开始。

（二）原判决、裁定认定的基本事实缺乏证据证明的

【条文主旨】

本项是关于案件基本事实错误这一再审事由的规定。

【条文理解】

民事诉讼是关于基本事实或要件事实的审判，一切活动的展开应以基本事实或要件事实为中心。基本事实出现问题，则会严重影响民事诉讼的结果。案件的基本事实，也称为主要事实、要件事实，是民（商）事实体法规定的据以确定当事人之间民事法律关系性质、各自的权利义务和民事责任等主要内容的事实。它们对于权利发生、变更或消灭的法律效果有直接作用，故也称为直接事实。《民事诉讼法司法解释》第 335 条规定："民事诉讼法第一百七十七条第一款第三项规定的基本事实，是

指用以确定当事人主体资格、案件性质、民事权利义务等对原判决、裁定的结果有实质性影响的事实。”与基本事实相对应，次要事实是指对当事人之间民事法律关系性质、各自的权利义务和民事责任等主要内容不起决定作用的辅助性事实。它们是借助经验规则、理论原理能够推定主要事实真伪或存在与否的事实，故也称为间接事实。① 次要事实因其对案件性质以及当事人权利义务和责任不起决定作用，虽然法院判决、裁定对这样的事实认定有误，但不会影响案件的正确处理，故判决、裁定认定的次要事实错误缺乏证据证明的，不宜纳入引发再审的事由范围。

所谓缺乏证据证明，是指缺乏能够证明案件基本事实所必不可少的证据，或者达不到证明标准，也就是说，缺乏认定案件所需要的基本证据或主要证据。对于那些补强证据，由于不关涉案件基本事实的判断错误，一般不应理解为“缺乏证据证明”。

【条文适用】

在司法实践中，要注意缺乏证据证明与证据不足的区别。“证据不足”是从原判决、裁定认定事实是否有足够的证据支持的角度而言，“缺乏证据证明”是从原判决、裁定认定的基本事实是否有主要证据支持的角度而言，两个概念的角度不同，相较之下，后者更加具有客观性。证据的足与不足，涉及民事诉讼的证明要求和证明标准问题。为了解决现行《民事诉讼法》未对证明要求和证明标准作出明确规定的问题，在根据民事诉讼的客观规律、借鉴其他国家立法例以及总结审判实践经验的基础上，《民事诉讼证据规定》明确了法律真实的证明要求以及高度盖然性的证明标准。民事诉讼中的证据的足与不足，一般认为是用证据证明的“法律真实”是否达到了“高度盖然性”的标准。然而，在目前的司法环境中，申请再审案件大幅增加的一个重要原因，便在于当事人对“法律真实”概念的接受程度较低。受传统法律文化、现行诉讼制度的不尽完善以及其他一些因素影响，一些当事人往往在民事诉讼中容易接受

① 王亚新：《对抗与判定——日本民事诉讼的基本结构》，清华大学出版社2002年版，第100页。

“客观真实”，要求证据证明的案件事实与真实的案件事实一致，因而在司法实践中产生了错案标准判断上的不一致。因此，较之“证据不足”，“缺乏证据证明”更具有客观性，更利于引导当事人依法行使申请再审权利以及人民法院审查时作出判断。

（三）原判决、裁定认定事实的主要证据是伪造的

【条文主旨】

本项是关于主要证据伪造事由的规定。

【条文理解】

民事诉讼是基本事实或要件事实的审判，要件事实又是基于主要证据的查证。主要证据是对应于案件的基本事实或主要事实而言的，是指能够证明案件基本事实、具有足够证明力且必不可少的证据。主要证据一般应包括下列三个特征：第一，主要证据是证明案件基本事实的证据，而不是证明案件次要事实或证明案件细枝末节的证据；第二，主要证据的证明力强，不论是直接证据还是间接证据，对案件基本事实有较强证明力的，都可以视为主要证据；第三，主要证据是不可缺少的证据，缺少主要证据，案件的基本事实就不能认定。与主要证据相对应的是补强证据，它是指某一证据不能单独作为认定案件事实的依据，是用于补充主要证据以加强和确认证明力的证据。在不少国家，补强证据通常适用于言词证据，我国则略有不同。2019 年修正的《民事诉讼证据规定》第 90 条规定：“下列证据不能单独作为认定案件事实的根据：（一）当事人的陈述；（二）无民事行为能力人或者限制民事行为能力人所作的与其年龄、智力状况或者精神健康状况不相当的证言；（三）与一方当事人或者其代理人有利害关系的证人陈述的证言；（四）存有疑点的视听资料、电子数据；（五）无法与原件、原物核对的复制件、复制品。”可见，在我国，补强证据不仅适用于言词证据，还适用于视听资料、书证、物证。

伪造证据，就是指非法制造虚假的证据。所谓变造证据，是指以真

实的证据为基础，以涂改、挖补等方法，改变其形态、内容，冒充真实证据的行为。

本事由关注主要证据是伪造的情形，是由于主要证据关系到案件的基本事实或主要事实，一旦主要证据为虚假，出现重大问题，则案件的基本事实则如“沙上建塔”，依据该事实作出的裁判结果极有可能产生无法修复的错误。次要证据或补强证据，由于不是案件基本事实的认定依据，则不应适用该事由。

【条文适用】

在2007年立法修正过程中，立法机关认为，在这里伪造应当还包括虚假、变造证据的情形。因此，在审判实践中，对于原判决、裁定认定事实的主要证据是虚假、变造的，也应适用本事由。在民事诉讼中伪造证据的，一般采用民事强制制裁措施予以制裁即可，故当事人申请再审时，不能要求他们提供“伪证罪”有罪判决作为证据。①

当事人以本项事由提出申请再审的，不受6个月申请再审时限的限制。但是，当事人超过6个月申请再审的，受6个月的相对期间的限制，6个月的起算点是从知道或者应当知道出现该事由之日开始。

（四）原判决、裁定认定事实的主要证据未经质证的

【条文主旨】

本项是关于主要证据未经质证事由的规定。

【条文理解】

前述事由已经对主要证据予以解读，此处主要针对质证。所谓质证，是指一方当事人对对方当事人业已提出的证据通过质疑、辩驳和相应的说明、解释等方式呈现其内容，并直接影响法官判断认定证据的一项诉

① 李浩：《再审程序改造论》，载《法学研究》2000年第5期。

讼活动。质证的关键在于双方当事人从对立的角度展开的相互作用，其本质在于对对方证据的质疑。质证的基本原理首先在于，站在对立或相反立场上的主体围绕证据的对质辩驳可以使案件信息的获得更加全面完备。在此意义上可以说，质证是为法官作出裁判之前必须做到“兼听则明”的制度性保证，意味着把一种认识论上的常识上升到法律规范要求的高度。质证制度的另一项原理是，质证本身是当事人参与民事诉讼中最重要的诉讼权利之一。也就是说，在当事人双方进行对抗而法官居中裁判并最终作出判定的诉讼结构中，质证给当事人提供了一种非常重要的程序保障。在质证制度中，程序保障主要是指由于从制度上保证了当事人能够按照自己意愿充分地展开辩论等诉讼活动，所以当事人必须对诉讼达到的结果承担风险或负有责任。①

从民事诉讼法理论来看，辩论主义仅适用于主要事实的原理决定了主要证据必须经过质证才能作为认定事实的依据。辩论主义要求，只有当事人在诉讼中提出的事实，并经过辩论才能作为法院裁判依据。大陆法系国家民事诉讼中的辩论主义虽然与我国民事诉讼法理论中的辩论原则概念不同，但是建立于私权自治以及让当事人尽力收集、提供诉讼材料基础之上的辩论主义，认为“当事人主张责任的范围被限定在主要事实上”。② 而主要事实又是为主要证据所证明的，若裁判认定的主要事实依据的主要证据未经过当事人自身的质证、辩论，便应认为是在诉讼过程中没有切实保障当事人拥有并现实地行使质证的权利，审判的结果将不能以当事人自行负责的理由来获得正当性。

【条文适用】

本项事由是对已经采信的主要证据而言的，对于在原审法院对该证据未置可否的主要证据，应当结合审判人员的枉法裁判行为事由来判断。已经在其他程序中发表意见的，应区别对待。为此，《民事诉讼法司法解

① 王亚新：《民事诉讼中质证的几个问题——以最高法院证据规定的有关内容为中心》，载《法律适用》2004年第3期。

② 王亚新：《对抗与判定——日本民事诉讼的基本结构》，清华大学出版社2002年版，第105页。

释》第387条规定："当事人对原判决、裁定认定事实的主要证据在原审中拒绝发表质证意见或者质证中未对证据发表质证意见的，不属于民事诉讼法第二百零七条第四项[①]规定的未经质证的情形。"

（五）对审理案件需要的主要证据，当事人因客观原因不能自行收集，书面申请人民法院调查收集，人民法院未调查收集的

【条文主旨】

本项是关于当事人申请调查收集证据而法院未依职权调查收集这一再审事由的规定。

【条文理解】

人民法院作出民事判决、裁定应当查明案件的基本事实或主要事实，这是要件事实审判的基本要求。2012年《民事诉讼法》修改时在"证据"前增加"主要"二字，明确了在申请再审和再审阶段，对审理案件需要的"主要证据"未依职权调查收集的，才构成本事由，显然不包括间接证据或者辅助性证据。

关于应当书面提出申请，是指当事人应当在原审期间以书面形式提出过申请，而人民法院由于种种原因未予调查收集该证据。2019年修正的《民事诉讼证据规定》对申请书的形式进行了规范，其第20条规定："当事人及其诉讼代理人申请人民法院调查收集证据，应当在举证期限届满前提交书面申请。申请书应当载明被调查人的姓名或者单位名称、住所地等基本情况、所要调查收集的证据名称或者内容、需要由人民法院调查收集证据的原因及其要证明的事实以及明确的线索。"而且，在一般情况下，由于当事人对证据的位置、由谁掌控等情况比较了解，为了便于诉讼资源的合理分配，故要求在原审期间当事人不仅已经提出了书面申请，并且应当提供证据线索。

---

① 对应《民事诉讼法》（2023年修正）第211条第4项。

【条文适用】

规定人民法院应当帮助当事人收集必要证据，是为了使有关案件的主要证据信息能够最大限度反映到诉讼中来。值得注意的是，在申请再审审查和再审审理期间，对于涉及国家利益、社会公共利益或者他人合法权益等事实，人民法院认为应当依职权主动调查收集证据的，不以当事人对证据提出主张或申请为必要。

（六）原判决、裁定适用法律确有错误的

【条文主旨】

本项是关于适用法律错误方面事由的规定。

【条文理解】

在大陆法系实行三审终审制的国家，如德国、日本，适用法律正确与否是通过第三审得到解决的。实行二审终审制的国家，如法国，当事人对经过一审或者二审生效裁判中适用法律问题不服的，可以在2年内向法国最高司法法院提出上诉。[①] 因此，在这些国家的民事诉讼法中，当事人申请再审事由中没有关于法律适用错误的规定。我国民事诉讼采用二审终审制，出于纠正原裁判中适用法律错误以及保证法律适用的统一性，有必要规定本事由。

【条文适用】

由于“法律问题与事实问题之间的区分往往极难辨别”，[②] 故在司法实践中，对于法律关系复杂、合同效力或责任认定认识不一的案件，当事人极易以法律适用确有错误为由提出再审申请。具体把握何为“原判

---

① 罗结珍译：《法国新民事诉讼法典》，中国法制出版社1999年版，第121～126页。

② ［德］K·茨威格特、［德］H·克茨：《比较法总论》，潘汉典等译，法律出版社2003年版，第187页。

决、裁定适用法律确有错误”时，参见《民事诉讼法司法解释》第388条规定：“有下列情形之一，导致判决、裁定结果错误的，应当认定为民事诉讼法第二百零七条第六项[①]规定的原判决、裁定适用法律确有错误：（一）适用的法律与案件性质明显不符的；（二）确定民事责任明显违背当事人约定或者法律规定的；（三）适用已经失效或者尚未施行的法律的；（四）违反法律溯及力规定的；（五）违反法律适用规则的；（六）明显违背立法原意的。”

（七）审判组织的组成不合法或者依法应当回避的审判人员没有回避的

【条文主旨】

本项是关于审判组织有瑕疵这一再审事由的规定。

【条文理解】

1. 审判组织的组成不合法。审判组织是指人民法院审判案件的组织形式。审理民事案件的审判组织有两种形式：一是合议制，二是独任制。独任制的适用范围有一定限制，仅能适用于基层人民法院和它的派出人民法庭审理简单的民事案件和一般的非讼案件。其他依一审程序审理的案件以及所有依二审程序审理的案件，均应采用合议制审理。所谓审判组织的组成不合法，主要是指根据法律规定，案件应当组成合议庭进行审理，而实质却由法官一人进行了独任审判，或者在原审庭审中合议庭组成人员中有的法官缺席等。

2. 依法应当回避的审判人员没有回避的。民事诉讼中的回避制度，是指审判人员以及其他可能影响案件公正审理的有关人员，在遇到法律规定的情形时，退出该案诉讼程序的制度。规定回避制度的理由，主要涉及回避申请的对象与案件当事人有利益、身份等方面的关系或者与诉

① 对应《民事诉讼法》（2023年修正）第211条第6项。

讼程序结果有法律上的利害关系等方面的原因。回避制度的主要目的在于通过技术性措施以维护法官作为中立裁判者的地位，确保公正审判；同时，它还承担着为法官减轻责任负荷的作用，使法官免受人伦亲情与司法公正理念的双重压力。总体而言，回避制度通过维护司法中立性以实现司法公正，从而使当事人乃至案外人对于裁判寄予信赖感，有利于个案的公正解决以及司法权威的树立。根据《民事诉讼法》第 47 条规定，依法应当回避的审判人员，既包括审判组织的组成人员，又包括参与本案审理的书记员、翻译人员、鉴定人、勘验人；“依法应当回避”的情形，是指上述人员“（一）是本案当事人或者当事人、诉讼代理人的近亲属的；（二）与本案有利害关系的；（三）与本案当事人、诉讼代理人有其他关系，可能影响对案件公正审理的”。依法应当回避的审判人员没有回避，会严重影响案件的公正审理和居中裁判。

【条文适用】

在审判实践中要注意，“审判组织的组成不合法”，不仅包括一审程序的审判组织的组成不合法，而且包括二审程序中的审判组织的组成不合法。“依法应当回避的审判人员没有回避”，一般包括两种情形：一是发生于自行回避，即按照法律规定的情形，法官应当主动回避而没有回避；二是发生于申请回避，即当事人申请法官回避，且此申请已被法院宣告理由成立，但该法官仍参与了审判。

（八）无诉讼行为能力人未经法定代理人代为诉讼或者应当参加诉讼的当事人，因不能归责于本人或者其诉讼代理人的事由，未参加诉讼的

【条文主旨】

本项是关于当事人未合法参加诉讼这一再审事由的规定。

【条文理解】

1. 无诉讼行为能力人未经法定代理人代为诉讼。诉讼行为能力，又称诉讼能力，是指当事人自己实施诉讼行为所必要的诉讼法上的能力。当事人的诉讼行为能力与民事行为能力关系密切，有完全民事行为能力的人就具有诉讼行为能力；无民事行为能力或者限制行为能力，出于避免因其意思能力不足或欠缺社会经验而遭受不利益，以求其财产的维持与保全之立法目的，一般来讲，便不赋予其诉讼行为能力。如果当事人没有诉讼行为能力，就不能自己提起诉讼、参加诉讼，必须要由其法定代理人代为实施诉讼行为，否则为无效的诉讼行为。

2. 应当参加诉讼的当事人，因不能归责于本人或者其诉讼代理人的事由，未参加诉讼的。有些纠纷，原、被告一方或双方当事人均为两人以上，便形成了共同诉讼形态。共同诉讼是诉的主体合并的一种形式，主要目的在于简化诉讼程序，节省时间和费用，加速案件的审结。根据《民事诉讼法》第 55 条规定，以共同诉讼人之间对诉讼标的的关系，可以分为必要共同诉讼和普通共同诉讼。争议的诉讼标的是同种类的共同诉讼，是普通共同诉讼。必要共同诉讼，是指当事人一方或双方为两人以上，其诉讼标的是共同的、人民法院必须合并审理的诉讼。必要的共同诉讼要求共同诉讼人必须一同起诉或应诉，若未一同起诉或应诉的，应当予以追加，人民法院还必须合并审理，然后作出一个判决。对于必要的共同诉讼，如在共有、继承等案件中，如因不能归责于本人或者其诉讼代理人的事由而使某当事人未参加诉讼，则属于遗漏了必须参加诉讼的当事人。

【条文适用】

诉讼过程中当事人丧失诉讼行为能力，人民法院应当裁定中止诉讼，等待其法定代理人代为进行诉讼。如未等待其法定代理人代为诉讼而继续进行审判的，则属于本事由所指情形。

（九）违反法律规定，剥夺当事人辩论权利的

【条文主旨】

本项是关于不当剥夺当事人辩论权利这一再审事由的规定。

【条文理解】

根据《民事诉讼法》第 12 条规定，在人民法院主持下，民事诉讼当事人就案件事实、争议的问题和适用的法律，有权各自陈述其主张和依据，相互进行反驳和答辩，以维护自己的合法权益。赋予当事人辩论权利是民事法律关系的性质在民事诉讼中的延伸，旨在通过当事人双方的辩论，将案件争议的事实呈现在处于中立地位的第三者——法官面前，是人民法院作出最后裁判以及当事人自我负责机制的正当性基础。若没有赋予当事人辩论权利，查清案件事实、正确适用法律就失去了基本的保障，裁判的公正性便大受质疑。《民事诉讼法司法解释》第 389 条规定："原审开庭过程中有下列情形之一的，应当认定为民事诉讼法第二百零七条第九项①规定的剥夺当事人辩论权利：（一）不允许当事人发表辩论意见的；（二）应当开庭审理而未开庭审理的；（三）违反法律规定送达起诉状副本或者上诉状副本，致使当事人无法行使辩论权利的；（四）违法剥夺当事人辩论权利的其他情形。"

【条文适用】

在司法实践中，"违反法律规定，剥夺当事人辩论权利"中的"剥夺"是指原审开庭过程中根本就没有赋予当事人辩论权利。原审庭审中对于当事人与案件无关的陈述或者反复陈述的，人民法院行使诉讼指挥权，进行及时制止，以及第二审程序依法采用书面形式审理的，不属于本项事由。

---

① 对应《民事诉讼法》（2023 年修正）第 211 条第 9 项。

（十）未经传票传唤，缺席判决的

【条文主旨】

本项是关于不当缺席判决这一再审事由的规定。

【条文理解】

民事诉讼中的缺席判决，是指因一方当事人经传票传唤，无正当理由拒不到庭或者未经许可中途退庭，法院审核到庭一方当事人提出的诉状和证据后，依法作出判决。缺席判决的正当性基础在于程序保障以及当事人自我负责的机制。也就是说，它在程序上已经给当事人提供充分的攻击防御机会的前提下，当事人不加以利用，其结果不仅意味着放弃自身的程序保障，而且实质上也使对方无从实现应有的程序保障。因此，如果迁就当事人的这种做法，不仅可能导致诉讼失去对抗性，还会带来拖延诉讼等危及诉讼效率的后果，所以法院应当依法作出缺席判决，由该当事人承担败诉的责任。①

所谓传票传唤，是指人民法院以发送传票的方式，通知当事人开庭的时间、地点，传当事人届时前来参加诉讼。传票传唤当事人是传唤当事人方式中最正规、最严肃的方式。只有经传票传唤后，当事人无正当理由拒不到庭或者未经许可中途退庭的，人民法院才可以作出缺席判决。未经传票传唤便作出缺席判决的，属于程序上存在重大瑕疵。

【条文适用】

审判实践中，一些法院仅以通知书或者口头传唤、电话传唤方式通知当事人的，若因当事人无正当理由拒不到庭或者未经许可中途退庭，而作出缺席判决，适用本事由申请再审。

---

① 王亚新：《对抗与判定——日本民事诉讼的基本结构》，清华大学出版社2002年版，第131页。

（十一）原判决、裁定遗漏或者超出诉讼请求的

【条文主旨】

本项是关于裁判本身存在技术性错误事由的规定。

【条文理解】

民事法律关系性质决定了民事诉讼的特性。在民事诉讼中，当事人有权支配自己的实体权利和诉讼权利，这是民事诉讼的基本原则——处分原则的基本含义。它是民事法律关系中公理性原则——平等自愿原则在民事诉讼中的具体体现和延伸。在诉讼和诉讼请求问题上，处分原则表现为：诉讼只能因当事人行使起诉权而开始，即所谓“不告不理”；诉讼请求的范围由当事人自行决定，当事人没有提出的事项法院不能对其作出裁判，否则属于“超出诉讼请求”；反之，当事人业已提出的事项，法院不能不加理睬、拒绝裁判，否则属于“遗漏诉讼请求”。遗漏、超出诉讼请求作出裁判是原审法官出现了技术性错误，违背了处分原则。

【条文适用】

对于当事人在原审审理过程中增加或放弃诉讼请求的，应当以变更后的诉讼请求为基准，并确定原审裁判是否存在遗漏、超出诉讼请求的情况。另外，在技术处理上，《民事诉讼法司法解释》第 390 条规定：“民事诉讼法第二百零七条第十一项①规定的诉讼请求，包括一审诉讼请求、二审上诉请求，但当事人未对一审判决、裁定遗漏或者超出诉讼请求提起上诉的除外。”

① 对应《民事诉讼法》（2023 年修正）第 211 条第 11 项。

（十二）据以作出原判决、裁定的法律文书被撤销或者变更的

【条文主旨】

本项是关于裁判依据错误这一再审事由的规定。

【条文理解】

先前案件的法律文书是原判决、裁定作出的重要根据，由于种种原因使得先前案件的法律文书被撤销或者变更，原判决、裁定的作出实际已失去重要基础。若依据变更后的法律文书，其判决、裁定的内容将与原判决、裁定的结论不一致。对于哪些文书属于本条情形，《民事诉讼法司法解释》第391条规定："民事诉讼法第二百零七条第十二项[①]规定的法律文书包括：（一）发生法律效力的判决书、裁定书、调解书；（二）发生法律效力的仲裁裁决书；（三）具有强制执行效力的公证债权文书。"

【条文适用】

当事人以本项事由提出申请再审的，不受6个月申请再审时限的限制。但是，当事人超过6个月申请再审的，受6个月的相对期间的限制，6个月的起算点是从知道或者应当知道出现该事由之日开始。

（十三）审判人员审理该案件时有贪污受贿，徇私舞弊，枉法裁判行为的

【条文主旨】

本条是关于审判人员违法犯罪这一再审事由的规定。

【条文理解】

审判人员在审理案件时有上述行为，既是法官的渎职，又严重损害

① 对应《民事诉讼法》（2023年修正）第211条第12项。

了当事人的合法权益，允许受损害当事人以此事由提出再审很有必要。这里的“有”，是指查证属实，即在当事人申请再审时，审判人员在原审中的贪污受贿，徇私舞弊，枉法裁判行为，已经形成处理意见，如原来的有关审判人员已经被判处受贿罪，已经因枉法裁判行为被处分或判刑。《民事诉讼法司法解释》第392条规定：“民事诉讼法第二百零七条第十三项[①]规定的审判人员审理该案件时有贪污受贿、徇私舞弊、枉法裁判行为，是指已经由生效刑事法律文书或者纪律处分决定所确认的行为。”

【条文适用】

贪污受贿是构成“徇私舞弊，枉法裁判行为”的一个重要原因，但不是唯一的原因，有的可能由于人情等作出该行为。故只要审判人员实施了徇私舞弊，枉法裁判行为，不论是否由于受贿引起，均符合本事由，审查属实的，应当再审。

当事人以“审判人员在审理该案件时有贪污受贿，徇私舞弊，枉法裁判行为的”提出申请再审，不受6个月申请再审时限的限制。但当事人超过6个月申请再审的，受6个月的相对申请再审期间的限制，6个月的起算点是从知道或者应当知道出现该事由之日开始。

① 对应《民事诉讼法》（2023年修正）第211条第13项。

第二百一十二条　当事人对已经发生法律效力的调解书，提出证据证明调解违反自愿原则或者调解协议的内容违反法律的，可以申请再审。经人民法院审查属实的，应当再审。

【条文主旨】

本条是关于当事人对调解书申请再审以及具体事由的规定。

【条文理解】

本条在2012年修改前，是《民事诉讼法》原第182条，而如何审查或者审查后如何处理是修改前《民事诉讼法》原第181条，两个条文之间的逻辑关系不顺。2012年《民事诉讼法》修改时，根据最高人民法院的建议，将调解书再审的条文整体前移，使得对调解书不服的再审申请的审查，在处理上也应当适用民事裁定书，即经审查后可以裁定驳回或者裁定再审。

一、两类事由可以申请再审

本条关于调解书可以申请再审的表述较之《民事诉讼法》第210条当事人对于生效判决、裁定认为有错误的表述，立法语言更为严谨。“当事人对已经发生法律效力的判决、裁定，认为有错误的”，常被有的当事人认为包括自己主观上以为的各种错误，甚至小的瑕疵。而本条表明，对于调解书不服的，同时需要指出“调解违反自愿原则或者调解协议的内容违反法律”任一项。民事调解书中的其他小的瑕疵，不能成为当事人申请再审的事由。本条也是对《民事诉讼法》第9条“人民法院审理民事案件，应当根据自愿和合法的原则进行调解”的呼应。

二、调解违反自愿原则

调解是双方当事人在人民法院的主持下，本着互谅互让的精神，在自愿的基础上达成协议，以使双方的争议得到解决。所谓“自愿”，是指在调解的过程中，必须是双方当事人完全自主支配意愿，不得勉强，包括是否需要调解，调解的内容都由当事人双方自己决定，审判人员不得用任何强迫或者变相强迫的方法迫使当事人必须调解或者接受对方当事人、审判人员提出的条件。自愿一般有两种情形：一种是双方当事人在诉讼开始时就自愿调解；另一种是双方当事人在诉讼开始时或者进行中互不相让，后经审判人员讲法析理，双方当事人开始互相谅解，自愿达成协议。总之，“自愿”是内心意思与外在表示的完全一致下作出的意思表示，如果由于受表达者与对方的能力或者所处的外部环境等因素影响，致使调解协议的内容违背当事人的真实意思，则人民法院可以认定“调解违反自愿原则”。

三、调解协议的内容违反法律

由于在我国民事诉讼制度中，法院调解是一种与法院判决并行的行使审判权解决民事权利义务争议的制度，这就必然决定了合法原则也是法院调解不可或缺的原则。所谓“合法”，是指调解也应以法律为准绳，调解程序、调解方式和调解内容都不得违反法律，不得损害国家、集体和个人的权益。调解只有自愿、合法，才能保证调解质量，真正使双方当事人宁事息讼。调解协议的内容是否合法，主要包括两个方面：一是看是否损害国家利益、社会公共利益以及他人利益。由于调解是当事人根据其意思行使处分权处分其民事权利与诉讼权利，当事人往往更多考虑自身的利益，而忽略国家利益、社会公共利益以及他人利益。法院在对当事人达成调解协议进行审查时，应审查是否有损公益以及他人利益，若有损害，则因其不具有合法性而不予确认。二是看是否违反法律、行政法规的禁止性规定。这是对调解协议内容是否具有合法性的一项实质性的审查。

【条文适用】

一、案外人认为生效调解书侵害其合法权益的处理

调解书是出现虚假诉讼的高发地带。常常出现原、被告利用诉讼程序损害案外第三人利益的情形。原审法官应当审理两造的对抗性以及是否有真实交易关系，预防虚假诉讼。一旦出现虚假诉讼，损害案外第三人合法利益的，现行《民事诉讼法》中规定了第三人撤销之诉以及案外人申请再审两个类似的制度。此处介绍案外人对调解书的申请再审制度。2007年修正后的《民事诉讼法》第204条规定："执行过程中，案外人对执行标的提出书面异议的，人民法院应当自收到书面异议之日起十五日内审查，理由成立的，裁定中止对该标的的执行；理由不成立的，裁定驳回。案外人、当事人对裁定不服，认为原判决、裁定错误的，依照审判监督程序办理……"其中案外人、当事人对裁定不服，认为"原判决、裁定"错误的，依照审判监督程序办理，并未涉及发生法律效力的民事调解书。对该条文的理解上存在分歧意见，有的认为该条文仅指"原判决、裁定"，未包括民事调解书，因此不应包括案外人对民事调解书提出异议的再审申请含义；有的认为虽然该条文仅指"原判决、裁定"，但应包括民事调解书，《民事诉讼法》中多处作此表述，实质含义上应当包括调解书。2012年修正后的《民事诉讼法》第227条、2021年修正后的《民事诉讼法》第234条、2023年修正后的《民事诉讼法》第238条沿袭了原先法条的规定。对于案外人权利救济问题，《民事诉讼法司法解释》第421条规定："根据民事诉讼法第二百三十四条[①]规定，案外人对驳回其执行异议的裁定不服，认为原判决、裁定、调解书内容错误损害其民事权益的，可以自执行异议裁定送达之日起六个月内，向作出原判决、裁定、调解书的人民法院申请再审。"对于再审审理后的处理，该司法解释第422条"根据民事诉讼法第二百三十四条规定，人民

① 对应《民事诉讼法》（2023年修正）第238条。

法院裁定再审后，案外人属于必要的共同诉讼当事人的，依照本解释第四百二十条第二款规定处理。案外人不是必要的共同诉讼当事人的，人民法院仅审理原判决、裁定、调解书对其民事权益造成损害的内容。经审理，再审请求成立的，撤销或者改变原判决、裁定、调解书；再审请求不成立的，维持原判决、裁定、调解书”。

二、裁定再审后的处理

1. 对民事调解书裁定进入再审后，发现不存在违反自愿原则或者内容违法的，如何处理？司法实践中，一些法院采用判决维持原调解书的办法。由此导致的问题是，如果按照一审程序再审的，势必允许当事人提出上诉，甚至有的地方还允许对该二审的裁判申请再审。为了解决此问题，《民事诉讼法司法解释》第 407 条规定：“人民法院对调解书裁定再审后，按照下列情形分别处理：（一）当事人提出的调解违反自愿原则的事由不成立，且调解书的内容不违反法律强制性规定的，裁定驳回再审申请；（二）人民检察院抗诉或者再审检察建议所主张的损害国家利益、社会公共利益的理由不成立的，裁定终结再审程序。前款规定情形，人民法院裁定中止执行的调解书需要继续执行的，自动恢复执行。”

2. 调解书再审改判的依据。有观点认为，对于判决、裁定错误的，再审后改判，依据是《民事诉讼法司法解释》第 405 条“人民法院经再审审理认为，原判决、裁定认定事实清楚、适用法律正确的，应予维持；原判决、裁定认定事实、适用法律虽有瑕疵，但裁判结果正确的，应当在再审判决、裁定中纠正瑕疵后予以维持。原判决、裁定认定事实、适用法律错误，导致裁判结果错误的，应当依法改判、撤销或者变更”的规定。此种观点认为对于调解书改判，《民事诉讼法》及其司法解释并无规定。但我们认为，该条司法解释第 2 款也应能解读成调解书错误作出改判的依据。

三、不服调解书的申请再审期限

《民事诉讼法司法解释》第 382 条规定：“当事人对已经发生法律效力的调解书申请再审，应当在调解书发生法律效力后六个月内提出。”

第二百一十三条　当事人对已经发生法律效力的解除婚姻关系的判决、调解书，不得申请再审。

【条文主旨】

本条是关于解除婚姻关系的裁判文书不得申请再审的规定。

【条文理解】

一、整条前移

本条在2012年修改前是《民事诉讼法》原第183条，而如何审查或者审查后如何处理是修改前《民事诉讼法》原第181条，条文之间的逻辑关系不顺。2012年修法中，将本条文整体前移，使受理与不受理再审申请的条文相对集中，条文之间的逻辑关系更加清晰。

二、2012年修法中增加了“调解书”，删除了“裁定”

解除婚姻关系不仅有民事判决书，还可能有民事调解书。自愿离婚也是婚姻自由的一个方面。离婚调解书是人民法院经过调解，双方基于离婚达成的协议而制作、记载调解结果、具有约束力、可以申请强制执行的法律文书。为了使立法更加严谨，此处增加了“调解书”。

婚姻关系属于人身关系，按照《民法典》的规定，婚姻关系基于男或女一方的死亡或者双方离婚而终止。离婚分为登记离婚和判决离婚。依照《民法典》的有关规定，男女一方要求离婚的，可以直接向人民法院提出离婚诉讼。

无论是判决还是调解解除婚姻关系的，在裁判文书发生法律效力后，男女任何一方都可以与他人结婚。根据《民法典》的有关规定，离婚后双方当事人自愿恢复夫妻关系的，可以到婚姻登记机关重新进行结婚登记。因此，一方当事人以感情未破裂为由，申请人民法院对离婚判决予以再审没有意义；若一方当事人在离婚后，已与他人结婚，此方当事人与他人的婚姻不可能强行解除，故允许对解除婚姻关系的生效裁判文书予以再审，也没有意义。

一方当事人对离婚判决中的关于子女抚养的内容不服的，也没有必要对离婚裁判文书予以再审。该部分内容可以通过另行起诉，重新确定子女抚养关系。需要说明的是，《民事诉讼法司法解释》第 380 条规定："当事人就离婚案件中的财产分割问题申请再审，如涉及判决中已分割的财产，人民法院应当依照民事诉讼法第二百条的规定进行审查，符合再审条件的，应当裁定再审；如涉及判决中未作处理的夫妻共同财产，应当告知当事人另行起诉。"根据上述规定精神，当事人可以对解除婚姻关系的裁判文书中涉及财产分割部分申请再审。

【条文适用】

在司法实践中，除了解除婚姻关系的裁判文书之外，还有其他关于身份关系的裁判文书，如解除收养关系的裁判文书。有的地方法院在制定本地区的规范性文件中也规定，不得申请再审。我们认为，涉及身份关系的案件，由于涉及一些伦理方面的问题，在理论上一般不得申请再审。

第二百一十四条　当事人申请再审的，应当提交再审申请书等材料。人民法院应当自收到再审申请书之日起五日内将再审申请书副本发送对方当事人。对方当事人应当自收到再审申请书副本之日起十五日内提交书面意见；不提交书面意见的，不影响人民法院审查。人民法院可以要求申请人和对方当事人补充有关材料，询问有关事项。

【条文主旨】

本条是关于当事人申请再审审查、对方当事人答辩以及审查方式的规定。

【条文理解】

一、2012年修法中建议增加申请再审书状内容的要求

2021年和2023年修改《民事诉讼法》时未涉及本条内容，有必要回顾前两次修改《民事诉讼法》中对本条修改中的考虑因素。2007年《民事诉讼法》修改时，第一次以立法形式提出了“再审申请书”概念，意味着当事人提出申请再审至少在形式意义上应当提交载明双方当事人、原生效裁判文书案号、具体再审事由、再审请求和理由等内容的书状，而不是无法获得有效信息的“来信来访”。申请再审书状内容实际上是非常重要的内容。在我国，规定申请再审书状的形式要求有更为重要的意义。这是最高人民法院探索“诉访分离”的关键一步。从再审程序规定比较简约的德国、日本民事诉讼法来看，两国对于申请再审书状均作了明确的规定。根据《日本民事诉讼法》第343条规定，再审诉状，应记

载下列事项：（1）当事人及法定代理人；（2）不负盛名的判决的标示及对该判决再审请求的目的；（3）不服的理由。根据《德国民事诉讼法》第 588 条规定，（1）起诉的准备书状中应记载下列各项：①说明不符的理由；②提出证据方法以证明起诉的理由以及遵守不便期间的事实；③在如何程度内申请废除被声明不服的判决，并申请对本案另为如何的裁判。（2）提起回复原状之诉时，应将起诉所依据的证书的原本或缮本附于书状之中。证书不在原告手中时，原告应说明，为取得证书，他要提出如何的申请。有鉴于此，最高人民法院依据 2008 年《最高人民法院关于适用〈中华人民共和国民事诉讼法〉审判监督程序若干问题的解释》① 对再审申请书记载事项予以了规定，并建议立法机关对申请再审书状的要式作详细规定，但未被立法机关采纳。2012 年全面修改《民事诉讼法》时，再次提出增加再审申请书的内容的修改建议。

二、再审程序"三阶构说"

对再审之诉的审理程序，理论界有"一阶构说""二阶构说"和"三阶构说"之分。"一阶构说"是将整个再审过程视为一个程序，没有进行阶段性划分。"二阶构说"则把整个再审程序划分为对再审事由的审查和对原诉的再审审理两个相对独立的阶段。"三阶构说"则将再审程序分为三个阶段，即对当事人再审申请进行形式审查，决定是否立案受理的阶段；对当事人再审事由是否成立的审查阶段，对原诉进行再审审理三个阶段。"一阶构说"没有对再审程序的阶段作出区分，被理论界认为不能充分揭示程序的阶段性和递进性的特点，不利于法院有序、高效地处理再审之诉。"二阶构说"被认为可以反映出法院在两个独立阶段的不同任务、不同的审查对象，能够在一定程度上反映再审审理程序的特点。"三阶构说"是对再审程序更为精细的划分，用这样的程序去处理再审之诉，被认为使审理程序清晰明了，符合程序公开、公正、可操作的要求。② 1991 年《民事诉讼法》审判监督程序中仅就管辖法院、启动主体、

① 本司法解释已于 2020 年修正，但关于再审申请书记载事项的规定并未修改。

② 李浩：《构建再审之诉的三个程序设计》，载《法商研究》2006 年第 4 期。

再审事由、申请再审期限及决定再审后的审理程序作了原则性规定，对当事人申请再审相关的一些重要的程序性规则，如申请再审的提起与受理、审查阶段所应遵循的程序等没有规定。1992 年《最高人民法院关于适用〈中华人民共和国民事诉讼法〉若干问题的意见》（已失效）第 206 条规定："人民法院接到当事人再审申请后，应当进行审查……"但对应如何进行审查，当事人在审查阶段的权利义务、法院的审查程序等未作出具体规定。基于人民法院的工作规程和审判监督程序中对当事人申请再审所作的审查和再审的划分，我国司法实践对当事人申请再审案件的审理程序基本包括三个阶段，即立案受理阶段、审查阶段和再审审理阶段。立案受理阶段，是指收到当事人再审申请的法院对当事人提交的再审申请等材料进行形式审查，确定当事人的再审申请是否符合立案条件，并决定是否立案受理的阶段。立案受理阶段对当事人申请再审的审查属于形式审查，主要审查申请人是否适格，生效裁判是否属于法律允许申请再审的裁判，再审申请是否在法定期间内提出，再审案件是否属于受案法院管辖，再审事由是否属于法定错误情形等。只有符合受案条件的再审申请，人民法院才予以立案受理，并进入对当事人再审申请事由是否成立的审查阶段。审查阶段是指由人民法院通过对当事人再审申请等有关材料进行审查，确定当事人主张的生效裁判存在的法定应当再审的实体或程序性错误是否存在，当事人的再审申请事由是否成立，案件是否应当被提起再审的阶段。这是审理申请再审案件的一个重要阶段，是决定能否启动再审程序的阶段。再审审理阶段则指对经审查认为当事人的申请再审事由成立，并经依法裁定再审的案件进行再审审理，并对生效裁判作出维持、撤销或改判等裁判阶段。受案、审查、再审审理在 2007 年《民事诉讼法》修改后的工作调整和适应中已经构成了人民法院处理当事人申请再审案件的三个相对独立阶段的程序。

三、当事人申请再审应当提交再审申请书等材料

当事人作为再审发动主体，提交再审申请书等材料是其启动再审所必需，也是必要的前提条件。作为当事人的诉权，申请再审权利的行使

依赖于当事人的意愿，没有当事人提起，则不存在诉的启动。当事人行使诉权的意愿必须通过的一定方式加以体现。基于不同诉讼程序的不同特点，法律对当事人诉权的行使方式也有不同规定。较之一、二审程序，根据《民事诉讼法》第 161 条规定，对适用简易程序审理的简单的民事案件，当事人可以口头起诉。对适用普通程序审理的第一审民事案件，根据《民事诉讼法》第 123 条规定，当事人应当向人民法院递交起诉状，并按照被告人数提出副本。书写起诉状有困难的，可以口头起诉，由人民法院记入笔录，并通知对方当事人。《民事诉讼法》第 124 条规定了起诉状的内容，主要包括原告的姓名、性别、年龄、民族、职业、工作单位、住所、联系方式，法人或者其他组织的名称、住所和法定代表人或者主要负责人的姓名、职务、联系方式；被告的姓名、性别、工作单位、住所等信息，法人或者其他组织的名称、住所等信息；诉讼请求和所依据的事实和理由；证据和证据来源，证人姓名和住所。对按照第二审程序审理的上诉案件，《民事诉讼法》第 172 条规定："上诉应当递交上诉状。上诉状的内容，应当包括当事人的姓名，法人的名称及其法定代表人的姓名或者其他组织的名称及其主要负责人的姓名；原审人民法院名称、案件的编号和案由；上诉的请求和理由。"由此可见，《民事诉讼法》对常规性程序下的起诉、上诉，除适用简易程序审理的简单一审民事案件外，均要求提交书面诉状。书面诉状可以使当事人的诉讼请求和理由清晰，便于对方当事人抗辩和法院对案件的审理。申请再审是当事人行使诉权的行为。当事人提出再审申请是启动审判监督程序的前提。当事人申请再审只有以诉状的形式提起，才有利于法院对申请再审案件的处理。本条规定的再审申请书同起诉状、上诉状性质一样，是当事人主张权利的依据，也是法院审查其主张是否成立的基础。申请再审书的内容，《最高人民法院关于适用〈中华人民共和国民事诉讼法〉审判监督程序若干问题的解释》第 3 条明确规定："当事人申请再审，应当向人民法院提交再审申请书，并按照对方当事人人数提出副本。人民法院应当审查再审申请书是否载明下列事项：（一）申请再审人与对方当事人的姓名、住所及有效联系方式等基本情况；法人或其他组织的名称、住所和法定代表人或主要负责人的姓名、职务及有效联系方式等基本情况；（二）原审人民法院的名称，原判决、裁定、调解文书案号；（三）申请再审的法定情形及具体事实、理由；（四）具体的再审请求。”与此同时，我们认为，当事人随同再审申请书一并提交的材料至少应包括原审裁判文书及主要证据材料。如果没有原审裁判文书，法院无法确定当事人是否有申请再审权利，是否属于受案法院管辖等，影响到法院对当事人再审申请的受理；主要证据材料是否充分将直接影响法院对当事人申请再审事由是否可能成立的初始判断。由于法院对当事人再审申请主要采取书面审查方式，当事人申请再审时，除在再审申请中应尽量详尽地阐述请求及再审事由外，还应尽量提供完备的、详尽的与其主张相关的材料。

四、人民法院有向对方当事人发送再审申请书副本的义务，对方当事人有提交书面意见的权利

作为民事诉讼审判程序之一，因当事人申请再审启动的审判监督程序也应是在双方当事人参与下进行的诉讼程序。缺乏一方当事人参与的诉讼程序，不符合诉讼程序的基本特征，也不符合程序正义的要求。法律在充分保障当事人行使申请再审权利的同时，也应保障另一方当事人的诉讼权利。由法院或当事人通过一定方式告知对方当事人诉的提起并使对方当事人在诉讼中享有平等的诉讼地位是当事人的基本诉讼权利。考察域外立法例，《法国民事诉讼法》第597条明确规定：受到攻击的判决的各方当事人，均应由提出再审申请的人召唤参加再审诉讼，否则再审之诉不予以受理。我国《民事诉讼法》在2007年修正前的审判监督程序中仅规定了当事人申请再审权利，没有为对方当事人参加诉讼设定一定的程序，使对方当事人的诉讼权利得不到应有的保障。本条从两方面规定了对方当事人在因当事人申请再审而启动的审判监督程序中的权利。一是人民法院应在一定期限内将再审申请书副本发送对方当事人。这是法律为人民法院设定的义务。这一规定虽然会增加法院的工作量，其意义是使对方当事人获悉申请再审情况，并决定是否通过法定方式表达自己的意见，参与基于相对方申请而启动的审判监督程序中。这一规定充分体现了当事人申请再审启动的审判监督程序的诉讼特征。对本条规定的人民法院发送再审申请书副本的义务，需要注意以下两个问题：（1）本条规定人民法院在收到再审申请书之日起 5 日内将再审申请书副本发送对方当事人，对其中“收到再审申请书之日”的规定，不能仅从字面理解。因为当事人提交再审申请后，法院需要通过形式审查进行立案受理工作，这是法院工作规程所必需的环节。没有立案受理，自然不应该计算相关期限。在审判实践中，并非只要当事人提交再审申请，法院必须立案受理，对不符合条件的再审申请书，如没有明确的请求，有谩骂、侮辱性言词等，或者欠缺必要材料的再审申请，法院有权退回，要求其修订或补充材料后再提交。2021 年《民事诉讼法》修正时，有人曾提出，将本条规定为法院立案受理后 5 日内发送更为准确，但由于这次立法修正中没有对立案受理条件作出规定，将立案受理问题留待司法实践解决，在立法中不适宜出现“立案受理”字样，仍使用的是“收到”再审申请书。我们认为，基于法院的工作规程和申请再审审理程序具有的特定三段架构，本条规定的人民法院收到再审申请书之日，应理解为是法院经形式审查认为当事人的再审申请符合受理条件并予以立案受理之日。（2）本条规定人民法院的义务是将再审申请书副本发送对方当事人，没有规定必须送达。通常的诉讼程序中要求相关诉状、通知等必须通过法定方式送达双方当事人。由于当事人申请再审是对生效裁判错误的事后救济程序，相比一、二审程序，当事人申请再审后并不直接形成法院对原诉的审理，形成双方当事人之间的对抗。首先，需要通过审查程序，确定当事人主张原生效裁判存在法定应再审情形的理由是否成立，在没有裁定进入再审审理之前，在程序上对抗的是原审生效裁判。且当事人申请再审的提起通常距离纠纷的发生及原审裁判生效已有一段时间，对方当事人的变化有时难以掌握，如果规定必须在审查阶段即将再审申请书副本送达对方当事人，则在无法通过通常送达方式送达的情形下，必须公告送达，拖延了人民法院对当事人再审申请的审查。法院对当事人申请再审事由是否成立进行审查，主要通过对当事人申请再审书等材料及生效裁判文书，一、二审卷宗材料等进行审查，确定原审裁判是否存在法定程序或实体错误。发送再审申请书副本的目的是使对方当事人知道并选择是否在审查阶段即参与其中。如果对方当事人提交书面意见，表达自己的意见，更有利于法院在审查中了解案件情况，但没有对方当事人的参与，并不意味着审查工作无法进行。因此，本条仅规定人民法院有义务将再审申请书副本发送对方当事人，没有规定必须送达，同时也明确对方当事人不提交书面意见，不影响人民法院审查。当然，在司法实践中人民法院应当尽量将再审申请书副本送达给对方当事人。其次，对方当事人有提交书面意见的权利，不提交书面意见，不影响人民法院审查。根据本条规定，对方当事人在收到再审申请书副本后，可以提交书面意见，对再审事由是否成立提出自己的意见。由于对方当事人与申请再审人诉讼地位的相对性，其提交的书面意见实质上也是一种答辩意见。鉴于审查阶段不同于再审审理阶段，也为了与再审审理程序中的答辩形成区别，立法在本处使用的是书面意见的概念，而不是答辩意见，但其性质是相类似的。本条并没有要求对方当事人必须提交书面意见，是否提交书面意见，应是对方当事人的权利。由于法院对再审申请的审查主要是书面审查，双方当事人在审查阶段很少有机会向合议庭当面陈述自己的主张和理由，向合议庭提交书面意见，陈述对当事人再审事由成立与否的意见，是对方当事人在审查阶段向合议庭表达自己态度，参与诉讼的主要途径。本条同时规定对方当事人不提交书面意见的，不影响人民法院审查，这是通常诉讼程序中对答辩人不提交答辩状不影响案件审理的基本原则在申请再审中的体现，其目的是防止因诉讼中对方当事人的消极行为而影响诉讼的进行。

五、人民法院可以要求申请人和对方当事人补充材料，或者询问有关事项

在2007年《民事诉讼法》修正前，审判监督程序中没有规定人民法院对当事人的再审申请应采取什么方式审查。虽然司法实践中对当事人申请再审进行审查并不局限于书面审查形式，也常采取询问或听证等方式，但是因为这些审查方式找不到立法依据，常常受到对方当事人的质

疑，给对方当事人形成不了约束力。通过本条规定，明确了人民法院对当事人申请再审案件启动再审之前，有权根据案件需要，向双方当事人询问有关事项，或要求双方当事人补充有关材料。接受人民法院的询问，按照人民法院的要求提供有关材料，也是双方当事人的诉讼义务。本条规定的人民法院要求当事人补充材料、询问有关事项的行为，应主要发生在人民法院受理当事人再审申请后对其申请事由是否成立所进行的实质审查阶段，是人民法院为了进一步了解案件情况所依法进行的查证行为。

需要强调的是，询问而不是听证。“听证”一词，主要来源于对英文的翻译。到目前为止，《民事诉讼法》等相关法律中并没有将听证作为一项制度予以规定，有关《民事诉讼法》的司法解释中也没有对此作出规定。当然，询问也是为了落实“直接言词”原则，为了让审判者更好地直接听取当事人的意见，达到“兼听则明”的效果，通过询问更好地了解案情，为依法作出裁判打下坚实的基础。

【条文适用】

一、应当要求当事人提供符合条件的申请再审书状

在司法实践中，为了更好地提高审查的效率，切实保护当事人的合法权益，应当要求当事人提供符合条件的申请再审书状。根据 2021 年修订后《最高人民法院关于适用〈中华人民共和国民事诉讼法〉审判监督程序若干问题的解释》第 5 条的规定：申请再审书状不符合形式要件的，人民法院可以要求再审申请人补充或改正。

二、径行裁定、调卷审查、询问当事人

根据《民事诉讼法》第 215 条的规定，人民法院对当事人的再审申请一般应当在 3 个月内审查完毕。但是，审查再审申请的方式仍然不完善。根据《民事诉讼法司法解释》第 393 条、第 395 条的规定，结合各

地审判实践经验，明确了径行裁定、调卷审查以及询问当事人三种审查方式，由合议庭或承办法官根据案情需要，分别采用。

（一）径行裁定

径行裁定，主要是指人民法院通过审查当事人或案外人提交的再审申请书及其他材料，对当事人或案外人主张的再审事由明显成立或明显不成立情形下，采取的审查方式。《民事诉讼法司法解释》第393条规定：“当事人主张的再审事由成立，且符合民事诉讼法和本解释规定的申请再审条件的，人民法院应当裁定再审。当事人主张的再审事由不成立，或者当事人申请再审超过法定申请再审期限、超出法定再审事由范围等不符合民事诉讼法和本解释规定的申请再审条件的，人民法院应当裁定驳回再审申请。”审判实践中应当注意的是，人民法院对当事人或案外人的再审申请进行审查后，存在两种处理结果：一是裁定再审；二是驳回再审申请。裁定再审是对已经发生法律效力的裁判启动再次审判程序；驳回再审申请则是对当事人或案外人再审申请的否定。两种处理结果要么是对生效裁判既判力的动摇，要么是对当事人的再审诉权能否有效行使的裁决。因此，无论从维护生效裁判的既判力，还是充分保障当事人申请再审权利的角度考虑，审查程序中所涉及的制度的设立均应充分体现对生效裁判既判力的尊重和对当事人申请再审权利的充分保障。这一原则体现在审查方式上则要求审查方式的设立应尽可能确保审查的全面、客观和审慎。

（二）调卷审查

调卷审查，主要是指合议庭或承办法官认为仅审查当事人提交的再审申请书等材料难以作出受理再审的裁定或驳回再审申请裁定的情形下，应当采用的审查方式。2021年《最高人民法院关于适用〈中华人民共和国民事诉讼法〉审判监督程序若干问题的解释》第12条规定：“人民法院认为仅审查再审申请书等材料难以作出裁定的，应当调阅原审卷宗予以审查。”根据《民事诉讼法》第211条规定，人民法院应当再审的情形多数属于证明事实的证据方面的缺陷以及审判程序方面的严重错误，因此，对原审裁判是否存在法定应当再审情形的审查认定，主要应基于对原审卷宗材料的审查。原审卷宗材料是原审裁判的基础材料档案，是原审审判过程及审判程序的最直接的反映。通过对原审卷宗的查阅，可以了解当事人在原审中的诉请、各自提交的证据及开庭质证情况，以及法院审理程序及认证情况等。需要指出的是，对申请再审的审查，既可以调阅所涉案件的全部卷宗材料，也可以根据审查的需要，只调阅一审或二审或再审卷宗，也可以只调阅相关正卷的特定材料。

（三）询问当事人

询问当事人，主要是指当事人申请再审的事由很可能存在或者出于进一步了解事实、做好息讼稳控工作等案情需要，召集一方或双方当事人了解情况。询问当事人是《民事诉讼法》第 214 条规定的内容，主要目的是在办理申请再审案件中引入“直接言词原则”，也明确了人民法院在审查中有询问当事人的权利，反之，当事人也有接受法院询问的义务，询问成为审查程序中当事人诉讼义务的组成部分。同时，以新的证据事由申请再审的，由于必然存在案件事实的变化，《民事诉讼法司法解释》第 395 条规定了在此情况下应当询问当事人，以便查清案件事实，作出适当的处理。需要指出的是，新证据事由应当询问。其他事由的，根据申请再审案件的具体情况，认为需要询问申请人或对方当事人，能够更便于或更利于查清申请再审事由是否成立的，则可以决定采取询问的方式进行审查。

三、发送不到对方当事人的处理

司法实践中，由于当事人申请再审时，案件需要经过一审、二审，时间已经相对较长，常常会出现对方当事人已经被注销或者已迁移至新址，再审申请书副本以及应诉通知书往往无法送达；有的案件当事人，出于自身的一些目的，即便收到再审申请书副本以及应诉通知书也不予回复。如何处理，成为司法实践中的一个难题。我们认为，发送不到对方当事人的，可以继续审查，不必等待回复才予以审查。

第二百一十五条　人民法院应当自收到再审申请书之日起三个月内审查，符合本法规定的，裁定再审；不符合本法规定的，裁定驳回申请。有特殊情况需要延长的，由本院院长批准。

因当事人申请裁定再审的案件由中级人民法院以上的人民法院审理，但当事人依照本法第二百一十条的规定选择向基层人民法院申请再审的除外。最高人民法院、高级人民法院裁定再审的案件，由本院再审或者交其他人民法院再审，也可以交原审人民法院再审。

【条文主旨】

本条是关于审查期限、审查终结处理方式、再审审理法院和审理方式的规定。

【条文理解】

一、关于合理期间扣除的建议

从司法实践来看，一般案件的审限起算点均为该案件的登记并移转至相关审判业务庭之日。在司法实践中，一个申请再审案件的审查期限，实际上也是从立案并移转至相关审判业务庭开始计算的。因此，为将3个月的审查期限起算点修改得更加合理，最高人民法院在2012年修法中建议："人民法院应当自审查立案之日起三个月内审查。"同时，考虑到有的申请再审案件需要调卷审查，有的需要着重做调解工作，有的需要等待重新鉴定结论等因素，建议立法机关在《民事诉讼法》普通程序篇中设立一条规定，规定审理中可以扣除相关合理期限。但有观点认为，期间的起算、扣减是执行中的具体问题，没必要在立法中规定，后未作规定。

二、再审审级的调整

2007 年申请再审管辖“上提一级”后，大量案件审级上涌，使上级人民法院案多人少矛盾越发突出。2012 年在配合全国人大常委会法工委修改《民事诉讼法》的调研活动中，有的高级人民法院法官提出，完全上提一级使得事实不清的小标的案件充斥高级人民法院，而高级人民法院法官在查明事实上离案发地点远、离案发时间长，未必比基层人民法院的法官有优势；需要查明事实的案件增多之后，又导致了本应承担法律适用尺度统一的高级人民法院职责虚化。我们认为，上述意见有其合理性，故作为调整申请再审管辖“上提一级”的配套措施，提出建议：“最高人民法院、高级人民法院裁定再审的案件，属于适用法律错误的，应由本院再审，属于事实错误或者程序违法的，可以交由与原审人民法院同级的其他人民法院再审，也可以交原审人民法院再审。”立法机关以事实审与法律审目前难以区分清晰为由，决定暂不作大幅调整。最后，根据最高人民法院在 2012 年修法中建议，需要对原法上的完全“上提一级”管辖的规定作出适当调整，立法机关予以采纳，进行了微调。

三、规定了人民法院对当事人再审申请的审查期限

申请再审审查期限，是指人民法院受理当事人再审申请后，应在多长的期间内审查终结。1991 年《民事诉讼法》缺失对再审申请审查阶段的程序性规则，其中很重要的是没有对再审申请审查期限作出规定。2007 年《民事诉讼法》修正中，增加了人民法院对当事人再审申请审查期限的规定。本条规定的人民法院应当自收到再审申请书之日起 3 个月内审查，是指在 3 个月内审查终结，即应自收到当事人再审申请书之日起 3 个月内审查完毕。需要注意的是，其中规定的审查起算点即“收到当事人再审申请”中的“收到”的理解，也应理解为法院对当事人再审申请经审查符合受理条件并予以立案受理之日。因当事人提交再审申请

后，法院需要进行必要的形式审查，在符合受理条件的情况下才可以立案受理。没有立案受理，则不存在计算审查期限的问题。本条同时规定在特殊情形下，由院长批准可以延长审理期限。对何谓特殊情形，以及可以延长的审限期间，本条都没有具体规定，留待司法实践根据法院的承受能力及个案可能存在的特殊情形确定。本条对申请再审审查期限的规定，既满足了社会大众和当事人的愿望，又为司法实践可能遇到的诸多可能影响案件审查终结的情形留有一定的灵活性。

四、规定了人民法院对当事人再审申请的审查终结处理方式

当事人再审申请的提出，是行使诉讼权利的行为。对当事人再审申请进行审查虽然只是审判监督程序中的一个阶段，但其与再审审理形成了两个完全独立的阶段，通过审查确定的是当事人申请再审事由是否成立，原裁判是否存在法定必须再审的情形。从诉讼的角度来看，是人民法院对当事人享有的诉权所作的具有法律约束力的判定。既然诉权成立的情形下用裁定决定再审，则在诉权不成立予以驳回的情形下，也应用裁定的方式，否则会导致人民法院对当事人诉权行使结果采用不同的处理方式，具有不同的司法效力。对当事人申请再审经审查后作出的再审或驳回申请的决定，均属于阶段性的程序性裁决，只有用裁定才能体现出其所应具有的裁判特征和效力。本条对再审申请的审查终结处理方式延续了2007年修法成果，继续规定了人民法院对当事人再审申请经审查后无论是决定再审，还是驳回当事人的再审申请，均以裁定的方式作出。

五、规定了再审审理法院和审理方式

基于当事人申请再审启动的再审审理程序是人民法院对经审查认为再审事由成立并裁定再审的案件，依法定程序进行审理并作出裁判。2007年《民事诉讼法》修正后，对当事人申请再审管辖上提一级，即由作出生效裁判的上一级人民法院管辖，原审人民法院不再享有管辖权。对启动再审后的再审审理阶段，该法条允许上级人民法院在一定情形下分流一部分案件给下级人民法院。2012年修法中，对“上提一级”内容

作了微调，允许当事人一方人数众多或者当事人双方均为公民的案件，也可以向原审人民法院申请再审，故在实践中将出现基层人民法院受理申请再审案件的情形。相应地，在本条中也作出对应的修改。

本条第 2 款确立了两个基本规则：一是上级人民法院将其管辖的申请再审案件交其他人民法院或原审人民法院审理的前提必须是案件已经其审查终结并作出了再审裁定，即上级人民法院必须完成了审查程序，认为当事人申请再审事由成立，并依法作出了再审的裁定。未经其作出裁定，不能够将案件交其他人民法院或原审人民法院审理。换言之，上级人民法院必须在启动再审审理程序后，才有权将案件的再审审理交其他人民法院或原审人民法院。其他人民法院或原审人民法院基于上级人民法院指定或指令其再审的裁定，直接对案件进行审理并作出裁判。二是因当事人申请裁定再审的案件由中级人民法院以上的人民法院审理，但当事人依照本法第 210 条的规定选择向基层人民法院申请再审的除外。恢复了基层人民法院审理申请再审以及再审案件的权利。

【条文适用】

一、关于 3 个月审查期限的起算点

在司法实践中，“3 个月内审查”是指“3 个月内审查完毕”。审查期间的起算点“收到当事人再审申请书之日”，应理解为法院立案部门收到符合形式要件的再审申请书，并对当事人再审申请初步审查后，认为符合受理条件并予以立案受理之日，而非当事人提交申请再审材料之日，更不是再审申请书上落款的时间。

二、关于延长审限

2007 年修改《民事诉讼法》时，主要是为了解决“申诉难”，故立法机关曾倾向规定“自收到再审申请书之日起一个月内审查完毕”。后经最高人民法院解释，案件来到法院需要过程，审判人员需要统筹安排手

中案件的审理，一个审判人员在1个月或者3个月内不是仅有一个案件在办理，建议修改为“3个月内审查完毕”并允许延长。立法机关对此建议予以采纳，并规定“有特殊情况需要延长的，由本院院长批准”。实践证明，3个月的审查期限基本能满足普通申请再审案件审查的需要，但是对于一些需要调取原审卷宗的或者等待审判委员会研究等其他因素的案件，经院长批准后可以延长。

三、关于提审、指定再审和指令再审三种再审方式

从立法本意看，三种再审方式的顺位为本院提审、指令再审、指定再审。关于如何适用，为了及时有效维护各方当事人的合法权益，维护司法公正，进一步规范民事案件指令再审和再审发回重审，提高审判监督质量和效率，2015年最高人民法院颁布施行了《关于民事审判监督程序严格依法适用指令再审和发回重审若干问题的规定》，其中第1条规定：“上级人民法院应当严格依照民事诉讼法第二百条①等规定审查当事人的再审申请，符合法定条件的，裁定再审。不得因指令再审而降低再审启动标准，也不得因当事人反复申诉将依法不应当再审的案件指令下级人民法院再审。”此处，实际上强调了依法提审的第一顺位。第2条规定：“因当事人申请裁定再审的案件一般应当由裁定再审的人民法院审理。有下列情形之一的，最高人民法院、高级人民法院可以指令原审人民法院再审：（一）依据民事诉讼法第二百条第（四）项、第（五）项或者第（九）项裁定再审的；（二）发生法律效力的判决、裁定、调解书是由第一审法院作出的；（三）当事人一方人数众多或者当事人双方为公民的；（四）经审判委员会讨论决定的其他情形。人民检察院提出抗诉的案件，由接受抗诉的人民法院审理，具有民事诉讼法第二百条第（一）至第（五）项规定情形之一的，可以指令原审人民法院再审。人民法院依据民事诉讼法第一百九十八条第二款裁定再审的，应当提审。”此处，强调了指令再审的情形。第3条规定：“虽然符合本规定第二条可以指令

① 对应《民事诉讼法》（2023年修正）第211条。

再审的条件，但有下列情形之一的，应当提审：（一）原判决、裁定系经原审人民法院再审审理后作出的；（二）原判决、裁定系经原审人民法院审判委员会讨论作出的；（三）原审审判人员在审理该案件时有贪污受贿，徇私舞弊，枉法裁判行为的；（四）原审人民法院对该案无再审管辖权的；（五）需要统一法律适用或裁量权行使标准的；（六）其他不宜指令原审人民法院再审的情形。”以上三条，进一步增强了纠错有效性。

第二百一十六条　当事人申请再审，应当在判决、裁定发生法律效力后六个月内提出；有本法第二百一十一条第一项、第三项、第十二项、第十三项规定情形的，自知道或者应当知道之日起六个月内提出。

【条文主旨】

本条是关于当事人申请再审期限的规定。

【条文理解】

一、2012年修法中缩短申请再审期限的建议

原来的法律规定的2年申请再审的期限，不尽合理。因为，对于一般申请再审事由（尤其是程序性事由）来说显得较长，生效裁判数年得不到确定，使相关社会关系长期处于动荡不安的状态；而对于某些特殊事由（如发现新证据，足以推翻原判决裁定的）来说又显得较短，不足以保护当事人的合法权益。在2007年修改《民事诉讼法》时，立法机关认为修法的目的是解决“申诉难”而未采纳缩短期限的建议。2012年修改《民事诉讼法》时，对于如何使我国的民事申请再审期限更加科学化，在2007年的基础上又继续进行了卓有成效的探讨。出于全面完善再审制度的目的，立法机关已经基本能够接受将申请再审期限由2年缩短为1年或者6个月的建议。另外，在先法院审查、后抗诉的模式下，当事人申请再审以及法院处理一次后，也便于检察机关及时监督。最高人民法院建议“当事人申请再审，应当自判决、裁定、调解书发生法律效力之日起六个月内提出。六个月后发现新的证据，或者据以作出原判决、裁定的法律文书被撤销或者变更，以及发现审判人员在审理该案件时有贪

污受贿，徇私舞弊，枉法裁判行为的，自知道或者应当知道之日起三个月内提出”，立法机关基本予以采纳。

二、“六加六”方案的形成

为了避免所有司法裁判在 2 年内都处于不确定的状态，最终立法采取了“六个月”外加“六个月”的方案，即一般情况下当事人申请再审的期限为裁判生效之日起的 6 个月；有四类事由的，自知道或者应当知道之日起 6 个月内提出。这四类事由主要是可能在裁判生效之日起 6 个月后出现，若不规定另外的 6 个月，则出现这些事由时，原裁判的错误无法得到有效救济。

【条文适用】

一、超过申请再审期限的处理

《民事诉讼法司法解释》第 393 条第 2 款规定：“当事人主张的再审事由不成立，或者当事人申请再审超过法定申请再审期限、超出法定再审事由范围等不符合民事诉讼法和本解释规定的申请再审条件的，人民法院应当裁定驳回再审申请。”超出法定申请再审期限后当事人仍坚持申请再审的，可裁定径行驳回。

二、关于新证据适用第二个 6 个月期限

司法实践中，有的当事人利用新证据可以启用从知道或应当知道新证据事由之日起的 6 个月这一再审期限，有的法院主张因立案登记制而不作审查即予以立案，这是不妥的。此类事由需要当事人举证证明从知道或应当知道之日起的“六个月”，如果已经超过 6 个月的，则不予理涉；对于新证据本身，也需要根据其重要性予以初步判断，应当是对基本事实有重大影响的重要证据才能从形式上符合新证据要求。

第二百一十七条　按照审判监督程序决定再审的案件，裁定中止原判决、裁定、调解书的执行，但追索赡养费、扶养费、抚养费、抚恤金、医疗费用、劳动报酬等案件，可以不中止执行。

【条文主旨】

本条是关于再审案件中止原判决、裁定、调解书执行的原则和可不中止执行的例外情形的规定。

【条文理解】

一、对“抚育费”修改为“抚养费”的理解

2021年修改《民事诉讼法》时将本条中的“抚育费”修改为“抚养费”。

“抚育费”“抚养费”在法律、法规、司法解释中曾多次出现。《最高人民法院关于人民法院审理离婚案件处理子女抚养问题的若干具体意见》及2021年修改前的《民事诉讼法》规定为“抚育费”，而《民法典》及相关司法解释均规定为“抚养费”。《最高人民法院关于适用〈中华人民共和国民法典〉婚姻家庭编的解释（一）》第42条规定：“民法典第一千零六十七条所称“抚养费”，包括子女生活费、教育费、医疗费等费用。”由此可见，上述法律、司法解释中“抚育费”和“抚养费”含义并无不同，均指父母或者其他对未成年人负有抚养义务的人，为未成年人承担的生活、教育、医疗等费用。最高人民法院在2008年修订《民事案件案由规定》时，对原案由规定中的分类方法作出调整，以“抚养费”替代“抚育费”，并将其列为第三级案由“抚养纠纷”项下第四

级案由之一，解决了原来抚养关系纠纷和抚育费纠纷并列存在和交叉重复的问题，实现上下级案由的统一。2021 年《民事诉讼法》修改亦将“抚育费”修改为“抚养费”，实现了《民事诉讼法》与《民法典》及相关司法解释对该表述的统一。

二、对原判决、裁定、调解书是否中止执行的理解

对于进入再审程序的案件，原则上中止原判决、裁定、调解书的执行程序，待再审判决生效后依当事人的申请启动执行程序。否则一旦再审改判，可能涉及执行回转，不仅导致司法资源的浪费，还可能因执行款无法追回损害当事人合法权益。但对于涉及追索赡养费、扶养费、抚养费、抚恤金、医疗费用、劳动报酬等涉及基本生存权利的案件，人民法院可以根据实际情况决定是否中止原判决的执行。

【条文适用】

一、进入再审程序的案件原则上应当中止执行

人民法院终审判决、裁定一经送达各方当事人，调解书一经送达各方当事人签收后即发生法律效力。上述文书生效后，各方当事人应尊重其法律效力，依法履行裁判文书和调解书确定的义务。一方当事人拒不履行生效裁判文书和调解书确定的义务时，对方当事人可以申请人民法院强制执行。

审判监督程序是人民法院对已经发生法律效力的判决、裁定、调解书，在具有法律规定的再审事由时，依据法律规定的程序对原审案件再次进行审理并作出裁判的特别救济程序。① 启动再审的前提是已经发生法律效力的判决、裁定确有错误，调解书违反了自愿原则或者损害国家利益、社会公共利益。再审一经启动，相关案件的裁判结果很可能发生改

① 参见张卫平：《民事诉讼法》（第 4 版），北京大学出版社 2016 年版，第 365 页。

变，对原审裁判文书或者调解书的执行内容亦可能发生变化，如果存在错误的原审裁判文书或者违反法律规定的调解书不中止执行，既可能因再审改判后采取执行回转而导致司法资源的浪费，也可能因执行款无法追回损害当事人的合法权益。因此，本条规定对进入再审案件，原则上中止原判决、裁定、调解书的执行。

根据《民事诉讼法司法解释》第394条的规定，人民法院对已经发生法律效力的判决、裁定、调解书依法决定再审，需要中止执行的，应当在再审裁定中同时写明中止原判决、裁定、调解书的执行；情况紧急的，可以将中止执行裁定口头通知负责执行的人民法院，并在通知后10日内发出裁定书。

二、进入再审程序的案件应当中止执行的例外

追索赡养费、扶养费、抚养费、抚恤金、医疗费用、劳动报酬等案件，此类案件所涉执行款项一般较为紧急，且涉及当事人基本生存权利，停止执行可能给当事人的生活或者医疗救治等方面带来较大影响，因此《民事诉讼法》第109条对上述类型的民事诉讼案件规定了先予执行制度，即人民法院在受理案件后、终审判决作出之前，根据一方当事人的申请，可以裁定对方当事人向申请一方给付一定数额的金钱或其他财物。先予执行制度的着眼点是满足权利人的迫切需要和对弱势群体的保护。请求医疗费用的支付，从起诉到作出生效判决，需要经过较长的时间，如不先予执行，则可能影响医疗程序的进行，甚至导致不可逆的后果发生。追索赡养费、扶养费、抚养费、抚恤金和劳动报酬案件的当事人多为老人、妇女、儿童及合法权益受到侵害的劳动者，对他们的特殊保护，也体现了法律对弱势群体的人文关怀。本条规定适用的案件类型与先予执行制度适用的案件类型基本一致，所体现的法律精神亦为一致。因此，在人民法院尚未作出终审判决之前可以先予执行的案件类型，在人民法院再审期间同样可不中止原判决、裁定的执行。况且进入再审的案件也并非必然改判，故本条对再审案件中止执行的原则作出例外规定，对涉及追索赡养费、扶养费、抚养费、抚恤金、医疗费用、劳动报酬等案件，

由人民法院进行审查，最终在裁定主文中作出对原判决、裁定、调解书是否停止执行的决定。我们认为，人民法院在决定是否中止原判决、裁定、调解书的执行时，主要考虑两个方面：一是再审改判的可能性；二是停止执行对当事人基本生活和医疗救治等方面造成的影响程度。

【典型案例】

梁某某、康某某扶养费纠纷再审审查案

【案　　号】（2020）鄂06民申32号民事裁定书

【裁判要旨】人民法院对已经发生法律效力的判决、裁定、调解书依法决定再审，如果涉及追索赡养费、扶养费、抚养费、抚恤金、医疗费用、劳动报酬等涉及基本生存权利的案件，人民法院可以根据案件情况决定是否中止原判决的执行。

【基本案情】康某某在原审时提起的一项诉讼请求为2014年至2017年之间的医药费用。2019年9月11日，康某某因新发生的医疗费再次向人民法院提起诉讼。另案认定的梁某某给付款项的日期与本案原审判决康某某起诉医疗费的日期发生重叠。

【裁判结果】提审本案；再审期间，不中止原判决的执行。

【裁判理由】梁某某再审审查期间提交的证据，证实原审判决存在认定事实有误的情形，依法应对本案进行再审。因本案涉及扶养费的给付，再审法院裁定不中止原判决的执行。

第二百一十八条　人民法院按照审判监督程序再审的案件，发生法律效力的判决、裁定是由第一审法院作出的，按照第一审程序审理，所作的判决、裁定，当事人可以上诉；发生法律效力的判决、裁定是由第二审法院作出的，按照第二审程序审理，所作的判决、裁定，是发生法律效力的判决、裁定；上级人民法院按照审判监督程序提审的，按照第二审程序审理，所作的判决、裁定是发生法律效力的判决、裁定。

人民法院审理再审案件，应当另行组成合议庭。

【条文主旨】

本条是关于再审案件适用的审理程序以及再审判决的效力的规定。

【条文理解】

两审终审制是我国民事审判的基本制度，即民事案件经过两级人民法院审理即告终结，裁判文书发生法律效力的制度。审判监督程序是为纠正生效裁判错误而设立的特别救济程序，不属于案件审理的通常救济程序，因此，案件进入再审程序的主要目的是对存在的错误和违反法律规定的情况予以纠正，民事诉讼法并未单独规定再审案件的审理程序，因此应当根据不同的情况分别适用一审或者二审程序。

关于另行组成合议庭的规定，本条第 2 款“人民法院审理再审案件，应当另行组成合议庭”的规定，是指原审人民法院决定再审案件或者受上级人民法院指令再审本院案件时，原审合议庭成员不得参与再审案件的审理。需要说明的是，“另行组成合议庭”的规定不适用于再审审查的合议庭与再审审理的合议庭之间。无论是当事人申请再审，检察机关提起抗诉和检察建议，还是人民法院依职权再审，人民法院均需要组成合议庭审查确定是否符合再审情形。对于符合再审情形的，裁定再审后进入再审程序审理。再审审查和再审审理是审判监督程序的两个阶段，在审判监督程序中虽然相对独立，但从《民事诉讼法》规定的诉讼程序而言，不属于两个独立的审判程序，是否由同一合议庭进行审查和再审，法律、司法解释并没有予以限制。目前各级人民法院采取的模式也不尽相同，无论是"立审合一"还是"立审分离"，都符合法律规定，各级人民法院可以根据机构职责设置或案件具体情况自行决定。

【条文适用】

一、再审案件适用的审判程序

根据本条规定，再审案件适用的程序，主要包括以下情况。

（一）人民法院依职权决定再审的案件

1. 人民法院对本院作出的已发生法律效力的判决、裁定、调解书决定再审的，如果原生效判决、裁定、调解书是由第一审法院作出的，再审适用第一审程序进行审理；如果原生效判决、裁定、调解书是由第二审法院作出的，适用第二审程序审理。需要注意的是，根据《民事诉讼法司法解释》第 257 条第 4 项的规定，适用审判监督程序审理的案件，不适用简易程序。因此，原审按照简易程序审理的案件，再审应适用第一审普通程序审理。

2. 上级人民法院决定对下级人民法院作出的已发生法律效力的判决、裁定、调解书决定再审并提审的，按照第二审程序审理。

3. 上级人民法院决定对下级人民法院作出的已发生法律效力的判决、裁定、调解书决定再审并指令下级人民法院再审的，如果原生效判决、裁定、调解书是由第一审法院作出的，再审适用第一审程序进行审理；如果原生效判决、裁定、调解书是由第二审法院作出的，再审适用第二审程序审理。

（二）人民法院依当事人申请再审决定再审的案件

1. 上一级人民法院依当事人申请对已发生法律效力的判决、裁定、调解书决定再审并提审的，适用第二审程序审理。

2. 上一级人民法院依当事人申请对已发生法律效力的判决、裁定、调解书决定再审并指令下一级人民法院再审的，如果原生效判决、裁定、调解书是由第一审法院作出的，再审适用第一审程序进行审理；如果原生效判决、裁定、调解书是由第二审法院作出的，适用第二审程序审理。

3. 原审人民法院依当事人申请对已发生法律效力的判决、裁定、调解书决定再审的，如果原生效判决、裁定、调解书是由第一审法院作出的，再审适用第一审程序进行审理；如果原生效判决、裁定、调解书是由第二审法院作出的，适用第二审程序审理。原审人民法院依当事人再审申请对本院作出已发生法律效力的判决、裁定、调解书再审审查的情形主要包括：一是依据《民事诉讼法》第210条的规定，当事人一方人数众多或者当事人双方为公民的案件，可以向原审人民法院申请再审。二是依据《全国人民代表常务委员会关于授权最高人民法院组织开展四级法院审级职能定位改革试点工作的决定》和《最高人民法院关于完善四级法院审级职能定位改革试点的实施办法》第11条的规定，对高级人民法院作出的已经发生法律效力的判决、裁定，除再审申请人对原判决、裁定认定的基本事实、主要证据和诉讼程序无异议，但认为适用法律有错误的或者原判决、裁定经高级人民法院审判委员会讨论决定的可以向最高人民法院申请再审以外，均应当向原审高级人民法院申请再审。当事人对高级人民法院作出的已经发生法律效力的调解书申请再审的，亦应向原审高级人民法院提出。三是根据《最高人民法院关于完善四级法院审级职能定位改革试点的实施办法》第13条的规定，民事再审申请案件可能存在基本事实不清、诉讼程序违法、遗漏诉讼请求情形或者原判决、裁定适用法律可能存在错误，但不具有法律适用指导意义的，最高人民法院可以决定由原审高级人民法院审查。

（三）人民检察院抗诉的案件

1. 接受抗诉的人民法院裁定再审并提审案件的，因抗诉系向作出生效判决、裁定、调解书的人民法院的上级人民法院提出，故再审适用第二审程序审理。

2. 接受抗诉的人民法院裁定再审并指令下级人民法院再审的，如果原生效判决、裁定、调解书是由第一审法院作出的，再审适用第一审程序进行审理；如果原生效判决、裁定、调解书是由第二审法院作出的，适用第二审程序审理。

（四）根据再审检察建议决定再审的案件

人民检察院向作出原生效原判决、裁定、调解书的人民法院提出再审检察建议，该人民法院经审查决定再审，如果原生效判决、裁定、调解书是由第一审法院作出的，再审适用第一审程序进行审理；如果原生效判决、裁定、调解书是由第二审法院作出的，适用第二审程序审理。

二、再审裁判文书的效力

上述再审案件，按照第一审程序审理的，所作出的判决、裁定，尚未发生法律效力，当事人可以提出上诉；按照第二审程序审理的，所作出的判决、裁定是发生法律效力的判决、裁定，当事人不得提出上诉。

第二百一十九条　最高人民检察院对各级人民法院已经发生法律效力的判决、裁定，上级人民检察院对下级人民法院已经发生法律效力的判决、裁定，发现有本法第二百一十一条规定情形之一的，或者发现调解书损害国家利益、社会公共利益的，应当提出抗诉。

地方各级人民检察院对同级人民法院已经发生法律效力的判决、裁定，发现有本法第二百一十一条规定情形之一的，或者发现调解书损害国家利益、社会公共利益的，可以向同级人民法院提出检察建议，并报上级人民检察院备案；也可以提请上级人民检察院向同级人民法院提出抗诉。

各级人民检察院对审判监督程序以外的其他审判程序中审判人员的违法行为，有权向同级人民法院提出检察建议。

【条文主旨】

本条是关于人民检察院对生效判决、裁定、调解书以及其他审判程序中审判人员的违法行为予以监督的规定。

【条文理解】

根据我国《宪法》规定，人民检察院是国家的法律监督机关。《民事诉讼法》第14条关于“人民检察院有权对民事诉讼实行法律监督”的规定赋予检察机关对人民法院民事诉讼活动进行监督的权力，因此，已发生法律效力的判决、裁定、调解书属于人民检察院的监督范围。

人民检察院作为法律监督机关对人民法院生效判决、裁定、调解书的监督，主要是在人民法院生效判决、裁定存在《民事诉讼法》第 211 条规定的情形之一或者调解书损害国家利益、社会公共利益的情形下，通过向作出生效判决、裁定、调解书的上级人民法院提出抗诉（最高人民法院作出的生效判决、裁定、调解书向最高人民法院提出抗诉）或者向作出生效判决、裁定、调解书的人民法院提出再审检察建议的方式进行。此外，人民检察院对其他审判程序中审判人员的违法行为，通过向同级人民法院提出检察建议的方式进行监督。

人民检察院对人民法院民事诉讼活动的监督不以当事人的申请为前提。根据《人民检察院民事诉讼监督规则》第 18 条的规定，人民检察院民事诉讼监督案件的来源包括：当事人向人民检察院申请监督；当事人以外的自然人、法人和非法人组织向人民检察院控告；除履行公益诉讼检察职责等情形外，人民检察院在履行职责中发现。人民检察院在人民法院作出发生法律效力的民事判决、裁定、调解书之前，一般不参与人民法院的民事诉讼活动。因此，人民检察院对人民法院作出的生效判决、裁定、调解书检察监督的主要来源是当事人的申诉。但这并不意味着人民检察院对生效判决、裁定、调解书进行监督必须以当事人向人民法院提出申请再审或者向检察机关申诉为前提。根据《人民检察院民事诉讼监督规则》第 37 条之规定，人民检察院在履行职责中发现民事案件有损害国家利益或者社会公共利益的；审判、执行人员有贪污受贿，徇私舞弊，枉法裁判等违法行为的；当事人存在虚假诉讼等妨害司法秩序行为的；人民法院作出的已经发生法律效力的民事公益诉讼判决、裁定、调解书确有错误，审判程序中审判人员存在违法行为，或者执行活动存在违法情形的；依照有关规定需要人民检察院跟进监督的；具有重大社会影响等确有必要进行监督的情形的，应当依职权启动监督程序。

【条文适用】

一、检察监督案件的范围

人民检察院对已经发生法律效力的判决以及不予受理、驳回起诉的裁定提出抗诉的，人民法院应予受理，但以下判决、裁定不适用审判监督程序。

一是适用特别程序、督促程序、公示催告程序、破产程序作出的判决、裁定。上述程序均属非讼程序，适用上述程序作出的判决、裁定，一旦发生错误，有相应的程序予以纠正或者救济，不需要适用审判监督程序予以纠正，人民检察院亦不必要对此类判决、裁定提出抗诉或者再审检察建议。

二是解除婚姻关系的判决、裁定。婚姻关系一经解除，当事人即可再婚，如果对解除婚姻关系的生效裁判文书适用审判监督程序予以再审，将严重影响社会关系的稳定，故《民事诉讼法司法解释》第412条规定，已经发生法律效力的解除婚姻关系的判决、裁定不适用审判监督程序。

三是不予受理、驳回起诉以外的裁定。《民事诉讼法司法解释》在对裁定是否适用审判监督程序问题上一直秉持审慎态度。裁定在民事诉讼中主要涉及程序性事项。一般而言，程序性事项对当事人权利的影响一般小于实体性事项，且在司法实践中，还有少数当事人利用管辖权异议等权利的行使来达到拖延诉讼等目的。因此，在我国司法资源还较为有限的情况下，《民事诉讼法司法解释》仅将不予受理、驳回起诉这两类涉及当事人基本诉权的裁定列入可适用审判监督程序再审的范围，其他裁定均不可适用审判监督程序再审。

二、检察机关提出抗诉的法律适用

（一）有权提出抗诉的人民检察院

最高人民检察院发现各级人民法院已经发生法律效力的判决、裁定，存在《民事诉讼法》第 211 条规定情形之一的，或者发现各级人民法院作出的调解书损害国家利益、社会公共利益的，应当提出抗诉。需要说明的是，本条中“各级人民法院”包括最高人民法院。根据本条第 1 款的规定，原则上由上级人民检察院对下级人民法院作出的已经发生法律效力的判决、裁定、调解书提出抗诉。但最高人民法院是我国最高的审判机关，对最高人民法院作出的已发生法律效力的判决、裁定书、调解书的监督职责，由最高人民检察院承担。

上级人民检察院发现下级人民法院已经发生法律效力的判决、裁定，存在《民事诉讼法》第 211 条规定情形之一的，或者发现下级人民法院作出的调解书损害国家利益、社会公共利益的，应当提出抗诉。本条第 2 款确定了抗诉机关原则上“上提一级”，即除最高人民法院作出的判决、裁定、调解书由最高人民检察院提出抗诉外，由上级人民检察院对下级人民法院作出的已发生法律效力的判决、裁定、调解书提出抗诉。

（二）抗诉的效力

人民检察院是国家法律监督机关，人民检察院对已经发生法律效力的判决、裁定、调解书提出抗诉的，人民法院经审查符合受理条件的，必然引起再审程序的启动。

三、再审检察建议的适用

（一）有权提出再审检察建议的人民检察院

本条规定，地方各级人民检察院发现同级人民法院已经发生法律效力的判决、裁定，存在《民事诉讼法》第 211 条规定情形之一的，或者发现各级人民法院作出的调解书损害国家利益、社会公共利益的，可以向同级人民法院提出检察建议，并报上级人民检察院备案。因此，有权提出再审检察建议的检察机关是作出已经发生法律效力的判决、裁定、调解书的人民法院的同级人民检察院。

（二）再审检察建议的效力

本条第 2 款规定了地方各级人民检察院对同级人民法院作出的已经

发生法律效力的判决、裁定、调解书可以提出检察建议，也可以提请上级人民检察院提出抗诉。但人民检察院提出检察建议的程序更加简便，经本院检察委员会讨论通过后向同级人民法院提出检察建议，无须提请上级人民检察院审查，仅向上级人民检察院备案即可。但检察建议不必然发生案件再审的法律效果，接受检察建议的人民法院应当组成合议庭，在3个月内进行审查，发现原判决、裁定、调解书确有错误的，裁定再审，并通知当事人；经审查，决定不予再审的，应当书面回复提出再审检察建议的人民检察院。

四、再审检察建议与抗诉的关系

（一）人民检察院提出再审检察建议和抗诉的情形

1. 发生法律效力的判决、裁定确有错误，存在《民事诉讼法》第211条规定情形之一，包括：有新的证据，足以推翻原判决、裁定的；原判决、裁定认定的基本事实缺乏证据证明的；原判决、裁定认定事实的主要证据是伪造的；原判决、裁定认定事实的主要证据未经质证的；对审理案件需要的主要证据，当事人因客观原因不能自行收集，书面申请人民法院调查收集，人民法院未调查收集的；原判决、裁定适用法律确有错误的；审判组织的组成不合法或者依法应当回避的审判人员没有回避的；无诉讼行为能力人未经法定代理人代为诉讼或者应当参加诉讼的当事人，因不能归责于本人或者其诉讼代理人的事由，未参加诉讼的；违反法律规定，剥夺当事人辩论权利的；未经传票传唤，缺席判决的；原判决、裁定遗漏或者超出诉讼请求的；据以作出原判决、裁定的法律文书被撤销或者变更的；审判人员审理该案件时有贪污受贿，徇私舞弊，枉法裁判行为的。

2. 已发生法律效力的调解书损害国家利益、社会公共利益的。关于检察机关认为调解书违反自愿原则能否提出抗诉或者检察建议的问题，我们认为，调解书涉及当事人对自己权利的处分，应尊重当事人的处分权。《民事诉讼法》第212条已经赋予当事人因调解书违反自愿原则向人民法院申请再审的权利，检察机关不宜仅因调解书违反自愿原则提出抗诉或者检察建议。

（二）再审检察建议与抗诉的选择适用

根据本条规定，检察机关对符合上述情况的发生法律效力的判决、裁定、调解书均可以提出再审检察建议或者抗诉，再审检察建议并非抗诉的前置程序。但提出再审检察建议的检察机关为作出发生法律效力的判决、裁定、调解书的人民法院的同级人民检察院，而提出抗诉的检察机关为作出发生法律效力的判决、裁定、调解书的人民法院的上级人民检察院。

根据《人民检察院民事诉讼监督规则》第 82 条、第 83 条的规定，已发生法律效力的判决、裁定是经同级人民法院再审后作出的或者经同级人民法院审判委员会讨论作出的，以及原判决、裁定适用法律确有错误的或者审判人员在审理该案件时有贪污受贿、徇私舞弊、枉法裁判行为的，地方各级人民检察院一般应当提请上一级人民检察院抗诉。但为引导地方检察机关积极适用再审检察建议这一同级监督方式，2021 年新修订的《人民检察院民事诉讼监督规则》扩大了再审检察建议的适用范围，新增第 84 条规定："符合本规则第八十二条、第八十三条规定的案件，适宜由同级人民法院再审纠正的，地方各级人民检察院可以向同级人民法院提出再审检察建议。"①

五、人民检察院对审判程序中审判人员违法行为的监督

本条第 3 款规定了各级人民检察院对审判程序中审判人员的违法行为有权通过向同级人民法院提出检察建议的方式进行监督。

（一）适用的审判程序

本条第 3 款适用的审判程序包括第一审普通程序、简易程序、第二审程序、特别程序、审判监督程序、督促程序、公示催告程序、海事诉讼特别程序、破产程序。人民检察院对上述审判程序中审判人员存在的

① 参见冯小光、颜良伟：《〈人民检察院民事诉讼监督规则〉的理解与适用》，载《人民检察》2021 年第 16 期。

违法行为可依法予以监督。

（二）对监督对象“审判人员”范围的理解

人民检察院有权对民事诉讼实行法律监督，对人民法院参与民事诉讼活动的人员享有监督权，因此，“审判人员”不仅包括依法享有审判权的法官和人民陪审员，也包括作为司法辅助人员的法官助理、书记员。

（三）应当提出检察建议的情形

根据《人民检察院民事诉讼监督规则》第101条的规定，检察机关发现同级人民法院民事审判程序中审判人员有《法官法》第46条等规定的违法行为且可能影响案件公正审判、执行的，应当向同级人民法院提出检察建议。根据《法官法》第46条规定，法官违法行为主要包括：贪污受贿、徇私舞弊、枉法裁判的；隐瞒、伪造、变造、故意损毁证据、案件材料的；泄露国家秘密、审判工作秘密、商业秘密或者个人隐私的；故意违反法律法规办理案件的；因重大过失导致裁判结果错误并造成严重后果的；拖延办案，贻误工作的；利用职权为自己或者他人谋取私利的；接受当事人及其代理人利益输送，或者违反有关规定会见当事人及其代理人的；违反有关规定从事或者参与营利性活动，在企业或者其他营利性组织中兼任职务的；有其他违纪违法行为的。对于人民法院的审判人员存在上述违法行为且影响案件公正审判的，同级人民检察院应当提出检察建议。

第二百二十条　有下列情形之一的，当事人可以向人民检察院申请检察建议或者抗诉：

（一）人民法院驳回再审申请的；

（二）人民法院逾期未对再审申请作出裁定的；

（三）再审判决、裁定有明显错误的。

人民检察院对当事人的申请应当在三个月内进行审查，作出提出或者不予提出检察建议或者抗诉的决定。当事人不得再次向人民检察院申请检察建议或者抗诉。

【条文主旨】

本条是关于当事人可以向人民检察院申请检察建议或者抗诉的规定。

【条文理解】

人民法院依当事人申请决定再审、人民法院依再审检察建议决定再审及人民检察院抗诉再审均为审判监督程序中对确有错误的已生效判决、裁定、调解书予以纠正的程序。上述程序如果同步进行，可能导致人民法院、人民检察院对同一生效判决、裁定、调解书重复审查，属于对有限司法资源的浪费。《民事诉讼法》确定了“法院纠错在先，检察监督在后”的原则，对当事人向人民法院申请再审和向人民检察院申请监督规定了相应的申诉顺序。根据本条第 1 款的规定，当事人认为已经发生法律效力的判决、裁定、调解书有错误的，应当首先向人民法院申请再审，人民法院驳回再审申请或者逾期未对再审申请作出裁定的，当事人才可以向人民检察院申请监督。

根据本条规定，当事人不服人民法院驳回其再审申请裁定或人民法院决定再审后作出的再审判决等，可以向人民检察院申请检察监督，但人民检察院受理后，当事人不得再次申请监督。也就是说，一个案件经过人民法院一审、二审、再审审查或再审以及人民检察院的检察监督之后，除了少量的人民法院依职权再审、人民检察院“依职权监督”等特殊情形，就法律制度而言，民事诉讼程序就应该终结，这体现出了民事诉讼的有限再审原则。[①] 因此，再审判决、裁定已经通过审判监督程序予以救济，对其申请检察监督的标准应有所提高，只有存在“明显错误”的再审判决、裁定才可以向人民检察院申请监督；当事人已经向人民检察院申请监督的生效判决、裁定，不得再次申请检察监督。

【条文适用】

一、申请检察建议或者抗诉的条件

根据本条规定，符合以下三种情况可以申请检察建议或者抗诉：

一是被人民法院驳回再审申请的。本条规定了当事人先向人民法院申请再审后向检察机关申请监督的顺序，在被人民法院驳回再审申请后，当事人有权向人民检察院申请检察监督，既不会导致人民法院和人民检察院重复审查，亦可及时将人民法院内部的审查转向法律监督机关的检察监督。

二是人民法院逾期未对再审申请作出裁定的。人民法院对当事人的再审申请逾期未作出处理，将影响当事人行使申请纠错的合法权益。当事人此时向检察机关申请检察监督，可以推动审判监督程序尽快进行。该规定也可以督促人民法院及时在法定期限内完成对当事人再审申请的审查。

三是对再审判决、裁定存在明显错误的。再审裁判与原生效裁判属于不同性质的裁判，再审裁判已经经过了审判监督程序的救济，再次纠

① 王朝辉：《〈民事诉讼法〉司法解释审判监督程序若干问题解读》，载《法律适用》2015年第10期。

错应当更加审慎，兼顾再审纠错和社会关系的稳定。[①] 故对再审判决、裁定申请检察监督，应以存在“明显错误”为前提。

二、人民检察院的审查期限

根据本条第 2 款的规定，人民检察院对当事人申请检察建议或者抗诉的审查期限为 3 个月，也就是人民检察院应当在受理当事人申请后 3 个月内作出是否提出再审检察建议或者抗诉的决定。人民检察院决定提出再审检察建议，应当制作《再审检察建议书》，在决定提出再审检察建议之日起 15 日内将《再审检察建议书》连同案件卷宗移送同级人民法院，并将《再审检察建议书》报上一级人民检察院备案；人民检察院决定提请抗诉，应当制作《提请抗诉报告书》，在决定提请抗诉之日起 15 日内将《提请抗诉报告书》连同案件卷宗报送上一级人民检察院，并制作决定提请抗诉的《通知书》，发送当事人。人民检察院认为当事人的监督申请不符合提出再审检察建议或者提请抗诉条件的，应当作出不支持监督申请的决定，并在决定之日起 15 日内制作《不支持监督申请决定书》，发送当事人。

三、不得重复申请检察监督原则

如前所述，根据民事诉讼的有限再审原则，一个案件经过人民法院一审、二审、再审审查或再审以及人民检察的检察监督之后，民事诉讼程序原则上予以终结。因此，本条第 2 款规定，对于人民法院依检察建议或者抗诉决定再审并作出的再审判决、裁定，或者人民检察院已经作出不予提出检察建议或者抗诉的决定，当事人不得再次向人民检察院申请再审建议或者抗诉。通过限制当事人重复申请检察监督，既可以防止因重复审查而导致司法资源浪费，亦可以防止社会关系处于不稳定状态。

---

① 参见最高人民法院修改后民事诉讼法贯彻实施工作领导小组编著：《最高人民法院民事诉讼法司法解释理解与适用（下）》，人民法院出版社 2015 年版，第 1097 ~ 1098 页。

第二百二十一条 人民检察院因履行法律监督职责提出检察建议或者抗诉的需要，可以向当事人或者案外人调查核实有关情况。

【条文主旨】

本条是关于人民检察院审查案件时行使调查权的规定。

【条文理解】

人民检察院履行法律监督职责应当实事求是，在依法查明案件事实或者审判人员违法行为的基础上正确行使监督权。人民检察院在履行法律监督职责过程中，如果需要查明有关事实，可以行使调查权。

【条文适用】

《人民检察院民事诉讼监督规则》对人民检察院适用本条作出了有关规定。

一、人民检察院适用调查核实权的情形

根据《人民检察院民事诉讼监督规则》第 62 条规定，人民检察院因履行法律监督职责的需要，有下列情形之一的，可以向当事人或者案外人调查核实有关情况。

一是民事判决、裁定、调解书可能存在法律规定需要监督的情形，仅通过阅卷及审查现有材料难以认定的。因此，人民检察院在审查程序中调查核实的事实一般是影响是否提出再审检察建议或者抗诉的事实。

二是民事审判程序中审判人员可能存在违法行为的。为查清民事审

判程序中可能存在的违法行为，人民检察院向参与民事诉讼的当事人调查核实有关情况，便于人民检察院查明民事审判程序中审判人员是否存在违法行为以及违法行为的程度，并据此决定是否提出检察建议。

三是民事执行活动可能存在违法情形的。人民检察院为查明执行活动中可能存在的违法行为，亦可采取调查核实措施，为人民检察院是否提出检察建议提供依据。

四是其他需要调查核实的情形。人民检察院在审查程序中，发现确有必要调查核实的其他情况，可以依法进行调查核实。

二、人民检察院调查核实的具体措施

根据《人民检察院民事诉讼监督规则》第63条至第67条规定，人民检察院调查核实的具体措施包括以下内容：

一是查询、调取、复制相关证据材料。其中，因银行业金融机构的有关证据材料可能涉及个人隐私和信息安全，检察机关向银行业金融机构调查核实措施的运用限定于可能损害国家利益、社会公共利益，审判、执行人员可能存在违法行为，涉及公益诉讼，当事人有伪造证据、恶意串通损害他人合法权益可能等四种情形。

二是询问当事人或者案外人。人民检察院询问时，当事人或者案外人应当予以配合。

三是咨询专业人员、相关部门或者行业协会等对专门问题的意见。人民检察院可以就专门性问题书面或者口头咨询有关专业人员、相关部门或者行业协会的意见。口头咨询的，应当制作笔录，由接受咨询的专业人员签名或者盖章。拒绝签名盖章的，应当记明情况。

四是委托鉴定、评估、审计。人民检察院对专门性问题认为需要鉴定、评估、审计的，可以委托具备资格的机构进行鉴定、评估、审计。在诉讼过程中已经进行过鉴定、评估、审计的，一般不再委托鉴定、评估、审计。此外，考虑到检察机关有专门的检察技术人员，为实现对鉴定意见等技术性证据的有效审查，人民检察院可以依照有关规定指派具备相应资格的检察技术人员对民事诉讼监督案件中的鉴定意见等技术性证据进行专门审查，并出具审查意见。

五是勘验物证、现场。勘验是为了查明案件事实，对与案件有关的物品、现场进行查验、拍照、测量的行为。[①] 人民检察院认为确有必要的，可以勘验物证或者现场。勘验人应当出示人民检察院的证件，并邀请当地基层组织或者当事人所在单位派人参加。当事人或者当事人的成年家属应当到场，拒不到场的，不影响勘验的进行。

六是查明案件事实所需要采取的其他措施。人民检察院在调查核实过程中，发现确有必要适用上述措施以外的其他措施的，可以依法进行。调查核实是对民事诉讼履行法律监督职责时采取的措施，现有法律亦未授权检察机关调查核实时可以使用强制性措施，《人民检察院民事诉讼监督规则》第63条第2款规定，人民检察院调查核实，不得采取限制人身自由和查封、扣押、冻结财产等强制性措施。

① 参见常怡主编：《民事诉讼法学》，中国政法大学出版社1994年版，第161页。

第二百二十二条　人民检察院提出抗诉的案件，接受抗诉的人民法院应当自收到抗诉书之日起三十日内作出再审的裁定；有本法第二百一十一条第一项至第五项规定情形之一的，可以交下一级人民法院再审，但经该下一级人民法院再审的除外。

【条文主旨】

本条是关于人民检察院提出抗诉的法律效果及确定再审法院的规定。

【条文理解】

人民检察院是国家法律监督机关，人民检察院对已经发生法律效力的判决、裁定、调解书提出抗诉的，必然引起再审程序的启动，这是人民检察院提出抗诉的法律效果。人民检察院向人民法院提出抗诉的，人民法院经审查认为符合受理抗诉条件的，就应当裁定再审。人民法院对受理的抗诉案件仅限于形式上的审查，而抗诉理由是否成立，则是进入再审程序后，人民法院作出再审判决或者裁定时再予确定。而再审检察建议和当事人的再审申请并不必然导致再审程序的启动，启动再审还需要人民法院审查是否符合再审事由，如果原判决、裁定、调解书确有错误，依法裁定再审。

本条亦规定了接受抗诉的人民法院作出再审裁定的期限，即自收到抗诉书之日起 30 日内作出。因人民检察院抗诉必然发生再审程序启动的法律效果，且人民法院的审查仅为是否符合受理抗诉条件的形式审查，故本条对人民法院作出再审裁定的期限作出了较短时间的规定，且没有延长审限的例外规定。该规定有利于督促接受抗诉的人民法院尽快审查并及时作出再审裁定，确保检察监督的效率。

本条还规定了抗诉案件的审理法院。根据本条规定，审理抗诉案件的法院原则上为接受抗诉的法院。而除对最高人民法院已发生法律效力的判决、裁定、调解书提出抗诉的最高人民检察院向最高人民法院提出外，接受抗诉的人民法院均为作出原审判决、裁定、调解书的上一级人民法院，也就是说，审理抗诉案件的法院一般为作出原审判决、裁定、调解书的上一级人民法院，但对于涉及《民事诉讼法》第 211 条第 1 项至第 5 项情形之一的，可以指令下一级人民法院再审，但经该下一级人民法院再审的除外。

【条文适用】

一、受理抗诉的人民法院对抗诉案件的审查

人民法院对人民检察院提出抗诉的案件，应当组成合议庭，围绕抗诉主体、抗诉对象、抗诉事由等进行审查。符合抗诉条件的，应当在 30 日内依法裁定再审。

（一）对人民检察院依职权提出抗诉案件的审查

人民检察院依法对损害国家利益、社会公共利益发生法律效力的判决、裁定、调解书提出抗诉的，人民法院应予受理。

（二）对人民检察院依当事人申请提出抗诉案件的审查

符合以下条件的依当事人申请提起抗诉案件，人民法院应予受理：

1. 抗诉书和原审当事人申请书及相关证据材料已经提交，且抗诉书列明该判决、裁定有《民事诉讼法》第 219 条第 1 款规定情形。

2. 抗诉对象为依照《民事诉讼法》《民事诉讼法司法解释》规定可以进行再审的判决、裁定，包括已经发生法律效力的判决以及不予受理、驳回起诉的裁定，但不包括适用特别程序、督促程序、公示催告程序、破产程序以及解除婚姻关系的判决、裁定等不适用审判监督程序的判决、裁定。

3. 当事人提出的再审申请被人民法院驳回或者人民法院逾期未对其

再审申请作出裁定。《民事诉讼法》对已经发生法律效力的裁判文书实行“法院纠错在先，检察院纠错在后”的顺序原则，故当事人认为已经发生法律效力的判决、裁定错误的，应当先向人民法院提出再审申请，再审申请被人民法院驳回或者人民法院逾期未对其再审申请作出裁定时再申请检察机关监督。

不符合上述规定的，人民法院可以建议人民检察院予以补正或者撤回；不予补正或者撤回的，人民法院可以裁定不予受理。不符合抗诉条件的，裁定不予受理。

二、抗诉案件再审法院的确定

抗诉案件原则上由接受抗诉的人民法院，即作出原判决、裁定的上级人民法院再审。但有《民事诉讼法》第 211 条第 1 项至第 5 项规定的情形之一的，接受抗诉的人民法院可以交下一级人民法院再审。具体情形包括：有新的证据，足以推翻原判决、裁定的；原判决、裁定认定的基本事实缺乏证据证明的；原判决、裁定认定事实的主要证据是伪造的；原判决、裁定认定事实的主要证据未经质证的；对审理案件需要的主要证据，当事人因客观原因不能自行收集，书面申请人民法院调查收集，人民法院未调查收集的。上述情形主要涉及案件事实的认定，由下一级人民法院再审，便于证据的调查核实。但如果是下一级人民法院再审的判决、裁定，不得再交给下一级人民法院再审。关于“下一级人民法院”的范围，我们认为，虽然受理抗诉的人民法院指令再审的下一级人民法院一般为原审人民法院，但如果因案件特殊需要，为保证案件得到公正审理，也可以指令原审法院以外的下一级人民法院再审。

需要说明的是，如果人民检察院提起抗诉的理由既包括《民事诉讼法》第 211 条第 1 项至第 5 项规定的情形，又包括第 211 条第 6 项至第 13 项情形的，受理抗诉的人民法院可以根据案件具体情况决定提审或者指令下一级人民法院再审。

第二百二十三条　人民检察院决定对人民法院的判决、裁定、调解书提出抗诉的，应当制作抗诉书。

【条文主旨】

本条是关于人民检察院提出抗诉应当制作抗诉书的规定。

【条文理解】

按照《民事诉讼法》的有关规定，除对简单的民事案件原告可以口头起诉外，当事人起诉或者提起上诉、申请再审，均应当提交起诉状、上诉状或者再审申请书。《民事诉讼法》对简单民事案件允许口头起诉是为了方便人民群众诉讼，而人民检察院是国家的法律监督机关，其提出抗诉必然导致再审程序的启动，人民检察院行使抗诉权应当采用庄重、严肃的书面形式，不得采用口头形式。

【条文适用】

抗诉书是人民检察院提出抗诉的法律文书，主要内容包括：提出抗诉的人民检察院名称；案件来源、原审人民法院名称、案号；原审人民法院查明的基本事实、原审裁判理由及处理结果；人民检察院提出抗诉依据的事实和理由及接受抗诉的人民法院名称等。抗诉书还应当加盖抗诉机关的印章。

第二百二十四条　人民检察院提出抗诉的案件，人民法院再审时，应当通知人民检察院派员出席法庭。

【条文主旨】

本条是关于人民法院审理抗诉再审案件时应当通知人民检察院派员出席法庭的规定。

【条文理解】

人民检察院对发生法律效力的判决、裁定提出抗诉，除向人民法院提交抗诉书启动再审程序外，人民检察院还应当派员出席法庭支持抗诉。人民法院在再审开庭前，应当通知人民检察院派员出席法庭。

【条文适用】

一、检察人员出席法庭的人员

人民检察院提出抗诉的案件，人民法院再审时，人民检察院应当派员出席法庭。出席法庭的检察人员一般为审理抗诉再审案件人民法院的同级人民检察院派出的检察人员。接受抗诉的人民法院将抗诉案件交下级人民法院再审的，提出抗诉的人民检察院可以指令再审人民法院的同级人民检察院派员出庭。人民检察院派员出庭，并不代表一方当事人的利益，亦不影响原审当事人的诉讼地位。

二、检察人员的出庭任务

根据《人民检察院民事诉讼监督规则》第 96 条的规定，检察人员出席再审法庭的任务是：

一是宣读抗诉书。检察人员宣读抗诉书，旨在表明抗诉机关向人民法院提出抗诉并启动案件的再审。

二是对人民检察院调查取得的证据予以出示和说明。《民事诉讼法》赋予人民检察院调查核实的权力，因此人民检察院应在再审庭审中出示和说明其依职权调查收集的证据。人民法院审理抗诉案件时，出庭检察人员应在宣读抗诉书后出示调查获取的材料，并对材料来源、证明目的、与本案关联性等进行说明。检察机关在庭审中出示并说明其调查核实的证据，属于对其抗诉监督正当性依据的展示和说明，不应视为检察机关参加调查和质证。对检察机关调取的证据，最高人民法院曾向立法机关建议规定“人民检察院调查取得的证据应当提交法庭质证后方可作为定案的根据”。尽管《民事诉讼法》没有专门的条文对此加以规定，但根据《民事诉讼法》第66条第2款“证据必须查证属实，才能作为认定事实的根据”的规定，检察机关调查取得的证据应当经双方当事人质证。只有经过质证的证据，才能作为定案根据。此意见在征求意见时，最高人民检察院亦无不同意见。[①] 因此，对检察机关出示的相关材料，如果要作为再审案件的证据，双方当事人应在法庭调查阶段进行质证。

三是在庭审结束时，经审判长许可，可以发表法律监督意见。这里所指的法律监督意见，是对提出抗诉案件发表的意见，主要是针对原审判决存在的错误和问题提出的意见。

四是对法庭审理中违反诉讼程序的情况予以记录。检察人员发现庭审活动违法的，应当待休庭或者庭审结束之后，以人民检察院的名义提出检察建议。对法庭审理过程中违反诉讼程序的行为进行监督进而提出检察建议的，应当按照人民检察院提出检察建议的程序，制作《检察建议书》并向同级人民法院提出检察建议。因此，对检察机关出庭人员要求当庭发表庭审监督意见的，一般不予准许。但当事人或者其他参加庭审人员在庭审中对检察机关或者出庭检察人员有侮辱、诽谤、威胁等不

① 参见最高人民法院修改后民事诉讼法贯彻实施工作领导小组编著：《最高人民法院民事诉讼法司法解释理解与适用（下）》，人民法院出版社2015年版，第1117页。

当言论或者行为的，出庭检察人员应当建议法庭即时予以制止；情节严重的，应当建议法庭依照规定予以处理，并在庭审结束后向检察长报告。

需要说明的是，出庭检察人员应当全程参加庭审。在以往的司法实践中，人民法院开庭审理抗诉案件时，检察人员宣读完毕抗诉书后，认为人民检察院启动再审的职责已履行完毕，向法庭申请退庭，经法庭准许后即可提前退庭。但 2021 年 8 月 1 日施行的《人民检察院民事诉讼监督规则》第 96 条规定，出庭检察人员应当全程参加庭审，因此，出庭检察人员不得提前退庭。

第十七章　督促程序

第二百二十五条　债权人请求债务人给付金钱、有价证券，符合下列条件的，可以向有管辖权的基层人民法院申请支付令：

（一）债权人与债务人没有其他债务纠纷的；

（二）支付令能够送达债务人的。

申请书应当写明请求给付金钱或者有价证券的数量和所根据的事实、证据。

【条文主旨】

本条是关于申请支付令的条件和如何申请支付令的规定。

【条文理解】

督促程序是专门针对社会生活中一些简单债务如欠款或者有价证券等纠纷所设定的程序，这类纠纷的案情往往十分清楚，当事人不否认欠债的存在和所欠债务的数额，因此，没有必要按照一般的诉讼程序办理。督促程序规定了简便的办理方式，不仅方便当事人快速解决纠纷，也节约司法资源。申请支付令应当符合下列条件：

第一，债权人与债务人没有其他债务纠纷。这是指申请人对被申请人没有给付金钱等其他债务，如果申请人虽然对债务人有债权，但也有债务，就不能申请支付令。比如，甲和乙签订了购销钢材的合同，甲如约履行债务后，乙不按期给付价款，这时甲对乙没有对待给付义务，可以申请人民法院发布支付令。如果甲要求乙支付货款前还没有发货，其对乙还有对待给付义务，就不能申请支付令。

第二，支付令能够送达。债务人能够送达，指能够通过审判人员、法警直接送达，或者通过邮寄送达、委托送达方式送达到受送达人手中。债务人不在我国境内，或者债务人下落不明需要公告送达的，不能申请支付令。

【条文适用】

除满足上述法律规定的条件外，支付令应当根据当事人的申请，并符合下列程序要求：一是应当提交申请书。支付令申请书应当写明请求给付金钱或者有价证券的数量和所根据的事实与证据。事实，指债权债务关系存在及债务人没有履行债务的事实。对于提出的事实要有相应的证据证明。二是向有管辖权的基层人民法院申请。哪个是有管辖权的人民法院，取决于法律关系的性质和《民事诉讼法》关于管辖的规定。比如，如果是因合同关系请求对方给付金钱，可以向合同履行地或者被告所在地的人民法院申请；如果是借贷关系，可以向被告所在地的人民法院申请；如果是追索航空事故损害赔偿费用，可以向航空器最先降落地或者被告所在地人民法院申请。总之，这类案件最多的如拖欠房屋租赁的租金、有线电视款、手机费、水电费或者贷款等都应当依照本法的规定向有管辖权的法院申请。另外，实务中关于法院受理支付令申请的管辖权问题有以下两个重点方面：一是两个以上有管辖权的人民法院在受理支付令申请时，两个以上人民法院都有管辖权的诉讼，先立案的人民法院不得将案件移送给另一个有管辖权的人民法院。人民法院在立案前发现其他有管辖权的人民法院已先立案的，不得重复立案，立案后发现其他有管辖权的人民法院已先立案的，裁定将案件移送给先立案的人民法院。二是当人民法院受理支付令申请后发现本法院无管辖权时，应当如何处理？是驳回申请，还是移送管辖？根据《民事诉讼法》第 37 条关于移送管辖的规定，“人民法院发现受理的案件不属于本院管辖的，应当移送有管辖权的法院，受移送的人民法院应当受理。受移送的人民法院认为受移送的案件依照规定不属于本院管辖的，应当报请上级人民法院指定管辖，不得再自行移送”。由于移送、报请、指定程序将花费大量时间，与督促程序简单便捷的特点不符，故移送管辖不应适用于督促程序。结合《民事诉讼法》第 227 条第 1 款关于“人民法院受理申请后，经审查债权人提供的事实、证据，对债权债务关系明确、合法的，应当在受理之日起十五日内向债务人发出支付令；申请不成立的，裁定予以驳回”的规定可知，一旦受理申请的人民法院发现自己无管辖权，应当裁定驳回申请。

第二百二十六条　债权人提出申请后，人民法院应当在五日内通知债权人是否受理。

【条文主旨】

本条是关于法院收到支付令申请后的审查期限的规定。

【条文理解】

债权人提出申请后，人民法院应当在收到申请后 5 日内，将是否受理的决定通知债权人。一般来讲，只要符合本法第 225 条规定的申请支付令的条件，人民法院都应当受理。

【条文适用】

一、形式审查

在实践中，主要是对债权人申请的审查：形式上的审查。支付令的签发依据的是债权人的申请，对债权人的申请应当进行以下两个方面的形式审查：一是是否符合一般民事诉讼要件，如当事人的诉讼能力和代理权限；二是是否符合支付令申请书的形式要件。

1. 支付令申请书的首部包括标题和当事人及其法定代理人的基本情况两部分。首先，标题应当居中写明“支付令申请书”。其次，应当写明当事人及其法定代理人的基本情况。应当写明申请人、被申请人的姓名、性别、年龄、民族、籍贯、职业或工作单位和职务、住址等。当事人是无民事行为能力或限制民事行为能力者，应写明其法定代理人；如果申请人、被申请人是法人或者其他组织的，应当写明单位、住所，法定代表人或代表人姓名、职务、电话，如果有委托人的，写明委托代理人的基本情况。委托人是律师的，可只写明其姓名、工作单位和职务，不必列写其他项目。

2. 正文部分是支付令申请书的核心内容，也是判断债权债务关系是否明确、合法的直接因素。根据《民事诉讼法》第225条第2款“申请书应当写明请求给付金钱或者有价证券的数量和所根据的事实、证据”的规定，支付令申请书应当写明请求事项和请求的事实及理由。具体包括：首先，在请求事项部分应当写明给付金钱、有价证券的种类和数量；其次，在事实和理由部分，还要详细写明提出支付令申请的事实和理由，其中债权的发生和存在是事实，债务人不偿还到期债务，则是申请支付令的理由。具体来说，事实与理由部分应当注意以下几点：一是要写明债权标的物是金钱还是有价证券，为有价证券的又要具体指明是何种有价证券，以及确定的数额，常见的有价证券包括汇票、本票、支票以及股票、债券、国库券、可转让的存款单等种类。二是要写明债权发生的时间、地点、缘由，以及约定的归还期限，这些内容是人民法院审查判断债权是否已经到期的直接依据。三是要写明有无债权文书及是否存在争议，要说明申请人和被申请人没有其他债务纠纷，申请支付的标的物不存在互相折抵计算等问题。人民法院适用督促程序受理债权人的申请后，仅就债权人提供的事实、证据进行审查，无须传唤债务人和开庭审理。只要债权人提出支付令申请的程序合法，支付令申请书的证据充分，债权债务关系明确、合法，人民法院就可以发出支付令，要求债务人清偿债务。四是要说明债务到期后，申请人曾向被申请人追索，被申请人应当偿还，且有偿还能力，但是被申请人不予偿还的经过。五是通过引用法律条文，作为提出申请的理由和依据。

3. 支付令申请书尾部包括结尾和附项两部分。结尾应当写明致送机关的名称，即要有向特定人民法院申请支付令的表述；同时还应当包括申请人的签名或盖章，注明申请时间。附项应当写明债权文书复印件的份数所附书证或物证的名称、件数。

二、内容审查

对于债权人的申请，人民法院除了对申请书进行形式上的审查之外，还需在内容上进一步审查，例如是否符合督促程序的要件；债权人的申请在法律上是否正当等。因为申请内容只有符合督促程序的受理条件，才有可能达到迅速简便地解决债权债务纠纷、切实保护当事人的合法权益的目的。否则，滥用督促程序，不但会增加人民法院的工作负担，浪费人力、物力，而且还会给当事人造成两次讼累，亦不符合受理条件。内容上主要是从两个方面进行审查：债权人有没有对待给付义务；支付令能否送达债务人。两个要件必须同时具备，才可签发支付令，具体可以参见《民事诉讼法司法解释》第 427 条的内容。

三、法院审查期限

按照本条规定，“债权人提出申请后，人民法院应当在五日内通知债权人是否受理”。即从符合支付令申请书要求的次日开始后 5 日内予以受理。

第二百二十七条　人民法院受理申请后，经审查债权人提供的事实、证据，对债权债务关系明确、合法的，应当在受理之日起十五日内向债务人发出支付令；申请不成立的，裁定予以驳回。

债务人应当自收到支付令之日起十五日内清偿债务，或者向人民法院提出书面异议。

债务人在前款规定的期间不提出异议又不履行支付令的，债权人可以向人民法院申请执行。

【条文主旨】

本条是关于支付令的审理、异议和执行的规定。

【条文理解】

适用督促程序的目的，是要简化程序，尽快稳定经济社会关系。因此人民法院受理支付令的申请后，仅审查债权人提供的事实和证据，无须询问债务人和开庭审理。人民法院经审查，认为债权债务关系明确、合法，应当在受理之日起15日内直接向债务人发出支付令；申请不成立的，应当裁定驳回申请。申请不成立，包括债权债务关系不明确，比如，双方各自有什么样的债权债务，履行情况怎样在申请书上反映不清楚，或者没有证据证明对方负有义务；也包括债权债务不合法，比如，所谓债权债务系赌博形成的。

人民法院发布支付命令前，仅审查了申请人提出的事实并没有接触被申请人，也没有让被申请人对申请人的请求答辩。为了平等地保护当事人双方的合法权益，本条规定，债务人自收到支付令之日起15日内可以提出书面异议，比如，可以提出债权债务关系不存在，因此不能给付；

也可以提出对方没按合同履约，因此不能给付；还可以提出申请人在另一法律关系中还欠自己的钱；等等。债务人收到人民法院发出的支付令后，如果认为债权债务关系存在，没有异议，就应当自收到支付令之日起 15 日内向债权人清偿债务；如果债务人自收到支付令之日起 15 日内既不履行支付令，又不提出异议的，申请人可以申请人民法院强制执行。如果被申请一方当事人提出异议的，经法院审查，认为异议成立的，裁定终结督促程序，支付令自行失效，当事人可以就纠纷选择解决方式，或者起诉或者调解解决等。

【条文适用】

支付令异议，是督促程序中的一个重要内容。支付令的异议是指债务人向人民法院申明不服支付令确定的给付义务的法律行为。它是债务人维护自己合法权益的一项法律手段。因为支付令是以债权人一方提出的主张和理由为根据，未经债务人答辩，所以法律允许债务人以异议的方式对支付令提出自己的答辩意见。这从立法上保证了人民法院公正处理这类债务案件，平等保护双方当事人的合法权益。债务人提出支付令异议应具备必要的条件，如不具备则异议不能成立。归纳起来提出支付令异议应具备的要件如下：

1. 异议的主体必须合格。凡是在支付令中的被申请人，即债权人请求其为给付的债务人才有权提出异议。债务人为两人以上的，他们都是享有异议权的人。

2. 异议须在法定期间提出。债务人对支付令的异议应在收到支付令之日起 15 日内提出，此 15 日为不变期间，超过期限提出异议的，其异议无效，期间届满未提出异议的，视为放弃异议权。但如果因为不可抗力等客观原因延误了期间，可以向法院申请延期。

3. 异议必须以书面形式提出。债务人提出异议只能是书面形式，口头异议无效。

4. 异议必须针对债权人的请求，即异议应针对债务本身。异议的格式和内容，法律并无明确规定，但异议必须是针对债权人主张的权利提出，如果债务人对债务本身没有异议，只是提出缺乏清偿能力或对清偿期限、清偿方式等提出不同意见的，不影响支付令的效力。债务人仅就债权人几项独立请求中的部分请求提出异议的，应当写明。

5. 向有管辖权的基层人民法院提出。即债务人应当向发出支付令的法院提出异议。依本条规定，债务人在收到支付令后，未在法定期间提出书面异议，而向其他人民法院起诉的，不影响支付令的效力。如果债务人向发出支付令的人民法院提出诉讼，此时债务人的起诉也构成对支付令的异议，受诉法院应当按照支付令异议处理。需要强调的是，债务人必须在异议期限内提起诉讼。

第二百二十八条　人民法院收到债务人提出的书面异议后，经审查，异议成立的，应当裁定终结督促程序，支付令自行失效。

支付令失效的，转入诉讼程序，但申请支付令的一方当事人不同意提起诉讼的除外。

【条文主旨】

本条是关于支付令异议应如何审查处理的规定。

【条文理解】

本条在本次修正时没有内容方面的变化，仅对条文序号作了相应调整。1991年《民事诉讼法》第192条规定："人民法院收到债务人提出的书面异议后，应当裁定终结督促程序，支付令自行失效，债权人可以起诉。"2007年第一次修正时，仅将条文序号调整为第194条。2012年第二次修正时，将条文拆分为两款并分别作了完善，以限制债务人滥用异议权，减轻债权人讼累，从而更有利于发挥督促程序的预设优势；条文序号相应调整为第217条。2017年第三次修正时，条文内容和序号均无变化。2021年第四次修正，将条文序号调整为第224条。2023年第五次修正，将条文序号调整为第228条。准确理解本条，应着重把握以下几点。

一、此前作出修改完善的背景

督促程序是针对特定简单债权债务纠纷的非讼程序。在督促程序中，法院受理申请后不开庭、不询问，仅书面审查债权人提供的事实、证据，即可向债务人发出支付令。此时的审查，虽较受理前的审查更加严格，但仍不涉及实体权利义务究竟应当如何分配，只要该债权债务关系在形式上明确、合法即可，所以仍属于形式审查。鉴此，为兼顾效率和公平，立法上就有必要赋予债务人异议权，且异议审查标准也不能太高，进而也要规定支付令异议的效力或效果。为实现上述制度逻辑，我国1991年《民事诉讼法》以第191条和第192条作出了相应规定。然而，在2012年《民事诉讼法》之前，从最高人民法院有关调研来看，尽管督促程序在解决无争议债权的实现上发挥了一定的积极作用，但债权人越来越少地选择适用督促程序来实现债权，至2007年已不足全国民事一审案件的2%，部分地方已不足0.5%，督促程序所预设的便捷、经济、高效的价值或优势在实践中越来越难以充分体现。

为什么督促程序在国内会有如此冷遇？究其原因，主要有两点：其一，债务人滥用异议权且能因此而“成功”终结督促程序的现象比较多。一些债务人即便面对十分清晰的债权债务关系也会提出异议，借此拖延时间甚者隐匿、转移财产。至于此现象背后的深层原因，主要是社会诚信体系不完善，司法领域自身也缺乏相应的制裁措施，导致债务人滥用异议权的成本较低。同时，1991年《民事诉讼法》所选择的只要债务人在法定期限内以书面形式提出异议，人民法院即应裁定终结督促程序的模式，也是重要原因。虽然1992年《最高人民法院关于适用〈中华人民共和国民事诉讼法〉若干问题的意见》（已失效）第221条后段和2001年《最高人民法院关于适用督促程序若干问题的规定》第7~9条作出了一些具体限制（如债务人的异议需针对债权债务关系本身而非清偿能力等），但因无法突破立法框架而无法有效制约债务人滥用异议权现象。其二，在督促程序因债务人异议而被裁定终结后的程序衔接方面，1991年《民事诉讼法》选择了让债权人另行起诉而非自动转入或依预先申请直接转入诉讼程序的模式。显然，此模式下债权人的讼累更大。上述原因结合之下，债权人反而不如直接起诉来得省时省力。

为了激活督促程序，发挥其应有作用，学术界和实务界提供了若干意见建议。2012年修法时，立法机关经反复研究，一方面在新增的第133条中以第1项规定“人民法院对受理的案件，分别情形，予以处理：

当事人没有争议，符合督促程序规定条件的，可以转入督促程序”；另一方面，将本条拆分为两款并分别作了修改完善：一是增加“经审查，异议成立的”内容；二是将“债权人可以起诉”改为“支付令失效的，转入诉讼程序，但申请支付令的一方当事人不同意提起诉讼的除外”。

二、审查方式、内容或标准、期限

关于审查方式。对此，本条和相关司法解释并无明确规定。但对照《民事诉讼法司法解释》第 432 条关于审查债务人异议的规定可知，仍由审查债权人申请的审判员一人进行书面审查。

关于审查内容或标准。这是重点和难点之一，本条并无明确规定，《民事诉讼法司法解释》作出了相应规定，第 435 条规定：“经形式审查，债务人提出的书面异议有下列情形之一的，应当认定异议成立，裁定终结督促程序，支付令自行失效：（一）本解释规定的不予受理申请情形的；（二）本解释规定的裁定驳回申请情形的；（三）本解释规定的应当裁定终结督促程序情形的；（四）人民法院对是否符合发出支付令条件产生合理怀疑的。”对应第 435 条第 1 ~ 3 项，《民事诉讼法司法解释》还有 3 条规定，分别是，第 427 条第 1 款规定：“债权人申请支付令，符合下列条件的，基层人民法院应当受理，并在收到支付令申请书后五日内通知债权人：（一）请求给付金钱或者汇票、本票、支票、股票、债券、国库券、可转让的存款单等有价证券；（二）请求给付的金钱或者有价证券已到期且数额确定，并写明了请求所根据的事实、证据；（三）债权人没有对待给付义务；（四）债务人在我国境内且未下落不明；（五）支付令能够送达债务人；（六）收到申请书的人民法院有管辖权；（七）债权人未向人民法院申请诉前保全。”第 428 条规定：“人民法院受理申请后，由审判员一人进行审查。经审查，有下列情形之一的，裁定驳回申请：（一）申请人不具备当事人资格的；（二）给付金钱或者有价证券的证明文件没有约定逾期给付利息或者违约金、赔偿金，债权人坚持要求给付利息或者违约金、赔偿金的；（三）要求给付的金钱或者有价证券属于违法所得的；（四）要求给付的金钱或者有价证券尚未到期或者数额不确定的。人民法院受理支付令申请后，发现不符合本解释规定的受理条件的，应当在受理之日起十五日内裁定驳回申请。”第430条规定：“有下列情形之一的，人民法院应当裁定终结督促程序，已发出支付令的，支付令自行失效：（一）人民法院受理支付令申请后，债权人就同一债权债务关系又提起诉讼的；（二）人民法院发出支付令之日起三十日内无法送达债务人的；（三）债务人收到支付令前，债权人撤回申请的。”

此处要特别注意三点：第一，上述《民事诉讼法司法解释》第427条和第430条并非所有项都适用于债务人异议的情形。第二，债务人既可以充分证明其异议理由成立，也可以仅让人民法院对是否符合发出支付令条件产生合理怀疑即可。第三，虽然司法解释已经明确是“形式审查”，但从体系解释出发，对比本法第225条对债权人申请的要求，债务人也应当在具体理由后面附有事实根据、法律依据，以及必要的证据材料。

关于异议审查期限。对此，本条和相关司法解释并无明确规定。本条修改以前的司法实践中，一般参照原第215条（现第226条）关于债权人提出支付令申请后，法院应当在5日内通知债权人是否受理的规定，执行5日的期限。我们认为，在此前人民法院无须审查异议理由的情形之下，比照受理支付令申请的5日立案审查期限，未尝不可；但在法律修改增加法院审查环节之后，因需要审查异议的事实、理由和证据材料，比照前条关于立案之后审查债权人申请的15日期限执行，更加妥当。

三、审查结果、所用文书样式及其主文

根据本条规定，经审查，异议成立的，应当裁定终结督促程序，并宣告支付令自行失效。但是，本条没有规定，经审查异议不成立的应如何处理。对此，《民事诉讼法司法解释》第436条第2款规定：“人民法院经审查认为异议不成立的，裁定驳回。”据此，经审查，异议不成立的，应当裁定驳回异议人的支付令异议。

四、裁定效力与救济途径

（一）终结裁定与后续救济

根据本条规定，终结裁定作出后，支付令自行失效，办案程序原则上自动转入诉讼程序，除非申请支付令的一方当事人不同意提起诉讼。

此处需要进一步把握以下几点：其一，不同意自动转入诉讼程序的声明期限以及逾期后果。对此，《民事诉讼法司法解释》第 438 条第 1 款规定："支付令失效后，申请支付令的一方当事人不同意提起诉讼的，应当自收到终结督促程序裁定之日起七日内向受理申请的人民法院提出。"第 439 条第 1 款规定："支付令失效后，申请支付令的一方当事人自收到终结督促程序裁定之日起七日内未向受理申请的人民法院表明不同意提起诉讼的，视为向受理申请的人民法院起诉。"值得注意的是，参考域外经验，此处的声明期间利益可因申请支付令的一方当事人事先声明而抛弃或提前提出不同意提起诉讼声明而放弃。因此，人民法院或者该当事人不是必须等待 7 日过后才可进行后续程序。其二，不同意自动转入诉讼程序，可否向其他法院另诉。对此，《民事诉讼法司法解释》第 438 条第 2 款规定："申请支付令的一方当事人不同意提起诉讼的，不影响其向其他有管辖权的人民法院提起诉讼。"其三，声明形式。目前，尚无相关规范，我们认为应采书面形式。其四，转入诉讼程序后，起诉时间如何认定。对此，《民事诉讼法司法解释》第 439 条第 2 款规定："债权人提出支付令申请的时间，即为向人民法院起诉的时间。"

（二）驳回裁定与后续救济

虽然本条没有直接规定支付令异议被驳回的后果，但显而易见的是，应与逾期未提出异议的后果一致，即支付令发生法律效力。债权人不履行的，债权人可以申请执行。

如果债务人认为驳回裁定错误，应如何寻求救济？对此，本条没有规定。但《民事诉讼法司法解释》第 378 条规定："适用特别程序、督促程序、公示催告程序、破产程序等非讼程序审理的案件，当事人不得申请再审。"第 441 条规定："人民法院院长发现本院已经发生法律效力的支付令确有错误，认为需要撤销的，应当提交本院审判委员会讨论决定后，裁定撤销支付令，驳回债权人的申请。”据此，债权人不能就支付令或驳回异议裁定申请再审，但人民法院可以通过院长发现渠道启动监督程序。此时要注意的是：其一，撤销主体是原制作发出支付令的基层人民法院；其二，撤销的客体是支付令的全部效力；其三，撤销形式是由人民法院裁定；其四，支付令一经撤销，自始无效。

【条文适用】

实务中，还应注意以下几点：

1. 是否允许债务人撤回异议。准许债务人在督促程序未终结之前，撤回异议，有利于及时清偿债务，减少讼累。对此，《最高人民法院关于适用督促程序若干问题的规定》（法释〔2001〕2号，已失效）第10条规定：“人民法院作出终结督促程序前，债务人请求撤回异议的，应当准许。”但该条规定只解决了经审查异议成立情形下，于裁定终结督促程序前，债务人异议可否撤回问题，没有解决异议不成立情形下，于裁定驳回异议前，异议可否撤回，以及债务人对撤回异议可否反悔的问题。为填补漏洞，《民事诉讼法司法解释》第437条进一步明确规定：“人民法院作出终结督促程序或者驳回异议裁定前，债务人请求撤回异议的，应当裁定准许。债务人对撤回异议反悔的，人民法院不予支持。”

2. 债务人收到支付令后不提异议，而是向发出支付令的法院起诉的，该如何处理。《民事诉讼法司法解释》第431条第1款规定：“债务人在收到支付令后，未在法定期间提出书面异议，而向其他人民法院起诉的，不影响支付令的效力。”但如果债务人向发出支付令的人民法院提出诉讼，该如何认识和处理？我们认为，此情形下，债务人的起诉构成对支付令的书面异议，受诉法院应当按照支付令异议处理。

3. 同一债务人提出部分异议或多个债务人中的部分人提出异议，如何处理。对此，《民事诉讼法司法解释》第432条规定：“债权人基于同一债权债务关系，在同一支付令申请中向债务人提出多项支付请求，债务人仅就其中一项或者几项请求提出异议的，不影响其他各项请求的效力。”第 433 条规定：“债权人基于同一债权债务关系，就可分之债向多个债务人提出支付请求，多个债务人中的一人或者几人提出异议的，不影响其他请求的效力。”

4. 对设有担保的债务适用支付令的问题。对此，《民事诉讼法司法解释》第 434 条规定：“对设有担保的债务的主债务人发出的支付令，对担保人没有拘束力。债权人就担保关系单独提起诉讼的，支付令自人民法院受理案件之日起失效。”

第十八章　公示催告程序

第二百二十九条　按照规定可以背书转让的票据持有人，因票据被盗、遗失或者灭失，可以向票据支付地的基层人民法院申请公示催告。依照法律规定可以申请公示催告的其他事项，适用本章规定。

申请人应当向人民法院递交申请书，写明票面金额、发票人、持票人、背书人等票据主要内容和申请的理由、事实。

【条文主旨】

本条是关于公示催告程序适用范围及申请内容的规定。

【条文理解】

公示催告程序，是指人民法院根据申请，以法定公示催促不明之利害关系人于一定期间申报权利，逾期不予申报，不明的利害关系人丧失对公示催告事项的权利的程序。在我国，公示催告主要针对汇票、本票和支票，但也不完全排除对其他事项公示催告的申请权。公示催告对于保护票据权利人及善意第三人的合法权益，促进票据的正常流转和安全使用，维护社会经济秩序稳定具有重要意义。

公示催告程序之实质是实现积极性付款方式之程序，指法院依据当事人申请，以公示方法催告不确定之相对人或其他利害关系人，于一定期间申报权利或提出证券，否则法院作出除权判决，宣告该未申报人之权利随之丧失或者该证券归于无效之程序。[①] 公示催告作为民事诉讼法上的特别程序，该程序设立之目的在于宣告该票据无效，申请人才能依据除权判决，在不必提示票据的前提下，向票据债务人主张票据上之权利。

一、公示催告的发生基础：票据丧失及后果

公示催告的程序启动以票据的被盗、遗失或者灭失为前提。票据丧失是指票据脱离持票人之占有或者毁损灭失之谓也。[②] 票据丧失有相对丧失和绝对丧失之分。因票据是一种有价证券，票据权利根据记载于票据上的实质内容所定，所以票据权利的行使与票据的持有具有天然的、不可分割的关系。如持票人因遗失、被盗或者灭失而丧失所持的票据，仍为该票据的真实权利人，票据所表彰之权利，实质上并未消灭，又因票据为提示证券，行使权利以提示票据为条件，但因票据之丧失，权利人不能行使票据权利，既无法转让，也不能向付款人主张付款。票据还面临被他人非法占有并行使权利的风险。[③] 为了保护票据权人及善意第三人的合法权益，促进票据便捷流通金融功能的发挥，保障票据的正常流转及安全使用，维护社会经济秩序稳定，有必要对失票人提供必要的权利救济。[④]

二、申请公示催告之范围

根据本条规定，申请公示催告之权利主体为按照规定可以背书转让的票据持有人。强调公示催告以得依背书转让之票据或证券为限，提示证券、提单、汇票、本票、支票，能够背书转让给他人，或者法律规定须经公示催告者，均适用本条规定的特别程序。考察世界各国和地区的相关制度，《日本非讼案件程序法》第 114 条规定：可申请公示催告宣告无效的有价证券为“被盗取、遗失或灭失的有价证券中依法规定可认定

① 参见林群弼：《票据法论》，我国台湾地区三民书局股份有限公司 2010 年版，第 140 页。
② 参见林群弼：《票据法论》，我国台湾地区三民书局股份有限公司 2010 年版，第 139 页。
③ 参见李伟群：《我国票据丧失补救制度的不足及完善》，载《法律适用》2011 年第 11 期。
④ 参见杨荣鑫主编：《〈中华人民共和国民事诉讼法〉释义》，清华大学出版社 2012 年版，第 313 页。

为无效的有价证券”，无记名有价证券、附空白背书且得以背书形式转让（指的是未指定被背书人，或仅以背书人署名或盖章的形式作成的背书）的有价证券的公示催告申请人为最终持有人。前述规定的有价证券以外的有价证券的公示催告申请人为可依该有价证券主张权利的人。《俄罗斯联邦民事诉讼法典》第34章规定了恢复遗失的无记名有价证券或凭证式有价证券的权利的程序（公示催告程序），其第294条规定：（1）在联邦法律规定的情况下，遗失无记名有价证券或凭证式有价证券（在本章中下称凭证）的人，可以请求法院认定无记名有价证券或凭证式有价证券无效，要求恢复有价证券之权利。（2）由于保管不善或其他原因而遗失付款凭证的情形下，所遗失凭证上的权利亦可以恢复。我国台湾地区“民事诉讼法”第539条则规定：申请权利之公示催告，以得依背书转让之证券或法律有规定者为限。

三、票据丧失之救济方式

根据《票据法》第15条的规定，失票人的救济途径有三种，即挂失止付、公示催告及补发票据或请求付款诉讼。从规定来看，挂失止付仅具有临时性救济作用，真正能够使失票人恢复行使票据权利的有效途径需要通过后两者。《票据法》第15条第3款规定：失票人应当在通知挂失止付后3日内依法向人民法院申请公示催告，或者向人民法院提起诉讼。但挂失止付并非公示催告、补发票据或请求付款诉讼的前置程序，票据丧失后，失票人可直接向人民法院申请公示催告或者提起诉讼。

有关挂失止付的内容主要规定在中国人民银行《支付结算办法》第49~50条。付款人或者代理付款人收到挂失止付通知书后，查明挂失票据确未付款时，应立即暂停支付。付款人或者代理付款人自收到挂失止付通知书之日起12日内没有收到人民法院的止付通知书的，自第13日起，持票人提示付款并依法向持票人付款的，不再承担责任。也就是说，挂失止付产生的止付效果的期限为12天。

公示催告，是指法院依当事人的申请，用公示方法催告不明利害关系人在一定的时间内申报权利，如没有人申报，则申请人获得该权利而不明利害关系人就丧失该权利的程序。[①] 由于票据丧失后存在被第三人善意取得的可能，为了保护利害关系人的权利，就必须进行公示催告。换言之，公示催告是为善意取得者提供了阻止除权判决的一次重要机会。[②]

补发票据或请求付款诉讼主要规定在《票据纠纷规定》第34～37条。票据丧失后，失票人在票据权利时效届满以前请求出票人补发票据，或者请求债务人付款，在提供相应担保的情况下因债务人拒绝付款或者出票人拒绝补发票据提起诉讼的，由被告住所地或者票据支付地人民法院管辖。

四、公示催告程序滥用之防止

随着信息技术的应用，票据逐渐电子化，电子票据占比不断提高，并有专门的存储和托管系统（ECDS系统），该系统自2009年开通运行以来，因属于国家级金融系统，具有防御灾害级风险的能力，电子票据可以在该系统中清楚查询流转情况，精准确定当前持票人的信息，未曾发生票据下落不明的问题。

公示催告制度的功能在电子票据得到普遍应用的情况下，必将受到较大冲击。在浙江省某县人民法院受理的一起电子票据公示催告的案例中，引发了电子票据是否发生丢失以及是否适用公示催告的争议。与纸质票据不同的是，电子票据尤其是电子银行承兑汇票，是以数据电文形式统一保管在人民银行的电子商业汇票系统（ECDS系统），不可能出现像纸质票据灭失的可能。启动公示催告程序也是寻找票据的过程，如果能够确定票据的占有人，直接提起票据权利诉讼即可，而无须再经由公示催告程序。从电子票据的属性看，电子票据也不存在被盗、遗失和灭失的可能性，从技术上看，票据权利人可以请求人民法院对电子票据进行保全，具体而言，人民法院可以通知ECDS系统中显示的最后持票人的电子票据账户的开户机构，由该机构通过其内部系统实现保全。因此，

---

① 邵明：《民事诉讼法理研究》，中国人民大学出版社2004年版，第366页。

② 参见李伟群：《除权判决的效力与票据善意取得之间的关系——从中、日票据法比较的角度》，载《法学》2006年第6期。

人民法院应当精准掌握公示催告制度的内涵和时代要求，避免当事人滥用公示催告程序。

【条文适用】

一、公示催告申请人

根据本条规定，公示催告的申请人是按照规定可以背书转让的票据持有人。《民事诉讼法司法解释》第 442 条对此作了进一步的解释，票据持有人是指票据被盗、遗失或者灭失前的最后持有人。《票据纠纷规定》第 25 条的表述稍有不同，“按照规定可以背书转让的票据在丧失票据占有以前的最后合法持票人”，增加“合法”的限定表述。2015 年在修改《民事诉讼法司法解释》的过程中，曾采纳“最后合法持票人”的表述，但讨论过程中倾向性观点认为，司法实务中，申请公示催告的主体也有并非适格主体的情形，不应将其限定为合法，因此最终仍保留“最后持有人”的表述。[①] 这也表明了人民法院在受理公示催告的申请时，对申请人的身份仅作形式上审查。综观《票据法》《票据纠纷规定》的规定，最后合法持票人包括依法占有记名票据的收款人、占有无记名支票并将自己记载为收款人的人、通过有效背书取得票据的人、取得空白背书票据并将自己记载为被背书人的人、非经背书但依法院裁判或遗产继承等原因合法取得票据的人、因受追索而占有票据的人。[②]

实践中，对于“最后合法持票人”的理解要从“最后”及“合法”两个方面把握。最后持票并非合法持有之人或者曾经合法持票但不是最后持有之人都不能成为适格申请人。但无论是对“合法”还是“最后”的认定，法院均只能通过申请人提供的资料进行把握。此外，在背书不规范不完整时认定最后合法持有人极易出现争议，例如填写了被背书人

---

① 参见张雪楳：《票据丧失救济之公示催告程序疑难问题研究——兼论票据权利人的认定》，载《人民司法》2015 年第 8 期。

② 邢海宝：《票据公示催告的限缩与转向》，载《法学》2018 年第 5 期。

信息，但被背书人未进行背书就直接交付给第三人，第三人在取得票据后丢失的，或是被背书人在拿到票据尚未补全信息时即丧失票据的。此种情况下到底是票据上有记载的最后背书人或者被背书人还是票据上并无记载但最后持有票据的人才是最后合法持票人，实践中存有争议。如果认为要以票据记载为准，对实际最后持有人的利益保护不周；如果认为以实际最后票据持有人为准，则不规范的票据行为容易被利用于恶意申请公示催告。[①] 因此有观点提出，实际操作中，对合法持票人的身份，除通过向银行查询存根获得票据正面记载的信息以外，对背书转让情况，一般要求申请人必须提供与直接前手交易的证据、直接前手关于票据转让的书面证言，有的还要求申请人必须提供多个间接前手之间转让票据的书面证言，还有的甚至要求提供所有前手直到收款人关于转让票据的书面证言，至于这些证据是否属实，在票据未出现以前无法进一步核查。[②]

二、催告对象为可背书转让的票据

根据《票据法》《最高人民法院关于对遗失金融债券可否按“公示催告”程序办理的复函》（法函〔1992〕60号）的规定，按规定可背书转让的票据是指汇票、本票和支票。只有丧失可转让票据的才可适用公示催告程序，因为只有这种票据才会发生由他人善意取得并成为合法持有人的情况，从而需要利用公示催告程序催告其申报权利。[③]

1. 对于出票人在票据上记载“不得转让”字样的票据丧失的，不适用公示催告程序。根据《票据纠纷规定》第47条规定，“依照票据法第二十七条的规定，票据的出票人在票据上记载‘不得转让’字样，票据持有人背书转让的，背书行为无效。背书转让后的受让人不得享有票据权利，票据的出票人、承兑人对受让人不承担票据责任”。

---

① 江苏省高级人民法院课题组：《关于票据公示催告与除权救济法律适用若干问题研究》，载《法律适用》2014年第6期。

② 江苏省高级人民法院课题组：《关于票据公示催告与除权救济法律适用若干问题研究》，载《法律适用》2014年第6期。

③ 参见邢海宝：《票据公示催告的限缩与转向》，载《法学》2018年第5期。

2. 对于背书人在票据上记载“不得转让”字样的票据丧失的，可能存在利害关系人，可以适用公示催告程序。根据《票据纠纷规定》第 53 条规定，“依照票据法第三十四条和第三十五条的规定，背书人在票据上记载‘不得转让’字样，其后手以此票据进行贴现、质押的，原背书人对后手的被背书人不承担票据责任”。

3. 法定禁止背书转让的票据丧失的，分情况处理。《票据法》第 35 条第 1 款规定：“背书记载‘委托收款’字样的，被背书人有权代背书人行使被委托的汇票权利。但是，被背书人不得再以背书转让汇票权利。”《支付结算办法》第 27 条第 1 款规定：“票据可以背书转让，但填明‘现金’字样的银行汇票、银行本票和用于支取现金的支票不得背书转让。”《票据法》第 36 条规定：“汇票被拒绝承兑、被拒绝付款或者超过付款提示期限的，不得背书转让；背书转让的，背书人应当承担汇票责任。”但对于第 36 条规定的超过付款提示期限的票据，《票据纠纷规定》第 27 条规定：此种票据丧失后，失票人申请公示催告的，人民法院应予受理。这种突破性规定被认为是适应社会现实发展需要所致。[①]

三、申请事由

本条规定的可以申请公示催告的事由是可背书转让的票据被盗、遗失或者灭失。《票据法》《票据纠纷规定》均使用的“票据丧失”的表述，并未对导致丧失的具体情形作出列举。那么对于实践中被盗、遗失或者灭失以外的，如抢劫、欺诈、胁迫等原因丧失票据的，能否申请公示催告？通说认为，票据丧失是指持票人并非出于自己的本意（或无抛弃票据权利的意思）而丧失对票据的占有。因此，对于申请公示催告的事由不应作限制性理解。从本质上理解票据公示催告原因事由，是申请人非自愿地丧失了对票据的实际占有，并且没有明确的利害相对人。[②] 此

① 参见曲昇霞、袁江华：《票据公示催告程序适用条件之分析》，载《人民司法》2014 年第 21 期。

② 参见曲昇霞、袁江华：《票据公示催告程序适用条件之分析》，载《人民司法》2014 年第 21 期。

外，从实操性出发，申请人可以证明的内容是其曾经持有票据，至于丧失票据的原因或者经过是无法进行直接证明的。因此，强调票据只能在被盗、遗失或灭失的情况下申请公示催告并无实际意义，即便票据是因其他原因而丧失占有的，申请人仍可以以遗失或被盗为由申请公示催告。

四、申请形式

根据《民事诉讼法司法解释》第 445 条的规定，申请书写明的与票据相关的信息包括票据的种类、号码、票面金额、出票人、背书人、持票人、付款期限等事项。申请书中还应当包括申请的理由、事实，即申请人丧失票据的原因经过等。

除申请书外，申请人还应当提供关于其作为最后持票人及票据遗失、被盗或者灭失的初步证据。

五、管辖法院

以票据支付地基层人民法院为管辖法院，便于法院在受理公示催告申请后能及时、快捷地向支付人发出止付通知，也便于调查案件事实。利害关系人通常是在向付款人主张付款时了解公示催告的情况，此种管辖规定同时也为利害关系人申报权利提供了便利。

如果是与海事有关的提单等提货凭证丧失的，根据《海事诉讼特别程序法》第 100 条规定，“提单等提货凭证持有人，因提货凭证失控或者灭失，可以向货物所在地海事法院申请公示催告”。

六、依照法律规定可以申请公示催告的其他事项的理解

随着商品经济的发展，市场交易可能衍生越来越多的适用公示催告的事项，公示催告的范围也将不断扩大，从而彰显公示催告的制度功能。我国台湾地区除票据外，尚有关于申请公示催告被继承人的债权人和受遗赠人，申请宣告失踪人死亡的公示催告，对土地所有权人、船舶所有权人、抵押权人的公示催告等，但目前我国法律有明确规定的可以申请公示催告的事项规定在《公司法》第 143 条及《海事诉讼特别程序法》

第 100 条。《公司法》第 143 条规定："记名股票被盗、遗失或者灭失，股东可以依照《中华人民共和国民事诉讼法》规定的公示催告程序，请求人民法院宣告该股票失效。人民法院宣告该股票失效后，股东可以向公司申请补发股票。"

【典型案例】

利津县强盛塑料制品有限责任公司诉青州贝特化工有限公司票据返还请求权案

【案　　号】山东省济南市市中区法院（2012）市商初字第 229 号

【裁判要旨】持票人因贴现行为处分票据而丧失对票据的占有，并非票据被盗、遗失或灭失，不具有申请公示催告的主体资格。

【基本案情】2011 年，利津县强盛塑料制品有限责任公司（以下简称塑料公司）将交易取得的银行承兑汇票交给销售公司进行贴现，后被骗失票。2012 年，塑料公司申请公示催告。公示催告期间，青州贝特化工有限公司（以下简称化工公司）以其通过背书转让获得票据为由提出异议。公示催告程序终结，塑料公司起诉化工公司。

【裁判结果】判决驳回塑料公司诉讼请求。

【裁判理由】票据系要式性、文义性、无因性证券，票据文义性决定票据上权利义务完全依票据上记载的文义确定，不能以票据记载以外的事项作为认定票据权利的依据。票据要式性决定票据权利依票据而行使，票据权利人要行使票据权利，即应依法定程序在票据上签字或盖章，未在票据上签章的，均不为《票据法》上的权利义务人。诉争银行承兑汇票形式完备，各项必要记载事项齐全，符合《票据法》规定，属有效票据。

《票据纠纷规定》（2008 年修正）第 26 条[①]规定：《票据法》第 15 条

① 对应《票据纠纷规定》（2020 年修正）第 25 条。

第 3 款规定的可以申请公示催告的失票人，是指按照规定可以背书转让的票据在丧失票据占有以前的最后合法持有人。《民事诉讼法》（2007 年修正）第 195 条[①]规定："按照规定可以背书转让的票据持有人，因票据被盗、遗失或者灭失，可以向票据支付地的基层人民法院申请公示催告。"本案中，塑料公司并非丧失本案票据占有的失票人，其工作人员将涉案票据交给销售公司进行贴现，欲将票据权利转化为相应对价。塑料公司系因贴现行为将涉案票据进行了处分而丧失对票据的占有，而非被盗、遗失或灭失，故不具有申请公示催告的主体资格。

《票据纠纷规定》（2008 年修正）第 49 条[②]规定：依照《票据法》第 27 条和第 30 条的规定，背书人未记载被背书人名称即将票据交付他人的，持票人在票据被背书人栏内记载自己的名称与背书人记载具有同等法律效力。化工公司基于买卖合同关系从案外人处取得涉案票据作为买卖合同标的对价，在取得涉案票据后在背书栏内记载自己名称，与背书人记载其名称具有同等法律效力。上述行为时间早于塑料公司申请公示催告时间，故化工公司已通过背书转让取得案涉票据，系本案诉争票据合法持有人。在取得案涉票据后，化工公司又基于业务关系将票据背书转让给他人，他人又背书转让给化工公司，故化工公司为涉案票据最后合法持有人。

---

① 对应《民事诉讼法》（2023 年修正）第 229 条。

② 对应《票据纠纷规定》（2020 年修正）第 48 条。

第二百三十条 人民法院决定受理申请，应当同时通知支付人停止支付，并在三日内发出公告，催促利害关系人申报权利。公示催告的期间，由人民法院根据情况决定，但不得少于六十日。

【条文主旨】

本条是关于人民法院受理公示催告申请及法律效果的规定。

【条文理解】

一、公示催告申请的受理

当事人向法院申请公示催告，法院对该申请仍需要进行审查，审查公示催告的要件是否具备。根据《民事诉讼法司法解释》第443条的规定，法院认为符合受理条件的，通知予以受理，并同时通知支付人停止支付；认为不符合受理条件的，7日内裁定驳回申请。但未规定对驳回申请裁定的救济。《日本非讼案件程序法》第101条规定了裁判所认为公示催告申请合法且有理由时，作出开始公示催告程序的决定，但并未规定对不予受理的公示催告申请的处理方式。《俄罗斯联邦民事诉讼法典》第296条规定：法官受理认定遗失的无记名有价证券或凭证式有价证券无效和恢复有价证券权利申请后，应作出禁止出票人根据凭证进行付款或交付的裁定，法院拒绝作出裁定的，当事人可以提出复议。

二、公示催告申请被受理产生的法律效果

人民法院经审查决定受理公示催告申请产生的法律效果有：一是为防止票据被支取，法院应当同时通知支付人停止支付。该停止支付通知

具有财产保全效果，从支付人收到止付通知之日起一直持续至公示催告程序终结。二是法院应自立案之日起 3 日内通过法律规定的途径、渠道进行公示宣告，催告持有票据的利害关系人申报权利。公示催告期间的确定需要兼顾对票据权利人利益的保护及对稳定法律关系的维护。法院对此享有自由裁量权，应当根据实际情况，综合考虑票据的性质、流通范围、付款期限等因素决定，但不能少于 60 日。为了避免出现申请人获得除权判决早于付款期限的情况，导致申请人因失票实现票据权利优于未失票时实现票据权利这种不合理状况的发生，以及为了利害关系人更好地申报权利，公示催告期限应当与票据的付款期限挂钩。

【条文适用】

一、申请的审查与受理

人民法院在收到公示催告的申请后，应当立即审查，并决定是否受理。在本法第 229 条的条文适用中已提到，公示催告申请人应当是可背书转让的票据的最后持有人，并且是因被盗、遗失或者灭失丧失的票据。因此申请人应当提供关于其作为票据最后持有人及丧失票据事由的初步证明。此类证明在《民事诉讼法司法解释》第 444 条予以规定，即“因票据丧失，申请公示催告的，人民法院应结合票据存根、丧失票据的复印件、出票人关于签发票据的证明、申请人合法取得票据的证明、银行挂失止付通知书、报案证明等证据，决定是否受理”。

二、公示催告应记载事项

《民事诉讼法司法解释》第 445 条对公告内容予以规定，包括：（1）公示催告申请人的姓名或者名称；（2）票据的种类、号码、票面金额、出票人、背书人、持票人、付款期限等事项以及其他可以申请公示催告的权利凭证的种类、号码、权利范围、权利人、义务人、行权日期等事项；（3）申报权利的期间；（4）在公示催告期间转让票据等权利凭证，利害关系人不申报的法律后果。

本条规定的是公告期由人民法院决定，但不得少于60日。《票据纠纷规定》在2020年修正之前规定的是“国内票据自公告发布之日起六十日，涉外票据可根据具体情况适当延长，但最长不得超过九十日”。即不考虑公告期间届满时票据是否已到期，将公告期统一定为60日。实践中就此规定存有较多质疑。其原因在于对于汇票这种付款期限较长（6个月）的票据，在60日公告期满后，若无人申报的，法院依申请应作出除权判决，该判决作出后申请人即可向付款人主张付款，但此时可能尚未到付款日期。这就导致在申请人丧失票据后，实现票据权利的时间还早于其未丧失票据时实现票据权利的时间。此外，因公告期满后可能仍距离付款日较远，而持票人往往是在付款日向付款人主张付款时才了解到法院公示催告或除权判决的事情，此时早已过公示催告期甚至法院已作出除权判决。实践中恶意申请公示催告的申请人，即通过此种方式在票据背书转让后立即向法院声称票据丢失申请公示催告。随着此类恶意申请公示催告的案件不断增多，对合法持票人的权益造成严重影响，破坏了票据流转的安全及秩序，影响票据市场的稳定，带来了恶劣的影响。理论及司法实务界提出，通过缩短票据支付期限或者延长公告期限的方式避免该问题。最终，2015年《民事诉讼法司法解释》第449条[①]规定：“公告期间不得少于六十日，且公示催告期间届满日不得早于票据付款日后十五日。”通过司法解释的形式对本条不少于60日的规定作了进一步的澄清。《票据纠纷规定》在2020年修正时也进行了相应修改，与《民事诉讼法司法解释》的规定保持一致。

三、公告的方法

《民事诉讼法司法解释》第446条规定：公告应当在有关报纸或者其他媒体上刊登，并于同日公布于人民法院公告栏内。人民法院所在地有证券交易所的，还应当同日在该交易所公布。为规范公示催告程序中公

---

① 对应《民事诉讼法司法解释》（2022年修正）第447条。

告的发布工作，解决风险票据发布公告平台不统一、不规范的问题，最高人民法院在2016 年4 月11 日发布的《最高人民法院关于人民法院发布公示催告程序中公告有关问题的通知》中规定：人民法院受理公示催告申请后发布公告的，应当在《人民法院报》上刊登，《人民法院报》电子版、中国法院网同步免费刊载。

【典型案例】

公　告[①]

申请人中国建筑第八工程局有限公司因遗失 1 张银行承兑汇票，向本院申请公示催告，本院决定受理，现依法予以公告。该银行汇票票据号码为 1050××××××××8234，出票日期为 2018 年 9 月 13 日，票面金额为人民币 80 万元，汇票申请人为中国建筑第八工程局有限公司，收款人为江苏省设备成套有限公司，持票人为中国建筑第八工程局有限公司，出票行为中国建设银行上海六里支行。自公告之日起 60 日内，利害关系人应向本院申报权利，届时无人申报权利，本院将依法作出判决，宣告上述票据无效。在公示催告期间，转让票据权利的行为无效。

上海市浦东新区人民法院

① 载《人民法院报》2019 年 1 月 5 日，第 2 版。

第二百三十一条 支付人收到人民法院停止支付的通知，应当停止支付，至公示催告程序终结。

公示催告期间，转让票据权利的行为无效。

【条文主旨】

本条是关于人民法院发出的止付通知效力及公示催告效力的规定。

【条文理解】

从收到法院的止付通知一直持续至公示催告程序终结，止付通知产生类似财产保全措施的效力，支付人具有停止支付的协助义务，从时间跨度来看，停止支付的起止时间长于公示催告期间，可以有效防止票据被冒领取款。可以背书转让的票据丧失后，如果允许继续流通转让，其结果不仅违背票据持有人的意旨，还会给不法分子造成可乘之机，危及原票据持有人及其后手的利益，此外这样规定也是为了防止发生第三人善意取得、票据非法持有人转嫁风险，因此法院有必要对票据的流通转让事前作出禁止。[①]

【条文适用】

一、停止支付通知的性质及法律效力

《民事诉讼法司法解释》第454条规定："人民法院依照民事诉讼法

① 参见李伟群：《除权判决的效力与票据善意取得之间的关系——从中、日票据法比较的角度》，载《法学》2006年第6期。

第二百二十七条规定通知支付人停止支付，应当符合有关财产保全的规定。支付人收到停止支付通知后拒不止付的，除可依照民事诉讼法第一百一十四条、第一百一十七条规定采取强制措施外，在判决后，支付人仍应承担付款义务。”为了避免因申请人的疏漏导致利益受损，《票据纠纷规定》第 30 条还强调，非经发出止付通知的人民法院许可擅自解付的，不得免除票据责任。另外，因支付人向他人支付金额，给票据权利人造成损失的，除承担票据责任外，还应承担损害赔偿责任。

司法实践中关于停止支付通知更多作为财产保全措施对待，支付人处于协助执行义务人的地位，另外，既然停止支付通知产生类似财产保全的效力，能否适用财产保全的有关规定要求申请人提供相应担保，也存在较大争议，尤其是在恶意申请公示催告的案件数量不断攀升之后，关于公示催告立案时要求申请人提供担保的呼声日益高涨。[①] 目前《民事诉讼法》《民事诉讼法司法解释》及《票据纠纷规定》均未对此作出规定。实践中，应否由申请人提供担保以及担保的数额，由人民法院自行决定。亦有实证研究表明，要求申请人提供担保对遏制滥用公示催告申请的效果十分明显。

二、转让票据权利行为的效力

（一）公示催告前票据转让的效力

本条第 2 款规定：公示催告期间转让票据权利的行为无效，但并没有溯及至公示催告前的转让票据行为的效力，而且票据被除权的效力也是向以后发生效力。因此，在公示催告前合法转让票据的行为是有效的。[②]

（二）公示催告期间票据转让的效力

根据本条的规定，公示催告期间内以背书转让取得票据者不受法律

---

① 参见张新民、李广稷：《论我国除权判决与公示催告制度的完善》，载《重庆工商大学学报（社会科学版）》2019 年第 3 期。

② 参见江苏省高级人民法院课题组：《关于票据公示催告与除权救济法律适用若干问题研究》，载《法律适用》2014 年第 6 期。

保护。对此持批评态度的观点认为，该规定不仅违背了善意取得制度，不利于交易秩序的维护，没有充分考虑第三人的利益，同时也违背了票据的独立性和无因性，阻碍票据的流通使用。而且该规定与大陆法系国家的做法相悖。[①] 还有观点认为，失票人丢失票据本身存在一定过失，但依照该规定，丢失票据的损失最终由善意第三人承担，失票人转嫁了风险。[②] 虽然存在批评声音，但司法实务中仍然坚持在公示催告期间票据转让行为无效的规定。这提醒从事票据交易的商业主体在受让票据时应更加审慎。

实务中有观点认为，撤销除权判决之诉原则上具有溯及既往的效力，判决一经生效，公示催告申请人便不再享有票据权利，票据关系人同时恢复票据权利和地位，除权判决及公示催告程序的公告期间对票据关系人不再具有约束力。故在公告期间和除权判决后转让票据的，票据转让行为不应再被认定为无效。但付款人依据除权判决作出的付款仍为有效，付款人不再承担票据责任，以维护善意付款人的利益。[③]

（三）公示催告期间届满至除权判决作出前票据转让的效力

公示催告期间届满无人申报或者申报被驳回的，法院并不会依职权作出除权判决，须由申请人在公示催告期间届满之日起 1 个月内向法院提出申请。在此期间，票据权利转让是何效力，《民事诉讼法》及《民事诉讼法司法解释》都没有规定。《票据纠纷规定》第 33 条[④]对此问题有所涉及，根据该条规定，在公示催告期间届满以后除权判决作出之前的票据贴现、质押行为有效。该条被认为是通过确认公示催告期外的票据

---

① 李伟群：《除权判决的效力与票据善意取得之间的关系——从中、日票据法比较的角度》，载《法学》2006 年第 6 期。

② 参见孙潇：《我国公示催告制度的冲突与路径选择——以实证分析为视角》，载《山东审判》2012 年第 2 期。

③ 葛治华、罗小平：《除权判决撤销之诉：权利救济与程序安定的冲突与平衡——民事诉讼法第 223 条解读》，载《浙江工业大学学报》2015 年第 2 期。

④ 《票据纠纷规定》第 33 条规定："依照民事诉讼法第二百二十条第二款的规定，在公示催告期间，以公示催告的票据质押、贴现，因质押、贴现而接受该票据的持票人主张票据权利的，人民法院不予支持，但公示催告期间届满以后人民法院作出除权判决以前取得该票据的除外。"

转让与票据付款效力的方式限制了公示催告程序的效力,[①] 但实际上该条并未脱离公示催告程序的效力范围，或者说是进一步明确了公示催告程序的效力区间。

实务中也有观点提出，公示催告期间届满至除权判决作出前票据转让的效力应当结合公示催告程序最后的处理结果进行分析。如果以公示催告程序终结的，意味着有利害关系人申报权利或者申请人逾期未申请法院作出除权判决，此时阻碍票据权利行使的事由消灭，包括公示催告期间的转让行为都应当有效。如以法院作出除权判决结束的，则在公示催告期间及除权判决申请期间的转让行为均无效。[②]

（四）除权判决作出后票据转让的效力

除权判决的结果是宣告票据无效，因此在除权判决作出后，任何人受让该失效票据，即便是出于善意并支付了对价，也不能取得票据权利。[③]

【典型案例】

吴江市红诚企业管理服务有限公司诉绍兴滨洪贸易有限公司票据纠纷案

【案　　号】江苏省苏州市中级人民法院（2017）苏 05 民终 1809 号

【裁判要旨】公示催告期间转让票据权利行为无效的认定，应建立在其后的除权判决由人民法院依法作出，且未被人民法院依据《民事诉讼法》（2012 年修正）第 223 条[④]之规定在利害关系人提起的诉讼中依法予以撤销的基础之上。在申请人提起的公示催告程序因利害关系人申报权

① 参见杨忠孝：《论票据公示催告程序的制度完善》，载《政治与法律》2009 年第 6 期。

② 葛治华、罗小平：《除权判决撤销之诉：权利救济与程序安定的冲突与平衡——民事诉讼法第 223 条解读》，载《浙江工业大学学报》2015 年第 2 期。

③ 参见李伟群：《除权判决的效力与票据善意取得之间的关系——从中、日票据法比较的角度》，载《法学》2006 年第 6 期。

④ 对应《民事诉讼法》（2023 年修正）第 234 条。

利而被裁定终结情况下，在此公告期间发生的转让票据权利行为应为合法有效。

【基本案情】原告绍兴滨洪贸易有限公司诉称：2016年1月19日，原告合法持有的8份承兑汇票因被王某某和宋某某抢夺而遗失，其中一份是本案所涉汇票，号码为3130××××××××6911，2016年1月13日签发，票面金额100 000元。汇票被抢后，原告立即向公安机关报案，杭州市萧山区公安分局新塘派出所出具接受案件回执单。原告随后向洛阳市洛龙区人民法院申请公示催告。该院于2016年1月20日立案受理，并于2016年1月26日在《人民日报》上出具《公告》。公示催告期间，被告于2016年7月19日向法院申报权利，法院作出（2016）豫0311民催字第6号《民事裁定书》终结公示催告程序。原告与浙江锦瑞纤维科技有限公司有贸易往来，该票据系浙江锦瑞纤维科技有限公司空白背书给原告，原告未来得及签章即被抢夺，故原告应享有票据权利。本案汇票上的背书均未记载背书日期，从原告遗失汇票之后的背书转让均应视为汇票到期日前背书转让，亦即在公示催告期间转让，该背书转让无效，被告不应享有票据权利。故提起本案诉讼，请求：（1）确认原告为票号为3130××××××××6911银行承兑汇票的权利人，若该票的票款已被实际领取，则判令领取人返还票款100 000元；（2）本案诉讼费用由被告承担。

被告吴江市红诚企业管理服务有限公司辩称：被告是通过正当渠道取得票据，票据是真实的，被告并不知道原告所陈述的票据被骗、被抢夺的情况。且被告已经从付款行处取得了票款，原告应当向抢夺票据的人主张损失。因此，请求驳回原告对被告的诉讼请求。

法院经审理查明：2016年1月19日17时25分，杭州市公安局萧山区分局新塘派出所接赵某某报案称：2016年1月19日13时50分，其被骗8张共125万元承兑汇票，案发地点为新塘街道凯利纺织有限公司。在新塘派出所出具的《接受案件回执单》“报案内容”一栏内详细列明了8张承兑汇票的票号，其中一张汇票的号码为“28××××11”。

2016年1月20日，洛阳市洛龙区人民法院立案受理了以本案原告绍兴滨洪贸易有限公司为申请人的（2016）豫 0311 民催字第 6 号公示催告案件。原告在该案中主张其遗失票号为 3130×××××××6911 的银行承兑汇票一张，并向该院提交由浙江锦瑞纤维科技有限公司出具的《情况说明》一份。浙江锦瑞纤维科技有限公司在该份说明中注明，其与本案原告之间有真实的贸易背景，为支付货款，其向原告背书转让了包括案涉汇票在内的 6 张银行承兑汇票，并详细注明了 6 张汇票的票号、出票日期、到期日、出票人、收款人等信息。2016 年 1 月 26 日，洛龙区人民法院在《人民日报》上刊发公告，公示案涉汇票信息及原告遗失情况，要求利害关系人在公告之日起 60 日内向该院申报权利。2016 年 7 月 19 日，本案被告吴江市红诚企业管理服务有限公司持票向该院申报权利。洛龙区人民法院于 2016 年 8 月 24 日作出（2016）豫 0311 民催字第 6 号民事裁定书，裁定终结该案公示催告程序，告知申请人或申报人可以向人民法院起诉。

经查，票号为 3130×××××××6911 的银行承兑汇票出票人为洛阳市关林利得毛毯厂，收款人为江苏欧曼纺织科技有限公司，出票日期为 2016 年 1 月 13 日，到期日为 2016 年 7 月 13 日，票面金额为人民币 100 000元。该票据第一背书人为收款人江苏欧曼纺织科技有限公司，其后依次为：浙江锦瑞纤维科技有限公司、吴江市红诚企业管理服务有限公司，即本案被告，被告最后背书给吴江农村商业银行黎里支行委托收款。被告已于 2016 年 10 月下旬从承兑付款人洛阳银行处兑付了票款。

另查明，2016 年 2 月底，案外人张某因资金流转需要，将案涉汇票转让给被告，被告扣除一定数额利息后向张某支付了票款。张某作为被告的委托诉讼代理人参与了本案庭审，并当庭陈述称其系从一彭姓客户处取得案涉汇票，其与该彭姓客户之间存在面料买卖业务。

苏州市吴江区人民法院于 2016 年 12 月 6 日作出（2016）苏 0509 民初 12204 号民事判决：驳回原告绍兴滨洪贸易有限公司对被告吴江市红诚企业管理服务有限公司的诉讼请求。宣判后，原告绍兴滨洪贸易有限公司向苏州市中级人民法院提起上诉。

【裁判结果】判决驳回上诉，维持原判。

【裁判理由】本案现有证据可以证明，原告系基于真实的交易关系从浙江锦瑞纤维科技有限公司处取得案涉汇票，但浙江锦瑞纤维科技有限公司在转让票据时并未在被背书人栏内填写原告名称；随后，由于王某某和宋某某的抢夺行为，原告在未签章、亦未在被背书人栏内进行补记的情况下，丧失了对于案涉汇票的占有；因此，仅能认定原告曾经持有案涉票据。作为完全有价证券，票据权利的享有和行使，以持有票据为前提和条件。失票人只有在通过公示催告程序获得除权判决的情况下，才可不必持票仅凭判决向付款人主张付款。在洛龙区人民法院终结原告申请的公示催告程序后，原告曾经享有的票据权利也因其对票据占有的丧失而随之消灭。被告对案涉汇票的贴现行为，其交易的本质是民间借贷、融通资金活动，虽然其与案外人张某之间不存在其他的交易关系和债权债务关系，但基于票据的无因性原理，在没有证据证明被告取得票据存在《票据法》第12条所列明的欺诈、偷盗、胁迫情形以及存在恶意或其他重大过失的情况下，被告依法应当享有完整的票据权利。此亦被告能够从案涉票据付款人洛阳银行处取得票款的根本原因。

关于被告在公示催告期间受让票据的效力问题，《民事诉讼法》（2012年修正）第220第2款[①]规定，公示催告期间，转让票据权利的行为无效。法院认为，公示催告期间转让票据权利行为无效的认定，应建立在其后的除权判决由人民法院依法作出，且未被人民法院依据《民事诉讼法》（2012年修正）第223条[②]之规定在利害关系人提起的诉讼中依法予以撤销的基础之上，否则将严重损害票据的流通性，阻碍票据支付、汇兑功能的发挥，与公示催告制度设置的初衷相悖。本案中原告在洛龙区人民法院提起的公示催告程序已因被告的权利申报而被裁定终结，被告在该公示催告期间从案外人张某处受让票据的行为应为合法有效。

原告虽然因丧失对于案涉票据的占有而不再享有附着在该票据上的票据权利，但基于其曾经正当持有案涉票据的事实，其仍然享有基

① 对应《民事诉讼法》（2023年修正）第231条第2款。
② 对应《民事诉讼法》（2023年修正）第234条第2款。

于票据基础关系所取得的民事权利，该权利因王某某和宋某某的抢夺行为而受到损害，即王某某和宋某某共同侵害了原告的财产权利，依法应承担侵权损害赔偿责任。因此，原告主张权利的对象应为王某某和宋某某，而非本案被告。故依照相关法律规定，判决驳回原告的诉讼请求。

第二百三十二条　利害关系人应当在公示催告期间向人民法院申报。

人民法院收到利害关系人的申报后，应当裁定终结公示催告程序，并通知申请人和支付人。

申请人或者申报人可以向人民法院起诉。

【条文主旨】

本条是关于公示催告期间利害关系人申报权利如何处理的规定。

【条文理解】

一、申报

所谓申报，是指利害关系人在公示催告期间向法院主张票据权利的行为，申报必须符合本条规定的要件：一是向发出公示催告的法院进行申报，向其他法院申报不产生申报效果；二是申报应表明申报事实和理由，提交相关票据及其他证据材料；三是应当在法院规定的公示催告期间内提出。

二、公告期届满后申报的效果

本条规定利害关系人应当在公示催告期间向人民法院申报权利，但并未规定公示催告期间届满除权判决作出前申报是否产生终结公示催告的同等效果。从性质上看，公示催告期间并非不变期间，如果有重大且正当的理由，申报权利的时间可以延长或者缩短。

利害关系人申报权利的目的不是确定申报人的权利，而是使法院决定是否为除权判决，只要在法院作出除权判决之前，即使申报期间已经届满，仍然等同于申报期间内申报而具有同样的申报效力。[①] 我国台湾地区“民事诉讼法”第 544 条规定：申报权利在期间已满后，而在未为除权判决前者，与在期间内申报者，有同一之效力。

本条虽未规定申报期满后申报权利的法律效果，但公示催告期间届满除权判决作出之前利害关系人申报权利的，因从公示催告期间届满到法院作出除权判决还有一段时间，为保护权利申报人起见，在此阶段内如果利害关系人申报票据权利，仍应准许。根据《民事诉讼法司法解释》第 448 条的规定，在申报期届满后，判决作出前，利害关系人申报权利的，应当适用本条第 2 款、第 3 款规定处理。即利害关系人只要是在除权判决作出前申报票据权利的，与在公告期内申报票据权利产生相同效果，公示催告程序终结。除权判决作出前应如何理解，一般认为，除权判决未宣示之前，即使言词辩论已经结束，法院未宣示判决之前，仍然可以申报权利。

三、公示催告程序的终结

公告催告期的设计逻辑就是通过在一定期间内公告票据丧失事实，寻找占有票据的利害关系人。如在公示催告期内有利害关系人申报主张票据权利的，公示催告的目的已经达到，此时即应当作出终结公示催告程序的裁定，通知申请人与支付人。至于票据真正权利人的确定，属于实体权利纠纷，交由申请人及申报人通过民事诉讼程序进行解决。需要注意的是，因利害关系人申报权利公示催告程序终结的，申报人即可行使票据权利，除非申请人将票据保全并提起诉讼，否则申报人无须主动就票据争议提起诉讼。[②]

四、公示催告程序终结后的诉讼

《民事诉讼法司法解释》第 455 条规定：人民法院收到利害关系人的

---

① 林家祺、刘俊麟：《民事诉讼法》（增订十一版），我国台湾地区书泉出版社 2021 年版，第 795 页。

② 参见江苏省高级人民法院课题组：《关于票据公示催告与除权救济法律适用若干问题研究》，载《法律适用》2014 年第 6 期。

申报后，裁定终结公示催告程序后，公示催告申请人或者申报人可以向人民法院提起诉讼，因票据权利纠纷提起的，由票据支付地或者被告住所地人民法院管辖，因非票据权利纠纷提起的，由被告住所地人民法院管辖。从诉讼的类型看，申请人起诉和申报人起诉不尽相同。在因利害关系人申报权利终结公示催告程序后，申请人或申报人均可以提起诉讼。申请人可提起的诉讼大致有三类：以实际持票人为被告要求返还票据、以实际持票人为被告要求确认票据权利，以及以实际持票人或其前手为被告要求返还票款或赔偿损失。确认票据权利的目的是请求实际持票人返还票据，因此可以归结为票据返还请求权诉讼和在票据返还不能时的违约、侵权或不当得利诉讼。但违约、侵权或不当得利诉讼的被告并非一定是申报人。如申请人将票据转让给他人未获对价，而他人再次将票据转让的，此时申请人可依据基础法律关系要求受让人支付对价。[①]

公示催告程序终结后，申报人即可行使票据权利，申报人无须主动就票据争议提起诉讼。[②] 但实践中法院仍然会受理申报人提起的以申请人为被告的确认票据权属的诉讼。

【条文适用】

一、法院对利害关系人申报的审查

法院对利害关系人的申报应当进行形式审查。有观点认为，只要公示催告期间有人申报权利的，人民法院就应当裁定终结公示催告程序，并通知申请人和申报人。[③] 实际上，法院还是应当进行一定程度的审查，

① 需要注意的是，此种情况下申请人未丢失票据但向法院申请公示催告的，有恶意申请公示催告之嫌疑，如给申报人造成损失的，申报人可主张损害赔偿。参见马向伟：《票据公示催告引发纠纷类型之梳理》，载《山东审判》2014年第2期。

② 参见江苏省高级人民法院课题组：《关于票据公示催告与除权救济法律适用若干问题研究》，载《法律适用》2014年第6期。

③ 参见全国人大常委会法制工作委员会民法室编：《中华人民共和国民事诉讼法条文说明、立法理由及相关规定》，北京大学出版社2012年版，第221页。

根据《民事诉讼法司法解释》第 449 条规定："利害关系人申报权利，人民法院应当通知其向法院出示票据，并通知公示催告申请人在指定的期间查看该票据。公示催告申请人申请公示催告的票据与利害关系人出示的票据不一致的，应当裁定驳回利害关系人的申报。"

二、公示催告程序终结的四种情形

一是公示催告期间，因利害关系人申报权利引发公示催告程序终结。二是公示催告期间无人申报权利或者申报权利被驳回的，公示催告期间届满之日起 1 个月内申请人不申请除权判决的。三是公示催告期间，申请人撤回公示催告申请的。四是法院作出的除权判决亦被认定为具有终结公示催告程序的效果。

三、终结公示催告裁定书的形式

《民事诉讼法司法解释》第 456 条规定：依照《民事诉讼法》第 228 条[①]规定制作的终结公示催告程序的裁定书，由审判员、书记员署名，加盖人民法院印章。

四、申请人或申报人诉讼纠纷的管辖

《民事诉讼法司法解释》第 455 条规定：人民法院依照《民事诉讼法》第 228 条[②]规定终结公示催告程序后，公示催告申请人或者申报人向人民法院提起诉讼，因票据权利纠纷提起的，由票据支付地或者被告住所地人民法院管辖；因非票据权利纠纷提起的，由被告住所地人民法院管辖。

---

① 对应《民事诉讼法》（2023 年修正）第 232 条。

② 对应《民事诉讼法》（2023 年修正）第 232 条。

【典型案例】

玉环拿但业机械厂申请公示催告案

【案　　号】浙江省高级人民法院（2021）浙0282民催52号

【裁判要旨】公示催告期间内，法院查明票据在申请人申请公示催告前已被兑付的，应裁定终结公示催告程序。

【基本案情】申请人玉环拿但业机械厂因遗失银行承兑汇票（汇票号码31××××51/50××××33、出票日期2020年10月12日、出票金额30 000元、出票人慈溪市致盛贸易有限公司、收款人宁波峙锦贸易有限公司、付款行宁波东海银行股份有限公司慈溪支行、背书人宁波峙锦贸易有限公司等，持票人为申请人）一份，向法院申请公示催告。法院立案受理后，于2021年9月16日发出公告，催促利害关系人自公告之日起60日内申报权利。经法院查明，该票据在申请人申请公示催告前已被兑付。

【裁判结果】裁定终结本案的公示催告程序。

【裁判理由】如果票据在失票人申请前就已经被兑付或取款的，则失票人权利被侵害已成为事实，此时公示催告程序没有再继续进行的必要。失票人应另行通过其他途径进行权利救济。

第二百三十三条　没有人申报的，人民法院应当根据申请人的申请，作出判决，宣告票据无效。判决应当公告，并通知支付人。自判决公告之日起，申请人有权向支付人请求支付。

【条文主旨】

本条是关于法院依申请作出除权判决的适用条件及程序的规定。

【条文理解】

一、除权判决的作出

人民法院在无人申报的情况下，需要作出除权判决，宣告票据无效，尽快实现票据利益。所谓除权判决，是指人民法院依据申请人申请，认定票据无效，判令付款人向申请人支付款项，从而结束公示程序的法律文书。公示催告是除权判决作出之前的必经程序。对申请人而言，公示催告本身不是目的，如果想要使权利人或利害关系人产生权利丧失的效果，还要在公示催告期满后向法院申请作出除权判决。

首先，公示催告期间无人申报权利或者申报权利被认定不合法。其次，除权判决须依申请作出。公示催告期届满无人申报或申报被驳回的，虽然产生了申请人为唯一权利人的法律推定效果，但公示催告不会自动转换成除权判决阶段，因此，法院不会依职权作出除权判决，而需要由申请人提出申请。再次，申请人应当在公示催告期间届满后的法定期限内申请作出除权判决。根据《民事诉讼法司法解释》第 450 条的规定，在申报权利的期间无人申报权利，或者申报被驳回的，申请人应当自公示催告期间届满之日起 1 个月内申请作出判决。逾期不申请判决的，终结公示催告程序。如果当事人不在规定期间内申请法院作出除权判决，公示催告目的无法实现。

二、除权判决的法律效果

除权判决的结果是宣告票据无效，除权判决作出后，取得票据的人丧失了票据上的权利，申请人获得向支付人请求支付的权利，支付人不得拒付，而其他任何还持有票据的人都不得以该无效票据要求支付人履行支付义务。由此可以看出，除权判决具有除权及行权两项法律效力。除权效力是指通过宣告票据无效，使持有票据的主体不能行使票据权利。行权效力是指申请人可向支付人请求支付款项。由于公示催告程序并非诉讼程序，除权判决并非经过对权利争议的实质审查所作出，因此，除权判决只是恢复了申请人作为持票人的形式上资格，即回复到与持有票据的同一地位，并非将申请人确定为实质票据权利人。[①] 因此，支付人对持票人的抗辩同样可以对取得除权判决的申请人主张。

除权判决应当公告并通知支付人，此时，法院受理公示催告申请时向支付人发出的止付通知仍然持续有效，除权判决的通知解除了止付通知，产生了其应向除权判决的申请人付款的新效力。在2015年《民事诉讼法司法解释》对公示催告期限未作修改之前，容易发生票据的付款期限未到，但申请人通过除权判决已经获得向支付人主张付款的权利，产生了申请人因除权判决获得比原来票据文义及票据权利更优越权利的不合理结果。《民事诉讼法司法解释》第447条规定，公示催告期间届满日不得早于票据付款日后15日，解决了该问题。

三、公示催告期满前申请法院作出除权判决的可行性

本条未规定在公示催告期间届满前，申请人提交除权判决申请的问题，但从便于权利行使的角度，对于当事人提前申请作出除权判决，法

① 参见杨忠孝：《论票据公示催告程序的制度完善》，载《政治与法律》2009年6期。

律不应加以禁止，一般情况下，当事人在申请公示催告的同时也一并申请法院作出除权判决。

【条文适用】

人民法院作出除权判决应满足以下几个条件：第一，无人申报或者申报不合法被驳回。第二，必须依申请人申请，这是充分尊重申请人权利的体现。第三，申请人应当在公示催告期间届满后 1 个月内提出申请。[①] 申请人逾期未提出申请的，应视为申请人放弃除权，法院应裁定终结公示催告程序。

【典型案例】

赛格进出口公司诉中国农业银行无锡市郊区支行票据承兑纠纷案[②]

【裁判要旨】出票人在交付票据前遗失票据，在申请公示催告期间届满后，未向法院申请除权判决，以遗失的银行承兑汇票的复印件及付款人的说明交付给收款人，不符合票据规定，应视为出票人并未完成出票，收款人也并未实际持有该票据，付款人有权拒绝兑付。

【基本案情】1996 年 1 月 22 日，原告塞格公司根据与案外人深圳市联京工贸有限公司和无锡市北塘恒昌车辆贸易总公司（以下简称恒昌公司）签订的代理进口摩托车发动机总成协议，对外开立了信用证。为此，恒昌公司按照约定签发了金额分别为450 万元和650 万元，到期日分别为同年 11 月 16 日、12 月 16 日，收款人均为赛格公司的两张银行承兑汇票，均为被告郊区农行承兑。

这两张银行承兑汇票，被恒昌公司在交付给原告塞格公司前遗失。

① 参见杨荣鑫主编：《〈中华人民共和国民事诉讼法〉释义》，清华大学出版社 2012 年版，第 317 页。

② 案例来源：《最高人民法院公报》1999 年第 6 期。

恒昌公司曾于1996年8月2日在《南方日报》登报声明汇票作废，又于同年9月2日向无锡市郊区人民法院申请公示催告。无锡市郊区人民法院于当天通知被告郊区农行停止支付。在法律规定的公示催告期届满时，恒昌公司未向无锡市郊区人民法院申请除权判决。

恒昌公司后来交付给原告襄格公司的，是遗失的银行承兑汇票第一联（此联由承兑行支付票款时作借方凭证）复印件和被告郊区农行于1996年8月28日出具的说明函。在银行承兑汇票第一联复印件上的汇票签发人签章栏内，加盖了郊区农行的汇票专用章，但是没有恒昌公司的签章。郊区农行说明函的内容是：由于银行承兑汇票被出票人遗失，出票人已登报声明作废，因此同意在遗失汇票的底联复印件上加盖本行汇票专用章，作为收款人向本行收款的有效依据；汇票到期后，收款人必须派员凭此复印件结算票面款项。塞格公司按复印件记载的日期，在到期后持上述遗失汇票第一联的复印件向郊区农行提示付款时，遭到郊区农行拒付，因此提起诉讼。

【裁判结果】无锡市中级人民作出判决驳回原告赛格公司诉讼请求。赛格公司不服，向江苏省高级人民法院上诉。江苏省高级人民法院驳回上诉，维持原判。

【裁判理由】无锡市中级人民法院认为，《票据法》第20条[①]规定："出票是指出票人签发票据并将其交付给收款人的票据行为。"案外人恒昌公司虽然签发并经被告郊区农行承兑了两张银行承兑汇票，但是这两张银行承兑汇票在向原告赛格公司交付之前即被恒昌公司遗失，故恒昌公司并未完成出票的票据行为，塞格公司也未实际持有该银行承兑汇票。现塞格公司据以主张票据权利的，只是恒昌公司交给它的银行承兑汇票第一联复印件。该复印件上虽然有"汇票"字样、金额、付款人名称、收款人名称等复印内容，但是没有出票人恒昌公司的签章、且未经郊区农行同意承兑，另附的郊区农行说明函又对支付限定了条件，这些内容都不符合《票据法》第22条[②]对汇票的规定，所以复印件上虽然有郊区

① 对应《票据法》（2004年修正）第20条。

② 对应《票据法》（2004年修正）第22条。

农行加盖的汇票专用章，也不能作为有效的汇票使用。塞格公司持此复印件请求行使票据权利，不符合《票据法》第 4 条第 2 款[①]的规定，应当驳回。

另外，塞格公司虽因票据无效而丧失了票据权利，但是其因代理行为而对恒昌公司享有的债权并未丧失，原审也没有否定赛格公司的这一民事权利。塞格公司起诉时，只是主张对被上诉人郊区农行行使票据权利，本案据此以票据纠纷立案。塞格公司与恒昌公司之间的债权债务系原因关系，属民法调整，与本案的票据关系无关，不应一并审理，塞格公司可另行起诉。

① 对应《票据法》（2004 年修正）第 4 条第 2 款。

第二百三十四条　利害关系人因正当理由不能在判决前向人民法院申报的，自知道或者应当知道判决公告之日起一年内，可以向作出判决的人民法院起诉。

【条文主旨】

本条是关于对因正当理由不能在除权判决作出前申报票据权利的利害关系人进行权利救济的规定。

【条文理解】

除权判决仅作为一种法律推定，而非依据普通程序对权利义务作出的裁判。如该法律规定与客观事实不相符合，就需要对利害关系人进行必要的权利救济。根据规定，利害关系人在法院作出除权判决之前都可以申报票据权利。利害关系人未能在此之前申报票据权利的，既有利害关系人一方的原因，如身体健康状况不允许或者被限制人身自由等，也存在法院公示催告程序不规范引起的因素，如未按照法定程序予以公示。为了保障利害关系人的利益，赋予了利害关系人在具备正当理由的情况下，向作出除权判决的法院起诉的权利。为了兼顾利害关系人权益保护与法律关系稳定性，避免利害关系人因怠于行使权利造成法律关系长期处于不安定状态，同时规定利害关系人应自知道或者应当知道除权判决公告之日起1年内起诉。

【条文适用】

利害关系人向人民法院起诉撤销除权判决的，应符合下列要件。

一、具备“正当理由”

《民事诉讼法司法解释》第 458 条规定：正当理由包括：（1）因发生意外事件或者不可抗力致使利害关系人无法知道公告事实的；（2）利害关系人因被限制人身自由而无法知道公告事实，或者虽然知道公告事实，但无法自己或者委托他人代为申报权利的；（3）不属于法定申请公示催告情形的；（4）未予公告或者未按法定方式公告的，未按法定方式公告包括未在规定媒体上公告或公告的时间不符合法律规定；（5）其他导致利害关系人在判决作出前未能向人民法院申报权利的客观事由。①

二、适用的程序及管辖法院

《民事诉讼法司法解释》第 457 条规定：依照《民事诉讼法》第 230 条②的规定，利害关系人向人民法院起诉的，人民法院可按票据纠纷适用普通程序审理。

根据《民事诉讼法》第 26 条的规定，因票据纠纷提起的诉讼，由票据支付地或者被告住所地人民法院管辖。而根据《民事诉讼法司法解释》第 455 条规定，因票据权利纠纷提起诉讼的，由票据支付地或者被告所在地人民法院管辖；因非票据权利纠纷提起诉讼的，由被告住所地人民法院管辖。除权判决作出后，因票据权利已经不复存在，利害关系人能主张的只能是非票据权利，因而只能由被告住所地法院管辖。如此一来，除权判决作出的法院与后续票据纠纷的管辖法院可能并不一致，不利于法院受理及查清案件事实。为此，本条规定利害关系人在除权判决作出后提起诉讼的，应向判决作出法院提出。

---

① 也有学者认为，申请撤销除权判决的原因事实只能是除权判决之程序不当或存在瑕疵，包括：（1）超出法定的公示催告情形而进行公示催告并作出除权判决的；（2）申请人伪造证据申请公示催告之情形；（3）法院没有依法公告；（4）利害关系人进行了申报，但法院未终止公示催告程序作出除权判决的；（5）其他公示催告程序瑕疵。参见邢海宝：《票据公示催告的限缩与转向》，载《法学》2018 年第 5 期。

② 对应《民事诉讼法》（2023 年修正）第 234 条。

三、被告的确定

《民事诉讼法司法解释》第459条规定，利害关系人请求人民法院撤销除权判决的，应当将申请人列为被告。利害关系人仅诉请确认其为合法持票人的，人民法院应当在裁判文书中写明，确认利害关系人为票据权利人的判决作出后，除权判决即被撤销。

四、利害关系人撤销之诉的性质分析

普遍认为，本法第234条为关于撤销除权判决之诉的规定。实践中，除权判决作出后利害关系人既可以提出撤销除权判决的诉讼，也可以提出确认其为票据权利人的确认之诉，法院作出判决确认利害关系人为票据权利人的，除权判决即被撤销，无须法院再另行出具撤销除权判决的判决。一般在裁判理由中写明，除权判决视为撤销。利害关系人也可以主张公示催告程序的申请人承担侵权损害赔偿责任，此种诉讼隐含的前提是利害关系人为票据权利人。[①] 但并非需以利害关系人已经取得撤销除权判决的判决或者确定利害关系人为票据权利人的判决为前提。上述三种途径仅在于诉讼请求不同，但其结果均是除权判决被撤销。[②] 除权判决

① 参见马向伟：《票据公示催告引发纠纷类型之梳理》，载《山东审判》2014年第2期。

② 有研究归纳了司法实践中各地法院的生效判决，主要有以下几种不同的处理程序和判决结果：第一种，利害关系人提起票据纠纷之诉，要求付款人承担付款责任或者出票人、背书人等承担各自的票据债务，法院先启动审判监督程序撤销本院或下级法院作出的不当除权判决，然后在普通程序中判决付款人等承担票据责任，在这个过程中通常都要中止票据纠纷的诉讼；第二种，票据持有人提起诉讼，法院经审理以后认为原除权判决错误，在“本院认为”部分交代理由，甚至不作任何交代，直接支持原告要求相关主体承担票据责任的诉讼请求；第三种，利害关系人提出诉讼，申请撤销除权判决，并要求付款人等承担票据责任，法院经审理后认为利害关系人确系票据公示催告前的最后持有人，除权判决有误，在普通的票据纠纷中直接判决撤销错误的除权判决，并支持原告要求相关主体承担票据责任的诉讼请求；第四种，以依据公示催告程序作出的除权判决具有不可逆转性，撤销除权判决没有法律依据为由，驳回原告的该项请求，通常也驳回原告主张票据权利的其他请求；第五种，法院经审理后认为该诉讼属于除权判决撤销之诉，利害关系人确系票据最后持有人，原除权判决错误的，判决撤销该除权判决，而对于涉案票据上的权利义务关系则不予处理；第六种，在利害关系人起诉请求公示催告申请人等主体承担侵权赔偿责任或者不当得利责任的情况下，直接判决责任主体承担赔偿责任，对于原除权判决是否撤销不予置评，此类案件票据付款人通常已经依照除权判决兑付了票款。参见葛治华、罗小平：《除权判决撤销之诉：权利救济与程序安定的冲突与平衡——民事诉讼法第223条解读》，载《浙江工业大学学报》2015年第2期。

被撤销后，申请人依判决所得的行使票据权利的形式资格丧失，票据持有人的形式资格恢复，持票即可行使票据付款请求权与追索权。如果票款已被申请人取得，持票人有权要求返还。[①]

【典型案例】

深圳创维－RGB 电子有限公司山西分公司诉介休市华旗选煤有限公司票据损害责任纠纷案

【案　　号】广东省高级人民法院（2017）粤民再 137 号

【裁判要旨】撤销除权判决不是利害关系人提起票据损害赔偿之诉的必要前置程序；审理实际持票人对公示催告申请人提起的票据损害责任纠纷案件中，应当结合票据有价证券的属性，通过合理分配举证责任来确定票据权利人；当实际持票人完成其为票据权利人的证明责任后，其关于公示催告申请人应承担侵权赔偿责任的主张成立。

【基本案情】原告（上诉人、再审申请人）深圳创维－RGB 电子有限公司山西分公司（以下简称创维山西公司）诉称：2011 年 11 月 28 日，侯马市广进电子有限公司（以下简称广进公司）依法背书转让给创维山西公司银行承兑汇票一张。后该票据经多次背书，最后由无锡阿尔梅新材料有限公司（以下简称阿尔梅公司）持有，阿尔梅公司在委托收款时得知该汇票已由被告介休市华旗选煤有限公司（以下简称华旗公司）申请公示催告，并由法院作出除权判决，华旗公司已持除权判决将 50 万元款项取走。阿尔梅公司便将该汇票逐一向前手退还至创维山西公司手中，现该汇票由创维山西公司合法持有。根据《民事诉讼法》《票据法》及相关司法解释的规定，可以背书转让的票据在丧失票据占有以前的最后合法持票人，因票据被盗、遗失或者灭失，可以向人民法院申请公示催告。而华旗公司既非本案所涉票据上记载的票据权利义务人，又非该票

---

① 参见邢海宝：《票据公示催告的限缩与转向》，载《法学》2018 年第 5 期。

据的最后合法持票人，其伪报票据遗失、骗取票据权利的行为，侵害了创维山西公司的合法权益。基于上述事实和理由，原告提出如下诉讼请求：判令华旗公司赔偿创维山西公司50万元、利息和其他损失5万元，并承担诉讼费用。

被告（被上诉人、再审被申请人）华旗公司辩称：诉争票据是华旗公司2011年11月为黎城华太煤气化有限公司（以下简称华太公司）加工精煤所得，票据丢失后向广州市天河区人民法院申请公示催告，公告期满后法院作出除权判决，承兑期满后华旗公司解付。尽管华旗公司未在票据上签章，但属于通过合同对价取得，依法享有票据权利。华旗公司绝非恶意挂失，而是在票据丢失后，按照法律给予的救济途径来保护自己的利益。反而是创维山西公司在收到大额票据后没有去查询票据情况，造成了自身损失，其损失与华旗公司没有法律上的因果关系。

法院经审理查明：创维山西公司经背书取得银行承兑汇票一张。该汇票记载：出票人广州市建盛达发展有限公司，收款人五矿物流广东有限公司，付款行中国民生银行广州分行营业部，出票日期2011年11月10日，汇票到期日2012年5月10日，出票金额50万元；背面依次记载被背书人华瑞（邯郸）铸管有限公司、华太公司、山西维峰选煤有限公司、晋中晋煤煤炭销售有限公司、广进公司、创维山西公司、创维电子（内蒙古）有限公司、温州市黎东眼镜有限公司、阿尔梅公司、建行无锡分行营业部（委托收款）。2012年5月7日该票被出票行以“该票已挂失止付，有法院判决书”为由拒付。其后，阿尔梅公司、温州市黎东眼镜有限公司、创维电子（内蒙古）有限公司依次放弃该票据权利并出具说明，该票据被退回给创维山西公司。

2011年12月28日，华旗公司以遗失涉案汇票为由向广州市天河区人民法院申请公示催告。该院于2011年12月29日向中国民生银行广州分行营业部发出停止支付通知，于2012年1月5日发出公告。公示催告期间，无人向该院提出申报。该院于2012年3月21日作出（2012）穗天法民催字第6号除权判决，宣告案涉汇票无效，华旗公司有权向支付人请求支付。华旗公司确认案涉汇票已于2012年5月10日支付，其已经收到票款。

广东省广州市天河区人民法院于2014年11月25日作出（2012）穗天法民二初字第2888号民事判决：驳回创维山西公司的诉讼请求。

创维山西公司提出上诉。广东省广州市中级人民法院于2015年5月20日作出（2015）穗中法金民终字第90号民事判决：驳回上诉，维持原判。

二审判决生效后，创维山西公司向广东省高级人民法院申请再审。

【裁判结果】判决撤销（2015）穗中法金民终字第90号、（2012）穗天法民二初字第2888号民事判决，判令华旗公司赔偿创维山西公司损失55万元，并载明在本案判决作出后，广州市天河区人民法院（2012）穗天法民催字第6号除权判决即被撤销。

【裁判理由】创维山西公司提起本案诉讼要求华旗公司承担票据侵权损害赔偿责任，隐含的前提是确认其为案涉汇票合法持票人并撤销（2012）穗天法民催字第6号除权判决。根据《民事诉讼法》第223条①、《民事诉讼法司法解释》（2015年）第459条②、第461条③规定，人民法院应当审查作为利害关系人的创维山西公司是否具有票据权利人身份，确定利害关系人为票据权利人的判决作出后，除权判决即被撤销，无须通过另外专门的前置审判程序予以撤销。二审判决以创维山西公司未起诉主张撤销除权判决、无权直接主张华旗公司侵权为由，对创维山西公司是否为案涉汇票权利人未作审理并驳回其诉讼请求，审理程序不当，应予纠正。本案中，创维山西公司持有汇票原件，该汇票背书连续，创维山西公司是票面记载的被背书人和背书人。创维山西公司提交的其与前手广进公司的基础合同、其开具给广进公司的增值税发票、广进公司出具的证明等证据，能够证明其通过真实交易、支付了对价、在华旗公司申请公示催告前取得案涉票据。而华旗公司在案涉汇票上没有任何签章记载，其提交的与华太公司的加工合同及该公司出具的《证明》，均不

① 对应《民事诉讼法》（2023年修正）第234条。

② 对应《民事诉讼法司法解释》（2022年修正）第457条。

③ 对应《民事诉讼法司法解释》（2022年修正）第459条。

能证明其从该公司取得了案涉汇票，系案涉汇票丧失占有前的最后合法持票人。在没有证据证明创维山西公司非善意取得案涉汇票的情况下，应认定创维山西公司为案涉诉争汇票的合法权利人。华旗公司通过公示催告程序取得案涉汇票金额，使持有案涉汇票的权利人创维山西公司不能凭票据行使票据权利。华旗公司的行为侵害了创维山西公司的权益，依法应承担相应的侵权责任。

第三编　执行程序

第十九章 一般规定

第二百三十五条 发生法律效力的民事判决、裁定，以及刑事判决、裁定中的财产部分，由第一审人民法院或者与第一审人民法院同级的被执行的财产所在地人民法院执行。

法律规定由人民法院执行的其他法律文书，由被执行人住所地或者被执行的财产所在地人民法院执行。

【条文主旨】

本条是关于执行依据和执行管辖的规定。

【条文理解】

一、关于执行依据

执行依据是记载着执行内容，当事人据以申请执行与执行机构据以启动执行程序的生效法律文书。我国确认民事权利的程序与实现民事权利的程序相对独立，即所谓“审执分立”原则，执行依据是连接确权程序与执行程序的桥梁。

一般认为，执行依据除了应符合法律规定的形式要件外，还应该具备如下实质要件：一是要具有给付内容。确认判决的目的在于以法律的形式确认一种既定事实，没有执行的必要。形成判决的作出即改变了原有的法律关系，也不需要执行。只有给付判决需要强制执行予以实现。

二是给付内容确定。一般情况下，确定给付内容应根据执行依据的主文；在主文不确定时，可以参照理由部分确定。三是给付内容适于强制执行。这主要是学理上的主张，例如，夫妻同居的义务不适合强制执行。但是实践中这种情况很少。具有参考价值的是，要根据执行内容与性质采取不同的执行方式。如在探视权执行案件中，不能针对人身予以直接强制执行，但是可以通过间接强制的办法促使被执行人履行法定义务。

根据法律、司法解释的相关规定，我国主要的执行依据类型如下：

1. 人民法院制作的生效法律文书。具体包括：

（1）民事、行政、刑事判决书。其中特别需要注意的是刑事判决的执行问题。根据《最高人民法院关于刑事裁判涉财产部分执行的若干规定》（法释〔2014〕13 号）的规定，刑事附带民事裁判的执行，适用民事执行的有关规定。而对于刑事判决主文确定的罚金、没收财产、责令退赔等涉财产部分的执行，则由第一审人民法院执行。第一审人民法院可以委托财产所在地的同级人民法院执行。[①]

（2）民事、行政、刑事裁定书。主要包括先予执行裁定与财产保全裁定、变更或追加执行当事人的裁定、执行程序中因对被执行人提供担保而对担保人作出的承担担保责任的裁定、对被执行人到期债权的执行中作出的对于第三人强制执行的裁定、因负有协助执行义务的单位和个人违反法律规定而承担民事责任所作出的裁定。需要注意的是，根据《民法典》第 410 条第 2 款“抵押权人与抵押人未就抵押权实现方式达成协议的，抵押权人可以请求人民法院拍卖、变卖抵押财产”的规定，法院就抵押权人的申请所做的许可强制执行裁定也是一种执行依据。对此，《民事诉讼法》第 207 条、第 208 条和《民事诉讼法司法解释》第 359 ~ 371 条对于担保物权实现的诉讼程序予以具体规定。

（3）民事调解书。根据我国《民事诉讼法》的规定，调解书经双方当事人签收后，即具有法律效力。当事人违反调解书确定的义务，另一

---

① 《最高人民法院关于财产刑执行问题的若干规定》（法释〔2010〕4 号，已废止）也同样规定了财产刑的执行由第一审人民法院负责裁判执行的机构负责。被执行的财产在异地的，第一审人民法院可以委托财产所在地的同级人民法院代为执行。

方可申请人民法院强制执行。[①]

（4）支付令与民事制裁决定书。

2. 依法应由人民法院执行的行政决定。《行政强制法》第53条规定：当事人在法定期限内不申请行政复议或者提起行政诉讼，又不履行行政决定的，没有行政强制执行权的行政机关可以自期限届满之日起3个月内，依照规定申请人民法院执行。

3. 仲裁机构作出的仲裁裁决和调解书及人民法院依据《仲裁法》有关规定作出的财产保全和证据保全裁定。

4. 公证机关依法赋予强制执行效力的债权文书。根据《最高人民法院关于公证债权文书执行若干问题的规定》，公证债权文书执行案件，由被执行人住所地或者被执行的财产所在地人民法院管辖。此类案件的级别管辖，参照人民法院受理第一审民商事案件级别管辖的规定确定。

5. 经人民法院裁定认可的我国台湾地区的民事判决、仲裁裁决，我国香港特别行政区的民事判决、仲裁裁决，我国澳门特别行政区的民商事判决、仲裁裁决等。根据相关司法解释的规定，当事人就上述地区的相关生效法律文书，可以申请人民法院认可与执行。

6. 经人民法院裁定承认的外国法院作出的判决、裁定，以及国外仲裁机构作出的仲裁裁决。

二、关于执行管辖

管辖是解决人民法院系统内部分工问题的制度。具体包括地域管辖、级别管辖、选择管辖、指定管辖、管辖争议的处理等内容。结合相关法律与司法解释的规定，对于本条中的管辖问题做如下说明：

如上所述，本条在2007年修改时的变化是对于人民法院的判决、裁

---

① 传统上一般认为，民事调解书和民事判决书在执行效力上是等同的。但是实践中的新问题表明，两者存在一定差异。比如判决合同继续履行和调解继续履行，在适用强制执行措施的必要性上就有所不同，前者通常经过了人民法院关于履行成本的考量，在当事人违反判决确定的履行义务时，强制履行是必然的法律后果。而人民法院对于调解书的审查，一般限于当事人自愿与内容合法两个方面，不及于履行成本问题。相应地，在当事人违反继续履行调解书的情况下，是否应当适用强制履行措施，会面临强制履行成本的考量。

定的执行管辖，在一审法院之外，增加了“被执行的财产所在地人民法院”的连接点，扩大了法院裁判文书确定的权利人的选择权，权利人既可以向第一审法院申请执行，也可以向被执行的财产所在地人民法院申请执行。对于法律规定由人民法院执行的其他法律文书，仍然由被执行人住所地或者被执行的财产所在地人民法院执行。

本条主要解决的是地域管辖的问题。对于一些特殊类型的执行案件，相关司法解释规定了不同的级别管辖。根据《执行工作规定》的规定，国内仲裁过程中，当事人申请的财产保全，由被申请人住所地或被申请保全的财产所在地的基层人民法院裁定并执行；申请的证据保全，由证据所在地的基层人民法院裁定并执行。在涉外仲裁过程中，当事人申请财产保全，经仲裁机构提交人民法院的，由被申请人住所地或被申请保全的财产所在地的中级人民法院裁定并执行；申请证据保全的，由证据所在地的中级人民法院裁定并执行。专利管理机关依法作出的处理决定和处罚决定，由被执行人住所地或财产所在地的省、自治区、直辖市有权受理专利纠纷案件的中级人民法院执行。

根据《执行工作规定》的规定，两个以上人民法院都有管辖权的，当事人可以向其中一个人民法院申请执行；当事人向两个以上人民法院申请执行的，由最先立案的人民法院管辖。基层人民法院和中级人民法院管辖的执行案件，因特殊情况需要由上级人民法院执行的，可以报请上级人民法院执行。人民法院之间因执行管辖权发生争议的，由双方协商解决；协商不成的，报请双方共同的上级人民法院指定管辖。

根据《最高人民法院关于高级人民法院统一管理执行工作若干问题的规定》的规定，高级人民法院对本院及下级人民法院的执行案件，认为需要指定执行的，可以裁定指定执行；对于最高人民法院函示指定执行的案件，应当裁定指定执行。对于符合条件的下列案件，高级人民法院可以裁定提级执行：（1）高级人民法院指令下级人民法院限期执结，逾期未执结需要提级执行的；（2）下级人民法院报请高级人民法院提级执行，高级人民法院认为应当提级执行的；（3）疑难、重大和复杂的案件，高级人民法院认为应当提级执行的。高级人民法院对最高人民法院函示提级执行的案件，应当裁定提级执行。

【条文适用】

2007年修改《民事诉讼法》时在本条中增加了“被执行的财产所在地”连接点后，必然使执行管辖问题变得相对复杂，结合《最高人民法院关于适用〈中华人民共和国民事诉讼法〉执行程序若干问题的解释》的规定及其他相关司法解释，在实践中应注意以下几点。

一、当事人对执行管辖的选择权及其限制

本条规定赋予了申请执行人在执行管辖上的选择权，对此，人民法院应当充分予以尊重。既不能争抢管辖，也不能相互推诿，禁止在管辖问题上给当事人设置任何障碍。

《最高人民法院关于适用〈中华人民共和国民事诉讼法〉执行程序若干问题的解释》对于重复立案问题作了规定：一是有管辖权的人民法院在立案前发现其他有管辖权的人民法院已经先立案的，不得再重复立案。二是如果该法院已经立案，在立案后才发现其他有管辖权的人民法院已经先立案的，应当撤销案件；并应当将控制的财产移交给先立案的执行法院处理。对此应严格掌握。此外，根据上述司法解释，申请执行人向第一审人民法院以外的被执行的财产所在地人民法院申请执行时，应当提供该人民法院辖区有可供执行财产的证明材料。

二、管辖权异议及管辖争议问题的解决

2007年《民事诉讼法》修改后，因确定管辖的连接点增多，法院之间因管辖权发生争议的现象也将相应增加，特别是被执行财产分布在多个法院辖区的情况下，由于法院之间对被执行人在某地是否有可供执行的财产的不同认识，客观上将导致在管辖权问题上的分歧。因此，《最高人民法院关于适用〈中华人民共和国民事诉讼法〉执行程序若干问题的解释》第3条规定：一是管辖权异议应当自收到执行通知之日起10日内

提出；二是经人民法院审查处理，管辖权异议成立的，应当撤销执行案件，并告知当事人向有管辖权的人民法院申请执行；异议不成立的，裁定驳回；三是赋予当事人对管辖权异议裁定向上一级法院申请复议的权利。

对于人民法院之间的管辖权争议，应严格依照《执行工作规定》第 16 条的规定办理。

三、关于财产所在地的认定问题

正确把握与认定财产所在地的标准，对于实现执行管辖制度的目的意义重大。在被执行人有多项财产分布在多个法院辖区的情况下，多项财产的价值或者性质上可能存在巨大差异，是否有必要对申请执行人的选择权进行适当限制，规定其应当向主要财产所在地或不动产所在地法院申请执行，修改过程中就存在不同意见。但是条文最终并未明确被执行财产的所在地的具体认定标准。

第二百三十六条　当事人、利害关系人认为执行行为违反法律规定的，可以向负责执行的人民法院提出书面异议。当事人、利害关系人提出书面异议的，人民法院应当自收到书面异议之日起十五日内审查，理由成立的，裁定撤销或者改正；理由不成立的，裁定驳回。当事人、利害关系人对裁定不服的，可以自裁定送达之日起十日内向上一级人民法院申请复议。

【条文主旨】

本条是关于对违法执行行为提出异议的规定。

【条文理解】

依照本条规定，在执行行为违法的情况下可以提出异议的主体非常广泛，既包括当事人，也包括有关的利害关系人。这里的“当事人”既包括申请执行人和被执行人，也包括在执行过程中，被人民法院依法变更、追加为当事人的公民、法人或其他组织。本条中所说的“利害关系人”，是指执行当事人以外，因强制执行而侵害到其法律上权益的公民、法人或其他组织。

违反法律规定的执行行为，是指法律、司法解释有明确规定，执行人员违反该规定而实施的执行行为。这里的“法律”，主要是指《民事诉讼法》和有关司法解释，但也不限于此。此外，一般认为，对于没有法律的明确规定，但是违反了强制执行法律的目的和原则，构成了程序上不当的执行行为，相关主体也能提出异议。[①] 根据本法条及《最高人民法

① 丁亮华：《最新民事执行程序解读与运用》，中国法制出版社 2007 年版，第 22 页。

院关于适用〈中华人民共和国民事诉讼法〉执行程序若干问题的解释》《最高人民法院关于人民法院办理执行异议和复议案件若干问题的规定》的相关规定，提起执行异议必须在执行程序中，以书面形式向执行法院提出。但是例外的情况是，对于终结执行的执行行为，当事人提起执行异议不受执行程序终结前的时间限制。

复议程序中，需要注意的是，可以申请复议的主体不限于提出异议的当事人、利害关系人，未提出异议的当事人和利害关系人，如果其合法权益因法院作出的裁定受到侵害的，也可以申请复议。

执行程序依据生效法律文书进行，其原则是快捷地实现被生效法律文书确定的权利。而当事人异议制度的目的在于及时纠正违法和不当的执行行为，维护当事人、利害关系人的合法权益。综合平衡这两种利益，就异议与复议程序对于执行程序的影响，《最高人民法院关于适用〈中华人民共和国民事诉讼法〉执行程序若干问题的解释》第 9 条作了如下规定：执行异议审查和复议期间，不停止执行。被执行人、利害关系人提供充分、有效的担保请求停止相应处分措施的，人民法院可以准许；申请执行人提供充分、有效的担保请求继续执行的，应当继续执行。

【条文适用】

执行实践中，适用本条规定有必要注意以下几方面的问题。

一、区分程序上的救济与实体上的救济

一般认为，当事人、利害关系人的合法权益因强制执行受到侵害的情形大致有以下两种：一是因执行方法、措施、具体执行程序等违反法律规定侵害其程序上的利益；二是因强制执行侵害到被执行人或案外人实体法上的权利。上述两种情形所侵害的权益不同，救济的方法也不一样。第一种情形的救济是一种程序上的救济，即赋予当事人、利害关系人提出异议的权利，请求法院执行机构对违法的执行行为予以更正或撤销。第二种情形的救济是一种实体上的救济，即赋予被执行人或案外人

提起诉讼的权利，请求人民法院的审判机构对有关实体争议进行审理，并作出裁判排除强制执行。本条是针对违法执行行为所规定的救济方法，属于一种程序上的执行救济。

二、把握本条中“执行行为”的范围

执行行为纷繁复杂，范围广泛，实践中具体如何把握，直接影响到当事人的合法权益和执行程序的正常进行，应当慎重对待。具体而言，执行行为不仅包括执行法院所采取的执行措施，如查封、扣押、冻结；也包括执行法院在强制执行时应当遵守的程序与作出的某些法律文书，如拍卖中的先期公告程序、强制迁出房屋或者强制退出土地中院长签发公告责令限期被执行人履行的程序、协助执行通知书、执行通知等。还包括其他侵害当事人、利害关系人合法权益的执行行为。如执行法院没有执行依据而实施执行，超过执行依据所确定的债权范围进行执行，违法追加、变更执行当事人，对法律禁止执行的财产予以执行，违法进行搜查，对迟延履行期间的债务利息或迟延履行金计算错误，执行机构直接裁定分割被执行人与案外人共有的财产等。在上述类似情形下，当事人和利害关系人均可提出异议，以资救济。

实际上，上述几种情形往往很难截然分开，许多执行措施的实施往往需要发出相应的法律文书，许多程序性规定往往又是采取执行措施时应当遵守的程序，实践中没有必要对某种执行行为究竟是违反了关于执行措施的规定、执行程序的规定还是其他相关规定过多纠结，关键是判断某种具体的执行行为是否存在违反法律和有关司法解释的规定，侵害当事人、利害关系人合法权益的情形。

三、注意本条规定的救济与执行监督制度的协调

《执行工作规定》确立了较为完善的执行监督制度。该司法解释赋予了上级人民法院对下级人民法院、最高人民法院对地方各级人民法院和专门法院的执行行为广泛的监督权。例如，上级人民法院可以指令纠正下级人民级法院错误的执行法律文书与具体执行行为，并可以同时通知

有关法院暂缓执行；经复议程序上级法院认为下级法院理由不成立，而下级人民法院仍不纠正的，上级法院可直接作出裁定或决定予以纠正。再比如，上级人民法院发现下级人民法院的执行案件（包括受委托执行的案件）在规定的期限内未能执行结案的，应当作出裁定、决定、通知而不制作的，或应当依法实施具体执行行为而不实施的，应当督促下级人民法院限期执行，及时作出有关裁定等法律文书，或采取相应措施。对下级人民法院长期未能执结的案件，确有必要的，上级人民法院可以决定由本院执行或与下级人民法院共同执行，也可以指定本辖区其他人民法院执行。

本条救济也是针对瑕疵执行行为，与执行监督制度的适用对象存在一致性。所以出现了两种制度在适用上的协调问题。

我们认为，两种制度在具体适用时可以并行不悖。对违法执行行为提出异议进而申请复议，是当事人、利害关系人享有的一项法定权利，异议或复议申请符合法定条件的，执行法院和上一级人民法院就必须进行审查处理，并作出裁定，裁定应当送达当事人和有关法院。而执行监督作为法院内部的一种监督纠错制度，其具体程序更多的是在法院内部运行，法院处理后一般只向有关法院下发内部函文，在特殊情况下才制作正式的裁定或决定。因此，尽管两者都可能会达到纠正执行错误的实际效果，但纠错的途径、启动程序、审查处理程序、法律文书、法律效力等并不相同，可以作为两种不同的纠错机制同时存在。在出现违法执行的情况下，即使当事人、利害关系人未提出异议，或者对裁定不服时未向上一级人民法院申请复议，如果上级人民法院发现执行法院存在违法执行问题的，也应当依法进行监督；如果当事人、利害关系人已经提出了异议或正在申请复议，在救济程序正常进行的情况下，上级人民法院一般无须再就同一问题重复进行监督，但作为一项监督权力，上级人民法院认为必要时可以随时行使。

第二百三十七条　人民法院自收到申请执行书之日起超过六个月未执行的，申请执行人可以向上一级人民法院申请执行。上一级人民法院经审查，可以责令原人民法院在一定期限内执行，也可以决定由本院执行或者指令其他人民法院执行。

【条文主旨】

本条是关于申请变更执行法院的规定。

【条文理解】

一、申请的提起

依照本条规定，可以申请变更执行法院的主体只能是申请执行人，包括在执行过程中被依法变更、追加为申请执行人的公民、法人或其他组织。

该条的立法本意在于，对那些有条件执行而执行法院无正当理由拖延执行的案件，通过上级人民法院督促执行或更换执行法院的方式，排除地方和部门保护主义或人情、关系等因素的干扰，使案件尽快得到执行。如果案件客观上根本就无法执行，比如被执行人根本就没有可供执行的财产，适用该规定不仅没有实际意义，而且徒增当事人和法院的负担。《最高人民法院关于适用〈中华人民共和国民事诉讼法〉执行程序若干问题的解释》第10条对向上一级法院申请执行的事由细化为以下四种：第一，债权人在申请执行时被执行人有可供执行的财产，执行法院自收到申请执行书之日起超过6个月对该财产未执行完结的。这种情形实际上是对那些在执行程序开始时即有财产可供执行的案件，要求执行法院在6个月期限内必须将可供执行的财产执行完结。第二，执行过程中发现了被执行人可供执行的财产，要求执行法院自发现财产之日起6个月内对该财产执行完结，否则申请执行人即可向上一级人民法院申请执行。第三，行为义务的执行比较特殊，一般情况下不需要以可供执行的财产为前提，因此，本条第3项规定：执行法院自收到申请执行书之日起超过6个月未依法采取相应执行措施的。第四，弹性规定，旨在防止挂一漏万。此外，执行中的公告期间、鉴定评估期间、管辖争议处理期间、执行争议协调期间、暂缓执行以及中止执行等期间，均与无正当理由的拖延执行无关。因此，相关司法解释明确将上述期间从6个月期间中扣除。

二、对申请的审查处理

更换执行法院属于程序性事项，不涉及实体争议。申请执行人依法向执行法院的上一级人民法院申请执行后，由上一级人民法院的执行机构具体负责处理。执行机构对申请执行人的申请，经审查，针对不同情况可以作出三种不同的处理：一是责令原人民法院在一定期限内执行；二是决定由本院执行；三是指令本辖区执行法院以外的其他人民法院执行。上述三种处理方式，究竟哪种更为合适，由上一级人民法院根据案件的具体情况确定。

本条未规定作出督促执行、提级执行和指定执行时使用何种法律文书。为防止上级人民法院对申请执行人申请的处理过于随意，避免各地法院在该问题上做法不统一，《最高人民法院关于适用〈中华人民共和国民事诉讼法〉执行程序若干问题的解释》对此予以规定。提级执行和指定执行涉及比较重大的程序事项，加之各地法院在实践中也多使用裁定，因此规定上级人民法院在决定提级执行和指定执行时应当作出裁定。督促执行的目的在于通过指定一个合理的期限，督促执行法院限期执结，不宜使用裁定，考虑到使用通知又过于随意，规定督促执行时应当向执行法院发出督促执行令，以提高督促执行的实效。

在上一级人民法院责令执行法院限期执行的情况下，如果执行法院在指定期间内无正当理由仍未执行完结的，足以说明由原人民法院执行该案有相当大的困难。因此，上述司法解释对督促执行的适用作了一定的限制，即在上一级人民法院责令执行法院限期执行，执行法院在指定期间内无正当理由仍未执行完结的情形下，上一级人民法院应当裁定提级执行或者指定执行，而不能再由原执行法院继续执行。

【条文适用】

一、注意把握好申请变更执行法院的事由

依照本条规定，人民法院自收到申请执行书之日起超过6个月未执行的，申请执行人可以向上一级人民法院申请执行。如前所述，如果机械地理解这一规定，不区分具体情况，只要法院超过6个月期限未执行的，即允许申请执行人向上一级人民法院申请执行，会引起不必要的混乱，也不符合本条的立法目的。我们认为，本条的立法旨意在于对那些有条件执行而无正当理由拖延执行的案件，通过更换执行法院，切断各种因素对执行的干扰，使案件能够尽快得到执行。如果案件客观上根本就无法执行，如经多方查找，被执行人根本就没有可供执行的财产，更换执行法院并无实益。因此，对于申请变更执行法院的事由应以《最高人民法院关于适用〈中华人民共和国民事诉讼法〉执行程序若干问题的解释》第10条的规定为基础，结合本制度的目的予以确定。

二、注意本条与本法第236条适用的协调

本条针对消极执行问题赋予了申请执行人相应的救济途径，也就是说，在法院消极执行的情况下，申请执行人有申请更换执行法院的权利；而本法第236条规定了当事人、利害关系人认为执行行为违反法律规定时的异议与复议制度。消极执行显然属于违反法律规定的执行行为，在法院消极执行的情况下，申请执行人有权依照本法第236条的规定向执行法院提出异议。那么，在案件存在消极执行的情况下，如何协

调本条与第 232 条的适用呢？考虑到两种救济所针对的情形并不完全相同，救济途径也不一样，我们认为，在出现法定事由的情况下，当事人既可以任选其一，也可以分别通过两种不同的救济途径维护自己的合法权益。

第二百三十八条　执行过程中，案外人对执行标的提出书面异议的，人民法院应当自收到书面异议之日起十五日内审查，理由成立的，裁定中止对该标的的执行；理由不成立的，裁定驳回。案外人、当事人对裁定不服，认为原判决、裁定错误的，依照审判监督程序办理；与原判决、裁定无关的，可以自裁定送达之日起十五日内向人民法院提起诉讼。

【条文主旨】

本条是关于案外人对执行标的主张实体权利时如何救济的规定。

【条文理解】

一、案外人异议的提出及初步审查

可以提出案外人异议的主体须为案外人，这里的“案外人”，是指执行当事人以外，对执行标的主张权利，认为法院对某一项或几项财产的执行侵害其实体法上权利的公民、法人和其他组织。执行过程中，如果原来的案外人被依法变更或追加为执行当事人的，即不得再作为案外人提出异议。

关于案外人异议的事由，本条未作出明确规定。根据《最高人民法院关于适用〈中华人民共和国民事诉讼法〉执行程序若干问题的解释》第14条的规定，案外人异议的事由是对执行标的主张所有权或者其他足以阻止执行标的转让、交付的实体权利。对此，应注意案外人异议与本法第236条执行异议的区别，前者是一种基于对执行标的主张实体权利提出的异议，后者主要是对执行行为本身违反程序性规定提出的异议。

此外，案外人所主张的实体权利必须是依法足以阻止该标的转让与交付的实体权利，而非所有的实体权利。此种实体权利一般以所有权为典型，但是也包括用益物权、特定的债权，如租赁权。承租人（案外人）基于对执行标的的租赁权不能提出案外人异议，但如果法院在拍卖后强制承租人将标的物交付买受人，从而影响承租人对执行标的物依法占有、使用的，承租人可针对强制交付提出案外人异议，以排除法院的交付行为。

依照本条规定，案外人异议应当在执行过程中提出。首先，根据《最高人民法院关于人民法院办理执行异议和复议案件若干问题的规定》第 6 条第 2 款的规定，案外人依照《民事诉讼法》第 234 条[①]规定提出异议的，应当在异议指向的执行标的执行终结之前提出；执行标的由当事人受让的，应当在执行程序终结之前提出。该条文有两层意思：一是这里的执行完毕一般是指对特定标的物的执行程序完结，而非整个执行案件程序的终结；二是在执行标的被当事人受让的，提出执行异议的截止期限延长到整个执行程序终结。[②] 其次，根据《最高人民法院关于人民法院办理财产保全案件若干问题的规定》第 27 条的规定，人民法院对诉讼争议标的以外的财产进行保全，案外人可以基于实体权利提出案外人异议。[③] 对于该问题原本存在不同看法，反对者认为，诉讼保全依附于正在进行的诉讼，目的在于确保生效判决的执行，在判决未生效前，是否需要执行该标的并不确定。如申请保全的原告败诉，则法院会解除查封，就不会侵害案外真实权利人的利益，如果我们允许案外人就诉讼保全提出案外人异议及案外人异议之诉程序，对于保全申请人败诉的案件而言，

① 对应《民事诉讼法》（2023 年修正）第 238 条。

② 司法解释区分执行标的受让主体分别确定异议截止期限的理由，在于面对权利可能受到侵害的案外人，当事人通常属于清楚纠纷来龙去脉的内部人，相较于取得执行标的的第三人，当事人权利的保护强度应当受到一定限缩。具体注意的是，这里限缩的只是当事人的程序权利，在具体实体权利判断上，还是要结合具体案情，分析判断案外人与取得执行标的的当事人谁更值得保护。

③ 《最高人民法院关于人民法院办理财产保全案件若干问题的规定》第 27 条规定：人民法院对诉讼争议标的以外的财产进行保全，案外人对保全裁定或者保全裁定实施过程中的执行行为不服，基于实体权利对被保全财产提出书面异议的，人民法院应当依照《民事诉讼法》第 227 条（2023 年《民事诉讼法》已修正为第 238 条）规定审查处理并作出裁定。案外人、申请保全人对该裁定不服的，可以自裁定送达之日起 15 日内向人民法院提起执行异议之诉。

属于程序空转。故没有必要赋予案外人在诉讼保全阶段提出案外人异议之诉的权利。支持者认为，并非只有最后申请人胜诉需要实质执行被保全财产才侵害到案外真实权利人，保全本身就是权利侵害。考虑到诉讼保全大概率会转化成执行程序中的控制性措施，允许在保全阶段提出案外人异议，可以缩短司法程序，提供当事人纠纷解决的效率。在申请保全人败诉情况下，也会解决相关主体关于该保全财产的权属争议，并不存在严重后果。司法解释最后采纳了后一观点。最后，在判决生效后执行程序开始前的案外人异议问题。根据《民事诉讼法司法解释》第163条的规定，作为执行依据的法律文书生效后至申请执行前，债权人在情况紧急时可以向有执行管辖权的人民法院申请保全债务人的财产。如果法院据此在执行程序开始前即对债务人的财产采取了查封、扣押、冻结措施，也应当允许对该标的物享有实体权利的人提出案外人异议，以及时获得救济。

本条及相关司法解释要求案外人异议必须采取书面形式，向执行法院提出。执行法院应当自收到书面异议之日起15日内审查。并应当区分不同情况作出相应处理：

异议理由成立的，裁定中止对该标的的执行；异议理由不成立的，裁定驳回。首先，本案规定处理执行异议的法律文书适用裁定的形式。其次，案外人异议涉及实体权利的纠纷与判断，最终应通过诉讼程序解决。执行程序中只是初步审查，目的在于分流部分较为简单的异议事由，避免执行的过度拖延，同时减轻审判的压力，所以其处理结果为中止执行。中止执行后，如果当事人对裁定部分，可以区分不同情形，分别通过审判监督程序、提起诉讼予以救济。最后，由于案外人异议针对的是特定的标的物，所以中止的只是对于该标的物的执行，而不是整个的执行程序。

二、审判监督程序

执行程序中作出中止裁定或驳回裁定后，一种是当事人服从裁定结果，异议程序结束；另一种是当事人或案外人对于裁定结果不服。对此本条根据不同情形给当事人和案外人提供了两种救济途径：审判监督程序与提起诉讼，并同时规定了区分两种救济途径的标准：当事人的主张是否与原判决、裁定冲突。具体而言，如果案外人主张的权利与作为执行依据的生效判决确定的事实相冲突，就涉及了执行依据本身是否存在错误的问题，此时，案外人应该按照审判监督程序办理。而如果当事人、案外人的主张与原判决、裁定确定的事实不会发生冲突，或者说与原判决、裁定无关，当事人或案外人则可以自裁定送达之日起15日内向人民法院提起诉讼。

审判监督程序在实践中主要是指执行标的为生效裁判所指定交付的特定物情形。在生效判决判令被告向原告交付特定物，原告根据该判决申请执行的情况下，案外人对该特定物提出权利主张，显然与作为执行依据的生效判决发生直接冲突。根据审执分离原则，执行人员原则上无法审查作为执行依据的生效判决的对错，通常只能驳回案外人的异议。而案外人对此不服，则只能通过审判监督程序救济权利。①

为了进一步规范此时案外人通过审判监督救济权利的程序，《民事诉讼法司法解释》第421条规定：根据《民事诉讼法》第234条②规定，案外人对驳回其执行异议的裁定不服，认为原判决、裁定、调解书内容错误损害其民事权益的，可以自执行异议裁定送达之日起6个月内，向作出原判决、裁定、调解书的人民法院申请再审。为了做好案外人异议之诉与第三人撤销之诉的衔接，《民事诉讼法司法解释》第301条还在“择一原则”的基础上，规定了进入案外人异议程序之后，案外人就只能通

① 虽然通常都是案外人通过审判监督程序救济权利，但是在逻辑上，申请执行人也有通过审判监督程序救济权利的可能。比如，执行法院在案外人提起的异议程序审查发现原判决、裁定具有错误重大可能时，也会例外地中止判决的执行。此时申请执行人因执行程序中止导致经生效判决确定的权利处于不稳定状态，客观上有了通过审判监督程序救济的必要。但是，由于申请执行人是生效法律文书确定的权利人，其客观上是否具有提起审判监督程序的资格（利益），主观上是否具有提起审判监督程序的意愿都存在疑问；而案外人因中止执行已经实现了其异议目的，也通常不会再主动提起审判监督程序；故执行法院是因为生效法律文书存在问题而中止执行时，应主动启动审判监督程序。

② 对应《民事诉讼法》（2023年修正）第238条。

过案外人申请再审进行救济，排除可第三人撤销之诉救济的可能。[①]

三、案外人异议之诉

当执行法院裁定驳回案外人异议时，案外人的主要救济途径为案外人异议之诉。

关于案外人异议之诉的程序问题，需要注意如下几点：第一，案外人对裁定不服，与原判决、裁定无关的，可以自裁定送达之日起15日内向人民法院提起诉讼。这里规定的15日起诉期限属于法定不变期间，不能任意改变。但根据《民事诉讼法》的相关规定，因不可抗拒的事由或者其他正当理由耽误期限的，在障碍消除后的10日内，可以申请顺延期限，是否准许，由人民法院决定。第二，案外人异议之诉的目的在于排除对异议标的的执行，而执行的目的是实现申请执行人的债权，因此，案外人异议之诉应当以申请执行人为被告；如果被执行人也反对案外人的请求，否认其有排除强制执行的权利的，应当以被执行人为共同被告，以通过该诉讼一揽子解决纠纷。第三，基于便利与效率原则，司法解释规定了由执行法院管辖案外人异议之诉的案件。同时为了保证当事人完整地通过诉讼解决实体纠纷的权利，规定了依照通常诉讼程序审理，并作出相应的裁判。

四、许可执行之诉

与案外人提起诉讼的目的相反，申请执行人提起诉讼旨在恢复对异议标的的执行，因此可将该诉讼称为“许可执行之诉”。许可执行之诉也是执行程序中派生出来的一种特殊类型的诉讼，该诉讼主要是解决申请执行人与案外人之间关于执行标的能否执行的争议，所以根据《民事诉

---

① 《民事诉讼法司法解释》第301条规定：第三人提起撤销之诉后，未中止生效判决、裁定、调解书执行的，执行法院对第三人依照《民事诉讼法》第234条（2023年《民事诉讼法》已修正为第238条）规定提出的执行异议，应予审查。第三人不服驳回执行异议裁定，申请对原判决、裁定、调解书再审的，人民法院不予受理。案外人对人民法院驳回其执行异议裁定不服，认为原判决、裁定、调解书内容错误损害其合法权益的，应当根据《民事诉讼法》第234条（2023年《民事诉讼法》已修正为第238条）规定申请再审，提起第三人撤销之诉的，人民法院不予受理。

讼法司法解释》第306条规定，许可执行之诉以案外人为被告。如果被执行人也否认申请执行人请求的，应当以被执行人为共同被告，以使相关争议一并解决。关于许可执行之诉的管辖法院及审理和判决，司法解释大致按照案外人异议之诉的思路进行设计。

【条文适用】

本条规定涉及程序问题与实体问题的区分、执行程序与诉讼程序的衔接、执行机构与审判机构的配合等问题，是2007年修正中涉及的比较复杂的一个制度。该制度理论构成较为复杂，存在不同认识；在实际操作中难免会遇到一系列问题，制度的完善有待于实践经验的积累与理论研究的深入。实务中应注意如下问题。

一、案外人异议之诉的性质

案外人异议之诉的性质，理论上素有争议。在我国立法过程中，也存在不同意见。如一种意见认为，应当将该诉讼理解为传统意义上的确认、给付或变更之诉。另一种意见则认为，应当将该诉讼解释为执行程序中派生的一种特殊类型的诉讼。根据《民事诉讼法司法解释》执行异议之诉部分的规定（第302～314条），我国司法解释采纳的是第二种意见。该解释第303条明确案外人异议之诉必须“有明确的排除对执行标的执行的诉讼请求”，第309条明确案外人必须就其对执行标的享有足以排除强制执行的民事权益承担举证证明责任。这样规定的理由在于：

第一，案外人异议之诉与普通诉讼的前提条件不同。一旦人民法院对某项财产进行了查封、扣押、冻结，就意味着该财产已处于非正常状态，在这种情况下，就该项财产所发生的争议，应当通过特殊程序处理，即案外人只能通过提出异议和异议之诉的途径进行救济。

也是基于上述理由，《最高人民法院关于执行权合理配置和科学运行的若干意见》第26条规定：审判机构在审理确权诉讼时，应当查询所要确权的财产权属状况，发现已经被执行局查封、扣押、冻结的，应当中止审理；当事人诉请确权的财产被执行局处置的，应当撤销确权案件；在执行局查封、扣押、冻结后确权的，应当撤销确权判决或者调解书。

第二，案外人异议之诉的目的不同。案外人异议之诉的直接目的是排除对异议标的的强制执行，而其前提则是对于执行标的的实体权利。案外人异议之诉同时具有确定当事人之间实体上的法律关系和排除强制执行双重作用，通过案外人异议之诉，应当将当事人间就执行标的物的实体争议和能否强制执行问题一并解决。以防止当事人就同一法律关系重复诉讼。

第三，只有规定为一种特殊类型的诉讼，规定不同于普通诉讼的当事人、专属执行法院的管辖、异议程序的前置，才能符合本条的特殊规定，实现执行效率，防止案外人和被执行人利用普通诉讼程序对抗执行的目的。

二、案外人异议、异议之诉对执行程序的影响

案外人异议、案外人异议之诉期间，是否需要停止执行，涉及案外人权利保护与执行程序推进的关系协调。立法与司法解释的总体思路是以停止处分性措施为原则，以当事人提供担保解除查封（处分查封物）为例外，以后续错误赔偿为保障。

1. 案外人异议审查期间。依照《最高人民法院关于适用〈中华人民共和国民事诉讼法〉执行程序若干问题的解释》第15条的规定，案外人异议审查期间，人民法院不得对执行标的进行处分。案外人向人民法院提供充分、有效的担保请求解除对异议标的的查封、扣押、冻结的，人民法院可以准许；申请执行人提供充分、有效的担保请求继续执行的，应当继续执行。因案外人提供担保解除查封、扣押、冻结有错误，致使该标的无法执行的，人民法院可以直接执行担保财产；申请执行人提供担保请求继续执行有错误，给对方造成损失的，应当予以赔偿。

2. 案外人异议审理期间。案外人异议之诉审理期间是否停止执行，存在争议。司法态度也发生过转变。2008年《最高人民法院关于适用〈中华人民共和国民事诉讼法〉执行程序若干问题的解释》第20条规定：

案外人异议之诉审理期间，原则上不停止执行。《民事诉讼法司法解释》改变了该规则，该解释第 313 条规定，案外人执行异议之诉审理期间，人民法院以不处分执行标的为原则。

三、本条规定的救济与本法第 236 条救济的区别

对于同时符合本条与第 236 条救济条件的情况下如何适用的问题，一般认为，可由当事人自主选择救济途径，既可依据第 236 条的规定提起执行异议，也可以依据本条的规定提起案外人异议。但是也有人认为，出于从根本上解决纠纷的角度出发，应只允许当事人基于第 236 条提出案外人异议。《最高人民法院关于人民法院办理执行异议和复议案件若干问题的规定》第 8 条对此予以明确：案外人基于实体权利既对执行标的提出排除执行异议又作为利害关系人提出执行行为异议的，人民法院应当依照《民事诉讼法》第 227 条[①]规定进行审查。案外人既基于实体权利对执行标的提出排除执行异议又作为利害关系人提出与实体权利无关的执行行为异议的，人民法院应当分别依照《民事诉讼法》第 227 条[②]和第 225 条[③]规定进行审查。

---

① 对应《民事诉讼法》（2023 年修正）第 238 条。
② 对应《民事诉讼法》（2023 年修正）第 236 条。
③ 对应《民事诉讼法》（2023 年修正）第 236 条。

第二百三十九条 执行工作由执行员进行。

采取强制执行措施时，执行员应当出示证件。执行完毕后，应当将执行情况制作笔录，由在场的有关人员签名或者盖章。

人民法院根据需要可以设立执行机构。

【条文主旨】

本条是关于执行机构与一般执行程序的规定。

【条文理解】

一、关于执行员问题

（一）审执分立的审判执行工作体制

执行工作由执行员完成并不是天经地义的事情。在我国司法历史中，执行工作曾经由作出执行依据的审判人员负责。这一问题反映了关于执行与审判工作关系的不同认识，即“审执分立”与“审执合一”的争议。

审执分立还是合一，历来存在争议。20世纪50年代，地方各级人民法院一般都设有执行机构，该机构和民事、刑事审判庭的地位平行，但是后来执行庭被撤销，执行工作由民事审判庭负责，即审执合一。审执合一的优势在于审判人员熟悉案情，能够实现案件审判与执行的兼顾，有助于提高执行效率，有利于案结事了与切实化解纠纷；弊端在于没有顾及执行工作与审判工作的区别，忽视了执行工作的专业性要求，不利于执行工作的长期健康发展。1979年通过的《人民法院组织法》第41条明确规定：“地方各级人民法院设执行员，办理民事案件判决和裁定的执行事项，办理刑事案件判决和裁定中关于财产部分的执行事项。”1982年《民事诉讼法（试行）》第163条第1款也规定：“执行工作由执行员、书记员进行；重大执行措施，应当有司法警察参加。”1991 年《民事诉讼法》进一步规定了执行工作由执行员负责。通过上述法律，审执分立的司法体制得到了确立。从目前情况看，虽然审执分立也带来了一些问题，如审判工作中普遍存在的不重视判决的执行、甚至存在通过调解结案将矛盾下移到执行程序等现象，再如关于执行程序能否处理实体问题、处理到什么程度的争议等。

为了解决审执分立带来的问题，最高人民法院做了一系列工作。如 2011 年《最高人民法院关于执行权合理配置和科学运行的若干意见》第 26 条要求审判机构在审理确权案件时要查询待确权财产的查封情况，防止当事人借诉讼逃避执行；① 2015 年《民事诉讼法司法解释》第 463 条明确要求执行依据应当具有明确性特征，以解决实践中的合同履行类判决的执行问题与其他执行依据内容不清晰不明确问题；② 2015 年《最高人民法院关于人民法院办理执行异议和复议案件若干问题的规定》第 26 条则从执行的角度，规定了执行依据与他案生效法律文书之间发生冲突时的处理规则；③ 2018 年《最高人民法院关于人民法院立案、审判与执

① 《最高人民法院关于执行权合理配置和科学运行的若干意见》第 26 条规定：审判机构在审理确权诉讼时，应当查询所要确权的财产权属状况，发现已经被执行局查封、扣押、冻结的，应当中止审理；当事人诉请确权的财产被执行局处置的，应当撤销确权案件；在执行局查封、扣押、冻结后确权的，应当撤销确权判决或者调解书。

② 2022 年新的司法解释沿用了这一规定，《民事诉讼法司法解释》第 461 条规定：当事人申请人民法院执行的生效法律文书应当具备下列条件：（1）权利义务主体明确；（2）给付内容明确。法律文书确定继续履行合同的，应当明确继续履行的具体内容。

③ 2020 年新的司法解释沿用了这一规定，《最高人民法院关于人民法院办理执行异议和复议案件若干问题的规定》第 26 条规定：金钱债权执行中，案外人依据执行标的被查封、扣押、冻结前作出的另案生效法律文书提出排除执行异议，人民法院应当按照下列情形，分别处理：（1）该法律文书系就案外人与被执行人之间的权属纠纷以及租赁、借用、保管等不以转移财产权属为目的的合同纠纷，判决、裁决执行标的归属于案外人或者向其返还执行标的且其权利能够排除执行的，应予支持。（2）该法律文书系就案外人与被执行人之间除前项所列合同之外的债权纠纷，判决、裁决执行标的归属于案外人或者向其交付、返还执行标的的，不予支持。（3）该法律文书系案外人受让执行标的的拍卖、变卖成交裁定或者以物抵债裁定且其权利能够排除执行的，应予支持。

金钱债权执行中，案外人依据执行标的被查封、扣押、冻结后作出的另案生效法律文书提出排除执行异议的，人民法院不予支持。

非金钱债权执行中，案外人依据另案生效法律文书提出排除执行异议，该法律文书对执行标的的权属作出不同认定的，人民法院应当告知案外人依法申请再审或者通过其他程序解决。

行工作协调运行的意见》则对人民法院立审执关系的协调予以全面规定。

通过最高人民法院一系列文件对于审执协调工作的推进，总体而言，审执分立的体制运行情况良好，也得到了各界的普遍认可。

（二）关于执行权的分权运行

“审执分立”通过划分执行工作与审判工作的界限，确定了执行员与审判人员的职责范围。不过并不是所有执行工作都由执行员负责。随着执行改革的推进，大家逐渐认识到执行程序中存在两种不同性质的工作，执行实施事项与执行审查事项，并对区分上述两种事项由不同主体办理达成了共识。2009年《最高人民法院关于进一步加强和规范执行工作的若干意见》规定：科学界定执行审查权与执行实施权，并分别由不同的内设机构或者人员行使。将财产调查、控制、处分及交付和分配、采取罚款、拘留强制措施等事项交由实施机构办理，对各类执行异议、复议、案外人异议及变更执行法院的申请等事项交由审查机构办理。2011年《最高人民法院关于执行权合理配置与科学运行的若干意见》进一步规定：执行权包括执行实施权和执行审查权，执行实施权由执行员或者法官行使，执行审查权由法官行使。由此可见，对于本条文应作限缩性解释，即本条中有执行员完成的工作仅为执行实施类事项。

（三）关于执行员管理的规范化

本条法律规定了执行工作由执行员负责，但是目前对于执行员的管理不够规范，对于执行员的任职条件、任免程序都没有明确规定，各地也基本没有开展执行员的选任工作。

我们认为，本条规定最初的目的也许主要是确立审执分立的体制，但是随着执行工作的开展，大家逐渐认识到执行工作具有很强的专业性、对抗性与社会性，执行人员不仅需要具备相应的法律知识，还需要较高的政策水平、较强的协调沟通能力、应急反应能力与良好的身体素质。基于上述认识，现在亟须制定执行员条例，促进执行员管理的规范化，尽快建立起一支符合执行工作特点与需要的职业化的执行员队伍。

二、关于执行程序的问题

本条第 2 款对于执行工作的程序进行了一般性的规定。值得注意的有两点：一是执行前应出示执行证件，这是对于当事人权益的保护措施，也是执行规范化的要求。二是执行完毕后应制作相应的笔录，通过固定执行过程，保存执行材料，来保证执行程序的合法性。

需要说明的是执行证件问题。本条只是规定应出示证件，对于是何种证件并未予以规定。根据修订前的《执行工作规定》第 8 条，执行人员执行公务时，应向有关人员出示工作证与执行公务证。这样规定的理由在于，工作证是静态的身份证件，主要说明出示者的静态身份，执行公务证是动态性的证件，是说明出示者从事具体公务活动的授权性证明，基于上述理解，所以应规定同时出具上述两个证件。[①] 基于上述理解，2000 年《最高人民法院、中国人民银行关于依法规范人民法院执行和金融机构协助执行的通知》、2004 年《最高人民法院、国土资源部、建设部关于依法规范人民法院执行和国土资源房地产管理部门协助执行若干问题的通知》中都明确规定了执行人员在办理相关协助执行事项时，应出示执行公务证。

在《执行工作规定》出台的背景下，要求执行人员同时出示工作证与执行工作证，对于规范执行行为，保护执行相对人的权利，防止执行乱现象的发生具有积极意义。但由于执行公务证由最高人民法院统一制发，需要一个较长时间周期，而执行从业人员又变动较快，实践中因执行公务证问题也产生了一些工作不便。考虑到当下执行人员的素质得到了较大提高、监督手段日益丰富，为了推进执行工作，出现了废止执行公务证制度的呼声。2020 年执行司法解释修订顺应了这一趋势，将《执行工作规定》规定的执行人员执行公务时应“出示工作证与执行公务证”修改为“出示工作证件”。

---

① 黄金龙：《〈关于人民法院执行工作若干问题的规定〉使用解析》，中国法制出版社 2000 年版，第 24～25 页。

三、关于执行机构问题

本法条只是规定了人民法院可以设立执行机构，但是对于执行机构的内部组成并未涉及。基于解决执行难的目的，执行实践中对于执行权的分权运行模式与执行机构的内部设置进行了积极探索。2009年《最高人民法院关于进一步加强和规范执行工作的若干意见》规定：各级人民法院统一设立执行局，并统一执行局内设机构及职能。高级人民法院设立复议监督、协调指导、申诉审查以及综合管理机构，中级人民法院和基层人民法院设执行实施、执行审查、申诉审查和综合管理机构。并同时规定了各内设机构的职能分工问题。应该说，执行工作的分权运行是大势所趋，但是对于中级人民法院与基层人民法院的执行机构，不区分地域与案件人员情况而一概要求设立上述内部机构，并非完全科学。2011年《最高人民法院关于执行权合理配置和科学运行的若干意见》第2条的规定更具有现实合理性：地方人民法院执行局应当按照分权运行机制设立和其他业务庭平行的执行实施和执行审查部门，分别行使执行实施权和执行审查权。

随着信息技术的发展，执行工作的信息化程度不断提升，也深刻影响了执行机构的内部设置。最高人民法院执行局增设了执行指挥信息室、执行指挥调度室三个内设机构，各地法院执行局也相应增加了执行信息化的部门。信息化技术在执行财产查找控制与拍卖处置、被执行人失信惩戒、执行工作的内部管理、执行事项的委托执行等方面发挥着越来越重要的作用。

【条文适用】

实务中应注意两个问题：一是关于执行主体的规定。2011年《最高人民法院关于执行权合理配置和科学运行的若干意见》关于由法官处理执行审查类事项的规定对于本条形成了限缩性解释。在实践中应注意严格遵照执行，由具备法官资格的人员处理此类事项，以保证当事人权利的实现与执行程序的规范化要求，同时也是对于执行人员的保护。二是应注意遵守本条关于执行程序的规定。如上所述，这也既是当事人权利保护与执行程序规范化的要求，也是固定执行程序、接受当事人与上级法院监督、保护执行人员的需要。

第二百四十条　被执行人或者被执行的财产在外地的，可以委托当地人民法院代为执行。受委托人民法院收到委托函件后，必须在十五日内开始执行，不得拒绝。执行完毕后，应当将执行结果及时函复委托人民法院；在三十日内如果还未执行完毕，也应当将执行情况函告委托人民法院。

受委托人民法院自收到委托函件之日起十五日内不执行的，委托人民法院可以请求受委托人民法院的上级人民法院指令受委托人民法院执行。

【条文主旨】

本条是关于委托执行的规定。

【条文理解】

一、适用条件

本条规定是委托执行制度的基本法律依据。根据本条的规定，委托执行的条件只有一个，即“被执行人或者被执行的财产在外地”。关于委托的原则，本条也只是规定为“可以委托当地人民法院代为执行”，即确立了委托执行与异地执行并行的原则，而选择权在执行法院。在之后的关于委托执行的司法解释及规范性文件中，关于委托执行与异地执行并行的原则一直没有改变。这一原则在实践中也会出现委托法院“甩包袱”的现象。即有可供执行财产的、容易执行的案件异地执行；没有可供执行财产、难以执行的案件，如刑事附带民事、交通肇事赔偿、人身损害赔偿案件等执行案件等予以委托。

二、办理程序

从广义上讲，委托执行包括执行案件的委托与部分执行事项的委托。对于后者，《最高人民法院关于委托执行若干问题的规定》只是规定了受托法院不作为委托执行案件立案办理、应当以机要形式送达相关手续等要求。案件委托是规范的重点，根据《最高人民法院关于委托执行若干问题的规定》，委托执行案件的办理程序如下。

（一）委托法院提出委托

1. 委托执行应向执行标的物所在地或者执行行为实施地的同级人民法院提出。在确定受托法院时，一方面要有助于实现委托执行目的，同时也应该考虑与执行中的地域管辖、级别管辖制度的衔接。这就要求在地域管辖上，应该为执行标的物所在地或者执行行为实施地法院；在级别管辖上，委托法院与受托法院应为同一级别的法院。

2. 委托应该向委托法院所属高级法院备案。司法解释一方面规定委托法院可以直接向受托法院办理委托手续，以简化程序，提高委托执行制度的时效；另一方面，为了对委托执行案件进行统一的监督管理，也规定了委托法院对外进行案件委托后，要层报所在的高级人民法院备案。

3. 提供法律规定的材料。实践中，委托执行时，委托法院出具的委托材料往往不齐全、不规范，给受托法院的执行造成一定的困难。因此，司法解释明确委托法院在案件委托执行时，应提供委托执行函、执行依据副本、有关案件财产情况及执行情况的说明、相关主体信息等材料等具体要求，以便于法院操作。

4. 移交已经控制的财产。我国委托执行的法律规定对受托法院与委托法院如何衔接财产保全措施等问题未作规定。为了解决这一问题，《最高人民法院关于委托执行若干问题的规定》第 6 条明确规定：一是已查封的被执行人异地财产在委托执行时一并移交给受托法院处理；二是委托法院对被执行人财产已经采取查封、扣押、冻结等措施的，视为受托法院的查封、扣押、冻结措施，受托法院需要继续查封、扣押、冻结的，持委托执行函和立案通知书即可办理相关手续；三是受托法院续封续冻时，仍为原委托法院的查封冻结顺序；四是为了防止查封财产因委托期间未能及时续封续冻的问题发生，规定查封、扣押、冻结等措施规定的有效期限在移交受托法院时不足1个月的，委托法院应当先行续封或者续冻，再移交受托法院。

（二）受托法院的审查处理

1. 符合条件的，及时予以立案。受托法院收到委托执行函后，应当在7日内予以立案，并及时将立案通知书通过委托法院送达申请执行人，同时将指定的承办人、联系电话等书面告知委托法院。委托执行制度的主要目的就是实现特定案件管辖权的转移，在符合委托执行案件条件的情况下，受托法院的及时立案是实现制度目的的根本要求。

2. 手续不全的，要求委托法院补办。受托法院如果发现委托执行的手续、材料不全的，可以要求委托法院补办。委托法院应当在30日内完成补办事项，在上述期间未能完成的，应该作出书面说明。委托执行涉及两地法院的配合问题，需要明确双方的权利义务，以便于明确各自的责任，方便具体的操作。

3. 不符合条件的，报高级人民法院批准后退回。根据《最高人民法院关于委托执行若干问题的规定》规定，对于委托执行手续、材料不全，委托法院在30日内不补办又不说明原因的，视为撤回委托，受托法院可以在层报所在高级人民法院同意后，将委托材料退回委托法院。这里只是规定了退回委托的一种情形，即形式上不符合委托条件情况下的退回，根据委托执行的标准与目的，退回委托理应包括实质不符合委托执行条件的案件，如在受托法院所辖地没有财产的案件。

（三）法律效果

1. 受托法院接受委托的法律后果。受托法院接受委托，予以立案后，产生如下法律后果：第一，受托法院取得对于委托执行案件的管辖权，需要对委托案件和本案其他案件同等对待，同等执行、同等统计和考核。但是，对于接受委托的案件，原则上不得再次进行委托，在发现需要异地执行时，可以异地执行。第二，对于委托法院来说，在收到受托法院的立案通知书后可作委托结案处理，并应在7日内书面通知申请执行人案件已委托、可直接与受托法院联系执行相关事宜。同时，在发现有可供执行财产时，应及时告知受托法院。第三，对于申请执行人来说，在收到委托法院的通知后，应接受受托法院的管辖，并可就执行案件的具体事项进行沟通。

2. 委托法院退回的法律后果。委托执行案件退回后，受托法院已立案的，应当作销案处理。委托法院在案件退回原因消除以后可以再行委托。确因委托不当被退回的，委托法院应当决定撤销委托并恢复案件执行，同时报所在的高级人民法院备案。

【条文适用】

一、辖区内有可供执行财产但不能满足执行债权情况的处理

根据委托执行制度确定的三个条件，此种情况并不符合委托执行的标准。但是根据委托执行的原则——由财产所在地法院执行来看，我们认为，理应得出结论是先将本辖区内的财产予以执行，然后将剩余执行债权委托异地财产所在地法院执行。

二、异地有多处财产情况下“主要财产所在地”的判断与适用

根据《最高人民法院关于委托执行若干问题的规定》第 3 条规定，“有两处以上财产在异地的，可以委托主要财产所在地的人民法院执行”，对于“主要财产”的确定，不能仅仅从数量或价值的角度进行确认，尚需考虑财产的处分及变现、有助于申请执行人债权的实现等角度进行综合考量。同时，考虑到委托法院在特定的阶段，不一定完全清楚被执行人的全部财产情况，所以对于主要财产的判断，应以委托法院进行委托时掌握的情况为准，即使事后又发现了被执行人另外的主要财产，也不能以此推翻委托法院在委托时关于“主要财产所在地”的判断。

三、委托执行难题的解决与相关执行制度的完善

如上所述，委托执行问题的形成有宏观与微观两方面的原因。就微

观制度层面来讲，委托执行制度与财产调查制度、执行案件退出机制、当事人救助制度等密切相关。

财产调查是委托执行制度面临的第一个难题。委托执行的条件是经财产调查，发现本辖区没有可供执行的财产，异地有可供执行的财产。一方面，财产的调查非常困难；另一方面，在调查出异地存在可供执行财产的情况下，执行法院一般又不愿意进行委托。尤其是在异地有银行存款的情况下，委托的成本大于异地执行的成本，委托执行的合理性受到怀疑。

委托执行制度面临的第二个难题是执行案件退出机制问题。委托执行制度之所以会成为实践中“甩包袱”的途径，主要的原因就在于无财产可供执行案件退出机制不畅。所以委托法院才有了“甩包袱”的念头，受托法院也就有了被“甩包袱”的担心。如果无财产可供执行案件的退出机制能够理顺，可以大大缓解相关法院对待委托执行案件的顾虑。

如果说执行案件退出机制问题是委托执行制度面临的主要制度性障碍，那么当事人的救助与相关的申诉信访问题则是其面临的主要现实性困难。委托法院一旦接受了委托，也就相应接受了当事人的救助及相应的申诉信访问题。这对于委托法院而言是一个负担。

第二百四十一条　在执行中，双方当事人自行和解达成协议的，执行员应当将协议内容记入笔录，由双方当事人签名或者盖章。

申请执行人因受欺诈、胁迫与被执行人达成和解协议，或者当事人不履行和解协议的，人民法院可以根据当事人的申请，恢复对原生效法律文书的执行。

【条文主旨】

本条是关于执行和解的规定。

【条文理解】

一、和解协议的成立

执行和解是指在执行程序中，双方当事人通过自行协商，变更原生效法律文书的内容，并通过自愿履行来终结强制执行程序的制度。一方面，执行和解制度对于节约司法资源、修补当事人之间被损害的关系、促进案结事了与社会和谐方面都具有重要意义；另一方面，执行和解制度涉及公法与私法、实体法与程序法的交融，理论构成复杂，实践争议繁多，亟须实践中积累经验，理论上深化研究，立法上完善制度构建与条文设计。基于本条文及相关司法解释与规范性文件，将该制度详述如下：

（一）和解协议由当事人自行达成

规定和解协议由当事人自行达成，是建立在对于执行和解协议的性质、审判与执行的关系等基本问题的判断之上。由于要维护原生效法律文书的权威、审判与执行分立的基本司法体制，立法自然规定了和解协议由双方当事人自行达成。因为如果执行机构能够像在诉讼调解中那样，主持双方当事人达成和解协议，那么和解协议将具有公法性质，难说不具有执行力。而如果和解协议具有了执行力，则意味着执行程序能够改变生效裁判的内容（法院的裁判文书在原生效法律文书中占据多数位置），那审判与执行分立的基本司法体制将面临崩溃的危险。所以，立法规定执行和解协议由当事人自行达成，基于相同的理由，立法也规定了和解协议较低的法律效力、恢复原生效法律文书的执行是违反和解协议的唯一救济途径等内容。①

（二）和解协议的内容

本条并未规定和解执行的内容。依据《最高人民法院关于执行和解若干问题的规定》第1条规定，和解协议可以“依法变更生效法律文书确定的权利义务主体、履行标的、期限、地点和方式等内容”。从上述规定来看，和解协议的内容相当宽泛，也可以说法律对于和解协议的范围基本没有限制。但是应该注意两点：一是当事人达成和解协议应建立在原生效法律文书确定的权利义务基础之上；二是达成和解协议的目的在于实现原生效法律文书确定的权利义务关系。

（三）和解协议的形式

由于和解协议的内容是对于执行依据进行的实质性改变，对于执行程序的进行会产生重大影响，所以本条规定，双方当事人自行和解达成协议后，执行员应当将协议内容记入笔录，由双方当事人签名或者盖章。《最高人民法院关于执行和解若干问题的规定》第1条第2款规定：和解协议一般应当采取书面形式。第2条则进一步明确：在当事人达成口头和解协议的情况下，执行人员应当将和解协议内容记入笔录，由各方当事人签名或者盖章。

---

① 2018年《最高人民法院关于执行和解若干问题的规定》改变了对于该问题的认识，试图在维护生效法律文书权威与尊重当事人意思自治两种价值中取得平衡，2020年该司法解释沿用了这一规定。

二、和解协议的效力

（一）和解协议的达成对于执行程序的影响

本条并未明确规定和解协议的效力与对执行程序的影响。但是从第2款恢复执行原生效法律文书的规定出发，可以反推出和解协议的达成对于执行程序的影响。《最高人民法院关于执行和解若干问题的规定》第2条进一步明确在当事人提交和解协议的情况下，人民法院裁定可以中止执行。《民事诉讼法司法解释》第466条明确规定：申请恢复执行原生效法律文书，适用《民事诉讼法》关于申请执行期间的规定。申请执行期间因达成执行中的和解协议而中断，其期限至和解协议所定履行期限的最后一日起重新计算。需要注意的是，《最高人民法院关于适用〈中华人民共和国民事诉讼法〉执行程序若干问题的解释》改变了执行期限的性质，将其由不变期间变更为时效。根据该司法解释第20条规定，申请执行时效因当事人双方达成和解协议而中断。从中断时起，申请执行时效期间重新计算。《最高人民法院关于执行和解若干问题的规定》第10条进一步明确：申请恢复执行原生效法律文书，适用《民事诉讼法》第239条[①]申请执行期间的规定。当事人不履行执行和解协议的，申请恢复执行期间自执行和解协议约定履行期间的最后一日起计算。

（二）和解协议的履行完毕对于执行程序的影响

和解协议制度的目的在于通过和解协议的达成并履行来终结强制执行程序。从本条第2款的规定也可以反推出，正常情况下，如果双方当事人履行完了和解协议，就不会再产生原生效法律文书恢复执行的问题，1995年《最高人民法院关于当事人在执行中达成和解协议且已履行完毕后不应恢复执行的函》（经他〔1995〕2号）对此予以明确。2008年《执行工作规定》第87条再次确认了该原则：当事人之间达成的和解协议合法有效并已履行完毕的，人民法院作执行结案处理。该规则被2018年《最高人民法院关于执行和解若干问题的规定》第8条所继受：执行

---

① 对应《民事诉讼法》（2023年修正）第250条。

和解协议履行完毕的，人民法院作执行结案处理。①

应该注意的是，在本条新增两种恢复执行原生效法律文书的情形下，并未将申请恢复的时间限制于和解协议履行完毕前。所以，对于此种情形下如何处理恢复执行与执行结案的关系，尚需进一步的研究。

三、原生效法律文书的恢复执行

（一）恢复执行的条件

1. 法定情形。本条 2012 年修正前只规定了恢复执行原生效法律文书的一种情形，即当事人不履行和解协议。基于上述“一方”与“对方”表述的原因，实践中经常局限于被执行人不履行和解协议，申请执行人申请恢复的情形。本条 2012 年修正后将恢复执行的情形扩大到三种，除修改前条文规定的情形外，增加了申请执行人因受欺诈或受胁迫与被执行人达成和解协议两种情形。2017 年、2021 年、2023 年三次《民事诉讼法》修正均沿用了此规定。根据文义解释，在这两种情形下，当事人（可能主要是申请执行人）可以随时申请恢复原生效法律文书的执行。

2. 当事人申请。如上所述，本条在申请主体上去掉了“一方”与“对方”的限制，在申请执行人不履行生效判决的情形下，也可以自己申请恢复对于原生效法律文书的执行。应该说，该规定在加强了对申请执行人保护的同时，也降低了执行和解协调的确定性与法律效力。

在两种恢复原生效法律文书执行的情形下，也只是规定了由当事人申请，并未限制是哪一方当事人。由于前提是申请执行人受到欺诈或胁迫而达成的和解协议，所以实践中申请恢复者一般应是申请执行人。

3. 在法律规定的申请执行时效期间内申请。如上所述，《最高人民法院关于适用〈中华人民共和国民事诉讼法〉执行程序若干问题的解释》，将执行期限的性质由不变期间变更为时效，并规定申请执行时效应当事人双方达成和解协议而中断。从中断时起，申请执行时效期间重新计算。对此，应注意申请执行的时效期间是从达成和解协议时起重新计算。

① 2020 年该司法解释第 8 条沿用了此规定。

（二）恢复执行后对于已履行和解协议部分的处理

根据《民事诉讼法司法解释》第 465 条规定，一方当事人不履行或者不完全履行和解协议，经对方当事人申请，人民法院恢复对原生效法律文书的执行后，对于和解协议履行的部分应当扣除。《最高人民法院关于执行和解若干问题的规定》第 17 条在规定恢复执行后，“扣除执行和解协议已经履行部分”外，还进一步规定，当事人、利害关系人认为人民法院的扣除行为违反法律规定的，可以依照《民事诉讼法》第 225 条[①]规定提出异议。

就申请执行人受欺诈或胁迫签订和解协议情形下的恢复而言，可能存在已完全履行完毕的和解协议的处理问题。对此，如果允许申请执行人在和解协议履行完毕后恢复对于原生效法律文书的申请执行，则应坚持与不履行情形下恢复执行时相同的处理原则，即对于和解协议履行的部分应当扣除。

（三）和解协议担保条款的执行

对于和解协议中的担保条款，在恢复执行后，能否直接予以执行，涉及担保的标的是和解协议还是原生效法律文书、和解协议中担保条款的执行力等争议。基于当事人意思自治的尊重与司法效率，《最高人民法院关于执行和解若干问题的规定》第 18 条对担保人明确表示“被执行人不履行执行和解协议时自愿接受直接强制执行”的，规定可以直接执行担保财产或者保证人的财产。

四、另诉

《最高人民法院关于执行和解若干问题的规定》第 9 条规定：被执行人一方不履行执行和解协议的，申请执行人可以申请恢复执行原生效法律文书，也可以就履行执行和解协议向执行法院提起诉讼。对此，需要注意的是：第一，该司法解释改变了执行实践中原来以恢复执行为原则的倾向性认识，体现了对当事人在生效判决基础上，进一步安排权利义

① 对应《民事诉讼法》（2023 年修正）第 236 条。

务内容这一意思自治的尊重。第二，这里另诉的主体是申请执行人。在申请执行人不履行和解协议的情况下，被执行人可以根据该司法解释第7条的规定，以提存方式履行和解协议，但原则上没有另诉的权利。[①] 不过，根据该司法解释第16条，被执行人可以以和解协议无效或可撤销为由提起诉讼。

【条文适用】

一、和解协议的达成过程中法院的参与问题

基于本条关于当事人自行达成和解协议的规定，一般认为，执行法院不应过多参与当事人和解协议的达成。但是一方面，由于和解协议的履行能够终结执行案件，出于减轻案件压力的考虑，执行人员会倾向于促成和解协议的达成。实践中多数的执行和解也是执行人员促成的结果。另一方面，由于和解协议对于执行程序的实质性影响，加上本条规定申请执行人因受欺诈或胁迫情况下达成的和解协议，可以随时申请恢复原生效法律文书的执行，为了避免执行程序的拖延与司法资源的浪费，客观上也需要执行法院对于和解协议进行必要的审查。对此应注意如下几点：第一，执行人员对于和解协议的促成应注意尊重当事人的意愿，不能进行强制性和解。对于法院提出方案，双方当事人都予以同意的，不应视为强制性和解。第二，对于和解协议的审查，应限于形式性的审查，主要审查双方当事人达成和解协议是否出于自愿、是否存在欺诈或胁迫的情形、协议的内容是否违反了法律的强制性规定、是否危害了第三人的权益等。第三，为了保护当事人的权益，避免当事人误会，节约司法资源，执行人员应将和解协议的法律效力予以释明。

---

① 在司法解释制定过程中，有意见认为，当事人的诉权是平等的，只允许申请执行人起诉不符合该原则。考虑到执行和解协议的特殊性，该意见未被采纳。

二、两种情形下恢复执行的问题

如上所述，对于申请执行人在受到欺诈或胁迫情形下达成的和解协议，当事人可以随时申请恢复对于原生效法律文书的执行。基于这一规定，实践中应注意两个问题：一是在和解协议的达成阶段着重审查是否出于双方当事人的自愿，是否存在欺诈或胁迫的情形，以防止程序的反复与司法资源的浪费。二是在审查恢复对原生效法律文书的执行阶段，严格审查标准。对于在和解协议已经履行完毕的情况下，能否申请恢复应尽快制定司法解释统一全国的适用。在目前情况下，应该更加严格地掌握恢复执行的条件，避免申请执行人借口受到欺诈或胁迫而谋求不正当的利益。

三、和解协议的可诉性问题

关于执行和解协议的性质、执行和解协议是否具有可诉性一直存在争议。有的学者认为和解协议是民事合同的一种，理应具有可诉性。[①] 有的学者认为应赋予和解协议以执行力，否定其可诉性。[②] 也有学者在承认和解协议的民事合同性质的基础上，认为其是一种实践性合同，[③] 或者是一种附生效条件的合同，只有在当事人完全、适当地履行了和解协议后，才能产生协议预期的法律效力。[④] 基于法律规定，我国司法实践一直较为保守。最高人民法院明确具有可诉性的和解协议仅限于特定情形，如在超过了申请执行期限达成还款协议，或因达成还款协议而超过申请执行期限等情形。即，重新起诉只是在不能得到民事诉讼法规定的强制执行

---

① 参见王利明：《和解协议形成独立的合同关系》，载《人民法院报》2002 年 1 月 4 日；汤维建、许尚豪：《论民事执行程序的契约化——以执行和解为分析中心》，载《政治与法律》2006 年第 1 期。

② 参见常怡、肖瑶：《执行和解制度若干问题研究》，载《甘肃政法学院学报》2010 年 9 月总第 112 期。

③ 黄金龙：《〈关于人民法院执行工作若干问题的规定〉使用解析》，中国法制出版社 2000 年版，第 262 页。

④ 肖建国、赵晋山：《民事执行若干疑难问题探讨》，载《法律适用》2005 年第 6 期。

途径的有效救济的情况下，当事人可以选择的补充做法。[①] 对于诉讼中和解协议的性质，一般认为存在四种观点：一是私法行为说（纯法律行为说），认为诉讼上的和解纯粹是私法上的行为，属于私法上的和解契约。二是诉讼行为说（纯诉讼行为说），按照诉讼法规范来评价和解行为。认为诉讼和解是双方当事人通过互让而使诉讼终结的合意，或者说是关于终结诉讼的合同诉讼行为。三是两行为并存说，主张诉讼上的和解是私法上的和解契约与终结诉讼合意的诉讼行为并存。四是一行为两性质说（二行为合体说、竞合说、两面说）。这种学说认为诉讼和解是具有双重属性的特殊行为，是同一行为同时具有两种行为的性质。[②] 基于性质的不同认识，会坚持和解协议不同的法律效力。承认其为公法性质者，自然容易接受赋予其执行力的观点，承认其私法性质者，也容易承认其可诉性。对于坚守我国现行法规定者而言，则会坚持将恢复原法律文书的执行作为唯一的救济途径。

执行和解协议的性质并不具有唯一的正确答案。其受到审判执行体制、执行难问题的现实压力等因素的影响。《最高人民法院关于执行和解若干问题的规定》的制定与实施，为执行和解协议的可诉性问题在司法实践层面上画上了句号。

---

① 卫彦明、张根大、黄金龙：《和解协议不履行时当事人的救济途径分析》，载江必新主编：《执行工作指导》2011年第3辑。

② 陈计男：《程序法之研究》，我国台湾地区三民书局1995年版，第17~19页；转引自韩波：《执行和解争议的法理分析》，载《法学》2002年第9期。

第二百四十二条　在执行中，被执行人向人民法院提供担保，并经申请执行人同意的，人民法院可以决定暂缓执行及暂缓执行的期限。被执行人逾期仍不履行的，人民法院有权执行被执行人的担保财产或者担保人的财产。

【条文主旨】

本条是关于执行担保的规定。

【条文理解】

一、执行担保的性质

关于执行担保的性质，存在较大的争议。我们认为执行担保是一种特殊的担保，不同于《民法典》中的一般民事性质的担保。理由在于：第一，从条文的规定看，本条明确规定是“向人民法院提供担保”。第二，从法律后果看，能直接影响到执行程序的进行、并能在条件具备时对担保财产直接予以执行。在被执行人提供了担保后，由人民法院决定是否暂缓执行，并在被执行人超过了暂缓执行的期间不履行时，可以直接执行担保的财产。第三，依照《民法典》规定办理担保物权公示登记不影响其特殊性质。《最高人民法院关于执行担保若干问题的规定》第 7 条规定：被执行人或者他人提供财产担保，可以依照《民法典》规定办理登记等担保物权公示手续；已经办理公示手续的，申请执行人可以依法主张优先受偿权。根据该规定，登记并非执行担保的成立要件，只要当事人就担保协商一致并向法院提交担保文件，执行担保就成立了。但是当事人可以选择按照《民法典》的规定，就基于特定物的执行担保进行物权登记，并因此而赋予担保权人以优先受偿性。应该说该规定体现了执行担保与担保物权制度的衔接，兼顾了执行担特殊性与交易安全。

二、适用条件

执行程序中适用执行担保制度的条件有如下三个：

1. 申请执行人提供担保。申请执行人既可以提供物的担保，也可以提供人的担保。在物的担保中，既可以是自己提供的物的担保，也可以是由案外人提供的物的担保。

2. 经申请执行人同意。我们认为，规定这一条件的原因有两个：一是由执行程序的性质决定的。执行程序的启动以生效法律文书为前提，其目的主要在于强制性地实现确定的债权，没有法定事由一般不能停止。二是当事人是自己利益的最佳判断者。执行担保的直接目的在于让被执行人克服暂时的困难，从而实现双方当事人的共益。从自身的利益出发，申请执行人能较好地判断被执行人是在克服暂时的困难还是拖延时间，是对于法院判断的一个辅助，有利于实现制度的目的。

3. 人民法院决定。即使当事人同意，由于执行担保是向人民法院作出的，其法律后果涉及执行程序的暂缓与担保财产的直接执行，所以还是需要人民法院的审查决定。人民法院在审查时，不仅需要审查担保是否充分，更重要的是需要审查被执行人的现实状况、偿债能力及是否危及了第三人的利益等因素，要在综合判断的基础上决定是否采取暂缓执行措施。

三、法律后果

1. 暂缓执行。当人民法院综合考虑了被执行人提供的担保、其自身的现实状况与申请执行人的态度后，认为暂缓执行有助于平衡当事人的权利，有助于案件的执行与纠纷处理的，可以决定暂缓执行。

2. 暂缓期间发生危及担保行为的处理。根据《民事诉讼法司法解释》第467条的规定，被执行人或担保人对担保的财产在暂缓执行期间有转移、隐藏、变卖、毁损等行为的，人民法院可以恢复强制执行。这里需要注意的是，根据该条规定，义务人危及担保财产的后果只是人民法院可以恢复强制执行。而不是像其他的担保权人一样，具有相应的其他权利。实践中，执行法院要采取相应的对策，比如对担保物同时采取查封措施等，以弥补该条规定效力上的不足。

3. 逾期不履行时的处理。根据本条的规定，在暂缓期间届满，被执行人仍然不履行执行行为的，人民法院可以直接对担保财产或者保证人的相应财产予以执行。这也是该制度最具特色的地方与威慑力所在。

【条文适用】

一、执行担保制度的适用范围

本法第 107 条规定：财产纠纷案件，被申请人提供担保的，人民法院应当裁定解除保全。《执行工作规定》第 54 条规定：人民法院在审理案件期间，保证人为被执行人提供保证，人民法院据此未对被执行人的财产采取保全措施或解除保全措施的，案件审结后如果被执行人无财产可供执行或其财产不足清偿债务时，即使生效法律文书中未确定保证人承担责任，人民法院有权裁定执行被执行人在保证责任范围内的财产。基于上述规定，执行担保制度的适用范围扩大到了诉讼保全中的担保。与执行阶段的执行担保相比，诉讼保全中的担保具有如下特点：第一，无须对方当事人的同意。法院对于担保的充分性应有更为严格的判断。第二，只是限于保证行为，而未涉及当事人提供的其他担保。由于执行担保制度法律后果的严厉性，对于没有规定的事项不能类推适用。

二、关于暂缓执行的期限

《民事诉讼法司法解释》第 467 条规定：人民法院依照本条规定决定暂缓执行的，如果担保是有期限的，暂缓执行的期限应与担保期限一致，但最长不得超过 1 年。《最高人民法院关于正确适用暂缓执行措施若干问题的规定》第 10 条规定："暂缓执行的期间不得超过三个月。因特殊事由需要延长的，可以适当延长，延长的期限不得超过三个月。”针对上述司法解释的不同规定，存在不同的理解。有学者认为，由于后一个司法解释制定在后，且在其第14条明示：本规定施行后，其他司法解释与本规定不一致的，适用本规定。所以应适用后一司法解释的规定。[①] 也有学者在论及执行担保中暂缓执行的期限时，并未涉及后一司法解释，而是直接依照《民事诉讼法司法解释》第467条规定予以论述。我们同意后一种意见，认为《最高人民法院关于正确适用暂缓执行措施若干问题的规定》中关于暂缓执行的种类并不包括执行担保中的暂缓执行。理由在于：第一，两种暂缓执行措施的性质不尽相同。《最高人民法院关于正确适用暂缓执行措施若干问题的规定》第3条规定：有下列情形之一的，经当事人或者其他利害关系人申请，人民法院可以决定暂缓执行：（1）执行措施或者执行程序违反法律规定的；（2）执行标的物存在权属争议的；（3）被执行人对申请执行人享有抵销权的。由上述规定可见，该司法解释中所讲的暂缓执行主要是基于一方当事人的申请，对于案件中存在严重影响执行推进的事由而采取的暂缓执行。与执行担保中的暂缓措施相比，依据的事由性质上更为严重，采取措施的职权色彩更强。第二，两种暂缓执行对于是否需要对方当事人的同意有不同的规定。执行担保时需要申请执行人的同意，而《最高人民法院关于正确适用暂缓执行措施若干问题的规定》中的暂缓并不需要对方当事人的同意。第三，两种暂缓执行对于担保的要求规定也不同。由于执行担保中暂缓措施的采取，需要以申请执行人的同意为前提，所以对于被执行人提供的担保，并未作出硬性的规定。《最高人民法院关于正确适用暂缓执行措施若干问题的规定》的暂缓措施则不同，其不需要当事人的同意，较强的职权色彩也就要求更为严格的担保条件，以避免职权的滥用并平衡双方当事人的权利。所以《最高人民法院关于正确适用暂缓执行措施若干问题的规定》第5条规定提供的担保财产应当出具评估机构对担保财产价值的评估证明。

---

① 夏蔚、谭玲：《民事强制执行研究》，中国检察出版社2005年版，第211~212页。

三、和解协议中的担保条款与执行担保的关系

和解协议中的担保条款与执行担保具有相似性，尤其是当和解协议的担保条款被表述为向人民法院提供担保时，更是高度类似。如何理解这两种担保的关系，存在不同的看法。一种观点认为，执行和解协议属于“附生效条件”（即履行完毕才生效）的特殊合同，在一方不履行或不适当履行或不完全履行，申请执行人申请恢复执行的是原生效判决，和解协议本身不具有强制执行效力，当然也不能基于其中的担保条款直接执行担保人。[①] 另一种观点认为，在和解协议未得到履行时，应区分执行和解协议中担保向谁作出而有不同的法律后果。如果是向人民法院作出，则可以强制执行担保财产；如果是向对方当事人作出，则不得强制执行。[②]《最高人民法院关于执行和解若干问题的规定》第 18 条采纳了第二种观点，该条规定：执行和解协议中约定担保条款，且担保人向人民法院承诺在被执行人不履行执行和解协议时自愿接受直接强制执行的，恢复执行原生效法律文书后，人民法院可以依申请执行人申请及担保条款的约定，直接裁定执行担保财产或者保证人的财产。

---

① 肖建国、赵晋山：《民事执行若干疑难问题探讨》，载《法律适用》2005 年第 6 期。

② 丁亮华：《最新民事执行程序解读与运用》，中国法制出版社 2007 年版，第 65～66 页。

第二百四十三条　作为被执行人的公民死亡的，以其遗产偿还债务。作为被执行人的法人或者其他组织终止的，由其权利义务承受人履行义务。

【条文主旨】

本条是关于变更被执行人的规定。

【条文理解】

一、变更被执行人概述

变更被执行人，又称执行承担。根据既判力主观范围扩张理论，判决对于人的效力，原则上只能及于其上明确记载的债权人与债务人。但是，当法律文书生效并开始执行后，其上载明的债权人和债务人可能因为某种原因而不存在，如公民死亡、法人或者其他组织终止，这就需要考虑变换执行当事人，也就是说要变更或追加执行当事人。学理上称之为执行承担。[①] 被执行人主体诉讼资格处于待定状态，执行程序终止还是继续进行，直接涉及申请执行人的权利保护问题。根据民事实体法关于义务主体消灭后由义务承受人代为履行义务的原则，人民法院应当将义务承受人作为本案被执行人继续执行，于是便发生了执行中的义务承担问题。被执行人变更的法律效果为，人民法院在执行程序中，因法定事由将据以执行法律文书所确定的义务转由案外义务人承担，即仅变更被执行人，而不增加、消灭义务内容或追加新的主体为被执行人。

① 李浩主编：《强制执行法》，厦门大学出版社2004年版，第162页。

二、法条沿革及关联规定

变更被执行人的规定，在法律层面首次规定于《民事诉讼法》（2007 年修正）第 209 条，后沿革为《民事诉讼法》（2012 年修正）第 232 条、《民事诉讼法》（2017 年修正）第 232 条、《民事诉讼法》（2021 年修正）第 239 条、《民事诉讼法》（2023 年修正）第 243 条，条文内容始终未进行修改。

在司法解释层面，《执行工作规定》（法释〔1998〕15 号）第 81 条规定："被执行人被撤销、注销或歇业后，上级主管部门或开办单位无偿接受被执行人的财产，致使被执行人无遗留财产清偿债务或遗留财产不足清偿的，可以裁定由上级主管部门或开办单位在所接受的财产范围内承担责任。"因该条文已在《最高人民法院关于民事执行中变更、追加当事人若干问题的规定》中予以规定，故《执行工作规定》2020 年修正时删除了该条文。

《民事诉讼法司法解释》第 470 条至第 473 条进一步规定了变更被执行人的具体内容，分别包括：被执行人的法人或其他组织分立、合并、被注销的，如何变更被执行人；被执行人为其他组织不能履行法律确定的义务的，如何执行；被执行人的法人或其他组织名称发生变化的如何处理；被执行人为公民死亡的如何根据具体情况变更遗产继承人为被执行人或直接执行遗产。

《最高人民法院关于民事执行中变更、追加当事人若干问题的规定》（2020 年修正）第 10 条至第 12 条分别规定了被执行人为自然人的死亡后、被执行人为法人或非法人组织的被合并或分立而终止后，如何变更被执行人。

三、变更被执行人的法定条件

根据上述规定，被执行人变更需符合以下条件：（1）被执行人的变更应当是发生在执行程序开始后至执行程序终结前，尚未进入执行程序或者已经执行终结的案件，没有变更被执行人的必要，不发生被执行人变更的情况；（2）被执行人变更的原因，必须是执行依据中的原被执行人的主体已不存在，作为公民的，死亡或被宣告死亡，作为法人或其他组织的，主体终止；（3）被执行人的变更必须依法定程序予以审查认定，即在执行程序中由人民法院执行机构审查判断；（4）变更被执行人的法律效果是使原法律文书确定的负有履行义务的被执行人改为原法律文书以外的依法负有履行义务的人。

【条文适用】

一、作为被执行人的法人或者其他组织在执行中分立、合并的情形

分立、合并是法人或者其他组织终止的具体形式，都会产生权利义务的继承问题。《民法典》第67条就规定了法人分立、合并的权利义务承担问题。诉讼中发生的分立、合并，需要变更诉讼当事人，执行中发生这种分立、合并，同样需要变更执行当事人。法人或者其他组织的分立、合并不影响其对外承担债务的义务。本条文中对此规定较为原则，即由其权利义务承受人履行义务。实践中，法人或者其他组织分立、合并时，原主体与权利义务承受人往往有债权债务分担的协议，比如约定新主体不承担原主体的债务，但这种债权债务分担协议应当理解为只产生对内的拘束力，在对外关系上，并不能对第三者产生约束力，不管法人或其他组织如何分立或者合并，债权人均有权向权利义务承受人追偿债务，以避免被执行人利用分立、合并的途径逃避债务。根据《最高人民法院关于民事执行中变更、追加当事人若干问题的规定》相关规定，申请执行人可以申请变更合并后存续或新设的法人、非法人组织为被执行人；可以申请变更、追加分立后新设的法人或非法人组织为被执行人，对生效法律文书确定的债务承担连带责任，但被执行人在分立前与申请执行人就债务清偿达成的书面协议另有约定的除外。

二、作为被执行人的法人或者其他组织在执行中被撤销、注销的情形

法人被撤销、注销也产生主体终止的法律后果，在此情况下，其所负的债务不能当然地一笔勾销，应由相应的责任人承受清偿义务，不具备法人资格的其他组织亦应如此。因而产生了法人或者其他组织被撤销后的债务承受主体问题。《最高人民法院关于民事执行中变更、追加当事人若干问题的规定》对此规定，作为被执行人的法人或非法人组织，被注销或出现被吊销营业执照、被撤销、被责令关闭、歇业等解散事由后，其股东、出资人或主管部门无偿接受其财产，致使该被执行人无遗留财产或遗留财产不足以清偿债务，申请执行人申请变更、追加该股东、出资人或主管部门为被执行人，在接受的财产范围内承担责任的，人民法院应予支持。在执行司法实践中，此类情形需注意审查是否同时满足以下两项法定要件：一是股东、出资人或主管部门系无偿接受财产；二是因无偿接受财产致使被执行人无财产清偿债务。同时，根据权责相一致的原则，被追加的权利义务承受人，也仅在接受财产范围内承担责任。

三、作为被执行人的法人或者其他组织名称变更的情形

在经济活动中，法人或其他组织名称变更的情况经常发生。企业法人的变更可以是名称变更，也可以是住所、经营场所、法定代表人、经济性质、经营范围、经营方式、注册资金或者经营期限的变更。只有名称变更，才会导致原主体形式上终止，需要变更被执行人。这种变更限于形式变更，不包括财产所有权主体的实质变更。这种被执行主体的变更，不同于因法人或者其他组织发生分立、合并时的变更，此类情况下只变更被执行人主体名称，名变而实不变。

四、作为被执行人的公民死亡的情形

被执行人为公民并死亡的，是否变更被执行人，依公民是否有遗产以及其继承人是否表示放弃继承而定。作为被执行人的公民在执行中死

亡，如果没有留下遗产，同时没有义务承担人，只能依照本法第268条第3项之规定裁定终结执行，不存在变更被执行人的可能性。即便作为被执行人的公民死亡后留有遗产，是否变更被执行人，也要依情况而定。继承人行使继承权的，依照《民法典》第1161条的规定，继承人负有在所得遗产的实际价值范围内清偿被继承人生前所欠债务的义务。在这种情况下，需要变更被执行人，由继承人作为被执行人义务主体履行清偿义务。但是，作为被执行人的公民死亡后，虽然留有遗产，但其继承人表示放弃继承，又无遗嘱执行人的，人民法院可以直接执行遗产。

【典型案例】

桑某某、李某某企业借贷纠纷执行审查案

【案　　号】最高人民法院（2018）最高法执监199号

【裁判要旨】追加变更后的主体为被执行人是否具有法律依据。

【基本案情】辽宁省铁岭市中级人民法院（以下简称铁岭中院）执行申请执行人桑某某与被执行人李某某、大连保税区长信汽车贸易有限公司借款纠纷案过程中，因2012年5月28日大连保税区海关被撤销，成立大连海关驻保税区办事处，该办事处为大连海关的正处级派驻机构。铁岭中院据此追加大连海关为被执行人。大连海关提出执行异议，铁岭中院作出（2016）辽12执异48号执行裁定，驳回大连海关的异议请求。大连海关不服，向辽宁省高级人民法院（以下简称辽宁高院）申请复议。辽宁高院查明，铁岭中院2016年8月8日作出（2013）铁执字第00076号之一裁定查明："海关总署署人发〔2011〕474号文件、中华人民共和国大连海关大关人发〔2012〕251号文件，将第三人大连保税区海关变为驻保税区办事处，属第三人中华人民共和国大连海关的正处级派驻机构，第三人大连保税区海关已不具有独立法人资格。"根据上述事实，铁

岭中院依照《民事诉讼法》第 232 条[①]的规定，追加大连海关为被执行人。辽宁高院认为，《民事诉讼法》第 232 条[②]规定："作为被执行人的公民死亡的，以其遗产偿还债务。作为被执行人的法人或者其他组织终止的，由其权利义务承受人履行义务。"本案中，现有证据只能证明大连保税区海关变更为大连海关驻保税区办事处，不能证明大连保税区海关终止及大连海关是大连保税区海关的权利义务承受人。因此，铁岭中院追加大连海关为被执行人没有事实依据。据此，辽宁高院作出（2017）辽执复 20 号执行裁定，撤销铁岭中院（2013）铁执字第 00076 号之一执行裁定及（2016）辽 12 执异 48 号执行裁定。

申请执行人桑某某不服，向最高人民法院申诉，请求撤销辽宁高院（2017）辽执复 20 号执行裁定，维持铁岭中院（2013）铁执字第 00076 号之一执行裁定及（2016）辽 12 执异 48 号执行裁定。

【裁判结果】最高人民法院作出（2018）最高法执监 199 号执行裁定：撤销辽宁高院（2017）辽执复 20 号执行裁定；本案由辽宁高院重新审查。

【裁判理由】最高人民法院认为，本案的焦点问题是，铁岭中院追加大连海关为被执行人是否具有法律依据。从铁岭中院已查明的事实来看，大连保税区海关已被海关总署发文变更为驻保税区办事处，属于大连海关的派驻机构，此后大连保税区海关不具有独立法人资格。辽宁高院在复议程序中，未查明原大连保税区海关权利义务是否由大连海关驻保税区办事处承受，或者由大连海关直接承受这一事实，即裁定撤销铁岭中院相关执行裁定不当。综上，将本案发回辽宁高院重新审查。

---

① 对应《民事诉讼法》（2023 年修正）第 243 条。

② 对应《民事诉讼法》（2023 年修正）第 243 条。

第二百四十四条 执行完毕后，据以执行的判决、裁定和其他法律文书确有错误，被人民法院撤销的，对已被执行的财产，人民法院应当作出裁定，责令取得财产的人返还；拒不返还的，强制执行。

【条文主旨】

本条是关于执行回转的规定。

【条文理解】

一、执行回转制度概述

执行回转是指民事执行案件已经部分或全部执行完毕后，据以执行的法律文书被依法撤销或变更的情况下，人民法院按照新的生效法律文书，对已被执行的财产重新采取执行措施，恢复到执行开始时的状态的制度。[①] 由于原执行行为的执行依据被撤销，失去了正当性基础，原执行行为可能影响真正权利人的合法利益。执行回转正是为了解决这一问题的补救制度，目的在于纠正因执行根据错误而导致的执行工作的失误，使当事人之间的权利义务关系恢复到正常状态，以维护当事人的合法权益。

关于被执行财产事后救济制度，域外立法例基于国情和法律传统而有不同的设计，但主要是采用另诉方式。例如德国、日本、法国，对于执行依据被撤销的情形，规定原被执行人可以据此向法院提起返还不当

① 黄金龙：《关于人民法院执行工作若干问题的规定（试行）实用解析》，中国法制出版社2004年版，第33页。

得利之诉。我国目前对此采用执行回转制度和侵权损害赔偿之诉并行的双轨制。前者适用于执行依据被撤销的普通民事案件，后者则适用于错误保全案件。我国的执行回转制度是一项借鉴苏联法的诉讼制度，体现了法院在审判和执行工作中有错必改、有错必纠的思路。执行回转制度的优势是启动速度快，当事人的权利能够迅速得到保护，避免了另诉方式救济在流程上的繁琐。

一般而言，发生执行回转的原因大致有如下几种：（1）人民法院制作的先予执行的裁定被生效判决撤销，因先予执行而取得财物的一方当事人应将执行所得返还对方当事人。（2）执行完毕后，生效判决、裁定又经审判监督程序进行再审并被依法撤销，对因原执行行为而获得利益的一方当事人应采取执行回转的措施。（3）其他机关制作的依法由法院强制执行的法律文书，如仲裁裁决书、赋予强制执行效力的债权文书等，在执行完毕后，又被制作机关或人民法院撤销的，由人民法院对因执行措施获得利益的一方当事人采取执行回转措施。

二、关联法律规定

执行回转的规定，在法律层面首次规定于《民事诉讼法》（2007 年修正）第 210 条，后沿革为《民事诉讼法》（2012 年修正）第 233 条、《民事诉讼法》（2017 年修正）第 233 条、《民事诉讼法》（2021 年修正）第 240 条、《民事诉讼法》（2023 年修正）第 244 条。条文内容始终未进行修改。

《执行工作规定》（2020 年修正）第 65 条规定："在执行中或执行完毕后，据以执行的法律文书被人民法院或其他有关机关撤销或变更的，原执行机构应当依照民事诉讼法第二百三十三条[①]的规定，依当事人申请或依职权，按照新的生效法律文书，作出执行回转的裁定，责令原申请执行人返还已取得的财产及其孳息。拒不返还的，强制执行。执行回转应重新立案，适用执行程序的有关规定。"该规定第 66 条规定："执行回转时，已执行的标的物系特定物的，应当退还原物。不能退还原物

① 对应《民事诉讼法》（2023 年修正）第 244 条。

的，经双方当事人同意，可以折价赔偿。双方当事人对折价赔偿不能协商一致的，人民法院应当终结执行回转程序。申请执行人可以另行起诉。”

《民事诉讼法司法解释》第474条规定：“法律规定由人民法院执行的其他法律文书执行完毕后，该法律文书被有关机关或者组织依法撤销的，经当事人申请，适用民事诉讼法第二百四十条①规定。”

【条文适用】

一、执行回转的条件

强制执行法理论形成基本共识，执行回转应当具备以下条件：

1. 执行依据的法律文书确定的内容已经执行一部分或已执行完毕。这是产生执行回转的形式要件。如果执行程序虽已启动，但并未执行到任何内容，原申请执行人的权利未得到任何实现，则不存在执行回转的前提条件。此外，虽然本条文规定的形式要件为“执行完毕后”，但联系现行有效的《执行工作规定》第65条之规定，这里的“执行完毕后”并不是指申请执行人的全部权利都得以实现，通过执行程序实现了部分权利即部分执行完毕，也符合执行回转的前提条件。

2. 执行依据被依法撤销或者变更。此为执行回转的实质要件。执行程序的启动以有执行依据为前提，即通过强制执行程序实现执行依据中所确定的当事人之间的权利义务。执行依据有错误，依法定程序被撤销或变更，执行依据确定的权利义务即失去了合法性、正当性基础，进而产生执行回转的问题。但是，在此情况下，需分析被变更的执行依据内容，如果撤销并改判的结果为被执行人仍承担给付义务，只是给付内容和范围发生了变化，需结合实际执行结果和判决主文进行对比，认定是否启动执行回转程序。在此情况下，如果依据新判决还未执行到位，甚

① 对应《民事诉讼法》（2023年修正）第244条。

至可能发生不但不启动执行回转，而且还恢复原执行程序的情形。

3. 应当依照当事人申请或依职权重新立案执行。依照《民事诉讼法司法解释》的规定，执行回转应当依当事人申请启动，而《执行工作规定》对此则规定为“依当事人申请或依职权”启动。因该规定仍现行有效，因此执行回转的启动并不限制人民法院依职权启动，这也符合执行回转及时纠错的制度目的。无论是依当事人申请，还是依职权，执行回转应当不在原执行案件中开展，而是应当重新立案，适用普通执行程序的相关规定依法进行。

二、执行回转的措施

执行回转的制度目的在于及时保护和挽回原被执行人的合法权益，在执行回转案件中，当事人的地位发生了变化，原被执行人在执行回转中成为申请执行人，原申请执行人则成为被执行人。

执行回转应当以撤销原法律文书以后所形成的新法律文书作为执行依据，新法律文书可能驳回原告诉讼请求，也可能对原判决内容进行改判。执行回转的执行标的是新法律文书中写明的原申请执行人应该履行的义务，如果是驳回诉讼请求，则应当返还不当得利或退还原物。执行回转的执行措施与普通执行案件并无不同，如果原申请执行人拒不履行义务，应当依法采取相应执行措施。由于执行回转主要指向返还不当得利或返还原物，《执行工作规定》进一步规定，已执行的标的物系特定物的，应当退还原物。不能退还原物的，可以折价抵偿。

三、正确认识执行回转与国家赔偿的关系

根据《国家赔偿法》第 38 条的规定，人民法院在民事、行政诉讼过程中，违法采取对妨害诉讼的强制措施、保全措施或者对判决、裁定及其他生效法律文书执行错误，侵犯公民、法人和其他组织合法权益造成损害的，依法应由国家承担赔偿责任。因此，虽然启动执行回转程序，但并不能适用国家赔偿制度要求执行机构承担责任。理由在于，执行回转的前提是原执行依据被依法撤销，在原执行程序中，执行依据在未被

撤销前具有合法性，因此原执行程序中采取的执行措施具有合法性基础，不符合国家赔偿的违法归责原则。并且，通过执行回转，原被执行人的损害可能恢复到执行程序开始前的状态，也缺少国家赔偿“损害事实的客观存在”的构成要件。进而，基于违法归责性因素不存在，即便执行回转未能全部兑现原被执行人所受损害，执行机构也不是赔偿义务机关，对此部分不承担赔偿责任。

【典型案例】

鸿龙公司建设工程施工合同纠纷执行审查案

【案　　号】最高人民法院（2019）最高法执监357号

【裁判要旨】执行依据被撤销并发回重审是否符合执行回转的法定条件。

【基本案情】珠海机场集团公司与鸿龙公司、上海玖华建筑技术有限公司建设工程施工合同纠纷案，广东省高级人民法院（以下简称广东高院）作出（2008）粤高法民二终字第9号民事判决，判决珠海机场于判决发生法律效力之日起十日内向鸿龙公司支付人民币600.66456万元及利息。该判决生效后，广东省珠海市中级人民法院（以下简称珠海中院）立案执行。珠海机场因不服（2008）粤高法民二终字第9号民事判决，经最高人民检察院抗诉，最高人民法院作出（2012）民抗字第2号民事裁定，撤销广东高院终审判决和珠海中院一审判决，发回珠海中院重审。珠海机场以上述裁定为依据，以执行依据被撤销为由，请求珠海中院裁定鸿龙公司执行回转并返还2950万元及相应利息。珠海中院于2013年6月6日作出（2008）珠中法执恢字第1811号之四执行裁定：鸿龙公司于裁定生效之日起15日内向珠海机场返还已取得的人民币2950万元及其孳息，利息按人民银行同期贷款基准利率支付。鸿龙公司提出执行异议复议，均被珠海中院异议裁定、广东高院复议裁定驳回。鸿龙公司向最高人民法院申请执行监督。

【裁判结果】最高人民法院裁定撤销广东高院、珠海中院的复议和异议裁定，并撤销珠海中院执行裁定。

【裁判理由】执行回转应当严格按照新的生效法律文书的内容制作。这里的新的生效法律文书，对于诉讼案件而言，应当是新的生效实体法律文书。新的生效实体法律文书可能完全否定原法律文书，也可能部分推翻原法律文书的内容、维持原来的部分内容。执行回转的财产范围只有根据新的生效实体法律文书才能最终确定。人民法院撤销原判、发回重审的裁定不应作为启动执行回转的依据。本案执行法院根据最高人民法院撤销原判、发回重审的裁定作出执行回转的裁定，适用法律不当，应予纠正。

第二百四十五条　人民法院制作的调解书的执行，适用本编的规定。

【条文主旨】

本条是关于民事调解书作为执行依据的规定。

【条文理解】

一、民事调解书执行制度概述

人民法院制作的调解书，是指人民法院在审理民事案件过程中，根据自愿和合法的原则，在查清事实、分清是非的基础上，通过调解促使当事人达成协议而制作的法律文书。对此，本法第100条规定："调解达成协议，人民法院应当制作调解书。调解书应当写明诉讼请求、案件的事实和调解结果。调解书由审判人员、书记员署名，加盖人民法院印章，送达双方当事人。调解书经双方当事人签收后，即具有法律效力。"

本条将对调解书的执行从人民法院对于判决、裁定的执行中单列出来予以规定，是将调解书与本法第235条第2款规定的"法律规定由人民法院执行的其他法律文书"区分开来。法律规定由人民法院执行的其他法律文书包括仲裁裁决、公证债权文书、支付令等，再结合本法第247条第2款规定，"调解书和其他应当由人民法院执行的法律文书，当事人必须履行"，也明确将调解书与其他法律文书作为单独的执行依据类型区分开来。

二、民事调解书的法律效力

民事调解书的法律效力体现在实体法、程序法和强制执行三个方面。

首先，在实体法层面，民事调解书确认了当事人之间的民事法律关系。即，调解书送达当事人后，当事人之间发生争议的民事法律关系，因各方达成一致意见而得到了确认并发生法律效力。权利人应依法按约行使权利，义务人应依法按约履行义务。其次，在程序法层面，民事调解书生效后即产生诉讼终结的法律效果，即调解书生效后，当事人不得以同一事实和理由向人民法院再行提起诉讼。调解书是人民法院对当事人自愿达成的调解协议的确认，其法律效力与人民法院作出生效判决具有同等效力，具有既判力，调解书生效后使当事人丧失上诉权并受到“一事不再理”原则的约束。最后，具有给付内容的调解书具有强制执行的效力。当事人拒不履行调解书确定的给付义务，另一方当事人可以依据调解书向人民法院申请强制执行。

【条文适用】

一、调解书的生效

民事调解书进入执行程序的前提条件是调解书已经发生法律效力，并且一方当事人未履行调解书确定的给付义务。人民法院启动执行程序需要审查执行依据是否生效。对于民事调解书的生效时间，虽然本法第 100 条规定了“调解书经双方当事人签收后，即具有法律效力”，《民事诉讼法司法解释》第 149 条规定了“调解书需经当事人签收后才发生法律效力的，应当以最后收到调解书的当事人签收的日期为调解书生效日期”，但是，应当注意两种情形，即《民事调解工作规定》第 12 条规定的“对调解书的内容既不享有权利又不承担义务的当事人不签收调解书的，不影响调解书的效力”以及《民事诉讼法司法解释》第 151 条规定的“当事人各方同意在调解协议上签名或者盖章后即发生法律效力”，这两种情形是对调解书经当事人签收生效的例外。

二、调解书的执行管辖法院

关于调解书的执行管辖问题，虽然调解书与人民法院作出的判决、裁定具有同等效力，但是在执行管辖问题上，《民事诉讼法》及其司法解释未对调解书的管辖要件作出明确规定。依照《民事诉讼法》第235条第1款规定，判决、裁定是由第一审人民法院或与第一审人民法院同级的被执行财产所在地人民法院执行；该条第2款又规定：法律规定由人民法院执行的其他法律文书，由被执行人住所地或者被执行的财产所在地人民法院执行。虽然两款条文都未明确包括调解书，但基于调解书是诉讼活动中在人民法院主持下制作，并与判决、裁定具有同等效力，与人民法院具有明确的连接点，因此，调解书的执行管辖法院，应参照本法第235条第1款，由第一审人民法院或与第一审人民法院同级的被执行财产所在地人民法院执行。

三、拒不执行调解书是否构成拒不执行判决、裁定罪

《刑法》第313条规定："对人民法院的判决、裁定有能力执行而拒不执行，情节严重的，处三年以下有期徒刑、拘役或者罚金。"执行程序中，拒不执行判决、裁定罪是对于情形恶劣的被执行人的有效打击手段。但是，执行依据为调解书的情况下能否适用拒不执行判决、裁定罪，曾一度存在争议。对此，《最高人民法院研究室关于拒不执行人民法院调解书的行为是否构成拒不执行判决、裁定罪的答复》（法研〔2000〕117号）予以明确：《刑法》第313条规定的"判决、裁定"，不包括人民法院的调解书。对于行为人拒不执行人民法院调解书的行为，不能依照《刑法》第313条的规定定罪处罚。

之所以不把拒不履行调解书纳入拒执罪的范围，主要是考虑到调解书具有协议性质，是双方当事人合意达成，人民法院仅对其合法性进行审查。调解书的生效要件不同于判决、裁定，当事人在送达签收之前都可以反悔，对双方当事人的约束力源自双方的契约合意，而不是通过司法审判认定的权利义务关系。因此，虽然调解书的法律效果与判决、裁定相同，但在拒不履行是否构成犯罪的问题上，存在明显区别。

需要注意的是，虽然拒不履行调解书不在拒不执行判决、裁定罪的调整范围内，但是，在调解书的执行程序中作出的相关执行裁定，当事

人拒不履行的，应当属于《刑法》第 313 条规定的“人民法院的判决、裁定”范围，可以适用拒执罪。对此，2002 年全国人民代表大会作出的《关于〈中华人民共和国刑法〉第三百一十三条的解释》作出了说明：第 313 条规定的“人民法院的判决、裁定”，是指人民法院依法作出的具有执行内容并已发生法律效力的判决、裁定。人民法院为依法执行支付令、生效的调解书、仲裁裁决、公证债权文书等所作的裁定属于该条规定的裁定。

第二百四十六条 人民检察院有权对民事执行活动实行法律监督。

【条文主旨】

本条是关于人民检察院对人民法院的民事执行活动实行法律监督的规定。

【条文理解】

人民检察院的法律监督机关地位源自《宪法》的明确规定。《宪法》第134条规定："中华人民共和国人民检察院是国家的法律监督机关。"该法第136条规定："人民检察院依照法律规定独立行使检察权，不受行政机关、社会团体和个人的干涉。"

民事执行实践中"执行难""执行乱"问题曾是我国强制执行制度长期未能得到有效解决的顽疾，2008年12月，中央政法委发布《关于深化司法体制和工作机制改革若干问题的意见》，要求"完善民行监督范围和程序，完善执行监督范围和程序"。2011年3月，最高人民法院、最高人民检察院联合下发《关于在部分地方开展民事执行活动监督试点工作的通知》，明确了检察机关针对人民法院在民事执行活动中存在的五种情形有权予以监督。《民事诉讼法》（2012年修正）第235条规定首次明确授权检察机关对民事执行活动进行法律监督。作为国家法律监督机关的检察机关，应当依法履行法定监督职责，加强对执行工作的监督。同时也需要依法开展监督活动，坚持依法监督的原则，在监督法院违法和不规范执行行为的同时，支持法院依法执行，尊重和保障当事人的诉讼权利。2016年最高人民法院、最高人民检察院发布的《关于民事执行活动法律监督若干问题的规定》，进一步完善和细化了民事执行监督工作的具体规则。

【条文适用】

一、民事执行检察监督的原则

（一）合法、适度监督

《民事诉讼法》对检察机关的民事执行监督仅作了赋权性、原则性的规定，检察机关在具体开展民事执行监督工作时，应在法律框架内，遵循合法、适度原则，积极稳妥地履行职责，确保检察监督在法治轨道上运行。检察机关要依法客观公正地行使民事检察权，避免民事检察权对公民生活及其他公权力的过度干预。对民事执行活动开展法律监督应当体现谦抑性。一方面体现为对私权利的“谦抑”，即保持中立，以事实基础和法律依据作为衡量和判断的准据，检察监督不代表任何一方当事人的利益；另一方面体现为对其他公权力的“谦抑”，即尊重人民法院的审判权，在国家制度运行层面上依法履行有限的监督职能。

（二）维护公正，兼顾效率

民事执行程序的主要目的是促进债权人权利尽快实现，因此，效率原则是执行程序的一大价值取向。然而执行程序的效率追求在一定程度上可能会与程序正当性发生冲突，尤其可能对被执行人的程序权利、实体权益造成冲击。为弥补执行程序优先追求效率可能引发的正当性缺失，我国的民事诉讼制度构造了民事执行救济制度和民事执行检察监督，以程序正当、实体权益正当为价值考量，追求在执行程序中平等保护债权人、债务人及案外人的合法权益。基于执行效率原则，民事执行检察监督也要适应执行程序的特殊性，既要注重公正，完善监督制约机制，又要提高效率，设置适宜的监督手段，保障完成监督事项的效率，避免法院的民事执行工作因检察监督造成不必要的拖延。

（三）穷尽执行救济和内部监督

民事检察监督应以当事人穷尽救济途径为前提。本法第 220 条对于民事检察监督作出规定，当事人向检察机关申请检察建议或抗诉的前提条件为以下情形之一：人民法院驳回再审申请的、人民法院逾期未对再审申请作出裁定的，或者再审判决、裁定有明显错误的。该条规定意在加强检察机关法律监督的同时，强化人民法院审判监督和自我纠错的功能，亦是为了及时保护当事人权利，节约司法资源。根据该立法精神，检察机关在开展民事执行检察监督时，亦应将穷尽执行救济和法院内部监督作为基本原则。执行程序中，当事人、利害关系人、案外人可以依照本法第236条、第240条寻求执行异议、复议、案外人异议之诉等民事执行救济主张权利，还可以依照《执行工作规定》第71条之规定申请执行监督。当事人或者利害关系人就民事执行活动直接向人民检察院申诉的，人民检察院应当告知其依照法律规定向人民法院提出异议、复议或者申诉。当事人或利害关系人如没有穷尽上述自力救济，或是人民法院针对异议或者复议申请已经受理并仍处于法定审查期限内的，应当排除在民事执行检察监督的范围之外。

二、民事执行检察监督的对象和方式

民事执行检察监督的对象，应当为对民事执行行为是否符合法律规定进行监督，并在其违反法律规定时监督其予以纠正。民事执行行为包括执行实施行为和执行裁判行为，合法性审查既包括强制执行程序法的规定，也包括实体法的规定。在对执行行为的合法性进行监督时，既要监督执行行为的结果，即是否产生了违反法定程序和损害当事人合法权益的后果，同时也要监督民事执行行为的过程，即审查民事执行行为是否按照法定程序实施。要对人民法院执行的具体案件进行监督，而不是抽象地监督人民法院处理的某类执行案件是否合法。

关于人民检察院究竟采取何种方式实行民事执行检察监督，《最高人民法院、最高人民检察院关于民事执行活动法律监督若干问题的规定》中规定，检察监督原则上依照当事人、利害关系人、案外人申请而启动，但是在存在损害国家利益或者社会公共利益等情形下，人民检察院可以依职权进行监督。人民检察院对人民法院执行行为进行的监督，与对人民法院诉讼活动的监督是存在区别的，其具体监督形式不是“抗诉”，根据《最高人民法院、最高人民检察院关于民事执行活动法律监督若干问题的规定》相关规定，人民检察院认为执行行为存在并不违反法律规定的不当情形，应当通过向人民法院提出民事执行监督检察建议的方式予以监督。

三、民事执行检察监督的保障

要确保民事执行检察监督取得实效，必须赋予检察机关必要的权力。首先，应当赋予检察机关必要的调查权。进行必要的调查以核实有关情况，这是人民检察院独立监督的基础。人民检察院在民事执行检察监督程序中的调查，既包括向执行当事人及其他有关单位、人员了解情况，也包括调取有关案卷材料。执行案件的卷宗包含许多重要信息，能够反映执行程序、执行方式、执行内容的全貌，是检验执行行为是否合法与适当的重要材料。人民检察院认为确有必要调取执行案卷的，有权向执行机构提出调卷要求，执行机构应当予以配合。其次，应当明确人民法院对执行监督案件的处理程序、回复期限以及回复形式，明确检察建议的法律效力。《最高人民法院、最高人民检察院关于民事执行活动法律监督若干问题的规定》中关于检察建议的监督方式、跟进监督的有关规定等，参考了2011年最高人民法院、最高人民检察院联合发布的《关于在部分地方开展民事执行活动法律监督试点工作的通知》中的部分规定，充分保障和提升民事执行检察监督的效果。最后，应当建立检、法两院相关工作机制。检、法两院应加强沟通交流，密切配合，互相支持，共同促进民事执行法律监督工作有序开展。如《最高人民法院、最高人民检察院关于民事执行活动法律监督若干问题的规定》就明确：当事人在申请执行监督过程中有和解意愿的，检察机关在确认和解协议不违反法律规定的情况下，应当告知当事人将和解协议送交人民法院。这一规定体现了检察机关执行监督工作与法院执行工作的配合。

【典型案例】

张某伟与江某勇等民间借贷纠纷跟进监督案[①]

【基本案情】原告江某勇因与被告湖北省襄阳市佳奇某贸易有限公司（以下简称佳奇公司）、被告梁某玮、被告梁某雨、被告梁某勇、被告金某峥、被告韩某民间借贷纠纷一案，起诉至湖北省襄阳市樊城区人民法院（以下简称樊城区法院）。2015年11月30日，樊城区法院作出一审民事判决，判令梁某玮等四人偿还江某勇借款260万元及利息，梁某雨偿还江某勇借款25万元及利息。一审判决生效后，因梁某玮、梁某雨等五人未履行生效法律文书确定的金钱给付义务，江某勇于2016年9月8日向樊城区法院申请强制执行。

另查明，原告张某伟因与被告襄阳市明道某贸易有限公司（以下简称明道公司）、被告襄阳市某纸制品有限公司（以下简称纸制品公司）、被告江某勇、被告骆某洋、被告周某艳、被告张某民间借贷纠纷一案，另案起诉至樊城区法院。2016年4月25日，樊城区法院作出一审民事判决，判令明道公司、纸制品公司及江某勇等四人偿还张某伟借款本金94万元及利息。江某勇不服一审判决，上诉至湖北省襄阳市中级人民法院（以下简称襄阳市中院）。二审期间，张某伟提出财产保全申请，襄阳市中院于2017年3月27日作出（2016）鄂06民终1610号之一民事裁定书，裁定冻结被申请人江某勇对梁某玮等三人享有的债权，梁某玮等三人在160万元限额内不得对被申请人江某勇清偿；若梁某玮等三人要求偿付，由执行法院提存财物或价款；期限为三年。

2017年5月2日，襄阳市中院向樊城区法院出具（2017）鄂06执保39-1号函，通知冻结江某勇在该院已申请执行的对梁某玮等三人享有的债权，并协助落实（2016）鄂06民终1610号之一民事裁定书的相关

① 选自2021年最高人民检察院印发的第二批民事检察跟进监督典型案例。

内容。

2017年5月5日，襄阳市中院将上述执行裁定和协助执行函送交樊城区法院执行人员李某成等人，要求樊城区法院协助扣留江某勇对梁某玮等三人享有的债权160万元。

2017年7月，樊城区法院执行员李某成在执行江某勇与佳奇公司及梁某玮、梁某雨等五人民间借贷纠纷一案中，拍卖被执行人梁某玮两套房屋，取得对价款2 196 520元。之后，李某成将上述款项发放给江某勇1 696 520元，仅留存50万元。

关于本案的检察监督情况如下：

1. 初次监督。2018年7月，张某伟向湖北省襄阳市人民检察院（以下简称襄阳市检察院）申请监督，请求对樊城区法院执行员李某成违法向江某勇支付保全款项的执行行为实施监督。襄阳市检察院遂将案件线索交由湖北省襄阳市樊城区人民检察院（以下简称樊城区检察院）审查。樊城区检察院经调取审判与执行案件卷宗、询问当事人，审查发现，樊城区法院执行员李某成在执行江某勇与佳奇公司及梁某玮、梁某雨等五人民间借贷纠纷一案中，未执行上级人民法院财产保全裁定及协助执行函，违法发放给江某勇执行款1 696 520元，仅留存50万元，损害张某伟合法权益，违反《民事诉讼法》第242条第2款[①]“人民法院决定扣押、冻结、划拨、变价财产，应当作出裁定，并发出协助执行通知书，有关单位必须办理”之规定，属于违法执行，应当予以纠正。

樊城区检察院于2018年8月22日作出检察建议书，建议：（1）樊城区法院纠正违法行为，继续执行（2016）鄂06民终1610号之一民事裁定书；（2）对执行员不执行上级法院作出的执行裁定的行为，应当依照《人民法院工作人员处分条例》的规定审查处理。

樊城区法院收到检察建议书后回复：李某成在办案中存在着不严格依法办案，引发当事人张某伟反复上访，造成了一定的社会影响。经研究，该院决定对李某成给予“诫勉谈话”，并责成李某成尽快启动司法拍

① 对应《民事诉讼法》（2023年修正）第253条第2款。

卖程序，尽快结案。截至2019年6月10日，樊城区法院陆续为张某伟执行款项148万余元，尚欠11万余元。

针对执行人员李某成的处理决定，襄阳市检察院认为，樊城区法院对执行员李某成作出“诫勉谈话”的处理决定明显不当。

2. 跟进监督。襄阳市检察院认为，根据《民事诉讼法》第114条①规定，“有义务协助调查、执行的单位有下列行为之一的，人民法院除责令其履行协助义务外，并可以予以罚款：……（二）有关单位接到人民法院协助执行通知书后，拒不协助查询、扣押、冻结、划拨、变价财产的……人民法院对有前款规定的行为之一的单位，可以对其主要负责人或直接责任人员予以罚款；对仍不履行协助义务的，可以予以拘留；并可以向监察机关或有关机关提出予以纪律处分的司法建议”；根据《人民法院工作人员处分条例》第37条规定，“违反规定采取或者解除财产保全措施，造成不良后果的，给予警告、记过或者记大过处分；情节较重的，给予降级或者撤职处分；情节严重的，给予开除处分”，执行员李某成作为执法人员，拒不执行上级人民法院财产保全裁定，违法发放江某勇执行款1 696 520元，仅留存50万元，损害了司法权威和司法公信力。检察机关发出检察建议后，樊城区法院虽经多方努力执行到位148万余元，但尚有11万余元未执行到位，损害了当事人张某伟的合法权益，李某成违纪行为已超出诫勉谈话适用范围。樊城区法院对执行员李某成的违法违纪行为处理过轻。

襄阳市检察院遂指示樊城区检察院对此案跟进监督。2019年7月8日，樊城区检察院作出跟进监督检察建议书，建议：樊城区法院严格依据《人民法院工作人员处分条例》相关规定对执行员李某成违法违纪行为作出处分；对剩余11万元继续执行，尽快结案。

樊城区法院收到跟进监督检察建议书后，认为李某成作为案件承办人，在收到襄阳市中院的协助执行通知后，未严格依法办案，将执行款发放给江某勇，导致襄阳市中院的协助执行款项仍未足额到位，损害当

① 对应《民事诉讼法》（2023年修正）第117条。

事人张某伟的合法权益，造成张某伟四处上访，严重影响了司法公信力及樊城区法院的良好声誉。

2019 年 8 月 27 日，樊城区法院对执行员李某成作出行政记过处分和党内严重警告处分，并于当月函复樊城区检察院。

【典型意义】检察机关在开展民事执行监督工作时，对于法院自身纠错不到位的，可依法跟进监督，帮助、督促法院加大执行力度、纠正违法行为。本案中的执行员未严格执行上级法院作出的执行裁定以及协助执行文书，在取得 2 196 520 元拍卖款后将执行款 1 696 520 元发放给江某勇，仅留存 50 万元，给申请执行人张某伟造成损失，产生负面社会影响。涉案执行员的行为违反了《人民法院工作人员处分条例》第 37 条关于“违反规定采取或者解除财产保全措施，造成不良后果，给予警告、记过或者记大过处分”以及第 53 条关于“对外地人民法院依法委托的事项拒不办理或者故意拖延办理，造成不良后果的，给予警告、记过或者记大过处分”的规定，检察机关据此建议人民法院依法对违法执行行为作出处理。人民法院收到检察建议后，对涉案执行员的处理结果畸轻，可能造成惩戒效果不明显，检察机关及时跟进监督，再次督促法院作出适当的处理，帮助法院监督、规范执行行为，维护司法公信，法院依法采纳了检察机关跟进监督意见。检察机关的跟进监督，既体现了检察监督的功能定位，也彰显了检察机关在办案过程中始终追求的双赢多赢共赢监督理念，在保护相关民事主体合法权益的同时，帮助法院加强人员管理、规范司法权的运行。

第二十章　执行的申请和移送

第二百四十七条　发生法律效力的民事判决、裁定，当事人必须履行。一方拒绝履行的，对方当事人可以向人民法院申请执行，也可以由审判员移送执行员执行。

调解书和其他应当由人民法院执行的法律文书，当事人必须履行。一方拒绝履行的，对方当事人可以向人民法院申请执行。

【条文主旨】

本条是关于执行程序启动方式的规定。

【条文理解】

本条分为两款，第 1 款规定民事判决、裁定作为执行依据时执行程序的启动方式，第 2 款则规定民事调解书和其他应当由人民法院执行的法律文书作为执行依据时执行程序的启动方式。

根据本条的规定，民事判决、裁定作为执行依据时，执行程序的启动方式包括申请执行和移送执行两种；而民事调解书和其他应当由人民法院执行的法律文书作为执行依据时，启动执行程序则只有申请执行一种途径。

申请执行，是指生效法律文书确定的权利人，在义务人拒绝履行该法律文书确定的义务的情况下，向人民法院提出申请，请求人民法院强制执行的行为。申请执行的权利人称为申请执行人；被申请执行的义务人称为被执行人。移送执行，是指人民法院审结案件后，由审判机构将生效的判决书、裁定书移送执行机构执行。移送执行的情况下，没有申请执行人，只有被执行人。

民事权利得由当事人自行处分，即便是生效法律文书确定的权利，是否需要通过强制执行的方式实现，也应当由当事人自行决定。之所以本条规定民事判决、裁定可以由审判人员移送执行，与我国此前的执行体制机制有关。在过去很长一段时间内，我国的执行程序与审判程序并未完全区隔开。人民法院作出的民事判决、裁定，通常直接由作出该判决、裁定的审判机构负责执行。因此，对于审判机构而言，“案结事了”并不仅仅意味着审结案件——当事人之前的权利义务得到确认，还要求权利义务得到实现——执结案件。换言之，在“审执不分”的体制机制之下，当事人向人民法院提起诉讼，要求解决民事权利义务纠纷，不仅包含了要求人民法院确定权利义务的主张，也包含了实现权利义务的意思。相应地，人民法院在审结案件后，一旦债务人不履行义务，就直接由审判机构负责执行的人员启动执行程序也就变得顺理成章。这也是为什么 1982 年施行的《民事诉讼法（试行）》第 166 条将移送执行作为主要的执行程序启动方式，而将权利人申请作为一种补充。即该条规定：“发生法律效力的民事判决、裁定、调解协议和其他应当由人民法院执行的法律文书，当事人必须履行。一方拒绝履行的，由审判员移送执行员执行，对方当事人也可以向人民法院申请执行。”

但是，随着我国民事诉讼职权主义色彩的褪去，审判程序与执行程序的分离，继续将移送执行作为执行程序主要启动方式已经显得不合时宜。因此，1991 年施行的《民事诉讼法》第 216 条改弦更张，将申请执行作为了执行程序启动的主要方式，并一直延续至今。

【条文适用】

本条在适用中需要注意两个问题：

1. 不是所有生效的民事判决、裁定，都可以申请执行或者移送执行。

本条“一方拒绝履行”的表述，已经暗含了作为执行依据的民事判决、裁定应当具有需要履行的给付内容这一条件。对此，最高人民法院出台的相关司法解释则有更为明确的规定。《民事诉讼法司法解释》第461条规定：当事人申请人民法院执行的生效法律文书应当具备下列条件：（1）权利义务主体明确；（2）给付内容明确。法律文书确定继续履行合同的，应当明确继续履行的具体内容。

2. 不是所有具有给付内容的民事判决、裁定，都可以移送执行。《执行工作规定》第17条规定：生效法律文书的执行，一般应当由当事人依法提出申请。发生法律效力的具有给付赡养费、扶养费、抚育费内容的法律文书、民事制裁决定书，以及刑事附带民事判决、裁定、调解书，由审判庭移送执行机构执行。《最高人民法院关于审理环境民事公益诉讼案件适用法律若干问题的解释》第32条规定：发生法律效力的环境民事公益诉讼案件的裁判，需要采取强制执行措施的，应当移送执行。换言之，原则上民事判决、裁定应当由当事人申请执行，只有上述司法解释规定的生效判决、裁定才能移送执行。

第二百四十八条　对依法设立的仲裁机构的裁决，一方当事人不履行的，对方当事人可以向有管辖权的人民法院申请执行。受申请的人民法院应当执行。

被申请人提出证据证明仲裁裁决有下列情形之一的，经人民法院组成合议庭审查核实，裁定不予执行：

（一）当事人在合同中没有订有仲裁条款或者事后没有达成书面仲裁协议的；

（二）裁决的事项不属于仲裁协议的范围或者仲裁机构无权仲裁的；

（三）仲裁庭的组成或者仲裁的程序违反法定程序的；

（四）裁决所根据的证据是伪造的；

（五）对方当事人向仲裁机构隐瞒了足以影响公正裁决的证据的；

（六）仲裁员在仲裁该案时有贪污受贿，徇私舞弊，枉法裁决行为的。

人民法院认定执行该裁决违背社会公共利益的，裁定不予执行。

裁定书应当送达双方当事人和仲裁机构。

仲裁裁决被人民法院裁定不予执行的，当事人可以根据双方达成的书面仲裁协议重新申请仲裁，也可以向人民法院起诉。

【条文主旨】

本条是关于仲裁裁决执行与不予执行的规定。

【条文理解】

一、仲裁裁决的执行

仲裁裁决执行，是指人民法院根据仲裁裁决的一方当事人的申请，强制另一方当事人履行仲裁裁决文书确定的义务的活动。仲裁裁决的执行因当事人的申请而开始：当事人首先要向有管辖权的人民法院提出仲裁裁决的执行申请；有管辖权的人民法院收到仲裁裁决的执行申请后，经审查符合受理条件的，应当依法受理执行。

二、仲裁裁决的不予执行

一方当事人依法向有管辖权的人民法院申请强制执行仲裁裁决后，被申请人认为该仲裁裁决符合法律规定的不予执行的情形之一的，即可申请人民法院不予执行。人民法院应当组成合议庭对被执行人提出的异议进行审查，符合本条规定的七种情形之一的，应当裁定不予执行。

需要注意的是，除执行该裁决违背社会公共利益外，不予执行必须由被申请人提出请求，人民法院不得依职权主动进行审查。对于本条规定的前六种情形，在被申请人请求人民法院不予执行时，由被申请人负担举证责任，没有提供证据或所提证据不能证明确有不予执行的事由存在，不能裁定不予执行。

1. 当事人在合同中没有订有仲裁条款或者事后没有达成书面仲裁协议的。当事人既未在合同中写明仲裁条款，又未在发生纠纷后订立书面仲裁协议，这表明当事人不同意以仲裁的方式解决纠纷。仲裁协议或仲裁条款是仲裁裁决合法的前提，无仲裁协议或无仲裁条款法院不予执行。

2. 裁决的事项不属于仲裁协议的范围或者仲裁机构无权仲裁的。当事人在仲裁协议中应当就仲裁的范围加以明确。有不明确之处的，仲裁机构应当取得双方当事人协商一致的意见。仲裁机构根据本身性质，只能对其有仲裁权的争议作出仲裁，如果仲裁超越了仲裁机构的权限，则其所作出的仲裁是无效的。根据《仲裁裁决执行规定》第 13 条之规定，裁决的事项超出仲裁协议约定的范围、裁决的事项属于依照法律规定或者当事人选择的仲裁规则规定的不可仲裁事项、裁决内容超出当事人仲裁请求的范围、作出裁决的仲裁机构非仲裁协议所约定等四种情形，均属于本项规定情形。

3. 仲裁庭的组成或者仲裁的程序违反法定程序的。根据《仲裁裁决执行规定》第 14 条之规定，违反仲裁法规定的仲裁程序、当事人选择的仲裁规则或者当事人对仲裁程序的特别约定，可能影响案件公正裁决，属于“仲裁庭的组成或者仲裁的程序违反法定程序的”情形。例如，仲裁机构未按照仲裁法或者仲裁规则规定的方式送达法律文书导致当事人未能参与仲裁，或者仲裁员根据仲裁法或者仲裁规定应当回避没有回避，人民法院就可以根据被执行人的申请不予执行仲裁裁决。但是，如果适用的仲裁程序或者仲裁裁决经特别提示，被执行人知道或者应当知道法定仲裁程序或者选择的仲裁规则未被遵守，但仍参加或者继续参加仲裁程序且未提出异议的，在仲裁裁决作出后就不得再以违反法定程序为由申请不予执行。

4. 裁决所根据的证据是伪造的。2012 年修正前的《民事诉讼法》规定的是“认定事实的主要证据不足”，2012 年修正后改为了“裁决所根据的证据是伪造的”。换言之，只有有明确证据表明仲裁裁决所根据的证据是伪造的才能裁定不予执行，人民法院不再对仲裁裁决认定的事实进行全面审查。根据《仲裁裁决执行规定》第 15 条规定，认定“裁决所根据的证据是伪造的”应当符合三个条件：第一，该证据已被仲裁裁决采信；第二，该证据属于认定案件基本事实的主要证据；第三，该证据经查明确属通过捏造、变造、提供虚假证据等非法方式形成或者获取，违反证据的客观性、关联性、合法性要求。

5. 对方当事人向仲裁机构隐瞒了足以影响公正裁决的证据的。2012 年修正前的《民事诉讼法》规定的是“适用法律确有错误的”，2012 年修正后改为“对方当事人向仲裁机构隐瞒了足以影响公正裁决的证据的”。根据该次修正，人民法院将不再对仲裁裁决的法律适用问题进行审查，取而代之的是当事人故意隐瞒证据的行为。根据《仲裁裁决执行规定》第16条第1款之规定，认定“对方当事人向仲裁机构隐瞒了足以影响公正裁决的证据的”应当符合三个条件：第一，该证据属于认定案件基本事实的主要证据；第二，该证据仅为对方当事人掌握，但未向仲裁庭提交；第三，仲裁过程中知悉存在该证据，且要求对方当事人出示或者请求仲裁庭责令其提交，但对方当事人无正当理由未予出示或者提交。

6. 仲裁员在仲裁案件时有贪污受贿、徇私舞弊、枉法裁决行为的。仲裁员是客观公正、严格执行法律的裁决者，不能有任何贪污受贿、徇私舞弊、枉法裁决的行为。因为这类行为不仅损害了当事人的合法权益，同时也使仲裁裁决归于无效。

7. 仲裁裁决违背社会公共利益的。这是本条第3款规定的情形。在这种情形下，无须被申请人提出申请或提出证据。人民法院可以依职权径行审查并作出认定。

三、人民法院裁定不予执行的法律后果

人民法院对经组成合议庭审查核实后裁定不予执行仲裁裁决的，应当作出裁定书，并将不予执行仲裁裁决的裁定书送达双方当事人和仲裁机构。仲裁裁决被人民法院裁决不予执行的，当事人可以根据双方达成的书面仲裁协议重新申请仲裁，也可以向人民法院起诉。

【条文适用】

本条在适用过程中需要注意以下问题：

1. 本条所称“依法设立的仲裁机构”，是指依据《仲裁法》规定设立的仲裁机构，而不包括劳动争议仲裁委员会和农村土地承包仲裁委员会作出的仲裁裁决。

2. 本条所称“有管辖权的人民法院”，根据《仲裁裁决执行规定》第2条规定，是指被执行人住所地或者被执行的财产所在地的中级人民

法院，以及由上述中级人民法院依法指定的基层人民法院。

3. 不予执行案件的管辖法院应当为仲裁裁决的执行法院，但仲裁裁决的执行法院是基层人民法院的，应当由指定该基层人民法院管辖的中级人民法院对不予执行申请进行审查。

4. 关于申请不予执行仲裁裁决的主体。本条虽然仅规定了被申请人可以申请不予执行仲裁裁决，但根据《仲裁裁决执行规定》第 9 条的规定，案外人在符合法定情形时，也可以向人民法院申请不予执行仲裁裁决。

5. 关于申请不予执行仲裁裁决的期限。根据《仲裁裁决执行规定》第 8 条之规定，被执行人申请不予执行仲裁裁决的，应当在执行通知书送达之日起 15 日内提出书面申请；有本条规定第 4 项、第 6 项规定情形且执行程序尚未终结的，应当自知道或者应当知道有关事实或案件之日起 15 日内提出书面申请。在上述期限届满前，被执行人已向有管辖权的人民法院申请撤销仲裁裁决且已被受理的，自人民法院驳回撤销仲裁裁决申请的裁判文书生效之日起重新计算期限。

根据《仲裁裁决执行规定》第 9 条之规定，案外人向人民法院申请不予执行仲裁裁决或者仲裁调解书的，应当自知道或者应该知道人民法院对该标的采取执行措施之日起 30 日内提出。

6. 关于不予执行程序与撤销仲裁裁决程序的衔接。根据《仲裁裁决执行规定》第 20 条之规定，当事人向人民法院申请撤销仲裁裁决被驳回后，又在执行程序中以相同事由提出不予执行申请的，人民法院不予支持；当事人向人民法院申请不予执行被驳回后，又以相同事由申请撤销仲裁裁决的，人民法院不予支持。在不予执行仲裁裁决案件审查期间，当事人向有管辖权的人民法院提出撤销仲裁裁决申请并被受理的，人民法院应当裁定中止对不予执行申请的审查；仲裁裁决被撤销或者决定重新仲裁的，人民法院应当裁定终结执行，并终结对不予执行申请的审查；撤销仲裁裁决申请被驳回或者申请执行人撤回撤销仲裁裁决申请的，人民法院应当恢复对不予执行申请的审查；被执行人撤回撤销仲裁裁决申请的，人民法院应当裁定终结对不予执行申请的审查，但案外人申请不予执行仲裁裁决的除外。

7. 关于救济程序。《仲裁裁决执行规定》第22条第1款规定：人民法院裁定不予执行仲裁裁决、驳回或者不予受理不予执行仲裁裁决申请后，当事人对该裁定提出执行异议或者申请复议的，人民法院不予受理。

第二百四十九条　对公证机关依法赋予强制执行效力的债权文书，一方当事人不履行的，对方当事人可以向有管辖权的人民法院申请执行，受申请的人民法院应当执行。

公证债权文书确有错误的，人民法院裁定不予执行，并将裁定书送达双方当事人和公证机关。

【条文主旨】

本条是关于公证债权文书执行和不予执行的规定。

【条文理解】

一、公证债权文书的执行

根据《公证法》第 36 条的规定，经公证的民事法律行为、有法律意义的事实和文书，应当作为认定事实的根据，但有相反证据足以推翻该项公证的除外。所以，公证只是对当事人权利义务关系进行的一种证明，在当事人发生争执时，公证文书可以作为证据使用，有相反证据足以推翻公证文书的，人民法院对该公证文书不予采信，该公证文书的证据效力就自然丧失。因此，一般而言，公证文书仅有证据效力，而不产生强制执行效力。但是，对于经过公证的债权文书，法律赋予了强制执行的效力，这主要是考虑对于一些债权债务关系比较简单的债权文书，当事人在申请办理公证时，各自的权利和义务均已明确，并对违约的后果即强制执行作出了承诺，这样一旦债务人不履行债务，债权人就可以直接持债权文书向人民法院申请强制执行，无须再经过诉讼或者仲裁程序，有利于减少诉讼和仲裁案件，减轻法院和仲裁机构的负担。对当事人来说也比较便捷，节省了时间和财力，有利于纠纷的及时了断。同时，债权文书经过公证后，债务人更加明确了不履行债务会给自己带来的不利因素，从而加强履约的责任心，有助于防止纠纷的发生。此外，根据我国审判和仲裁程序的规定，民事纠纷的解决需要一定的时间，允许债权人可以直接持经公证的债权文书向人民法院申请强制执行，可以有效地防止债务人在案件受理和诉讼期间转移财产、逃避债务，从而保证债权的实现。

为此，《公证法》第 37 条第 1 款规定："对经公证的以给付为内容并载明债务人愿意接受强制执行承诺的债权文书，债务人不履行或者履行不适当的，债权人可以依法向有管辖权的人民法院申请执行。"为落实公证法的这一制度，本条第 1 款对公证债权文书的执行作了规定。

二、公证债权文书的不予执行

赋予强制执行效力的公证债权文书只有证明力和执行力，而没有既判力，因此公证债权文书确定的权利、义务不仅在事实上未必是正确的，即便在法律上也依然可以被挑战。因此，本条第 2 款规定，公证债权文书确有错误的，人民法院可以裁定不予执行。

根据《最高人民法院关于公证债权文书执行若干问题的规定》第 12 条、第 19 条、第 22 条的规定，不同的"确有错误"情形，应当适用不同的程序。

详言之，程序方面的"确有错误"包括：（1）被执行人未到场且未委托代理人到场办理公证；（2）无民事行为能力人或者限制行为能力人没有监护人代为办理公证；（3）公证员为本人、近亲属办理公证，或者办理与本人、近亲属有利害关系的公证；（4）公证员办理该项公证有贪污受贿、徇私舞弊行为，已经由生效刑事法律文书等确认的；（5）其他严重违反法定公证程序的情形。程序方面"确有错误"和执行公证债权文书违背公序良俗的，应当由人民法院执行审查部门审查，并裁定不予执行。

实体方面的"确有错误"包括：（1）公证债权文书载明的民事权利

义务关系与事实不符；（2）经公证的债权文书具有法律规定的无效、可撤销清醒；（3）公证债权文书载明的债权因清偿、提存、抵销、免除等原因全部或者部分消灭。实体方面“确有错误”的，应当由债务人向人民法院提起诉讼。

【条文适用】

本条在适用过程中需要注意以下问题：

1. 申请执行的公证债权文书必须是依据《公证法》公证的以给付为内容并载明债务人愿意接受强制执行承诺的债权文书，只有这种公证书才有强制执行力。

2. 本条第 1 款所称“有管辖的人民法院”，应当根据《最高人民法院关于公证债权文书执行若干问题的规定》第 2 条之规定确定。即，地域管辖为被执行住所地或者被执行的财产所在地的人民法院，级别管辖参照人民法院受理第一审民商事案件级别管辖的规定确定。

3. 与不予执行仲裁裁决的裁定、驳回不予执行仲裁裁决申请的裁定均不异议、复议不同。根据《最高人民法院关于公证债权文书执行若干问题的规定》第 20 条、第 21 条规定，不予执行公证债权文书的裁定，当事人不能提出异议或者复议；但驳回不予执行申请的裁定，则可以自裁定送达之日起 10 日内向上一级人民法院申请复议。

第二百五十条　申请执行的期间为二年。申请执行时效的中止、中断，适用法律有关诉讼时效中止、中断的规定。

前款规定的期间，从法律文书规定履行期间的最后一日起计算；法律文书规定分期履行的，从最后一期履行期限届满之日起计算；法律文书未规定履行期间的，从法律文书生效之日起计算。

【条文主旨】

本条是关于申请执行期间的规定。

【条文理解】

一、本法关于申请执行期间规定的历史变迁

1991年施行的《民事诉讼法》第219条对申请执行期间作了规定，该条第1款规定："申请执行的期限，双方或者一方当事人是公民的为一年，双方是法人或者其他组织的为六个月。"这一规定在司法实践中产生了一些问题：一是申请执行的期限过短，助长了一些债务人利用时效逃债的侥幸心理。二是债权人担心超过申请执行期间法院不予保护，明知债务人无财产可供执行或者法律文书生效后双方已达成分期履行的协议，也不得不申请强制执行，加剧了债权人和债务人之间的紧张关系，这使得一些案件过早进入执行程序，浪费了宝贵的司法资源，增加了当事人的成本。三是对公民、法人和其他组织适用不同的申请执行期限，不符合民事主体平等的原则。从实际情况看，不少债务人履行义务需要较长时间，申请执行期限太短，既不利于债务人履行债务，也不利于当事人

达成和解。一些当事人因法律知识欠缺、受对方蒙骗等特殊原因未能在法定期限申请执行，事后无法再通过国家强制力予以保护，造成了严重的不公平。

为有利于当事人行使权利，履行债务，解决执行中的一些问题，2007 年《民事诉讼法》修改时将 1991 年《民事诉讼法》第 219 条规定的“申请执行的期限，双方或者一方当事人是公民的为一年，双方是法人或其他组织的为六个月”，修改为第 215 条的“申请执行的期间为二年”，以与诉讼时效期间相衔接，并增加规定申请执行的期间适用时效中止、中断的规定，以使一些因特殊原因在法定期限内未能申请执行的当事人的合法权利能够得到国家强制力保护，防止矛盾激化，维护社会秩序的稳定，促进经济的发展。

二、关于申请执行期间的长度及起算点

按照本条的规定，当事人申请执行的期间为两年。

申请执行期间的起算有三种可能：一是法律文书规定了履行期间的，以法律文书确定的履行期间的最后一日起计算；二是如果法律文书规定了分期履行义务，从最后一期履行期限届满之日起计算；三是如果法律文书未规定履行期间的，申请执行期限从法律文书生效之日起计算。另外，《最高人民法院关于适用〈中华人民共和国民事诉讼法〉执行程序若干问题的解释》第 21 条规定，生效法律文书规定债务人负有不作为义务的，申请执行时效期间从债务人违反不作为义务之日起计算。

需要注意的是，法律文书规定分期履行义务的，在 2021 年《民事诉讼法》修改前按照“规定的每次履行期间的最后一日起计算”。2021 年修改时，为与《民法典》第 189 条关于分期履行义务的诉讼时效期间起算点保持一致，修改为了“从最后一期履行期限届满之日起计算”。

三、申请执行时效的中止与中断

根据本条规定，申请执行期间的中止、中断适用法律关于诉讼时效中止、中断的规定。因此，《民法典》及相关司法解释关于诉讼时效中

止、中断的规定于申请执行期间均可适用。此外，《最高人民法院关于适用〈中华人民共和国民事诉讼法〉执行程序若干问题的解释》第19条、第20条、第21条关于申请执行期间中止、中断的规定，自然也可以适用。

【条文适用】

本条在适用过程中需要注意，虽然本条仅规定了申请执行期间的中止、中断适用诉讼时效中止、中断的有关规定，但无论是理论界还是司法实践中，对于申请执行期间与诉讼时效本质相同已经达成共识。因此，其他关于诉讼时效的规定，原则上同样适用于申请执行期间。例如，不适用于诉讼时效的债权请求权，同样不应适用于申请执行期间。最高人民法院在（2020）最高法执监66号执行裁定中，对于申请执行抚养费的案件，是否适用申请执行期间问题，主张“从抚养费的性质来看，其属于具有财产利益内容的身份权请求权，且事关公序良俗和人的基本生存权利，事关未成年人和不能独立生活的子女等弱势群体的利益保护；在抚养法律关系存续期间，给付抚养费的请求权不应适用诉讼时效的规定，亦不应适用申请执行时效的规定。在执行司法解释没有规定或者其他相关规定不明确的情况下，应当适用基本法的原则性规定”。[①] 又如，关于债务人提出申请执行期间经过的抗辩，是否受到时间限制问题。最高人民法院在（2018）最高法执监573号执行裁定中提出“《最高人民法院关于审理民事案件适用诉讼时效制度若干问题的规定》第四条规定：‘当事人一审期间未提出诉讼时效抗辩，在二审期间提出的，人民法院不予支持。’依照该条规定，针对诉讼时效的抗辩应当在一审期间及时提出，否则，即便在诉讼尚未终结的二审期间提出的，法院亦不予支持。同理，执行时效的抗辩也应当及时提出”。[②]

① 详见冯某、程某离婚纠纷执行审查类执行裁定书。

② 详见广东华达实业集团公司、湛江市友谊房地产开发有限公司执行审查类执行裁定书。

第二百五十一条　执行员接到申请执行书或者移交执行书，应当向被执行人发出执行通知，并可以立即采取强制执行措施。

【条文主旨】

本条是关于执行通知的规定。

【条文理解】

1991 年《民事诉讼法》第 220 条关于执行通知的规定为："执行员接到申请执行书或者移交执行书，应当向被执行人发出执行通知，责令其在指定的期间履行，逾期不履行的，强制执行。"在 2007 年《民事诉讼法》修改时，有意见认为，事先发出执行通知的做法，实际上等于给被执行人通风报信，执行通知反而给被执行人逃避债务的行为提供了机会。同时，它也束缚了执行人员的手脚，使其无法及时采取执行措施，丧失有利的执行时机，致使不少案件最终无法执行。此外，从理论上说，法律文书生效后，债务人即应按照法律文书规定的期限履行义务，执行通知中如果再设定一个期限，也有改变法律文书内容之嫌。但最终，立法部门认为，债务人逾期不履行法律文书确定的义务的情况较为复杂，有的确因生活困难，或者经营不善，没有财产，导致不能及时履行义务；有的债务人虽然有财产，但多为弱势群体，如困难企业案件，部分房屋拆迁、腾退案件，这些案件所涉及的当事人多为生活困难人群，履行法律义务有难度；而有的债务人明明有财产，却采取种种手段隐匿、转移财产，逃避甚至抗拒履行法律文书确定的义务。如果不分情形，对凡是逾期不履行法律文书确定义务的被执行人不发送执行通知，一过履行期限就采取强制措施，势必可能会导致矛盾激化，不利于法律文书的履行。

综合考虑，2007 年修改《民事诉讼法》时，保留了执行通知的规定，但对于故意不履行法律文书确定的义务，并有可能隐匿、转移财产的被执行人，增加了执行员可以立即采取强制执行措施的规定。即在 1991 年《民事诉讼法》规定的基础上增加了一款，即“被执行人不履行法律文书确定的义务，并有可能隐匿、转移财产的，执行员可以立即采取强制执行措施”。

但 2007 年修改《民事诉讼法》时所作的折中方案，在实践中仍然带来一些问题。根据 2007 年修改后的条文，执行员“可以”不发出执行通知而立即采取强制执行措施的，必须同时具备“被执行人不履行法律文书确定的义务”和“有可能隐匿、转移财产”两个条件。在这两个条件下，执行员可能更倾向于向被执行人发出执行通知而不立即采取强制执行措施：首先，既然向被执行人发出执行通知是执行员的法定责任，执行员向被执行人发出执行通知无疑是最简便的选择；其次，执行员不发出执行通知而立即采取强制执行措施的条件难以成就，除非债务人明确以书面方式告知执行员其不履行法律文书确定的义务并欲隐匿、转移财产以外，执行员就必须花费较大精力去收集相关的证据来证明上述条件已经成就，否则执行员不发出执行通知就必将可能承担失职的责任；最后，即使成就了“被执行人不履行法律文书确定的义务”和“有可能隐匿、转移财产”这两个条件，执行员不选择不发出执行通知而立即采取强制执行措施的方案，而选择向被执行人发出执行通知的方案，也不需要承担任何法律责任，因为法律在规定“可以”一词时，就赋予了执行员作出这种选择的权力。

为了解决这一问题，2012 年《民事诉讼法》修改对本条作了进一步的修改，并沿用至今。详言之，一是执行员仍然应当向被执行人发出执行通知；二是执行员可以在任何情形下，只要其认为有必要时，立即采取强制执行措施。根据《最高人民法院关于适用〈中华人民共和国民事诉讼法〉执行程序若干问题的解释》第 22 条之规定，执行员决定立即采取强制执行措施的，可以在发出执行通知的同时采取强制执行措施或者先采取强制执行措施后在 3 日内再发出执行通知。

【条文适用】

本条在适用过程中需要注意，发出执行通知确实是执行人员的法定义务，但未及时发出执行通知，并不意味着发出执行通知之前或者之后采取的执行行为是无效的。

第二十一章　执行措施

第二百五十二条　被执行人未按执行通知履行法律文书确定的义务，应当报告当前以及收到执行通知之日前一年的财产情况。被执行人拒绝报告或者虚假报告的，人民法院可以根据情节轻重对被执行人或者其法定代理人、有关单位的主要负责人或者直接责任人员予以罚款、拘留。

【条文主旨】

本条是关于被执行人财产报告制度的规定。

【条文理解】

被执行人财产报告制度，是指被执行人未按执行通知履行法律文书确定的义务的，应当向法院申报当前及收到执行通知之日前1年的财产情况，否则将受到罚款或拘留等司法处罚的制度。

人民法院掌握被执行人财产状况的主要途径有法院调查、申请人提供线索和被执行人主动申报三个途径。1998年《执行工作规定》中，对被执行人财产报告制度作出了初步规定。2007年修改《民事诉讼法》时对被执行人报告财产状况作了明确规定，确定了被执行人财产申报制度，但未对报告财产的具体内容作出规定。2008年出台的《最高人民法院关于适用〈中华人民共和国民事诉讼法〉执行程序若干问题的解释》，对报告财产的范围、报告财产的期间、拒绝报告或者虚假报告的法律后果等内容作出了细化规定。2017 年 2 月 28 日《最高人民法院关于民事执行中财产调查若干问题的规定》对财产报告制度进行了梳理整合。其内容应当从以下几方面理解。

一、被执行人财产申报的启动程序

申报财产的前提条件是被执行人未按执行通知履行法律文书确定的义务。执行立案后，人民法院应当及时启动财产调查程序，向被执行人发出执行通知，被执行人接到执行通知后，应当按照执行通知的要求履行法律文书确定的义务，否则应当报告财产情况，接受执行人员对其进行有关财产状况和履行义务能力的调查。

《最高人民法院关于民事执行中财产调查若干问题的规定》第 3 条规定：人民法院依申请执行人的申请或依职权责令被执行人报告财产情况的，应当向其发出报告财产令。金钱债权执行中，报告财产令应当与执行通知同时发出。人民法院根据案件需要再次责令被执行人报告财产情况的，应当重新向其发出报告财产令。第 4 条规定：报告财产令应当载明下列事项：（1）提交财产报告的期限；（2）报告财产的范围、期间；（3）补充报告财产的条件及期间；（4）违反报告财产义务应承担的法律责任；（5）人民法院认为有必要载明的其他事项。报告财产令应附财产调查表，被执行人必须按照要求逐项填写。第 7 条规定：被执行人报告财产后，其财产情况发生变动，影响申请执行人债权实现的，应当自财产变动之日起 10 日内向人民法院补充报告。

人民法院在财产报告程序终结之前，根据执行案件的具体情况，既可以依申请执行人的申请，也可以依职权责令被执行人报告财产情况。人民法院裁定终结本次执行程序的，被执行人仍应依照该规定第 7 条的规定履行补充报告义务。

二、被执行人财产报告的范围

《最高人民法院关于民事执行中财产调查若干问题的规定》第 5 条规定：被执行人应当在报告财产令载明的期限内向人民法院书面报告下列

财产情况：（1）收入、银行存款、现金、理财产品、有价证券；（2）土地使用权、房屋等不动产；（3）交通运输工具、机器设备、产品、原材料等动产；（4）债权、股权、投资权益、基金份额、信托受益权、知识产权等财产性权利；（5）其他应当报告的财产。被执行人的财产已出租、已设立担保物权等权利负担，或者存在共有、权属争议等情形的，应当一并报告；被执行人的动产由第三人占有，被执行人的不动产、特定动产、其他财产权等登记在第三人名下的，也应当一并报告。被执行人在报告财产令载明的期限内提交书面报告确有困难的，可以向人民法院书面申请延长期限；申请有正当理由的，人民法院可以适当延长。第6条规定：被执行人自收到执行通知之日前1年至提交书面财产报告之日，其财产情况发生下列变动的，应当将变动情况一并报告：（1）转让、出租财产的；（2）在财产上设立担保物权等权利负担的；（3）放弃债权或延长债权清偿期的；（4）支出大额资金的；（5）其他影响生效法律文书确定债权实现的财产变动。上述规定的目的是防止当事人在判决后规避执行，提前转移财产，执行法院可以通过财产报告发现财产转移的线索，适时采取执行措施。

上述规定增强了财产报告制度的可操作性，应当在实践中注意落实。

三、拒绝报告、虚假报告或者无正当理由逾期报告的责任

目前被执行人财产报告的制度最大的问题就是当事人申报敷衍、消极报告或虚假报告财产，怠于清偿债务。司法实践中，被执行人拒绝报告或虚假报告其财产情况的表现形式主要有：一是对报告财产令不予理睬，拒不报告财产情况；二是隐瞒报告，只报告价值较小的财物，或者已登记的已经查封的财产，或者是难以实现的债权，甚至包括一些债务，不报告其目前可供执行的财产；三是虚假报告，通过虚假陈述造成无财产可供执行的假象，以此蒙蔽人民法院和申请执行人。实践中，还应当注意，被执行人无财产申报并不等同于无能力履行生效文书确定的义务，无财产可供执行不等于无履行能力。尤其对于小标的额执行案件，被执行人不属于无劳动能力、无其他生活来源的，应当积极督促其履行生效

文书确定的义务，促使其与申请执行人积极协商，达成执行和解。追究被执行人拒绝报告或者虚假报告的责任对于促使财产报告制度发挥作用具有重大意义。《最高人民法院关于民事执行中财产调查若干问题的规定》专门规定了对财产报告的调查核实程序，细化了被执行人不履行报告义务的处罚措施，尤其强调法院对不履行报告义务的被执行人应当依法实施信用惩戒，构筑多层次惩戒机制，形成强大威慑力，确保财产报告制度长出“牙齿”。《最高人民法院关于民事执行中财产调查若干问题的规定》第9条规定：被执行人拒绝报告、虚假报告或者无正当理由逾期报告财产情况的，人民法院可以根据情节轻重对被执行人或者其法定代理人予以罚款、拘留；构成犯罪的，依法追究刑事责任。人民法院对有以上规定行为之一的单位，可以对其主要负责人或者直接责任人员予以罚款、拘留；构成犯罪的，依法追究刑事责任。第10条规定：被执行人拒绝报告、虚假报告或者无正当理由逾期报告财产情况的，人民法院应当依照相关规定将其纳入失信被执行人名单。

【条文适用】

被执行人财产报告制度还需要在实践中逐步完善，以充分发挥其应有的作用。在适用过程中应当结合《最高人民法院关于公布失信被执行人名单信息的若干规定》的相关规定，注意多种措施的综合运用。本条规定，对被执行人拒绝报告或虚假报告行为可采取罚款、拘留等民事制裁措施，但实践中，由于存在核实不及时，罚款、拘留等处罚措施实施起来具有一定难度，惩罚不到位等问题，该制度适用不足，功能一直没有得到充分发挥。法院适用财产报告制度需要另辟蹊径，灵活采取多项措施予以相互协调、配合。如法院可以对被执行人或其法定代表人、有关责任人员采取或者通知有关单位协助采取限制出境、纳入失信被执行人名单等法律规定的措施，以敦促其自觉履行义务，通过多层面构筑相应的惩戒机制，对被执行人形成强大威慑力，敦促其自觉履行法律文书确定的义务。

如根据司法解释规定，被执行人拒绝报告、虚假报告或者无正当理由逾期报告财产情况的，人民法院应当依照相关规定将其纳入失信被执行人名单。

民事执行的核心是财产执行，查明被执行人的财产状况是强制执行程序的重要环节，是人民法院采取控制、变价等执行措施的基础，是顺利实现生效法律文书确定权利的前提。《财产调查规定》具体规定了报告财产令的内容、报告财产的范围、补充报告义务、核实程序、不履行报告义务的法律责任等问题，进一步完善了被执行人财产报告制度，但是该制度的功能一直没有得到充分发挥的事实也客观存在。查明被执行人财产的三种途径具体有：一是申请执行人提供线索，二是被执行人报告，三是法院依职权调查。从世界范围看，多数国家和地区以债权人自行调查为主，而我国则更多依靠人民法院调查。应当看到，申请执行人具有提供被执行人财产线索的积极性，由其适当分担财产调查责任应当是未来我国财产调查制度的发展趋势。但在当事人的调查手段还比较有限的现实面前，为充分维护当事人的合法权益，人民法院依然要承担主要的财产调查责任。近年来，人民法院执行信息化建设飞速发展，逐步形成了覆盖全国及主要财产形式的网络执行查控系统。网络查询具有高效、便捷的优点，有助于克服传统模式下查人找物效率低、覆盖面小的难题，极大地提高了人民法院查找被执行人财产的能力，改变了传统执行工作的模式。

第二百五十三条　被执行人未按执行通知履行法律文书确定的义务，人民法院有权向有关单位查询被执行人的存款、债券、股票、基金份额等财产情况。人民法院有权根据不同情形扣押、冻结、划拨、变价被执行人的财产。人民法院查询、扣押、冻结、划拨、变价的财产不得超出被执行人应当履行义务的范围。

人民法院决定扣押、冻结、划拨、变价财产，应当作出裁定，并发出协助执行通知书，有关单位必须办理。

【条文主旨】

本条是关于对存款、债券、股票、基金份额等财产执行和协助执行的规定。

【条文理解】

本条对执行措施作了较为集中的规定，可以从以下几个方面来理解和适用。

一、查询财产的范围及协助执行的主体范围

查询是指人民法院向有关单位调查询问被执行人财产的情况。查询并非一种单独的执行措施，而是一种辅助性的手段，旨在查找被执行人的财产，了解被执行人的履行能力，为采取其他执行措施做准备。根据本条规定，人民法院有权向有关单位查询被执行人的存款、债券、股票、基金份额等财产情况，有关单位应当予以协助，该协助单位为不特定的“有关单位”。

因本条列举的财产形式以金融资产为主，实践中仍然有观点认为，

本条规定的法院查询财产的范围仅限于金融资产，协助执行人也仅限于银行等有关单位，而非不特定主体。《民事诉讼法司法解释》第483条明确规定：人民法院有权查询被执行人的身份信息与财产信息，掌握相关信息的单位和个人必须按照协助执行通知书办理。这里的“财产信息”显然不限于特定财产的信息，而是包含了被执行人可供执行的所有财产信息，这就为人民法院在执行中查询被执行人各种类型的财产提供了直接、明确的法律依据。该条同时规定，掌握相关信息的单位和个人必须按照协助执行通知书办理，从而进一步明确了不特定主体的协助执行义务，有利于减少协助执行的法律障碍，有利于遏制协助执行人不配合、拒绝协助执行的问题。

另外，除被执行人的财产信息外，人民法院往往也需要查询了解其身份信息。实践中被执行人难寻的情况非常普遍，导致许多案件因此难以得到有效执行。上述规定在明确法院可以查询财产信息的同时，又明确规定法院还可以查询被执行人的身份信息。这既是对实践做法的认可，又为人民法院查询被执行人的户籍资料等身份信息提供了明确的法律依据。人民法院查询被执行人的身份信息时，掌握相关信息的单位和个人同样必须按照协助执行通知书予以办理。

二、区分不同情形，采取不同执行措施

人民法院有权根据不同的财产，分别采取扣押、冻结、划拨、变价等不同的执行措施。所谓扣押，是指人民法院把被执行人的财产移至其他人民法院可以控制的地方，加以扣留，限制其占有和处分的一种措施。对于被扣押的财产，人民法院可以自己保管，也可以委托有关单位和个人保管，费用由被执行人负担。冻结则是指对被执行人在有关单位的财产，人民法院依照一定的法律程序，不准其提取或者转移的措施。实施冻结后，非经人民法院通知，任何单位和个人不得提取和转移。理论界通说认为，查封和扣押是两个不同的概念，二者的区别主要在于是否移动财产。一般来说，查封是对执行标的物加贴封条，不准债务人移动，即就地查封；扣押则要将执行标的物转移至其他场所，即异地扣押。至

于冻结，则主要是针对被执行人在银行等金融机构中的存款或财产性权利而采取的一种控制性措施。划拨，是指人民法院将被执行人的存款、债券、股票、基金份额等财产强制划入申请执行人或人民法院指定账户以清偿权利人的债权的措施。变价，是指人民法院将查封、扣押、冻结的被执行人财产，依合法的方式或程序，以实现物状财产转换为金钱财产，并以所得价金清偿申请执行人的措施。变价方式主要有拍卖、变卖两种，也有人将以物抵债和强制管理视为变价方式。执行实践中，究竟应采取何种执行措施，应根据执行标的和案件的不同情形确定，因此，本条赋予人民法院一定的自由裁量权，使其可以根据不同情形，灵活采取相应执行措施。

三、执行措施实施过程中的价值相当原则

根据本条规定，人民法院查询、扣押、冻结、划拨、变价的财产不得超出被执行人应当履行义务的范围。也就是说，执行法院在对被执行人的财产采取执行措施时，应遵循价值相当原则，采取执行措施的财产价值应当与被执行人应履行义务的价值相当。强制执行超过了必要限度，也就失去了正当性的基础。

人民法院在执行过程中要注意以下几点：要合理选择执行财产。被执行人有多项财产可供执行的，人民法院应选择对被执行人生产生活影响较小且方便执行的财产执行。在不影响执行效率和效果的前提下，被执行人请求人民法院先执行某项财产的，应当准许；未准许的，应当有合理正当理由。执行过程中，人民法院应当为被执行人及其扶养家属保留必需的生活费用。要严格按照中央有关产权保护的精神，严格区分企业法人财产与股东个人财产，严禁违法查封案外人财产，严禁对不得查封的财产采取执行措施，切实保护民营企业等企业法人、企业家和各类市场主体合法权益。要严禁超标的查封。强制执行被执行人的财产，以其价值足以清偿生效法律文书确定的债权额为限，坚决杜绝明显超标的查封。冻结被执行人银行账户内存款的，应当明确具体冻结数额，不得影响冻结之外资金的流转和账户的使用。需要查封的不动产整体价值明

显超出债权额的，应当对该不动产相应价值部分采取查封措施；相关部门以不动产登记在同一权利证书下为由提出不能办理分割查封的，人民法院在对不动产进行整体查封后，经被执行人申请，应当及时协调相关部门办理分割登记并解除对超标的部分的查封。相关部门无正当理由拒不协助办理分割登记和解除查封的，依照《民事诉讼法》第117条采取相应的处罚措施。

但是对价值相当原则也不能机械理解。股票、债券、基金份额等财产，该类财产的价值往往难以判断，在扣押、冻结前先进行评估又会影响对执行标的及时控制。因此，实践中对欲控制的标的价值只能作粗略估算，实际上很难做到价值完全相当。正是基于这种考虑，《最高人民法院关于人民法院民事执行中查封、扣押、冻结财产的规定》第19条第1款规定："查封、扣押、冻结被执行人的财产，以其价额足以清偿法律文书确定的债权额及执行费用为限，不得明显超标的额查封、扣押、冻结。""不得明显超标的额"即表明只要查封、扣押的财产未显著、大幅超出被执行人应当履行义务的责任范围的，均应认定为符合价值相当原则的。当然，如果被执行人认为查封、扣押的财产明显超出执行标的额的，可以提出执行行为异议、申请复议，以资救济。还应当注意的是，在一些例外情形下，即使查封、扣押、冻结的财产明显超出了被执行人应当履行义务的范围，也不应认定为违法。如执行标的为不可分物且被执行人无其他可供执行的财产或者其他财产不足以清偿债务的，人民法院可以对其整体采取执行措施。

【条文适用】

一、关于查封、扣押、冻结与处分的关系

《民事诉讼法司法解释》第484条规定：对被执行的财产，人民法院非经查封、扣押、冻结不得处分。对银行存款等各类可以直接扣划的财产，人民法院的扣划裁定同时具有冻结的法律效力。根据该条规定，处

分之前须先行查封、扣押、冻结，非经查封、扣押、冻结不得处分。自2016 年 4 月 14 日起施行的《最高人民法院关于首先查封法院与优先债权执行法院处分查封财产有关问题的批复》第 1 条中明确规定：执行过程中，应当由首先查封、扣押、冻结法院负责处分查封财产。

我国现行司法解释确立了“首先查封法院负责处分查封财产”的规则。首先，根据一般法理，查封、扣押、冻结是查封、扣押、冻结机关取得处分权的前提与依据，是划分国家公权力与个人私权利界限的标志。《民事诉讼法司法解释》第 484 条规定：“对被执行的财产，人民法院非经查封、扣押、冻结不得处分。”其次，我国《民事诉讼法》第 106 条明确规定：“财产已被查封、冻结的，不得重复查封、冻结。”为了解决实践中多个债权人对特定财产申请查封的问题，最高人民法院通过司法解释建立了轮候查封、扣押、冻结制度。但轮候查封、扣押、冻结并不产生查封、扣押、冻结的效力，只有在先查封、扣押、冻结被解除后，排列在先的轮候查封、扣押、冻结才能转为查封、扣押、冻结。即只有首先查封、扣押、冻结才是严格意义上的查封、扣押、冻结，只有首先查封、扣押、冻结法院才具有对查封、扣押、冻结财产的处分权。再次，该规则在我国司法解释中有具体体现。如《执行工作规定》第 56 条规定：对参与被执行人财产的具体分配，应当由首先查封、扣押或冻结的法院主持进行。首先查封、扣押、冻结的法院所采取的执行措施如系为执行财产保全裁定，具体分配应当在该院案件审理终结后进行。“首先查封法院负责处分查封财产”规则可以调动申请执行人的积极性，及时控制财产并实现生效法律文书确定的债权，有利于债权人权利的维护与执行程序的推进，是执行程序中一项重要制度。

之所以将查封、扣押、冻结规定为人民法院强制处分被执行财产的前提，其理论基础在于，强制执行是由国家对债务人动用强制力，实现债权人私法上的请求权的措施。因此，强制执行中对于债务人财产的处分并不需要民事交易中的意思表示等要件。如果行使强制执行权的人民法院，不以一定的形式向被执行人和不特定的第三人昭示这种处分权，就私法秩序而言，必然会面临人民法院公法上的处分权与被执行人私法处分权的冲突，甚至会危害社会交易安全。就公法秩序来说，如果不进行查封即可处分，必然会面临不同法院或者同一法院的不同案件对同一财产进行处分的情况，如何协调不同法院、不同案件对同一财产进行处分的效力将是难题，执行争议将会大幅增加。因此，在理解时应当注意以下几点。

（一）人民法院在对被执行财产采取强制拍卖、变卖、以物抵债等处分措施之前，根据不同的财产类型，必须先采取查封、扣押、冻结等控制性措施，否则，其处分行为即违法

查封、扣押、冻结的目的在于：首先，告知被执行人该财产的处分权已经被人民法院所取得，被执行人不得再对该财产进行有害债权人的处分行为。其次，向社会不特定的第三人进行宣告，该财产已经被人民法院限制处分，如果仍然进行以转移该财产权属、设定权属负担的交易行为，将会面临交易目的不能实现的后果。最后，也告知其他查封、扣押、冻结机关，该财产已被在先查封、扣押、冻结机关所控制，不得再进行重复查封、扣押、冻结，而只能轮候，等待在先查封、扣押、冻结机关的处理结果。

（二）人民法院取得公法处分权的内涵

第一，这种权利是公法上的权力，以国家的名义作出。因此，人民法院可以不经被执行人同意对该财产进行公法上的处分，包括对其进行拍卖、变卖和以物抵债；受让人通过强制执行程序受让被执行财产系原始取得，除非强制处分程序本身违法而被撤销，即使执行依据被废弃，其原始取得的物权也不得受到追夺。第二，人民法院取得处分权之后，被执行人的处分权即受到限制，这种限制因人民法院采取的查封方法不同而有所区别。例如，对于不动产，在实践中有所谓“活封”和“死封”的区别。“活封”即仅仅在不动产登记机构办理查封登记，限制不动产的交易，但不影响被执行人继续使用，以避免资源浪费。“死封”则除限制不动产的价值交易之外，还要强制被执行人迁出，在不动产之上张贴封条，禁止被执行人和第三人使用。人民法院应当根据个案的具体情况采取不同的限制处分方法。限制被执行人的处分权既包括限制其进行

事实上的处分，也包括限制其进行法律上的处分。前者是指其不得对被执行财产进行物理意义上的毁损变动，后者是指被执行人不得有转移被执行财产权属和设定抵押权、租赁权等权属负担的行为。需要指出，这里的限制处分，并不是绝对地禁止进行任何处分，而是指被执行人和其他人不得进行有害于债权人和查封公法秩序的处分。至于有益的处分不但不在禁止之列，相反，应该是受到鼓励的行为，例如，对查封的不动产进行增建或者“七通一平”，解除查封财产之上的权利负担等等。第三，人民法院的处分权以一定的方式对外公示后，对第三人亦产生相应的效力。被执行财产如要流转，不可避免要涉及与被执行人进行交易的不特定第三人的权利，为了维护交易安全，人民法院的处分权必须以一定的方式对外公示，否则，不能对第三人产生效力。至于公示的方式，对于动产，是由人民法院占有，而对于不动产、有登记的特定动产和其他财产权是以通过办理查封的登记方式进行。第四，对于妨害人民法院行使处分权的行为，一方面人民法院可以妨害执行为由进行公法上的处罚，依照《民事诉讼法》第 114 条、第 117 条的规定，对被执行人、协助义务人和其他人处以罚款、拘留；情节严重的，依法追究刑事责任。

实践中，需要注意的是，对于只有土地使用权证，而未取得不动产证的地上建筑物，根据《最高人民法院关于人民法院民事执行中查封、扣押、冻结财产的规定》第 21 条第 1 款“查封地上建筑物的效力及于该地上建筑物使用范围内的土地使用权，查封土地使用权的效力及于地上建筑物，但土地使用权与地上建筑物的所有权分属被执行人与他人的除外”的规定，在查封土地使用权证时，查封效力及于地上建筑物，故如需要处分地上建筑物，应当与首先查封土地的法院协商取得处置权。

另外，对于银行存款等各类可以直接扣划的财产，《民事诉讼法司法解释》第 484 条规定，对银行存款等各类可以直接扣划的财产，人民法院的扣划裁定同时具有冻结的法律效力。即对于银行存款等各类可以直接扣划的财产，扣划本身即具有查封（冻结）的效力，查封（冻结）并不是必经程序，可以直接扣划。执行实践中曾经存在一些金融机构要求法院扣划冻结的存款前必须先解冻，导致存款被转移或原本轮候的冻结变成了首冻结。司法解释明确了扣划裁定具有冻结的效力，避免产生争议。

二、关于查封、扣押、冻结的期限

我国《民事诉讼法》对查封、扣押、冻结的期限未作限制性规定，但最高人民法院的司法解释和规范性文件对查封、扣押、冻结期限问题作了相应规定，规定比较分散。理论界和实务界对查封应否设置期限产生了较大分歧。赞成的意见认为，对查封、扣押、冻结设置一定的期限，有利于防止消极执行、拖延执行等问题，提高执行效率。反对意见则认为，司法解释在设置查封、扣押、冻结期限的同时又规定可以续行查封、扣押、冻结，其结果不但无法遏制消极执行，反而会因为不断续行查封、扣押、冻结浪费司法资源。不仅如此，一旦出现法院在期限届满前未及时续行查封、扣押、冻结的情形，查封、扣押、冻结的效力即归于消灭，本来已被控制的财产就会被隐匿、转移，从而使债权人遭受不测之损害，显然与执行程序所追求的最大限度实现债权的目的不相符合。

目前仍然保留了查封、扣押、冻结期限制度，主要的考虑是：首先，查封、扣押、冻结期限制度对提高执行效率，促进查封、扣押、冻结物的流转确实起到了不可替代的作用。其次，经过多年的运行，查封、扣押、冻结期限制度的总体效果是好的，而且已经为社会公众所熟知，贸然废弃会带来更大的负面效果，有制度变迁中路径依赖问题。最后，查封、扣押、冻结期限制度运行过程中的主要问题是期限过短，续行查封、扣押、冻结次数过多，这些问题，一方面可以通过延长查封、扣押、冻结期限来解决；另一方面，也应看到，随着人民法院信息化建设的发展，很多案件执行人员足不出户即可办理查封手续，查封、扣押、冻结和续行查封、扣押、冻结的成本及时间都在减少。同时，我国法律针对查封期限过短、续封次数过多等问题进行了相应修改。《民事诉讼法司法解释》第 485 条规定：人民法院冻结被执行人的银行存款的期限不得超过一年，查封、扣押动产的期限不得超过两年，查封不动产、冻结其他财产权的期限不得超过 3 年。申请执行人申请延长期限的，人民法院应当在查封、扣押、冻结期限届满前办理续行查封、扣押、冻结手续，续行期限不得超过前款规定的期限。人民法院也可以依职权办理续行查封、扣押、冻结手续。

三、关于对股票、债权、基金份额等财产的执行

本条为股票、债券、基金份额等财产的执行提供了直接法律依据，但规定仍比较笼统，司法实践中应结合有关法律、司法解释及规范性文件的规定，理解和把握不同种类财产的执行程序和方法。总体上看，股票、债券和基金份额的执行程序和方法较为类似，以下重点以股票执行为例，简要讨论该类案件执行实务中的有关问题。

（一）股票的冻结

《最高人民法院关于在执行工作中进一步强化善意文明执行理念的意见》中对于股票的冻结，作了如下规定。[①]

1. 严格规范上市公司股票冻结。为维护资本市场稳定，依法保障债权人合法权益和债务人投资权益，人民法院在冻结债务人在上市公司的股票时，应当依照下列规定严格执行：（1）严禁超标的冻结。冻结上市公司股票，应当以其价值足以清偿生效法律文书确定的债权额为限。股票价值应当以冻结前一交易日收盘价为基准，结合股票市场行情，一般在不超过 20% 的幅度内合理确定。股票冻结后，其价值发生重大变化的，经当事人申请，人民法院可以追加冻结或者解除部分冻结。（2）可售性冻结。保全冻结上市公司股票后，被保全人申请将冻结措施变更为可售性冻结的，应当准许，但应当提前将被保全人在证券公司的资金账户在明确具体的数额范围内予以冻结。在执行过程中，被执行人申请通过二级市场交易方式自行变卖股票清偿债务的，人民法院可以按照前述规定办理，但应当要求其在 10 个交易日内变卖完毕。特殊情形下，可以适当延长。（3）已质押股票的冻结。上市公司股票存在质押且质权人非本案保全申请人或申请执行人，目前，人民法院在采取冻结措施时，由于需

① 参见《最高人民法院关于在执行工作中进一步强化善意文明执行理念的意见》第 7 条。

要计入股票上存在的质押债权且该债权额往往难以准确计算，尤其是当股票存在多笔质押时还需指定对哪一笔质押股票进行冻结，为保障普通债权人合法权益，人民法院一般会对质押股票进行全部冻结，这既存在超标的冻结的风险，也会对质押债权人自行实现债权造成影响，不符合执行经济原则。

2. 最高人民法院经与中国证券监督管理委员会沟通协调，由中国证券登记结算有限公司（以下简称中国结算公司）对现有冻结系统进行改造，确立了质押股票新型冻结方式，并在系统改造完成后正式实施。具体内容如下：第一，债务人持有的上市公司股票存在质押且质权人非本案保全申请人或申请执行人，人民法院对质押股票冻结时，应当依照该意见第7条第1项规定的计算方法冻结相应数量的股票，无需将质押债权额计算在内。冻结质押股票时，人民法院应当提前冻结债务人在证券公司的资金账户，并明确具体的冻结数额，不得对资金账户进行整体冻结。第二，股票冻结后，不影响质权人变价股票实现其债权。质权人解除任何一部分股票质押的，冻结效力在冻结股票数量范围内对解除质押部分的股票自动生效。质权人变价股票实现其债权后变价款有剩余的，冻结效力在本案债权额范围内对剩余变价款自动生效。第三，在执行程序中，为实现本案债权，人民法院可以在质押债权和本案债权额范围内对相应数量的股票采取强制变价措施，并在优先实现质押债权后清偿本案债务。第四，两个以上国家机关冻结同一质押股票的，按照在证券公司或中国结算公司办理股票冻结手续的先后确定冻结顺位，依次满足各国家机关的冻结需求。两个以上国家机关在同一交易日分别在证券公司、中国结算公司冻结同一质押股票的，在先在证券公司办理股票冻结手续的为在先冻结。第五，人民法院与其他国家机关就冻结质押股票产生争议的，由最高人民法院主动与最高人民检察院、公安部等部门依法协调解决。争议协调解决期间，证券公司或中国结算公司控制产生争议的相关股票，不协助任何一方执行。争议协调解决完成，证券公司或中国结算公司按照争议机关协商的最终结论处理。第六，系统改造完成前已经完成的冻结不适用前述规定。案件保全申请人或申请执行人为质权人的，冻结措施不适用前述规定。

《最高人民法院、最高人民检察院、公安部、中国证券监督管理委员会关于进一步规范人民法院冻结上市公司质押股票工作的意见》进一步规定了关于质押股票的冻结，其中，第 2 条规定：人民法院冻结质押股票时，在协助执行通知书中应当明确案件债权额及执行费用，证券账户持有人名称（姓名）、账户号码，冻结股票的名称、证券代码，需要冻结的数量、冻结期限等信息。前款规定的需要冻结的股票数量，以案件债权额及执行费用总额除以每股股票的价值计算。每股股票的价值以冻结前一交易日收盘价为基准，结合股票市场行情，一般在不超过 20% 的幅度内合理确定。

（二）股票的变价

《民事诉讼法》第 258 条规定：被执行人逾期不履行的，人民法院应当拍卖被查封、扣押的财产；不适于拍卖或者当事人双方同意不进行拍卖的，人民法院可以委托有关单位变卖或者自行变卖。

对上市公司的流通股而言，因其在证券交易所公开上市交易，市场机制本身足以确保形成合理的价格，因此，无须经过拍卖程序，而可由相关的证券公司协助执行，通过证券交易所直接予以变卖。对此，《最高人民法院关于冻结、扣划证券交易结算资金有关问题的通知》作了相应规定。依该通知第 5 条第 2 款的规定，人民法院执行流通证券，可以指令被执行人所在的证券公司营业部在 30 个交易日内通过证券交易将该证券卖出，并将变卖所得价款直接划付到人民法院指定的账户。执行实践中，为防止大宗流通股的变卖引发恐慌性抛盘，影响股市稳定，法院可以分次拆细变卖或请求证券交易所协助采取对敲买卖方式在二级市场进行变卖。当然，如果需要处置的股票数量特别巨大，采用二级市场变卖的方式处置耗费周期较长，也可以通过网络司法拍卖平台进行拍卖、变卖。

对于通过大宗交易方式或者二级市场变价的股票，应当注意相关大股东等特殊群体减持股票的规定。根据《证券法》第 63 条的规定，通过证券交易所的证券交易，投资者持有或者通过协议、其他安排与他人共同持有一个上市公司已发行的有表决权股份达到5%时，应当在该事实发生之日起3日内，向国务院证券监督管理机构、证券交易所作出书面报告，通知该上市公司，并予公告，在上述期限内不得再行买卖该上市公司的股票，但国务院证券监督管理机构规定的情形除外。投资者持有或者通过协议、其他安排与他人共同持有一个上市公司已发行的有表决权股份达到5%后，其所持该上市公司已发行的有表决权股份比例每增加或者减少5%，应当依照前款规定进行报告和公告，在该事实发生之日起至公告后3日内，不得再行买卖该上市公司的股票，但国务院证券监督管理机构规定的情形除外。投资者持有或者通过协议、其他安排与他人共同持有一个上市公司已发行的有表决权股份达到5%后，其所持该上市公司已发行的有表决权股份比例每增加或者减少1%，应当在该事实发生的次日通知该上市公司，并予公告。据此，在对被执行人为上市公司控股股东和持股5%以上股东、董事、监事、高管持有的股票变价时，执行法院应注意要求有关当事人按照《证券法》的有关规定进行报告和公告。

第二百五十四条　被执行人未按执行通知履行法律文书确定的义务，人民法院有权扣留、提取被执行人应当履行义务部分的收入。但应当保留被执行人及其所扶养家属的生活必需费用。

人民法院扣留、提取收入时，应当作出裁定，并发出协助执行通知书，被执行人所在单位、银行、信用合作社和其他有储蓄业务的单位必须办理。

【条文主旨】

本条是关于扣留、提取被执行人收入的规定。

【条文理解】

扣留被执行人的收入，是指人民法院依法强制留置被执行人的收入，禁止其领取的执行措施。提取被执行人的收入，是指人民法院通过银行、信用合作社和其他有储蓄业务的单位或者被执行人所在单位将被执行人的收入支取出来，交给申请执行人的执行措施。在执行程序中扣留与提取一般有先后性，即扣留是为提取做准备。虽然扣留不是提取的必经程序，但是二者紧密联系。扣留属于临时性措施，其目的在于促使被执行人主动履行义务，同时也为提取作好准备，即扣留被执行人的收入后，被执行人履行义务的，应当及时解除扣留；仍拒不履行的，可以实施提取；提取属于最终性的措施，其目的为实现生效法律文书，可以在扣留的基础上进行，也可以直接进行，由法院视具体情况而定。

这里的“收入”是指被执行人应得的，但尚未实际获得或占有的报酬或所得，包括工资、奖金、各类补贴、劳动报酬、农副业收入、经商收入以及其他各种非劳动收入，如租金收入。被执行人的收入主要是指金钱收入，但也不能排除实物收入。

执行实践中，扣留、提取被执行人收入这一执行措施主要用于追索赡养费、扶养费、抚养费、人身损害赔偿及其他小额民间借贷案件。这类案件虽然标的额较小，但执行却不容易，往往成为基层法院执行难的重灾区。小额案件执行难的原因是多方面的，其中一个重要原因就是被执行人可供执行的财产较少甚至没有可供执行财产且收入也不固定，如从事农业生产受自然条件影响较大，以手工业制作或外出打工作为生活来源收入不稳定等，成为小标的额案件执行难的主要原因。这类案件中对被执行人收入的执行是主要执行方法。

一、扣留、提取被执行人收入的程序

扣留、提取被执行人收入的前提是被执行人未按执行通知履行法律文书确定的义务。其具体操作程序在《执行工作规定》第29条、第30条中进行了详细的规定。被执行人在有关单位的收入尚未支取的，人民法院应当作出裁定，向该单位发出协助执行通知书，由其协助扣留或提取。有关单位收到人民法院协助执行被执行人收入的通知后，擅自向被执行人或其他人支付的，人民法院有权责令其限期追回；逾期未追回的，应当裁定其在支付的数额内向申请执行人承担责任。具体需要注意：（1）对被执行人的收入采取的扣留、提取等执行措施，适用于以金钱为内容的法律文书和被执行人为自然人的执行。（2）被执行人的收入，是指被执行人依法所得和依法应得的收入，其形式可以是工资、奖金、劳务报酬、稿酬、咨询费、存款利息、房屋租金等。（3）扣留、提取被执行人的收入时，法院应当作出裁定，并向有关单位发出协助执行的通知书。接到通知书的被执行人所在单位、银行、信用合作社和其他有储蓄业务的单位必须按照通知书的内容办理，并将扣留、提取被执行人的收入，转交申请执行人或者人民法院；有关单位拒不协助执行的，可以按照《民事诉讼法》第117条予以处理；有关单位擅自向被执行人及其他人员支付被执行人的收入的，人民法院可以责令该单位限期追回，逾期未追回的，应当裁定其在支付的数额内向申请执行人承担责任。

二、扣留、提取被执行人收入的限制

执行机关扣留、提取被执行人收入不得超出被执行人应当履行义务的范围。扣留收入时，应当以数额足以清偿法律文书确定的债权额以及执行费用为限，不得明显超标的扣留。发现超标的扣留的，人民法院应当根据债务人的申请或者依职权，及时解除对超标的额部分收入的扣留。

对被执行人收入的执行，除了不得超额执行外，扣留、提取被执行人的收入时，还应当保留被执行人及其所扶养的家属的生活必需费用。劳动收入是被执行人的生活来源，关系到被执行人及其所扶养家属的基本生活、生计，因此，人民法院在扣留、提取被执行人的收入时，应当为被执行人及其所扶养的家属保留生活必需的费用，使其能够维持最基本的生活需要。既要依法保护权利人的权利得以实现，又要防止因执行工作给被执行人及所扶养家属的基本生活造成困难。

【条文适用】

执行实践中，扣留、提取被执行人收入时应当注意区分收入与到期债权，严格来讲，被执行人对第三人到期债权的也是收入一种。收入是指自然人基于劳务等非经营性原因所得和应得的工资、奖金、劳务报酬等财物，是一种特殊的到期债权，但两者的执行措施和法律适用均不相同。

对于收入，《执行工作规定》第 29 条规定：被执行人在有关单位的收入尚未支取的，人民法院应当作出裁定，向该单位发出协助执行通知书，由其协助扣留或提取。该规定第 30 条规定：有关单位收到人民法院协助执行被执行人收入的通知后，擅自向被执行人或其他人支付的，人民法院有权责令其限期追回；逾期未追回的，应当裁定其在支付的数额内向申请执行人承担责任。实践中，存在对被执行人对第三人到期债权采取“收入”执行措施的做法，在第三人提出异议或者最终确定的第三人与被执行人债权债务金额少于冻结金额的情况下，法院责令第三人限期追回冻结的款项。这种做法是错误的。对被执行人对第三人到期债权的执行，应当严格遵守到期债权的相关规定，依据《民事诉讼法司法解释》以及《执行工作规定》作出冻结裁定和履行到期债务通知书。

【典型案例】

杨某、蓝某元申请新中英陶瓷集团有限公司、江西欧卡罗精工材料有限公司执行民间借贷纠纷案①

【案 号】江西省宜春市中级人民法院（2019）赣09执复6号

【裁判要旨】在执行第三人到期债权过程中，应当审慎区别到期债权与收入两者间的关系，杜绝将到期债权直接作为收入予以扣划提取。对于第三人（次债务人）在履行通知书指定期限内提出异议，人民法院原则上不对该第三人（次债务人）强制执行，对提出的异议不予审查。申请人有确凿的证据证明该债权客观存在的除外。第三人在履行通知书指定期限内未提出异议，但在执行程序终结前对该债权提出异议的，执行法院应当向申请执行人释明提起代为诉讼予以救济。

【基本案情】申请执行人：杨某、蓝某元。被执行人：新中英陶瓷集团有限公司（以下简称新中英公司）、江西欧卡罗精工材料有限公司（以下简称欧卡罗公司）。第三人：江西江之泉新型材料有限公司（以下简称江之泉公司）。

江西省高安市人民法院（以下简称高安法院）在执行申请执行人杨某、蓝某元与被执行人新中英公司、欧卡罗公司民间借贷纠纷一案时查明，2016年6月30日，欧卡罗公司与江之泉公司签订租赁合同，约定将欧卡罗公司厂房、土地、生产生活配套设施租赁给江之泉公司，租赁期限为8年，自2016年8月1日始至2024年7月31日止。租金为每年800万元整。该合同同时约定如下条款：（1）在租赁标的物环评及安监两项

① 案例来源：《人民司法·案例》2020年第35期。

均获得验收通过之前为试产免租期，乙方免于支付租金；（2）为方便欧卡罗公司验收通过环评及安监，需要进行一些前期工程，上述工程费包干总价 1182. 5 万元，以江之泉公司预付租金的形式全额代垫。该项工作已经由江之泉公司自 2016 年 2 月 25 日开始负责实施至合同签订的 2016 年 6 月 30 日止；（3）欧卡罗公司同意江之泉公司以产品（砖）抵付租金。高安法院于 2018 年 6 月 6 日向江之泉公司发出协助执行通知书，要求提取、扣押被执行人欧卡罗公司的厂房租赁费共计 2 057 223. 79 元；2018 年 10 月 18 日，高安法院向江之泉公司送达通知书，要求江之泉公司在收到本通知书后 15 日内向申请人杨某、蓝某元履行对被执行人欧卡罗公司的到期债务 2 057 223. 79 元，不得向被执行人清偿。2018 年 10 月 25 日，江之泉公司提出执行异议。高安法院认为，法院在执行过程中有权根据被执行人对他人到期债权作出冻结债权的裁定，并通知该他人向申请执行人履行。江之泉公司在收到冻结裁定及协助执行通知书后应当依法协助法院扣留、提取被执行人收入；如该公司认为该债权确实不存在，应当及时向执行法院提出，在该约定的债权到期后依法协助法院执行。协助执行通知书不存在撤销的法定理由。高安法院遂于 2018 年 11 月 27 日驳回江之泉公司的执行异议。

江之泉公司不服该裁定，向江西省宜春市中级人民法院申请执行复议。江之泉公司认为高安法院执行裁定适用法律错误，依法应予撤销。理由是：首先，对于被执行人到期债权的执行，必须发出履行到期债务的通知。高安法院发出的协助执行通知书不属于法定的履行到期债务通知，且该通知中未告知复议申请人提出异议的权利及期限，依法不能视为复议申请人无异议。而高安法院发出的通知书属于履行到期债务通知，江之泉公司依法提出了异议。高安法院依法不得对江之泉公司强制执行，且对异议不进行审查。现高安法院对复议申请人的异议进行审查，甚至驳回复议申请人的异议，适用法律明显错误。其次，被执行人对复议申请人并不享有到期债权，根据现行法律规定，人民法院在执行第三人到期债权的过程中，对于未经实体审判并经生效法律文书确认的债权，执行法院不应当对被执行人与第三人之间是否存在债权债务关系进行实体判断。如果第三人提出异议，即不得对第三人强制执行。再次，2018年7月4日，修水县工业园区安全生产监督管理分局向复议申请人发出责令限期整改指令书，称复议申请人超过试生产期安全设施未验收，责令全部停业整改。目前复议申请人全厂已处于停产状态，现正在和被执行人欧卡罗公司协商解除租赁合同，高安法院对复议申请人强制执行不具备客观事实基础。江之泉公司请求撤销高安法院执行裁定书，并裁定停止对复议申请人的执行。

【裁判结果】江西省宜春市中级人民法院于2019年1月15日作出裁定：撤销高安法院执行裁定；撤销高安法院向江之泉公司发出的协助执行通知书和通知书。

【裁判理由】江西省宜春市中级人民法院认为，承租人江之泉公司在收到履行到期债务通知后依据《民事诉讼法司法解释》第501条[①]提出异议符合法律规定。高安法院在未查清被执行人欧卡罗公司与承租人江之泉公司存在租金给付豁免期前置条件及履行方式存在争议的情况下，先以执行租金收入的方式要求江之泉公司协助执行，后又以执行第三人到期债权债务方式来实现代位求偿，存在法律适用混乱问题。江之泉公司依法提出异议后，高安法院既未向申请执行人释明应提起代位权诉讼予以救济，又违反法定程序对其异议进行审查，属适用法律错误，依法应予纠正。

① 对应《民事诉讼法司法解释》（2023年修正）第499条。

第二百五十五条　被执行人未按执行通知履行法律文书确定的义务，人民法院有权查封、扣押、冻结、拍卖、变卖被执行人应当履行义务部分的财产。但应当保留被执行人及其所扶养家属的生活必需品。

采取前款措施，人民法院应当作出裁定。

【条文主旨】

本条是关于查封、扣押、冻结、拍卖、变卖被执行人财产的规定。

【条文理解】

查封、扣押、冻结、拍卖、变卖被执行人应当履行义务部分的财产，是民事诉讼中最基本的执行措施。查封、扣押、冻结是针对不同情况采取的临时性强制措施；拍卖和变卖是对被查封、扣押的财产的处置。

被执行人未按执行通知履行法律文书确定的义务，人民法院有权查封、扣押、冻结、拍卖、变卖被执行人应当履行义务部分的财产。但是，采取这些措施可能对被执行人的生产、生活及其所供养家属的生活产生重大影响，故应慎重。查封、扣押、冻结、拍卖、变卖被执行人的财产，应当限定在被执行人应履行义务的范围内，应当保留被执行人及其所扶养家属的生活必需品。《最高人民法院关于人民法院民事执行中查封、扣押、冻结财产的规定》规定[①]，人民法院可以查封、扣押、冻结被执行人占有的动产，登记在被执行人名下的不动产、特定动产及其他财产权。未登记的建筑物和土地使用权，依据土地使用权的审批文件和其他相关

① 参见《最高人民法院关于人民法院民事执行中查封、扣押、冻结财产的规定》第 2 条、第 3 条、第 4 条、第 5 条。

证据确定权属。对于第三人占有的动产或者登记在第三人名下的不动产、特定动产及其他财产权，第三人书面确认该财产属于被执行人的，人民法院可以查封、扣押、冻结。人民法院对被执行人的下列财产不得查封、扣押、冻结：（1）被执行人及其所扶养家属生活所必需的衣服、家具、炊具、餐具及其他家庭生活必需的物品；（2）被执行人及其所扶养家属所必需的生活费用。当地有最低生活保障标准的，必需的生活费用依照该标准确定；（3）被执行人及其所扶养家属完成义务教育所必需的物品；（4）未公开的发明或者未发表的著作；（5）被执行人及其所扶养家属用于身体缺陷所必需的辅助工具、医疗物品；（6）被执行人所得的勋章及其他荣誉表彰的物品；（7）根据《中华人民共和国缔结条约程序法》，以中华人民共和国、中华人民共和国政府或者中华人民共和国政府部门名义同外国、国际组织缔结的条约、协定和其他具有条约、协定性质的文件中规定免于查封、扣押、冻结的财产；（8）法律或者司法解释规定的其他不得查封、扣押、冻结的财产。

对被执行人及其所扶养家属生活所必需的居住房屋，人民法院可以查封，但不得拍卖、变卖或者抵债。对于超过被执行人及其所扶养家属生活所必需的房屋和生活用品，人民法院根据申请执行人的申请，在保障被执行人及其所扶养家属最低生活标准所必需的居住房屋和普通生活必需品后，可予以执行。

【条文适用】

在司法实务中，为了本条能得以更好地理解和适用，需要注意以下两点。

一、关于查封、扣押、冻结及轮候查封、扣押、冻结的适用、效力问题

查封、扣押、冻结的效力，根据《最高人民法院关于人民法院民事

执行中查封、扣押、冻结财产的规定》的规定①：（1）查封、扣押的效力及于查封、扣押物的从物和天然孳息。（2）查封地上建筑物的效力及于该地上建筑物使用范围内的土地使用权，查封土地使用权的效力及于地上建筑物，但土地使用权与地上建筑物的所有权分属被执行人与他人的除外。地上建筑物和土地使用权的登记机关不是同一机关的，应当分别办理查封登记。（3）查封、扣押、冻结的财产灭失或者毁损的，查封、扣押、冻结的效力及于该财产的替代物、赔偿款。人民法院应当及时作出查封、扣押、冻结该替代物、赔偿款的裁定。

《最高人民法院关于人民法院民事执行中查封、扣押、冻结财产的规定》第26条规定：对已被人民法院查封、扣押、冻结的财产，其他人民法院可以进行轮候查封、扣押、冻结。查封、扣押、冻结解除的，登记在先的轮候查封、扣押、冻结即自动生效。其他人民法院对已登记的财产进行轮候查封、扣押、冻结的，应当通知有关登记机关协助进行轮候登记，实施查封、扣押、冻结的人民法院应当允许其他人民法院查阅有关文书和记录。其他人民法院对没有登记的财产进行轮候查封、扣押、冻结的，应当制作笔录，并经实施查封、扣押、冻结的人民法院执行人员及被执行人签字，或者书面通知实施查封、扣押、冻结的人民法院。

设立轮候查封、扣押、冻结制度，目的是解决多个债权对同一执行标的物受偿的先后顺序问题。只要不是同一债权，不论是不是同一个债权人，受理案件的法院是不是同一个法院，都应当允许对已被查封、扣押、冻结的财产进行轮候查封、扣押、冻结；同一法院在不同案件中也可以对同一财产采取轮候查封、扣押、冻结保全措施。同时，轮候查封、扣押、冻结自在先的查封、扣押、冻结解除时自动生效，故人民法院对已查封、扣押、冻结的全部财产进行处分后，该财产上的轮候查封自始不产生查封、扣押、冻结的效力。而且，人民法院对已查封、扣押、冻结的财产进行拍卖、变卖或抵债的，原查封、扣押、冻结的效力消灭，人民法院无须先行解除该财产上的查封、扣押、冻结，可直接进行处分，

---

① 参见《最高人民法院关于人民法院民事执行中查封、扣押、冻结财产的规定》第20～22条。

有关单位应当协助办理有关财产权证照转移手续。

二、被执行人及其所扶养家属维持生活必需的居住房屋的执行

《最高人民法院关于人民法院民事执行中查封、扣押、冻结财产的规定》第5条规定："对于超过被执行人及其所扶养家属生活所必需的房屋和生活用品，人民法院根据申请执行人的申请，在保障被执行人及其所扶养家属最低生活标准所必需的居住房屋和普通生活必需品后，可予以执行。"但如何把握"超过被执行人及其所扶养家属所必需的房屋"并不明确，造成实践中只要被执行人名下仅登记一套房屋的，人民法院均停止执行。但是，并非被执行人名下只要仅有一套房屋，就一律停止执行。如果被执行人名下的唯一住房，超出了被执行人及其所扶养家属生活必需的范围，人民法院可以执行。

《最高人民法院关于人民法院办理执行异议和复议案件若干问题的规定》第20条规定：金钱债权执行中，符合下列情形之一，被执行人以执行标的系本人及所扶养家属维持生活必需的居住房屋为由提出异议的，人民法院不予支持：（1）对被执行人有扶养义务的人名下有其他能够维持生活必需的居住房屋的；（2）执行依据生效后，被执行人为逃避债务转让其名下其他房屋的；（3）申请执行人按照当地廉租住房保障面积标准为被执行人及所扶养家属提供居住房屋，或者同意参照当地房屋租赁市场平均租金标准从该房屋的变价款中扣除5至8年租金的。执行依据确定被执行人交付居住的房屋，自执行通知送达之日起，已经给予3个月的宽限期，被执行人以该房屋系本人及所扶养家属维持生活的必需品为由提出异议的，人民法院不予支持。

该条对执行被执行人名下的唯一住房的情形，按照申请执行的债权种类是金钱债权还是交付房屋的不同作出了不同的规定。针对金钱债权的执行，列举了可以执行的三种情形。第一种情况，对被执行人有扶养义务的人名下有其他能够维持生活必需的居住房屋，此种情形下被执行人居住权已经有所保障。在执行程序中，人民法院保障的是被执行人的生活必需的居住权，而不是房屋的所有权。第二种情况，逃避执行的，

本身就不属于保护的对象。第三种情况，申请执行人按照当地廉租住房保障的面积标准，为被执行人以及所扶养家属提供了可供居住的房屋，比如按照当地廉租住房保障面积标准提供的临时的周转房。或者是申请执行人同意按照当地房屋租赁市场平均的租金标准，从该房屋的变价款中扣除 5 ~ 8 年租金的。这是因为，考虑到被执行人向当地政府申请被保护，需要一定的周转时间，所以法律规定了 5 ~ 8 年的期间。这 5 ~ 8 年的时间也给执行法院预留了具体工作的空间。如果被执行人比较配合法院的执行或者申请人愿意多扣租金的，可以扣 8 年。如果被执行人不配合法院甚至抗拒执行，法院就会少扣除一些，扣除 5 年也是可以的。这实际上是建立了一个激励被执行人配合执行的机制。

对此，需要强调以下四点：第一，法律保障的是被执行人的居住权，而非房屋所有权。第二，法律所保障的居住权是维持被执行人及其扶养家属生活必需的，否则，保障就不必要。第三，保障是有期限的。法律对债务人生存权的保障是应急性的，债务人最终还是应向当地政府申请住房保障，不能让本应当由政府承担的社会保障义务全部转嫁给债权人承担。第四，被执行人不得利用法律对其生存权的保障来逃避执行。

第二百五十六条　人民法院查封、扣押财产时，被执行人是公民的，应当通知被执行人或者他的成年家属到场；被执行人是法人或者其他组织的，应当通知其法定代表人或者主要负责人到场。拒不到场的，不影响执行。被执行人是公民的，其工作单位或者财产所在地的基层组织应当派人参加。

对被查封、扣押的财产，执行员必须造具清单，由在场人签名或者盖章后，交被执行人一份。被执行人是公民的，也可以交他的成年家属一份。

【条文主旨】

本条是关于查封、扣押财产的程序的规定。

【条文理解】

查封、扣押被执行人的财产，直接涉及被执行人的财产及其相关利益，人民法院采取执行措施，既要保证生效法律文书的履行，也要注意保证被执行人合法的财产权益不受侵害。这就需要设计严格、公开的程序来予以保障。

人民法院采取查封、扣押被执行人财产的执行措施时，应当按照以下程序进行。

一、通知被执行人及有关人员到场

针对自然人、法人以及其他组织，人民法院实施查封、扣押财产的执行措施时，需要通知的到场的人和程序也有所不同。

被执行人是公民（自然人）的，应当通知被执行人或者他的成年家属到场。通知被执行人到场是人民法院的法定职责和必经程序，没有通知的，则不能强制执行。通知后，被执行人或其成年家属拒不到场的，不影响执行工作的进行，但要记录在案。为了使执行工作顺利进行，还需要通知被执行人工作单位或者财产所在地的基层组织（居民委员会、村民委员会）派人参加。这既是对人民法院执行工作的监督，也对执行工作起到见证作用。

被执行人是法人或者其他组织的，应当通知其法定代表人或者主要负责人到场。拒不到场的，不影响执行。法定代表人是法人机构中依照法律或法人组织章程的规定，代表法人行使职权的负责人。代表非法人组织行使职权的负责人称主要负责人。

二、对被查封、扣押的财产必须清点、编号、登记、制作清单、加贴封条

为防止财产丢失和避免将来出现争执，对被查封、扣押的财产，执行员必须造具清单，在造具的清单上要详细记明被查封、扣押财产的名称、数量、质量、特征等，并由在场人员包括执行人员、被执行人或其成年家属、当地基层组织的代表签名或者盖章。被执行人是法人或其他组织的，由其法定代表人或主要负责人签名或盖章。在场人员拒不签名或盖章的，执行员将情况记入执行笔录。造具的清单一份交被执行人，一份由人民法院附卷保存。如果被执行人是公民的，也可以交他的成年家属一份。

《最高人民法院关于人民法院民事执行中查封、扣押、冻结财产的规定》第 18 条规定：查封、扣押、冻结被执行人的财产时，执行人员应当制作笔录，载明下列内容：（1）执行措施开始及完成的时间；（2）财产的所在地、种类、数量；（3）财产的保管人；（4）其他应当记明的事项。执行人员及保管人应当在笔录上签名，有《民事诉讼法》第 245 条①规定的人员到场的，到场人员也应当在笔录上签名。

① 对应《民事诉讼法》（2023 年修正）第 256 条。

【条文适用】

在实践中，本条之适用常常会遇到两个容易被忽略的问题，应予以注意和规范。

一、查封、扣押、冻结裁定应明确指向具体财产

根据最高人民法院相关司法解释之规定，人民法院查封、扣押、冻结被执行人的动产、不动产及其他财产权，应当作出裁定，并送达被执行人和申请执行人。查封、扣押、冻结财产的价值应当与被执行人履行债务的价值相当。实践中存在裁定书不指向特定的具体财产，而笼统称呼查封被执行人财产的状况，如“冻结被执行人银行存款或查封、扣押其相应价值的财产”，在人民法院查封、扣押、冻结被执行人的财产时，被执行人常以要查封、扣押、冻结的财产非裁定书上所列明的财产，人民法院执行手续不合法为由抗拒执行，从而给执行工作带来不利影响。因此，为防止这种被动局面的出现，人民法院在作出的查封、扣押、冻结被执行人财产的裁定书上，应明确指向具体财产，即写明查封、扣押、冻结的具体标的物。

二、查封、扣押、冻结的方法

《最高人民法院关于人民法院民事执行中查封、扣押、冻结财产的规定》第6条规定：查封、扣押动产的，人民法院可以直接控制该项财产。人民法院将查封、扣押的动产交付其他人控制的，应当在该动产上加贴封条或者采取其他足以公示查封、扣押的适当方式。第7条规定：查封不动产的，人民法院应当张贴封条或者公告，并可以提取保存有关财产权证照。查封、扣押、冻结已登记的不动产、特定动产及其他财产权，应当通知有关登记机关办理登记手续。未办理登记手续的，不得对抗其他已经办理了登记手续的查封、扣押、冻结行为。第8条规定：查封尚未进行权属登记的建筑物时，人民法院应当通知其管理人或者该建筑物的实际占有人，并在显著位置张贴公告。第9条规定：扣押尚未进行权

属登记的机动车辆时，人民法院应当在扣押清单上记载该机动车辆的发动机编号。该车辆在扣押期间权利人要求办理权属登记手续的，人民法院应当准许并及时办理相应的扣押登记手续。

由于被执行人财产的存在形态、物理属性以及国家对财产的管理手段等方面的差异，决定了对这些财产的查封、扣押、冻结方法是不同的。上述第6条、第7条、第8条、第9条分别规定了不同的查封、扣押、冻结方法。主要将财产分为动产和不动产、特定动产及其他财产权，并规定了不同的查封、扣押、冻结方法。对动产查封、扣押时，由执行人员将查封、扣押物转移到执行法院直接控制，也可将查封、扣押物交付指定人控制。在交付指定人控制的情况下，应当在动产上加贴封条或者采取其他公示的方法予以公示。对不动产、有登记的特定动产和其他财产权查封、扣押、冻结时，应当通知有关管理机关办理查封、扣押、冻结登记，同时可以责令被执行人将有关财产权证照交人民法院保管。上述规定还确立了登记机关协助登记优先的原则，明确规定法院采取加贴封条或者张贴公告的方法进行查封，但未办理查封、扣押、冻结登记的，不得对抗其他人民法院的查封、扣押、冻结。这是因为对于国家以登记方式管理的财产，采取在登记机关办理查封、扣押、冻结登记的方法执行效果最好，只要登记机关不予办理有关手续，被执行人就无法转让。而且这种查封、扣押、冻结方法最容易确认，一旦产生查封、扣押、冻结纠纷，上级法院容易认定各个查封、扣押、冻结的时间和先后顺序，对解决争议殊为有利。

贴封条、公告和有关机关办理查封、扣押、冻结登记，都是对查封、扣押、冻结行为的公示，其目的在于让社会周知执行标的物被查封、扣押、冻结的事实，既是为了防止被执行人对该财产的处分，也是为了保护不特定第三人的利益不受侵害，维持正常的经济生活和交易秩序。因此，人民法院采取查封、扣押、冻结措施时，一定要采取法律规定的合适方式进行公示。如果没有公示，由于第三人无从知晓被执行人财产被查封、扣押、冻结这一事实，其善意购买了被查封、扣押、冻结财产，那么其所有权应当予以保护，除非能够证明其明知该财产已被人民法院查封、扣押、冻结而故意购买。

第二百五十七条　被查封的财产，执行员可以指定被执行人负责保管。因被执行人的过错造成的损失，由被执行人承担。

【条文主旨】

本条是关于被查封财产的保管的规定。

【条文理解】

一、保管人的确定

依据本条规定，被查封的财产，执行员可以指定被执行人负责保管。《最高人民法院关于人民法院民事执行中查封、扣押、冻结财产的规定》第10条规定，查封、扣押的财产不宜由人民法院保管的，人民法院可以指定被执行人负责保管；不宜由被执行人保管的，可以委托第三人或者申请执行人保管。由人民法院指定被执行人保管的财产，如果继续使用对该财产的价值无重大影响，可以允许被执行人继续使用；由人民法院保管或者委托第三人、申请执行人保管的，保管人不得使用。也就是说，被查封、扣押的财产，可以由人民法院负责保管；不宜由人民法院保管的，人民法院可以指定被执行人负责保管；不宜由被执行人保管的，可以委托第三人或者申请执行人保管。

查封的对象一般是场所，或者是大型动产、不动产，在这种情况下，人民法院可能缺乏足够的精力和经验，特别是很难根据财物的不同特性分门别类地加以保管，所以指定被执行人负责保管，对被查封财产的维护更为有利。但是，由于保管问题直接涉及申请执行人的利益，在责令被执行人自行负责保管查封的财产时，一般应先征求申请执行人的意见，若其主张代为保管或委托他人保管，执行法院应予许可，但要办理好有关财产的交接手续。查封、扣押、冻结担保物权人占有的担保财产，一般应当指定该担保物权人作为保管人；该财产由人民法院保管的，质权、留置权不因转移占有而消灭。

二、保管人的责任

被执行人负责保管被查封的财产的，因被执行人的过错造成的损失，由被执行人承担。被执行人保管被查封的财产，应当尽到善良管理人的注意义务。被执行人主观上没有毁损、灭失被查封财产的故意，只是由于保管不善，给被查封财产造成损失的情况下，被执行人无须承担妨碍执行的法律责任。但保管人因故意或过失使查封的财产毁损、贬值或者灭失的，应承担两种责任：一是民事责任，保管人负责赔偿由此造成的损失，其中保管人是申请执行人的，赔偿款应与其债权部分抵销。因被执行人保管或使用的过错造成的损失，由被执行人承担。被执行人或其他人擅自处分已被查封财产的，法院有权责令责任人限期追回财产或承担相应的赔偿责任。二是妨碍执行的责任，保管人如有隐匿、转移、变卖、毁损已被清点并责令其保管的查封物的行为的，执行法院可以根据情节轻重予以罚款、拘留，构成犯罪的，依法追究刑事责任。

三、查封物的使用

被查封财产的保管人员不得任意使用和处分其负责保管的财产。财产由被执行人负责保管的，如果继续使用被查封的财产对其实际价值无重大影响可以允许被执行人继续使用。因被执行人保管或使用的过错造成的损失，由被执行人承担。由人民法院保管或者委托第三人、申请执行人保管的，保管人不得使用。

【条文适用】

一、被查封财产的保管方法可由执行员根据具体情况决定

保管方法确定后，执行人员如认为不适当的，可以予以变更。将被查封的财产，交被执行人保管不但可以节省保管费用，还可以避免搬运的困难和撤销查封时将标的物交还被执行人的困扰。如果是在第三人占有被执行人的财产时被查封的，可责成占有该财产的第三人继续保管。执行标的物若是一般财产，无需特殊的保管方法，又不是贵重物品的，则查封后由被执行人保管最为简便。这里规定是“可以”，而不是“必须”。如果执行法院认为不宜交由被执行人管理使用的，也可交由其他适当的第三人保管，如不动产可由执行债权人保管。贵重物品或有价证券、金钱，因为这些东西易于处分、隐匿，可不交被执行人保管，由法院保管。但一般查封财产不宜由执行债权人保管，否则就应称为扣押。不论是确定由谁保管，执行法院都要对查封财产行使实际控制权。如果由法院自己保管，就需要指定人员看管。看管的费用由被执行人负担。

二、保管人在保管时应履行必要的手续

实践中往往会因查封清单记载不清楚、不明确，法院又没有让被执行人出具保管收据，执行过程中容易对标的物的数量、质量等记载不清，发生争议，因此，保管人在保管时应履行必要的手续，以明责任，如执行人员将查封的财产交被执行人保管时，应由保管人出具收据，以便装入卷宗等。保管人出具的收据应清楚明确地记明保管物品的种类、数量、质量等必要事项，特别应记明是否可以使用，以免物品调换和发生其他异议。

三、对危险物品、重大危险源等标的物的保全和执行

在财产保全和执行程序中，遇到危险物品、重大危险源等标的物如

何采取保全或执行措施。危险物品，是指易燃易爆物品、危险化学品、放射性物品等能够危及人身安全和财产安全的物品。重大危险源，是指长期地或者临时地生产、搬运、使用或者储存危险物品，且危险物品的数量等于或者超过临界量的单元（包括场所和设施）。根据《最高人民法院办公厅关于在财产保全和执行工作中对危险标的物加强安全监管的紧急通知》（法办〔2019〕259 号）第 1～8 条规定：首先，为防止和减少安全生产事故，保障人民群众生命和财产安全，如有其他更适宜的财产可以保全或执行，人民法院一般不对危险物品、重大危险源等标的物采取保全或执行措施。其次，人民法院对疑似危险物品、重大危险源的保全或执行标的物，应当进行现场调查，并向安全生产监督管理部门、生产经营单位等有关单位了解情况，明确相关标的物的危险性及其他性质特点。确需查封、扣押、处置危险物品、重大危险源等标的物时，应当邀请安全生产监督管理部门有关人员到场，通知生产经营单位有关负责人到场，并制作笔录。笔录应当载明下列内容：（1）执行措施开始及完成时间；（2）危险物品、重大危险源的名称、性质、数量、位置；（3）危险物品、重大危险源的占有、使用、保管情况；（4）执行措施的法律后果；（5）其他应当记录的事项。执行人员、保管人以及到场人员应当在笔录上签名。一般应指定生产经营单位负责保管，并责令其依法履行安全风险管理职责，建立专门的安全管理制度，采取可靠的安全措施，接受有关主管部门依法实施的监督管理。再次，人民法院确需对危险物品、重大危险源采取财产保全或者执行措施的，应当向上一级人民法院备案。采取措施的，还应当根据《安全生产法》等法律规定，加强与安全生产监督管理部门协调，将危险物品、重大危险源及有关安全措施、应急措施报安全生产监督管理部门和有关部门备案。查封、扣押、处置危险物品、重大危险源的过程中，对依法应当由有关主管部门审批的，应当在有关主管部门依照有关法律、法规的规定和国家标准或者行业标准审批后采取保全或执行措施。最后，查封、扣押危险物品、重大危险源后，应当在执行程序中依照法定期限要求及时处置财产。确有合理理由的，可以不受法定期限的限制，但应当说明理由，并报执行局长或者相关负责人审批。

【典型案例】

株洲海川实业有限责任公司与中国银行股份有限公司长沙市蔡锷支行、湖南省德奕鸿金属材料有限公司财产保全执行复议案①

【案例要旨】财产保全执行案件的保全标的物系非金钱动产且被他人保管，该保管人依人民法院通知应当协助执行。当保管合同或者租赁合同到期后未续签，且被保全人不支付保管、租赁费用的，协助执行人无继续无偿保管的义务。保全标的物价值足以支付保管费用的，人民法院可以维持查封直至案件作出生效法律文书，执行保全标的物所得价款应当优先支付保管人的保管费用；保全标的物价值不足以支付保管费用，申请保全人支付保管费用的，可以继续采取查封措施，不支付保管费用的，可以处置保全标的物并继续保全变价款。

【基本案情】湖南省高级人民法院（以下简称湖南高院）在审理中国银行股份有限公司长沙市蔡锷支行（以下简称中行蔡锷支行）与湖南省德奕鸿金属材料有限公司（以下简称德奕鸿公司）等金融借款合同纠纷案中，依中行蔡锷支行申请，作出民事诉讼财产保全裁定，冻结德奕鸿公司银行存款4800万元，或查封、扣押其等值的其他财产。德奕鸿公司因生产经营租用株洲海川实业有限责任公司（以下简称海川公司）厂房，租期至2015年3月1日；将该公司所有并质押给中行蔡锷支行的铅精矿存放于此。2015年6月4日，湖南高院作出协助执行通知书及公告称，人民法院查封德奕鸿公司所有的堆放于海川公司仓库的铅精矿期间，未经准许，任何单位和个人不得对上述被查封资产进行转移、隐匿、损毁、变卖、抵押、赠送等，否则，将依法追究其法律责任。2015年3月1日，德奕鸿公司与海川公司租赁合同期满后，德奕鸿公司既未续约，也没有向海川公司交还租用厂房，更没有交纳房租、水电费。海川公司遂以租

---

①　案例来源：最高人民法院指导性案例121号。

赁合同纠纷为由，将德奕鸿公司诉至湖南省株洲市石峰区人民法院。后湖南省株洲市石峰区人民法院作出判决，判令案涉租赁合同解除，德奕鸿公司于该判决生效之日起15日内向海川公司返还租赁厂房，将囤放于租赁厂房内的货物搬走；德奕鸿公司于该判决生效之日起15日内支付欠缴租金及利息。海川公司根据判决，就德奕鸿公司清场问题申请强制执行。同时，海川公司作为利害关系人对湖南高院作出的协助执行通知书及公告提出执行异议，并要求保全申请人中行蔡锷支行将上述铅精矿搬离仓库，并赔偿其租金损失。

湖南省高级人民法院于2016年11月23日作出（2016）湘执异15号执行裁定：驳回株洲海川实业有限责任公司的异议。株洲海川实业有限责任公司不服，向最高人民法院申请复议。

【裁判结果】最高人民法院于2017年9月2日作出（2017）最高法执复2号执行裁定：一、撤销湖南省高级人民法院（2016）湘执异15号执行裁定。二、湖南省高级人民法院应查明案涉查封财产状况，依法确定查封财产保管人并明确其权利义务。

【裁判理由】最高人民法院认为，湖南高院在中行蔡锷支行与德奕鸿公司等借款合同纠纷诉讼财产保全裁定执行案中，依据该院相关民事裁定中“冻结德奕鸿公司银行存款4800万元，或查封、扣押其等值的其他财产”的内容，对德奕鸿公司所有的存放于海川公司仓库的铅精矿采取查封措施，并无不当。但在执行实施中，虽然不能否定海川公司对保全执行法院负有协助义务，但被保全人与场地业主之间的租赁合同已经到期未续租，且有生效法律文书责令被保全人将存放货物搬出；此种情况下，要求海川公司完全无条件负担事实上的协助义务，并不合理。协助执行人海川公司的异议，实质上是主张在场地租赁到期的情况下，人民法院查封的财产继续占用场地，导致其产生相当于租金的损失难以得到补偿。湖南高院在发现该情况后，不应回避实际保管人的租金损失或保管费用的问题，应进一步完善查封物的保管手续，明确相关权利义务关系。如果查封的质押物确有较高的足以弥补租金损失的价值，则维持查封直至生效判决作出后，在执行程序中以处置查封物所得价款，优先补偿保管人的租金损失。但海川公司委托质量监督检验机构所做检验报告显示，案涉铅精矿系无价值的废渣，湖南高院在执行中，亦应对此事实予以核实。如情况属实，则应采取适当方式处理查封物，不宜要求协助执行人继续无偿保管无价值财产。保全标的物价值不足以支付保管费用，申请保全人支付保管费用的，可以继续采取查封措施，不支付保管费用的，可以处置保全标的物并继续保全变价款。执行法院仅以对德奕鸿公司财产采取保全措施合法，海川公司与德奕鸿公司之间的租赁合同纠纷是另一法律关系为由，驳回海川公司的异议不当，应予纠正。

第二百五十八条　财产被查封、扣押后，执行员应当责令被执行人在指定期间履行法律文书确定的义务。被执行人逾期不履行的，人民法院应当拍卖被查封、扣押的财产；不适于拍卖或者当事人双方同意不进行拍卖的，人民法院可以委托有关单位变卖或者自行变卖。国家禁止自由买卖的物品，交有关单位按照国家规定的价格收购。

【条文主旨】

本条是关于拍卖、变卖被查封、扣押财产的规定。

【条文理解】

在实现金钱债权的执行程序中，除非法院控制的财产是金钱，否则通常都要进行变价。变价方式主要有拍卖、变卖两种。其中，拍卖是指以竞价的方式将执行标的卖给出价最高者。变卖是指依市价、评估价等相当的价格直接将执行标的卖给购买者。拍卖和变卖的适用情形和适用程序虽然各不相同，但本质上都是将被执行人财产的所有权、使用权或者收益权通过一定的形式变现为一定数额的金钱，进而清偿金钱债务。理解和适用本条时要注意把握以下问题。

一、拍卖、变卖被查封、扣押的财产的前提条件

依照本条规定，人民法院指定履行期限是拍卖、变卖的前置程序，即财产被查封、扣押后，执行员应当责令被执行人在指定期间履行法律文书确定的义务。被执行人在指定期限内履行了义务的，人民法院应解除查封、扣押措施，返还财产。如果在指定期限内仍未履行义务的，人

民法院有权拍卖、变卖被执行人的财产，以变价所得价款清偿债务。

二、拍卖的主体

拍卖应由何人主持，立法及实践中一直存在分歧。立法机关经反复权衡，在本条中明确规定“被执行人逾期不履行的，人民法院应当拍卖被查封、扣押的财产”。这意味着法律赋予了人民法院实施拍卖的权力。人民法院在执行中需要拍卖被执行人财产的，可以由人民法院自行组织拍卖，也可以交由具备相应资质的拍卖机构拍卖。交拍卖机构拍卖的，人民法院应当对拍卖活动进行监督。

涉案财产处置是执行程序的重要环节，直接关系债权人权益的实现。司法拍卖是涉案财产处置变现的基本手段。近年来，经过全国多地法院的积极探索，法院自主开展的网络司法拍卖凭借公开透明、便捷高效、成本低廉、广泛参与等优势，解决了传统拍卖模式中存在的不少问题，赢得了各方赞誉。但各地网络司法拍卖形式多种多样，拍卖主体多元并存，操作规程各不相同，迫切需要在总结经验的基础上，统一法律适用标准，规范操作程序。为此，最高人民法院以全面保护当事人合法权益为宗旨，以进一步提高执行工作质效为目标制定了《最高人民法院关于人民法院网络司法拍卖若干问题的规定》。对人民法院自主开展的网络司法拍卖的平台准入规则、运行模式、各主体之间的权责划分、具体的竞拍规则进行了全面而系统的梳理和规范。

三、拍卖优先原则

所谓拍卖优先原则，是指在执行程序中执行法院应首先选择拍卖的方式进行变价，只有在法律有特别规定时，才采用其他变价方式。拍卖具有公开、公平竞争等特点，对执行标的通过拍卖的方式进行变价，可以充分实现其中所蕴含的金钱价值，既有利于债权实现，也有利于兼顾债务人的合法利益。所以，现代各国均将拍卖作为强制执行程序中优先适用的一种变价措施。

最高人民法院通过司法解释明确规定了拍卖优先原则。《最高人民法院关于人民法院民事执行中拍卖、变卖财产的规定》第 2 条规定：人民法院对查封、扣押、冻结的财产进行变价处理时，应当首先采取拍卖的方式，但法律、司法解释另有规定的除外。《最高人民法院关于人民法院网络司法拍卖若干问题的规定》第 2 条规定：人民法院以拍卖方式处置财产的，应当采取网络司法拍卖方式，但法律、行政法规和司法解释规定必须通过其他途径处置，或者不宜采用网络拍卖方式处置的除外。

四、变卖的适用情形

变卖是执行程序中财产处置程序的重要组成部分，分为经过拍卖的变卖以及未经拍卖的直接变卖。

民事执行程序中的变价应当遵循拍卖优先原则，但拍卖有一整套严格的程序，必然要花费一定的时间和费用，一概通过拍卖方式变价，在很多情况下未必对当事人有利，也不利于节约司法资源。因此，本条在坚持拍卖优先原则的同时，又例外规定，不适于拍卖或者当事人双方同意不进行拍卖的，人民法院可以委托有关单位变卖或者自行变卖。

《最高人民法院关于人民法院民事执行中拍卖、变卖财产的规定》第 31 条规定：对查封、扣押、冻结的财产，当事人双方及有关权利人同意变卖的，可以变卖。金银及其制品、当地市场有公开交易价格的动产、易腐烂变质的物品、季节性商品、保管困难或者保管费用过高的物品，人民法院可以决定变卖。结合这一规定理解，本条规定的“不适于拍卖”主要包括以下两种情形：

1. 金银及其制品、当地市场有公开交易价格的动产。有市价的物品，既然有市场公认的价格，直接依照该价格变卖，既可节省费用，又能迅速结案，对当事人有利而无害，自然没有必要再经过拍卖程序。执行标的虽无市价，但当事人双方协商确定了价格的，亦可直接依该价格变卖。一般认为，对上市公司流通股、公司债券等有价证券，可以直接予以变卖。不过，随着网络司法拍卖的推进，对金银制品、股票等，一般也通过网络司法拍卖进行变价。

2. 执行标的有价值减损的危险或不易保管的。价值易减损的标的物主要有两大类：一是由于标的物本身的性质易变质、腐烂、消散的物品；二是具有极强季节性的物品。对这些物品，只有避繁就简，及时予以变价，才可以保全其价值，避免当事人利益受损，故可以不经拍卖而直接予以变卖。标的物的价值即使不易减损，如果保管比较困难或保管花费过大的，也可以酌情予以变卖。

对于经过拍卖的变卖，《最高人民法院关于人民法院民事执行中拍卖、变更财产的规定》第 25 条第 2 款规定，第三次拍卖流拍且申请执行人或者其他执行债权人拒绝接受或者依法不能接受该不动产或者其他财产权抵债的，人民法院应当于第三次拍卖终结之日起 7 日内发出变卖公告。自公告之日起 60 日内没有买受人愿意以第三次拍卖的保留价买受该财产，且申请执行人、其他执行债权人仍不表示接受该财产抵债的，应当解除查封、冻结，将该财产退还被执行人，但对该财产可以采取其他执行措施的除外。上述规定是关于传统拍卖中的变卖。

《最高人民法院关于人民法院网络司法拍卖若干问题的规定》第 26 条规定：网络司法拍卖竞价期间无人出价的，本次拍卖流拍。流拍后应当在 30 日内在同一网络司法拍卖平台再次拍卖，拍卖动产的应当在拍卖 7 日前公告；拍卖不动产或者其他财产权的应当在拍卖 15 日前公告。再次拍卖的起拍价降价幅度不得超过前次起拍价的 20%。再次拍卖流拍的，可以依法在同一网络司法拍卖平台变卖。第 37 条第 1 款规定：人民法院通过互联网平台以变卖方式处置财产的，参照本规定执行。上述规定是关于网络拍卖中的变卖。

五、变卖的主体和方式

《民事诉讼法司法解释》第 488 条规定：人民法院在执行中需要变卖被执行人财产的，可以交有关单位变卖，也可以由人民法院直接变卖。对变卖的财产，人民法院或者其工作人员不得买受。这一规定，显然更有利于人民法院根据案件的具体情况，更为灵活地对执行标的进行变价。

此外，对于禁止或限制流通物，查封、扣押后应通过交有关单位依国家规定的价格及收购的方法变价，而不能进行拍卖或在市场上直接变卖。

【条文适用】

本条关于拍卖、变卖的规定仍然比较笼统。最高人民法院对执行中的拍卖、变卖问题非常重视，先后出台了多部司法解释予以规范。

随着网络司法拍卖的开展，最高人民法院在总结网络司法拍卖实践经验的基础上，分别在 2016 年出台了《最高人民法院关于人民法院网络司法拍卖若干问题的规定》，2017 年出台了《最高人民法院关于认真做好网络司法拍卖与网络司法变卖衔接工作的通知》，2018 年出台了《最高人民法院关于人民法院确定财产处置参考价若干问题的规定》，对拍卖、变卖作了一次大胆的规则梳理和创新。《最高人民法院关于人民法院网络司法拍卖若干问题的规定》的施行对拍卖、变卖工作具有划时代的重要意义，从制度上彻底颠覆传统的拍卖方式。一是通过将拍卖规则明确化、体系化，规范网络司法拍卖行为，为财产变现制度的改革提供了规则依据；二是通过对网络平台的高要求和市场准入准则的制定，推动网络司法拍卖市场走向标准化的良性发展轨道；三是通过信息全程公开，明确各主体权责，斩断利益链条，减少权力寻租空间，最大程度地保证司法廉洁；四是通过竞拍规则的创新，提高拍卖财产的一次成交率、溢价率、财产变现率，降低了悔拍的可能性，全面提高了执行工作的效率。

执行实践中应结合上述司法解释和规范性文件的规定，具体理解和把握拍卖、变卖中的有关实务问题。

一、关于拍卖前的准备

（一）处置参考价的确定

2018 年 9 月 1 日起施行的《最高人民法院关于人民法院确定财产处置参考价若干问题的规定》规定①，人民法院查封、扣押、冻结财产后，

① 参见《最高人民法院关于人民法院确定财产处置参考价若干问题的规定》第 1 条、第 2 条、第 4 条、第 5 条、第 7 条、第 10 条、第 14 条。

对需要拍卖、变卖的财产，应当在30日内启动确定财产处置参考价程序。人民法院确定财产处置参考价，可以采取当事人议价、定向询价、网络询价、委托评估等方式。采取当事人议价方式确定参考价的，除一方当事人拒绝议价或者下落不明外，人民法院应当以适当的方式通知或者组织当事人进行协商，当事人应当在指定期限内提交议价结果。双方当事人提交的议价结果一致，且不损害他人合法权益的，议价结果为参考价。当事人议价不能或者不成，且财产有计税基准价、政府定价或者政府指导价的，人民法院应当向确定参考价时财产所在地的有关机构进行定向询价。双方当事人一致要求直接进行定向询价，且财产有计税基准价、政府定价或者政府指导价的，人民法院应当准许。定向询价不能或者不成，财产无需由专业人员现场勘验或者鉴定，且具备网络询价条件的，人民法院应当通过司法网络询价平台进行网络询价。双方当事人一致要求或者同意直接进行网络询价，财产无需由专业人员现场勘验或者鉴定，且具备网络询价条件的，人民法院应当准许。采取网络询价方式确定参考价的，人民法院应当同时向名单库中的全部司法网络询价平台发出网络询价委托书。网络询价委托书应当载明财产名称、物理特征、规格数量、目的要求、完成期限以及其他需要明确的内容等。法律、行政法规规定必须委托评估、双方当事人要求委托评估或者网络询价不能或不成的，人民法院应当委托评估机构进行评估。

（二）强制检查、勘验

《民事诉讼法司法解释》第487条规定：拍卖评估需要对现场进行检查、勘验的，人民法院应当责令被执行人、协助义务人予以配合。被执行人、协助义务人不予配合的，人民法院可以强制进行。现场检查、勘验，一方面是出于确定参考价的需要，一方面是出于拍卖必要的调查的需要。《最高人民法院关于人民法院确定财产处置参考价若干问题的规定》第3条规定，人民法院确定参考价前，应当查明财产的权属、权利负担、占有使用、欠缴税费、质量瑕疵等事项。人民法院查明以上规定事项需要当事人、有关单位或者个人提供相关资料的，可以通知其提交；拒不提交的，可以强制提取；对妨碍强制提取的，参照《民事诉讼法》

第 114 条、第 117 条的规定处理。查明以上规定事项需要审计、鉴定的，人民法院可以先行审计、鉴定。

《最高人民法院关于人民法院民事执行中拍卖、变卖财产的规定》第 7 条规定：执行人员应当对拍卖财产的权属状况、占有使用情况等进行必要的调查，制作拍卖财产现状的调查笔录或者收集其他有关资料。《最高人民法院关于人民法院网络司法拍卖若干问题的规定》第 6 条规定实施网络司法拍卖的，人民法院应当履行查明拍卖财产现状、权利负担等内容，并予以说明的职责。

二、关于确定拍卖保留价的问题

保留价通常称为底价，是据以确认拍卖成交的最低价格。在拍卖程序中，竞买人所出的最高价低于保留价的，不能确认拍卖成交。拍卖底价可以视为一种权利制衡机制，可以有效避免利益向一方当事人的过分倾斜，防止因拍卖价格过低对被执行人的合法权益造成损害。

传统拍卖中，根据《最高人民法院关于人民法院民事执行中拍卖、变卖财产的规定》规定，在第一次拍卖时，拍卖财产经过评估的，评估价即为第一次拍卖的保留价；如果出现流拍，再行拍卖时，可以酌情降低保留价，但每次降低的数额不得超过前次保留价的 20%。这一规定意味着在第一次拍卖保留价的确定上，执行法院无任何自由裁量权，必须根据评估价确定保留价。当然，以后每次拍卖时，仍可酌情予以降低。

网络司法拍卖对传统拍卖方式带来了巨大的冲击，拍卖方式产生了颠覆式的变化。网络司法拍卖次数改变为两次拍卖一次变卖，降价幅度也有所调整。网络司法拍卖应当确定保留价，拍卖保留价即为起拍价。起拍价由人民法院参照评估价确定；未作评估的，参照市价确定，并征询当事人意见。起拍价不得低于评估价或者市价的 70%。网络司法拍卖不限制竞买人数量，一人参与竞拍，出价不低于起拍价的，拍卖成交。网络司法拍卖竞价期间无人出价的，本次拍卖流拍。流拍后应当在 30 日内在同一网络司法拍卖平台再次拍卖，拍卖动产的应当在拍卖 7 日前公告；拍卖不动产或者其他财产权的应当在拍卖 15 日前公告。再次拍卖的起拍价降价幅度不得超过前次起拍价的20%。再次拍卖流拍的，可以依法在同一网络司法拍卖平台变卖。

三、关于拍卖竞买人资格的问题

在拍卖被执行人财产时，要最大限度地吸引竞买人参加竞买，除非法律对买受人的资格有特殊要求，人民法院和拍卖机构都不得限制参加拍卖的竞买人范围，因为非法限制竞买人资格将使潜在的买受人无法参与竞价，导致竞价不充分进而价格过低，损害债权人和债务人的利益。例如，在最高人民法院监督的一起案件中，就某高级人民法院委托拍卖的一宗土地，拍卖机构在公告中擅自对竞买人作出这样的条件限制：国家一级建筑施工企业；注册资本2亿元以上；获得过“兴×杯”的建筑质量奖等。经查，符合这些条件的竞买人实际上只有一家企业。这是典型的“萝卜拍卖”，当然应当撤销。除了这类非法限制竞买人范围的情形，还有一类情形是对不同的竞买人情况规定不同的竞买条件，尤其是在保证金的缴纳上，有的对不同企业规定不同的缴纳比例，或者规定不同的缴纳期限。这些做法都违反了公平、公正的原则，理应撤销。

实践中还有一类情形比较难以界定，就是有的法院对一些评估值较大的财产，规定较高的保证金缴纳比例。由于司法解释仅仅规定，缴纳拍卖保证金的下限为不低于评估价或者市价的5%，对于上限并未规定，一些法院出于种种考虑，对保证金规定了较高的比例，在一些大标的的拍卖中，有的法院要求缴纳的保证金比例甚至高达评估值的30%，导致一些缺少现金流的意向竞买者“望拍兴叹”，无形中使潜在的竞买人无法参与竞价，无法实现充分竞价的目的。对此问题，不能一概而论，应当综合拍卖标的物的价值以及拍定价格情况综合衡量后再决定是否撤销拍卖。

为了进一步规范人民法院司法拍卖房产行为，保护当事人合法权益，维护社会和经济秩序，最高人民法院依照《民法典》《民事诉讼法》等法律规定，结合司法实践，制定了《最高人民法院关于人民法院司法拍卖房产竞买人资格若干问题的规定》。根据该规定，人民法院组织的司法拍卖房产活动，受房产所在地限购政策约束的竞买人申请参与竞拍的，人民法院不予准许。组织司法拍卖房产活动时，发布的拍卖公告载明竞买人必须具备购房资格及其相应法律后果等内容，竞买人申请参与竞拍的，应当承诺具备购房资格及自愿承担法律后果。买受人虚构购房资格参与司法拍卖房产活动且拍卖成交，当事人、利害关系人以违背公序良俗为由主张该拍卖行为无效的，人民法院应予支持。依据前款规定，买受人虚构购房资格导致拍卖行为无效的，应当依法承担赔偿责任。司法拍卖房产出现流拍等无法正常处置情形，不具备购房资格的申请执行人等当事人请求以该房抵债的，人民法院不予支持。人民法院组织的司法拍卖房产活动，竞买人虚构购房资格或者当事人之间恶意串通，侵害他人合法权益或者逃避履行法律文书确定的义务的，人民法院应当根据情节轻重予以罚款、拘留；构成犯罪的，依法追究刑事责任。

四、关于执行程序中以物抵债的问题

抵债是执行程序中的常见问题。执行实务中应注意区分两种不同情形下的抵债，明确其适用条件和操作规程，避免损害当事人和利害关系人的合法权益。

一是当事人双方的合意抵债。即经申请执行人和被执行人同意，法院可以不经拍卖、变卖，直接将被执行人的财产作价后交申请执行人抵偿债务。执行程序中允许合意抵债既体现了对当事人处分权的尊重，也有利于减少拍卖、变卖程序的成本支出，有利于提高执行效率，最大限度地实现债权。从实践看，合意抵债中比较突出的一个问题是，当事人双方有可能恶意串通，低价处置财产，损害其他债权人的合法权益或者社会公共利益。或者利用司法强制执行程序，实现其非法目的。执行实践中应当注意依法严格审查当事人之间的以物抵债协议是否存在损害其他债权人合法权益和社会公共利益的情形，在快捷实现生效判决确定权利的同时，防止侵犯他人权益及社会公共利益。

为此，《民事诉讼法司法解释》第 489 条规定：经申请执行人和被执行人同意，且不损害其他债权人合法权益和社会公共利益的，人民法院可以不经拍卖、变卖，直接将被执行人的财产作价交申请执行人抵偿债务。对剩余债务，被执行人应当继续清偿。2018年3月1日施行，2020年修正的《最高人民法院关于执行和解若干问题的规定》第6条规定，当事人达成以物抵债执行和解协议的，人民法院不得依据该协议作出以物抵债裁定。

二是财产无法拍卖、变卖情形下的抵债。《民事诉讼法司法解释》第490条规定：被执行人的财产无法拍卖或者变卖的，经申请执行人同意，且不损害其他债权人合法权益和社会公共利益的，人民法院可以将该项财产作价后交付申请执行人抵偿债务，或者交付申请执行人管理；申请执行人拒绝接收或者管理的，退回被执行人。与第489条一样，第490条也增加了“且不损害其他债权人合法权益和社会公共利益的”限制性条件，目的也是防止当事人串通，恶意低价处置财产，损害他人权益或者社会公共利益。

此外，《最高人民法院关于人民法院民事执行中拍卖、变卖财产的规定》中还有多个条文涉及拍卖流拍后的抵债问题。理解和适用这些规定时应注意以下几点：第一，此种情形下的抵债必须有法定事由，即拍卖时无人竞买或者竞买人的最高应价低于保留价，也就是通常说的流拍。当然，这里的拍卖不限于第一次拍卖，在每次出现流拍时均可适用抵债的规定。第二，可以接受拍卖财产抵债的债权人不仅包括采取拍卖措施案件的申请执行人，也包括取得执行依据而参与分配的执行债权人以及未取得执行依据但对拍卖标的物有优先受偿权而参与分配的执行债权人，但依照法律规定不得买受拍卖财产的债权人除外。申请执行人或其他执行债权人可以主动申请接受拍卖财产抵债；人民法院也可以在每次流拍后征求债权人的意见。第三，以拍卖的财产抵债必须征得债权人的同意，法院不能在债权人不同意的情况下强制将拍卖财产交其抵偿债务，但财产无法拍卖、变卖时的抵债无须征得被执行人的同意。第四，抵债时不能随意作价，而应以该次拍卖所定的保留价为标准进行折抵。第五，在两个或两个以上的执行债权人都申请以拍卖财产抵债的情况下，由法定受偿顺位在先的债权人优先承受；如果各个债权人的受偿顺位相同的，则以抽签方式决定承受人。第六，接受拍卖财产抵债的债权人应受清偿的债权额低于抵债财产价额的，人民法院应当责令其在指定的期间内补交差额。以物抵债财产适用参与分配制度的，债权人应受清偿债权额为参与分配确定的受偿额。逾期不补缴差额而使抵债的目的难以实现的，人民法院可以裁定重新拍卖；当然在这种情况下如果有其他顺位相同的执行债权人愿意接受抵债的，也可以交其抵债。第七，以流拍的财产抵债的，法院应作出裁定，抵债裁定应当在承受人将应补交的差价全额交付后 10 日内，送达承受人。

五、关于拍卖或抵债标的权属转移的时间点问题

《民事诉讼法司法解释》第 491 条规定：拍卖成交或者依法定程序裁定以物抵债的，标的物所有权自拍卖成交裁定或者抵债裁定送达买受人或者接受抵债物的债权人时转移。本条是关于执行程序中拍卖成交裁定、以物抵债裁定的物权变动效力规定。理论与实务界对执行裁定能否发生物权变动的法律效力有不同认识。最高人民法院一直坚持执行裁定能够产生物权变动的效力。

从 20 世纪 90 年代起，司法实务部门在办理的多起案件中，即主张以拍卖成交裁定送达的时间作为拍卖标的权属转移的时点。之所以坚持这一做法，主要考虑是，司法拍卖作为一种公法上的处分行为，不同于基于法律行为引起的物权变动，买受人或承受人何时取得所有权不能受制于交付或登记，否则拍卖效果的安定性乃至整个执行程序将会受到影响和制约。而且，强调物权变动须经过登记或交付主要是为了达到公示的目的，而在拍卖程序中，查封、公开拍卖等一系列执行行为本身足以起到公示作用，不需要再另以登记或交付进行公示。

《最高人民法院关于人民法院民事执行中拍卖、变卖财产的规定》基本上肯定了实务中的长期做法，该司法解释第 26 条规定，不动产、动产或者其他财产权拍卖成交或者抵债后，该不动产、动产的所有权、其他财产权自拍卖成交或者抵债裁定送达买受人或者承受人时起转移。《民法典》第 229 条规定："因人民法院、仲裁机构的法律文书或者人民政府的

征收决定等，导致物权设立、变更、转让或者消灭的，自法律文书或者征收决定等生效时发生效力。”执行实务部门主流的观点认为，本条中的“人民法院的法律文书”主要指人民法院作出的形成判决以及执行程序中的拍卖成交裁定和抵债裁定。基于这种理解，不论是动产、不动产或其他财产权的司法拍卖，其权属转移应一体适用“法律文书生效”这一统一的时间点，否则就会与《民法典》的规定相冲突。故《民事诉讼法司法解释》第491条规定统一了所有财产及财产权司法拍卖权属转移的时间点。依该条规定，拍卖成交或者依法定程序裁定以物抵债的，标的物所有权自拍卖成交裁定或者抵债裁定送达买受人或者接受抵债物的债权人时转移。据此，动产拍卖或抵债的，其所有权转移的时间点与不动产、有登记的特定动产及其他财产权一样，均为拍卖成交裁定或抵债裁定送达买受人或承受人之时。

六、关于强制管理

有关强制管理这一执行措施的适用对象、管理人的任免和权利义务以及法院监管等事项，现行法律和司法解释均没有作出规定。现结合最高人民法院裁判观点，[①] 对执行法院针对被执行人采取强制管理措施的相关问题，总结实务要点如下，供实务参考。

该措施适用的前置程序为先行对被执行人财产采取拍卖、变卖措施；适用的条件为经申请执行人同意且不损害其他债权人合法权益和社会公共利益；适用的对象及方法一般为管理被执行人的不动产与特殊动产收取租金以偿债，原则上不包括企业经营权等其他财产权；且执行法院需对管理人履行监督职责，当发现无法达到目的时，可依职权终结该强制管理措施。

第一，执行法院应依法对被执行人先行采取拍卖、变卖措施，若被执行人的财产无法拍卖或者变卖的，经申请执行人同意，且不损害其他债权人合法权益和社会公共利益的，可以采取强制管理措施，即将被执

① 参见最高人民法院（2015）执复字第42号执行裁定书。

行人财产交由申请执行人进行管理，获得收益以偿债。

第二，强制管理这一执行措施的适用对象、管理人的任免和权利义务以及法院监管等事项，现行法律和司法解释均没有作出规定。根据强制管理这一执行措施的功能定位，其适用对象主要应限于不动产和特定动产（船舶、航空器等），原则上不包括企业经营权等其他财产权。并且，为使当事人之间的法律关系简单、明晰，方便法院监督，也避免在管理过程中产生新的债权债务关系，强制管理一般是采取将被执行人不动产和特定动产出租，以收取的租金来清偿债务的方式。

第三，执行法院决定采取强制管理措施时，应规定合理的管理期间，否则，期间过长乃至无固定期限均有损害被执行人利益的可能性。执行法院不能将被执行人财产交由申请执行人就不再过问，还应该履行监督职责。当发现采取强制管理措施已无效果时，执行法院应依职权终结强制管理措施。

【典型案例】

陈某果与刘某坤、广东省汕头渔业用品进出口公司等申请撤销拍卖执行监督案[①]

【裁判要旨】网络司法拍卖是人民法院通过互联网拍卖平台进行的司法拍卖，属于强制执行措施。人民法院对网络司法拍卖中产生的争议，应当适用民事诉讼法及相关司法解释的规定处理。

【基本案情】广东省汕头市中级人民法院（以下简称汕头中院）在执行申请执行人刘某坤与被执行人广东省汕头渔业用品进出口公司等借款合同纠纷一案中，于2016年4月25日通过淘宝网司法拍卖网络平台拍卖被执行人所有的位于汕头市金平区永泰路145号13—1地号地块的土地使用权，申诉人陈某果先后出价5次，最后一次于2016年4月26日10时

① 案例来源：最高人民法院指导性案例125号。

17分26秒出价5 282 360.00元确认成交，成交后陈某果未缴交尚欠拍卖款。2016年8月3日，陈某果向汕头中院提出执行异议，认为拍卖过程一些环节未适用拍卖法等相关法律规定，请求撤销拍卖，退还保证金23万元。

【裁判结果】广东省汕头市中级人民法院于2016年9月18日作出（2016）粤05执异38号执行裁定，驳回陈某果的异议。陈某果不服，向广东省高级人民法院申请复议。广东省高级人民法院于2016年12月12日作出（2016）粤执复字243号执行裁定，驳回陈某果的复议申请，维持汕头市中级人民法院（2016）粤05执异38号执行裁定。申诉人陈某果不服，向最高人民法院申诉。最高人民法院于2017年9月2日作出（2017）最高法执监250号，驳回申诉人陈某果的申诉请求。

【裁判理由】最高人民法院认为：关于对网络司法拍卖的法律调整问题。根据《拍卖法》规定，拍卖法适用于中华人民共和国境内拍卖企业进行的拍卖活动，调整的是拍卖人、委托人、竞买人、买受人等平等主体之间的权利义务关系。拍卖人接受委托人委托对拍卖标的进行拍卖，是拍卖人和委托人之间“合意”的结果，该委托拍卖系合同关系，属于私法范畴。人民法院司法拍卖是人民法院依法行使强制执行权，就查封、扣押、冻结的财产强制进行拍卖变价进而清偿债务的强制执行行为，其本质上属于司法行为，具有公法性质。该强制执行权并非来自当事人的授权，无须征得当事人的同意，也不以当事人的意志为转移，而是基于法律赋予的人民法院的强制执行权，即来源于民事诉讼法及相关司法解释的规定。即便是在传统的司法拍卖中，人民法院委托拍卖企业进行拍卖活动，该拍卖企业与人民法院之间也不是平等关系，该拍卖企业的拍卖活动只能在人民法院的授权范围内进行。因此，人民法院在司法拍卖中应适用民事诉讼法及相关司法解释对人民法院强制执行的规定。网络司法拍卖是人民法院司法拍卖的一种优选方式，亦应适用《民事诉讼法》及相关司法解释对人民法院强制执行的规定。

关于本项网络司法拍卖行为是否存在违法违规情形问题。在网络司法拍卖中，竞价过程、竞买号、竞价时间、是否成交等均在交易平台展示，该展示具有一定的公示效力，对竞买人具有拘束力。该项内容从申诉人提供的竞买记录也可得到证实。且在本项网络司法拍卖时，《民事诉讼法》及相关司法解释均没有规定网络司法拍卖成交后必须签订成交确认书。因此，申诉人称未签订成交确认书、不能确定权利义务关系的主张不能得到支持。

关于申诉人提出的竞买号牌A×××2与J×××9蓄谋潜入竞买场合恶意串通，该标的物从底价230万抬至530万，事后经过查证号牌A×××2竞买人是该标的物委托拍卖人刘某坤等问题。网络司法拍卖是人民法院依法通过互联网拍卖平台，以网络电子竞价方式公开处置财产，本质上属于人民法院“自主拍卖”，不存在委托拍卖人的问题。《最高人民法院关于人民法院民事执行中拍卖、变卖财产的规定》第15条第2款明确规定申请执行人、被执行人可以参加竞买，作为申请执行人刘某坤只要满足网络司法拍卖的资格条件即可以参加竞买。在网络司法拍卖中，即竞买人是否加价竞买、是否放弃竞买、何时加价竞买、何时放弃竞买完全取决于竞买人对拍卖标的物的价值认识。从申诉人提供的竞买记录看，申诉人在2016年4月26日9时40分53秒出价2 377 360元后，在竞买人叫价达到5 182 360元时，分别在2016年4月26日10时01分16秒、10时05分10秒、10时08分29秒、10时17分26秒加价竞买，足以认定申诉人对于自身的加价竞买行为有清醒的判断。以竞买号牌A×××2与J×××9连续多次加价竞买就认定该两位竞买人系蓄谋潜入竞买场合恶意串通理据不足，不予支持。

第二百五十九条 被执行人不履行法律文书确定的义务，并隐匿财产的，人民法院有权发出搜查令，对被执行人及其住所或者财产隐匿地进行搜查。

采取前款措施，由院长签发搜查令。

【条文主旨】

本条是关于搜查被执行人财产的规定。

【条文理解】

搜查，是指人民法院的工作人员对不履行法律文书确定的义务，并隐匿财产的被执行人及拒绝按照人民法院的要求提供有关财产状况的被执行人的人身及其住所地，或者财产隐匿地依法进行搜查、查找的措施。搜查是执行人员发现被执行人财产线索、获取执行证据的有效手段。在司法实践中，有些被执行人有财产而故意将财产隐匿起来，拒不向人民法院报告自己真实的财产状况，使执行工作难以进行。如果不采取司法搜查措施，大量案件的财产线索、执行证据都将难以查获，查找被执行人也将存在困难，人民法院的判决难以得到有效执行，债权人的合法权益难以得到有效保障。

搜查分为对被执行人的搜查和对被执行人的住所或者财产隐匿地的搜查。对被执行人搜查，指法院对被执行人的人身搜查，这是为了防止某些被执行人将财物藏在身上，抗拒人民法院执行。对住所搜查，主要指法院对被执行人的户籍所在地和经常居住地进行搜查，也可以是对被执行人现时所住的地点进行搜查。对财产隐匿地搜查，指法院根据线索对隐匿财产的地点进行搜查。由于搜查财产的执行措施，不仅涉及当事人的人身自由、名誉权、居住安宁等诸多法律权益，同时也具有较大的社会影响，因此采取搜查措施必须特别慎重，必须严格依照法定的条件和程序进行，特别是必须要由院长或分管有关工作的副院长签发搜查令方可进行，未经批准不得采取搜查措施。负责搜查的执行员进行搜查时，应当向被执行人及其家属或者有关场所的负责人出示搜查令。搜查令是执行搜查的法律凭证，搜查令应当写明搜查的原因，被搜查人的姓名、职业、住址等。人民法院搜查错误，造成被搜查人财产损失的，应当赔偿损失。总之，搜查，是民事执行程序中最为严厉的措施之一，法院必须严格按照法定程序进行，由院长签发搜查令，并认真组织实施。

一、搜查的条件

《民事诉讼法司法解释》第 494 条规定：在执行中，被执行人隐匿财产、会计账簿等资料的，人民法院除可依照《民事诉讼法》第 114 条第 1 款第 6 项规定对其处理外，还应责令被执行人交出隐匿的财产、会计账簿等资料。被执行人拒不交出的，人民法院可以采取搜查措施。《最高人民法院关于民事执行中财产调查若干问题的规定》第 14 条第 1 款规定：被执行人隐匿财产、会计账簿等资料拒不交出的，人民法院可以依法采取搜查措施。

对被执行人及其住所或者财产隐匿地进行搜查，必须符合以下条件：（1）生效法律文书确定的履行期限已经届满；（2）被执行人不履行生效法律文书确定的义务；（3）法院认为有隐匿财产的行为。值得注意的是，并不是符合上述法定条件就必然导致搜查，人民法院可以根据实际情况决定是否采取搜查措施。如果被执行标的物为特定物，而被执行人隐匿该特定物的，人民法院必须采取搜查措施。被执行人虽有隐匿财产的行为，但其尚有其他财产足以执行的，人民法院无须采取搜查措施，只有在被执行人有隐匿财产的行为，且其他财产不足以供执行的，人民法院才应采取搜查措施。

二、搜查的程序

依据法律和相关司法解释，进行搜查应遵循以下程序：（1）人民法院在对被执行人采取搜查措施前，首先应向被执行人发出执行通知书，责令其在指定的期限内履行义务，如被执行人逾期仍不履行又有隐匿财产行为的，则可决定适用搜查措施。（2）人民法院决定对被执行人及其住所或财产隐匿地进行搜查时，应由院长签发搜查令，否则，一律不允许进行。搜查工作由执行员、书记员和司法警察进行。《民事诉讼法司法解释》第 495 条规定：搜查人员应当按规定着装并出示搜查令和工作证件。（3）根据《民事诉讼法司法解释》第 496 条的规定，人民法院搜查时禁止无关人员进入搜查现场；搜查对象是公民的，应当通知被执行人或者他的成年家属以及基层组织派员到场；搜查对象是法人或者其他组织的，应当通知法定代表人或者主要负责人到场。拒不到场的，不影响搜查。搜查妇女身体，应当由女执行人员进行。（4）根据《民事诉讼法司法解释》第 498 条的规定，搜查应当制作搜查笔录，由搜查人员、被搜查人及其他在场人签名、捺印或者盖章。拒绝签名、捺印或者盖章的，应当记入搜查笔录。而且，根据《民事诉讼法司法解释》第 497 条的规定，搜查中发现应当依法采取查封、扣押措施的财产，依照《民事诉讼法》第 252 条第 2 款①和第 254 条②规定办理。

三、搜查的方法

搜查能否达到预期目的，方法至关重要：（1）法院应根据已取得的线索有重点地进行。（2）对搜查方案法院应有周密部署，要充分估计到搜查中可能出现的问题。（3）搜查中法院应认真、细致，要善于观察。当然，由于案件本身的复杂性，在实际操作中，人民法院也应针对不同情况，具体问题具体分析，对症下药，以期取得预想的效果。

【条文适用】

本条之适用，在实务中需要注意下面三个问题。

---

① 对应《民事诉讼法》（2023 年修正）第 256 条第 2 款。

② 对应《民事诉讼法》（2023 年修正）第 258 条。

一、把握好搜查的范围

根据本条规定，人民法院搜查的范围包括被执行人人身、被执行人住所、财产隐匿地。人民法院实施搜查必须在本条规定的范围内进行，对其他人员和其处所均严禁搜查。同时，要明确被执行人的住所及其财产隐匿地的空间、地域范围。对被执行人的住所进行搜查时，也可搜查与被执行人共同生活的其他人员的房间。已分家析产的其他家庭成员虽与被执行人同住一幢住宅，但不能将其住所视为被执行人的住所进行搜查。若已分家析产的其他家庭成员的住所藏有被执行人的财产，只能按财产隐匿地进行搜查。由于可作为被执行人财产隐匿地的处所多、范围广，且大多涉及公民、组织的住宅、财产权和其他合法权益，因而，对财产隐匿地的范围更应从严掌握，应从实际出发，根据已掌握的情况和证据，具体确定财产隐匿地的搜查范围。特别对非被执行人住所的财产隐匿地进行搜查，必须在有一定证据证明的情况下进行。而且，并非所有的财产隐匿地都可以搜查，如被执行人将被执行财产隐匿在军事机关、行政机关等办公场所的，法院只能通过协助执行的方法，要求有关机关将隐匿财产交出。

二、区别情况依法处置搜查取得的财物

搜取的财物是法律文书指定交付的特定物的，法院应当依法定程序交付给申请执行人。若执行特定物搜查无着落，但已搜取其他财产的，可以先予扣押，然后采取以下两种方法处理：一是被执行人交付特定物后返还该已扣押的其他财产；二是被执行人不能交付或拒不交付特定物的，酌情依法裁定执行该其他财产，将特定物交付的执行转化为其他财产给付的执行，然后通过变价程序，实现申请执行人权利。在执行金钱给付案件中，搜查取得的财产是现金的，将现金交付申请执行人即可；搜取存折的，通过提取措施交付申请执行人；搜取的财产是动产的，先予扣押，然后通过变价程序，换取价款清偿债务。搜取的财物为法律禁止自由流通的物品，交有关单位收购，其价款用于清偿债务。违禁物品

一般不是民事执行对象，但在搜查时发现的，应予查封保管，然后交有关部门处理，并将处理情况告知被执行人。

三、关于强制开启的有关问题

搜查措施的运用主要是为了追回被执行人隐匿的财产以及被执行人拒绝提供的有关财产状况的证据材料，因而对上述财产及材料，被执行人往往不愿主动提供，从而需要人民法院执行人员运用强制方法取得。因此，为了保障搜查的顺利进行，《最高人民法院关于民事执行中财产调查若干问题的规定》第14条规定，被执行人隐匿财产、会计账簿等资料拒不交出的，人民法院可以依法采取搜查措施。人民法院依法搜查时，对被执行人可能隐匿财产或者资料的处所、箱柜等，经责令被执行人开启而拒不配合的，可以强制开启。在适用强制开启时应当注意以下两点。

（一）注意遵循强制开启的程序

首先，强制开启是搜查的辅助性措施，只能在搜查中适用。执行人员在未经批准搜查之前，不得实施强制开启行为，否则违法。而且，强制开启只在搜查中适用，这就排除了法院在采取其他强制执行措施的同时适用强制开启的可能性，如实施查封、扣押、拍卖、变卖、交付、转交等强制执行措施时都不能同时适用强制开启措施。其次，只有在被执行人可能隐匿财产及有关证据材料时才能适用。强制开启的范围限于被执行人可能存放隐匿的财物及有关证据材料的处所、箱柜等，强制开启的对象一般是门窗、箱柜等。再次，强制开启必须以责令被执行人自行开启为前置程序。执行人员事先应当责令被执行人或者其成年家属自行开启，被执行人或其成年家属自行开启的，就不需要强制开启，若经责令仍拒不开启的，方可强制开启。如果被执行人和其成年家属均不在场的，不可能以责令自行开启为前置程序，则可以直接强制开启。最后，强制开启是搜查措施的组成部分，因而不需另行制作裁定、决定等法律文书，执行人员在搜查时用口头宣布强制开启后即可实施。

（二）把握强制开启造成损失的承担

强制开启必然会造成一定的财产损失，对被执行人住所、箱柜强制开启，由此正常造成的损失，不论搜查有无结果均由被执行人自行承担，因为被执行人本身就负有履行法律文书确定的义务的责任。但是，强制开启第三人的房门、箱柜等所造成正常损失的承担，应区别对待：如果搜查成功，证明该第三人确有协助隐匿行为，所造成的损失由其本人承担；如果强制开启后搜查无果，无证据证实第三人协助隐匿，这说明执行法院对其搜查错误，执行法院应当承担强制开启所造成损失的赔偿责任。

第二百六十条　法律文书指定交付的财物或者票证，由执行员传唤双方当事人当面交付，或者由执行员转交，并由被交付人签收。

有关单位持有该项财物或者票证的，应当根据人民法院的协助执行通知书转交，并由被交付人签收。

有关公民持有该项财物或者票证的，人民法院通知其交出。拒不交出的，强制执行。

【条文主旨】

本条是关于强制被执行人交付财物或者票证的规定。

【条文理解】

指定交付财物、票证的行为，是指人民法院根据生效法律文书，指定被执行人交付财物、票证，以履行其义务的执行措施。该措施执行标的应当是特定的财物或者票证。这种特定的标的物，是指法律文书中特定的财产，由于这一财物或者票证是经生效法律文书确认了归属的，是经过审理后判令被执行人交付的，因此，如果他人持有该项财物或票证，而又拒不交出的，当然可以强制执行。《执行工作规定》第41条明确将此解释为“生效法律文书确定被执行人交付特定标的物”。其中，“财物”是指作为执行依据的法律文书中指定交付的财产，主要指除金钱以外的动产；“票证”是指具有财产内容的各项证明文书、执照和支付凭证等，如房产证、土地证、山林权属证、车辆证照、专利证书、商标证书及汇票、支票、本票等票据。

根据本条规定，强制交付在适用上因法律文书指定的财物或票证的处所不同而有两类情形：一是有关财物或票证在被执行人处时，由执行员传唤双方当事人到场，在其监督下当面交付，或者由执行人员转交，并由权利人签收。二是有关财物或票证不在被执行人处。这具体又分为两种情况：（1）有关单位持有该项财物或者票证时，人民法院应发出协助执行通知书，由该有关单位转交权利人并签收；（2）有关公民持有该项财物或者票证的，人民法院应通知其交出，或当面交付给权利人，或交给执行人员转交。有关单位或有关公民拒不转交的，人民法院应予强制执行，并按拒不协助执行这一妨碍民事诉讼行为对其采取强制措施。

具体而言，《民事诉讼法司法解释》第 492 条规定：执行标的物为特定物的，应当执行原物。原物确已毁损或者灭失的，经双方当事人同意，可以折价赔偿。双方当事人对折价赔偿不能协商一致的，人民法院应当终结执行程序。申请执行人可以另行起诉。该解释第 493 条的规定：他人持有法律文书指定交付的财物或者票证，人民法院依照《民事诉讼法》第 256 条[①]第 2 款、第 3 款规定发出协助执行通知后，拒不转交的，可以强制执行，并可依照《民事诉讼法》第 117 条、第 118 条规定处理。他人持有期间财物或者票证毁损、灭失的，参照《民事诉讼法司法解释》第 492 条规定处理。他人主张合法持有财物或者票证的，可以根据《民事诉讼法》第 234 条[②]规定提出执行异议。《执行工作规定》第 41 条规定：生效法律文书确定被执行人交付特定标的物的，应当执行原物。原物被隐匿或非法转移的，人民法院有权责令其交出。原物确已毁损或灭失的，经双方当事人同意，可以折价赔偿。双方当事人对折价赔偿不能协商一致的，人民法院应当终结执行程序。申请执行人可以另行起诉。第 42 条规定：有关组织或者个人持有法律文书指定交付的财物或票证，在接到人民法院协助执行通知书或通知书后，协同被执行人转移财物或票证的，人民法院有权责令其限期追回；逾期未追回的，应当裁定其承担赔偿责任。《执行工作规定》第 43 条规定：被执行人的财产经拍卖、变卖或裁定以物抵债后，需从现占有人处交付买受人或申请执行人的，

---

① 对应《民事诉讼法》（2023 年修正）第 260 条。

② 对应《民事诉讼法》（2023 年修正）第 238 条。

适用《民事诉讼法》第249条[①]、第250条[②]和《执行工作规定》第41条、第42条的规定。

此外，根据《民事诉讼法司法解释》第494条的规定，在执行中，被执行人隐匿财产、会计账簿等资料的，人民法院除可依照《民事诉讼法》第114条第1款第6项规定对其处理外，还应责令被执行人交出隐匿的财产、会计账簿等资料。被执行人拒不交出的，人民法院可以采取搜查措施。

【条文适用】

强制交付，是指人民法院根据生效法律文书，通过一定的强制手段，责令被执行人交付法律文书指定的财物、票证的执行措施。

本条之适用，在实务中需要注意掌握哪些财产可以作为执行标的。

一、可以作为执行标的的物

财物、票证同属“物”的范畴。可以作为执行标的的物有：（1）债务人现有的财产。债务人的财产是债权人的共同担保，凡在开始执行时属于债务人所有的财产，除法律另有规定或性质上不得予以执行的财产外，债权人都可请求执行；同时，债权人为实现法律文书中的金钱债权，对于债务人的财产有选择执行的请求权，不能由债务人任意指定以其某项财产用于执行。（2）债务人可取得的财产。债务人可预期取得的财产即债权，也可成为执行客体。强制执行中的代位执行制度就是对债务人的债权予以执行的制度。其内容是如果债务人不能清偿债务，其对第三人享有到期债权的，人民法院可依债权人的申请，通知该第三人向申请执行人履行债务。该第三人对债务没有异议但又在通知指定的期限内不履行的，人民法院可以强制执行。（3）债务人非法处分的财产。原属债务人所有的财产，经债务人合法处分生效后，所有权已转移给了第三人，

① 对应《民事诉讼法》（2023年修正）第260条。

② 对应《民事诉讼法》（2023年修正）第261条。

即使这种处分影响了债权人债权的实现，仍不能将其作为执行客体。但是债务人为了逃避执行，与第三人恶意串通为虚假意思表示，这种处分行为当然无效，人民法院仍可执行该项财产。（4）执行根据限定的财产。执行根据限定执行标的物的，执行财产应以特定标的物或一定范围的财产为限。

二、不得成为执行客体的财产

虽然债务人的财产原则上都可以成为执行客体，但是下列财产不得成为执行客体：（1）实体法禁止让与、扣押的财产。（2）程序法禁止扣押的财产。如依据《民事诉讼法》第 255 条规定，查封、扣押、冻结、拍卖、变卖被执行人的财产时，应当保留被执行人及其所扶养家属的生活必需品。这种生活必需品不得作为执行客体。（3）性质上不得为执行客体的权利。专属于债务人所有的权利，如《民法典》规定的健康权、姓名权、肖像权、名誉权等都不得成为执行客体。（4）不准流通的物品，如违禁品、淫秽品等。

第二百六十一条　强制迁出房屋或者强制退出土地，由院长签发公告，责令被执行人在指定期间履行。被执行人逾期不履行的，由执行员强制执行。

强制执行时，被执行人是公民的，应当通知被执行人或者他的成年家属到场；被执行人是法人或者其他组织的，应当通知其法定代表人或者主要负责人到场。拒不到场的，不影响执行。被执行人是公民的，其工作单位或者房屋、土地所在地的基层组织应当派人参加。执行员应当将强制执行情况记入笔录，由在场人签名或者盖章。

强制迁出房屋被搬出的财物，由人民法院派人运至指定处所，交给被执行人。被执行人是公民的，也可以交给他的成年家属。因拒绝接收而造成的损失，由被执行人承担。

【条文主旨】

本条是关于强制被执行人迁出房屋或者退出土地的规定。

【条文理解】

强制迁出房屋和强制退出土地，是指人民法院强制搬迁被执行人在房屋内或者特定土地上的财物，并将腾出的房屋和土地交给权利人的一种执行措施。生效法律文书确定房屋占有人迁出房屋、土地占有人退出土地的，房屋占有人、土地占有人必须履行，如不履行将给对方当事人的合法权益或者社会公共利益造成损害，因此，当事人不按法律文书迁出房屋和退出土地时，人民法院有权采取强制迁出、强制退出的措施，以实现将房屋或者土地使用权的支配权转移给债权人的目的。但由于这一措施对于被执行人的生活影响较大，被执行人属于低保对象且无法自行解决居住问题的，人民法院不应强制迁出。

强制被执行人迁出房屋和退出土地，关系公民、法人或其他组织的基本民事权益，也是执行中最为敏感的问题之一。司法实践中，这类案件执行难度大、社会影响大，人民法院在采取这种执行措施时，应当慎重并应严格依照法定程序进行。

一、由人民法院院长签发公告

公告前，执行人员应向被执行人进行必要的宣传教育工作，动员被执行人自觉地履行义务。经宣传教育，被执行人拒不履行义务的，由人民法院院长签发强制迁出房屋或退出土地的公告，责令被执行人在指定的期限内迁出房屋或者退出土地，同时，在公告中也要写明不自动履行义务的法律后果。公告应当张贴在人民法院的公告栏以及被执行人占有的房屋或土地的附近。被执行人在法院指定的期限内履行义务的，执行程序结束。被执行人在法定期限内仍不履行义务的，人民法院即可采取强制执行措施。

二、通知被执行人及有关人员到场

强制执行时，被执行人是自然人的，应当通知被执行人或者他的成年家属到场；通知被执行人到场是人民法院的法定职责和执行必经程序，没有通知的，则不能强制执行。通知后，被执行人或其成年家属拒不到场的，不影响执行工作的进行，但要记录在案。为了使执行工作顺利进行，还需要通知被执行人工作单位或者房屋、土地所在地的基层组织（居民委员会、村民委员会）派人参加。这既是对人民法院执行工作的监督，也对执行工作起到见证作用。被执行人是法人或者其他组织的，应当通知其法定代表人或者主要负责人到场。拒不到场的，不影响执行。

三、依法强制执行

强制被执行人迁出房屋或者退出土地的执行工作，由执行员、书记员和司法警察共同进行。执行过程中，执行员除负责组织、指挥工作之外，还要做好财物的清点、登记工作。对强制搬出的财物应当逐件编号、登记、造具清单，并由在场人签名或者盖章，然后把这些财物运到指定处所，交给被执行人。被执行人是自然人的，也可交给其成年家属。因拒绝接收而造成的损失，由被执行人承担。强制搬迁后腾出的房屋或者土地，人民法院应当立即交给申请执行人，及时结束执行程序。强制执行中实际支出的费用，由被执行人承担。被执行人拒绝的，强制执行。同时，执行人员应当将执行的全过程如实记入执行笔录，执行笔录由在场人，即执行人、有关组织的代表、当事人及其他在场人签名或者盖章。

【条文适用】

本条适用中，应注意把握以下两个问题。

一、执行程序中能否对案外人财产进行处理

执行程序中案外人无合法依据占有被执行的不动产的，执行法院依法可以强制迁出；案外人拒不迁出的，对标的物上的财产，执行法院可指定他人保管并通知案外人领取；案外人不领取或下落不明的，为避免保管费用过高或财产价值减损，执行法院可以处分该财产，处分所得价款，扣除搬迁、保管及拍卖变卖等相关费用后，保存于执行法院账户，通知该案外人领取。

二、被执行人再次占有不动产如何处理

强制迁出房屋或退出土地的执行结束后，被执行人可能再次非法占有该房屋或土地。对这一行为，我国《民事诉讼法司法解释》第519条规定，在执行终结6个月内，被执行人或者其他人对已执行的标的有妨

害行为的，人民法院可以依申请排除妨害，并可以依照《民事诉讼法》第114条规定进行处罚。因妨害行为给执行债权人或者其他人造成损失的，受害人可以另行起诉。

第二百六十二条 在执行中，需要办理有关财产权证照转移手续的，人民法院可以向有关单位发出协助执行通知书，有关单位必须办理。

【条文主旨】

本条是关于执行中办理财产权证照转移手续的规定。

【条文理解】

办理财产权证照转移手续，是指人民法院在执行某些特殊的财产，需要同时转移财产权证照的登记人时，可以强制办理财产权证照转移手续。民事执行的对象主要是财产。在执行中，有些案件是否执行完毕不仅取决于是否将执行标的物移交给权利人，还决定于是否将该标的物的财产权证照转移给权利人。在执行过程中，需要办理有关财产权证照转移手续的，就需要在产权转移的同时办理财产权证照的转移手续。证照不转移，财产权利不能真正得到实现。而产权等证照的办理，常常需要有关单位的协助，为了保证执行工作的顺利进行，保障债权人合法权益的实现，法律明确规定了有关单位协助办理财产权证照转移手续的责任，这既属其业务范围，又是其应负的法定义务，必须配合办理。对不予协助办理证照转移手续的单位，人民法院可以根据本法第117条第1款第3项的规定予以处理。

《民事诉讼法司法解释》第500条规定：人民法院在执行中需要办理房产证、土地证、林权证、专利证书、商标证书、车船执照等有关财产权证照转移手续的，可以依照《民事诉讼法》第258条[①]规定办理。需要

① 对应《民事诉讼法》（2023年修正）第262条。

办理权利证照转移手续的财产范围是：（1）不动产。通常包括土地、建筑物以及附着于土地上的树木、农作物等。不动产物权的设立、变更、转让和消灭，经依法登记，发生效力；未经登记，不发生效力，但是法律另有规定的除外。依法属于国家所有的自然资源，所有权可以不登记。不动产物权的设立、变更、转让和消灭，依照法律规定应当登记的，自记载于不动产登记簿时发生效力。（2）特殊动产。动产物权的设立和转让，自交付时发生效力，但是法律另有规定的除外。也就是说，对于一般的动产，财产权利的转移只需交付该项动产给申请执行人或者拍卖、变卖中的买受人即可，无须另行履行法律手续。但对于特殊动产如船舶、航空器、机动车等，则要求所有权的取得必须履行一定的法律手续，而不单纯以占有为条件。船舶、航空器和机动车等的物权的设立、变更、转让和消灭，未经登记，不得对抗善意第三人。（3）知识产权。如专利权、商标权，虽然法律允许转让专利权、商标权，但这种转让不同于动产的转让，其需经国家主管部门给予登记后才有效，因此，强制执行这类知识产权时，也就需要办理专利权、商标权权利证照转移的手续。

综上，强制执行中的财产权转移是一种强制转移，具有自身的特殊性，在强制拍卖或者变卖被查封、扣押的财产的情况下，无须征得财产所有者的同意，具有强制性。有关单位必须依照人民法院就此发出的协助执行通知协助执行，不得推诿、拒绝。对拒不协助办理证照转移手续的，人民法院除可以责令其履行协助义务外，还可以对主要负责人或者直接责任人员予以罚款；对仍不履行协助义务的，可以予以拘留；并可以向监察机关或者有关机关提出予以纪律处分的司法建议。

【条文适用】

本条适用过程中，应注意把握以下几个问题。

一、行政机关根据法院的协助执行通知书实施的行政行为是否属于人民法院行政诉讼受案范围

实践中应注意人民法院不仅应该维护司法权威，也应防止不当侵犯

行政权。一是在不动产初始登记的问题上，要尊重行政机关的审查判断权。二是在探矿权、采矿权等行政许可色彩较浓的财产权转移问题上，要注意严格依照生效法律文书来确定执行内容，同时注意与相关行政管理部门的沟通协调。

行政机关根据人民法院的协助执行通知书实施的行为，属于司法行为的延伸，是行政机关必须履行的法定协助义务，不属于人民法院行政诉讼受案范围。但如果当事人认为行政机关在协助执行时缩小或扩大了范围或违法采取措施造成其损害，提起行政诉讼的，人民法院应当受理。

二、协助执行错误的，协助执行义务单位是否承担赔偿责任

在协助执行中，因执行法院的执行行为错误，导致协助执行单位依协助执行通知书所作行为也相应错误，客观上就可能造成相关当事人的利益损失，对此，应当通过执行回转来进行救济。若被执行标的物不存在或者进行善意交易无法执行回转的，由错误发出协助执行通知的法院承担司法赔偿责任，协助执行义务单位不承担赔偿责任。

三、如果法院对有协助执行义务的单位进行罚款之后，其仍然拒绝协助执行，如何进行司法救济

对有义务协助执行的单位拒绝协助执行的，人民法院除责令其履行协助义务外，还可以予以罚款。如果法院对有协助执行义务的单位进行罚款之后，其仍然拒绝协助执行的，如果该协助单位为行政机关，可以认为属于行政机关不依法履行职责。对这种行为，人民法院不能以该行政机关存有过错为由，在执行中直接通过裁定确定其承担赔偿责任，也不能以该行政机关存有过错为由通过民事判决确定其承担赔偿责任，应当通过行政诉讼判决其履行职责，拒不履行职责造成损失的，该行政机关承担行政赔偿责任。

第二百六十三条　对判决、裁定和其他法律文书指定的行为，被执行人未按执行通知履行的，人民法院可以强制执行或者委托有关单位或者其他人完成，费用由被执行人承担。

【条文主旨】

本条是关于强制执行法律文书指定的行为的规定。

【条文理解】

强制执行法律文书指定的行为，是指由人民法院按照生效的法律文书的内容，通过一定的强制手段，迫使被执行人完成指定行为的一种强制措施，是以人的行为作为执行标的的特殊的执行措施。

生效法律文书指定的行为，可以分为作为和不作为两种情况。作为，是指法律文书指定被执行人应当完成某种行为。如赔礼道歉、拆除违章建筑等。不作为，是指法律文书指定被执行人不能实施某种行为。如在相邻关系中不得影响他人的采光、交通、排水等。作为执行对象的行为，因其性质、种类不同，强制执行的方式也不同。

据本条规定，法律文书指定的行为按照是否可以替代，可划分为可替代的行为和不可替代的行为。可替代的行为，是指能够由义务人以外的人代替义务人履行的行为，如拆除违章建筑、修理物品等。被执行人拒不履行的是可替代的行为时，人民法院可以委托有关单位或其他人完成，费用由被执行人承担。如被执行人拒不交付这些费用，人民法院可以采取扣留、提取其存款或收入，或用拍卖、变卖其财产等措施强制执行。不可替代的行为，是指只能由义务人自己履行的作为行为，如向权利人赔礼道歉等。不能替代的行为一般具有较强的人身性。对于只能由被执行人完成的行为，经教育，被执行人仍拒不履行的，人民法院应当按照妨害执行行为的有关规定处理。被执行人在人民法院确定的履行期间内仍不履行的，人民法院可以依照《民事诉讼法》第114条第1款第6项规定再次处理。

一、为一定行为请求权的执行

为一定行为又称为“作为”，即积极的行为。为一定行为请求权的执行又分为可替代行为请求权的执行和不可替代行为请求权的执行两种。

1. 可替代行为请求权的执行。可替代行为请求权的执行特征在于该行为与被执行人的人身联系不密切，行为是由被执行人亲自为之还是由他人代为实施，对债权人来说并无法律效果上的不同，故替代履行是可替代行为请求权执行的基本方法。对可替代行为请求权的执行，首先应动员被执行人亲自履行行为，被执行人拒绝履行，法院可以委托有关单位或者其他人代为完成行为，由此所产生的费用（如劳务费、原材料费用等），由被执行人承担；如果被执行人仍拒绝承担此费用，法院即可用直接执行的方法执行被执行人的财物。《民事诉讼法司法解释》第501条规定：被执行人不履行生效法律文书确定的行为义务，该义务可由他人完成的，人民法院可以选定代履行人；法律、行政法规对履行该行为义务有资格限制的，应当从有资格的人中选定。必要时，可以通过招标的方式确定代履行人。申请执行人可以在符合条件的人中推荐代履行人，也可以申请自己代为履行，是否准许，由人民法院决定。第502条进一步规定：代履行费用的数额由人民法院根据案件具体情况确定，并由被执行人在指定期限内预先支付。被执行人未预付的，人民法院可以对该费用强制执行。代履行结束后，被执行人可以查阅、复制费用清单以及主要凭证。《民法典》对现行执行规则进行了部分调整。《民法典》第581条、第1000条第2款和第1234条均涉及债务人可替代行为义务的履行或责任承担问题，但三者规定不尽相同。根据第581条规定，所有可替代行为义务似都可以在诉讼阶段直接转化为金钱债权。根据第1000条第2款规定，消除影响、恢复名誉、赔礼道歉这种特殊的可替代行为，可以通过代履行的执行方法予以执行。根据第1234条和第1235条规定，对于修复生态环境这种特殊的可替代行为，相关主体可以不经诉讼直接自行或委托他人替代履行，随后在诉讼中要求赔偿替代履行费用。总之，《民法典》调整和丰富了可替代行为义务的传统执行方法，既保留了传统的执行方法，又允许当事人在诉前或诉中提前寻求救济，二者如何做好衔接配合，有待进一步实践探索。

2. 不可替代行为的请求权的执行。不可替代行为因与债务人的特别学识、技能、身份或资格密不可分，使该行为具有不可替代性，必须由债务人亲自为之，否则债权人的权利即不能实现或不能完全实现。此种情况下，通常认为一般的处理办法是采用间接执行的方式，所谓间接执行，是指法院通过对债务人采取罚款、拘留等措施，对债务人施加压力，促使义务人自觉完成判决确定的行为。同时，损害赔偿和支付迟延履行金也是不可替代行为执行的基本方法。《民事诉讼法司法解释》第503条规定：被执行人不履行法律文书指定的行为，且该项行为只能由被执行人完成的，人民法院可以依照《民事诉讼法》第114条第1款第6项规定处理。被执行人在人民法院确定的履行期间内仍不履行的，人民法院可以依照《民事诉讼法》第114条第1款第6项规定再次处理。

二、不作为请求权的强制执行

不作为请求权，是指债权人请求债务人容忍他人的行为或禁止债务人为一定行为的权利。前者是指对权利人所实施的某项行为，债务人有予以容忍而不加以妨碍的义务，如土地所有权人或使用权人容忍他人从其土地上通行的义务。后者又称为单纯的不作为，是指禁止债务人为一定积极的行为，如禁止债务人排放污水、禁止债务人使用某一商号等。法律文书所确定的不作为债务，只要债务人事实上没有为一定的积极行为，其义务即处于履行之中，债权人的权利即处于满足状态，自然不存在执行问题，只有当债务人实施了一定的积极行为，才产生债务不履行的问题，也才产生不作为义务的执行问题。不作为请求与不可替代作为请求权一样具有不可替代性，因此原则上也应采取间接执行的方法执行，且有时需要消除被执行人前行为产生的后果。

【条文适用】

在司法实践中，适用本条所遇到的一个突出问题，就是如何处理好探望权案件的执行以及未成年子女交付的执行。对此应着重把握以下问题。

一、探望权执行案件的特点

探望权是指夫妻离婚后，没有与子女共同生活的父或母一方，基于亲权和血缘关系，有关心、探望未与其共同生活子女的权利。探望权执行案件是指申请人以要求原配偶容忍并协助其探视子女为内容的案件。主要特点有：（1）探望权案件的执行具有长期性和反复性。因为申请执行人并不满足于一次性的探望，而是每隔一段时间的持续性的探望；被执行人可能偶尔满足申请人的一次要求，但却可能拒绝再次探望的要求。（2）执行目的是排除妨碍。探望权纠纷案件发生的原因在于与子女共同生活的一方阻碍另一方探视子女，对此类案件强制执行的目的在于排除该妨碍，以保障未与子女共同生活的一方对子女的监护权得以实现。（3）探望权案件的被执行人是不履行协助义务人。权利人探视的对象一般是未成年的子女，其实际上却经常受与其共同生活的父或母的控制和支配，而与子女共同生活的父或母有义务协助权利人行使探望权。

二、对探望权案件如何执行

1. 在执行措施上，法院应当以说服教育为主，慎用强制措施。探望权的执行涉及未成年人的人身问题，法院应切实做好双方当事人的疏导教育工作，在教育无效的情况下可采取罚款、拘留等间接执行手段，并可按《民事诉讼法》的规定责令被执行人支付迟延履行金，迟延履行金的数额可根据被执行人拒绝探望的次数而加倍递增。同一案件执行过程中，法院在对被执行人说服教育、宣讲法律，说明不履行义务的后果乃至采取必要的强制措施后仍无明显效果时，可以告知申请执行人一方，通过协议或者诉讼程序变更探望方式、变更抚养关系，以期更好地行使亲权，达到维护子女身心健康及家庭、社会稳定之目的。根据《最高人民法院关于适用〈中华人民共和国民法典〉婚姻家庭编的解释（一）》第 55 条、第 56 条的规定：离婚后，父母一方要求变更子女抚养关系的，或者子女要求增加抚养费的，应当另行提起诉讼。具有下列情形之一，父母一方要求变更子女抚养关系的，人民法院应予支持：（1）与子女共同生活的一方因患严重疾病或者因伤残无力继续抚养子女；（2）与子女共同生活的一方不尽抚养义务或有虐待子女行为，或者其与子女共同生活对子女身心健康确有不利影响；（3）已满八周岁的子女，愿随另一方生活，该方又有抚养能力；（4）有其他正当理由需要变更。

2. 探望权案件的执行程序应当维持到子女成年时为止。也就是说，只要申请执行人向法院提出了申请，此案即进入执行程序，执行人员满足了申请执行人的一次探望请求后，并不意味着执行程序的结束，如果被执行人再次拒绝申请执行人探望要求，申请执行人可再次提出执行申请。子女成年后，因其已取得了完全的民事行为能力，执行已无依据，执行程序即告结束。

三、未成年子女交付案件应当如何执行

在离婚案件和变更子女抚养权、监护权案件中，经常会碰到一方拒绝向另一方履行交付未成年子女而引起的执行问题。对这类交付未成年子女的案件，如果一方当事人不按照法律文书确定的内容交付，法院能否进行强制执行的问题，在理论和实践中一直存在争议。虽然一些学者和实务工作者提出了在特定的案件中将人身纳入执行对象范围的观点，但是，我国的现行规定是禁止将人身作为执行的对象的，《最高人民法院关于适用〈中华人民共和国民法典〉婚姻家庭编的解释（一）》第 68 条规定，对于拒不协助另一方行使探望权的有关个人或者组织，可以由人民法院依法采取拘留、罚款等强制措施，但是不能对子女的人身、探望行为进行强制执行。也就是说，可以对有协助义务的一方采取拘留、罚

款等强制措施，但不能对子女的人身进行强制执行，也不能强制采取不利于子女健康的探望行为。因为设立探望权的本意是为了未成年子女的身心能得以健康发展，不考虑子女的意愿甚至强行将子女带至某处由其父或母行使探望的权利，都与立法初衷相悖离。

第二百六十四条　被执行人未按判决、裁定和其他法律文书指定的期间履行给付金钱义务的，应当加倍支付迟延履行期间的债务利息。被执行人未按判决、裁定和其他法律文书指定的期间履行其他义务的，应当支付迟延履行金。

【条文主旨】

本条是关于迟延履行的责任的规定。

【条文理解】

法律文书一旦生效，当事人就应当履行法律文书确定的义务，对不履行法定义务的，法院应当进行制裁，以保护对方当事人的合法权益，维护法律的尊严。本条对被执行人未按判决、裁定和其他法律文书指定的期间履行金钱给付义务或者其他义务的，规定了加倍支付迟延履行期间的债务利息或者支付迟延履行金。债务利息是指被执行人没有按期履行债务而应当向债权人支付的除债务本金之外的一定费用；迟延履行金指被执行人因迟延履行生效法律文书确定的义务而应当向权利人支付的除原债务以外的款项，具有弥补权利人损失和对义务人惩罚的双重功能。

迟延履行是指在生效法律文书确定的履行期间内，被执行人没有履行义务。对被执行人迟延履行义务的行为，法院既要强制其履行义务，又要追究被执行人迟延履行的法律责任。迟延履行的责任为支付迟延履行期间的债务利息和支付迟延履行金。前者主要适用于金钱给付义务，后者适用于非金钱给付义务。具体而言，准确理解本条规定的迟延履行责任需要把握好以下几个关键点。

一、迟延履行期间的债务利息、迟延履行金的计算起点

《民事诉讼法司法解释》第504条规定：被执行人迟延履行的，迟延履行期间的利息或者迟延履行金自判决、裁定和其他法律文书指定的履行期间届满之日起计算。因为，自法律文书发生法律效力之日起，被执行人就负有履行法律文书所确定债务的义务。迟延履行期间债务利息的计算，看似简单，实际上非常复杂。这里确定的只是一个计算的起点问题，实践中，要结合《最高人民法院关于执行程序中计算迟延履行期间的债务利息适用法律若干问题的解释》的具体规定适用本条。

二、被执行人在生效法律文书指定的履行期间内履行了部分义务，应否承担迟延履行的责任

履行了部分义务，意味着没有完全依照生效法律文书履行义务，被执行人理应承担迟延履行的责任。但是，对于已经在生效法律文书指定的期间履行的部分，应当排除在责任范围之外，被执行人无须再承担迟延履行的责任。也就是说，履行了部分义务的被执行人仅应对未履行部分的债务承担迟延履行的责任。

三、迟延履行金的支付应当采取的标准

迟延履行金是对于非金钱给付义务而言的，根据《民事诉讼法司法解释》第505条的规定，被执行人未按判决、裁定和其他法律文书指定的期间履行非金钱给付义务的，无论是否已给申请执行人造成损失，都应当支付迟延履行金。已经造成损失的，双倍补偿申请执行人已经受到的损失；没有造成损失的，迟延履行金可以由人民法院根据具体案件情况决定。

迟延履行金问题是执行实践中的一个疑难问题。现实中存在如下问题：一是迟延履行行为未造成损失情况下迟延履行金的支付标准；二是执行程序中是否有权判断迟延履行行为造成的损失及其程度；三是在迟延履行期间债务利息的计算标准已经被《最高人民法院关于执行程序中

计算迟延履行期间的债务利息适用法律若干问题的解释》改变的情况下，对于迟延履行非金钱给付义务且造成损失的，是否仍然双倍予以补偿，一律双倍予以补偿是否合适，值得探讨；四是当事人对于迟延履行金发生争议时如何救济。迟延履行金制度存在的上述重大争议，导致其在执行实践中的适用大受限制，因此该制度有必要予以完善。但该问题涉及“审执关系”的协调，十分复杂，一时难以达成共识。《民事诉讼法司法解释》中未予修改，留待具体执行司法解释再予完善。执行实践中法院应当充分考虑被执行人的主观恶性、经济承受能力等各种因素，慎重确定迟延履行金的数额，并保证被执行人的救济途径。

【条文适用】

本条适用中，对于如何理解“加倍支付迟延履行期间的债务利息”，《最高人民法院关于执行程序中计算迟延履行期间的债务利息适用法律若干问题的解释》在总结实践经验的基础上，进行了科学合理的重构，解决了司法实践中存在的一些争议。

一、明确了迟延履行期间债务利息的构成及计算方法，以及不计算加倍部分债务利息的期间

《最高人民法院关于执行程序中计算迟延履行期间的债务利息适用法律若干问题的解释》第 1 条规定：根据《民事诉讼法》第 253 条[①]规定加倍计算之后的迟延履行期间的债务利息，包括迟延履行期间的一般债务利息和加倍部分债务利息。迟延履行期间的一般债务利息，根据生效法律文书确定的方法计算；生效法律文书未确定给付该利息的，不予计算。加倍部分债务利息的计算方法为：加倍部分债务利息 = 债务人尚未清偿的生效法律文书确定的除一般债务利息之外的金钱债务 × 日万分之一点七五 × 迟延履行期间。第 2 条规定：加倍部分债务利息自生效法律

① 对应《民事诉讼法》（2023 年修正）第 264 条。

文书确定的履行期间届满之日起计算；生效法律文书确定分期履行的，自每次履行期间届满之日起计算；生效法律文书未确定履行期间的，自法律文书生效之日起计算。第3条规定：加倍部分债务利息计算至被执行人履行完毕之日；被执行人分次履行的，相应部分的加倍部分债务利息计算至每次履行完毕之日。人民法院划拨、提取被执行人的存款、收入、股息、红利等财产的，相应部分的加倍部分债务利息计算至划拨、提取之日；人民法院对被执行人财产拍卖、变卖或者以物抵债的，计算至成交裁定或者抵债裁定生效之日；人民法院对被执行人财产通过其他方式变价的，计算至财产变价完成之日。非因被执行人的申请，对生效法律文书审查而中止或者暂缓执行的期间及再审中止执行的期间，不计算加倍部分债务利息。

二、明确了执行款不足以偿付全部债务时有关生效法律文书确定的金钱债务与迟延履行期间债务利息的清偿顺序问题

《最高人民法院关于执行程序中计算迟延履行期间的债务利息适用法律若干问题的解释》第4条规定：被执行人的财产不足以清偿全部债务的，应当先清偿生效法律文书确定的金钱债务，再清偿加倍部分的债务利息，但当事人对清偿顺序另有约定的除外。

迟延履行利息制度中，执行款不足以偿付全部债务时，生效法律文书确定的金钱债务与迟延履行期间债务利息的清偿顺序问题矛盾尤为突出，成为执行实践中的热点与难点问题之一。在这一问题上，该解释采纳了约定优先和先本后息的清偿顺序，即除当事人对清偿顺序另有约定的外，要先清偿生效法律文书确定的金钱债务，再清偿加倍部分的债务利息。对此应从以下几方面进行理解。

1. 当事人对清偿顺序另有约定的，应当根据约定的顺序清偿，即在清偿顺序问题上，实行当事人约定优先。在清偿顺序问题上，实行约定优先，明确了迟延履行期间的债务利息可经当事人协议处分的例外情形。对于清偿顺序问题，当事人有权进行约定，只有在当事人没有约定的情况下才按照法律规定的顺序进行清偿。而且，该解释中对当事人的约定

没有任何形式限制，只要当事人双方就此达成合意即可，形式更加灵活，也有利于当事人就此问题充分行使自己的处分权。

2. 确立“先本后息”的清偿顺序，即在执行案款不足以清偿全部债务时，应当先支付生效法律文书确定的金钱债务，再支付迟延履行期间的债务利息。这里的本息是指“金钱债务”及“加倍部分利息”，并非通俗意义或者字面意义上的本金和利息。首先，按照先本后息的方式兑现执行款，符合约定俗成的民间交易惯例，在计算结果上坚持对被执行人迟延履行行为进行惩罚的同时也兼顾了被执行人的利益。其次，采纳先本后息的清偿顺序更符合迟延履行期间债务利息的性质及该制度的立法本意。再次，采纳先本后息的清偿顺序，在计算方式上较为简便，有利于实践操作。对此处“金钱债务”范畴的正确理解，是准确适用该司法解释的关键之处。与该解释第 4 条前半句的“全部债务”相呼应，对“金钱债务”的理解，需按金钱的一般文义进行解释，即包括所有支付货币钱款的义务，因此无论是借款本金，还是因借款产生的利息，都属金钱债务的范畴中。需要强调的是，此处“金钱债务”包含了一般债务利息。而生效法律文书中确定应当收取的案件受理费、申请保全费、申请执行费、评估费、鉴定费、公告费、仲裁费等因诉讼或仲裁所支出的费用，则属于费用的范畴，不包括在金钱债务范围内，在计算迟延履行利息时要对这些案件受理费等诉讼或者仲裁费用先行扣除。至此，可以明确，在没有约定的情形下，清偿顺序为，费用、金钱债务、加倍部分的利息。

还需要注意的是，虽然一般债务利息与加倍部分利息都属于“利息”的范畴，但是两者在性质、功能等方面都存在重大差异。因此，在计算加倍部分利息时，一般债务利息不包括于基数之内，即一般债务利息不产生加倍部分利息，但是在确定清偿顺序时，一般债务利息应当优先于加倍部分债务利息进行偿还。

3. 当执行款不足以偿付全部债务的，就存在着该条规定的清偿顺序与一般民事债权清偿顺序的区别问题。在一般民事债权的清偿中，存在清偿抵充的规定，即债务人对同一债权人负担数宗同种类债务，而债务人的履行不足以清偿全部债务时，决定该履行抵充某宗或某几宗债务的情形。各国民法普遍规定，在一般民事债权中，债务人的给付不足以清偿其全部债务时，当事人可以就给付抵充何宗债务进行约定；如果当事人之间没有约定，则债务人有权单方面指定其给付系清偿何宗债务，但应该依次按照费用、利息、原本债务的顺序进行抵充。这一原则在我国许多法律、司法解释中都有所体现。例如，《合同法司法解释（二）》（已废止）第21条规定，债务人除主债务之外还应当支付利息和费用，当其给付不足以清偿全部债务时，并且当事人没有约定的，人民法院应当按照下列顺序抵充：（1）实现债权的有关费用；（2）利息；（3）主债务。《民法典》第561条规定，债务人在履行主债务外还应当支付利息和实现债权的有关费用，其给付不足以清偿全部债务的，除当事人另有约定外，应当按照下列顺序履行：（1）实现债权的有关费用；（2）利息；（3）主债务，该规定基本沿用了上述司法解释第21条的规定。

一般民法债权的抵充顺序反映了公平的理念，同时也是为了保证债权的实现。但如前文所述，迟延履行利息，名为利息，实则具有一定公法性质，是对当事人迟延履行金钱债务的一种惩罚。首先，迟延履行利息属于罚息，是对不按期履行判决确定义务的惩罚方式，与普通债务主债务之利息有本质属性上的区别。其次，债的清偿抵充顺序的确立，在价值取向上更侧重于对债权人的利益保护，主要是对债权人经济损失的弥补；而迟延履行利息制度的设置目的在于给予申请执行人适当的经济补偿，对被执行人施以适当的经济惩罚，督促当事人尽快履行判决义务，维护法院判决的权威性。因此，《最高人民法院关于执行程序中计算迟延履行期间的债务利息适用法律若干问题的解释》中确立的约定优先以及本金优先受偿的原则与合同、担保及相关民法领域中债的清偿抵充顺序并不存在矛盾和冲突。因此，在执行款不足以清偿全部债务时，就生效法律文书确定的金钱债务与迟延履行利息的清偿顺序而言，应当先清偿生效法律文书确定的金钱债务，如果有剩余，再支付迟延履行利息。如果执行款尚不足以支付生效法律文书确定的全部金钱债务，则应当按照一般民法债权抵充顺序原则进行支付。

【典型案例】

段某华诉段某臻、贺某英、段某文物权保护纠纷案①

【案　　号】北京市第二中级人民法院（2019）京 02 民终 11909 号

【裁判要旨】迟延履行金是指被执行人因未能在生效判决、裁定及其他法律文书确定的期限内履行相应非金钱给付义务而应承担的迟延履行责任，具有经济补偿性、经济惩罚性和法律救济性。迟延履行金不同于迟延履行债务利息，也不同于房屋占有使用费，不能在民事诉讼程序中提出，须在执行程序中提出，由执行法官作出决定。在民事审判程序中提出迟延履行金主张的，法院不予受理；已经受理的，裁定驳回起诉。

【基本案情】原、被告系兄弟姐妹关系。原告与三被告就位于北京市东城区广渠门外某房屋（以下简称案涉房屋）曾以返还原物纠纷诉至北京市东城区人民法院，双方达成调解意见。法院于 2016 年 2 月 24 日出具（2015）东民初字第 19912 号民事调解书，内容为：（1）原告段某华于 2016 年 3 月 22 日之前给付被告段某臻、贺某英、段某文 60 万元，被告段某臻、贺某英、段某文于 2016 年 4 月 2 日之前将案涉房屋腾空交予原告段某华收回；（2）原告段某华与被告段某臻、贺某英、段某文就案涉房屋再无任何纠纷。上述民事调解书发生法律效力后，原告依据调解书规定的时间将 60 万元交至法院。被告段某臻、贺某英、段某文搬离案涉房屋后，案外人段某惠搬入该房屋。原告因被告段某臻、贺某英、段某文未将上述房屋腾空交付原告，向法院申请执行。法院于 2019 年 4 月 10 日强制执行完毕并将上述房屋交付原告。上述执行案件已经执行完毕，其间原告未向法院申请执行迟延履行金。现原告将三被告诉至北京市东城区人民法院，要求三被告向原告支付因违反（2015）东民初字第 19912 号民事调解书确定的交房时间逾期交房占用费 50 万元。该款是按照涉案

---

① 案例来源：《人民司法·案例》2021 年第 8 期。

房屋市场租金的双倍，向三被告主张其逾期履行法院生效文书确定的腾房义务的迟延履行金。

【裁判结果】二审法院裁定驳回上诉。

【裁判理由】北京市东城区人民法院经审理认为：原告与三被告就涉案房屋的纠纷，因（2015）东民初字第19912号民事调解书的达成而了结，原告所主张的迟延履行金问题应当在上述调解案件的执行程序中一并解决。现原告又就上述房屋纠纷重新起诉，原告的起诉违反一事不再理原则，应当驳回起诉。一审宣判后，原告段某华不服判决，上诉至北京市第二中级人民法院。

北京市第二中级人民法院经审理认为，段某华现就执行上述调解协议产生的问题以段某臻、段某文、贺某英为被告提起本案诉讼，属案件执行程序中解决的问题，应当在上述调解案件的执行程序中予以处理。如果执行标的存在案外人侵权问题，则不应以段某臻、贺某英、段某文为被告起诉。北京市第二中级人民法院遂驳回上诉。

第二百六十五条　人民法院采取本法第二百五十三条、第二百五十四条、第二百五十五条规定的执行措施后，被执行人仍不能偿还债务的，应当继续履行义务。债权人发现被执行人有其他财产的，可以随时请求人民法院执行。

【条文主旨】

本条是关于剩余债务继续履行义务及随时申请执行的规定。

【条文理解】

人民法院在执行过程中，采取查询、划拨、查封、扣押、冻结、拍卖、变卖被执行人财产等措施后，被执行人仍不能完全清偿债务的，债权人仍未全额受偿的情况大量存在。实践中，执行标的实际到位率仍然有限，仅有部分案件符合生效法律文书确定的内容全部执行完毕的情形。对于被执行人还有剩余债务尚未履行的案件，《民事诉讼法》并未允许其退出执行程序，而是要求被执行人继续履行义务，直至全部清偿完毕，为申请执行人的合法权益得到最终实现提供了法律保障。

根据《最高人民法院关于执行案件立案、结案若干问题的意见》规定，除执行财产保全裁定、恢复执行的案件外，其他执行实施类案件的结案方式包括：（1）执行完毕；（2）终结本次执行程序；（3）终结执行；（4）销案；（5）不予执行；（6）驳回申请。理解本条，我们着重把握终结本次执行程序、终结执行这两种结案方式。

一、终结本次执行程序

《民事诉讼法司法解释》第 517 条规定，经过财产调查未发现可供执行的财产，在申请执行人签字确认或者执行法院组成合议庭审查核实并经院长批准后，可以裁定终结本次执行程序。依照前款规定终结执行后，申请执行人发现被执行人有可供执行财产的，可以再次申请执行。再次申请不受申请执行时效期间的限制。根据上述规定，人民法院对被执行人财产依法采取强制措施后，被执行人已无其他财产可供执行的，人民法院可以裁定终结本次执行程序。终结本次执行程序是被执行人无可供执行财产情形下，人民法院依法对本次执行程序终结执行的一种特殊形式。为严格规范终结本次执行程序，维护当事人的合法权益，最高人民法院出台了《关于严格规范终结本次执行程序的规定（试行）》。其中，第1条规定，人民法院终结本次执行程序，应当同时符合下列条件：（1）已向被执行人发出执行通知、责令被执行人报告财产；（2）已向被执行人发出限制消费令，并将符合条件的被执行人纳入失信被执行人名单；（3）已穷尽财产调查措施，未发现被执行人有可供执行的财产或者发现的财产不能处置；（4）自执行案件立案之日起已超过三个月；（5）被执行人下落不明的，已依法予以查找；被执行人或者其他人妨害执行的，已依法采取罚款、拘留等强制措施，构成犯罪的，已依法启动刑事责任追究程序。上述规定是对终结本次执行的程序标准和实质标准等问题的进一步细化和完善。

终结本次执行程序之后，当事人、利害关系人对终结本次执行程序不服，依照《民事诉讼法》第236条规定对终结执行行为提出异议的，应当自收到终结执行法律文书之日起60日内提出；未收到法律文书的，应当自知道或者应当知道人民法院终结执行之日起60日内提出。

按照终结本次执行程序不消灭债权债务关系和执行依据执行力的原理，同时亦为避免被执行人在终结本次执行程序后以此逃避债务，人民法院应当对被执行人继续采取相应的执行措施，允许当事人继续行使相应的程序权利。一是终结本次执行程序后人民法院已对被执行人依法采取的执行措施和强制措施继续有效。二是申请执行人申请延长查封、扣押、冻结期限的，人民法院应当依法办理续行查封、扣押、冻结手续，比如一些财产不能处置的，还应当继续控制。三是终结本次执行程序后，当事人、利害关系人申请变更、追加执行当事人，符合法定情形的，人民法院应予支持。而且，变更、追加被执行人后，申请执行人申请执行恢复的，人民法院应予支持。四是终结本次执行程序后，被执行人或其他相关人员妨害执行的，人民法院仍然可以依法对其予以罚款、拘留；构成犯罪的，依法追究刑事责任。

终结本次执行程序后，发现被执行人有可供执行财产，不立即采取执行措施可能导致财产被转移、隐匿、出卖或者毁损的，执行法院可以依申请执行人申请或依职权立即采取查封、扣押、冻结等控制性措施。

二、终结执行

《最高人民法院关于执行案件立案、结案若干问题的意见》第 17 条规定：有下列情形之一的，可以以“终结执行”方式结案：（1）申请人撤销申请或者是当事人双方达成执行和解协议，申请执行人撤回执行申请的；（2）据以执行的法律文书被撤销的；（3）作为被执行人的公民死亡，无遗产可供执行，又无义务承担人的；（4）追索赡养费、扶养费、抚育费案件的权利人死亡的；（5）作为被执行人的公民因生活困难无力偿还借款，无收入来源，又丧失劳动能力的；（6）作为被执行人的企业法人或其他组织被撤销、注销、吊销营业执照或者歇业、终止后既无财产可供执行，又无义务承受人，也没有能够依法追加变更执行主体的；（7）依照《刑法》第 53 条规定免除罚金的；（8）被执行人被人民法院裁定宣告破产的；（9）行政执行标的灭失的；（10）案件被上级人民法院裁定提级执行的；（11）案件被上级人民法院裁定指定由其他法院执行的；（12）按照《最高人民法院关于委托执行若干问题的规定》的规定，办理了委托执行手续，且收到受托法院立案通知书的；（13）人民法院认为应当终结执行的其他情形。除以上第 10 项、第 11 项、第 12 项规定的情形外，终结执行的，应当制作裁定书，送达当事人。

这里需要着重理解双方当事人达成和解协议的情况。《民事诉讼法司法解释》第 464～466 条规定：申请执行人与被执行人达成和解协议后请求中止执行或者撤回执行申请的，人民法院可以裁定中止执行或者终结执行。一方当事人不履行或者不完全履行在执行中双方自愿达成的和解协议，对方当事人申请执行原生效法律文书的，人民法院应当恢复执行，但和解协议已履行的部分应当扣除。和解协议已经履行完毕的，人民法院不予恢复执行。申请恢复执行原生效法律文书，适用《民事诉讼法》第 250 条申请执行期间的规定。申请执行期间因达成执行中的和解协议而中断，其期间自和解协议约定履行期限的最后一日起重新计算。另外，根据《最高人民法院关于进一步规范近期执行工作相关问题的通知》第 3 点关于和解长期履行案件的报结问题规定：当事人达成执行和解协议，需要长期履行的，可以以终结执行方式（选择“和解长期履行”情形）报结；对该种情形终结执行的案件在报结时可以不作必须解除强制执行措施的要求；因被执行人不履行和解协议申请执行人申请恢复执行原生效法律文书的，以恢复执行方式立案。

需要说明的是，《最高人民法院关于执行和解若干问题的规定》第 8 条规定：执行和解协议履行完毕的，人民法院作执行结案处理。第 9 条规定：被执行人一方不履行执行和解协议的，申请执行人可以申请恢复执行原生效法律文书，也可以就履行执行和解协议向执行法院提起诉讼。

实践中，还有一部分案件在人民法院采取相关执行措施后，已经符合终结执行的条件。对于这些案件，人民法院应依法裁定终结执行。裁定终结执行后，执行程序即告结束。例如，申请执行人撤销执行申请；再如，作为被执行人的公民因生活困难无力偿还借款，无收入来源，又丧失劳动能力的；等等。需要说明的是，根据《民事诉讼法司法解释》第 518 条规定：因撤销申请而终结执行后，当事人在《民事诉讼法》第 246 条[①]规定的申请执行时效期间内再次申请执行的，人民法院应当受理。

【条文适用】

实践中，根据被执行人的履行能力，金钱债权执行案件大致可以分

① 对应《民事诉讼法》（2023 年修正）第 250 条。

为无财产可供执行和有财产可供执行两类。无财产可供执行案件，具体是指经过人民法院穷尽财产调查措施及相应的强制执行措施后，没有发现被执行人有可供执行的财产，或者仅发现部分财产并执行完毕后，申请执行人的全部或部分债权不能得到实现的案件类型。造成被执行人无可供执行财产的原因纷繁复杂，大致可归纳为以下几方面：（1）社会经济发展水平，这是影响执行案件是否有财产可供执行的一个重要原因。一个案件能否执行或执行多少，主要取决于被执行人的财产能力状态，法院的强制执行力度只能起相对的辅助作用。社会的经济发展水平直接决定被执行人的财产能力状态。（2）当事人必然承担的风险无财产可供执行案件是任何国家、任何时期都无法避免的客观存在，本质上属于当事人应当自己承担的商业风险、交易风险和法律风险。市场经济中存在交易风险是客观经济规律，当事人在订立合同之初就应当能够预见到，交易风险是随时可能发生的不利后果，永远不可能完全规避和杜绝。而法院的强制执行程序只是对债权人合法权益的一种事后救济手段，执行程序的基本职能是尽力实现权利人经生效法律文书确认的权利，但执行程序不可能承担、也不可能完全避免客观发生的全部风险。（3）执行手段的局限性，执行实践中，法院的财产查控手段虽然日趋完善，但仍有局限。一方面由于我国的社会信用体系建设仍有待加强，没有对被执行人在全社会形成更加有效的威慑；另一方面被执行人逃避执行、规避执行的手段日趋多样化和隐蔽化，执行措施因其自身局限性，不能完全杜绝和打击被执行人规避执行、逃避执行的行为。被执行人无可供执行财产、案件客观执行不能已成为一种普遍现象。

人民法院对被执行人剩余债务的执行，应注意终结本次执行程序后的救济、案件的恢复程序和后续管理，以及终结本次执行程序与破产程序相衔接。

一、终结本次程序后的救济及终结本次执行程序案件的恢复执行和后续管理

1. 救济程序。《最高人民法院关于严格规范终结本次执行程序的规

定（试行）》第7条规定了当事人、利害关系人认为终结本次执行程序违反法律规定的，人民法院应当适用《民事诉讼法》第225条[①]进行审查，即适用执行异议和复议程序审查。《最高人民法院关于人民法院办理执行异议和复议案件若干问题的规定》第6条第1款规定："当事人、利害关系人依照民事诉讼法第二百二十五条[②]规定提出异议的，应当在执行程序终结之前提出，但对终结执行措施提出异议的除外。"从该条可以看出，当事人、利害关系人对于终结执行本身可以提出异议，终结本次执行程序后执行案件仍处在广义上的"执行过程"中，而终结本次执行程序亦是人民法院作出的一项执行行为，且与当事人、利害关系人的权益休戚相关，因此，允许当事人、利害关系人就终结本次执行程序提出异议不仅合乎法律规定的内在逻辑，也能通过执行异议、复议程序充分救济当事人、利害关系人的合法权益。

2. 终结本次执行程序后相关执行措施的效力。按照终结本次执行程序不消灭债权债务关系和执行依据执行力的原理，同时亦为避免被执行人在终结本次执行程序后以此逃避债务，人民法院应当对被执行人继续采取相应的执行措施，允许当事人继续行使的相应的程序权利。《最高人民法院关于严格规范终结本次执行程序的规定（试行）》的第15条、第16条和第17条对此作出了规定。一是终结本次执行程序后人民法院已对被执行人依法采取的执行措施和强制措施继续有效。二是申请执行人申请延长查封、扣押、冻结期限的，人民法院应当依法办理续行查封、扣押、冻结手续，比如一些财产不能处置的，还应当继续控制。三是终结本次执行程序后，当事人、利害关系人申请变更、追加执行当事人，符合法定情形的，人民法院应予支持。而且，变更、追加被执行人后，申请执行人申请执行恢复的，人民法院应予支持。因为，变更、追加被执行人后相当于又有了新的可供执行财产，也就符合了恢复执行的条件，此处的追加变更被执行人是指主体的改变，不包括被执行人单纯更名的情况，这在《最高人民法院关于民事执行中变更、追加当事人若干问题

① 对应《民事诉讼法》（2023年修正）第236条。

② 对应《民事诉讼法》（2023年修正）第236条。

的规定》中也已经有所体现，更名和变更、追加被执行人适用的程序完全不同。四是终结本次执行程序后，被执行人或其他相关人员妨害执行的，人民法院仍然可以依法对其予以罚款、拘留；构成犯罪的，依法追究刑事责任。

3. 建立终结本次执行程序案件的单独管理机制。对于终结本次执行案件，《最高人民法院关于严格规范终结本次执行程序的规定（试行）》明确了应当建立专门数据库集单独管理，这是人民法院进一步细化内部管理的又一实践。案件终结本次执行程序后，虽然已经结案，但毕竟不是彻底的执行终结，通过专门数据库集中单独管理，可以有的放矢，充分利用现有执行资源。一方面，执行法院定期通过网络查控系统对被执行人的财产进行全方位查询，如发现其名下财产，将依职权立即恢复执行，从而实现退出和恢复执行程序自动衔接；另一方面，对于过去已经终结本次执行程序的大量积案，还会通过系统逐年进行筛查，避免一终了事和推卸责任，切实保障债权人的合法权益。从 2015 年开始，最高人民法院已经在实施相应措施。最高人民法院在保证不影响正常执行案件查询工作的前提下，利用晚上的非工作时间，利用查控系统每半年查询一次终结本次执行程序案件被执行人的财产，查到财产信息及时反馈给执行法院，这种定期查控实际上已经形成了终结本次执行程序案件单独管理中查控部分的雏形。很多法院都已经感受到了终结本次执行程序案件单独科学管理的便利和良好效果。下一步最高人民法院要建立终结本次执行程序案件数据管理系统，对终结本次执行程序案件实现单独管理，已经建立单独管理机制的法院，最高人民法院要做好对接工作，没有建立的，该法院的案件将直接在最高人民法院建立的数据管理系统中实现单独管理，最终通过最高人民法院统一的管理平台，实现全国终结本次执行程序案件的实时监控和节点管理。

4. 终结本次执行程序案件的恢复执行。《最高人民法院关于严格规范终结本次执行程序的规定（试行）》第 9 条对终结本次执行程序后恢复执行的条件和程序作了规定。恢复执行有两个途径：一是申请执行人申请恢复执行。该条第 1 款规定了依申请恢复执行的条件，明确了申请执行人申请恢复执行不受申请执行时效期间的限制。对申请执行人提供的财产线索核查属实的，人民法院应当恢复执行。二是人民法院依职权调查被执行人财产并恢复执行的情形。《最高人民法院关于严格规范终结本次执行程序的规定（试行）》第9条第2款对此作出规定，案件终结本次执行程序后，虽然已经结案，但毕竟不是彻底的执行终结，对于此类案件，不能"一终了事"，人民法院还应负起责任，在一定期限内通过网络执行查控系统对被执行人的财产定期进行查询，如发现被执行人财产，人民法院得依职权恢复执行，从而实现退出和恢复执行程序的自动衔接。实践中也有观点认为，对于终结本次执行程序的案件，应当将恢复执行的举证责任分配给申请执行人，人民法院不应依职权主动恢复执行程序。但由于现阶段申请执行人的举证能力和财产查找能力受到客观条件的限制，过分强调申请执行人的责任反而会严重损害申请执行人的利益，久而久之，还可能会引起当事人情绪对立。对于顺利推行无财产可供执行案件退出机制有害无益。因此，结合当前人民法院执行工作的能力水平，将人民法院依职权主动查找财产并恢复执行的期间限定在5年内，是一个比较合理的折中做法，既贯彻了司法为民的宗旨，使新建立的终结本次执行制度得到申请执行人及社会公众的理解和支持，又与人民法院执行系统当前的承受能力相匹配。

《最高人民法院关于严格规范终结本次执行程序的规定（试行）》第9条中所说的网络执行查控系统，既包括总对总的查控系统，也包括各地建立的点对点的查控系统。法院建立了终结本次执行程序案件单独管理的平台后，系统可以自动识别当天符合查询条件的案件，直接对相关财产信息进行查找，一旦查到财产信息会自动反馈提示相关办案人员，以判断是否需要恢复执行。

5. 终结本次执行程序后的紧急控制措施。此外，《最高人民法院关于严格规范终结本次执行程序的规定（试行）》第10条还对紧急情况下的控制性措施作出了规定。终结本次执行程序后，发现被执行人有可供执行财产，不立即采取执行措施可能导致财产被转移、隐匿、出卖或者毁损的，执行法院可以依申请执行人申请或依职权立即采取查封、扣押、冻结等控制性措施。

二、终结本次执行程序与破产制度的衔接

我国的破产制度适用的主体范围有限，主要适用于资不抵债的企业法人。

根据《民事诉讼法司法解释》第 511～514 条的规定，在执行中，作为被执行人的企业法人符合《企业破产法》第 2 条第 1 款规定情形的，执行法院经申请执行人之一或者被执行人同意，应当裁定中止对该被执行人的执行，将执行案件相关材料移送被执行人住所地人民法院。被执行人住所地人民法院应当自收到执行案件相关材料之日起 30 日内，将是否受理破产案件的裁定告知执行法院。不予受理的，应当将相关案件材料退回执行法院。被执行人住所地人民法院裁定受理破产案件的，执行法院应当解除对被执行人财产的保全措施。被执行人住所地人民法院裁定宣告被执行人破产的，执行法院应当裁定终结对该被执行人的执行。被执行人住所地人民法院不受理破产案件的，执行法院应当恢复执行。当事人不同意移送破产或者被执行人住所地人民法院不受理破产案件的，执行法院就执行变价所得财产，在扣除执行费用及清偿优先受偿的债权后，对于普通债权，按照财产保全和执行中查封、扣押、冻结财产的先后顺序清偿。

《最高人民法院关于严格规范终结本次执行程序的规定（试行）》第 11 条对终结本次执行程序与破产的衔接作出了规定。该条明确，案件符合终结本次执行程序条件，又符合移送破产审查相关规定的，执行法院应当在作出终结本次执行程序裁定的同时，将执行案件相关材料移送被执行人住所地人民法院进行破产审查。这种做法能够促进大量“僵尸企业”的彻底退出，进一步激发市场活力。征求意见时有部分意见主张，此条规定与《民事诉讼法司法解释》规定的移送破产后应中止执行的规定冲突。实际上，并不存在这种冲突。中止执行是针对一般情况而言，对于不符合终结本次执行程序条件的案件，移送破产审查后当然应该中止执行。而当一个案件符合移送破产审查的条件，同时又符合终结本次

执行程序的条件，终结本次执行程序的同时移送破产审查，与上述规定并不矛盾。

为促进和规范执行案件移送破产审查工作，保障执行程序与破产程序的有序衔接，最高人民法院于2017年1月20日印发《最高人民法院关于执行案件移送破产审查若干问题的指导意见》，该意见明确了执行案件移送破产审查的工作原则、条件与管辖；执行法院的征询、决定程序；移送材料及受移送法院的接收义务；受移送法院的破产审查与受理；受移送法院不予受理或驳回申请的处理；执行案件移送破产审查的监督。

《民事诉讼法司法解释》第513条第1款规定，被执行人被人民法院裁定宣告破产的，执行法院应当裁定终结对该被执行人的执行。换言之，被执行人被裁定宣告破产的，对该被执行人的执行程序即应终结。如果债权人的债权在破产程序中未受清偿的，也不再属于执行程序的处理范围。

第二百六十六条　被执行人不履行法律文书确定的义务的，人民法院可以对其采取或者通知有关单位协助采取限制出境，在征信系统记录、通过媒体公布不履行义务信息以及法律规定的其他措施。

【条文主旨】

本条是关于对被执行人的限制措施的规定。

【条文理解】

本条规定从公权力的制裁限制和私权利的负面影响两个层面的运行来解决“执行难”问题。一方面明确了有关市场监管机关依法对被执行人的市场活动采取制裁限制措施的权力和对法院对被执行人的制裁限制措施的协助义务，另一方面明确法院有权将被执行人信息纳入社会信用信息，为国家执行威慑机制的顺利建立和良性运行提供了基本的法律依据。

被执行人不履行法律文书确定的义务的，人民法院可以对其采取或者通知有关单位协助采取以下限制措施。

一、限制出境

限制出境，指有权机关依法对入境的外国人、无国籍人或本国公民采取的阻止其离境的措施。限制出境可以采取口头或书面形式通知、留置当事人出入境证件、口岸阻止人员出境等方式。作为保障诉讼进程和判决执行的措施，人民法院可以在民事诉讼过程和执行程序中对当事人和被执行人作出限制出境决定。对此，《出境入境管理法》作出了相应的衔接性规定。《出境入境管理法》第 12 条规定：“中国公民有下列情形之一的，不准出境：……（三）有未了结的民事案件，人民法院决定不准出境的；……”

限制出境的对象是被申请执行人，包括自然人、法人的法定代表人和其他组织的主要负责人。被执行人为单位的，可以对其法定代表人、主要负责人或者影响债务履行的直接责任人员限制出境。被执行人为无民事行为能力人或者限制民事行为能力人的，可以对其法定代理人限制出境。

对被执行人限制出境的，应当由申请执行人向执行法院提出书面申请；必要时，执行法院可以依职权决定。在限制出境期间，被执行人履行法律文书确定的全部义务的，执行法院应当及时解除限制出境措施；被执行人提供充分、有效的担保或者申请执行人同意的，可以解除限制出境措施。

二、在征信系统记录

将被执行人的案件信息纳入社会信用信息系统公开，根本而言是国家公共权力对被执行人私权的一种限制，体现了司法权力的公共性，是对社会公众知情权的尊重。目前我国的征信系统有中国人民银行征信中心负责建设、运行和维护的全国集中统一的企业和个人征信系统（即金融信用信息基础数据库）、人民法院记录拒不履行生效法律文书的被申请执行人的失信被执行人名单及限制消费系统等。这些系统均通过公开途径进行查询，以提醒相关利害关系主体注意谨慎与该被执行人进行交易，防止合法权益受到损害。

三、通过媒体公布不履行义务信息

法院通过媒体公布不履行义务信息，将拒不履行义务的被执行人的名单通过电台、电视台、报刊、网络等新闻媒体，以公告的形式公布，使义务人不履行义务的情况在一定范围内为社会公众所知晓，造成一定的社会影响和压力，可以使被执行人因媒体公布或害怕媒体公布影响其个人名誉、信誉，从而促使其自动履行义务，达到有效实现债权人债权之目的。

执行法院可以依职权或者依申请执行人的申请，将被执行人不履行法律文书确定义务的信息，通过报纸、广播、电视、互联网等媒体公布。媒体公布的有关费用，由被执行人负担；申请执行人申请在媒体公布的，应当垫付有关费用。

四、法律规定的其他措施

这是一个兜底条款，为今后法院可能会摸索出的一些行之有效的措施，在法律上留有一定的余地。但这项规定有严格的法律界限，即只有法律明文规定的，才能作为对拒不履行义务的被申请执行人的限制性措施，其他规范性文件不能规定这类限制性措施。如《民事诉讼法司法解释》第 516 条规定：被执行人不履行法律文书确定的义务的，人民法院除对被执行人予以处罚外，还可以根据情节将其纳入失信被执行人名单，将被执行人不履行或者不完全履行义务的信息向其所在单位、征信机构以及其他相关机构通报。

【条文适用】

“执行难”是一个长期困扰社会经济发展和法治文明进步的重大难题。为解决该难题，经过多年的艰苦探索，人们终于达成共识：“执行难”实质上是一个由于公民法治意识不强、社会诚信缺失、市场监管缺位、司法惩戒乏力造成的综合性社会问题。为此，最高人民法院提出，要建立与国家有关市场监管机关进行信息共享和措施互动、与社会诚信体系对接，进而加大对债务人失信行为的司法惩戒力度，促使债务人自觉履行法律义务的国家执行威慑机制。

其具体构想是以全国法院执行案件信息系统提供的及时、准确、全面的权威执行案件信息为基石，通过与金融监管、工商登记、出入境管理等市场监管部门信息共享与措施联动，与其他社会信用体系网络对接，最终形成这样一种执行机制：有履行能力的被执行人在没有履行完毕法律义务之前，严格限制其进行产权变更、投资融资、市场经营、出境等各种活动，使其生产经营活动受到严重制约；将被执行人不履行法律义务的执行案件信息纳入有关征信系统，成为社会信用体系至关重要的组成部分，使其社会生活中各个层面的活动受到负面影响。总之，不履行生效法律文书的被执行人将受到更加严厉的惩戒，其生存空间将受到全面挤压，最终将不得不自动履行法律义务。

由国家发展改革委和最高人民法院牵头，人民银行、中央组织部、中央宣传部、中央编办、中央文明办、最高人民检察院、教育部、工业和信息化部、公安部、安全部、民政部、司法部、财政部等44家单位于2016年1月20日联合签署了《关于对失信被执行人实施联合惩戒的合作备忘录》，这是贯彻落实党中央、国务院推进社会诚信建设决策部署的重要举措，是加快推进社会信用体系建设、建立健全跨部门失信联合惩戒机制的又一重大成果，也是在当前简政放权建立服务型政府，推进公共资源改革，加强部委间合作，促进“竞相有为、主动作为”的背景下，构建以诚信为核心的多维监管体系，加大各领域惩戒力度，全面解决人民法院执行难的一次有益尝试和制度创新。《关于对失信被执行人实施联合惩戒的合作备忘录》将目前各类法律法规、部门规章中规定的人民法院与其他部门就失信被执行人的信息共享和联合惩戒措施进行了汇总、梳理和明确，进一步拓展和丰富了人民法院对失信被执行人的限制领域和惩戒措施，形成“一处失信、处处受限”的联合惩戒局面，从而促使被执行人主动履行生效法律文书确定的义务。

为促使被执行人自觉履行生效法律文书确定的义务，维护司法权威，推动社会信用机制建设，最高人民法院于2010年出台《关于限制被执行人高消费的若干规定》，建立了限制消费制度；后于2015年进行全面修改并出台《关于限制被执行人高消费及有关消费的若干规定》，对该制度进行了更进一步的细化和完善。经过多年实践，尤其在2016至2018年“基本解决执行难”工作期间，全国法院限制消费措施的应用取得了良好的法律效果和社会效果，有效遏制了被执行人隐匿、转移财产等规避执行情形，有力促进了社会信用意识的提升。

当然，随着社会经济的发展，如何在持续加大执行力度，及时保障胜诉当事人实现债权的前提下，最大限度减少限消措施对被执行人的负面影响，通过践行善意文明执行理念营造良好营商环境，是摆在我们面前的重要课题。在适用《最高人民法院关于公布失信被执行人名单信息的若干规定》《最高人民法院关于限制被执行人高消费及有关消费的若干规定》等司法解释时，注意结合《最高人民法院关于在执行工作中进一步强化善意文明执行理念的意见》的相关规定[①]，并注意以下问题。

1. 严格适用条件和程序。采取纳入失信名单或限制消费措施，必须严格依照《民事诉讼法》《最高人民法院关于公布失信被执行人名单信息的若干规定》《最高人民法院关于限制被执行人高消费及有关消费的若干规定》等规定的条件和程序进行。对于不符合法定条件的被执行人，坚决不得采取纳入失信名单或限制消费惩戒措施。对于符合法定条件的被执行人，决定采取惩戒措施的，应当制作决定书或限制消费令，并依法由院长审核后签发。需要特别指出的是，根据司法解释规定，虽然纳入失信名单决定书由院长签发后即生效，但应当依照《民事诉讼法》规定的送达方式送达当事人，要杜绝只签发、不送达等不符合法定程序的现象发生。

2. 适当设置一定的宽限期。执行法院可以根据案件具体情况，对于决定纳入失信名单或者采取限制消费措施的被执行人，可以给予其 1 至 3 个月的宽限期。在宽限期内，暂不发布其失信或者限制消费信息；期限届满，被执行人仍未履行生效法律文书确定义务的，再发布其信息并采取相应惩戒措施。

3. 不采取惩戒措施的几类情形。被执行人虽然存在有履行能力而拒不履行生效法律文书确定义务、无正当理由拒不履行和解协议的情形，但人民法院已经控制其足以清偿债务的财产或者申请执行人申请暂不采取惩戒措施的，不得对被执行人采取纳入失信名单或限制消费措施。单位是失信被执行人的，人民法院不得将其法定代表人、主要负责人、影

---

① 参见《最高人民法院关于在执行工作中进一步强化善意文明执行理念的意见》第 14 ~ 21 条。

响债务履行的直接责任人员、实际控制人等纳入失信名单。全日制在校生因“校园贷”纠纷成为被执行人的，一般不得对其采取纳入失信名单或限制消费措施。

4. 解除限制消费措施的几类情形。人民法院在对被执行人采取限制消费措施后，被执行人及其有关人员申请解除或暂时解除的，按照下列情形分别处理：（1）单位被执行人被限制消费后，其法定代表人、主要负责人、影响债务履行的直接责任人员、实际控制人以因私消费为由提出以个人财产从事消费行为，经审查属实的，应予准许。（2）单位被执行人被限制消费后，其法定代表人、主要负责人确因经营管理需要发生变更，原法定代表人、主要负责人申请解除对其本人的限制消费措施的，应举证证明其并非单位的实际控制人、影响债务履行的直接责任人员。人民法院经审查属实的，应予准许，并对变更后的法定代表人、主要负责人依法采取限制消费措施。（3）被限制消费的个人因本人或近亲属重大疾病就医，近亲属丧葬，以及本人执行或配合执行公务，参加外事活动或重要考试等紧急情况亟须赴外地，向人民法院申请暂时解除乘坐飞机、高铁限制措施，经严格审查并经本院院长批准，可以给予其最长不超过一个月的暂时解除期间。上述人员在向人民法院提出申请时，应当提交充分有效的证据并按要求作出书面承诺；提供虚假证据或者违反承诺从事消费行为的，人民法院应当及时恢复对其采取的限制消费措施，同时依照《民事诉讼法》第114条从重处理，并对其再次申请不予批准。

5. 畅通惩戒措施救济渠道。自然人、法人或其他组织对被纳入失信名单申请纠正的，人民法院应当依照《最高人民法院关于公布失信被执行人名单信息的若干规定》第12条规定的程序和时限及时审查并作出处理决定。对被采取限制消费措施申请纠正的，参照《最高人民法院关于公布失信被执行人名单信息的若干规定》第12条规定办理。人民法院发现纳入失信名单、采取限制消费措施可能存在错误的，应当及时进行自查并作出相应处理；上级法院发现下级法院纳入失信名单、采取限制消费措施存在错误的，应当责令其及时纠正，也可以依法直接纠正。

6. 及时删除失信信息。失信名单信息依法应当删除（屏蔽）的，应当及时采取删除（屏蔽）措施。超过 3 个工作日采取删除（屏蔽）措施，或者虽未超过 3 个工作日但能够立即采取措施却未采取造成严重后果的，依法追究相关人员责任。被执行人因存在多种失信情形，被同时纳入有固定期限的失信名单和无固定期限的失信名单的，其主动履行完毕生效法律文书确定义务后，一般应当将有固定期限的名单信息和无固定期限的名单信息同时删除（屏蔽）。

7. 准确理解限制被执行人子女就读高收费学校。限制被执行人子女就读高收费学校，是指限制其子女就读超出正常收费标准的学校，虽然是私立学校，但如果其收费未超出正常标准，也不属于限制范围。人民法院在采取此项措施时，应当依法严格审查，不得影响被执行人子女正常接受教育的权利；在新闻媒体对人民法院采取此项措施存在误报误读时，应当及时予以回应和澄清。人民法院经依法审查，决定限制被执行人子女就读高收费学校的，应当做好与被执行人子女、学校的沟通工作，尽量避免给被执行人子女带来不利影响。

8. 探索建立惩戒分级分类机制和守信激励机制。各地法院可以结合工作实际，积极探索根据案件具体情况对被执行人分级分类采取失信惩戒、限制消费措施，让失信惩戒、限制消费措施更具有精准性，更符合比例原则。各地法院在依法开展失信惩戒的同时，可以结合工作实际，探索开展出具自动履行生效法律文书证明、将自动履行信息向征信机构推送、对诚信债务人依法酌情降低诉讼保全担保金额等守信激励措施，营造鼓励自动履行、支持诚实守信的良好氛围。

第二十二章 执行中止和终结

第二百六十七条 有下列情形之一的，人民法院应当裁定中止执行：

（一）申请人表示可以延期执行的；

（二）案外人对执行标的提出确有理由的异议的；

（三）作为一方当事人的公民死亡，需要等待继承人继承权利或者承担义务的；

（四）作为一方当事人的法人或者其他组织终止，尚未确定权利义务承受人的；

（五）人民法院认为应当中止执行的其他情形。

中止的情形消失后，恢复执行。

【条文主旨】

本条是关于中止执行情形以及恢复执行的规定。

【条文理解】

中止执行，是指在执行程序开始后，由于发生特定事由而暂时停止执行程序，待中止执行情形消失后再恢复进行的制度。①

中止执行的适用情形除本条规定外，散见于其他不同的法律和司法解释中。综合起来，中止执行主要适用于下列情形：（1）申请人表示可

① 参见江必新主编：《强制执行法理论与实务》，中国法制出版社2014年版，第299页。

以延期执行的；（2）案外人对执行标的提出确有理由的异议的；[①]（3）作为一方当事人的公民死亡，需要等待继承人继承权利或者承担义务的；（4）作为一方当事人的法人或者其他组织终止，尚未确定权利义务承受人的；（5）人民法院已受理以被执行人为债务人的破产申请或者执行法院将执行案件移送破产审查的；[②]（6）被执行人申请撤销仲裁裁决并已由人民法院受理的，或者被执行人、案外人对仲裁裁决执行案件提出不予执行申请并提供适当担保的，但是申请执行人提供充分、有效的担保请求继续执行的除外；[③]（7）执行依据按审判监督程序决定再审的，但属于法定情形可以不中止执行的除外；[④]（8）人民法院受理第三人撤销之诉后，第三人提供相应担保并请求中止执行的；[⑤]（9）申请执行人与被执行人达成和解协议后请求中止执行的；[⑥]（10）被执行人提出不予执行公证债权文书案件审查期间、提起请求不予执行公证债权文书诉讼审理期间，利害关系人就公证债权文书涉及的民事权利义务争议提起诉讼审理期间，被执行人或者利害关系人提供充分、有效的担保并请求停止相应处分措施的，但是申请执行人提供充分、有效的担保请求继续执行的除外；[⑦]（11）执行过程中发现有非法集资犯罪嫌疑或者执行标的属于非法集资刑事案件的涉案财物的；[⑧]（12）人民法院认为可以中止执行的其他情形。

中止执行既可以依执行当事人、有关利害关系人的申请而启动，也

---

① 《民事诉讼法司法解释》（2022年修正）第313条第1款规定："案外人执行异议之诉审理期间，人民法院不得对执行标的进行处分。申请执行人请求人民法院继续执行并提供相应担保的，人民法院可以准许。"案外人执行异议之诉审理期间应当中止对执行标的物的执行，"举重以明轻"，案外人异议的审查期间也应当中止执行，这也就是说只要案外人提出异议的，无论其异议是否确有理由都应当中止执行，但是申请执行人提供相应担保请求继续执行的除外。

② 参见《企业破产法》第19条和《民事诉讼法司法解释》（2022年修正）第511条。

③ 参见《最高人民法院关于人民法院办理仲裁裁决执行案件若干问题的规定》第7条。

④ 参见《民事诉讼法》（2023年修正）第210条。

⑤ 参见《民事诉讼法司法解释》（2023年修正）第297条。

⑥ 参见《民事诉讼法司法解释》（2023年修正）第464条和《最高人民法院关于执行和解若干问题的规定》（2020年修正）第2条。

⑦ 参见《最高人民法院关于公证债权文书执行若干问题的规定》第17条第2款、第22条第2款、第24条第3款。

⑧ 参见《最高人民法院、最高人民检察院、公安部关于办理非法集资刑事案件适用法律若干问题的意见》第7条。

可以由执行法院依职权启动。执行法院经审查符合中止执行条件的，应当制作裁定书，载明中止执行的事由和依据，裁定送达当事人后发生法律效力。中止执行的情形消失后，执行法院可以根据执行当事人的申请或者依职权恢复执行，恢复执行的，应当书面通知当事人。

【条文适用】

在具体适用本条及有关司法解释的过程中，有以下三个问题值得注意。

一、中止执行的范围

中止执行因原因不同，其范围应当有所区别：第一，就多个被执行人而言，如果中止执行的原因仅适用于部分被执行人，如作为被执行人之一的法人被裁定受理破产申请的，在此情形下应当中止对该被执行人的执行，对其他被执行人则应当继续执行。第二，就同一被执行人而言，如果中止执行的原因仅涉及被执行人的部分财产，如案外人仅对被执行人名下的不动产提出异议，主张实体权利阻止执行的，在此情形下应当中止案外人异议所针对的标的物的执行，对其他可供执行的财产应当继续执行。因此，中止执行既有全案中止执行，也有部分中止执行，部分中止执行中既有对部分被执行人的中止执行，也有对被执行人部分财产的中止执行。

二、中止执行的法律效力

中止执行的法律效力主要体现在如下三个方面：第一，中止执行对执行措施的效力。裁定中止执行后原则上应当维持作出裁定时执行措施的状态，确有必要为防止被执行人转移隐匿财产等逃避执行行为而需要继续采取执行措施的，应当仅限于采取查控类执行措施，既包括对被执行人的其他财产采取查封、扣押、冻结，也包括对已经采取措施的财产续行查封、扣押、冻结。对于处分类执行措施，除季节性、鲜活、易腐烂变质、不宜保存的动产，以及保管困难或者保管费用过高的动产可以进行变价外，不得采取其他处分类执行措施。第二，中止执行对执行期限的效力。《执行工作规定》第 63 条规定："人民法院执行生效法律文书，一般应当在立案之日起六个月内执行结案，但中止执行的期间应当扣除。确有特殊情况需要延长的，由本院院长批准。"对此需要作正确的理解，如果是全案中止执行，中止执行的期间应当从执行期间中扣除；如果仅是部分被执行人或者部分财产中止执行，中止执行的期间一律予以扣除则不利于加强对执行期间的管理和申请执行人合法权益的保护。第三，中止执行对执行审查行为的效力。裁定中止执行的，中止的内容仅指执行实施行为而言，对于执行审查行为应当依法进行。如执行当事人、利害关系人依照《民事诉讼法》第 236 条提出执行行为异议，案外人依照《民事诉讼法》第 238 条提出异议，以及申请执行人或者其继承人、权利承受人依照《最高人民法院关于民事执行中变更、追加当事人若干问题的规定》申请变更、追加当事人，执行法院应当依法进行审查并作出裁定。

三、中止执行和暂缓执行的关系

执行程序非因法定事由并经法定程序不得停止，这是民事执行的一个重要原则，而中止执行和暂缓执行都是停止执行程序的法定情形。依照《执行工作规定》第 72 条、第 75 条、第 76 条以及《最高人民法院关于正确适用暂缓执行措施若干问题的规定》第 3 条、第 7 条，暂缓执行的适用情形主要有：（1）执行措施或者执行程序违反法律规定的；（2）执行标的物存在权属争议的；（3）被执行人对申请执行人享有抵销权的；（4）上级人民法院已经受理执行争议案件并正在处理的；（5）上级人民法院发现下级人民法院在执行中作出的裁定、决定、通知或具体执行行为不当或有错误的；（6）人民法院发现据以执行的生效法律文书确有错误，并正在按照审判监督程序进行审查的。从适用情形上来看，暂缓执行的第二种和第六种与中止执行的第二种和第七种有所重合；从法律效力上来看，暂缓执行是对某一项或者某几项执行措施暂缓实施，这与中止执行对被执行人或者财产暂停采取执行措施也有所相似。因此，除暂缓执行的期间不得超过 3 个月，因特殊事由可以延长不得超过 3 个月与中止执行的期限需视中止执行情形持续时间而定、不能事先确定之外，暂缓执行与中止执行在现行法律规定下难以作出严格的区分，这就有必要在以后的立法或者司法解释中严格区分两种不同的制度，避免产生制度上的交叉与重叠。

第二百六十八条　有下列情形之一的，人民法院裁定终结执行：

（一）申请人撤销申请的；

（二）据以执行的法律文书被撤销的；

（三）作为被执行人的公民死亡，无遗产可供执行，又无义务承担人的；

（四）追索赡养费、扶养费、抚养费案件的权利人死亡的；

（五）作为被执行人的公民因生活困难无力偿还借款，无收入来源，又丧失劳动能力的；

（六）人民法院认为应当终结执行的其他情形。

【条文主旨】

本条是关于终结执行适用情形的规定。

【条文理解】

终结执行，是指在执行程序开始后，由于出现法定的特殊事由，使执行继续进行已无必要或者成为不可能时例外地结束执行程序的制度。[①]

终结执行的适用情形除本条规定外，散见于其他不同的法律和司法解释中。综合起来，终结执行主要适用于下列情形：（1）申请人撤销申请的；（2）当事人双方达成执行和解协议，申请执行人撤回执行申请的；[②]（3）据以执行的法律文书被撤销的；（4）作为被执行人的公民死

① 参见江必新主编：《强制执行法理论与实务》，中国法制出版社2014年版，第332页。

② 参见《民事诉讼法司法解释》（2023年修正）第464条。

亡，无遗产可供执行，又无义务承担人的；（5）追索赡养费、扶养费、抚养费案件的权利人死亡的；（6）作为被执行人的公民因生活困难无力偿还借款，无收入来源，又丧失劳动能力的；（7）被执行人被人民法院裁定宣告破产的；[①]（8）作为被执行人的企业法人或其他组织被撤销、注销、吊销营业执照或者歇业、终止后既无财产可供执行，又无义务承受人，也没有能够依法追加变更执行主体的；[②]（9）公证债权文书进入执行程序后债权人就涉及的民事权利义务争议直接向有管辖权的人民法院提起诉讼且被立案受理的；[③]（10）申请执行人就履行执行和解协议提起诉讼且被立案受理的；[④]（11）执行标的物为特定物，原物确已毁损或者灭失，双方当事人对折价赔偿不能协商一致的；[⑤]（12）人民法院认为应当终结执行的其他情形。需要注意的是，《最高人民法院关于执行案件立案、结案若干问题的意见》第 17 条第 10～12 项还规定了案件被上级人民法院裁定提级执行或者指定由其他法院执行以及办理了委托执行手续，且收到受托法院立案通知书等三种情形也应当裁定终结执行，但鉴于在这三种情形下执行管辖权只是由一个执行法院转移到另一个执行法院，因此并不属于终结执行。也正因为如此，《最高人民法院关于委托执行若干问题的规定》第 2 条第 1 款以及《最高人民法院关于进一步规范指定执行等执行案件立案、结案、统计和考核工作的通知》第 3 条规定以“销案”方式结案，而不是裁定终结执行。

就多个被执行人而言，如果终结执行的原因仅适用于部分被执行人，如作为被执行人之一的法人被裁定宣告破产的，在此情形下应当终结对该被执行人的执行，对其他被执行人则应当继续执行。终结执行既可以依执行当事人、有关利害关系人的申请而启动，也可以由执行法院依职权启动。执行法院经审查符合终结执行条件的，应当制作裁定书，载明终结执行的事由和依据，裁定送达当事人后发生法律效力。

---

① 参见《执行工作规定》第 61 条。

② 参见《最高人民法院关于执行案件立案、结案若干问题的意见》第 17 条第 6 项。

③ 参见《最高人民法院关于公证债权文书执行若干问题的规定》第 24 条第 2 款。

④ 参见《最高人民法院关于执行和解若干问题的规定》第 14 条。

⑤ 参见《民事诉讼法司法解释》（2022 年修正）第 490 条。

【条文适用】

在具体适用本条及有关司法解释的过程中，有以下两个问题值得注意。

一、终结执行的法律效力

终结执行的法律效力主要体现在如下两个方面：

第一，终结执行对执行措施的效力。终结执行在性质上因法定事由使得继续执行已无必要或者已无可能，是执行程序的彻底结束。因此，终结执行后已经采取的执行措施，包括查封、扣押、冻结、拍卖、变卖等执行措施以及纳入失信被执行人名单、限制消费等惩戒措施，原则上都应当予以解除，执行当事人不申请解除的，执行法院也应当依职权解除。可以不解除执行措施的例外情形主要有两种：其一，债权未全部实现时申请执行人撤回申请而终结执行。从执行实践来看，在债权未全部实现时，申请执行人撤回申请的主要原因是与被执行人达成和解协议，或者执行依据所附条件尚未成就。在这两种情形下，申请执行人撤回申请后，在被执行人不履行和解协议或者执行依据所附条件成就时，申请执行人都有可能再次申请执行。对于在执行程序中已经采取的执行措施，尤其是对被执行人财产采取的查封、扣押、冻结措施，在申请执行人不同意的情况下予以解除将会影响对被执行人的后续执行，鉴于申请执行人已经撤回申请，执行程序已经终结，可以将已经采取的查封、扣押、冻结措施理解为是执行前的保全措施而不予解除，[①] 在被执行人不履行和解协议或者执行依据所附条件成就时经申请执行后自动转为执行措施。[②] 其二，执行当事人达成长期履行的执行和解协议后终结执行。对此，《最高人民法院关于进一步规范近期执行工作相关问题的通知》第3条规定：当事人达成执行和解协议，需要长期履行的，可以以“和解长期履行”

① 关于执行前保全，参见《民事诉讼法司法解释》（2023年修正）第163条。

② 关于执行前保全措施进入执行程序后自动转为执行措施，参见《民事诉讼法司法解释》（2023年修正）第168条。

的终结执行方式结案，对该种情形终结执行的案件在报结时可以不作必须解除强制执行措施的要求。

第二，终结执行对再次申请执行的效力。一般认为，终结执行的，执行程序彻底结束，以后不再恢复执行，[①] 也有观点认为，《民事诉讼法》所规定的终结执行前五项适用情形中，除了第2项之外其他情形都有再次启动执行程序的可能。[②]《民事诉讼法司法解释》第518条规定："因撤销申请而终结执行后，当事人在民事诉讼法第二百四十六条[③]规定的申请执行时效期间内再次申请执行的，人民法院应当受理。"这实际上采取了特定情形下终结执行后可以再次申请执行的观点。《最高人民法院关于进一步规范指定执行等执行案件立案、结案、统计和考核工作的通知》第2条则进一步规定："执行案件依据民事诉讼法第二百五十七条[④]规定裁定终结执行或终结本次执行程序后，符合恢复执行原生效法律文书条件，执行法院依申请或依职权又恢复执行的，立'恢执'字案号……"

二、终结本次执行程序的性质

终结本次执行程序制度肇始于2009年《中央政法委、最高人民法院关于规范集中清理执行积案结案标准的通知》第3条第8～10款，2014年《最高人民法院关于执行案件立案、结案若干问题的意见》第16条和2015年《民事诉讼法司法解释》第519条[⑤]再次予以规定，2016年《最高人民法院关于严格规范终结本次执行程序的规定（试行）》则进行了较为全面的规范。"终结本次执行程序即是被执行人无可供执行财产情形下，人民法院依法对本次执行程序终结执行的一种特殊形式。"[⑥] 终结本

---

① 参见张卫平：《民事诉讼法学》，法律出版社2009年版，第445页；谭秋桂：《民事执行法学》，北京大学出版社2010年版，第198～199页；肖建国主编：《民事执行法》，中国人民大学出版社2014年版，第152～154页。

② 参见王宝道、邵海强：《论终结执行的效力——由一则案例重新审视终结执行的不可恢复性》，载《法律适用》2013年第5期。

③ 对应《民事诉讼法》（2023年修正）第250条。

④ 对应《民事诉讼法》（2023年修正）第268条。

⑤ 对应《民事诉讼法司法解释》（2022年修正）第517条。

⑥ 刘贵祥等：《〈关于严格规范终结本次执行程序的规定（试行）〉的理解与适用》，载《人民司法》2017年第16期。

次执行程序使我国的执行程序构造从“一次启动、一次结案”变成了可以“多次启动、多次结案”，有利于提高程序灵活性、开放性和效益性，也有利于化解无财产可供执行产生的执行积案所带来的不利影响。[①] 就终结本次执行程序的性质而言，主要有两种观点：一种观点认为，因被执行人暂无财产可供执行，实质上就是执行中止，《执行工作规定》（法释〔1998〕15 号）第 102 条第 2 项也将被执行人确无财产可供执行的规定为中止执行的适用情形之一。另一种观点认为，终结本次执行程序作为无财产可供执行案件的退出机制，应将其理解为可以再执行的终结，在法律条款的适用上可以援引《民事诉讼法》第 268 条第 6 项，[②] 这就是说终结本次执行程序在性质上属于终结执行。鉴于裁定中止执行不能作结案处理，[③] 而裁定终结本次执行程序后可以结案，[④] 将终结本次执行程序作为终结执行的情形之一较为合适。终结本次执行程序后，申请执行人发现被执行人有可供执行财产的，可以再次申请执行，再次申请不受申请执行时效期间的限制。

【典型案例】

青海东湖宾馆旅业有限责任公司与青海银行股份有限公司其他执行申请复议案

【案　　号】最高人民法院（2014）执复字第 19 号

【裁判要旨】终结本次执行程序并非债务消灭意义上的终结执行，其法律上的效果实际相当于中止执行，在终结本次执行程序期间，对迟延

① 参见百晓锋：《程序变革视角下的终结本次执行程序制度——以〈民诉法解释〉第 519 条为中心》，载《华东政法大学学报》2015 年第 6 期。

② 参见黄金龙：《终结本次执行程序的理解与适用》，载《人民法院报》2009 年 4 月 24 日，第 6 版；最高人民法院修改后民事诉讼法贯彻实施工作领导小组编著：《最高人民法院民事诉讼法司法解释理解与适用（下）》，人民法院出版社 2015 年版，第 1376 页。

③ 参见《最高人民法院关于执行案件立案、结案若干问题的意见》第 23 条第 1 项。

④ 参见《最高人民法院关于严格规范终结本次执行程序的规定（试行）》第 6 条第 2 款。

履行利息不作任何计算不合理。

【基本案情】青海银行股份有限公司（以下简称青海银行）与青海东湖宾馆旅业有限责任公司（以下简称东湖公司）借款担保合同纠纷一案，青海省高级人民法院（以下简称青海高院）于2007年8月23日作出（2007）青民二初字第2号民事判决，判令东湖公司在判决生效之日起一个月内偿还青海银行借款本息合计56 310 646.46元。2009年4月24日，青海高院作出（2007）青执字10-5号执行裁定，以青海银行表示不能以拍卖财产交付其抵债，东湖公司确无其他财产可供执行为由，裁定终结本次执行程序，并解除对东湖公司财产的查封。2013年9月2日，经青海银行申请，青海高院恢复执行。2014年2月27日，青海高院作出（2013）青执恢字第1-2号执行裁定，认为终结本次执行程序裁定系由该院依法作出，并非东湖公司的原因造成，据此确定自（2007）青执字10-5号执行裁定送达之日起，终结本次执行程序期间的利息及迟延履行金均不再计算。

【裁判结果】撤销青海高院（2014）青执异字第3号执行裁定；撤销青海高院（2013）青执恢字第1-2号执行裁定。

【裁判理由】被执行人需要加倍支付迟延履行期间的债务利息的前提，是未按判决指定的期间履行金钱债务。金钱给付判决的被执行人负有以其全部财产清偿债务的法定责任，青海高院虽裁定终结本次执行程序，但终结本次执行程序并非债务消灭意义上的终结执行，其法律上的效果实际相当于中止执行。该执行程序的暂时中止并未改变被执行人未依法律文书履行义务的状态。故确定被执行人不承担终结本次执行程序期间的迟延履行利息，缺乏法律依据。

第二百六十九条　中止和终结执行的裁定，送达当事人后立即生效。

【条文主旨】

本条是关于中止和终结执行裁定送达及其效力的规定。

【条文理解】

无论是中止执行裁定还是终结执行裁定，对执行当事人的权利义务都具有重大的影响，前者使执行程序中止或者部分中止，后者使执行程序彻底终结或者本次终结，因此都应当向当事人进行送达。裁定虽然在形式上有书面裁定和口头裁定之分，但鉴于中止或者终结执行裁定需要送达当事人，应当采用书面形式。依照《民事诉讼法》第 157 条，除不予受理裁定、管辖权异议裁定或者驳回起诉裁定外，其他裁定都不得提起上诉，据此中止或者终结执行裁定送达后即发生法律效力。

【条文适用】

在具体适用本条及有关司法解释的过程中，有以下三个问题值得注意。

一、送达当事人的范围

关于送达中止和终结执行裁定当事人的范围，主要有两个方面的疑问：其一，中止和终结执行既可能针对全案而言，也可能针对部分被执行人而言，对于未裁定对其中止或者终结执行的被执行人，是否需要向其送达裁定。其二，在非因申请执行人原因而中止或者终结执行的情况下，裁定中止或者终结执行影响的是申请执行人的权益，是否还需要向被执行人送达。《最高人民法院关于严格规范终结本次执行程序的规定（试行）》第6条第2款规定：终结本次执行程序裁定书送达申请执行人后即可以作结案处理，并未要求同时向被执行人送达。对此，理解上以需要向所有执行当事人送达为宜，这主要是因为：第一，本条所规定的当事人并未限定为申请执行人，也未区分在同一执行案件中的不同被执行人。第二，中止和终结执行裁定可能仅与部分被执行人直接相关，但也难言与其他被执行人无关，如中止对主债务人执行将导致债务利息增加，或者终结对主债务人执行，都会影响作为被执行人的一般保证人的责任承担。第三，在大多数情况下，裁定中止或者终结执行影响的主要是申请执行人的权益，但在特定情形下被执行人的权益也可能受到侵害，如被执行人的债务已经履行完毕，却被不当地裁定终结本次执行程序等。

二、中止和终结执行裁定的救济

执行当事人、利害关系人认为中止或者终结执行裁定违反法律规定的，可以依照《民事诉讼法》第236条提出执行异议以资救济。关于对执行行为提出异议的期限，《最高人民法院关于人民法院办理执行异议和复议案件若干问题的规定》第6条第1款规定："当事人、利害关系人依照民事诉讼法第二百二十五条[①]规定提出异议的，应当在执行程序终结之前提出，但对终结执行措施提出异议的除外。"因此，对于中止执行提出执行异议的应当在执行程序终结之前提出。对于终结执行行为提出异议的，为了较好地平衡执行效率与当事人权益保障和兼顾执行程序终结与保障当事人知情权的要求，[②]《最高人民法院关于对人民法院终结执行行为提出执行异议期限问题的批复》规定：应当自收到终结执行法律文书之日起60日内提出，未收到法律文书的，应当自知道或者应当知道终结

① 对应《民事诉讼法》（2023年修正）第236条。

② 参见罗书臻：《规范终结执行行为 促进执行公正与效率——最高人民法院执行局负责人就〈最高人民法院关于对人民法院终结执行行为提出执行异议期限问题的批复〉答记者问》，载《人民法院报》2016年6月13日，第4版。

执行之日起60日内提出，超出该期限提出执行异议的，人民法院不予受理。该60日执行异议期限在性质上为不变期间，不存在中止、中断等情形，执行法院在受理执行异议时应当主动审查。[①] 此外，值得注意的是，这里所说的终结执行不包括终结本次执行程序，[②] 这主要是因为，终结本次执行程序后，申请执行人发现被执行人有可供执行财产的，可以向执行法院申请恢复执行，而终结本次执行程序裁定中有关于实现债权情况等记载，对于记载错误的，即使被执行人未自知道或者应当知道终结执行之日起60日内提出，但只要客观上影响了被执行人的权益，在执行程序尚未彻底终结的情况下应当保障被执行人提出执行异议的权利。

三、终结本次执行程序裁定的特殊性

终结本次执行程序在司法实践中存在案件质量不高、制度容易被滥用等问题，[③] 为了防止产生这些弊端，终结本次执行程序不仅要满足实体要件，还要满足程序要件，而终结本次执行程序裁定则要明确载明相关内容。具体而言，终结本次执行程序裁定应当载明：（1）申请执行的债权情况；（2）执行经过及采取的执行措施、强制措施；（3）查明的被执行人财产情况；（4）实现的债权情况；（5）申请执行人对终结本次执行程序的意见；（6）终结本次执行程序的理由；（7）申请执行人享有要求被执行人继续履行债务及依法向人民法院申请恢复执行的权利，被执行人负有继续向申请执行人履行债务的义务；（8）当事人、利害关系人对终结本次执行程序不服的救济途径等。终结本次执行程序裁定除需要依法送达当事人外，还应当依法在互联网上公开。

---

① 刘贵祥、潘勇锋：《〈关于对人民法院终结执行行为提出执行异议期限问题的批复〉的理解与适用》，载《人民司法》2016 年第 13 期。

② 参见最高人民法院执行局编著：《最高人民法院执行司法解释条文适用编注》，人民法院出版社 2019 年版，第 374 页。

③ 参见北京市高级人民法院课题组：《关于进一步规范终本程序的调研报告》，载江必新主编：《执行工作指导》（总第 43 辑），人民法院出版社 2012 年版，第 226 ~ 227 页。

第四编　涉外民事诉讼程序的特别规定

第二十三章　一般原则

第二百七十条　在中华人民共和国领域内进行涉外民事诉讼，适用本编规定。本编没有规定的，适用本法其他有关规定。

【条文主旨】

本条是关于在我国领域内进行涉外民事诉讼的法律适用问题的规定。

【条文理解】

正确适用本条规定的前提是准确判断"涉外民事诉讼"的内涵。依据《民事诉讼法司法解释》第 520 条规定，有下列情形之一，人民法院可以认定为涉外民事案件：（1）当事人一方或者双方是外国人、无国籍人、外国企业或者组织的；（2）当事人一方或者双方的经常居所地在中华人民共和国领域外的；（3）标的物在中华人民共和国领域外的；（4）产生、变更或者消灭民事关系的法律事实发生在中华人民共和国领域外的；（5）可以认定为涉外民事案件的其他情形。其中，第 1 项、第 2 项是从主体上考察，即一方或者双方是外国人、无国籍人、外国企业或者组织的，可以认定为涉外民事案件；即使当事人国籍均是中国，但当事人一方或者双方的经常居所地在中华人民共和国领域外的，也可以认定为涉外民事案件。需要注意的是，如何理解"经常居所地"，依据《涉外民事关系法律适用法》和《最高人民法院关于适用〈中华人民共和国涉外民事关系法律适用法〉若干问题的解释（一）》规定，自然人在涉外民事关系产生或者变更、终止时已经连续居住 1 年以上且作为其生活中心的地方，人民法院可以认定为《涉外民事关系法律适用法》规定的自然人的经常居所地，但就医、劳务派遣、公务等情形除外；法人的经常居所地，为其主营业地。第 3 项是从案件所涉民事法律关系的客体上考察，即标的物在中华人民共和国领域外的。第 4 项是从案件所涉民事法律关系的内容上考察，即产生、变更或者消灭民事关系的法律事实发生在中华人民共和国领域外的，第 5 项是兜底条款。总之，判断一个案件是否为涉外民事案件，可以从主体、客体、内容等方面考察，符合其一即可。

在本国领域内进行民事诉讼，程序法适用法院地国家的法律，是国际上公认的一条准则。因此，在我国领域内进行涉外民事诉讼，适用我国民事诉讼法，是国家司法主权的重要体现。涉外民事诉讼的特殊性，决定了有必要对涉外民事诉讼程序作出特别规定。比如，涉外民事案件往往涉及国家主权、互惠关系、国际条约、国际惯例以及司法协助等问题，还要考虑当事人不在我国领域内的管辖、送达、期间和财产保全等种种特殊情况，又比如，涉外民事诉讼中，有的当事人在我国领域内没有住所，在送达诉讼文书、调查取证、传唤证人、起诉、答辩、上诉等方面均需要较长的时间；再比如，审理涉外民事案件还涉及法律适用问题，不仅包括适用本国实体法，还涉及适用国际条约和国际惯例等。因此，《民事诉讼法》专编规定了涉外民事诉讼程序。需要注意的是，涉外民事诉讼程序编与《民事诉讼法》其他各编是特别规定与一般规定的关系，涉外民事诉讼程序编有特别规定的，适用特别规定，没有特别规定的，适用其他各编的规定，比如，当事人诉讼权利平等原则、辩论原则、诚信原则等均适用于涉外民事诉讼。

【条文适用】

本条是关于涉外民事诉讼案件的法律适用问题。司法实践中，人民法院审理涉及我国香港、澳门特别行政区和我国台湾地区的民事诉讼案件，应当如何适用法律，《民事诉讼法》没有明确规定。对此，《民事诉讼法司法解释》第 549 条明确规定："人民法院审理涉及香港、澳门特别行政区和台湾地区的民事诉讼案件，可以参照适用涉外民事诉讼程序的特别规定。"对于此条规定，应当从以下几个方面来准确把握：

首先，要认定案件系涉港澳台民事案件，需要参照涉外民事关系法律适用司法解释的规定，从主体、客体、内容三个方面考察，只要有一项涉及港澳台即可。

其次，认定案件系涉港澳台民事案件的，优先适用涉港澳台的特别规定。例如，香港回归祖国以来，最高人民法院与香港特别行政区有关部门已签署八项区际司法协助安排，包括《关于内地与香港特别行政区法院相互委托送达民商事司法文书的安排》《关于内地与香港特别行政区法院就民商事案件相互委托提取证据的安排》《关于内地与香港特别行政区法院相互认可和执行当事人协议管辖的民商事案件判决的安排》《关于内地与香港特别行政区法院相互认可和执行婚姻家庭民事案件判决的安排》《关于内地与香港特别行政区法院相互认可和执行民商事案件判决的安排》《关于内地与香港特别行政区相互执行仲裁裁决的安排》《关于内地与香港特别行政区法院就仲裁程序相互协助保全的安排》《关于内地与香港特别行政区相互执行仲裁裁决的补充安排》，这些安排在内地将转化为司法解释，作为人民法院审理涉港民事案件的法律依据。另外，最高人民法院与香港特别行政区律政司签署了《关于内地与香港特别行政区法院相互认可和协助破产程序的会谈纪要》，同时发布了《关于开展认可和协助香港特别行政区破产程序试点工作的意见》，为人民法院审理内地与香港跨境破产案件提供了可操作规范。澳门回归祖国以来，最高人民法院与澳门特别行政区有关部门签署了三项区际司法协助安排，包括《关于内地与澳门特别行政区法院就民商事案件相互委托送达司法文书和调取证据的安排》《关于内地与澳门特别行政区相互认可和执行仲裁裁决的安排》《关于内地与澳门特别行政区相互认可和执行民商事判决的安排》，这些安排在内地也会转化为司法解释，作为人民法院审理涉澳民事案件的法律依据。另外，最高人民法院还出台了《关于人民法院办理海峡两岸送达文书和调查取证司法互助案件的规定》《 关于认可和执行台湾地区法院民事判决的规定》《关于认可和执行台湾地区仲裁裁决的规定》等系列司法解释，作为人民法院审理涉台民事案件的法律依据。

最后，对于涉港澳台案件程序，以上司法解释有特别规定的，优先适用特别规定，没有特别规定的，参照《民事诉讼法》关于涉外民事诉讼程序的规定。当然，涉外民事诉讼程序编没有规定的，就适用《民事诉讼法》其他各编的规定。

第二百七十一条　中华人民共和国缔结或者参加的国际条约同本法有不同规定的，适用该国际条约的规定，但中华人民共和国声明保留的条款除外。

【条文主旨】

本条是关于涉外民事诉讼适用我国缔结或者参加的国际条约的规定。

【条文理解】

国际条约是指国际法主体间缔结的规定权利义务关系的书面协议。广义的条约除以“条约”为名的协议外，还包括公约、宪章、盟约、规约、协定、议定书、换文、最后决定书、联合宣言等。狭义的条约仅指以条约为名称的国际协议，如同盟条约、边界条约、通商航海条约等。国际法理论上，按照条约的参加国数，条约可分为双边条约，即两个国际法主体间缔结的协议；多边条约，即两个以上国际法主体间缔结的协议；国际公约，即多数国家缔结或参加的通常对非缔约国开放的协议。1969年《维也纳条约法公约》对国际条约的缔结、生效、保留、遵守、适用、解释、修正、变更以及条约的无效、终止、中止、退出等制度作了具体规定。“条约必须遵守”是一项古老的习惯法规则，源于古罗马法“对契约的遵守”的概念。凡是有效条约对各签约当事国有拘束力，各国必须善意履行，缔约国违反条约义务时，应承担相应的国际责任。根据本条规定，除我国声明保留的条款外，当《民事诉讼法》与我国缔结或者参加的国际条约有不同规定时，应当适用国际条约。

本条所称的国际条约指的是和涉外民事诉讼程序有关的条约。根据国际惯例，主权国家对国际条约有根据本国利益决定参加或者不参加的权利，还有对条约中一些条款声明保留意见的权利，对于被声明保留的条款该主权国家不受其约束。我国在缔结或者参加国际条约中有声明保留条款的，该条款是我国未承认或者未接受的条款，在我国领域内不具有法律效力，在处理涉外民事案件时不予适用。例如，1991 年我国加入《关于向国外送达民事或商事司法文书和司法外文公约》（1965 年 11 月 15 日订于海牙）时，对采用邮寄方式在中国境内进行送达等条款作了保留声明。

【条文适用】

依据我国相关法律、实践和国际法原理，国际条约在我国适用的条件有如下几点：

第一，我国是条约的缔约国。只有我国作为缔约方的条约才可能在我国像法律那样得到适用，我国没有参加的国际条约对我国不具有约束力，我国法院也没有义务适用该条约。我国对其缔结或参加的条约的某些条款有保留的，被保留的条款对我国没有约束力，也不应在我国得到适用。

关于我国并非缔约国的条约在我国的“适用”问题。《最高人民法院关于适用〈中华人民共和国涉外民事关系法律适用法〉若干问题的解释（一）》第 7 条规定：“当事人在合同中援引尚未对中华人民共和国生效的国际条约的，人民法院可以根据该国际条约的内容确定当事人之间的权利义务，但违反中华人民共和国社会公共利益或中华人民共和国法律、行政法规强制性规定的除外。”由于我国并非缔约国，因此，对于我国法院来说，这些条约规定并非法律。“根据该国际条约的内容确定当事人之间的权利义务”的实质是依据当事人的约定来判断当事人之间的权利义务关系。可以认为，此时的条约规定其实已被当事人并入其合同之中。对当事人来说，如同依据合同条款来判断当事人之间权利义务关系一样，也可依据当事人所选择的条约条款的规定来判断其权利义务关系。也就是说，法院基于条约规定的条件适用条约属于法律的适用，而法院基于当事人的选择尚未对我国生效的条约确定当事人之间的权利义务关系，实质上是对当事人商定的合同条款的适用。

第二，我国法院适用的条约应属于民商事条约。我国为缔约方的所有条约并不是都需要在我国民事诉讼中得到适用，须在我国直接适用的主要是调整民商事关系的条约。判断一项条约是否为民商事性质的条约，可依据两项标准：一是调整范围标准；二是权利主张标准。依据前者，只要一项条约所规范的事项与我国民事法律规范的事项相同（例如，都指向货物买卖合同的成立和履行），那么该条约就属于民商事性质的条约；依据后者，只要民事主体可依据条约规定向他人主张民事权利（例如，依据条约规定向海洋污染的责任人主张损害赔偿），那么该条约就属于民商事性质的条约。由于两项标准均源自民事关系的根本属性，因此，符合其中的一项标准必然也会同时符合另外一项标准。

第三，我国适用的条约应为未转化国内法的条约。如果条约已被转化，则应适用条约转化后的国内法。

第四，国际条约的适用应当满足条约自身规定的条件。例如，《联合国国际货物销售合同公约》第1条明确规定了公约的适用条件："本公约适用于营业地在不同国家的当事人之间所订立的货物销售合同：（a）如果这些国家是缔约国；或（b）如果国际私法规则导致适用某一缔约国的法律。"随后，该公约又以排除法明确了哪些情况或事项不适用该公约。同时，该公约第6条还规定："双方当事人可以不适用本公约，或在第12条的条件下，减损本公约的任何规定或改变其效力。"在国际条约规定的条件成就时，缔约国的法院就有义务适用条约。在"德国蒂森克虏伯冶金产品有限责任公司与中化国际（新加坡）有限公司国际货物买卖合同纠纷案"审理中，最高人民法院首先明确：案涉国际货物买卖合同纠纷的双方当事人营业地分别位于新加坡和德国，而该两国均为《联合国国际货物销售合同公约》的缔约国，且当事人未排除该公约的适用，因此本案审理首先适用该公约。[①]

① 车丕照：《〈民法典〉颁行后国际条约与惯例在我国的适用》，载《中国应用法学》2020年第6期。

【典型案例】

国家航空货运集团有限公司与航天科技进出口有限责任公司合同纠纷案

【案　　号】北京市高级人民法院（2019）京民辖终 258 号

【裁判要旨】涉外民（商）事案件，应当适用涉外民事诉讼程序的特别规定确定管辖。我国作为国际条约缔约国，在未声明保留该条约条款情况下，应优先适用国际条约条款。但国际条约的适用应满足条约自身规定的条件。

【基本案情】上诉人（原审被告）：国家航空货运集团有限公司，住所地为美利坚合众国佛罗里达州奥兰多市。被上诉人（原审原告）：航天科技进出口有限责任公司，住所地为中华人民共和国北京市。

上诉人国家航空货运集团有限公司因与被上诉人航天科技进出口有限责任公司（以下简称航天科技公司）合同纠纷一案，不服中华人民共和国北京市第四中级人民法院（2019）京 04 民初 249 号管辖权异议民事裁定，向北京市高级人民法院提起上诉。

美国国家航空货运公司在一审提交答辩状期间，对管辖权提出异议，认为中国法院对本案无管辖权，理由在于：一是本案属于国际航空运输合同纠纷，应当根据《统一国际航空运输某些规则的公约》（以下简称《蒙特利尔公约》）第 33 条确定管辖法院；二是即便中国法院可以依法管辖本案，也应当由美国国家航空货运公司在中华人民共和国境内代表处的所在地上海市浦东新区人民法院管辖。

一审法院依照《涉外民事法律关系适用法》第 41 条、《民法通则》

第 142 条第 2 款[①]、《民事诉讼法》第 35 条[②]、第 127 条第 1 款[③]、第 154 条第 1 款第 2 项[④]、第 265 条[⑤]、《合同法司法解释（二）》第 4 条[⑥]、《民事诉讼法司法解释》第 36 条、第 520 条第 1 项规定，裁定驳回美国国家航空货运公司对本案管辖权提出的异议。

美国国家航空货运公司上诉称，其认同一审裁定关于上海市有管辖权的人民法院对本案具有管辖权的认定，但原审裁定关于《蒙特利尔公约》第 33 条对于本案纠纷的适用问题及本案“合同签订地”问题的认定缺乏事实和法律依据。故请求依法撤销一审裁定，依法裁定驳回航天科技公司的起诉，或将本案移送至上海市浦东新区人民法院审理。事实理由如下：（1）关于《蒙特利尔公约》第 33 条对于本案纠纷的适用问题。本案备忘录所涉事项是国际航空货运服务，属于《蒙特利尔公约》规定的以航空器运送人员、行李或者货物而收取报酬的国际运输，其项下纠纷属于国际航空运输合同纠纷。故本案应优先适用《蒙特利尔公约》确定管辖，包括原审法院在内的中国法院对本案不具有管辖权。（2）关于本案合同签订地的问题。即便本案不适用《蒙特利尔公约》第 33 条的规定确定管辖，本案也不应适用“合同签订地”确定管辖法院。其一，《合同法》对合同书和数据电文两种书面形式的合同的成立时间、成立地点等都作出了不同的规定，本案备忘录的订立形式为数据电文，该备忘录的成立地点（签订地）应当为美国国家航空货运公司的主营业地或者经常居住地，而不应是航天科技公司签署备忘录的地点。故本案不应适用《合同法司法解释（二）》第 4 条[⑦]来确定管辖法院。其二，本案备忘录

---

① 《民法通则》已于 2021 年 1 月 1 日废止，该条规定的内容见《民事诉讼法》（2023 年修正）第 271 条。

② 对应《民事诉讼法》（2023 年修正）第 36 条。

③ 现为《民事诉讼法》（2023 年修正）第 130 条第 1 款。

④ 对应《民事诉讼法》（2023 年修正）第 157 条第 1 款第 2 项。

⑤ 对应《民事诉讼法》（2023 年修正）第 276 条。

⑥ 《合同法司法解释（二）》已于 2021 年 1 月 1 日废止，该条内容被《民法典》第 493 条吸收。

⑦ 《合同法司法解释（二）》已于 2021 年 1 月 1 日废止，该条内容被《民法典》第 493 条吸收。

由航天科技公司代表人或代理人签字而非加盖公章。原审法院未查明航天科技公司代表人或代理人在何地签署该份备忘录，即便航天科技公司是备忘录的最后签署一方，也无法得出航天科技公司住所地为本案合同签订地之必然结论。故，本案不应适用“合同签订地”来确定管辖。其三，即便中国法院可以管辖本案，亦应依据“代表机构住所地”确定管辖法院。美国国家航空货运公司在中国所设代表机构所在地在上海市，故上海市有管辖权的人民法院对本案具有管辖权。

【裁判结果】二审法院驳回上诉，维持原裁定。

【裁判理由】北京市高级人民法院经审查认为，因本案被告美国国家航空货运公司系在中华人民共和国境外注册成立的公司，属于《民事诉讼法司法解释》第 522 条第 1 项[①]规定的当事人一方是外国企业，可以认定为涉外民事案件的情形，故本案系涉外民事案件。根据《民事诉讼法》第 259 条[②]之规定，在中华人民共和国境内进行涉外民事诉讼，适用《民事诉讼法》第 4 编的规定。《民事诉讼法》第 4 编没有规定的，适用本法其他有关规定。故本案诉讼程序应当适用我国《民事诉讼法》相关规定。

关于本案管辖法院的确定有两个焦点问题：（1）本案是否适用《蒙特利尔公约》第 33 条确定管辖法院；（2）本案管辖连接点应如何确定。北京市高级人民法院作如下分析：

1. 本案是否适用《蒙特利尔公约》第 33 条确定管辖法院。本案上诉人美国国家航空货运公司提出的上诉请求中主张，本案应适用《蒙特利尔公约》第 33 条之规定确定案件管辖。法院认为，根据《民事诉讼法》第 260 条[③]规定，中华人民共和国缔结或者参加的国际条约同本法有不同规定的，适用该国际条约的规定，但中华人民共和国声明保留的条款除外。作为《蒙特利尔公约》中据以确定法院管辖之唯一条款，第 33 条第 1 款规定：损害赔偿诉讼必须在一个当事国的领土内，由原告选择，向承运人住所地、主要营业地或者订立合同的营业地的法院或者订立合同的

① 对应《民事诉讼法司法解释》（2022 年修正）第 520 条第 1 项。

② 对应《民事诉讼法》（2023 年修正）第 270 条。

③ 对应《民事诉讼法》（2023 年修正）第 271 条。

营业地的法院，或者向目的地点的法院提起。《蒙特利尔公约》与我国《民事诉讼法》的管辖规定不同，我国是《蒙特利尔公约》的缔约国，且未声明保留该公约条款，故本案在确定案件管辖时应优先适用该公约条款。但该条款的适用以案件系“损害赔偿诉讼”为前提。本案中，原告航天科技公司以合同纠纷为案由，以解除备忘录并返还所付美金850 000元及其利息为诉讼请求，提起本案诉讼。根据《涉外民事关系法律适用法》第8条的规定，涉外民事关系的定性，适用法院地法律。依照我国法律相关规定，本案不属于损害赔偿诉讼的案件范围，不能适用《蒙特利尔公约》第33条确定案件管辖。而《蒙特利尔公约》中除第33条外，并不存在其他关于确定案件管辖法院的条款。因此，本案应适用我国《民事诉讼法》确定管辖法院。我国《民事诉讼法》第265条①规定：因合同纠纷或者其他财产权益纠纷，对在中华人民共和国领域内没有住所的被告提起的诉讼，如果合同在中华人民共和国领域内签订或者履行，或者诉讼标的物在中华人民共和国领域内，或者被告在中华人民共和国领域内有可供扣押的财产，或者被告在中华人民共和国领域内设有代表机构，可以由合同签订地、合同履行地、诉讼标的物所在地、可供扣押财产所在地、侵权行为地或者代表机构住所地人民法院管辖。本案被告美国国家航空货运公司在中华人民共和国领域内没有住所，符合《民事诉讼法》第265条②的适用条件，本案据此确定管辖法院。

2. 本案管辖连接点应如何确定。根据《民事诉讼法》第265条③之规定，对在中华人民共和国领域内没有住所的被告提起的合同纠纷，可以合同签订地、合同履行地、诉讼标的物所在地、可供扣押财产所在地、侵权行为地和代表机构住所地作为案件管辖连接点。《合同法司法解释（二）》第4条④规定：采用书面形式订立合同，合同约定的签订地与实际签字或者盖章地点不符的，人民法院应当认定约定的签订地为合同签

① 对应《民事诉讼法》（2023年修正）第271条。

② 对应《民事诉讼法》（2023年修正）第276条。

③ 对应《民事诉讼法》（2023年修正）第276条。

④《合同法司法解释（二）》已于2021年1月1日废止，该条内容被《民法典》第493条吸收。

订地；合同没有约定签订地，双方当事人签字或者盖章不在同一地点的，人民法院应当认定最后签字或者盖章的地点为合同签订地。本案中，诉争备忘录没有约定合同签订地，双方签字不在同一地点：美国国家航空货运公司先行在备忘录上签字并向航天科技公司发出要约，航天科技公司在后签字。故应当认定航天科技公司签字地点为合同签订地，航天科技公司住所地北京市朝阳区即为本案管辖连接点。

至于美国国家航空货运公司在上诉中主张的，本案诉争备忘录属于数据电文形式订立的合同，应以其主营业地作为合同成立地点亦即合同签订地一节，法院认为，合同签订地系《民事诉讼法》第265条[①]规定的管辖连接点，《合同法司法解释（二）》第4条[②]系对采用书面形式订立的合同之签订地如何确定的直接规定。本案诉争备忘录虽然以数据电文形式订立，但数据电文形式亦属于书面形式的一种，因此本案得适用《合同法司法解释（二）》第4条[③]规定确定案件管辖连接点。故美国国家航空货运公司的该项上诉理由，法院不予支持。

根据《最高人民法院关于调整高级人民法院和中级人民法院管辖第一审民事案件标准的通知》和《北京市高级人民法院关于北京市第四中级人民法院案件管辖的规定》之规定，一审法院审理诉讼标的额50亿元以下的第一审涉外商事案件，本案属涉外商事案件，且诉讼标的额未超过50亿元，故一审法院对本案具有管辖权。

---

① 对应《民事诉讼法》（2023年修正）第276条。

② 《合同法司法解释（二）》已于2021年1月1日废止，该条内容被《民法典》第493条吸收。

③ 《合同法司法解释（二）》已于2021年1月1日废止，该条内容被《民法典》第493条吸收。

第二百七十二条　对享有外交特权与豁免的外国人、外国组织或者国际组织提起的民事诉讼，应当依照中华人民共和国有关法律和中华人民共和国缔结或者参加的国际条约的规定办理。

【条文主旨】

本条是关于外交特权与豁免原则的适用的规定。

【条文理解】

外交特权与豁免，是指为了便于外交代表或者具有特殊身份的外交官员有效地执行职务，各国根据其缔结或者参加的国际条约、国际惯例，或者根据平等互惠原则，给予驻在本国的外交代表和以外交官员的身份来本国执行职务的人员以特别权利和优惠待遇。外交特权与豁免是从国家主权中引申出来的权利。外交代表作为国家或国际组织的象征，赋予其司法豁免权，不仅是表示对派遣国或国际组织的尊重，也确保其有效地执行职务。外交特权与豁免包括民事上的司法豁免权，即外交代表和有特殊身份的外交官员的民事行为及其财产免受驻在国法院管辖。如不受驻在国法院的审判，不受强制执行，以及没有以证人身份作证的义务等。此外，某些外国组织和国际组织也享有司法管辖豁免。

我国有关司法豁免权规定的法律有 1986 年制定的《外交特权与豁免条例》、1990 年通过的《领事特权与豁免条例》。我国参加的国际条约有 1946 年的《联合国特权及豁免公约》、1947 年的《联合国各专门机构特权及豁免公约》、1961 年的《维也纳外交关系公约》、1962 年的《维也纳领事关系公约》，另外还包括我国与一些国家和国际组织签订的有关特权与豁免的条约等。

根据我国法律和有关国际条约的规定，本条款所指的享有外交特权与豁免的外国人，主要是外国驻在我国的外交代表（外国驻华使馆的馆长和具有外交官衔的使馆工作人员），还包括来我国访问的外国国家元首、政府首脑、外交部长及其他具有同等身份的官员。此外，与外交代表共同生活的配偶及未成年子女、使馆行政技术人员及与其共同生活的配偶和未成年子女、来我国参加有关国际组织（如联合国）召开的国际会议的代表、临时来我国的有关国际组织的官员和专家，以及途经我国的驻第三国的外交代表等，也在不同程度上享有司法管辖豁免。

民事司法豁免权包括管辖豁免、民事诉讼程序豁免和执行豁免。管辖豁免是指不能对享有司法豁免权的人提起民事诉讼，即使提起，法院也不应受理；诉讼程序豁免是指享有司法豁免权的人即使同意法院受理案件，法院在诉讼过程中，也不能对其采取强制措施；执行豁免是指享有司法豁免权的人即使参加诉讼并败诉，法院也不能对其强制执行。这三种豁免是相互独立的，放弃何种豁免权必须明确表示。对享有司法管辖豁免权的外国人提起的民事诉讼，在一般情况下，我国法院不予受理。但是民事管辖豁免并不是绝对的，上述人员只能在我国法律和我国缔结或者参加的国际条约规定的范围内享有民事上的司法管辖豁免。就外交代表来说，我国《外交特权与豁免条例》对其享有的民事管辖豁免的例外情形作了以下规定：（1）外交代表以私人身份进行的遗产继承的诉讼；（2）外交代表在中国境内从事公务范围以外的职业或者商业活动的诉讼。可见，外交代表在职务范围以外进行的民商事活动，一般不享有司法管辖豁免。在强制执行问题上，外交代表原则上免受强制执行，但对前述两种诉讼，如果强制执行不构成对其人身和寓所的侵犯，则可以采取强制执行措施。该条例还规定在下述情况下，外交代表也不享有民事司法管辖豁免：（1）外交代表的管辖豁免由派遣国政府明确表示放弃，我国即可行使管辖权；（2）外交代表如果主动提起诉讼，对与本诉直接有关的反诉，不得援用管辖豁免。此外，放弃民事管辖豁免，不等于对判决的执行也放弃豁免。放弃对判决执行的豁免，须由派遣国另行作出明确表示，在派遣国放弃了民事管辖豁免，又另行放弃判决执行的豁免时，才可以采取执行措施。

领事官员也享有一定的司法管辖豁免。对驻在我国的有关国家的领事官员，应当依照我国《领事特权与豁免条例》《维也纳领事公约》以及我国与一些国家签订的双边领事条约的规定办理。我国《领事特权与豁免条例》第14条规定："领事官员和领馆行政技术人员执行职务的行为享有司法和行政管辖豁免。领事官员执行职务以外的行为的管辖豁免，按照中国与外国签订的双边条约、协定或者根据对等原则办理。领事官员和领馆行政技术人员享有的司法管辖豁免不适用于下列各项民事诉讼：（一）涉及未明示以派遣国代表身份所订的契约的诉讼；（二）涉及在中国境内的私有不动产的诉讼，但以派遣国代表身份所拥有的为领馆使用的不动产不在此限；（三）以私人身份进行的遗产继承的诉讼；（四）因车辆、船舶或者航空器在中国境内造成的事故涉及损害赔偿的诉讼。"该条例第16条规定："本条例规定的有关人员所享有的管辖豁免可以由派遣国政府明确表示放弃。依照本条例规定享有管辖豁免的人员如果主动提起诉讼，对与本诉直接有关的反诉，不得援用管辖豁免。放弃民事管辖豁免或者行政管辖豁免，不包括对判决的执行也放弃豁免。放弃对判决执行的豁免须由派遣国政府另作明确表示。"

【条文适用】

《最高人民法院关于人民法院受理涉及特权与豁免的民事案件有关问题的通知》（法〔2007〕69号）对涉及特权与豁免的民事案件的受理程序作出了规定。根据该司法解释，凡以下列在中国享有特权与豁免的主体为被告、第三人向人民法院起诉的民事案件，人民法院应在决定受理之前，报请本辖区高级人民法院审查；高级人民法院同意受理的，应当将其审查意见报最高人民法院。在最高人民法院答复前，一律暂不受理：（1）外国国家；（2）外国驻中国使馆和使馆人员；（3）外国驻中国领馆和领馆成员；（4）途经中国的外国驻第三国的外交代表和与其共同生活的配偶及未成年子女；（5）途经中国的外国驻第三国的领事官员和与其共同生活的配偶及未成年子女；（6）持有中国外交签证或者持有外交护照（仅限互免签证的国家）来中国的外国官员；（7）持有中国外交签证或者持有与中国互免签证国家外交护照的领事官员；（8）来中国访问的外国国家元首、政府首脑、外交部长及其他具有同等身份的官员；（9）来中国参加联合国及其专门机构召开的国际会议的外国代表；（10）临时来中国的联合国及其专门机构的官员和专家；（11）联合国系统组织驻中国的代表机构和人员；（12）其他在中国享有特权与豁免的主体。

【典型案例】

马某某与沙特阿拉伯王国驻华使馆劳务合同纠纷案

【案　　号】北京市第三中级人民法院（2020）京 03 民终 3819 号

【裁判要旨】外交特权与豁免包括民事上的司法豁免权，即外交代表和有特殊身份的外交官员的民事行为及其财产免受驻在国法院管辖。

【基本案情】上诉人马某某（一审起诉人，户籍地为北京市）因劳务合同纠纷一案，不服北京市朝阳区人民法院（2020）京 0105 民初 9277 号不予受理民事裁定，向北京市第三中级人民法院提起上诉。该院依法组成合议庭，审理了本案。

上诉人马某某以沙特阿拉伯王国驻华使馆为被告向一审法院提起民事诉讼。马某某起诉称：马某某于 2019 年 2 月 16 日入职沙特阿拉伯王国驻华使馆，未签订合同。马某某的主要工作是准备大型会议、翻译。经沙特阿拉伯驻华文化参赞确认，马某某岗位参照秘书职务发放工资，月工资12 400元。2019 年 5 月 8 日，沙特阿拉伯王国驻华使馆以未通过内部审批为由解除与马某某的劳务关系，同时出具《感谢与评价》，确认马某某“工作期间行为良好，并与我文化处职员相处良好”。经马某某反复请求，沙特阿拉伯王国驻华使馆拒绝支付其工作期间的工资。故马某某向法院起诉，诉讼请求为：（1）请求确认马某某与沙特阿拉伯王国驻华使馆自 2019 年 2 月 16 日至 2019 年 5 月 18 日存在劳务关系；（2）请求判令沙特阿拉伯王国驻华使馆向马某某支付自2019年2月16日起至2019年5月8日未支付的工资33 351.72元；（3）请求判令沙特阿拉伯王国驻华使馆向马某某支付2019年2月16日（周六）的加班工资1140.23元；（4）请求判令诉讼费用由沙特阿拉伯王国驻华使馆承担。

一审法院经审查后认为：案件属于人民法院受理民事诉讼的范围和受诉人民法院管辖是起诉的必要条件。经查，沙特阿拉伯王国驻华使馆作为外国驻华外交代表机构，依据我国加入或缔结的条约或公约的规定，该类主体涉及的民事诉讼不属于我国司法管辖。综上，依照《民事诉讼法》第119条第4项①、第261条②之规定，对马某某的起诉，裁定不予受理。

马某某不服一审裁定，向北京市第三中级人民法院提起上诉，请求撤销一审裁定并指令一审法院受理本案。马某某上诉称：（1）一审法院曾受理并开庭审理马某某诉沙特阿拉伯王国驻华使馆劳动争议纠纷一案，与本案系同一主体，本案应属于民事诉讼的受案范围，一审法院认定事实错误。马某某认为其为沙特阿拉伯王国驻华使馆提供了翻译服务的劳务工作，故双方之间存在法律规定的劳务关系。（2）一审法院适用法律错误，沙特阿拉伯王国驻华使馆的特权与豁免不及于本案，一审法院应当受理。根据《外交特权与豁免条例》以及中华人民共和国与沙特阿拉伯王国双边条约中关于使馆的特权与豁免的规定，本案并不属于外交人员或外国驻华代表机构所享有的豁免权的范畴，一审法院应当受理。

【裁判结果】一审法院对马某某的起诉，裁定不予受理，二审法院驳回上诉，维持原裁定。

【裁判理由】当事人提起民事诉讼应当符合法律规定的起诉条件，起诉应当属于人民法院受理民事诉讼的范围和受诉人民法院管辖。本案中，沙特阿拉伯王国驻华使馆作为外国驻华外交代表机构，享有外交豁免权，本案不属于我国司法管辖范围，故马某某本次起诉不符合法定起诉条件。一审法院对马某某的起诉裁定不予受理并无不当，应予维持。

---

① 对应《民事诉讼法》（2023年修正）第122条第4项。

② 对应《民事诉讼法》（2023年修正）第272条。

第二百七十三条　人民法院审理涉外民事案件，应当使用中华人民共和国通用的语言、文字。当事人要求提供翻译的，可以提供，费用由当事人承担。

【条文主旨】

本条是关于审理涉外民事案件使用我国通用的语言文字的规定。

【条文理解】

一个国家的法院审理涉外民事案件时，使用本国语言和文字是国际上通行的做法，体现了国家主权原则。为了维护国家的尊严和法院行使司法权的严肃性，人民法院在审理涉外民事案件时，应当使用我国的语言文字，包括人民法院的审理活动和发布的法律文书。外国当事人提供的有关诉讼材料是外文的，应当同时向人民法院提交中文翻译件。当事人对中文翻译件有异议的，应当共同委托翻译机构提供翻译文本；当事人对翻译机构的选择不能达成一致的，由人民法院确定。外国当事人要求提供翻译的，人民法院可以提供，以方便外国当事人进行诉讼，便于人民法院对案件的审理。因提供翻译所需的费用，由要求提供翻译的当事人承担。

【条文适用】

即使审判人员通晓外语，也不能使用外语对外国当事人进行询问、审判。人民法院在审理涉外案件，涉港澳台案件，以及具有涉外因素民事案件过程中，一律使用我国通用的语言和文字。这一点与《民事诉讼法》第11条规定的为不通晓当地通用语言、文字的少数民族当事人提供翻译性质不同，它所体现的是司法主权原则，后者体现的是民族语言、文字原则。人民法院在为少数民族当事人提供翻译时，可以不经当事人自己提出申请，也不向他们收取费用。

第二百七十四条　外国人、无国籍人、外国企业和组织在人民法院起诉、应诉，需要委托律师代理诉讼的，必须委托中华人民共和国的律师。

【条文主旨】

本条是关于外国当事人需要委托律师代理诉讼的必须委托中国律师的规定。

【条文理解】

外国当事人可以亲自在我国法院起诉或者应诉，进行诉讼活动，也可以委托他人代理诉讼。若是委托律师代理诉讼的，只能委托中国的律师，不能委托任何别的国家的律师。一国的司法制度只能适用于本国领域内，律师制度是一国司法制度的组成部分，外国律师的律师资格是外国法律赋予的，外国律师是外国司法制度的体现者，作为一个主权国家是不能允许外国律师以律师身份出席本国法庭参加诉讼的，否则就无异于让外国律师介入本国的司法审判权，有损国家主权。因此，各国原则上禁止外国律师在本国法院出庭诉讼。此外，当事人委托律师代理诉讼的目的在于求得律师提供法律上的帮助，一般来说，外国律师对法院地国的法律是不熟悉的，因而委托非法院地国的律师代理诉讼，也往往不利于诉讼的顺利进行。

【条文适用】

外国当事人在我国进行民事诉讼的，可以委托诉讼代理人代为诉讼。凡委托律师代理出庭诉讼的，必须委托中华人民共和国律师，不能委托外国律师，外国律师不能以律师身份在我国进行诉讼活动。《民事诉讼法司法解释》第526条规定："涉外民事诉讼中的外籍当事人，可以委托本国人为诉讼代理人，也可以委托本国律师以非律师身份担任诉讼代理人；外国驻华使领馆官员，受本国公民的委托，可以以个人名义担任诉讼代理人，但在诉讼中不享有外交或者领事特权和豁免。"《民事诉讼法司法解释》第527条规定："涉外民事诉讼中，外国驻华使领馆授权其本馆官员，在作为当事人的本国国民不在中华人民共和国领域内的情况下，可以以外交代表身份为其本国国民在中华人民共和国聘请中华人民共和国律师或者中华人民共和国公民代理民事诉讼。"

《外国律师事务所驻华代表机构管理条例》（国务院令第338号）第15条规定："代表机构及其代表，只能从事不包括中国法律事务的下列活动：（1）向当事人提供该外国律师事务所律师已获准从事律师执业业务的国家法律的咨询，以及有关国际条约、国际惯例的咨询；（2）接受当事人或者中国律师事务所的委托，办理在该外国律师事务所律师已获准从事律师执业业务的国家的法律事务；（3）代表外国当事人，委托中国律师事务所办理中国法律事务；（4）通过订立合同与中国律师事务所保持长期的委托关系办理法律事务；（5）提供有关中国法律环境影响的信息。代表机构按照与中国律师事务所达成的协议约定，可以直接向受委托的中国律师事务所的律师提出要求。除此之外，代表机构及其代表不得从事其他法律服务活动或者其他营利活动。"

【典型案例】

侯马市一路行汽车用品有限公司与广州维奥商务咨询有限公司侵害商标权纠纷案

【案　　号】山西省高级人民法院（2018）晋民终294号

【裁判要旨】外国人、无国籍人、外国企业和组织作为原告在中华人民共和国人民法院提起诉讼，只能委托中华人民共和国律师或者其他人代理诉讼，并通过法律规定的方式办理起诉、诉讼授权委托等相关法律手续。

【基本案情】上诉人（一审被告）：侯马市一路行汽车用品有限公司（以下简称一路行公司），住所地：山西省侯马市。被上诉人（一审原告）：广州维奥商务咨询有限公司（以下简称维奥公司），住所地：广东省广州市。

上诉人一路行公司因与被上诉人维奥公司侵害商标权纠纷一案，不服山西省临汾市中级人民法院于 2017 年 10 月 20 日作出的（2017）晋 10 民初 7 号民事判决，向山西省高级人民法院提出上诉。山西省高级人民法院依法组成合议庭，公开开庭审理了本案，本案现已审理终结。

一路行公司上诉请求：（1）请求依法撤销山西省临汾市中级人民法院（2017）晋民 10 民初 7 号民事判决，并改判驳回被上诉人的一审全部诉讼请求；（2）两审诉讼费用由被上诉人承担。主要事实与理由：（1）被上诉人不具有主体资格，应判决驳回一审诉讼请求。（2）上诉人没有任何侵权事实，应判决驳回一审诉讼请求。2012 年 10 月上诉人与壳牌（中国）有限公司签订了《设备及形象店借用协议》约定，上诉人租用其所有的并且承载着涉案商标的门头、标识、装修，一审起诉时该合同尚在有效期内。为此上诉人没有任何侵权行为。（3）原判决判令赔偿被上诉人 1 万元于法无据。

经一审法院审理查明：壳牌国际股份公司（公司）出具特殊授权委托书，壳牌国际股份公司委托维奥公司为其委托代理人，负责：（1）在中国保护知识产权和执行公司知识产权相关事务。（2）收集证据、公证，向政府有关部门起诉或举报；向政府有关部门提供有关证据；了解案件进展及结案；对产品进行真伪侵权鉴定；出具产品价格证明等一切事宜。（3）发起调查并对侵犯公司包括但不限于其知识产权权利的人/法人提起诉讼，以及扣押所有侵权商品、设备和机器、文件及任何其他在生产和/或出售此侵权商品所用的相关用具，并采取包括但不限于申请搜查令和在法院或其他部门提出适当投诉的任何和所有必要的行为。壳牌、shell、喜力、HELIX 的商标注册人为壳牌国际股份公司，核定使用商品为第 4

类：润滑油；润滑脂；工业用油；燃料；汽油；发动机燃料非化学添加剂；柴油；矿物燃料；工业用蜡；照明用蜡。

一审法院认为，维奥公司作为壳牌国际股份公司的委托代理人，起诉一路行公司构成侵权，并无不当。一路行公司认为维奥公司不具备原告主体资格的理由不能成立，一审法院不予支持。

【裁判结果】撤销山西省临汾市中级人民法院（2017）晋10民初7号民事判决；驳回广州维奥商务咨询有限公司的起诉。

【裁判理由】山西省高级人民法院认为，关于被上诉人维奥公司提起本案诉讼是否符合《民事诉讼法》规定的起诉条件，维奥公司是否是本案适格原告的问题。民事诉讼的目的是通过人民法院的裁决解决当事人之间的民事实体权利义务纠纷，当事人也因民事实体法上的权利义务关系发生争议，才有必要通过诉讼方式寻求解决，所以，人民法院应当以当事人是否为发生争议民事法律关系的主体，作为判断当事人适格与否的标准。在知识产权维权诉讼中，享有实体权利是行使诉权的前提条件。《民事诉讼法》属于公法，遵循“法无授权即不允”的原则，在涉外知识产权诉讼中，《民事诉讼法》规定，在中华人民共和国领域内没有住所的外国人、无国籍人、外国企业和组织作为原告提起诉讼，只能委托中华人民共和国律师或者其他人代理诉讼，并通过法律规定的方式办理起诉、诉讼授权委托等相关法律手续，并未规定外国企业可以直接授权我国企业作为代理人，进行知识产权诉讼维权，故此类授权因不符合且实质架空我国《民事诉讼法》涉外诉讼的相关规定归于无效。本案中，维奥公司并非商标权的权利人，却以自己的名义提起诉讼，并在起诉书中请求判令一路行公司赔偿维奥公司代表的授权人（案外人）各项损失10万元。由于本案商标权的实际权利人与维奥公司未按我国《民事诉讼法》关于涉外诉讼的规定正确行使权利，导致本案中的原告与实际权利人不一致，原告诉讼主体不适格，其提起的本案诉讼不符合《民事诉讼法》关于起诉的条件。

第二百七十五条　在中华人民共和国领域内没有住所的外国人、无国籍人、外国企业和组织委托中华人民共和国律师或者其他人代理诉讼，从中华人民共和国领域外寄交或者托交的授权委托书，应当经所在国公证机关证明，并经中华人民共和国驻该国使领馆认证，或者履行中华人民共和国与该所在国订立的有关条约中规定的证明手续后，才具有效力。

【条文主旨】

本条是关于在我国领域内没有住所的外国当事人委托他人代理诉讼，需办理有关的委托证明手续的规定。

【条文理解】

委托代理是指代理人依据被代理人的委托，以被代理人的名义实施的民事法律行为，其效力直接归属被代理人。《民法典》第 165 条规定："委托代理授权采用书面形式的，授权委托书应当载明代理人的姓名或者名称、代理事项、权限和期限，并由被代理人签名或者盖章。"《民事诉讼法》第 62 条规定："委托他人代为诉讼，必须向人民法院提交由委托人签名或者盖章的授权委托书。授权委托书必须记明委托事项和权限。诉讼代理人代为承认、放弃、变更诉讼请求，进行和解，提起反诉或者上诉，必须有委托人的特别授权。侨居在国外的中华人民共和国公民从国外寄交或者托交的授权委托书，必须经中华人民共和国驻该国的使领馆证明；没有使领馆的，由与中华人民共和国有外交关系的第三国驻该国的使领馆证明，再转由中华人民共和国驻该第三国使领馆证明，或者由当地的爱国华侨团体证明。"

民事诉讼授权委托书，是指民事诉讼活动当事人单方面出具的，明确代理人在代理委托人参加民事诉讼过程中的代理权限的法律文书。作为重要的法律文书，授权委托书必须具有真实性与合法性，民事诉讼法对在我国领域内没有住所的外国当事人从我国领域外寄交或者托交的授权委托书规定了必要的公证、认证手续，使之成为授权委托书产生效力的必经程序，这对于确认授权委托书的真实性、合法性，顺利进行诉讼，维护诉讼当事人的合法权益，都有着重要的作用。授权委托书的证明或者认证程序有两种方式：一是应当经所在国公证机关证明，并经中华人民共和国驻该国使领馆认证；二是履行中华人民共和国与该所在国订立的有关条约中规定的证明手续。

需要注意的是，适用本条规定的条件是外国人、无国籍人、外国企业和组织在中华人民共和国领域内没有住所。对于在我国领域内有住所的外国当事人递交的授权委托书，以及外国当事人在我国领域内虽无住所，但在我国领域内作短期停留，如旅行、探亲、讲学、经商时，在我国领域内递交的授权委托书，一般则无须履行本条规定的公证、认证手续。

【条文适用】

《民事诉讼法司法解释》第 521 条规定："外国人参加诉讼，应当向人民法院提交护照等用以证明自己身份的证件。外国企业或者组织参加诉讼，向人民法院提交的身份证明文件，应当经所在国公证机关公证，并经中华人民共和国驻该国使领馆认证，或者履行中华人民共和国与该所在国订立的有关条约中规定的证明手续。代表外国企业或者组织参加诉讼的人，应当向人民法院提交其有权作为代表人参加诉讼的证明，该证明应当经所在国公证机关公证，并经中华人民共和国驻该国使领馆认证，或者履行中华人民共和国与该所在国订立的有关条约中规定的证明手续。本条所称的'所在国'，是指外国企业或者组织的设立登记地国，也可以是办理了营业登记手续的第三国。"该解释第 522 条规定："依照民事诉讼法第二百六十四条以及本解释第五百二十三条规定，需要办理公证、认证手续，而外国当事人所在国与中华人民共和国没有建立外交关系的，可以经该国公证机关公证，经与中华人民共和国有外交关系的第三国驻该国使领馆认证，再转由中华人民共和国驻该第三国使领馆认证。"该解释第 523 条规定："外国人、外国企业或者组织的代表人在人民法院法官的见证下签署授权委托书，委托代理人进行民事诉讼的，人民法院应予认可。"该解释第 524 条规定："外国人、外国企业或者组织的代表人在中华人民共和国境内签署授权委托书，委托代理人进行民事诉讼，经中华人民共和国公证机构公证的，人民法院应予认可。"

《最高人民法院关于进一步做好边境地区涉外民商事案件审判工作的指导意见》（法发〔2010〕57 号）第 3 条规定："境外当事人到我国参加诉讼，人民法院应当要求其提供经过公证、认证的有效身份证明。境外当事人是法人时，对其法定代表人或者有权代表该法人参加诉讼的人的身份证明，亦应当要求办理公证、认证手续。"如果境外当事人是自然人，其亲自到人民法院法官面前，出示护照等有效身份证明及入境证明，并提交上述材料的复印件的，可不再要求办理公证、认证手续。该指导意见第 4 条规定："境外当事人在我国境外出具授权委托书，委托代理人参加诉讼，人民法院应当要求其就授权委托书办理公证、认证手续。如果境外当事人在我国境内出具授权委托书，经我国的公证机关公证后，则不再要求办理认证手续。境外当事人是自然人或法人时，该自然人或者有权代表该法人出具授权委托书的人亲自到人民法院法官面前签署授权委托书的，无须办理公证、认证手续。"

根据以上规定，外国人当事人参加诉讼，应当向人民法院提交用以证明自己身份的材料，委托中国律师或者其他人代理诉讼时，要提交授权委托书。为了保障真实性，法律规定必须办理相应的公证、认证手续。

【典型案例】

广东肇庆星湖生物科技股份有限公司与 CJ 第一制糖株式会社侵害发明专利权纠纷案

【案　　号】最高人民法院（2020）最高法知民辖终 123 号

【裁判要旨】在中华人民共和国领域内没有住所的外国企业委托中华人民共和国律师或者其他人代理诉讼，从中华人民共和国领域外寄交或者托交的授权委托书，应当经所在国公证机关证明，并经中华人民共和国驻该国使领馆认证。

【基本案情】上诉人（原审被告）：广东肇庆星湖生物科技股份有限公司（以下简称广东肇庆星湖公司）。住所地：中华人民共和国广东省肇庆市。被上诉人（原审原告）：CJ 第一制糖株式会社（以下简称 CJ 株式会社）。住所地：大韩民国首尔特别市。

上诉人广东肇庆星湖公司因与被上诉人 CJ 株式会社侵害发明专利权纠纷一案，不服广州知识产权法院于 2020 年 2 月 17 日作出的（2019）粤 73 知民初 937 号民事裁定，向最高人民法院提起上诉。

广东肇庆星湖公司上诉称：（1）本案应驳回 CJ 株式会社的起诉。本案系涉外民事诉讼，根据《民事诉讼法》第 259 条[①]规定，在中华人民共和国领域内进行涉外民事诉讼，适用《民事诉讼法》。因此，即使 CJ 株式会社在授权委托书中授予中国律师、专利代理师签署代理人自己姓名代为起诉的权利，这种授权也违反《民事诉讼法》的规定。本案中起诉状缺乏 CJ 株式会社公章及法定代表人签字或盖章，仅有代理人签名，不能证明 CJ 株式会社在中国法院提起了诉讼，不发生起诉的法律效力，不符合起诉、立案条件。原审法院没有行使管辖权的基础，故应当裁定驳回 CJ 株式会社的起诉。（2）本案系在广东省区域内有重大影响的案件，

---

① 对应《民事诉讼法》（2023 年修正）第 270 条。

即使立案受理，也应由广东省高级人民法院审理。其一，本案为涉外案件，广东肇庆星湖公司为国内上市公司，CJ 株式会社为韩国大型跨国企业，双方当事人在生物制品领域均具有重要地位，本案纠纷受到整个行业的广泛关注。其二，本案所涉技术属于生物技术领域的发明技术，专业性强、技术难度高，所涉产品应用广泛，案件的审理结果将对产品市场产生重大影响。以上事实与理由属于众所周知的事实，无须举证证明。

CJ 株式会社辩称：（1）起诉材料符合法律规定。CJ 株式会社为韩国企业，依据《民事诉讼法》第 264 条①的规定，委托中国律师或者其他人代理诉讼，并在起诉时向法院递交了韩国公证机关证明并经中国驻韩国使领馆认证的包括代为起草并签署诉状、提起诉讼权限的授权委托书，同时递交了经公证、认证的企业成立的证明资料及法定代表人资格证明，程序完备，符合法律规定。此外，起诉状的签署是否合法不属于管辖权异议的理由。（2）原审法院对本案依法享有管辖权。首先，本案系侵害发明专利权纠纷，依据《民事诉讼法》第 28 条②的规定，侵权行为地或者被告住所地人民法院对本案具有管辖权。其次，根据《最高人民法院关于北京、上海、广州知识产权法院案件管辖的规定》的规定，原审法院即广州知识产权法院管辖在广东省行政区域管辖全省除深圳市以外的专利、植物新品种、集成电路布图设计、技术秘密、计算机软件第一审民事和行政案件。再次，广州知识产权法院管辖诉讼标的在 2 亿元以下，以及诉讼标的额在 1 亿元以下且当事人一方住所地不在其辖区或者涉外、涉港澳台的第一审技术性较强的知识产权民事案件。本案中，广东肇庆星湖公司住所地位于广东省肇庆市，故原审法院对本案依法享有管辖权，请求驳回广东肇庆星湖公司的上诉请求。

【裁判结果】一审法院裁定驳回广东肇庆星湖生物科技股份有限公司对本案管辖权提出的异议。二审法院驳回上诉，维持原裁定。

【裁判理由】最高人民法院经审查认为，本案系侵害发明专利权纠纷，根据《最高人民法院关于审理专利纠纷案件适用法律问题的若干规

---

① 对应《民事诉讼法》（2023 年修正）第 275 条。

② 对应《民事诉讼法》（2023 年修正）第 29 条。

定》第 5 条[①]规定，因侵犯专利权行为提起诉讼的，由侵权行为地或被告住所地人民法院管辖。本案中，作为被告的广东肇庆星湖公司的住所地位于广东省肇庆市，故广州知识产权法院依据《最高人民法院关于北京、上海、广州知识产权法院案件管辖的规定》第 2 条、《最高人民法院关于同意广东省深圳市两级法院继续管辖专利等知识产权案件的批复》的规定对本案依法享有管辖权。

关于广东肇庆星湖公司上诉主张 CJ 株式会社的起诉材料不符合法律规定的问题。最高人民法院经审查认为，CJ 株式会社在提起本案诉讼时提交了经韩国公证机关证明并经中国驻韩国使领馆认证的公司主体信息材料、法定代表人身份证明材料以及授权委托书，其中授权的内容包括起草并签署诉状。因此，CJ 株式会社的代理人起草、签署起诉状并提交法院，其授权委托手续完备，符合法律规定。

另外，CJ 株式会社起诉主张的赔偿金额为 2000 万元，根据该诉讼标的额，广州知识产权法院对本案具有管辖权。故广东肇庆星湖公司关于本案系在广东省区域内有重大影响的案件且应由广东省高级人民法院审理的上诉主张不能成立。

综上，广东肇庆星湖公司的上诉理由不能成立，应予驳回。

---

① 对应《最高人民法院关于审理专利纠纷案件适用法律问题的若干规定》（2021 年修正）第 2 条。

第二十四章 管 辖

第二百七十六条　因涉外民事纠纷，对在中华人民共和国领域内没有住所的被告提起除身份关系以外的诉讼，如果合同签订地、合同履行地、诉讼标的物所在地、可供扣押财产所在地、侵权行为地、代表机构住所地位于中华人民共和国领域内的，可以由合同签订地、合同履行地、诉讼标的物所在地、可供扣押财产所在地、侵权行为地、代表机构住所地人民法院管辖。

除前款规定外，涉外民事纠纷与中华人民共和国存在其他适当联系的，可以由人民法院管辖。

【条文主旨】

本条是关于在我国领域内没有住所的被告的身份关系以外的纠纷案件的管辖、涉外民事纠纷案件适当联系原则的规定。

【条文理解】

本条是在《民事诉讼法》（2021 年修正）第 272 条的基础上修改形成的。本次修法的修改之处主要在于以下方面：第一，删除“因合同纠纷或者其他财产权益纠纷”的限制性规定，将涉外民事管辖纠纷的类型拓展至“身份关系以外的诉讼”；第二，是增设一款作为第 2 款，增加“其他适当联系”这一管辖依据，为人民法院必要时行使涉外民事案件管辖权提供依据。

本条第 1 款针对的是在涉外民事纠纷案件中，经常发生被告一方在我国领域内没有住所的情形。此时无法适用“原告就被告”的一般管辖规定。为了方便人民法院对被告在我国领域内无住所的涉外案件，更好维护国家主权、安全和发展利益，平等保护中外当事人合法权益，本条对被告在我国领域内没有住所提起的身份关系以外的涉外民事诉讼，明确了管辖依据：（1）合同在我国领域内签订的或者履行的，由合同签订地或者履行地人民法院管辖；（2）诉讼标的物所在地在我国领域内的，由标的物所在地人民法院管辖；（3）被告有财产在我国领域内可供扣押的，由被告可供扣押的财产所在地人民法院管辖；（4）侵权行为或者侵权结果发生在我国领域内的，由侵权行为发生地或者结果地人民法院管辖；（5）被告在我国领域内设有代表机构的，由代表机构所在地人民法院管辖。第 1 款规定体现了诉讼与法院所在地实际联系的原则。

本条第 2 款新增规定与我国具有“其他适当联系”作为案件管辖的连结点。从比较法角度看，无论是采用“适当联系”，还是“充分联系”的表述，都表明国际民事诉讼对“实际联系”作为管辖连结点作出了一定突破和发展。本条第 2 款增加规定“其他适当联系”作为人民法院管辖的连结点，顺应了国际民事诉讼制度发展潮流，进一步对接国际规则。

【条文适用】

人民法院对在我国领域内没有住所的被告的身份管辖以外的涉外民事纠纷案件实行管辖的前提条件主要有：一是本条是针对在我国领域内没有住所的被告提起的诉讼，如果被告在我国境内有住所，不论其国籍如何，依据司法主权的地域效力范围，人民法院均有管辖权；被告住所地与经常居住地不一致的，只要其经常居住地在我国领域内，我国法院也可以行使管辖权。二是本条涉及的纠纷种类不再仅限于合同纠纷和其他财产权益纠纷，而是包括身份管辖以外的其他涉外民事纠纷案件。

本条第 2 款新增规定的“其他适当联系”原则，在具体实践中务必注意：绝对不同于某些国家“基于最低限度的管辖”依据，更不是“长臂管辖”的翻版。从根本上看，将“其他适当联系”原则作为人民法院管辖涉外民事纠纷案件的连结点，是为了更加便于中外当事人通过人民法院解决纠纷，更好维护各方当事人的权益。

【典型案例】

康文森无线许可有限公司与中兴通讯股份有限公司标准必要专利许可纠纷案

【案　　号】最高人民法院（2019）最高法知民辖终 157 号

【裁判要旨】针对在中国境内没有住所和代表机构的被告提起的涉外民事纠纷案件，中国法院是否具有管辖权，取决于该纠纷与中国是否存在适当联系。

【基本案情】上诉人（一审被告）：康文森无线许可有限公司（以下简称康文森公司），住所地：卢森堡大公国。

被上诉人（一审原告）：中兴通讯股份有限公司（以下简称中兴公司），住所地：中华人民共和国广东省深圳市。

上诉人康文森公司因与被上诉人中兴公司标准必要专利许可纠纷一案，不服广东省深圳市中级人民法院作出的（2018）粤 03 民初 335 号民事裁定，向最高人民法院提起上诉。

康文森公司上诉称：原审裁定缺乏依据，原审法院不应就本案行使管辖权。（1）原审裁定以中兴公司无线通信产品的研发地和生产地、合同谈判地及履行地确定本案管辖，缺乏依据。（2）中兴公司的诉讼请求与康文森公司在英国诉讼中的诉讼请求存在重叠。（3）英国法院是管辖本案更适宜的法院。故请求撤销原审裁定，确认本案不宜由原审法院管辖，驳回中兴公司的起诉。

中兴公司答辩称：（1）原审法院对本案具有地域管辖权。本案为标准必要专利许可纠纷，并非单纯认定涉案专利许可费纠纷，亦非简单的合同纠纷。广东省深圳市不仅是涉案专利实施地，还是双方许可谈判地及预期合同履行地。中兴公司注册地址和主要营业地址均位于广东省深圳市，康文森公司的许可谈判行为均与中兴公司进行，因此广东省深圳市是双方谈判行为发生地，也是预期签订地、履行地。中兴公司的诉讼请求为确定涉案专利实施许可条件而非单纯的许可费，故履行义务一方即中兴公司的住所地应为合同履行地。（2）康文森公司的上诉理由缺乏事实和法律依据。（3）中国法院更适合管辖本案。第一，本案诉讼请求所涉及的专利全部为中国专利，并不涉及英国专利，中国法院依法对中国专利的实施许可条件拥有管辖权。中兴公司的生产、制造、销售等行为主要发生在中国，中兴公司的行为与中国具有实质联系，而与英国的联系较弱，中国法院更方便就本案行使管辖权。第二，康文森公司在江苏省南京市中级人民法院应诉其与华为技术有限公司、华为终端有限公司、华为软件技术有限公司之间的确认不侵害专利权及标准必要专利许可纠纷案，并未提出管辖权异议，实质上已经承认中国法院具有管辖权。上述案件中的部分诉请与本案实质相同，康文森公司对本案提出管辖权异议，行为自相矛盾。

【裁判结果】驳回上诉，维持原裁定。

【裁判理由】最高人民法院认为，康文森公司系外国企业，且其在中国境内没有住所和代表机构。针对在中国境内没有住所和代表机构的被告提起的涉外民事纠纷案件，中国法院是否具有管辖权，取决于该纠纷与中国是否存在适当联系。判断标准必要专利许可纠纷与中国是否存在适当联系，应结合该类纠纷的特点予以考虑。其中，关于标准必要专利许可纠纷这一特殊纠纷是否与中国存在适当联系的判断，可以考虑许可标的所在地、专利实施地、合同签订地、合同履行地等是否在中国境内。只要前述地点之一在中国境内，则应认为该案件与中国存在适当联系，中国法院对该案件具有管辖权。本案中，非常明确的是，作为许可标的的标准必要专利为中国专利，作为许可标的的标准必要专利实施地也在中国，中国法院对本案具有管辖权。康文森公司关于标准必要专利使用费许可纠纷为合同纠纷、标准实施者的义务是支付专利使用费等主张忽视了标准必要专利许可纠纷的特殊性，其在此基础上以合同履行地不在中国境内为由，否定中国法院对本案的管辖权，理据不足，法院不予支持。

第二百七十七条　涉外民事纠纷的当事人书面协议选择人民法院管辖的，可以由人民法院管辖。

【条文主旨】

本条是关于有别于国内协议管辖的、独立的涉外协议管辖制度的规定。

【条文理解】

本条是 2023 年《民事诉讼法》修正时新增的条文。旨在建立符合我国国情、顺应国际趋势的涉外协议管辖制度，对于涉外民商事纠纷当事人协议选择我国法院管辖的，取消“实际联系”的要求。

《民事诉讼法》在 2012 年修正时，删除了涉外协议管辖制度，将涉外和非涉外协议管辖统一规定于第 34 条。[①] 根据该条规定，涉外民事案件当事人协议选择的人民法院必须存在实际联系，且不得违反级别管辖和专属管辖的规定。从近年来的涉外民商事司法实践情况看，上述限制性规定已经不符合涉外民商事交往的实践需要，主要体现在：（1）双方均为外国当事人，其主动协议选择我国法院管辖国际商事案件，而我国与争议无实际联系的，我国法院无法行使管辖权。无疑，这不利于我国建设国际商事争议解决的优选地。（2）域外当事人可能不熟悉我国级别管辖、专门管辖制度，如果不加区分地适用协议管辖“不得违反本法对级别管辖和专属管辖”的规定，很容易导致外方当事人协议选择人民法

① 《民事诉讼法》（2012 年修正）第 34 条规定：合同或者其他财产权益纠纷的当事人可以书面协议选择被告住所地、合同履行地、合同签订地、原告住所地、标的物所在地等与争议有实际联系的地点的人民法院管辖，但不得违反本法对级别管辖和专属管辖的规定。该条对应《民事诉讼法》（2023 年修正）第 35 条。

院管辖的条款因违反级别管辖、专门管辖的规定而被认定无效。考虑到民事诉讼法涉外编主要调整我国与其他国家或者法域之间的司法管辖协调问题，不宜简单套用原规定来限制涉外协议管辖条款的效力，故有必要单独构建涉外协议管辖制度。（3）尊重当事人协议选择法院的意思自治、弱化实际联系要求是国际民事诉讼的发展趋势。比如，我国签署的海牙《选择法院协议公约》并未要求争议与协议选择的法院有实际联系。（4）《海事诉讼特别程序法》第 8 条明确规定外方当事人协议选择我国法院管辖的，不要求争议与我国法院有实际联系。① 海事法院在审判实践中，依据该条规定受理并审结了多起双方均为外国当事人主动协议选择我国海事法院管辖的案件。

综上考虑，本条取消了“实际联系”对涉外协议管辖的限制性要求，以鼓励外国当事人选择我国法院管辖，充分体现我国尊重当事人意思自治、平等保护、宽容自信开放的司法态度，同时为我国未来批准《选择法院协议公约》提前做好国际国内规则的协调工作。

【条文适用】

在本条适用过程中，需要注意把握以下几个方面的内容：

第一，当事人协议管辖应当采用书面形式，口头协议无效。这是协议管辖的形式要件，要求当事人双方以书面合同的形式选择管辖法院。当事人达成的选择管辖法院的书面协议，从本质上看属于民事合同，因此应当符合《民法典》关于合同书面形式的规定。依据《民法典》合同编第 469 条的规定，书面形式是合同书、信件、电报、电传、传真等可以有形地表现所载内容的形式；以电子数据交换、电子邮件等方式能够有形地表现所载内容，并可以随时调取查用的数据电文，视为书面形式。

第二，当事人的管辖协议应当体现双方的真实意愿，符合《民法典》

① 《海事诉讼特别程序法》第 8 条规定：海事纠纷的当事人都是外国人、无国籍人、外国企业或者组织，当事人书面协议选择中华人民共和国海事法院管辖的，即使与纠纷有实际联系的地点不在中华人民共和国领域内，中华人民共和国海事法院对该纠纷也具有管辖权。

关于法律行为有效性的规定。比如，如果属于《民法典》第 153 条规定的无效法律行为，该选择管辖的协议无效。[①] 如果属于《民法典》所规定的可撤销法律行为的情形，即便当事人已经签订了管辖协议，有撤销权的一方当事人也可以依法请求撤销该管辖协议。[②]

第三，当事人管辖协议约定法院并非必须明确到特定法院。针对当事人在管辖协议中明确指向我国法院的，就可视为满足协议选择人民法院管辖的确定性要求，而不必要求协议约定明确的某个具体人民法院。

第四，双方当事人之间的管辖协议生效以后，仍然可以经协商一致变更已经选择的管辖法院，选择其他人民法院解决纠纷。

【典型案例】

徐某某与张某某股权转让合同纠纷案

【案　　号】最高人民法院（2015）民申字第 471 号

【裁判要旨】该管辖条款约定的管辖法院即蒙古国法院系合同签订地、股权转让义务的履行地法院，与本案争议有实际联系。至于双方当事人没有具体约定纠纷由蒙古国哪一个法院管辖，当事人可以根据蒙古国法律的规定向该国某一具体法院起诉，同样具有确定性。徐某某以协议选择的法院不唯一为由主张该管辖条款无效，缺乏事实和法律依据。

---

① 《民法典》第 153 条规定："违反法律、行政法规的强制性规定的民事法律行为无效。但是，该强制性规定不导致该民事法律行为无效的除外。违背公序良俗的民事法律行为无效。"

② 比如，《民法典》第 147 条规定："基于重大误解实施的民事法律行为，行为人有权请求人民法院或者仲裁机构予以撤销。"第 148 条规定："一方以欺诈手段，使对方在违背真实意思的情况下实施的民事法律行为，受欺诈方有权请求人民法院或者仲裁机构予以撤销。"第 149 条规定："第三人实施欺诈行为，使一方在违背真实意思的情况下实施的民事法律行为，对方知道或者应当知道该欺诈行为的，受欺诈方有权请求人民法院或者仲裁机构予以撤销。"第 150 条规定："一方或者第三人以胁迫手段，使对方在违背真实意思的情况下实施的民事法律行为，受胁迫方有权请求人民法院或者仲裁机构予以撤销。"第 151 条规定："一方利用对方处于危困状态、缺乏判断能力等情形，致使民事法律行为成立时显失公平的，受损害方有权请求人民法院或者仲裁机构予以撤销。"

【基本案情】徐某某向最高人民法院申请再审称：（1）涉案股权转让合同中的管辖条款无效。本案在程序上应当适用中华人民共和国法律。根据《民事诉讼法》（2012年修正）第34条的规定，当事人协议选择管辖时需要明确具体、唯一的管辖法院，双方当事人在合同管辖条款中宽泛地约定可向蒙古国法院起诉，该管辖条款无效。双方当事人约定蒙古国法院管辖的目的是查封RICHFORTUNE公司相关财产，双方当事人以处置公司财产替代股东履行义务为目的订立管辖条款，损害RICHFORTUNE公司的利益和公司职员、债权人等第三人的利益，根据涉案股权转让合同的准据法即《蒙古国民法典》的规定，该管辖条款无效。（2）涉案股权转让合同中的管辖条款所约定的管辖法院不具有排他性。双方当事人约定“如违约则可向蒙古国法院起诉”，这里“可”字表示授权而非强制，双方当事人只是约定可以向蒙古国法院起诉，并不禁止向其他国家法院起诉，当事人也可以选择向其他国家法院起诉。一审法院作为被告住所地、付款义务履行地人民法院，对本案纠纷具有管辖权。一、二审法院根据涉案合同中的管辖条款，裁定驳回徐某某的起诉，适用法律错误。（3）根据其他人民法院正在审理的徐某某、易某某诉武汉中能高创实业有限公司股权转让纠纷一案的起诉状、答辩状、公司股权及出租车经营权指标整体转让合同等新的证据与事实，一审法院应将上述案件与本案合并审理。据此，徐某某根据《民事诉讼法》（2012年修正）第200条第1项、第6项之规定申请再审，请求：提审本案；向一审法院调取徐某某、易某某诉武汉中能高创实业有限公司股权转让纠纷一案案卷，并通知一审法院中止审理该案；指令一审法院将上述案件与本案合并审理。

【裁判结果】驳回徐某某的再审申请。

【裁判理由】最高人民法院认为，《民事诉讼法》（2012年修正）第34条规定：“合同或者其他财产权益纠纷的当事人可以书面协议选择被告住所地、合同履行地、合同签订地、原告住所地、标的物所在地等与争议有实际联系的地点的人民法院管辖，但不得违反本法对级别管辖和专属管辖的规定。”涉案股权转让合同第7条约定：“协议一经签订，双方不得反悔，如违约则可向蒙古国法院起诉，并有权申请查封 RICHFORTUNE 相关财产。”该管辖条款约定的管辖法院即蒙古国法院系合同签订地、股权转让义务的履行地法院，与本案争议有实际联系。至于双方当事人没有具体约定纠纷由蒙古国哪一个法院管辖，当事人可以根据蒙古国法律的规定向该国某一具体法院起诉，同样具有确定性。徐某某以协议选择的法院不唯一为由主张该管辖条款无效，缺乏事实和法律依据。双方当事人约定其有权申请查封 RICHFORTUNE 公司的财产，该项约定是否因损害第三人利益而无效，属于实体问题，不影响双方当事人约定蒙古国法院管辖的效力。涉案管辖条款没有违反《民事诉讼法》（2012 年修正）对专属管辖的规定，符合该法第 34 条规定的精神。一、二审法院认定涉案管辖条款合法有效，并无不当。

涉案管辖条款中的“可”字符合起诉系当事人的一项权利而非义务的实际。涉案管辖条款表明在当事人行使诉讼权利时可以向蒙古国法院起诉，但并没有表明当事人有权选择向蒙古国以外的其他国家法院起诉，涉案股权转让合同没有载明蒙古国法院对有关纠纷享有非排他性管辖权。双方当事人签订涉案股权转让合同时，徐某某持有 RICHFORTUNE 公司 100% 的股权，其拟将该股权全部转让给张某某，双方当事人在约定蒙古国法院管辖的同时，进一步约定“有权申请查封位于蒙古国的 RICHFORTUNE 相关财产”，虽然在该两项约定中后者不影响前者的效力，但如果当事人依法可以申请法院查封 RICHFORTUNE 公司相关财产，约定蒙古国法院管辖显然是该项查封的一个重要便利条件，由此可以推断双方当事人当时具有选择蒙古国法院管辖的真实意思和特定意图，而难以推断双方当事人还具有可以向其他国家法院起诉的意思。在这种情况下，徐某某认为当事人还可以向其他国家法院起诉，没有合同依据。一、二审法院认定涉案管辖条款具有排他性，具有充分事实依据。当事人就涉案纠纷提起诉讼，应当遵守双方关于管辖法院的约定，向蒙古国法院起诉。二审法院裁定维持一审法院驳回徐某某起诉的裁定，驳回徐某某的上诉，并无不当。

第二百七十八条　当事人未提出管辖异议，并应诉答辩或者提出反诉的，视为人民法院有管辖权。

【条文主旨】

本条是关于独立的涉外应诉管辖制度的规定。

【条文理解】

本条是2023年《民事诉讼法》修正时新增的条文。应诉管辖，也称为默示协议管辖，是指双方当事人在没有管辖协议的情况下，一方当事人向法院起诉，另一方当事人对法院行使管辖权不提出异议并应诉答辩的，视为承认受诉人民法院为有管辖权的法院。

从民事诉讼法的立法沿革看，《民事诉讼法》（2007年修正）没有应诉管辖的规定，但在涉外民事诉讼部分第243条[①]规定了应诉协议管辖制度。2012年《民事诉讼法》删除了涉外应诉管辖的规定，在第127条[②]增加了应诉管辖的规定，将应诉管辖的适用范围由原来的涉外民事案件扩大到非涉外民事案件。此后，应诉管辖的内容不只适用于涉外民事案件的审理程序，而是作为一项基本制度在第一审普通程序中得以适用。

与应诉管辖规定相呼应，《民事诉讼法》（2012年修正）第200条规定的再审事由中，相应删除了“违反法律规定，管辖错误的”这一再审事由。如果当事人在一审程序中没有对管辖提出异议，并应诉答辩的，受诉人民法院就取得了案件的管辖权。而且，当事人不得在判决生效后

---

① 《民事诉讼法》（2007年修正）第243条规定：“涉外民事诉讼的被告对人民法院管辖不提出异议，并应诉答辩的，视为承认该人民法院为有管辖权的法院。”

② 《民事诉讼法》（2012年修正）第127条第2款规定：“当事人未提出管辖异议，并应诉答辩的，视为受诉人民法院有管辖权，但违反级别管辖和专属管辖规定的除外。”该条现对应《民事诉讼法》（2023年修正）第130条第2款。

以管辖错误为由申请再审。

《民事诉讼法》（2021 年修正）延续了《民事诉讼法》（2012 年修正）的规定，在第 130 条第 2 款虽然作出了“当事人未提出管辖异议，并应诉答辩的，视为受诉人民法院有管辖权，但违反级别管辖和专属管辖规定的除外”的规定，但从实践情况看，该规定适用于涉外民商事案件时仍然存在一些不足，主要体现在以下方面：

第一，法律未规定被告反诉情形下应视为同意法院管辖。从国际民事诉讼惯例中，只要被告不对一国法院提出管辖异议，并应诉答辩或提起反诉，即视为其承认该国法院的管辖权。虽然《民事诉讼法司法解释》（2022 年修正）第 223 条规定了“当事人未提出管辖异议，就案件实体内容进行答辩、陈述或者反诉的，可以认定为民事诉讼法第一百三十条第二款规定的应诉答辩”，但有必要及时将司法解释的规定上升为法律。

第二，“级别管辖和专属管辖”的除外规定已经不能满足涉外民商事法治实践的需要。从管辖权的范围看，但一国法院取得案件管辖权后，关于级别管辖和专属管辖的问题，完全可以通过国内管辖规则来调整。

因此，《民事诉讼法》（2023 年修正）在本条增加规定独立的涉外应诉管辖制度，只要当事人未提出管辖异议，并应诉答辩或者提出反诉的，视为人民法院有管辖权。并且，本条亦未作出“违法级别管辖和专属管辖规定的除外”规定。

【条文适用】

从应诉管辖制度的实践情况看，应当关注管辖权异议审查期间原告申请撤诉如何处理的问题。目前比较统一的认识和做法是，受理案件的法院应当先对管辖权异议这一程序性事项进行处理，然后再由有管辖权的法院审查撤诉申请是否合法。但实践中，为了提供司法效率，个案中也可以考虑让被告先撤回管辖权异议，然后再裁定准许原告撤回起诉。

第二百七十九条　下列民事案件，由人民法院专属管辖：

（一）因在中华人民共和国领域内设立的法人或者其他组织的设立、解散、清算，以及该法人或者其他组织作出的决议的效力等纠纷提起的诉讼；

（二）因与在中华人民共和国领域内审查授予的知识产权的有效性有关的纠纷提起的诉讼；

（三）因在中华人民共和国领域内履行中外合资经营企业合同、中外合作经营企业合同、中外合作勘探开发自然资源合同发生纠纷提起的诉讼。

【条文主旨】

本条是关于我国法院专属管辖制度的规定。

【条文理解】

专属管辖，是指特定的涉外民事案件的管辖权，专属于人民法院管辖，从而排除了其他任何国家的法院对这类案件的管辖权。本条是对《民事诉讼法》（2021年修正）第273条修改形成的，增加第1项、第2项作为专属管辖案件类型，第3项保持不变。

本条第1项规定在我国设立的法人或者其他组织与其拟制人格直接相关的纠纷，包括设立、解散、清算纠纷，以及该法人或者其他组织作出的决议的效力等纠纷提起的诉讼。由于法人和非法人组织的拟制人格来源于国家公权力的确认，与登记设立地法即我国法律密切相关，往往涉及设立于我国的法人的公共登记、解散和清算等制度，关系到我国的公共秩序，宜由我国法院专属管辖。从比较法上看，这几类纠纷均有专属管辖的立法。

本条第 2 项规定知识产权领域有效性等纠纷。知识产权地域性原则是知识产权法最重要的原则之一。专利、商标、植物新品种、集成电路布图设计等，系基于一国行政主管部门的审查核准而产生的知识产权，权利授予国法院对该类知识产权的有效性等引发的诉讼专属管辖具有正当性。因此，大多数国家在国内立法中规定，注册性知识产权的效力争议由本国法院专属管辖。我国法院对因与在我国领域内审查授予的知识产权的有效性有关的纠纷提起的诉讼进行专属管辖，有利于充分保护我国知识产权权利人的合法权益，更有利于展现我国支持知识产权地域性原则的立场。

本条第 3 项未作修改，是考虑到虽然随着《外商投资法》自 2020 年 1 月 1 日起施行,[①]《中外合资经营企业法》《外资企业法》《中外合作经营企业法》（以下简称“三资企业法”）同时废止，但依照“三资企业法”设立的外商投资企业在 5 年过渡期内继续保留原企业组织形式，而且《民法典》第 467 第 2 款规定“在中华人民共和国境内履行的中外合资经营企业合同、中外合作经营企业合同、中外合作勘探开发自然资源合同，适用中华人民共和国法律”。因此，本条第 3 项仍然沿用原有规定，保留因在我国领域内履行中外合资经营企业合同、中外合作经营企业合同、中外合作勘探开发自然资源合同发生纠纷提起的诉讼，作为专属管辖的案件类型。

【条文适用】

本条规定的专属管辖案件范围，在不同程度上体现了国家主权。因此，对专属管辖的案件范围，人民法院享有绝对的管辖权，不能由其他

---

① 《外商投资法》第 42 条规定：“本法自 2020 年 1 月 1 日起施行。《中华人民共和国中外合资经营企业法》《中华人民共和国外资企业法》《中华人民共和国中外合作经营企业法》同时废止。本法施行前依照《中华人民共和国中外合资经营企业法》《中华人民共和国外资企业法》《中华人民共和国中外合作经营企业法》设立的外商投资企业，在本法施行后五年内可以继续保留原企业组织形式等。具体实施办法由国务院规定。”

任何国家法院管辖，也不允许当事人协议选择其他国家的法院管辖，在司法实践中要维护专属管辖制度。

同时也要注意，本条规定的专属管辖并不排除针对上述类型的纠纷中，当事人可以根据在合同中的仲裁条款或者以其他方式达成的书面仲裁协议，向我国的仲裁机构或者国外的仲裁机构申请以仲裁的方式解决纠纷。从这个角度来看，也体现了仲裁制度的独特优势。

【典型案例】

马来西亚国家汽车工业私人有限公司与金星重工制造有限公司、宝腾汽车（中国）有限公司中外合资经营企业合同纠纷案

【案　　号】最高人民法院（2020）最高法民辖终21号

【裁判要旨】我国法院专属管辖的案件不得协议选择外国法院管辖，但当事人选择仲裁解决纠纷的，不受我国法院专属管辖规定的限制。

【基本案情】上诉人（一审被告）：马来西亚国家汽车工业私人有限公司（以下简称马来西亚汽车公司）。住所地：马来西亚。

被上诉人（一审原告）：金星重工制造有限公司（以下简称金星公司）。住所地：中华人民共和国福建省泉州市晋江市。

一审被告：宝腾汽车（中国）有限公司（以下简称宝腾公司）。住所地：英属维尔京群岛。

上诉人马来西亚汽车公司因与被上诉人金星公司、一审被告宝腾公司中外合资经营企业合同纠纷一案，不服广东省高级人民法院（2018）粤民初74号民事裁定，向最高人民法院提起上诉。

马来西亚汽车公司上诉称：（1）自2002年《合资合同》直至2013年《终止协议》的一系列合同，均系金星公司、宝腾公司和马来西亚汽车公司分别签订。该系列协议只涉及一个法律关系，即以2002年《合资合同》为基础的中外合资经营企业合同关系。《终止协议》是对2002年《合资合同》及其相关协议的“全面的和最终的和解”；《终止协议》第2

条约定：当事各方的“权利义务立刻终止且无进一步的效力”，当事各方同意“撤回所有未决诉讼”，且“不得重新提起诉讼”。《终止协议》项下的仲裁条款是当事各方选择的新争议解决方式，变更和取代了之前的旧争议解决条款。（2）尽管 2013 年 9 月 3 日当事各方签署的《终止协议》中有“可撤销”条款，但是该条款已经被当事各方在《终止协议之补充协议二》中删除。根据《终止协议之补充协议二》，在“新合资协议签署后”，当事各方即不再负有 2002 年《合资合同》及其相关协议项下的任何义务。金星公司与马来西亚汽车公司的关联公司已于 2015 年 4 月 17 日签署新合资协议，当事各方“义务解除”的条件已经得到满足。金星公司在庭审中辩称，英文“Upon execution of the New JVA”应解释为“新合资协议履行完毕后”，但根据最权威的《布莱克法律词典》，此处“execution”最准确的含义就是指“为使契约生效而履行签名、盖章等法律所要求的手续”，与中文“新合资协议签署”的含义是一致的，金星公司也承认其一直没有主张过撤销《终止协议》。（3）马来西亚汽车公司与金星公司均确认《终止协议》项下仲裁条款的合法有效性。仲裁条款约定的仲裁事项是“源于或者与本协议或违约、终止或无效有关的纠纷、争议或主张”。金星公司在本案中提出的诉请毫无疑问与《终止协议》有关，应当由当事人选择的我国香港特别行政区国际仲裁中心管辖。（4）本案仲裁条款有效性和仲裁事项范围直接影响纠纷解决方式的确定，是法院在主管权审查阶段应当要解决的先决问题，而不是一审法院所称的需要“实体审理”的问题。一审裁定一方面认为 2013 年《终止协议》与 2002 年《合资合同》及《备忘录》的关系属于实体审理问题，另一方面又直接认定仲裁条款不约束《合资合同》项下纠纷，是自相矛盾、完全错误的。综上，马来西亚汽车公司基于仲裁条款提出的异议成立，本案不属于法院受理范围，请求法院依照《民事诉讼法司法解释》第 330 条、第 216 条之规定，裁定撤销一审裁定，驳回金星公司的起诉。

金星公司答辩称：（1）《合资合同》及《备忘录》项下的诉讼管辖条款合法有效，由《合资合同》及《备忘录》下产生的所有争议应受该诉讼管辖条款的约束。在当事各方未明确约定以《终止协议》项下的仲裁条款取代《合资合同》及《备忘录》项下的诉讼管辖条款或明确具体援引《终止协议》下的仲裁条款解决基于《合资合同》及《备忘录》产生的争议的情形下，本案应由中国法院管辖，而非仲裁。（2）《终止协议》下仲裁条款所约束的争议事项与《合资合同》及《备忘录》下的争议事项不同，而且属于实体审理的事项，不应在管辖权异议案件中审理。（3）《终止协议》下的仲裁条款效力范围仅及于《终止协议》本身的争议，对《合资合同》及《备忘录》下的争议不具有约束力，否则构成超裁。综上，一审法院对本案具有管辖权，请求法院驳回马来西亚汽车公司的管辖权异议上诉申请。

【裁判结果】撤销广东省高级人民法院（2018）粤民初74号民事裁定；驳回金星公司的起诉。

【裁判理由】最高人民法院认为，本案系中外合资经营企业合同管辖权异议纠纷。《合资合同》《备忘录》《终止协议》是金星公司与宝腾公司合作及解决纠纷的一个连续过程，《终止协议》明确约定对《合资合同》和《备忘录》项下所有的纠纷达成和解方案，即各方的权利义务须受《终止协议》的约束，《终止协议》变更了《备忘录》中对于纠纷解决方式的约定，将诉讼变更为仲裁，且本案当事人对于《终止协议》中仲裁条款的效力均无异议，故本案纠纷的管辖应当受《终止协议》中仲裁条款的约束。《终止协议》中的仲裁条款能否取代《合资合同》《备忘录》中的争议解决条款属于确定法院主管的先决问题，应当在管辖权异议纠纷中认定。一审法院以该问题应在实体审理中解决而认定《终止协议》中的仲裁条款不能拘束《合资合同》《备忘录》项下纠纷，裁定驳回汽车公司对本案管辖权提出的异议，适用法律错误。

第二百八十条　当事人之间的同一纠纷，一方当事人向外国法院起诉，另一方当事人向人民法院起诉，或者一方当事人既向外国法院起诉，又向人民法院起诉，人民法院依照本法有管辖权的，可以受理。当事人订立排他性管辖协议选择外国法院管辖且不违反本法对专属管辖的规定，不涉及中华人民共和国主权、安全或者社会公共利益的，人民法院可以裁定不予受理；已经受理的，裁定驳回起诉。

【条文主旨】

本条是关于如何解决国际间平行诉讼的一般原则、排他性管辖协议选择外国法院管辖的效力的规定。

【条文理解】

本条为 2023 年《民事诉讼法》新增条文。本条第一句增加平行诉讼的一般规定。平行诉讼，是指相同当事人就同一争议基于相同事实以及相同目的，在两个以上国家的法院进行诉讼的现象。[①] 此前，《民事诉讼法》没有对如何解决平行诉讼作出具体规定，最高人民法院通过司法解释、司法指导性意见对该问题予以明确。早在 1992 年《民事诉讼法意见》第 306 条规定："中华人民共和国人民法院和外国法院都有管辖权的案件，一方当事人向外国法院起诉，而另一方当事人向中华人民共和国人民法院起诉的，人民法院可予受理。判决后，外国法院申请或者当事人请求人民法院承认和执行外国法院对本案作出的判决、裁定的，不予

① 参见李双元等：《国际民事诉讼法概论》（第 3 版），武汉大学出版社 2016 年版，第 334 页。

准许；但双方共同参加或者签订的国际条约另有规定的除外。”2005年《第二次全国涉外商事海事审判工作会议纪要》（法发〔2005〕26号）第10条规定：“我国法院和外国法院都享有管辖权的涉外商事纠纷案件，一方当事人向外国法院起诉且被受理后又就同一争议向我国法院提起诉讼，或者对方当事人就同一争议向我国法院提起诉讼的，外国法院是否已经受理案件或者作出判决，不影响我国法院行使管辖权，但是否受理，由我国法院根据案件具体情况决定。外国法院判决已经被我国法院承认和执行的，人民法院不应受理。我国缔结或者参加的国际条约另有规定的，按规定办理。”此后，《民事诉讼法司法解释》（2022年修正）第531条进一步明确：“中华人民共和国法院和外国法院都有管辖权的案件，一方当事人向外国法院起诉，而另一方当事人向中华人民共和国法院起诉的，人民法院可予受理。判决后，外国法院申请或者当事人请求人民法院承认和执行外国法院对本案作出的判决、裁定的，不予准许；但双方共同缔结或者参加的国际条约另有规定的除外。外国法院判决、裁定已经被人民法院承认，当事人就同一争议向人民法院起诉的，人民法院不予受理。”

《民事诉讼法》（2023年修正）在上述规定的基础上，规定了解决平行诉讼的一般原则。对同一争议，我国法院和外国法院均享有管辖权时，产生的管辖权积极冲突，根据司法主权原则，我国法院依法行使管辖权，不受外国法院是否已经行使管辖权的影响。

本条第二句明确了排他性管辖协议选择外国法院管辖的效力。当事人签订排他性管辖协议的目的是提供管辖法院的明确性和可预测性。当事人通过排他性管辖的合意，赋予被选择法院或者被选择地的法院专有、排他的管辖权。一份有效的排他性管辖协议，具有排除其他法院管辖权的效力。《第二次全国涉外商事海事审判工作会议纪要》第12条规定：“涉外商事纠纷案件的当事人协议约定外国法院对其争议享有非排他性管辖权时，可以认定该协议并没有排除其他国家有管辖权法院的管辖权。如果一方当事人向我国法院提起诉讼，我国法院依照《中华人民共和国民事诉讼法》的有关规定对案件享有管辖权的，可以受理。”在此基础上，2021年12月《全国法院涉外商事海事审判工作座谈会会议纪要》第

1 条规定："涉外合同或者其他财产权益纠纷的当事人签订的管辖协议明确约定由一国法院管辖，但未约定该管辖协议为非排他性管辖协议的，应推定该管辖协议为排他性管辖协议。"上述司法指导性意见通过区分排他性与非排他性管辖协议的方式，间接明确了排他性管辖协议的效力。《民事诉讼法》（2023 年修正）吸收了上述规定，进一步明确了排他性管辖协议的效力的一般原则与例外。在不违反专属管辖的规定，不涉及我国主权、安全或者社会公共利益的前提下，人民法院可以确认排他性管辖协议选择外国法院管辖的效力。

【条文适用】

本条规定的内容虽然部分体现在之前的相关法律、司法解释、司法指导意见中，但从法律上明确排他性管辖协议的效力等问题，尚属首次。因此，在具体适用过程中，需要注意以下几个问题：

第一，注意区分排他性、非排他性管辖协议。对此，不能完全拘泥于文字，比如，管辖协议中虽然没有使用排他或者非排他的字样，但表述了当事人可以、当事人有权向某法院起诉等内容，且没有约定可以向其他国家法院起诉的，此时，从尊重当事人意思自治、减少平行诉讼等管辖权积极冲突的国际民事诉讼发展趋势出发，应当将此类协议认定为排他性管辖协议。[①]

第二，排他性管辖协议不再要求与被选择的外国法院具有"实际联系"。这是因为《民事诉讼法》（2023 年修正）第 277 条在关于"涉外民事纠纷的当事人书面协议选择人民法院管辖的，可以由人民法院管辖"的规定中，针对选择我国法院的管辖协议，已经删除了"实际联系"的要求。根据对等原则，对于当事人选择外国法院的排他性管辖协议，同样不再要求与外国法院具有实际联系。由此，也更能体现我国涉外立法

① 2021 年 12 月《全国法院涉外商事海事审判工作座谈会会议纪要》第 1 条规定："涉外合同或者其他财产权益纠纷的当事人签订的管辖协议明确约定由一国法院管辖，但未约定该管辖协议为非排他性管辖协议的，应推定该管辖协议为排他性管辖协议。"

的开放包容。

第三，排他性管辖协议选择外国法院管辖，不得违反法律对专属管辖的规定，不涉及我国主权、安全或者社会公共利益。否则，构成对强制性规定和公共秩序的违反，管辖协议将被认定为无效。

第二百八十一条　人民法院依据前条规定受理案件后，当事人以外国法院已经先于人民法院受理为由，书面申请人民法院中止诉讼的，人民法院可以裁定中止诉讼，但是存在下列情形之一的除外：

（一）当事人协议选择人民法院管辖，或者纠纷属于人民法院专属管辖；

（二）由人民法院审理明显更为方便。

外国法院未采取必要措施审理案件，或者未在合理期限内审结的，依当事人的书面申请，人民法院应当恢复诉讼。

外国法院作出的发生法律效力的判决、裁定，已经被人民法院全部或者部分承认，当事人对已经获得承认的部分又向人民法院起诉的，裁定不予受理；已经受理的，裁定驳回起诉。

【条文主旨】

本条是关于先受理法院与国际平行诉讼问题的处理的规定。

【条文理解】

本条为 2023 年《民事诉讼法》修正时新增条文，将《民事诉讼法司法解释》（2022 年修正）第 531 条在司法实践中的成熟做法上升为法律，体现了我国法院对外国法院适度礼让管辖权的精神。

本条第 1 款在《民事诉讼法司法解释》（2022 年修正）第 531 条第 1 款的基础上，吸收了“承认先受理法院管辖权模式”的合理内容而修改形成的。从国际民事诉讼的发展方向看，越来越多的国家采用先受理法院规则作为解决国际平行诉讼的基本原则。本条第1款明确了针对当事人之间的同一纠纷，如果构成我国法院与外国法院积极管辖权冲突的，当事人以外国法院已经先于人民法院受理为由，书面申请人民法院中止诉讼的，人民法院可以裁定中止诉讼。这是国际礼让惯例的体现，也是为了避免产生不同国家法院之间的“冲突判决”，有利于减少司法资源的浪费，稳定国际交往秩序。但是，如果存在当事人协议选择我国法院管辖，或者争议属于我国法院专属管辖范围的案件，或者我国法院审理明显更为方便的，人民法院不予中止诉讼，继续案件审理，不予让渡管辖权。这又体现了维护我国的强制性规定与更好维护当事人合法权益。

本条第2款规定了即便我国法院基于礼让中止了本案诉讼，但如果外国法院未采取必要措施审理案件，或者未在合理期限内审结的，依当事人的书面申请，我国法院应当恢复诉讼。这同样体现了提升司法效率，避免外国法院非正常拖延审理损害当事人程序权利。

本条第3款基本延续了《民事诉讼法司法解释》（2022年修正）第531第2款的规定。对于外国法院作出的发生法律效力的判决、裁定，已经被人民法院全部或者部分承认的，就视同我国法院作出的发生法律效力的判决、裁定。根据“一事不再理”的原则，获得承认的部分具有了既判力或者既决效力，理应不再被我国法院受理。

【条文适用】

本条要与本法第280条结合起来理解与适用，在具体适用过程中需要注意以下几个问题：

第一，本条针对的纠纷是“当事人之间的同一纠纷”，且我国法院与外国法院都享有管辖权，即构成积极的管辖权冲突。

第二，外国法院受理在先只是我国法院中止诉讼的必要条件，并非充分条件。如果存在当事人协议选择人民法院管辖，或者纠纷属于人民法院专属管辖，或者由人民法院审理明显更为方便的情形，我国法院不能中止诉讼，应当继续审理本案。除了本条规定的上述除外规定外，还要注意判断当事人是否签订了排他性管辖协议、是否存在恶意诉讼等情形。

第三，但外国法院在审理过程中存在非正常“拖延诉讼”的情形，依当事人申请，我国法院应当及时恢复诉讼，继续对本案进行审理。

第四，在《民事诉讼法》（2023 年修正）过程中，有意见提出借鉴“预期承认理论”，我国法院如果预期外国法院的判决能够在我国被承认或者执行的，可以终止或者暂停行使管辖，等待外国法院判决。但从全国人大常委会审议通过的《民事诉讼法》（2023 年修正）的正式文本看，并未明确规定“逾期承认理论”。因此，如果未来法律作出修改，或者最高人民法院以司法解释等形式采纳了这一理论，我国法院就可以进一步拓展礼让的范围和幅度。在此之前，仍然要严格以现行法律、司法解释为依据。

第二百八十二条　人民法院受理的涉外民事案件，被告提出管辖异议，且同时有下列情形的，可以裁定驳回起诉，告知原告向更为方便的外国法院提起诉讼：

（一）案件争议的基本事实不是发生在中华人民共和国领域内，人民法院审理案件和当事人参加诉讼均明显不方便；

（二）当事人之间不存在选择人民法院管辖的协议；

（三）案件不属于人民法院专属管辖；

（四）案件不涉及中华人民共和国主权、安全或者社会公共利益；

（五）外国法院审理案件更为方便。

裁定驳回起诉后，外国法院对纠纷拒绝行使管辖权，或者未采取必要措施审理案件，或者未在合理期限内审结，当事人又向人民法院起诉的，人民法院应当受理。

【条文主旨】

本条是关于存在不方便管辖的事由可以告知原告向更为方便的外国法院管辖的规定。

【条文理解】

本条是在《民事诉讼法司法解释》（2022年修正）第530条的基础

上修改形成，[①] 适当降低不方便法院管辖的条件，有利于更好协调国际平诉讼的问题。

不方便法院原则，又称为非方便法院原则，国际法通说认为主要起源于英美法系，是普通法中允许法院在存在一个实质上更加方便与合适的替代法院时，拒绝行使司法管辖权的一种制度。[②] 在国际法理论上，不方便法院原则的构成要件主要包括：（1）本法院对该诉讼具有合法的管辖权。如果本法院不具有管辖权，当然无权审理该案，也就无须以不方便为由拒绝行使管辖权。（2）如果本法院审理该案件，将对当事人、法院带来极为不便。（3）存在一个对本案诉讼具有管辖权且更为便利、合适的可替代法院。该替代法院不仅更为方便，实践中一般还要求能提供公正的救济。（4）不方便法院原则依当事人（实践中一般是被告一方）的申请，法院通过裁量决定拒绝行使管辖权。

在此之前，《民事诉讼法》没有规定不方便法院原则，最高人民法院通过司法解释、司法指导性意见作出探索性规定。《民事诉讼法》（2023 年修正）将相关司法解释、司法指导性意见适用中比较成熟的做法上升为法律。

本条第 1 款规定了我国法院行使不方便管辖的五项条件，这五项条件缺一不可，必须同时具备我国法院才能拒绝行使管辖权。其中，针对司法解释的规定，主要作了两处修改：

第一，将司法解释关于“案件不涉及中华人民共和国国家、公民、法人或者其他组织的利益”的规定，修改为“案件不涉及中华人民共和国主权、安全或者社会公共利益”，降低了适用条件，增加了实践中我国

---

① 《民事诉讼法司法解释》（2022 年修正）第 530 条规定：“涉外民事案件同时符合下列情形的，人民法院可以裁定驳回原告的起诉，告知其向更方便的外国法院提起诉讼：（一）被告提出案件应由更方便外国法院管辖的请求，或者提出管辖异议；（二）当事人之间不存在选择中华人民共和国法院管辖的协议；（三）案件不属于中华人民共和国法院专属管辖；（四）案件不涉及中华人民共和国国家、公民、法人或者其他组织的利益；（五）案件争议的主要事实不是发生在中华人民共和国境内，且案件不适用中华人民共和国法律，人民法院审理案件在认定事实和适用法律方面存在重大困难；（六）外国法院对案件享有管辖权，且审理该案件更加方便。”

② 参见李双元等：《国际民事诉讼法概论》（第 3 版），武汉大学出版社 2016 年版，第 317 页；何其生：《比较法视野下的国际民事诉讼》，高等教育出版社 2015 年版，第 149 页。

法院适用不方便法院原则的可能。

第二，删除司法解释“案件不适用中华人民共和国法律，人民法院审理案件在认定事实和适用法律方面存在重大困难”的情形，是对质疑我国法院司法能力的有力回应。

【条文适用】

从国际民事诉讼实践看，一国法院管辖权的扩张有利于提升当事人选择法院的自由度，但是，这种自由如果走向极端将导致“挑选法院”，而不方便法院原则是对抗“挑选法院”的一种方向平衡机制。不过，从不方便法院制度的产生、发展过程看，在适用过程中需要注意防止“广泛而模糊的自由裁量权”与“对原告的变相歧视”等问题。因此，我国法院在适用不方便法院原则时，应当秉持审慎原则，防止其在实践中发生异化。

【典型案例】

郭叶律师行诉厦门华洋彩印公司代理合同纠纷管辖权异议案①

【裁判要旨】解决内地与香港特别行政区法院的管辖权冲突既要维护内地法院的司法管辖权，也要加强双方的互助与合作。本案是代理合同纠纷之诉，若由香港特别行政区法院审理本案，一旦判决华洋彩印公司承担义务，由于华洋彩印公司的住所和财产均在内地，当事人只有在内地重新诉讼才有可能使生效判决得到执行。为避免当事人重复诉讼，及时有效地保障当事人的合法权益，本案由厦门市中级人民法院审理最为合适，厦门市中级人民法院不能以自身是不方便法院为由拒绝行使管辖权。

【基本案情】原告：郭叶律师行。

被告：福建省厦门华洋彩色印刷有限公司（以下简称华洋彩印公司）。

① 案例来源：《最高人民法院公报》2004年第7期。

郭叶律师行诉称：2000 年 11 月 29 日，郭叶律师行与华洋彩印公司签订了《聘任书》，约定由郭叶律师行担任华洋彩印公司在香港特别行政区上市的保荐人和承销商的律师，向保荐人和承销商提供法律服务，由华洋彩印公司给郭叶律师行支付法律专业服务费用。《聘任书》签订后，郭叶律师行完成了提供法律服务的义务，而华洋彩印公司却不支付费用，理由是其上市失败。上市失败是被告自己的原因造成的。请求判令华洋彩印公司支付拖欠的法律专业服务费用港币 1 444 882 元。

华洋彩印公司辩称：华洋彩印公司接到诉状后，于 2003 年 7 月 22 日提出管辖权异议。理由是郭叶律师行提供的证据，自身已显示出内容多为虚假，这些假证全部在香港特别行政区制造；郭叶律师行极有可能涉嫌触犯香港特别行政区刑律；且该案在香港特别行政区有重大影响，香港特别行政区媒体此前均有报道。故本案应由香港特别行政区法院适用香港特别行政区法律审理为妥，申请将本案移交香港特别行政区司法管辖。

【裁判结果】驳回被告华洋彩印公司对本案管辖权提出的异议。

【裁判理由】福建省厦门市中级人民法院认为，被告华洋彩印公司提出的管辖权异议涉及国际民事诉讼中平行诉讼和不方便法院的问题。

平行诉讼，是指相同当事人之间就同一标的在两个或两个以上国家或地区的法院进行诉讼，也称“一事两诉”。由于各国都奉行国家主权原则，而对民事诉讼行使司法管辖权，是国家主权在民事诉讼领域的体现，因此在国际民事诉讼中，平行诉讼是存在的，也是允许的。我国司法实践不排除平行诉讼。对同一案件，只要根据我国法律或者我国参加的国际条约规定，我国法院有管辖权，则不问该案是否在其他国家或者地区起诉，或者该案是否已由其他国家或者地区审理，或者其他国家或者地区是否已对该案作出判决，均不影响我国法院对该案的管辖。

郭叶律师行以华洋彩印公司为被告，在厦门市中级人民法院提起的代理合同纠纷诉讼，是涉港民事诉讼。香港特别行政区是我国的一个独立司法区域，目前与内地尚未建立解决管辖权冲突和相互承认与执行法院裁决的司法协助关系。故香港特别行政区法院是否受理同一诉讼，不是内地法院能否受理的前提。华洋彩印公司以郭叶律师行已经在香港特别行政区法院提起诉讼，内地法院再受理就成为“一事二诉”为由，主张将本案移交香港特别行政区法院处理，理由不能成立。

不方便法院的问题，是指依照本国法律或国际条约规定，受案法院对某一国际民事诉讼享有管辖权，但该管辖权的实际行使将给当事人和法院的工作带来种种不便，无法保障司法公正，也不能使争议得到迅速有效的解决，当别国法院对这一诉讼同样享有管辖权时，受案法院即可以自身为不方便法院为由，依职权或者根据被告的请求，裁定拒绝行使管辖权。这说明，这种国际民事诉讼不仅受案法院享有管辖权，还应当有一个以上可替代受案法院的别国法院同样享有管辖权。受案法院能否以自身是不方便法院为由拒绝行使管辖权，通常考虑的因素有：（1）原告选择该法院起诉的理由；（2）被告到该法院应诉是否方便；（3）争议行为或交易的发生地位于何处；（4）证据可否取得；（5）适用法律的查明是否方便；（6）可否完成对所有当事人的送达；（7）判决可否执行；（8）语言交流是否方便；（9）本院案件积压情况；等等。还应当指出，尽管被告有权以“不方便法院”为由抗辩原告的起诉，但受案法院是否采纳，应当由受案法院根据案件的具体情况，从及时、有效和最大限度地保护当事人合法权益出发，自由裁量。本案被告华洋彩印公司的住所地在厦门，原告郭叶律师行以华洋彩印公司为被告，在厦门市中级人民法院提起的代理合同纠纷诉讼，厦门市中级人民法院有权管辖。本案合同履行地在香港特别行政区，双方当事人在合同上约定了适用香港特别行政区法律并由香港特别行政区法院行使非排他性的管辖权，香港特别行政区法院当然也有权管辖。解决内地与香港特别行政区法院的管辖权冲突与解决其他涉外案件一样，既要维护内地法院的司法管辖权，也要加强双方的互助与合作。本案是代理合同纠纷之诉，若由香港特别行政区法院审理本案，一旦判决华洋彩印公司承担义务，由于华洋彩印公司的住所和财产均在内地，当事人只有在内地重新诉讼才有可能使生效判决得到执行。为避免当事人重复诉讼，及时有效地保障当事人的合法权益，本案由厦门市中级人民法院审理最为合适，厦门市中级人民法院不能以自身是不方便法院为由拒绝行使管辖权。

第二十五章　送达、调查取证、期间

第二百八十三条　人民法院对在中华人民共和国领域内没有住所的当事人送达诉讼文书，可以采用下列方式：

（一）依照受送达人所在国与中华人民共和国缔结或者共同参加的国际条约中规定的方式送达；

（二）通过外交途径送达；

（三）对具有中华人民共和国国籍的受送达人，可以委托中华人民共和国驻受送达人所在国的使领馆代为送达；

（四）向受送达人在本案中委托的诉讼代理人送达；

（五）向受送达人在中华人民共和国领域内设立的独资企业、代表机构、分支机构或者有权接受送达的业务代办人送达；

（六）受送达人为外国人、无国籍人，其在中华人民共和国领域内设立的法人或者其他组织担任法定代表人或者主要负责人，且与该法人或者其他组织为共同被告的，向该法人或者其他组织送达；

（七）受送达人为外国法人或者其他组织，其法定代表人或者主要负责人在中华人民共和国领域内的，向其法定代表人或者主要负责人送达；

（八）受送达人所在国的法律允许邮寄送达的，可以邮寄送达，自邮寄之日起满三个月，送达回证没有退回，

但根据各种情况足以认定已经送达的，期间届满之日视为送达；

（九）采用能够确认受送达人收悉的电子方式送达，但是受送达人所在国法律禁止的除外；

（十）以受送达人同意的其他方式送达，但是受送达人所在国法律禁止的除外。

不能用上述方式送达的，公告送达，自发出公告之日起，经过六十日，即视为送达。

【条文主旨】

本条是关于在我国领域内没有住所的当事人送达诉讼文书的方式的规定。

【条文理解】

国际民事诉讼中的域外送达，是指一国法院或相关机构依据多边国际条约或双边司法协助条约规定的途径，或通过其他途径，将司法文书送达位于该外国的当事人的行为。

多年以来，“送达难”一直是制约我国民商事案件审判效率的问题。在涉外民商事审判中“送达难”的问题更为突出，对涉外民商事案件审判效率明显形成掣肘。自1991年《民事诉讼法》确立涉外送达基本制度框架以来，虽然其后进行过数次法律修改，但针对涉外送达规定进行修改的次数和幅度均极为有限，仅在2012年法律修改时做了两处修改。一是对两个期限的修改，包括将邮寄送达情形下送达回证未被退回，但根据各种情况足以认定已经送达的，将自邮寄送达之日起满6个月视为送达修改为满3个月即视为送达，将公告送达的期限由6个月缩短为3个月。二是增加了“采用传真、电子邮件等能够确认受送达人收悉的方式进行”的规定。2017年和2021年两次修改均不涉及涉外送达制度。

虽然上述修改一定程度缓解了涉外送达期限过长、审判效率过于低下的问题，但随着我国对外民商事交往的日益频繁，2012 年《民事诉讼法》修改后延续至今的八种送达方式，已经不能适应涉外民商事案件数量快速增长的形势，已经不能满足涉外民商事案件当事人对程序效率的迫切需求。在信用证、独立保函、必要标准专利等类型的纠纷中，对相关司法文书的送达效率提出了更高的要求，法律实务界、理论界对提升送达效率的呼声尤为强烈。在各国竞相打造争议解决优选地的背景下，在充分保障当事人诉权的前提下，通过进一步拓展送达渠道、缩短送达期限，提高涉外审判效率，及时维护当事人的合法权益，也有助于营造更优的法治营商环境。另外，涉外司法实践中，一些法院为解决“送达难”的问题，经过不断的经验积累，已经摸索出了一些行之有效的其他涉外送达方式，取得了较好的审判效果和社会效果，有必要及时总结司法实践有益审判经验，适当归纳后上升为法律规则。

本次修法对涉外送达相关制度作了系统性的修改，具体修改内要有如下几个方面：

第一，关于对诉讼代理人进行送达是否以其“有权接受送达”为前提。依照 2021 年《民事诉讼法》第 274 条第 4 项的规定，人民法院向当事人的诉讼代理人送达，以受送达人委托的诉讼代理人有权代其接受送达为前提条件。经研究，我们认为，即使委托代理人仅系一般授权，其在庭审过程中亦可参与提交证据、进行言辞辩论、庭后提交代理意见等重要诉讼活动。送达的主要功能在于通知，代理人接受法院送达的司法文书，是其得以参与这些诉讼活动不可或缺的一环。接收法院向其送达的司法文书，是委托诉讼代理人的当然义务。事实上，《最高人民法院关于涉外民事或商事案件司法文书送达问题若干规定》已经开始作出相关尝试，该解释第 4 条规定，除受送达人在授权委托书中明确表明其诉讼代理人无权代为接收有关司法文书外，其委托的诉讼代理人即为有权代其接受送达的诉讼代理人，人民法院可以向该诉讼代理人送达。但是，针对这一规定，司法实践中开始出现部分当事人在授权委托书中明确限制其代理人接收司法文书的现象，如果当事人位于境外，特别是缺乏境外准确送达地址时，因其委托的位于中华人民共和国领域内的诉讼代理人无权接收文书，送达将变得尤为困难，争议解决的时间成本大幅上升。此次修法中，为避免当事人通过在出具给代理人的授权委托书载明“不包括接受司法文书”而逃避送达、拖延诉讼，此次法律修改较前述司法解释更进一步，删除了诉讼代理人前“有权代其接受送达”的表述。

第二，关于对法人依法设立的分支机构进行送达是否以其“有权接受送达”为前提。《民法典》第74条规定，法人可以依法设立分支机构。分支机构以自己的名义从事民事活动，产生的民事责任由法人承担；也可以先以该分支机构管理的财产承担，不足以承担的，由法人承担。可见，法人的分支机构并不具有独立的人格，分支机构仅仅是在法人授权范围内依法从事民事活动，其经营管理的财产是法人财产的一部分，其人格与设立它的法人的人格是合二为一的。虽然法人的分支机构是以自己的名义从事民事活动，但产生的民事责任应当由法人承担。在涉外民商事审判中，外国法人在我国领域内设立的分支机构亦非独立法人，向外国法人分支机构的送达即应视为向设立该分支机构的外国法人送达，故此次修法亦删除了分支机构接受送达以“有权代其接受送达”之前提条件。

第三，向受送达人在我国领域内设立的独资企业送达的问题。该送达方式系新增内容。最高人民法院2021年12月31日发布的《全国法院涉外商事海事审判工作座谈会会议纪要》第12条第1项规定：“人民法院对外国自然人采用下列方式送达，能够确认受送达人收悉的，为有效送达：（一）向其在境内设立的外商独资企业转交送达。”该新增送达方式吸收了会议纪要中的合理内容。外国法人在我国领域内设立的独资企业。在公司法意义上，股东与其设立的独资公司系各自独立的法人，但在程序法意义上，送达的功能在于通知相关诉讼事项，因独资企业的日常经营管理人员全来自外国单一股东的委派，并无其他股东委派的人员，不存在送达事项影响其他股东投资利益的问题，因此，无需外国股东另行专就文书送达问题进行授权，为提升诉讼效率，增设了这一送达方式。征求意见过程中，有意见提出，此种情形下的送达应不限于“独资企业”，可以拓展至受送达人在我国领域内设立的合资企业、合作企业等企业形式。该建议对于进一步提升送达效率确有助益，但为避免诉讼事宜波及其他股东，引发其他股东的担忧，最终未采纳这一建议。

第四，关于受送达人为外国人、无国籍人，其在中华人民共和国领域内设立的法人或者其他组织担任法定代表人或者主要负责人时的送达问题。本次修法吸纳了《全国法院涉外商事海事审判工作座谈会会议纪要》第 12 条第 2 项规定中的合理部分。该会议纪要第 12 条第 2 项规定：“人民法院对外国自然人采用下列方式送达，能够确认受送达人收悉的，为有效送达：（二）向其在境内担任法定代表人、公司董事、监事和高级管理人员的企业转交送达。”立法论证过程中，考虑到受送达人为外国人、无国籍人，虽其在中华人民共和国领域内设立的法人或者其他组织担任法定代表人或者主要负责人，但如果该外国人、无国籍人系因个人事务涉诉，甚至相关诉讼涉及其个人隐私，一则向其任职的法人组织或其他组织送达文书可能导致其个人隐私泄露，此种泄露发生在其任职的法人组织或非法人组织，有可能对其正常的工作和生活产生不利影响。为此，在一读稿的基础上，增加了“且与该法人或者其他组织为共同被告的”限制性表述。原因在于，外国人、无国籍人因个人事务涉诉，其任职的法人或其他组织必须成为共同被告的可能性较低，其与所任职的法人或者其他组织成为共同被告的情形，绝大多数情况下是因该外国人、无国籍人的相关行为与公司事务有关，有必要列为共同被告以便查清事实并判定责任的有无。此时向该外国人、无国籍人任职的法人或者其他组织送达，具有合理性。

第五，作为受送达人的外国法人或者其他组织，其法定代表人或者主要负责人在中华人民共和国领域内时，向其法定代表人或者主要负责人送达。该规定系吸纳了《民事诉讼法司法解释》（2022 年修正）第 533 条的合理内容。《民事诉讼法司法解释》（2022 年修正）第 533 条规定：“外国人或者外国企业、组织的代表人、主要负责人在中华人民共和国领域内的，人民法院可以向该自然人或者外国企业、组织的代表人、主要负责人送达。外国企业、组织的主要负责人包括该企业、组织的董事、监事、高级管理人员等。”此种规定的法理在于，法人作为一种社会组织体，对外进行民商事活动，必须由自然人代而为之，即任何法人均须有自然人为其“代表”。当外国法人或者其他组织系受送达人，其“代表人”或者“主要负责人”在我国领域内时，因其具有相应的职务或身份，向其所为送达并非一般意义上的向自然人送达，而是向其所服务的法人或者其他组织送达。

第六，关于电子方式送达。近几十年来，电子信息技术迅猛发展，人类的通信方式发生了翻天覆地的变化。送达本质上是将与诉讼有关的信息从法院一端传递至诉讼参与人一端，出于高效解决争端的实际需求，诉讼参与人和法院都存在将电子信息技术引入相关诉讼环节的共同愿望。1991 年、2007 年《民事诉讼法》对电子送达方式均未作任何规定，2012 年《民事诉讼法》才增加了传真、电子邮件两种电子送达方式。随着电子信息交流方式日益丰富多样，例如，即时通讯软件的使用越来越广泛，“移动微法院”等特定电子系统也越来越多地被使用，通过这些方式送达司法文书的效率更高、可靠性亦有充分保障，有必要进一步回应司法实践对提升送达效率的迫切需求。为此，一读稿在“传真”“电子邮件”的基础上，增加了“即时通讯工具、特定电子系统等”之送达方式。在最终的文本中，采用了不再列举具体的方式，而使用“电子方式”这一高度包容性表述的方法，最大限度向后扩容，为未来信息技术通信手段被用于合法送达方式留下空间。但以不违反受送达人所在国禁止性法律规定为限。

第七，关于“受送达人同意的其他送达方式”进行送达。如前所述，司法送达的本质是将与诉讼有关的信息以不违法的方式传递给诉讼参与人。如果说本条规定的其他送达方式都是法律明文列举的方式，以“受送达人同意的其他送达方式”进行送达，则是一种非列举性的、具有一定开放性的送达方式，只要受送达人同意，且不违反受送达人所在国法律。例如，某长期在境外经商、学习、务工的受送达人，或者工作流动性较大的受送达人，有确切证据证明其同意由同乡、同学或者相关民间组织的人员等代为接收司法文书后再向其转交的，如果其所在国并不禁止此种转交行为，即使其同乡、同学、亲友或者相关民间组织工作人员不具有司法职业背景，不具有转交司法文书的法定义务，该种送达方式也属于“受送达人同意的其他送达方式”；又如，一读稿中曾经规定了“受送达人为在中华人民共和国领域外设立的独资企业，设立该独资企业的自然人、法人或非法人组织在中华人民共和国领域内的，向该自然人、法人或非法人组织送达”，以及“受送达人为外国自然人，其在中华人民共和国领域内有同住成年家属的，向其同住成年家属送达”这两种送达方式，因存在一定争议，最终文本中删除了这两种送达方式。如果中华人民共和国领域外设立的独资企业为受送达人，设立该独资企业的自然人、法人或非法人组织在中华人民共和国领域内，该独资企业和作为独资企业股东的自然人、法人或非法人组织均同意向作为股东的该自然人、法人或非法人组织送达，依据本条的规定，亦应准许，该送达为有效送达。同理，受送达人为外国自然人时，其和在中华人民共和国领域内的同住成年家属均同意的，可以向其同住成年家属送达；同理，受送达人为外国自然人时，其和在中华人民共和国境内的同住成年家属送达。

第八，进一步完善公告送达制度。公告送达系拟制送达，在国内非涉外案件公告期限已经缩短为 30 日的情况下，涉外公告送达期限有必要相应地进一步缩短。起草过程中，部分意见提出，为提升涉外送达效率，可以考虑将涉外公告送达的期限与非涉外公告送达保持一致，均规定为 30 日。考虑到涉外公告送达的目标受众更大可能位于境外，为充分保障当事人的诉权，以规定较非涉外公告送达更长的公告期为宜。因此，本条规定：“不能用上述方式送达的，公告送达，自发出公告之日起，经过六十日，即视为送达。”

【条文适用】

1. 送达过程中必须牢固树立程序正义理念。通过送达将司法文书和相关诉讼信息有效传递给诉讼参与人，使得诉讼参与人能够有效参与诉讼各进程，是程序正义的内在基本要求。涉外民商事案件的送达较非涉外送达更为耗时，甚至更为困难，但仍应克服畏难情绪，严格依照法定程序和方式进行送达，办案中应养成倒序思维，即在办案的每一个环节都考虑法院在该环节采取的相关措施是否会影响判决在域外的承认和执行。虽然并非所有的涉外民商事判决都会被申请外国法院承认和执行，但在每一个案件中仍应保持这种理念。因送达程序的瑕疵导致域外当事人未到庭而作出的缺席判决，较大可能将不被外国法院承认和执行，既损及未到庭境外当事人的诉讼利益，因判决需要到境外承认和执行而不得，原告的利益也受到了实质性伤害。

2. 多种方式同时送达问题。受送达人所在国与我国同为海牙送达公约成员国，或者与我国签订的双边司法协助条约中对送达问题有明确规定的，可依照公约或双边条约规定的方式进行送达。对于送达领域不存在公约或双边条约关系，但存在外交关系的，通过外交途径进行送达。与此同时，前述送达方式还可以采取其他不为受送达人所在国法律禁止的方式同步进行。至于公告送达与其他送达方式是否可以同时进行，司法实践中，有的法院在充分保障当事人诉权的前提下，进行了一些有益的探索，收到了一定的效果。例如，有的法院在送达开庭传票时，将开庭时间预留在七到八个月之后，并在开庭传票上填写确定的开庭日期。将该传票通过公约或条约（如果存在公约或条约关系）规定的转递途径，同时以其他方式例如电子邮件、邮寄等方式（受送达人所在国反对的除外）送达，且一并采用公告送达方式，公告送达中的开庭日期与传票中的开庭日期保持一致，避免了因其他送达方式，特别是公约或条约规定的转递送达不成功而重新公告导致耗费时间过长。多种送达“组合拳”同时进行，有效提升了送达效率，且当事人的诉权似并未明显受到侵害。一读稿中曾吸收归纳实践中的这一做法，规定“经当事人书面申请，在公告送达不少于六十日且不影响受送达人诉讼权利的情况下，上述送达方式可以和公告送达方式同时进行”，因存在争议，最终条文删除了这一表述。但在司法实践中，在确保当事人诉权不受侵害、确有必要提升送达效率的前提下，个案中仍存在适用同时送达方式的空间。

3. 关于“能够确认受送达人收悉的”送达标准的掌握。首先，严格说来，本条所规定的所有送达方式，都必须具备“能够确认受送达人收悉”这一要件，有的条文中强调“能够确认受送达人收悉”，并不意味着未作此种表述的条文所规定的送达不以“能够确认受送达人收悉”为要件。条文中未明确规定“能够确认受送达人收悉”之要件的，是根据该条文确定的特定送达方式，更倾向于作出这样的推定，即只要严格依照该种方式送达，便可以认定已经送达成功。如果受送达人抗辩称送达存在瑕疵致使其未有效送达，从举证责任的角度，受送达人负有更重的举证义务，如果送达确系严格依照规定的途径和方式，受送达人的此种抗辩可能难以成功。其次，条文中明确规定“能够确认受送达人收悉”之要件，是基于该送达方式的固有特征，因此，在确认受送达人是否收悉方面需给予更多的注意。如果受送达人抗辩称送达存在瑕疵致使其未获得有效送达，法院应进一步主动查明相关送达事实，以确定受送达人是否收悉了相关诉讼信息。目前的送达规定中，涉及“确认受送达人收悉”的条款共两条，其一是本条第 9 项关于电子送达方式的规定，其二是本条第 8 项关于邮寄送达方式的规定。电子送达方式的灵活、便捷、高效乃其不可替代的优势，但与此同时，灵活、便捷、高效的特性一定程度也使得送达结果的确定性略逊于其他送达方式。例如，电话、短信、即时通讯工具、电子邮件、传单、微信、QQ 等具体电子信息沟通方式，存在信息可能被篡改、实际使用人与受送达人不一、受送达人已经弃用相关通讯方式等情况，因此，采用电子方式送达的，对确认受送达人收悉了相关诉讼信息，法院尤其应主动查明相关事实。关于邮寄送达方式，虽然条文采用的是“根据各种情况足以认定已经送达的”之表述，其实质内涵与“能够确认受送达人收悉”并无不同。再次，虽然是通过本条所规定的所有送达方式之外的送达方式进行送达，如果有证据证明其确已知悉相关诉讼信息，仍可认定成功向其进行了送达。《全国法院涉外商事海事审判工作座谈会会议纪要》第 12 条第 4 项对此作了规定，司法实践中仍可适用该会议纪要的规定。其原理仍在于，送达的功能主要是诉讼信息的传递和通知，既然其已知悉相关诉讼信息，应认定向其所为送达已经成功。当然，不违反所在国法律，仍是需遵守的一般要件。

某种送达方式是否需要强调“能够确认受送达人收悉”之要件，认识上有一个变化的过程。比如，向受送达人在中华人民共和国领域内设立的独资企业送达，此前《全国法院涉外商事海事审判工作座谈会会议纪要》中“能够确认受送达人收悉的”这一限定条件，考虑到独资企业的日常经营管理人员全来自外国单一股东的委派，如果向独资企业进行了有效送达，应认定诉讼进程、司法文书的相关信息也亦被作为受送达人的股东有效知悉，进而应认定对作为受送达人的股东进行了有效送达，故立法中未采用会议纪要中“能够确认受送达人收悉的”之表述。

第二百八十四条　当事人申请人民法院调查收集的证据位于中华人民共和国领域外，人民法院可以依照证据所在国与中华人民共和国缔结或者共同参加的国际条约中规定的方式，或者通过外交途径调查收集。

在所在国法律不禁止的情况下，人民法院可以采用下列方式调查收集：

（一）对具有中华人民共和国国籍的当事人、证人，可以委托中华人民共和国驻当事人、证人所在国的使领馆代为取证；

（二）经双方当事人同意，通过即时通讯工具取证；

（三）以双方当事人同意的其他方式取证。

【条文主旨】

本条是关于域外调查取证的相关方式的规定。

【条文理解】

在国际民商事交往中，一些事实可能散发在不同的国家或地区。与一国法院在其国内调查取证不同，发生在受诉国法院之外的国家或地区的事实、已经存在的相关证据如果系案件审理所必须，因各国之间司法主权平等，受诉国法院的司法人员难以直接前往他国进行调查取证，否则将被视为侵犯他国司法主权。例如，本法第 294 条规定，除明文规定的情况外，未经中华人民共和国主管机关准许，任何外国机关或者个人不得在中华人民共和国领域内送达文书、调查取证。

因国际社会民商事交往活动的活跃性和复杂性，相关事实、证据散落在不同国家和地区乃交往频繁带来的常态。争议发生之后，为查明发生在他国的案件事实、调取存在于他国的证据，在尊重各国司法主权的前提下，国际社会需要建立起一套关于域外调查取证的写作机制，通过相互之间提供协助完成调查取证事项，这对于各国法院准确认定案件事实、进而正确适用法律、在国际层面实现民商事判决的公平公正具有重要意义。

依据取证主体和实施方式的不同，可将域外调查取证分为直接取证和间接取证。直接取证，是指无须证据所在地国主管机关的协助而径直调取证据的行为，根据取证主体的不同，又可以进一步区分为外交和领事人员取证、当事人或其诉讼代理人自行取证以及特派员取证①等方式。间接取证，是指通过取证地国主管机关的协助调取证据。如前所述，出于对司法主权的相互尊重，间接取证是国际社会采用较多的取证方式。间接取证的程序与间接送达大体类似，首先是法院按照规定的样式制作请求书，向外国法院或有关机关提出调取特定证据的请求，证据所在地国的主管机构审查同意的，则指派本国的有关法院或机构按照内国诉讼中取证所采用的程序和方式调取证据，之后再将有关证据材料逐级回递给提出请求的机构。如果未能调取证据，也应将有关情况和理由通知请求机构。如果调取证据请求的实施可能危及证据所在地国的国家安全，或者可能违背其公共秩序，或基于其他正当理由，证据所在地国可对请求予以拒绝。

就域外调查取证问题，2021年及之前的《民事诉讼法》的规定极为简单，仅在《民事诉讼法》（2021年修正）第283条提及，人民法院和外国法院可以相互请求代为调查取证。代为调查取证的依据是中华人民共和国缔结或者参加的国际条约，或者按照互惠原则；代为调查取证的途径，则依中华人民共和国缔结或者参加的国际条约所规定的途径确定，没有条约关系的，通过外交途径进行。

---

① 特派员取证是一种审理案件的法院委派专门的官员至他国调取证据的取证方式，该方式主要为英美法系国家所采用。关于特派员取证的适用条件，1970年《海牙取证公约》第17条的规定较具代表性，该条规定，取证地国的主管机关已经给予特派员一般性或对案件的许可，特派员在遵守主管机所设定条件的情况下，可在取证地国调取证据。但特派员实施取证行为时不能采取强制措施，虽可以按照派遣国法律所规定的方式和程序取证，但该方式和程序须不为取证地国法律所明文禁止。

一、以公约或双边条约规定的方式调查取证

调查取证领域我国缔结或者参加的重要国际多边条约是 1970 年《海牙关于从国外调取民事或商事证据的公约》（以下简称《海牙取证公约》），另外在我国与他国缔结的一些民商事司法协助双边条约中，也包含相互代为调查取证的内容。

影响较大的普遍性公约《海牙取证公约》截至 2021 年 10 月，已经有 64 个国家或地区批准或加入了该公约。截至 2021 年 11 月，其中的 26 个成员国接受了我国的加入。我国也在加入后接受了 32 个成员国的加入。亦即截止至 2021 年 11 月，公约已在我国和 58 个成员国之间生效。[①]《海牙取证公约》对协助请求的提出、中央机关的确定、请求的执行和通知、请求的拒绝等相关程序、机制、文件要求等都作了明确的规定。相关内容可参见公约的具体规定。

如果我国与某国既为《海牙取证公约》缔约国且已相互接受，同时又在双边签订的司法协定中涵盖了协助调查取证的内容，如果《海牙取证公约》与双边司法协定中规定的取证范围、取证方式、文书及语言的要求等存在不一致之处，或者查明该国在《海牙取证公约》项下对相关事项未提出保留，本着善意解释条约的原则，采取更为便捷、高效、准确、更有利于迅速解决争议的方式。

虽然存在这些条约，因民事诉讼法中对我国法院域外调查取证的规定过于简单，一定程度影响到我国法院对公约和双边条约的有效利用。有关资料表明，每年外国法院依据公约或双边条约请求我国法院代为调查取证的数量远远多余我国法院对外国法院提出请求的数量。此次法律修改进一步明确并完善了相关规则，必将提升我国法院利用公约和双边条约进行域外调查取证的频率。

① 李双元、欧福永主编：《国际私法》，北京大学出版社 2022 年版，第 409 页。

二、在所在国法律不禁止的情况下，人民法院可以采用的调查取证方式

（一）委托中华人民共和国驻当事人、证人所在国的使领馆代为对具有中华人民共和国国籍的当事人、证人取证

此种方式属于直接调取证据的方式，一般是我国法院委托我国驻他国大使馆或领事馆的外交或领事人员，对在他国的中国籍当事人进行调查取证。实践中多由领事人员实施，外交人员较少参与。一国领事或外交人员在驻在国对本国国民调查取证，为大多数国家普遍接受，《维也纳领事关系公约》及大量的领事条约都对此种方式作了明确规定。此次法律修改明确吸纳了这种为国际社会广为接受的调查取证方式。

需要注意的是，即使是我国驻外使领馆对中国籍当事人、证人调查取证，也以所在国法律不禁止为前提，并且一般不得采取强制措施。本法第 294 条第 2 款也规定，外国驻中华人民共和国的使领馆可以向该国公民送达文书和调查取证，但不得违反中华人民共和国的法律，并不得采取强制措施。另外，外交和领事人员在驻在国境内向本国国民调取证据，多数国家都基于条约或互惠给予外交和领事人员这种权力，只要该取证行为仅针对其本国国民，未违反驻在国的法律、未采取强制措施，但有的国家例如葡萄牙、丹麦、挪威等国要求，即使是一国领事或外交人员对其本国国民调查取证，也需要事先征得驻在国主管机关的同意。

至于一国领事人员能否接受其法院的委托，对驻在国国民或第三国国民调查取证，各国态度不一，大都施加了一定程度的限制：有的以取得驻在国主管机关的同意为前提，有的则明确禁止对驻在国国民和第三国国民调查取证。《民事诉讼法》对此种情况未予明确规定。我国加入《海牙取证公约》时对海牙取证公约中的外交或领事官员向驻在国国民及第三国国民取证提出了保留。对特派员取证以及外国当事人或代理人自

行取证[①]等方式也提出了保留。

（二）关于经双方当事人同意的方式调查取证

第一，通过即时通讯工具取证。通讯技术的迅猛发展，相关技术手段已经送达领域显现出高效、快捷的优势。在调查取证领域，同样有利用新技术提升取证效率和可靠性的迫切需求。此次法律修改，回应时代的特征，将方兴未艾的即时通讯技术引入域外取证调查领域，在对方当事人同意的前提下，允许通过该种方式取证。在中国境内，较为流行的即时通讯工具包括手机版或网络版的微信、QQ 以及其他通讯工具。在确保当事人、证人、鉴定人真实身份无误、相关物证、书证、鉴定意见等证据真实性的前提下，通过即时通讯工具询问当事人、证人、鉴定人，在辨识效果可以保证的前提下，对相关物证、书证进行质证等，都属于通过即时通讯工具域外调取证据的情况。与此同时，与古老的诉讼规则和所使用的技术相比，即时通讯毕竟属于新型技术，国际社会对其接受度并不完全一样，有的国家先行一步，将新技术在调查取证方面的运用引入立法。[②] 因即时通讯技术中的视频取证是较为主要的取证方式，在调研过程中，对于是否要在本条专门对视频取证方式作出规定，存在不同看法。一种观点认为，互联网司法时代，视频取证已经不可避免。除了通过互联网对证人发问这一典型的视频取证方式外，互联网庭审过程中法官对当事人的发问、对相关证据的查验审核，实际上也构成广义的视频取证。我国在互联网司法方面走在世界前列，对视频取证应予以积极回应。另一种观点认为，现行法既然规定了不经我国主管机关批准，不得在我国领域内调查取证，视频取证也是调查取证方式的一种，有些时

① 当事人或其代理人自行取证方式主要存在于英美法系国家，特别是美国。这种取证方式意味着在一国法院诉讼的当事人或其委托的诉讼所在地国的代理人可直接到他国调取证据。1970 年《海牙取证公约》并不否定这一种取证方式，但允许成员国对这种取证方式作出保留，事实上许多国家都对这一规定提出了保留。在涉外民商事案件的审判实践中，当事人实际上可通过委托证据所在地国而非诉讼所在地国的代理人调取证据，然后办理相应证明手续的方式，达到域外调取证据的目的。

② 例如，《英国民事诉讼规则》第 32. 3 条规定，法院可以允许证人通过视频连接或其他方式作证。《美国联邦民事诉讼程序规则》第43（a）条在公开开庭审理中，证人的证词必须在公开法庭上进行，除非联邦法规、联邦证据规则、本规则或最高法院通过的规则另有规定。出于正当理由，在令人信服的情况下，并在适当的保障措施下，法院可以允许在公开法庭上通过从不同地点同时传输证词。

候也较为敏感，且可以为“双方当事人同意”的取证方式所涵盖，可以不作规定。经研究，最高人民法院前期已经通过司法解释对互联网司法的相关问题进行了有益探索，可以在立法层面对该问题作出原则性规定，以回应互联网时代的司法需求，但均要求取证方式不得违反证据所在国法律。同时，将“视频方式”取证之表述修改为“即时通讯工具”取证，表述上与《民法典》保持一致，也为进一步拓展现代技术在取证领域的运用留下余地。

第二，以双方当事人同意的其他方式取证。该规定在尊重当事人意思自治的基础上，以开放、包容的态度为更多取证方式进入诉讼程序留下空间。任何当事人同意的其他方式，例如电话、短信、电子邮件、传单等，只要不违反证据所在国法律，均可采用并被司法认同。需要注意的是，本条规定仅仅是对取证方式或途径进行了拓展规定，相当于解决了证据来源的合法性，至于证据的真实性、关联性，则依通常的举证、质证程序和标准认定。

【条文适用】

第一，关于调查取证的形式，或者调查取证的具体范围，各国差异较大，条约一般未作明确规定，接受委托代为调查取证的一方一般是根据各国国内程序法的规定进行。例如，本法第296条对此有明确规定，人民法院提供司法协助，依照中华人民共和国法律规定的程序进行。外国法院请求采用特殊方式的，也可以按照其请求的特殊方式进行，但请求采用的特殊方式不得违反中华人民共和国法律。一般而言，调查取证的范围包括询问当事人、询问证人、询问鉴定人、对有关文件的真实性或有关签名的真实性的核对、对有关证据的提取或保全等。

第二，通过法院委托从域外取回的证据仍需要在法庭上质证。任何作为认定案件事实依据的证据，均应在法庭上出示并经对方质证，此乃程序正义的基本要求，未经质证的证据作为认定案件事实依据的，将因违反正当程序而被推翻，即便是通过法院委托调取回的证据亦不例外，正如法院依职权调取的证据亦应交由当事人质证。

【典型案例】

东欧某国女子就未成年人的抚养费纠纷起诉中国籍男子，因中国籍男子已经返回中国，且长时间失去联系。该国法院审理过程中，需查明中国籍男子在中国的收入情况。该国法院通过《海牙取证公约》规定的途径，请求中国协助查清该事实。具体经办的中国法院接受委托后，根据委托法院提供的单位名称和单位地址，派员查明位于该地址的该单位仍然存续，该男子仍在该处工作。男子所在单位配合法院调查取证工作，提供了该男子在单位的工资条等收入证明。经办法院撰写一份简要的说明后，连同从该单位取得的证据，通过邮寄方式原路返回委托单位。

第二百八十五条　被告在中华人民共和国领域内没有住所的，人民法院应当将起诉状副本送达被告，并通知被告在收到起诉状副本后三十日内提出答辩状。被告申请延期的，是否准许，由人民法院决定。

【条文主旨】

本条是关于在我国领域内没有住所的当事人提出答辩状的期间的规定。

【条文理解】

在涉外民事诉讼中，当事人在我国领域内没有住所，诉讼文书的往来、办理委托他人代为诉讼等事项需要较长的时间。针对这一特点，《民事诉讼法》参照国际通行做法，对涉外民事诉讼的答辩期间作了特别规定。

【条文适用】

需要注意的是，2020 年 6 月 16 日，最高人民法院印发《关于依法妥善审理涉新冠肺炎疫情民事案件若干问题的指导意见（三）》，对依法妥善审理涉新冠疫情涉外海事海商纠纷等案件，提出 19 条具体指导意见，对细化涉疫纠纷案件的处理程序与方式，平等保护中外当事人合法权益具有重要意义。该意见中“三、关于时效、期间”的第 4 条规定：在我国领域内没有住所的当事人因疫情或者疫情防控措施不能在法定期间提出答辩状或者提起上诉，分别依据《民事诉讼法》第 279 条、第 280 条的规定申请延期的，人民法院应当依法准许，并结合案件实际情况酌情确定延长的合理期限。但有证据证明当事人存在恶意拖延诉讼情形的，对其延期申请，不予准许。

第二百八十六条　在中华人民共和国领域内没有住所的当事人，不服第一审人民法院判决、裁定的，有权在判决书、裁定书送达之日起三十日内提起上诉。被上诉人在收到上诉状副本后，应当在三十日内提出答辩状。当事人不能在法定期间提起上诉或者提出答辩状，申请延期的，是否准许，由人民法院决定。

【条文主旨】

本条是关于在我国领域内没有住所的当事人提起上诉的期间的规定。

【条文理解】

《民事诉讼法》在涉外民事诉讼程序中所规定的期间，与诉讼期间的一般规定有所不同。一是法定期间长一些；二是当事人还可以申请延长法定期间。从这两条中可以看出，在我国领域内没有住所的被告、被上诉人提出答辩状的期限，以及当事人不服第一审判决、裁定的上诉期限，均为30日。较之在国内有住所的被告、被上诉人在收到起诉状或者上诉状副本后，应当在15日内提出答辩状的时间长一些；对不服一审判决、裁定的上诉期，也比一般规定中的15日或者10日的期限长。不仅如此，当事人不能在法定期间内提出答辩状或者提起上诉而申请延期的，经人民法院准许，还可以延长法定期间。当然，申请延长期间，必须在法定期间届满前提出，并说明申请延长的理由，提出要求延长的具体期间，便于受诉人民法院审查决定。对上述法定期间规定得较长，当事人还可以申请延长，主要是考虑到当事人不在我国领域内，需要了解我国的有关法律，收集证据，以及办理一些在我国领域内的当事人所不需要办理的诉讼手续，如委托他人代理诉讼所需要办理的公证、认证手续等。《民事诉讼法》作出这样的规定，也符合各国民事诉讼立法的通例。在涉外民事诉讼中，对于一方当事人居住在国内，另一方当事人居住在国外，第一审人民法院判决、裁定何时发生法律效力的问题，当事人居住在我国领域外的为30日。双方的上诉期均已届满没有上诉的，第一审人民法院的判决、裁定即发生法律效力。

【条文适用】

根据《民事诉讼法司法解释》第536条规定，不服第一审人民法院判决、裁定的上诉期，对在中华人民共和国领域内有住所的当事人，适用《民事诉讼法》第171条规定的期限；对在中华人民共和国领域内没有住所的当事人，适用《民事诉讼法》第280条规定的期限。当事人的上诉期均已届满没有上诉的，第一审人民法院的判决、裁定即发生法律效力。即当事人在我国领域内是否有住所直接影响其享有的上诉期限。第一，区别不同当事人的上诉期限。当事人在我国领域内是否有住所，其享有的上诉期是不同的，不能一概而论。第二，区别对判决和裁定不服的上诉期限。根据《民事诉讼法》第171条的规定，在我国领域内有住所的当事人对于一审判决和裁定不服的上诉期限是不同的，分别为15日和10日；根据《民事诉讼法》第280条的规定，在我国领域内没有住所的当事人对于一审判决和裁定不服的上诉期限是相同的，均为30日。

第二百八十七条　人民法院审理涉外民事案件的期间，不受本法第一百五十二条、第一百八十三条规定的限制。

【条文主旨】

本条是关于涉外民事案件的审理期限的规定。

【条文理解】

为了保证人民法院及时审理民事案件，使公民、法人和其他组织受损害的合法权益早日得到救济，《民事诉讼法》对一审普通程序、简易程序以及二审程序的审理期限都作了明确的规定。对涉外民事案件，《民事诉讼法》没有对人民法院审理的期限作出限制。这主要是考虑到在涉外案件中，往往当事人一方或者双方在国外，人民法院和当事人都不可能在短时间内处理完诉讼上的许多事项。比如，人民法院向我国领域外送达诉讼文书，请求外国法院代为调查取证，所需时间都会比较长。还有在当事人的答辩期和上诉期方面，本身就有较长的法定期间等。因此，审理涉外案件的时间就相应较长且不易确定。为此，《民事诉讼法》作出了这一规定。当然，这样规定主要是从审判实际出发，并不意味着审理涉外案件可以无期限地拖延。人民法院审理涉外案件时，应当依照《民事诉讼法》对各程序阶段规定的期间进行，尽可能使案件及早审结。

【条文适用】

根据本法第152条规定，人民法院适用普通程序审理的案件，应当在立案之日起6个月内审结。本法第183条规定：人民法院审理对判决的上诉案件，应当在第二审立案之日起3个月内审结。根据本条规定，人民法院审理涉外第一审民事案件不受在6个月内审结的限制，第二审民事案件不受在3个月内审结的限制。

第二十六章　仲　　裁

第二百八十八条　涉外经济贸易、运输和海事中发生的纠纷，当事人在合同中订有仲裁条款或者事后达成书面仲裁协议，提交中华人民共和国涉外仲裁机构或者其他仲裁机构仲裁的，当事人不得向人民法院起诉。

当事人在合同中没有订有仲裁条款或者事后没有达成书面仲裁协议的，可以向人民法院起诉。

【条文主旨】

本条是关于涉外仲裁与诉讼关系的规定。

【条文理解】

依据本条规定，涉外经济贸易、运输和海事中发生的纠纷，依据双方当事人的意愿，可以选择仲裁机构裁决，也可以选择向法院提起诉讼，体现我国法律在纠纷解决方面或裁或诉的理念。人民法院判断是否受理该涉外纠纷，首先要审查当事人在合同中是否订有仲裁条款或者事后达成书面仲裁协议，如果当事人在合同中既没有订立仲裁条款，也没有事后达成书面仲裁协议的，人民法院可以受理。关于本条，需要准确把握以下几个方面的内容。

一、关于涉外纠纷的界定

《民事诉讼法司法解释》未对“涉外纠纷”作出界定。但是，根据

《最高人民法院关于适用〈中华人民共和国涉外民事关系法律适用法〉若干问题的解释（一）》第1条规定：民事关系具有下列情形之一的，人民法院可以认定为涉外民事关系：当事人一方或双方是外国公民、外国法人或者其他组织、无国籍人；当事人一方或双方的经常居所地在中华人民共和国领域外；标的物在中华人民共和国领域外；产生、变更或者消灭民事关系的法律事实发生在中华人民共和国领域外；可以认定为涉外民事关系的其他情形。

二、关于涉外仲裁机构的界定

中华人民共和国涉外仲裁机构是指我国专门受理涉外纠纷案件的常设仲裁机构。以往我国的涉外仲裁机构有两个：一是中国国际经济贸易仲裁委员会；二是中国海事仲裁委员会。但是，依据《仲裁法》的规定，在省、自治区、直辖市人民政府所在地的市和其他设区的市又设立或者重新组建了一批常设仲裁机构，对这些仲裁机构能否受理涉外仲裁案件，《仲裁法》并未明确规定。1996年6月8日，国务院办公厅发布了《关于贯彻实施〈中华人民共和国仲裁法〉需要明确的几个问题的通知》（国办发〔1996〕22号），该通知规定："新组建的仲裁委员会的主要职责是受理国内仲裁案件；涉外仲裁案件的当事人自愿选择新组建的仲裁委员会仲裁的，新组建的仲裁委员会可以受理。"据此，依据《仲裁法》设立或者重新组建的仲裁机构，如北京仲裁委员会、上海仲裁委员会等在涉外仲裁案件的当事人自愿选择其进行仲裁时，对该涉外仲裁案件具有管辖权。因此，目前，我国实际上已不存在专门的涉外仲裁机构。另外，需要注意的是，根据《仲裁法》修正案征求意见稿，对仲裁案机构的籍属拟采仲裁地标准，那么，待《仲裁法》修改后，外国仲裁机构在中国设立的办事处，似应视为中华人民共和国涉外仲裁机构，对涉外仲裁案件具有管辖权。

【条文适用】

当事人选择我国涉外仲裁机构仲裁的，必须以书面形式约定。书面形式，是指要么在合同中订有合同条款，要么有书面仲裁协议，包括以合同书、信件和数据电文（包括电报、电传、传真、电子数据交换和电子邮件）等形式达成的请求仲裁的协议。仲裁协议约定的仲裁机构名称不准确，但能够确定具体的仲裁机构的，应当认定选定了仲裁机构。仲裁协议仅约定纠纷适用的仲裁规则的，视为未约定仲裁机构，但当事人达成补充协议或者按照约定的仲裁规则能够确定仲裁机构的除外。仲裁协议约定两个以上仲裁机构的，当事人可以协议选择其中的一个仲裁机构申请仲裁；当事人不能就仲裁机构选择达成一致的，仲裁协议无效。仲裁协议约定由某地的仲裁机构仲裁且该地仅有一个仲裁机构的，该仲裁机构视为约定的仲裁机构。该地有两个以上仲裁机构的，当事人可以协议选择其中的一个仲裁机构申请仲裁；当事人不能就仲裁机构选择达成一致的，仲裁协议无效。当事人约定争议可以向仲裁机构申请仲裁也可以向人民法院起诉的，仲裁协议无效。但一方向仲裁机构申请仲裁，另一方未在《仲裁法》规定期间内提出异议的除外。

本条规定之所以要求仲裁协议必须采用书面形式，是因为：第一，仲裁协议是仲裁机构行使管辖权和受理案件的唯一依据；第二，仲裁协议的内容比较复杂，往往包括请求仲裁的意思表示、仲裁事项、选定的仲裁委员会、特别约定的仲裁规则等，为避免产生歧义，必须要用书面形式准确表达出来；第三，当事人一旦选择仲裁，意味着放弃了司法解决争议的途径，这对当事人的利益影响重大，因此，仲裁协议须采用书面形式，表示其为当事人的慎重选择；第四，仲裁协议采用书面形式是国际通行的做法。

司法实践中，需要特别注意的是，没有涉外因素的纠纷，当事人可否选择境外仲裁机构仲裁？大多数观点以及案例认为，国内当事人将其不具有涉外因素的合同或者财产权益纠纷约定提请外国仲裁机构仲裁的，相关仲裁协议应认定为无效。外国仲裁机构已作出仲裁裁决的，人民法院对于申请人要求承认仲裁裁决的申请应予以驳回。但是，2016 年 12 月 30 日，最高人民法院发布了《关于为自由贸易试验区建设提供司法保障的意见》，其中第 9 条对涉自贸区仲裁案件的仲裁协议效力审查以及仲裁裁决的承认与执行的司法审查问题作出了新规定："正确认定仲裁协议效力，规范仲裁案件的司法审查。在自贸试验区内注册的外商独资企业相互之间约定商事争议提交域外仲裁的，不应仅以其争议不具有涉外因素为由认定相关仲裁协议无效。一方或者双方均为在自贸试验区内注册的外商投资企业，约定将商事争议提交域外仲裁，发生纠纷后，当事人将争议提交域外仲裁，相关裁决做出后，其又以仲裁协议无效为由主张拒绝承认、认可或执行的，人民法院不予支持；另一方当事人在仲裁程序中未对仲裁协议效力提出异议，相关裁决作出后，又以有关争议不具有涉外因素为由主张仲裁协议无效，并以此主张拒绝承认、认可或执行的，人民法院不予支持。"当然，此意见的适用范围仅限于自贸区内的企业，是否可以扩大至自贸区外的其他不具涉外因素的案件，有待最高人民法院出台相关规定。

第二百八十九条　当事人申请采取保全的，中华人民共和国的涉外仲裁机构应当将当事人的申请，提交被申请人住所地或者财产所在地的中级人民法院裁定。

【条文主旨】

本条是关于涉外仲裁保全的规定。

【条文理解】

涉外经济贸易、运输和海事等涉外仲裁案件的当事人发生民事纠纷后，一方当事人为防止另一方当事人出卖、毁损、转移、藏匿或者挥霍其财产导致仲裁裁决不能得到顺利执行，往往会在仲裁前或者仲裁中向人民法院提出保全申请。2012年《民事诉讼法》将“财产保全”用语修改为“保全”，本条沿用了此规定，未作修改。涵盖了财产保全和行为保全，并在第六章“证据”中规定了证据保全。因此，本条中，涉外仲裁当事人提出的保全申请包括三类：财产保全、行为保全和证据保全。

涉外仲裁案件的当事人申请财产保全，目的是执行仲裁裁决。因此，受理财产保全的法院与受理涉外仲裁裁决执行的法院应为同一法院。依据《最高人民法院关于人民法院办理财产保全案件若干问题的规定》的规定，人民法院进行财产保全，按照立审执分离的原则，由立案、审判机构作出裁定，再移送执行机构实施。

人民法院接受财产保全申请后，可以根据具体案情，要求申请保全人提供担保。申请保全人可以自己为财产保全提供担保，也可以由第三人提供担保。担保方式可以是人保，也可以是物保。近年来，实践中出现了一些新型的担保方式，比如，保险人以其与申请保全人签订财产保全责任险合同的方式为财产保全提供担保，这种担保方式，应由保险人向人民法院出具担保书。担保书应当载明，因申请财产保全错误，由保险人赔偿被保全人因保全所遭受的损失等内容，并附相关证据材料。又如，金融监管部门批准设立的金融机构以独立保函形式为财产保全提供担保。

涉外仲裁案件的当事人申请财产保全，应当向人民法院提供明确的被保全财产信息。当事人确因客观原因不能提供明确的被保全财产信息，应该提供具体财产线索，并向人民法院申请通过网络执行查控系统查询被保全人的财产。基于申请保全人的查询申请，人民法院可以对裁定保全的财产或者保全数额范围内的财产进行查询，并采取相应的查封、扣押、冻结措施。人民法院利用网络执行查控系统未查询到可供保全财产的，应当书面告知申请保全人。被保全人有多项财产可供保全的，在能够实现保全目的的情况下，人民法院应当选择对其生产经营活动影响较小的财产进行保全。比如，人民法院对厂房、机器设备等生产经营性财产进行保全时，指定被保全人保管的，应当允许其继续使用。

【条文适用】

一是仲裁过程中，当事人申请财产保全的，应当通过仲裁机构向人民法院提交申请书及仲裁案件受理通知书等相关材料。人民法院裁定采取保全措施或者裁定驳回申请的，应当将裁定书送达当事人，并通知仲裁机构。比如，《仲裁法》第68条规定：涉外仲裁的当事人申请证据保全的，涉外仲裁委员会应当将当事人的申请提交证据所在地的中级人民法院。二是在涉外仲裁程序中，人民法院只能依据当事人的申请采取保全措施，不能依职权采取保全措施。三是因当事人申请原因发生保全错误，应当由申请人赔偿被申请人的损失。四是对于当事人的保全申请，人民法院可以进行审查，裁定是否进行保全。裁定保全的，应当责令申请人提供担保，申请人不提供担保的，裁定驳回申请。但是，当事人申请证据保全，人民法院经审查认为无须提供担保的，申请人可以不提供担保。

第二百九十条　经中华人民共和国涉外仲裁机构裁决的，当事人不得向人民法院起诉。一方当事人不履行仲裁裁决的，对方当事人可以向被申请人住所地或者财产所在地的中级人民法院申请执行。

【条文主旨】

本条是关于涉外仲裁裁决的效力的规定。

【条文理解】

根据我国《仲裁法》的规定，仲裁实行一裁终局制，涉外仲裁也不例外。涉外仲裁裁决是生效的裁决，当事人不得上诉，也不能再向法院起诉。当事人应当自觉履行仲裁裁决确定的义务。如果一方当事人不按照仲裁裁决履行义务，对方当事人可以向法院申请执行。也就是，仲裁裁决是法院执行依据之一。需要注意的是，根据《民事诉讼法司法解释》第 538 条的规定，申请人向人民法院申请执行中华人民共和国涉外仲裁机构的裁决，应当提出书面申请，并附裁决书正本。如申请人为外国当事人，其申请书应当用中文文本提出。

涉外仲裁裁决执行，包括仲裁机构依据《仲裁法》作出的仲裁裁决或者仲裁调解书。关于当事人申请执行涉外仲裁裁决的具体程序，主要依据《最高人民法院关于人民法院办理仲裁裁决执行案件若干问题的规定》处理。当事人对仲裁机构作出的仲裁裁决或者仲裁调解书申请执行的，由被执行人住所地或者被执行的财产所在地的中级人民法院管辖。符合下列条件的，经上级人民法院批准，中级人民法院可以参照《民事诉讼法》第 38 条的规定指定基层人民法院管辖：（1）执行标的额符合基层人民法院一审民商事案件级别管辖受理范围；（2）被执行人住所地或者被执行的财产所在地在被指定的基层人民法院辖区内。被执行人、案外人对仲裁裁决执行案件申请不予执行的，负责执行的中级人民法院应当另行立案审查处理；执行案件已指定基层人民法院管辖的，应当于收到不予执行申请后3日内移送原执行法院另行立案审查处理。仲裁裁决或者仲裁调解书执行内容具有下列情形之一导致无法执行的，人民法院可以裁定驳回执行申请；导致部分无法执行的，可以裁定驳回该部分的执行申请；导致部分无法执行且该部分与其他部分不可分的，可以裁定驳回执行申请。（1）权利义务主体不明确；（2）金钱给付具体数额不明确或者计算方法不明确导致无法计算出具体数额；（3）交付的特定物不明确或者无法确定；（4）行为履行的标准、对象、范围不明确。对仲裁裁决主文或者仲裁调解书中的文字、计算错误以及仲裁庭已经认定但在裁决主文中遗漏的事项，可以补正或说明的，人民法院应当书面告知仲裁庭补正或说明，或者向仲裁机构调阅仲裁案卷查明。仲裁庭不补正也不说明，且人民法院调阅仲裁案卷后执行内容仍然不明确具体无法执行的，可以裁定驳回执行申请。申请执行人对人民法院驳回执行申请裁定不服的，可以自裁定送达之日起十日内向上一级人民法院申请复议。仲裁裁决或者仲裁调解书确定交付的特定物确已毁损或者灭失的，依照《民事诉讼法司法解释》第492条的规定处理，即执行标的物为特定物的，应当执行原物。原物确已毁损或者灭失的，经双方当事人同意，可以折价赔偿。双方当事人对折价赔偿不能协商一致的，人民法院应当终结执行程序。申请执行人可以另行起诉。

【条文适用】

境外仲裁机构在我国内地作出的仲裁裁决，到底是涉外仲裁裁决还是外国仲裁裁决？这一问题存在不同认识和主张。如果将其界定为“涉外仲裁裁决”，则可以直接依据《民事诉讼法》和《仲裁法》的规定申请执行；如果将其界定为“外国仲裁裁决”，则需按照司法协助的程序，由人民法院适用《承认及执行外国仲裁裁决公约》（以下简称《纽约公约》）审查是否承认和执行。2020 年广州市中级人民法院关于广州市正启贸易有限公司（以下简称正启公司）与美国企业布兰特伍德工业有限公司案的处理，表明了我国司法机关的态度，即将此类裁决认定为“涉外仲裁裁决”。简要案情如下：

正启公司与布兰特伍德公司在广州签订有关合同及其补充协议，约定因本合同引起的或与本合同有关的任何争议，双方应通过友好协商解决。如果协商不能解决，应提交国际商会仲裁委员会根据国际惯例在项目所在地进行仲裁（项目所在地在广州）。后因合同履行发生争议，布兰特伍德公司向国际商会国际仲裁院秘书处提起仲裁申请，该院独任仲裁员在广州作出终极裁决。布兰特伍德公司向广州市中级人民法院申请承认和执行上述仲裁裁决，认为国际商会国际仲裁院总部设在法国巴黎，涉案裁决是国际商会国际仲裁院在中国香港特别行政区的分支机构作出的，系法国仲裁裁决或香港特别行政区仲裁裁决，中国内地法院应当依照《纽约公约》或《最高人民法院关于内地与香港特别行政区相互执行仲裁裁决的安排》予以承认和执行。广州市中级人民法院审查认为，涉案仲裁裁决系外国仲裁机构在中国内地作出的仲裁裁决，可以视为中国涉外仲裁裁决。被申请人不履行仲裁裁决的，布兰特伍德公司可参照《民事诉讼法》第 273 条[①]的规定向被申请人住所地或者财产所在地的中级人民法院申请执行。布兰特伍德公司主张依据《纽约公约》或《最高人民法院关于内地与香港特别行政区相互执行仲裁裁决的安排》的规定申请承认及执行该仲裁裁决，法律依据错误，故对其申请裁定不予支持。该裁定发生法律效力。

① 对应《民事诉讼法》（2023 年修正）第 290 条。

第二百九十一条　**对中华人民共和国涉外仲裁机构作出的裁决，被申请人提出证据证明仲裁裁决有下列情形之一的，经人民法院组成合议庭审查核实，裁定不予执行：**

（一）当事人在合同中没有订有仲裁条款或者事后没有达成书面仲裁协议的；

（二）被申请人没有得到指定仲裁员或者进行仲裁程序的通知，或者由于其他不属于被申请人负责的原因未能陈述意见的；

（三）仲裁庭的组成或者仲裁的程序与仲裁规则不符的；

（四）裁决的事项不属于仲裁协议的范围或者仲裁机构无权仲裁的。

人民法院认定执行该裁决违背社会公共利益的，裁定不予执行。

【条文主旨】

本条是关于涉外仲裁裁决不予执行的情形的规定。

【条文理解】

仲裁裁决是人民法院执行的依据之一，当事人有义务履行。一方当事人不履行的，另一方当事人可以向人民法院申请执行。在执行程序中，申请执行人向人民法院提出强制执行申请后，被执行人可以就裁决提出不予执行抗辩。需要注意的是，《民事诉讼法》对国内仲裁裁决和涉外仲裁裁决的不予执行情形分别作出了规定。其中，国内仲裁裁决不予执行的情形包括六种：（1）当事人在合同中没有订有仲裁条款或者事后没有达成书面仲裁协议的；（2）裁决的事项不属于仲裁协议的范围或者仲裁机构无权仲裁的；（3）仲裁庭的组成或者仲裁的程序违反法定程序的；（4）裁决所根据的证据是伪造的；（5）对方当事人向仲裁机构隐瞒了足以影响公正裁决的证据的；（6）仲裁员在仲裁该案时有贪污受贿，徇私舞弊，枉法裁决行为的。对于涉外仲裁裁决不予执行的法定情形，规定了四种，本条第1款规定了四种，详细解读如下：

1. 当事人在合同中没有订有仲裁条款或者事后没有达成书面仲裁协议的。仲裁是纠纷解决方式之一，当事人通过事前在合同中订立仲裁条款或者事后达成书面仲裁协议，是当事人选择仲裁的前提条件。如果不具备这个前提条件，即使仲裁机构作出仲裁裁决，被申请人也可以申请不予执行。之所以要求仲裁协议必须采用书面形式，在本法第288条已述，此不赘述。

2. 被申请人没有得到指定仲裁员或者进行仲裁程序的通知，或者由于其他不属于被申请人负责的原因未能陈述意见的。此种情形属于仲裁程序错误，仲裁机构在被申请人缺席的情况下作出仲裁裁决，很可能会损害被申请人的利益，应当允许被申请人提出不予执行的抗辩。

3. 仲裁庭的组成或者仲裁的程序与仲裁规则不符的。根据《仲裁裁决执行规定》第14条规定，违反《仲裁法》规定的仲裁程序、当事人选择的仲裁规则或者当事人对仲裁程序的特别约定，可能影响案件公正裁决，经人民法院审查属实的，应当认定为“仲裁庭的组成或者仲裁的程序违反法定程序的”情形。当事人主张未按照《仲裁法》或仲裁规则规定的方式送达法律文书导致其未能参与仲裁，或者仲裁员根据《仲裁法》或仲裁规则的规定应当回避而未回避，可能影响公正裁决，经审查属实的，人民法院应当支持；仲裁庭按照《仲裁法》或仲裁规则以及当事人约定的方式送达仲裁法律文书，当事人主张不符合《民事诉讼法》有关送达规定的，人民法院不予支持。适用的仲裁程序或仲裁规则经特别提示，当事人知道或者应当知道法定仲裁程序或选择的仲裁规则未被遵守，但仍然参加或者继续参加仲裁程序且未提出异议，在仲裁裁决作出之后以违反法定程序为由申请不予执行仲裁裁决的，人民法院不予支持。

4. 裁决的事项不属于仲裁协议的范围或者仲裁机构无权仲裁的。根据《仲裁裁决执行规定》第 13 条规定，主要包括：裁决的事项超出仲裁协议约定的范围；裁决的事项属于依照法律规定或者当事人选择的仲裁规则规定的不可仲裁事项；裁决内容超出当事人仲裁请求的范围；作出裁决的仲裁机构非仲裁协议所约定。

【条文适用】

依据本条两款的规定，涉外仲裁裁决不予执行的情形有五种。实践中，需要注意的是，对于第 1 款规定的四种情形，被申请人需负有举证责任，并由人民法院组成合议庭围绕被申请人提出的不予执行事由等进行审查；而对于第 2 款规定的“仲裁裁决违背社会公共利益的”，人民法院可以依职权主动审查，不管被申请人是否已提出。

第二百九十二条　仲裁裁决被人民法院裁定不予执行的，当事人可以根据双方达成的书面仲裁协议重新申请仲裁，也可以向人民法院起诉。

【条文主旨】

本条是关于人民法院不予执行仲裁裁决后的救济途径的规定。

【条文理解】

本法第 291 条规定了涉外仲裁裁决不予执行的五种情形，其中，四种不予执行的情形，需要涉外仲裁裁决的被申请人举证证明，即：当事人在合同中没有订有仲裁条款或者事后没有达成书面仲裁协议的；被申请人没有得到指定仲裁员或者进行仲裁程序的通知，或者由于其他不属于被申请人负责的原因未能陈述意见的；仲裁庭的组成或者仲裁的程序与仲裁规则不符的；裁决的事项不属于仲裁协议的范围或者仲裁机构无权仲裁的。另有一种不予执行的情形，人民法院可以直接裁定不予执行，即人民法院认定执行该涉外仲裁裁决违背社会公共利益的，即可以裁定不予执行。

无论是当事人申请不予执行，还是人民法院依职权裁定不予执行，当涉外仲裁裁决不予执行后，应当给予当事人权利救济的途径。根据本条规定，当事人的救济途径有两种：可以根据双方达成的书面仲裁协议重新申请仲裁，也可以向人民法院起诉。这里“双方达成的书面仲裁协议”指的是重新达成的仲裁协议，而不是原有的仲裁协议，当然也不限于原来约定的仲裁机构。当事人双方能够重新达成仲裁协议的，可以向仲裁机构申请仲裁；达不成仲裁协议的，可以向人民法院提起诉讼，解决他们之间的争议。

【条文适用】

仲裁裁决被人民法院裁定不予执行的，当事人可否就该裁定提出执行异议或者申请复议，实践中曾存在争议。对此，《最高人民法院关于人民法院办理仲裁裁决执行案件若干问题的规定》作出了明确规定，即人民法院裁定不予执行仲裁裁决、驳回或者不予受理不予执行仲裁裁决申请后，当事人对该裁定提出执行异议或者申请复议的，人民法院不予受理。人民法院裁定不予执行仲裁裁决的，当事人可以根据双方达成的书面仲裁协议重新申请仲裁，也可以向人民法院起诉。

第二十七章 司法协助

第二百九十三条 根据中华人民共和国缔结或者参加的国际条约，或者按照互惠原则，人民法院和外国法院可以相互请求，代为送达文书、调查取证以及进行其他诉讼行为。

外国法院请求协助的事项有损于中华人民共和国的主权、安全或者社会公共利益的，人民法院不予执行。

【条文主旨】

本条是关于国际司法协助的依据和原则的规定。

【条文理解】

一国的诉讼程序和诉讼行为，是一个国家司法主权的体现，只能在本国领域内发生效力。因此，一国法院在审理民事案件时，如果需要向其域外送达文书或者调查取证或者其判决需得到域外法院的承认和执行，必须通过国际司法协助的途径。国际司法协助是两国法院之间根据两国签订的条约、共同缔结或者参加的国际公约，或者在互惠关系基础上，进行司法方面的协助，包括代为送达文书、调查取证以及相互承认和执行对方作出的民事判决等。也就是说，司法协助的依据有以下三类：

第一，国家之间缔结双边协定或者协议，即两国之间签订条约，明确协助的范围、程序、效力等。双边协定或者协议一旦生效，两国法院便负有互为协助的义务。1987 年以来，在相互尊重国家主权和平等互利的基础上，我国先后与法国、波兰、蒙古等数十个国家签订了司法协助条约。

第二，两国共同缔结或参加的有关司法协助的多边国际条约，即国际公约。1991年3月，我国加入了《关于向国外送达民事或商事司法文书和司法外文书公约》，即《海牙送达公约》；1997年加入了《关于从国外调取民事或商事证据的公约》，即《海牙取证公约》。主权国家一旦加入公约即应遵守该国际公约，本国对该公约其他参加国便负有司法协助的义务，声明保留的条款除外。比如，我国虽然加入了《海牙送达公约》，但是对公约第10条邮寄送达声明保留。也就是说，外国法院不能通过邮寄的方式直接向位于我国领域内的当事人送达文书，即我国不允许邮寄送达。但是，这并不代表着人民法院对域外的当事人不能采取邮寄送达，这取决于受送达人所在国是否允许邮寄送达。根据2020年修正的《最高人民法院关于涉外民事或商事案件司法文书送达问题若干规定》第8条，如果受送达人所在国允许邮寄送达的，人民法院可以邮寄送达。邮寄送达时，应当附有送达回证。受送达人未在送达回证上签收但在邮件回执上签收的，视为送达，签收日期为送达日期。自邮寄之日起满3个月，如果未收到送达的证明文件，且根据各种情况不足以认定已经送达的，视为不能用邮寄方式送达。

第三，互惠关系。主权国家之间既未缔结司法协助协定又未共同参加有司法协助内容的有关国际公约时，就要看两国之间是否有互惠关系。

需要特别注意的是，本条第2款规定了公共秩序保留条款。这是国际司法协助中各国的普遍做法。也就是说，即使两国之间缔结了司法协助条约或者共同加入了司法协助公约或者存在互惠关系，也并不意味着被请求国法院对请求国法院所请求协助的事项一概提供协助。如果被请求国认为，给请求国法院提供协助将危害本国国家主权、安全或者社会公共利益，请求国将拒绝提供协助。例如，不能将中华人民共和国作为民事案件的被告，不能就属于我国法院专属管辖的案件代为送达文书、调查取证、承认和执行判决，不能将涉及我国国家秘密的事项作为调查取证内容等。此外，如果外国法院请求协助的事项不属于人民法院的职权范围，人民法院也不予协助。

【条文适用】

需要注意的是，司法实践中如何准确把握互惠原则。互惠原则依证明方式不同分为事实互惠和推定互惠。前者要求查明外国有司法协助的法律或事实；后者则只要没有相反证据证明外国曾有拒绝司法协助的先例，就可以推定两国之间存在互惠关系。推定互惠消解了请求方为证明互惠关系所需承担的举证负担，增强了互惠关系存在的可能性，有利于提高司法协助的实效，体现出更开放的态度。

我国长期司法实践中一直强调事实互惠。近年来，我国法院倡导并逐步扩大国际司法合作，积极促成互惠关系形成。最高人民法院于 2015 年 6 月发布了《关于人民法院为"一带一路"建设提供司法服务和保障的若干意见》，明确提出要加强司法协助，促进沿线各国司法判决的相互承认与执行；在沿线一些国家尚未与我国缔结司法协助协定的情况下，根据国际司法合作交流意向、对方国家承诺将给予我国司法互惠等情况，可以考虑由我国法院先行给予对方国家当事人司法协助。2017 年 6 月 8 日，第二届中国—东盟大法官论坛在广西壮族自治区南宁市通过了《南宁声明》。其中，《南宁声明》第 7 项为推定互惠关系的共识，标志着互惠原则在司法实践中的发展新动向，值得深入探讨研究。《南宁声明》第 7 项规定："区域内的跨境交易和投资需要以各国适当的判决的相互承认和执行机制作为其司法保障。在本国国内法允许的范围内，与会各国法院将善意解释国内法，减少不必要的平行诉讼，考虑适当促进各国民商事判决的相互承认和执行。尚未缔结有关外国民商事判决承认和执行国际条约的国家，在承认与执行对方国家民商事判决的司法程序中，如对方国家的法院不存在以互惠为理由拒绝承认和执行本国民商事判决的先例，在本国国内法允许的范围内，即可推定与对方国家之间存在互惠关系。"应当说，《南宁声明》第 7 项推定互惠共识是对《关于人民法院为"一带一路"建设提供司法服务和保障的若干意见》上述内容的积极落实。尽管第 7 项同时规定应在本国法允许的范围内推定互惠，但由于我国法律并不禁止推定互惠，因此该项规定为中国法院在承认和执行东盟国家法院民商事判决时认定互惠关系的存在提供了重要指引。同时，第7项共识有力宣示了互惠原则内在的激励支持功能，将鼓励更多“一带一路”沿线国与我国法院签署共识、采取推定互惠立场、在判决承认和执行方面加强合作，有利于推进“一带一路”纠纷解决机制的发展。

第二百九十四条　请求和提供司法协助，应当依照中华人民共和国缔结或者参加的国际条约所规定的途径进行；没有条约关系的，通过外交途径进行。

外国驻中华人民共和国的使领馆可以向该国公民送达文书和调查取证，但不得违反中华人民共和国的法律，并不得采取强制措施。

除前款规定的情况外，未经中华人民共和国主管机关准许，任何外国机关或者个人不得在中华人民共和国领域内送达文书、调查取证。

【条文主旨】

本条是关于请求和提供司法协助的途径的规定。

【条文理解】

依据本条规定，请求和提供司法协助的途径主要有两种。《民事诉讼法司法解释》第 547 条规定：与中华人民共和国没有司法协助条约又无互惠关系的国家的法院，未通过外交途径，直接请求人民法院提供司法协助的，人民法院应予退回，并说明理由。

第一种途径是通过公约或者双边条约规定的途径开展司法协助。如本法第 293 条所述，我国参加的国际公约以及与有关国家签订的司法协助条约是开展国际司法协助的主要依据，在公约或者双边条约中均会规定请求和提供司法协助的途径。比如，根据《海牙送达公约》第 2 条规定，每一个缔约国应指定一个中央机关，负责接受来自其他缔约国的送达请求书，并予以转递。每一缔约国应依其本国法律组建中央机关。为此，在 1991 年 3 月全国人大常委会作出的《关于批准加入〈关于向国外送达民事或商事司法文书和司法外文书公约〉的决定》第1项规定：指定中华人民共和国司法部为中央机关和有权接收外国通过领事途径转递的文书的机关。

第二种途径是外交途径，即在两国没有条约关系的情况下，请求和提供司法协助的，通过外交途径开展。《最高人民法院、外交部、司法部关于我国法院和外国法院通过外交途径相互委托送达法律文书若干问题的通知》（外发〔1986〕47号）规定了通过外交途径开展司法协助的具体程序：“一、凡已同我国建交国家的法院，通过外交途径委托我国法院向我国公民或法人以及在华的第三国或无国籍当事人送达法律文书，除该国同我国已订有协议的按协议办理外，一般根据互惠原则按下列程序和要求办理：1. 由该国驻华使馆将法律文书交外交部领事司转递给有关高级人民法院，再由该高级人民法院指定有关中级人民法院送达给当事人。当事人在所附送达回证上签字后，中级人民法院将送达回证退高级人民法院，再通过外交部领事司转退给对方；如未附送达回证，则由有关中级人民法院出具送达证明交有关高级人民法院，再通过外交部领事司转给对方。2. 委托送达法律文书须用委托书。委托书和所送法律文书须附有中文译本。3. 法律文书的内容有损我国主权和安全的，予以驳回；如受送达人享有外交特权和豁免，一般不予送达；不属于我国法院职权范围或因地址不明或其他原因不能送达的，由有关高级人民法院提出处理意见或注明妨碍送达的原因，由外交部领事司向对方说明理由，予以退回。”

依据本条第2款规定，外国驻华使领馆可以直接向其在华的本国国民送达法律文书或调查取证，但不得违反我国法律，不得采取强制措施。需要说明的是，第一，外国驻华使领馆可以直接向其在华的本国国民送达法律文书或调查取证，也可以依据本条第1款规定的外交途径委托我方向其在华的该国国民送达法律文书；第二，外国驻华使领馆只能直接向其本国国民送达文书或调查取证，而不得向我国公民或者第三国公民送达文书或调查取证；除了外国驻华使领馆，其他任何外国机关、组织以及个人，均不得擅自在我国领域内送达文书和调查取证；第三，外国驻华使领馆在我国领域内向其本国国民送达文书或调查取证的行为，除了不得违反我国法律外，还不得通过采取强制措施的方式完成。

【条文适用】

为正确适用有关国际公约和双边司法协助条约，依法办理民商事案件司法文书送达和调查取证请求，根据我国《民事诉讼法》、《关于向国外送达民事或商事司法文书和司法外文书的公约》（《海牙送达公约》）、《关于从国外调取民事或商事证据的公约》（《海牙取证公约》）和双边民事司法协助条约的规定，结合我国的司法实践，最高人民法院制定了《关于依据国际公约和双边司法协助条约办理民商事案件司法文书送达和调查取证司法协助请求的规定》，依据该规定第1条、第2条，人民法院应当根据便捷、高效的原则确定依据《海牙送达公约》《海牙取证公约》，或者双边民事司法协助条约，对外提出民商事案件司法文书送达和调查取证请求。人民法院协助外国办理民商事案件司法文书送达和调查取证请求，适用对等原则。

首先，人民法院对外提供司法协助的，应当按照以下程序处理：人民法院协助外国办理民商事案件司法文书送达和调查取证请求，应当进行审查。外国提出的司法协助请求，具有《海牙送达公约》《海牙取证公约》或双边民事司法协助条约规定的拒绝提供协助的情形的，人民法院应当拒绝提供协助。人民法院协助外国办理民商事案件司法文书送达和调查取证请求，应当按照《民事诉讼法》和相关司法解释规定的方式办理。请求方要求按照请求书中列明的特殊方式办理的，如果该方式与我国法律不相抵触，且在实践中不存在无法办理或者办理困难的情形，应当按照该特殊方式办理。

其次，人民法院请求外国司法协助的，应当按照以下程序处理：人民法院委托外国送达民商事案件司法文书和进行民商事案件调查取证，需要提供译文的，应当委托中华人民共和国领域内的翻译机构进行翻译。译文应当附有确认译文与原文一致的翻译证明。翻译件不加盖人民法院印章，但应由翻译机构或翻译人员签名或盖章证明译文与原文一致。

最后，全国各级人民法院的国际司法协助工作应归口办理。最高人民法院统一管理全国各级人民法院的国际司法协助工作。高级人民法院应当确定一个部门统一管理本辖区各级人民法院的国际司法协助工作并指定专人负责。中级人民法院、基层人民法院和有权受理涉外案件的专门法院，应当指定专人管理国际司法协助工作；有条件的，可以同时确定一个部门管理国际司法协助工作。人民法院应当建立独立的国际司法协助登记制度。人民法院应当建立国际司法协助档案制度。办理民商事案件司法文书送达的送达回证、送达证明在各个转递环节应当以适当方式保存。办理民商事案件调查取证的材料应当作为档案保存。

需要注意的是，经最高人民法院授权的高级人民法院，可以依据海牙送达公约、海牙取证公约直接对外发出本辖区各级人民法院提出的民商事案件司法文书送达和调查取证请求。

第二百九十五条　外国法院请求人民法院提供司法协助的请求书及其所附文件，应当附有中文译本或者国际条约规定的其他文字文本。

人民法院请求外国法院提供司法协助的请求书及其所附文件，应当附有该国文字译本或者国际条约规定的其他文字文本。

【条文主旨】

本条是关于司法协助的文字要求的规定。

【条文理解】

为了维护我国司法主权，并尊重别国的主权，也为了便利相互执行对方的请求，本条对司法协助请求书及其所附文件所使用的文字作出了规定。根据本条规定以及相关司法解释的规定，应当遵守以下要求：

人民法院审判、执行部门向国际司法协助专办员、国际司法协助统一管理部门报送民商事案件司法文书送达请求时，应当制作给国际司法协助专办员或者国际司法协助统一管理部门的转递函，并按照下列要求办理：

第一，向在国外的法人和非中国籍公民送达：所送达的各项文书应当附有被请求国官方文字的译文，对于不同地区使用不同官方文字的国家，如加拿大、瑞士等，应当附有该地区所使用的官方文字的译文。翻译为被请求国官方文字确有困难的，可以依据双边民事司法协助条约提出司法文书送达请求，并附双边民事司法协助条约中规定的第三方文字的译文。被请求国不接受双边民事司法协助条约中规定的第三方文字译文的，所送达的各项文书应当附有被请求国官方文字的译文。人民法院向在国外的法人和非中国籍公民送达民商事案件司法文书无需附送达回证及译文。但是，所送达的文书不能反映准确送达地址的，应当通过附送达回证及译文的方式说明准确的送达地址。

第二，向在国外的中国籍公民送达：（1）转递函中列明受送达人为中国国籍。（2）所送达的文书应当一式两份，无需译文，分别装订为两套文书。每套文书应当独立成册，参照下列顺序装订：①起诉状；②应诉通知书：③传票；④合议庭组成人员通知书；⑤举证通知书；⑥其他材料之一（其他材料之二、三依此类推）；⑦证据一（证据二、三依此类推）；⑧送达回证（送达回证中应当列明上述文书各一份）。送达回证中应当打印受送达人准确的外文（所在国官方文字）送达地址；不便打印的，手写地址应当清晰、可明确辨认；受送达人如有外文姓名的，亦应当在送达回证中注明外文姓名。

需要注意的是，我国法院委托外国协助送达的司法文书附有双边民事司法协助条约规定的第三方文字译文，但被请求国依然要求必须附有该国官方文字译文的，按照对等原则，该国委托我国协助送达的司法文书应当附有中文译文。

【条文适用】

人民法院审判、执行部门依据《海牙取证公约》提出调查取证请求时，应当按照下列要求办理：（1）制作符合《海牙取证公约》规定的调查取证请求书。被请求国对请求书及其附件文字未作出声明或者保留的，请求书及其附件应当附有被请求国官方文字、英文或者法文译文。被请求国对请求书及其附件文字作出声明或者保留的，请求书及其附件应当附有被请求国官方文字的译文。被请求国不同地区使用不同官方文字的，请求书及其附件应当附有该地区官方文字的译文。请求书有附件的，附件译文的语种应当与请求书译文的语种一致。（2）请求书、附件及其译文应当一式两份，参照下列顺序装订成两套：①请求书原文及译文；②附件一原文及译文（附件二、三依此类推）；③证明请求书及其附件的译文与原文一致的翻译证明。（3）请求书在最终向外国中央机关发出之前，不填写签发日期、地点，也不加盖任一经手法院或者部门的印章。（4）制作转递函，与请求书及其附件等一并报送国际司法协助专办员或者国际司法协助统一管理部门。

需要注意的是，我国法院委托外国协助调查取证，请求书及其附件附有双边民事司法协助条约规定的第三方文字译文，但被请求国依然要求必须附有该国官方文字译文的，按照对等原则，该国委托我国协助调查取证的请求书及其附件应当附有中文译文。调查取证请求应当由相应审判部门的法官办理。

第二百九十六条　人民法院提供司法协助，依照中华人民共和国法律规定的程序进行。外国法院请求采用特殊方式的，也可以按照其请求的特殊方式进行，但请求采用的特殊方式不得违反中华人民共和国法律。

【条文主旨】

本条是关于司法协助适用的程序的规定。

【条文理解】

国际司法协助的程序适用被请求国法律，这是国际司法协助中通行的原则。人民法院对外提供司法协助时，我国即为被请求国，因此应当依照中华人民共和国法律规定的程序进行，比如送达和调查取证的方式，应当依据我国的《民事诉讼法》及相关司法解释规定。需要注意的是，国际司法协助中的“法律适用”与国际私法中通常所讲的“法律适用”有很大区别。

首先，国际私法中所讲的“法律适用”，是一国法院在审理涉外民事案件时，根据其本国的冲突规范决定适用哪个国家的法律来确定有关涉外民事法律关系中当事人的权利和义务。程序问题适用法院地法，一般是指法院本身审理案件并作出判决的程序。而在国际司法协助中，被请求方提供协助的行为不同于其直接受理诉讼，它对于在外国进行的诉讼而言只是具有辅助意义，在此过程中适用法律的目的，不是为了确定当事人的权利与义务，也不是为了对案件进行审理，而只是为了决定是否提供司法协助和如何提供司法协助。

其次，在司法协助案件中，由于司法协助过程本身并不对案件的是非曲直作出决定，仅是一种程序性行为，被请求方在程序方面适用其本国法律，不仅是该国司法主权的体现，而且从实践角度也更为便利。

最后，程序问题适用法院地法，指的是受理涉外民事诉讼案件的法院，在其权限范围内进行有关案件的诉讼程序时，适用法院地（即请求国）的法律。然而，当法院地（请求国）请求被请求国代为送达、调查取证时，送达、调查取证作为诉讼行为发生在被请求国境内，就应该适用被请求国的法律。

国际司法协助的程序适用被请求国法律，在各国立法和国际条约中都有规定。比如，《中华人民共和国和波兰人民共和国关于民事和刑事司法协助的协定》中规定：被请求机关提供司法协助，适用本国法律；被请求机关提供民事司法协助，也可以应请求适用缔约另一方的法律，但以不违背被请求一方法律的基本原则为限。再如，《海牙送达公约》规定：被请求方在进行送达时，应按照其国内法规定的在国内诉讼中对在其境内的人员送达文书的方法进行。

【条文适用】

依据本条规定，国际司法协助的程序适用被请求国的法律，这是总的原则。在这个原则下，也有例外规定：外国法院请求采用特殊方式的，也可以按照其请求的特殊方式进行，但请求采用的特殊方式不得违反中华人民共和国法律。例如，在取证程序中，有的国家要求证人宣誓，有的国家要求原、被告当面对质，有的国家还要求对取证过程进行录音、录像或对所取得的证据格式有特殊要求等。如果不符合这些要求，可能会影响证据的效力。因此，各国允许在不违反本国法律的前提下可以适用请求国法律中的某些程序规则。例如，《海牙取证公约》规定：执行请求书的司法机关在须遵循的方法和程序方面应适用其本国法；但是，该机关应采纳请求机关提出的采用特殊方法或程序的请求，除非其与执行国的国内法相抵触，或因其国内惯例和程序或因存在实际困难而不可能执行。这里所讲的“特殊方法或程序”，一般是指请求国的法律中的一些与被请求国法律所不同的规定。在我国对外签订的司法协助条约中，也对此作出了规定，其中对于请求国法律，有的表述为“提出请求一方的法律”，有的表述为“提出请求一方的诉讼程序规则”，也有的表述为“特殊方式”。

第二百九十七条　人民法院作出的发生法律效力的判决、裁定，如果被执行人或者其财产不在中华人民共和国领域内，当事人请求执行的，可以由当事人直接向有管辖权的外国法院申请承认和执行，也可以由人民法院依照中华人民共和国缔结或者参加的国际条约的规定，或者按照互惠原则，请求外国法院承认和执行。

在中华人民共和国领域内依法作出的发生法律效力的仲裁裁决，当事人请求执行的，如果被执行人或者其财产不在中华人民共和国领域内，当事人可以直接向有管辖权的外国法院申请承认和执行。

【条文主旨】

本条是关于请求外国法院承认和执行我国法院判决、裁定以及仲裁裁决的条件和方式的规定。

【条文理解】

本条第 1 款未作修改，仅将第 2 款的原“中华人民共和国涉外仲裁机构作出的发生法律效力的仲裁裁决”之表述修改为“在中华人民共和国领域内作出的发生法律效力的仲裁裁决”，亦即将认定仲裁裁决籍属的标准由仲裁机构标准修改为裁决地标准。

法院对国际商事仲裁裁决进行司法审查，是司法对仲裁实施监督的重要方式。当某商事仲裁裁决被提交法院进行司法审查时，在对仲裁裁决实行分类审查的国家，法院首先要解决的问题是仲裁裁决的国籍或籍属问题，即该裁决是内国裁决还是外国裁决。如果一国对内国裁决和外国裁决在承认和执行的依据、审查程序、审查标准等作出了不同的规定，两者的区别在执行层面意义重大。对内国裁决的司法监督可能是依据其国内的仲裁法或者民事诉讼法，而外国裁决，则可能主要是依据《纽约公约》。我国目前对仲裁裁决系实行分类审查，如果认定裁决属我国仲裁裁决，人民法院将根据《民事诉讼法》对我国国内仲裁裁决或我国涉外仲裁裁决的相应规定对裁决进行审查，如果认定裁决属香港、澳门特别行政区裁决，则根据两地关于相互认可和执行仲裁裁决安排的相关规定进行审查，如果认定属于外国仲裁裁决，则根据《纽约公约》或者互惠原则对该裁决进行审查。仲裁裁决籍属或国籍的不同，人民法院对该裁决进行司法审查的法律依据将不同。

比较世界各国的仲裁立法和相关国际条约，区分内国仲裁裁决和外国仲裁裁决的标准，一是依仲裁地，二是依仲裁程序适用的法律。1958年订立《纽约公约》时，因各国分歧太大，无法就裁决籍属的标准达成一致，最后公约采取了一个折中方案，兼顾两种标准，同时更偏重于仲裁地标准，后一标准仅是前者的补充标准。值得注意的是，曾经主张依据仲裁程序适用的法律来判决仲裁裁决籍属的德国和法国，亦已在修订其民事诉讼法时抛弃了这一标准。可以认为，现代国际商事实践中，依据仲裁地标准决定国际商事仲裁裁决的籍属，已成为国际社会公认的标准。[①] 对于如何判断“仲裁地”《纽约公约》未作规定，留给各国自行解决。

长期以来，我国国内法没有明确规定应当依据什么标准认定仲裁裁决的籍属。但根据《民事诉讼法》（2021年修正）第287条第2款关于“中华人民共和国涉外仲裁机构作出的”之表述，以及第290条关于“国外仲裁机构的裁决”之表述，可以看出我国采取的是以机构所在地为标准，即作出仲裁裁决的机构位于中国的，为内国裁决，或者是我国的非涉外裁决，或者是我国的涉外裁决。作出仲裁裁决的机构位于外国的，

① 参见韩健：《现代国际商事仲裁法的理论与实践》，法律出版社2000年版，第381页。例如，《瑞典仲裁法》第52条规定，在瑞典境外作出的仲裁裁决即为外国裁决。为适用本仲裁法，仲裁裁决应当被视为由仲裁地的所在国作出；《英国仲裁法》第53条规定，只要仲裁地是在英国境内（包括英格兰、威尔士或北爱尔兰），该仲裁程序中的裁决均应被视为在英国作出。

为外国裁决。这一标准与国际社会主流做法和《纽约公约》的规定不一致。

但随着我国仲裁司法审查实践的逐步发展，人民法院通过对一些代表性案件的审理，通过制定相关司法解释，[①] 逐步确立了仲裁地标准。《全国法院涉外商事海事审判工作座谈会会议纪要》第 100 条规定："境外仲裁机构以我国内地为仲裁地作出的仲裁裁决，应当视为我国内地的涉外仲裁裁决。当事人向仲裁地中级人民法院申请撤销仲裁裁决的，人民法院应当根据仲裁法第七十条的规定进行审查；当事人申请执行的，根据民事诉讼法第二百八十一条的规定进行审查。"因与国际社会接轨的仲裁地标准在司法实践中已经逐渐得以确立，且正在修改中的仲裁法在以仲裁地为判断裁决籍属的趋势已经基本确立，因此，本次法律修改对接国际主流标准，吸收司法实践中的成熟做法，水到渠成地将仲裁机构所在地标准修改为仲裁地标准。

【条文适用】

第一，关于仲裁地的功能。一是确定仲裁裁决的籍属，从而确立对其进行审查的依据是《纽约公约》，一国国内法还是相关的特殊安排；二是确立何地的法院可以对仲裁裁决行使撤销权。仲裁地为伦敦的，香港特别行政区法院享有撤销仲裁与否的管辖权；仲裁地为香港特别行政区或者内地的，则分别由香港高等法院或内地的相关法院行使管辖权。三是确立仲裁程序的准据法。仲裁实践中，当事人单独就仲裁程序约定准据法的做法较为少见，因此，如果仲裁地在伦敦，则 1996 年《英国仲裁法》予以适用。如果仲裁地在香港特别行政区，则应适用《香港仲裁条例》。[②]

---

① 2006 年《最高人民法院关于适用〈中华人民共和国仲裁法〉若干问题的解释》第 16 条，已经出现了仲裁地的概念。根据该规定，当事人没有约定仲裁协议的准据法但约定了仲裁地的，应适用仲裁地的法律。

② 杨玲：《仲裁地与开庭地：理解与误解》，2023 年 9 月 11 日发布于"香港国际仲裁中心 HKIAC"公众号。

第二，关于仲裁地与开庭地。与仲裁地容易混淆的一个概念是开庭地。仲裁地是一个法律意义上的地点，其法律意义如前所述，仲裁地并非一个物理意义上的地点，相比之下，开庭地是一个物理意义上的地点。相较于仲裁地所具有的重要法律意义，开庭地的法律意义极为有限，几乎不被重视。开庭地的意义更多体现在选择何处开庭可以更为经济、更为便利，而这一因素对裁决籍属、对裁决进行审查的依据、程序等，几乎不产生实质性影响。

【典型案例】

布兰特伍德公司申请承认和执行ICC广州仲裁裁决案

【案　　号】广东省广州市中级人民法院（2015）穗中法民四初字第62号

【基本案情】案涉仲裁协议约定：凡因本合同引起的或与本合同有关的任何争议，提交国际商会仲裁委员会根据国际惯例在项目所在地进行仲裁。仲裁协议所指的项目所在地位于广州。纠纷发生后，2013年1月，国际商会国际仲裁院根据2012年国际商会仲裁规则委任独任仲裁员对案件进行审理。2013年4月在广州召开的案件管理会议上，各方对独任仲裁员建议的程序时间表表示同意，各方和独任仲裁员于同日完成并签署了审理范围书。2014年3月，独任仲裁员作出裁决。裁决生效后，申请人布兰特伍德公司要求三被申请人履行裁决规定的义务未果，遂于2015年4月向广州中院申请承认并执行该裁决。

广州中院认为，国际商会国际仲裁院根据布兰特伍德公司的申请，由独任仲裁员组成的仲裁庭在仲裁地中国广州作出案涉仲裁裁决。根据该事实，案涉仲裁裁决系外国仲裁机构在中国内地作出的仲裁裁决，可以视为中国涉外仲裁裁决。被申请人不履行仲裁裁决，布兰特伍德公司可参照《民事诉讼法》（2017年修正）第273条的规定向被申请人住所地或者财产所在地的中级人民法院申请执行。布兰特伍德公司现主张依据 1958 年《纽约公约》或《最高人民法院关于内地与香港特别行政区相互执行仲裁裁决的安排》的规定申请承认及执行该仲裁裁决，其提起本案申请的法律依据显属错误，经多次释明后又拒不纠正，其应自行承担由此导致的相应法律后果。鉴此，本案不应作为承认及执行外国仲裁裁决案件，依法应予终结审查。本案终结审查后，布兰特伍德公司可依法另行提起执行申请。综上，广州中院依照《民事诉讼法》（2017 年修正）第 154 条第 1 款第 11 项、第 273 条的规定，裁定本案终结审查。

美国意艾德事务所申请承认内地仲裁机构在香港特别行政区所设分支机构于香港特别行政区作出的仲裁裁决案

【案　　号】江苏省南京市中级人民法院（2016）苏 01 认港 1 号

【基本案情】案涉仲裁条款约定：工程设计合同在履行过程中发生任何纠纷，应提交中国国际经济贸易仲裁委员会，按照申请仲裁时该会现行有效的仲裁规则进行仲裁。仲裁地点为香港特别行政区。双方因上述合同履行发生争议，意艾德事务所于 2015 年 2 月向中国国际经济贸易仲裁委员会香港仲裁中心（以下简称贸仲香港中心）申请仲裁，请求裁决富力南京公司支付所欠设计费并承担违约责任等。后富力南京公司向意艾德事务所支付了所欠设计费本金，但未支付利息。意艾德事务所遂于 2016 年 6 月 7 日向江苏省南京市中级人民法院申请执行该仲裁裁决第 3 项，即支付利息部分。

南京市中级人民法院根据仲裁地系香港特别行政区之约定，将仲裁裁决的籍属确认为香港裁决，进而根据《最高人民法院关于内地与香港特别行政区相互执行仲裁裁决的安排》第 1 条、第 7 条的规定，裁定执行贸仲香港中心仲裁裁决第 3 项。

第二百九十八条　外国法院作出的发生法律效力的判决、裁定，需要人民法院承认和执行的，可以由当事人直接向有管辖权的中级人民法院申请承认和执行，也可以由外国法院依照该国与中华人民共和国缔结或者参加的国际条约的规定，或者按照互惠原则，请求人民法院承认和执行。

【条文主旨】

本条是关于请求人民法院承认和执行外国法院判决、裁定的程序的规定。

【条文理解】

2023 年《民事诉讼法》修正时，本条仅删除了两处“中华人民共和国”字样，内容未作实质性修改。

一、请求我国人民法院承认和执行外国法院判决、裁定的程序

根据本条规定，外国法院生效判决、裁定需要我国人民法院承认和执行的，有两种途径：一是可以由当事人直接向有管辖权的中级人民法院申请承认和执行；二是可以由外国法院依据该国与我国缔结或者参加的国际条约的规定，或者按照互惠原则，请求人民法院承认和执行。需要注意的是，外国法院生效“判决、裁定”，应作广义解释，系法院对实体争议所作的终局裁决，既包括判决书、裁定书，也包括调解书、命令、决定等，但不包括财产保全等临时措施以及中间判决性质的裁决。

申请人向人民法院申请承认和执行外国法院作出的发生法律效力的判决、裁定的，应当提交以下材料：（1）申请书。申请书应当记载申请人和被申请人的姓名、名称、住址、联系方式等基本情况，请求事项及

理由，包括外国法院裁决的文号、作出法院、作出时间、生效时间、被申请人的财产所在地和财产状况等。（2）外国法院作出的发生法律效力的判决、裁定正本或者经证明无误的副本以及中文译本。此项要求主要是用于判断外国法院裁决是否已发生法律效力，这也是国际司法协助通行的做法，即一项裁决必须在本国生效后，才能请求另一国承认和执行。之所以要求提供中文译本，是基于人民法院审理涉外民事案件，应当使用中华人民共和国通用的语言、文字，故提交外文书证，必须附有中文译本。（3）缺席当事人的传唤证明。依据国际条约的一般规定，如果请求国法院作出的裁决程序有重大瑕疵，比如在诉讼程序中没有合法传唤被申请人，那么被请求国法院可以拒绝承认和执行该裁决，以此来保障程序正义。因此，根据本条规定，外国法院判决、裁定为缺席判决、裁定的，申请人应当同时提交该外国法院已经合法传唤的证明文件，但判决、裁定已经对此予以明确说明的除外。

需要注意的是，中华人民共和国缔结或者参加的国际条约对提交文件有规定的，按照规定办理。目前，我国已与比利时、保加利亚、法国等 30 多个国家签订了双边民商事司法协助协定，其中不少协定包含了法院民商事案件裁决的相互承认和执行，并对当事人提出承认和执行申请时应附的文件作了具体规定，比如《中华人民共和国和摩洛哥王国关于民事和商事司法协助的协定》第 18 条规定："承认与执行裁决的请求，应附下列文件：（一）经证明无误的裁决书的副本；（二）告知裁决的文书的正本；（三）证明法院裁决是终结的和可以执行的文件；（四）已向被缺席审判的当事人送达的经核实无误的传票的副本；（五）证明无诉讼行为能力的人已得到合法代理的文件，除非裁决中对此已予明确说明；（六）上述法院裁决和文件经证明无误的被请求的缔约一方文字或法文的译文。"

二、人民法院对当事人申请承认和执行外国法院判决、裁定的处理

当事人向中华人民共和国有管辖权的中级人民法院申请承认和执行外国法院作出的发生法律效力的判决、裁定的，如果该法院所在国与中华人民共和国没有缔结或者共同参加国际条约，也没有互惠关系的，应

当如何处理？在司法实践中，曾做法不一，有的法院裁定驳回当事人承认和执行申请，而有的法院则裁定不予承认和执行该外国法院裁决。为了统一裁判标准，《民事诉讼法司法解释》第542条作出了明确规定，即在此情况下，人民法院应当裁定驳回申请。但是，需要注意的是，当事人向人民法院申请承认外国法院作出的发生法律效力的离婚判决的除外。这主要是考虑，根据外国法院生效离婚判决，外国籍当事人已合法地解除婚姻关系，而中国籍当事人仍受原婚姻关系的约束，这不利于保护我国公民的合法权益。为此，《最高人民法院关于中国公民申请承认外国法院离婚判决程序问题的规定》第1条规定：对与我国没有订立司法协助协议的外国法院作出的离婚判决，中国籍当事人可以根据本规定向人民法院申请承认该外国法院的离婚判决。

需要注意的是，承认和执行申请被裁定驳回的，当事人可以向人民法院起诉。对此，有两点需要注意：第一，人民法院受理一方当事人申请承认和执行外国法院裁决后，另一方当事人又就同一事实向人民法院起诉，将造成平行程序问题，因此，《民事诉讼法司法解释》第542条第2款对当事人可以起诉的时间作了限定，确定为承认和执行申请被人民法院裁定驳回后，当事人可以就同一事实向人民法院起诉。与此相反，若外国法院判决、裁定已经被人民法院承认，当事人就同一争议向人民法院起诉的，人民法院不予受理。第二，对于我国法院和外国法院都有管辖权的案件，人民法院在审理承认和执行申请前，当事人就同一争议可以向人民法院起诉。

【条文适用】

我国香港、澳门特别行政区和台湾地区法院作出的判决、裁定，需要请求人民法院认可和执行的，不适用本条规定，而应适用最高人民法院有关涉港澳台司法解释，详细介绍如下：

当事人向内地人民法院申请认可和执行香港特别行政区法院民事判决，应依据最高人民法院与香港特别行政区政府签署的三个司法协助安排，分别是2006 年签署的《关于内地与香港特别行政区法院相互认可和执行当事人协议管辖的民商事案件判决的安排》、2017 年签署的《关于内地与香港特别行政区法院相互认可和执行婚姻家庭民事案件判决的安排》、2019 年签署的《关于内地与香港特别行政区法院相互认可和执行民商事案件判决的安排》。这三个安排在内地将要或已经转化为司法解释，分别适用于不同的民商事案件，其中《关于内地与香港特别行政区法院相互认可和执行民商事案件判决的安排》尚未生效。依据《最高人民法院关于内地与香港特别行政区法院相互认可和执行当事人协议管辖的民商事案件判决的安排》规定，当事人申请认可和执行香港特别行政区法院判决、裁定的，应当在内地向被申请人住所地、经常居住地或者财产所在地的中级人民法院提出，被申请人住所地、经常居住地或者财产所在地在内地不同的中级人民法院辖区的，申请人应当选择向其中一个人民法院提出认可和执行的申请，不得分别向两个或者两个以上人民法院提出申请。当事人向有关法院申请认可和执行判决的，应当提交以下文件：应当提交以下文件：请求认可和执行的申请书；经作出终审判决的法院盖章的判决书副本；作出终审判决的法院出具的证明书，证明该判决属于本安排第 2 条所指的终审判决，在判决作出地可以执行；身份证明材料，包括：申请人为自然人的，应当提交身份证或者经公证的身份证复印件；申请人为法人或者其他组织的，应当提交经公证的法人或者其他组织注册登记证书的复印件；申请人是外国籍法人或者其他组织的，应当提交相应的公证和认证材料。向内地人民法院提交的文件没有中文文本的，申请人应当提交证明无误的中文译本。执行地法院对于本条所规定的法院出具的证明书，无须另行要求公证。其中，上述材料中，请求认可和执行申请书应当载明下列事项：当事人为自然人的，其姓名、住所；当事人为法人或者其他组织的，法人或者其他组织的名称、住所以及法定代表人或者主要负责人的姓名、职务和住所；申请执行的理由与请求的内容，被申请人的财产所在地以及财产状况；判决是否在原审法院地申请执行以及已执行的情况。

当事人向内地人民法院申请认可和执行澳门特别行政区法院民事判

决，应当依据最高人民法院与澳门特别行政区政府签署的《关于内地与澳门特别行政区相互认可和执行民商事判决的安排》，该安排在内地已转化为司法解释（法释〔2006〕2号）。依据该司法解释规定，内地有权受理认可和执行判决申请的法院为被申请人住所地、经常居住地或者财产所在地的中级人民法院。两个或者两个以上中级人民法院均有管辖权的，申请人应当选择向其中一个中级人民法院提出申请。请求认可和执行判决的申请书，应当载明下列事项：申请人或者被申请人为自然人的，应当载明其姓名及住所；为法人或者其他组织的，应当载明其名称及住所，以及其法定代表人或者主要负责人的姓名、职务和住所；请求认可和执行的判决的案号和判决日期；请求认可和执行判决的理由、标的，以及该判决在判决作出地法院的执行情况。申请书应当附生效判决书副本，或者经作出生效判决的法院盖章的证明书，同时应当附作出生效判决的法院或者有权限机构出具的证明下列事项的相关文件：传唤属依法作出，但判决书已经证明的除外；无诉讼行为能力人依法得到代理，但判决书已经证明的除外；根据判决作出地的法律，判决已经送达当事人，并已生效；申请人为法人的，应当提供法人营业执照副本或者法人登记证明书；判决作出地法院发出的执行情况证明。如被请求方法院认为已充分了解有关事项时，可以免除提交相关文件。被请求方法院对当事人提供的判决书的真实性有疑问时，可以请求作出生效判决的法院予以确认。申请书应当用中文制作。所附司法文书及其相关文件未用中文制作的，应当提供中文译本。其中法院判决书未用中文制作的，应当提供由法院出具的中文译本。法院收到申请人请求认可和执行判决的申请后，应当将申请书送达被申请人。被申请人有权提出答辩。

当事人向大陆人民法院申请认可和执行台湾地区法院民事判决的，应当依据《最高人民法院关于认可和执行台湾地区法院民事判决的规定》（法释〔2015〕13号）。依据该规定，申请认可台湾地区法院民事判决的案件，由申请人住所地、经常居住地或者被申请人住所地、经常居住地、财产所在地中级人民法院或者专门人民法院受理。申请人向两个以上有管辖权的人民法院申请认可的，由最先立案的人民法院管辖。申请人向被申请人财产所在地人民法院申请认可的，应当提供财产存在的相关证据。申请人申请认可台湾地区法院民事判决，应当提交申请书，并附有台湾地区有关法院民事判决文书和民事判决确定证明书的正本或者经证明无误的副本。台湾地区法院民事判决为缺席判决的，申请人应当同时提交台湾地区法院已经合法传唤当事人的证明文件，但判决已经对此予以明确说明的除外。申请书应当记明以下事项：申请人和被申请人姓名、性别、年龄、职业、身份证件号码、住址（申请人或者被申请人为法人或者其他组织的，应当记明法人或者其他组织的名称、地址、法定代表人或者主要负责人姓名、职务）和通讯方式；请求和理由；申请认可的判决的执行情况；其他需要说明的情况。

第二百九十九条　人民法院对申请或者请求承认和执行的外国法院作出的发生法律效力的判决、裁定，依照中华人民共和国缔结或者参加的国际条约，或者按照互惠原则进行审查后，认为不违反中华人民共和国法律的基本原则且不损害国家主权、安全、社会公共利益的，裁定承认其效力；需要执行的，发出执行令，依照本法的有关规定执行。

【条文主旨】

本条是关于承认和执行外国法院裁判的规定。

【条文理解】

在2023年《民事诉讼法》修改中，本条主要是适应性修改，删除了《民事诉讼法》（2021年修正）第289条最后一句，即关于“违反中华人民共和国法律的基本原则或者国家主权、安全、社会公共利益的，不予承认和执行”之表述。

此次修法之前，1991年《民事诉讼法》直至2021年《民事诉讼法》，关于当事人申请承认和执行外国法院判决的审查制度，只原则性规定了如下内容：第一，审查的依据，即以国际条约或者互惠原则为依据；第二，案件审查的管辖法院，即中华人民共和国有管辖权的中级人民；第三，承认与执行外国法院判决的“安全阀”条款，即判决须不违反中华人民共和国法律的基本原则或者国家主权、安全、社会公共利益。除了这三方面的内容之外，对于法院申请承认和执行的条件、外国法院有无管辖权的判断、具体审查程序、审查后的救济途径等基本问题，2021年及之前的《民事诉讼法》都未作出规定。此次法律修改，对当事人申请承认和执行外国法院判决的审查条件、外国法院间接管辖权的认定标准、不服审查查定的救济途径等进行了完善。由于在本法第 300 条关于申请承认和执行外国法院判决的审查标准中，已经将“违反中华人民共和国法律的基本原则或者损害国家主权、安全、社会公共利益”单列，作为不予承认或执行该外国判决的重要标准之一，与此同时，《民事诉讼法》（2021 年修正）第 289 条（现为第 299 条）所作正向规定即“不违反中华人民共和国法律的基本原则或者国家主权、安全、社会公共利益的”可承认或执行裁定的表述并未删除，如再保留原先的“安全阀”表述，不仅毫无必要，也显得过于冗余，因此予以删除。

【条文适用】

该处修改系适应性修改，主要是被删除的承认或执行外国法院判决的“安全阀”条款已经在本法第 300 条单独列出作为审查标准之一，原先关于可以承认或执行外国判决的“不违反中华人民共和国法律的基本原则或者国家主权、安全、社会公共利益的”要件规定并未删除，实际适用过程中，不能错误地认为该要件已经不再是承认或执行外国法院判决的要件。

第三百条 对申请或者请求承认和执行的外国法院作出的发生法律效力的判决、裁定，人民法院经审查，有下列情形之一的，裁定不予承认和执行：

（一）依据本法第三百零一条的规定，外国法院对案件无管辖权；

（二）被申请人未得到合法传唤或者虽经合法传唤但未获得合理的陈述、辩论机会，或者无诉讼行为能力的当事人未得到适当代理；

（三）判决、裁定是通过欺诈方式取得；

（四）人民法院已对同一纠纷作出判决、裁定，或者已经承认第三国法院对同一纠纷作出的判决、裁定；

（五）违反中华人民共和国法律的基本原则或者损害国家主权、安全、社会公共利益。

【条文主旨】

本条是关于人民法院处理承认和执行外国法院判决、裁定案件时适用的审查依据的规定。

【条文理解】

本条为2023年《民事诉讼法》新增条文。

一、关于条约及互惠审查标准

我国《民事诉讼法》（2021 年修正）第 288 条[①]、第 289 条[②]规定人民法院承认和执行外国民商事判决的三个基本条件：一是我国与外国缔结或参加了承认和执行民商事判决方面的国际条约，或者存在互惠关系；二是外国民商事判决已经发生法律效力，即为确定判决；三是承认和执行该外国民商事判决不违反法律的基本原则或者国家主权、安全、社会公共利益。可见，我国《民事诉讼法》（2021 年修正）对外国民商事判决的承认和执行制度仅作了原则性规定，采取何种审查模式并不明确，而是有赖于国际条约的规定和互惠原则的界定。

目前，我国签署了 2005 年《海牙选择法院协议公约》（尚未批准），参加了 2019 年《海牙承认与执行外国民商事判决公约》谈判（尚未签署，以下简称《海牙判决公约》）。我国与 39 个国家签订了涉及民商事司法协助的双边协定，已经生效 38 项，其中 34 项规定了外国法院判决承认和执行的条件。对于与我国缔结了双边司法协助条约的国家之法院作出的民商事判决，适用国际条约的规定处理。从我国目前对外签订的双方民商事司法协助条约的规定来看，承认与执行的条件主要包括：（1）该外国法院判决已经生效或具有执行力；（2）作出判决的外国法院对案件具有管辖权；（3）败诉一方当事人的诉讼权利得到了保障；（4）不存在相冲突的判决；（5）该外国法院判决不是通过欺诈获取的。司法实践中，《最高人民法院关于中国公民申请承认外国法院离婚判决程序问题的规定》第 12 条规定的不予承认外国离婚判决的条件也包括了上述条件。

---

① 现对应《民事诉讼法》（2023 年修正）第 298 条规定："外国法院作出的发生法律效力的判决、裁定，需要中华人民共和国法院承认和执行的，可以由当事人直接向中华人民共和国有管辖权的中级人民法院申请承认和执行，也可以由外国法院依照该国与中华人民共和国缔结或者参加的国际条约的规定，或者按照互惠原则，请求人民法院承认和执行。"

② 现对应《民事诉讼法》（2023 年修正）第 299 条规定："人民法院对申请或者请求承认和执行的外国法院作出的发生法律效力的判决、裁定，依照中华人民共和国缔结或者参加的国际条约，或者按照互惠原则进行审查后，认为不违反中华人民共和国法律的基本原则或者国家主权、安全、社会公共利益的，裁定承认其效力，需要执行的，发出执行令，依照本法的有关规定执行。违反中华人民共和国法律的基本原则或者国家主权、安全、社会公共利益的，不予承认和执行。"

可见，我国立法及司法实践对外国民商事判决采取的是形式主义审查模式，即人民法院依法律规定的承认要件进行判断，并不实质审查请求国法院判决认定事实及法律适用错误与否。其中，外国法院具有适格管辖权以及正当程序保障是最重要的审查要件。对于与我国无司法协助条约关系的国家的法院作出的民商事判决，人民法院按照互惠原则审查。根据《民事诉讼法司法解释》（2022年修正）第542条第1款的规定，既无条约也没有互惠关系的，人民法院裁定驳回申请。[①] 换言之，按照互惠原则进行审查时，虽规定不违反公共政策的应予承认和执行，但对人民法院具体的审查标准和内容并未作出规定。

二、本次修法新增的审查标准

本法第300条参照2019年《海牙判决公约》、双边司法协助协定以及各国立法实践，规定人民法院对外国法院判决主要采取形式审查，审查的主要事项包括：一是间接管辖权问题，即内国法院依判决作出国法律对判决作出国法院有无管辖权进行判断。二是外国法院是否保障当事人正当程序权利，即是否存在剥夺当事人得到合法传唤的权利、陈述权、代理权等明显违反法定程序的情形。三是判决是否系通过欺诈方式取得。四是我国法院是否就同一纠纷已经作出判决、裁定或已经承认和执行第三国法院判决、裁定的，避免产生承认和执行外国法院判决、裁定将与我国法院已生效判决、裁定相冲突的情形。五是公共政策保留条款，外国法院作出的发生法律效力的判决、裁定违反中华人民共和国法律的基本原则或者国家主权、安全、社会公共利益的，不予承认和执行。

三、关于诉讼程序的正当性

不予承认和执行的第二项情形是诉讼程序不具有正当性。正当性程

① 《民事诉讼法司法解释》（2022年修正）第542条第1款规定："当事人向中华人民共和国有管辖权的中级人民法院申请承认和执行外国法院作出的发生法律效力的判决、裁定的，如果该法院所在国与中华人民共和国没有缔结或者共同参加国际条约，也没有互惠关系的，裁定驳回申请，但当事人向人民法院申请承认外国法院作出的发生法律效力的离婚判决的除外。"

序是指外国法院的判决是经过公正有效的审判程序，在充分保障了双方当事人的诉讼权利的情况下得出的。在承认与执行外国法院判决的案件中所要考虑的诉讼程序的公正性，主要体现在败诉一方的诉讼权利是否得到了保障。①

（一）相关国际条约及外国立法都将正当程序保证作为重点条款加以规定

《海牙选择法院协议公约》第 9 条在承认或者执行的拒绝事由中，不仅规定了提起诉讼的文书或者同等文件没有在足够的时间内以一定方式通知被告使其能够安排答辩的情形；在被请求国通知被告的方式与被请求国有关文书送达的基本原则不符的情形；而且还规定判决的具体诉讼程序不符合被请求国程序公正基本原则属于违反被请求国公正政策的情形。《海牙判决公约》第 7（1）（a）条从合法送达和通知的角度对正当程序作出了要求，以“提起诉讼的文件或同等文件，包括对索赔基本要素的陈述未及时通知被告，且通知方式不足以让被告安排辩护，除非被告在原籍法院出庭并陈述其案件，而无需对通知提出异议，但作出国的法律允许对通知提出异议”或“在被请求国以不符合被请求国关于送达文件的基本原则的方式通知被告”为拒绝承认与执行的事由。《关于民商事案件管辖权及判决执行的卢加诺公约》第 27 条规定，如果因被告由于未及时收到有关起诉的文件，使其不能有充分时间安排辩护而作出的缺席判决，则不应对判决予以承认。

正当程序的要求，也普遍见于各国承认和执行外国判决立法中。例如，《德国民事诉讼法》第 328 条规定不予承认判决的事由包括“作为被告的德国当事人没有收到法院的传票，或其他命令，因而没有参加案件的审理。”《日本民事诉讼法》第 118 条规定，外国法院判决拥有效力的条件之一是败诉的被告接受了诉讼开始的必要传唤或命令的送达（不包括公示送达以及其他类似送达），或者未接受传唤或送达但是进行应诉。

① 何其生：《比较法视野下的国际民事诉讼》，高等教育出版社 2015 年版，第 330 页。

（二）我国签订的双边司法协助条约及国内相关立法均有诉讼程序正当性的规定

与主要国际公约和其他国内立法相比，我国对外订立的双边司法协助协定对正当程序要求的一个较为显著的特征是，绝大多数双边司法协助协定除了拒绝承认与执行败诉一方当事人“未经合法传唤”之外，还将当事人“未得到适当代理”作为拒绝承认与执行对方法院判决、裁定的事由。鉴于在作为无诉讼行为能力人的被申请人未经适当代理的情况与被剥夺通知和参与法庭辩论权利的情况类似，同样严重损害了被申请人的诉讼权利，[①] 并且通常不能合理期待被申请人在判决作出阶段寻求作出国法院的救济，因此在承认与执行阶段将“无诉讼能力的当事人未得到适当代理”作为拒绝承认与执行的事由之一是必要的，有利于正当程序条件的清晰化与合理化。例如《中华人民共和国与阿根廷共和国关于民事和商事司法协助的条约》第18条规定，根据作出裁决一方的法律，败诉的当事人未经合法传唤，或者没有得到适当代理，构成拒绝承认判决的事由。《民事诉讼法司法解释》（2022年修正）第541条第1款规定：“外国法院判决、裁定为缺席判决、裁定的，申请人应当同时提交该外国法院已经合法传唤的证明文件，但判决、裁定已经对此予以明确说明的除外。中华人民共和国缔结或者参加的国际条约对提交文件有规定的，按照规定办理。”《最高人民法院关于人民法院受理申请承认外国法院离婚判决案件有关问题的规定》中也规定“判决是在被告缺席且未得到合法传唤下作出的”作为不予承认的情形之一，并要求“中国公民申请承认外国法院在其缺席情况下作出的离婚判决，应同时向人民法院提交作出该判决的外国法院已合法传唤其出庭的有关证明文件”。

本次修法对上述规定进行了整合，认定不予承认和执行外国判决、裁定在正当程序方面的瑕疵包括“被申请人未得到合法传唤”“被申请人虽经合法传唤但未获得合理的陈述、辩论机会”以及“无诉讼能力的当事人未得到适当代理”。

---

① 李双元、欧福永主编：《国际私法》，北京大学出版社2018年版，第420页。

四、关于欺诈例外

不予承认和执行的第三项情形是外国法院判决、裁定是当事人通过欺诈方式取得。基于“欺诈使得一切归于无效”的原则，大多数国家的立法和司法实践都强调，运用欺诈（贿赂）手段获得的外国法院判决不能在该国境内得到承认和执行。在英美法系传统中，欺诈一般被列为公共秩序之外的一个重要的抗辩理由，大陆法系国家则通常将其纳入公共秩序的范畴。绝大多数国际条约与英美法系国家的国内法，如《海牙判决公约》、2001 年《国际燃油污染损害民事责任公约》、1985 年《新加坡相互执行外国判决法》都规定了“判决是通过欺诈取得的”的表述。2005 年《美国外国金钱判决承认法》的表述则是“该判决是通过欺诈手段获得的，剥夺了败诉方陈述案情的充分机会”，2005 年《海牙选择法院协议公约》、1973 年《海牙扶养义务判决的承认和执行公约》及 1971 年《海牙民商事案件外国判决的承认和执行公约》都采取了“该决定是通过与程序有关的欺诈行为获得的”的表述，明确将欺诈限制于程序方面。与此相比，德国、法国、日本、韩国等大陆法系国家以及《布鲁塞尔公约》《布鲁塞尔条例 I》及《布鲁塞尔条例 II》均未将欺诈单列为承认与执行外国法院判决的抗辩事由。

我国《最高人民法院、香港特别行政区政府关于内地与香港特别行政区法院相互认可和执行民商事案件判决的安排》列举了欺诈抗辩，我国订立的双边司法协助协定以及《最高人民法院关于中国公民申请承认外国法院离婚判决程序问题的规定》均对此未作规定。本次修法将欺诈抗辩单列，作为不予承认与执行的情形之一。

五、关于平行诉讼引发的冲突判决

不予承认和执行的第四项情形针对的是平行诉讼引发的冲突判决。平行诉讼，又称为双重诉讼、诉讼竞合等，是指相同当事人就同一争议基于相同的事实及目的在两个以上国家或地区法院提起诉讼的情形。平行诉讼是国际民事诉讼管辖权积极冲突的表现形式，体现出多个相关国家法院对具有相同事实案件具有管辖权，且一国法院管辖权不排除他国法院的管辖权的特点。[①] 在国际民事诉讼中，基于各国涉外民事管辖权的扩展和延伸，当事人出于自身利益的挑选法院，缺乏国际性民事诉讼管辖权的机制等原因，平行诉讼现象屡见不鲜。[②] 国际社会应对平行诉讼主要有四种方式：（1）法院拒绝管辖或中止诉讼；（2）法院限制外国法院的诉讼；（3）允许平行诉讼的同时进行，但通过既判力原则或判决的承认与执行规则决定某一判决的优先执行；（4）采取促进当事人只选择一个适当法院的机制。[③]

一般来说，如果一国法院对于当事人之间一定诉讼标的案件作出了判决，出于对本国法院判决效力和司法机关权威的维护，各国通常不会承认和执行外国法院的冲突判决，如果第三国法院的判决得到了本国的承认，该判决在本国取得了与本国法院判决同等的效力，该国也不能再承认与执行其他外国法院的判决。

为了在承认与执行阶段避免同一主权领土之内出现冲突判决，国际公约与各国国内法通常将冲突判决作为拒绝承认与执行外国法院判决的事由之一。《海牙判决公约》第7条第1款第5项、第6项即规定，如果外国法院判决与被请求国法院就相同当事人间争议作出的判决相冲突，且较早判决满足在被请求国得到承认所必需的条件，则可以拒绝承认和执行该外国判决。我国缔结的双方司法协助条约大部分规定，被请求承认和执行的缔约一方的法院对于相同当事人之间就同一标的的案件已经作出了生效裁决，或正在进行审理，或已承认在第三国对该案件所作的生效裁决的，不予承认和执行外国判决。

本次修法时除借鉴《海牙判决公约》，还借鉴《最高人民法院关于认可和执行台湾地区法院民事判决的规定》关于“案件系人民法院已作出判决”“香港特别行政区、澳门特别行政区或者外国的法院已就同一争议作出判决且已为人民法院所认可或者承认的”的规定。因此，除本条规

① 何其生主编：《国际私法入门笔记》，法律出版社2019年版，第342页。

② 刘萍：《国际平行诉讼的成因与对策分析》，载《河北法学》2004年第11期。

③ Fawcett J. J. , *Declining Jurisdiction in Private International Law*, Clarendon Press, 1995, p. 15.

定的“人民法院已对同一纠纷作出判决”“已经承认第三国就同一纠纷作出的判决”外，结合《全国法院涉外商事海事审判工作座谈会会议纪要》第 46 条第 4 项的规定，如已经承认和执行第三国就同一纠纷作出的仲裁裁决，也属于不予承认和执行的情形。

六、关于公共政策保留

在国际民商事交往过程中，法院对个案利益冲突的处理，不仅需要尊重法律规定和当事人的约定，也要在冲突利益的模糊性和不确定性的背景下坚守一国的根本利益，这一底线通常被称为公共利益或公共政策。[①] 关于公共政策，缺乏一个通用的、统一的定义，一般认为，公共政策反映了一个国家的基本法律、道德、政治、宗教、社会和经济标准，是一个流动的概念，其内容不是一层不变的。

在外国法院判决承认与执行方面，公共政策保留为涉及承认与执行外国法院判决、裁定的国际条约中及各国所共同的规定。1971 年《海牙民商事案件外国判决的承认和执行公约》规定为承认或执行该决定显然不符合所涉国家的公共政策，或者如果该决定是由不符合正当法律程序要求的程序产生的，或者在这种情况下，任何一方当事人都没有充分的机会公平陈述其案情，《海牙选择法院协议公约》规定为承认或执行显然不符合被请求国的公共政策，包括导致判决的具体程序不符合该国程序公正的基本原则的情况，《海牙判决公约》规定为承认或执行显然不符合被请求国的公共政策，包括导致判决的具体程序不符合该国程序公正的基本原则的情况，以及涉及侵犯该国安全或主权的情况。

外国国内法中的公共政策保留条款则相对宽松，例如《德国民事诉讼法》规定为承认该判决结果，与德国法律的重大原则显然相矛盾，特别是承认该判决与基本法相矛盾，《瑞士联邦国际私法》规定为该决定违反了瑞士程序法的基本原则，尤其是他被剥夺了陈述的权利。《俄罗斯民事诉讼法》特别指出了“国家安全”相关的内容，规定为判决的执行可

① 何其生：《多元视野下的中国国际私法》，高等教育出版社 2019 年版，第 223 页。

能损害俄罗斯联邦的主权或威胁俄罗斯联邦的安全，或者违反俄罗斯联邦的公共秩序；但更多立法似乎仅是较为一般地提及了“公共政策”等，如《美国外国金钱判决承认法》规定为判决所依据的判决或［诉因］［救济要求］与本州或美国的公共政策相抵触，《澳大利亚外国判决法》规定为该判决的执行，而不是根据该判决就新西兰税支付一定金额的款项，将违反公共政策，《日本民事诉讼法》要求判决的内容及诉讼程序不违反日本的公共秩序和善良风俗，《韩国民事诉讼法》要求该终审判决等的批准不会损害大韩民国的良好道德或其他社会秩序。

我国订立的双边司法协助协定中，相当一部分没有“公共政策保留”条款，例如，我国与波兰、蒙古国、罗马、土耳其、希腊、越南、突尼斯、立陶宛等国之间的司法协助协定，而订有此种条款的司法协助协定的相关表述多为执行有损于被请求一方的主权、安全或公共秩序，中国与埃及之间的司法协助协定强调“公共秩序”应为被请求国自行判断的概念，规定为被请求的缔约一方认为该裁决有损于该方的主权、安全、公共秩序或基本利益，中国与阿联酋、科威特之间的司法协助协定特别提及了“宪法原则”，规定为裁决所支持的诉讼请求违反被请求方现行法律，或与被请求方的宪法原则、主权、安全或公共秩序相悖。

【条文适用】

一、关于诉讼程序正当性的审查标准

关于诉讼程序正当性的审查标准需注意的问题包括：第一，作出判决的法院已依照正常的程序向当事人进行了合法传唤，但因当事人自身原因拒绝或自动放弃出庭而作出的缺席判决不能视为审理过程中适用程序的不公正。第二，未得到合理通知的主体限定为被申请人，若一方当事人虽然未得到合理通知，但其希望承认和执行该判决并提出了申请，则不在不予承认和执行之列。

二、关于欺诈的认定

关于欺诈的认定需注意的问题包括：第一，关于"欺诈"的认定标准问题。理论上欺诈是指故意寻求欺骗以获取不公平或非法利益或剥夺他人权利的程序上不当行为。借鉴《海牙判决公约》的解释性报告，程序方面的欺诈包括一方故意"将令状送达错误的地址""提供有关听证会时间和地点的错误信息""试图贿赂法官或证人"或"隐瞒关键证据"等。此外，与证人恶意串通、假宣誓等都是诉讼一方对另一方造成损害的欺诈行为，也属于欺诈。第二，国际条约审查优先时，若国际条约未将欺诈抗辩单列，则应将欺诈的相关情形视为公约规定的公共利益例外。

三、关于"同一纠纷"的认定

根据《民事诉讼法司法解释》（2022 年修正）第 247 条关于相同当事人、相同诉讼标的、相同诉讼请求作为判断是否重复起诉的标准，对本条第 4 项规定的"同一纠纷"，可理解为相同当事人之间就相同诉讼标的提出的相同诉讼请求。

根据《民事诉讼法司法解释》（2022 年修正）第 531 条的规定，我国立法倾向于允许平行诉讼，因此即便外国法院受理在先，也不妨碍我国法院受理同一纠纷。只要人民法院作出了相关判决，或已经承认和执行了第三国判决，就得以拒绝承认和执行外国判决。

四、关于人民法院对公共政策应严格解释和适用

通常只有严重违反我国法律基本原则、侵犯我国国家主权、危害社会公共安全、违反善良风俗以及危及我国根本社会公共利益的情形才构成违反公共政策。实践中，援引公共政策抗辩外国法院判决承认与执行较少获得成功。在对外国仲裁裁决的司法审查中，最高人民法院已通过案例明确，仅仅涉及部门或者地方利益，或违反我国法律的强制性规定的，不一定构成对我国公共利益的违反。该标准在外国判决承认与执行案件中同样适用。

此外，关于惩罚性损害赔偿判决的承认与执行问题，我国相关侵权法律采补偿性和填平原则，赔偿数额的衡量标准是使受害人恢复到损害发生前的状态，较少适用惩罚性赔偿制度。①根据《全国法院涉外商事海事审判工作座谈会会议纪要》第 45 条规定，"外国法院判决的判项为损害赔偿金且明显超出实际损失的，人民法院可以对超出部分裁定不予承认和执行"，因此，人民法院对明显超出实际损失的损害赔偿，可根据案件具体情况，细化为属于违反我国法律的基本原则，而不轻易认为属于违反公共利益，从而不予承认和执行。

【典型案例】

一、蒋某等六申请人申请承认与执行美国法院民事判决六案

【案　　号】广东省广州市中级人民法院（2019）粤 01 协外认

【裁判要旨】根据互惠原则承认和执行美国法院判决，但对其中明显超出实际损失的惩罚性赔偿金部分，不予承认和执行。

【基本案情】蒋某等六申请人向广州市中级人民法院申请承认与执行美国加利福尼亚州中区联邦地区法院（以下简称美国法院）判决。广州市中级人民法院经审理查明，美国法院于 2018 年 2 月 27 日作出针对所有被告的缺席判决。根据该判决，美国法院已将原告要求缺席判决的动议合法送达给所有被告。被告没有委托律师答辩。法庭对被告缺席的情况记录在案。美国法院根据《美国联邦民事诉讼规则》，判决被告支付各原告特别损害赔偿金、一般及惩罚性赔偿金。广州市中级人民法院认为，

① 我国《民法典》第 1185 条、第 1207 条和第 1232 条在知识产权、产品责任和生态环境保护领域分别作出一般规定。其中第 1185 条规定："故意侵害他人知识产权，情节严重的，被侵权人有权请求相应的惩罚性赔偿。"第 1207 条规定："明知产品存在缺陷仍然生产、销售，或者没有依据前条规定采取有效补救措施，造成他人死亡或者健康严重损害的，被侵权人有权请求相应的惩罚性赔偿。"第 1232 条规定："侵权人违反法律规定故意污染环境、破坏生态造成严重后果的，被侵权人有权请求相应的惩罚性赔偿。"此外，《商标法》第 63 条第 1 款、《食品安全法》第 148 条第 2 款、《消费者权益保护法》第 55 条、《反不正当竞争法》第 17 条、《旅游法》第 70 条第 1 款等均规定了惩罚性赔偿的内容。

根据《民事诉讼法》（2017 年修正）第 289 条的规定，我国与美国没有缔结或者共同参加关于相互承认和执行民商事判决的国际条约，因此，应当按照互惠原则进行审查。经审查，六案当事人已提交美国法院承认和执行我国法院民商事判决的有效案例，承认本案所涉美国法院判决不违反我国法律的基本原则，也不会损害我国国家主权、安全、社会公共利益，因此，六案可以根据互惠原则承认和执行案涉美国法院判决，但对其中明显超出实际损失的惩罚性赔偿金部分，不予承认和执行。

【裁判结果】六案可以根据互惠原则承认和执行案涉美国法院判决，但对明显超出实际损失的惩罚性赔偿金部分，不予承认和执行。

【裁判理由】六案当事人已提交美国法院承认和执行我国法院民商事判决的有效案例，承认本案所涉美国法院判决不违反我国法律的基本原则，也不会损害我国国家主权、安全、社会公共利益。

二、董某申请承认与执行外国法院民事判决案

【案　　号】湖南省湘潭市中级人民法院（2014）潭中民三初字第 181 号

【裁判要旨】在没有证据表明案涉外国法院判决书已经向当事人合法送达，我国与判决作出国法院也没有相关国际条约，且没有建立互惠关系时，对该外国判决不予承认与执行。

【基本案情】董某作为申请人向湘潭市中级人民法院申请：（1）承认和执行乍得共和国恩贾梅纳商业法庭于 2014 年 4 月 23 日作出的合同纠纷案判决书；（2）强制执行被申请人付某拖欠的设备租赁费、迟延履行期间的损失费及利息，共计人民币 573 万余元。乍得共和国恩贾梅纳商业法庭判决认定，付某应赔偿董某租赁费、损失费利息折合人民币 5 737 376 元。付某认为：（1）案涉判决尚未向其送达，董某也未提交任何表明该判决已被合法送达的证据，该判决未发生法律效力；（2）该判决是在付某缺席的情况下作出的，违反我国法律关于“合法传唤”的法律规定。判决书中对付某的缺席仅仅表述为“被申请人逃回中国”“未出庭”字

样，没有任何关于法院已经合法传唤的证明文件。（3）乍得共和国与我国没有缔结或者共同参加的国际条约，也没有互惠关系，因此董某的申请应被驳回。法院查明，恩贾梅纳商业法庭于2014年4月23日开庭时，由于付某已经先期返回中国，没有出庭参加诉讼。

【裁判结果】由于付某主张未收到案涉判决书，董某也没有提交证据表明判决书已经合法送达，因此无法判断该判决书是否已经发生法律效力；中国与乍得共和国之间没有司法协助方面的国际条约，也没有建立起互惠关系，故裁定驳回董某的申请。

【裁判理由】被申请人付某主张他没有收到乍得共和国法院的判决书，申请人董某也没有提交该判决书已经送达付某的相关证据，无法判断该判决书是否已经生效；中国与乍得共和国没有缔结或者参加相互承认和执行法院判决、裁定的国际条约，没有建立司法协助的互惠关系。

第三百零一条　有下列情形之一的，人民法院应当认定该外国法院对案件无管辖权：

（一）外国法院依照其法律对案件没有管辖权，或者虽然依照其法律有管辖权但与案件所涉纠纷无适当联系；

（二）违反本法对专属管辖的规定；

（三）违反当事人排他性选择法院管辖的协议。

【条文主旨】

本条是关于间接管辖权的判断标准的规定。

【条文理解】

本条是 2023 年《民事诉讼法》修改时的新增条文。

一、明确以判决作出国法律作为判断间接管辖权的主要标准

管辖权适格是一国法院进行诉讼活动并作出有效判决的前提。涉外民商事管辖权包含直接管辖权和间接管辖权两种。直接管辖权是一国法院通过本国涉外民事诉讼程序及民事诉讼法的规定来确定对某一具体的涉外民商事案件是否具有管辖权。间接管辖权则涉及内国法院判断外国法院对某一特定的涉外民商事案件有无管辖权，进而关系到外国法院的判决能否在内国法院得到承认和执行。对于外国法院管辖权的审查，既是判断外国法院管辖权适当与否的程序性规则，也是承认和执行外国法院判决的先决条件。

内国法院应依哪一国的法律来判断，国际社会主要存在两种做法：一是一般情形下依据判决作出国的法律来审查，但违反被请求国专属管辖规定的除外。采此种立法的国家有印度、巴基斯坦、缅甸、爱尔兰、

卢森堡等，我国与俄罗斯、白俄罗斯、乌克兰、哈萨克斯坦、吉尔吉斯斯坦、乌兹别克斯坦、塔吉克斯坦、希腊之间的司法协助协定也采取了此种模式。1968年《布鲁塞尔公约》第4（1）条也采取此种模式。二是适用被请求国法律作为审查依据。主要有德国、韩国、委内瑞拉、保加利亚等。我国与法国、蒙古国、罗马、古巴、保加利亚、摩洛哥、立陶宛、朝鲜、巴西、阿根廷、阿尔及利亚之间的司法协助协定采取了此种方案。此外，实践中还存在同时依据判决作出国和被请求国的法律来审查间接管辖权的做法，但此种双重审查的做法大大增加了审查的难度，目前仅有法国、以色列等极少数国家采用。

《全国法院涉外商事海事审判工作座谈会会议纪要》第46条[①]关于不予承认和执行的事由，虽规定根据我国法律作为人民法院按照互惠原则进行审查后裁定不予承认和执行的一种情形，但本次修法时，考虑到各国民事诉讼法上有关管辖权制度差异较大，某些制度可能仅判决作出国有规定，而被请求国法院根本没规定，例如，英国有对物诉讼制度，我国却没有，此种情形下，若规定适用被请求国的法律判断判决作出国法院的管辖权，则不尽合理。因此，为进一步促进判决流通，彰显中国涉外立法的开放包容，本次修法改为依据判决作出国法律来判断。

如果外国法律规定的管辖依据过于薄弱，而外国法院是依据过于薄弱的管辖依据获得的管辖权，也应认定其无管辖权。

二、外国法院的管辖权不得违反我国的专属管辖规定

专属管辖，是指一国立足本国现实利益需要，主张其法院对某些涉外民商事案件享有独占、排他管辖权，不承认其他国家对这些案件享有

---

① 《全国法院涉外商事海事审判工作座谈会会议纪要》第46条规定："对外国法院作出的发生法律效力的判决、裁定，人民法院按照互惠原则进行审查后，认定有下列情形之一的，裁定不予承认和执行：（一）根据中华人民共和国法律，判决作出国法院对案件无管辖权；（二）被申请人未得到合法传唤或者虽经合法传唤但未获得合理的陈述、辩论机会，或者无诉讼能力的当事人未得到适当代理；（三）判决通过欺诈方式取得；（四）人民法院已对同一纠纷作出判决，或者已经承认和执行第三国就同一纠纷做出的判决或者仲裁裁决。外国法院作出的发生法律效力的判决、裁定违反中华人民共和国法律的基本原则或者国家主权、安全、社会公共利益的，不予承认和执行。"

管辖权。当事人也不能以协议的方式排除我国法院的专属管辖。《民法典》第 467 条第 2 款规定："在中华人民共和国境内履行的中外合资经营企业合同、中外合作经营企业合同、中外合作勘探开发自然资源合同，适用中华人民共和国法律。"这里所说的适用我国法律，包括适用我国法律中的实体法和程序法。本条规定在程序法中明确了在我国履行上述涉外合同发生纠纷提起的诉讼，由我国法院专属管辖，排除了其他任何国家的法院对这类案件的管辖权。此外，本法第 279 条规定："下列民事案件，由人民法院专属管辖：（一）因在中华人民共和国领域内设立的法人或者其他组织的设立、解散、清算，以及该法人或者其他组织作出的决议的效力等纠纷提起的诉讼；（二）因与在中华人民共和国领域内审查授予的知识产权的有效性有关的纠纷提起的诉讼；（三）因在中华人民共和国领域内履行中外合资经营企业合同、中外合作经营企业合同、中外合作勘探开发自然资源合同发生纠纷提起的诉讼。"本法第 34 条规定："下列案件，由本条规定的人民法院专属管辖：（一）因不动产纠纷提起的诉讼，由不动产所在地人民法院管辖；（二）因港口作业中发生的纠纷提起的诉讼，由港口所在地人民法院管辖；（三）因继承遗产纠纷提起的诉讼，由被继承人死亡时住所地或者主要遗产所在地人民法院管辖。"

三、外国法院的管辖权不得违反当事人排他性选择法院管辖的协议

外国法院管辖权的行使违反了当事人排他性管辖协议，则属于外国法院没有管辖权，从而不予承认和执行外国法院判决的情形。

（一）明示协议管辖与默示管辖

对于涉外民商事纠纷案件的协议管辖权，本法规定了两种形式：一是第 277 条规定明示协议管辖，该条规定涉外民事纠纷的当事人可以书面协议选择人民法院管辖；二是第 278 条规定的默示管辖，即当事人未提出管辖异议，并应诉答辩或者提出反诉的，视为人民法院有管辖权。

（二）排他性管辖与非排他性管辖

涉外管辖协议依其性质主要分为排他性管辖协议和非排他性管辖协

议。排他性管辖是指当事人通过合意赋予被选择法院或被选择地法院专有、排他的管辖权，目的是排除其他法院的管辖权。非排他性管辖协议是指当事人合意选择管辖法院，但不排除争议可以在其他有管辖权的法院进行诉讼。如果当事人之间的管辖协议仅约定“由某法院管辖”或“提交某法院管辖”等，未载明管辖协议的性质为排他性或非排他性，根据《全国法院涉外商事海事审判工作座谈会会议纪要》第1条①的规定，应推定该管辖协议为排他性管辖协议。

【条文适用】

一、我国法院享有专属管辖权的案件类型

我国法院对以下几种类型的民事案件享有专属管辖权：（1）因在中华人民共和国领域内设立的法人或者其他组织的设立、解散、清算，以及该法人或者其他组织作出的决议的效力等纠纷提起的诉讼；（2）因与在中华人民共和国领域内审查授予的知识产权的有效性有关的纠纷提起的诉讼；（3）因在中华人民共和国领域内履行中外合资经营企业合同、中外合作经营企业合同、中外合作勘探开发自然资源合同发生纠纷提起的诉讼；（4）因不动产纠纷提起的诉讼；（5）因港口作业中发生的纠纷提起的诉讼；（6）因继承遗产纠纷提起的诉讼。外国法院对上述属于我国法院专属管辖的案件纠纷行使管辖权的，应认定其不享有管辖权。

本条规定并不排除在履行这些合同中发生争议，双方当事人可以根据合同中的仲裁条款或者以其他方式达成的书面仲裁协议，向我国的仲裁机构或者国外的仲裁机构申请以仲裁的方式解决纠纷。

---

① 《全国法院涉外商事海事审判工作座谈会会议纪要》第1条规定：“涉外合同或者其他财产权益纠纷的当事人签订的管辖协议明确约定由一国法院管辖，但未约定该管辖协议为非排他性管辖协议的，应推定该管辖协议为排他性管辖协议。”

二、"排他性"与"非排他性"的判断

当事人如果在管辖协议中明确载明了"排他"，则该条款应视为排他性管辖条款。如果当事人使用"可以""有权"等措辞，或完全没有说明是"排他"或是"非排他"时，本着尊重当事人意思自治，使当事人协议选择的管辖权特定化，同时避免平行诉讼的角度，根据《全国法院涉外商事海事审判工作座谈会会议纪要》第 1 条的规定，应推定属于排他性管辖协议。

【典型案例】

上诉人交通银行信托有限公司与被上诉人
中国国储能源化工集团股份公司合同纠纷案

【案　　号】最高人民法院（2021）最高法民再 277 号

【裁判要旨】涉外保证合同纠纷应根据当事人的诉讼请求，综合考量主、从合同的中涉及保证的内容，以及主、从合同关于协议管辖条款来认定排他性、非对称、不方便法院管辖的问题。

【基本案情】本案为合同纠纷，案涉《信托协议》的管辖权条款规定我国香港特别行政区法院具有排他的管辖权。《保证协议》作为《信托协议》的从合同，约定保证人同意我国香港特别行政区法院拥有排他的司法管辖权。被上诉人中国国储能源化工集团股份公司（以下简称国储公司）是案涉协议的保证人。国储公司一审期间提出管辖权异议，认为案涉《信托协议》及《保证协议》均约定我国香港特别行政区法院具有排他性的管辖权，内地法院对本案无管辖权，请求法院驳回起诉。交通银行信托有限公司（以下简称交通信托公司）针对国储公司的管辖权异议，答辩称：（1）《保证协议》并未约定双方一致同意提交我国香港特别行政区法院管辖；《保证协议》管辖条款系仅约束保证人的单边法院选择条款；（2）《保证协议》管辖条款系不对称管辖条款，不产生约束交通信

托的效力。

一审法院认为，《信托协议》《保证协议》均约定了我国香港特别行政区法院对于纠纷具有排他性的管辖权，一审法院对此没有管辖权，裁定驳回起诉。交通信托公司不服一审裁定，提起上诉。

二审法院认为：（1）《保证协议》约定，仅系国储公司约束己方起诉时选择我国香港特别行政区法院，并不排斥或限制涉及交通信托公司起诉时选择其他有管辖权的法院。（2）案涉《保证协议》中不存在关于交通信托公司不得向我国香港特别行政区以外的法院起诉的排他性管辖协议，在《保证协议》未做特殊约定的情况下，交通信托公司依法选择一审法院提起诉讼并无不当，一审法院依法享有对本案的管辖权。综上，二审法院撤销一审裁定，指令一审法院审理。

交通信托公司向最高人民法院申请了再审，最高人民法院认为：（1）根据《最高人民法院关于适用〈中华人民共和国民法典〉有关担保制度的解释》关于确定主从合同管辖权的规定，本案管辖权的确定应综合考量《信托协议》和《保证协议》中的协议管辖条款；（2）案涉管辖权条款不是非对称管辖条款。我国香港特别行政区法院对本案具有排他管辖权。

【裁判结果】撤销二审法院裁定，维持一审法院裁定。

【裁判理由】案涉《信托协议》及《保证协议》中的协议管辖条款有效，双方当事人均应受该协议管辖条款的约束。根据协议管辖条款的约定，我国香港特别行政区法院对本案纠纷享有排他管辖权，一审法院对本案纠纷不享有管辖权，一审法院裁定结果正确。二审法院关于交通信托公司不受该协议管辖条款约束，起诉时可以选择我国香港特别行政区法院之外的其他有管辖权法院的认定缺乏事实和法律依据，应予纠正。

第三百零二条　当事人向人民法院申请承认和执行外国法院作出的发生法律效力的判决、裁定，该判决、裁定涉及的纠纷与人民法院正在审理的纠纷属于同一纠纷的，人民法院可以裁定中止诉讼。

外国法院作出的发生法律效力的判决、裁定不符合本法规定的承认条件的，人民法院裁定不予承认和执行，并恢复已经中止的诉讼；符合本法规定的承认条件的，人民法院裁定承认其效力；需要执行的，发出执行令，依照本法的有关规定执行；对已经中止的诉讼，裁定驳回起诉。

【条文主旨】

本条是关于因同一纠纷向我国法院申请承认和执行程序与我国法院正在审理的案件的关系问题的规定。

【条文理解】

本条是2023 年《民事诉讼法》新增条文。根据本条规定，对于当事人向中华人民共和国人民法院申请承认和执行外国法院判决，该外国法院判决涉及的争议与中华人民共和国人民法院正在审理的争议属于同一争议，借鉴国际社会关于“预期承认理论”的晚近立法趋势，人民法院可中止审理。“预期承认原则”由德国学者创立，其基本含义是若外国进行的诉讼有可能作出为本国所承认的判决，则内国法院应中止审理相同的案件。《瑞士联邦国际私法法规》第 9 条第 1 款与第 3 款中对预期承认原则也作出明确规定：相同当事人间具有同一标的诉讼已在外国法院提起但尚未判决时，如果可预见外国法院在合理的期限内将作出能在瑞士得到承认的判决，瑞士法院即应中止诉讼。本次修法新增本条旨在通过合作礼让以最小司法成本稳定相关法律关系和当事人预期，同时保留我国法院恢复诉讼的余地，以最大限度实现国际民商事纠纷的实质化解和解纷程序经济便捷的平衡。

【条文适用】

本条与本法第300条第4项都涉及承认和执行程序与平行诉讼的关系项下在先判决的处理问题，区别在于我国法院与外国法院对同一纠纷作出冲突判决的时间先后不同，导致处理结果不同。第300条第4项规定的情形是我国法院或第三国对同一纠纷作出的判决在先，而本条是外国法院对同一纠纷作出的判决在先。对于前者的处理结果是不予承认和执行外国法院判决、裁定。对于后者，我国法院正在进行的诉讼可先中止。中止后对该外国判决、裁定进行审查，又分为两种审查思路。一种是外国法院判决、裁定不符合本法规定的承认条件的，裁定驳回申请；另一种是符合本法规定的承认条件的，裁定承认其效力，并对已中止的诉讼，裁定驳回起诉。

第三百零三条　当事人对承认和执行或者不予承认和执行的裁定不服的，可以自裁定送达之日起十日内向上一级人民法院申请复议。

【条文主旨】

本条是关于外国法院民商事判决、裁定承认和执行程序中的救济制度的规定。

【条文理解】

本条是 2023 年《民事诉讼法》新增条文。人民法院裁定是否承认和执行外国法院的判决、裁定，对当事人实体权利义务的影响非常大，从程序正义的角度，应赋予当事人充分的救济。本条为新增条款，参考了区际司法协助司法实践中对认可和执行裁定向上一级法院救济的做法。例如，《最高人民法院关于内地与香港特别行政区法院相互认可和执行婚姻家庭民事案件判决的安排》第 15 条规定："被请求方法院就认可和执行的申请作出裁定或者命令后，当事人不服的，在内地可以于裁定送达之日起十日内向上一级人民法院申请复议，在香港特别行政区可以依据其法律规定提出上诉。"《最高人民法院关于内地与澳门特别行政区相互认可和执行民商事判决的安排》第 12 条第 2 款规定："法院就认可和执行判决的请求作出裁定后，应当及时送达。当事人对认可与否的裁定不服的，在内地可以向上一级人民法院提请复议，在澳门特别行政区可以根据其法律规定提起上诉；对执行中作出的裁定不服的，可以根据被请求方法律的规定，向上级法院寻求救济。"《最高人民法院关于认可和执行台湾地区法院民事判决的规定》第 18 条规定："人民法院依据本规定第十五条和第十六条作出的裁定，一经送达即发生法律效力。当事人对上述裁定不服的，可以自裁定送达之日起十日内向上一级人民法院申请复议。”

【条文适用】

1. 应向上一级法院申请复议。根据本条，当事人对裁定不服的，可以自裁定送达之日起 10 日内向上一级人民法院而非作出裁定的人民法院申请复议。

2. 不予承认和执行的裁定在送达后即发生效力，除非经复议被撤销。《民事诉讼法司法解释》（2022 年修正）第 546 条第 3 款规定“人民法院经审查作出的裁定，一经送达即发生法律效力”，因此即便当事人申请复议，不予承认和执行的裁定也是在送达后即发生法律效力，除非经复议后，原裁定被撤销。

第三百零四条　在中华人民共和国领域外作出的发生法律效力的仲裁裁决，需要人民法院承认和执行的，当事人可以直接向被执行人住所地或者其财产所在地的中级人民法院申请。被执行人住所地或者其财产不在中华人民共和国领域内的，当事人可以向申请人住所地或者与裁决的纠纷有适当联系的地点的中级人民法院申请。人民法院应当依照中华人民共和国缔结或者参加的国际条约，或者按照互惠原则办理。

【条文主旨】

本条是关于外国仲裁裁决籍属采用仲裁地标准和管辖依据的规定。

【条文理解】

在 2023 年《民事诉讼法》修改中，本条除明确外国仲裁裁决籍属采用仲裁地标准认定外，增设了该类审查案件的管辖依据，即申请人住所地或与裁决的纠纷有适当联系地这两项管辖依据。同时，修改了部分表述，将“应当由当事人”向法院申请改为“当事人可以”向法院申请。

明确外国仲裁裁决籍属采用仲裁地标准前文已述，此处不再赘述。

关于外国仲裁裁决司法审查的管辖法院，2021 年及此前的《民事诉讼法》均仅规定了“被执行人住所地或者其财产所在地的中级人民法院”两个管辖依据。《海事诉讼特别程序法》第 11 条的规定与《民事诉讼法》的规定一致。近年来的司法实践中，出现了被执行人住所地、被执行人财产所在地均不在我国境内，以及部分仲裁裁决没有金钱给付内容，申请人不申请执行外国仲裁裁决，仅申请承认外国仲裁裁决的情形。另外，还存在被执行人住所地或者其财产不在我国境内，但裁决与人民法院或者我国内地仲裁机构审理的案件存在一定关联，进而与申请人的利益存在一定联系的情形。但此种情形下，根据《民事诉讼法》（2021 年修正）第 290 条关于“由当事人直接向被执行人住所地或者其财产所在地的中级人民法院申请”的规定，无法确定可以受理该类案件的管辖法院。因现行法的规定较为原则刚性，实践中，虽然与裁决存在关联的案件的审理法院位于受理仲裁裁决承认与执行的中级人民法院辖区，但因此种关联并不表现为系申请人的某种财产权利，难以认定审理关联案件的法院即为法律规定的财产所在地的中级人民法院，因此，有的法院以被申请人住所地不在一审法院辖区，一审法院辖区亦无被申请人可供执行的财产为由，对申请人的申请不予受理。因内国法院管辖规则过于狭窄，造成当事人的利益无法得到维护。

事实上，早在 2017 年，最高人民法院制定的《关于审理仲裁司法审查案件若干问题的规定》中即已注意到该问题。根据该司法解释第 3 条，[①] 外国仲裁裁决与人民法院或者我国内地仲裁机构审理的案件存在关联，被申请人住所地、财产所在地均不在我国内地，申请人申请承认外国仲裁裁决的，由受理关联案件的相应的中级人民法院或者仲裁机构所在地的中级人民法院管辖。

为充分保护当事人的合法权益，严格履行国际条约义务，应尽量对相关外国仲裁裁决予以承认，本条借鉴上述司法解释的合理成分，将“外国仲裁裁决与人民法院审理的案件存在关联”地的相应中级人民法院，以及“外国仲裁裁决与我国内地仲裁机构审理的案件存在关联”地相应中级人民法院行使管辖权之规定进行提炼，归纳为“与纠纷存在适当联系地”的中级人民法院管辖，并在此基础上进一步适当拓展，规定

① 《最高人民法院关于审理仲裁司法审查案件若干问题的规定》第 3 条规定：“外国仲裁裁决与人民法院审理的案件存在关联，被申请人住所地、被申请人财产所在地均不在我国内地，申请人申请承认外国仲裁裁决的，由受理关联案件的人民法院管辖。受理关联案件的人民法院为基层人民法院的，申请承认外国仲裁裁决的案件应当由该基层人民法院的上一级人民法院管辖。受理关联案件的人民法院是高级人民法院或者最高人民法院的，由上述法院决定自行审查或者指定中级人民法院审查。外国仲裁裁决与我国内地仲裁机构审理的案件存在关联，被申请人住所地、被申请人财产所在地均不在我国内地，申请人申请承认外国仲裁裁决的，由受理关联案件的仲裁机构所在地的中级人民法院管辖。”

了“申请人住所地”这一管辖依据，彰显我国遵守条约义务、最大限度便利仲裁当事人寻求救济的司法立场。

【条文适用】

第一，本条规定的“与裁决的纠纷有适当联系”和本法第276条规定的“适当联系”的相互关系。“适当联系”是一个具有一定弹性的灵活标准，其既比已经列举的相关管辖依据门槛略低，又区别于一些国家采用的“最低限度联系”。同时，囿于列举方式的局限性，对于确需人民法院行使保护性管辖权的案件，也为我国法院留下行使管辖权的空间。至于何谓适当联系，随着案例的逐渐积累，将来可以通过司法解释、指导性案例进一步明确。从体系解释的角度出发，对两个条文中“适当联系”的表述应高度一致，避免同一法律文本中相同的术语出现不同的解释。但是，从适用范围来看，本条规定的“与裁决的纠纷有适当联系”属于本法第276条规定的“适当联系”的下位概念，因为前者所指的适当联系被限定于与相关裁决有关，与裁决无关的其他适当联系因素，难以成为本条项下的管辖依据。本法第276条规定的“适当联系”的适用场景无疑较本条要宽泛。

第二，关于“申请人住所地”之管辖依据。根据本条规定，被执行人住所地或者其财产不在中华人民共和国领域内的，当事人可以向申请人住所地中级人民法院提出申请。首先，此处的申请人住所地应位于中华人民共和国境内。如果其住所地在中华人民共和国境外，不可能出现其“向申请人住所地中级人民法院申请”的情况。其次，该类申请应不涉及财产给付事项，或者虽包含财产给付事项但当事人仅申请承认，不申请执行，因为适用“申请人住所地”之管辖依据的前提是被执行人住所地或者其财产不在中华人民共和国领域内。最后，该申请人既可能是中国籍自然人或法人，也可能是外国籍自然人或法人，或者无国籍人。如果是后两者，其在我国是否存在住所地，可能须根据我国法律的规定，符合关于住所地的法律要件。

【典型案例】

一、招商银行股份有限公司厦门分行申请承认新加坡仲裁裁决案

【案　　号】福建省厦门海事法院（2019）闽 72 民特 1042 号

【基本案情】招商银行股份有限公司厦门分行与住所地位于新加坡的 MK 公司、星展银行之间发生独立保函纠纷。新加坡国际仲裁中心作出裁决后，招商银行股份有限公司厦门分行向厦门海事法院提出申请，请求承认新加坡国际仲裁中心作出的该裁决。厦门海事法院认为，申请人申请承认的新加坡国际仲裁中心就 MK 公司、星展银行与招商银行之间独立保函纠纷作出的仲裁裁决与该院受理的厦门船舶重工股份有限公司与招商银行之间独立保函委托合同纠纷系列案件，故依照《最高人民法院关于审理仲裁司法审查案件若干问题的规定》第 3 条的规定，本案可由该院管辖。

二、中源船务有限公司申请承认和执行 LMAA 仲裁裁决案

【案　　号】天津海事法院（2018）津 72 民特 2 号

【基本案情】住所地位于新加坡的申请人中源船务有限公司，与住所地位于利比里亚的被申请人康纳航运有限公司签订航次期租合同，以"伊莲娜"轮承运一批钢材自中国天津新港运至埃及杜姆亚特港。船舶抵达目的港后，收货人因发现货损向被申请人提起货损索赔。被申请人为避免船舶被扣押，向收货人提供了担保，并根据租约在伦敦海事仲裁员协会（LMAA）向申请人提起仲裁。仲裁庭经审理作出终局仲裁裁决，裁决申请人应对货损承担责任，并承担相关法律费用。由于货损赔偿的合理金额、法律费用的合理金额仲裁双方未能达成一致，康纳航运有限公司请求作出进一步裁决。上述仲裁庭其后作出第二仲裁裁决，对赔偿数额作出裁定。申请人中源公司在本案中请求本院裁定承认第二个裁决在

中华人民共和国领域内具有法律效力。

法院认为，本案纠纷所涉运输事项，托运人为天津市天钢国际贸易有限公司。申请人作为原告，以天津市天钢国际贸易有限公司为被告，以被申请人为第三人，向一审法院已提起追偿诉讼，一审法院已予立案，案号为（2016）津 72 民初 501 号。被申请人在该案及本案中均对涉案裁决真实性及有效性予以认可并已对裁决义务进行履行。该申请承认域外仲裁裁决案与该案受理的（2016）津 72 民初 501 号案有关联，故裁定予以受理。

第三百零五条　涉及外国国家的民事诉讼，适用中华人民共和国有关外国国家豁免的法律规定；有关法律没有规定的，适用本法。

【条文主旨】

本条是关于本法与《外国国家豁免法》有效程序衔接的规定。

【条文理解】

本条是2023年《民事诉讼法》修改时新增条文。

一、外国国家豁免法理的展开

（一）外国国家豁免制度的定义和种类

外国国家豁免制度，也称主权豁免制度，是指一国对涉及外国国家及其财产的民事案件，基于一定原则所确定的本国法院不予管辖或者在特定情形下予以管辖的专门制度安排。国家豁免问题是外交和司法领域的一个重要问题。国家及其财产豁免权的内容一般包括以下几个方面：（1）司法管辖豁免。即未经一国明确同意，任何其他国家的法院都不得受理以该外国国家为被告或者以该外国国家财产未诉讼标的案件。（2）诉讼程序豁免。即未经一国同意，不得强迫其出庭作证或提供证据，不得对该外国的国家财产采取财产保全等诉讼程序上的强制措施。（3）强制执行豁免。非经该外国国家明示同意，受诉法院不得依据有关判决对该外国国家财产实行强制执行。即便是美国这样实行限制豁免的国家，也是区别对待管辖豁免和执行豁免问题。如果违反外国国家意愿而对其财产采取强制执行措施，势必会对国家间关系带来严重后果，[①] 这意味着即便外国国家不享有管辖豁免，则原告胜诉后还将面临着执行豁免障碍。

（二）绝对豁免主义向限制豁免主义的转变

在 20 世纪 50 年代以前，基于国家主权平等、"平等者之间无管辖权"的理念，对涉及外国国家及其财产的民事案件，各国普遍采取绝对豁免原则，即不论外国国家从事活动或者行为的性质如何，一国法院都不予管辖。随着国家以国际民商事主体身份频繁参与国际经济活动，为了保护本国公民和法人的合法利益，一些国家，特别是欧美发达国家，逐渐转向实行限制豁免原则，并为此专家制定了国内法。限制豁免原则，就是根据国家行为的性质，将外国国家行为区分为"主权行为"和"非主权行为"，相应地将外国国家财产区分为"主权财产"和"商业财产"，据此明确对外国国家的主权行为和主权财产给予管辖豁免，对非主权行为和国家商业财产不再给予管辖豁免。许多国家通过缔结国际条约、制定国内法律[②]等方式实行限制豁免原则和制度，还有些国家通过司法实践确立了限制豁免原则。1972 年《国家豁免欧洲公约》和 2004 年《联合国国家及其财产管辖豁免公约》均明确规定了限制豁免制度。上述国内立法和国际公约对豁免例外的范围不尽相同。

二、《外国国家豁免法》生效前我国关于外国国家豁免的立法与实践

（一）国内立法

我国在国家豁免问题上虽一贯坚持绝对豁免主张，但我国没有专门地针对外国国家豁免的成文立法，相关立法零散地分布在针对外国中央银行财产、外国军用及政府船舶以及外交豁免方面。2005 年公布实施的《外国中央银行财产司法强制措施豁免法》规定了对于外国中央银行的财产无论何种用途均给予财产保全和执行的司法强制措施豁免，除非该行

① 龚刃韧：《国家豁免问题的比较研究——当代国际公法、国际私法和国际经济法的一个共同课题》，北京大学出版社 2005 年版，第 270～272 页。

② 迄今已有 13 个国家制定了限制豁免制度的专门法律，还有一些国家是在一般法律中对国家豁免问题作出专门规定。

或其所属国政府书面放弃豁免。[①] 该法仅有 4 个条文，内容简单，对涉及外国国家豁免的很多问题没有规定。《最高人民法院关于人民法院受理涉及特权与豁免的民事案件有关问题的通知》规定了“外国国家”等 12 种在中国享有特权与豁免的主体被诉案件受理前要逐级报批制度，但未表明豁免立场。《领海及毗连区法》第 10 条针对外国军用船舶或者非商业目的的外国政府船舶在我国领海内造成损害时不享有豁免。[②]《海商法》也有类似对外国军事、政府船舶进行豁免的规定。[③]《民事诉讼法》（2021 年修正）第 268 条仅规定了外交豁免，未规定外国国家豁免。[④]

（二）国际条约

目前全球层面关于国家豁免的公约主要是《联合国国家及其财产豁免公约》（以下简称《公约》）[⑤]，《公约》于 2004 年 12 月 2 日由联合国大会通过。《公约》在整体上与 1976 年《美国外国主权豁免法》高度相似，采取了限制豁免原则。我国积极参与《公约》的制定，于 2005 年签署《公约》，但目前我国并未批准《公约》，且《公约》自身也未生效，对我国没有法律约束力，因此不能以签署《公约》作为判断我国在外国国家豁免问题上的立场转变。

（三）司法实践

由于我国一直坚持绝对豁免立场，我国法院原则上不管辖以外国国家为被告或针对外国国家财产的案件，但实践中也有我国法院受理的相

---

① 《外国中央银行财产司法强制措施豁免法》第 1 条规定：“中华人民共和国对外国中央银行财产给予财产保全和执行的司法强制措施的豁免；但是，外国中央银行或者其所属国政府书面放弃豁免的或者指定用于财产保全和执行的财产除外。”

② 《领海及毗连区法》第 10 条规定：“外国军用船舶或者用于非商业目的的外国政府船舶在通过中华人民共和国领海时，违反中华人民共和国法律、法规的，中华人民共和国有关主管机关有权令其立即离开领海，对所造成的损失或者损害，船旗国应当负国际责任。”

③ 《海商法》第 3 条规定：“本法所称船舶，是指海船和其他海上移动式装置，但是用于军事的、政府公务的船舶和 20 总吨以下的小型船艇除外。前款所称船舶，包括船舶属具。”

④ 《民事诉讼法》（2021 年修正）第 268 条规定：“对享有外交特权与豁免的外国人、外国组织或者国际组织提起的民事诉讼，应当依照中华人民共和国有关法律和中华人民共和国缔结或者参加的国际条约的规定办理。”

⑤ 公约缔约国主要是西欧国家以及东欧和中东的部分国家。目前公约有 22 个当事国，不足生效所需的 30 个当事国。

关的案件，数量极少。FC Hemisphere Associates LLC 诉刚果民主共和国案［以下简称刚果（金案）］是我国法院受理的以外国政府为被告的首起案件。该案原告向我国香港特别行政区高等法院原讼庭起诉刚果（金），并将中国国有企业中铁股份有限公司及其子公司一并列为被告，原告援引《承认和执行外国仲裁裁决公约》的规定，请求法院判决在我国香港特别行政区扣留中铁公司应支付给刚果（金）的矿权费。我国香港特别行政区高等法院原讼庭还应原告请求下达了禁令，禁止中方公司及其子公司向刚果（金）付款。原讼法庭认为其对刚果（金）无司法管辖权；而我国香港特别行政区高等法院上诉法庭多数法官认为其应适用限制豁免的普通法规则，刚果（金）不享有豁免权。最终，我国香港特别行政区终审法院多数法官认为香港特区应采用中央政府的绝对豁免原则，同时提请全国人民代表大会常务委员会就该案相关问题进行释法，并根据释法作出“对刚果（金）无司法管辖权”的判决。全国人大常委会经释法认为，香港特区必须执行中央人民政府决定的国家豁免规则或政策，表明香港特别行政区法院追随了中央政府采取的绝对豁免立场。

随着“一带一路”倡议及企业“走出去”战略的推进，我国企业参与国际货物买卖、国际投资及基础设施建设不断扩大，银行等金融机构对外开具独立保函的数量快速递增，国际货物买卖、信用证、独立保函纠纷的数量也逐年增多。已出现多起我国企业在我国法院对外国政府或政府部门提起诉讼或申请止付令的案件。申请人中国水电建设集团国际工程有限公司与被申请人埃塞俄比亚公路局及第三人埃塞俄比亚商业银行、中国银行股份有限公司申请中止支付保函项下款项案①，北京市第四中级人民法院裁定埃塞俄比亚商业银行中止向埃塞俄比亚公路局支付案涉保函项下的款项，但裁定没有论及被申请人埃塞俄比亚公路局作为埃塞俄比亚的政府部门是否享有司法管辖豁免权，也没有论及中止获得保函项下的款项是否属于冻结政府部门的财产。原告特变电工衡阳变压器有限公司与被告叙利亚输电总局买卖合同纠纷案②、原告成都华川进出口

① 参见北京市第四中级人民法院（2019）京 04 民初 225 号民事判决书。

② 湖南省衡阳市中级人民法院（2012）衡中法民三初字第 84 号民事判决书。

集团有限公司与被告格鲁吉亚共和国司法部信用证欺诈纠纷案[①]都属于原告申请撤诉，获得法院准许，虽被告同为外国政府部门，但法院在裁定书中也未提及国家豁免问题。中国海外工程有限责任公司与被告中国进出口银行及波兰国家公路及高速路管理局侵权纠纷案[②]，系受理后被告对管辖权提出异议，但异议理由未包含管辖豁免事项，法院裁定中也未提及国家豁免问题。这几件我国法院受理的突破我国绝对豁免立场的案件表明我国无专门国家豁免立法的现状给司法实践造成了困扰。

三、《外国国家豁免法》确立的立场、原则及相关内容

（一）《外国国家豁免法》确立了限制豁免原则

《外国国家豁免法》将于2024年1月1日起施行，作为涉及国家对外关系和司法制度的重要法律，明确了我国的外国国家豁免政策由绝对豁免转向限制豁免，该法对保障我国公民和法人合法权益，维护国家主权、安全、发展利益，具有重要意义。《外国国家豁免法》确立了国家豁免的一般原则。该法第3条规定，外国国家及其财产在中华人民共和国的法院享有管辖豁免，本法另有规定的除外。也就是说，我国法院原则上不对外国国家及其财产行使管辖权，但符合本法规定情形的，我国法院可以行使管辖权。

（二）我国法院可以对外国国家及其财产行使管辖权的情形

《外国国家豁免法》第4条至第12条对中华人民共和国的法院可以对外国国家及其财产行使管辖权的范围作出明确规定，包括外国国家明示就特定事项或者案件接受管辖、进行商业活动引起的诉讼、因劳动或者劳务合同履行引起的诉讼、有关侵权行为引起的赔偿诉讼以及仲裁相关事项等。《外国国家豁免法》关于我国法院可以对外国国家及其财产行使管辖权情形的规定是较为严格的、特定的，与有关国际条约和国际通

---

① 最高人民法院（2017）最高法民终143号民事判决书。

② 北京市第一中级人民法院（2011）一中民初字第13687－2号民事判决书。

行做法总体上保持一致。[1]

（三）外国国家豁免案件的特殊诉讼程序

《外国国家豁免法》第 17 ~ 18 条对法院有关文书送达、缺席判决等诉讼程序作出特别规定。关于涉及外国国家及其财产的民事案件的审判和执行程序，外国国家豁免法没有规定的，适用中华人民共和国的民事诉讼法律以及其他相关法律的规定。

四、《民事诉讼法》新增本条的必要性

（一）《民事诉讼法》（2021 年修正）第 268 条仅规定了外交豁免、未规定国家豁免

《民事诉讼法》（2021 年修正）第 268 条规定，对享有外交特权与豁免的外国人、外国组织或者国际组织提起的民事诉讼，应当依照中华人民共和国有关法律和中华人民共和国缔结或者参加的国际条约的规定办理。由于现行《民事诉讼法》出台和其后历次修订过程中，我国尚未制定有关外国国家豁免的法律，故该条仅规定了外交豁免问题，未规定外国国家及其财产的豁免问题。本次修法新增关于外国国家及其财产豁免的诉讼规则，是为了体例完整，避免出现第 268 条仅规定外交豁免、未规定外国国家及其财产豁免的“跛脚”窘境。

（二）新增本条可确保本次修法改动最小

我国法院既然可以审理外国国家为当事人的案件，为了立法语言准确、严谨，则目前《民事诉讼法》诸多条款也要相应修改，以《民事诉讼法》第 3 条[2]和第 5 条[3]为例，第 3 条规定的《民事诉讼法》对人效力和对事效力及第 5 条关于哪些主体享有的同等原则、对等原则的规定应

---

① 《全国人大常委会法工委负责人就外国国家豁免法答记者问》，载中国人大网，http：//www. npc. gov. cn/npc/c30834/202309/9efd904b281f48b5aad30071f07f816a. shtml

② 本法第 3 条规定：“第 3 条人民法院受理公民之间、法人之间、其他组织之间以及他们相互之间因财产关系和人身关系提起的民事诉讼，适用本法的规定。”

③ 本法第 5 条第 1 款规定：“外国人、无国籍人、外国企业和组织在人民法院起诉、应诉，同中华人民共和国公民、法人和其他组织有同等的诉讼权利义务。”

增加外国国家的相应内容。类似的需要逐条核对并变动的法条数量较多的，因此增设第305条“有关法律没有规定的，适用本法”的内容则不需要逐条修改，可确保对整部法律改动最小。

【条文适用】

一、《民事诉讼法》与《外国国家豁免法》在适用上是一般法与特别法的关系

《外国国家豁免法》主要解决对涉及外国国家及其财产民事案件的司法管辖问题，同时对法院有关文书送达、缺席判决等诉讼程序作出特别规定，为法院审理涉及外国国家及其财产民事案件提供了较为明确的程序法依据。民事诉讼法是规范民事诉讼制度的基本法律，是民事诉讼领域的“一般法”，它对民事案件的管辖、审判、执行等作出全面规定。《外国国家豁免法》的内容具有特定性，是对以外国国家为诉讼当事人的民事案件作出的特别规定，是民事诉讼领域的“特别法”。就法理而言，有特别法规定的，先适用特别法的规定；特别法未尽事项，适用一般法的规定。外国国家豁免法内容相对单一、指向特定，法院具体审理涉及外国国家的民事案件时，很多程序和问题需要适用民事诉讼法的规定。

二、人民法院可受理涉外国国家的商事仲裁与投资仲裁司法审查案件

《外国国家豁免法》第12条[①]规定了涉外国国家商事仲裁和投资

① 《外国国家豁免法》第12条规定：“外国国家与包括中华人民共和国在内的其他国家的组织或者个人之间的商业活动产生的争议，根据书面协议被提交仲裁的，或者外国国家通过国际投资条约等书面形式同意将其与包括中华人民共和国在内的其他国家的组织或者个人产生的投资争端提交仲裁的，对于需要法院审查的下列事项，该外国国家在中华人民共和国的法院不享有管辖豁免：（一）仲裁协议的效力；（二）仲裁裁决的承认和执行；（三）仲裁裁决的撤销；（四）法律规定的其他由中华人民共和国的法院对仲裁进行审查的事项。”

仲裁的管辖豁免相关事宜。根据该条，人民法院可受理涉外国国家商事仲裁与投资仲裁的司法审查案件，即在涉及确认仲裁协议效力、仲裁裁决承认和执行、仲裁裁决的撤销等情形时，外国国家不享有管辖豁免。

第三百零六条 本法自公布之日起施行，《中华人民共和国民事诉讼法（试行）》同时废止。

【条文主旨】

本条是关于本法施行日期的规定。

【条文理解】

法律的施行日期即法律的生效日期。根据《立法法》规定，法律应当明确规定施行日期。法律的施行日期即生效日期，根据我国的立法实践，一般有三种做法：一是规定该法律自公布之日起施行，具体时间由国家主席发布主席令来规定；二是规定该法律公布后一段期限届至后开始生效，具体时间为期限届至之时；三是直接规定该法律的具体生效日期。本条采第一种立法例，自公布之日起施行。

【条文适用】

关于本法修改前后的衔接问题。修改后的法律的生效日期与修改法律的形式有密切联系。目前修改法律主要有两种形式：一是对法律进行修订，即对法律全文作全面修改，重新予以规定；二是对法律的部分条文通过修改决定的方式予以修改，不对法律全文做修改，未修改的部分继续实行。因此，法律修改后的生效日期也有两种形式，属于修订法律的，一般是重新公布法律的生效日期；属于对法律做修改决定的，一般不修改法律的生效日期，只是规定修改决定的实施日期，对于原法修改的部分，执行修改决定的生效日期，未修改的部分，执行原来法律规定的生效日期。比如，2012年8月31日十一届全国人大常委会第二十八次会议审议通过的《全国人民代表大会常务委员会关于修改〈中华人民共和国民事诉讼法〉的决定》规定，本决定自 2013 年 1 月 1 日起施行。根据这一规定，经修改后的《民事诉讼法》，内容未作改动的条文，生效时间分别为 1991 年 4 月 9 日和 2008 年 4 月 1 日；经过修改的条文，包括新增加的条文，生效时间为 2013 年 1 月 1 日。

具体到本次《民事诉讼法》修改。本次《民事诉讼法》修改，旨在贯彻落实党中央关于统筹推进国内法治和涉外法治的决策部署，在全面总结涉外民商事审判实践经验基础上，重点对《民事诉讼法》中“涉外民事诉讼程序的特别规定”一编的内容进行了修改完善。此外，针对社会普遍关注、司法实践反映集中、各方能够形成高度共识的《民事诉讼法》其他各编内容，也作了相应修改。但总体而言，并非全面修改，即对法律的部分条文通过修改决定的方式予以修改。对此，2023 年 9 月 1 日，十四届全国人大常委会第五次会议表决通过了《关于修改〈中华人民共和国民事诉讼法〉的决定》，自 2024 年 1 月 1 日起施行。即修改条文和新增条文的生效日期为 2024 年 1 月 1 日。一般来说，对于修改后的《民事诉讼法》施行后民事案件审理的衔接问题，最高人民法院会发布通知，明确规则。如届时未明确，按照衔接适用规则，2024 年 1 月 1 日之后人民法院受理的民事案件，适用修改后的《民事诉讼法》。2024 年 1 月 1 日之前人民法院未审结的案件，尚未进行的诉讼行为适用修改后的《民事诉讼法》；依照修改前的《民事诉讼法》的有关规定，已经完成的诉讼行为，仍然有效。